GOTT – GÖTTER – GÖTZEN

VERÖFFENTLICHUNGEN DER
WISSENSCHAFTLICHEN GESELLSCHAFT FÜR THEOLOGIE
(VWGTh)

Band 38

GOTT – GÖTTER – GÖTZEN

XIV. EUROPÄISCHER KONGRESS FÜR THEOLOGIE
(11.–15. SEPTEMBER 2011 IN ZÜRICH)

HERAUSGEGEBEN VON CHRISTOPH SCHWÖBEL

EVANGELISCHE VERLAGSANSTALT
Leipzig

Bibliographische Information der Deutschen Nationalbibliothek
Die Deutsche Nationalbibliothek verzeichnet diese Publikation
in der Deutschen Nationalbibliographie; detaillierte bibliographische
Daten sind im Internet über http://dnb.dnb.de abrufbar.

Das Buch wurde auf alterungsbeständigem Papier gedruckt.

Cover: Kai-Michael Gustmann, Leipzig
Satz: Steffi Glauche, Leipzig
Druck und Binden: Druckhaus Köthen GmbH

ISBN 978-3-374-03047-7
www.eva-leipzig.de

INHALT

II FACHGRUPPENVERANSTALTUNGEN

ALTES TESTAMENT

SYSTEMATISCHE THEOLOGIE

INTERKULTURELLE THEOLOGIE

PRAKTISCHE THEOLOGIE

EINLEITUNG

1 POST 9/11

Am 11. September 2011, dem zehnten Jahrestag von 9/11, wurde der XIV. Europäische Kongress für Theologie eröffnet. Die Erinnerung an den terroristischen Anschlag auf das World Trade Center und das Pentagon »im Namen Gottes«[1] bildete einen ebenso düsteren wie auch zehn Jahre danach noch aktuellen Hintergrund der Verhandlungen des Kongresses. In der Tat fiele es nicht schwer, Berührungspunkte zwischen dem Kongressthema und den seit dem 11. September 2001 die öffentlichen Diskussionen über die Religionen bestimmenden Schlagwörtern aufzuweisen. Die vorgeblich inhärente Tendenz monotheistischer Religionen zur Gewaltanwendung im Namen des einen Gottes und der einen Wahrheit gehörte ebenso dazu wie die Frage, ob polytheistische Religionen und Weltanschauungen, die mit einer Vielfalt von Gestalten der Letztgültigkeit rechnen, nicht als lebensfreundlicher, ja friedensfreundlicher zu betrachten sind als Religionen, in deren Brennpunkt die Einheit und Einzigkeit Gottes steht. Ebenso könnte einerseits der Angriff auf die symbolträchtigen Ziele der Twin Towers des World Trade Center und auf das Pentagon als Schlag gegen die Repräsentationen der Götzen des globalen Kapitalismus interpretiert werden, wie andererseits die Legitimation mörderischer Gewalt durch die Inanspruchnahme Gottes von vielen, gerade auch muslimischen religiösen Stimmen als eine Instrumentalisierung der Religion kritisiert worden ist, die Gott in einen Götzen verkehrt.

Allerdings lässt sich durchaus in Frage stellen, ob die furchtbaren Ereignisse von 9/11 als Paradigma der Diskussion des Verhältnisses zwischen Religion und Politik und der Beziehungen der Religionen untereinander gesehen werden sollten, wie es seit 2001 immer wieder geschehen ist. Erhält damit nicht die Sicht der Attentäter eine indirekte Bestätigung durch die, die ihre Tat ansonsten mit Abscheu verurteilen? Hat es nicht verhängnisvolle Konsequenzen, wenn der Abusus als Ernstfall des Normalfalls des Verhältnisses zwischen Religion und Politik gesehen wird? Erhält die Symbolpolitik der Attentäter und ihrer Sympathisanten, die das Szenario eines Krieges der (Symbol-)Welten inszenieren, nicht eine höchst problematische Bestätigung, obwohl ihre antagonistischen Symboldeutungen mit der gelebten Realität der Beziehungen der Religionen nur wenig zu tun hat? Erweist es sich nicht als folgenschwerer Fehler, sich auf die Legitimation terroristischer Gewalt durch religiöse Gründe einzulassen, aber

---

[1] *J. Stern,* Terror in the Name of God: Why Religious Militants Kill, New York 2003.

die politischen, wirtschaftlichen und kulturellen Hintergründe weitgehend zu vernachlässigen? Sollte darum nicht der zehnte Jahrestag von 9/11 ein Anlass sein, dieses Ereignis als Paradigma für die Diskussion des Verhältnisses von Religion und Politik, für das Verhältnis der Religionen untereinander und für das Verhältnis des »Islam« zur »westlichen Welt« zu verabschieden? Vielleicht ist ein solcher Verzicht ein angemessener Zugang zum Gedenken der Opfer terroristischer Gewalt und für das bleibende Mitgefühl mit ihren Angehörigen.

2 »GOTT – GÖTTER – GÖTZEN«

Gegenüber den von möglichen Verzerrungen gefährdeten Sichtweisen der Religionen, ihres Verhältnisses zueinander und ihrer Beziehungen zu den anderen Interaktionsbereichen der Gesellschaft, wie sie durch die Ereignisse auf der politischen Bühne und ihre globale mediale Präsentation gelegentlich geradezu suggestive Kraft entwickelt haben, versuchte der XIV. Europäische Kongress für Theologie in Zürich, die religiöse Thematik – wie es für die christliche Theologie von ihrem Gegenstand her gefordert ist – in der Konzentration auf das Gottesverständnis zu bearbeiten. Die Trias der Leitbegriffe »Gott – Götter – Götzen« sollte die Spannung zwischen der Einheit und Einzigkeit Gottes und der Vielfalt der Manifestationen des Göttlichen ebenso zum Ausdruck bringen wie die Tatsache, dass es mit der Frage nach dem »wahren« Gott und dem »rechten« Gottesverhältnis auch immer um die Kritik an den Götzen und dem Götzendienst geht, um die Religionskritik in der Religion an der Religion, denn »daß alleine das Trauen und Gläuben des Herzens machet beide Gott und Abegott«[2], wusste schon Martin Luther. Darum ist die wirksamste Kritik des Götzendienstes der rechte Gottesdienst.[3] Für den christlichen Glauben ist das Gottesverständnis der Ankerpunkt des Verständnisses der Wirklichkeit. Das Menschenbild erhält in seinen unterschiedlichen Facetten seine Prägungen durch das Gottesverständnis. Die Wirklichkeit der Welt wird in allen ihren Dimensionen als von Gott begründet, begrenzt und auf ihr Ziel ausgerichtet verstanden. Der christliche Glaube begegnet den anderen Religionen mit der Frage, ob sich in ähnlicher Weise die Strukturen und die Dynamik der Wirklichkeit, auch der Wirklichkeit der Religionen, auf einen analogen Brennpunkt beziehen lassen. Zeigen sich hier die

---

[2]   Der Große Katechismus, Erklärung zum 1. Gebot, BSLK 560, 15–17.

[3]   Diesen Zusammenhang erläutert Jan Assmann am zweiten Gebot: »Dem zweiten Gebot und der Geschichte vom Goldenen Kalb geht es nicht um die Religion der Anderen. Sie wird weder verfolgt noch lächerlich gemacht; sie steht gar nicht im Blick. Worum es geht ist die eigene Religion und deren richtige Form.« Ders., Die Mosaische Unterscheidung oder der Preis des Monotheismus, München 2003, 46.

Verwandtschaft der monotheistischen Religionen und der Kontrast zu den polytheistischen Religionen oder erweisen sich die religionsgeschichtlich späten
Klassifikationsbegriffe des »Monotheismus« und des »Polytheismus« gerade im
Blick auf die Wahrnehmungen der Realität des Göttlichen als irreführend? Schon
ein kurzer Blick auf die Geschichte des Gottesverständnisses macht deutlich,
dass das Verhältnis von Einheit, Einzigartigkeit und Vielfalt des Göttlichen nicht
nur im Gegenüber von Monotheismus und Polytheismus thematisiert wird, sondern sich gerade in der Herausbildung des Verständnisses der Einheit und Einzigkeit Gottes die Frage nach der Vielfalt der Gestalten Gottes auch als zentraler
Aspekt *innerhalb* »monotheistischer« (und sogar »polytheistischer«) Glaubenssysteme erweist. In der Klärung dieser Fragen sind die theistischen Religionen
stets mit der Realität nichttheistischer Religionen konfrontiert, die Struktur und
Dynamik der Wirklichkeit nicht in der göttlichen Realität begründet sehen, sondern die »Götter« als Exemplifikationen anders begründeter Letztgültigkeiten
verstehen.

Die Gottesfrage ist in der öffentlichen Diskussion. Nicht zuletzt durch das
Auftreten des offensiv argumentierenden *Neuen Atheismus,* der den Gottesglauben der Religionen im Namen einer wissenschaftlichen Weltanschauung als pa-
thologische Wahnidee kritisiert, ist evident geworden, dass die Auseinandersetzungen um die Religion und die Religionen, der Streit um Gott und die Götter,
nicht mehr auf den privaten Bereich individueller Überzeugungen beschränkt
werden können, sondern Gegenstand des öffentlichen Diskurses der Gesellschaft
sind. Während im Dialog der Religionen die Frage nach der Identität Gottes, der
Bestimmtheit von Gottes Wesen und Eigenschaften, im Vordergrund steht, konzentriert sich die Debatte mit dem *Neuen Atheismus* fundamental auf die Frage
nach der Existenz Gottes. Dabei wird schnell deutlich, dass es in beiden Ge-
sprächsvollzügen stets um mehr geht als allein um das Gottesverständnis. Zur
Debatte steht, wie das Gottesverständnis die Menschenbilder, die Vorstellungen
von einer guten Gesellschaft und die Beziehungen der unterschiedlichen religiösen und weltanschaulichen Gruppierungen in der sich immer weiter globali-
sierenden Welt prägt. Die wissenschaftliche Theologie ist in neuer Weise aus-
kunftspflichtig geworden: als christliche Theologie gegenüber den Theologien
und Philosophien der anderen Religionen, als wissenschaftliche Theologie gegenüber der radikalen Religionskritik im Namen der Wissenschaft. Angesichts
dieser Herausforderungen kann es keinen Rückzug in den Tempelbezirk wissenschaftlicher Gelehrsamkeit geben. Vielmehr wird nach dem Beitrag der wissenschaftlichen Theologie zur öffentlichen Verständigung über die Religion und
damit über Gott gefragt. Das Selbstverständnis der wissenschaftlichen Theologie,
gerade die vorwissenschaftlichen lebensorientierenden religiösen Glaubensüberzeugungen zum Gegenstand kritischer und methodisch transparenter wissenschaftlicher Untersuchung zu machen, steht damit auf dem Prüfstand. Kann
die Theologie dieser Herausforderung begegnen, ohne ihre Verwurzelung in der

Lebensbewegung des Glaubens zu verleugnen und ohne die Standards wissenschaftlich-methodischer Transparenz und kritischer Überprüfbarkeit ihrer Ergebnisse zu kompromittieren?

3 PERSPEKTIVITÄT UND DIALOGIZITÄT DER WISSENSCHAFTLICHEN THEOLOGIE

Der Europäische Kongress für Theologie hat seit jeher die Aufgabe, die unterschiedlichen Teildisziplinen der Theologie miteinander ins Gespräch zu bringen. Sind sie in ihrem Alltagsbetrieb oftmals theoretisch und praktisch eng auf die Nachbardisziplinen der philosophischen Fakultät und der sozialwissenschaftlichen und kulturwissenschaftlichen Fachbereiche bezogen, stellt der gemeinsame Kongress die theologischen Disziplinen vor die Anforderung, im Gespräch miteinander und untereinander die jeweiligen spezialisierten Fachperspektiven auf ein übergreifendes theologisches Thema zu beziehen. Bei der Gottesfrage hat dieser gemeinsame Bezugspunkt der theologischen Spezialdisziplinen besonderes Gewicht. Ist es berechtigt, die unterschiedlichen Disziplinen unter dem Namen der Theologie zusammenzufassen und erweist sich darin die Theologie als *eine* Wissenschaft, so sehr sie unter ihrem Dach eine Vielfalt unterschiedlicher wissenschaftlicher Methoden und Plausibilitätskriterien beherbergt? Die wissenschaftlichen Perspektiven der einzelnen theologischen Teildisziplinen müssen auf diese Weise das Problem der Perspektivität wissenschaftlicher Erkenntnis ausdrücklich zum Gegenstand der Reflexion machen. Kann die institutionelle Einbindung der Theologie in die Ausbildung von Pfarrern und Pfarrerinnen und Religionslehrern und Religionslehrerinnen und ihre vielfältige institutionelle Kooperation mit den Kirchen in ein konstruktives Verhältnis zu ihrer wissenschaftlichen Perspektivität gesetzt werden? Was kann diese doppelte Kontextualisierung der wissenschaftlichen Theologie in der öffentlichen Institution wissenschaftlicher Forschung und Lehre zur Ausbildung von Pfarrern und Religionslehrern zur Verständigung der Religionen und Weltanschauungen in der Gesellschaft beitragen? Wenn in der religiös und weltanschaulich pluralistischen Gesellschaft das Überleben und das gute Leben der Gesellschaft von der Verständigung der Religionen und Weltanschauungen der Gesellschaft abhängt, dann erscheint es durchaus sinnvoll, nicht nur aus einer Außenperspektive über den religiösen Glauben zu reflektieren, sondern aus der Binnenperspektive der Religionsgemeinschaften, die miteinander ins Gespräch kommen sollen, die Reflexion über den religiösen Glauben und seiner Orientierungskraft zu üben. Die Stärke der Theologie unter den religionsbezogenen Wissenschaften besteht darin, dass sie die, die in der pluralistischen Gesellschaft die Tugenden eines gerechten und friedvollen Zusammenlebens in dialogischer Differenz und Gemeinschaft praktizieren sollen, einbezieht in die reflexive Arbeit am Orientierungswissen. Dabei steht außer Frage, dass die Theologie in diesem Bemühen auf das Gespräch mit den nichttheologischen Wissenschaften angewiesen ist, die den aus der theologischen Binnenperspektive gewonnenen Einsichten im interdisziplinären Diskurs aus Außenperspektiven auf Religion und Theologie gemachte Wahrnehmungen gegenüber stellen und die Theologie so zur kritischen Überprüfung ihrer Ergebnisse und Untersuchungsweisen einladen. In diesem Austausch wird deutlich, dass die theologische Reflexion für die nichttheologischen Wissenschaften, die sich mit Phänomenen religiöser Lebensformen und religiöser Weltorientierung befassen, ebenso eine Außenperspektive ist. Die Interrelation der Perspektiven ist unvermeidlich. In den Kulturwissenschaften, so hat schon Paul Tillich programmatisch formuliert, »gehört der Standpunkt des Systematikers zur Sache selbst«.[4] In einer wissenschaftlichen Situation, in der der Pluralismus der Basisorientierungen der Gesellschaft auch den Pluralismus der wissenschaftlichen Positionen und Perspektiven prägt, ist die Perspektivität wissenschaftlicher Arbeit explizit und transparent zu machen und die jeweils eigene Perspektive auf die anderen Perspektiven dialogisch zu beziehen. Perspektivität und Dialogizität bedingen sich gegenseitig.

Allerdings hat gerade der Gottesgedanke noch einmal eine Pointe, die verhindert, dass die Perspektivität wissenschaftlichen Erkennens in einen relativistischen Perspektivismus abgleitet, wie er heute in vielen kulturalistischen Positionen begegnet. Auch wenn Gott jeweils nur aus einer bestimmten Perspektive denkerisch in den Blick genommen werden kann, so bezeichnet er doch das, was jeden perspektivisch geprägten Gottesgedanken übersteigt. Der Begriff »Gott«, darin sind sich die denkerischen Explorationen des Gottesgedankens einig, bezeichnet den Horizont, in dem alle anderen Koordinaten der Weltorientierung ihren Platz finden und im Verhältnis zu dem sie sich als relativ – und nur so als leistungsfähig für die Orientierung – erweisen. Die Differenz zwischen Gott und den unterschiedlich perspektivisch geprägten Gottesgedanken bietet insofern für den Diskurs über Gott noch einmal eine eigene Herausforderung.

4 Im interdisziplinären und interreligiösen Diskurs

Für die Arbeit des Europäischen Kongresses für Theologie hat die interdisziplinäre Verständigung seit vielen Jahren einen besonderen Stellenwert. Durch Hauptvorträge aus den Nachbardisziplinen der christlichen Theologie – auf

---

[4] Paul Tillich, Über die Idee einer Theologie der Kultur (1919), in: M. Palmer (Hg.), Paul Tillich, Hauptwerke Bd. 2: Kulturpolitische Schriften, Berlin / New York 1990, 70–85, hier: 70.

dem Kongress in Zürich aus der Religionswissenschaft, aus der Rhetorik, aus der Philosophie und aus der islamischen und der jüdischen Theologie – stellt sich die Theologie der Herausforderung, ihren internen Diskurs vor dem Forum anderer Wissenschaften plausibel zu machen und zugleich die Fachperspektiven anderer Wissenschaften in ihre Selbstverständigung aufzunehmen. Diese gute Praxis hat sich auch auf dem Kongress in Zürich bewährt. Dadurch wurde auch für die theologische Reflexion deutlich, dass die unter dem Thema »Gott – Götter – Götzen« verhandelten Inhalte kein gesicherter Besitz allein der Theologie sind, sondern in einer Vielzahl von Wissenschaften zum Gegenstand kritischer Forschung gemacht werden. Das, was der Theologie zumindest ihrem Namen nach ihre Identität gibt, ist im wissenschaftlichen Austausch kein »Alleinstellungsmerkmal«, das die Theologie als ihr unveräußerliches Eigentum verbuchen könnte. Gerade die Konzentration auf ihr ureigenes Thema bewahrt somit die Theologie vor den Gefahren der Selbstisolation.

Dies wurde auch daran deutlich, dass die Frage nach Gott in der religiösen Situation unserer Zeit von Seiten der christlichen Theologie nicht sachgemäß verhandelt werden kann, ohne den Austausch mit der jüdischen und der islamischen Theologie zu suchen. Die Einladung an eine muslimische Theologin und Rechtsgelehrte, die Frage der Einheit und Einzigkeit Gottes (*tawhīd*) im Dialog mit jüdischer und christlicher Theologie zu diskutieren, versuchte nicht nur, der aktuellen interreligiösen Gesprächslage zur Gottesfrage Rechnung zu tragen, sondern auch auf die lange Geschichte der Interaktion zwischen Judentum, Christentum und Islam zur Frage nach dem Wesen Gottes hinzuweisen. Es gehört wahrscheinlich zu den folgenreichsten Wiederentdeckungen in den Wahrnehmungen des Christentums und der christlichen Theologie in jüngster Zeit, dass beide für die längste Zeit ihrer Geschichte konstitutiv durch den interreligiösen Austausch, in konstruktiver Abgrenzung und kritischer Aufnahme, geprägt sind und somit auch die Geschichte der christlichen Theologie nur als Geschichte der interreligiösen Auseinandersetzung und des interreligiösen Gesprächs geschrieben werden kann. Dass diese Verständigung auf dem Kongress in Zürich in englischer Sprache stattfand und so auch in diesem Kongressband wiedergegeben ist, war für den Europäischen Kongress für Theologie ein weiterer kleiner Schritt, das Versprechen, das er im Namen trägt, einzulösen. Es ist zu hoffen, dass damit ein Weg beschritten ist, der in der Zukunft das Gespräch der unterschiedlichen europäischen Stimmen der wissenschaftlichen Theologie und das Gespräch mit anderen religiösen Traditionen mehr und mehr zu einem zentralen Element des Kongresses macht.

5 WISSENSCHAFT, KIRCHE UND GESELLSCHAFT

Der Austausch auf dem Kongress dokumentiert in dem Facettenreichtum, den dieser Band spiegelt, den Beitrag der wissenschaftlichen Theologie zur wissenschaftlichen Diskussion, wie sie an den Universitäten beheimatet ist. Lässt man die Vielfalt der Beiträge Revue passieren, erhält man ein lebendiges und komplexes Bild der Vernetzungen der Theologie in den Institutionen der Wissenschaft. Damit wird zugleich deutlich, wo die Theologie gegenüber den anderen Wissenschaften eine Bringschuld hat, zu den Fragen religiöser Weltorientierung, die sich im Kontext anderer Wissenschaften stellen, Auskunft zu geben. Ihre Stellung im Hause der Wissenschaften wird dann gesichert sein, wenn die Theologie sich für ihre akademischen Gesprächspartner als Kooperationspartnerin erweist, deren Beiträge und Leistungen von niemand anderem erbracht werden können. Das bedeutet auch, dass die Theologie ihre wissenschaftliche Zuständigkeit für Fragen der Religionsverständigung, wie sie besonders an der Gottesfrage deutlich werden, nicht delegieren kann, ohne damit ihr Mietrecht im Hause der Wissenschaften in Frage zu stellen. Durch diese Auskunftspflicht ist die Theologie an die Kommunikationsregeln wissenschaftlicher Verständigung gebunden, für deren Einübung auch ein solcher Kongress einen Beitrag leistet.

Die Einbindung der Theologie in die Ausbildung für die Tätigkeit in Kirche, Schule und Gesellschaft sichert ihrer wissenschaftlichen Arbeit einen wichtigen Praxisbezug. Das erweist sich deshalb als besonders wichtig, weil die Theologie im Zuge der Ökonomisierung des Wissenschaftsbetriebs nur selten auf vermarktbare Produkte verweisen kann, die aus ihrer Tätigkeit hervorgehen. Ihre »Produkte« sind theologisch gebildete Personen, die in ihren Tätigkeitsfeldern in Kirche, Schule und Gesellschaft die theologische Kompetenz unter Beweis stellen können, die sie im Rahmen einer theologischen Ausbildung gewonnen haben. Die Situation von religiös-weltanschaulich pluralistischen Gesellschaften erfordert nicht nur Personen, die über die Religionen aus der Beobachterperspektive Bescheid wissen, sondern auch solche, die die Prozesse religiöser Bildung in den Kirchen, Bildungsinstitutionen und religiösen Gemeinschaften aus der Partizipantenperspektive kritisch und konstruktiv begleiten können. Ihre gesellschaftliche Relevanz und Verantwortung kann die Theologie vor allem durch ihre Einbindung in die kirchliche und schulische Ausbildung nachweisen. Das bedeutet aber auch, dass die wissenschaftliche Theologie die Aufgabe hat, die Anforderungen, die an theologische Praxis in Kirche, Schule und Gesellschaft gestellt werden, vor dem Hintergrund der religiösen Situation der Zeit kritisch zu reflektieren. Sie muss darum auch die kirchliche Praxis und auch die schulischen Bildungsprozesse für Fragen der Religionshermeneutik sensibilisieren, die zu den grundsätzlichen Erfordernissen einer multireligiösen Situation gehört. Dabei muss für die Theologie stets im Mittelpunkt ihres wissenschaftlichen Erkenntnisinteresses stehen, wie die jeweiligen religiösen Orientierungen sich auf das beziehen, was sie als ihren Gegenstand in Anspruch nehmen. Erst im Horizont der Frage nach dem Verhältnis von Gott, Göttern und Götzen werden die religiösen Basisorientierungen in ihrer durchaus ambivalenten Dynamik verstehbar und kritisierbar. Hier ist die Basis ihrer internen Kritikfähigkeit und Kritikbedürftigkeit, an der die theologische Reflexion anzusetzen hat. Könnte es sein, dass die wissenschaftliche Theologie dann einen konstruktiven Beitrag zum menschlichen Umgang der Religionen miteinander leistet, wenn sie ihre Orientierung auf die Gottesfrage ernst nimmt?

Es ist diese Verschränkung der drei Öffentlichkeiten von Wissenschaft, Kirche und Gesellschaft, die der theologischen Arbeit ihre Brisanz gibt. Es ist höchst instruktiv nachzuvollziehen, wie sich diese Beziehung in den Bezugnahmen der unterschiedlichen theologischen Disziplinen aufeinander und in den thematischen Schwerpunkten der einzelnen Disziplinen spiegelt. Es zeigt sich, dass die Beziehung auf diese drei Öffentlichkeiten sich keineswegs einem Interesse an gegenwärtiger Relevanzgewinnung verdankt, sondern in vielen Facetten ein kontinuierliches Element der Geschichte der christlichen Theologie seit ihren Anfängen ist.

6 DIE GOTTESFRAGE IM SCHNITTPUNKT DER PERSPEKTIVEN

Bei der Vorstellung eines so umfänglichen Kongressbandes stellt sich natürlich auch die Frage, welchen Ertrag ein Kongress wie der XIV. Europäische Kongress für Theologie in Zürich hat. Dienen wissenschaftliche Kongresse nicht vorrangig der Kontaktpflege, dem Wiedertreffen alter Kollegen und Kolleginnen, den Bekanntschaften mit neuen Kolleginnen und Kollegen? Ist ein Kongress nicht in erster Linie ein *social event* für die Wissenschaften, der trotz des offiziellen Tagungsprogramms dem informellen Austausch und für die Ambitionierten unter den Kongressteilnehmerinnen und -teilnehmern dem *networking* dient? Läge also der Ertrag eines solchen Kongresses vornehmlich in den wissenschaftlichen Einzelergebnissen und in den nichtwissenschaftlichen kommunikativen Nebeneffekten?

Wenn man die Vielzahl der in diesem Band zusammengestellten Beiträge liest, gewinnt man noch einen anderen Eindruck. Was angesichts der hochspezialisierten Forschungsfragen in den einzelnen Disziplinen der Theologie ganz und gar nicht selbstverständlich ist, stellt sich doch als Gemeinsames heraus: Die Gottesfrage steht im Fluchtpunkt der unterschiedlichen spezialisierten Fachzugänge, erweist sich als das Integral der höchst vielfältigen Forschungsarbeiten, die in diesem Band vorgestellt werden. Sie ist es gerade in der Besonderheit einer *Frage*, als heuristische Ausrichtung, als das, was für die Theologie niemals selbstverständlich wird. Ist dieser Eindruck richtig, dann wäre die theologische Arbeit in den einzelnen Disziplinen so lange integrationsfähig, so lange sie sich auf das konstitutive und doch gleichsam entzogene Integral der Gottesfrage bezieht. Die Brisanz dieser Beobachtung wird dann deutlich, wenn man überlegt, welche anderen möglichen Integrationsbegriffe sich für die Theologie anbieten könnten: Weder das Verständnis des Menschen noch der Begriff der Religion scheinen, wenn der Eindruck nicht trügt, die Integrationskraft der Frage nach Gott zu haben. Wenn sich diese Beobachtung auch für andere Leser und Leserinnen bestätigen sollte, dann hätte der XIV. Europäische Kongress für Theologie in der Tat einen Ertrag über den nicht gering zu schätzenden kommunikativen Gewinn gemeinsamer Kongresserfahrungen hinaus.

Zugleich macht die Lektüre deutlich, dass keine der theologischen Disziplinen für sich allein den Ansprüchen eines solchen Kongressthemas genügen kann. Die einzelnen theologischen Fächer existieren in einem Verhältnis gegenseitiger Inanspruchnahme, das auch für die Arbeit in ihren einzelnen Spezialbereichen konstitutiv ist und dazu beiträgt, die Tragweite und Leistungsfähigkeit der wissenschaftlichen Fragestellungen, Methoden und Ergebnisse richtig zu kalibrieren. Ohne die Arbeit von Religionswissenschaft und Interkultureller Theologie, ohne die Perspektiven der Praktischen Theologie kann die Aufgabe einer Hermeneutik der vielfältigen religiösen Gegenwartssituation nicht gelingen. Die philologisch-historische Genauigkeit und die kulturell-hermeneutische Sensibilität der alttestamentlichen und neutestamentlichen Wissenschaft bewahren davor, dass der Bezug auf die biblischen Traditionen gegenwärtigen Relevanzinteressen ausgeliefert wird. Die Kirchengeschichte in ihren vielfältigen Dimensionen u. a. als Text-, Medien-, Riten-, Institutionen-, Sozial- und Mentalitätsgeschichte lässt das Christentum in seinen kulturellen Beziehungen als geschichtsprägenden Prozess sichtbar werden, der es erlaubt, das Gewordensein der Gegenwart als Ergebnis geschichtlichen Werdens zu verstehen und so die reduktionistischen Gegenwartsinterpretationen kritisch zu hinterfragen. Ohne die Beziehungen auf die anderen theologischen Fächer ist die Systematische Theologie in Gefahr, sich im Reich der Erkundungen des denkerisch Möglichen zu verlieren, ohne Quellen, Kriterien und Realitätsbezüge ihrer begrifflichen Arbeit bestimmen zu können oder die Normativität dogmatischer und ethischer Vorschläge zur Faktizität der geschichtlichen Existenz des Christentums in Beziehung zu setzen. Im Bemühen, die Wirkungen theologischer Wissenschaft auf die Praxis in Kirche und Gesellschaft zu reflektieren und Kriterien zur Gestaltung zu entwickeln, führt die Kooperation der theologischen Fächer so wieder zur Arbeit der Praktischen Theologie und der Interkulturellen Theologie und Religionswissenschaft. Die Eigenart der theologischen Wissenschaft als Theorie aus der Praxis für die Praxis lässt sich nur in der Gestalt gegenseitiger Inanspruchnahme der theologischen Disziplinen bewahren. Ihre Einheit manifestiert sich ausschließlich in der strukturierten Kooperation ihrer Fächer. Dafür bietet der Europäische Kongress für Theologie, wie dieser Kongressband belegt, ein Forum.

7 DANK

Der Herausgeber ist zu vielfältigem Dank verpflichtet:
– der Referentin und den Referenten der Hauptvorträge und der Vorträge in den Fachgruppen, dass sie ihre Manuskripte zur Veröffentlichung im Kongressband zur Verfügung gestellt und bearbeitet haben;
– dem Vorstand der Wissenschaftlichen Gesellschaft für die Theologie für die Arbeit an der inhaltlichen Strukturierung des Kongressprogramms und den Vorsitzenden der Fachgruppen für die Organisation der Fachgruppenveranstaltungen;
– dem Dekan der Theologischen Fakultät der Universität Zürich, Prof. Dr. Christoph Uehlinger, Prof. Dr. Konrad Schmid, der auf Seiten der Universität Zürich die Organisation übernommen hat, und den Mitarbeiterinnen Lidija Roos und Natalie Pieper für die überwältigende Gastfreundschaft der Universität Zürich und die problemlos-effektive Kooperation;
– Frau Hanna Reglin, Leiterin der Geschäftsstelle der WGTh, während des Kongresses unterstützt durch Frau Silvia Siche, die die Hauptlast der organisatorischen Arbeit des Kongresses mit größter Aufmerksamkeit und Zuverlässigkeit in bewährter Weise auf sich genommen hat;
– den Mitarbeiterinnen und Mitarbeitern am Institut für Hermeneutik und Dialog der Kulturen der Universität Tübingen, die die Einrichtung der Manuskripte und die Erstellung der Register vorgenommen haben, von denen stellvertretend Friederike Rass und Alexander Kupsch genannt seien.

Seit dem letzten Jahr liegt die verlegerische Betreuung der »Veröffentlichungen der Wissenschaftlichen Gesellschaft für Theologie« (VWGTh) bei der Evangelischen Verlagsanstalt. Besonderer Dank gilt darum der Verlagsleiterin Dr. Annette Weidhas und ihren Mitarbeiterinnen Anne Grabmann und Mandy Schüller für die umsichtige Organisation des »Umzugs« der Buchreihe, vor allem aber für sorgfältige, geduldige und stets freundliche Zusammenarbeit an der Edition dieses Bandes.

Februar 2013   *Christoph Schwöbel*

I HAUPTVORTRÄGE

»Keine anderen Götter«

Über die Notwendigkeit theologischer Religionskritik

Wolfgang Huber

Heute vor zehn Jahren wurde für die Beschäftigung mit dem Thema der Religion ein neues Kapitel aufgeschlagen. Neu war nicht, dass Religion dazu missbraucht wurde, Gewalt zu rechtfertigen; neu war auch nicht, dass Gott für eigene Zwecke instrumentalisiert und damit zum Götzen gemacht wurde. Neu war, dass dies in einer global gemeinten Inszenierung geschah. Ein Zerrbild von Religion, ja ein Zerrbild Gottes trat vor eine weltweite Öffentlichkeit. Die Aufgabe, zwischen wahrer und falscher Religion zu unterscheiden, wurde ebenso offenkundig wie die Notwendigkeit, Gott und Abgott nicht zu verwechseln. Dabei konnte und kann es nicht darum gehen, einer Religion allein die absolute Wahrheit zuzuerkennen und sie allen anderen abzusprechen. Das Geschehen des 11. September 2001 machte vielmehr bewusst, dass kritisches Unterscheiden nicht nur zwischen den Religionen, sondern auch innerhalb der einzelnen Religionen vonnöten ist.

Die Zielsetzung von 9/11 war klar: Vor den Augen der Weltöffentlichkeit sollten die wirtschaftlichen und militärischen Machtzentren der vermeintlich sündhaft-heidnischen westlichen Welt attackiert werden. Eine bestimmte Deutung des Islam beanspruchte dafür die denkbar prominenteste Bühne, nämlich die globale Medienöffentlichkeit.[1] Für den mörderischen Angriff auf das World Trade Center in New York und auf das Pentagon in Washington wurde den Tätern eine »geistliche Anleitung« mit auf den Weg gegeben.[2] Die Verpflichtung zum gewaltsamen Kampf gegen die Ungläubigen wurde zum beherrschenden Motiv einer terroristischen Handlung, die religiös als Martyrium verklärt wurde.

Auch zehn Jahre später zieht das Datum des 11. September 2001 die Interpretation auf sich, dass religiöse Gewaltbereitschaft ein bestimmendes Merkmal

---

[1] Vgl. *F. W. Graf*, Nine eleven und die Christen, in: Politik und Kultur, Beilage, Sept.–Okt. 2011, 5.

[2] Dazu im Einzelnen *H. G. Kippenberg*, Gewalt als Gottesdienst. Religionskriege im Zeitalter der Globalisierung, München 2008, 161 ff.

von Religion überhaupt sei.[3] Zu der seitdem verstärkten Aufmerksamkeit für Religion gehört deshalb auch eine neue Massivität von Religionskritik. Unter den Bedingungen der Gegenwart gilt: Religion polarisiert. Auf der einen Seite nimmt sie vermehrt doktrinäre und fundamentalistische Formen an; auf der anderen Seite treten ihr die Gleichgültigkeit des Nichtglaubens oder die aktive Ablehnung des Unglaubens entgegen.[4] Identifikation und Distanzierung stoßen zum Teil heftig aufeinander. Dabei nimmt die distanzierte Haltung zur Religion entweder die Form eines indifferenten Relativismus oder einer kämpferisch-atheistischen Religionskritik an.[5]

Eine Religionskritik von außen ist en vogue; sie bildet einen Teil der neuen Aufmerksamkeit für die Religion, die zu den Signaturen unserer Zeit gehört. Dagegen ist es um die Kritik der Religion innerhalb der Theologie vergleichsweise still geworden. Auch die Unterscheidung zwischen Gott und den Göttern gehört nicht zu den Spitzenthemen der theologischen Debatte. Das ist vor allem aus zwei Gründen unbefriedigend. Der eine hat mit dem Wahrheitsbewusstsein des Glaubens, der andere mit seinem religionskritischen Potential zu tun.

Wenn die Theologie kritische Reflexion religiöser Praxis ist, kann ihr der Wahrheitsbezug des christlichen Glaubens nicht gleichgültig sein. Dieser Wahrheitsbezug schließt Unterscheidungen ein, auch die Unterscheidung zwischen Gott und den Göttern, zwischen wahrer und falscher Religion. Christoph Schwöbel hat diese Einsicht pointiert zum Ausdruck gebracht: Es »ist der Frage nicht auszuweichen, ob sich die religiöse Praxis – auch im christlichen Glauben – auf Gott oder Abgötter richtet. Schließlich steht und fällt mit der Unterscheidung zwischen Gott und Abgott die Wahrheitsbeziehung des christlichen Glaubens. Die Alternative ›Gott oder Götze?‹ ist darum im Vollzug des Glaubens selbst angelegt, der als Glaube auf Grund seiner eigenen Verfassung als existenzbestimmendes Vertrauen darauf angewiesen ist, sich auf den wahren Gott und nicht auf einen Abgott – ob im Singular oder im Plural – zu richten.«[6]

Eine solche Unterscheidung kann nicht unkritisch vollzogen werden; deshalb erfordert sie eine Aktualisierung der religionskritischen Aufgabe der Theologie. Denn um ihrer kritisch-unterscheidenden Aufgabe willen kann die Theologie

---

[3]   Dazu ausführlicher *W. Huber*, Religion, Politik und Gewalt in der heutigen Welt, in: *K. Kardinal Lehmann (Hg.)*, Weltreligionen – Verstehen. Verständigung. Verantwortung, Frankfurt a. M. 2009, 229–251.

[4]   Zu dieser Unterscheidung vgl. *I. U. Dalferth*, Radikale Theologie, Leipzig 2010, 260.

[5]   Für die zweite Position ist nach wie vor *R. Dawkins*, Der Gotteswahn, Berlin 2007 besonders charakteristisch.

[6]   *Ch. Schwöbel*, Du sollst keine anderen Götter haben neben mir. Zur Aktualität des Problems des Götzendienstes in der modernen Gesellschaft, in: *M. Welker / M. Volf (Hg.)*, Der lebendige Gott als Trinität. Jürgen Moltmann zum 80. Geburtstag, Gütersloh 2006, 315–337, 322.

dieses Feld unter keinen Umständen einfach einer »religiös unmusikalischen« Religionskritik überlassen.[7] Denn eine Religionskritik von außen reicht nicht aus. Aber auch die Auskunft, der Gott der eigenen Glaubensweise sei eben der wahre und alle anderen seien falsche Götter, reicht nicht aus; theologische Religionskritik muss vielmehr ihr kritisches Potential stets auch an der eigenen Tradition und ihrer Glaubenspraxis erweisen.

Deshalb stehen wir vor der Frage, ob es nicht aufs Neue Zeit für eine theologisch motivierte und theologisch fundierte Religionskritik ist. Damit kehrt eine Fragestellung auf die theologische Agenda zurück, die von vielen für überwunden gehalten wurde. Die Zeit theologischer Religionskritik, so meinte man, sei vorbei; stattdessen sei die Zeit einer allgemeinen Religionstheologie gekommen. Und nun eine neue theologische Religionskritik? Gar eine im Namen des ersten Gebots? Da kräuselt sich so manche Stirn.

Doch der Reihe nach! Die Schritte, die sich aus dieser Exposition unseres Themas ergeben, zeichnen sich bereits mit einiger Klarheit ab. Die alte Religionskritik ist out, die neue Religionshermeneutik ist in – und was nun? So könnte man diese drei Schritte etwas locker bezeichnen.

I DAS ENDE DER ALTEN RELIGIONSKRITIK

In der deutschsprachigen evangelischen Theologie und über sie hinaus ist die Vorstellung einer theologischen Religionskritik im 20. Jahrhundert vor allem mit zwei Namen verbunden: Karl Barth und Dietrich Bonhoeffer.[8] Ihr Umgang mit dem Thema der Religion enthält ein bemerkenswertes Anregungspotential; doch aufrechtzuerhalten ist sie in der vorliegenden Form nicht. In beiden Fällen soll theologische Religionskritik dadurch ihre Eindeutigkeit gewinnen, dass der christliche Glaube als solcher der Sphäre der Religion enthoben wird. Zu dieser grundsätzlichen Gegenüberstellung gelangen beide freilich auf unterschiedliche Weise.[9]

---

[7]   Diese inzwischen viel verwendete Formel geht auf Max Weber zurück; vgl. *D. Kaesler*, »Religiös unmusikalisch«. Anmerkungen zum Verhältnis von Jürgen Habermas zu Max Weber, in: Literaturkritik.de, Nr. 6, Juni 2009.

[8]   Das zeigt sich auch an den zusammenfassenden Darstellungen theologischer Religionskritik, beispielsweise durch *H.-J. Kraus*, Theologische Religionskritik, Neukirchen 1982, und *M. Weinrich*, Religion und Religionskritik, Göttingen 2011.

[9]   Aus unterschiedlicher Perspektive wird diese Differenz besonders profiliert: Einerseits bei *Ch. Link*, Motive theologischer Religionskritik, in: *W. Gräb (Hg.)*, Religion als Thema der Theologie. Geschichte, Standpunkte und Perspektiven theologischer Religionskritik und Religionsbegründung, Gütersloh 1999, 91–117; andererseits bei *W. Härle*, Die Wahrheitsgewissheit des christlichen Glaubens und die Wahrheitsansprüche anderer Religionen, in:

Karl Barth erklärt Gottes Offenbarung programmatisch zur »Aufhebung« der Religion.[10] Gewiss schließt der Begriff der »Aufhebung« im Hegelschen Sinn auch das Moment des Bewahrens ein. Deshalb räumt Barth zunächst ein, dass Gottes Offenbarung in die Welt menschlicher Religion eingeht; jedoch kann sie in ihr keine andere Form der Präsenz haben als diejenige der »Verborgenheit«.[11] Das Gewicht der Argumentation liegt darauf, dass die Religion als Unglaube dem auf die Offenbarung antwortenden Glauben diametral entgegensteht. Denn Religion ist für Barth der Versuch des Menschen, sich aus eigener Kraft einen Weg zu Gott zu bahnen und damit über Gott verfügen zu wollen. Solche Religion beobachtet er keineswegs nur außerhalb der christlichen Kirchen; sondern auch innerhalb von Kirche und Christentum sieht er Religion, die von menschlicher Überheblichkeit und damit von Verachtung der göttlichen Gnade geprägt ist. Ihr stellt er den Glauben gegenüber, der sich allein an das Wort der göttlichen Offenbarung hält.

Doch bei dieser Entgegensetzung von Offenbarung und Religion wird in einer Weise von einer Objektivität der göttlichen Selbstoffenbarung gesprochen, die ganz davon abzusehen scheint, dass diese Selbstoffenbarung nicht anders als in menschlicher Sprache, in kulturellen Deutungen, in religiöser Präsentation gegenwärtig ist. Zwar ringt Barth sich in einem weit späteren Zusammenhang seines Denkens dazu durch, auch die Religion zu den »wesensnotwendigen Konstanten der menschlichen Existenz ... und des Weltgeschehens« zu zählen und deshalb der »guten Schöpfung« Gottes zuzurechnen.[12] Doch in den nachgelassenen Ethikfragmenten kehrt er wieder dahin zurück, die Religionen mit dem theoretischen wie dem praktischen Atheismus zusammen vor allem unter der

---

Ders., Spurensuche nach Gott. Studien zur Fundamentaltheologie und Gotteslehre, Berlin 2008, 96–108. Demgegenüber macht Folkart Wittekind geltend, die Gegenüberstellung von Religion und Offenbarung sei überhaupt nicht die Pointe der Barthschen Argumentation; diese bestehe vielmehr in der Entwicklung seines Theologiebegriffs als solchem. Doch das wird gerade nicht an der Thematisierung der Religion in der Kirchlichen Dogmatik I/2 (zuerst erschienen 1937), sondern an dem Aufsatz »Biblische Fragen, Einsichten und Ausblicke« aus dem Jahr 1920 veranschaulicht. Vgl. *F. Wittekind*, Religionskritik als Kritik der Religionswissenschaft. Karl Barths methodisches Programm der Theologie, in: *I. U. Dalferth / H.-P. Großhans (Hg.)*, Kritik der Religion. Zur Aktualität einer unerledigten philosophischen und theologischen Aufgabe, Tübingen 2006, 219–242. Zur Interpretation des § 17 der Kirchlichen Dogmatik vgl. unter anderem *R. Krauss*, Gottes Offenbarung und menschliche Religion. Eine Analyse des Religionsbegriffs in Karl Barths Kirchlicher Dogmatik mit besonderer Berücksichtigung F. D. E. Schleiermachers, New York 1992 sowie die beiden Themenbände der Zeitschrift für dialektische Theologie 11, 1995 und 19, 2003.

[10]   *K. Barth*, Die Kirchliche Dogmatik I/2, 5. Aufl., Zollikon-Zürich 1960, 304 ff.

[11]   A. a. O., 307.

[12]   *K. Barth*, Die Kirchliche Dogmatik IV/3, 2. Hälfte, Zollikon-Zürich 1959, 850.

Perspektive des Verkennens Gottes zu betrachten. Programmatisch bezeichnet er sie in diesem Zusammenhang als einen »Versuch der Nostrifikation Gottes«[13].

Die Einbettung der Christentumsgeschichte in die Religionsgeschichte, die unhintergehbar religiöse Praxis des christlichen Lebens, aber ebenso die gegenwärtigen Erfahrungen im interreligiösen Dialog lassen eine solche Gegenüberstellung von Religion und Offenbarung nicht zu. Insofern ist die Form von Religionskritik, die mit der Gegenüberstellung von Offenbarung und Religion arbeitet, mit Barths groß angelegtem Versuch an ein Ende gekommen.

Vergleichbares gilt für Dietrich Bonhoeffer.[14] Sein Impuls, eine Selbstunterscheidung des Christentums von seinem religiösen Gewand zu vollziehen, entspringt der Kritik an einer Form der Religion, die er durch Partialität, Innerlichkeit, einen metaphysischen Gottesbegriff und das Konzept eines *deus ex machina* gekennzeichnet sieht. Doch zu Unrecht setzt er diese spezifische Gestalt einer nicht zuletzt auch protestantischen Religiosität mit der Religion schlechthin gleich. Er kontrastiert die Verbindung von Christentum und Religion sodann mit einer Zeitdiagnose, die auf der These von der »mündig gewordenen Welt« beruht. Diese Diagnose stützt sich auf eine überzogene und überzeichnende Rezeption von Wilhelm Diltheys Beschreibung der wissenschaftlichen Weltanschauung seit Renaissance und Reformation. Dilthey spricht in diesem Zusammenhang von einer »mündig gewordenen Wissenschaft«[15]; Bonhoeffer dagegen spricht generalisierend vom »mündig gewordenen Menschen«, ja von der »mündig gewordenen Welt«.[16] Bonhoeffers Auffassung, dass die moderne Welt religiös unbedürftig geworden sei, geht über die Charakterisierung eines wissenschaftlichen Weltbilds, das nicht auf religiöse Voraussetzungen zurückgreift, weit hinaus. Die Kritik an einer bestimmten religiösen Gestalt des Christentums verwandelt sich auf diese Weise in die Prognose einer religionslosen Zeit, für die eine nicht-religiöse Interpretation der christlichen Glaubensinhalte notwendig und angemessen sei.

---

[13] K. *Barth*, Das christliche Leben. Die Kirchliche Dogmatik IV/4, Fragmente aus dem Nachlaß, Zürich 1976, 214.

[14] Vgl. dazu insbesondere *Ch. Tietz*, Unzeitgemäße Aktualität. Religionskritik in Zeiten der »Wiederkehr der Religion«, in: *I. U. Dalferth / H.-P. Großhans (Hg.)*, Kritik der Religion. Zur Aktualität einer unerledigten philosophischen und theologischen Aufgabe, Tübingen 2006, 243–258; *W. Huber*, Kein Ende der Religion. Zu Bonhoeffers Unterscheidung zwischen Christentum und Religion, in: *Ch. Tietz (Hg.)*, Dietrich Bonhoeffers Christentum. Festschrift für Christian Gremmels, Gütersloh 2011, jeweils mit weiterer Literatur.

[15] Vgl. *W. Dilthey*, Weltanschauung und Analyse des Menschen seit Renaissance und Reformation (Gesammelte Schriften II), 7. Aufl., Stuttgart/Göttingen 1964, 290.

[16] *D. Bonhoeffer*, Widerstand und Ergebung. Briefe und Aufzeichnungen aus der Haft, hg. von Christian Gremmels, Eberhard Bethge und Renate Bethge in Zusammenarbeit mit Ilse Tödt, Gütersloh 1998 (DBW 8), 477.511 u. ö.

Bonhoeffers mutiger Versuch, die Auslegung des christlichen Glaubens aus den Fesseln einer überlieferten Sprache zu befreien, wird durch diese Kritik an seiner These von der mündig und deshalb religionslos gewordenen Welt nicht in seinem Kern getroffen. Seine Doppelthese von der Weltzuwendung Gottes in der Ohnmacht des leidenden Christus mitsamt der Folgerung der Weltzugewandtheit des christlichen Glaubens behält vielmehr erhebliche Bedeutung für den Umgang mit den Phänomenen, die man gelegentlich summarisch als eine »Renaissance des Religiösen« oder gar als eine »Wiederkehr der Götter« bezeichnet.[17] Die Stoßrichtung seiner Kritik an einer Religion, die die Eigenbedeutung der Welt leugnet und den Menschen aus seiner Verantwortung für die Gestaltung dieser Welt entlässt, bleibt genauso relevant wie die Metakritik einer religionskritischen Position, die den Eigenwert der Welt und die Verantwortung des Menschen für deren Gestaltung nur durch die Negation Gottes meint sichern zu können.[18] Doch die Präsenz der Religion selbst und die verstärkte Aufmerksamkeit für sie können mit der These vom religionslosen Zeitalter genauso wenig theologisch erfasst werden wie mit der Entgegensetzung von Offenbarung und Religion. Insofern ist auch mit Bonhoeffer ein bestimmtes Verständnis theologischer Religionskritik an ein Ende gekommen.

2 Das Auftreten einer neuen Religionshermeneutik

Auf die beschriebene Phase einer theologischen Religionskritik folgten neue Bemühungen darum, das lebensweltliche Phänomen der Religion zu erfassen. Zwei Motive sind dafür bestimmend. Zum einen soll – vornehmlich im Blick auf das Christentum – die gelebte Religion wieder zum Gegenstand der Theologie werden. Zum andern fordert die globalisierte Welt dazu heraus, nicht nur die Pluralität innerhalb des Christentums, sondern die weit darüber hinausgehende Pluralität der Religionen in den Blick zu nehmen und zu interpretieren.

Gegenüber einer theologischen Tradition, die sich ganz auf die theologische Lehre als Auslegung des Wortes Gottes konzentrierte, rückt die neue Religionshermeneutik die vielschichtige Pluralität religiöser Lebensformen in den Blick. Die Aufmerksamkeit gilt dabei nicht nur der religiösen Praxis in den Kirchen, sondern ebenso der Präsenz von Religion in Kultur und Gesellschaft. Die Aufmerksamkeit gilt der Frage, wie »die Evidenz sich einstellt, mit der kulturell und gesellschaftlich zur Verfügung stehende Lebensdeutungen individuell an-

---

[17]   Zur ersten Charakterisierung vgl. in unserem Zusammenhang nur *Ch. Schwöbel*, a. a. O. (s. Anm. 6), 312 ff.; zur zweiten Formel vgl. *F. W. Graf*, Die Wiederkehr der Götter. Religion in der modernen Kultur, München 2004.

[18]   Vgl. *Ch. Tietz*, a. a. O. (s. Anm. 14), 257 f.

geeignet, somit in die Gestalt der eigenen Selbstauffassung und Lebensführung übernommen werden.«[19] Insbesondere künstlerische und mediale Hervorbringungen bieten ein vielfältiges Anschauungsmaterial dafür, dass umfassende Sinndeutungen keineswegs nur in traditionellen religiösen Formen sowie in institutionellen kirchlichen Zusammenhängen auftauchen; sie können vielmehr überall dort ihren Ort haben, wo kulturelle Kommunikation sich solchen Fragen der Sinndeutung zuwendet.

Freilich stößt auch ein solches Verständnis von Religion als kulturellem Deutungsgeschehen auf die Notwendigkeit, Kultur und Religion voneinander zu unterscheiden. Ein rein deutungstheoretischer Religionsbegriff, der auf jeglichen Gegenstandsbezug verzichtet, lässt indessen religiöse und kulturelle Phänomene in eins fallen; er tendiert darüber hinaus zu tautologischen Definitionsversuchen – beispielsweise demjenigen, »dass Religion eine Form der lebensweltlichen Thematisierung der Faktizität menschlichen Lebens darstellt«.[20] Wenn man Religion einfach mit kultureller Sinndeutung gleichsetzt, enthält zum einen der Widerspruch gegen die These von der Säkularisierung der Gesellschaft kein Überraschungspotential mehr. Denn in einer solchen Interpretation kommt es auf die Frage des Funktionswandels von Religion oder des Bedeutungsverlusts von Religionsgemeinschaften gar nicht an. Religion gibt es vielmehr immer schon dann, wenn es Kultur gibt. Zum andern enthält diese Interpretation die Gefahr einer – vielleicht ungewollten – Vereinnahmung. Ein religiöser oder religionsproduktiver Charakter wird nämlich auch denjenigen kulturellen Deutungsangeboten unterstellt, die sich pointiert von jeglicher Religion absetzen wollen. Zudem wird unerkennbar, von welchem Ansatzpunkt aus innerhalb der Religion in diesem denkbar weitesten Sinn des Wortes zwischen unterschiedlichen Deutungsangeboten soll unterschieden werden können. Denn wenn im Begriff der Religion jeglicher Gegenstandsbezug vermieden wird, ist auch nicht einzusehen, wieso im kritischen Urteil über Religion ein solcher Gegenstandsbezug eine Rolle spielen kann.

Wer von Religion in einem spezifischen Sinn reden will, muss deshalb zwischen Kultur und Religion differenzieren. Dafür sind die Unterscheidungsangebote des amerikanischen Ethnologen Clifford Geertz nach wie vor hilfreich. Kultur versteht er als ein »historisch überliefertes System von Bedeutungen, die in

---

[19] *W. Gräb*, Von der Religionskritik zur Religionshermeneutik, in: *Ders.*, Religion als Thema der Theologie. Geschichte, Standpunkte und Perspektiven theologischer Religionskritik und Religionsbegründung, Gütersloh 1999, 118–143, 136 f.

[20] *Ch. Danz*, Religionsbegriff und Religionskritik in der Theologie der Religionen, in: *I. U. Dalferth / H.-P. Großhans (Hg.)*, Kritik der Religion. Zur Aktualität einer unerledigten philosophischen und theologischen Aufgabe, Tübingen 2006, 259–284, 275. Zur deutungstheoretischen Explikation des Religionsbegriffs in der deutschsprachigen evangelischen Theologie vgl. insb. *U. Barth*, Religion in der Moderne, Tübingen 2003.

symbolischer Gestalt auftreten, ... mit dessen Hilfe die Menschen ihr Wissen vom Leben und ihre Einstellungen zum Leben mitteilen, erhalten und weiterentwickeln«[21]. Religion als kulturelles System reagiert in diesem Rahmen auf ein spezifisches Sinnproblem, nämlich auf die Herausforderungen des Unerklärlichen, des Leidens, des moralischen Versagens. Geertz wagt es bei dieser Beschreibung, die sonst übliche, rein funktionale Beschreibung der Kontingenzbewältigung mit Inhalt zu versehen. Dadurch zeichnet er auch den Bezug auf Transzendenz in den Begriff der Religion selbst ein. Denn für ihn gehört es zur Religion, dass das Sinnproblem – also insbesondere das Unerklärliche, das Leiden, das moralische Versagen – mit Bezug auf ein Umgreifendes beantwortet wird, das im rituellen Symbol oder im symbolhaften Wort als real präsentiert wird.[22] Innerhalb der Kultur hat es die Religion also mit einem spezifischen Sinnproblem zu tun und zeichnet sich durch einen bestimmten Gegenstandsbezug aus.

Ähnliche Fragen stellen sich, wenn man auf die Erörterungen blickt, die sich mit der Pluralität der Religionen beschäftigen. Diese Überlegungen sind in Europa vor allem durch den jüdisch-christlichen Dialog vorbereitet worden; gegenwärtig sehen sie sich mehr noch durch die verstärkte Präsenz des Islam herausgefordert. Doch der interreligiöse Dialog lässt sich keineswegs auf das Gespräch zwischen diesen drei, als »monotheistisch« bezeichneten Religionen beschränken. Die Pluralität ist weit radikaler, als sie in einem solchen Bild erscheint. Denn zu ihr gehört auf der einen Seite ein neues Lob des Polytheismus oder Kosmotheismus, auch wenn dieses oft einen eher ästhetischen Charakter trägt.[23] Zur religiösen Pluralität gehört aber ebenso die dauerhafte Präsenz der

---

[21]   *C. Geertz*, Religion als kulturelles System, in: *Ders.*, Dichte Beschreibung. Beiträge zum Verstehen kultureller Systeme, Frankfurt a. M. 1987, 44–95, 46.

[22]   Vgl. *H. Häring*, Spiegel und rätselhafte Gestalt. Religion als kulturelles System, in: *D. Mieth / H. Snijdewind (Hg.)*, Religion zwischen Gewalt und Beliebigkeit, Tübingen/Basel 2001, 25–66, 36 ff.

[23]   Vgl. *O. Marquard*, Lob des Polytheismus. Über Monomythie und Polymythie, in: *Ders.*, Abschied vom Prinzipiellen. Philosophische Studien, Stuttgart 1991, 91–111; unter den zahlreichen Arbeiten von Jan Assmann, in denen er dem Monotheismus einen vom ägyptischen Beispiel abgelesenen Kosmotheismus gegenüberstellt, vgl. schon *J. Assmann*, Arbeit am Polytheismus. Die Idee der Einheit Gottes und die Entfaltung des theologischen Diskurses in Ägypten, in: *H. von Stietencron*, Theologen und Theologien in verschiedenen Kulturkreisen, Düsseldorf 1986, 46–69; *ders.*, Monotheismus und Kosmotheismus. Ägyptische Formen des »Denkens des Einen« und ihre europäische Rezeptionsgeschichte, Heidelberg 1993 sowie die lebhafte Debatte seit seinem Buch Herrschaft und Heil. Politische Theologie in Altägypten, Israel und Europa, München 2000. Siehe dazu *M. Hailer*, Gott und die Götzen. Über Gottes Macht angesichts der lebensbestimmenden Mächte, Göttingen 2006, 191 ff.

»säkularen Option«.[24] Wenn man davon spricht, dass die Säkularisierungstheorie die religiöse Lage, auch in Europa, nicht zutreffend abbildet, dann ist das nur unter der Voraussetzung richtig, dass man von der religiösen Pluralität, die an die Stelle der vermeintlichen Säkularisierung tritt, keine zu harmlosen Vorstellungen hat. Deshalb ist die Frage durchaus erlaubt, ob die Varianten pluralistischer Religionstheologien, von denen die gegenwärtige Debatte bestimmt ist, diese Realität, zu der eben nicht nur ein kämpferischer Atheismus, sondern auch ein nicht minder kämpferischer Satanismus gehört, zureichend in sich aufnehmen.

Diese pluralistischen Religionstheorien sind vor allem von der Absicht geprägt, die Vorstellung vom Absolutheitsanspruch einer Religion hinter sich zu lassen. Der Exklusivismus, der sich mit der Vorstellung von der Absolutheit der eigenen Religion verbindet, wird deshalb von einer komparativen Theologie[25] oder aber von einem Inklusivismus abgelöst, der die Wahrheitsansprüche der Religionen gegeneinander relativiert.[26]

Freilich ist auch ein solcher Inklusivismus von einer verbindenden Leitvorstellung geprägt; auch wenn diese nicht aus der Perspektive einer bestimmten Religion formuliert ist, so ist sie doch von einem übergreifenden Konzept bestimmt, das durchaus positionellen Charakter trägt.[27] Transparenter wird dieser Ansatz dort, wo, etwa bei Reinhold Bernhardt, explizit von einem »mutualen Inklusivismus« die Rede ist.[28] In ihm wird der positionelle Ausgangspunkt der beteiligten religiösen Überzeugungen nicht geleugnet; sondern es wird gefordert, dass diese Überzeugungen in einer Weise artikuliert und praktisch gelebt werden, die mit dem Respekt vor der Wahrheitsgewissheit der Anhänger anderer Religionen vereinbar ist. Eine vergleichbare Überlegung ist dort leitend, wo die Forderung nach Toleranz im Sinn eines positionellen Pluralismus – oder, wie ich lieber sage – einer überzeugten Toleranz vorgebracht wird.[29]

---

[24]   Vgl. insb. *Ch. Taylor*, Ein säkulares Zeitalter, Frankfurt a. M. 2009.

[25]   Vgl. *Ch. Danz / U. H. J. Körtner (Hg.)*, Theologie der Religionen. Positionen und Perspektiven evangelischer Theologie, Neukirchen 2005; *R. Bernhardt / K. von Stosch (Hg.)*, Komparative Theologie. Interreligiöse Vergleiche als Weg der Religionstheologie, Zürich 2009.

[26]   Vgl. als Überblick *Ch. Danz / F. Hermanni (Hg.)*, Wahrheitsansprüche der Weltreligionen. Konturen gegenwärtiger Religionstheologie, Neukirchen 2006.

[27]   So *Ch. Danz*, a. a. O. (s. Anm. 20), 273 im Blick auf John Hicks pluralistische Religionstheorie. Ähnliches lässt sich in ethischer Hinsicht auch an Hans Küngs »Weltethos« zeigen.

[28]   Vgl. *R. Bernhardt*, Ende des Dialogs. Die Begegnung der Religionen und ihre theologische Reflexion, Zürich 2005, 206 ff.

[29]   Zu Wilfried Härles Begriff des »positionellen Pluralismus« siehe *ders.*, Spurensuche nach Gott. Studien zur Fundamentaltheologie und Gotteslehre, Berlin / New York 2008, 96–146; zu »überzeugter Toleranz« siehe u. a. *W. Huber*, Verschieden und doch gleich. Aufgaben einer Integrationsgesellschaft, Landau 2011.

Ein solches Konzept zielt darauf, die Wahrheitsgewissheit der eigenen Überzeugung mit der Achtung vor anderen Überzeugungen und ihren Wahrheitsansprüchen zu verbinden.[30] Doch die entscheidende Frage heißt, wie diese Wahrheitsansprüche selbst beschaffen sein müssen, damit sie mit der Bedingung wechselseitiger Achtung vereinbar sind. Das ist die Frage, die sich mit den Ereignissen heute vor zehn Jahren in die Gewissen eingebrannt hat. Diese Frage nötigt nach dem Ende der alten zu einer neuen Religionskritik, die über die Indifferenz einer bloßen Religionshermeneutik hinausführt. Ihr sind deshalb die abschließenden Überlegungen gewidmet.

3　Die Notwendigkeit einer neuen Religionskritik

Unter den Bedingungen religiöser Pluralität sind religiöse Überzeugungen, ihre Interpretationen und die Formen ihrer symbolischen und gelebten Präsenz daraufhin zu befragen, wie sie mit Verschiedenheit umgehen. Die Achtung des Fremden und der Respekt vor der Würde der Verschiedenen bildet einen entscheidenden Maßstab für eine Religionskritik unter den Bedingungen der Pluralität.[31] Sie schließt den selbstkritischen Umgang mit religiösen Traditionen ein, die auf den Ausschluss des Fremden, die Abwertung des Andersgläubigen, die Geringschätzung anderer aus Gründen der Religion, der Rasse oder des Geschlechts sowie die Rechtfertigung von Gewalt gegenüber dem Feind gerichtet waren oder sind. Schon an dieser Stelle ist deutlich, dass Religionskritik sich niemals in der Kritik fremder Religionen erschöpfen kann, sondern sich immer auch auf die eigene religiöse Tradition richtet.

Besonders deutlich zeigt sich am religiösen Kult der Gewalt und des Krieges, wie er die Gestalt einer förmlichen religiösen Unterwanderung anzunehmen vermag. In der Geschichte des Christentums hat sich die Kriegsverherrlichung

---

[30]　*W. Härle*, a. a. O. (s. Anm. 29), 104 formuliert seine Position des »positionellen Pluralismus« schärfer: »Die eigene Wahrheitsgewissheit besitzt unbedingte Geltung; fremde Wahrheitsansprüche verdienen unbedingte Achtung.« Meine Bedenken richten sich gegen die Verwendung des Wortes »unbedingt« in den beiden Teilen dieses Satzes. Denn die eigene Wahrheitsgewissheit gilt unter dem Vorbehalt besserer Einsicht; und die Achtung vor fremden Wahrheitsansprüchen gilt unter dem Vorbehalt wechselseitiger Achtung. Wahrheitsansprüche, die das Gebot wechselseitiger Achtung verletzen, verdienen ihrerseits keine Achtung. Die Achtung gilt dann nur den Personen, die solche Ansprüche vertreten, nicht den Ansprüchen selbst.

[31]　Die Themen der Differenzwahrung und der Anerkennung erklärt Christian Danz mit guten Gründen zu Schlüsselthemen einer theologischen Religionskritik (a. a. O., s. Anm. 20, 283 f.). Im Folgenden geht es mir darum, deutlich zu machen, warum dieser Kritikansatz bis zu den Bezugsthemen der Religion – Gott, dem Heiligen, der Transzendenz – vorangetrieben werden muss, die Danz gerade ausklammert.

immer wieder einen eigenständigen religiösen Ausdruck verschafft. Bis in die Neuzeit hinein haben bildliche Darstellungen antiker Kriegsgötter Eingang in christliche Kirchen gefunden.[32] Dass darin nicht nur eine ästhetische Reminiszenz ohne religiösen Gehalt lag, kann man an der intensiven Inanspruchnahme Gottes für die jeweils eigene Kriegspartei bis in die Gegenwart hinein erkennen. Im Krieg droht die Religion zur Beschwörung des »Gott mit uns« zu verkommen.[33] Das Beispiel zeigt: Theologische Religionskritik kann sich nicht auf die anthropologischen Aspekte der Anerkennung des Anderen beschränken; sie muss sich mit der Inanspruchnahme des Göttlichen für die eigene Sache und für den Ausschluss des Fremden auseinandersetzen.

Denn theologische Religionskritik muss sich ausdrücklich der Frage widmen, ob die religiöse Gestaltung des Transzendenzbezugs den Umgang des Menschen mit seiner endlichen Freiheit fördert oder verhindert. Verhindert wird die Anerkennung der endlichen Freiheit überall dort, wo der Mensch und seine Hervorbringungen selbst mit dem Anschein des Göttlichen umgeben und seine endliche Freiheit so zu einer unendlichen Freiheit gesteigert wird. Dies mag im Kult der Nation, der Vernunft oder der Kunst geschehen, es kann die stilisierte Form der olympischen Religion des Barons Coubertin oder die vergleichsweise banale Form der Rede vom »Fußballgott« annehmen. Es kann sich in der leichtsinnigen Rede vom »Unsterblichkeitsenzym« ankündigen oder in Ray Kurzweils technosophischem Projekt einer selbstgemachten Unsterblichkeit Ausdruck finden. In all solchen Fällen wird das Irdische vergötzt, das Menschenwerk idolisiert, die endliche Freiheit zu einer vermeintlich unbegrenzten Freiheit gesteigert.

Immer wieder ist die Versuchung dazu, die Grenzen der endlichen Freiheit zu überspringen, am Beispiel des Geldes verdeutlicht worden – jenem Beispiel, an dem auch Martin Luther die Nähe von Gott und Abgott verdeutlicht hat; denn sie beide werden allein durch »Trauen und Glauben«[34] gemacht. Kaum eine Äußerung Luthers hat ein intensiveres Echo gefunden als seine Betrachtung des Mammon als des »allergemeinsten«, also allergewöhnlichsten Abgotts auf Erden. Besonders markant begegnet dieses Echo bei Walter Benjamin. Sein erst postum veröffentlichter Text über Kapitalismus als Religion blieb unvollendet, vielleicht gerade weil er der Behauptung von der Auflösung der Religion in den Kapitalis-

---

[32] Nur ein Beispiel: In der Garnisonkirche in Potsdam wurden um 1735 auf den beiden Seiten der Kanzel Statuen des Kriegsgottes Mars und der Kriegsgöttin Bellona (oder Minerva) errichtet, die dort erst 1816 entfernt und in das Potsdamer Stadtschloss transferiert wurden (*L. Bamberg*, Die Potsdamer Garnisonkirche. Baugeschichte – Ausstattung – Bedeutung, Berlin 2006, 49 f.).

[33] Vgl. zur Religionskritik des Christentums unter diesem Gesichtspunkt *W. Huber / G. Liedke (Hg.)*, Christentum und Militarismus, Stuttgart 1974.

[34] *M. Luther*, Großer Katechismus, Auslegung zum ersten Gebot, BSLK 560.

mus den Anschein einer geschichtsphilosophischen Eindeutigkeit gab, an welcher der Autor selbst Zweifel haben mochte.[35] Doch die drei Kennzeichen, deretwegen Benjamin den Kapitalismus als Kultus bezeichnet, bleiben unabhängig vom geschichtsphilosophischen Rahmen des Nachdenkens wert. Benjamin sieht im Kapitalismus zuallererst eine »reine Kultreligion, vielleicht die extremste, die es je gegeben hat«[36], eine Kultreligion nämlich, die auf alle Dogmatik und Theologie verzichten kann. Sein Kultus ist sodann von permanenter Dauer; er kennt keinen Tag, an dem sich der sakrale Pomp dieser Religion nicht entfalten würde. Und schließlich ist dieser Kultus nicht wie andere entsühnend, sondern verschuldend.[37]

Freilich sind Verschuldung und Gewinn im modernen Finanzkapitalismus weit dichter und zugleich undurchschaubarer miteinander verzahnt, als Benjamin im Jahr 1921 beim Abfassen seines Fragments ahnen konnte. Der Wandel verdankt sich entscheidend der digitalen Revolution; mit ihr beschleunigt sich der Finanzkreislauf derart, dass inzwischen nicht mehr menschliche Gehirne, sondern Computerprogramme über den Einsatz von Milliarden entscheiden. Die Möglichkeiten, durch hohe Risiken hohe Gewinne zu machen, haben sich vervielfacht. In der Zukunft erwartete Preisveränderungen von Rohstoffen oder Devisen werden in Gewinnmargen umgesetzt, Schulden werden ebenso wie die Spekulation auf Kursverluste von Aktien in Wertpapiere verwandelt. Der Finanzmarkt hat sich vollständig von der sogenannten »Realwirtschaft« gelöst und übersteigt deren Umfang um ein Mehrfaches. Das ist nur möglich, weil Preise sich nicht mehr auf Waren und Dienstleistungen, sondern wieder auf Preise beziehen. Joseph Vogl hat das pointiert beschrieben: »Hier werden gegenwärtige Preise für Nichtvorhandenes nach der Erwartung künftiger Preise für Nichtvorhandenes bemessen. Hier werden Preise mit Preisen bezahlt. Die Preise sind … von der Bindung an materielle Lasten und Beschwernisse befreit und rechtfertigen den Titel eines selbstreferentiellen Marktgeschehens.«[38]

Aus diesem selbstbezüglichen Geschehen wird auch ein umfassendes Zukunftsbild abgeleitet – die Verwirklichung eines »Reiches Gottes« mit den Mitteln der Finanzmärkte. Auch in finanzieller Hinsicht wurde schon in den neunziger Jahren das »Ende der Geschichte« angesagt.[39] Das Drama der Wirtschaftszyklen, so meinte man, werde aufhören und durch eine unabsehbar lange Epoche stetig

---

[35]   Zu diesem Einwand vgl. insb. Dirk Baeckers Beiträge in: *Ders. (Hg.)*, Kapitalismus als Religion, Berlin 2009, 9.265.

[36]   *W. Benjamin*, Kapitalismus als Religion, in: *D. Baecker*, a. a. O., 15.

[37]   Vgl. *W. Benjamin*, Kapitalismus als Religion, in: *D. Baecker*, a. a. O., 15–18.

[38]   *J. Vogl*, Das Gespenst des Kapitals, Zürich 2010, 94. Siehe dazu ausführlicher *W. Huber*, Gott, Geld und Glück, in: Das Plateau Nr. 127, Oktober 2011.

[39]   Joseph Vogl verweist beispielhaft auf *J. Glassman / K. Hassett*, Dow 36,000, New York 2000, 20 ff.

steigender Erträge abgelöst. Aus der vermeintlichen Eigendynamik globaler Finanzströme wurde eine Reich-Gottes-Botschaft abgeleitet, das Evangelium der Finanzmärkte.

Freilich ist die Erwartung, dass dieses Gottesreich nahe herbeigekommen sei, in den sich beschleunigenden Finanzmarktkrisen der letzten Jahre durchaus enttäuscht worden. Doch die Priester dieses Kultes halten dagegen: Krisen, so sagen sie, ändern nichts an den Verheißungen dieses Systems. Doch wenn schon nicht die Krisenanfälligkeit des Finanzialismus, so spricht die bittere Realität von Armut, Hunger und wachsenden sozialen Spannungen dagegen, von einem Ende der Geschichte zu träumen. Dass der Eigendynamik der Finanzmärkte zugetraut wird, dieses Ende zu bewirken, zeigt einmal mehr die Gefahr, die mit einem selbstreferentiellen Kult des Gelds verbunden ist. Näher liegt eine Entmythologisierung des Geldes. Geld ist kein Weg zum Heil. Es macht auch nicht glücklich – erst recht dann nicht, wenn man es zum Gott macht.

Dafür ist es nötig, die Vergötzung des Geldes zu unterbrechen und es wieder auf seinen instrumentalen Charakter zurückzuführen. Der religionskritische Auftrag, nichts Menschliches zum Gott zu machen, hat in unserer Zeit des Finanzialismus allergrößte Aktualität. Christliche Theologie stellt der Vergöttlichung des Menschlichen die Menschwerdung Gottes entgegen. Deren Unvereinbarkeit verleiht christlicher Religionskritik ihre Prägnanz. Die Unterscheidung zwischen Gott und Mensch, die den Kern jeder Theologie bildet, konkretisiert sich in dem Gegensatz zwischen der Menschwerdung Gottes und der Vergötzung des Menschen sowie seiner Hervorbringungen. Mit der Menschwerdung Gottes verbindet sich die Befreiung vom Vergötzungswahn des Menschen; darin liegt ein entscheidender und prägnanter Beitrag der christlichen Religion zum Umgang des Menschen mit seiner endlichen Freiheit.

EINHEIT UND VIELHEIT GOTTES IM SPIEGEL DER ALTTESTAMENTLICHEN WEISHEIT

Markus Witte

I WEISHEIT ALS THEOLOGIE

Die Frage nach der Einheit und Vielheit Gottes ist im Grunde die Frage nach dem Wesen Gottes. Als solche lässt sie sich auffächern in die Fragen nach dem Sein und dem Handeln Gottes, nach der Vielfalt der Gotteserfahrungen und der Gestaltungen dieser Erfahrungen sowie nach der Pluralität des Glaubens an unterschiedliche Götter. Damit umfasst die Frage nach der Einheit und Vielheit Gottes auch die Frage nach göttlichen Repräsentationen in der Welt und nach Möglichkeiten menschlicher Partizipation an der als Gott erfahrenen und angesprochenen Macht. Dies beinhaltet schließlich die Frage nach der angemessenen Form der Rede von, durch und zu Gott, also nach dem, was am Ende des Buches Ijob in Gestalt eines Gotteswortes als rechte, weil sachlich zutreffende und situativ authentische Rede über Gott, als $n^e\underline{k}\hat{o}n\bar{a}h$/ἀληθές bezeichnet wird (Ijob 42,7).[1] Kurz: Die Frage nach der Einheit und Vielheit Gottes ist eine genuin theologische Frage. Dies mag banal klingen, ist es aber nicht, wenn man bedenkt, dass – und hier zitiere ich Esther Starobinski-Safran – »(i)n der Bibel und in der rabbinischen Literatur ... wenig darüber zu erfahren ist, was unter der Einheit Gottes zu verstehen ist.«[2]

---

[1] Die Deutung des zweifachen Urteils Jhwhs, sein Knecht Ijob habe im Gegensatz zu den Freunden $n^e\underline{k}\hat{o}n\bar{a}h$ zu (*'al*) ihm geredet, ist vor allem wegen der Mehrdeutigkeit der Präposition heftig umstritten; zu einer kritischen Diskussion neuerer Interpretationen siehe *I.Kottsieper*, »Thema verfehlt!« Zur Kritik Gottes an den drei Freunden in Hiob 42,7–9, in: *M.Witte (Hg.)*, Gott und Mensch im Dialog, FS O.Kaiser, BZAW 345/II, Berlin / New York 2004, 775–785. Kottsiepers eigene Deutung von *'elaj* als Präposition zu $n^e\underline{k}\hat{o}n\bar{a}h$ und die daraus resultierende Übersetzung als »hinsichtlich dessen, was Sache ist«, vermag mich allerdings nicht zu überzeugen.

[2] *E.Starobinski-Safran*, Art. »Monotheismus III. Judentum«, in: TRE 23 (1994), 249–256, hier: 250. Zu einem ähnlichen Votum siehe *R.Feldmeier / H.Spieckermann*, Der Gott der Lebendigen. Eine biblische Gotteslehre, Topoi Biblischer Theologie 1, Tübingen 2011, 97.

Aus der Perspektive des Alten Testaments liegt es nahe, dieses Thema im Spiegel der Weisheitsbücher zu betrachten. Zwar enthalten auch die anderen alttestamentlichen Schriften Theologie, genauer Theologien, sei es, dass sie in mythischer Form von Gott erzählen, dass sie Geschichte als Handlungsort Gottes beschreibend deuten oder dass sie Leben angesichts ambivalenter Wirklichkeitserfahrungen lobend und dankend, bittend und klagend vor Gott ausbreiten. Aber die Weisheitsbücher nähern sich aufgrund ihres reflexiven und diskursiven, mitunter definitorischen Charakters sowie ihrer Anlage zu Argumentation und Selbstkritik doch am stärksten einer systematisch strukturierten und auf Anwendung bezogenen Rede von Gott. Die Weisheitsbücher lassen sich dementsprechend als alttestamentliche »Urform« von Theologie bezeichnen.[3] Dazu vier knappe Hinweise:

1) Die Weisheitsschriften reflektieren verschiedene Arten der *Gotteserkenntnis*, wie die sich aus Alltagserfahrung speisende und durch Tradition vermittelte, die durch besondere Inspiration gewonnene oder die mittels einer speziellen Offenbarung geschenkte. In gewissem Sinn können die Weisheitsbücher als ein kritischer Dialog zwischen Erfahrungs-, Inspirations- und Offenbarungstheologien gelesen werden.[4] Exemplarisch dafür sind die unterschiedlichen Argumentationsstrategien der Protagonisten im Buch Ijob, sei es, dass sich Ijob und seine Freunde zunächst auf ihre eigene und die ihnen durch vorangehende Generationen vererbte Erfahrung berufen (Ijob 4,8; 8,8–10), sei es, dass – im Rahmen einer fortgeschriebenen Buchgestalt – Elifas die Erkenntnis der grundlegenden Differenz zwischen dem allein gerechten Gott und dem als Geschöpf gegenüber Gott immer im Unrecht befindlichen, daher sündigen Menschen einer nächtli-

---

[3]   Siehe dazu auch *H. Spieckermann*, Art. »Theologie, II/1.1. Altes Testament«, in: TRE 33 (2002), 264–268, hier: 266. Insofern überrascht es, dass die Weisheitsliteratur weder von W. H. Schmidt in seinem Artikel »Monotheismus II. Altes Testament« (in: TRE 23 [1994], 237–248) noch in dem von M. Krebernik / J. van Oorschot herausgegebenen Sammelband »Polytheismus und Monotheismus in den Religionen des Vorderen Orients« (AOAT 298, Münster 2002) ausführlicher zur Sprache kommt. Auch in dem von M. Oeming / K. Schmid edierten Aufsatzband »Der eine Gott und die Götter« (AThANT 82, Zürich 2003) wird die Weisheitsliteratur nur in den Thesen von *E. A. Knauf*, Ist die Erste Bibel monotheistisch?, a. a. O., 39–48, berücksichtigt. Vgl. hingegen *S. Schroer*, Die göttliche Weisheit und der nachexilische Monotheismus, in: *M.-T. Wacker / G. Braulik (Hg.)*, Der eine Gott und die Göttin. Gottesvorstellungen des biblischen Israel im Horizont feministischer Theologie, QD 135, Freiburg u. a. 1996, 151–190; *F. Stolz*, Einführung in den biblischen Monotheismus, Darmstadt 1996, 187–207; *T. Krüger*, Einheit und Vielfalt des Göttlichen nach dem Alten Testament, in: *W. Härle / R. Preul (Hg.)*, Marburger Jahrbuch Theologie X, Trinität, MThSt 49, Marburg 1998, 15–50.

[4]   Vgl. dazu auch den von M. Saur herausgegebenen Sammelband »Die theologische Bedeutung der alttestamentlichen Weisheitsliteratur«, BThSt 125, Neukirchen-Vluyn 2012.

chen Vision verdankt (Ijob 4,12–21) bzw. Ijob aufgrund der abschließenden Theophanie zu eben dieser Einsicht kommt (Ijob 38,1; 42,5) oder dass – auf einer der jüngsten redaktionsgeschichtlichen Stufen des Werks – Elihu seine besondere theologische Begabung mit dem göttlichen Geist anführt (Ijob 32,8.18; 33,4).

2) In der Weisheit kommt *die gelebte Religion* als Ort, an dem Einheit und Vielheit Gottes im Alltag und im praktischen Vollzug eine Rolle spielen, vielfältig und kritisch zur Sprache. So gehören zu den weisheitlichen Reflexionen über Gott sentenzenhafte, narrative und traktatähnliche Ausführungen über die Gestaltung der Gottesbeziehung in Gebet und Opfer, Gelübde und Divination, Kultbild und heiliger Schrift oder Tempelbesuch und Totenkult.

3) Die alttestamentliche Weisheit besitzt eine besondere *theologiegeschichtliche Bedeutung* innerhalb des Alten Testaments. Sie ist ein Sammelbecken der unterschiedlichen Traditionen des antiken Israel und integriert – mit jeweils graduellen Differenzen – Vorstellungen über die Einheit und Vielheit Gottes aus der mythischen, juridischen, kultisch-rituellen, prophetischen und historiographischen Überlieferung in ihr Nachdenken über den als Garant einer gerechten Weltordnung vorausgesetzten, bestrittenen oder erhofften Schöpfergott. Die Sammlung dieser Traditionen in der Weisheit wirkt dann auf die entsprechenden Überlieferungsbereiche zurück, die in der heute vorliegenden Gestalt alle eine mehr oder weniger starke weisheitliche Imprägnierung besitzen, so dass auch von einer Sapientialisierung der Tora oder der Prophetie gesprochen werden kann. Gleichwohl bleiben in dieser großen Synthese alttestamentlicher Theologien in den Weisheitsbüchern religions- und sozialgeschichtlich sowie textpragmatisch bedingte Unterschiede erhalten.

4) Zu der inneralttestamentlichen Bedeutung der Weisheitsbücher tritt deren *hermeneutische Relevanz für die jüdische und christliche sowie die spätantike Religionsgeschichte* insgesamt. Gerade die Weisheitsbücher vermittelten, zumal in ihrer griechischen Gestalt, wesentliche Elemente der israelitisch-jüdischen Gottesvorstellungen an die pagane Welt und lieferten dem Christentum Denkfiguren für seine Theologie, insbesondere für die Bestimmung des Verhältnisses zwischen dem als unüberbietbare Manifestation des Heils verstandenen Jesus Christus zu dem von diesem ausschließlich als Vater, Herr und Guter bezeichneten Gott.[5]

Bei aller integrierenden und synthetisierenden Kraft bieten die Weisheitsbücher *keine stringente Philosophie* der Einheit und Vielheit Gottes im Stile Platons, Aristoteles' oder gar Plotins[6], sondern eine *Vielzahl von Aspekten* der Rede

---

[5]   Vgl. Mk 10,18 *par.* Lk 18,19 (*versus* Jer 33,11; Nah 1,7; Ps 34,9; 100,5; 118,1.29; 119,68; 135,3; 136,1; 145,9; Klgl 3,25; 2 Chr 30,18; Sir 45,25; 4Q403 frgm. 1 I,5) bzw. Mk 12,29.32.

[6]   Zu Plotin (205–270 n. Chr.) als Philosophen der Einheit Gottes siehe *W. Weischedel*, Der

von Gott, oft nur in Sentenzen, die sich kaum zufällig mit den Aphorismen eines Heraklit oder Xenophanes berühren. Dementsprechend kann hier auch nur ein kleiner Überblick über ausgewählte Punkte gegeben werden, die – neben vielen anderen Aspekten – zum Thema der Einheit und Vielheit Gottes gehören und die in der alttestamentlichen Weisheit als solche ausdrücklich behandelt werden. Dass diese Übersicht nur ein Fragment darstellt, ist insofern der Beschäftigung mit der Weisheit adäquat, als dass diese sich von Jesus Sirach bis zu Paulus in besonderer Weise des bruchstückhaften Charakters jeder Rede von Gott bewusst ist (Sir 18,7; 1 Kor 13,9).

2 Einheit der alttestamentlichen Weisheit

Die Vorstellung, dass Gott einer und einzig ist, wird in den alttestamentlichen Weisheitsbüchern vorausgesetzt. Hans-Peter Müller hat in diesem Zusammenhang auf religionsphänomenologischer Basis von dem latent monotheistischen Charakter der gesamten alttestamentlichen (und altvorderorientalischen) Weisheit gesprochen und diesen auf ihre Verankerung in einer Urheber- oder Hochgottreligion zurückgeführt.[7]

Hinzu kommt aber, dass die Weisheitsbücher, wie sie heute in ihrer Endgestalt aus dem ausgehenden dritten Jahrhundert vor Christus (so im Fall der Sprüche Salomos, Ijobs und Kohelets), dem frühen und mittleren zweiten Jahrhundert (so im Fall des hebräischen, aber nur fragmentarisch erhaltenen Originals und der jüngeren griechischen Übersetzung des Sirachbuches) und dem ausgehenden ersten Jahrhundert (so im Fall der Weisheit Salomos) vorliegen, religionsgeschichtlich alle im Schatten des monotheistisch verstandenen $\check{S}^e ma$ ' $Ji\acute{s}r\bar{a}$ 'el (Dtn 6,4 f.) und des spätdeuteronomistischen exklusiven Monotheismus (Dtn 4,39) stehen. Die Rezeption des $\check{S}^e ma$ ' $Ji\acute{s}r\bar{a}$ 'el, des Deuteronomiums und der Tora insgesamt ist im Sirach-Buch und in der Weisheit Salomos offensichtlich.[8] In den anderen Weisheitsbüchern findet sich die Aufnahme der Tora

---

Gott der Philosophen. Grundlegung einer philosophischen Theologie im Zeitalter des Nihilismus. Zwei Bände in einem Band, Darmstadt 1983 (Nachdr. der 1975 in dritter Aufl. erschienenen zweibändigen Ausg.), I, 63–65.

[7] *H.-P. Müller*, Art. »Monotheismus, II. Altes Testament«, in: RGG⁴ V (2002), 1459–1462; *Ders.*, Neige der hebräischen Weisheit (1978), in: *Ders.*, Mensch – Umwelt – Eigenwelt. Gesammelte Aufsätze zur Weisheit Israels, Stuttgart u. a. 1992, 143–168.

[8] Treffend bezeichnete bereits M. Luther die Weisheit Salomos als eine »rechte Auslegung« des ersten Gebots (*M. Luther*, Die gantze heilige Schrifft Deudsch Wittenberg 1545. Letzte zu Luthers Lebzeiten erschienene Ausgabe, hg. von H. Volz unter Mitarbeit von H. Blanke, I–II, München 1972, hier: II, 1702).

punktuell (so in den Sprüchen und Kohelet)[9] oder strukturell (so in Ijob).[10] Gerade neuere Untersuchungen zum theologiegeschichtlichen Ort der Weisheitsbücher zeigen, dass diese auch ein kritischer Toradiskurs und damit ein kritischer Diskurs über Gottesvorstellungen der Tora, zumal des Deuteronomiums, sind.[11]

Was sich weiterhin durch die theologischen Reflexionen der Weisheitsbücher leitmotivisch hindurchzieht und die Weisheitsbücher zu einer geistigen Einheit macht, ist das Thema der Gerechtigkeit Gottes. So lebt die weisheitliche Reflexion der Einheit und Vielheit Gottes – bei allen literaturgeschichtlichen Differenzen – aus der Spannung zwischen dem Glauben an den *einen* Schöpfer und damit an *eine* Sinn stiftende, Leben erhaltende und Wirklichkeit bestimmende Macht einerseits und der Erfahrung der über den so Glaubenden von außen hereinbrechenden Zerstörung von Leben, die als von Gott verursachter Bruch seiner Gemeinschaft mit dem Menschen, mithin als Ungerechtigkeit wahrgenommen und versprachlicht wird, andererseits.

3 Vielheit der Weisheit

3.1 »Wo ist der Vater?« –
Aspekte der Einheit und Vielheit Gottes im Buch Ijob

Ijob steht nicht nur für den leidenden Gerechten aus dem Land Uz, dem mythisch verschlüsselten Land des Ratens,[12] der trotz – und wie der himmlische Dialog zwischen Jhwh und dem Satan zeigt – gerade wegen seiner einzigartigen Fröm-

---

[9]   Vgl. Spr 13,13; (18,10 als Erbe der deuteronomischen Namens-Theologie); 19,16; 28,4.7.9; 29,18; 30,1–9 bzw. Koh 5,3f. (vgl. Dtn 23,22-24); 5,5 (vgl. Lev 4f.; Num 15,22–31); 11,9 (Num 15,39); siehe dazu auch *T. Krüger*, Kohelet (Prediger), BK XIX (Sonderband), Neukirchen-Vluyn 2000, 48; und *L. Schwienhorst-Schönberger*, Kohelet, HThKAT, Freiburg u. a. 2004, 43 f., der Zitate aus der Tora (Koh 5,3aα: Dtn 23,22a; Koh 5,5aγ: Num 15,25bα), Anspielungen auf die Tora (Koh 3,11a: Gen 1; Koh 3,20b; 12,7: Gen 2,7.19; Koh 7,29: Gen 1–2) und Querverbindungen zur Tora (Koh 12,12–14: Dtn 31,11–13) namhaft macht.

[10]   Siehe dazu ausführlich *G. Braulik*, Das Deuteronomium und die Bücher Ijob, Sprichwörter, Rut. Zur Frage früher Kanonizität des Deuteronomiums, in: *E. Zenger* (Hg.), Die Tora als Kanon für Juden und Christen, HBS 10, Freiburg u. a. 1996, 61–138, hier: 66–90; *D. Opel*, Hiobs Anspruch und Widerspruch. Die Herausforderungsreden Hiobs (Hi 29–31) im Kontext frühjüdischer Ethik, WMANT 127, Neukirchen-Vluyn 2010, 135–157; *M. Witte*, Does the Torah keep its promise?, in: *K. J. Dell / W. Kynes (Hg.)*, Reading Job Intertextually (im Druck).

[11]   Vgl. *B. U. Schipper*, Hermeneutik der Tora. Studien zur Traditionsgeschichte von Prov 2 und zur Komposition von Prov 1–9, BZAW 432, Berlin / New York 2012.

[12]   Zur Zusammenstellung von Uz (*'ûṣ*) mit der gleichlautenden Verbalwurzel (*'ûṣ* vgl. auch *jā'aṣ*) siehe *M. Witte*, Der leidende Mensch im Spiegel des Hiobbuches, in: *B. Hadinger*

migkeit ins Unglück gestürzt wird. Ijob steht auch für die Frage nach dem grund-sätzlichen Wesen Gottes. Ijob, zu Deutsch »Wo ist der Vater?«, »Wo ist der Schöp-fer und Bewahrer des Lebens?«, sucht Gott – lebenslang, zunächst im Glück, dann in tiefem Leid und letztlich wieder im Glück. Unter anderem ist es diese Suche nach der Anwesenheit Gottes, die im Ijob-Buch die Einheit Gottes aus-macht.

Im Kontext seiner intensivsten Suche nach dem Gott, den Ijob als Schöpfer kennengelernt hat (Ijob 10,8), auch wenn er sich in seinem Leid an den Nullpunkt seiner Existenz zurückwünscht (3,4), nach dem Gott, auf dessen Treue zur Ge-meinschaft er setzt (10,12), auch wenn er in seinem Leid an dessen Gerechtigkeit verzweifelt (9,20–22), in *dem* Moment, da Ijob – poetisch überhöht – Gott in Zeit und Raum vergeblich sucht (23,8 f.), da fällt die Bezeichnung Gottes als *'æḥād*, als einziger und einer (23,13): »Doch er ist der Eine«.[13] Die Vielheit der Gottesbezeich-nungen in der ursprünglichen Dichtung, *El* und *Eloah*, *Elohim* und *Schaddaj* und schließlich – in den Überschriften der Gottesreden – *Jhwh* fließt in dieser aus Dtn 6,4 und Sach 14,9 bekannten Gottesbezeichnung *'æḥād/εἷς* zusammen.[14]

Die Vielfalt der Gottesbezeichnungen, zu der auf einer späten Redaktions-stufe in Ijob 28,28 noch *Adonaj* hinzu kommt, ist weder ein Hinweis auf ein ur-sprünglich polytheistisches Milieu der Ijob-Dichtung noch ein Beispiel für einen »idealtypischen Monotheismus«[15]. Es handelt sich vielmehr um eine dichterische Varianz zur Vermeidung des Jhwh-Namens im Mund der Weisen, zumal wenn diese gemäß ihrer Herkunftsorte mindestens Nichtisraeliten, nach einer schon in der Septuaginta und im Talmud nachweisbaren Problematisierung gar als Nichtjuden anzusehen sind.[16] Vielleicht steht zusätzlich das priesterschriftliche

---

(Hg.), Mut in Zeiten der Resignation. Betrachtungen zur Bestimmung des Menschen, FS W. Kurz, Tübingen/Wien 2004, 404–421.

[13]   In der Wendung *hû' bᵉ'æḥād* ist *bᵉ* als *beth-essentiae* aufzulösen.

[14]   Zur Verortung dieser Gottesbezeichnung im spätbronzezeitlichen syrisch-kanaanäi-schen Substrat der israelitisch-jüdischen Religion siehe *O. Loretz*, Die Einzigkeit eines Gottes im Polytheismus von Ugarit, in: *M. Krebernik / J. van Oorschot (Hg.)*, Polytheismus und Mo-notheismus in den Religionen des Vorderen Orients, AOAT 298, Münster 2002, 71–89, und zum Reichtum der Deutungsmöglichkeiten von Dtn 6,4 *J. van Oorschot*, »Höre Israel ...!« (Deut 6,4 f.) – der eine und einzige Gott Israels im Widerstreit, in: *M. Krebernik / J. van Oor-schot (Hg.)*, Polytheismus und Monotheismus in den Religionen des Vorderen Orients, AOAT 298, Münster 2002, 113–135.

[15]   So aber nach *Knauf*, Bibel, 46 f.

[16]   Vgl. den Septuaginta-Zusatz zu Ijob 42,17 und bBB 15a–b; siehe dazu auch *M. Witte*, The Greek Book of Job, in: *T. Krüger / M. Oeming / K. Schmid / Chr. Uehlinger (Hg.)*, Das Buch Hiob und seine Interpretationen, AThANT 88, Zürich 2007, 33–54; *ders.*, Hiob und die Väter Israels. Beobachtungen zum Hiobtargum, in: *Ders. (Hg.)*, Hiobs Gestalten. Interdisziplinäre Studien zum Bild Hiobs in Judentum und Christentum, SKI.NF 2, Leipzig 2012, 39–61.

Konzept der gestuften Offenbarung Gottes, als *Elohim* vor der Welt, als *El* bzw.
El Schaddaj vor den Erzvätern (vgl. Gen 17,1) und als *Jhwh* vor Mose, im Hintergrund (vgl. Ex 6,2 f.),[17] wenn Ijob in seinem die Dichtung eröffnenden Versuch,
die Schöpfung zu negieren (vgl. Ijob 3,4), Gott als *Eloah* anspricht,[18] wenn im
Dialog mit den Freunden dann zusätzlich *El*, *Elohim* und *Schaddaj* auftauchen
und wenn die als Theophanie gekennzeichneten Gottesreden in der Überschrift
das Tetragramm aufweisen. Doch wie in der Priesterschrift *El* und *Schaddaj* den
einen und einzigen Gott bezeichnen, so verbirgt sich hinter allen diesen Bezeichnungen im Buch Ijob der eine und einzige Gott, den Ijob in seinem abschließenden Unschuldsbekenntnis noch einmal entschieden *'æḥād* nennt
(31,15):

> »Hat nicht auch ihn erschaffen, der mich im Mutterleibe schuf,
> hat nicht *der Eine* (*'æḥād*) uns im Mutterschoß bereitet?«

Auch hier steht die Gottesbezeichnung *'æḥād* und mit ihr das Bekenntnis zur
Einheit Gottes in unmittelbarem Bezug zu Gott als dem Schöpfer.

So wird in Ijob 31,15 (wie in Spr 14,31) aus der gemeinsamen geschöpflichen
Herkunft von dem *einen* Gott die ethische Verpflichtung zur Wahrung des Rechts
ökonomisch und sozial Benachteiligter abgeleitet.[19] Hier zeigt sich, wie an anderen Stellen des Alten Testaments auch außerhalb der Weisheit, das ethische Potential, das im Alten Testament der Vorstellung von der Einheit Gottes innewohnt.
In außerkanonischen jüdischen Schriften aus hellenistisch-römischer Zeit ist
diese Idee weiter ausgeführt (vgl. Aristeasbrief 139), um dann bei Hermann Co-
hens (1842–1918) Ableitung der Einheit der Moral aus der Einheit Gottes zu
gipfeln.[20]

In den dem Ijob-Buch später zugewachsenen Sentenzen zur geschöpflich
bedingten Niedrigkeit des Menschen erscheint die Korrelation der Einheit Gottes
und der Menschheit hamartiologisch gewendet:

---

[17]   Vgl. *Knauf*, Bibel, 46; *M. Witte*, Vom EL SCHADDAJ zum PANTOKRATOR – Ein Überblick
zur israelitisch-jüdischen Religionsgeschichte, in: *J. F. Diehl / M. Witte* (Hg.), Studien zur
Hebräischen Bibel und ihrer Nachgeschichte, KUSATU 12–13, Kamen 2011, 211–256 (besonders S. 213–220).

[18]   Diese Gottesbezeichnung ist nur 58mal in der Hebräischen Bibel belegt, davon 41mal
im Ijob-Buch. Sie geht sprachlich auf *Elohim* zurück und könnte in analogem Sinn zu Kohelets Verwendung von *Elohim* gebraucht sein (*Müller*, Monotheismus, 1462).

[19]   Vgl. Spr 17,5; 19,17; 22,2; 29,13.

[20]   *H. Cohen*, Religion der Vernunft aus den Quellen des Judentums. Nach dem Manuskript
des Verfassers neu durchgearbeitet und mit einem Nachwort versehen von B. Strauß, Frank-
furt/M. 1929 (Nachdr. Darmstadt 1966), 180.

»Wie kann ein Mensch gerecht sein vor Gott oder ein Mann rein sein vor dem, der ihn gemacht hat?
Siehe seinen Dienern traut er nicht und seinen Boten wirft er Torheit vor« (Ijob 4,17 f.).

Mit dieser Sentenz, die mit Modifikationen dreimal im Ijob-Buch begegnet,[21] ist ein Aspekt der Einheit Gottes angesprochen, der in der ursprünglichen Auseinandersetzung zwischen Ijob, seinen Freunden und Gott nicht nur wegen seiner charakteristischen Sündenvorstellung auffällt, sondern auch wegen seiner anklingenden Rede von den Engeln. Literargeschichtlich wohl auf verschiedene Hände zu verteilen, tauchen diese als *bᵉnê (hā-) ᵃᵉlohîm* / ἄγγελοι τοῦ θεοῦ (1,6; 2,1; 38,7), als »Diener« und »Boten« (4,18), als »Heilige« (5,1; 15,15), »Erhabene« (21,22) und »Scharen« (25,3) sowie als »Tausendschaft« (33,23) auf. Traditionsgeschichtlich in der Vorstellung eines himmlischen Hofstaates gründend,[22] im Einzelnen religionsgeschichtlich unterschiedlich gefärbt, ist allen genannten Stellen gemeinsam, dass sie die Engel zwar als dem Menschen überlegene, Gott aber vollständig untergeordnete Wesen betrachten. Ein eigenes Profil erhalten nur der Satan in den Himmelsszenen des Prologs (1,6–12; 2,1–7) und der auf diese bezogene Fürspracheengel in der ersten Rede des Elihu (33,23–26). Beide Figuren erscheinen als poetisch personifizierte innergöttliche Zwiegespräche, im Fall des Satan als – gegenüber der ursprünglichen Ijob-Novelle und der ursprünglichen Ijob-Dichtung sekundäre – Begründung der gottgeschickten Leiden Ijobs, im Fall des Fürspracheengels als – gegenüber den Himmelsszenen seinerseits sekundäres – positives Gegengewicht zum Satan, der die Wende des nun als Erziehungsmaßnahme Gottes gedeuteten Leidens bewirkt. Elihus Fürspracheengel figuriert hier das alttestamentlich breit gestreute Motiv der Reue Gottes.[23]

---

[21]   Hi 4,17–19; 15,14–16; 25,4–6, davon abhängig und verkürzt in 9,2 und 33,12; vgl. Koh 7,20; Spr 20,9; siehe dazu *M. Witte*, Vom Leiden zur Lehre. Der dritte Redegang (Hiob 21–27) und die Redaktionsgeschichte des Hiobbuches, BZAW 230, Berlin / New York 1994, 91–114.

[22]   Vgl. 1 Kön 22,19; Ps 82,1.

[23]   Vgl. den Klassiker von *J. Jeremias*, Die Reue Gottes. Aspekte alttestamentlicher Gottesvorstellung, BThSt 31, 3. Aufl., Neukirchen-Vluyn 2002. Im Buch Ijob liegt dieses Motiv bekanntlich pervertiert vor, wenn am Ende Ijob so reagiert, wie er es eigentlich von Gott erwartet und Reue empfindet (Ijob 42,6). Siehe dazu pointiert *M. Fishbane*, The Book of Job and Innerbiblical Discourse, in: *L. G. Perdue / W. C. Gilpin (Hg.)*, The Voice from the Whirlwind. Interpreting the Book of Job, Nashville 1992, 86–96; 240–241, hier: 97 f.: Weil Gott sich nicht wandelt, muss sich Ijob wandeln; ähnlich *H. Spieckermann*, Wunder, Wunden, Weisheit, in: *M. Witte (Hg.)*, Hiobs Gestalten. Interdisziplinäre Studien zum Bild Hiobs in Judentum und Christentum, SKI.NF 2, Leipzig 2012, 11–28, hier: 22 f.

Ob nun der Satan Ijob mit Aussatz schlägt (2,7) oder der Fürspracheengel potentiell einen Wandel Gottes bewirkt (33,23–26) – es ist letztlich doch der *eine* Gott, der handelt (Ijob 2,3b).[24] In allen literarischen Schichten des Ijob-Buches und in den von ihnen vertretenen verschiedenen Deutungen des Leidens, sei es als Strafe für bewusste oder unbewusste Sünden, als Mittel der Bewährung, Prüfung oder Erziehung des Gerechten bzw. als Existential und als Geheimnis, steht die Alleinwirksamkeit dieses Gottes außer Frage. Das zeigen die Klagen Ijobs gegen den als Feind erfahrenen und als Freund erhofften Gott[25] ebenso wie Ijobs erster Satz im Buch »Jhwh hat es gegeben, Jhwh hat es genommen – gelobt sei der Name Jhwhs« (1,21), der einmal das kompositionelle und theologische Zentrum der Ijob-Novelle bildete und der variiert von der späteren Buchredaktion in 2,10 aufgenommen wird: »Das Gute haben wir von Gott erhalten und sollten das Böse nicht auch annehmen?« Das Paradigma des leidenden Menschen spricht hier aus, was gemäß seinem literarischen Pendant, Adam, zum Wesen des Menschen als Gegenüber des einen Gottes gehört, das heißt: wie dieser, zwischen gut und böse unterscheiden und beides (er-)leben zu können (Gen 3,22; 6,5).

Wohl als Reaktion auf Elihus Theologie des gerechten Schöpfergottes[26] sind Ijob Schöpfungshymnen in den Mund gelegt, die darauf hinauslaufen, die begrenzte Gotteserkenntnis des Menschen zu konstatieren:

»Siehe, das sind nur die Enden seiner Wege,
und nur ein kleines Wörtlein davon haben wir vernommen.
Wer will aber den Donner seiner Macht verstehen?« (26,14)

Gott ist einer – *wie* aber diese Einheit zu beschreiben ist, das entzieht sich auch den Weisen (28,28). Selbst der poetische Rekurs auf den einst vom Wettergott niedergerungenen Chaosdrachen oder die vor Gott zitternden Refaim,[27] mithin die Reaktivierung des Mythos, reicht nicht zur Beschreibung dieser Einheit. Gott und seine Einheit sind ein Mysterium.

---

[24]   Siehe dazu auch *Krüger*, Einheit, 22–24.

[25]   Vgl. besonders Ijob 6; 19.

[26]   Vgl. Ijob 35,13; 36–37 und dazu *H.-M. Wahl*, Der gerechte Schöpfer. Eine redaktions- und theologiegeschichtliche Untersuchung der Elihureden – Hiob 32–37, BZAW 207, Berlin / New York 1993, 63–68, sowie *T. Pilger*, Erziehung im Leiden. Komposition und Theologie der Elihureden in Hiob 32–37, FAT II/49, Tübingen 2010, 147–163.

[27]   Vgl. Ijob 7,12; 9,13; 26,12 bzw. 26,5; 38,17. Die sehr spät in das Buch eingelegten Beschreibungen des Behemot (»Flusspferd«) und Leviathan (»Krokodil«) in 40,15–24; 40,25–41,26 sind weniger mythisch zu verstehen als vielmehr »natürlich«, d.h. als (gewaltige) Geschöpfe des einen Gottes (vgl. Ps 104,26), die im Kontext der Gottesreden des Ijob-Buches über kein eigenes widergöttliches Profil verfügen.

3.2 »Der Gott hat alles schön gemacht zu seiner Zeit« (Koh 3,11) – Aspekte der Einheit und Vielheit Gottes im Buch Kohelet

Der doxologisch-resignativen Bestimmung der Einheit Gottes in den jüngsten Schichten des Ijob-Buches steht die zu diesen annähernd zeitgleiche Bezeichnung Gottes ausschließlich als *'ᵃlohîm*/θεός (»Gott«) bzw. *hā-'ᵃlohîm*/ὁ θεός »der Gott / die Gottheit« im Buch Kohelet zur Seite. In der Konzentration auf diese Bezeichnung, bei der bewusst auf die Verwendung des Jhwh-Namens verzichtet wird, spiegelt sich wie in kaum einer anderen alttestamentlichen Schrift die Tendenz zur Abstraktion und Entmythisierung des Gottesbegriffs.[28] Gott als einer kann gemäß Kohelet nur als »Gott« bezeichnet werden. Dieser ist in der grundsätzlich schöpfungstheologisch ausgerichteten Theologie Kohelets dezidiert die alles bestimmende Wirklichkeit, die in Freiheit total und universal handelt.[29] Wo sich Gottes Einheit schon in der Bezeichnung zeigt,[30] kommen Mythologie und Götterkritik nicht vor.

Dabei steht der Gott Kohelets der Welt, der er ein umfassendes, aber nicht unbegrenztes Eigenleben gewährt, distanziert, aber nicht apersonal oder beziehungslos gegenüber: Er ist Garant des Rechts, in diesem Leben und – gemäß jüngerer Einschreibungen in das Buch –[31] auch jenseits der Grenze des Todes; er ermöglicht Leben und lässt in seiner Freiheit den Menschen punktuell Glück erleben. Im Erleben dieses Glücks, in der Erfahrung, dass Gott alles schön gemacht hat zu seiner Zeit, wie es Koh 3,11 in charakteristischer Modifikation des priesterschriftlichen Votums aus Gen 1,31 formuliert, schenkt Gott dem Menschen Anteil an seinem Wesen. In Momenten des Glücks partizipiert der Mensch am *'ôlām*/αἰών (»Ewigkeit«), an der Zeit Gottes und damit an Gott selbst.[32]

Gleichfalls in Weiterführung des priesterschriftlichen Konzepts der Schöpfungstage (Gen 1,1–2,3) und dem daraus – wie aus der gesamten Theologie der Priesterschrift – ablesbaren Verständnis Gottes als Herrn der Zeit reflektiert Kohelet die Vielheit menschlicher Zeiterfahrungen (Koh 3). Die Vielfalt der in Koh 3 beispielhaft genannten Zeiterfahrungen von Geburt und Tod, Liebe und

---

[28] Vgl. dazu *Müller*, Neige, 143–168.

[29] Vgl. Koh 1,13; 3,10; 7,13–17; 8,17; 11,5.

[30] Zur Namenlosigkeit als Merkmal der Einheit in der Hermetik siehe *E. Hornung*, Das Denken des Einen, in: *M. Krebernik / J. van Oorschot* (Hg.), Polytheismus und Monotheismus in den Religionen des Vorderen Orients, AOAT 298, Münster 2002, 21–32, hier: 31f., und im hellenistischen Judentum siehe *M. Hengel*, Judentum und Hellenismus. Studien zu ihrer Begegnung unter besonderer Berücksichtigung Palästinas bis zur Mitte des 2. Jh.s v. Chr., WUNT 10, 3. Aufl., Tübingen 1988, 485f.

[31] Vgl. Koh 3,17; 8,5; 11,9; 12,14.

[32] Im Gegensatz zu *Müller*, Neige, 154, betrachte ich *'ôlām* gerade nicht als negativ gewertet.

Hass, Krieg und Frieden, ist aber kein Spiegel einer vielfältigen Götterwelt,[33] auch ist Gott selbst nicht die Zeit – er steht ihr als der allein Ewige vielmehr gegenüber und schenkt Erfahrungen seiner selbst in der Zeit. Allein diese Erfahrungen Gottes in der Zeit verleihen der für Kohelet im Gegensatz zur älteren Weisheit uneindeutig gewordenen Zeit ihre Eindeutigkeit. So steht Kohelet für die im Rahmen der Reflexion über Einheit und Vielheit Gottes philosophisch, religionsgeschichtlich und theologisch immer wieder notwendige Bestimmung des Verhältnisses Gottes zur Zeit.

3.3 »ICH WAR GOTTES LIEBLING« (SPR 8,30) – ASPEKTE DER EINHEIT UND VIELHEIT GOTTES IM BUCH DER SPRÜCHE SALOMOS

Mit der Beschreibung von Glückserfahrungen als »Ewigkeitserfahrungen« ist die Möglichkeit menschlicher Partizipation an dem einen Gott angeklungen. Am Beispiel eines Textes aus dem Buch der Sprüche und seiner Parallelen in den anderen Weisheitsbüchern soll dem Aspekt menschlicher Teilhabe an dem einen Gott weiter nachgegangen werden.

In Spr 8,22–36 erscheint die Weisheit personifiziert als ein schon vor der eigentlichen Schöpfung von Gott geschaffenes (nicht erworbenes)[34] Wesen, gewissermaßen als vorweltliche Zeugin der Schöpfertätigkeit Jhwhs, als Mittlerin des Lebens und als Liebling oder als Werkmeisterin Gottes,[35] die selbst vor diesem spielt (8,30). Die als Selbstprädikation der Weisheit gestaltete Rede ist – neben den Himmelsszenen im Buch Ijob – innerhalb der Weisheitsbücher der hebräischen Bibel wohl die deutlichste Reflexion über die Einheit und Vielheit Gottes. Dabei handelt es sich religionsgeschichtlich nicht um die Integration einer ehemaligen Göttin der Weisheit in den Jhwh-Glauben oder um eine Erweiterung des Verfügungsbereichs Jhwhs. Vielmehr liegt hier die poetische Personifikation eines ethischen und religiösen Ideals vor, parallel zur personifizierten Gerechtigkeit (12,28; 13,6), Torheit (9,13) oder Gottlosigkeit (13,6). Phänomenologisch entspricht dies der Vergöttlichung der εἰρήνη / pax oder der τύχη / fortuna in der paganen Welt des Hellenismus.[36] Dabei ist nochmals zu betonen, dass die personifizierte Weisheit der Sprüche Salomos bei allen Anleihen an

---

[33]   Vgl. dagegen die hinsichtlich der Phänomene besonders qualifizierter Zeiten ausdifferenzierte Götterwelt z. B. in den griechischen und römischen sowie altvorderorientalischen Religionen.

[34]   Zu *qānāh* im Sinn von »erschaffen« siehe Gen 14,19.22; Dtn 32,6; Ps 139,13; Ijob 36,33 (*v. l.*). Auch in Gen 4,1 dürfte *qānāh* eher »erschaffen« als »erwerben« bedeuten.

[35]   Die Übersetzung von *'āmôn* ist eine alte *crux*. Die Übersetzung mit »Liebling« basiert auf der Verbalwurzel *'āman*, die Wiedergabe mit »Handwerker(in)« auf der Zusammenstellung mit dem sumerisch-akkadischen Lehnwort *ummānu*, dem Verständnis in Septuaginta, Vulgata und Peshitta sowie auf Weish 7,21, wo die Weisheit als τεχνίτης bezeichnet wird.

[36]   Siehe dazu auch *Schroer*, Weisheit, 168 Anm. 49.

der ägyptischen Ma'at-Mythologie, ebensowenig wie in den gleich zu besprechenden Seitenstücken in Ijob 28, Sir 24 oder Weish 7 und 10,[37] eine Göttin ist: Sie erfährt keine kultische Verehrung, ist vielmehr vollständig von Jhwh her bestimmt und trägt allein in Sprachbildern göttliche Züge.

Im Blick auf die Frage nach Einheit und Vielheit Gottes sind vor allem zwei Aspekte wichtig. Zum einen spiegelt Spr 8 die innere Dynamik des einen Gottes Jhwh wider.[38] Das Motiv von der Lebendigkeit Gottes, das sonst im Alten Testament fast ausschließlich in seiner geschichtlichen Relation zu Israel oder zum einzelnen Glaubenden erscheint, ist hier gewissermaßen protologisiert (vgl. die »urgeschichtlichen« Reden Gottes zu sich selbst Gen 1,26; 3,22). Zum anderen personifiziert Spr 8 die Möglichkeit der Teilhabe des Menschen an dem einen Gott. Die Gottesfurcht, die den Frommen als solchen kennzeichnet, gewinnt hier Gestalt. Die Weisheit wird zum leibhaftigen Lockmittel Gottes auf dem Weg zu einem erfüllten Leben. So leistet Frau Weisheit textpragmatisch einen göttlichen Dienst der Animation, wenn der Weg zu Gott über die Liebe zu ihr führt.[39] Theologisch füllt Spr 8 eine Leerstelle, die Kohelets Abstraktion und Transzendierung des einen Gottes hinterlässt.

Dass damit im Gegenzug zumindest tendenziell der Glaube an den einen Gott aufgeweicht und der Weise zur Verliebtheit in die Weisheit verführt werden könnte, haben wohl die Autoren des Weisheitsliedes in Ijob 28 befürchtet.[40] Zwar erscheint auch hier die Weisheit als eine selbstständige Größe, und im Gegensatz zu Spr 8 hat sie sogar ein höheres Maß an vorweltlicher Existenz, wenn sie nicht nur als Anfang des Handelns Gottes (Spr 8,22) bezeichnet wird, sondern von ihrer Ausmessung durch Gott gesprochen wird, was ihren Bestand schon voraussetzt (Ijob 28,23). Doch bleibt die Weisheit in Ijob 28 Gott allein vorbehal-

---

[37]   In den weiteren Zusammenhang gehören auch Bar 3; 1 Hen 42; 11QPs[a] XVIII; siehe dazu den Klassiker von *B. L. Mack*, Logos und Sophia. Untersuchungen zur Weisheitstheologie im hellenistischen Judentum, StUNT 10, Göttingen 1973, sowie *Witte*, Leiden, 206–211, und *M. Leuenberger*, Gott in Bewegung. Religions- und theologiegeschichtliche Beiträge zu Gottesvorstellungen im alten Israel, FAT 76, Tübingen 2011, 304–308.

[38]   Mit *E. Stauffer* (/*K. G. Kuhn*), Art. »θεός κτλ.«, C. Die urchristliche Gottestatsache und ihre Auseinandersetzung mit dem Gottesbegriff des Judentums«, in: ThWNT III (1938), 91–120, hier: 100, könnte man hier – wie auch bei der Einordnung der Engel in das Handeln Gottes – von einem »dynamischen Monotheismus« sprechen.

[39]   Vgl. *Feldmeier/Spieckermann*, Gott, 255.

[40]   Das Lied könnte auf einer älteren Stufe eine eigenständige Komposition gewesen sein, die mittels des Zusatzes von V. 28 (vgl. Ijob 1,1) in den Kontext des Ijob-Buches eingefügt wurde und jetzt als Teil einer Rede Ijobs fungiert. Eine weitergehende Kritik an Spekulationen über die personifizierte Weisheit könnte hinter Koh 7,23f. stehen (siehe dazu auch *M. Saur*, Sapientia discursiva. Die alttestamentliche Weisheitsliteratur als theologischer Diskurs, in: ZAW 123 [2011], 236–249, hier: 243f.).

ten – dem Menschen gilt wie bei Kohelet die Gottesfurcht als die ihm gemäße Form der Weisheit (28,28). Die Vitalität, die Frau Weisheit in Spr 8 kennzeichnet, ist in Ijob 28 verflogen. Die Weisheit schenkt auch in Ijob 28 Teilhabe an dem einen Gott, doch erscheint sie hier rematerialisiert.

Nochmals transformiert tritt die personifizierte Weisheit in Sir 24 auf.[41] Hinsichtlich ihrer Selbstständigkeit als durch den Kosmos spazierende und Wohnung suchende Größe sowie hinsichtlich ihres um den Frommen werbenden Charakters übertrifft die σοφία Sirachs die ḥåḵmāh von Spr 8 und berührt sich noch stärker als diese mit der ägyptischen Allgöttin Isis in den zeitgenössischen Aretalogien.[42] Doch in Sir 24 vollzieht sich ein entscheidender Wandel: So lässt sich hier die kosmische Weisheit auf dem Zion, der Stätte des Jerusalemer Tempels, nieder und inkarniert sich in der Tora (24,23). Der steinerne Ort der Präsenz und Repräsentation des einen Gottes wird zum Ort der steten Anwesenheit der Weisheit. Das schriftgewordene Wort des einen Gottes wird – ähnlich wie in den weisheitlichen Torapsalmen (Ps 1; 19; 119) – zum Mittel der Partizipation an Gott.

Typisch für das Sirach-Buch konvergieren hier Universalität und Partikularität des Handelns des einen Gottes. Als Vermittlerin zwischen Gott und Welt fungiert die Tora, die Ben Sira in Weiterführung einzelner vom Deuteronomium und vom Ezechiel-Buch geprägter Formulierungen und in Anlehnung an stoische Vorstellungen das »Gesetz des Lebens«[43] nennt. Denn dieses bildet die Matrix allen Lebens und schenkt in der einmal offenbarten Schrift vom Sinai *dem* Menschen erfülltes Leben, der in ihm liest und seine Gebote bewahrt. Mittels des Gedankens von der Inkarnation der kosmischen Weisheit in der einen Tora Gottes ist die Vorstellung von der Transzendenz und Einheit Gottes bewahrt, mit dem Glauben an seine Gegenwart in der Welt verknüpft und ein die Generationen überbrückender Weg zur Teilhabe an Gott aufgewiesen.

Wenn in nochmaliger Modifikation des Motivs der personifizierten Weisheit in der Weisheit Salomos die σοφία als »Ausfluss der göttlichen Herrlichkeit« und »Abglanz des ewigen Lichts« bezeichnet wird (Weish 7) und diese als für Gott selbständig in der Geschichte handelnd beschrieben wird (Weish 10), dann trägt die Weisheit die Züge einer Hypostase. Als »eine, die alles vermag« (7,27), repräsentiert sie den einen Gott in seinem von *Pronoia* (6,7; 14,3) geprägten

---

[41] Der Text von Sir 24 liegt bis heute nur in den griechischen und syrischen sowie den davon abhängigen Versionen des Sirach-Buches vor.

[42] Siehe dazu *J. Marböck*, Weisheit im Wandel. Untersuchungen zur Weisheitstheologie bei Ben Sira, BBB 37, Bonn 1971, 49–54; *M. Totti*, Ausgewählte Texte der Isis- und Sarapis-Religion, Subsidia Epigraphica XII, Hildesheim u. a. 1985, 1–82.

[43] Sir 17,11; 45,5 und dazu *M. Witte*, »Das Gesetz des Lebens« (Sirach 17,11), in: *H. Streib / A. Dinter / K. Söderblom* (Hg.), Lived Religion – Conceptual, Empirical and Practical-Theological Approaches. FS H.-G. Heimbrock, Leiden/Boston 2008, 71–87.

Handeln in der Schöpfung und in der Geschichte. Diese von Gott selbst als ihrem ὁδηγός geführte Weisheit (7,15) schenkt nicht nur Teilhabe an dem einen Gott, sondern bewirkt diese in der einen Welt (10,1–11,1).[44] Diese findet selbst ihre Einheit darin, dass sie Eigentum Gottes ist, dessen Liebe über alles ergeht (11,24–26) und dessen unvergänglicher Geist in allem ist (12,1). Die im Deuteronomium angelegte Begründung der Einheit Israels aus der Einheit Gottes, der sich Israel in Liebe zuwendet (Dtn 7),[45] ist hier universalisiert.

3.4 »Das Alles ist Er« (Sir 36) – Aspekte der Einheit und Vielheit Gottes im Buch Jesus Sirach

Die Vorstellung von der Allwirksamkeit Gottes, die in der Weisheit Salomos ein Kriterium des Göttlichen und der Einheit Gottes ist, hat ihr begriffliches Seitenstück, möglicherweise auch ihr traditionsgeschichtliches Vorbild in der Anrede Gottes als *ᵆlohê hā-kål* bzw. δέσποτα ὁ θεὸς πάντων, als Gott des Alls, in Sir 36,1. Die Bezeichnung *ᵆlohê hā-kål* könnte eine Eigenprägung Ben Siras und ein Beispiel für seine »Innovation« von Theologumena sein.[46] Im Hintergrund dieser Gottesprädikation, die auch für die christlich-dogmatische Ausbildung der Rede von der Allmacht Gottes relevant wurde, stehen a) die biblische Anrede Gottes als *ādôn kål hā-'āræṣ* (»Herr des ganzen Landes / der ganzen Erde«),[47] b) das möglicherweise von der Septuaginta geprägte Epitheton αὐτοκράτωρ,[48] c) pagane griechisch-hellenistische Gottesvorstellungen[49] sowie d) die von den Ptolemäern geförderte Verehrung von Zeus-Sarapis als kosmischem All- und Ein-Gott.[50]

In gedanklicher Weiterführung der Totalitätsaussagen Kohelets und vermutlich in Parallele zu göttlichen Epitheta in der griechisch-hellenistischen Welt, wird mit dieser Anrede ein Gebet eröffnet, das paradigmatisch Grundzüge der Rede von Gott im Alten Testament in eine Theologie der Einheit des personalen Gottes überführt (Sir 36,1–22).[51] Das Handeln dieses Gottes ist bezogen auf

---

[44]   Vgl. Lk 11,49.

[45]   Siehe dazu *Feldmeier/Spieckermann*, Gott, 101–110; 126–148.

[46]   Vgl. Sir 45,23 H^B, (G: κύριος); 50,15 (G: παμβασιλεύς); 50,22 (G); 4Q409 frgm. 1 I,6; 5Q13 frgm. 1,2; 11QPs^a XXVIII,7f.; Est^LXX 4,17b; Jdt 9,12; Tob^S 10,14; Röm 9,5.

[47]   Jos 3,11.13; Mi 4,13; Sach 4,14; 6,5; Ps 97,5.

[48]   Sir 42,17; 50,14.17; Weish 7,25; Bar 3,1.4; 2 Makk 1,25 u. ö., sowie besonders häufig in der Ijob-Septuaginta; siehe dazu ausführlich *Witte*, El Schaddaj, 229–240.

[49]   Vgl. z. B. *Pindar*, Isthmische Oden 5,53 (Zeus als ὁ πάντων κύριος); *Diogenes Laertios*, VII, 147; *Kleanthes*, Zeus-Hymnus; *Plutarch*, De Iside et Osiride 355E (bezogen auf Osiris).

[50]   Siehe dazu *R. Merkelbach*, Isis regina – Zeus Sarapis. Die griechisch-ägyptische Religion nach den Quellen dargestellt, Stuttgart/Leipzig 1995, 4ff.; 74ff.

[51]   Das theologisch wie rezeptionsgeschichtlich überragende Gebet wurde in neuerer Zeit mehrfach untersucht (*J. Marböck*, Das Gebet um die Rettung Zions in Sir 36,1–22 [G: 33,1–13a; 36,16b–22] im Zusammenhang der Geschichtsschau Ben Siras [1977], in: *Ders.*, Gottes

Israel als sein Volk im Kontext aller Völker (V. 1-5), spiegelt die Herrschaft des einen Gottes und relativiert jegliche menschliche Herrschaft (V. 12), zieht die Erkenntnis des einen Gottes durch Israel nach sich und zielt auf universale Gotteserkenntnis (V. 5.22). Die eine heilige Stadt Jerusalem (V. 18-19) erscheint als Brennpunkt des kosmischen Handelns dieses Gottes,[52] der den doppeldeutigen Titel *'ælohê 'ôlām*[53] bzw. ὁ θεὸς τῶν αἰώνων (»Gott der Ewigkeit / Gott der Welt«) trägt (V. 22)[54].

Mit der kombinierten Aufnahme der deuteronomistischen Geschichts- und Toratheologie sowie der priesterschriftlichen Heiligkeitskonzeptionen wahrt Ben Sira hier, wie in dem schon angesprochenen Kapitel über die personifizierte Weisheit (Sir 24) oder in seinem Lob der Väter (Sir 44-49), in der Rede von dem einen, einzigen[55] und zugleich universalen Gott den Bezug zum konkreten Handeln Gottes in Vergangenheit, Gegenwart und Zukunft. Auch als *hā-kål* bzw. τὸ πᾶν (»das All / das Alles«), wie Ben Sira am Ende seines großen Schöpferlobes Gott einmal nennt (43,27), [56] bleibt der eine Gott ein Gegenüber zur Welt.

Ben Siras starke Betonung der Selbigkeit und Universalität Gottes (vgl. 42,19-21) führt nicht zu einer Verflüssigung der Einheit Gottes oder zu einer Entpersonalisierung Gottes, weil das Wesen dieses Gottes, den Ben Sira betend seinen Vater (51,1) und Herrn seines Leben nennt (23,1.4), Gerechtigkeit ist (18,2). Gerechtigkeit ist aber bei Ben Sira, wie in den anderen alttestamentlichen Schriften, immer als eine personale Beziehung, als eine heilvolle Lebensgemein-

---

Weisheit unter uns. Zur Theologie des Buches Sirach, hg. v. I. Fischer, HBS 6, Freiburg u. a. 1995, 149-166; *M. Zappella*, L'immagine di Israele in Sir 33 [36],1-19 secondo il ms. ebraico B e la tradizione manoscritta greca. Analisi letteraria e lessicale, in: RivBib 42 [1994], 409-446; *W. Urbanz*, Gebet im Sirachbuch. Zur Terminologie von Klage und Lob in der griechischen Texttradition, HBS 60, Freiburg u. a. 2009). Seine ursprüngliche Zugehörigkeit zum Sirach-Buch scheint mir trotz vereinzelter Anfragen gesichert.

[52]   Ben Siras starke Betonung Jerusalems (vgl. Sir 49,6.11-13; 50,1-3) ist natürlich auch im Kontext seiner antisamaritanischen Haltung zu sehen (vgl. Sir 47,23; 50,25-26), vgl. dazu *M. Witte*, »What Share Do We Have in David ...?« - Ben Sira's Perspectives on 1 Kings 12, in: *R. G. Kratz / H. Spieckermann (Hg.)*, One God - One Cult - One Nation. Archaeological and Biblical Perspectives, BZAW 405, Berlin / New York 2010, 91-117.

[53]   Textrekonstruktion nach *F. Vattioni*, Ecclesiastico. Testo ebraico con apparato critico e versioni greca, latina e siriaca, Testi 1, Neapel 1968, 189.

[54]   Vgl. Gen 21,33; Jes 40,28; Tob 13,6; 14,6[s]; JosAs 12,2; 3 Hen 3,1; 9,4; 1QH[a] XV,31; 4Q405 frgm. 19,3; 11QShirShabb VI,4.

[55]   Im griechischen Langtext und in La wird dies unterstrichen durch den Zusatz »und außer ihm ist kein anderer« (vgl. Jes 44,6; 45,5-6.21; Weish 12,13; 1QH[a] XV,32; XVIII,9; 1QS XI,18; 4QDibHam[a] frgm. 1-2 V,9.

[56]   Vgl. Röm 11,36; 1 Kor 12,6; 15,28. Der große Hymnus in Sir 42,15-43,33 zeigt, dass der alttestamentliche Monotheismus gerade keine »Entzauberung der Welt« bewirkt, sondern zum staunenden Lob des Schöpfers anleitet, vgl. daneben auch Ps 8 oder Ps 104.

schaft gedacht. Ebenso wenig nivelliert Ben Siras Vorstellung polarer Strukturen in der Schöpfung, mittels derer er – wohl gleichfalls in Aufnahme stoischer Gedanken[57] – das Böse als notwendiges Gegenüber des Guten interpretiert und Negativerfahrungen in das Handeln des einen vorsorgenden Gottes integriert (33,14–15), den alttestamentlich vor allem durch die prophetische Überlieferung geprägten Glauben an ein von Gott gesetztes Ziel der Geschichte. Auch hier ist es so, dass die Einheit Gottes die Einheit der Geschichte definiert, die nach Ben Sira durch eine Kette von göttlich gestifteten Bundesschlüssen strukturiert sowie im Akt des steten Erinnerns vom Menschen aktualisiert und in der gottesdienstlichen Feier am Jerusalemer Tempel (Sir 50) angeeignet wird.[58]

3.5 VON DER UNVERNUNFT DES GÖTZENDIENSTES – ASPEKTE DER EINHEIT UND VIELHEIT GOTTES IM BUCH DER WEISHEIT SALOMOS

Zweimal wurde in der israelitisch-jüdischen Religionsgeschichte explizit die theologische Auseinandersetzung um die Verehrung Jhwhs im Bild und damit verbunden um die religiöse Bilderverehrung geführt: einmal unter dem Eindruck des babylonischen Exils im Kontext der deuteronomistischen Vergangenheitsbewältigung und Identitätsstiftung, das heißt der Kompensation des Verlustes der Repräsentationen Jhwhs im Tempel mittels Konzentration auf Name und Wort des bildlos zu verehrenden Gottes (Dtn 4–5), sowie ihrer Flankierung durch die deuterojesajanische Götzenpolemik (Jes 40,18–25; 46,1f.), dann nochmals in mittel- und späthellenistischer Zeit im Schatten der durch die fortschreitende Urbanisierung bedingten religiösen Pluralisierung Syrien-Palästinas sowie der Religionspolitik der Seleukiden und Ptolemäer. Für die Sprüche Salomos, Ijob, Kohelet und Ben Sira, die zwischen diesen Epochen entstanden sind, ist die Auseinandersetzung mit der Verehrung anderer Götter oder Götterbilder kein Thema.[59]

---

[57] SVF II, 1169 (Gellius, Attische Nächte 7,1, als Zitat Chrysipps; *W. Weinkauf*, Die Philosophie der Stoa. Ausgewählte Texte, RUB 18123, Stuttgart 2001, 131f.); Heraklit, Frgm. 22B 8; Frgm. 22B 23; Frgm. 22B 67 (*J. Mansfeld*, Die Vorsokratiker I, Griechisch/Deutsch, RUB 7965, Stuttgart 1983, 256–259; 274f.). Siehe dazu *M. Pohlenz*, Die Stoa. Geschichte einer geistigen Bewegung, I–II, 4. Aufl., Göttingen 1970.1972, hier: I, 100f.; *U. Wicke-Reuter*, Göttliche Providenz und menschliche Verantwortung bei Ben Sira und in der frühen Stoa, BZAW 298, Berlin / New York 2000, 36–38; 273.

[58] Vgl. zu $b^erît$ / διαθήκη Sir 44,12.17.(18).20.22.(23); 45,(5).(7).15.24f.; (47,11); 50,24 bzw. zu $zākar$ / μιμνήσκω, μνημόσυνον Sir 44,9.13; 45,1.(9).(11).16; (46,11); 47,23; 49,1.9.13 und dazu *J. Marböck*, Die »Geschichte Israels« als »Bundesgeschichte« nach dem Sirachbuch (1993), in: *Ders.*, Gottes Weisheit unter uns. Zur Theologie des Buches Sirach, hg. v. I. Fischer, HBS 6, Freiburg u. a. 1995, 103–123.

[59] Sieht man einmal von der punktuellen Bezugnahme auf das Fremdgötter- und Bilderverbot in Ijobs Reinigungseid in Ijob 31,24–28 (vgl. Ex 20,4–5; Dtn 5,8–9 und Dtn 17,2–3)

Anders sieht das im jüngsten kanonischen Weisheitsbuch, der Weisheit Salomos aus, die sich hierin (wie auch in anderen Passagen) als Exegetin Deuterojesajas erweist.[60] So wird in Weish 13-15 der aus Deuterojesaja bekannte Spott über die Götzenbilder aufgenommen und argumentativ weitergeführt. Vor dem kulturgeschichtlichen Hintergrund der hellenistisch geprägten Metropole Alexandria mit ihrer Vielfalt in der Stadt präsenter Götterbilder und Kulte sowie angesichts des Aufblühens des römischen Herrscherkultes sieht sich der Verfasser des dritten Teils der Weisheit Salomos zu einer prinzipiellen argumentativen Apologie des jüdischen Glaubens an den einen und einzigen, damit bildlos zu verehrenden Gott herausgefordert.

Diese Auseinandersetzung erfolgt in dreierlei Hinsicht: Die Verehrung kosmischer Elemente oder metereologischer Phänomene als Götter ist zwar angesichts deren Schönheit verständlich, aber unvernünftig, da hier die Schöpfung mit dem Schöpfer verwechselt wird (Weish 13,1-9). Noch unvernünftiger ist die Verehrung von Verstorbenen oder Herrschern, da hier Menschen zu Göttern erklärt werden, mithin der Unterschied zwischen Gott und Mensch übersehen wird (14,15f.). Den Gipfel der Dummheit bildet die Verehrung von Gott oder Göttern im Bild, zumal in Tiergestalt wie im zeitgenössischen Ägypten, da hier vergessen wird, dass der sterbliche Mensch nur Totes, also keinen Gott bilden kann (15,17). Im Gegenüber zur Einheitsideologie der hellenistisch-römischen Herrscher findet die exklusiv verstandene Einheit Gottes ihr Profil:

> »denn es ist kein Gott außer dir, der sich um alles sorgt,
> auf dass du noch zeigtest, dass du nicht ungerecht richtest,
> noch könnte dir ein König oder Herrscher vor Augen treten, wegen derer, die du
> bestraft hast.« (12,13f.)

Die Einheit des bildlos zu verehrenden einen Gottes wird hier, neben Lebendigkeit, Güte, Wahrhaftigkeit, Langmut, Erbarmen und Allherrschaft zum Kriterium des Göttlichen schlechthin (Weish 15,1). In Verlängerung und Ausweitung der

---

oder der Sentenz in Sir 30,18-19 (vgl. Ps 115,4f.; Weish 15,15) ab. Wo Ben Sira den aus der Kultsprache stammenden und in der deuteronomistischen Polemik gegen fremde Kulte gebrauchten Begriff *tô'ebāh* / βδέλυγμα verwendet, bezeichnet er – mit einer Ausnahme (49,2) – die Missachtung der Tora, mangelnde Gottesfurcht und Desinteresse an Weisheit. Auch in seinen geschichtstheologischen Rekursen auf Jerobeam (Sir 47,23 vgl. 1 Kön 12) und auf Elia (Sir 48,1-14, vgl. 1 Kön 17-19; 21; 2 Kön 1-2) spricht Ben Sira nur allgemein von Sünde und expliziert nicht den deuteronomistischen Vorwurf des Bilderdienstes und der Verehrung der Baale und Aschtarten.

60   Vgl. Weish 2,10-20 als Auslegung von Jes 52,13-53,12; zu weiteren Bezugnahmen von Weish 2 auf Texte aus dem (griechischen) Jesaja-Buch siehe *H. Engel*, Das Buch der Weisheit, NSK.AT 16, Stuttgart 1998, 70-76.

spätdeuteronomistischen Begründung für das Bilderverbot in Dtn 4,15 f. wird die Bildlosigkeit der Gottesverehrung historisch begründet – den Bildern mangelt es an Ursprünglichkeit (Weish 14,12 f.) – und anthropologisch gewichtet: Götterbilder sind letztlich Feinde des Lebens, weil sie vom eigentlichen Gott des Lebens wegführen, der in seiner Lebendigkeit nicht zu fassen ist, schon gar nicht im Bild (14,27–31). Wo Lebendigkeit und Liebe als Signum des einen Gottes erscheinen, ist es nur folgerichtig, dass der Tod keine Grenze darstellt, der Mensch vielmehr auf Unsterblichkeit hin geschaffen ist (2,23), die freilich nur der Gerechte erhält (3,1). So begründet hier die Einheit Gottes die Einheit des Lebens, das den Tod überdauert.

Unabhängig von der Frage, ob der Verfasser der Weisheit Salomos nun der religiösen Praxis seiner Umwelt gerecht wird, steht seine kritische Theologie neben der Verankerung in der Deuteronomistik in der religionsphilosophischen Tradition eines Xenophanes und des Euhemerismus.[61] Zugleich spiegelt die Weisheit Salomos wie die Werke des nur wenig jüngeren Philo von Alexandria und des Paulus von Tarsos das schon im Blick auf Ijob 31,15 (*par.* Spr 14,31) angesprochene rationale und ethische Potential des Glaubens an den einen Gott.

4 ZUSAMMENFASSUNG UND AUSBLICK

Die alttestamentlichen Weisheitsbücher sind literarische Reflexionen über das Wesen Gottes unter der Voraussetzung des Glaubens an den einen und einzigen Gott Jhwh. Dabei leuchten, entstehungsgeschichtlich, gattungsmäßig und textpragmatisch bedingt, unterschiedliche Aspekte auf, die für die Rede von der Einheit und Vielheit Gottes von zentraler Bedeutung sind.

Wo infolge des Leidens des Gerechten die Gerechtigkeit Gottes in Frage gestellt wird, wie im Fall Ijob, führt dies nicht zu einer Auflösung der Einheit Gottes. Diese wird vielmehr durch die Suche nach dem einen Gott, der Gutes und Böses bewirkt, verfestigt. Indem der in seiner Integrität bis ins Mark getroffene Ijob unbedingt an Gott festhält, wahrt er die Einheit Gottes. Als leidender Gerechter wird Ijob zum Stellvertreter Gottes,[62] der letztlich in seinem Handeln,

---

[61]   Vgl. Jub 11,4–7; SibOr III,547; 723 und dazu *W. Bousset / H. Gressmann*, Die Religion des Judentums im späthellenistischen Zeitalter, HNT 21, 3. Aufl., Tübingen 1926, 305; *Hengel*, Judentum, 164; 484.

[62]   Das Motiv von der Stellvertretung, das das Ijob-Buch nach seiner theologischen Seite (vgl. Ijob 1,8–11; 2,3–5) und seiner anthropologischen Seite (vgl. Ijob 42,7–9) entfaltet, scheint mir für die theologische Reflexion der Einheit und Vielheit von fundamentaler Bedeutung zu sein, was ich in diesem Rahmen aber nicht weiter ausführen kann. Nur so viel sei angedeutet: Diese Stellvertretung und Repräsentanz des einen Gottes *in* der Welt kann nur ein Mensch als personales Wesen, in letzter Konsequenz nur ein Gottmensch (Joh

auch in seiner Offenbarung (Ijob 42,5), ein Geheimnis ist: ein Mysterium in personaler Relation. Paulus nimmt diesen Gedanken auf, wenn er die Ausführungen über Gottes Handeln an Israel im Verhältnis zu seinem Handeln in Christus mit einem hymnischen Mischzitat aus vor allem weisheitlichen Texten der jüdischen heiligen Schriften beschließt (Röm 11,33–36).

Wenn infolge einer Abstraktion des Gottesbegriffs der Name Gottes verschwindet und das Appellativum zum Namen wird, wie bei Kohelet, ist einerseits die Einheit Gottes evident. Andererseits wird, sofern die Vorstellung von der Transzendenz, Personalität und Weltbezogenheit Gottes nicht aufgegeben wird, die Frage nach der Erfahrbarkeit und Teilhabe Gottes generiert. Kohelet beantwortet sie unmythologisch mittels der Qualifikation glücklicher Zeiten als Gotteszeiten (Koh 3,13; 5,17; 8,15). Wenn die Zeit ihre Einheit in Gott findet, dann gilt dies im gesamtbiblischen Horizont auch für die Erfüllung der Zeit (Gal 4,4).

Spr 8 greift zur Stilfigur der poetischen Personifikation der Weisheit, artikuliert damit nebenbei die sich durch das israelitisch-jüdische Schrifttum ziehende Vorstellung von der inneren Dynamik Jhwhs, und gestaltet die Weisheit zur göttlichen Mittlerin des Lebens. Bei Ben Sira ist dies zur Vorstellung von der Inkarnation der Weisheit in der Tora transformiert und in der Sapientia zur Idee der selbständigen Wirkkraft der Weisheit weitergeführt. Beide Linien der Partizipation an Gott mittels der gestaltgewordenen Weisheit finden ihre Fortschreibung im Neuen Testament: Ben Siras mit der Tora identifizierte Weisheit erlebt in den Inkarnationschristologien in Mt 11,28–30 oder Joh 1 eine Repersonalisierung,[63] die weisheitliche Imago-Theologie der Weisheit Salomos wird in Kol 1,15–20 auf die Christus-Ikone angewandt.

Ben Siras Allgott, der in der griechischen Gestalt des Buches auch den in der Theologie des hellenisierten Judentums in Ägypten entstandenen Titel des παντοϰράτωρ annimmt, tritt den zeitgenössischen Allgottheiten, seien es Isis oder Zeus-Sarapis, und den sich zu Göttern stilisierenden Herrschern gegenüber und wahrt dabei die Spezifika des einen Gottes Israels, dessen Wesen sich in seinem Handeln an Israel zeigt: Zur Einheit Gottes gehört die *eine* heilige Stadt mit dem *einen* Tempel und der *einmal* offenbarten Tora, von der Heil und Leben der Völker ausgehen. Lukas schreibt diese Theologie aus der Perspektive des Handelns Gottes in Jesus Christus fort (Apg 1,8), der im Rahmen der altkirchlichen Christologie dann selbst den Titel *Pantokrator* erhalten wird.[64]

1,14.18), erfüllen. Insofern ist Ijob (neben dem Gottesknecht aus Jes 52f. und seiner *relecture* in Weish 2) in der Tat ein »Zeuge Jesu Christi« (*W. Vischer*, Hiob ein Zeuge Jesu Christi, Bekennende Kirche 8, 2. Aufl., München 1934).

[63] Vgl. auch 1 Kor 1,24.30; 2,1–16.

[64] Vgl. z.B. *Athanasius*, Orationes tres contra Arianos, PG 26,329,16ff., aber auch PGrM 13a1; 21,43; zu weiteren patristischen Belegen siehe *O. Montevecchi*, Pantokrator, in: Studi in onore di A. Calderini e R. Paribeni, II, Mailand 1957, 402–432, hier: 424–430, und *M. Bach-*

Wo Lebendigkeit und universale Liebe die entscheidenden Kriterien von Göttlichkeit sind, wie in der Weisheit Salomos, da erscheint nicht nur die Verehrung kosmischer Elemente als Götter und von Götterbildern als Unvernunft und Lebensfeindlichkeit, da sind nicht nur Leid und Tod relativiert, sondern da ist auch die Einheit Gottes auf eine einzigartige Basis gestellt. Wenn in der Theologie der johanneischen Schule Gottes Liebe zur Welt sich in der Gabe seines Sohnes zeigt (Joh 3,16) und Gott selbst die Liebe ist (1 Joh 4,8), dann liegt dies im Fluchtpunkt der Vorstellung eines das Leben liebenden und damit der Welt ihre Einheit schenkenden Gottes (Weish 11,26).

Die theologische Leistungsfähigkeit der alttestamentlichen Weisheit zeigt sich generell in ihrer Dialogizität und ihrer Kraft zur Integration und Transformation genuin israelitisch-jüdischer Theologien und paganer religiöser Vorstellungen. In diesem Sinn steht die alttestamentliche Weisheit auch für theologische Modernität und Interkulturalität. Im Blick auf die mit der Frage nach der Einheit und Vielheit Gottes untrennbar verbundenen theologischen Gegenwartsfragen, nämlich der ökonomisch und medial betriebenen Globalisierung, der religiösen Pluralisierung und Fundamentalisierung (nicht nur im Islam) sowie der naturwissenschaftlichen und medizinischen Wissensexplosion, dürften die hier skizzierten weisheitlichen Aspekte der Einheit Gottes von konkreter Bedeutung für die Theologie insgesamt sein.

mann, Göttliche Allmacht und theologische Vorsicht. Zu Rezeption, Funktion und Konnotation des biblisch-frühchristlichen Gottesepithetons *pantokrator*, SBS 188, Stuttgart 2002, 199 f.

Polytheismus und Monotheismus als Perspektiven auf die antike Religionsgeschichte[1]

Jörg Rüpke

1 Einführung

Den Begriff Polytheismus verdanken wir Philon von Alexandria, der Traditionen der Septuaginta als hellenistischer Philosoph reflektierte. Im Rahmen dieser Theologie der frühen Kaiserzeit spielte die Idee des Monotheismus als unterscheidendes Charakteristikum des Judentums eine wichtige Rolle. »Polytheismus« bildete den notwendigen Gegenbegriff. Wir haben es also mit einem polemischen Begriff zu tun, einem Abgrenzungsbegriff: Der Vorwurf des »Polytheismus« schafft einen klar konturierten Gegner. Die Religionswissenschaft hat sich diesen Begriff zu eigen gemacht. Ganz selbstverständlich folgen wir der Distinktion Philos und begeistern uns daher um so mehr für die verstreuten Indizien eines »paganen Monotheismus«.[2] Ich möchte die Brauchbarkeit dieser generalisierten Unterscheidung in Frage stellen. Für viele Phänomene, so möchte ich zeigen, spielt die Frage, ob es um eine oder mehrere Gottheiten geht, nur eine geringe Rolle. Pointiert formuliert ist meine These, dass die Rede von Monotheismus und Polytheismus eher eine mediengeschichtliche Frage ist: Bestimmte Medien und Textgattungen legen eher die Rede von Ein- oder Mehrzahl nahe. Je nachdem, welches Medium wir zum Leitmedium einer Kultur erheben, haben wir dann eine monotheistische oder eine polytheistische Religion vor uns.

---

[1]   Dieser Beitrag beruht auf Arbeiten im Zusammenhang der Kollegforschergruppe »Religiöse Individualisierung in historischer Perspektive« am Max-Weber-Kolleg der Universität Erfurt und greift umfangreich auf *J. Rüpke / U. Rüpke*, Antike Götter und Mythen. München 2010 zurück. Dankbar bin ich für intensive Diskussionen in Berlin, Osnabrück wie abschließend für Reaktionen in Zürich auf dem Europäischen Kongress für Theologie, wo ich den Text leider nicht selbst vortragen konnte.

[2]   Z. B. *P. Athanassiadi / M. Fredel (Hg.), Pagan Monotheism in Late Antiquity*, Oxford 1999; *S. Mitchell / P. Van Nuffelen (Hg.)*, One god. Pagan monotheism in the Roman Empire, Cambridge 2010.

2 POLYTHEISMUS UND PANTHEON

Ich beginne meine Umschau bei dem Begriff des Pantheon.[3] Der Begriff impliziert die Annahme, dass die für antike Städte – und über Polytheismus auf dem Lande wissen wir kaum etwas – typische Mehrzahl von Gottheiten, die kultisch verehrt wurden, in einem übergreifenden systemischen Zusammenhang stehen, dem eine Arbeitsteiligkeit zu Grunde liegt.[4] Für den griechisch-römischen Raum wurde diese Arbeitsteiligkeit von antiken Systematisierern wie Varro als »Herrschaftsbereiche« konzipiert – Herrschaftsbereiche freilich sehr ungleicher Reichweite. In Rom konnten sie beispielsweise von der politischen Sphäre insgesamt, vertreten durch Iuppiter Optimus Maximus, bis zum Dreitagefieber und der zuständigen Dea Tertiana reichen.[5] Dieses »Pantheon«, diese Götterliste bot das entscheidende Profil eines lokalen Polytheismus[6] und damit auch ein gern ge-

---

[3]   Siehe *J. Rüpke*, Art. »Pantheon«, in: *H. D. Betz (Hg.)*, Religion in Geschichte und Gegenwart: Handwörterbuch für Theologie und Religionswissenschaft, Bd. 6, 4. Aufl., Tübingen 2003, 857; vgl. für den Vorderen Orient *W. Sallaberger*, Art. »Pantheon«, in: *E. Ebeling (Hg.)*, Reallexikon der Assyriologie und Vorderasiatischen Archäologie, Berlin 2004, 294.

[4]   Wichtige Beiträge: *A. Brelich*, Der Polytheismus, Numen 7 (1960), 123–136; *B. Gladigow*, Strukturprobleme polytheistischer Religionen, Saeculum 34 (1983), 292–304; *Fr. Schmidt*, Polytheisms. Degeneration or Progress?, History and Anthropology 3 (1987), 9–60; *M. Detienne*, Du polythéisme en général, Classical Philology 81 (1986), 47–55; *G. Ahn*, Monotheismus – Polytheismus. Grenzen und Möglichkeiten einer Klassifikation von Gottesvorstellungen, in: *M. Dietrich / L. Oswald (Hg.)*, Mesopotamica – Ugaritica – Biblica, Neukirchen-Vluyn 1993, 1–25; zur Forschungsgeschichte *B. Gladigow*, Polytheismus, HrwG 4 (1998), 321–330; *J. Rüpke*, Polytheismus und Pluralismus. Überlegungen zur religiösen Konkurrenz in der römischen Kaiserzeit, in: *A. Gotzmann / V. N. Makrides / J. Malik / Ders. (Hg.)*, Pluralismus in der europäischen Religionsgeschichte. Europäische Religionsgeschichte 1, Marburg 2001, 17–34 und *B. U. Schipper*, Art./Rezension »*R. G. Kratz / H. Spieckermann (Hg.)*, Götterbilder, Gottesbilder, Weltbilder. Polytheismus und Monotheismus in der Welt der Antike, Bd. 1: Ägypten, Mesopotamien, Persien, Kleinasien, Syrien, Palästina 2006«, ZfR 15 (2007), 94–95. Die Betonung des Systemcharakters ist auch deutlich bei *A. Henrichs*, What is a Greek God?, in: *J. N. Bremmer / A. Erskine (Hg.)*, The Gods of Ancient Greece. Identities and Transformations, Edinburgh Leventis Studies 5, Edinburgh 2010, 19–39, hier 38.

[5]   Zur römischen Religion nach dem Handbuch von *G. Wissowa*, Religion und Kultus der Römer. HbdA 5,4, München 1912; einführend *J. Rüpke*, Die Religion der Römer. Eine Einführung, 2. Aufl., München 2006; und *J. Rüpke*, A companion to Roman religion, Malden, Mass. 2007.

[6]   Den lokalen Charakter griechischer Religionspraxis und Gottesvorstellungen betont aus methodologischen Gründen *F. Graf*, Gods in Greek Inscriptions. Some Methodological Questions, in: *J. N. Bremmer / A. Erskine (Hg.)*, The Gods of Ancient Greece. Identities and Transformations, Edinburgh Leventis Studies 5, Edinburgh 2010, 55–80.

nutztes Raster für die Darstellung einer solchen Religion, wenn auch im Einzelnen nicht nur die Namen und Persönlichkeiten der Gottheiten, sondern auch der Grad ihrer Personalisierung und ihrer Interaktion stark variieren konnte.[7]

Aber darf man diesen Panthea wirklich so viel Bedeutung beimessen? Zwar nahmen antike Rituale selbst immer wieder Zusammenstellungen von Göttern, die am Ort verehrt wurden, vor. Bei der römischen Zirkusprozession etwa wurde eine Vielzahl von Göttern als wichtigste Zuschauergruppe in den Zirkus geleitet. Manche Gebete berücksichtigten eine Reihe von Göttern, bevor sie sich auf eine speziell angerufene Gottheit konzentrieren. Aber diese Zusammenstellungen unterscheiden sich untereinander, sie können wechseln, sie sind nie vollständig. Es sind oft private Initiativen, die neue Gottheiten an einen Ort brachten, auch wenn ein großer Tempelneubau im Stadtinneren üblicherweise öffentlicher Zustimmung bedurfte. Namen, Kultbild und architektonische Gestaltung des Tempels – und damit die Charakterisierung der Gottheit wie der Rahmen religiösen Erlebens im Heiligtum – folgten überaus individuellen Interessen.[8] Den Einwohnern selbst konnten sich die tatsächlich vorhandenen Gottheiten allenfalls durch ein (in einer Großstadt schon mühsames) Aufsuchen aller Kultstätten, nicht aber in offiziellen Listen oder dergleichen erschließen: Kultkalender waren hier keine auf Vollständigkeit angelegten Führer.

Gleichwohl erlangten bestimmte Götterzusammenstellungen große Popularität. Das war für Griechenland zwar nicht der erschöpfende Katalog der »Theogonie« des Hesiod, wohl aber die Reihe der göttlichen Akteure der homerischen Epen und der späteren sogenannten »Homerischen Hymnen«, also Textprodukte. Eine – immer wieder leicht anders zusammengesetzte – Gruppe der »Zwölfgötter« wurde verschiedentlich seit dem sechsten Jahrhundert v. Chr. erwähnt, erlangte im Kult aber nie die Bedeutung, die sie in den Texten besaß.[9] In der römischen Kaiserzeit fassten in den germanischen und angrenzenden Provinzen

---

[7]   Zu diesem Problem *F. Mora*, Per una tipologia del politeismo, in: *U. Bianchi (Hg.)*, The Notion of »Religion« in Comparative Research: Selected Proeceedings of the XVI IAHR Congress, Roma 1995, 823–830.

[8]   *I. Baldassarre*, La necropoli dell' Isola Sacra (Porto), in: *H. von Hesberg / P. Zanker (Hg.)*, Römische Gräberstraßen. Selbstdarstellung, Status, Standard, München 1987, 125–138; *H. von Hesberg*, Die Basilika von Ephesos. Die kulturelle Kompetenz der neuen Stifter, in: *C. Berns / H. von Hesberg (Hg.)*, Patris und Imperium. Kulturelle und politische Identität in den Städten der römischen Provinzen Kleinasiens in der frühen Kaiserzeit. Kolloquium Köln, November 1998, Leuven 2002, 149–158; *H. von Hesberg*, Ein Rundbau für Herakles am Tiber in Rom, in: *X. Lafon / G. Sauron (Hg.)*, Théorie et pratique de l´architecture romaine. Aix-en-Provence 2005, 101–113; *H. von Hesberg*, Ornament als Ausdruck individueller Konkurrenz. Ionische Marmorkapitelle aus der Zeit der Republik in Rom, Bo J 205 (2005), 137–153.

[9]   *C. R. Long*, The Twelve Gods of Greece and Rome, EPRO 107, Leiden 1987.

sogenannte Jupiter-Giganten-Säulen immer wieder wichtige Gottheiten in Vierer-, Siebener- und Achter-Gruppen zusammen.[10]

»Pantheon« wurde in der Antike für solche Gruppenbildungen nie verwendet. Seit dem dritten Jahrhundert v. Chr. gab es in der hellenischen Welt Heiligtümer, die »allen Göttern« geweiht und als Pantheion oder Pantheon bezeichnet wurden. Ein solches gemeinsames Heiligtum war aber Ausnahme, nicht Regelfall. Üblicherweise war eine Gottheit klar als Eigentümer einer Kultstätte ausgewiesen; wenn sie sich den Kult regelmäßig mit einer anderen Gottheit teilte, wurde das eigens vermerkt. Selbst kleinere Göttergruppen, Triaden, also Dreiergruppen zum Beispiel, bildeten Ausnahmen. Auf dem römischen Kapitol wurde zwar die »kapitolinische Trias« im Haupttempel verehrt, aber Jupiter (im Zentrum), Juno und Minerva besaßen je eine eigene Zelle in diesem Bauwerk. Die Einrichtung eines Heiligtums für alle Götter stellt demnach eine Folge eines theologischen Nachdenkens dar, das in der hellenistischen Zeit gelegentlich auch die für Bauprojekte zuständigen politischen Entscheidungsträger und Stifter in den griechischen Städten erfasste.[11]

3 Polytheismus und Monotheismus in Texten

Aber blicken wir zunächst in Texte. In einer polytheistischen Religion, die dem Prinzip der »Herrschaftsbereiche« der Götter folgt, ist der Erfolg der Verehrung der Götter besonders von der Kenntnis dieser Kompetenzbereiche abhängig. Am Ende der römischen Republik schrieb Marcus Terentius Varro ein Handbuch über die »gottesdienstlichen Altertümer«, in dem er seinen Lesern entsprechende Informationen gerade auch dort, wo das Wissen fast verlorengegangen war, zur Verfügung stellen wollte. Leider ist auch dieser Text selbst nur in Zitaten, zumeist christlicher Kirchenväter, erhalten. Dennoch, an wenigen anderen Stellen können wir antike Versuche, die eigene polytheistische Religion zu systematisieren, auch durch die Überlieferung durch Tertullian und Augustinus so gut erkennen; eine Vielzahl anderweitig oft nicht belegter Gottheiten erlauben etwa den Prozess von der Zeugung bis zur Versorgung des Neugeborenen detailliert zu analysieren.[12]

---

[10] Zum Material *W. Spickermann*, Germania Superior. Religionsgeschichte des römischen Germanien, Bd. 1, Tübingen 2003.

[11] Für das als Pantheon bekannte kuppelförmige Kultgebäude auf dem Marsfeld der Stadt Rom ist im Übrigen gar nicht erwiesen, dass es gerade einem solchen gemeinsamen Kult diente; kurz *L. Haselberger*, Mapping Augustan Rome, Journal of Roman Archaeology suppl. series 50, Portsmouth, RI 2008, 188f.

[12] Varro, ant. rer. div. frr. 90–154; zur Analyse *J. Rüpke*, Gottesvorstellungen als anthropologische Reflexionen in der römischen Gesellschaft, in: *J. Stagl / W. Reinhard (Hg.)*, Gren-

Varro ist wichtig, aber eine Ausnahme. Systematisierende philosophische Texte – und als ein solcher Text verstand sich auch Varros Abhandlung – zeichneten sich seit dem Beginn dieses Typs von Denken gerade dadurch aus, dass sie nach einer einzigen letzten Ursache oder Grundmaterie der sichtbaren Welt suchten. So dachten sie über die Entstehung der Welt aus Feuer allein oder aus vier Elementen, aus Atomen oder aus dem einen göttlichen Verstand nach. Wie Varro am Ende seiner Abhandlung klar macht, dass selbst er die Tradition zwar respektiert, aber philosophisch eigentlich nur von einem Gott reden sollte,[13] suchten auch andere Denker nach einem Balanceakt zwischen Tradition und Reflexion. Der Stoiker Cornutus fasst am Ende des ersten Jahrhunderts n. Chr. und am Schluss seiner Abhandlung über die Lehrmeinungen zur griechischen Theologie diesen Rettungsversuch zusammen: »Und so dürftest Du nun wohl, o Kind, auch die anderen Dinge, welche in mythischer Form über die Götter überliefert worden zu sein scheinen, ebenso auf die aufgezeigten Elemente zurückführen können, in der Überzeugung, dass die Alten nicht gemeine Leute waren, sondern sowohl ausreichende Fähigkeiten besaßen, um die Natur des Kosmos zu verstehen, als auch dazu neigten, über sie [die Natur; J. R.] in Symbolen und Rätselworten zu philosophieren.«[14] Der schon anfangs genannte pagane Monotheismus oder der von Cornutus vorgestellte Oligotheismus ist gerade kein Phänomen eines (wie es das Wort pagan andeuten könnte) ländlichen Eingottglaubens einer für das Christentum reifen Welt, sondern eine Tradition des Denkens, die genau so alt ist, wie der Polytheismus der griechischen Poleis.

4 Der Polytheismus der Bilder und Tempel

Die antiken Götter waren in Bildern und Gebäuden in den Städten präsent. Im archaischen Griechenland des achten und siebten Jahrhunderts v. Chr. wie im Italien des sechsten Jahrhunderts v. Chr. wurden in Weiterführung ägyptischer Ideen Bautypen und Bauschmuck entwickelt, die klar erkennen ließen, dass in ihnen keine Menschen wohnten.[15] Verbunden war dies mit einer parallelen –

---

zen des Menschseins. Probleme einer Definition des Menschlichen, Veröffentlichungen des Instituts für Historische Anthropologie 8, Wien 2005, 435–468.

[13]   Varro, ant. rer. div. XVI.

[14]   Cornutus 35,7; Übers. *H.-G. Nesselrath*, Cornutus, Die griechischen Götter. Ein Überblick über Namen, Bilder und Deutungen, Tübingen 2009.

[15]   Zu antiken Tempeln und ihren Funktionen *D. Arnold*, Die Tempel Ägyptens. Götterwohnungen, Kultstätten, Baudenkmäler, Zürich 1992; *W. Burkert*, The Meaning and Function of the Temple in Classical Greece, in: *M. V. Fox (Hg.)*, Temple in Society. Winona Lake 1988, 27–47; *J. E. Stambaugh*, The Functions of Roman Temples, ANRW II.16,1 (1978), 554–608;

und im Blick auf den Alten Orient ebenso wenig originellen Entwicklung einer anthropomorphen Darstellung dieser Götter.[16] Sie unterschied sich ebenso von der in Ägypten vorherrschenden Praxis, die Fremdheit auch dieser personalisierten Götter durch die Kombination von menschlichen Körpern mit Tierköpfen (oder ganz in Tierform) darzustellen, wie von der verbreiteten Praxis, nur ganz gering gestaltete Zeichen als Götterbilder zu nutzen, fast unbearbeitete Baumstammabschnitte etwa oder große Steine. Solche archaischen Kultbilder genossen hohe Wertschätzung, erlaubten aber wenig Differenzierung, zumal wo und solange wie auf den Einsatz von Schrift und damit Namensangaben verzichtet wurde. Solche Statuen erlaubten nicht nur narrative Darstellungen in anderen Bildgattungen, sondern sogar, Göttererscheinungen im Traum zu identifizieren, wie Cicero erklärt.[17] Die Menschengestalt der Götter ließ sich dabei durch ihre Schönheit, wertvolle Materialien (wie Gold oder Elfenbein)[18] oder gar monumentale Größe von Bildern von Menschen absetzen: Der Koloss von Rhodos, eine Darstellung des Sonnengottes Helios, ist das bekannteste Beispiel für Letzteres. Solche Bilder erlaubten, die wachsende Zahl der Götter der einzelnen Städte zu überblicken und zwischen ihnen unterscheiden zu können. Eine Konventionalisierung erlaubte ihre eindeutige Repräsentierung im öffentlichen wie privaten Raum. Der Gott mit dem Dreizack war sicher Poseidon, mit Flügelschuhen sicher Hermes oder Mercurius.[19]

5 DER POLYTHEISMUS DER MYTHEN

Die anthropomorphe Vorstellung hatte Konsequenzen. Wenn man sich Götter nach menschlichem Muster vorstellte, mussten sie das grundlegendste Merkmal des Menschen teilen, die Geschlechtlichkeit. Es gab Göttinnen und Götter. Wenn

---

J. W. Stamper, The Architecture of Roman Temples. The Republic to the Middle Empire, Cambridge 2005.

[16] Allgemein T. S. Scheer, Die Gottheit und ihr Bild. Untersuchungen zur Funktion griechischer Kultbilder in Religion und Politik, Zetemata 105, München 2000; zu Repräsentationsstrategien kurz J. Rüpke, Representation or presence? Picturing the divine in ancient Rome, Archiv für Religionsgeschichte 12 (2010), 183-196; A. Henrichs, What is a Greek God?, in: J. N. Bremmer / A. Erskine (Hg.), The Gods of Ancient Greece. Identities and Transformations, Edinburgh Leventis Studies 5, Edinburgh 2010, 19–39, 32–35.

[17] Siehe Cic. nat. 1,81; für Griechenland: K. D. Lapatin, New Statues for Old Gods, in: ebd., 142–151.

[18] Dazu Ibid., in K. D. Lapatin, Chryselephantine Statuary in the Ancient Mediterranean World, Oxford 2001.

[19] Siehe J. Rüpke, Representation or presence? Picturing the divine in ancient Rome, Archiv für Religionsgeschichte 12 (2010), 183–196, 183: Casa dei Vettii, VI.15 a/b.

Römer einmal überhaupt nicht wussten, mit welchem Gott sie es in einer schwierigen Situation zu tun hatten, schlossen sie Missverständnisse oder Beleidigungen aus, indem sie die Formel »Seiest Du Gott oder Göttin« verwendeten.[20] Aus Geschlechtlichkeit folgten Liebschaften und Freundschaften, Ehebruch und Vergewaltigung. Waren die Götter auch unsterblich, so mussten sie deswegen nicht ungeboren sein. Kinder wurden gezeugt und verschlungen, wurden groß oder blieben kindisch. Verwandtschaftsverhältnisse konnten nicht nur bei Menschen allerhand erklären oder provozieren. Das Privatleben der Götter war ein beliebtes Feld für Spötter.

Aber bei solchen Geschichten blieb es nicht. Die Götter waren schließlich tätige Mitbürger, wirkten, manchmal täglich oder im Jahreslauf, vor allem aber dann, wenn es brenzlig wurde. Dann erschienen sie in der Schlacht, halfen bei der Geburt – oder ließen einen Schiffbrüchigen im Stich und ertrinken. Der zuletzt Genannte konnte davon nicht mehr erzählen, das stellten schon antike Beobachter fest.[21] Aber an die großen Situationen, in denen der Beistand eines um Hilfe gerufenen Gottes nicht ausblieb, erinnerte man sich. So teilten manche Götter auch das Merkmal Geschichtlichkeit mit den Menschen. Ein solcher Gott konnte Menschen auch besuchen, wenn sie ihn nicht anriefen oder erwarteten. Er konnte sich mit anderen Göttern streiten oder beraten.

Vor allem die griechische Kultur bot Gelegenheiten, solche Geschichten öffentlich zu machen, in der hier erfundenen Bauform und Institution des »Theaters«. Vor allem in der Tragödie waren es die Geschichten von Interaktionen von Göttern und Menschen, vor allem aus der klassischen Mythologie, den Stoffen aus der Generation vor und nach den Helden von Theben und Troja, die die Bühne bestückten. Diese Institution war ein Exportschlager. Aus dem hellenistischen Judentum kennen wir einen Dramatiker Ezechiel, der die Septuaginta im späten dritten oder im zweiten Jahrhundert v. Chr. in ein Drama mit dem Namen »Auszug«, Exagogé, umsetzte, das den Auszug der Israeliten aus Ägypten darstellte. Nichts spricht dagegen, dass dieses Stück in Alexandria auf die Bühne kam – aber das muss Spekulation bleiben.[22]

Die anspruchsvollen Stoffe und oft zweistündigen Handlungsfolgen solcher Tragödien scheinen in der römischen Kaiserzeit zugunsten des *Mimus,*

---

[20]   Dazu *J. Alvar*, Matériaux pour l'étude de la formule sive deus, sive dea, Numen 32 (1985), 236–273; *G. Ferri*, Tutela urbi. il significato e la concezione della divinità tutelare cittadina nella religione romana, Potsdamer altertumswissenschaftliche Beiträge 32, Stuttgart 2010.

[21]   Diagoras bei Cic. *nat.* 3,89.

[22]   *K. Kuiper*, De Ezechiele poeta Iudaeo, Mnemosyne NS 28 (1900), 237–280; *N. L. Collins*, Ezekiel, the author of the Exagoge. His calendar and home, Journal for the Study of Judaism in the Persian, Hellenistic and Roman Period 22 (1991), 201–211; zum Theater: *R. Scodel (Hg.)*, Theater and Society in the Classical World, Ann Arbor 1993.

des kürzeren, stärker auf Kürze, Witz und holzschnittartige Charakterisierung von Personen und Situationen zugeschnittenen Stücks, zurückgetreten zu sein.[23] Die große Zahl der Theater, die mit den Stadtgründungen und dem Stadtausbau in allen Provinzen des Römischen Reiches, in Africa wie Britannien, einherging,[24] bot dieser Gattung sicherlich primär eine Bühne. Aber die Kenntnisse von den Taten der Götter schöpfte man weiterhin vor allem aus Theateraufführungen.

Wie schon angeklungen ist, waren Göttergeschichten gleichwohl nicht nur Inhalte von Dramen. Das Erzählen über Götter bezeichnet man allgemeiner als Mythos, als »Erzählung« oder schlicht eine »Äußerung«.[25] Wie »Polytheismus« gewann auch dieses Wort sein Profil aus der polemischen Verwendung. Herodot und Thukydides, die Väter der europäischen Geschichtsschreibung, engten den Begriff ein, um ihr eigenes Schreiben von Mythen abzusetzen. »Mythos« und »Geschichte« *(historia)* wurden Gegenbegriffe. Damit war Mythos noch keine Lügengeschichte, aber doch eine Erzählung, deren historischer Wahrheitsgehalt nicht zu überprüfen war. Wo andere Informationen fehlten, konnte man auf solche Geschichten verweisen, aber man hütete sich zu behaupten, dass es tatsächlich so gewesen sei. Anders die Philosophen. Platon setzte dem »Mythos« den »Logos« entgegen. Auch dieser Gegensatz mag heute schärfer klingen, als er damals war. Ein »Logos« oder mehrere »Logoi« waren zunächst auch Äußerungen, Darstellungen, in manchen Fällen sogar Geschichten. Das konnte sich auch auf Götter oder religiöse Dinge, etwa den Sinn von Ritualen beziehen. Aber auch hier gab es eine Interessengruppe, die ihr eigenes Tun mit Hilfe dieses Begriffes neu zu bestimmen suchte. Schon für die vorsokratische Philosophie war der Logos zu einem Schlagwort für das Argumentieren, für das rationale Argument geworden. Wollte man dagegen mit Mythen argumentieren, musste man sie deuten, auslegen. Ansonsten waren es einfach Geschichten ohne rational überprüfbaren Wahrheitsgehalt.

Und dennoch wurden sie erzählt und verbreitet, weil sie etwas bedeuteten. Diese Bedeutsamkeit führt zur Wiederholung, zur Tradierung der Erzählung. Und umgekehrt kann die tradierte, die geläufige Erzählung dazu benutzt werden, immer wieder neue Sachverhalte zu illustrieren oder Probleme zu beleuchten. Sie wird mit Bedeutung aufgeladen. In Gesellschaften ohne oder

---

[23]   *I. Knapp Opelt*, Das Drama der Kaiserzeit, in: *E. Lefèvre (Hg.)*, Das römische Drama. Darmstadt 1978, 429-457.

[24]   Z. B. *E. Bouley*, Les théâtres culturels de Belgique et des Germanies: Reflexions sur les ensembles architecturaux théâtres-temples, Latomus 42 (1983), 546–571; *C. Ertel u. a. (Hg.)*, Das Theater und die Kultbezirke des römischen Byblos, Zeitschrift für Orient-Archäologie I (2008), 90–152.

[25]   Einführend: *F. Graf*, Griechische Mythologie. Eine Einführung, München 1991; *J. Rüpke / U. Rüpke*, Antike Götter und Mythen. München 2011.

mit eingeschränkter Schriftlichkeit ist das eine Überlebensvoraussetzung für Erzählungen. Wenn Schrift aber nicht nur für Abrechnungen und Königslisten zur Verfügung steht, sondern auch für Mythen, dann können sich auch Erzählungen halten, die ihre aktuelle Bedeutung verloren haben. Sind sie einmal kanonisiert, geht an ihnen kein Weg mehr vorbei. Dann muss man entweder die alten Bedeutungen wieder entschlüsseln – oder einfach neue erfinden.

Das Erzählen oder die Narration ermöglicht eine Form der Reflexion, die komplexe Zusammenhänge, ambivalente Sachverhalte, Zweideutigkeiten und Paradoxe, in eine Sequenz von Vorher und Nachher bringt. Sie macht aus Qualitäten und Charakterzügen Handlungen. Das gilt für Mythographen wie Historiker, es gilt für jedwedes Erzählen, auch unser eigenes. Das aber hat Konsequenzen für unser Polytheismus-Problem. Schon die hebräische Bibel benötigt, um die Menschheitsgeschichte in Gang zu setzen, neben dem Schöpfergott einen zweiten Akteur, die Schlange, die Eva den Apfel aufdrängt. Die Christen erzählen die Geschichte von einem Sohn Gottes, und setzen so die Wahrnehmung der erneuten Zuwendung Gottes an die Menschen in eine Geschichte um, die Generationen von Theologen die Aufgabe einer »Christologie« gibt, die aus diesem Sohn Gottes einen Menschen und einen Gott machen muss. Um die noch grundsätzlichere Frage zu klären, wie Gott aus dem Nichts die Welt schafft, die dann etwas ist, was nicht Gott ist, erzählen andere Christen noch viel kompliziertere Geschichten und vermehren die Zahl der Akteure. Den angeblichen Anhängern des römischen Christen Valentinus (Mitte des zweiten Jahrhunderts n. Chr.) schreibt Epiphanios in seinem im späten vierten Jahrhundert n. Chr. verfassten »Arzneikasten« folgenden Mythos zu:

Am Anfang schloss der immer junge, beide Geschlechter in sich vereinigende Urvater alles in sich, ohne dass das Eingeschlossene ein eigenes Bewusstsein hatte. Aber das in ihm eingeschlossene »Denken« (das präzise »Schweigen« genannt werden müsste) wollte heraus und gewann die »Größe« zu einer geschlechtlichen Vereinigung. Daraus entstand der »Vater der Wahrheit«, der auch »Mensch« genannt wird. Das weibliche »Schweigen« verband sich mit dem männlichen »Menschen« aufgrund ihres gemeinsamen Anteils am Licht und brachte so die »Wahrheit« hervor. Die Wahrheit brachte ihren Vater durch ihre Wollust dazu, sich mit ihr immerwährend zu vereinen. Die Frucht dieser Vereinigung war ein Abbild der schon bestehenden Vierheit von dem »Abgrund« genannten Urvater, Schweigen, Vater und Wahrheit, nämlich: Mensch, Kirche, Wort (Logos) und Leben.

Mensch und Kirche vereinigten sich und brachten zwölf Wesen hervor, die selbst zeugungsbegierig waren. Männlich waren Paraklet (»Herbeigerufener«), Väterlicher, Mütterlicher, Ewigdenker, Wollender (das Licht) und Kirchlicher. Weiblich waren Glaube, Hoffnung, Liebe, Einsicht, Seligkeit, Weisheit. Wort und Leben brachten zehn Wesen hervor – und hier breche ich ab.[26] Eine solche Geschichte ist kein Beispiel für einen Polytheismus der sogenannten Gnostiker, sondern ein Beispiel dafür, wie selbst die Mythen sogenannter Monotheisten, wie das Medium des Erzählens selbst zum Polytheismus neigt.[27]

6 Der Polytheismus und Monotheismus des Kultes

Es wird Zeit, das Zusammenspiel der bisher behandelten Medien zu bedenken. Die »Bedeutung« oder »Kompetenz« einer Göttin oder eines Gottes war aus einem, in den Tempeln in der Regel plastischen Bild, also einer Statue, nur begrenzt abzulesen. Attribute – eine Schlange, ein Füllhorn, ein Geldbeutel, ein Blitz – boten nur sehr pauschale und nur in bestimmten Kontexten eindeutige Charakterisierungen. Hier nun mussten Bilder und Texte zusammenspielen. Ort für ein solches intensives Zusammenspiel war das Ritual. Hier konnten die Anwesenden hören, um was eine Gottheit gebeten wurde, im Verein mit welchen anderen Göttern und in welcher Reihenfolge man die Bitte um Hilfe oder den Dank an sie richtete. Sogenannte Votivgaben konnten an ein solches Bitt- oder Dankritual dauerhaft erinnern, oft in symbolträchtiger Form oder mit einer entsprechenden Beschriftung. So konnten auch Fremde beim Umhergehen in einem Heiligtum die »Funktion« der jeweiligen Gottheit kennenlernen. Gebetstexte waren hier leistungsfähig. Die »Homerischen Hymnen« waren Muster, um ganze Götterbiographien zu entwickeln. Sie zielten auf die Überredung der angesprochenen Gottheit, indem sie diese an ihre früheren Taten erinnerten. Die Frömmigkeit des oder der kollektiv Bittenden wurde unter Beweis gestellt, indem diese ihr Wissen über die Gottheit, beginnend mit deren Herkunft, vorführten. Förmliche Erzählungen waren diese Gebete nicht, auch wenn sie auf solche verweisen konnten. Ein einzelnes Adjektiv wie »Leier schlagend« oder Attribut wie »Rinderdieb« konnte vielleicht sogar in einem Hymnus zum Lachen bringen.

Dass die besondere Kapazität solcher Hymnen und Anrufungen aber nicht in dem bloßen Verweis auf mannigfaltige Erzählungen liegen konnte, zeigt das Beispiel der Gottheit Isis. Von Ägypten aus, wo sie zunächst in Kuhgestalt, dann als stillende Muttergottheit dargestellt wurde, hatte sich ihr Kult schon in hellenistischer Zeit über den ganzen Mittelmeerraum verbreitet; er verband Elemente ägyptischer Exotik mit ordentlichen griechischen Formen. In Rom etablierte sich ihr Kult im Zentrum der Stadt, auf dem Kapitol im ersten Jahrhundert v. und n. Chr.[28] Es sind aber die im ägyptischen Oxyrhynchos erhaltenen Papyri,

---

[26]   *Panarion/Adversus haereses* 31,5–6, unter Verwendung der Übersetzung von Kurt Latte.

[27]   Siehe *T. D. Barnes*, Monotheists all?, Phoenix 55,1–2 (2001), 142–162.

[28]   Zur römischen Isis: *F. Mora*, Prosopografia Isiaca 2. Prosopografia storica e statistica del culto Isiaco. EPRO 113, Leiden 1990; *K. Lembke*, Das Iseum Campense in Rom: Studie

die uns die Macht des Mediums vor Augen führen. Im frühen zweiten Jahrhundert n. Chr. trägt sie hier in ein und demselben Text Dutzende von Namen, die all die vielen Bereichsgötter überflüssig machen und ihre Funktionen von Isis wahrgenommen werden lassen. Nur die wichtigsten seien hier genannt:[29]

Isis wird angerufen als die Eine, Bubastis, Flottenlenkende, Vielgestaltige, Aphrodite, Wohltätige, Huldvolle, Liebende, Unsterbliche, Geberin, Herrscherin, In-den-Hafen-Führende, Schöngestaltige, Heilige, Vaterlose, Freude, Retterin, Allmächtige, Allergrößte, Allsehende, Freundschaft, Gute, Mächtigste, Vielnamige, Herrin, Unterstützerin, Fülle, Beste, Schönste, Atargatis – und erneut breche ich ab.

Es ist deutlich, dass diese Namensfülle im Rahmen einer polytheistischen Religion verwendet wird. Die Existenz anderer Götter wird nicht grundsätzlich in Frage gestellt; im Gegenteil, gerade ihre herausgehobene Stellung unter anderen Göttern kennzeichnet ihre Größe. Die Reichweite dieser theologischen Aussage ist also begrenzt. Lob und die Praxis, auch kultische Titel anderer Gottheiten auf die gerade angebetete Göttin zu übertragen, ist als Strategie, Dank und Bitte an Götter zu richten, nicht ungewöhnlich. Und doch lässt sich eine Entwicklung beobachten. Die Vorstellung einer einzigen oder doch letzten Gottheit, die in der Philosophie seit ihren Anfängen geläufig ist, dringt in hellenistischer Zeit und in der Kaiserzeit erst allmählich in den Kult ein. Auch der einzelne Gott steht für die Qualitäten des Göttlichen insgesamt. Man hat genau das als »paganen Monotheismus« bezeichnet oder als »Henotheismus«, Verehrung einer einzigen Gottheit innerhalb einer polytheistischen Religion.[30] Aber das trifft nicht das Wichtigste. Der für die Antike typische religiöse Pluralismus erlaubt es nicht nur, sich in einzelnen Situationen ganz auf eine Gottheit zu konzentrieren, sondern auch unter einem einzelnen religiösen Zeichen, dem Namen und Bild einer Gottheit, das Göttliche insgesamt zu bedenken und anzurufen. Polytheismus und Monotheismus sind keine Gegensätze, sondern werden in unterschiedlichen Medien in unterschiedlicher Weise konturiert und in ein Verhältnis zueinander gebracht.

über den Isiskult unter Domitian. Archäologie und Geschichte 3, Heidelberg 1994; *U. Egelhaaf-Gaiser*, Kulträume im römischen Alltag. Das Isisbuch des Apuleius und der Ort von Religion im kaiserzeitlichen Rom, Potsdamer altertumswissenschaftliche Beiträge 2, Stuttgart 2000.

[29]   P. Oxy. 11,1380-81.

[30]   Dazu aufschlussreich *H. S. Versnel*, Inconsistencies in Greek and Roman Religion 1. Ter unus. Isis, Dionysos, Hermes, Three Studies in Henotheism, Studies in Greek and Roman Religion 6, Leiden 1990.

7 ZUSAMMENFASSUNG

Wenn Cicero in seinen Reden grundsätzlich und in allen Situationen »Di omnes« anruft, ist er dann – nach der eingangs gegebenen Definition – ein Polytheist? Wenn Christen schon im Frühmittelalter für jeden Tag des Jahres mindestens einen Heiligenkult anführen können, sind sie dann Monotheisten? Wo ordnen wir eine angelologische Christologie,[31] wie wir sie in Texten des zweiten Jahrhunderts wie dem »Hirten des Hermas« fassen können, ein? Wo die Rede von der Unterscheidung von *daimones* und dem einen Gott?[32] Auf kaiserzeitlichen Sarkophagen und Katakomben im Römischen Reich fließen Motive der griechisch-römischen und der jüdisch-christlichen Mythologie in ein Bildrepertoire zusammen.[33] Im vierten Jahrhundert n. Chr. weist die Katakombe an der Via Latina unter anderem Bilder vom Sündenfall (Adam und Eva mit Apfel und Schlange), von Daniel in der Löwengrube und dem ins Meer geworfenen Jonas, von Jonas in der Kürbislaube und Jesus unter den Aposteln, von der alttestamentarischen Susanna im Bade und der Bergpredigt, von Mose und den drei Jünglingen im Feuerofen auf. Aber neben Jakob an der Himmelsleiter und der Himmelfahrt des Elias stehen auch Bilder der Erdgöttin Tellus und das Haupt des weiblichen Ungeheuers Gorgo, stehen der sterbende Admetos und der Keulen schwingende Herkules, stehen Athena und Alkestis, die von Herkules aus der Unterwelt heraufgeführt wird. Die Nutzung dieser gemalten Götter und der Erzählungen dahinter erfolgte sicherlich nicht getrennt nach der Konfession der in der jeweiligen Nische Bestatteten.[34]

Wenn Götter zu zählen keine Erbsenzählerei sein soll, muss sie ihr Zählen an mediale, kommunikative und historische Kontexte und deren traditionale wie diskursive Bezüge binden. Natürlich haben Bilderkult und Ikonoklasmus, haben Mythos und die reduktionistischen Weltbilder der Philosophie unterschiedliche Affinitäten. Monolatrie geht leichter mit Bilderverbot und aphati-

---

[31]   *B. G. Bucur*, Angelomorphic pneumatology. Clement of Alexandria and other early Christian witnesses. Supplements to Vigiliae Christianae 95, Leiden 2009.

[32]   *H.-G. Nesselrath (Hg.)*, On the Daimonion of Socrates. Human liberation, divine guidance and philosophy, Sapere 16, Tübingen 2010.

[33]   *P. Zanker / B. C. Ewald*, Mit Mythen leben. Die Bilderwelt der römischen Sarkophage, München 2004.

[34]   Siehe *J. Rüpke*, Bilderwelten und Religionswechsel, in: *R. v. Haehling (Hg.)*, Griechische Mythologie und frühes Christentum, Darmstadt 2005, 359–376, hier 370–372; Material: *F. P. Bargebuhr*, The Paintings of the »New« Catacomb of the Via Latina and the Struggle of Christianity against Paganism. Heidelberger Akademie der Wissenschaften, Phil.-Hist. Kl. 1991,2, Heidelberg 1991; *A. Ferrua*, Katakomben. Unbekannte Bilder des frühen Christentums unter der Via Latina, Stuttgart 1991.

scher, sich selbst zum Verschweigen bestimmender Theologie zusammen. Aber das sind zugleich typische Positionen von Minderheiten und Revolutionären, die in einem anders gearteten Umfeld agieren. Solche Details gilt es zu erfassen. Anders funktioniert die Rede vom Polytheismus gar nicht.

ORTSVERSCHIEBUNGEN

Transformationen des Gottesverständnisses im Neuen Testament

Friedrich W. Horn

Über das am häufigsten verwendete Substantiv des Neuen Testaments, *theos*, und über das, worum es bei diesem Substantiv geht, ist in der neutestamentlichen Forschung relativ selten gearbeitet worden. Von einem »Stiefkind der ntl. Theologie«[1] gar sprach im Blick auf die Gotteslehre Christfried Böttrich. Hierbei soll gar nicht verkannt werden, dass über gewisse, nicht unwesentliche Teilbereiche wie etwa über die Gottesprädikationen jüngst gewichtige Arbeiten vorgelegt wurden,[2] dass eine intensive Monotheismus-Debatte geführt worden ist[3] oder dass eine einzelne Schrift wie das Markusevangelium ganz von der Gottesvorstellung her erschlossen wurde.[4] Im Blick auf Paulus allerdings sind wir von Konvergenzen relativ weit entfernt. Die ältere und jüngere Forschung setzte überwiegend voraus, dass Paulus ein traditionelles jüdisches Gottesbild relativ bruchlos weitergeführt habe.[5] Dagegen wandte sich dann ziemlich scharf Paul-

---

[1] *Ch. Böttrich*, Die neutestamentliche Rede von Gott im Spiegel der Gottesprädikationen, BThZ 16, 1999, 59–81, hier 59.

[2] *M. Bachmann*, Göttliche Allmacht und theologische Vorsicht. Zu Rezeption, Funktion und Konnotation des biblisch-frühchristlichen Gottesepithetons *pantokrator*, SBS 188, Stuttgart 2002; *R. Feldmeier*, Gottvater. Neutestamentliche Gotteslehre zwischen Theologie und Religionsgeschichte, in: *F. Schweitzer (Hg.)*, Kommunikation über Grenzen. Veröffentlichungen der Wissenschaftlichen Gesellschaft für Theologie Bd. 33, Gütersloh 2009, 302-323; *ders.*, Nicht Übermacht noch Impotenz, in: *R. Feldmeier / W. Ritter (Hg.)*, Der Allmächtige. Annäherung an ein umstrittenes Gottesprädikat, 2. Aufl., Göttingen 1997, 13-42.

[3] *H.-J. Klauck (Hg.)*, Monotheismus und Christologie. Zur Gottesfrage im hellenistischen Judentum und im Urchristentum, QD 138, Freiburg 1992; *L. W. Hurtado*, Lord Jesus Christ. Devotion to Jesus in Earliest Christianity, Michigan/Cambridge 2003.

[4] *G. Guttenberger*, Die Gottesvorstellung im Markusevangelium, BZNW 123, Berlin / New York 2004. Dieses Buch wurde von *A. Lindemann*, Wenn Zeit wäre für drei exegetische Bücher. Empfehlungen zeitgenössischer neutestamentlicher Literatur, PrTh 42, 2007, 123–126, als besonders lesenswert genannt.

[5] Vgl. *A. Lindemann*, Art. »Gott III. Neues Testament«, in: RGG, 4. Aufl., Bd. 3, Tübingen

Gerhard Klumbies, demzufolge die Gottesvorstellung des Paulus mit derjenigen des Judentums unvereinbar sei, weil über die Christologie ein signifikant anderes Gottesbild gewonnen werde.[6] Demgegenüber argumentiert nun wieder zuletzt, in einem Gegenschlag, Jochen Flebbe, der zwar »von einer teils pointierten Vergegenwärtigung Gottes mit radikalen Konsequenzen« spricht, aber gleichzeitig doch festhält, dass bei Paulus »die Rede von Gott von der alttestamentlich-jüdischen Tradition her erfolgt und sich in diesen Rahmen einordnen lässt.«[7]

Von Ortsverschiebungen, von Transformationen des Gottesverständnisses möchte ich im Folgenden sprechen, aber doch nicht so, dass philologische, traditionsgeschichtliche oder dezidiert biblisch-theologische Methoden[8] mein Interesse lenken würden oder dass ich gar ein entwicklungsgeschichtliches Modell der Prägung des Gottesverständnisses im Neuen Testament präsentieren wollte. Auch bin ich weit davon entfernt, das Thema umfassend und erschöpfend behandeln zu wollen. Ich möchte vielmehr mit einer Beobachtung einsetzen und Antworten auf sich hier anschließende und einstellende Fragen finden. Antike Religiosität und antiker Gottesglaube im griechischen, jüdischen und römischen Bereich leben in einem Raster, zu dem ganz wesentlich Tempel, Priester, Opfer und Festkalender gehören, auch wenn Religion und Religionsausübung nicht exklusiv darauf festzulegen sind.[9]

Um den theologischen Stellenwert dieser Vorgaben zu erfassen, zitiere ich eine Aussage des Judaisten Johann Maier im Blick auf das Judentum des zweiten Tempels:

> »Für das Lebensgefühl der Alten waren die Kultordnung und ihr ritualgerechter Vollzug nicht dem Belieben des Menschen anheimgestellt. Die Ordnung des Kults – einschließlich des Kultkalenders – galt wie die architektonische Anlage des Heiligtums als Spiegelbild der kosmischen Ordnung, erstellt nach einem ›himmlischen‹

2000, 1104–1108, hier 1107: »Weder Jesus noch das Urchristentum sprechen von einem bisher unbekannten Gott; sie entwickeln auch keine ›neue‹ Lehre von Gott …«

[6]   *P.-G. Klumbies*, Die Rede von Gott bei Paulus in ihrem zeitgeschichtlichen Kontext, FRLANT 155, Göttingen 1992. Ähnlich jetzt auch *U. Schnelle*, Theologie des Neuen Testaments, Göttingen 2007, 189: *»Während der Gottesgedanke die Kontinuität zum Judentum verbürgt, sprengt die Christologie jede Einheit und begründet die theologische und damit auch die historische Diskontinuität zwischen dem sich herausbildenden frühen Christentum und dem Judentum.«* Noch deutlicher *ders.*, a. a. O., 197: Paulus mutet *»seinen Hörern zu, eine neue Weltsicht, einen neuen Gott anzunehmen.«*

[7]   *J. Flebbe*, Solus Deus. Untersuchungen zur Rede von Gott im Brief des Paulus an die Römer, BZNW 158, Berlin / New York 2008, 456; vgl. dazu meine Besprechung in: ThLZ 135, 2010, 318–320.

[8]   So jetzt *R. Feldmeier / H. Spieckermann*, Der Gott der Lebendigen: Eine biblische Gotteslehre, Tübingen 2011.

[9]   *J. Rüpke*, Die Religion der Römer. Eine Einführung, 2. Aufl., München 2006, 12.

Modell, daher engstens verbunden mit schöpfungstheologischen Motiven. Eine ritualgerechte Kultpraxis wirkte in bezug auf diese kosmische Ordnung stabilisierend, garantierte also Ordnung und Gedeihen in der Natur.«[10]

Hinsichtlich der Kritik an dem paganen Polytheismus folgte die christliche Polemik der jüdischen Apologetik. In dieser Hinsicht war die Position stets recht eindeutig.[11] Was aber bedeutet es für die christliche Religion und das christliche Gottesverständnis, wenn sie auf diese anderen Konstitutiva antiker Religion und den mit ihnen verbundenen Religionsvollzug verzichten und einen Gottesglauben ohne Tempel, Opfer, Priester[12] und Festkalender entwerfen?[13] Der Verzicht auf das Opfer im Tempel war, so Gerd Theißen, »eine Revolution in der Religionsgeschichte«.[14] Der Apologet Minucius Felix (spätes 2. Jh.) nimmt die Frage des heidnischen Gesprächspartners Caecilius im Blick auf die Christen auf: »Weshalb sonst haben sie keine Altäre, keine bekannten Heiligtümer?« (10,2; vgl. auch 32,1). Mehr noch: »Tempel verachten sie, als ob es Gräber wären, vor Götterbildern speien sie aus, verlachen die heiligen Opfer ...« (8,4). Ich suche Antworten für die Zeit des Urchristentums.

Es ist zunächst festzustellen, dass die von mir genannten konstitutiven Elemente antiker Religion im Judentum und in griechisch-römischer Religion unbeschadet ihrer grundsätzlichen Akzeptanz doch gelegentlich höchst kritisch bewertet wurden, ja dass selbst die Vorstellung einer ›Gemeinde ohne Tempel‹ theoretisch (!) denkbar war. Die Tempel- und Tempelkultkritik innerhalb des Judentums blickte einerseits auf die Umgestaltung des Tempelareals unter Herodes dem Großen in eine zentrale Agora, welche der Stadt Jerusalem in städtebaulicher Hinsicht fehlte.[15] Andererseits aber standen konkrete theolo-

---

[10] *J. Maier*, Zwischen den Testamenten, Würzburg 1990, 218.

[11] Dazu *J. Woyke*, Götter, ›Götzen‹, Götterbilder. Aspekte einer paulinischen ›Theologie der Religionen‹, BZNW 132, Berlin / New York 2005; vgl. dazu meine Rezension in: ZRGG 58, 2006, 79 f.

[12] Dazu *M. Karrer*, Der Brief an die Hebräer, ÖTK 20/1, Gütersloh/Würzburg 2002, 87: »*Hiereus*, Priester, wurde bis über das Ende der ntl. Zeit hinaus nicht zur Bezeichnung eines christlichen Amtes. Nie heißt im Neuen Testament ein Einzelner Priester im Gegenüber zur Gemeinde, die Basis für die Übertragung von Priesterbegriff (Offb 1,6; 5,10; 20,6) und Priestertum (1 Petr 2,5.9) auf alle Gläubigen.«

[13] Ein Vergleich mit zeitgenössischen ›Konkurrenzreligionen‹ ist ebenfalls konstruktiv. Der Mithraskult z. B. hatte eine Opferhandlung und Priester im Zentrum seiner Religion, kannte natürlich auch einen Tempel (Mithraeum).

[14] *G. Theißen*, Die Religion der ersten Christen. Eine Theorie des Urchristentums, Gütersloh 2000, 195.

[15] *J. Adna*, Jerusalemer Tempel und Tempelmarkt im 1. Jahrhundert n. Chr., ADPV 25, Wiesbaden 1999.

gische Differenzen wie die Berechnung des Festkalenders und die legitime Nachfolge des hohepriesterlichen Amtes im Raum, vorgetragen etwa von den Qumran-Essenern.[16] Daneben treten im Vorfeld des jüdischen Krieges messianische Propheten in Jerusalem auf, die nach Josephus den Untergang dieses Tempels vorhersagten.[17] Auch die im Neuen Testament berichteten Reinigungsriten Johannes des Täufers abseits des Tempels,[18] die Tempelkritik Jesu und des Stephanuskreises können als Aufnahme und weitere Ausformung einer im Judentum vorhandenen Tempelkultkritik bewertet werden. Radikaler sind dann noch apokalyptische Kreise (etwa Sibyllinen 4), die ausschließlich den im Himmel existierenden Tempel Gottes akzeptieren und erwarten, dass dieser zukünftig am Ende der Zeit von oben herabschweben wird.[19] Innerhalb der römischen Literatur des ausgehenden 1. Jh. wird zunehmend beklagt, dass der offizielle Kult mehr und mehr an Bedeutung verloren hat, dass die Einhaltung des Festkalenders den Sklaven übertragen wird, dass die alten Tempel verfallen. In einer Gegenreaktion ist zu beobachten, dass in augusteischer Zeit ein nationales Erneuerungsprogramm durchgeführt wird, das äußerlich der Restitution der alten Religionsformen dienen soll, sich aber dennoch kaum gegen die neuen Religionen aus dem Osten und die zunehmende Kaiserverehrung durchsetzen kann.[20]

Zu schnell zogen liberale Theologen des ausgehenden 19. und beginnenden 20. Jh. unter dem Eindruck des Geniegedankens daher den Schluss, sowohl Jesus als auch Paulus trügen mit ihrer Kritik an Tempel und Tempelkult zur Überwindung der äußeren, vor allem der jüdischen Formen der Religion bei und höben die Religion auf die Ebene der reinen geistigen Sittlichkeit.[21] Aber es ist auch zu

---

[16]   *H. Stegemann*, Die Essener, Qumran, Johannes der Täufer und Jesus. Ein Sachbuch, Freiburg 1993, 242: »Die Essener haben den in der Tora vorgeschriebenen Opferkult nie kritisiert oder gar abgelehnt. Der von Jonatan am Tempel eingeführte Mondkalender aber bewirkte ihrer Auffassung nach, dass dort überhaupt keine toragemäßen Opfer mehr zustande kommen konnten.«

[17]   Flav.Jos.Bell. VI 285 und 300–303. Einen Überblick über jüdische Tempelkritik bietet jetzt *T. Wardle*, The Jerusalem Temple and Early Christian Identity, WUNT II 291, Tübingen 2010.

[18]   Dazu *F. Avemarie*, Ist die Johannestaufe ein Ausdruck von Tempelkritik? Skizze eines methodischen Problems, in: *B. Ego u. a. (Hg.)*, Gemeinde ohne Tempel. Community without Temple, WUNT 118, 395–410.

[19]   *W. Horbury*, Der Tempel bei Vergil und im herodianischen Judentum, in: *Ego u. a. (Hg.)*, Gemeinde (Anm. 18), 149–168, hier 162–166 zu Sib 4.

[20]   *K. Latte*, Römische Religionsgeschichte, HAW V/4, München 1960, 18–35.

[21]   *G. Theißen / D. Winter*, Die Kriterienfrage in der Jesusforschung. Vom Differenzkriterium zum Plausibilitätskriterium, NTOA 34, Freiburg/Göttingen 1997, 69 u. ö. Außerdem *Theißen*, Religion (Anm. 14), 199: »Die Absage an die Opfer ist also auf keinen Fall der große Fort-

kurz gegriffen, dabei stehen zu bleiben, dass eine Spiritualisierung der Kultus-begriffe[22] und die Substitution des Kultus im frühen Christentum, durchaus angeregt von parallelen Vorgängen im Judentum und Hellenismus, Raum gewonnen habe. Das frühe Christentum tritt in seiner Missionsbewegung in den Raum der Religionen ein und muss sich auch über die Konstitutiva antiker Religion definieren.[23] Wie aber geschieht das?

Das frühe Christentum hat den an den zentralen Ort des Jerusalemer Tempels gebundenen Gottesdienst wohl nicht aus einer theologischen Überzeugung bereits in den frühen 30er Jahren aufgegeben, weil das Verständnis des Todes Jesu als eines Sühnetodes den Opferkult im Tempel, damit auch diesen Tempel selbst und sein Priesterpersonal überflüssig machte. Zwar wird eine solch grundlegende Tempel- und Tempelkultkritik immer wieder für den sog. Stephanuskreis[24] oder die Hellenisten[25] als Folge der theologischen Einsicht vermutet, dass der Tod Jesu den Jerusalemer Kult definitiv, nach Anna-Maria

---

schritt des Christentums gegenüber dem Judentum, sondern das Ergebnis einer innerjüdischen Entwicklung.«

[22]   *H. Wenschkewitz*, Die Spiritualisierung der Kultusbegriffe Tempel, Priester und Opfer im Neuen Testament, Angelos.B 4, Leipzig 1932; *G. Klinzing*, Die Umdeutung des Kultes in der Qumrangemeinde und im Neuen Testament, StUNT 7, Göttingen 1971. Die Spiritualisierung der Kultusbegriffe bewegt sich in herodianischer Zeit in einer gedanklichen Richtung, in der alttestamentliche Kultkritik und griechische Spiritualisierung kultischer Begriffe aufeinander einwirken.

[23]   Vgl. die Überlegungen von *M. Karrer*, Der Hebräerbrief, in: *M. Ebner / St. Schreiber (Hg.)*, Einleitung in das Neue Testament, ST 6, Stuttgart 2008, 492 f., zum Religionsbegriff des Hebräerbriefs; *ders.*, a. a. O., 89: der Hebräerbrief stellt sich der Herausforderung, »das Christentum unter den Religionen der Zeit an deren zentralem Maßstab, dem Kult, zu definieren.« Das Christentum verlässt die Religionspraxis des irdischen Kultes und ist doch Religion, da es den überlegenen, himmlischen Kult hat.

[24]   Peter Stuhlmacher hat verschiedentlich diese These vertreten: »*Die Gleichsetzung von Christus auf Golgatha mit der kapporaet impliziert eine radikale Kritik am Sühnopferkult im Jerusalemer Tempel*: Der von Gott gewollte Sühnetod Jesu am Kreuz hebt den Sühnekult auf dem Zionsberg auf …« (*P. Stuhlmacher*, Biblische Theologie des Neuen Testaments. Bd. 1. Grundlegung. Von Jesus zu Paulus, Göttingen 1992, 194). Da Stuhlmacher diese Tempelkritik mit dem Jerusalemer Stephanuskreis in Verbindung bringt, liegt die Infragestellung des Tempels und des Sühnopferkultes bereits zeitlich weit vor der Mission des Paulus. Diese Kritik am Tempel führt in die Jerusalemer Urgemeinde.

[25]   *W. Kraus*, Der Tod Jesu als Heiligtumsweihe. Eine Untersuchung zum Umfeld der Sühnevorstellung in Römer 3,25–26a, WMANT 66, Neukirchen-Vluyn 1991. Kraus führt die in Röm 3,25 f. rekonstruierte Formel auf die Hellenisten zurück. In ihr sei die Tempelkultkritik Jesu aufgenommen und zur These der Aufhebung des irdischen Heiligtums zugespitzt worden (229-234).

Schwemer[26] bereits wohl im ersten Jahr nach Jesu Tod abgelöst habe. Doch muss gleichzeitig zumindest gesehen werden, dass in den ersten Jahrzehnten das Judenchristentum noch eine positive Haltung zum Tempel einnahm und wohl auch Teil der Jerusalemer Tempelgemeinde blieb.[27] Eine einheitliche frühchristliche Position zum Tempel und zum Tempelkult hat es nie gegeben. Tempelkultkritik impliziert nicht notwendig eine völlige Absage an den Tempel. Nach dem Fall der Stadt Jerusalem und des Tempels allerdings hatten sich die Interpretationsbedingungen nochmals verschoben,[28] denn es war jetzt der Weg für Juden und Christen frei, eine Gottesbeziehung ohne Tempel neu zu denken.

Gleichzeitig hatten sowohl das Judentum, vor allem das Diasporajudentum, und das frühe Christentum in der Synagoge und in den bald entstehenden christlichen Hausgemeinden eine Form für die Religionsausübung gefunden, die vor allem auch den vielfältigen sozialen Belangen der jeweiligen Religion entgegenkam,[29] gleichzeitig aber die für einen Tempel und sein Personal wesentliche Entgegensetzung von profan und heilig weitgehend unterlief. Synagogen und Hausgemeinden hatten keine Priesterschaft, sondern Personal eher in Analogie zu Vereinen, kannten wohl Kultus, aber keinen Opferkult, benötigten keine Schranken, um Interessierte abzuweisen. Gleichwohl verstanden sich die Synagogen nicht als Alternative zum bestehenden Tempel. Sie waren im Gegenteil ideell und institutionell eng mit dem Tempel verbunden.

Das Gottesverständnis und das Gottesverhältnis erfahren mit der Absetzung von einem zentralen Kultort, dem Tempel, jedenfalls grundlegende Veränderungen. Wer schützt Gott in seiner Heiligkeit, wenn nicht ausgegrenzte Räume und Priesterpersonal die Begegnungen überwachen? Wie überhaupt sind Begegnungen vorstellbar, wenn sie nicht im Kultus durch Priester inszeniert und erfahrbar

---

[26]   *A.-M. Schwemer*, Verfolger und Verfolgte bei Paulus: Die Auswirkungen der Verfolgung durch Agrippa I. auf die paulinische Mission, in: *E.-M. Becker / P. Pilhofer (Hg.)*, Biographie und Persönlichkeit des Paulus, WUNT 187, Tübingen 2005, 169–191, hier 180f.

[27]   Vieles hängt natürlich davon ab, inwieweit man den diesbezüglichen Aussagen der Apg folgt oder ob man sie als Konstruktion des Evangelisten infrage stellt; dazu *M. Bachmann*, Art. »Tempel III«, TRE 33, 54–65.

[28]   Lk 21,22 »deutet die Zerstörung Jerusalems als ein strafendes Vergeltungshandeln Gottes« (*M. Wolter*, Das Lukasevangelium, HNT 5, Tübingen 2008, 677). Die Begründung dieses Gerichts wurde unmittelbar vor der Tempelreinigung in Lk 19,44 genannt: Jerusalem hat die Zeit der Heimsuchung zum Heil nicht erkannt. Die Tempelkultkritik wird den Verkäufern angelastet, nicht den Juden allgemein (Lk 19,46).

[29]   Synagogen waren gelegentlich nach lokaler Herkunft der Mitglieder oder nach deren Stand benannt (Apg 6,9). Einen Überblick vermittelt *C. Claußen*, Art. »Die jüdische Synagoge«, NTAK 3, hg. v. *J. Zangenberg*, Neukirchen 2005, 200–210. Zu den frühchristlichen Hausgemeinden zuletzt: *M. Öhler*, Das ganze Haus. Antike Alltagsreligiosität und die Apostelgeschichte, ZNW 102, 2011, 201–234.

werden, wenn nicht Prozessionen den Weg zum Tempel und zur Gottesbegegnung führen?

Ich möchte im Folgenden die Eingangsfrage nach den Rahmenbedingungen von antiker Religion erneut aufnehmen und die Antworten aus drei theologischen Entwürfen des Neuen Testaments skizzenhaft und in Ausschnitten vorstellen. Ihnen ist gemeinsam, dass in ihnen die Institutionen Tempel, Priester, Opfer und gelegentlich auch Festkalender[30] gedanklich noch präsent sind, dass aber gleichzeitig durch Spiritualisierung – oder wie vielleicht besser zu sagen ist – durch Metaphorik und Interpretation dieser Begriffe ein Gottesverständnis gesucht wird, in dem auf diese Institutionen und Gegebenheiten nur faktisch, nicht aber gedanklich verzichtet wird.[31]

1 ORTSVERSCHIEBUNG:
DIE GEMEINDE ALS GEGENWÄRTIGER TEMPEL[32]

In der Korintherkorrespondenz spricht Paulus die überwiegend heidenchristlichen Mitglieder der Gemeinde bzw. deren Leiber als Tempel Gottes an (1 Kor 3,16f.; 6,19; 2 Kor 6,16) und er verknüpft diese Aussage – im Rahmen tempeltheologischen Denkens durchaus konsequent – mit der Vorstellung der Einwohnung des Geistes Gottes in den Christen bzw. mit der direkten Einwohnung Gottes in oder unter ihnen. Darüber hinaus fügt Paulus stets den Aspekt der Heiligkeit an, überträgt also die Heiligkeit des Tempels auf die auserwählte Gemeinde als Tempel Gottes.

Diese Texte sind häufig als Beleg der Substitutionstheorie gelesen worden, der zufolge Paulus den Herodianischen Tempel durch das Konzept der Gemeinde als Tempel ersetzen wollte, gleichwie Paulus auch von Priester und Opfer in positiver Weise, aber uneigentlich, im Blick auf christliche Inhalte spre-

---

[30]   Hinsichtlich der Einhaltung des jüdischen Kalenders, eventuell auch paganer Festkalender, scheint die Grundhaltung im frühen Christentum uneinheitlich bzw. zumindest strittig gewesen zu sein, wie Röm 14,5; Gal 4,10; Kol 2,16; Justin, dial 8,4 u. a. andeuten.

[31]   Spiritualisierung wird gerne mit Substituierung gleichgesetzt. Beides ist jedoch zu unterscheiden; dazu *G. Gäbel*, Die Kulttheologie des Hebräerbriefs. Eine exegetisch-religionsgeschichtliche Studie, WUNT 212, Tübingen 2006, 19–21; *G. Faßbeck*, Der Tempel der Christen. Traditionsgeschichtliche Untersuchungen zur Aufnahme des Tempelkonzepts im frühen Christentum, TANZ 33, Tübingen/Basel 2000, 17–25.

[32]   Zum Folgenden: *Ch. Böttrich*, Tempelmetaphorik und Gemeinde bei Paulus, in: *Ego (Hg.)*, Gemeinde (Anm. 18), 411–425; *F. W. Horn*, Paulus und der Herodianische Tempel, NTS 53, 2007, 184–203; *Ch. G. Müller*, Gottes Pflanzung – Gottes Bau – Gottes Tempel. Die metaphorische Dimension paulinischer Gemeindetheologie in 1 Kor 3,5.17, FuSt 5, Frankfurt/M. 1995.

chen kann.[33] Und der bestimmte Artikel, ihr seid *der* Tempel Gottes, markiert ja auch einen Gegensatz. Dieser Position stehen aber doch erhebliche Bedenken gegenüber, da eine Antithese gegen den Jerusalemer Tempel hier einfach nicht ausgebaut ist und da Paulus im Blick auf seine Person durchaus noch in einer positiven Relation zum Tempel steht. Spiritualisierung und Substitution sind daher nicht deckungsgleich. Auch ist es nicht wahrscheinlich, dass Paulus hier die Tempelmetaphorik ausschließlich dazu anschlägt, um weitere auf sie bezogene Bildbereiche zu aktivieren: die Gemeinde als Bau, die Heiligkeit der Gemeinde, ihre Absetzung von jeglichem Laster.

Vielmehr ist anzunehmen, dass Paulus hier – wir bewegen uns in frühpaulinischer, eventuell sogar in vorpaulinischer Theologie –[34], durchaus in gewisser Analogie zu parallelen jüdischen Texten,[35] wirklich bestrebt ist, die Gemeinde als Tempel, damit auch als Sitz des Geistes Gottes, als Wohnstatt der Heiligkeit anzusprechen und sie somit in eine unmittelbare Relation zu Gott und zu der Ankunft seines Messias-Menschensohns zu setzen.[36] Zu diesem gedanklichen Komplex gehören auch die Attribute der Gemeinde als »auserwählt, heilig, berufen« oder die Beschreibung der Taufwirkungen als »gerechtfertigt, geheiligt, abgewaschen« (1 Kor 1,30; 6,11). Man muss gleichzeitig die andere Aussagereihe

---

[33] Zuletzt hat *Wardle*, Temple (Anm. 17), die zentrale Bedeutung des Jerusalemer Tempels im antiken Judentum und die Motivation hinter dem Bau diverser rivalisierender jüdischer Tempel untersucht: den Tempel der Samariter auf dem Berg Garizim, denjenigen der Oniaden in Leontopolis und den »Tempel des Volkes« in Qumran. Auf diesen Untersuchungen aufbauend, geht Wardle der Entscheidung der Christen nach, ihre eigene Gemeinschaft mit Tempelmetaphorik zu beschreiben. Er zeigt, dass die Wurzel dieser aufkeimenden Tempel-Identität auf die früheste jüdisch-christliche Gemeinde in Jerusalem zurückgeht und sich – wie die der Gemeinden in Samaria, Leontopolis und Qumran – aus einer verbitterten Beziehung zu den Priestern speist, die die Aufsicht im Jerusalemer Tempel führen.

[34] So *J. Becker*, Die Gemeinde als Tempel Gottes und die Tora, in: *D. Sänger / M. Konradt (Hg.)*, Das Gesetz im frühen Judentum und im Neuen Testament, NTOA 57, Göttingen/Fribourg 2006, 9–25, der den Gedanken bis in die Jerusalemer Urgemeinde zurückführt. Auch 2 Kor 6,14–7,1, möglicherweise ein Traditionsstück, wird neuerdings in der Substanz wieder mit der Jerusalemer Urgemeinde in Verbindung gebracht: *Th. Schmeller*, Der zweite Brief an die Korinther, EKK VIII/1, Neukirchen 2010, 381.

[35] Vgl. das Material bei *D. Zeller*, Der erste Brief an die Korinther, KEK V, Göttingen 2010, 166.

[36] *J. Roloff*, Die Kirche im Neuen Testament, GNT 10, Göttingen 1993, 113: »Dies ist nicht bildlich-metaphorische, sondern eigentliche Rede. Es verhält sich nicht so, als sei die Kirche in einer bestimmten Weise – nämlich hinsichtlich der Gegenwart Gottes – mit dem Tempel vergleichbar. Vielmehr wird hier der Anspruch erhoben, dass das, was das Alte Testament vom Tempel sagt, nämlich, dass er der Ort des Wohnens Gottes unter seinem Volk sei, in der Kirche zu einer abschließenden Erfüllung gelangt ist.«

im Blick behalten, die völlig entsprechend die Gemeinschaft der Gemeinde mit Christus anspricht, indem sie vielfältige In-Christus-Aussagen (in Christus leben, Christus anziehen) aktiviert. Diese Relationen sind, wie Udo Schnelle in seinen Paulus-Arbeiten aufgezeigt hat, ontische Beschreibungen, die in der Partizipation der Glaubenden an dem erhöhten Christus gründen.[37] Diese kann vor allem an dem Aspekt der Heiligkeit nachvollzogen werden, die den Glaubenden zugeeignet wird, sie ist also ein vorethischer Begriff.[38] Der Gewinn oder Ertrag einer übertragenen Heiligkeit besteht darin, Gott und seinem Sohn begegnen zu dürfen – gleichwie der Priester im Tempel, die Engel im himmlischen Hofstaat Gott begegnen oder der Ertrag gleicht eben dem Raum des Tempels, der als heiliger Raum Wohnstätte Gottes ist.

> Zur Spiritualisierung von Kultusbegriffen zählt natürlich auch die Opfermetaphorik (Röm 12,1–2; Phil 4,18) oder die Inanspruchnahme priesterlicher Aufgaben durch nichtpriesterliche Personen (Röm 15,16). Neben Paulus bietet 1 Petr 2,5.9 (aber auch Eph 2,21; 1 Tim 3,15) eine umfassende Übertragung der Tempeltheologie auf die Gemeinde – allerdings nach dem Fall des Jerusalemer Tempels und wohl auch als Gegenentwurf zu paganen Tempelbauten und -institutionen. Die Gemeinde ist geistliches Haus, heilige Priesterschaft, königliche Priesterschaft, zu opfern geistliche Opfer.[39]

Diese Ortsverschiebung auf Heidenchristen ist provokant, denn sie ist ja, ganz im Gegensatz zu der essenischen Gemeinde, die ebenfalls von sich als von einem Tempel sprach, nicht eingebettet in eine priesterliche Existenz, der zufolge Reinheitsbestimmungen und Gesetzesstudium unbedingt streng einzuhalten waren. Auch ist die Übertragung nicht ein Ersatz dafür, dass man nicht mehr am Tempelkult beteiligt ist, da Heidenchristen ja ohnehin der Zugang dazu untersagt war. Nicht die oft bemühten Gegner des Paulus allein sind Enthusiasten, sondern ebenfalls der Apostel, der seine heidenchristlichen Gemeinden auch auf diese Weise in eine unmittelbare Gottesrelation stellt.

---

[37]　U. Schnelle, Transformation und Partizipation als Grundgedanken paulinischer Theologie, NTS 47, 2001, 58–75; ders., Paulus. Leben und Denken, Berlin / New York 2003, 463–465.

[38]　E. D. Schmidt, Heilig ins Eschaton. Heiligung und Heiligkeit als eschatologische Konzeption im 1. Thessalonicherbrief, BZNW 167, Berlin / New York 2010.

[39]　R. Feldmeier, Die Christen als Fremde. Die Metapher der Fremde in der antiken Welt, im Urchristentum und im 1. Petrusbrief, WUNT 64, Tübingen 1992, 143 f.

2 Ortsverschiebung:
Der wahre, jenseitige, himmlische Kult

Der Hebräerbrief beschreibt, dass durch Jesus Christus Israels Tempelkult in allen seinen einzelnen Teilen endgültig abgelöst wurde und dass an seine Stelle gegenwärtig ein besserer, himmlischer Kult getreten ist, in dem Christus seit seiner Erhöhung als Hohepriester und gleichzeitig als Sühnopfer auftritt (Hebr 9,11–12). Die Erwartung eines endzeitlichen neuen Tempels kann daher im Hebräerbrief fehlen. Diese Schrift denkt und argumentiert mittels einer Urbild-Schatten-Typologie (Hebr 10,1) vollkommen innerhalb des Inventars des Jerusalemer Kultes,[40] aber nicht, um, wie üblich in jüdischer Theologie, daraus Maßstäbe für das irdische Heiligtum und seinen Kult zu gewinnen oder eine Kritik aus dem Urbild abzuleiten, sondern um den irdischen Kult als defizitär zu zeichnen, ihn zu überwinden und abzulösen.[41] Im himmlischen Kult wirkt Christus als himmlischer Hohepriester nach der Ordnung Melchisedeks, die das irdische levitische Priestertum und seine Ordnung überragt (Hebr 5,1–10; 7,11–19). Dieser Kult kommt ohne einen irdischen Tempel aus, da Christus den Zugang ins himmlische Heiligtum inauguriert hat.[42] Sein einmaliger Tod beendet die stetige Abfolge blutiger Opfer und hebt die jährlich wiederkehrenden Versöhnungstage auf (Hebr 7,27). Gleichzeitig erwirkt Christus durch seinen Tod einen neuen Sühneort im himmlischen Tempel, der weitere kultische Handlungen ausschließt (Hebr 9,12). Der Hebräerbrief kennt natürlich auch keine Götterbilder, wohl aber Christus als das eine Bild Gottes, den Abglanz seiner Herrlichkeit (Hebr 1,3). Der Hebräerbrief bietet »alles, was nach antikem Verständnis eine Religion (oder besser: einen Kult) ausmachte – nur in anderer, besserer und vollendeter Weise.«[43] Im Blick auf den Standort des Hebräerbriefs spricht Martin Karrer von einem Sonderort des Christentums unter den Religionen, sowohl in schroffer Distanz zu dem Jerusalemer Kult, aber auch zu allen Formen paganer Religiosität.[44]

Die theologische und religionsgeschichtliche Einordnung dieses Befundes ist seit je ausgesprochen schwierig. Frühchristliche Traditionen jedenfalls führen

---

[40]　Zwar sind Stiftshütte und Bundeslade vordergründig im Blick, gedanklich beschäftigt den Hebr allerdings der zweite Tempel.

[41]　*Gäbel*, Kulttheologie (Anm. 31), 470: »das stellt die Verwendung des Motivs in vorchristlichen wie in rabbinischen jüdischen Texten nachgerade auf den Kopf.«

[42]　Hebr 10,19; 13,11 und 9,8.24 sprechen mittels *to hagíon* vom himmlischen Heiligtum, dem der irdische Tempel als *antitypon* gegenübersteht.

[43]　*Theißen*, Religion (Anm. 14), 199.

[44]　*Karrer*, Hebräer (Anm. 12), 86 sowie 90: »Heiligtümer auf Erden kommen und gehen, vermittelt er; allein vertrauenswürdig ist das himmlische Heiligtum, das Christus uns als der melchisekedische Hohepriester eröffnet.«

nicht direkt zur Theologie des Hebräerbriefs.[45] Viel hängt von der Beantwortung der Frage ab, ob der Brief nach oder vor 70 n. Chr., also noch zur Zeit des Herodianischen Tempels verfasst wurde, und von welchen religionsgeschichtlichen Leitlinien der Verfasser sich neben seiner zuzugestehenden großen Eigenständigkeit steuern lässt. In der Beantwortung beider Fragen weichen zwei jüngere, ausgezeichnete Arbeiten, die ich kurz vorstellen möchte, vollkommen voneinander ab.

Wilfried Eisele[46] hat gezeigt, dass der in seiner Sicht nach 70 n. Chr. verfasste Brief von dem Einfluss mittelplatonischer Literatur her weitgehend verständlich wird. Grundlegend ist die Voraussetzung einer Diastase zwischen der verstandesmäßigen Welt des unveränderlichen Seins und der wahrnehmbaren Welt ununterbrochenen Werdens und Vergehens. Beide Welten sind durch Analogien aufeinander bezogen, und Menschen vermögen mittels des Verstandes den Schritt von der irdischen in die himmlische Welt zu gehen. Dem irdischen Heiligtum entspricht ein ideales himmlisches Heiligtum. In dieses können die Glaubenden jetzt eintreten, da Christus durch seinen Opfertod dort eingezogen ist und den Zutritt eröffnet hat. Bereits gegenwärtig nimmt die irdische Gemeinde an der himmlischen Versammlung teil, welches ihrer Seele einen sicheren und festen Anker bietet (Hebr 6,19). Die Begegnung dort im himmlischen Heiligtum mit Christus ist dessen Parusie, sein zweites Erscheinen, das die Glaubenden in ihrer Todesstunde erleben.[47]

Demgegenüber verortet Georg Gäbel den Hebräerbrief in die Zeit vor 70 n. Chr. und wendet sich scharf gegen Eisele: »Entgegen anderslautenden Auffassungen unterscheidet sich die Urbild-Abbild-Relation von irdischem und himmlischen (sic!) Heiligtum, wie sie in frühjüdischen Texten und auch im Hebräerbrief vorliegt, wesentlich von einem Denken in mittelplatonischen Bahnen wie dem Philos von Alexandrien. Letzteres kennt ideale, intelligible Größen, jedoch kein veritables himmlisches Urbild-Heiligtum.«[48] Gäbel möchte demgegenüber die frühjüdische Rezeption und Interpretation alttestamentlicher Aussagen für das Verständnis des himmlischen Kultortes aufwerten.

Fragen wir nach der Gottesbeziehung, so teilt der Hebräerbrief unbeschadet dieser religionsgeschichtlichen Differenz »die Ansicht, dass der Mensch im Geiste bereits in der verstandesmäßigen Welt des Himmels beheimatet ist.«[49] Der Kult der Gemeinde partizipiert sozusagen an der Festversammlung im

---

[45]   *Karrer*, Hebräer (Anm. 12), 85.

[46]   *W. Eisele*, Ein unerschütterliches Reich. Die mittelplatonische Umformung des Parusiegedankens im Hebräerbrief, BZNW 116, Berlin / New York 2003.

[47]   *Eisele*, Reich (Anm. 46), 428: »Im Allerheiligsten des Himmels ereignet sich die rettende Parusie Christi für die Glaubenden unmittelbar nach ihrem Tod, nicht auf Erden am Ende der Geschichte.«

[48]   *Gäbel*, Kulttheologie (Anm. 31), 128; zur Auseinandersetzung mit Eisele 127 Anm. 61.

[49]   *Eisele*, Reich (Anm. 46), 427.

himmlischen Allerheiligsten (12,22-23). Die Leistung des Hebräerbriefs liegt wohl darin, dass der kultische Dienst Christi exklusiv auf das himmlische Heiligtum begrenzt wird, damit aber gleichzeitig das irdische Leben weitgehend zu einem Profanum wird, jedenfalls ohne eigenen Kult und ohne von Priestern in Tempeln vollzogene Opfer.

3 Ortsverschiebung:
Gott und Christus als der zukünftige Tempel

Innerhalb der nachexilischen alttestamentlichen Überlieferung und der frühjüdischen Theologie ist die Erwartung eines zukünftigen, erneuerten Tempels und eines erneuerten Kultes präsent (Ez 40,5-47,12; Jes 44,28; Sach 6,12-15; Dan 8,14; Tob 14,5; Jub 1,17.27.29; Sib 3,290.657f.; TestBen 9,2; syr Bar 6,7-10; äth Hen 93,7 u. a.). Die Johannesoffenbarung, die in ihrer Endzeitvision vom zeitgenössischen apokalyptischen Gedankengut lebt, führt ihre Leser in der bisweilen utopischen Beschreibung der zukünftigen himmlischen Stadt, des neuen Jerusalems (Offb 21,1-22,5), das sich von Gott her aus dem Himmel herabsenkt, an die provokante, innerhalb jüdischen und allgemein antiken Denkens eigentlich nicht vorstellbare Ordnung: »Und ich sah keinen Tempel darin, denn der Herr, der allmächtige Gott, ist ihr Tempel, er und das Lamm« (Offb 21,22). Der Apokalyptiker bietet keine Tempelkultkritik, nicht einmal offene Tempelkritik. Billerbeck kommentierte: »Das zukünftige Jerusalem ohne Tempel – ein für die alte Synagoge unvollziehbarer Gedanke.«[50]

Diese Aussage überrascht auch, wenn man die Johannesoffenbarung synchron betrachtet, denn bis Kap. 20 geht das Werk durchaus von der Existenz eines Tempels aus, der entweder als irdischer Tempel durch das Gericht hindurch bewahrt wird oder aber als himmlischer Tempel bereitliegt und erscheinen wird (Offb 3,12; 7,15).[51] Das Orakel in Offb 11,1-2 erkennt eine Bewahrung des eigentlichen Tempels und des Altars, aber eine Vernichtung des äußeren Vorhofs und der Stadt Jerusalem. Worauf soll dieser bewahrte Teil jetzt bezogen werden – jetzt in der Perspektive des Apokalyptikers nach dem Fall des Tempels im Jahr 70 n. Chr.? Denkt er also an einen himmlischen Tempel?[52] Überraschen

---

[50]   *H. L. Strack / P. Billerbeck*, Kommentar zum Neuen Testament aus Talmud und Midrasch. 3. Bd., 7. Aufl., München 1979, 852.

[51]   Daher verwundert es nicht, wenn bis heute Offb 21,22 als »explanatory statement« in eine ältere Vision und der Hinweis auf das Lamm nochmals als zweiter Nachtrag betrachtet wird; so *D. E. Aune*, Revelation 17-22, WBC 52C, Dallas 1998, 1168.

[52]   *M. Bachmann*, Ausmessung von Tempel und Stadt. Apk 11,1f und 21,15ff auf dem Hintergrund des Buches Ezechiel, in: *D. Sänger (Hg.)*, Das Ezechielbuch in der Johannesoffenbarung, Neukirchen 2006, 61-83; wiederabgedruckt in: *M. Bachmann*, Von Paulus zur Apo-

muss auch der Vergleich mit dem Tempelentwurf in Ez 40–44, auf den die Offenbarung deutlich bezogen ist. Geht es Ezechiel gerade um die Aufrichtung eines neuen Kultes in einem neuen Tempel in Verbindung mit klaren Anweisungen an das Priesterpersonal, so streicht Offb 21,22 mit einer deutlichen Ansage das Kernstück der Vision Ezechiels, den neuen Tempel.

Eine gewisse Plausibilität hat vielleicht für manchen die These, dass das als Würfel vorgestellte neue Jerusalem (Offb 21,16) in seinen wenn auch phantastischen Maßen von in der Höhe, Länge und Breite jeweils 2400 km jüdischen kubischen Tempelbeschreibungen gleicht (äth Hen 89,50; 90,28 f.36; TestLev 10,5; 4Qflor 1,2–4). Otto Böcher folgerte daher: »So wird man den Würfel der Gottesstadt als eine Art riesigen Tempels zu deuten haben, dessen totale Heiligkeit einen eigenen Tempel entbehrlich macht …«[53] Aber überzeugt das angesichts der phantastischen Maße? Weshalb dann der eigentlich entbehrliche Hinweis an die Leserschaft, dass ein Tempel innerhalb der Stadt nicht gesehen wird, wenn die Stadt insgesamt ein Tempel sein soll?

Bevor über den Fortgang der Aussage gesprochen wird, dass Gott der Herr, der Pantokrator, und das Lamm gemeinsam der Tempel der Bewohner der endzeitlichen Stadt sind, muss diese Aussage ›städtebaulich‹ reflektiert werden. Tempel sind der Ort kultischer Vermittlung zwischen Menschen und Gott und zwischen dem Profanen und dem Heiligen. In dieser Stadt ohne Tempel findet keine Vermittlung statt, weil es keiner Vermittlung bedarf, da Gott bei den Menschen wohnt und mitten unter ihnen einhergeht (Offb 21,3). Eine solche Aussage hat wenige Parallelen innerhalb der jüdischen Apokalyptik.[54] Im Blick auf Christus, das Lamm als Tempel, mag die johanneische Tradition (Joh 2,19.21) nachwirken. Verbindet sich damit aber nicht eine leise Kritik an solchen Konzeptionen, die auf die Vermittlung der Gottesbeziehung im Tempel gesetzt haben oder immer noch setzen?[55] Dies kann sich auf den herodianischen Tempel beziehen, aber ebenso auch auf die Städte in der westlichen Asia, der Heimat des Apoka-

---

kalypse und weiter. Exegetische und rezeptionsgeschichtliche Studien zum Neuen Testament, NTOA 91, Göttingen 2011, 427–466; außerdem *ders.*, Göttliche Allmacht (Anm. 2), 190–192.

[53]   *O. Böcher*, Bürger der Gottesstadt. Kirche in Zeit und Endzeit nach Apk 21 f., in: *Ders.*, Kirche in Zeit und Endzeit. Aufsätze zur Offenbarung des Johannes, Neukirchen 1983, 157–167, hier 159.

[54]   *Aune*, Revelation (Anm. 51), 1168.

[55]   So m. E. mit Recht *J. Roloff*, Die Offenbarung des Johannes, ZBK 18, 2. Aufl., Zürich 1987, 206, der hier einen Ausläufer urchristlicher Tempelkritik erkennt; zustimmend *Kraus*, Tod Jesu (Anm. 25), 276. In der Johannesoffenbarung findet keine Auseinandersetzung mit dem Fall des Jerusalemer Tempels statt, wenngleich die Schrift wohl nach 70 n. Chr. zu datieren ist. Der Verf. blickt eventuell auch auf das Stadtbild hellenistischer Städte in der Asia und betont ihnen gegenüber, dass die endzeitliche Stadt keines Tempels bedarf.

lyptikers, die dabei sind, religiöse Monumentalbauwerke zu errichten. Die Vision des Apokalyptikers ist christianisiert, sowohl Gott als auch Christus als das Lamm sind zukünftig Tempel, und zwar ohne das klassische Gegenüber eines profanen Bereichs. Die endzeitliche Stadt ist heilig, daher erübrigt sich das religiöse Konzept der Vermittlungsinstanz eines mit Händen gemachten Tempels.[56] Auch die Johannesoffenbarung lässt im Übrigen vielfach erkennen, dass der gegenwärtige Kultus der Gemeinde vornehmlich in der Liturgie und in der Partizipation am himmlischen Kultus vollzogen wird.[57]

Ein abschließender Rückblick muss zunächst die religionsgeschichtliche Sonderstellung der vorgestellten frühchristlichen Konzeptionen in ihrer Zeit festhalten. Der Verzicht auf Tempel, Opfer, Priester und Festkalender entspringt nicht einer frühen und grundlegenden kritischen Antithese, einer Kultkritik gegen diese Formen religiöser Gottesverehrung, auch wenn es diese im Christentum und im Frühjudentum gegeben hat.[58] Er scheint eine zunehmende Folge der Konzentration des theologischen Denkens auf Jesus Christus und sein Werk zu sein und von ihm ausgehend den Tempel und Tempelkult nicht hinsichtlich seines korrekten Vollzugs, sondern grundsätzlich infrage zu stellen. Mittels des Inventars antiker Religionen wird ein Gegenbild kreiert, das sich des Inventars wohl noch sprachlich und gedanklich bedient, aber doch gleichzeitig faktisch darauf verzichtet. Ortsverschiebungen stellen sich ein: Christen und ihre Leiber als gegenwärtiger Tempel, jenseitiger himmlischer Tempel, zukünftige Tempellosigkeit und doch Gott und das Lamm als Tempel. Gott ist ganz gegenwärtig, ganz jenseitig, ganz zukünftig gedacht. Konsequent durchgeführt ist die Ortsverschiebung im Hebräerbrief, für den Christus gegenwärtig nach einer neuen Ordnung Priester und Opfer ist und in dieser Doppelfunktion das himmlische Heiligtum inauguriert hat.

---

[56]   Hier besteht innerhalb des Corpus Johanneum eine Sachparallele zu Joh 2,18–22. *U. Schnelle*, Das Evangelium nach Johannes, ThHK 4, 4. Aufl., Leipzig 2009, 77: »Für Johannes ist Jesus selbst der Ort der bleibenden Gegenwart Gottes (…) und damit der wahre Tempel. Mit dieser kult- und tempelkritischen Haltung knüpft der Evangelist an Joh 2,6 an und bereitet zugleich die grundlegende Aussage über die Verehrung Gottes an heiligen Orten in Joh 4,20–24 vor. Nicht mehr im Tempel aus Stein, sondern in Jesus Christus treffen Himmel und Erde aufeinander …«. *T. Holtz*, Die Offenbarung des Johannes, NTD 11, Göttingen 2008, 140, kommentiert 21,23 folgendermaßen: »Daran ist die Kühnheit der Vision zu ermessen, die die unüberbietbare Direktheit der Kommunikation Gottes mit den aus den Bindungen an die Geschichte der Welt gelösten Menschen zur Anschauung bringt.«

[57]   Ausführlich dazu *F. Tóth*, Der himmlische Kult. Wirklichkeitskonstruktion und Sinnbildung in der Johannesoffenbarung, ABG 22, Leipzig 2006.

[58]   Gelegentlich werden die Positionen des Hebräerbriefs und der Johannesoffenbarung als späte Ausformungen frühjüdischer und vor allem frühchristlicher Tempel- und Tempelkultkritik verstanden.

Atheismus – ein Begriff im Spannungsfeld der Konfessionen

Martin Ohst

Die gegenwärtige Philosophiegeschichtsschreibung arbeitet mit einem sehr klar abgegrenzten Atheismusbegriff: Atheismus liegt da vor, wo die Annahme eines überweltlichen Weltgrundes/Welturhebers auf konsequente und durchdachte Weise abgewiesen wird.[1]

Dieser Sprachgebrauch deckt sich nicht mit dem des Spätmittelalters und der Frühen Neuzeit. Hier fanden verwandte und affine Begriffe auf sehr viel breitere Felder religiöser Devianz und philosophisch-metaphysischen Irrtums Anwendung. Mit »Atheismus« und synonymen bzw. eng verwandten Kampfbegriffen wurden auch Denkweisen belegt, welche durchaus mit der Existenz eines transzendenten Weltgrundes operierten, den Begriff dieses Weltgrundes jedoch auf eine Weise fassten, welche im Widerspruch zu den eigenen kategorialen Voraussetzungen des Urteilenden stand: »Atheist« war im Urteil kirchlicher Theologen auch, wer zwar die Existenz eines transzendenten, überweltlichen Wesens, eines Gottes lehrte und bekannte, jedoch die Überzeugungen bestritt, dass dieser die endliche Welt am Anfang der Zeit ins Dasein gerufen habe und diese am Ende der Zeit wieder untergehen lassen werde, dass er jedem einzelnen Menschen im Gericht Heil oder Verdammnis zusprechen werde etc. Seine uns selbstverständliche Spezifik hat der Atheismus-Begriff also erst im Verlaufe der Neuzeit allmählich gewonnen.[2]

Eine kirchengeschichtliche Analyse ist deshalb gut beraten, wenn sie das berücksichtigt und genau diese Zuspitzung nicht einfach voraussetzt, sondern in ihrer Genese mit einbezieht. Sie hat also einzusetzen bei der aus heutiger

---

[1]   Maßgeblich ist *W. Schröder*, Ursprünge des Atheismus. Untersuchungen zur Metaphysik- und Religionskritik des 17. und 18. Jahrhunderts (Quaestiones 11), Stuttgart-Bad Cannstatt 1998, 45–87.

[2]   Reiches Anschauungsmaterial zur Unschärfe des Atheismusbegriffs bis weit ins 18. Jahrhundert hinein bietet *Chr. Voigt*, Der englische Deismus in Deutschland (BHTh 121), Tübingen 2003, s. in Kürze die erhellenden Bemerkungen 57–59.

Sicht noch eher unspezifischen Verwendung des Atheismus-Begriffs bzw. seiner Seitengänger. Dann wird sie zu prüfen haben, wie sich die unterschiedlichen Nuancen, Verbindungen und Verwendungen des Begriffs umgestaltet haben, als ihm allmählich sein bis heute maßgeblicher Gegenstandsbereich zuwuchs.

Wenn die kirchenhistorische Untersuchung dabei dem für sie primär konstitutiven Feld, nämlich der christlichen Religion in der Mannigfaltigkeit ihrer geschichtlichen Erscheinungsformen, also in ihren intellektuellen Durchklärungen in der Theologie und ihrer institutionellen Verfestigung in Kirchentümern, treu bleibt und nicht in die Gefilde der Philosophiegeschichte ausweicht, dann macht sie Entdeckungen, welche weit verbreitete gegenwärtige Überzeugungen und Gemeinplätze in Frage stellen: Die unendlich häufig stereotyp wiederholte Situationsanalyse etwa, gemäß der »die« Christenheit »dem« Atheismus gegenüberstehe und in diesem Kampf nur bestehen könne, wenn sie ihre konfessionellen Differenzen einebne und als geschlossene Einheit auftrete, erweist sich im Rückblick auf ihre Genese ihrerseits als eindeutig konfessionsspezifisch, nämlich als katholisch, und zwar, genauer, als antiprotestantische Kampfeslosung, die sich, wie andere auch, mit ganz einfachen Modulationen zur ökumenischen Friedensparole umformen lässt.

Im Folgenden werde ich also einen Eindruck davon vermitteln, dass der Atheismus-Begriff und seine Seitengänger von Anfang an in der Auseinanderentwicklung und Profilierung der Konfessionen eine bedeutsame Rolle spielten, und dass die Konfessionen dann auch in der Folgezeit charakteristisch differente Bilder des Atheismus und seiner Werdegeschichte sowie ebenso divergente Strategien des Umgangs mit ihm entwickelt haben.

In allen seinen Varianten fungierten der Atheismus-Begriff und seine Seitengänger also als polemische Chiffren. Das tut der geschichtlichen und sachlichen Signifikanz der Begriffsfamilie allerdings nicht den geringsten Abbruch: »Polemik« ist ja etwas anderes als geistloses Gepöbel, sondern vielmehr die kämpferisch-pointiert zuspitzende Explikation von Sacheinsichten, die sich sowohl in der abgrenzenden Diagnose als auch in der Konstruktion des Gegensatzes bzw. Gegenbegriffs noch einmal besonders profilierten Ausdruck verschaffen.

In der Entstehungs- und Frühzeit der konfessionellen Auseinandersetzung fand der Atheismusbegriff bzw. fanden synonyme oder nahe verwandte Begriffe bei der Kennzeichnung des sich immer deutlicher konturierenden Widerparts Anwendung, und zwar auf jeweils wieder deutlich unterschiedliche, die sich widereinander ausdifferenzierenden Wahrnehmungs- und Denkweisen der Konfessionen sehr markant bezeugende Weise (1).

Durch Rückgriffe auf bzw. die Konstruktion von Gemeinsamkeiten, die über die Abgründe hinweg Verbindungslinien spannen und gemeinsame Verständigungsebenen bieten sollten, wurde der Atheismusbegriff dann im kritischen Dialog der Konfessionen zurückgenommen. Er rückte an dieser Front gleichsam in die Etappe und wurde nun stattdessen zur Kennzeichnung gemeinsamer Gegner genutzt: Zu deren Bekämpfung stellte die »Natürliche Theologie« ein dem Anspruch nach wesentlich konfessionsneutrales geistiges Waffenarsenal bereit (2).

Sobald allerdings deutlich wurde, dass diese Waffen im Kampf gegen den spezifisch neuzeitlichen Atheismus bzw. gegen dessen Vorformen nicht mehr wirklich durchschlugen, wurden neue Argumentationsstrategien entwickelt und erprobt, und die waren nun wieder ganz und gar konfessionsspezifisch (3).

Konfessionell charakteristisch unterschiedlich gestaltete sich dann auch das weitere Ergehen der herkömmlichen Natürlichen Theologie (4).

In enger Verbindung mit dieser konfessionellen Ausdifferenzierung der Argumentation gegen den heraufziehenden Atheismus im engeren Sinne stand die Entwicklung unterschiedlicher, von Anfang an gegeneinander polemischer Deutungsmuster für das Phänomen des Atheismus, die wiederum auf Argumente aus der Frühzeit der konfessionellen Ausdifferenzierung zurückgriffen (5).

So sind in allen Phasen der neuzeitlichen Kirchengeschichte seit der Reformation die vielgestaltigen Verwendungen des Atheismusbegriffs von schwerlich zu überschätzender Bedeutung als Indikatoren auch für die religiösen und theologischen Sachdifferenzen, an und in denen sich die fortschreitende Ausbildung der konfessionellen Großformationen des abendländischen Christentums vollzog. – So weit vorgreifend der Gedankengang und der thetische Gehalt meiner Ausführungen; ich komme zu einigen illustrierenden Einzelheiten.

I

Luther hat die Wortfamilie impius/impietas aus der Vulgata, insbesondere aus dem Psalter übernommen. Dessen deutsches Äquivalent – gottlos etc. – hat seine Schriftstellerei, so jedenfalls das Grimm'sche Wörterbuch[3], in der deutschen Schriftsprache überhaupt erst wirklich heimisch gemacht. Den Begriff »atheus« kannte Luther als Synonym von impius, benutzte ihn allerdings kaum.[4]

Luthers Gebrauch von impius/gottlos entsprang im Zentrum seines Christentumsverständnisses und seiner Theologie: Gottlosigkeit und Sünde sind Wechselbegriffe, und daraus folgt: Ein jeder Mensch ist als Sünder gottlos, gerade weil das ihm unaustilglich innewohnende Gottesbewusstsein zu Egoismus, Eudämonismus und Heteronomie verkehrt ist. Der Sünder/Gottlose erweist Gott Dienst, weil er in Zeit und/oder in Ewigkeit etwas von ihm will. Die Gottlosen,

---

[3] Vgl. Deutsches Wörterbuch, begründet von *Jacob und Wilhelm Grimm*, Bd. VIII, Stuttgart 1958, Sp. 1386.

[4] Vgl. *W. Schröder* (wie Anm. 1), 65 mit Anm. 75.

das sind also zunächst die »die groben euszernn sunder«[5]. Die Gottlosen sind aber auch und vor allem »die weyssen, heyligen, gelerten, geystlichen, die fur der welt unnd yhn selbs frum seyn, auff yhre werck bawen«[6], so eine Definition aus dem Weihnachtsteil der Wartburg-Postille, also einem eher populären und nicht primär polemischen Kontext.

Die Sünde bzw. die Gottlosigkeit ist vielgestaltig. Und sie erreicht eine dramatische Steigerungsform, wenn sie die Vorstellungs-, Sprach- und Denkmuster der christlichen Religion, also des gegen sie gerichteten heilsamen göttlichen Einspruchs, in ihren Dienst nimmt. Seit seinen Niederschriften zur Römerbrief-Vorlesung[7] richtete sich Luthers Polemik gegen Phänomene in Theologie und Frömmigkeit, die ihm als Indizien dieser heillosen Perversion galten.

---

[5] WA 10,I,1, 24.

[6] Ebd.

[7] S. dazu *M. Ohst*, Gottes Nähe und Gottes Ferne in der Theologie Martin Luthers, in: *J. Haberer / B. Hamm* (Hg.), Medialität, Unmittelbarkeit, Präsenz. Die Nähe des Heils im Verständnis der Reformation (Spätmittelalter, Humanismus, Reformation), Tübingen 2012 (im Druck). – Das Wortfeld »impius etc.« ist in den Röm-Scholien noch vergleichsweise selten; vgl. aber WA 56, 278 (zu Röm 4,7) und WA 56, 429 f. (zu Röm 11,4). Luthers Ausbildung des Wortfeldes zum analytischen Instrument und zur polemischen Waffe gegen tragende Grundannahmen und zentrale Vollzüge der hergebrachten Kirchlichkeit und Frömmigkeit lässt sich wohl am genauesten an den Operationes in Psalmos beobachten; eine ausführliche Detailuntersuchung würde sicher erhebliche sachliche wie genetische Ergebnisse zutage fördern. Hier kann ich nur exemplarisch drei Hinweise geben: Bezeichnend ist eine Passage, die schon auf der zweiten Druckseite beginnt: »Denn darin liegt das Verderben der Gottlosen, dass sie in ihren eigenen Augen und bei sich selbst klug sind, dass sie ihre Irrtümer unter dem Mantel der Klugheit und der Zielsicherheit verstecken. Wenn sie nämlich die Menschen mit offenkundigen Irrtümern in Versuchung führten, dann wäre es keines besonderen Lobes würdig, ihnen nicht zu folgen. Er [Ps 1,1, M.O.] mahnt uns also eindringlich, uns vor dem guten Schein in Acht zu nehmen, damit uns nicht Satan, der sich in einen Engel des Lichts verwandelt, mit seiner List verführt. Er stellt aber den Rat der Gottlosen dem Gesetz des Herrn entgegen, damit wir uns vor den Wölfen im Schafspelz hüten, die allen gern mit Rat, Belehrung und Hilfe zur Seite stehen, aber nichts weniger als eben dies gewähren können« (WA 5, 27 f.). Die systematischen Grundlagen entfaltet die Auslegung von Ps 13/14,1 (WA 5, 392–394). Der polemische Impetus des Wortfeldes »impius«, insbesondere in Verbindung mit der Antichrist-Vorstellung, ist ablesbar an den Ausführungen zu Ps 10,2 f. (WA 5, 326–331). Die Erwähnung des liberum arbitrium (328,17) steht als Mittelglied zwischen den einschlägigen Ausführungen in den Röm-Scholien und der Auseinandersetzung mit Erasmus. Luthers explizit polemische Verwendung von »impius« etc. lässt sich außer an dieser Auseinandersetzung, der ich meine Belege im Haupttext entnommen habe, allenthalben in seiner Schriftstellerei der frühen 20er Jahre studieren; ich nenne nur zwei eindrucksvolle Beispiele, an welchen die sachliche Wucht und die Tragweite besonders deutlich hervorsticht: In De captivitate bezeichnet Luther die herkömmlichen mit dem Messopfer

Diese polemische Variante nahm in Luthers Schriftstellerei je mehr Raum in Anspruch, desto deutlicher er erkannte, dass das, was er kritisierte, keine bloßen Devianzen an kritischen Rändern waren, sondern die Leitlinien kirchlichen Rechts sowie der herrschenden Theologie und der allgegenwärtigen kirchlichen Praxis.

Mit zunehmender Offenheit und Klarheit wurde das ganze im Papst gipfelnde Kirchenwesen mit dem impietas-Vorwurf konfrontiert. Der Vorwurf der impietas/Gottlosigkeit und die zur selben Zeit sich formende Antichrist-Polemik[8] stehen also in unmittelbarem wechselseitigen Verweisungszusammenhang.[9]

Die hohe sachliche Bedeutung und die polemische Wucht der Wortfamilie impius etc. lassen sich an der Auseinandersetzung mit Erasmus sehr genau ablesen: Mit dem Begriff impietas/Gottlosigkeit bezeichnet Luther intellektuelle Optionen und religiöse Haltungen, die Gottes All- und Alleinwirksamkeit einschränken, indem sie menschlicher Willensfreiheit die Fähigkeit und die Pflicht zuschreiben, durch verdienstliches Handeln zur Erlösung und zum Heil beizutragen.[10] Ein Gott, dessen Verheißungen dergestalt unter den Vorbehalt menschlicher Willensakte und -entscheidungen gestellt werden, ist kein Gott, sondern ein wetterwendischer Glücksgötze.[11] Ein Gottesdienst, der in der Logik dieser Gottesanschauung geschieht, um bei Gott etwas zu bewirken oder zu verdienen, ist praktizierte Gottlosigkeit.[12] Allein die Anerkennung Gottes als des

---

verbundenen Vorstellungen und Erwartungen als »monstra impietatis« (WA 6, 513) und bilanziert: »So ist es der Messe geschehen, die durch die Lehre gottloser Menschen (hominum impiorum) in ein Gutes Werk verwandelt worden ist« (WA 6, 520); in De votis monasticis formuliert er: »Siehe, die Grundlage der Mönchsgelübde ist Gottlosigkeit (impietas)« (WA 8, 583).

[8]   Trotz neuerer Arbeiten (s. *M. Delgado / V. Leppin* [Hg.], Der Antichrist. Historische und Systematische Zugänge [Studien zur christlichen Religions- und Kulturgeschichte 14], Fribourg/Stuttgart 2011) bleibt wegen der Fülle des Materials unentbehrlich *H. Preuß*, Die Vorstellung vom Antichrist im späteren Mittelalter, bei Luther und in der konfessionellen Polemik, Leipzig 1906.

[9]   Dass Luthers Polemik die in den frühen 20er Jahren erreichte sachliche Höhenlage nicht durchgängig gehalten hat, ist bekannt. Er selbst hat anscheinend gerade die volkstümlich-grobe Polemik gegen das Papsttum als seine Pflicht angesehen, um einerseits den Nimbus des Papsttums möglichst nachhaltig und unwiderruflich zu zerstören und andererseits das Bewusstsein um den Wert der Befreiung von der Papstkirche lebendig zu erhalten; vgl. seine »Nachrede« zu der illustrierten und gereimten anonymen Flugschrift »Das Papsttum mit seinen Gliedern gemalet und beschrieben, gebessert und gemehrt« (WA 19, 42 f.); den Hinweis verdanke ich *A. Hausrath*, Luther und Käthe, in: *Ders.*, Kleine Schriften religionsgeschichtlichen Inhalts, Leipzig 1883, 235–298, hier: 273 f.

[10]   Vgl. WA 18, 769 f.

[11]   Vgl. WA 18, 718.

[12]   Vgl. WA 18, 777 f.

All- und Alleinwirksamen, dessen den Glauben begründende Verheißungen unwandelbar gültig sind,[13] setzt eine ihm gemäße Frömmigkeit und ein ihm gemäßes Ethos aus sich heraus: »Die Kinder Gottes tun das Gute aus reinem, absichtslosen Willen. Sie fragen nicht nach Lohn, sondern suchen allein Gottes Ehre und seinen Willen. Sie sind bereit, das Gute zu tun, wenn es gleich, was unmöglich ist, nicht Himmel noch Hölle gäbe«[14]. Diese innere Haltung liegt jenseits jeder menschlichen Möglichkeit; sie ist allein Gottes souveräne Gabe in Glaube und Geist: »Wir nennen jeden gottlos, der ohne Gottes Geist ist. Denn deshalb, so sagt die Schrift, wird der Geist gegeben, damit der Gottlose gerechtfertigt wird.«[15]

Der Vorwurf der Gottlosigkeit und die Identifikation des Papsttums mit dem Antichrist bildeten also sachlich wie rhetorisch eine Art Doppel-Speerspitze gegen das gegebene Kirchenwesen. Sie übernahmen in der reformatorischen Schriftstellerei eine Funktion, welche der analog ist, die bei papstkirchlichen Schriftstellern der rechtlich, theologisch und rhetorisch ja schon seit langer Zeit voll durchgebildete Begriff der Häresie[16] erfüllte. Und weil dieser altbewährte Begriff mit all seinen in Jahrhunderten gewachsenen theoretischen und praktischen Implikationen gebrauchsfertig da war, ist, wenn ich recht sehe, die ja durchaus nahe liegende Retorsion des Atheismusvorwurfs gegen die Vorkämpfer der Reformation bei den literarischen Vorkämpfern der Papstkirche nicht mit voller Energie betrieben worden.[17] Ein Beispiel, an dem sich das ablesen lässt,

---

[13]   Vgl. WA 18, 619f.

[14]   WA 18, 694. – Eine Lesart der Theologie Luthers, die deren geschichtsmächtige und geschichtsträchtige Besonderheit in einer zugleich grundstürzenden und grundlegenden Neufassung des Gottesbegriffs lokalisiert, liegt sicher nicht im gegenwärtigen Trend, sie kann sich jedoch außer auf Karl Holl noch auf weitere unverächtliche Zeugen berufen: *E. Troeltsch*, Luther, der Protestantismus und die moderne Welt (1907/08), in: Ders., Gesammelte Schriften Bd. IV, Tübingen 1925, 202–254, hier: 248f. – *E. Hirsch*, Luthers Gottesanschauung, Göttingen 1918 (jetzt leicht greifbar in *ders.*, Gesammelte Werke Bd. 3 [Lutherstudien Bd. 3], hrsg. von *H.-M. Müller*, Waltrop 1999, 24–50). – *P. Althaus*, Die Gottheit Gottes als Sinn der Rechtfertigungslehre Luthers (1931), in: *ders.*, Theologische Aufsätze Bd. II, Gütersloh 1935, 1–30; vgl. auch *ders.*, Die Theologie Martin Luthers, Gütersloh ⁴1975, 109–118.

[15]   WA 18, 743.

[16]   Vgl. *H. Grundmann*, Der Typus des Ketzers in mittelalterlicher Anschauung (1927) sowie *ders.*, Oportet et haereses esse. Das Problem der Ketzerei im Spiegel der mittelalterlichen Bibelexegese (1963), in: *Ders.*, Ausgewählte Aufsätze Bd. 1 (Schriften der MGH 25,1), Stuttgart 1976, 313–327. 328–363.

[17]   Auf reformatorischer Seite hat wiederum die Rückgabe des Häresievorwurfs an die Papstkirche, wie Luther sie mit seiner Verbrennung des Corpus Iuris Canonici und der Bannandrohungsbulle eindrucksvoll inszenierte (*H. Boehmer*, Luther und der 10. Dezember

sei genannt: Thomas Stapleton, ein in Löwen und Douai wirkender englischer Kontroverstheologe,[18] hat Vertreter reformatorischer Theologie, besonders Calvin, mehrfach als Atheisten bezeichnet.

Dabei zeigt seine Verwendung des Begriffs gegenüber der reformatorischen ein charakteristisches Profil: Sie hebt überhaupt nicht spezifisch auf den Gottesbegriff ab, sondern kennzeichnet mit »Atheismus« lediglich die höchstmögliche Steigerungsform der Häresie, des bewussten und willentlichen Ungehorsams gegen die autoritativ lehrende Kirche: Calvin und seine Anhänger sind Atheisten, weil sie die Autorität der Kirche mit Füßen treten und sich, von niemandem eingesetzt, als Apostel aufwerfen.[19]

Gerade im Kontrast zu dieser unspezifischen, eher rhetorisch-plerophoren Verwendung des Atheismusbegriffs, der es primär um die Anerkennung bzw. Nichtanerkennung der Autorität der Kirche zu tun ist, wird deutlich, dass genau der theologisch durchreflektierte Begriff der Gottlosigkeit/impietas, wie Luther ihn verwendet, das herkömmliche Kirchenwesen in seinen letzten Grundfesten angreift, nämlich mit einem von Grund auf neu durchdachten Begriff von Gottes Wesen, Willen und Handeln. Wohlgemeinte Ratschläge, die sich hier auftuenden Konflikte um des zeitlichen Friedens und Wohlergehens willen durch Verschweigen oder Kompromissformeln zu verschleiern, hat Luther mit souveräner Ge-

---

1520, in: LuJ 2/3 [1920/21], 7–53), die Auseinandersetzung mit dem Widerpart nicht dauerhaft geprägt. Es ist doch von eigenartiger Bedeutsamkeit, dass die beiden sich im ersten Drittel des 16. Jahrhunderts widereinander ausbildenden Spielarten abendländischen Christentums schon gleichzeitig mit ihrer Entstehung je eigentümlich reflektierte und profilierte Wahrnehmungsmuster für- bzw. gegeneinander entwickelt haben, welche beide jeweils zutiefst in deren jeweiligen normativen Fundamenten verankert sind.

[18]   Vgl. in Kürze *H. Schützeichel*, Art. »Stapleton, Thomas«, in: LThK Bd. 9, 2. Aufl., Freiburg i. Br. 1964, Sp. 1019 f. – Mich hat Johann Gerhard auf die Spur Stapletons gebracht; vgl. *ders.*, Loci Theologici, hg. von *E. Preuß*, Bd. V, Berlin 1867, 513B.

[19]   *Th. Stapleton*, Principiorum fidei doctrinalium demonstratio methodica, Paris 1579, 87C (http://books.google.de/books?id=te7i5Z3wBjoC&printsec=frontcover&hl=de&source= gbs_ge_summary_r&cad=0#v=onepage&q&f=false). *Ders.*, Relectio principiorum fidei doctrinalium, in: *Ders.*, Opera omnia Bd. I, Paris 1620, 505ff., hier: 830C (http://books.google.de/ books?id=h0lJAAAAcAAJ&printsec=frontcover&hl=de&source=gbs_ge_summary_r&cad= 0#v=onepage&q&f=false; 19. XII. 2011). Ders., De haeresis in genere et hodiernae enormitate, in: *Ders.*, Orationes Academicae miscellaneae triginta quattuor Bd. I, Antwerpen 1600, 403–444. (http://books.google.de/books?id=wFvIR2JIyuQC&printsec=frontcover&hl=de& source=gbs_ge_summary_r&cad=0#v=onepage&q&f=false) gibt der These nochmals eine andere Wendung. Der Häretiker übt nicht den von Gott (durch die Kirche) angeordneten Gottesdienst, sondern einen selbsterwählten. Damit ist er Götzendiener, und Götzen sind nichtig (1. Kor 8, 4). Als jemand, der Götzen, also Nichtiges, anbetet, ist der Häretiker Atheist (416–418).

ringschätzung quittiert: »Wieviel besser ist es, die Welt dranzugeben als Gott, den Schöpfer der Welt, der unzählige Welten machen kann und besser ist als unendliche Welten?«[20]

Angesichts des Abgrundes, der sich hier unversehens auftat, versagten, so schien es, die Normen der herkömmlichen Formel- und Buchstabenorthodoxie ihren Dienst als Scheidezeichen zwischen Wahrheit und Irrtum.

2

A) Die religionspolitische Entwicklung ging über diese im Wortsinne radikale Fassung der Gegensätze allerdings zunächst hinweg. Sobald die Einfügung der entstehenden neuen reformatorischen Kirchentümer in den Zusammenhang des Reiches ihren Anfang nahm, wurde der Anschluss an die seit der Spätantike reichsrechtlich verbürgten dogmatischen Normen der Rechtgläubigkeit gesucht und gefunden. Mehr noch als der 1. und 3. Artikel der Confessio Augustana mit ihrer gänzlich unreformatorischen Verwendung des Glaubensbegriffs für den pflichtschuldigen Gehorsam wider die trinitarischen und christologischen Dogmen der Alten Kirche[21] selbst bezeugt das deren gleichsam zähneknirschende Anerkennung in der Confutatio pontifica.[22]

Als dann für das geplante Konzil Papst Pauls III. eine Aktualisierung der Confessio Augustana abgefasst werden sollte, da erwog Luther, wie die handschriftlichen Zeugnisse zeigen, den Altgläubigen zwar das Bekenntnis zu den »hohen Artikeln der göttlichen Majestät« zu attestieren, ihnen den Glauben je-

---

[20]   WA 18, 627.

[21]   Vgl. Die Bekenntnisschriften der evangelisch-lutherischen Kirche, hg. im Gedenkjahr der Augsburgischen Konfession 1930, 7. Aufl., Göttingen 1976, 50 f. 54. – Bedenkenswert bleibt die folgende Deutung dieser und anderer reformatorischer Akte der pauschalen Rezeption altkirchlicher Dogmen: Durch dieses Verfahren bezeugten die Verfasser offizieller Lehrdokumente in aller Form ihren Gehorsam gegen das geltende *Reichs*recht und erkannten und appellierten implizit an dieses und nicht etwa an die päpstliche Lehrautorität als normative Bestimmungsgröße des Katholischen (vgl. *A. Ritschl*, Geschichtliche Studien zur christlichen Lehre von Gott, Dritter Artikel [1868], in: *Ders.*, Gesammelte Aufsätze Neue Folge, hg. von *O. Ritschl*, Freiburg/Leipzig 1896, 128–176, hier: 149–151).

[22]   Vgl. Die Confutatio der Confessio Augustana vom 3. August 1530, hg. von *H. Immenkötter* (CCath 33), Münster 1979, 78 f. zu CA I, 82 f. zu CA III. – Liest man die Antwort der Confutatoren auf CA I mit ihrem Hinweis, dass der Text insgesamt mit der Norm des Glaubens und der römischen Kirche übereinstimme, dann kann man darin, wenn man Ritschls Deutungsansatz nachgeht (s. o. Anm. 21), einen impliziten, aber deutlichen Hinweis darauf sehen, dass sie von Anfang an klarstellen wollen, dass die römische Kirche, mithin der Papst und niemand sonst die lebendige Norm der Rechtgläubigkeit sei.

doch implizit abzusprechen: Das war von seiner im Begriff der impietas focus-
sierten Fassung des Gegensatzes her ja auch nur konsequent.[23] Diese Textfas-
sung setzte sich nicht durch. Stärker blieb die religions- und reichspolitisch
wohl unentbehrliche Leitannahme einer Gemeinsamkeit im Fundament des
christlichen Gottesglaubens, die durch die konfessionsbildenden Differenzen
nicht tangiert sei.

B) Diesem reichspolitisch in die Zukunft weisenden Versuch der religions-
rechtlichen und religionspolitischen Eskamotierung der Frage nach der Wahrheit
des Gottesglaubens trat geistespolitisch eine Strategie der Sicherung von Ge-
sprächsmöglichkeiten zwischen den sich bildenden Konfessionen an die Seite.
Sie stand mit der neuen humanistischen Welle der Aneignung antiker geistiger
Überlieferungen in engem Zusammenhang: Die auf die Stoa und auf Aristoteles
zurückgreifende Theorie einer dem menschlichen Geist gleichursprünglichen
Erkenntnis Gottes, des ewigen Lebens und der Basisnormen sittlichen Handelns,
also die Natürliche Theologie.

Schon bei Melanchthon, dem Autor der CA mit ihrem geschickten religionspolitischen Rückgriff auf die Normen der spätantiken Reichsorthodoxie, ist dieses Denkmuster ausgebildet; Wilhelm Dilthey hat, freilich plakativ zuspitzend,
behauptet, dass »bei Melanchthon die ganze Lehre der natürlichen Theologie,
wie sie dann die englischen Deisten und die deutschen Rationalisten im 18. Jahrhundert verkündigt haben, bereits vorliegt«[24] .

So steht Melanchthon für den Ursprung des Bestrebens, im Zusammenhang
der dogmatischen Gotteslehre Bestimmungen über die theoretischen Grundlagen
der menschlichen Selbst-, Welt- und Gotteserkenntnis als Orientierungen aus-
zuarbeiten, die auf einer Ebene oberhalb des Streits der antagonistischen konfessionellen Wahrheitsansprüche liegen sollen. Die konfessionell je eigentümlich
und antagonistisch ausgeprägten Lehren über Sünde und Erlösung ergänzen
und vertiefen den Gehalt dieser Bestimmungen beträchtlich, aber sie stellen ihn
nicht grundsätzlich in Frage.

So haben sich auf dem Boden der reformatorisch-altprotestantischen Kirchentümer Spielarten der Gotteslehre ausgebildet, in denen der reformatorische
Neuaufbruch in der Gottesanschauung nicht zur Wirkung gekommen ist. Hierin
liegt der Grund für die religiöse Dürftigkeit der Gotteslehre der altprotestanti-

---

[23]   Vgl. Schmalkaldische Artikel I, in: Bekenntnisschriften (wie Anm. 21), 415,2 mit den
Angaben im Sachapparat.
[24]   *W. Dilthey*, Das natürliche System der Geisteswissenschaften im 17. Jahrhundert
(1892/93), in: *Ders.*, Gesammelte Schriften Bd. II, 3. Aufl., Leipzig/Berlin 1929, 90–245,
hier: 186. Vgl. zur Melanchthon-Deutung Diltheys jetzt *M. Heesch*, Der Lehrer Deutschlands
und die Philosophie des Lebens, in: *M. Fricke / ders.* (Hg.), Der Humanist als Reformator.
Über Leben, Werk und Wirkung Philipp Melanchthons, Leipzig 2011, 281–309.

schen Orthodoxie, für welche eine illustre Reihe von Autoren in den letzten knapp 150 Jahren starke Worte der Kritik gefunden hat.[25]

Für unser Thema heißt das: In der Gotteslehre sucht man den Nachhall der an den Gottesbegriff sich heftenden Polemik aus der Frühzeit der reformatorischen Bewegung vergeblich. Aber es gibt ihn – allerdings anderswo: So wirft etwa Johann Gerhard der Papstkirche »atheismus occultus« vor, weil sie menschliche Verdienste und Genugtuungsleistungen lehre und damit das Versöhnungswerk Gottes in Jesus Christus herabsetze.[26]

Diese ihren scholastischen Vorgängern gegenüber vielfach neu formierte Gestalt einer Natürlichen Theologie[27] entsprang auch aus dem neuen, humanistischen Zugriff auf die Quellen antiker Geistigkeit. In den großen Konfessionskirchen mündeten diese Rezeptionsprozesse in die alten Bahnen der Synthese oder doch der konstruktiven wechselseitigen Zuordnung von christlichem und antikem Denken ein und trieben so eine Reihe von charakteristisch unterschiedlichen, je für sich sowie miteinander imposanten Nachblüten[28] der Scholastik hervor.

---

[25]   »Der Dogmatik der lutherischen Kirche ist nun der Erwerb aus dem neuen Verfahren der Gotteserkenntniß, das Luther einschlug, nicht verloren gegangen. Derselbe ist in den soteriologischen Lehren jener Lehrform unverkennbar. Aber der locus von Gottes Wesen und Eigenschaften, auf dem man zunächst die directe Wirkung jener Anregungen Luthers suchen sollte, ist der steinige und unfruchtbare Boden geblieben, auf welchem dieselben nicht Wurzel geschlagen haben. Hier ist während der classischen Zeit der Orthodoxie das Unkraut der areopagitischen Abstraction und der thomistischen Beweise des Daseins Gottes aus dem oberflächlich vorausgesetzten Zusammenhange der Welt herrschend geblieben, und weil in jener Epoche die Dogmatik nie über den Aggregatzustand der loci theologici hinausgekommen ist, auch wenn man ein systema theologicum beabsichtigte, so hat man die Incongruenz der Lehre von Gott mit der vom Heile des Menschen niemals bemerkt« (*A. Ritschl*, Geschichtliche Studien zur christlichen Lehre von Gott, Zweiter Artikel [1868], in: *Ders.*, Gesammelte Aufsätze Neue Folge [wie oben, Anm. 21], 65-127, hier: 89). – Ähnliche Urteile auch bei *W. Elert*, Morphologie des Luthertums, Bd. I, Verbesserter Neudruck der 1. Aufl. (1931), München 1952, 44-52.195. – *J. Baur*, Die Vernunft zwischen Ontologie und Evangelium. Eine Untersuchung zur Theologie Johann Andreas Quenstedts, Gütersloh 1962, 182-185. – *Ders.*, Salus Christiana. Die Rechtfertigungslehre in der Geschichte des christlichen Heilsverständnisses Bd. 1, Gütersloh 1968, 72-76. *W. Sparn*, Wiederkehr der Metaphysik. Die ontologische Frage in der lutherischen Theologie des frühen 17. Jahrhunderts (CThM B, 4), Stuttgart 1976, 207.

[26]   Wie oben Anm. 18.

[27]   Vgl. die luziden, weit ausgreifenden geistesgeschichtlichen Ein- und Zuordnungen bei *F. Wagner*, Das Problem der Natürlichen Theologie bei Albrecht Ritschl, in: *J. Ringleben* (Hg.), Reich Gottes und menschliche Freiheit. Ritschl-Kolloquium Göttingen 1989 (GTA 46), Göttingen 1990, 1-22.

[28]   Vgl. zur Metapher *E. Troeltsch*, Protestantisches Christentum und Kirche in der Neuzeit,

C) Es gab jedoch auch Prozesse der Neurezeption antiken Denkens, die sich solchen harmonischen Ein- und Zuordnungen entzogen und neue alte bzw. alte neue Wege wiesen: In neuen Begegnungen wurde man antiker Klassiker auf neue Weise inne, nämlich ohne deren herkömmliche christliche Übermalung, oder man bezog sich auf Überlieferungskomplexe, die bisher eher am Rande des Interesses gelegen hatten.

So wurden die »Wahrheiten« der Natürlichen Religion, also die Überzeugung von der Existenz des von der Welt ontologisch verschiedenen Schöpfers, der Freiheit gewährt und in Zeit und Ewigkeit deren richtigen Gebrauch belohnt, wie er deren Missbrauch straft,[29] fraglich. An den kritischen Rändern der großen Konfessionskulturen machten sich Strömungen bemerkbar, welche zwar noch nicht die Kriterien des gegenwärtig gültigen Atheismusbegriffs erfüllten, die aber von den Zeitgenossen mit diesem Begriff belegt wurden. Ihr herausragender Repräsentant war Spinoza; sein Auftreten wurde als eine geistesgeschichtliche Wasserscheide wahrgenommen.[30]

Aus dem gemeinsamen Wurzelboden des Renaissancehumanismus[31] wuchs also nicht nur die »Natürliche Theologie«, sondern auch eine bunte Reihe von intellektuellen Impulsen, die dieses Resultat der christlichen Vereinnahmung antiken Denkens in Frage stellten, indem sie zwar nicht die Existenz eines überweltlichen Weltgrundes negierten, ihn und sein Verhältnis zur Welt jedoch dergestalt dachten, dass sich eine konstruktive Verbindung dieser Vorstellungen und Begriffe mit den hergebrachten Grundannahmen des Christentums nicht mehr ohne weiteres bewerkstelligen ließ.

---

in: Kultur der Gegenwart, hg. von *P. Hinneberg* I/IV,1,II, 2. Aufl., Leipzig/Berlin 1922, 431–792, hier: 454.

[29]   Voll ausgebildet bei Edward Herbert von Cherbury, vgl. *W. Dilthey*, Die Autonomie des Denkens, der konstruktive Rationalismus und der pantheistische Monismus nach ihrem Zusammenhang im 17. Jahrhundert, in: *Ders.*, Gesammelte Schriften Bd. II (wie Anm. 24), 246–296, hier 246–256.

[30]   *J. L. v. Mosheim*, Institutiones Historiae Ecclesiasticae, Helmstedt 1755, 1023 berichtet von den »Sectae Atheorum, id est, hominum, qui naturam esse negant infinite sapientem et potentem, quae et libere hanc universitatem rerum condidit et nutu suo conservat«. Diese seien gegenwärtig beinahe ausgestorben, denn: »Hodie enim omnes, quos hic agit furor, relictis disputationibus, in Spinozae disciplinam consentiunt, totumque hoc, quod videmus, corporeum machinam esse statuunt, intestina quadam vi varios, at necessarios motus cientem et producentem«.

[31]   Vgl. *E. Troeltsch*, Renaissance und Reformation (1913), in: *Ders.*, Gesammelte Schriften Bd. IV (wie Anm. 14), 261–296, hier: 269. 276. 291.

3

A) In der Bewahrung der vor- und überkonfessionellen metaphysisch-religiösen Grundlagen des Denkens und Handelns gegen diese intellektuellen Einsprüche wuchs der Natürlichen Theologie eine neue Aufgabe zu.[32] Nun zeigte sich allerdings schon bald, dass sie mitnichten problemlos auf diese eng begrenzten Tätigkeitsfelder beschränkbar war – vielmehr beanspruchten ihre Vertreter alsbald die kritische Deutungshoheit über die ausgebildeten konfessionellen Religionssysteme selbst. Es zeigte sich nun, dass die »Natürliche Theologie« für diese ein zwar unentbehrlicher, aber zugleich auch ein sehr gefährlicher Bündnispartner war: Der Waffenbruder im Kampf gegen den »Atheismus« konnte sich als Vertreter einer rein vernünftigen, überkirchlichen Religionskritik schnell als »Naturalist« entpuppen und so gleichsam die Seiten wechseln.[33]

So wurden die Fronten unübersichtlich: Es galt einerseits, die Rechenschaft von der Natürlichen Religion selbst und ihre nachgeordneten Vergewisserungsinstanzen wie die Gottesbeweise begrifflich weiter zu verfeinern und sie im Einklang mit der sich erweiternden Kenntnis der natürlichen und geschichtlichen Welt fortzubilden. Anderseits war dann jedoch auch zu begründen, dass und weshalb die mit so großem Aufwand erworbenen und gefestigten Wissens- und Überzeugungsbestände zwar wahr, aber eben doch noch nicht die ganze Wahrheit seien.

An diesem Punkt lassen sich Phänomene benennen, an denen sich ein Ungenügen an diesem Muster der Selbstvergewisserung der christlichen Religion abzeichnet.

B) Ich beginne mit einem Katholiken. Andrew Michael Ramsay (1686-1743),[34] ein viel gelesener Literat seiner Zeit, hat die Geschichte seiner Konversion zum Katholizismus 1723 durch den Druck bekannt gemacht. In seiner schottischen Heimat war er schon früh durch konfessionellen Hader am presbyterianischen Glauben seines Elternhauses irre geworden. Weder deistische Religionsphilosophie noch überkonfessionelle Mystik vermochten ihm feste

---

[32]　Vor Wagner (s. o. Anm. 27) hat das schon herausgearbeitet *W. Bender*, Zur Geschichte der Emancipation der natürlichen Theologie, in: JpTh 9/1883, 529–592. Hier hat weiterführend angeknüpft *H. Leube*, Die Bekämpfung des Atheismus in der deutschen lutherischen Kirche des 17. Jahrhunderts (1924), in: *Ders.*, Orthodoxie und Pietismus, hg. von *D. Blaufuß* (AGP 13), Bielefeld 1975, 75–88. – Das Material in seiner Fülle präsentiert *H.-M. Barth*, Atheismus und Orthodoxie. Analysen und Modelle christlicher Apologetik im 17. Jahrhundert (FSÖTh 26), Göttingen 1971.

[33]　Das zeigt besonders plastisch *Bender* (wie Anm. 32), thetisch zugespitzt 533–540.

[34]　Vgl. zum Folgenden die außergewöhnlich aspekt- und aufschlussreiche Studie von *G. Eckert*, »True, Noble Christian, Freethinking«. Leben und Werk Andrew Michael Ramsays (1686-1743), Münster/Westf. 2009, bes. 195-206.540-543.

Grundlagen zur Überwindung der Versuchung durch die ethisch-religiöse Skepsis zu geben. Francois Fénelon[35], einst professioneller Hugenotten-»Bekehrer«, dann Prinzenerzieher am Hofe Ludwigs XIV. und endlich Erzbischof von Cambrai, als Kirchenpolitiker wie als pädagogisch-religiöser Schriftsteller über die nationalen und konfessionellen Grenzen hinweg hoch geschätzt, überzeugte ihn in geduldigem Ringen davon, dass es zur Skepsis nur eine wirklich tragfähige, konstruktive Alternative gebe: Die Annahme einer positiven göttlichen Offenbarung, welche fort und fort durch die unfehlbar lehrende Kirche interpretiert und verifiziert wird. Wer sich ihrer Autorität willentlich beugt, der muss letztlich die Skepsis in seinem Innern gar nicht mehr überwinden, denn er hat ja in der anerkannten kirchlichen Autorität außerhalb seiner selbst den archimedischen Punkt, von dem aus er sie bändigen und im Zaum halten kann. Durchgreifend wirksame konstruktive religiöse Orientierung erreicht der Mensch nur, wenn er sich der in der Kirche seinen Gehorsam erheischenden göttlichen Autorität unterwirft – so, wie die vielen menschlichen Egoismen nur dann zu konstruktivem Zusammenwirken gebändigt werden können, wenn sie unter strikt autoritärer Herrschaft stehen, wie Ramsay gern betonte, der mehr als die Hälfte seines Lebens im absolutistischen Musterstaat Frankreich zubrachte.

Deutlich ist hier soviel: Die Natürliche Theologie als positive Vorstufe des christlichen Glaubens ist in ihrem Wert und ihrer Bedeutung erheblich herabgesetzt. Ihr Zweck besteht letztlich nur noch darin, dass der Mensch ihres Ungenügens innewird und sich der Autorität der lehrenden Kirche in die Arme wirft, um dem Versinken in Skepsis, Relativismus und Atheismus zu entgehen. Die katholische Kirche ist die Instanz auf Erden, die als Autorität Gewissheiten stiftet – gegen die Gefahren der Skepsis und des Atheismus gewährt sie dem Einzelnen Sinngewissheit, und ebenso gewährt und bewahrt sie allein die Grundlagen heilsamer, autoritärer Ordnung in Staat und Gesellschaft. Diese Grundgedanken weisen zurück auf die Argumentationsmuster papstkirchlicher Apologetik und Polemik in der Reformationszeit. Aber sie weisen auch in die Zukunft: Zumal nach der Französischen Revolution sind sie in immer neuen Wendungen und Abtönungen zugespitzt worden, worauf weiter unten noch einzugehen sein wird.

C) Auch im deutschen lutherischen Pietismus ist so etwas wie ein Schwund des Vertrauens auf die Argumentationskraft der Natürlichen Theologie in der Auseinandersetzung mit dem Atheismus zu beobachten. Spener ist offenbar für seine Person am Wahrheitsgehalt der Natürlichen Theologie nie irre geworden.[36]

---

[35]   Vgl. in Kürze *K. Heitmann*, Art. »Fénelon«, in: TRE Bd. 11, Berlin / New York 1983, 81–83; erheblich reicher an kirchenhistorischem Kolorit ist *J. Ehni*, Art. »Fénelon«, in: RE Bd. 6, 3. Aufl., Leipzig 1899, 32–37.

[36]   Vgl. *J. Wallmann*, Philipp Jakob Spener und die Anfänge des Pietismus (BHTh 42), 2. Aufl., Tübingen 1986, 79.

Dennoch haben ihn Erfahrungen in seiner seelsorgerlichen Praxis doch skeptisch im Hinblick auf deren praktischen Gebrauchswert gestimmt: Ein Atheist, so Speners resignative Bilanz, lasse sich kaum je dadurch zum lebendigen Gottesglauben bekehren, dass man ihm die Beweisgänge der Natürlichen Theologie vortrage. Hierzu bedürfe es besonderer göttlicher Gnadenwirkungen durch den im Bibelwort wirksamen Geist.[37]

Ein Beispiel einer solchen Bekehrung, in der ein Mann, der trotz gründlicher theologischer und philosophischer Bildung »Atheist« geworden war, seine Erweckung zum lebendigen Gottesglauben erfuhr, hat Spener selbst an Johann Jakob Schütz erlebt, und er hat davon berichtet: Die mit geistlichem Verlangen gelesene Bibel hatte den suchenden Zweifler ihres überverständigen Wahrheitsgehalts versichert – einen Zweifler, der allerdings zuvor durch Tauler-Lektüre entsprechend vorbereitet war.[38]

Es ist letzthin sehr überzeugend dargelegt worden, dass hier eine neue Facette der religiösen Erwartungshaltung gegenüber der Bibel aufscheint: Dem biblischen Wort wird zugetraut, als Werkzeug des göttlichen Geistes im unvertretbar individuellen Bewusstsein des Einzelnen auf schlechthin einzigartige Weise religiöse und weltanschauliche Gewissheit zu bewirken.[39]

Zugleich ähnlich und doch charakteristisch anders ist August Hermann Franckes 1690/91 niedergeschriebene Erzählung von seinem Lüneburger Bußkampf (1687). Sie markiert in Franckes Rechenschaft die letzte Runde eines Ringens um persönliche Authentizität im Kampf zwischen religiöser und weltlich-karrieristischer Lebensorientierung: Bei der Predigtvorbereitung wird ihm unausweichlich klar, dass seine persönliche religiöse Haltung mit seinen eigenen normativen Vorstellungen nicht übereinkommt. Und der Zweifel an der eigenen Frömmigkeit wendet sich unaufhaltsam gegen deren begründende Voraussetzungen: Nicht nur die Vernunftgründe für den Glauben zerfließen in der Skepsis, auch die Autorität der Bibel wird in den Strudel des religionsgeschichtlichen Relativismus gerissen, und am Ende gerät die Gottesvorstellung selbst in den Sog der intellektuellen und existentiellen Ungewissheit.

Als alle Rückversicherungsinstanzen der religiösen Orientierung ins fahle Dämmerlicht der radikalen Fraglichkeit getaucht sind, bleibt nur noch die Zuflucht ins paradoxe Gebet – und dieses Gebet, in dem der Einzelne ganz allein um die religiöse Letztvergewisserung ringt, findet seine Verifikation in der Er-

---

[37]   Ebd., 80; vgl. schon *E. Hirsch*, Geschichte der neuern evangelischen Theologie Bd. II, Gütersloh 1951, 103–109.

[38]   *Wallmann*, Spener (wie Anm. 36), 301–303. Jetzt ausführlich und sehr eingehend *A. Deppermann*, Johann Jakob Schütz und die Anfänge des Pietismus (BHTh 119), Tübingen 2002, 56–62.

[39]   Vgl. *Deppermann* (wie vorige Anm.), 62–69.

hörung: »denn wie man eine Hand umwendet, so war alle mein Zweiffel hinweg, ich war versichert in meinem Hertzen der Gnade Gottes in Christo Jesu, ich kunte Gott nicht allein Gott, sondern Vater nennen«.[40]

Hier hat, anders als bei Schütz, keine Überwindung des Atheismus durch die Bibel stattgefunden, sondern der Rückweg zur Bibel wurde erst durch eine sich offenkundig sprachlicher Mitteilung entziehende intensive religiöse Erfahrung ermöglicht. Aber wie bei Schütz ist es eben eine religiöse Erfahrung ganz eigener Art, die weitab von der Sphäre des rationalen Diskurses über die natürliche Religion und Theologie liegt.[41] Und im rückblickenden Vergleich mit Ramsay sticht deutlich hervor, dass die Entscheidung im Kampf zwischen Atheismus und lebendigem Gottesglauben keinesfalls an die objektive Wahrheitsmacht einer die Autorität Gottes verkörpernden Institution delegierbar ist, sondern sie fällt allein am und im Individuum. Typologisch vergröbernd gesagt: Gegen den von Ramsay favorisierten gläubigen Autoritätsgehorsam stehen die Rationalität der Natürlichen Theologie sowie der Rekurs auf die spezifische religiöse Gewissheitserfahrung, sei sie biblisch vermittelt oder auch nicht, dann doch wieder auf einer Seite, nämlich der spezifisch protestantischen.

4

A) Diese Herabstufung des Interesses an frei-vernünftigen, philosophischen Erörterungen der Gottesfrage hat bekanntlich in der protestantischen Theologie und Frömmigkeit nicht die Vorherrschaft erlangt – selbst in Halle gehörte mit-

---

[40]   A. H. Francke, Lebenslauf [1690/91], in: Ders., Werke in Auswahl, hrsg. von E. Peschke, Witten 1969, 5–29, hier: 28. Auf zwei Interpretationen dieses vielgedeuteten Texts sei hingewiesen: E. Beyreuther, August Hermann Francke. Zeuge des lebendigen Gottes, Berlin 1958, 47–57 interpretiert ganz kongenial-pietistisch und zieht weit ausgreifend Verbindungslinien (Luther, Ignatius von Loyola). J. Wallmann, Der Pietismus (KiG 4.O,1), Göttingen 1990, 62–64 gelangt in synchroner Betrachtungsweise zu trennscharfen frömmigkeitsgeschichtlichen Einordnungen.

[41]   »Der Pietismus erblickte in der persönlichen Erfahrung der Gotteswirklichkeit die einzig wirksame Barriere gegen den Atheismus. Nur ein existentieller Glaube, der die persönliche Begegnung mit Gott einschließt und auf der Basis einer Verbindung von Herz und Intellekt steht, ist gegen den Atheismus weitgehend immun« (H. Obst, Elemente atheistischer Anfechtung im pietistischen Bekehrungsprozeß, in: PuN 2/1975, 33–42, hier: 42). – In diese Richtung weisen natürlich auch Zinzendorfs Appell für eine strikte Trennung der Bereiche von Religion/Theologie und vernünftigem Welterkennen sowie seine christomonistisch motivierte Abwertung der Natürlichen Theologie; vgl. Wallmann, Der Pietismus (wie Anm. 39), 111f. sowie A. Ritschl, Geschichte des Pietismus Bd. III, Bonn 1886 (Nachdruck Berlin 1966), 410–412.

telfristig die Zukunft der Philosophie Christian Wolffs[42], die den Gottesgedanken in großem Stil als Grund und Ziel alles mathematisch-exakten vernünftigen Denkens über Welt und Mensch zu Ehren brachte.[43] Und auch die zünftige Theologie trat weiterhin auf dem Kampfplatz der Metaphysik an, um die humane Geltung und Plausibilität des Gottesgedankens und des Gottesglaubens zu erweisen. Im Übergang zwischen Orthodoxie und Aufklärung bewegen sich die Thesen über Atheismus und Aberglaube, die Johann Franz Budde in seinem Jenaer Lehrbetrieb ausarbeitete und 1717 lateinisch[44] und deutsch publizierte. In der Auseinandersetzung mit dem Atheismus wird die konfessionelle Problematik lediglich zweimal gestreift: Als abseitige Kuriositäten verbucht Buddeus gegen Luther und Melanchthon gerichtete Atheismusvorwürfe,[45] und gegen die Annahme, die konfessionelle Zerspaltung der abendländischen Christenheit befördere den Atheismus, setzt er das folgende, bis heute bedenkenswerte Argument: Die Pluralität der Konfessionen wirke dem Atheismus vielmehr entgegen, gebe sie doch Anlass zu verstärkten Reflexionsanstrengungen und bewahre den Glauben wie das Denken vor dem Erstarren und Versumpfen als unangefochtene Mehrheitsmeinung.[46]

Die Fundamente von Buddeus' Apologetik sind schnell benannt: Der Gottesglaube, der dem menschlichen Bewusstsein gleichursprünglich innewohnt und sich durch zwingende metaphysische Beweisgänge noch einmal seiner Konsistenz versichert, bietet im Verbund mit der ebenfalls rational unanfechtbaren Überzeugung von der Unsterblichkeit der Seele Gewähr dafür, dass des Menschen guter und böser Freiheitsgebrauch unfehlbar die ihnen zukommenden Belohnungen und Bestrafungen empfangen.[47] Darum stiftet allein der Gottesglaube im Leben des einzelnen Menschen Sinngewissheit und Orientierungssicherheit, und darum würden die gesellschaftlichen Strukturen ohne den Gottesglauben zerfallen, weil bloß immanente Nützlichkeitserwägungen keine hinreichenden Motive zur Vertragstreue sind, und Vertragstreue ist für Buddeus

---

[42] Über den Pyrrhussieg der Pietisten vgl. *A. Beutel*, Causa Wolffiana. Die Vertreibung Christian Wolffs aus Preußen als Kulminationspunkt des theologisch-politischen Konflikts zwischen halleschem Pietismus und Aufklärungsphilosophie, in: *U. Köpf* (Hg.), Wissenschaftliche Theologie und Kirchenleitung (FS Rolf Schäfer), Tübingen 2001, 159–202.

[43] Vgl. *H.-J. Birkner*, Christian Wolff, in: *M. Greschat* (Hg.), Gestalten der Kirchengeschichte Bd. 8, Stuttgart 1984, 187–197, der stark den überkonfessionellen Plausibilitätsanspruch von Wolffs Denken hervorhebt.

[44] *Johannes Franciscus Buddeus*, Theses Theologicae de Atheismo et Superstitione, Jena 1717 (Nachdruck als *Johann Franz Budde*, Gesammelte Schriften Bd. XI. 1+2, Hildesheim / Zürich / New York 2010).

[45] A. a. O., 202f.

[46] A. a. O., 328.

[47] Vgl. a. a. O., 240–268.

die unentbehrliche Grundlage eines jeden gedeihlichen Miteinanders von Menschen.[48]

Implizit protestantisch ist diese groß angelegte Apologetik darin, dass in ihr die Autorität der Kirche schlechterdings keine Rolle spielt. Aber explizit gibt sie über ihre konfessionelle Eigenart keine Auskunft. Kontroverstheologische Themen werden im Kontext der Bestreitung des Atheismus durch Buddeus konsequent ausgespart. Aber sie kommen doch vor, und zwar unter dem Leitbegriff »Aberglaube«. Hier werden Messe, Fegefeuer und Heiligenkultus abgehandelt, aber eher vereinzelt und unsystematisch. Zwangsläufig fällt die Kritik kleinlich, beckmesserisch und humorlos aus, und das kann ja auch gar nicht anders sein, weil Buddeus durch die Gesamtanlage seiner Argumentation jedes Gespür dafür abgeht, dass alle diese Phänomene ihren Legitimationsgrund in einer bestimmten, konsistenten Anschauung von Gottes Wesen, Willen und Handeln haben und deshalb keinesfalls als bloße Missstände oder Verirrungen abgetan werden dürfen.[49]

Buddeus' antiatheistische Apologetik mit all ihrem bewunderungswürdigen Aufwand an Gelehrsamkeit und Scharfsinn beruht auf der Grundanschauung, dass der Gottesgedanke und die humane Bedürfnisstruktur recht verstanden im Verhältnis der prästabilierten Harmonie stehen; Widersprüche sind nur scheinbar und durch vernünftiges Räsonnement nachhaltig ausräumbar. – Von der reformatorischen Verwahrung des Gottesgedankens wider die Kontaminationen mit Egoismus, Eudämonismus und Heteronomie fehlt jede Spur.

B) Aber sie blieb nicht dauerhaft unwirksam, sondern brachte sich auf gänzlich neue Weise in einem radikal veränderten Kontext zur Geltung: Ebenfalls in Jena, etwa 80 Jahre nach Buddeus, wurde sie von Johann Gottlieb Fichte im Atheismusstreit gegen die landläufigen Spielarten der Rede von Gott und seinem Willen auf neue, spektakuläre Weise zum Leitargument erhoben. In Fortführung der kantischen Metaphysikkritik und Ethikbegründung hatte Fichte die unableitbare Überzeugung von der schlechthin zwingenden Gültigkeit des Sittengesetzes als alleinigen ›Grund unsers Glaubens an eine göttliche Weltregierung‹ identifiziert und war deswegen des Atheismus geziehen worden. In seiner »Appellation an das Publikum«[50] gab er genau diesen Vorwurf an seine Gegner und

---

[48]   Vgl. a. a. O., 331–356.

[49]   Vgl. a. a. O., 674.680 f.785–792. Ebd., 792–794 stellt Buddeus auch heute noch sehr lesenswerte Überlegungen zum Zusammenhang zwischen Aberglaube und Intoleranz an; die Papstkirche seiner Lebenszeit ließ es ja an Anlaß und Material dazu nicht fehlen.

[50]   Im Folgenden zitiere ich die »Appellation« nach *J. G. Fichte*, Sämmtliche Werke, hrsg. von *I. H. Fichte*, Bd. V (Zur Religionsphilosophie), Berlin 1845 (Nachdruck Berlin 1971). Vgl. hierzu *F. Wittekind*, Die »Retorsion des Atheismus«. Der Atheismusstreit im Kontext von Fichtes früher Religionsphilosophie, in: *K.-M. Kodalle* u. a. (Hrsg.), Fichtes Entlassung (Kritisches Jahrbuch der Philosophie Bd. 9), Würzburg 1999, 61–79.

Ankläger zurück: Seine Gegner bezeichnet er seinerseits als die »abgöttische und atheistische Partei«[51], die einen göttlichen Welturheber imaginiert, welcher nach dem Maßstab letztlich willkürlicher Ge- und Verbote Menschen lohnt und straft. »Ihr Gott ist der Geber alles Genusses, der Austheiler alles Glücks und Unglücks an die endlichen Wesen: dies ist sein Grundcharakter«[52]. Die Ge- und Verbote dieser metaphysischen Gottheit bleiben dem Menschen und seiner Willensnatur fremd und äußerlich: Er erfüllt sie, weil und sofern es ihm um einen von der Gebotserfüllung selbst unterschiedenen zeitlichen oder ewigen »Genuss« zu tun ist, und genau diese egoistische, heteronome und eudämonistische Sinnes- und Wesensart befördert die Rede vom allmächtigen, gerecht und milde urteilenden Weltschöpfer. Egoismus, Heteronomie und Eudämonismus, die durch diese Natürliche Theologie bestätigt und befördert werden, sind die dem empirischen Menschen von »Natur« aus plausiblen Grundhaltungen: »jenes System ist uns allen angeboren, und es bedarf keiner Anstrengung, um den Zweck unsers Daseyns in Genuss zu setzen«[53].

Wahre Religion, wahrer Gottesglaube kann hier nicht einfach fort- und emporbildend anknüpfen. Sie verfolgt den »Zweck, jenen rein religiösen Charakter zu bilden«[54], der »das Gute liebt und um sein selbst willen vollzieht«[55], und diese Haltung kann nur im Zuge einer fundamentalen Umorientierung im Menschen entstehen: »die Umänderung muss durch einen Sprung geschehen, und nicht durch blosse Ausbesserung, sondern gänzliche Umschaffung, sie muss Wiedergburt seyn«[56].

Reformatorisches und pietistisches Gedankengut ist hier mit Händen zu greifen; Fichte rekurriert jedoch nicht ausdrücklich auf solche Bezugsgrößen, sondern er appelliert stattdessen an neutestamentliche dicta probantia,[57] und so wirft er jenem hergebrachten Theismus, aufgrund dessen man ihn des A-theismus zeiht, vor, er habe den Kern der christlichen Religion »in eine entnervende Glückseligkeitslehre verwandelt«[58].

Ganz kompromisslos lehnt Fichte alle positive Anknüpfung an jede Art von substantialistischer Metaphysik ab: »Mir ist Gott ein von aller Sinnlichkeit und allem sinnlichen Zusatze gänzlich befreietes Wesen, welchem ich daher nicht einmal den mir allein möglichen sinnlichen Begriff der Existenz zuschreiben

---

[51]   *Fichte*, SW V, 194.
[52]   A. a. O., 218.
[53]   A. a. O., 225.
[54]   A. a. O., 215.
[55]   A. a. O., 209.
[56]   A. a. O., 230.
[57]   Vgl. z. B. a. a. O., 213, 222.
[58]   A. a. O., 222.

kann. Mir ist Gott bloss und lediglich Regent der übersinnlichen Welt«.[59] Herkömmliche personifizierende Gottesvorstellungen, seien sie krasser oder subtiler, verfallen sämtlich der Kritik, wobei Fichte einräumt, dass sie durchaus Respekt verdienen, wenn »dieser Gott nur sonst ein moralisches Wesen ist, und mit reinem Herzen an ihn geglaubt wird«[60], und das heißt eben: ohne Egoismus, ohne Heteronomie und ohne Eudämonismus.

Fichtes Schriften im Atheismusstreit wollten ebensowenig wie Schleiermachers in diesem Kontext entstandene »Reden«[61] irgendeine frühere Spielart christlicher Frömmigkeit und Gottesvorstellung durch Aufklärungskritik rehabilitieren. Sie tasteten vielmehr nach neuen Selbstdeutungs- und Ausdrucksformen christlicher Religion für ein Zeitalter nach dem Ende der klassischen Metaphysik und ihrer frühneuzeitlichen Gestalten. Damit sind sie Anfänger von vielgestaltigen Entwicklungsreihen geworden, in denen die herkömmliche Natürliche Theologie aus dem Begriffs- und Vorstellungsarsenal der protestantischen Theologie gründlich und nachhaltig ausgemustert wurde.[62]

Deren Funktion in der Argumentation gegen christentumskritischen Atheismus übernahmen andere theologische und philosophische Theorieansätze, und auch für die Verständigung mit dem konfessionellen Gegenüber sowie mit anderen Religionen wurde nach neuen Instrumentarien getastet: Hier traten Religionswissenschaft und Konfessionskunde an, Disziplinen also, die sich dem Versuch widmen, die fremde Religion und Konfession jeweils als geschichtliche Ganzheiten eigener Art zu verstehen und prinzipiell darauf verzichten, sie nach dem eigenen Kategoriensystem entweder als bedauerliche Devianzphänomene von der Wahrheit oder auch als ermutigende Annäherung an diese einzuordnen.

5

A) Das katholische Denken ist hier, wie die Dekrete des II. Vatikanischen Konzils über den Ökumenismus und über die nichtchristlichen Religionen zeigen, gänzlich andere Wege gegangen, und hier verlief auch die Geschichte der Natürlichen Theologie völlig anders. Gegen die unterschiedlichen Spielarten des Atheismus, aber auch gegen Strömungen im eigenen Lager, die neue Wege der Plausibilisierung kirchlicher Lehre in einer gewandelten Geisteslage suchten, hielt die kirch-

---

[59]   A. a. O., 220.

[60]   A. a. O., 217.

[61]   Vgl. *Chr. Seysen*, Die Rezeption des Atheismusstreits in Schleiermachers »Reden«, in: *K.-M. Kodalle* (Hg.), Fichtes Entlassung (wie Anm. 50), 175–190.

[62]   Vgl. hierzu *H.-J. Birkner*, Natürliche Theologie und Offenbarungstheologie. Ein theologiegeschichtlicher Überblick (1961), in: *Ders.*, Schleiermacher-Studien, hrsg. von *H. Fischer* (SchlA 16), Berlin / New York 1996, 3–22.

liche Lehrautorität an der klassischen Natürlichen Theologie und ihrer Hinordnung auf die übernatürlichen Offenbarungswahrheiten fest.

Am Ende einer ganzen Reihe von Kundgaben des obersten kirchlichen Lehramtes[63] stand die einschlägige Konstitution des I. Vatikanischen Konzils,[64] welche die Möglichkeit der sachhaltigen Gotteserkenntnis aus den Werken der Schöpfung nun ihrerseits zur Kundgabe des unfehlbaren höchsten Lehramts machte und sie damit in den Kreis derjenigen Satzwahrheiten einschloss, die »mit göttlichem und katholischem Glauben […] als von Gott geoffenbart zu glauben sind«.[65] Die Einschätzung, dass die Papstkirche hier die Bundesgenossenschaft der natürlichen Vernunft zum Kampf gegen den Atheismus sucht,[66] ist sicher zunächst einmal nicht falsch. Aber ebenso deutlich zeigt sich doch, dass die Kirche den Anspruch erhebt, die Reichweite und die Inhalte der Vernunfterkenntnis nach Maßgabe des ihr anvertrauten Offenbarungswissens zu begrenzen und zu bestimmen. Hier spricht sich nicht mehr ein unbefangenes Vertrauen darauf aus, dass die wissenschaftlich durchgebildete menschliche Vernunft den Gottesgedanken in einer auf den christlichen Glauben hinführenden Weise fasst und somit den Atheismus eben auf der Ebene der freien Vernünftigkeit als Irrtum erweist, sondern die Vernunft wird auf eine kirchlich-dogmatische Regulierung verpflichtet: Damit ist auch die Natürliche Theologie strukturell dem Autoritätsglauben als der letztlich allein tragenden Verifikationsinstanz des christlichen Glaubens subsumiert, und die Alternative zwischen dem allein von der kirchlichen Autorität gewährleisteten Gottesglauben und dem Atheismus der autonomen Vernunft ist aufgerichtet.

6

A) Das Prooemium zur Konstitution »Dei Filius«[67] gibt an, welche Geschichtsdeutung das Widerlager zu diesen dogmatischen Setzungen bildet: Es war die Reformation, die »die Angelegenheiten der Religion dem Urteil eines jeden anheimgestellt«[68] hat. In ihrem Einflussbereich zerfiel die kirchliche Einheit in

---

[63] Vgl. die ausführliche, kommentierende Aufzählung bei *W. v. Loewenich*, Glaube und Vernunft nach den Lehranschauungen des Vaticanum I, in: *Fr. W. Kantzenbach / G. Müller* (Hg.), Reformatio und Confessio (FS Wilhelm Maurer), Berlin/Hamburg 1965, 231–243.

[64] Denz. 3004; s. auch 3026.

[65] Denz. 3011.

[66] So etwa die Deutung von *R. Seeberg*, Lehrbuch der Dogmengeschichte Bd. IV/2, Erlangen/Leipzig ²·³1920, 902 f.; auch *v. Loewenich* (wie Anm. 63), 239 f. hat die eigentliche Pointe verfehlt.

[67] Nicht bei Denzinger; ich zitiere im Folgenden nach *E. Friedberg*, Sammlung der Actenstücke zum ersten vaticanischen Concil, Leipzig 1872, 434–437.

zerstrittene Sekten, und am Ende dieser Fehlentwicklungen standen der Atheismus und der Kampf wider die legitimen irdischen Ordnungen als Resultate der Zersetzung der kirchlichen Autorität.

Diese Sicht der Dinge hatte eine lange Vorgeschichte, die in der antireformatorischen Apologetik und Polemik ihren Anfang nahm und nach der Französischen Revolution in großem Stil entfaltet wurde.

In scheinbar abstrakter Allgemeinheit führt etwa Johann Adam Möhler in seinem Frühwerk »Die Einheit in der Kirche«[69] aus, dass der Mensch der wahren Gotteserkenntnis nur fähig ist, wenn er sich als Glied des in Gott gründenden Weltganzen versteht; ebenso kann der Einzelne die Versöhnung in Christus nur aneignen, wenn er sich als Glied in der Gemeinschaft aller Versöhnten versteht und verhält, und das heißt: »in der Trennung kann der Glaube an die Gottheit Christi nicht bestehen«[70]; sie ist »Abfall von Gott«[71].

In seinen frühen Arbeiten zur Reformation, in denen er schneidig für den sich aus dem Geiste der Romantik und der Restauration erneuernden Katholizismus eintrat, hat Ignaz v. Döllinger dieses dogmatisch-historische Wahrnehmungsmuster konkretisierend angewendet. Ihm zufolge hat die Reformation in zwiefacher Weise dem neuzeitlichen Atheismus Vorschub geleistet: Einmal hat sie mit ihrer maßlosen Kritik an der Papstkirche fahrlässig den Autoritätsgrund der christlichen Religion zersetzt, sodann hat sie durch die von ihr begonnenen Serien von inneren Auseinandersetzungen das Werden von Atheismus und Skepsis samt ihren politisch-sozialen Konsequenzen, die in der Französischen Revolution kulminierten, begünstigt.[72] Damit ist der Atheismus-Vorwurf in der Vari-

---

[68] *E. Friedberg* (wie vorige Anm.), 435. – Die Präambel war ursprünglich noch erheblich schärfer antiprotestantisch formuliert. Ihre dann kodifizierte Fassung erhielt sie nach einer Rede des kroatischen Bischofs Stroßmaier am 22. März 1870, während derer es zu tumultarischen Szenen kam; vgl. in Kürze *G. Alberigo*, Das Erste Vatikanische Konzil (1869–1870), in: *Ders. (Hg.)*, Geschichte der Konzilien, Düsseldorf 1993, 386–412, hier 399–401; eine erheblich detailliertere Darstellung bietet *C. Mirbt*, Art. »Vatikanisches Konzil«, in: RE Bd. 20, 3. Aufl., Leipzig 1908, 445–474, hier: 461f. – Lesenswert ist hierzu auch *K. v. Hase*, Kirchengeschichte auf der Grundlage akademischer Vorlesungen III/2,2, hg. von *G. Krüger*, Leipzig 1892, 761–763. Wie Hase andeutet, war er während des Konzils in Rom und hat, begünstigt durch gute Beziehungen, die Verhandlungen sowie die Aktionen hinter den Kulissen recht intensiv verfolgen können; vgl. *ders.*, Annalen meines Lebens, hg. von *K. A. v. Hase*, Leipzig 1891, 207–220.

[69] Zuerst 1825; ich zitiere die krit. Ausgabe von *J. R. Geiselmann*, Darmstadt 1957.

[70] A. a. O., 100.

[71] Ebd.

[72] Vgl. *St. Leonhardt*, »Zwei schlechthin unausgleichbare Auffassungen des Mittelpunktes der christlichen Religion«. Ignaz Döllingers Auseinandersetzung mit der Reformation, ihrer Lehre und deren Folgen in seiner ersten Schaffensperiode, 2. Aufl., Göttingen 2008, 31–34.

ante, in welcher er im 16. Jahrhundert von papstkirchlichen Polemikern verwendet worden ist, in eine historische Genealogie des modernen Atheismus transformiert.

B) Charakteristisch anders gestaltet ist das protestantische Gegenstück hierzu: Die religionspolitischen Wirrsale der Revolution und des Bürgerkrieges haben in England mit dem Deismus die Erstgestalt neuzeitlicher Religionsphilosophie hervorgebracht. Im Verein mit einer relativ großen Freiheit der Meinungsäußerung war dort nun aber gerade die friedliche Vielfalt der konfessionellen Kirchentümer dafür ursächlich, dass die Debatten auf das Ganze gesehen zu einer Stärkung der christlichen Religion geführt haben. Der Gottesglaube, so die Lehre aus dieser Geschichte, gedeiht dort, wo er in Freiheit entstehen und im freien Diskurs wachsen und sich bewähren kann. Der Mutterboden, auf dem der Atheismus gedeiht, ist erzwungene religiös-dogmatische Uniformität. Sie herrschte in Frankreich, wo die englischen Impulse eine ganz eigene, von der in ihrem Ursprungsland tiefgreifend unterschiedene Wirkungsgeschichte hatten. Die hier bestimmenden Faktoren waren in den Worten Karl Hases »die Pornokratie des Hofes, die Verfolgung der Protestanten, die Misshandlung der Frömmigkeit im jansenistischen Streite«[73]. Diese Bedingungen begünstigten die Ent-

---

78–82. Den ideenpolitischen Horizont, vor dem derartige Wertungen zu lesen sind, eröffnet *W. Altgeld*, Katholizismus, Protestantismus, Judentum. Über religiös begründete Gegensätze und nationalreligiöse Ideen in der Geschichte des deutschen Nationalismus (Veröffentlichungen der Kommission für Zeitgeschichte Reihe B, Bd. 59), Mainz 1992, bes. 77–91. 125–157. Wegen der großen Fülle des verarbeiteten Materials, wegen seiner gedanklich präzisen Deutungen und wegen der Prägnanz seiner Formulierungen handelt es sich um ein ganz außerordentlich lesenswertes Buch, das allerdings seinerseits klar formulierte ideenpolitische Argumentationsziele katholischer Provenienz vertritt (s. o., aber auch schon die Einleitung 1–9, bes. 8 f.): Die moralische Katastrophe Deutschlands wurzele in Verschmelzungen von Säkularisaten eines gegen Katholizismus und Judentum immer schon intoleranten aufgeklärten Protestantismus mit unterschiedlichen Spielarten des Nationalismus.

[73]   *K. Hase*, Kirchengeschichte. Lehrbuch zunächst für akademische Vorlesungen, Leipzig 8 1858, § 422, 531; zum englischen Deismus ebd., § 408, 507–509. Breit ausgeführt wird dieses Geschichtsbild z. B. bei *H. Ph. K. Henke*, Allgemeine Geschichte der christlichen Kirche nach der Zeitfolge, 6. Theil, Braunschweig 1804, bes. 1–19 (thetisch-knappe Zusammenfassung). – Die ideenpolitische Ausprägung dieses Geschichtsbildes im Sinne des Frühliberalismus lässt sich gut studieren an *H. G. Tzschirner*, Protestantismus und Katholicismus aus dem Standpuncte der Politik, Leipzig 2 1822: Das von der bigott-autoritären katholischen Kirche geprägte Frankreich war im 18. Jahrhundert die Brutstätte des Atheismus (68 ff.), und daran hat seither auch die Restauration nichts geändert: »Mancher trägt den Rosenkranz in der Hand und den Unglauben im Herzen« (70). Der Protestantismus bietet Gesellschaft und Staat hingegen eine zuverlässige religiöse Basis: »In der protestantischen Welt ist die Kirche nicht, wie in mehreren katholischen Ländern, mit einem großen Theil des Volks

stehung eines konsequenten und kämpferischen Atheismus, der, ich zitiere nochmals Hase »in einem despotischen und morschen Staate« »wider eine unfehlbare Kirche«[74] in die Schranken trat.

So hat der moderne Atheismus also nicht nur seine konfessionsspezifischen Bewältigungsstrategien provoziert, sondern auch seine konfessionsspezifischen Genealogien hervorgebracht und so den Konfessionen gleichsam Hilfestellung bei der zunehmend deutlichen Entfaltung ihrer Wesenseigentümlichkeiten geleistet.

---

entzweit; und da überdem ihre Lehre und Lehrweise vollkommner ist, so kann wohl nicht bezweifelt werden, daß sie in dieser Zeit mehr als die katholische auf die Denkart und Sitten der Völker einwirke« (72 f.); vgl. auch *Chr. Schulz*, Spätaufklärung und Protestantismus. Heinrich Gottlieb Tzschirner (1778–1828). Studien zu Leben und Werk (AKThG 4), Leipzig 1999, 188–200. – Tzschirner war übrigens in Leipzig »der eigentliche Gönner und Förderer Hases« (so *B. Jaeger*, Karl von Hase als Dogmatiker [Die Lutherische Kirche. Geschichte und Gestalten 12], Gütersloh 1990, 21 f.) während der Zeit, als dessen akademischer Lebensweg seine positive Richtung nahm. In seiner viel gelesenen Autobiographie »Ideale und Irrthümer« (zuerst 1871, mir liegt vor die 3. Aufl., Leipzig 1890) hat Hase die Berichte von Tzschirners frühem Siechtum und Tode und seinem eigenen Weg ins akademische Lehramt höchst geschickt dramatisierend miteinander verschränkt, vgl. 180–185.

[74]   *K. Hase*, Kirchengeschichte (wie vorige Anm).

ÜBER GOTT STREITEN –
VON GOTT ÜBERZEUGEN?

Joachim Knape

»Im Namen Gottes des Allmächtigen!« Wer einen Text, wie ich es gerade tue, mit solch einem Ausruf beginnt, muss unter Umständen gewärtigen, für einen fundamentalistischen Gotteskrieger gehalten zu werden. Tatsächlich aber handelt es sich hier um eine in ähnlichen Kontexten ihresgleichen suchende, durchaus massive Invocatio Dei, mit der einer der jüngsten europäischen Verfassungstexte beginnt, nämlich die neue Bundesverfassung der Schweizerischen Eidgenossenschaft vom 18. April 1999.[1]

In meinen Überlegungen will ich zunächst bei den Verfassungsproblemen als Beispiel bleiben. Dies führt zu der Frage, inwieweit der Name Gottes als Signatur des Christentums im modernen Europa noch diskursübergreifend verwendet werden kann. Gott wird heute offenkundig zum Streitobjekt. Aber worüber gerät Europa da eigentlich in Streit und was ist ein Streit? Diese Fragen rücken die kommunikativen Praktiken ins Blickfeld, mit denen das vorliegende Thema in der Öffentlichkeit bearbeitet werden kann. Als Rhetoriker interessiert mich im Fortgang dann natürlich die Überzeugungsproblematik, die ich knapp unter dem Begriff Mission verhandele, bevor ich am Ende meines Beitrags auf die Ausgangsfrage nach dem europäischen Streit um Gott und die damit verknüpfte Säkularitätsfrage im sozialen Leben zurückkomme.

Ob die Anrufung Gottes in eine moderne, das politisch-soziale Selbstverständnis eines Landes repräsentierende und normierende Verfassung gehöre, war auch in der Schweiz umstritten und Gegenstand einer längeren Debatte. Diese Debattenwürdigkeit ist neueren Datums und deutet auf eine Strittigkeits-

---

[1] *K. Obermüller*, Gott hat keinen Platz in der europäischen Verfassung. In: NZZ Online vom 22.06.2003. Abrufbar unter: http://www.nzz.ch/nachrichten/politik/international/ gott_hat_keinen_platz_in_der_europaeischen_verfassung_1.268200.html (Stand: 07.09. 2011); *W. Lagler*, Gott im Grundgesetz und in der EU-Verfassung. Online-Publikation. Tübingen 2009, 9. Abrufbar unter: http://tobias-lib.uni-tuebingen.de/volltexte/2009/4166/pdf/ Gottesformel.pdf (Stand jeweils: 07.09.2011).

lage, die inzwischen vermehrt Gottesverteidiger auf den Plan ruft. In Deutschland kannten weder die deutsche Paulskirchenverfassung von 1848, noch die Reichsverfassung des zweiten deutschen Kaiserreichs von 1871, noch die republikanische Weimarer Verfassung von 1919 einen Gottesbezug. Dafür gibt es unterschiedliche Gründe. Erst die Väter des westdeutschen Grundgesetzes von 1949 zogen eine Art Verteidigungslinie gegen den im Krieg zusammengebrochenen »gottlosen« Staat, wie man damals sagte, der vergangenen Jahrzehnte. Nach vielen Diskussionen fanden sie am Ende der Beratungen für die Präambel eine Einleitungsformel mit Gottesanrufung. Sie besagt, dass der deutsche Verfassungsgeber insbesondere bei der Rückbindung der Menschenrechte »im Bewußtsein seiner Verantwortung vor Gott und den Menschen« handele. Nicht alle deutschen Landesverfassungen übernahmen diese Invokation aus dem Grundgesetz, und auch nach der Wiedervereinigung Deutschlands gab es in den neuen Bundesländern entsprechend zwiespältige Ergebnisse, zumal im Osten Deutschlands mittlerweile nur noch 25 % der Einwohner Mitglied einer der christlichen Kirchen sind.[2] Doch selbst als sich das westliche Bundesland Niedersachsen 1993 eine neue Verfassung gab, verzichtete man auf den Gottesbezug. Erst nach öffentlichen Diskussionen und einem Volksbegehren wurde ein Jahr später die ›klassische‹ Grundgesetzformulierung »vor Gott und den Menschen« per Parlamentsbeschluss nachgetragen.[3]

Den vorläufig letzten Höhepunkt solcher Debatten um etwas in Europa offenbar nicht mehr als selbstverständlich Erachtetes, nämlich den Gottesbezug, stellt die 2002/2003 aufgebrochene Kontroverse um die Präambel der geplanten Europäischen Verfassung dar.[4] Die Auseinandersetzung währte jahrelang, weil es nicht nur um die Gottesanrufung, sondern auch noch um andere grundsätzliche Fragen des gemeinsamen Europas ging. Die Kontroverse, ja der Streit zog sich quer durch alle politischen Lager und Länder Europas. Frankreich und Belgien etwa waren gegen jeden Gottesbezug, Polen und Spanien bestanden aber auf einer entsprechenden Formel. Der konservative französische Präsident Jacques Chirac wandte sich entschieden gegen jeden religiösen Bezug; dem deutschen sozialdemokratischen Bundeskanzler Gerhard Schröder war dieser

---

[2] Siehe *Kirchenamt der EKD (Hg.)*, Zahlen und Fakten zum kirchlichen Leben 2011. Hannover 2011, 4. Abrufbar unter: http://www.ekd.de/download/broschuere_2011_ mit_Links. pdf; *R. Köcher*, Offensiv auf Distanz. In: Frankfurter Allgemeine Sonntagszeitung vom 17.10.2010, 7 f., hier 7; (Stand: 08.09.2011).

[3] Vgl. zu diesem Absatz auch *Lagler*, Gott im Grundgesetz und in der EU-Verfassung (Anm. 1), 1–4.

[4] *M. H. Weninger*, Europa ohne Gott? Die Europäische Union und der Dialog mit den Religionen, Kirchen und Weltanschauungsgemeinschaften. Baden-Baden 2007, 178–227; *K. Naumann*, Eine religiöse Referenz in einem Europäischen Verfassungsvertrag. Tübingen 2008 (= Jus Internationale et Europaeum [JusIntEu] 22).

Punkt egal,[5] während die ihm im Amt folgende CDU-Bundeskanzlerin Angela Merkel deutlicher Position bezog und 2006 bei einem Papstbesuch versprach (wenn auch etwas undeutlich), das Christentum auf jeden Fall wieder in die Verfassungsdebatte einzuführen. Damit – so die kritische Presse – habe sie den ohnehin schon bestehenden Verfassungskonflikt auch in Hinblick auf die Präambel wieder angefeuert.[6]

Inzwischen war es nämlich zu einem Kompromiss gekommen, der einen kleinsten gemeinsamen Nenner vorsah. In der Europäischen Verfassungspräambel sollte es heißen, so hatte Valéry Giscard d'Estaing, der ehemalige französische Präsident und nunmehrige Vorsitzende des Verfassungskonvents, 2003/2004 ausgehandelt: »[...] schöpfend aus dem kulturellen, religiösen und humanistischen Erbe Europas [...]«[7]. Mittlerweile, da Volksabstimmungen in Frankreich und den Niederlanden das gesamte Verfassungsprojekt zu Fall brachten, ist die Präambelfrage erledigt; wohingegen die Formulierung der Vorrede zur »Charta der Grundrechte der Europäischen Union«, die seit 2009 im Rahmen des heute gültigen Lissabon-Vertrags rechtsverbindlich ist, vor ihrer erstmaligen Proklamierung am 7. Dezember 2000 weiteren Konfliktstoff bot.[8] Hier lautet die deutsche Version der minimalen Kompromissformel: »In dem Bewusstsein ihres geistig-religiösen und sittlichen Erbes gründet sich die Union auf die unteilbaren und universellen Werte der Würde des Menschen [...]. Sie stellt die Person in den Mittelpunkt ihres Handelns [...]«. Teil dieses Kompromisses ist die Tatsache, dass die amtliche deutsche Übersetzung aus dem neutralen Ausdruck »patri-

---

5   Spiegel Online: Schröders christliche Demut. In: Spiegel Online vom 04.10.2003. Abrufbar unter: http://www.spiegel.de/politik/ausland/0,1518,268406,00.html (Stand: 07.09.2011).

6   *M. Winter*, Die Protestantin und der Papst. Angela Merkel verspricht zu viel – und riskiert einen neuen Konflikt um die europäische Verfassung. In: Süddeutsche Zeitung vom 12.09.2006, 4.

7   Vertrag über eine Verfassung von Europa. In: Amtsblatt der Europäischen Union C 310 vom 16.12.2004, 3. Abrufbar unter: http://eur-lex.europa.eu/LexUriServ/LexUriServ.do? uri=OJ:C:2004:310:0003:0010:DE:PDF (Stand: 27.09.2011); vgl. insbesondere *Naumann*, Eine religiöse Referenz in einem Europäischen Verfassungsvertrag (Anm. 4), 19 f. sowie auch *Lagler*, Gott im Grundgesetz und in der EU-Verfassung (Anm. 1), 8 f.; *K. Hübner*, Der Unterschied des Abendlandes. Was die Präambel der Europäischen Verfassung verschweigt. In: Frankfurter Allgemeine Zeitung vom 19.05.2005, 37 und ferner *J. Fritz-Vannahme*, Europas Mehrwert. In: DIE ZEIT vom 17.06.2004. Abrufbar unter: http://www.zeit.de/2004/26/Werte/komplettansicht (Stand: 27.09.2011).

8   Die Charta der Grundrechte der Europäischen Union. In: Landeszentrale für politische Bildung Baden-Württemberg: Dossier: Vertrag von Lissabon. Der Lange Weg zum neuen EU-Reformvertrag. Abrufbar unter: http://www.lpb-bw.de/vertrag_von_lissabon.html (Stand: 27.09.2011).

moine spirituel« der französischen Version ein »geistig-*religiöses* Erbe« machen darf.[9] Inhaltlich betraf der jahrelange Streit um solche Formulierungsnuancen vier abgestufte Positionen:

1. *Keinerlei* religiöse Bezüge (französische Position)
2. Allgemeiner Bezug auf die geistigen Traditionen Europas, darunter ausdrücklich auch die *religiösen* (weitgefasste Kompromisslösung)
3. Expliziter Bezug auf die *christlichen* Traditionen (enger gefasster Kompromissvorschlag konservativer europäischer Politiker und Denker,[10] z. B. auch der Bundeskanzlerin Merkel[11])
4. Expliziter Bezug auf *Gott* (Position zahlreicher christlicher und jüdischer Gruppen).

Was war und ist bei dieser Kontroverse der Stein des Anstoßes? Der gefundene Kompromiss erkennt verfassungsmäßig die Tatsache an, dass es bei uns eine Tradition gibt, die mit einem obersten Normgeber-Gott rechnet, und, dass diese Tradition ernst zu nehmen ist, mehr aber auch nicht. Die Position der Gottesverteidiger geht sehr viel weiter: Hier soll die Anerkennung einer ganz bestimmten Quelle, ja geradezu der Existenz eines obersten göttlichen Norm- und Gesetzgebers durch seine Nennung Verfassungsrang bekommen. Das aber war nicht nur für die säkularistischen Puristen Frankreichs und anderer Länder zu weitreichend, die hinsichtlich des Streitobjekts *Gott* als Streitfragen nicht nur die Frage nach dessen Relevanz in Staatsangelegenheiten, sondern auch die Existenzfrage aufwarfen. In diesem Zusammenhang spottete der Luxemburger Premierminister Jean-Claude Juncker im Dezember 2003, der »Europäische Rat solle doch mit qualifizierter Mehrheit klären, ob es Gott gebe oder nicht. Wenn ja, dann könne man das in die Verfassung schreiben (*Der Spiegel* 12. 01. 2004).«[12]

In diesem konkreten Fall spiegelt sich, so meine Ausgangsthese, die derzeitige Lage der Religion im öffentlich-medialen Kommunikationsraum Europas wider. Auf ihn sind meine folgenden Überlegungen konzentriert, nicht auf die private Religiosität und auch nicht auf die staatlich-rechtlichen Institutionen, in

---

[9]   Charta der Grundrechte der Europäischen Union. In: Amtsblatt der Europäischen Gemeinschaften C 364 vom 18. 12. 2000, 8. Abrufbar unter: http://www.europarl.europa.eu/charter/pdf/text_de.pdf (Stand: 07. 09. 2011); Charte des droits fondamentaux de l'union européenne. In: Journal officiel des Communautés européennes C 364 vom 18. 12. 2000, 8. Abrufbar unter: http://www.europarl.europa.eu/charter/pdf/text_fr.pdf (Stand: 07. 09. 2011).

[10]   *Hübner*, Der Unterschied des Abendlandes (Anm. 7).

[11]   Focus Online: Merkel vermisst christliche Bezüge. In: Focus Online vom 20. 01. 2007. Abrufbar unter: http://www.focus.de/politik/ausland/eu-verfassung_aid_123057.html (Stand: 07. 09. 2011).

[12]   *G. Waschinski*, Gott in die Verfassung? Religion und Kompatibilität in der Europäischen Union. Baden-Baden 2007, 15 (= Münchner Beiträge zur europäischen Einigung 16).

denen ja bei uns eine weitgehende Trennung von Staat und Kirche herrscht. Im Präambelstreit sehe ich unter einer allgemeinen religionshistorischen Überblicksperspektive, die ich bei meinen Überlegungen einnehmen will, nur ein Beispiel für unzählige Diskussionen und Streitereien über Gott. Man könnte die gesamte Religionsgeschichte – das brauche ich unter Theologen nicht näher zu spezifizieren – als eine einzige große Gottes-Konfliktgeschichte darstellen.

Aber um was für ein Streitobjekt, dessen Relevanz für das öffentlich-politische Leben heute zur Debatte steht, handelt es sich dabei eigentlich? Ich bin mit dieser Frage am heikelsten Punkt, und bitte Sie als Experten um Nachsicht für meine sehr vorläufigen Überlegungen und meinen Sprachgebrauch, bei dem ich angesichts des Gebots zur Kürze unter den Singular ›Gott‹ auch polytheistische Göttervorstellungen subsumiere.

In einem Kommentar von Martin Winter in der ›Süddeutschen Zeitung‹ des Jahres 2006 zum oben erwähnten europäischen Präambelstreit lese ich, dass dessen Vorgeschichte etwas mit der »Trennung des Diesseitigen vom Jenseitigen« zu tun habe.[13] Wenn ich daran anknüpfe, dann müsste der Streit um den Zusammenhang von Diesseits und Jenseits gehen; und dann müsste sich der Streitgegenstand Gott in einem Seinsraum befinden, der ›jenseits‹ des für uns heute kaum mehr wirklich fasslichen astronomisch-physikalischen Kosmos mit seinen Abermilliarden von Sonnensystemen und Galaxien zu denken ist. *Jenseits* also als nicht mehr vorstellbarer, nicht physikalisch greifbarer, aber gedanklich doch zu abstrahierender Seinsraum für ein Wesen (oder – je nach Religion – eine Gruppe von Wesen), zu dessen Merkmalen gehört, dass es bei aller Jenseitigkeit doch in einer Beziehung zum galaktischen Staubkorn Erde steht. Noch abstrakter gesagt: Streitobjekt ist eine transzendente Seinsgröße mit zugleich weltimmanent manifest werdenden Interessen und Impulsen. Wie sich diese abstrakte Vorstellung in den Religionsdiskursen konkretisiert, ist eine andere Frage. Wir haben es da mit einer großen Bandbreite zu tun, die von der Vorstellung eines Wettergottes, an den sich täglich Millionen Bitten um gutes Wetter richten, bis hin zu dem unter heutigen Naturwissenschaftlern weit verbreiteten Gott des Deismus reicht, der nur noch so etwas wie einen ersten göttlichen Beweger vorsieht.

Viele von Ihnen haben gewiss etwas an meiner gewählten, bewusst abstrakt gehaltenen Definition eines Philosophen-Gottes zu kritisieren, auch wenn Sie im Grundsatz vielleicht zustimmen; viele könnten terminologische Verbesserungen vorschlagen usw. Aber würden wir wegen dieser Definition auch in Streit geraten? Können wir uns heute vorstellen, dass bei uns wegen solcher und ähnlicher Definitionsfragen ein 30 Jahre dauernder Religions- oder Konfessionskrieg ausbricht, der – wie im Deutschland des 17. Jahrhunderts im Rahmen einer

---

[13]   *Winter*, Die Protestantin und der Papst (Anm. 6).

komplizierten Gemengelage geschehen – mehr als ein Drittel der Bevölkerung ausrottet? Wohl kaum.

Wir wissen aus der Alltagserfahrung, dass der Grad der Zustimmung und des Konsenses mit dem Grad der Abstraktion zunimmt, in dem man eine Sache verhandelt. Im Umkehrschluss würde das bedeuten: Je konkreter eine Sache wird, desto stärker wird auch das Konfliktpotential. Das gilt gewiss auch für Gottesdefinitionsversuche.

In solchen und ähnlichen Fällen treten dann in der Kommunikation zwei Grundpraktiken auf, die ich begrifflich deutlich unterscheiden möchte:
a) *Diskussion* oder *Dialog* und
b) *Streit* oder *Konflikt*.

Beide Praktiken nehmen ihren Ausgang in einer mentalen Divergenz – aber nur dem Streit haftet nach meinem Verständnis Verhaltensaggression an.[14] Streit wird unter anderem in kommunikativen Verfahren wie der Polemik manifest, die ja nicht mehr diskutieren will, sondern im Kern auf kommunikative Vernichtung des Gegenübers zielt. Streit ist im Ansatz also bereits der kommunikative *casus belli*. Bei der Diskussion haben wir es mit einer Konstellation gemeinsamer Ergebnissuche, beim Streit hingegen mit der Konstellation eines zunächst nicht mehr auflösungsfähigen Antagonismus zu tun. Der mit dem Streit verbundene Aggressionsfaktor besagt, dass dem Kommunikationsverhalten von vornherein nicht Zweifel oder unsicheres Suchen nach einer Lösung, wie bei der Diskussion, zu Grunde liegen, sondern eine klare Strategie der Überwältigung und Standpunktdurchsetzung, kombiniert mit entsprechenden Verhaltensweisen.[15]

Rhetoriktheoretisch gesehen liegt hier wie dort der rhetorische Fall vor. Wir sprechen auch von einer mentalen Asymmetrie oder Divergenz als Bedingung für jede rhetorische Intervention. Gleichgewicht und bestehender Konsens verlangen keinen rhetorischen Aufwand, soll heißen: verlangen nicht nach Überzeugungshandeln. Für Cicero ist klar, dass nur jener Fall nach Rhetorik verlangt, bei dem »entweder der Sachverhalt den Widerspruch hervorruft oder die For-

---

[14] Zur Aggression im Konflikt siehe *A.-M. Rocheblave-Spenlé*, Psychologie des Konflikts. Freiburg im Breisgau 1973, 92–100 (frz. Original: Psychologie du conflit. Paris 1970).

[15] Ich setze mich damit ausdrücklich von schwach konturierten Streitdefinitionen ab, wie sie sich etwa bei Dennaoui/Witte finden. *Y. Dennaoui / D. Witte*, Streit und Kultur: Vorüberlegungen zu einer Soziologie des Streits, in: *G. Gebhard / O. Geisler / S. Schröter (Hg.)*, Streit-Kulturen. Polemische und antagonistische Konstellationen in Geschichte und Gegenwart. Bielefeld 2008, 209–230, hier 216–221 (= Kultur- und Medientheorie). Nach van Inwagen gehört insbesondere zum religiösen Streit immer auch ein Exklusionsimpetus: *P. van Inwagen*, We're Right. They're Wrong, in: *R. Feldman / T. A. Warfield (Hg.)*, Disagreement. Oxford / New York 2010, 10–28; zur Exklusionsproblematik generell siehe *G. Schlee*, Wie Feindbilder entstehen. Eine Theorie religiöser und ethnischer Konflikte. München 2006, 40–63.

mulierung (*res controversiam faciat aut verba*)« (Cic. or. 121). Bei fehlender Divergenz oder Kontroverse würde routine- bzw. scriptgeleitete Kommunikation ausreichen, wie wir sie oft in routinierten beruflichen Interaktionen finden. Im rhetorischen Fall indes besteht der persuasive Akt darin, bei den Adressaten einen mentalen Wechsel von A (= unsichere oder gar »falsche« Orientierung) nach B (= vom Orator intendierte, zumindest für den Moment klare Orientierung) herbeizuführen.[16] Auch die Konfliktdefinition des namhaften sozialwissenschaftlichen Konfliktforschers Friedrich Glasl geht von einer Differenzlage aus. Für ihn ist Konflikt die »Interaktion zwischen Aktoren (Individuen, Gruppen, Organisationen usw.)«, die auf einer »Differenz bzw. Unvereinbarkeiten im Wahrnehmen und im Denken bzw. Vorstellen«, im »Fühlen« oder »Wollen« (wenigstens auf einer Akteursseite) beruht. Wichtig ist dabei, dass mindestens einer dieser Beteiligten »eine Beeinträchtigung durch einen anderen Aktor« mutmaßt, was unter anderem den aggressiven Impetus motiviert.[17]

Dass man über Gottesfragen diskutieren und in ernsthaften Streit geraten kann, ist religionsgeschichtlich evident. Doch kann man andere Menschen allen Ernstes auch bei Gottesfragen *überzeugen*? Dies wird im zweiten Teil meines Beitragstitels angesprochen und ist keineswegs so einfach zu beantworten, wie man vielleicht meinen könnte.

Ich möchte zunächst einmal die im öffentlich-medialen Gottesstreit in Erscheinung tretenden Debattenfelder abgrenzen. Wenn wir an die Jahrtausende Religionsgeschichte als Konfliktgeschichte denken, dann sehen wir bis heute zwei Hauptfelder mit Konfliktlinien, an denen entlang diskutiert oder gar gestritten wird:

1. Die Modalitätenkontroverse. Hier gehen die Parteien von der Existenz eines Gottes aus, doch sie streiten über zahlreiche religiöse Modalitäten. Diese betreffen nicht nur, aber im Wesentlichen das Gottesbild (Zahl der Gottwesen: nur einer oder viele? Die Genderfrage: Gott ein Mann und/oder eine Frau? Gibt es Familienverhältnisse, d. h. Mann-Frau- oder Vater-Sohn-Beziehungen im Jenseits?; usw.), des Weiteren Modalitäten der Kultpraxis, sodann Modalitäten der religiös motivierten kulturellen Anschlussoperationen (Moral, Hygiene, Ernährung usw.) und schließlich die Frage des Lebensbezugs und der Lebensrelevanz für den Einzelnen (Worin besteht das Leistungsangebot der Religion für den Gläubigen?).

2. Die Existenzkontroverse. Hier dreht sich alles um die Frage, ob es Gott überhaupt gibt. Alle Formen von Atheismus- und Agnostizismusdebatten gehö-

---

[16] *J. Knape*, Persuasion. In: Historisches Wörterbuch der Rhetorik 6 (2003), Sp. 874–907.
[17] *Fr. Glasl*, Konfliktmanagement. Ein Handbuch für Führungskräfte, Beraterinnen und Berater. Bern/Stuttgart/Wien [10]2011 ([1]1980), 17; siehe zu Glasl auch *A. Thiel*, Soziale Konflikte. Bielefeld 2003, 30–34 (= Einsichten. Themen der Soziologie).

ren in dieses Kontroversfeld, das erst in der Neuzeit wirklich sozial relevant geworden ist.[18] Der methodische Hauptstreitpunkt bei der Existenzkontroverse hängt an der Frage, welche Erkenntnisverfahren akzeptabel sind: ob nur das synthetische wissenschaftliche Urteil im Sinne Kants (also logisch *und* zugleich intersubjektiv empirisch abgesichert) zu Existenzaussagen führen darf, oder ob man gleichberechtigt auch Existenzaussagen auf Grundlage subjektiver Erlebnisse bzw. kultureller Traditionen (z. B. fußend auf religiösen Quellen aller Art) treffen kann.

Wie steht es hinsichtlich der beiden genannten Felder mit der Persuasion, wenn sich die Beteiligten noch in Diskussionen befinden? Überzeugen auf der Diskussionsebene heißt, Meinungswechsel herbeizuführen. Bei eher abstrakttheologischen Fragen setzt Überzeugungshandeln auf beiden genannten Feldern ein gemeinsames und hoch entwickeltes Verfahrens-Tuning, also eine beiderseitige Eingestimmtheit auf gewisse Erkenntnisgewinnungsverfahren voraus.

---

[18] Zweifellos kann man die Französische Revolution als entsprechende Zäsur ansehen. Seitdem sind in Europa mehrere staatliche Systemversuche ›ohne Gott‹ zu verzeichnen gewesen, die das bis dahin selbstverständliche Religiöse in Europa nicht mehr ganz so selbstverständlich haben werden lassen. Inzwischen machen die teilweise massiv auftretenden Proteste gegen Religiosität im Staatsleben deutlich, dass sich die Kritiker, die unter dem Label eines aus unterschiedlichen Quellen gespeisten ›programmatischen Atheismus‹ oder zumindest eines bewussten Laizismus stehen, nicht mehr als eine Gruppe sektiererischer Abweichler präsentieren. Vielmehr hat sich eine markante Wende in ihrem öffentlichen Auftreten vollzogen, und sie geben sich als nennenswerte und umfangreiche, auch selbstbewusste Partei offen bzw. offensiv. Dies tritt etwa in der 2008/2009 von England ausgegangenen und auch in Deutschland (wenngleich aufgrund der Ablehnung durch die Verkehrsbetriebe mit einem gemieteten Doppeldecker), Spanien, Italien, Finnland, den USA und Kanada betriebenen »Atheist Bus Campaign« hervor. Der englische Slogan: »There's Probably No God. Now Stop Worrying and Enjoy Your Life« heißt hierzulande: »Es gibt (mit an Sicherheit grenzender Wahrscheinlichkeit) keinen Gott. Ein erfülltes Leben braucht keinen Glauben.« Siehe dazu u.a. Atheist Bus: A Quick International Round-up vom 09. 03. 2009. Abrufbar unter http://www.atheistbus.org.uk/a-quick-international-round-up/ (Stand: 04. 10. 2011); *W. Koydl*, Fromme Wünsche. Englands Atheisten verwirren mit einer seltsamen Werbekampagne. In: Süddeutsche Zeitung vom 24. 10. 2008, 12; *R. Butt*, Atheist bus campaign spreads the word of no God nationwide. In: guardian.co.uk vom 06. 01. 2009. Abrufbar unter: http://www.guardian.co.uk/world/2009/jan/06/atheist-bus-campaign-nationwide?INTCMP=ILCNETTXT3487; *M. Becker*, Busplakate. Atheistische Kampagnen weiten sich aus. In: Spiegel Online vom 24. 01. 2009. Abrufbar unter: http://www.spiegel.de/wissenschaft/mensch/0,1518,603333,00.html; *M. Braun*, Ein gottloser Bus. Bus-Werbung für ein zufriedenes Leben ohne Gott. In: wdr.de vom 03. 06. 2009. Abrufbar unter: http://www.wdr.de/themen/kultur/religion/atheistenbus/090603.jhtml#; *J. Gernert*, Die Linie der Gottlosen. Atheistenbus auf Deutschlandtour. In: taz.de vom 17. 06. 2009. Abrufbar unter: http://www.taz.de/!36201/ (Stand jeweils: 22. 09. 2011).

Inner-konfessionell gelingt das oft. Wenn etwa alle evangelischen Gläubigen auf das *sola scriptura*-Postulat Luthers eingestellt sind, wird die Lösung von Unklarheiten und Kontroversen zu einem Problem der besseren Hermeneutik oder philologischen Interpretationskunst, in deren Gefolge sich die Akzeptanz des Habermas'schen »zwanglosen Zwangs des besseren Arguments« unter Umständen leichter einstellt.[19] Doch bereits *inter*-konfessionell gelingt das kaum noch, wenn etwa der Katholizismus statt einer seine gleich drei Erkenntnisquellen postuliert: nämlich die Schrift, die Kirchenväter und die vom Papst ausgelegte Tradition der Kirche. Welcher Protestant lässt sich schon ohne Weiteres von einem päpstlichen Traditionsargument überzeugen?

Noch schwieriger wird das Überzeugen im interreligiösen oder interideologischen Diskurs, zu dem Christoph Schwöbel jüngst ein Buch vorgelegt hat.[20] Aus christlicher Sicht wird dieses Überzeugen nach wie vor meist als Bestandteil eines Missionsdiskurses interpretiert.[21] Was heißt es, jenseits säkularer kolonialistischer Einflussnahme eine vierzig Jahre ihres Lebens in einer Naturreligion verwurzelte Frau, einen Hindu oder einen ostdeutschen Atheisten vom Eingottglauben der Christen zu überzeugen? Wir nähern uns mit dieser Frage auch wieder der europäischen Präambelkontroverse an, unserem Ausgangsbeispiel. Für den interreligiösen oder interideologischen Persuasions- bzw. Missionserfolg müssen zwei Bedingungen gegeben sein: Erstens muss bei dem zu überzeugenden Missionsadressaten ein wie auch immer gearteter psychischer Bereitschaftsansatz zum mentalen Wechsel entweder bereits vorliegen oder aber erzeugt werden. Zweitens muss bei aller Disparatheit der biographischen Ausgangslagen eine gemeinsame Verfahrensbasis für die entsprechenden Wechseldiskussionen gefunden werden.[22] Beide Komponenten enthalten Chance und Crux zugleich.

Die Chance liegt in einer religionshistorisch erkennbaren Tatsache begründet, die man mit einem Aufsatz der Frankfurter Privatdozentin Gesche Linde von 2011 in die Formulierung bringen könnte: »Religion als implizite Sozialitätstheorie«.[23] Man könnte den Sachverhalt, um den es mir in dieser Hinsicht

---

[19]   J. *Knape*, Zwangloser Zwang. Der Persuasion-Prozeß als Grundlage sozialer Bindung, in: *Gert Ueding / Thomas Vogel (Hg.)*, Von der Kunst der Rede und Beredsamkeit. Tübingen 1998, S. 54–69.

[20]   *Chr. Schwöbel*, Gott im Gespräch. Theologische Studien zur Gegenwartsdeutung. Tübingen 2011.

[21]   Wobei ich den Begriff »Mission« als rein technischen Begriff verstehe, der sich hier auf religiöses Überzeugungshandeln bezieht.

[22]   Das gilt auch für rein philosophisch geführte Theismus-Atheismus-Kontroversen; siehe dazu *M. Splett*, Lohnt der Streit um Gott? Zur Rhetorik des vernünftigen Argumentierens in Weltanschauungsdialogen. Zugleich ein Beitrag zur gegenwärtigen Debatte über die Existenz Gottes. Neuried 2004 (= Beiträge zur Fundamentaltheologie und Religionsphilosophie 8).

[23]   *G. Linde*, Religion als implizite Sozialitätstheorie. Eine handlungstheoretische Skizze,

geht, auch anders ausdrücken. Abstrakte Theologie wird erst zur Religion, wenn es zur Kulturkontamination oder Lebensweltintegration theologischer Axiome kommt: Religion als emotional besetztes Brauchtum.[24] Es geht um eine Differenz, die man auch mit den Begriffen »formal and popular religion« zu konturieren suchte.[25] Anders gesagt: wenn theologische Lehrsätze über zahlreiche Ableitungskaskaden (z. B. über die Ethik oder die Kult-Verwobenheit des Lebensablaufs) auf die Ebene lebensweltlicher Praxis heruntergebrochen und damit identitätsstiftend oder wesentlich habitusbildend werden, also wenn zum Beispiel ganze Weltgegenden im Ramadan ihr Leben einen Monat lang nach religiösen Fastenvorschriften einrichten.[26] Freilich erinnert das Europäer sehr an die Lebensweisen traditionaler Gesellschaften, und sie fragen sich, ob das ein bei uns noch heute vertretbares Modell sein kann. Schon 1967 hat Robert N. Bellah hier mit Blick auf amerikanische Verhältnisse von »civil religion« gesprochen,[27] was man im Deutschen wegen gewisser Konnotationen nur bedingt mit ›Zivil-‹ oder ›Bürgerreligion‹ übersetzen kann. Ich ziehe den Begriff der *kulturellen Religiosität* vor. Man könnte vielleicht auch einfach von Alltagsreligiosität sprechen. Sie

---

in: *I. U. Dalferth / H. Schulz (Hg.)*, Religion und Konflikt. Grundlagen und Fallanalysen. Göttingen 2011, 47–84 (= Research in Contemporary Religion [RCR] 8).

[24]   *J. Dulin*, How emotion shapes religious cultures: A synthesis of cognitive theories of religion and emotion theory. In: Culture & Psychology 17 (2011), 223–240.

[25]   *B. S. Turner*, Religious Speech. The Ineffable Nature of Religious Communication in the Information Age. In: Theory, Culture & Society 25 (2008), 219–235, hier 219.

[26]   Die pluralistische Grundausrichtung unseres Gemeinwesens lässt bis heute auch spezifisch christliche Symbole im öffentlichen Raum problematisch werden. Bezeichnend ist hier der Kruzifix-Streit. Siehe etwa *B. Menke / J. Leffers*, Kruzifixurteil: »Europa lässt uns nur noch die Halloween-Kürbisse«. In: Spiegel Online vom 04. 11. 2009. Abrufbar unter http://www.spiegel.de/schulspiegel/wissen/0,1518,659297,00.html (Stand: 20. 09. 2011); *M. Kriele*, Ein Menschenrecht auf Säkularisierung? In: Frankfurter Allgemeine Zeitung vom 25. 02. 2010, 36; *Th. Kirchner*, Wenn das Kreuz verletzt. Europäisches Gericht verhandelt über Kruzifixe an Schulen. In: Süddeutsche Zeitung vom 30. 06. 2010, 1; tagesschau.de: Urteil des Europäischen Gerichtshofs für Menschenrechte: Kruzifixe in Schulen dürfen hängen bleiben. In: tagesschau.de vom 18. 03. 2011. Abrufbar unter: http://www.tagesschau.de/ausland/kruzifixurteil102.html; tagesschau.de: »Das Kruzifix-Urteil ist eine spektakuläre Kehrtwende«. Interview mit dem ARD-Rechtsexperten Bräutigam. In: tagesschau.de vom 18. 03. 2011. Abrufbar unter: http://www.tagesschau.de/ausland/kruzifixurteil104.html; *M. Kamann*. Kruzifix-Urteil: Das Kreuz bleibt hängen – aber es hängt schief. In: Welt Online vom 18. 03. 2011. Abrufbar unter: http://www.welt.de/politik/ausland/article12879313/Das-Kreuz-bleibt-haengen-aber-es-haengt-schief.html (Stand jeweils: 20. 09. 2011).

[27]   *R. N. Bellah*, Civil Religion in America. In: Dædalus. Journal of the American Academy of Arts and Sciences 96 (1967), 1–21; vgl. *M. Weinrich*, Religion und Religionskritik. Ein Arbeitsbuch. Göttingen 2011, 304 ff.

tritt bei uns in Europa in Lifestyle-Konkurrenz mit rein mundanen oder rein hedonistisch orientierten Lebensbewältigungsstrategien auf.

Im Fall von Missionsbemühungen kann mentale Wechselbereitschaft entstehen, wenn in einer für das Individuum hochgradig mit einer anderen Religion verflochtenen Lebenspraxis irgendetwas brüchig wird; dann findet sich auch die Möglichkeit für Überzeugungsintervention. Vermutlich ist es im Fall solcher Brüchigkeit bei den Adressaten angezeigt, zunächst einmal auf der Ebene von Sozialarbeit anzusetzen,[28] noch lange bevor man ans theologisch Eingemachte geht.

Dieselbe Ebene der Kulturreligiosität wird jedoch zur Crux für die Mission, wenn Brüche zu selten oder nur schwach vorkommen, wenn die religiös gefärbten, allseits akzeptierten und als überlegen empfundenen Komponenten der Lebenspraxis ihrerseits auch die theologischen oder ideologischen Hintergrundlehren stabil halten, nach dem Motto: Der als richtig und gut empfundene Lebensvollzug rechtfertigt auch die Hintergrundtheorien, entzieht sie dem Zweifel. Dann verflüchtigen sich die beiden Bedingungen missionarischen Persuasionserfolgs. Es kommt bei anhaltender Auseinandersetzung zum inhaltlichen Antagonismus, zur kommunikativen Konfrontation, zum Streit, weil die in sich lebensweltlich gefestigten Parteien nicht mehr den Sinn des Wegs der Diskussion erkennen oder empfinden.[29] Der Diskussionsweg aber wäre der Weg des in der Sache Aufeinander-zu-Gehens, des Gesprächs und der gemeinsamen Suche nach einer sachbezogenen Lösung.

Konflikte erkennen wir, so der soziologische Systemtheoretiker Niklas Luhmann, wenn als elementare Struktur bzw. interaktionale Grundoperation hervortritt, dass »einer Kommunikation widersprochen wird. Man könnte auch for-

---

[28]   So setzten etwa die Jesuiten schon sehr früh auf ihre »Akkomodationsmethode«: *R. Haub / P. Oberholzer*, Matteo Ricci und der Kaiser von China. Jesuitenmission im Reich der Mitte. Würzburg 2010, 19. Seriöse Arbeiten zu den konkreten rhetorisch-kommunikativen (sprich: Überzeugungs-)Methoden der Mission scheinen selten zu sein; auch neueren Monographien, wie etwa der Moritz Fischers, kann man nur einige vage Hinweise entnehmen. *M. Fischer*, Maasai gestalten Christsein. Die integrative Kraft traditionaler Religion unter dem Einfluß des Evangeliums. Neuendettelsau 2001 (= Missionswissenschaftliche Forschungen. Neue Folge 14).

[29]   Ursache könnte etwa die Befürchtung sein, dass eine Seite zu viel an Identität opfern muss; vgl. *A. Zick*, Die Konflikttheorie der Theorie sozialer Identität, in: *Th. Bonacker (Hg.)*, Sozialwissenschaftliche Konflikttheorien. Eine Einführung. Wiesbaden [4]2008 ([1]1996), 409–426 (= Friedens- und Konfliktforschung 5); *C. Cook-Huffman*, The role of identity in conflict. In: *D. J. D. Sandole / S. Byrne / I. Sandole-Staroste / J. Senehi (Hg.)*, Handbook of Conflict Analysis and Resolution. London / New York 2009, 19–31. Aktuelle religiöse Konfliktkonstellationen (Nordirland, Bosnien, Naher Osten) behandelt *C. Bennett*, In Search of Solutions. The Problem of Religion and Conflict. London/Oakville 2008 (= Religion and Violence).

mulieren: wenn ein Widerspruch formuliert wird«[30]. Valéry Giscard d'Estaing legt einen Verfassungsentwurf ohne Gottesbezug vor, mehrere Regierungschefs Europas melden Widerspruch an, und schon titelt die Presse »Streit über Gottesbezug«[31] und stellt so den aufgetretenen Antagonismus im eingangs erwähnten Präambelkonflikt heraus.

Damit wäre an sich die relevante Ausgangslage eines jeden rhetorischen Falls gegeben. Für moderne Konflikttheorien ist diese Lage selbstverständlich. Die prominente funktionalistische Konfliktanalyse des Amerikaners Lewis A. Coser wählt sogar das Wort »Kampf«. Bemerkenswert sind dabei die in Cosers Definition genannten Motive für die Auseinandersetzung: Es geht um »Kampf um Macht und um Anrecht auf mangelnden Status, auf Macht und Mittel, in dem einander zuwiderlaufende Interessen notwendig entweder einander neutralisieren oder verletzen oder ganz ausschalten«.[32] All diese genannten Motivationslagen, nämlich Angst vor Beeinträchtigung von Macht und sozialem Status sowie generell konfligierende Interessen, können mit dem oben erwähnten Konzept der Kulturreligiosität in Verbindung gebracht und bei Religionskonflikten zu maßgeblichen Auslösern werden.

Die moderne Diplomatie lässt sich von dem Grundsatz leiten, dass Interessen kompromissfähig sind, nicht hingegen Religionen, Ideologien oder Moralsysteme.[33] Was aber regiert den Streit um Gott oder die Religion? Wie steht es da mit den angeblich verhandelbaren Interessen und den als unverhandelbar angenommenen Prämissen? Könnte es nicht doch auch so sein, dass sich meist Interessen unter die Prämissen und Prinzipien mischen und es zu konfliktauslösenden Prinzipien-Interessen-Gemengelagen kommt?

Fragen wir noch einmal nach der Überzeugungsmöglichkeit im Streit- oder Konfliktfall. Meine These lautet: Wenn es zum Streit oder Konflikt kommt, ist es mit der Sachüberzeugung vorbei; es sei denn, es gelingt eine Schlichtung, die das Geschehen doch noch einmal von der Ebene des Streits auf die Ebene der Diskussion zurückführt. Ansonsten müssen Konflikte, wenn man Gewaltanwendung ausschließt,[34] durch Dritte mittels Schiedsspruch (fremdbestimmt) gelöst

---

[30]   *N. Luhmann*, Soziale Systeme. Grundriß einer allgemeinen Theorie. Frankfurt am Main 1984, 530; vgl. *Thiel*: Soziale Konflikte (Anm. 17), 34–43.

[31]   *M. Stabenow / H.-J. Fischer*, »Streit über Gottesbezug in EU-Verfassung«. In: Frankfurter Allgemeine Zeitung vom 30.05.2003, 4.

[32]   *L. A. Coser*, Theorie sozialer Konflikte. Neuwied/Berlin 1965, 8; vgl. *Thiel*, Soziale Konflikte (Anm. 17), 18–23.

[33]   *G.-K. Kaltenbrunner*, Vorwort des Herausgebers, in: *Ders. (Hg.)*, Wozu Diplomatie? Außenpolitik in einer zerstrittenen Welt. Freiburg/Basel/Wien 1987, 7–16, hier 7–10 (= Herderbücherei. INITIATIVE 68).

[34]   *J. Knape*, Gewalt, Sprache und Rhetorik in: *J. Dietrich / U. Müller-Koch (Hg.)*, Ethik und Ästhetik der Gewalt. Paderborn 2006, 57–78.

werden, etwa vor Gericht. Sind die Parteien (selbstbestimmt) auf sich selbst verwiesen, gibt es im Streitfall nur noch einen Überzeugungsweg: die Verlagerung des Überzeugungsgeschehens von der sachthematischen Ebene auf die kommunikationstechnische Metaebene.

Überzeugen heißt an sich, dass Beteiligte auf der Sachebene auf ein diskutiertes Lösungsangebot einschwenken. Beim *Streit* – in dem von mir vorgeschlagenen engeren Sinn – liegt die selbstbestimmte Lösung unter den Parteien also nurmehr auf der sozialpragmatischen Metaebene. Es geht nur noch ums Nachdenken über ausweichende Kompromisse und die Möglichkeiten von Koexistenz oder gesellschaftlich organisierter Toleranz (rhetorisch gesehen: »Oratorkonkurrententoleranz«[35]). Der europäische Präambelstreit gelangte 2002/2003 rasch auf die Eskalationsebene des *Konflikts* und endete demzufolge in einem Kompromiss, der nurmehr die Existenz einer *Tradition* des Gottesglaubens anerkannte, zur strittigen Sache, also zu Gott selbst, aber nichts mehr sagte. Am Ende des 30-jährigen Krieges, der den großen Konfessionsstreit nicht mittels Krieg entscheiden konnte, schrieb man 1648 in Deutschland, indem man die Grundzüge des Augsburger Religionsfriedens von 1555 übernahm, nur noch die Koexistenz der beiden Konfessionen nach dem formalen Prinzip *cuius regio eius religio* fest, klammerte aber die eigentliche Sachfrage nach der »richtigen« Konfession aus.[36]

Zum Schluss noch einige nüchterne, für Theologen vermutlich wenig überraschende Bemerkungen. Für sehr viele Menschen ist die Gottesfrage individuell nach wie vor bedeutsam. Wenn wir aber auf die öffentlich-medialen Diskurse der pluralistischen Gesellschaften Europas schauen, sieht es – bis auf ein punktuelles Virulent-Werden resp. Aufflammen aus aktuellen Anlässen heraus –[37]

---

[35]   *J. Knape*, Kann der Orator tolerant sein? Zur Toleranzfrage aus rhetoriktheoretischer Sicht, in: *Fr. Schweitzer / Chr. Schwöbel (Hg.)*, Religion – Toleranz – Bildung. Neukirchen-Vluyn 2007, 39–56, hier 55 (= Theologie interdisziplinär 3).

[36]   *L. Bloss*, Cuius religio – eius regio? Komparative Betrachtung europäischer staatskirchenrechtlicher Systeme, status quo und Perspektiven eines europäischen Religionsverfassungsrechts. Tübingen 2008, 29–35 (= Jus Ecclesiasticum 87); siehe außerdem *M. Heckel*, Vom Religionskonflikt zur Ausgleichsordnung. Der Sonderweg des deutschen Staatskirchenrechts vom Augsburger Religionsfrieden 1555 bis zur Gegenwart. München 2007, 10–33 (= Bayerische Akademie der Wissenschaften. Philosophisch-historische Klasse. Abhandlungen. Neue Folge, Heft 130).

[37]   In diesem Zusammenhang sei auf die bei den Papstbesuchen in England 2010 sowie in Spanien und Deutschland 2011 hervortretende Protest-Entwicklung verwiesen. Zu den Kontroversen und Protesten im Rahmen der Besuche Benedikts XVI. siehe etwa *A. Wölk / J. Wittmann*, England-Besuch: Der Papst im Land der Atheisten. In: Der Westen vom 14.09.2010. Abrufbar unter: http://www.derwesten.de/nachrichten/politik/Der-Papst-im-

anders aus. Ich bin skeptisch, ob man hier von einer inzwischen angeblich eingetretenen »postsäkularen« Phase reden kann.[38] Meine Zweifel beziehen sich nicht auf individuelle Bedürfnisse nach religiöser Sinnvermittlung, sondern auf die von mir eingenommene Perspektive, bei der der öffentlich-politische Kommunikationsraum im Mittelpunkt steht, und nicht etwa persönliche Umstände einzelner Personen. In der Habermas'schen Öffentlichkeit des beginnenden

---

Land-der-Atheisten-id3713569.html; *C. Volkery*, Benedikt XVI: Papstbesuch spaltet Großbritannien. In: Spiegel Online vom 16. 09. 2010. Abrufbar unter: http://www.spiegel.de/panorama/gesellschaft/0,1518,717601,00.html (Stand jeweils: 22. 09. 2011); *J. Leithäuser*, Momente der Anerkennung. In: Frankfurter Allgemeine Zeitung vom 20. 09. 2010, 1; Spiegel Online: Weltjugendtag in Madrid: Spanische Polizei greift gegen Papst-Gegner durch. In: Spiegel Online vom 18. 08. 2011. Abrufbar unter: http://www.spiegel.de/politik/ausland/0,1518,780880,00.html; *M. Dahms*, Weltjugendtag in Madrid: Wer will den Papst sehen? In: fr-online vom 18. 08. 2011. Abrufbar unter: http://www.fr-online.de/politik/weltjugendtag-in-madrid-wer-will-den-papst-sehen-,1472596,9548428.html; *T. Kleinjung*, Begeisterter Empfang nach Protesten. Papst Benedikt XVI. beim Weltjugendtag. In: tagesschau.de vom 18. 08. 2011. Abrufbar unter: http://www.tagesschau.de/ausland/weltjugendtag158.html; *H.-G. Kellner*, Papstbesuch in Spanien: Die katholische Macht zerfällt. In: taz.de vom 18. 08. 2011. Abrufbar unter: http://www.taz.de/!76524/; *C. Gehrke / A. Naumann*: Papst im Parlament: Benedikt spaltet den Bundestag. In: Spiegel Online vom 20. 09. 2011. Abrufbar unter: http://www.spiegel.de/politik/deutschland/0,1518,786717,00.html; *K. Bauer*, Papstbesuch in Deutschland: Der Papst hat nicht nur Freunde in Berlin. In: stuttgarter-zeitung.de vom 21. 09. 2011. Abrufbar unter: http://www.stuttgarter-zeitung.de/inhalt.papstbesuch-in-deutschland-der-papst-hat-nicht-nur-freunde-in-berlin.4af0adb8-1330-40ef-b6d3-dff2709a2484.html (Stand jeweils: 22. 09. 2011); *M. Küpper*, Trotz und Gottvertrauen. In: Frankfurter Allgemeine Zeitung vom 21. 09. 2011, 5; *M. Küpper*, Ätzender, verletzender, massiver. In: Frankfurter Allgemeine Zeitung vom 22. 09. 2011, 2; *M. Steck*, Protest gegen den Papst: »Keine Macht den Dogmen«. In: augsburger-allgemeine.de vom 22. 09. 2011. Abrufbar unter: http://www.augsburger-allgemeine.de/politik/Protest-gegen-den-Papst-Keine-Macht-den-Dogmen-id16841786.html (Stand: 27. 09. 2011); *D. Keller / J. Stolarek*, Wenig Protest und viel Desinteresse. In: SÜDWEST PRESSE vom 23.09.2011. Abrufbar unter: http://www.swp.de/ulm/nachrichten/politik/Wenig-Protest-und-viel-Desinteresse;art 4306,1125215; *F. Schulz*, Papstbesuch in Deutschland: eine Bilanz. In: Deutschlandfunk. Hintergrund vom 25. 09. 2011. Abrufbar unter: http://www.dradio.de/dlf/sendungen/hintergrundpolitik/1563645/ (Stand: 27. 09. 2011).

[38]   Vgl. dazu *G. Minois*, Geschichte des Atheismus. Von den Anfängen bis zur Gegenwart. Weimar 2000, 638–658 (frz. Original: Histoire de l'athéisme. Les incroyants dans le monde occidental des origines à nos jours. Paris 1998); *S. Wendel*, Der »Patchwork-Gott«. Das christliche Gottesverständnis angesichts der Renaissance des Religiösen, in: *S. J. Lederhilger (Hg.)*, Die Marke »Gott« zwischen Bedeutungslosigkeit und Lebensinhalt. Frankfurt am Main u. a. 2008, 99–114, hier 99 f. (= Linzer philosophisch-theologische Beiträge 16); *G. Hindrichs*, Religion und säkulare Herrschaft, in: *R. Langthaler / M. Hofer (Hg.)*, Religionskritik. Wien 2010, 39–66, hier 39–40 (= Wiener Jahrbuch für Philosophie 41).

21. Jahrhunderts werden religiöse Modalitätendiskussionen nur noch unter ›ferner liefen‹ abgebucht bzw. in medialen Kirchenkolumnen abgehandelt. Kein Politiker würde heute noch wegen der Abendmahlsfrage zum physischen Kampf aufrufen. Religion ist in radikaler Weise Privatsache geworden. Hierin liegt einerseits die Chance, den Frieden unter divergierenden Weltanschauungsgruppen zu sichern.[39] Viele Europäer haben das inzwischen internalisiert. Deshalb gehen ihnen die im Fernsehen ständig begegnenden Gottesanrufungen von Muslimen eher auf die Nerven, weil sie selbst kein Verständnis mehr für die Kulturreligiosität haben und diese dann nicht selten einfach mit dem Wort ›Fundamentalismus‹ abtun. Die Crux des Privatismus besteht aber andererseits darin, dass man seinen Überzeugungen nur noch im Individualbekenntnis Ausdruck verleihen kann. Das aber ist inzwischen vielen ›öffentlichen‹ Personen unangenehm, weil sie Widerspruch oder Anfeindungen fürchten.[40] Im europäischen Präambelstreit konnten die Säkularisten oder Laizisten (die nicht unbedingt Atheisten sind) im Konflikt mit der religiösen Fraktion dominieren, weil es letztlich in Gesamteuropa keinen kulturreligiösen Gegendruck mehr gibt und die

---

[39]   Gerade weil ein Individuum in der Sache, von der es überzeugt ist und hinter der es auch wertetheoretisch steht, normalerweise (aus psychologisch nachvollziehbaren Gründen) intolerant ist und nicht zugleich auch tolerant sein kann, muss es in der pluralistischen Gesellschaft dafür eintreten, im sozialen Leben einen Toleranzraum zu sichern, also einen wohl definierten neutralen Interaktionsraum als ›ideologische Friedenszone‹ (wie es die modern verfassten europäischen Staaten auch vorsehen, etwa im Staats-, Verwaltungs- und Rechtswesen). Vgl. *Knape*, Kann der Orator tolerant sein? (Anm. 35); *Schwöbel*, Gott im Gespräch (Anm. 20), 69–166.

[40]   Ja, es kommt inzwischen selbst in Parteien, bei denen man eine Nähe zum Christentum vermuten würde, zu kuriosen Verrenkungen im Umgang mit dem »C«. Dabei soll ein klares Bekenntnis vermieden werden. Hier sei an die Wahlwerbung des CDU-Spitzenkandidaten in Mecklenburg-Vorpommern bei der Landtagswahl 2011 erinnert. Auf den Plakaten war zu lesen: »[…] CDU wählen! C wie Zukunft«. Daneben war der Spitzenkandidat ohne Namensnennung abgebildet. Die Pointe bei dieser Werbung bestand darin, dass das »C« offenbar rhetorisch bewusst in mehrfacher Hinsicht ambig wahrnehmbar werden sollte. Es wurde (1) spielerisch mit dem Graphem »Z« kontaminiert (phonetisch also als Alliteration): »Zukunft«. Die wenigsten erkannten (2) auf Anhieb, dass das »C« ein Kürzel für den Namen des Spitzenkandidaten sein sollte, der Volker Caffier hieß, und der damit wohl die phonetisch unschöne Namenshörart »Kaffir« kaschieren wollte. Der schriftliche Kontext legte auf jeden Fall aber auch (3) nahe, dass das »C« für »Christlich« zum religiös neutralen Begriff »Zukunft« uminterpretierbar werden sollte. Hätte man das vermeiden wollen, hätte als Slogan gereicht »C für Zukunft«; genau diese Eindeutigkeit wollte Caffier aber wohl nicht. Viele Leser haben das Plakat entsprechend verstanden bzw. missverstanden. Siehe dazu sueddeutsche.de: »C wie Wahlkampfdebakel«. In: sueddeutsche.de vom 26. 07. 2011. Abrufbar unter: http://www.sueddeutsche.de/politik/mecklenburg-vorpommern-spott-fuer-cdu-slogan-c-wie-wahlkampfdebakel-1.1124783 (Stand: 15. 09. 2011).

Gottesfrage – wenn man sich umschaut – eher als ein Thema fürs Philosophische Quartett angesehen wird.

Heute streitet Europa mit Blick auf Gott öffentlich – wenn sich der Anlass wie im Präambelstreit *überhaupt* noch gesellschaftlich ergibt – vor allem über die Existenzfrage und den Primat des wissenschaftlichen Erkenntniswegs (auf der religiösen Seite nicht selten in einer skurrilen Schieflage, denkt man an das sektiererische Getöse der Kreationisten). Und so wundert es uns nicht, dass selbst in einem als durchweg religiös erachteten Land wie Polen eine Kompromissformel den religiösen Erkenntnisweg gleichberechtigt neben den säkularen stellt. Die polnische Verfassung von 1997 spricht *alle* Bürger der Republik an, »sowohl jene, die an Gott als die Quelle der Wahrheit, Gerechtigkeit, des Guten und Schönen glauben, als auch diejenigen, die diesen Glauben nicht teilen, sondern diese universellen Werte als aus anderen Quellen stammend respektieren«.[41]

---

[41] *M. Belafi*, Gott in die Europäische Verfassung? Hintergründe zur Debatte um den Gottesbezug. In: Centrum für angewandte Politikforschung (C·A·P): Positionen vom 13.11.2003. Abrufbar unter http://www.cap-lmu.de/aktuell/positionen/2003/verfassung_gott. php (Stand: 07.09.2011).

Erlebt und nach-gedacht: Götter im Alltag gelebter Religionen

Klaus Hock

1972 veröffentlichte der afroamerikanische Autor und Literaturwissenschaftler Ishmael Reed unter dem Titel »Mumbo Jumbo« ein ebenso fulminantes wie furioses Werk.[1] Der Roman, den selbst der renommierte konservative Literaturkritiker Harold Bloom, der sonst für seine Aversion gegen postkoloniale Literatur und Literaturtheorie bekannt ist, zu den 500 bedeutendsten Büchern des literarischen Kanons zählt,[2] beschreibt in irritierenden Erzählsträngen den Kampf des »Goldlack-Ordens« (wallflower order), einer internationalen Verschwörung im Namen des Monotheismus, gegen den »Jes Grew« Virus, der für so illustre Dinge wie Jazz, Ragtime, Polytheismus und Freiheit steht. Innerhalb des Ordens sind insbesondere die »Atonisten« – benannt nach dem Gott Aton – darum bemüht, den perfekten »sprechenden Androiden« ausfindig zu machen, der dazu bereit ist, der afro-amerikanischen zugunsten der euro-amerikanischen Kultur abzuschwören.

Gespickt mit skurrilen fiktionalen Elementen wie auch historischen Bezügen ist der Roman voller Anspielungen auf die Religionsgeschichte. Obgleich die Fronten durchaus nicht eindeutig sind – alles Eindeutige würde Ishmael Reeds Intentionen grundsätzlich zuwiderlaufen –, dienen die Referenzen auf europäisch-abendländisch-weiß-christliche Traditionselemente im Roman der Skizzierung von Reinheit, Kontrolle, Ausschließlichkeit, Homogenität, Asexualität, Sterilität etc., wie sie aus der Perspektive der afroamerikanischen Akteure des Romans in den christlich-abendländischen Kulturtraditionen repräsentiert sind. Beispielsweise beklagt im Streitgespräch mit einem afroamerikanischen Muslim

---

[1]   *I. Reed*, Mumbo Jumbo, New York 1996 (1972). Herkunft und Bedeutung von »Mumbo Jumbo«, erstmals erwähnt bei Mungo Park, sind unbekannt. Ishmael Reed selbst leitet in seinem Roman den Begriff entsprechend der ersten Auflage des American Heritage Dictionary vom Mandingo-Wort *mâ-mâ-gyo-mbô* ab, was so viel bedeutet wie »Zauberer, der die unruhigen Geister der Ahnen zum Verschwinden bringt« (*Reed*, a. a. O., 7).

[2]   *H. Bloom*, The Western Canon. The Books and School of the Ages, New York 1995, 535; siehe auch http://sonic.net/~rteeter/grtbloom.html (aufgerufen am 11.02.2012).

Papa LaBas, seines Zeichens ritueller Spezialist des haitianischen Voodoo, die Intoleranz der christlichen und islamischen Traditionen: »where does that leave the ancient Vodun aesthetic: pantheistic, becoming, 1 which bountifully permits 1000s of spirits, as many as the imagination can hold. Infinite Spirits and Gods. So many that it would take a book larger than the Koran and the Bible ... and all of the holy books in the world to list, and still room would have to be made for more« (S. 35). An anderer Stelle erscheint selbst so eine Gestalt wie Faust als Agent der atonistischen Sache: »A charlatan who has sent 1000000s to the church-yard with his charlatan panaceas. Western man doesn't know the difference between a *houngan* (rel. Experte des haitianischen Voodoo; KH) and a *bokor* (übelwollender Zauberer; KH). He once knew this difference but the knowledge was lost when the Atonists crushed the opposition« (S. 91). Versuche, Christus in Gestalt eines »schwarzen Christus« Afroamerikanern zugänglicher zu ma-chen, werden als besonders absurd denunziert, denn »Christ is so unlike African loas and Orishas, in so many essential ways, that this alien becomes a dangerous intruder in the Afro-American mind, an unwelcome gatecrasher into Ifé (dem spirituellen Zentrum der Yoruba-Religion; KH), home of the spirits« (S. 97). Und schließlich stellt Papa LaBas über die Strategie des Goldlack-Ordens fest: »1st they intimidate work arising out of their own experience as being 1-dimensional, enraged, non-objective, preoccupied and not universal, universal being a word co-opted by the Catholic Church when the Atonists took over Rome, as a way of measuring every 1 by their ideals« (S. 133).

Nun fragt sich, was dieser Roman eigentlich mit dem Thema dieses Beitrags zu tun hat: »Erlebt und nach-gedacht: Götter im Alltag gelebter Religionen«. Nun, es war zunächst lediglich die durch »Mumbo Jumbo« ausgelöste schrille Provo-kation der inszenierten Konfrontation zwischen den zwei Welten, die den Anstoß dazu gab, am Beispiel eines ganz besonderen Aspekts – des Alltags – und unter einer bestimmten Perspektive – der auf die Besonderheiten afrikanisch-afro-amerikanischer »Göttervorstellungen« – der Frage nach den Eigenheiten afro-amerikanischer religiöser Traditionen nachzugehen; mehr nicht. Allerdings ist zu hoffen, dass die Provokation des Buches in der Tat auch ein wenig den Blick dafür zu schärfen hilft, diese Besonderheiten zu identifizieren, was am Schluss des vorliegenden Beitrags versucht wird.

Im Folgenden werden – nach einigen allgemeinen Anmerkungen zur Frage »Götter« und »Alltag« – exemplarisch die Grundzüge der »Gottesvorstellungen« zweier bedeutsamer afrikanischer Religionstraditionen skizziert und ihre Wei-terentwicklung im afroamerikanischen Bereich nachgezeichnet, soweit das im Rahmen dieses Beitrags überhaupt möglich ist. Abschließend sollen ebenso skiz-zenhaft einige wenige Hinweise darauf gegeben werden, worin die Besonderheit afroamerikanischer Göttervorstellungen zu sehen ist.

1 »Götter« im »Alltag« »gelebter« Religionen?

Die religionswissenschaftliche Beschäftigung mit Gott oder Göttern, Göttinnen und Gottheiten hat einige Binsenweisheiten hervorgebracht, an die zu erinnern sich jedoch durchaus lohnt; manches bleibt allerdings auch strittig.

So ist klar, dass nicht Götter selbst, sondern nur Vorstellungen über sie sowie Gestalten der Kommunikation mit ihnen und die daraus resultierenden Wirkungen auf die Menschen Gegenstand der Religionswissenschaft sein können.[3]

Ebenso klar dürfte sein, dass die lange Zeit verhandelte Frage nach dem »Ursprung« der Gottesvorstellungen nicht zu beantworten ist.[4]

Als strittiger indes darf gelten, ob und inwieweit sich mit Blick auf die »Karrieren« von Göttern tatsächlich lineare historische Entwicklungen feststellen lassen; hier ist Skepsis angebracht, da der Werdegang von Göttern in sich äußerst widersprüchlich sein kann, wie uns gerade die afrikanisch-afroamerikanische Religionsgeschichte lehrt.[5]

---

[3]   Vgl. hierzu etwa *B. Gladigow*, Art. »Gottesvorstellungen«, in: *H. Cancik u. a. (Hg.)*, Handbuch religionswissenschaftlicher Grundbegriffe, Bd. 3, Stuttgart 1993, 32–49.

[4]   Vgl. hierzu den programmatischen Titel von *W. Schmidt*, Der Ursprung der Gottesidee, 12 Bde., Münster 1912–1955, der – wie auch *A. Lang*, The Making of Religion, London 1998 (1898) – dieser Frage nachging und sie – analog der von Lang entwickelten Theorie eines ursprünglichen Hochgottglaubens – mit der Theorie eines »Urmonotheismus« beantwortete, die u. a. auch als Reaktion auf evolutionistische Modelle der Entwicklung des Gottesglaubens zu sehen ist, wie sie beispielsweise *E. B. Tylor*, Primitive Culture. Researches into the Development of Mythology, Philosophy, Religion, Art, and Custom, 2 Bde., London 1871 (deutsch 1973; Reprints 2010; deutsch 2005) mit seiner Animismus-Theorie oder *R. R. Marett*, The Threshold of Religion, London 1909 (Reprint 1998) mit seiner Präanimismus- bzw. Dynamismus-Theorie vertreten hatten. Zu Theorien über die Entstehung des Gottesglaubens generell vgl. etwa die »klassische« Darstellung von *N. Söderblom*, Das Werden des Gottesglaubens. Untersuchungen über die Anfänge der Religion, Leipzig 1926 oder die Zusammenfassung von *G. Widengren*, Evolutionistische Theorien auf dem Gebiet der vergleichenden Religionswissenschaft, in: *G. Lanczkowski (Hg.)*, Selbstverständnis und Wesen der Religionswissenschaft, Darmstadt 1974, 87–113.

[5]   Einen Überblick gibt *D. Lainé*, African Gods. Contemporary Rituals and Beliefs, Paris 2007. Vgl. die Kritik Okot p'Biteks an den »europäisierenden« Darstellungen afrikanischer Religionen im Allgemeinen und afrikanischer Gottesvorstellung im Besonderen bei Bolaji Idowu, John Mbiti u. a. insbes. in *Okot p'Bitek*, African Religions in Western Scholarship, Nairobi 1971 (zu insbes. *J. Mbiti*, Concepts of God in Africa, London und New York 1969 sowie *B. Idowu*, Olódùmarè, God in Yoruba Belief, London 1972); siehe hierzu vor allem *H. J. van Rinsum*, »They became slaves of their definitions.« Okot p'Bitek (1931–1982) and the European Traditions in the Study of African Religions, in: *F. Ludwig / A. Adogame (Hg.)*, European Traditions in the Study of Religions in Africa, Wiesbaden 2004, 23–38. Über metho-

Äußerst heikel gar dürfte das Bemühen sein, Vorstellungen von Göttern oder göttlichen Wesen trennscharf von denen über andere »übernatürliche« Wesenheiten zu unterscheiden – Ahnen, Geister, Dämonen etc. Hier ist dafür zu plädieren, quasi induktiv die von den Anhängern der jeweiligen Religion vorgegebenen Differenzierungen zu übernehmen – einschließlich der je spezifischen Terminologie – anstatt, gewissermaßen deduktiv, die in europäischen Diskursen entwickelten Begrifflichkeiten und Kategorien generischer Art zu übertragen, um zu präjudizieren, wann von Gott/Göttern zu sprechen ist und wann nicht; die im Folgenden gewählten Beispiele können vielleicht die Problematik ein wenig illustrieren.[6]

Weithin Konsens scheint wiederum zu sein, dass im Rahmen des »Nach-Denkens« über Götter, also im Zuge einer Reflexionstätigkeit theologischer oder philosophischer Art, die Göttervorstellungen systematisiert, abstrahiert und theoretisiert – und so gewissermaßen »gereinigt« – werden. Dabei treten ihre manifesten und konkreten Gestaltungen in den Hintergrund; biomorphe (menschen- oder tiergestaltige), soziomorphe, physiomorphe, technomorphe oder auch mit Normen, Ordnungs- und Wertvorstellungen unmittelbar konnotierte und konkret fassbare Konzeptionen werden in generische Kategorien »übersetzt« und in Form begrifflicher Vorstellungsinhalte festgeschrieben. Genau hier liegt aber vielleicht auch der Punkt, wo es in der Wahrnehmung der Menschen zu einer Spannung, gar zum Widerspruch kommt zwischen zwei Modi von Gotteskonzeptionen: den »im Alltag« den Menschen fassbaren Göttern und den in der Reflexion dieser Verfügbarkeit den Menschen entzogenen Gottesbegriffen.[7]

Mit der Rede vom »Alltag gelebter Religionen« schließlich ist im Grunde ein riesiges Feld eröffnet, das im Rahmen dieses Vortrags überhaupt nicht hinreichend ausgeleuchtet werden kann. Alltag und Religion sind in vielfältiger Weise wechselseitig aufeinander bezogen, wobei auch der religiöse Alltag nicht nur von der Religion bestimmt ist, sondern als komplexes Spannungsfeld beispiels-

---

dische Probleme in diesem Zusammenhang hat bereits hingewiesen *U. Berner*, Afrikanische Gottesvorstellungen. Methodische Probleme bei der Erforschung afrikanischer Religionen, in: *H. Preißler u. a. (Hg.)*, Gnosisforschung und Religionsgeschichte. Festschrift für Kurt Rudolph zum 65. Geburtstag, Marburg 1994, 367–377.

[6] Vgl. etwa *Gladigow* (s. Anm. 3), oder *F. Stolz*, Weltbilder der Religion. Kultur und Natur, Diesseits und Jenseits, Kontrollierbares und Unkontrollierbares, Zürich 2001.

[7] Dies betrifft insbesondere unterschiedliche Perzeptionen von Gott bzw. Göttern auf der Ebene ihrer Kategorisierung beispielsweise als »monotheistisch« oder »polytheistisch«; vgl. *B. Gladigow*, Art. »Polytheismus«, in: *H. Cancik u. a. (Hg.)*, Handbuch religionswissenschaftlicher Grundbegriffe, Bd. 4, Stuttgart 1998, 321–330; *G. Ahn*, Monotheismus und Polytheismus als religionswissenschaftliche Kategorien?, in: *M. Oeming und K. Schmid (Hg.)*, Der eine Gott und die Götter, Zürich 2003, 1–10; *T. Schabert (Hg.)*, Gott oder Götter?, Würzburg 2009.

weise zwischen Normen und Lebenswirklichkeit, zwischen Religiösem und Profanen etc. zu beschreiben ist. Ein zu enger Alltagsbegriff würde Gefahr laufen, einen Großteil gelebter Religion als »Außeralltägliches« auszugrenzen, weshalb ein weiterer Alltagsbegriff vorzuziehen ist, der auch »Außeralltägliches« wie Feste, Riten und alle Praktiken jenseits der zur unmittelbaren Bedürfnisdeckung nötigen Arbeitsroutinen umfasst.[8] Wir werden sehen, dass die »Götter« der afrikanisch-afroamerikanischen Religionen gerade in Bezug auf den Modus dieser Religionen als »Alltags-Religion« besondere Relevanz haben.

2 Afrikanische »Götter« in Geschichte und Gegenwart

Die folgenden Ausführungen werden sich zunächst auf das inzwischen globale Geflecht afrikanisch-afroamerikanischer Religionen beziehen, wie es sich in den letzten Jahrhunderten im Zusammenhang mit dem transatlantischen Sklavenhandel und seinen Folgen ausgebildet hat.[9] Selbstverständlich kann in diesem Zusammenhang nicht von einer »Religion« im Singular gesprochen werden – ganz im Gegenteil! Aber es gibt doch gewisse übergreifende Gemeinsamkeiten, die sich für dieses komplexe Religionen-Netzwerk feststellen lassen und es erlauben, für unsere Frage, wie dort »Götter« und »Göttinnen« – beides mit dicken Anführungsstrichen – erlebt und nach-gedacht, sprich: konzeptualisiert werden, einige grundlegende, allgemeine Aussagen zu machen.

Zunächst soll ganz kurz auf zwei Religionstraditionen verwiesen werden, die für die Entwicklung des afrikanisch-afroamerikanischen Religionsgeflechts nicht nur exemplarische, sondern konstitutive Bedeutung hatten: die der Yoruba,

---

[8]   Vgl. zur groben Orientierung *A. Schütz und T. Luckmann*, Strukturen der Lebenswelt, Stuttgart 2003. Eine Religion und Alltag in Beziehung setzende Veröffentlichung ist *S. Hunt*, Religion and Everyday Life, London 2005, anthropologische Nahaufnahmen der Thematik bieten *S. Schielke / L. Debevec*, Ordinary Lives and Grand Schemes – an Anthropology of Everyday Religion, New York 2012. Die meisten der Veröffentlichungen beschäftigen sich jedoch mit dem Verhältnis von Religion und Alltag in abendländischen Kontexten.

[9]   Da es kaum Übersichtsdarstellungen zu dieser Thematik auf Deutsch gibt, sei hier ausdrücklich auf die schönen, im Internet zugänglichen Vorlesungsskripte von Hans Gerald Hödl verwiesen (http://homepage.univie.ac.at/hans.hoedl/afram.htm; abgerufen am 11.02.2012), auf die ich mich implizit und explizit auch in den folgenden darstellenden Teilen fast durchgängig immer wieder beziehe und die mir darüber hinaus auch eine Reihe von weiterführenden Anregungen gegeben haben. Für afroamerikanische Religionen sieht es mit Überblicksdarstellungen in deutscher Sprache etwas besser aus (siehe beispielsweise *A. Reuter*, Voodoo und andere afroamerikanische Religionen, München 2003 oder *A. Pollak-Eltz*, Trommel und Trance – die afroamerikanischen Religionen, Freiburg 1995).

wie sie sich in ihrer formativen Periode zur Zeit des Oyo-Reiches herausgebildet haben, und die der Fon im Kontext der Ausformung des Reiches von Dahomey.

2.1 »Götter« zwischen Mythologie, Kosmologie und Geschichte: die *orisha*

Die mythischen Überlieferungen über die Anfänge der Yoruba-Reiche sind auch für unsere Frage von großem Interesse, wie gleich zu erkennen sein wird.[10] Dabei handelt es sich vornehmlich um zwei Traditionskomplexe von Gründungsmythen.

Nach einer Überlieferung wurde Oduduwa von Olodumare damit beauftragt, in Ifé, dem spirituellen Gründungszentrum der Yoruba, die Welt zu erschaffen, und zu diesem Zweck – ausgerüstet mit einer Handvoll Erde, einem Hahn und einer Palmnuss – in Ifé an einer Kette auf die Erde herabgelassen. Aus der Palmnusssaat ging ein Baum mit 16 Zweigen hervor – entsprechend der Anzahl der Herrscherfamilien der entstehenden Yoruba-Staaten. Von diesem Mythos gibt es noch eine Reihe von Varianten, nach denen u. a. auch Obatala, der als »Vater der *orisha*« gilt, an der Schöpfung mitbeteiligt war.

Nach einer anderen Überlieferung war Oduduwa ein Königssohn, der aus dem Osten – bisweilen wird Mekka genannt – zugewandert war und Ifé gegründet hatte; seine sieben Söhne wiederum – weitere Überlieferungen nennen eine nicht festgelegte Zahl von Söhnen und Töchtern – wurden zu Gründungsahnen unterschiedlicher Yoruba-Reiche.

Zwei mit diesen beiden Traditionen verbundene Aspekte sind von besonderer Bedeutung.

Zum einen gibt es äußerst variantenreiche Überlieferungen hinsichtlich der Aktivitäten Oduduwas als Weltenschöpfer. Dabei spielt er eine wichtige Rolle als mit der Schöpfung konnotierte »Gottheit«, die in einer äußerst komplexen und nicht mehr eindeutig bestimmbaren Beziehung zu Olodumare steht, einem äußerst diffus konzeptualisierten und kaum fassbaren »Himmelsgott«. Dennoch bleibt die Beziehung zu den Herrschern der Yoruba – und zu den Yoruba generell – genealogisch über die verschiedenen Abstammungslinien erhalten, mit denen sich die Herrscherhäuser der verschiedenen Yoruba-Staaten auf Oduduwa zurückführen.

Zum anderen lässt sich feststellen, dass durch weitere Traditionen Oduduwa über seine Nachkommenschaft gewissermaßen in die Geschichte eingebunden und vergeschichtlicht ist – dass aber diese »weltliche« oder »zivile« Mythologie

---

[10]　Siehe hierzu insbesondere *U. Beier (Hg.)*, Yoruba Myths, Cambridge 1980 sowie *ders.*, Yoruba Poetry, 2. Aufl., Bayreuth 2002. Eine gewissermaßen »theologische« Aufbereitung, Interpretation und Systematisierung der Yoruba-Religion »von innen heraus« gibt *B. I. Karade*, The Handbook of Yoruba Religious Concepts, York Beach 1994.

erneut und wiederholt theogonisiert wird. Wir haben also sowohl eine theogonische Linie dieser Mythologie als auch eine »weltliche« oder »zivile«. Dadurch erscheint Oduduwa gleichermaßen als Kulturbringer und Ahnvater der Yoruba, erster König der Yoruba wie auch Demiurg und Gründungsgottheit.

Diese »doppelte mythologische Bindung« setzt sich auch in anderen Überlieferungen fort: Wie es heißt, gründete Oranyan (oder Oranmiyan), der jüngste Sohn Oduduwas, Oyo und wurde zum ersten König des Stadtstaates. Unter seinen Thronfolgern befand sich auch sein Sohn Shango, der vierte Alafin (König), der als besonders mächtiger und mutiger Zauberer und Krieger galt – aber auch als übermütiger: Sei's durch eigenes Missgeschick, sei's als Strafe für seine Arroganz, in der er sich rühmte, Herr über Blitz und Donner zu sein, wurde sein Palast zerstört und er musste mit seiner Familie in den Busch fliehen, wo er von seiner Frau verlassen wurde und sich umbrachte – oder, nach einer anderen Version, von seiner getreuen Frau begleitet wurde, bis er starb. Dies sollte aber seiner theogonen »Karriere« keinen Abbruch tun: Als mächtiger Gott des Donners, Blitzes und Krieges wurde er zu *dem* zentralen *orisha* des Oyo-Reiches – blieb jedoch stark rückgebunden an die (politische) Welt: Die an den tributpflichtigen Yoruba-Königtümern ansässigen Repräsentanten des Alafin von Oyo bezogen ihre religiöse Autorität aus ihrer Funktion als Priester Shangos.

Wir brauchen hier nicht weiter in Einzelheiten zu gehen, um einige ganz typische Charakteristika der »Götter« zusammenzustellen.

Zunächst können wir festhalten, dass der Begriff »Götter« kein eindeutiges Pendant hat, oder umgekehrt: Wenn wir diejenigen Figuren genauer ansehen, die in Verdacht stehen könnten, als »Götter« zu reüssieren, wird es äußerst diffizil. Tragen wir einige Beobachtungen zusammen: Olorun oder Olodumare ist vielleicht noch am ehesten als eine Art »Deus otiosus« zu bezeichnen – als »Höchster Gott«, der aber selbst nicht aktiv in den Schöpfungsvorgang und – falls überhaupt – nur mittelbar in die Welt eingreift. Als *Olú-Òrún* (Herrscher der Himmel) ist er mit dem Himmel konnotiert; von den Menschen adressiert als Olodumare – die Etymologie blieb bislang ungeklärt – ist er dabei nur mittelbar über die *orisha* in einem seiner vielen Aspekte als Olofi den Menschen zugänglich. Olodumare werden keine Opfergaben dargebracht, es gibt auch keine Priester. Olorun entzieht sich Kategorisierungen: Er ist »er« und »sie« und doch ohne Geschlecht, Singular und Plural als »es« oder »sie«, Quelle von allem – sowohl allen kraftvollen Seins wie auch aller Moral – und doch nur an-und-für-sich-selbst; Olorun ist körperlos und dennoch personhaft, eher Medium als Substanz. Damit wird Olorun kaum fassbar und erscheint je nach Blickwinkel völlig unterschiedlich: als einzigartiger Gott oder als ein einzigartiges Göttliches in theistischen oder deistischen Modellen, als einziger Gott im Monotheismus oder als eine unterscheidbare Einheit im Polytheismus, als alles durchdringendes Sein in pantheistischen Systemen … Obwohl er nur als an-und-für-sich konzeptualisiert erscheint, ist dieses »versteckte« Konzept doch als polyperspektivisch zu bestimmen, da Olorun erst abhängig vom Blick auf ihn vorstellbar und darstellbar wird.

Gehen wir weiter zu den *orisha*, zeigt sich ein ähnliches Phänomen: Oduduwa oder Shango, Obatala oder Oranyan – sie alle tragen, zumindest in unseren Augen, widersprüchliche Eigenheiten in sich: Sie sind geschichtliche Figuren und doch übergeschichtlich, Ahnen, die zu Göttern wurden, oder Nachkommen von – ähnlich ambivalent – historischen und – oder – übergeschichtlichen Akteuren, Kulturbringer und Gestalten, die durch technologische Kenntnisse qualifiziert oder mit Naturphänomenen konnotiert sind, über diese verfügen oder sich in ihnen auch manifestieren. Am Beispiel von Shango wird dies besonders deutlich, zumal Shango sich durch besondere Dynamiken auszeichnet, was nicht nur daraus ersichtlich wird, dass sich so viele unterschiedliche, auch widersprüchliche mythologische Erzählungen und Motive mit ihm verbunden haben bzw. um ihn ranken: Die »göttliche Seite« Shangos wird in seiner Verbindung mit den Naturelementen (Donner und Blitz) offenbar – analog seiner Gemahlin Oya, die als *orisha* des Sturmwindes gilt. Die »zivile Seite« wiederum zeigt sich in seiner Flucht in den Busch und seinem Tod – oder: Selbstmord – an der Seite seiner Frau – bzw. verlassen von seiner Frau. Die Anhänger der Shango-Verehrung lehnen selbstverständlich die Selbstmord-Version ab; als Freunde von Shango, so heißt es, hätten sie seine Experimente mit Feuer, Blitz und Donner ebenso fortgeführt wie den von Shangos Frau Oya initiierten Kult um ihn. Herausgekommen ist am Ende ein komplexes System der Verehrung von Shango, eine große Kulttradition mit opulenten Festen zu Ehren des *orisha*, organisiert von einer speziellen Priesterschaft, garniert mit verzweigten mythologischen Traditionen. Sind schon der »zivile« und der »himmlische« Shango je vielschichtige Gestalten, so erscheint durch das Zusammenwachsen der beiden die Figur des *orisha* geradezu hyperkomplex. In der religionswissenschaftlichen Literatur wird das Verschmelzen der beiden Figuren entweder so erklärt, dass hier eine deifizierte Menschengestalt mit einem deszendierten Geistwesen identifiziert worden sei, oder durch die Annahme, dass ein älterer Mythos über Jakuta (wörtlich: »Steinewerfer«) – einen afrikanischen, mit dem Gewitter assoziierten Gott – den mit dem Alafin Shango konnotierten Mythos überlagert habe.

Die Frage, wie die Vielzahl der *orisha* in der Yoruba-Religion zu beurteilen sei, ist in der religionswissenschaftlichen Forschung unterschiedlich beantwortet worden: Gegenüber einer »polytheistischen« Interpretation, die oft mit der Hypothese verbunden wird, dass sich die Vielzahl der *orisha* aus einer ursprünglichen (monotheistischen) Einheit entwickelt habe, wird von anderer Seite darauf hingewiesen, dass diese Vielfalt lediglich unterschiedliche Aspekte der einen Gottheit zum Ausdruck bringe. Für die Richtigkeit letzterer Hypothese wird dann als Indiz eine mythische Tradition angeführt, nach der Orisania, wörtl.: »der große *orisha*« – übrigens ein Beiname von Obatala – in viele hundert Einzelteile zerschlagen worden sei, von denen sich die meisten noch in der Welt zerstreut finden, während Orunmila, der Stifter des Ifa-Orakels, mehrere Hundert von ihnen aufgesammelt und in Ifé in einer Kalebasse aufgestellt habe. Diese Erzählung würde zudem eine mögliche etymologische Erklärung von »*orisha*« stützen, die den Namen von *ohun tí-a-rí-shà* »das, was gesammelt wurde« ableitet.[11] Letztlich schwingt das Verständnis von *orisha* also zwischen Einheit und Vielheit, Identität und Differenz.

Die nächste Frage ist nun die Stellung der *orisha* zueinander und zu anderen Wesen. Hierbei können wir zunächst konstatieren, dass die vielen widersprüchlichen Traditionen über die Beziehungen der *orisha* untereinander nicht harmonisierbar sind – grundlegend ist nur die Unterscheidung zwischen »kühlen« (weißen) und »heißen« (roten) *orisha* – zwei Kategorien, die sich auf ihr Temperament beziehen. Über die *orisha* insgesamt lässt sich die bereits bei Shango gemachte Feststellung treffen, dass sie teils »herabgestiegene« Götterwesen, teils deifizierte Ahnen sind, wobei sich jedoch Überschneidungen finden lassen und es keine eindeutige Zuordnung gibt.

Wollen wir die Stellung der *orisha* zu den anderen Wesen genauer bestimmen, müssen wir uns die Kosmologie der Yoruba-Religion vergegenwärtigen: Der Kosmos besteht aus zwei kalebassenförmig gedachten Hälften – *orun*, dem nicht sichtbaren Bereich der Götter, Geister und Ahnen, und *ayé*, der sichtbaren Welt. Die Ahnen, die offensichtlich durchaus zu *orisha* werden können, befinden sich in *orun*, können aber – repräsentiert durch Masken – vorübergehend in *ayé* zurückkehren oder sich als Teil von Neugeborenen reinkarnieren, wobei sie sich jedoch gleichzeitig weiterhin in *orun* aufhalten. Für das Verständnis der menschlichen Person bedeutet dies, dass auch der Mensch aus Elementen besteht, die entweder als Ausdruck der Tätigkeit von *orisha* verstanden werden, oder gar tatsächlich mit Aspekten von ihnen identisch sind. Diese Konstitution ist auch gewissermaßen die notwendige Bedingung dafür, dass bestimmte Menschen als Medien für die *orisha* wirken können, um den *orisha* das Erscheinen in *ayé* zu ermöglichen: Die *orisha* manifestieren sich dann in ihnen, sie sprechen durch sie.

Der zentrale kosmologische und theologische Begriff der Yoruba-Religion ist *ashe*: Alle Dinge besitzen *ashe* – die Götter, Geister, Ahnen, Menschen, Tiere, Pflanzen, Mineralien wie auch nichtgegenständliche Dinge wie Lieder, Worte, Riten … *Ashe* ist eine performative und relationale Kraft, die abnehmen (in der Passivität) und zunehmen kann (z. B. im Engagement), die sich verdichten und verknoten oder verdünnen und auflösen kann. Deshalb müssen die *orisha* auch »versorgt« werden – beispielsweise durch Opfer oder Gebete; fiele dies weg, würden sie zu Götzen, sie würden – sterben.

Ashe, so könnten wir sagen, hält die Welt im Innersten zusammen; dieser Zusammenhalt wird zugleich repräsentiert durch Olorun, der als Initiator der

---

11   Vgl. *Idowu* (s. Anm. 5), 59 ff.

Schöpfung und Quelle von *ashe* eine Art Kanal oder Verbindungsstück darstellt, durch den alle Wesen im Kosmos miteinander interagieren.[12] Wenn dem aber so ist, sind auch Menschen und *orisha* nicht wesenhaft unterschieden – ihre Differenz konstituiert sich durch die relationale und performative Kraft des *ashe*. Noch anders gesagt: Ein Gott ist nicht Gott als Gott, sondern er ist zugleich immer auch Nicht-Gott. Die Unterscheidung zwischen Göttern und Nicht-Göttern ist nicht essentiell und nicht substanzhaft – sie bestimmt sich aus der Beziehung zwischen den Wesenheiten des Kosmos entsprechend ihrer Verortung im Fluidum des *ashe*.[13]

2.2 »GÖTTER« ZWISCHEN MYTHOLOGIE, KOSMOLOGIE UND GESCHICHTE: DIE VODU

Gehen wir zum nächsten Beispiel – den Göttervorstellungen in der Religion der Fon, die – insbesondere beeinflusst von der Religion der Ewe – im Reich von Dahomey ihre Blütezeit fand und in der Region des heutigen Benin und Togo weiterlebt.[14] Trotz massiver militärischer Auseinandersetzungen bestanden immer auch enge Beziehungen zum Oyo-Reich, so dass die Religion der Yoruba maßgeblichen Einfluss auf die der Fon ausübte.

Die Götter – *vodu* genannt, wie auch die ihnen entgegengebrachte Verehrungspraxis –, weisen einige Ähnlichkeiten mit den *orisha* auf. Der Begriff selbst ist etymologisch nicht gesichert. Bisweilen wird das Wort von »*vo*« (Öffnung, aber auch: das Verborgene) und »*du*« (Name für die Zeichen des Orakels) abgeleitet; *Vodu* wären dann die Überbringer des Verborgenen. Andere leiten *vodu* von »*vo*« (rasten) und »*dun*« (Wasser schöpfen) ab und sehen darin den Grundgedanken angelegt, an der Quelle des Lebens zu agieren.

Ähnlich wie bei den Yoruba lässt sich keine gesicherte Systematisierung der *vodu* vornehmen, zudem sind auch Kosmologie und Weltsicht nicht einheitlich und widerspruchsfrei konzipiert – was noch dadurch verstärkt worden sein mag, dass die Fon im Laufe der Zeit viele fremde Traditionen rezipiert haben. Mit Blick auf die Kosmologie kann festgestellt werden, dass die momentane Welt Ergebnis des Wirkens eines Götterpaares ist – des dualen, manchmal an-

---

[12] Vgl. *P. McKenzie*, A Note on the Yoruba Òrìsà Cults, in: Religion 10 (1980), 151–155.

[13] Insofern wird auch die im europäischen Kontext übliche Unterscheidung zwischen Transzendenz und Immanenz hinfällig; vgl. *E. Ikenga-Metuh*, The Paradox of Transcendence and Immanence of God in African Religions, in: Religion 15 (1985), 373–385.

[14] Siehe hierzu *I. de la Torre*, Le Vodu en Afrique de l'Ouest. Rites et traditions, Paris 1991; *J. Rosenthal*, Possession, Ecstasy and Law in Ewe Voodoo, Charlottesville 1998 und *K. Elwert-Kretschmer*, Religion und Angst. Soziologie der Voodoo-Kulte, Frankfurt am Main 1997 sowie jüngst *G. Lademann-Priemer*, Benin – Wiege des Voodoo, Marburg 2010.

drogyn, manchmal zwillingsartig vorgestellten Wesens Mawu–Lisa, dem bisweilen nachgesagt wird, von Nana Buluku abzustammen, einer unspezifischen, diffusen Gottheit ohne kultische Verehrung.

Mawu-Lisa haben vornehmlich zwei Funktionen erfüllt: Zum einen legten sie die Grundlage für die Ordnung der Welt, indem sie Wasser und Erde voneinander schieden und diese Trennung mit Unterstützung von Da, der Schlange, die insbesondere im Regenbogen repräsentiert ist, sicherten. Da sollte dabei nicht gegenständlich gedacht werden, sondern als bewegende Kraft, die durch ihre Manifestation in den verschiedenen Gestaltungen des Kosmos die Welt im Innersten zusammenhält. Zum anderen waren Mawu-Lisa zuständig dafür, die kosmischen Kräfte unter den *vodu* zu verteilen, die sie selbst hervorgebracht haben. Entsprechend sind die verschiedenen *vodu* unterschiedlichen Herrschaftsbereichen zugeordnet (so z. B. Sakpata, der »Pocken-Gott«, der Erde, oder Sogbo den atmosphärischen Erscheinungen etc.). Diese Bereiche sind weiterhin unterteilt in spezielle Felder, die von verschiedenen Gruppen von *vodu* beherrscht werden. Von besonderer Bedeutung sind dann noch Legba, letztgeborener Vodu und eine Art Trickser, der als Übersetzer zwischen den verschiedenen Bereichen der Vodu aktiv wird, und Gu, der die prinzipielle Ordnung des Kosmos gewissermaßen in angewandter Form – als Technologie – in die Welt der Menschen bringt, also ein Art Kulturbringer.

Parallel zu diesem primären Wirkkreis der *vodu* existieren zwei weitere Wirkkreise: die der Ahnen und die der *tohwiyo*, der Clangründer, die ebenfalls von Mawu-Lisa geformt wurden. So haben wir es in der Religion der Ewe also gewissermaßen mit drei Kult-Kreisen zu tun, die allerdings auf komplexe Weise ineinander verschränkt sind: Der *tohwiyo* löst den Schöpfer als Clanschöpfer ab; über den Ahnen wird *se*, das Lebensprinzip des einzelnen Menschen, das ein Teil von Mawu, dem großen *se*, ist, mit dem *joto* des Ahnen verbunden, wobei *joto* eher als ordnende Kraft zu verstehen ist, die dem Einzelnen seine Stellung in der Gesellschaft vermittelt. In alledem ist Da – gewissermaßen als implizit wirkende Lebenskraft – am Werk.

Ähnlich wie in der Religion der Yoruba entsteht so ein dichtes Beziehungsgeflecht zwischen den verschiedenen Entitäten des Kosmos, die letzten Endes in einer wesenhaften Verbindung stehen und durch vielschichtige Interaktionen ihren Ort im Universum finden. Die Gruppe der *vodu* ragt also nicht essentiell, sondern bestenfalls funktional aus dem Gros der anderen Wesenheiten heraus. Dies wird noch deutlicher, wenn wir neben denjenigen Gruppen der *vodu*, die mit bestimmten Clans und Familien in Beziehung treten und von ihnen kultisch verehrt werden, jene *vodu* in den Blick nehmen, die »frei« sind. Zu ihnen können die Menschen unabhängig von genealogischer Zugehörigkeit oder verwandtschaftlicher Bindung in Beziehung treten und sie »besitzen« – wie auch umgekehrt die Menschen von diesen *vodu* sprichwörtlich in »Besitz genommen werden«, nämlich besessen sein können. Diese *vodu*, bisweilen auch als »Persönlichkeitsgeister« bezeichnet, erscheinen in unterschiedlichster Gestalt – als Fremde, als schlimme Tote, als Tiergeister oder als Naturmächte –, bis dahin, dass sie aufgrund der direkten, persönlichen Bindung von ihren Adepten inkorporiert – also als »Medizin« gegessen oder getrunken werden können. Hierauf baut das System der »freien« Kultgruppen auf, bei denen die *vodunsi* (»Bräute« eines *vodu*) sich einer Initiation unterziehen und »ihrem« *vodu* zugeeignet bleiben.

Wollten wir die wichtigsten Charakteristika und Qualitäten der *vodu* zusammenfassen, ergäbe sich ein vieldimensionales Bild; denn die *vodu* sind personhaft – das aber nicht in einem konkreten, dem menschlichen Personsein analogen Sinne; sie repräsentieren qua wesenhafter Verankerung in der Kosmologie moralische Strukturen, sind aber selbst amoralisch; sie haben substanzielle Beziehung zu natürlichen oder künstlichen Phänomenen, sind aber nicht mit diesen identisch; sie sind ebenso wesenhaft in den Kosmos verwoben und mit allen seinen Elementen verbunden, stehen ihnen aber nicht (z. B. als Schöpfer) gegenüber; sie sind naturhaft, menschenhaft und gotthaft, ohne selbst Natur, Mensch oder Gott zu sein.

3 Alte Götter in der neuen Welt: Dynamisierung der Gottesvorstellungen in den afroamerikanischen Religionen

Viele der hier in Grundzügen exemplarisch beschriebenen Vorstellungen und Praktiken im Zusammenhang mit den »Göttern« sind im Zuge des transatlantischen Sklavenhandels nach Mittel- und Südamerika gelangt, haben dort weitere religionsgeschichtliche Impulse aufgenommen – namentlich aus dem iberisch geprägten Katholizismus, aber auch den indianischen Religionen, aus dem europäischen Kardesianismus, schließlich sogar aus Hinduismus und Islam – und sich in Gestalt dynamischer afroamerikanischer Religionen neu formatiert und globalisiert – als haitianischer Voodoo, als brasilianischer Candomblé, als venezolanische Maria-Lionza-Religion, als kubanische Santería etc.[15] Dabei sind viele der bisher skizzierten Parameter und Konstitutiva in den afroamerikanischen Religionen beibehalten, aber auch weiterentwickelt worden. Hier nur einige wenige Beispiele zur Illustration.

Sehen wir uns zunächst den *haitianischen Voodoo* an, die zumindest aus der Perspektive des Boulevard bekannteste Ausdrucksform afroamerikanischer Re-

---

[15] Beispielhaft für die religiösen Traditionen mit Herkunft aus den Yoruba-Kulturen siehe *J. O. K. Olupona*, Òrìsà Devotion as World Religion. The Globalization of Yorùbá Religious Culture, Madison 2007; zur Weiterentwicklung der *orisha* am Beispiel von Shango vgl. *J. E. Tishken*, Shàngó in Africa and the African Diaspora, Bloomington 2009.

ligionen.[16] Hier spielen die als *loa* – wörtlich so viel wie »geistige Führer« – bezeichneten Götter, Geister oder Geistwesen in Mythologie, Kosmologie und religiöser Praxis eine zentrale Rolle. Sie sind jedoch eingebettet in ein Fluidum der Geisterwelt, die *Dye Bondye* (Dieu Bon Dieu), die *loa*, die Ahnen und andere Geister umfasst. Neben den Hunderten von *loa*, die in verschiedene *nanchons* (»Nationen«) eingeteilt und größtenteils in die zwei Gruppen der *peto* (»heißen«) oder *rada* (»kühlen«) eingefügt sind, gibt es auch *loa*, die sich diesem Ordnungsschema entziehen.

Überhaupt lassen sich im haitianischen Voodoo neben den genannten noch weitere Ordnungssysteme rekonstrieren – die Einteilung etwa in weibliche oder männliche, die Zuordnung zu unterschiedlichen Naturphänomenen oder die Kategorisierung entsprechend der je verschiedenen Funktionen einzelner *loa* oder *loa*-Gruppen. Doch diese Systematisierungsversuche gehen nach unserer Logik nie auf; kein *rada-loa* ohne *peto*-Anteile, kein weiblicher *loa* ohne männliche Aspekte, und auch die *nanchons* sind nur hybride Formen ethnisch konstruierter Zuschreibungen. So lässt sich lediglich feststellen, dass verschiedene Gestalten und Aspekte der Macht in den verschiedenen *loa* auf komplexe Weise und in kompliziertem Mischungsverhältnis zum Ausdruck kommen. Theogonie und Kosmologie erinnern an das, was wir bereits von der Religion der Yoruba und der Fon kennen: Die Götter und Geistwesen sind Teil eines Fluidums von Kräften, die den gesamten Kosmos durchströmen – bis hin zu den *pwen* als »Kraftpunkten« auf der Grundlage der Konzentration energetischer Ströme, die unter anderem für Heilungszwecke von Bedeutung sind.

Besonderen Ausdruck finden diese Kräfte u. a. in den *vèvè* – Zeichnungen und Symbolen der *loa*, in denen ihre Kräfte symbolisiert sind und die insbesondere im rituellen Vollzug eine wichtige Rolle spielen, wobei darauf hinzuweisen ist, dass es hier nicht darum geht, die *loa* mittels der *vèvè* zu manipulieren, sondern in Kommunikation mit ihnen zu treten.

Ein weiterer Aspekt, der deutlich macht, dass die »göttlichen« Kräfte den gesamten Kosmos durchziehen, wird auch in der Anthropologie des haitianischen Voodoo deutlich, nach der in Gestalt des sog. *gros bon ange* eine das Dasein ermöglichende Lebenskraft, die mit den *loa* verbunden ist, die Menschen auch untereinander und mit dem gesamten Kosmos vereint.

Neu ist am haitianischen Voodoo gegenüber seinen afrikanischen Ausprägungen, dass die *loa* mit insbesondere katholischen Heiligen eine enge Verbindung eingehen. So wird etwa Legba, der als *maitre carrefour* eine Mittlerfunktion zwischen Menschen und *loa* im Besonderen und an den »Kreuzungen« dieser Welt im Allgemeinen einnimmt, mit Petrus assoziiert, der den Schlüssel zum

---

[16] Vgl. die »Klassiker« von *M.J. Herskovits*, Life in a Haitian Valley, Princeton 2007 (1937) und *A. Métraux*, Voodoo in Haiti, Gifkendorf 1994 (1958) sowie *P. Bellegarde-Smith*, Haitian Vodou. Spirit, Myth, and Reality, Bloomington 2006.

Himmel in seiner Hand hält, oder – aufgrund seiner Zuständigkeit für Kranke und Gebrechliche – mit dem hlg. Lazarus; die Zwillings-*loa* Marasa werden mit Cosmas und Damian in Zusammenhang gebracht; oder Danbala, der ebenfalls die menschliche und außermenschliche Welt verbindende Schlangen-*loa* wird mit dem hlg. St. Patrick zusammengestellt.

Ein Blick auf die kubanische *Santería* löst durchaus einen Wiedererkennungseffekt aus, was die Stellung ihrer Götter im Allgemeinen und der *orisha* – hier: *oricha* – im Besonderen anbelangt:[17] In den *Pataki* (sg. *appataki*) werden Entstehung und Ordnung der Welt wie auch das Wirken der Götterwesen und ihrer Beziehungen zueinander überliefert.

Die Kosmologie bildet ihre Herkunft aus der Yoruba-Religion recht offensichtlich ab, zeigt jedoch in ihrer Grundstruktur bereits religionsgeschichtliche Neudeutungen: Olofi – der kultlose *deus otiosus* – hatte die Erschaffung des Kosmos initiiert, wobei Obatala – der mit der hlg. Jungfrau von Las Mercedes, oft aber auch mit Jesus Christus identifizierte *oricha* des Friedens und der Fruchtbarkeit – als »Vater« aller *oricha* gilt, und Odudúwa – der bisweilen als ein Aspekt von Obatala vorgestellt wird – als Ahnherr aller Menschen die Verbindung zur Götterwelt aufrecht erhält.

Auch in der Santería gilt *aché* als die den gesamten Kosmos durchdringende Macht, die gewisse »Knotenpunkte« oder »Verdickungen« aufweist – so eben insbesondere bei den *oricha*, aber auch bei Ritualobjekten etc.

Die *oricha* sind den *loa* sehr ähnlich: Sie können mit Naturphänomenen aber auch menschlichen Attributen assoziiert sein und mit mehr oder weniger allem, was die physische und geistige Welt bietet, in enger Verbindung stehen. Die *oricha* sind einerseits als Individuen multiple Persönlichkeiten und können sich entsprechend in unterschiedlichen *caminos* (»Wegen«) manifestieren; andererseits sind sie systematisch unterschieden nach einer Hauptgruppe und »weiteren« *oricha* sowie nach anderen Kriterien – so bilden etwa die *guerreros*, die »Krieger«, wie etwa Ogún, Ochosi oder Changó, eine Gruppe, die gewissermaßen »quer« zu dieser Systematik liegt. Auffällig sind dabei die ganz konsequent vorgenommenen Assoziationen oder Identifikationen mit Gestalten aus dem iberokatholischen Kontext.[18] Wir haben dabei als wichtigste *oricha*:

Las Siete Potencias Africanas (»die 7 afrikanischen Mächte«):
1. Obatalá / Virgen de las Mercedes
2. Elegguá (= Elegba = Eshú) / Antonius von Padua oder Niño de Atocha

---

[17] Vgl. etwa *M. Barnet*, Afrokubanische Kulte. Die Regla de Ocha – die Regla de Palo Monte, Frankfurt am Main 2000.

[18] Vgl. hierzu *H. G. Hoedl*, Afroamerikanische Religionen. Skriptum der Vorlesung (s. Anm. 9), http://homepage.univie.ac.at/hans.hoedl/aframskript.pdf, 50 ff. (abgerufen am 11.02.2012).

3. Ochún / Virgen de la Caridad de Cobre
4. Yemayá / Virgen de Regla
5. Changó / hlg. Barbara
6. Ogún / Petrus; Paulus; Johannes der Täufer
7. a) Oyá / Virgen de la Candelaria
   b) Orunmila (= Orula/Orunla) / Franz von Assisi

An weiteren, nicht spezifisch zugeordneten *oricha* wären beispielsweise Osaín / St. Joseph oder Silvester I. u. a. oder Babalú Ayé / Lazarus und viele andere zu nennen. Folgende für die *oricha* der Santería festgehaltenen »Topoi«, die unabhängig von den spezifischen Charakteristika der einzelnen *oricha* gemeinsame Aspekte aufgreifen sollen, könnten wir wohl genauso gut auf die *loa* des haitianischen Voodoo anwenden; als zentrale Topoi wurden dabei vorgeschlagen
- Wirken und Herrschen;
- Teilhabe und Einwohnen;
- Einheit und Vielheit;
- Nähe zum Menschen (bis zur »Einwohnung«/»Installation«) und schließlich das
- Phänomen des Aufkommens eines »Nach-Denkens«, das als »Implizite Theologie« der Santería bezeichnet werden kann, die sich u. a. in der Identifikation mit den katholischen Heiligen niederschlägt.[19]

Eine »Gegenprobe« mit dem *brasilianischen Candomblé* würde weitgehende Struktur- und Phänomen-Analogien ergeben, was unsere Frage nach den »Göttern« anbelangt.[20] So sind
- *Dye Bondye/Olofi/Olorún* als höchste Gottheit/Macht/Kraft, die sich zurückgezogen hat;
- *loa/oricha/orixá* als »Götter«/»Geister«/»Geistwesen« und
- *ashe/aché/axé* als alles durchdringende kosmische Energie
die wichtigsten Einflussgrößen der afroamerikanischen Kosmologie.
    An dieser Stelle wollen wir abbrechen, um abschließend zur Frage zu kommen, was die Besonderheit afrikanisch-afroamerikanischer »Göttervorstellungen« ausmacht.

---

[19]   Siehe hierzu *S. Palmié*, Das Exil der Götter. Geschichte und Vorstellungswelt einer afrokubanischen Religion, Frankfurt am Main 1991.

[20]   Vgl. hierzu den »Klassiker« von *R. Bastide*, Le Candomblé de Bahia (rite Nagô), Paris 1958 – kritisch hierzu *M. Despland*, Bastide on Religion. The Invention of Candomblé, London 2008 – sowie *S. Capone*, Searching for Africa in Brazil. Power and Tradition in Candomblé, Durham 2010 und *H. Leuschner*, Die Geister der Neuen Welt. Religiöse und soziale Integration von brasilianischen Geistwesen im candomblé von Santo Amaro, Bahia, Brasilien, Berlin 2011.

4 »REMEMBER TO FEED THE *LOAS*«[21]

Je für sich genommen, sind die *orisha*, *vodu* oder *loa* multiple Charaktere, die polyvalente Beziehungen eingehen und in ihrem Gebaren vieldeutige Verhaltensweisen an den Tag legen. Mehr noch: Sie sind fluide Wesenheiten, die nicht nur zwischen Gestalthaftigkeit und Gestaltlosigkeit changieren, sondern auch zwischen Präsenz und Entzug oszillieren. Ganz grundsätzlich gesprochen: Sie stehen für die Erfahrung unterschiedlicher, auch widersprüchlicher Aspekte der Wirklichkeit, die sie als den Kosmos durchziehende Kräfte repräsentieren.

Je deutlicher der fluide Charakter der *orisha*, *vodu* oder *loa* erkennbar wird, desto fragwürdiger muss der Versuch erscheinen, sie als »Götter« zu bezeichnen; üblicherweise Göttern zugeschriebene Eigenschaften wie Personalität, Gestalthaftigkeit, eigene Willensmächtigkeit oder menschliche Begrenzungen überschreitende Dispositionen (wie z. B. Unsterblichkeit) etc. sind, auch wenn vorhanden, schwer zu fassen und werden sofort dadurch konterkariert, dass sich die *orisha*, *vodu* oder *loa* diesen Bestimmungen entziehen – oder, anders gesehen: dass die Menschen in ihrer Interaktion mit den *orisha* diese Bestimmungen aufheben können. Wie bereits erwähnt, müssen die *orisha* »gefüttert« werden – wobei »füttern« durchaus ganz konkret gemeint ist, im Kern jedoch für eine religiöse Performanz steht, durch die *ashe* aktiviert wird – *ashe* als Treibstoff und »Lebensmittel« der *orisha* wie des gesamten Kosmos.

Was aber unterscheidet eigentlich den Umgang der Menschen mit den *orisha* vom Umgang mit anderen Wesen? – Wenig.

Der Anthropologe Robin Horton hat bereits vor geraumer Zeit die These vertreten, dass die Beziehung der Menschen zu den *orisha* im Besonderen wie zu anderen religiösen Wesenheiten oder Objekten im Allgemeinen sich nicht grundsätzlich unterscheidet von »alltäglichen« Beziehungen zu anderen Menschen, Wesen oder Gegenständen;[22] es gibt also keinen religiösen Sonderbereich, in dem die Menschen im Vergleich zu nicht-religiösen Bereichen explizit anders agieren würden – das Verhalten der Menschen gegenüber den *orisha* bemisst sich nach der wechselseitigen Beziehung zwischen beiden, wie sich beispielsweise auch im Alltag die Beziehung zwischen Menschen unterschiedlich gestaltet – je nachdem, wie und ob »die Chemie« zwischen ihnen »stimmt« oder nicht.

Von den *orisha* als »Göttern« zu reden und dabei vielleicht im Hinterkopf mit dem Begriff »Gott« konnotierte Vorstellungen aus dem abendländischen Kontext auf die afrikanisch-afroamerikanischen Religionen zu übertragen, könnte

---

[21]   *Reed* (s. Anm. 1), a. a. O., 28.

[22]   *R. Horton*, Judaeo-Christian Spectacles: Boon or Bane to the Study of African Religions?, in: *Ders.*, Patterns of Thought in Africa and the West. Essays on Magic, Religion and Science, Cambridge 1997, 161–193.

hinderlich bei unserem Bemühen sein, die Spezifika der hier gegebenen »Gottesvorstellungen« aufzuspüren. Die Polyperspektivität der *orisha* verweist darauf, dass auch Systematisierungen der diesbezüglichen afrikanisch-afroamerikanischen Vorstellungen als monistisch, monotheistisch, polytheistisch oder pantheistisch irreführend, bestenfalls Reflex der eigenen Perspektive sein können. Ebenso richtig – und ebenso perspektivisch – wäre es, diese Religionstraditionen und -praktiken als »atheistisch« zu bezeichnen.

Dies wiederum hat damit zu tun, dass der eigentliche Punkt, das »Metazentrum« afrikanisch-afroamerikanischer Religionen nicht die Beziehung zu einer oder mehreren gegenüberstehenden mächtigen Gestalten ist, und auch nicht die Hoffnung, qua gelungener Kommunikation jenseits des irdischen Lebens Heil zu sichern, sondern die Herstellung besseren Lebens hier und jetzt – also ein ganz diesseitiges Projekt, in das die *orisha* organisch eingebunden sind.

Extremer Pragmatismus und konsequente Diesseitsbezogenheit gehören zur Grundsignatur afrikanisch-afroamerikanischer Religionen; der Fokus liegt nicht auf Fragen der Beziehung zu Gott oder Göttern in Verbindung mit der Frage nach Heil und Erlösung oder der Perspektive auf ein Jenseits, sondern ist, in den Kategorien von Robin Horton, auf Erklärung, Vorhersage und Kontrolle des alltäglichen Lebens ausgerichtet – und damit auf Aspekte, die insbesondere in europäisch geprägten Kontexten den Bereichen von Naturwissenschaft und Technologie sowie einer »säkularen« Sphäre zugeordnet sind. Haben, verallgemeinernd gesprochen, die meisten europäischen Christinnen und Christen gelernt, mit den in Folge der europäischen Aufklärung bisweilen erfahrenen kognitiven Dissonanzen umzugehen, die sich aus der Trennung oder zumindest deutlichen Unterscheidung zwischen den beiden Domänen ergeben, stellt sich in den afrikanisch-afroamerikanischen Religionen dieses Problem als solches gar nicht. Die in westlichen Kontexten weitgehend vollzogene Abkoppelung der auf Erklärung, Vorhersage und Kontrolle zielenden Fragen von der Domäne der Religion und ihre Zuweisung an die »säkularen« Domänen von Naturwissenschaft und Technologie wurde hier nicht, zumindest nicht so, vorgenommen. Um auf den Titel dieses Beitrags Bezug zu nehmen und unsere Betrachtung auf die Frage nach Göttern im Alltag gelebter Religionen zuzuspitzen: Es geht in den afrikanisch-afroamerikanischen Religionen um gelingendes Alltagsmanagement, für das die *orisha/vodu/loa* – übrigens ebenso wie die anderen Kräfte und Wesenheiten des Kosmos – nicht aufgrund eines wie auch immer gearteten herausgehobenen »Wesens« eine wichtige Rolle spielen, sondern für das sie alleine von funktionaler Bedeutung sind.

Die Erfolgsgeschichte afrikanisch-afroamerikanischer Religionen, die bereits seit Ende des 19. Jahrhunderts in den großen westlichen Metropolen Fuß gefasst haben, im Zuge der Globalisierung zu »Global Players« geworden sind und sich inzwischen wachsenden Zulaufes erfreuen, hat vielleicht auch damit zu tun, dass sie sich dieser Trennung der Domänen bislang erfolgreich verweigert haben. Eine Religion, die schwerpunktmäßig gelingendes Alltagsmanagement in Aussicht stellt, kann mit durchaus positiven Resonanzen rechnen angesichts einer Situation, in der die Einlösung des Versprechens einer durch technologischen Fortschritt und naturwissenschaftliche Erkenntnis garantierten Lebenssicherung brüchig geworden ist. Aber das wäre noch einmal ein ganz anderes Thema.

God, Gods, Idols

Muslim and Christian Perspectives on Divine Unity in Revelation

Mona Siddiqui

The Fountain of Knowledge (*Fons vitae*) is probably the most famous work of the 8th century Christian priest and monk, John of Damascus. Divided into three parts, it contains one section on 100 heresies, *De Haeresibus*. The relatively longer 101st heresy is the ›Heresy of the Ishmaelites.‹[1] While *De Haeresibus* is written principally for a Christian audience to contrast what is heretical from what is orthodox, this tractate is regarded by many as one of the first polemical Christian writings against Islam discussing many the themes which became the defining issues raised in later Christian-Muslim encounters. Although John probably did not have detailed knowledge of Muslim sources nor did he know much Arabic, John was fully aware of the idolatrous character of much of pre-Islamic Arabia. Against this knowledge, he acquired a positive recognition of Muhammad as the person who brought his people back to monotheism, to one God. So John begins with the core Qur'ānic doctrine, the unity of God or *tawhīd*. Keen to speak of the oneness and uniqueness of God in his own Christian theology John also recognises the centrality of this doctrine in Islam. He writes of Muhammad, ›He says that there is one God, Creator of all, who is neither begotten nor has begotten. He says that Christ is the word of God, and his spirit, created and a servant and that he was born without a seed from Mary.‹[2] But John was also aware that Muslims saw Christian monotheism in a different light. He was not prepared to accept the Muslim accusation that Christians were themselves actually ›Associators‹ (*mushrikīn*) because they saw Christ as the ›son of God.‹ In a fierce theological attack he writes: ›The Muslims accuse the Christians of being »Associators« for ascribing a partner to God, by calling Christ »son of God,« and »God.« The Christians in turn accuse the Muslims of being »Mutilators« by having disassociated God from His word and Spirit.‹[3] For John if Christ is a

---

[1]   For this discussion I have used the translation of *D. J. Sahas*, John of Damascus on Islam, The Heresy of the Ishmaelites, Leiden, 1972.

[2]   *D. J. Sahas*, John of Damascus, 133.

Word and a Spirit coming from God, he must be in God and thus he must be God. When Muslims deny this they separate and place outside of God what is part of God, thus mutilating God. If one takes Word and Spirit away from God, God becomes an inanimate object like a stone or a piece of wood. Furthermore, if Muslims can accuse Christians of idolatry because they venerate the cross, how do Muslims explain venerating the stone of the Ka'ba? While the Qur'ān does not accuse Christians of being idolators for venerating the cross, it does define them at times of being ›associators‹, ie ascribing partners. However, later Byzantine theologians used the short Qur'ānic *Sūrat al-Ikhlāṣ*, translated as the ›Unity‹ to discuss or attack Muslim ideas of God's unity: ›Say, »he God is one / God the eternal refuge, / He begetteth not, nor is he begotten / And non is like unto Him.«‹ Both Sahas and Roggema explain that the notion of ›eternal‹ in the Arabic word *samad* was distorted in translation as ›spherical‹ or ›solid and round‹ ie the concept of *holosphairos* by Byzantine theologians. This probably began with the Melkite bishop of Harran Theodore Abu Qurra (John's pupil, 750 – ca. 820) who translated *Sūrat al-Ikhlās* the following way: ›God is single. God is *sphyropectos* (beaten solid to a ball) who has neither given birth nor was he born and no-one has been his counterpart.‹[4] Thus, the Muslim God was spherical in shape just like the stone in the Ka'ba ie the Muslim God was lifeless. However, the concept of Muslims having a ›mutilated‹ God is not a repeated theme in Christian Muslim polemics but John's response raises the fundamental issue which lies at the core of how Muslims and Christians have theologically defended their particular form of monotheism – god as against gods. It is that Muslims have failed to appreciate that the unity of God is not compromised by Christian Christology; rather it is only through Christian Christology that one can know God. As Sahas writes: ›For John of Damascus the issue at stake is not whether God is one or many; he simply assumes the former as *sine qua non*; the issue at stake is how God can be known. The question of the Trinity, therefore, is for John of Damascus an answer to the question of the knowledge of God.‹[5] He wrote, ›we know one God‹ and for John this one God had in him the properties of Father, Son and Spirit. The Triune Godhead in Christian theology became the subject of polemics between Muslim and Christian scholars from the very beginning of Muslim theology, crystallizing into intense discussions during the first three centuries of Islam. While many verses in the Qur'ān deny Christians the stature

---

3   *D. J. Sahas*, John of Damascus, 75–82.

4   Opusculum XX, PG 97:1545C in *D. J. Sahas*, »Holosphyros«? A Byzantine Perception of »The God of Muhammad«, in: *Y. Haddad / W. Haddad (eds.)*, Christian-Muslim Encounters, Gainsville, 1995, 109–125. Also, *A. Davids / P. Valkenberg*, John of Damascus: The Heresy of the Ishmaelites, in: *B. Roggema / M. Poorthuis / P. Valkenberg (eds.) The Three Rings*, Utrecht 2005, 71–89.

5   *D. J. Sahas*, John of Damascus, 76.

of singularity in that Christians often fall into one of the many typologies of those who believe in God, Qur'anic commentaries focus on Jesus as embodying Christianity's particular challenge to monotheism.[6] Christian understanding of Jesus' divinity meant that many Christians understood God's absoluteness in a way markedly different to the way the Muslim understood the transcendent. Thus, whether the focus lay on essence or attributes, refutation of Trinitarian beliefs formed an essential part of Christian-Muslim conversations. In his translation and analysis of Isā al-Warrāq's polemic against Christianity, David Thomas states that disputes around faith and the flourishing of polemical literature between Christians and Muslims contributed to the pluralist landscape of 9th century Baghdad. In the Christological explanations of these Christian authors who wrote in Arabic, there is ample evidence of the requirement to state their doctrines and teachings in new ways which were sensitive to Muslim criticisms of the Trinity but despite these discussions he concludes:

> While we cannot go as far as to say that in the Islamic context new Christologies were fashioned, we cannot avoid noticing the new emphases and configurations that were given to traditional explanations, which in consequence assumed distinctive forms. At the same time, Christian sects continued to express their beliefs in the Incarnation, and among themselves actively debated the varying interpretations of exactly how this uniting of divine and human had taken place.[7]

Thomas Aquinas (1225–1274) is probably the foremost thinker of the medieval period to bridge the divide between Christian thought and Muslim philosophy. Thomas saw the philosophical contributions from other faiths and the faith interlocuters as a spur to understanding his own tradition. He gave intellectual attention to the inherited philosophies of the Jew Moses Maimonides (1135–1204) and the Muslim Ibn Sīna or Avicenna (980–1037) to articulate his own understanding of certain theological concepts. David Burrell writes ›What seemed to have given Aquinas such access to the Islamicate, including Maimonides, was their synchrony regarding the oneness of God.‹[8] In his own writings Thomas does not just ask whether there is one God but inquires into the very concept of ›oneness.‹ Fundamentally, he affirms the priority of being over unity. To being all other concepts are reduced for being is the first to enter the intellect. For Thomas ›one‹ does not add any reality to ›being.‹ Below is part of his argument on oneness and being from the *Summa Theologica*:

---

[6]   *J. McAuliffe*, Qur'ānic Christians, Cambridge 1991, 93.

[7]   *D. Thomas*, Early Muslim Polemic against Christianity, Cambridge 2002, 58.

[8]   *D. B. Burrell*, Thomas Aquinas and Islam, in Modern Theology 20, 2004, 71–89, here: 74.

Reply to Objection 2. ›One‹ which is the principle of number is not predicated of God, but only of material things. For ›one‹ the principle of number belongs to the ›genus‹ of mathematics, which are material in being, and abstracted from matter only in idea. But ›one‹ which is convertible with being is a metaphysical entity and does not depend on matter in its being. And although in God there is no privation, still, according to the mode of our apprehension, He is known to us by way only of privation and remotion. Thus there is no reason why a certain kind of privation should not be predicated of God; for instance, that He is incorporeal and infinite; and in the same way it is said of God that He is one.

Article 4. Whether God is supremely one?

Objection 1. It seems that God is not supremely ›one.‹ For ›one‹ is so called from the privation of division. But privation cannot be greater or less. Therefore God is not more ›one‹ than other things which are called ›one.‹[9]

During the 16th century, Martin Luther, who saw both the challenge and the lure of the Turks and Islam for his fellow Christians, wrote a critique of Muslim doctrine. The principal texts which formed the basis for Luther's knowledge of Islam were the *Confutatio Alcorani* by Riccoldo da Monte di Croce (1243–1320) often described as a ›summary‹ of the Qur'ān and the German, Nicholas of Cusa's famous commentary on the Qur'ān, the *Cribratio Alcorano* (1461). While Luther was amazed at Muslim belief in the ›shameful‹ things in the Qur'ān, he had an ambiguous attitude towards Islam, reflected largely in his conviction that the function of Islam and the expansion of the Muslim world was to act as both a poison and a cure for Christians: Islam was fundamentally a divine punishment for Christians for their transgressions. On the one hand Luther admired the piety of Muslims and praised much in Islamic culture, yet his critique of Muslim doctrine was based on the bedrock of his theology – the incarnation of God in Christ. Luther wrote in *Heerpredigt* that it was Christological doctrines which distinguished Christianity ›from all other faiths on earth.‹ As Muslims did not recognise the divine personage of Christ, his sonship and co-equality with God the Father and the Holy Spirit in the one divine *ousia*, Muhammad, claimed Luther, ›is a destroyer of our Lord Christ and his kingdom.‹[10] Indeed the religion of Muhammad rejecting the divinity and redemptive work of Christ, means that ›all Christian doctrine and life are gone.‹ He ridiculed Islamic preoccupation with the flesh in their understanding of sonship and wrote abrasively:

---

[9]   *Thomas Aquinas*, Sum. theol., pars prima, qu. 11 («Unity of God«), art. 3; The Summa Theologica of St. Thomas Aquinas, 2nd rev. ed., lit. translated by Fathers of the English Dominican Province, London 1920, digital version cited, see: newadvent.org.

[10]   For a translation of Luther's works, I have used *A. S. Francisco*, Martin Luther and Islam: A Study in Sixteenth Century Polemics and Apologetics, Leiden 2007, 113–116.

> The Qur'ān lies about Christians when it says that they give partner to God. That is
> an open lie, for Christians in the entire world say that God is one and is indivisible.
> Certainly nothing is more united than the Godhead or Divine Essence.[11] Christians
> know full well how God can have a son and it is not necessary that Muhammad
> teach us how God must first become a man and have a woman to produce son or a
> bull must have a cow to produce a calf. Oh how overpowered in the flesh of women
> Muhammad is. In all his thoughts, words and deeds, he cannot speak nor do anything
> apart from this lust. It must always be flesh, flesh, flesh.[12]

Muhammad's sexual life was intertwined with the general reproach towards Islam as a religion where the sexual lay in both the sacred and the profane, a religion where carnal pleasures were extolled as an earthly and heavenly blessing.
For medieval Christianity Islam was a religion of sexual laxity, a religion of flesh
and falsity.[13] In Luther's view, doctrine and life were distinct because doctrine
is heaven and life is earth where there is sin and error.

In the 20th century, Karl Barth also found it inconceivable to worship God
apart from Jesus because Jesus is part of the essence of the one God. In his
analysis of the unity of God, Barth wrote:

> God is completely individual. He is absolutely simple. In regard to His uniqueness
> and equally in regard to His simplicity God is therefore the only being who is really
> one. His unity is His freedom, His aseity, His deity. It is with His deity alone that our
> concern must be when we ascribe to Him unity, uniqueness and simplicity. Neces-
> sarily, then we must say that God's majesty is the absolutely One, but we cannot say
> that the absolutely one is God. This concept of the ›absolutely one‹ is the reflection
> of creaturely unities.[14]

For Barth monotheism ›is the esoteric mystery behind nearly all the religions
with which we are familiar, as well as most of the primitive religions.‹[15] He criti-
cised Islam for being ›incurably entangled‹ in the ›absolutising of the idea of
uniqueness‹ and its ›noisy fanaticism regarding the one God, alongside whom,
it is humorous to observe, only the baroque figure of His Prophet is entitled to a
place of honour‹.[16] But he found Islamic monotheism no different than paganism,

---

[11] Luther's Verlegung cited and translated by *A. S. Francisco*, Martin Luther, 116.
[12] Luther's Verlegung cited and translated by *A. S. Francisco*, Martin Luther, 115.
[13] For a broad view of the medieval views of Islam, see *N. Daniels*, Islam and the West:
The Making of an Image, Edinburgh 1960.
[14] *K. Barth*, Church Dogmatics 2:1, Edinburgh 1957, 447–448.
[15] *K. Barth*, Dogmatics, 448.
[16] *K. Barth*, Dogmatics, 448.

a paganism with an >esoteric essence< with which >it proclaims the unique as God instead of God as the One who is unique.<[17]

The multivalent expressions of God's oneness had both philosophical and theological underpinnings. The Muslim philosopher al-Kindī (*c.* 800–870), a central figure in the translation movement of Greek works in to Arabic in 9th century Baghdad, not only denied the multiplicity of God but emphasised that God is the cause of unity in everything else. God is one and stands outside the set of things which are one and many. It is in virtue of his oneness that he exercises causality over creation for he is the only true agent:

> Since every one of the sensible things, and what attaches to sensible things, has both unity and multiplicity in it together, and any unity in it is an effect from a cause and is accidental in it and not by nature, and multiplicity is necessarily a collection of unities, therefore it is necessary that if there is no unity, there is no multiplicity at all. So the bringing to be of every multiplicity occurs through unity, and without unity the multiple would have no meaning at all. The cause of the bringing to be is then from the true one; which is not given unity by any giver.[18]

On their part, many Muslims especially in the early/medieval era saw in the Trinity a division of God's oneness despite vigorous Christian claims to the contrary. The medieval rationalist Muslim scholar Qāḍī 'Abd al-Jabbār (d.1025) in his famous work *Critique of Christian Origins* wrote a lengthy treatise undermining Christian claims and creeds of the Trinity and Jesus' divinity:

> Do you see that you are saying: a god who is the Father, Begetter, Living, Omnipotent, Without Beginning, Knowing, Creator and Provider; and a god is the Son, Begotten, Word, Living, Without Beginning, Creator, Provider, neither the Father nor the Begetter, and that it is not possible that he be the Begetter or the Father; and god who is the Holy Spirit, Living, Knowing, Without beginning, Creator and Provider? Then you say these are three hypostases. You say that each one of them is a god and a Lord, Without Beginning. You refrained from a general affirmation [of three gods] but you gave the details. The only thing that prevents the Christians from putting forth the statement that there are three, separate, different gods (which they have given in meaning) is that they affirm the Books of God, Mighty and Exalted, which Jesus affirmed. They are filled with monotheism, they declare that He alone is Without Beginning and that he does not resemble [created] things.[19]

---

[17] *K. Barth*, Dogmatics, 448.

[18] *P. Adamson*, Al-Kindī, Oxford 2007, 55–56.

[19] 'Abd al-Jabbār, Critique of Christian Origins, edited translated and annotated by *G. S. Reynold / S. K. Samīr*, Provo 2010, 7–8.

While the Trinity continued to be a debated and contested topic between Muslims and Christians, not all Muslims saw it as a doctrine which divided God's unity. Ibn al-'Arabī and other Persian Ṣūfī poets saw the Trinity and the Incarnation as symbolic ways of speaking about the Absolute. For Ibn al-'Arabī, number did not beget multiplicity in the Divine substance. He wrote in his famous poem, *Tarjumān al-Ashwāq (The Translator of Desires)*: ›My beloved is three although he is One/Even as the three persons are made one Person in essence.‹[20] The Ultimate for Ibn al-'Arabī is the Essence, God in himself and thus unrelated to any created thing. The Essence remains unknowable but God's relationship to created entities can be articulated. Toshihiko Isutzu states that Ibn al-'Arabī distinguishes between the Essence in itself and its relationship by means of *al-Ahad* and *al-Wahid*: ›The *Ahad* is the pure and absolute One- the reality of existence in a state of absolute underdetermination, the prephenomenal in its ultimate and unconditional prephenomenality- whereas the *Wahid* is the same reality of existence at a stage where it begins to turn toward phenomenality.‹[21] Whatever language Ibn al-'Arabī uses to make this distinction between the Absolute in itself and its relationship to created entities, Royster states ›the distinction itself- even though it lies in the dualistic nature of the human mind and not in the essential nature of the Ultimate- remains consistent.‹[22] Ibn al-'Arabī 's metaphysics on this issue are similar to Meister Eckhart's assertion ›Existence is God‹ (*esse est Deus*). In identifying existence with God, Eckhart affirms the unity of God's being in which there is no division.

I began with some Christian and Muslim reflections to try and show that much of the doctrinal debate in Muslim- Christian polemics resides on how God is understood as one *as* revelation and also *through* revelation. Traditional theistic interpretations of God's omnipotence do not place any obligations on either God's essence or his attributes but God chooses to ›reveal.‹ The most dominant Qur'ānic discourse of a direct engagement with humanity is through God's signs (*ayāt*) in the natural world and God's messengers. Nature is an emblem of God. God wants to be known, to remind and to be remembered. Revelation is to be understood as a process of God communicating in the concreteness of events, re-igniting in humankind a new awareness of themselves and their relation to the world. In Islam God has done this throughout history by sending messengers from Adam to Muhammad who all bring the same primordial truth anchored in the heart of humanity. Revelation in Islam sends us back to the unconditional

---

[20]   See *J. Royster*, Personal Transformation in Ibn al-'Arabī and Meister Eckhart, in: *Y. Haddad / W. Haddad (eds.)*, Christian-Muslim Encounters, Gainesville 1995, 158–179.

[21]   *Toshihiko Isutzu*, Ibn al-'Arabī , in: *Mircea Eliade* (ed.), The Encyclopaedia of Religion, New York 1987.

[22]   *J. Royster*, Ibn al-'Arabī , 162.

proclamation of the oneness of God which has been the constant message of God to diverse communities throughout history. Ismaīl Farūqi writes that at the very core of religious experience in Islam stands God and that the *shahadah* proclaiming there is no God but God ›occupies the central place in every Muslim place, every Muslim action, every Muslim thought.‹[23] Revelation belongs to the history of the manifestation of God and is present in the history of those sent by God. Revelation not only communicates the truth of God in himself but the truth of man and of history by telling humankind something different from what it knows. In this way, the Qur'ān sees itself as both the *furqān*, the criterion of right and wrong but also as an historical oral process recalling past history. One particular way of showing this is that the Qur'ān presumes that its audience is familiar with the storied and beliefs in the scriptures of Jewish and Christian communities and it is within this context that one of the major Qur'ānic themes becomes the continuity of message and messenger in human history: ›We have sent you inspiration as we sent it to Noah and the messengers after him. We sent inspiration to Abraham, Ismā'il, Isaac, Jacob and the tribes, to Jesus, Job, Jonah, Aaron, and Solomon and to David we gave the Psalms (Q4:163).‹ But why revelation in the first place? For Ibn al-'Arabī, the central ontological question, why there is anything rather than nothing, was made explicit in the famous *ḥadīth qudsī*, ›I was a hidden treasure then I desired to be known, so I created a creation to which I made myself known; then they knew me.‹[24] The very purpose of creation is for God to reveal himself. For Ṣūfīs such as Ibn al-'Arabī and Hallāj this is not because God needs creation in any way to realize his fullness but because God's creative love is so strong that it triggers the whole process of creation. God's self identity is timeless, he does not become less God or more God in the act of creation but something within God inspires a movement of creative freedom. The Qur'ān however, focuses largely on human worship of God as the reason for creation: ›I created jinn and mankind only to worship me. I want no sustenance from them nor do I want them to feed me (Q51:56–57).‹ Human worship can only result from a prior intention by God to fill the earth with humanity. Iblīs is cursed as Satan by God for his disobedience in refusing to prostrate in front of Adam but Adam is forgiven by God for eating from the forbidden tree. In the Qiṣaṣ literature, Adam's sense of guilt and shame at his behaviour causes him to ask Gabriel that after one parting glance at paradise, he be allowed to flee from paradise:

> When Adam had one foot outside the gate, the voice of God called, ›Gabriel, stop him at the gate of paradise.‹ Then the mighty one called saying ›O Adam, I created you to

[23]   Ismaīl Raji al-Farūqi, Islam and Other Faiths, *A. Siddiqui* (ed.), Leicester 1998, 9.

[24]   *B. al–Zamān Foruzanfar*, Āḥadīth-Masnavi, Reprint, Tehran 1987, 29.

be a thankful servant not an unbelieving slave.‹ ›O Lord,‹ cried Adam ›by your splendour I beg you to restore me to the dust from which you created me, and I shall be dust as I first was.‹ ›O Adam,‹ said God, ›how can I restore you to dust when I have known for all eternity that I would fill the earth and hell from your loins.‹ And Adam was silent.[25]

Adam and humanity as a whole were destined to multiply and fill the earth but behind this destiny lies the challenge of worshipping God. In different ways in the Qur'ān, the emphasis on human worship of God remains the principle if not the only explanation as to why human beings were created. Ibn al-'Arabī however drew a connection between love and worship so that worship of God was not about knowing God or obedience to him, but essentially about loving him. For Ibn al-'Arabī, love becomes a universal principle encompassing the actions of all creation, the basis by which all phenomena are explicable. Human beings may not be able to attribute a beginning or purpose to God's love but he writes, ›We came from love, we are created in love.‹[26]

The Qur'ānic discourse is firmly rooted in God's multiple acts of revelation throughout history, and man's choice in accepting or rejecting the signs. While the Qur'ān contains verses both in defense of human freedom and in defense of God's predetermined order, the complexity of the rhetoric is essentially about calling people to faith, not the elaboration of precise theological harmony. God cannot be a generous but coercive God but it is an extension of God's mercy and justice that God has sent Prophets and books to different communities to show correct belief. In these multiple acts God does not reveal himself directly although arguably God is revealed in some sense in the Qur'ān. The Qur'an is God's speech in which he chooses to reveal something of himself especially with verses such as God is near man, ›nearer to him than his jugular vein‹ (Q50:16). He can be known by his attributes (*sifāt*) of which he speaks directly through the Qur'ān, he is ›light upon light‹ (Q24:35) and he is defined by his ›most beautiful names‹ (*al- asma al- husna*), traditionally numbering ninety-nine.

However, accepting that God is one did not mean that this oneness was understood by all in the same way. One way of conceptualizing God was by understanding his attributes and the references to his physical being. Muslim literature including the Qur'ān contains various verses which refer to God's physical attributes:

---

[25] ›Ab Allah al-Kisā'ai, Qisas al-anbiya, Tales of the Prophets, translated by W. Thackston Jr, Great Books of the Islamic World, Chicago 1997, 43–44.

[26] M. ibn 'Alī Muhyī al-Dīn Ibn 'Arabī, Tarjuman al'Ashwaq: A Collection of Mystical Odes by Muhyiuddīn Ibn al-'Arabī, vol. 2, edited and translated by R. A. Nicholson, London 1911, 318. Ibn-'Arabī defines God's love for man as *al-hubb al-Ilāhī*.

Everything on earth perishes, all that remains is the face of your Lord, full of majesty bestowing honour (Q55:26–27).

Wait patiently O Prophet for you are under our watchful eye. Celebrate the praise of your Lord when you rise (Q52:48)

These people have no grasp of God's true measure. On the day of resurrection, the whole earth will be in his grip. The heavens will be rolled up in his right hand – Glory be to him, he is far above the partners they ascribe to him (Q39:67–68)

A Jew came to the Prophet and said ›O Muhammad, Allah will hold the heavens on a finger, the mountains on a finger, the trees on a finger and all the creation on a finger and then he will say, ›I am the king,‹ On that Allah's apostle smiled till his premolar teeth became visible and recited, ›These people have no grasp of God's true measure.‹[27]

Despite such anthropomorphic allusions verses, there developed in Islamic thought a gradual insistence on keeping God the ›other,‹ where God's eternal reality did not resemble in any way the temporal reality of other beings.[28] The most celebrated group of people to reject the literal understanding of anthropomorphic verses in the Qur'ān were the Mu'tazilites, the official court theologians of the early Abbasids. So strongly did they conceptualise God's divine oneness, freewill and his unswerving justice that they propounded the doctrine of the created Qur'ān, ie the Qur'ān had been created in time and was not the eternal word co-existing with the eternal God, other wise there would be two divine realities – God and the Qur'ān. Therefore the Qur'ān was created in time and the message of the Qur'ān created by God as his guidance for humankind; human being exercised free will in their response to the created Qur'ān. Frederick Denny writes:

> Ironically the doctrine of the eternal Qur'ān doctrine somewhat resembles the Christian doctrine of the pre-existent and divine Logos ›Word‹ of God which in the opening of the Gospel of John is characterized as eternal and finally equivalent to God. But the word became incarnate in the life and work of Jesus. The Mu'tazilites were concerned about just this sort of ›incarnationism‹ slipping into Islamic doctrine and considered the position that held the Qur'ān to be eternal as a main avenue for such a development. In Christianity the Word became flesh; in Islam it became a book.[29]

---

[27] http://www.sahih-bukhari.com/Pages/Bukhari_9_93.php, hadith no. 510. The verse at the end of this hadith is Q39:67.
[28] ›Abd Allah Baydawi, Tawali'al-Anwar min Matali'al-Anzar, vol. 2, edited and translated by E. Calverley / J. Pollock, Nature, Man and God in Medieval Islam, Leiden 2002, 751.
[29] F. Denny, An Introduction to Islam, New York 1994, 184.

It was precisely because 9th/10th century debates on the conceptualization of God's ›otherness‹ (*mukhālafa*) were relatively fluid that Williams concludes:

> The God of 9th-10th-century Sunnism was theophanous and corporeal. It was widely believed that an encounter with the divine inaugurated Muhammad's prophetic career. Such a God would eventually be replaced by an invisible, non-theophanous deity, as it was in Judaism, but not before making a significant contribution to the development of Islamic orthodoxy, which has shown itself to be remarkably fluid over the years.[30]

The tension between self-revelation and complete transcendence has exercised the minds of Christian and Muslim scholars for centuries – reconciling a God who is radically one and transcendent and a God who reveals for a purpose. In both religions, God is not an abstract concept, rather he reveals in diverse ways in history so that we can re-center ourselves towards him. As Rowan Williams says ›God is the »presence« to which all reality is present.‹[31] In developing the relationship between the divine and the human, Muslims focused on God's modes and purpose in revelation, the human obligation to submit to reading God's presence in the Qur'an and obeying God's will in response to a revealed text. Christianity saw in revelation an aspect of God's self giving so that revelation is seen as ›a happening that settles in the concreteness of events and that finds in Jesus Christ its fullness of meaning.‹[32]

Although the tension over how God is close yet distant directed much of Islamic thought to conclude that God is transcendent in his very immanence because to take either position purely is to limit God, there is a distinction between God (*Haqq*) and creation (*khalq*). But God's transcendence and omnipotence within and apart from his creation are not the defining attributes of a distant God. When the human face turns to God, God does not turn away. It is in this turning to God for repentance, for consolation in the dark silence of the universe, where the Muslim encounters the mercy and nearness of the Creator. In the collection of Prophetic traditions, we find striking images of physical and emotional closeness between man and God: there is mutual movement between man and God:

> When I love him [my servant] I am his hearing with which he hears, his seeing with which he sees, his hand with which he strikes, and his foot with which he walks.

---

[30]   *W. Williams*, Aspects of the Creed of Imam Ahmad Ibn Hanbal, in: International Journal of Middle-Eastern Studies 34, 2002, 441–463.

[31]   *R. Williams*, Resurrection, Interpreting the Easter Gospel, London 1982, 29.

[32]   *C. Dotolo*, The Christian Revelation, translated from the Italian by *C. Domenica*, Aurora 2006, ii.

Were he to ask [something] of me, I would surely give it to him and were he to ask me for refuge, I would surely grant him it.

O son of Adam, so long as you call upon me and ask of me, I shall forgive you for what you have done, and I shall not mind. O son of Adam, were your sins to reach the clouds of the sky and were you then to ask forgiveness of me, I would forgive you. O son of Adam, were you to come to me with sins nearly as great as the earth and were you then to face me, ascribing no partner to me, I would bring you forgiveness nearly as great as it (ie the earth).[33]

Ibrahim b. Adham said, ›I was performing the circumambulation in solitude on a certain night, and it was a dark rainy night, and I halted at the obligatory place beside the gate and said: ›O my lord keep me from sin so that I am never disobedient to you. And the voice of the One unseen called out to me from the Ka'ba: O Ibrahim, you are asking me to keep you from sin, and all my believing creatures seek that form Me. But if I should keep them from sin, upon whom should I bestow My bounty and to whom should I grant pardon? (Al-Ghazali, p.19).

A dominant theme in Ṣūfī literature was to argue that there is really nothing in existence except God. God was the only Absolute (*Haqq*), the only manifest truth and that evil was really a name for not-being:

The Beloved takes on so many different forms
His beauty expresses itself in varied artistry
Multiplicity is there to heighten the charm of Unity
The one delights to appear in a thousand garbs
The same idea has been referred to in the verse.[34]

However, conscious human effort to do right will inevitably collide with the complex issue of God as a being who determines the fate of all beings (*al qadar wa-l-qadā'*). The question of human freewill and divine predestination arose in the second/eight century by the proponents of freewill called the Qadarites largely because of certain Qur'ānic passages which argued both in support and against human freedom to determine action:

If God had willed he could have made you all one people. God leads astray whom he wills and guides whom he wills. You shall be called to account for all that you have done (Q16:93).

Those whom God wishes to guide, he opens their breast to surrender [islam] and those he wants to lead astray, he tightens their breast (Q6:125).

---

[33] Hadith 25 related by al-Bukhāri and 34 related by al-Tirmidhi respectively, cited in *E. Ibrahim / D. J. Davies*, Forty Hadīth Qudsī, Islamic Texts Society, Cambridge 1997, 126.

[34] *M. Valiuddin*, The Qur'anic Sufism, 2nd ed. Lahore 1978, 138. The ›verse‹ at the end of the quote by Jami' is Q29:44: God created the heavens and the earth from *Haqq* (from/in truth).

The various manifestations of the supreme command of God is crystallized in the earliest Ḥanafi creed that ›what reaches you could not possibly have missed you and what misses you could not possibly have reached you‹[35]. Muslim theologians however, were not averse to asking a variety of questions in their attempts to understand the nature of human freedom. This centred largely on questions of evil and suffering. They wrestled with fundamental questions, whether God, the supreme creator, predetermines evil, whether evil is an indirect element in a greater good or whether evil is brought about through acts of human will. A brief reflection of these debates in outlined below through the works of al-Ghazālī and al al-Ash'arī.[36]

In the *Kitāb al- Luma'* al-Ash'arī is asked a question, ›Do you say that evil (*sharr*) is from God? / Some of our companions say that all things are from God as a whole without saying of evil specifically that it is form God.‹ Later on in this polemic al-Ash'arī uses the word *qabīh*.

Is God free to inflict pain on infants in the next life?
God [is free] can do that and if he does that he is just. In the same way whenever he inflicts a never ending punishment for a finite wrong and some living things to others and blesses and not others and creates some with the knowledge that they will not believe, that is all just on his part. It would not be morally bad (*aqbah*)[37] on God's part to create them in perpetual, painful punishment. It would not be shameful on God's part to inflict pain on the believers and to allow the unbelievers to enter the gardens. We only say that he will not do this because he has told us that he will punish the unbelievers and lying in his knowledge [information] is not permitted.
The proof that whatever he does it is for him to do is that he is the king, not subject to anyone. There is no one above him who can permit, or command or be an obstacle or prohibit or decree for him or fix boundaries for him. If this is so nothing can ever be morally bad from him. If a thing is so, it is only morally bad from our part because we transgress the limits and decrees set and bring about what we have no right to bring about. Since the Creator (*al - bāri'*) is subject to no-one and not under the command of anyone, nothing can be morally bad on his part.
And if it is asked that lying is morally bad only because God has made it morally bad, then the answer is yes indeed and if he had made it good it would be good and if he commanded it, no one can oppose it.
Then allow that God can lie just as you allow that God can command lying.
Human acts are right only when God commands man or recommends to him to do them, without having any intrinsic character which would make them good in themselves.[38]

---

[35] *A. J. Wensinck*, The Muslim Creed, Cambridge 1932, 103, 107–9.

[36] For further analysis of Islamic approaches to evil, see *M. Siddiqui*, The Good Muslim: Reflections on Classical Islamic Law and Theology, Cambridge 2012 (in press).

[37] *Qabīh* can mean disgraceful, shameful, vile or bad.

[38] *A. Hourani*, Averroes on Good and Evil, in Studia Islamica 16, 1962, 16.

Albert Hourani gives an overview of the dominant discourse of ›theistic subjectivism‹ in the Muslim world in which he states that the theory of good and evil, justice and injustice are ›defined entirely by reference to the commands of God as revealed to man in the *sharī'a*.[39] Hourani writes that it was largely Ash'arite thinking which prevailed and in which he argues that the main argument was ›simply the authority of scripture. … and though this may not seem to us very convincing philosophically, it was hard to stand up in medieval Islam and argue that ›good‹ had a meaning independent of scripture.‹[40] Ibn Rushd was one of the many Muslim scholars who tried to use both reasons and scripture to reconcile evil with an omnipotent and good God who created everything in and he thus rejected this opinion in his work *Manahij*:

> This is extremely disgraceful because in that case there would be nothing which is good (*khayr*) in itself and nothing which is evil (*sharr*) in itself; but it is self-evident that justice is good and that injustice is evil. And associating [other gods] with God would not be unjust or wrong (*zulm*) in itself but only form the standpoint of the Law, and if the law had prescribed an obligation to believe in an associate of God, then that would have been just.[41]

In Ash'arite theology it would seem that God owes nothing to man. Frithjof Schuon summarizing the intellectual weakness of Ash'arite theology writes:

> Intellectually speaking, the mental weakness of Ash'arī consists in humanizing the Absolute, in speaking of Omnipotence when it is a question of All-Possibility, and in attributing to Omnipotence an individual and almost juristic character and forgetting the fundamental goodness of Being. What in God, is an overflowing of Infinity, becomes for the Ash'arites and their like like an unfathomable tyranny. To approach the problem from the viewpoint of God's all-ordaining authority can obviously mean that God is the source of every quality and every measure; but in that case, the matter is very badly expressed, as always happens when one forces metaphysical truths into the mould of a perspective that is narrowly human and therefore centred on will and sentiment.[42]

Muslim theology like Christian theology both tried to guard God's unity and transcendence as well as insisting on the gratuity of creation. Scholars gave intellectual explanations as to how the oneness of God had to be recognised alongside the goodness of God and God is neither constrained nor completely arbitrary

---

[39]   A. *Hourani*, Averroes, 13–40.
[40]   A. *Hourani*, Averroes, 16.
[41]   A. *Hourani*, Averroes, 18.
[42]   F. *Schuon*, Islam and the Perennial Philosophy, London 1976, 129.

in his will. In doing so they showed that divine immanence and transcendence were fluid concepts. Let me conclude with a verse from *The Bezels of Wisdom*, which to some extent encapsulates this Muslim Christian struggle:

> If you insist only on His transcendence you limit Him
> And if you insist only on His immanence, you limit Him
> If you maintain both aspects, you are right.[43]

---

[43]   *Ibn al'Arabi*, The Bezels of Wisdom, translated by *R. W. J. Austin*, New York 1980, 75.

Divine Unity, Revelation and the Partnership of Human & Divine

Jewish Perspectives in the Context of Christianity and Islam
Response to Mona Siddiqui

Walter Homolka

Mona Siddiqui has given us an elaborate account of the conversations between Muslims and Christians through the centuries. It is fair to say that the assessment and refutation of Trinitarian beliefs formed an essential part. And this is just as true for the Jewish-Christian debates. Judaism had to come to terms with both Christianity and Islam as related religions which dominated areas of co-habitation and forced Judaism to define its respective relations.

I THE NOACHIDIC LAW – COMMON GROUND FOR HUMANKIND

Before I touch the areas where Islam and Judaism may share more ground than each other shares with Christianity, let me be clear about one thing: Rabbinic Judaism does not require non-Jews who want to live in a commonwealth with Jews and in the same territory to go over to the prevailing religion, to believe in the God of Israel and to subject themselves to the 613 prohibitions and commandments of the Torah. It merely requires them to observe the seven commandments that are traditionally associated with the covenant of God with Noah in the flood narrative.[1] And for Moses Maimonides (1135–1204) it is even possible to know the Noachidic law with the help of rational contemplation (*hecre ha-da'at-inclinatio rationalis*), not by revelation.

Moses Mendelssohn (1729–1786) refers to the Noachidic commandments when he is invited by the Zurich preacher Johann Caspar Lavater in 1769 to a religious disputation aimed at converting Mendelssohn to Calvin's Christianity. In December 1769 Moses Mendelssohn counters with a reference to the tolerant attitude of Judaism, which rejects any missionizing:

---

[1] Midrash Deuteronomy Rabbah (Devarim Rabbah) 2:25 on Deuteronomy 4:41.

»In accordance with the principle of my religion I should not seek to convert anyone who is not born according to our law. This spirit of conversion, the origin of which some are so keen to burden the Jewish religion with, is diametrically opposed to this. All our rabbis teach unanimously that the written and oral laws in which our revealed religion consists are binding only on our nation. Moses commanded the law for us, it is a legacy of the community of Jacob. All the other peoples of the earth, we believe, have been instructed by God to observe the law of nature and the religion of the patriarchs [Mendelssohn notes: »The seven main commandments of the Noachids«]. Those who direct their way of life in accordance with this religion of nature and reason are called by other nations virtuous men, and these are children of the eternal blessedness.«[2]

This principle may ease the question – at least for the Jewish side – who may or may not be doctrinally right. However, it is fair to say that up until well into the twentieth century the Jewish assessment of Christian core doctrines was negative.

2 JUDAISM AND CHRISTIANITY – ESSENTIALLY DIVIDED

Let us look at the period directly prior to the Shoah. In 1930 the *Verband der Deutschen Juden* (Union of German Jews) completed a large publishing project. With its *Lehren des Judentums nach den Quellen* (*The Teachings of Judaism. From its Sources*), this five-part work was created with the intent of providing an intellectual profile of Judaism. In the work's fifth and last part, prominent representatives of German-Jewish thought–including Leo Baeck, Seligmann Pick, Michael Holzman, Julius Lewkowitz, and Felix Makower–address Judaism in its relation to its surroundings. While Islam does not even make an appearance, over 300 pages are devoted to exploring the differences between Judaism and the »Christian religions« with regards to their »basic ideas« and »manifestations.« Written shortly before the brachial caesura of the Holocaust, *The Teachings of Judaism: From its Sources* gives us a comprehensive understanding of the Jewish relationship to Christianity, and it precisely describes the lines of demarcation between the two. Hence, this work is especially well-suited to provide us with insight into the distanced relationship between Judaism and Christianity for many centuries up until the first half of the 20th century.

It was Leo Baeck (1873–1956) who recognized Pauline theology and mission as the decisive turning point in the history of Christianity with regards to its re-

---

[2]   *M. Mendelssohn*, Collected Works, *ed. S. Rawidowicz*, vol. 7 (Berlin: Akademie Verlag, 1939), 14 and 10. For the history of the reception of the Noachide commandments in Judaism, cf. *Chr. Schulte*, Noachidische Gebote und Naturrecht, in: *R. Faber (ed.)*, Humanismus in Geschichte und Gegenwart, Tübingen 2002, 245–274.

lation to Judaism and the early Christian community before Paul. Baeck writes that »out of the Jewish messianic belief, as conceived by the old Christian community as belief in the messianity of Jesus, came, in Pauline theology, as influenced by oriental-Hellenistic beliefs of mystery, a completely different belief: the myth of Christ. Here, as well, Jesus remains central. However, this Jesus to whom [in Pauline theology] all thoughts and hopes are addressed is no longer the Jesus who admonished, taught, supported, and made promises, as well as of whom his companions and students spoke. Here is someone completely different, only his name remains the same.«[3]

Leo Baeck criticizes that belief in a mythic redeemer of the world, i.e. one who has been present since the beginning of time, forces God into the background: »God's significance is merely that He sent this saviour into the world.«[4] Only by turning toward this redeemer can one become a member of the community. Only through the sacraments of baptism and the Eucharist can one participate in these mysteries in a real and tangible manner. Only those who bind themselves to Christ through these mysteries will partake in the miracle of grace, i.e. in eternal life and the freeing from sin. As the emerging church turned away from its pre-Pauline and Jewish origins, Judaism had to turn against the church. Against the claim of Christ, Judaism was pushed to emphasize its insistence on strict monotheism and its rejection of any intermediary between God and man. Baeck writes that »through its struggles with the church, the Jewish religion of the time became increasingly conscious of its own self.«[5] Baeck, however, interprets the fundamental difference between Christianity and Judaism not as stemming from Christology, but rather from their different teachings of man. For him, the church abandoned the biblical view that »man is created in the image of God« and thus endowed with the creative power to fulfil the moral tasks that God sets before him in accordance with his free will and his autonomy of decision.[6] According to the church, man is viewed as in need of redemption and reliant on God's power per se. With this shift, the central role that ethics play in Judaism was lost,[7] for the miraculous salvation solely through grace took the place of the judiciary in the Bible. Moreover, Jesus divides God and humankind. Seligmann Pick summarizes the Jewish position as follows: »the Christian teaching of the ›son of God‹ has always been viewed by Judaism as an irrec-

---

[3]   *Verband der Deutschen Juden (ed.)*, Die Lehren des Judentums nach den Quellen, vol. III, ed. by *W. Homolka*, München, 1999 (new ed. of the 1930 edition, Leipzig: Gustav Engel Verlag), 58. Unless otherwise noted, all translations are those of the translator.

[4]   Ibid., 58.

[5]   Ibid., 60.

[6]   Ibid., 67.

[7]   Ibid., 68.

oncilable contradiction to monotheism.«[8] To this he cites chapter 31 of the *Aggadat Bereshit*: »foolish is the heart of the liars who say that the Holy One has a son. Now concerning the son of Abraham: when he saw that he came to slaughter him, he could not see him in pain, but immediately cried: *Do not lay your hand on the boy* (Gen. 22:12). Had he had a son, would he have abandoned him, and would he not have overturned the world and turned it into chaos? Therefore Solomon says: *There is one and there is no second, he does not have a son or brother* (Eccl. 4:8).«[9] Pick examines the teachings of the Holy Ghost and the Trinity and demonstrates their incompatibility with Judaism. In doing so, he refers to Joseph Albo, Hasdai Crescas, Yehuda ha-Levi, and others when he states that the doctrine of the Trinity allows »no room for reason (Kuzari I, 5).«[10]

Moreover, the concept of original sin is thoroughly rejected by Pick. He writes that »Judaism does not deny that man brings with him a certain inclination to sin, so to speak, and that man later burdens himself with sin. However, every human soul is originally pure (*tehora*) because it is created by God, the eternally pure. According to Jewish thought, where this purity is denied, the ethical in man is ultimately doomed to powerlessness.«[11] Michael Holzman explains the contrasting Jewish position to justification through faith:

> »That man is burdened with original sin is justified by Paul and Luther through belief in Christ, by Calvin through the grasping of Christ's justice in faith and, by Augustine and the Council of Trent through the infusion of grace. Jewish doctrine is quite different. It knows not the concept of original sin and holds to the idea that all men are created in the image of God. Every soul–even after Adam's disobedience–is pure.«[12]

Every human being is capable of choosing good and turning from evil. One can return to God through repentance, without intermediation. In this sense, belief in God is not demanded, but rather presupposed. In contrast to Pauline teachings, Judaism is centred exclusively on righteous and just deeds, i.e. on moral and ethical actions. Julius Lewkowitz continues this thought by differentiating between the virtues of action and suffering. In contrast to the Jewish affirmation of a world in which man actively participates, Christianity teaches disdain for life on earth and demands abnegation of its fruits; all engagement on earth is

---

[8]   Ibid., 74.

[9]   Ibid., 84, quotation according to: *A. Bereshit*, transl. by *Lieve M. Teugels* (Jewish and Christian Perspectives Series, vol. 4), Leiden 2001, 100.

[10]   Ibid., 106.

[11]   Ibid., 121.

[12]   Ibid., 155.

viewed as meaningless, for all activity should be directed toward the coming kingdom of God.[13] Whereas Judaism encourages man to struggle against misery, Christianity glorifies suffering in itself. Lewkowitz writes that »the suffering messiah is the supreme example of human devoutness.«[14] Baeck subsequently emphasizes the primacy of individual belief: »without dogmatic adherence and ecclesiastical coherence, the entire community of Jews has continuously lived, in existence and in awareness, with a degree of intellectual diversity and of individual freedom of teaching that other religious communities in history have hardly expressed.«[15] In this sense, Pick highlights the absence of dogma and confessional writings in Judaism. The devotion to Mary and the veneration of saints is also critically addressed, as is the primacy of the clergy, especially in the Roman Catholic Church, in contrast to the equality of all members of the Jewish congregation. The autonomy of the Jewish congregations is praised, contrasting a central doctrinal body and high church authorities.

Two things may be observed here: prior to this work, such a comprehensive systematic attempt to analyze Judaism in contradistinction to Christianity had not been undertaken. And: even as late as the 1930s, one can say that Judaism's position with regard to the core messages of the Christian faith was distanced and marked by contrast, much less so than with regard to Islam.

3 Judaism and Islam – sharing common ground

Mona Siddiqui has referred to Karl Barth's equation of Islamic monotheism as paganism »which proclaims the unique as God instead of God as the One who is unique«[16]. This somewhat highhanded assertion makes me ask whether he would have said the same about Judaism. A contrasting judgment was handed down by Abraham Geiger (1810–1874) in the nineteenth century, who had defined Jesus as a Pharisee, yet early Christianity as a paganisation and hence as the betrayal of Jesus' Jewish message.[17] The German Lutheran theologian Franz Delitzsch found comments on Jesus' Jewishness by Geiger »ten times more horrific« than the crucifixion.[18] Geiger's attention to Christianity during his life had clear apologetic characteristics. However, his consideration of Mohammed and the Koran, by contrast, showed genuine interest, consideration and care. His prize-winning

---

13   Cf. Ibid., 172.
14   Ibid., 173.
15   Ibid., 205.
16   *K. Barth*, Church Dogmatics 2:1, London 1957, 448.
17   Cf. *A. Geiger*, Judaism and its History, New York 1865, 215ff.
18   *S. Heschel*, Abraham Geiger and the Jewish Jesus, Chicago 1998, 196.

doctoral thesis ›What did Mohammed draw from Judaism‹ of 1834 established Abraham Geiger as a precursor in modern Islamic studies. He turned against the Islamophobic tradition of Christian Oriental Studies, which constantly defamed Mohammed as a charlatan, a false prophet, and a liar. For Abraham Geiger, Mohammed was an innovator of the religion that he disseminated, but not a religious founder. Mohammed's goal, Geiger claims, was ›a reunification of all religious viewpoints for the salvation of mankind.‹ Like the genesis of Islam itself, the genesis of the Koran can be read from the sources of Judaism.

It is certainly much more complicated than Geiger presented it to be, yet his manner of reading already points to the close bonds between Jewish and Christian teachings and the Koran in ways that are uncontroversial today, as much as they seem to baffle Christian theologians. Geiger's recognition of Islam as a sister religion is in clear contrast to Karl Barth's assertion of paganism, a line of thought which has supporters within Christianity to this day.

It is Abraham Joshua Heschel (1907–1972) who reminds us that the concept of One God is still one beyond the grasp of most people. »Polytheism seems to be more compatible with emotional moods and imagination than uncompromising monotheism.«[19] »Nothing in Jewish life is more hallowed than the saying of the Shema: ›Hear, O Israel, the Lord is our God, the Lord is One‹ (…). Yet, ask an average Jew what the adjective ›one‹ means, and he will tell you its negative meaning – it denies the existence of many deities.«[20] What could be the meaning of this when applied to God? In the »Guide of the Perplexed« (I, 57) Moses Maimonides asks, how can we designate Him by a number since God is neither in time nor space. Therefore, the term »one« is just as inapplicable to God as the term »many« as both are categories of quantity.[21] Heschel points to the fact that there must be another meaning of »one«. Monotheism was not attained by means of numerical reduction, by bringing down the multitude of deities to the smallest possible number. »One« means »unique«, »one« means »only«, »one« means »the same«, one means »all everywhere«. Rabbi Moshe of Kobrin said once to his disciples: »Do you want to know where God is? He took a piece of bread from the table, showed it to everybody and said: Here is God. (…) ›One‹ in a metaphysical sense means wholeness and indivisibility. God is not partly here and partly there. He is all here and all there.«[22]

Kaufmann Kohler (1843–1926), in his »Jewish Theology« pointed to the fact that the doctrine of the One and Only God stands, as a matter of course, in the foreground of both Judaism and Islam.

---

[19]   A. J. Heschel, Man is Not Alone: A Philosophy of Religion, New York 1982, 111.
[20]   Ibid., 114–115.
[21]   Cf. ibid., 115.
[22]   Ibid., 121.

Early medieval Jewish thinkers found the *kalam* (speculative theology) of the Muslim rationalistic school known as the Mu'tazila congenial, e.g. the uncompromising definitions of God's unity.[23] During the mid-tenth to mid-twelfth centuries, their Karaite contemporaries also produced works closely modelled upon Mu'tazilite patterns. The example of Islam, which had very early formulated a confession of faith of speculative character for daily recitation, influenced first Karaite and then Rabbanite teachers to elaborate the Jewish doctrine of One Only God into a philosophic creed. The Karaites shaped their creed after the Mohammedan pattern, which gave them ten articles of faith; of these the first three dwelt on: 1, creation out of nothing; 2, the existence of God, the Creator; 3, the unity and incorporeality of God.[24] Abraham ben David (*Ibn Daud*) of Toledo presents in his »Sublime Faith« six essentials of the Jewish faith: 1, the existence; 2, the unity; 3, the incorporeality; 4, the omnipotence of God (to this he subjoins the existence of angelic beings); 5, revelation and the immutability of the Law; and 6, divine Providence.[25]

And Maimonides proposed thirteen articles of faith which became very popular in Judaism and even found access in the Jewish liturgy.[26] His first five articles were: 1, the existence; 2, the unity; 3, the incorporeality; 4, the eternity of God; and 5, that He alone should be the object of worship; to which we must add his 10th, divine Providence.[27]

So far one may say that Jewish and Muslim theologians are fairly united against what both see as a challenge to Monotheism: Christianity.

Alexander Altmann (1906–1987), in his historical survey of the Jewish discussion of the Divine attributes or predicates,[28] has approached the many attempts to the question how one may speak in meaningful terms of God whose essence is presumed to be unknowable. Philo of Alexandria derived the doctrine of the unknowability of God from the Bible. In several passages he interpreted Moses' prayer, »Reveal Thyself to me« (according to the Septuagint version of Ex. 33:18), as one for the knowledge of God's essence, and God's answer as pointing out that only His existence could be known, while his essence was unknowable to any created being.[29] The reason given by Philo is the incomparability

---

[23]   *J. Guttmann*, Die Philosophie des Judentums, Berlin 2000, 112–122.

[24]   *Kohler*, Jewish Theology, 22.

[25]   *A. Altmann*, The Divine Attributes – An Historical Survey of the Jewish Discussion, in: *R. Gordis / R. B. Waxman*, Faith and Reason –Essays in Judaism, New York 1973, 18–19.

[26]   *K. E. Grözinger*, Jüdisches Denken: Theologie – Philosophie – Mystik, vol. 1, Frankfurt / New York 2004, 432.

[27]   *Kohler*, Jewish Theology, 22.

[28]   *Altmann*, Divine Attributes, 9–29.

[29]   Cf. *H. A. Wolfson*, Philo, Foundations of religious philosophy in Judaism, Christianity, and Islam, Vol. II, Cambridge 1968, 86–87.

of God stated in Num. 23:19 (according to the Septuagint: »God is not like a man«; Wolfson, Philo, II, 97). From His unlikeness to any other being follows His indivisibility, His being without quality or form. God belongs to no class. He is without genus or species, and consequently no concept can be formed of Him. Hence He is incomprehensible both to the senses and the mind.[30] In what sense can any attributes be ascribed to God if His essence is unknowable? Philo asserts, property alone [not definition, not genus, not accident; Aristotle, Topica I, 4, 101b, 25] may be attributed to God, of a property, though belonging to the subject in virtue of its own essence, is not of the essence itself. The attributes which Scripture predicates of God are therefore so many properties, and they can be reduced to one single property, namely that of action. »Now it is an especial attribute of God to create, and this faculty it is impious to ascribe to any created being« (On the Cherubim XXIV, 77).

Alexander Altmann asserts that Albinus and Plotin most probably build on the foundations of Philo in their classification of divine attributes which is later adopted by John of Damascus, who was the connecting link between the Church Fathers and early Islam.[31] The discussion of the semantic value of divine attributes was thereby introduced into Islamic theology. The influence of the Christian doctrine of the trinity made the problem of divine attributes more complicated. So much so that I restrict myself in this response to say that this area has always been one of fruitful interdependence between Judaism and Islam in Kalam, as well as Judaism and Christianity in Scholastic theology. The Jewish theologians who followed the pattern of Kalam made use both of its arguments in rejecting the notion of trinity as well as Manichean dualism and of its formulae in dealing with the Divine attributes. I mention the Karaite Dawud ibn Marwan al-Muqammish, the Gaon of Sura, Samuel b. Chofni and Nissim ben Jacob of Kairuan, but foremost of all Saadja Gaon who bears a close resemblance to Al-Ash'ari, also in his refutation of the Trinitarian doctrine. Not to mention Maimonides and Averroes. Jewish Neoplatonism is best represented by Solomon ibn Gabirol, e. g. when looking at his poem »Keter Malkhut«. To God there applies only the question »whether« He is; the questions »what«, »how«, »why« or »where« can expect no answer. Here ibn Gabirol echoes Kalam Formulae.

This speculative form of faith, however, has been most severely denounced by Samuel David Luzzatto (1800–1865) as »Atticism«[32]; that is, the Hellenistic or philosophic tendency to consider religion as a purely intellectual system, instead of the great dynamic force for man's moral and spiritual elevation. He holds that Judaism, as the faith transmitted to us from Abraham, our ances-

---

[30]   Cf. ibid., 97–110.
[31]   *Altmann*, Divine Attributes, 10–15.
[32]   *Kohler*, Jewish Theology, 23.

tor, must be considered, not as a mere speculative mode of reasoning, but as a moral life force, manifested in the practice of righteousness and brotherly love.

Indeed, this view is supported by modern Biblical research, which brings out as the salient point in Biblical teaching the ethical character of the God taught by the prophets, and shows that the essential truth of revelation is not to be found in a metaphysical but in an ethical monotheism. What is revelation in Jewish terms, though?

4 Divine Revelation and human interpretation

According to the Jewish view, in the revelation event on Sinai Moses received from God not merely the Torah in the sense of the Hebrew Bible, i. e. the »written Torah,« but also the »oral Torah.« This is the key that alone creates access to the complete understanding of the written Torah. As its name suggests, this »oral Torah« was handed down by word of mouth over many generations and finally found its written expression in the rabbinic literature. The twofold Torah contains the law revealed by God with its moral and ritual elements. The form of these laws is the product of an ongoing discourse, which produces decisions for new situations in other eras and thus makes change possible and continuity tangible. Judaism as such has changed and altered at all times. It has harmonized the faith of the patriarchs with the legislation on Sinai, with the idealism of the prophets, with the practical concern of the rabbis. It has taken account of the social conditions of different eras and reacted to contemporary lifestyles and attitudes, though it has not imitated these compulsively. This spiritual mobility must have its foundation in the relationship between scripture and tradition. That raises the question what view the rabbinic literature puts forward on the relationship between reason and revelation.

In the Mishnah, the Midrashim and the two Talmudim, different positions on the relationship between reason and revelation emerge. Common to them is the fact that the independent human reason always accompanies revelation. On the one side there is the view that the whole revelation was already given to Moses. This also already contained the breadth of interpretations included in it. Thus we read in the Sayings of the Fathers: »Ben Bag Bag used to say, Turn it [the Torah], and turn it, for everything is in it. Reflect on it and grow old and gray with it. Don't turn from it, for nothing is better than it.«[33]

---

[33]   Pirke Avot 5:25; Babylonian Talmud, Megillah 19b.

The most frequent position, however, can be derived from the following narrative:

We learnt elsewhere: If he cut it into separate tiles, placing sand between each tile: R. Eliezer declared it clean, and the Sages declared it unclean; and this was the oven of 'Aknai. Why [the oven of] 'Aknai? – Said Rab Judah in Samuel's name: [It means] that they encompassed it with arguments as a snake, and proved it unclean. It has been taught: On that day R. Eliezer brought forward every imaginable argument, but they did not accept them. Said he to them: »If the *halachah* agrees with me, let this carob-tree prove it!« Thereupon the carob-tree was torn a hundred cubits out of its place–others affirm, four hundred cubits. »No proof can be brought from a carob-tree,« they retorted. Again he said to them: »If the *halachah* agrees with me, let the stream of water prove it!« Whereupon the stream of water flowed backwards. »No proof can be brought from a stream of water,« they rejoined. Again he urged: »If the *halachah* agrees with me, let the walls of the schoolhouse prove it,« whereupon the walls inclined to fall. But R. Joshua rebuked them, saying: »When scholars are engaged in a *halachic* dispute, what right have ye to interfere?« Hence they did not fall, in honor of R. Joshua, nor did they resume the upright, in honor of R. Eliezer; and they are still standing thus inclined. Again he said to them: »If the *halachah* agrees with me, let it be proved from Heaven!« Whereupon a Heavenly Voice cried out: »Why do ye dispute with R. Eliezer, seeing that in all matters the *halachah* agrees with him!« But R. Joshua arose and exclaimed: »*It is not in heaven.*« What did he mean by this? – Said R. Jeremiah: That the Torah had already been given at Mount Sinai; we pay no attention to a Heavenly Voice, because Thou hast long since written in the Torah at Mount Sinai, *After the majority must one incline.* R. Nathan met Elijah and asked him: What did the Holy One, Blessed be He, do in that hour? – He laughed [with joy], he replied, saying, »My sons have defeated Me, My sons have defeated Me.«[34]

Here Rabbi Eliezer attempts, completely without success, to convince his rabbinic colleagues of the correctness of his halachic position. Because he does not succeed, he resorts to miracles to support the correctness of his interpretation. And finally he appeals to heaven itself, to aid him and the truth as he sees it. But the other side points to the principle of majority decision and rejects any transcendent intervention in the development of the interpretation. So the right decision is made on earth, not in heaven.[35] And the principle of the majority decision raises the question what concept of human-divine partnership Judaism holds.

---

[34]   Cf. Babylonian Talmud, Bava Metzia 59ab.

[35]   *H. Küng / W. Homolka*, How to Do Good & Avoid Evil – A Global Ethic from the Sources of Judaism, Woodstock VT 2009, 25.

5 The relationship of God and man

I turn to the story of creation in the First Book of Moses to shed light on this: »And God said: I will make man in My image (*tselem*), after My likeness (*demuth*) ... And God created man in His image, in the image of God He created him« (Gen. 1:26 f.). These words, which are repeated in the opening words of the fifth chapter of Genesis – *This book is the story of man.* When God created man, He made him in the likeness (*demuth*) of God – contain, according to Jewish tradition, the fundamental statement about the nature and meaning of man: image and likeness of God. What these momentous words are trying to convey has never ceased to baffle the reader of the Bible. In the Bible, *tselem*, the word for image, is nearly always used in a derogatory sense, denoting idolatrous images. The same applies to *demuth*, the word for likeness. »To whom will ye liken Me, and make Me equal, and compare Me, that we may be alike?« (Isa. 46:5) »For who in the skies can be compared unto the Lord, who among the sons of might can be likened unto the Lord?« (Ps. 89:7) God is divine, and man is human. This contrast underlies all biblical thinking. God is never human, and man is never divine. »... for I am God and not man« (Hos. 11:9). »God is not man to be capricious, or mortal to change His mind« (Num. 23:19). Thus, the likeness of God means the likeness of Him who is unlike man. The likeness of God means the likeness of Him, compared with whom all else is like nothing. Indeed the words »image and likeness of God« conceal more than they reveal. They signify something which we can neither comprehend nor verify. For what is our image? What is our likeness? Obscure as the meaning of these terms is, they undoubtedly denote something *unearthly*, something that belongs to the sphere of God. *Demuth* and *tselem* are of a higher sort of being than the things created in the six days. This, it seems, is what the verse intends to convey: Man partakes of an unearthly divine sort of being. Man is man not because of what he has in common with the earth, but because of what he has in common with God. The intention is not to identify »the image and likeness« with a particular quality or attribute of man, such as reason, speech, power, or skill. It does not refer to something which in later systems was called »the best in man,« »the divine spark,« »the eternal spirit,« or »the immortal element« in man. It is the whole man and every man who was made in the image and likeness of God. It is both body and soul, sage and fool, saint and sinner, man in his joy and in his grief, in his righteousness and wickedness. The image is not in man; it is man. The basic dignity of man is not made up of his achievements, virtues, or special talents. It is inherent in his very being. The commandment »Love your neighbor as yourself« (Lev. 19:18) calls upon us to love not only the virtuous and the wise but also the vicious and the stupid man. The rabbis have, indeed, interpreted the commandment to imply that even a criminal remains our neighbor. The image-love is a love of what God loves, an act of sympathy, of participation in God's love. It is unconditional and regardless of man's merits or distinctions. The image of man is also referred to in urging respect for the body of a criminal following his execution. »If a man has committed a crime punishable by death and he is put to death, and you hang him on a tree, his body shall not remain all night upon the tree, but you shall bury him the same day, for the dignity (or glory) of God is hanged (on the tree).« The intention of the verse is stressed boldly by Rabbi Meir, an outstanding authority of the second century of the Common Era, in the form of a parable. »To what may this be compared? To twin brothers who lived in one city; one was appointed king, and the other took to highway robbery. At the king's command they hanged him. But all who saw him exclaimed: The king is hanged! (for being twins their appearance was similar.) Whereupon the king issued a command and he was taken down.«[36]

But what about the moral ambivalence of human nature, the struggle between good and evil? With our free will do we always want to choose the good? Judaism down the centuries was at least clear and consistent about that: the good in us is the consequence of our being made in the image of God. God, says the first chapter of Genesis, created Adam in God's image (Gen. 1:27; cf. 5:1). And one of the greatest rabbis, Rabbi Akiba, observes: »Human beings are loved because they were made in God's image. That they were created in God's image was made known by a special love, as it is said, ›For God made human beings in the divine image‹.«[37] This doctrine is central to the Jewish understanding of human nature. It has never been given up and is regarded as a necessary and sufficient explanation of the good impulse that is the voice in us that makes us choose and do what is right.

6 GOOD IMPULSE AND EVIL INCLINATION

The Jewish interpretation of the story of Adam and Eve in the Garden of Eden therefore differs from the Christian interpretation: before the fall Adam and Eve had the absolute capacity to distinguish truth from lie. But after they had eaten of the tree of knowledge they saw that they were naked. Moses Maimonides, the great medieval philosopher of religion, remarked: Beforehand they had seen that they were naked, but they had no intimation of its meaning. Eating of the tree of knowledge meant that from then on the human being continually had to help the good to victory in a constant conflict between truth and lie. The human being can be a morally responsible being only when the capacity for responsibility is part of his nature. The possibility for good and freedom of choice are

---

[36]   *A. J. Heschel*, The Insecurity of Freedom, New York 1967, pp. 150–156.
[37]   Pirke Avot 3:18.

necessary consequences of the human being in the image of God. Here it is meaningful to take a look at early Jewish literature, for example Ben Sirach: »He clothed them with strength like unto Himself, and made them according to His own image (...) He created for them tongue, and eyes, and ears, and He gave them a heart to understand, with insight and understanding. He filled their heart, and taught them good and evil.«[38] So Ben Sirach judges human beings without exception to be responsible for their actions. But if that is the case, then the counterpart to the »good impulse« requires even more explanation. In the simplest of terms, the answer of rabbinic Judaism is as follows: just as God created the good impulse, so too he created the evil impulse (*yetzer ha-ra*), so that human beings have the possibility of and responsibility for choosing between the two. The noun *yetzer* is derived from the verb *yatzar*, »form,« and therefore means something like »a fundamental aspect of human nature« or »a fundamentally humans disposition«.[39] Of course this raises the question how a good God can create an evil impulse, and the answer is that at least to a large degree, despite its name, the evil impulse is not fundamentally evil.

One or two examples of this idea can also be found in the Jewish literature of the Roman–Hellenistic period, for example when Ben Sirach says: »The works of the Lord are all good, and supply every need in its season.«[40] Or, »God created man from the beginning, and he placed him in the hand of his decision.«[41] In the Hebrew text of Ben Sirach, the word for »decision« is *yetzer*, Greek *diabole*, »calumniation« – *diabolos*, »the calumniator« which in Christianity is given the meaning »devil,« comes from the same word. But if all the works of God are good, the *yetzer ha-ra* cannot be evil in itself. For example the creation story reaches its climax in the creation of human beings. At this point the text says »and behold, it was very good« (Gen. 1:31). Here the pleonastic (i. e. logically superfluous) word »and« is understood as a reference to the fact that human beings were created with two impulses, one good and one evil, and the verdict »very good« refers to both. But the Midrash continues, »Can then the Evil Desire be very good? That would be extraordinary!« And then it explains, »But for the Evil Desire, however, no man would build a house, take a wife and beget children; and thus said Solomon: Again, I considered all labor and all excelling in work, that it is a man's rivalry with his neighbour (Eccl. IV, 4).«[42] This illuminating text makes it clear that *yetzer ha-ra* is a blanket term for self-preservation, pleasure, power, possessions, reputation, popularity, etc. These impulses are not evil

---

[38] Ben Sirach 17:3, 6–7.
[39] Cf. ibid., 15:11–20.
[40] Ibid., 39:16.
[41] Ibid., 15:14.
[42] Midrash Genesis Rabbah (Bereshit Rabbah) 9:7.

in themselves. On the contrary, they are good in the sense that they are biologically useful. But they are extremely powerful, and if they are not controlled by a lively conscience, they can quickly lead us to disregard justice and the needs of others and to do harm to them. In this sense – because it so often drives us to do wrong – the *yetzer ha-ra* is evil. But it does not need to be: the psychical energy for which it stands can also be directed to good ends: »He commanded no man to sin, nor gave strength to men of lies.«[43] It is possible for human beings to control the *yetzer ha-ra* in itself. But the starting point is not that this is simple. On the contrary, »Who is mighty?« asks Ben Soma in the Mishnah. He answers: »One who controls his [natural] urges (evil impulses).«[44] The problem is, to put it simply, how one cultivates and activates the good impulse, so that it can exercise the necessary control. And the rabbinic answer is: through study, prayer and observing the commandments. To occupy oneself with the Torah has a twofold significance in rabbinic Judaism. It means studying its teachings, for to do this means to be in contact with the thought of God, and is therefore both a spiritual and an intellectual occupation. But to concern oneself with the Torah likewise means to practice that way of life which the Torah prescribes: a way which both entails an ethical codex and also calls for religious discipline.

7 LEAP OF ACTION – LEAP OF THOUGHT

Rabbi Leo Baeck expressed very well what the goal of our life before God should be: justice. But this is attained through works and achievements, through fulfilling obligations and struggling over the commandment. For religion is not meant to give a good conscience but to put the conscience in a constant state of unrest and challenge. Only then is it truly religion. It must be able and resolved to offer resistance to any creaturely power when it is a matter of defending the Eternal. With orientation on moral action the question of the believed »truth« of Judaism recedes into the background. »A Jew is asked to take a leap of action rather than a leap of thought.«[45]

What has emerged from this analysis of the One God, His willingness to reveal himself and His partnership with humankind? Judaism differs from Christianity more than many believe and it has closer ties to Islam than most might assume. As a religious triangle it forms a family of questions which are shared even if the answers differ. I hope, that we can agree: God's communication with

---

[43]   Ben Sirakh 15:20.

[44]   Pirke Avot 4:1.

[45]   *A. J. Heschel*, God in Search of Man: A Philosophy of Judaism, New York 1980, 283.

us may involve humans and may lead to the creation of scripture that is again interpreted by humans. Muslims and Jews watch over the conviction that in doing so God's transcendence remains intact. Jews, Christians and Muslims are all united in the view that His love reaches creation. Once this is established we may now move on to heal this world.

Tawheed – The oneness of God in Islam
Antwort auf Mona Sidiqqui

Peter Hünermann

Sehr geehrte Frau Sidiqqui, vielen Dank für Ihren Vortrag. In Ihrem Vortrag kreisen Sie – wie in zahlreichen Veröffentlichungen[1] – um drei grundlegende Feststellungen:

1. Der Koran ist das unmittelbare Wort Gottes.

Das Lesen des Korans ist das Lesen von Gottes Wort und bringt Segen. Der Koran ist Gottes letzte Offenbarung, göttlich im Ursprung, unverändert und ewig.

2. Es gibt keinen Gott als Gott (Allah,) und Mohammed ist sein Bote.

In der Beziehung zu Mohammed enthält der Koran die Grundlagen der menschlichen Beziehung mit Gott und der menschlichen Beziehung mit anderen: den richtigen Pfad. Die Offenbarung oder das Lesen des Korans ist notwendig, um den Menschen zu Gott zurückzubringen, zu dem alle Menschheit zurückkehren wird.

3. Tawheed ist die zentrale Botschaft: Die Einheit Gottes.

Assoziiere nie ein anderes Seiendes mit Gott. Gott ist König. Gott ist Richter. Gott ist Barmherzigkeit. Gott ist einer. Gott ist wesentlich unerkennbar. Es ist Gott, der uns Leben gibt, der uns sterben lässt und der uns wiederum vom Tod auferstehen lässt.

Mit dieser Botschaft ist zugleich das Gericht über die Menschen ausgesprochen: Gott vergibt nicht, wenn ihm irgendetwas zugesellt wird. Aber er vergibt alles andere, wie er will. Derjenige, der Allah anderes hinzugesellt, ist von ihm abgewichen.

---

[1]   Vgl. z. B. *M. Siddiqui*, How to read the Qur'an, Granta Books, London 2007.

1 METHODISCHE VORBEMERKUNGEN

Die mir aufgetragene Antwort betrifft folglich den Kern des Islam, die zentrale Botschaft: Die Einheit Gottes. Diese Botschaft wird formal als direktes Wort Gottes charakterisiert, und die Anerkennung Mohammeds als des letzten Propheten und seine Beziehung zum Wort Gottes ist das Paradigma menschlichen Lebens schlechthin. Der Anspruch, den Sie im Namen des Islam erhoben haben, fordert mich als Christen zu einer differenzierten Antwort heraus. Um Ihnen eine Brücke des Verstehens zu bauen, wähle ich eine besondere Argumentationsform: Ich orientiere mich an theologischen Kernaussagen des Thomas von Aquin. Er stand bei der Entwicklung seiner Gotteslehre in einer kontinuierlichen Auseinandersetzung mit islamischen Gottesgelehrten und arabischen Philosophen, insbesondere Avicenna und Averroes.[2] Die Argumente des Thomas bestimmen die christliche, insbesondere die katholische Theologie bis heute. Ich skizziere – in hoher Verdichtung – Voraussetzungen und logische Schritte der Argumentation des Thomas[3] zur Klärung, wie von dem einen Gott zu sprechen ist.

Es soll bei jedem dieser Schritte angedeutet werden, wo und wie die jeweils zugrunde liegende Problematik in der muslimischen Lehrtradition auftaucht und wie sie beantwortet wird.[4] Mich leitet dabei die Überzeugung, dass wir gemeinsam den einen Gott anbeten und die Differenzen aufzuklären sind.[5] Zur Begründung meines Ansatzes: Der theologische Dialog zwischen Islam und Christentum kann nur dann in Gang kommen, wenn über die Eckpunkte des Gottesverständnisses selbst argumentativ diskutiert wird. Diese Eckpunkte wurden islamischer- und christlicherseits bis zum Ende des 13. Jahrhunderts herausgebildet. Mein kurzer Beitrag möchte so zugleich eine Agenda für diesen – um Gottes und der Menschen willen, um der Menschen und Christen willen – heute notwendigen Dialog sein.

Thomas macht zwei Voraussetzungen, die von Muslimen geteilt werden:
1. Es gibt – nach der Offenbarung – *einen* Gott, den Schöpfer des Himmels und der Erde.
2. Von Gott können wir nicht wissen, was er ist. (De Deo non possumus scire quid est.)

---

[2]   Die Analysen der Werke von Thomas von Aquin, die Marie-Dominique Chenu und Jean Pierre Torrell vorgelegt haben, zeigen das eindringlich. (*M.-D. Chenu*, Das Werk des hl. Thomas von Aquin, Graz 1960; *J. P. Torrell*, Magister Thomas, Freiburg-Basel-Wien 1995).

[3]   Zugrunde gelegt wird der Gottestraktat der Summa Theologiae, I, q. 1–31.

[4]   Soweit möglich beziehe ich mich dabei auf *M. Siddiqui*, Islam (Sage Benchmakers in Religious Studies), London 2010, Vol. 5 und die dort angegebene Literatur.

[5]   Vgl. *M. Volf*, Allah: A Christian Reponse, New York 2011, 79–126.

2 ERSTE ARGUMENTATIONSKETTE

2.1 Im Bekenntnis zum *einen Gott* trägt das Wort »Eins« nicht den Charakter eines Zahlwortes, eines *»terminus numeralis«*[6]. Zahlwörter beziehen sich jeweils auf die Quantität. Quantität ist ein Akzidens, das eine teilbare Menge voraussetzt. Die Quantität als Akzidenz fügt dem Seienden etwas hinzu. Dies kann auf Gott nicht zutreffen. Diese Argumentation prägt bereits die Antwort auf die erste Frage des Thomas hinsichtlich der Einfachheit Gottes: Ist Gott ein Körper?[7]

2.2 Von »eins« als »terminus numeralis« unterscheidet sich der *ontische Sinn des Einen*: Omne ens est unum, jedes Seiende ist eines. Es gibt kein Seiendes, das nicht eines wäre: ein Sack Kartoffeln, ein Grashalm, eine mathematische Formel etc. Kommt Gott die Einheit im ontischen Sinne zu? Nein. Von jedem Seienden gilt: Es ist ungeschieden in sich und geschieden von jedem anderen (omne unum est indivisum in se et divisum a quolibet alio). Von daher ist jedes Seiende, jedes Unum ein Etwas, ein aliud quid, das heißt ein aliquid. Gott aber kann nicht als *Einer* im ontischen Sinne bezeichnet werden, sonst könnte er nicht der Schöpfer alles Seienden sein. Er wäre ein Seiendes unter anderen Seienden, aliud quid. Er ist vielmehr als »Non-aliud« als »Nicht-anderes«, als »Nicht-etwas« zu bezeichnen.[8]

Ist Gott kein Unum im ontischen Sinn, so ist zunächst zu bestimmen, wodurch ein Seiendes ein Unum im ontischen Sinn, ein aliud quid ist:

Jedes Seiende ist ein Unum, ein aliud quid, durch sein bestimmtes, das heißt abgegrenztes Wesen und dadurch, dass es grundsätzlich sein oder nicht sein kann. Diese Charakteristiken sind konstitutiv für ein Seiendes als Seiendes, für ein Unum im ontischen Sinn.

2.3 Wenn Gott *ein Gott* ist und wenn zugleich gilt, dass Gott non aliud ist, dann ist Gottes Wesen nicht als abgegrenztes Wesen zu bestimmen, und es gilt für ihn nicht, dass er sein und nicht sein kann: vielmehr ist er zu denken als Wesen unendlicher Vollkommenheit, das wesentlich *ist*, das heißt, Gott *ist* durch und auf Grund seines eigenen Wesens. Thomas nennt Gott »esse subsistens«, subsistierendes Sein.[9]

---

[6]   Vgl. *Th. von Aquin*, STh I, q. 30 a. 3.

[7]   »Omne autem corpus est in potentia, quia continuum, in quantum huius modi, divisibile in infinitum«. STh I, q. 3, a 1. Zur Körperlichkeit Gottes im Islam vgl. *W. Williams*, Aspects of the Creed of Ahmad Ibn Hanbal: A study on Anthropomorphism in Early Islamic Discourse; *M. Siddiqui*, Islam, a. a. O. II, 15–42. Zur begrifflich unscharfen Differenzierung von »terminus numeralis« und »eius« im ontischen Sinn bei Avicenna vgl. *G. L. Anawati*, St. Thomas d'Aquin et la métaphysique d'Avicenne, in: *A. Maurer et al.;* St. Thomas Aquinas 1274–1974, Commenmorative Studies, Toronto 1974, Vol. I, 449–466.

[8]   Nikolaus von Kues hat diesen Gedanken auf der Basis der hochscholastischen Reflexionen breit entfaltet.

2.4 In diesem Sinne ist Gott die höchste Einfachheit, »summa simplicitas«, und die höchste Fülle der Vollkommenheit, der zugleich auf »hervorbringende und exemplarische Weise das Sein von Allem« ist.[10] Er ist ewig, das heißt, er besitzt in unbegrenzter Weise das ganze und vollendete Sein und Leben.[11] Thomas zieht hier lediglich die Folgerung aus den vorausgehenden Reflexionen. Aus Gott selbst geht die Vielheit hervor.[12] Dies erstreckt sich selbst auf die futura contingentia[13].

3 ZWEITE ARGUMENTATIONSKETTE

An diesen ersten Argumentationsgang schließt sich ein zweiter Argumentationsgang an, der von größter Bedeutung für das christlich-islamische Streitgespräch um den einen Gott ist: Er betrifft den Lebensvollzug Gottes, seine operationes internas, seine inneren Vollzüge. Die heute entscheidende theolo-

---

[9] Mit dieser Differenzierung prägt Thomas die Metaphysik und Kosmologie des Aristoteles tiefgreifend um. Er legt damit den Weg frei, den Kosmos als Schöpfung und den göttlichen unbewegten Beweger als Schöpfer zu denken, der die Welt aus Nichts schafft. Thomas hat sich von seinem frühen Werk »De ente et essentia« an, in seinem Sentenzenkommentar bis hin zur Summa Theologiae und seinem Kommentar zur Liber de Causis intensiv mit der neuplatonischen Tradition auseinandergesetzt. (Vgl. *S. Thomae Aquinatis*, In Librum de Causis, cura et studio fr. Ceslai Pera o.p. cum introductione historica Sac. Petri Caramello et praeludio doctrinali Prof. C. Mazzantini, Taurini-Romae 1955, IX–XXXVI.) Die Bedeutung Alfarabis und Avicennas bis hin zur lateinisch-augustinisch-avicennatischen Konzeption eines Gundesalinus ist ihm dabei nicht verborgen geblieben. Vgl. zur neuplatonischen Prägung des islamischen Denkens von Al-Kindi und Alfarabi zu Al-Ghazali, *D. B. Burrell*, The Unknowability of God in al-Ghazali, in: *M. Siddiqui*, a. a. O., 43–54; *ders.*, Knowing the Unknowable God. Ibn Sina, Maimonides, Aquinas, University of Notre Dame Press, 1986. *H. A. Davidson*, Alfarabi, Avicenna and Averroes on Intellect. New York / Oxford 1992; *R. Acar*, Talking about God and Talking about creation. Avicenna's and Thomas Aquina's positions, Leiden-Boston 2005.

[10] *Th. von Aquin*, STh I, q. 3 a. 8, ad 1.

[11] Thomas bestimmt die Ewigkeit Gottes mit Boëthius als: »aeternitas est interminabilis vita tota simul et perfecta possessio«.

[12] Vgl. *Th. von Aquin*, Sent., II, dist 18, q. 2, a 2, wo er ausdrücklich auf die arabischen Philosophen Bezug nimmt. »Sed in divinis, actio sequitur intellectum et ideo secundum quod diversa ab uno possunt intelligi, ita diversi effectus ab uno immediate procedere possunt et secundum hoc multitudo a Deo processit prout se intellexit ut ideam plurium, id est ut participabilem diversi moda imitatione«.

[13] Hinsichtlich der Differenzen zu Thomas vgl. *H. A. Davidson*, Alfarabi, Avicenna and Averroes on Intellect, New York 1992; *R. Acar*, a. a. O., 79–130, betont die Übereinstimmung von Thomas und Avicenna sehr stark.

gische Frage zwischen Muslimen und Christen lautet: Ist das Bekenntnis der Christen zur Heiligen Dreifaltigkeit hier mit dem Bekenntnis zum einen Gott vereinbar?[14] Thomas beantwortet diese Frage im Ausgang von den operationes internae Dei.

Die Voraussetzung der Argumentation des Thomas:

Der eine Gott ist der Schöpfer von Himmel und Erde, der sich den Menschen offenbart. Er ist König und Richter der Menschen. Diese Voraussetzung teilen m. E. Christentum und Islam.

Ausgehend von dieser Voraussetzung knüpfen wir an den letzten voraufgehenden Argumentationsschritt von der höchsten Einfachheit (summa simplicitas) und der höchsten Fülle der Vollkommenheit (summa plenitudo) Gottes an:

3.1 Da Gott Schöpfer, Offenbarer und Richter und von seinem Wesen her höchste Einfachheit und Fülle des Seins und Lebens ist, sind Gott zwei operationes internae, zwei innere Vollzüge zuzuschreiben: intelligere et velle, Denken und Wollen.

3.2 Dieses »Denken« und »Wollen« gehört zum Wesen Gottes. Entsprechend der Wesensbestimmung Gottes sind Denken und Wollen nicht im ontischen Sinne zu verstehen: als »Erkennen von Etwas, Wollen von Etwas« durch ein bestimmtes Subjekt. Dies wäre ein Erkennen und Wollen, das einem aliquid, einer bestimmten begrenzten rationalen Natur zukäme, die sein und nicht sein kann.

Vielmehr ist Denken als Sein und Vollzug Gottes zu verstehen, als Konstitution von »erster Wahrheit«, »prima veritas«, in der Gott sich und alles, was es gibt, erkennt, erschließt und *da-sein* lässt. Thomas spricht hier – in Korrespondenz zum Sein Gottes über alles Geschaffene hinaus – vom Denken Gottes als seinem Sein.[15]

Ebenso ist Wollen bzw. Handeln Gottes nicht als ontisches Geschehen zu verstehen, sondern als Gottes Sein selbst,[16] durch das Gott sich als Güte vollzieht und die Schöpfung als zum Guten berufene frei konstituiert, erhält und leitet.

Ohne ein solches Denken und Wollen ist Gott als Schöpfer, ist Welt als Schöpfung nicht affirmierbar.[17]

---

[14] Vgl. *M. Volf*, a. a. O., 127–148.

[15] STh I, q. 16, a. 5; q. 15, a. 2.

[16] Vgl. STh I, q. 19, a. 1: »Et sicut suum intelligere est suum esse, ita suum velle.« (»Und wie sein Denken sein Sein ist, so ist es sein Wollen.«)

[17] *D. B. Burrell*, a. a. O., 51–108, weist mit hoher Genauigkeit auf, wie sich die theologischen Positionen des Thomas in zahlreichen Vorformen, die einer gewissen Konsequenz ermangeln, bei den arabischen Gottesgelehrten und Philosophen finden. Er fasst seine Sicht der

3.3 Dieses Gott wesentliche Denken und Wollen sind innere Vollzüge Gottes, aus denen das Wort und der Geist Gottes hervorgehen. Das Wort ist emanatio intelligibilis, ebenso ist der Geist ein Hervorgebrachtes. Es gibt das Wort und den Geist nur auf Grund des Vollzugs Gottes, des esse subsistens. Thomas bezeichnet dieses Hervorgehen, das procedere, als »Innerstes ohne Verschiedenheit« (»ut intimum et absque diversitate«). Das Hervorgebrachte, das Wort und der Geist, werden nicht in irgendeiner Materie oder in einem Subjekt empfangen. Sie subsistieren als göttliche Beziehungen per se, durch sich.

Wenn sie – so Thomas – in der Kirchensprache »Personen« genannt werden, dann nicht im Sinne des Gebrauches des Wortes »Person«, Hypostasis, prosopon von Menschen. Vielmehr bezeichnet das Wort »Person« im Blick auf Vater, Wort und Geist das »per se esse« Gottes in der wechselseitigen Beziehung von Vater als Ursprung, Wort und Geist.[18]

Fazit dieses zweiten großen Argumentationsganges: Thomas entfaltet das Reden von der Trinität unter strikter Beachtung der wesentlichen Einheit Gottes. In entsprechender Weise interpretiert er den Terminus Person und die Unterscheidung von Vater (principium), Wort und Geist.

3.4 In Bezug auf den »Vater« lehnt Thomas die griechische, bzw. orientalische Tradition der Kirchenväter ab, vom »Vater« als Ursache (causa) zu sprechen.[19] Nur der Begriff »principium«, der in völlig unspezifischer Weise ein Erstes bezeichnet, ohne eine Distanz, eine Subordination zum Folgenden zu implizieren,

---

geschichtlichen Entwicklung dieser geistigen Auseinandersetzung in die Worte von *Charles Kahn:* »My general view of the historial development is that existence in the modern sense becomes a central concept in philosophy only in the period when Greek ontology is radically revised in the light of metaphysics of creation: that is to say, under the influence ob Biblical religion. As far as I can see, this development did not take place with Augustine or with the Greek Church Fathers, who remained under the sway of classical ontology. The new metaphysics seem to have taken shape in Islamic philosophy in the form of a radical distinction between necessary and contingent existence: between the existence of God, on the one hand, and that of the created world, on the other. The old Platonic contrast between Being and Becoming, between the eternal and the perishable (or, in Aristotelian terms, between the necessary and the contingent) now gets reformulated in such a way that for the contingent being of the created world, (which was originally present only as a ›possibility‹ in the divine mind) the property or ›real existence‹ emerges as a new attribute or ›accident‹, a kind of added benefit bestowed by God upon possible beings in the act of creation. What is new here is the notion of radical contingency, not simply the old Aristotelian idea that many things might be other than they in fact are – that many events might turn out otherwise – but that the whole world of nature might not have been created at all: that it might not have existed.« (Zitiert nach *Burrell,* a. a. O., 124 f.)

[18]   Vgl. STh I, q. 29, a. 4.
[19]   Vgl. STh I, q. 33, a. 1.

ist im Blick auf göttliche Verhältnisse brauchbar. Deshalb besagt der Name »Vater« in Bezug auf Gott, dass er »principium« ist und somit unterschieden vom »Wort« und vom »Geist«, ohne eine Subordination zu implizieren. Wird Gott als der Vater der Schöpfung oder eines Geschöpfes bezeichnet, so liegt dem Wort jeweils eine abgestufte Ähnlichkeit der Kreaturen mit Gott zugrunde.[20]

3.5 Drei Worte sind nach Thomas von Aquin von Nöten, um sich dem Geheimnis des »Wortes Gottes« anzunähern. Sie sind in der Bibel enthalten: Verbum, Filius, Imago.[21]

Verbum: Das Wort Gottes ist emanatio intelligibilis. Als hervorgebrachtes kann es »Sohn« genannt werden, die emanatio kann in metaphorischer Weise »Zeugung« genannt werden. Dabei unterstreicht Thomas, dass der Eigenname (nomen proprium) des Sohnes »verbum«, »Wort«, ist.[22]

Das Wort ist imago, Bild, weil es eines Wesens mit dem Vater ist, Bild des Vaters, in dem Gott sich in seinem Da-sein und in der von ihm ausgehenden nicht-göttlichen Wirklichkeit erkennt; das Wort ist so die »Instanz« der prima veritas.[23]

3.6 Zur Bezeichnung des Geistes bedarf es gleichfalls dreier unterschiedlicher Worte, um sich dem Geheimnis des Geistes annähern zu können: Heiliger Geist, Liebe, Gabe Gottes.[24] Die drei Namen dieses zweiten Hervorgangs interpretieren sich gegenseitig: Weil der zweite Hervorgang per modum amoris, auf die Weise der Liebe geschieht, die Liebe aber eine Bewegung, ein Impuls ist, benennt die Kirche diesen Hervorgang mit dem Wort Spiritus Sanctus.

In Bezug auf den Namen »Liebe« zur Benennung des Hl. Geistes trifft Thomas eine Unterscheidung: Hat man lediglich das Verhältnis des Liebenden zum Geliebten im Blick, spricht man vom Lieben in einem *wesentlichen,* einem essentiellen Sinn, so wie intelligentia, intelligere etwas Wesentliches Gottes oder eines rationalen Geschöpfs bezeichnen. Spricht man »hingegen vom Verhältnis jener Wirklichkeit, die auf die Weise der Liebe hervorgeht zu ihrem Ursprung und umgekehrt – so nämlich, dass unter Liebe die hervorgehende Liebe und unter

---

[20]   Vgl. STh I, q. 33, a. 3.

[21]   Vgl. STh I, q. 34, introd. und a. 1-3.

[22]   STh I, q. 34, a. 2, ad 2. Gegen den Einwand, der »Sohn Gottes« denke, also bringe er wieder ein Wort hervor und sei nicht selbst Wort, argumentiert Thomas: »... est quidem intelligens, non ut producens verbum, sed ut Verbum procedens, prout silicet in Deo Verbum procedens secundum rem non differat intellectu divino, sed relatione solo distinguitur a principio Verbi« (... er ist zwar denkend, aber nicht als ein Wort hervorbringender, sondern als hervorgehendes Wort, insofern nämlich in Gott das hervorgehende Wort der Sache nach nicht vom göttlichen Intellekt verschieden ist, sondern nur der Relation nach vom Ursprung des Wortes unterschieden wird.).

[23]   Vgl. STh I, q. 35, a. 1 u. 2.

[24]   Vgl. STh I, q. 36, introd.

Lieben das Hauchen (spirare) der hervorgehenden Liebe, (verstanden wird, d. Verf.) – so ist Liebe ein Name der Person, wie Sagen oder Zeugen (des Wortes, d. Verf.)«.[25]

Den Namen Gabe erläutert Thomas von der Gratuität der Gabe her: Sie fordert keine Rekompensation. Das Fundamentalste aber, was als Gabe gegeben werden kann, ist die Liebe, das Wohlwollen für den anderen. In diesem Sinne ist der Heilige Geist die Gabe schlechthin, in der alle gratis gegebenen Gaben umfangen sind.[26]

Als Schlusswort ein Fazit der bisherigen Argumentationen:

1. Die angeführten Forschungen zu Thomas wie zu islamischen Autoren haben gezeigt, dass durch den Islam die Frage nach der Kontingenz der Schöpfung und ihrer grundlegenden Unterscheidung von Gott mit neuer Intensität an die Christen gerichtet wurde. Zwar lehren die Kirchenväter – seit der Auseinandersetzung mit der Gnosis – in Ost und West, dass Gott die Welt aus dem Nichts geschaffen hat. Was nicht in gleicher Deutlichkeit erfolgt, ist die begriffliche Aufarbeitung dieser Lehre. Wie Burell feststellt: »They remained under the sway of classical ontology.«[27]

2. Von Al-Kindi und Alfarabi, von Avicenna und Al-Ghazali bis Averroes wird in der arabischen Philosophie und Mystik an dieser Frage gearbeitet, um der neuen Fragestellung gerecht zu werden.

3. Von christlicher Seite repräsentiert Thomas von Aquin mit seiner Gotteslehre eine durchreflektierte philosophisch-theologische Antwort, deren begrifflicher Kernpunkt seine Deutung vom esse subsistens als actus purus, als reine Vollkommenheit darstellt. Die Antwort resultiert aus einer gründlichen Kenntnis und Auseinandersetzung mit der arabischen Philosophie, vertieft und klärt sie. Damit klären sich zugleich Fragen nach der Eigenständigkeit der menschlichen Freiheit und ihrer Akte auf der einen Seite und des allmächtigen Handelns Gottes auf der anderen Seite auf.

4. Für den christlich-islamischen Dialog ergibt sich m. E. hier der Ausgangspunkt, um zu einer theologisch verantwortbaren Feststellung der öffentlichen Instanzen im Christentum und im Islam des gemeinsamen Glaubens an denselben Gott zu gelangen (vgl. die erste Argumentationskette).

5. Thomas von Aquin hat in Bezug auf die Lehre vom Denken (intelligere) und Wollen Gottes (velle) und die damit resultierenden Hervorgänge eine Lehre von der Trinität vorgelegt, die strikt auf dem zuvor genannten Fundament aufbaut und eine wesentliche Präzisierung und begriffliche Klärung der Trinitätslehre

---

[25] Vgl. STh I, q. 37, a. 1.
[26] Vgl. STh I, q. 38, a. 2.
[27] Burell (s. Anm. 17).

der Kirchenväter darstellt (vgl. die zweite Argumentationskette). Der Dialog über diese Problematik hat begonnen. Er bedarf dringend der Ausdehnung und Vertiefung.

6. Das Bekenntnis zur Fleischwerdung des Wortes kann erst danach in sinnvoller Weise im Dialog erörtert werden.

DER EIGENE UND DER WAHRE GOTT

Praktisch-theologische Kriterien der Rede von Gott

Albrecht Grözinger

I

Ich bin eingeladen worden mit der Aufgabe, nach praktisch-theologischen Kriterien der Rede von Gott zu fragen. Dies setzt voraus, dass die Rede von Gott nicht selbstverständlich ist. Wo die Rede von Gott selbstverständlich ist, bedarf es keiner Kriterien. Das Selbstverständliche bedarf keiner Kriteriologie. Diese Feststellung ist sicher zunächst banal. Weniger banal wird diese Feststellung, wenn wir danach fragen, warum und auf welche Weise die Rede von Gott heute nicht oder nicht mehr selbstverständlich ist. Empirische Untersuchungen zur gelebten Religion, über die wir ja gegenwärtig in reichlichem Maße verfügen, stellen uns – wie dies Jan Hermelink formuliert hat – vor eine unübersehbare »Differenz von kirchlichem Bekenntnis und individuellen Glaubensüberzeugungen«[1]. In dieser Differenz siedelt sich die praktisch-theologische Frage nach der Rede von Gott an.

Ich frage im Folgenden nach der primären Gottesrede, also nach Situationen, in denen weniger *über* Gott reflektiert wird, wie dies die Wissenschaftssprache der Theologie tut, sondern nach den Situationen, in denen Gott *direkt angesprochen* wird wie im Gebet, oder Gott *auf direkte Weise sprachlich vergegenwärtigt* wird wie in der Liturgie, der Predigt oder der Seelsorge. Rudolf Bohren hat in diesem Zusammenhang von der Namenrede Gottes gesprochen. Ich frage also nach einer praktisch-theologischen Kriteriologie für eine Namenrede Gottes. Namenrede Gottes ist immer Ermächtigung *und* Gefährdung zugleich. Bohren sagt dazu: »Wir nennen den, der sich selbst vorstellt, der sich in seinem Namen zeigt, der sich gefährdet, indem er seinen Namen preisgibt.«[2] Der »wahre

---

[1] *J. Hermelink*, Das Bekennen der Mitglieder und das Bekennen der Kirche. Zur ekklesiologischen Bedeutung der EKD-Mitgliedschaftsuntersuchungen, ZThK 104 (2007), 357–379, zit. Stelle 359.

[2] *R. Bohren*, Predigtlehre, 5. Aufl., München 1986, 92.

Gott« spielt also seine Macht nicht aus, sondern setzt sich der Gefährdung aus, indem er zum »eigenen Gott« in je individueller menschlicher Namenrede werden will.

2

Der eigene und der wahre Gott – diese Formulierung insinuiert zunächst einen Gegensatz, zumindest eine Spannung. Wäre der »eigene« Gott immer auch schon der »wahre« Gott, so bedürften wir keiner Kriteriologie für die Namenrede Gottes. Es ist kein Zufall, dass der Begriff des »eigenen Gottes« bereits im Titel des Buches auftaucht, in dem Ulrich Beck Wandel und Funktion der Religionen in der globalisierten Moderne reflektiert.[3] Ulrich Beck hat wie kein anderer im deutschsprachigen Raum die Wandlungsprozesse der sich entwickelnden Moderne in ihren Auswirkungen auf das Individuum soziologisch und kulturtheoretisch reflektiert. Angesichts der Aufweichung normativer Rollenvorgaben und des Glaubwürdigkeitsverlustes geschlossener Weltdeutungssysteme wird dem einzelnen Menschen immer mehr an Interpretationsaufgaben zugemutet. Dies meint der immer wieder auch fehlgedeutete Begriff der Individualisierung. Wo das Individuum zur letzten Deutungsinstanz wird, wird das »Wahre« immer nur das »Eigene« sein können. Vor dem Hintergrund des Individualisierungstheorems stellt also die Formulierung *der eigene und der wahre Gott* keine aufzulösende Spannung dar, sondern die Raison d'être religiöser Sinnbildung im Zeichen der Zumutung von Individualisierung.

Zahlreiche empirische Studien zeigen, dass dies kein Postulat oder Konstrukt eines weltfremden Theorems ist, sondern dass die Menschen heute religiösen Sinn auf diese Weise tatsächlich ausbilden. Religiöse Traditionen behalten dabei ihr Gewicht ebenso wie die religiösen Institutionen. Sie wandeln jedoch ihre Funktion: vom Normgeber werden sie zum Reservoir an Deutungsangeboten, derer sich die Menschen bedienen.[4] Ausgewählt wird das, was für das individuelle Leben als »lebensdienlich« erfahren wird, was auch immer jeweils unter »lebensdienlich« verstanden werden mag.

Wir tun gut daran, diese Entwicklung nicht nur als Verfallsszenarium zu beschreiben, wie es in Theologie und Kirchen nicht selten der Fall ist. Wenn wir aus der kirchlich-theologischen Binnenperspektive davon ausgehen, dass das Evangelium »lebensdienlich« ist, dann brauchen wir das Kriterium der Lebens-

---

[3]   *U. Beck*, Der eigene Gott. Friedensfähigkeit und Gewaltpotential der Religionen, Frankfurt am Main und Leipzig 2008.

[4]   Vgl. dazu *R. J. Campiche*, Die zwei Gesichter der Religion. Faszination und Entzauberung, Zürich 2004.

dienlichkeit nicht zu fürchten. Ulrich Beck sagt zu Recht, dass die Religion gerade dadurch gezwungen sei, »nichts als Religion zu werden«[5]. In diesem Sinne finden sich die Religionen nicht nur durch Entzauberung – um den Begriff von Max Weber aufzugreifen – entmachtet vor, sondern auf neue Weise ermächtigt.

3

Nun kann man denselben Vorgang nicht nur soziologisch perspektivieren, sondern auch theologisch. Und die Praktische Theologie steht im Hause der theologischen Wissenschaft auf besondere Weise für die theologische Reflexion humanwissenschaftlicher Erkenntnisse.

Die Frage nach einer praktisch-theologischen Kriteriologie der Namenrede Gottes spitzt sich im Kontext reformatorischer Theologie zu in der Frage nach der Predigt. Wie kommt das Menschenwort der Predigt als Gottes eigenes Wort zur Sprache? Martin Luther hat dazu theologische Perspektiven formuliert, die die Fragestellung meines Vortrags gleichsam theologisch zu illuminieren vermögen. Auf seine Weise hat nämlich bereits Luther gesehen, dass der Satz ›nur der eigene Gott ist der wahre Gott‹ auch ein Satz reformatorischer Theologie ist. Bezeichnenderweise führt er diesen Gedanken im Kontext homiletischer Überlegungen aus. Gotteswort und Menschenwort sind für Luther gleichsam fundamental unterschieden und zugleich miteinander verbunden. Die menschliche Zunge des Predigers wird in der rechten Predigt zum ›Griffel‹, mit dem Christus in das Herz der Menschen schreibt.[6] In seinem Wort ist Gott ganz präsent: »… da ist seyn wortt yhm ßo ebengleych, das die gottheit gantz drynnen ist, unnd wer das wort hatt, der hatt die gantze gottheyt.«[7] Diese Präsenz Gottes in seinem Wort zielt für Luther jedoch auf das Herz des *einzelnen* Menschen: »… wo das mündliche wort gehöret wird und yns hertz fellet, folget damit eine solche gewalt, die tod, sund, helle und alle unglück erseuffet und vertylget.«[8] Luther hat damit eine differenzierte Verhältnisbestimmung von Gotteswort und Menschenwort vollzogen. Der Prediger, die Predigerin auf der Kanzel senden nicht einfach göttliches Wort aus, sondern das menschliche Wort von der Kanzel wird im Herzen des einzelnen Menschen zum göttlichen Wort, indem es Glauben weckt und stärkt. Der wahre Gott zeigt sich immer nur als der je individuelle eigene Gott.

---

[5]   *U. Beck*, a. a. O., 41.

[6]   WA 27; 155, 1–3.

[7]   WA 10,1,1; 188, 6–8.

[8]   WA 17,2; 315, 33–35.

Nun ist diese theologische Perspektive nicht einfach identisch mit dem, was Ulrich Beck soziologisch als den Vorgang religiöser Individualisierung beschrieben hat. Unsere globalisierte Moderne ist wahrlich nicht der protestantische ›Heimatort‹, um einen Schweizer terminus politicus zu verwenden. Gleichwohl lassen sich reformatorische Einsichten auch für diese globalisierte Moderne formulieren. Nur der eigene Gott ist der wahre Gott. Oder anders gesagt: Der wahre Gott muss zum eigenen Gott werden, um als wahrer Gott seine Lebensdienlichkeit zu zeigen.

4

Welche praktisch-theologische Perspektiven sind damit angezeigt? Ich möchte dies beispielhaft an der Predigt erläutern, die ja immer noch und immer wieder als der Exemplarfall der Namenrede Gottes gelten kann. Die Predigt versetzt uns sofort in die von mir benannte Grundspannung von ›wahrem‹ Gott und ›eigenem‹ Gott. Reformatorische Predigt nimmt in der Regel und mit guten Gründen ihren Ausgang von einem biblischen Text. Dies ist alles andere als selbstverständlich. In den ersten Jahrhunderten der Christenheit war Predigt eher thematisch ausgerichtet mit Bezügen zu einzelnen biblischen Stellen. Sie war aber alles andere als eine Perikopenpredigt, wie wir sie heute kennen. Die Reformation sah den Traditionsbezug – und das hieß Bibelbezug – der Predigt am besten dadurch gesichert, dass sie ihren Ausgang nimmt von einem klar definierten und eingegrenzten biblischen Text. Diese Gestalt der Predigt hat sich offensichtlich bewährt. Homiletische Programme, die die Themenpredigt präferierten, konnten sich letztlich im protestantischen Raum nicht durchsetzen. Der Bibelbezug der Predigt sollte die Predigt davor bewahren, dass die homiletische Leidenschaft für den »eigenen Gott« den »wahren Gott« aus dem Blick verliert.

Allerdings lässt sich auch die Gegenrechnung aufmachen. Eine Predigt, die nur den Traditionsbezug kennt, ist keine Predigt. Predigt ist jeweils *aktuale* Namenrede Gottes. Deshalb wiederholt sie auch nicht einfach den biblischen Text. Der biblische Text muss in ihr erkennbar sein, ohne ihn einfach nur zu repetieren. Zugespitzt könnte man sagen: Die Predigt ist eine Wiederholung früherer Namenrede Gottes, die diese Namenrede nicht einfach nur wiederholen darf. Die *Tradition* der Namenrede Gottes lässt sich nur durch *Innovation* bewahren. In der aktualen Namenrede Gottes der Predigt muss die frühere Namenrede erkennbar sein, ohne diese einfach nur zu wiederholen. Dies scheint mir das primäre praktisch-theologische Kriterium einer verantwortlichen Rede von Gott zu sein. Nur so kann der »wahre Gott« zum »eigenen Gott« werden, und nur so steht der »eigene Gott« in einer Beziehung zum »wahren Gott«.

Lässt sich dieses Verhältnis noch genauer bestimmen? Ich möchte vorschlagen, in diesem Zusammenhang den von Ludwig Wittgenstein geprägten Begriff der »Familienähnlichkeit« aufzunehmen. Der »eigene« und der »wahre« Gott müssen zueinander in einem Verhältnis der Familienähnlichkeit stehen. Familienähnlichkeit meint bei Wittgenstein *Identität in der Differenz*. Wie wir – so Wittgenstein – »beim Spinnen eines Fadens Faser an Faser drehen«[9], so dreht aktuale Gottesrede ihre Fasern in den bestehenden Traditionsbestand vorgängiger Gottesrede ein. Und die »Stärke des Fadens« – so wiederum Wittgenstein – »liegt nicht darin, dass irgend eine Faser durch seine ganze Länge läuft, sondern darin, dass viele Fasern einander übergreifen«[10].

Dieses Faden-Spinnen, in denen die Fasern überlieferter Gottesrede und neuer, in eigener Verantwortung gewagter Gottes-Rede einander übergreifen, bedarf einer reflektierten praktisch-theologischen Metaphorologie, die ich an dieser Stelle nicht ausführlich vorlegen kann, die aber ein dringliches Desiderat praktisch-theologischer Forschung ist. Die Gratwanderung einer Namenrede Gottes zwischen »wahrem Gott« und »eigenem Gott« gelingt oder misslingt in und mit den Metaphern, die wir für die Namen Gottes finden. Andeutend möchte ich einige Elemente einer solchen zu entwickelnden praktisch-theologischen Metaphorologie der Namenrede Gottes benennen.

1. Die metaphorische Gottesrede muss assoziationsfähig sein hin zur biblischen Überlieferung *und* zur gegenwärtigen Lebenswelt der Menschen gleichermaßen. Am besten lässt sich eine solche doppelte Assoziationsfähigkeit beschreiben als eine Familienähnlichkeit im Sinne Wittgensteins.
2. Metaphern aus dem Bereich von Industrie und Technik scheinen eher weniger für die Namenrede Gottes geeignet zu sein. Ob wir das Gebet als »iPhonetalk« zwischen Gott und Mensch oder ob wir – wie jüngst in einer prominenten Predigt geschehen ist – Pfingsten als die »Energiewende Gottes« und als »Energieoffensive Gottes« bezeichnen können oder nicht, ist nicht nur eine Frage der sprachlichen Ästhetik.
3. Die metaphorische Gottesrede darf nicht taktischer Natur sein. Sie ist kein Aufhänger oder Earcatcher. Konfirmationspredigten etwa sind ein hervorragender Fundort dieser Art der Gottesrede, die immer eine Banalisierung der Namenrede Gottes bedeutet. In diesem Zusammenhang ist an die Mahnung Eduard Thurneysens zu erinnern, Predigende dürften niemals reden »wie ein Advokat, der eine gefährdete Position zu retten, oder wie ein Kaufherr, der für seine Ware Reklame zu machen sucht«[11].

---

[9]   *L. Wittgenstein*, Philosophische Untersuchungen, Frankfurt am Main 1971, 49.
[10]   Ebd.
[11]   *E. Thurneysen*, Die Aufgabe der Predigt, in: *G. Hummel (Hg.)*, Aufgabe der Predigt, Darmstadt 1971, 105–118, zit. Stelle 111.

4. Schließlich sollte metaphorische Gottesrede selbstreflexiv sein. Sie sollte deutlich machen, dass hier nicht digital, sondern analog von Gott geredet wird. Ein schönes Beispiel für eine solche mir vorschwebende selbstreflexive Metaphorik sind die Kirchenlieder, die der an der Yale University lehrende Homiletiker Tom Troeger geschrieben hat und die zahlreich in die verschiedenen protestantischen Gesangbücher des nordamerikanischen Kontinents eingegangen sind. Diese Lieder Troegers zeichnen sich durch eine hohe Metapherndichte aus, die sich zugleich selbst reflektiert. Ich nenne dafür nur ein Beispiel:

> *Source and Sovereign,*
> *Rock and Cloud,*
> *Fortress, Fountain, Shelter, Light,*
> *Judge, Defender, Mercy, Might,*
> *Life whose life all life endowed.*
> *May the church at prayer recall*
> *that no single holy name*
> *but the truth behind them all*
> *is the God whom we pro Claim.*

> *Quelle und Fürst, Fels und Wolke,*
> *Stärke, Brunnen, Zufluchtsort, Licht,*
> *Richter und Anwalt, Gnade und Macht,*
> *Leben, aus dem jedes Leben entspringt.*
> *Möge die Kirche im Gebet sich erinnern,*
> *dass kein einziger heiliger Name,*
> *sondern die Wahrheit in allen Namen,*
> *ist der Gott, den wir verkünden.*

5

Die Stimmigkeit der Namenrede Gottes entscheidet sich aber nicht nur auf einer inhaltlich-sachlichen Ebene. Bereits im Jahre 1925 hat Rudolf Bultmann in seinem Aufsatz »Welchen Sinn hat es, von Gott zu reden« die so markante wie riskante Formulierung gefunden: »… will man von Gott reden, so muss man offenbar *von sich selbst reden.*«[12] Dies ist die Bultmann'sche Version der Einsicht, dass nur der »eigene Gott« der »wahre Gott« sein kann. Die Menschen, die eine

---

[12]   *R. Bultmann*, Glauben und Verstehen. Gesammelte Aufsätze. Erster Band, 6. Aufl., Tübingen 1966, 28.

Predigt hören, spüren sehr genau, ob der Prediger oder die Predigerin distanziert *über* Gott sprechen oder ob sie *aus ihren eigenen Erfahrungen heraus* die Namenrede Gottes wagen. Deshalb ist jede gute Predigt eine Gratwanderung zwischen falschem Objektivismus und ebenso falschem Subjektivismus. Namenrede Gottes muss mit den Fäden der Tradition verknüpft sein, aber muss gerade in dieser Verknüpfung durch den Prediger, die Predigerin hindurchgegangen sein. Nur der »eigene Gott« des Predigers, der Predigerin kann dann für andere als der »wahre Gott« gepredigt werden. In guten Predigten wird der Prediger, die Predigerin als Person erkennbar, ohne mich auf seine, auf ihre je eigenen Erfahrungen zu verpflichten. Gerade dort, wo die Predigenden als Person erkennbar werden, erleichtern sie es den Hörerinnen und Hörern der Predigt, dass die Namenrede Gottes durch die Personen der Hörenden ebenso hindurchgeht.

Im Jahre 1922 hat Karl Barth vor den »Freunden der Christlichen Welt« seinen berühmten Vortrag mit dem Titel »Das Wort Gottes als Aufgabe der Theologie« gehalten. Dort hat er die berühmte homiletische Trias formuliert: »Wir sollen als Theologen von Gott reden. Wir sind aber Menschen und können als solche nicht von Gott reden. Wir sollen Beides, *unser Sollen und unser Nicht-können*, wissen und eben damit Gott die Ehre geben.«[13] Diese drei Sätze haben die homiletische Diskussion im deutschsprachigen Raum ein ganzes Jahrhundert lang in Atem gehalten. Das Pathos dieser Sätze ist uns mit guten Gründen abhanden gekommen. Aber die Standortbestimmung, die Barth im Jahre 1922 vorgenommen hat, gilt – so meine ich – auch in *postmodern times*.

Jüdische Theologie versagt es sich bekanntlich, den Namen Gottes auszusprechen. Dieses Nicht-Aussprechen möchte keine Leerstelle markieren, sondern im Gegenteil, es markiert eine Fülle, die durch das menschliche Wort nicht geschmälert werden soll. Ein ästhetisches Echo dazu finde ich im Begriff der *cortesia*, wie ihn der Literaturwissenschaftler George Steiner entwickelt hat: »Wo cortesia zwischen Freiheiten herrscht, bleibt eine vitale Distanz gewahrt. Eine gewisse Reserve herrscht weiterhin. Einsicht wird geduldig errungen und ist zu allen Zeiten provisorisch. Es gibt Fragen, die wir dem nicht stellen, der uns da aufsucht, dessen Gegenwart im Gedicht oder in der Musik uns ›heimsucht‹, damit sie nicht den Gegenstand unseres Fragens und uns selbst verkleinern. In jeder fruchtbaren Begegnung mit den Angeboten von Form und Sinn gibt es kardinale Diskretionen.«[14] Auch diese ästhetische Einsicht George Steiners gehört zum Grundbestand einer praktisch-theologischen Kriteriologie der Namenrede Gottes.

---

[13]   *K.Barth*, Das Wort Gottes und die Theologie. Gesammelte Vorträge, München 1929, 158.
[14]   *G.Steiner*, Von realer Gegenwart. Hat unser Sprechen Inhalt?, München 1990, 233.

Gleichwohl ist die protestantische Theologie diesen Weg des Nicht-Ausspre-chens des Namens Gottes mit reflektierten Gründen nicht mitgegangen. Die Verkündigung Jesu hat in den Gleichnissen auf verdichtete Weise die Namen Gottes mit unserem Alltagsgeschehen verknüpft. Insofern sind die Gleichnisse Jesu hermeneutische Modelle für die Namenrede Gottes. Allerdings stehen un-sere Versuche der Verknüpfung immer in der Gefahr der Banalisierung, gerade dort, wo es gilt, dass der »wahre Gott« nur der »eigene Gott« sein kann. Vor dieser Banalisierung möchte uns die Mahnung Karl Barths bewahren: »Wir sollen als Theologen von Gott reden. Wir sind aber Menschen und können als solche nicht von Gott reden. Wir sollen Beides, *unser Sollen und unser Nicht-kön-nen*, wissen und eben damit Gott die Ehre geben.«

Barth spricht damit das Risiko aller Namenrede Gottes an, das durch keine praktisch-theologische Kriteriologie zu unterlaufen ist. Eine praktisch-theologi-sche Kriteriologie, wie ich sie hier anzudeuten versuchte, vermag die Namenrede Gottes reflexiv zu begleiten. Das Risiko, das in ihr liegt, kann sie nicht aus der Welt schaffen, und sie darf dies auch nicht tun.

GOTT IM DENKEN
Warum die Philosophie auf die Frage nach Gott nicht verzichten kann

Jens Halfwassen

»Was wäre denn sonst der Mühe wert zu begreifen, wenn Gott unbegreiflich ist?«[1] Mit diesen lapidaren Worten formuliert Hegel die Unverzichtbarkeit des Versuchs, Gott zu denken und denkend zu begreifen, für die Philosophie. In der Tat ist die Frage nach Gott für die Philosophie durch ihre gesamte Geschichte hindurch so wesentlich und so zentral, daß die Philosophie geradezu sich selbst aufgäbe, wenn sie sich von dieser Frage verabschieden würde. Das will dieser Vortrag in drei Schritten entfalten. In einem ersten Schritt soll mit Blick auf den geschichtlichen Anfang der Philosophie begründet werden, warum die Philosophie ihr Wesen aufgeben würde, wenn sie die Frage nach Gott nicht mehr stellte. In einem zweiten Schritt soll sodann der Versuch einer Typisierung der Formen unternommen werden, in denen die Philosophie im Verlauf ihrer Geschichte Gott thematisiert hat, wobei drei Grundformen unterschieden werden sollen. Der dritte Schritt wird dann ein Plädoyer für eine dieser Grundformen sein, bzw. für eine Verbindung von zwei von ihnen.

I

Philosophie ist seit ihrem griechischen Anfang der Versuch, das *Ganze* des Wirklichen oder Seienden zu denken. Der Ausgriff auf das Ganze kennzeichnet philosophisches Denken von den frühesten Vorsokratikern an bis hin zur Fundamentalphilosophie Dieter Henrichs. Er ist es darum, der philosophisches Denken von anderen Formen des Denkens unterscheidet und als *philosophisch* auszeichnet. Ebenfalls von den frühesten Vorsokratikern bis zum deutschen Idealismus und zur Gegenwart greift philosophisches Denken in der Weise auf das Ganze aus, daß es das Ganze von einem letzten *Grund* und *Ursprung* her thematisiert

---

[1] G. W. F. Hegel, Vorlesungen über die Philosophie der Religion I (Theorie-Werkausgabe, hg. v. E. Moldenhauer / K. M. Michel, Bd. 16), Frankfurt am Main 1986, 44.

und in den Blick nimmt. Als das Denken des Ganzen hat Philosophie die Gestalt einer Prinzipientheorie und ist insofern *Metaphysik* – denn Metaphysik bestimmt schon Aristoteles als die Suche nach den letzten Prinzipien der Wirklichkeit im Ganzen.[2] Den Ursprung des Ganzen aber, von dem her sich das Ganze allein thematisieren läßt, denkt die Philosophie ebenfalls von den frühesten Vorsokratikern an als das eigentlich *Göttliche*.

Aristoteles berichtet uns, daß Anaximander, neben Thales der früheste der vorsokratischen Ursprungsdenker, als Erster den Ursprung mit einem von ihm neugebildeten Neutrum *to theion* – »das Göttliche« – genannt hat.[3] Anaximander ist zugleich der Erste, der in seinem Ursprungsgedanken den Ursprung von der aus ihm entsprungenen Weltwirklichkeit kategorial unterschieden hat, denn er dachte den Ursprung als das *Apeiron*, also als das Unbegrenzte, Unendliche und Unbestimmte und damit als *Verneinung* der aus ihm entspringenden Weltstruktur.[4] Mit diesem Gedanken eines vorweltlichen Ursprungs hat Anaximander zum ersten Mal in der Geistesgeschichte einen Begriff des Göttlichen formuliert, der gänzlich unmythologisch ist, weil er sich von aller bildlichen Vorstellbarkeit befreit und ins reine Denken erhoben hat. Weil der Ursprung des Ganzen nur ein *einziger* sein kann, war es von Anaximander aus auch nur noch ein Schritt zu einem expliziten philosophischen *Monotheismus*. Xenophanes hat diesen Schritt noch im 6. Jahrhundert vor Christus getan:[5] Er konzipierte den Einen Gott in ontologischen Bestimmungen als die Verneinung der Seinsweise der veränderlichen Welt und setzte ihn der Göttervielheit des mythologischen Polytheismus als den *einzigen* wahren Gott entgegen, während die vielen welthaften Götter des Mythos für Xenophanes nur Projektionen ihrer Verehrer waren, menschengestaltige Produkte der mythologischen Einbildungskraft. Seitdem ist die europäische Philosophie auf einen philosophischen Monotheismus verpflichtet, der unabhängig von jeder religiösen Offenbarung allein dem Denken entspringt, und dessen Gottesgedanke sich in rein ontologischen Bestimmungen gegen alle mythologischen Vorstellungen von Göttern profiliert.[6] Dieser genuin philosophische Monotheismus entspringt dem Ursprungsgedanken selber, der die Philosophie als denkenden Ausgriff auf das Ganze erst ermöglicht und der darum historisch wie sachlich ihr erster und fundamentalster Gedanke ist, der sie durch

---

[2] *Aristoteles*, Metaphysik 981 b 27–29.

[3] *Aristoteles*, Physik 203 b 7–15 (*Anaximander*, Fr. A 15 Diels-Kranz).

[4] *Anaximander*, Fr. B 1 Diels-Kranz; vgl. zum Kontext *Simplikios*, In phys. 24, 13 ff. (*Anaximander*, Fr. A 9 Diels-Kranz).

[5] Dazu *J. Halfwassen*, »Der Gott des Xenophanes: Überlegungen über Ursprung und Struktur eines philosophischen Monotheismus«, in: Archiv für Religionsgeschichte 10, 2008, 275-294.

[6] Dazu demnächst *J. Halfwassen*, Die philosophische Religion der Antike (Bibliothek der Weltreligionen).

ihre gesamte Geschichte hindurch trägt und prägt. Sofern und solange Philosophie Ausgriff auf das Ganze des Seienden ist und nach dem letzten Grund und Ursprung des Ganzen fragt, ist sie auf den Gedanken des Einen Gottes verpflichtet, der ganz anders ist als die anthropomorphen Götter des Polytheismus und auch ganz anders als die Struktur der Welt, deren Grund er ist. Dieser Monotheismus ist unablösbar vom Ursprungsgedanken selber; darum bleibt die Philosophie ihm auch und gerade dann verpflichtet, wenn sie nach einem möglichen Wahrheitsgehalt des Mythos und des mythologischen Polytheismus fragt, wie das im Neuplatonismus oder in den Religionsphilosophien von Hegel und zumal von Schelling geschieht.[7]

Aus diesem Grund verliert die Philosophie ihr Wesen, wenn sie aufhört, nach Gott zu fragen und ihn zu denken. Denn sie kann damit nur aufhören, indem sie zugleich aufhört, auf das Ganze des Seienden auszugreifen und nach dessen Ursprung zu suchen. Ich weiß wohl, daß große Teile der nachidealistischen Philosophie des 19. und 20. Jahrhunderts genau das propagiert haben. Aber wie immer man ihr denkerisches Unternehmen auch beurteilen mag, historisch gesehen ist es nicht mehr Philosophie *in dem Sinne*, den dieser Begriff von Platon bis zu Hegel und Schelling hatte und bei Denkern wie Dieter Henrich oder Michael Theunissen auch heute noch hat.[8] Die Absage von großen Teilen der Gegenwartsphilosophie an Gott ist erkauft um den Preis einer Abwendung von der gesamten Tradition der Philosophie. Das ist der höchste Preis, den man im Denken zahlen kann: Er ist zu hoch, wenn Philosophie ihrer eignen Geschichte verpflichtet bleiben soll.

2

Gott ist somit ein genuiner Gegenstand des philosophischen Denkens, ja mehr noch, er ist dessen ursprünglichster und vorzüglichster Inhalt. Er ist das bereits vor der Begegnung der Philosophie mit monotheistischen Offenbarungsreligionen wie Judentum, Christentum und Islam. Philosophie ist als Denken des Ganzen und seines göttlichen Ursprungs aus sich selbst heraus Theologie, und sie ist darin selbstständig und unabhängig von jeder religiösen Offenbarung und jeder positiven Religion. Sie ist Theologie, weil sie Prinzipiendenken ist – das von Platon erfundene und von Aristoteles geprägte Wort Theologie meint nämlich

---

[7]   Vgl. zu Schelling *M. Gabriel*, Der Mensch im Mythos. Untersuchungen über Ontotheologie, Anthropologie und Selbstbewußtseinsgeschichte in Schellings »Philosophie der Mythologie«, Berlin / New York 2006.

[8]   Vgl. dazu *J. Halfwassen*, »Die Unverwüstlichkeit der Metaphysik«, in: PhR 57, 2010, 97–124.

eben dies: Denken des göttlichen Ursprungs. Die Geschichte der Philosophie ist erfüllt von den Versuchen, Gott zu denken.[9] Diese machen nicht nur ihren allergrößten Teil aus, sie haben auch die größten und anspruchsvollsten Gedanken hervorgebracht, zu denen die Philosophie fähig war. So unüberschaubar reich und vielfältig die philosophischen Gedanken über Gott auch sind, es sei doch gewagt, hier den Versuch einer Typisierung vorzunehmen, die *drei Grundformen* unterscheidet. Mein Typisierungsversuch orientiert sich am Ursprungsgedanken. Die Beziehung des Ursprungs zum Ganzen läßt sich nämlich grundsätzlich in drei verschiedenen Formen denken, die zueinander strikt alternativ sind. Welche dieser drei Formen realisiert wird, entscheidet darum über ein philosophisches Gedankengebäude als Ganzes.

Die *erste* der drei Grundformen denkt den Ursprung selber als *Etwas* innerhalb des Ganzen, nämlich als das *Höchste* und *Vorzüglichste*, in dem alles andere und weniger vorzügliche gründet. Sie identifiziert den Ursprung mit dem vorzüglichsten Element des Ganzen. Diese Form führt zur Ausbildung einer affirmativen philosophischen Theologie, die Gott als das höchste Seiende bzw. als das vollkommenste Wesen denkt. Dieses vollkommenste Wesen wird dabei selber als ein bestimmtes, also einzelnes Seiendes unter anderem Seienden gedacht. In den meisten Ausprägungen, die dieser Grundgedanke in der Geschichte der Philosophie gefunden hat, wird das höchste Seiende und vollkommenste Wesen dabei als *Geist* gedacht, angefangen schon bei Anaxagoras, mit größter Wirkungsmacht dann bei Aristoteles. Es ist die Bestimmung als Geist, die das höchste Seiende über alles andere Seiende erhebt. Denn Geist ist, auch wenn er als vollkommenes Einzelwesen gedacht wird, immer zugleich mehr als nur ein Einzelnes unter anderem Einzelnen: er ist Ausgriff auf das Ganze und zugleich absolute Beziehung zu sich selbst; er ist die unauflösbare Einheit von Selbstbesitz und Weltbesitz, und als *summum ens* ist er beides in höchstmöglicher Vollkommenheit und Erfüllung. Es ist dieser Gottesgedanke, auf den die Gottesbeweise in ihrer traditionellen Gestalt abzielen; dies ist der Gottesgedanke des traditionellen Theismus. Seine vielleicht vollkommenste Ausprägung findet er bei Leibniz.[10]

Die *zweite* der drei Grundformen denkt den Ursprung selber als das *Ganze* und verwandelt dabei sowohl den Gedanken des Ursprungs als auch den des Ganzen. Der Ursprung ist für diese Gedankenform nicht das ursprünglichste Element des Ganzen, er ist vielmehr das Ganze selber, und zwar in der Weise,

---

9 Einen instruktiven, wenn auch unvermeidlich unvollständigen Überblick gibt *W. Weischedel*, Der Gott der Philosophen. Grundlegung einer Philosophischen Theologie im Zeitalter des Nihilismus, 2 Bände, Darmstadt 1971, 2. Aufl., München 1979.

10 Vgl. dazu *G. Hindrichs*, Das Absolute und das Subjekt. Untersuchungen zum Verhältnis von Metaphysik und Nachmetaphysik, Frankfurt a. M. 2008, spez. 76–102.

daß er sich in das Ganze hinein artikuliert und sich in ihm darstellt; das Ganze wird dabei begriffen als die Selbstartikulation des Ursprungs, der eben als sich im Ganzen artikulierender von diesem nicht verschieden ist. Der Ursprung wird damit nicht mehr als ein Einzelnes gedacht, sondern er wird als das allumfassende Ganze gedacht, das ursprünglicher ist als jedes bestimmte Einzelne, das in ihm umgriffen und von ihm ermöglicht wird. Diesen Gedanken formuliert schon Heraklit; er liegt auch dem Monismus der Eleaten zugrunde. Die zweite Grundmöglichkeit, die Beziehung des Ursprungs zum Ganzen zu konzipieren, realisiert sich also im Gedanken der *All-Einheit*. Ihm liegt die Einsicht zugrunde, daß das Ganze immer ursprünglicher ist als jedes einzelne seiner Elemente. Diese Einsicht läßt sich bestimmungstheoretisch formulieren: jedes bestimmte Etwas, also jedes Besondere und Einzelne, ist das, was es jeweils ist, immer nur dadurch, daß es sich von anderem, was es nicht ist, abhebt und unterscheidet. Einzelnes und Bestimmtes gibt es nur durch die Dialektik von Identität und Differenz, wie spätestens Platons Dialog *Sophistes* deutlich gemacht hat. Die abhebende Unterscheidung von anderem, der sich jedes bestimmte Einzelne verdankt, ist aber selber nur möglich vor dem Horizont eines Ganzen, vor dem sich das Einzelne abhebt, der aber es selbst *und* das andere, von dem es sich unterscheidet, gleichermaßen umfaßt. Und so wird das Ganze von jedem Einzelnen immer schon vorausgesetzt und geht ihm als Horizont seiner Bestimmtheit voraus. Das so verstandene Ganze ist also nicht die Summe alles Besonderen, sondern dessen ermöglichender *Horizont*.[11] Anspruchsvolle Ausformungen des All-Einheits-Gedankens sind sich darum dessen bewußt, daß das Ganze selber nicht mehr in den gleichen Gedankenformen und Begriffen thematisiert werden kann, in denen wir Einzelnes und Bestimmtes denken; der holistische Einheitsgedanke gebiert schon bei Heraklit die Denkform der Paradoxie. Das betrifft auch und gerade die Einheit des Ganzen: dieses artikuliert sich in seine Momente, in denen es sich aber zugleich als Einheit durchhält; die Einheit von Selbstunterscheidung und Rückkehr zu sich, die damit zu denken verlangt ist, erfüllt sich im Gedanken der Trinität, wie spätestens im Neuplatonismus deutlich wird.[12]

Die Metaphysik des All-Einen treibt zu einer Form des Denkens, die von dem kategorialen, bestimmenden Denken, in dem wir gegenständlich Seiendes, das immer ein besonderes Einzelnes ist, denken, abweicht – dieses abweichende

---

[11]   Diese metaphysische Verwendung des Horizontbegriffs entstammt dem Neuplatonismus: sie ist erstmals belegt im *Liber de causis* §§ 2 und 8; vgl. *N. Hinske*, Art. »Horizont«, in: *J. Ritter* (Hg.), Historisches Wörterbuch der Philosophie, Bd. 3, Basel 1974, Sp. 1187–1194, spez. 1189 f.

[12]   Vgl. dazu *J. Halfwassen*, Plotin und der Neuplatonismus, München 2004, bes. 64–84 und 143 ff.

Denken versucht zu denken, was zu denken das gegenstandsbezogene Denken sich sträubt: die allumfassende Einheit als Einheit der Gegensätze, auch der Widersprüche, die *coincidentia oppositorum*.[13] Diese besondere Form des Denkens – Hegel nannte sie »spekulativ« – realisiert auch, daß das derart in ungegenständlichen, oftmals paradoxen Formen gedachte Ganze selber nichts Gegenständliches oder Quasi-Gegenständliches mehr sein kann. Im Neuplatonismus, bei Cusanus und bei Hegel zeigt sich – mit Unterschieden im Detail, im Grundsätzlichen aber übereinstimmend – daß das spekulativ als trinitarische All-Einheit gedachte Ganze selber nur als Geist begriffen werden kann – aber nicht als Geist im Sinne eines denkenden Einzelwesens, sondern als *absoluter Geist*, der nichts mehr außer sich hat und sich darum in allem zugleich auf sich selbst bezieht. Die Einsicht, daß Geist die Einheit von Selbstbesitz und Weltbesitz ist, wird damit in ihre äußerste Konsequenz getrieben. Diese zweite Grundform, Gott zu denken, übersteigt den traditionellen Theismus, weil der als All-Einheit gedachte Gott keine Person mehr ist – wohl aber absolute Subjektivität. Seine vollkommenste Ausprägung in der Geschichte der Philosophie erreicht dieser Gottesgedanke zweifellos in der Metaphysik Hegels. Gegenwärtig vertritt ihn am prominentesten Dieter Henrich.[14]

Die *dritte* Grundform des Ursprungsgedankens schließlich denkt den Ursprung als die *Verneinung* des Ganzen, das ihm entspringt und in ihm gründet. Diese Verneinung darf allerdings, bezogen auf den Ursprung des Ganzen, nicht als eine Verneinung im gewöhnlichen Sinne begriffen werden; sie meint kein Fehlen von Bestimmungen wie die privative Verneinung, sondern in ihr geht es darum, daß der Ursprung selbst über alle Bestimmungen, die er selbst erst ermöglicht, hinaus ist. Diese besondere Verneinung denkt den Ursprung als *Transzendenz*. Diesen Gedanken formulierte als erster Platon, der vom absoluten Ursprung sagte, er sei »jenseits des Seins«.[15] Das ist kein Nihilismus, es bedeutet nicht, daß der Ursprung nicht wirklich wäre; er ist nicht *weniger* als das Seiende, er ist vielmehr *über* alles Seiende hinaus: er ist das *Überseiende*. Der Gedanke der Seinstranszendenz denkt den Ursprung als das absolut Eine. Ihm liegt die Einsicht zugrunde, daß nur gedacht werden kann, was in irgendeiner Weise Einheitscharakter besitzt; denn Einheit ist die Bedingung von Denkbarkeit und

---

[13]   Höchst erhellend dazu *K. Flasch*, Die Metaphysik des Einen bei Nikolaus von Kues. Problemgeschichtliche Stellung und systematische Bedeutung, Leiden 1973, bes. 155 ff.

[14]   Vgl. vor allem *D. Henrich*, Denken und Selbstsein. Vorlesungen über Subjektivität, Frankfurt am Main 2007; ferner *R. Langthaler / M. Hofer* (Hg.), Selbstbewusstsein und Gottesgedanke. Ein Wiener Symposion mit Dieter Henrich über Philosophische Theologie, Wiener Jahrbuch für Philosophie, Bd. 40, 2008.

[15]   *Platon*, Politeia 509 B; Testimonium Platonicum 50 Gaiser (*Speusipp*). Vgl. dazu *J. Halfwassen*, Der Aufstieg zum Einen. Untersuchungen zu Platon und Plotin, 2. Aufl., München/ Leipzig 2006.

Bestimmtheit überhaupt. Auch die Bestimmung »Sein« müssen wir als etwas Einheitliches denken – oder, in einem anspruchsvolleren Seinsgedanken, als die Einheit aller positiven Bestimmungen. Wenn wir Sein und Nichtsein unterscheiden und einander entgegensetzen, müssen wir aber auch »Nichtsein« als einheitliche Bestimmung denken, denn anders könnten wir es vom Sein nicht einmal unterscheiden. Wenn also Sein und Nichtsein gleichermaßen einheitliche Bestimmungen sind, dann kann das Eine, das sie beide erst ermöglicht, nicht auf die eine Seite festgelegt werden; vielmehr übersteigt es sie beide gleichermaßen als der beide ermöglichende, *übergegensätzliche* Einheitsgrund: Es ist notwendig *jenseits* von Sein und Nichtsein. Darüber hinaus wird das Eine, sobald wir ihm Sein zusprechen, schon zu einer Zweiheit, nämlich zur geeinten Zweiheit von Einheit und Sein, bleibt also nicht das Eine selbst in seiner Absolutheit.[16] Rein in sich selbst betrachtet, in seiner Absolutheit, weist das Eine jede Bestimmung, die wir denken können, jedes Prädikat, das wir ihm zusprechen könnten, strikt von sich ab.[17] Die Negation erweist sich damit als die einzige Form, in der wir überhaupt über das absolut Eine sprechen können. Dies zwingt zur Ausbildung einer *negativen Theologie* oder Henologie, die affirmative Aussagen über das Eine selbst prinzipiell ausschließt, weil die duale Struktur der Prädikation, die immer etwas über etwas aussagt, das Absolute als reine Einheit verfehlt. Die absolute begriffliche Leere, die den Gedanken des Einen auszeichnet, aber meint keinen Mangel, sondern die absolute *Überfülle*, die durch keinen Gedanken begriffen und durch keine positive Aussage gesagt werden kann. Absolute begriffliche Leere und absoluter semantischer Überschuß bedingen sich im Transzendenzgedanken gegenseitig.

Der Gedanke des Absoluten als absolute Transzendenz, die dritte Grundform des Ursprungsgedankens, übersteigt den traditionellen Theismus in der radikalsten Weise, denn sie führt über den Gottesgedanken selbst hinaus: das Eine selbst ist »mehr als Gott«, es ist als Grund und »Quelle aller Gottheit« selbst übergöttlich oder die »Über-Gottheit« selbst.[18] Hier kann nicht mehr von Gott, hier kann nur noch vom Absoluten gesprochen werden – aber erst hier gewinnt der Begriff des Absoluten seine volle Bedeutung und sein ganzes Gewicht, meint er doch das von allem Abgelöste: die reine Transzendenz.[19] Seine vollkommenste

---

[16]   *Platon*, Parmenides 142 Bff.

[17]   *Platon*, Parmenides 137 C – 142 A; Testimonium Platonicum 50 Gaiser (*Speusipp*); dazu im einzelnen *Halfwassen*, Der Aufstieg zum Einen (Anm. 15), 298–405.

[18]   *Plotin*, Enneade VI 9, 6, 12 f.; *Proklos*, In Parm. 1108, 28–1109, 11 Cousin (III 89–90 Steel); *Ps.-Dionysius Areopagita*, De divinis nominibus IV 1, XI 6, XIII 3; De mystica theologia I 1.

[19]   Vgl. *G. Huber*, Das Sein und das Absolute. Studien zur Geschichte der ontologischen Problematik in der spätantiken Philosophie, Basel 1955.

geschichtliche Ausprägung findet dieser Gedanke im Neuplatonismus, vor allem bei Plotin. Unter den Philosophen der Gegenwart hat am entschiedensten Karl Jaspers an ihn angeknüpft.

3

Wenn es richtig ist, daß die Beziehung des Ursprungs zum Ganzen grundsätzlich nur in einer der drei Grundformen gedacht werden kann, wenn also der Ursprung entweder als das erste Element des Ganzen oder als das Ganze selber oder als die Transzendenz über das Ganze gedacht werden kann, dann ergeben sich daraus drei Typen philosophischer Theologie: die *affirmative* Theologie des vollkommensten Seienden, die *spekulative* Theologie der All-Einheit und die *negative* Theologie des überseienden Absoluten. Damit stellt sich die Frage: Gibt es gute philosophische Gründe, eine von ihnen vorzuziehen? Gründlich überlegter und in einer langen Geschichte bewährter Argumentation verdanken sich alle drei Grundformen. Je nach konkreter Ausformung sind sie untereinander auch nicht durchweg inkompatibel, wie die Geschichte der Philosophie zeigt.[20] Wir müssen darum prüfen, ob es Argumente für einen Vorrang einer dieser Formen vor den anderen gibt. Dies kann hier der Kürze halber nur in extrem thetischer Weise unternommen werden.

Die schon erwähnte bestimmungstheoretische Überlegung, der zufolge das Ganze immer ursprünglicher ist als jedes Einzelne, weil es der *Horizont* ist, der Einzelnes in seiner besonderen Bestimmtheit erst hervortreten läßt, scheint mir die Überlegenheit des All-Einheitsgedankens über eine Theologie des höchsten Seienden zu erweisen. Ein als vollkommenstes Einzelwesen gedachter Gott ist immer noch weniger ursprünglich als das als All-Einheit begriffene Ganze. Dagegen läßt sich das bestimmungstheoretische Argument nicht gegen den negativen Gedanken des Einen als Transzendenz in Ansatz bringen; denn wäre das Eine ein Einzelnes, dann wäre es nicht jenseits des Seins, sondern selber ein Seiendes, es ist aber als die Bedingung alles Bestimmten und damit alles Seienden selber nicht seiend und nicht bestimmt, sondern überseiend. Umgekehrt zeigt sich vielmehr, daß auch das Ganze selber unvermeidlich als Einheit gedacht werden muß, wenn es überhaupt denkbar sein soll – wenn auch als eine Einheit besonderer Art: als trinitarisch in sich zurückkehrende All-Einheit, die als ab-

---

[20]   Z. B. vereinigt *Shankara* den Alleinheitsgedanken mit dem Gedanken eines personalen Schöpfergottes (*Ishvara*), der als das Höchste innerhalb der erscheinenden Welt gedacht wird. Der Neuplatonismus vereinigt sogar alle drei Grundformen: Er denkt das Eine als absolute Transzendenz, den absoluten Geist als Alleinheit und Ideentotalität und die höchste Idee in diesem Ganzen als das höchste Seiende.

solute Totalität aller Bestimmungen nichts mehr außer sich hat. Eben als Bestimmungstotalität aber ist die All-Einheit selber noch eine *bestimmte* Einheit, die das über alle Bestimmungen hinausliegende Eine selbst als letzten Grund ihrer eigenen Einheit voraussetzt. Wenn das Ganze als All-Einheit nichts außer sich hat, dann ist das Nichts, das die All-Einheit außer sich hat, das überseiende Nichts der Transzendenz, das dem Ganzen erst die Macht verleiht, Einheit zu sein. Die konsequenteste Ausformung des metaphysischen Ursprungsgedankens ist darum die negative Theologie des überseienden Einen.[21]

In diesem Zusammenhang zeigt sich aber noch ein Zweites. Transzendenz im Sinne von absoluter Transzendenz wird nur dort gedacht, wo sie als Transzendenz über das Ganze im Sinne der absoluten Totalität aller Bestimmungen gedacht wird. Damit aber erweist sich der Gedanke der All-Einheit selber als unentbehrlich für den Gedanken des Absoluten als Transzendenz. Beide Gedanken fordern sich in gewisser Weise gegenseitig. Transzendenz fordert den Gedanken der All-Einheit, weil sie nur dann absolute Transzendenz ist, wenn sie die All-Einheit des Ganzen transzendiert. Und All-Einheit fordert die Transzendenz des absolut Einen, weil sie nur im Transzendenzbezug zu einem sie übersteigenden, undenkbaren Einheitsgrund selber noch als Einheit gedacht werden kann – der späte Fichte hat das gegen Hegel geltend gemacht und dabei der Sache nach an Einsichten Plotins angeknüpft. Der negative Einheitsgedanke der Transzendenz und der positive Einheitsgedanke der All-Einheit sind darum nicht von einander ablösbar. Die erste Philosophie, die das nicht nur verstanden, sondern mit unüberbietbarer Konsequenz zuende gedacht hat, ist der Neuplatonismus Plotins.[22]

Ich komme damit zum Schluß und kann nun meine Ausgangsthese differenzieren, daß die Philosophie auf den Gottesgedanken nicht verzichten kann. Welcher Gottesgedanke ist für die Philosophie unentbehrlich? Offenbar nicht der Gedanke von Gott als *summum ens.* Denn die Philosophie greift auch dann noch auf das Ganze aus und sucht auch dann noch nach dessen Ursprung, wenn sie kein *summum ens* annimmt.[23] Dagegen kann die Philosophie auf den Gedanken des Absoluten als Transzendenz nicht verzichten, weil er die ultimative Erfüllung des Ursprungsgedankens selber ist. Ebensowenig kann sie auf den Gedanken der All-Einheit verzichten, weil sich in ihm der Ausgriff auf das Ganze

---

[21] Vgl. dazu *J. Halfwassen,* »Metaphysik und Transzendenz«, in: Jahrbuch für Religionsphilosophie 1, 2002, 13–27.

[22] Vgl. *J. Halfwassen,* Hegel und der spätantike Neuplatonismus. Untersuchungen zur Metaphysik des Einen und des Nous in Hegels spekulativer und geschichtlicher Deutung, 2. Aufl., Hamburg 2005.

[23] In monistischen Metaphysiken bestimmter Art ist das der Fall, z. B. im Eleatismus, bei Spinoza oder in buddhistischen Metaphysiken wie dem Madhiamika oder dem Yogacarin.

erfüllt und weil nur in ihm wirklich begriffen wird, was Geist ist. Wenn wir Gott und uns selbst als Geist begreifen wollen, brauchen wir den Gedanken der All-Einheit, der Geist-zu-Geist-Verhältnisse anders zu denken erlaubt denn als Beziehungen bloß Verschiedener.

Eine Philosophie, die sich von ihren höchsten und anspruchsvollsten Gedanken nicht verabschieden will, muß darum Transzendenz und All-Einheit in einem systematischen Zusammenhang denken. Das geschichtliche Paradigma dafür ist der Neuplatonismus;[24] die von ihm ausgebildete Systemform hält sich historisch über Eriugena und Cusanus durch bis zu den Spätphilosophien von Fichte und Schelling. Sie mutet uns theologisch zu, zwischen Gott als Geist und trinitarischer All-Einheit und dem Absoluten als übergöttlichem Grund der Gottheit zu unterscheiden. Sie schließt aber vielleicht den Versuch nicht aus, die Gedanken der All-Einheit und der Transzendenz so miteinander zu vereinigen, daß die All-Einheit und Selbstbezüglichkeit des Geistes nicht im Vorhof des Absoluten verbleibt wie bei Plotin, daß aber umgekehrt die Transzendenz des Einen auch nicht eingezogen wird in die Immanenz der All-Einheit wie bei Hegel. Den Versuch, All-Einheit und Transzendenz in dieser Weise zu vereinigen, haben Eriugena und Cusanus unternommen.[25]

---

[24] Vgl. *W.Beierwaltes*, Denken des Einen. Studien zur neuplatonischen Philosophie und ihrer Wirkungsgeschichte, Frankfurt a. M. 1985.

[25] Vgl. dazu *W.Beierwaltes*, Eriugena – Grundzüge seines Denkens, Frankfurt am Main 1994; *ders.*, Platonismus im Christentum, 2. Aufl., Frankfurt a. M. 2001.

GÖTZEN-DÄMMERUNG
Warum die Theologie mehr will als Gott denken

Ingolf U. Dalferth

1 VORSPIEL

Theologie, die ihren Namen verdient, versucht Gott zu denken: An diesem Punkt trifft sie sich mit einer am Denken Gottes interessierten Philosophie. Aber sie tut das nur, wenn sie nicht nur *Gott* denkt und Gott nicht nur *denkt*, also kritisch-diskursiv re-präsentiert, wie Gott in religiöser Praxis präsentiert (angesprochen, vorgestellt, thematisiert ...) wird: An diesem Punkt beginnt sie sich von der Philosophie zu unterscheiden. Der Verzicht auf den Versuch, Gott zu denken, wäre der Tod der Theologie, aber nicht minder wäre es die Meinung, es genüge, Gott zu denken. Ohne *Gott* zu denken, kann sie nicht zwischen Gott und Götzen unterscheiden, und ohne mehr zu wollen, als Gott zu *denken*, kann sie nicht *Gott* denken.

Zwei Orientierungspunkte sollte evangelische Theologie daher nie aus den Augen verlieren: Zum einen hat sie sich vor denen zu hüten, die meinen, man müsse Gott nicht denken, es genüge doch, Gott zu erfahren, zu fühlen, zu lieben, zu Gott zu beten oder auf Gott zu hoffen – als ob man irgendetwas derartiges tun könnte, ohne Gott nicht irgendwie auch sich vorzustellen, zu symbolisieren, in Zeichen und als Zeichen zu fassen, kurz: Gott möglicherweise zu verfehlen und falsch zu verstehen. Um das selbstkritisch zu verhindern oder zumindest zu erschweren, bedarf es der kritischen Kontrolle unserer Gottesvorstellungen und Gottessymbolisierungen durch das Denken.

Zum anderen hat evangelische Theologie sich aber auch vor denen zu hüten, die sie durch Festlegung von Denk- oder Argumentationsverfahren darüber belehren wollen, was und wie man denken müsse, um wirklich Gott zu denken oder Gott wirklich zu denken oder überhaupt etwas zu denken, wenn man Gott denkt. Ein Gott, der nur gedacht wird, ist nicht Gott – das hat nicht erst Anselm von Canterbury entdeckt. Wer Gott nur denken will, denkt nicht Gott – das kann man nicht erst bei Luther lernen. Und wer nur Gott denken will, und nicht damit zugleich eines und alles, denkt nicht Gott – das sollte man seit Hegel wissen.

Aber wer meint, ein Recht, an Gott zu glauben oder von Gott zu sprechen, habe man nur, wenn man zeigen könne, was Gott ist und dass Gott ist, und beides sei nur möglich, wenn man einerseits in der Lage sei, einen kohärenten Gottesbegriff als konsistente Menge von Merkmalen zu formulieren, durch die sich Gott eindeutig von allem anderen unterscheiden lasse, und andererseits zeigen könne, dass die Gotteshypothese die bessere Erklärung für irgendetwas sei, was andere auf andere Weise zu erklären suchen, so dass man in der (sogenannten) ›Great Debate‹ zwischen Glaube und Wissenschaft nur auf der Seite einer theistischen Metaphysik für den Glauben streiten könne, der hat weder Anselm verstanden noch Luther, noch Hegel, noch Gott, noch sich selbst, noch das, was er tut, wenn er versucht, Gott zu denken. Eine solche Position ist philosophisch unkritisch (nämlich verstandesdogmatisch), theologisch kontraproduktiv (nämlich genau das untergrabend, was sie zu befördern vorgibt: den Glauben an Gott) und hermeneutisch blind (nämlich ohne Sinn und Verstand für den Sinn des Glaubens an Gott im Leben von Menschen).

Denn – das ist meine These – Gott wird nur gedacht, wenn man nicht nur Gott denkt, sondern alles im Zusammenhang mit Gott und Gott im Zusammenhang mit allem anderen. Aber nur wenn man diesen Zusammenhang von dort her denkt, wo er als kreative Stiftung Gottes in Erscheinung tritt, der die Einstellung von Menschen zum Leben von Grund auf verändert, so dass Gott und alles andere auf umfassende Weise *anders* gedacht und verstanden werden als zuvor, wird wirklich *Gott* gedacht.

Die Pointe des christlichen Glaubens an Gott wird deshalb verfehlt, wenn dieser kognitivistisch als eine Menge von *theistic beliefs* konzeptualisiert wird, die als Erklärungshypothesen in die wissenschaftliche Debatte um die Erklärung von Erfahrungsphänomenen eingebracht werden. Dieser Fehler wird auch nicht dadurch korrigiert, dass man diesen *theistic beliefs* eine Menge von *moral beliefs*, *moral values* oder *moral convictions* bzw. eine Menge von *aesthetic views* oder *aesthetic values* an die Seite stellt, die die lebenspraktische Seite des Glaubens verständlich machen sollen. Im ersten Fall wird der Glaube auf einen Beitrag zur wissenschaftlichen Erfahrungserklärung, im zweiten auf einen Beitrag zur moralischen Lebensführung bzw. ästhetischen Weltsicht und Lebenseinstellung reduziert. Jedes ist für sich genommen unzureichend, aber auch zusammen genommen ergänzen sie sich nicht, sondern steigern ihre Verkürzungen. So verfehlt das Erste den selbstinvolvierenden Charakter des Glaubens, durch den ein Mensch zusammen mit seiner Welt in Gottes Gegenwart eingebunden ist: Wer vom Glauben sprechen will, kann nicht ausblenden, wie er selbst in die Gegenwart Gottes einbezogen ist, von der jener spricht (objektivistische Verkürzung), und diese Verkürzung wird nicht dadurch vermieden, dass er den Glauben mit seiner eigenen Sicht der Dinge identifiziert (subjektivistische Verkürzung). Das Zweite verfehlt den eschatologischen Charakter des Glaubens, durch den Menschen nicht nur in ihrer Erfahrungswelt (Kosmos), sondern in der schöpferischen

Gegenwart Gottes (Schöpfung) loziert sind: Wer vom Glauben spricht, kann nicht ausblenden, dass dieser von einem anderen Leben (neues Leben) und nicht nur anders (religiös) von diesem Leben spricht (religiöse Verkürzung), und diese Verkürzung wird nicht dadurch vermieden oder korrigiert, dass man diese religiöse Sicht des Lebens metaphysisch zu fundieren (metaphysische Verkürzung) oder naturalistisch zu entlarven sucht (naturalistische Verkürzung).

Mit dem Glauben an Gott tritt etwas Neues im Leben auf – im Leben der Menschen überhaupt und im Leben jedes einzelnen Menschen –, das sich trotz aller Verwobenheit des Lebens davor und danach von allem Vorherigen nicht nur graduell, sondern prinzipiell unterscheidet und auf nichts Vorangehendes so zurückgeführt werden kann, dass es aus diesem erklärt werden könnte. Wer von hier aus Gott denkt, kann deshalb nicht so weiterdenken, wie zuvor. Er muss seinen eigenen Standpunkt neu verstehen und sich selbst und alles andere in einem neuen Horizont und damit auf andere Weise denken, auch Gott. Ohne diesen Standpunkt- und Horizontwechsel wird vielleicht ein Gottesgedanke, aber es wird nicht Gott gedacht. Um wirklich Gott zu denken, darf Gott kein weiteres Moment in der Reihe des Gedachten sein, der das schon Bekannte um ein weiteres Element erweitert, sondern der Gottesgedanke muss als Operator fungieren, der alle Reihen neu qualifiziert, alles Wirkliche, Mögliche oder Notwendige also neu zu verstehen lehrt. Wirklich Gott zu denken, heißt deshalb, nicht nur Gott, sondern *alles* in bestimmter Weise zu denken, und zwar *anders* als zuvor. Und *wie* man Gott denkt, zeigt, *wie* man alles neu und anders versteht.

Damit habe ich gesagt, was ich sagen wollte. Der Rest sind Erläuterungen. Ich beginne mit Nietzsche.

2 NIETZSCHES DIAGNOSE

Es geht zu Ende mit der alten Wahrheit – so umriss Nietzsche das, was er mit ›Götzendämmerung‹ meinte. Der *Götze* ist nicht etwa das, was *Gott* weichen muss, die Falschheit also, die der *Wahrheit* Platz zu machen hat, sondern gerade umgekehrt das, was man bisher für Wahrheit gehalten hatte. *Götzendämmerung* meint, dass es *mit der Wahrheit zu Ende geht* – der *alten* Wahrheit des Vorurteils, auf Wahrheit zu setzen, sei in irgendeiner Weise besser, richtiger oder vorteilhafter als das Gegenteil.

Wer das tut, ist ein Götzendiener, ein Begriffs-Fetischist, der Begriffe zur Sache macht, weil er sich durch Sprache und Grammatik verführen lässt. Er sagt ›Ich denke‹ und meint, da sei ein Ich, das etwas täte, während es doch gerade umgekehrt ist, weil »ein Gedanke kommt, wenn ›er‹ will, und nicht wenn ›ich‹ will«, so dass es richtiger ist zu sagen »Es denkt« als »Ich denke«.[1] Und er

---

[1] *Fr. Nietzsche*, Jenseits von Gut und Böse, §17, KSA 5, 31.

sagt ›Gott‹ und verfällt dabei doch nur der Illusion der »Herren Metaphysiker«, diesen »Begriffs-Albinos«, die vor lauter Abstraktions- und Generalisierungslust den »Blassesten der Blassen« zum eigentlich Realen erklären und diesen »erbarmungswürdige[n] Gott des christlichen Monotono-Theismus«, dieses »hybride Verfalls-Gebilde aus Null, Begriff und Widerspruch«, als »ultimum und maximum« alles Wirklichen, als *ens realissimum et necessarium* verehren.[2]

Das ist Götzendienst pur, weit mehr als die Götterverehrung der Völker, die in ihren Göttern sich selbst verehren: »Religion, innerhalb solcher Voraussetzungen, ist eine Form der Dankbarkeit. Man ist für sich selber dankbar: dazu braucht man einen Gott.«[3] Nicht sie haben Götzen – sie verehren in ihren Göttern ja etwas Reales, ihre »Lust an sich« selbst, ihr eigenes »Machtgefühl«[4] –, sondern diejenigen, die meinen, man brauche einen Gott für alle, einen »grosse[n] Cosmopolit[en]«, der für alle etwas bietet. Kein Wunder, dass dieser »Demokrat unter den Göttern« auf der einen Seite »Schritt für Schritt zum Symbol eines Stabes für Müde, eines Rettungsankers für alle Ertrinkenden heruntersinkt«, ein »Arme-Leute-Gott, Sünder-Gott, Kranken-Gott par excellence wird«, und dass er auf der anderen Seite »sich ins immer Dünnere und Blässere« transfiguriert, ein »Ideal«, »reiner Geist«, »absolutum«, »Ding an sich« wird: »*Verfall eines Gottes:* Gott ward ›Ding an sich‹ ...«.[5]

Nietzsche hält es für völlig abwegig zu meinen, »die Fortentwicklung des Gottesbegriffs vom ›Gotte Israels‹, vom Volksgotte zum christlichen Gotte, zum Inbegriff alles Guten sei ein Fortschritt«[6]. Er buchstabiert die bekannte Entwicklungserzählung vom Polytheismus zum Monotheismus rückwärts, indem er den eigentlichen Götzendienst dort lokalisiert, wo man sich philosophisch und theologisch über allen Götzendienst erhaben dünkt. Anders als seine postmodernen Imitatoren plädiert er allerdings nicht für eine Rückkehr ins angeblich goldene Zeitalter des Polytheismus. Nicht nur ist die Negation der Negation nicht die Rückkehr zur Ausgangsposition, sondern die Korrektur der falschen Korrektur eines Fehlers kann nicht darin bestehen, dass man sich für den ersten Fehler stark macht. Spätmoderne Polytheismussehnsucht ist ebenso hohl und leer wie moderner Monotono-Theismus. Beides muss man hinter sich lassen. Die wahre Negation des Monotheismus ist nicht der Polytheismus, sondern der Atheismus, und zwar derjenige Atheismus, der nicht nur Negation des Theismus, sondern *zugleich* des Antitheismus ist, der also Theismus und Atheismus zugleich negiert.

---

[2]   *Fr. Nietzsche*, Der Antichrist, §17–19, KSA 6, 183 ff.

[3]   A. a. O., §16, 182.

[4]   Ebd.

[5]   A. a. O., §17, 184.

[6]   A. a. O., §17, 183 f.

Dieser *befreiende Atheismus*[7] ist nicht schon dort realisiert, wo man sich zum Freidenker aufplustert und im Namen der Wissenschaft Religion und Theologie attackiert, sondern wo man den »Ursachentrieb«[8] und die wissenschaftliche Erklärungswut als den Götzendienst durchschaut, der sich diese ganze Begriffsmetaphysik verdankt, und dem die Wissenschaften nicht weniger verfallen sind als die Begriffsmetaphysik.

3 GÖTZENDIENST UND GOTTESDIENST

Damit zeichnet sich für die Beurteilung des Verhältnisses von Götzen- und Gottesdienst ein Schema ab, das sich radikal übervereinfachend folgendermaßen zusammenfassen lässt:

1. *Jeder einen anderen:* Die Situation des *Polytheismus* ist der Ausgangspunkt. Jedes Volk hat seine Götter, und verschiedene Götter für verschiedene Lebenssituationen. Diese Götter können in Gruppen und Familien zusammengefasst sein, aber sie schließen sich nur insofern aus, als die *Götter der einen* nicht die *Götter der anderen* sind. Der Streit der Götter(gruppen) ist nie mehr als der Streit der Menschengruppen, deren Götter sie sind. Es ist ein Streit zwischen im Prinzip Gleichen.

2. *Einer gegen alle:* Der *Monotheismus* setzt *den einen Gott* gegen die Götter – sei es, indem er *den je eigenen Gott* gegen die Götter der anderen setzt (Differenz Gott/Götter), sei es, indem er den eigenen Gott als *einzigen Gott* von den Götzen der anderen unterscheidet (Differenz Gott/Götzen).

3. *Alle gegen einen:* Wo ein Gott alle anderen Götter zu Götzen gemacht und damit aus dem Kreis der Konkurrenten verdrängt hat, wächst mit der Macht des Einen auch seine Gefährdung: Man muss jetzt nicht mehr Gott für Gott kritisieren, negieren und bekämpfen (sequentieller Poly-Atheismus), sondern kann sich auf einen Punkt konzentrieren: *den Widerspruch gegen den Einen.* Der *Antitheismus* negiert den einen Gott des Monotheismus – sei es, indem er in rückwärts gewendeter Romantik die Vielen gegen den Einen in Anschlag bringt (Lob des Polytheismus), sei es, indem er alles Reden von Gott, Göttern und Göttlichem als Schein und Irreführung entlarvt (antitheistischer Atheismus).

4. *Einer gegen alle, die für oder gegen den Einen sind:* Der Protest dagegen nimmt die Form einer Bestreitung beider Seiten dieses Streites an. Sowohl der Antitheismus und der romantische Polytheismus auf der einen Seite als auch der von ihnen kritisierte Monotheismus auf der anderen Seite werden so negiert, dass sie zu Momenten einer differenzierten Entwicklung des Einen zum Abso-

---

[7] Vgl. a. a. O., § 8, 96 f.

[8] *Fr. Nietzsche*, Götzen-Dämmerung. Die vier grossen Irrtümer, § 4, KSA 6, 92.

luten werden. Monotheismus und Antitheismus werden durch eine dynamische Theorie des Absoluten überboten (absoluter Theismus).

5. *Alle gegen den Einen, der gegen alle ist, die für oder gegen den Einen sind:* Der Protest dagegen nimmt die Form einer Bestreitung des Absoluten an, das die Positionen und Negationen von Theismus und Antitheismus zu integrieren beansprucht. Dies erst ist strikter oder *moderner Atheismus*: ein Atheismus, der sich gegen seine Vereinnahmung durch den absoluten Theismus zur Wehr setzt, wie es bei Nietzsche geschieht (absoluter Atheismus).

6. *Wer gegen alle, die gegen den Einen sind, der gegen alle ist, die für oder gegen den Einen sind?* Oder: Wie geht es weiter – kann es weitergehen, ohne nur zu wiederholen, was schon stattgefunden hat? Die antithetischen Positionen des absoluten Theismus und absoluten Atheismus sind so verfasst, dass jeder den anderen in sich abzubilden vermag, jeder weitere Differenzierungsschritt also eine interne Differenzierung auf beiden Seiten wiederholt, aber nicht über die Grunddifferenz beider Positionen hinausführt.

4 POSTSÄKULARE INDIFFERENZ

Genau das belegt die gegenwärtige Diskussionslage. In Reaktion auf den wachsenden Wohlstandssäkularismus der Gegenwart, werden typischerweise zwei Züge gemacht: Man zelebriert unter dem Stichwort des Spirituellen eine *postsäkulare Rückkehr der Götter*, oder man stürzt sich in Opposition dazu in einen *metaphysischen Theismus*, der wiederholt, was war, indem er den berechtigten Protest gegen den Mangel an Kritik im postmodernen Denken zu einer unkritischen Rückkehr zu einer vormodernen Metaphysik mit modernen Mitteln verkehrt. Beide Prozesse scheinen oberflächlich betrachtet im Gegensatz zu stehen, doch beide profitieren von derselben Sphäre der Unbestimmtheit, die eine vermeintlich in sich zerfallende Moderne eröffnet.

Unter dem Stichwort des Postsäkularen wird so die Rückkehr der Götter gefeiert, aber es fehlen Kriterien zur Beurteilung von Göttern und zur Unterscheidung zwischen akzeptablen und inakzeptablen Formen der Götterverehrung.[9] Wo es eine Bemühung um solche Kriterien gibt, sind diese politisch, sozial oder moralisch, aber nicht religiös oder theologisch: Weil keiner seine Götter für besser halten darf als die Götter der anderen, spricht man das Problem der Entscheidung zwischen ihnen nicht mehr an, sondern zieht sich auf vermeintlich unanstößige, weil mehrheitsfähige politische, soziale und moralische Korrektheiten zurück. Nicht der Glaube an die Götter, sondern nur seine gesellschaft-

---

[9]   Vgl. *I. U. Dalferth / H.-P. Grosshans (Hg.), Kritik der Religion. Zur Aktualität einer unerledigten philosophischen und theologischen Aufgabe*, Tübingen 2006.

lichen Auswirkungen werden kritisiert. Jeder kann glauben, was er oder sie will, solange es das Zusammenleben mit den anderen nicht stört. Toleranz wird damit zur zivilreligiösen Basisreligion und Indifferenz zum gesellschaftlichen Normalverhalten. Ohne sich inhaltlich mit dem auseinanderzusetzen, dessen Ausflüsse man auf diese Weise zivilreligiös zu kanalisieren sucht, meint man, alle Religionen gleich-gültig behandeln und als private Skurrilitäten betrachten zu können – und steht dann fassungslos vor der explosiven Urkraft, mit der religiöse Überzeugungen im Leben aufbrechen und alles durcheinander wirbeln können.

5 METAPHYSISCHER THEISMUS

Anders reagieren andere, die unter dem gleichen Stichwort des Postsäkularen für eine Neuauflage des Alten, für ein ›Collegium Metaphysicum‹ plädieren mit dem Argument, die Vernunft könne nicht darauf verzichten, »letzte Fragen mit Hilfe der Vernunft zu beantworten. Solche Fragen betreffen die Welt als ganze, den Grund der Welt und die Stellung des Menschen in der Welt. Sie drängen sich unvermeidlich auf, können aber durch die Einzelwissenschaften nicht beantwortet werden. […] Daher stellt sich der Vernunft am Ende nicht die Frage, ob sie überhaupt eine Metaphysik vertreten will, sondern in welcher Weise«.[10]

Das klingt vernünftiger als es ist. Die Vernunft wird hier als Opfer einer Nötigung präsentiert, der sie sich nicht zu entziehen vermag, selbst wenn sie es wollte. Doch welchen Charakter hat diese Nötigung? Was heißt hier ›Vernunft‹? Und worum geht es bei den Fragen nach dem Einen, dem Ganzen und dem Einen, der an solchen Fragen leide? All das bleibt im Dunkeln. Anstatt die lebenspraktischen Anlässe dieser Fragen zu erhellen und den Sinn metaphysischer Aussagen von ihrer lebensorientierenden Funktion her verständlich zu machen, wird Metaphysik ganz traditionell den Einzelwissenschaften als theoretische Überwissenschaft des Einen und Ganzen entgegengesetzt.

Damit wird die Chance verspielt, der Einsicht der Moderne Rechnung zu tragen, dass metaphysische Aussagen *Sinnorientierungen* und keine *Seinserklärungen* sind, dass ihre Pointe also nicht aus dem Gegensatz zu den Einzelwissenschaften im Horizont menschlicher Wissensbemühung, sondern aus der praktischen Orientierungsunerlässlichkeit im Zusammenhang menschlichen Miteinanderlebens zu begreifen ist. Metaphysische Sätze sind Orientierungsversuche im Denken, die auf die Orientierungsaufgaben im Leben eine Antwort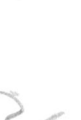

---

[10]   Ankündigung der Reihe ›Collegium Metaphysicum‹ beim Verlag Mohr Siebeck. Siehe: http://www.mohr.de/nc/theologie/schriftenreihen/reihe/collegium-metaphysicum-cm-1/seite//detail/detail.html (Stand 15.12.2011).

zu geben suchen, sie sind keine überwissenschaftliche Faktenerklärungen oder erstwissenschaftliche Letzterklärungen kontingenter Fakten in Beantwortung letzter Fragen.

Das sieht der metaphysische Theismus anders – in seinen rationalistischen Versionen (Hermanni, Leftow) nicht weniger als in seinen empiristischen (Swinburne, Craig) oder in seinen Gestalten als ›Analytic Theism‹ (Plantinga) oder ›Analytic Theology‹ (Rea). Die säkulare Gotteskritik der Moderne und die postsäkulare Indifferenz der Postmoderne sind ihm beide nicht nur ein Gräuel, sondern Anlass, zu den alten monotono-theistischen Überzeugungen zurückzukehren und den Einen *sola ratione* gegen die Vielen stark zu machen – als ob nichts geschehen wäre, das diese Gedankenmanöver als Selbstverblendungen einer leerlaufenden Vernunft- und Verstandesoperation aufgedeckt hätte. Man fragt – ich konzentriere mich auf die empiristischen Versionen – nach dem Woher von Blumen, Bäumen, Bären, Bergen, Sternen, Weltall, Gott, als ob man die Lücke ›x‹ der Frage ›Woher kommt x?‹ nur durch allerhand verschiedene Etwasse, einschließlich dessen, was man mit ›Gott‹ meint, besetzen müsste, um ein vernünftiges Problem zu haben. Oder man sieht die Aporien, wenn man das Dasein Gottes in dieser Weise zum gegenständlichen *explanandum* macht, und versucht es stattdessen – wie im probabilistischen Swinburnianismus –, als *explanans* zu legitimieren, präsentiert den Rekurs auf Gott also als die bessere Antwort auf letzte Woher-, Warum- oder Wozu-Fragen als die Wissenschaften sie zu geben vermögen.

Doch ob man Gott als *hypothetisch zu Erklärendes* oder als *hypothetische Erklärung* von *etwas* traktiert: Es war gerade diese metaphysische Erklärungsdenkwut, die Kant als theistischen Dogmatismus durchschaute, weil er sich die Mühe erspart, die Grenzen der Vernunft und die Reichweite der Verstandesoperationen kritisch zu bestimmen. Nicht alles, was der Vernunft zugemutet wird, kann sie wie ein Verstandesproblem bearbeiten, und nicht alles, worauf die Vernunft als Grenze stößt, kann sie wie eine Schranke behandeln, die man leichtfüßig überspringen kann, um auf der anderen Seite munter so weiterzumachen, wie man es diesseits der Schranke getan hatte. Ein metaphysischer Theismus ist kein Fortschritt gegenüber dem einstigen theistischen Dogmatismus, wenn er dessen Irrtümer mit den Mitteln der Logik und Wissenschaftsphilosophie des 20. Jahrhunderts wiederholt. Zumindest müsste er sich den kritischen Fragen der Tradition der Vernunftkritik stellen. Hegel hat das getan. Der metaphysische Theismus der Gegenwart tut es nicht. Hegel ist daher heute noch ein ernsthafter Gesprächspartner. Der metaphysische Theismus ist es nicht. Sein Denken ist kein Götterdienst (wie der postsäkulare Postmodernismus), sondern Götzendienst – eine unkritische Verwechslung des Gedankendings, das er ›Gott‹ nennt, mit dem Gott, zu dem im Gottesdienst gebetet wird.

6 FALSCHE FREUNDE DER THEOLOGIE

Das durchaus spannungsreiche Verhältnis zwischen postsäkularer Rückkehr der Götter und antisäkularer Neometaphysik belegt erneut, dass ein Fehler selten dadurch korrigiert wird, dass man einen weiteren begeht. Man verstärkt dadurch nur das Übel, das man bekämpft. Zweifellos ist die klassische Religionskritik der Moderne weithin stumpf geworden, weil sie zu pauschal argumentiert, wo differenzierte Analysen nötig wären. Und zweifellos ist die unkritische Selbstzufriedenheit religiös-spirituellen Erlebens zu kritisieren, das angesichts der postmodernen Möglichkeiten postsäkularer Vielfalt meint, nicht mehr unter dem Diktat der säkularen Moderne zu stehen, religionskritische Anfragen ignorieren zu können und sich keine Rechenschaft über die Vernünftigkeit und Haltbarkeit ihrer Ansichten geben zu müssen.

Doch man liefert der Religions- und Metaphysikkritik der Moderne nur den Beleg für ihre Berechtigung, wenn man als Gegenentwurf zur Göttervielfalt religiösen Erlebens einen Vernunftgott hypostasiert, der alle Züge aufweist, die jene kritisiert hatte, und dieses Vernunftgebilde nicht nur für möglich, sondern für unerlässlich erklärt, weil unter Vernünftigen die Frage nicht sein könne, ob man das überhaupt haben wolle, sondern nur in welcher Weise: Das Leben werfe letzte Fragen auf. Die Vernunft sei das Mittel, sie zu beantworten. Die Einzelwissenschaften wollten und könnten das nicht. Die Metaphysik dagegen wolle es nicht nur, sondern könne es auch. Sie sei – im Prinzip, wenn auch nicht in ihren jeweils konkreten Ergebnissen – über Kritik erhaben, weil man sie nicht kritisieren könne, ohne sie in irgendeiner Weise vorauszusetzen.

Doch das überzeugt nicht, im Gegenteil. Der metaphysische Theismus der Gegenwart wächst auf demselben Boden der Antimoderne wie die Kritiklosigkeit postsäkularer Spiritualität, und beide zusammen treiben jenen Widerspruch heraus, der sich heute am deutlichsten im ›Neuen Atheismus‹ (*New Atheism*) artikuliert. Das Muster, das dessen Selbstvermarktung zugrunde liegt, ist bekannt. Wie sich in der Moderne die Tendenzen radikal-säkularer Religionskritik und fundamentalistischer Affirmation religiöser Traditionen immer wieder gegenseitig gefördert und verschärft haben, insofern die einen affirmieren, was die anderen kritisieren, so provozieren und verstärken postsäkulare Erlebnisfrömmigkeit und antisäkulare Neometaphysik, die sich beide im vermeintlichen Freiraum des Postsäkularen einrichten, den Widerspruch eines Atheismus, der wenig mehr tun muss als das, was dort gesagt und gedacht wird, gegen die zu verwenden, die es sagen und denken. Man schaue sich nur die *clips* von Richard Dawkins, Sam Harris oder Bill Maher auf YouTube an, um zu sehen, was ich meine. »Es ist wahrscheinlicher, dass Gott existiert, als dass er nicht existiert«, sagen die einen. »Es ist viel wahrscheinlicher, dass Gott nicht existiert, als dass er existiert«, die anderen. Keiner nimmt sich die Zeit zu fragen, ob es sinnvoll ist, die Frage nach Gott in dieser Weise zum Gegenstand von Wahrscheinlichkeitserwägungen zu machen und sie damit auf dieselbe Ebene zu stellen wie die Frage nach dem Osterhasen, dem Weihnachtsmann oder – nur scheinbar seriöser – der Existenz von Leben in einer anderen Galaxie.

Evangelische Theologie tut gut daran, zu beiden Gegenwartsphänomenen Distanz zu wahren. Nicht weil sie den Freiraum nicht zu würdigen wüsste, in dem sich in demokratischen Gesellschaften das Leben des Glaubens in der Gegenwart vollziehen kann. Auch nicht, weil sie letzte Fragen nach dem Dasein und Sosein der Welt, dem Gottesgedanken, der menschlichen Freiheit oder der Hoffnung über den Tod hinaus nicht kennen würde. Sondern weil diese von den Freunden der Vernunft heute metaphysisch so beantwortet werden, dass evangelische Theologie sich vor diesen Freunden nur hüten kann. So wenig Glaube und Theologie durch die postsäkulare Rückkehr der Götter gefördert werden, so wenig hilft ihnen der metaphysische Theismus und die von ihm inspirierte »*Analytic Theology*« der Gegenwart. Im Gegenteil, diese provozieren genau die Widersprüche, gegen die sie ins Feld geführt werden. Vor diesen vermeintlichen Freunden muss man auf der Hut sein, weil sie eben das fördern, was sie bekämpfen.[11] Sie bieten keine philosophische Unterstützung für die Theologie, sondern sind Teil des Übels, mit dem diese sich auseinandersetzen muss.

Nirgendwo steht geschrieben, dass Glaube und Theologie ihre besten Freunde im Bereich von Religion, Religiosität, Spiritualität oder Metaphysik haben und nicht in dem, was diese als ›Säkularität‹ und ›säkulares Denken‹ ablehnen und bekämpfen. Während aber im Fall der Wiederkehr der Götter das Grundübel ist, alles für möglich und nichts für anstößig zu halten, weil man keine religiösen Kriterien zur Unterscheidung von akzeptablen und inakzeptablen Formen des Religiösen oder Spirituellen hat und schon die Frage danach für politisch unkorrekt gehalten wird, liegt die Problematik im Fall des metaphysischen Theismus an anderer Stelle. Sie zeigt sich vor allem an drei Punkten.

7 Kritik des metaphysischen Theismus

1. *Falsches Ziel:* Zum einen operiert der metaphysische Theismus mit einem abstrakten, lebens- und praxisfernen Rationalitätskonzept, dessen Schein von Überzeugungskraft sich der Abgrenzung vom Popanz eines Fideismus verdankt, der ständig beschworen, aber selten vernünftig erläutert wird. Um dem »closed circle of faith presupposing faith« entgehen zu können, so heißt es, müssten wahrer Glaube und wahre Religion Gottes Existenz beweisen.[12] Denn wenn reli-

---

11   Vgl. *R. Chr. Falcioni*, New Atheism, Theism, and Conceptual Confusion in Contemporary Philosophy of Religion (Ph.D. Claremont Graduate University 2011).

12   *Fr. Depoortere*, Badiou and Theology, London 2009: »[T]rue faith and true religion ask

giöser Glaube nur wahr ist, wenn er vernünftig ist, und nur vernünftig, wenn er sich beweisen lässt, dann sei zu zeigen, dass der Gottesgedanke kohärent, also nicht widersprüchlich und damit sinnvoll ist, und dass ein so gedachter Gott auch tatsächlich existiert, und zwar mindestens einmal und hoffentlich nicht mehr als einmal.

Ohne sich lange mit kritischen Vorfragen aufzuhalten, um welche Art von Problem es im Fall Gottes eigentlich geht, was genau man mit ›Existenz‹ meint und was mit ›Existenzbeweis‹, wo einen solchen zu fordern sinnvoll ist und wo nicht, ob alle Arten von Argumentation Beweischarakter haben, welche Arten von Beweisen für welche Arten von Problemen sinnvoll und möglich sind, wer eigentlich auf welche Fragen eine Antwort sucht und ob Existenzbeweise wirklich das sind, womit sich irgendeine dieser Fragen beantworten lasse, wird mit großer Geste das Gespenst eines Fideismus beschworen, der nicht einsehen will, dass ein Existenzbeweis für Gott notwendig ist, wenn es wahren Glauben geben können soll.

Doch würde wahrer Glaube darauf warten müssen bis ein Existenzbeweis für Gott vorgelegt wird, der nicht nur den überzeugt, der ihn vorlegt, würde es ihn nie geben. Hier wird regelmäßig das Erste und das Zweite verwechselt: Auf dem Boden des Glaubens bedarf es keines Gottesbeweises, weil es ohne Gott keinen Glauben gäbe, wie dieser weiß. Außerhalb des Glaubens aber gibt es nichts, was einem erfahrungsbasierten Beweis der Existenz Gottes auch nur nahekommen könnte. Solche Beweise können nur für das geführt werden, was in irgendeiner Weise eine Differenz in der Erfahrungswirklichkeit markiert, von der man ausgeht, also nicht immer und überall in derselben Weise auftritt, sondern nur manchmal, an manchen Stellen und unter manchen Bedingungen. Doch genau das tut das mit ›Gott‹ im Glauben Gemeinte nicht, wenn man Gott nicht zum Götzen macht.

Was wäre denn anders, wenn es Gott *nicht* gäbe? Wer darauf mit der Aufzählung von bestimmten Erfahrungsphänomenen im Unterschied zu anderen antwortet, hat die Grammatik christlicher Rede von Gott nicht verstanden. Gott hat es nicht nur mit einigem, sondern mit allem zu tun. Spricht in der Welt überhaupt etwas für Gott, dann nicht nur das Schöne, Gute und Wahre, sondern auch das Hässliche, Üble und Falsche. Thomas von Aquin hat die Pointe dieser Einsicht präzis erfasst und prägnant formuliert: »Si malum est, deus est«[13]. Solche Argumente sind keine Erfahrungsbeweise der Existenz Gottes, sondern Erläuterungen eines Gottesverständnisses und Ausdruck einer Weise, die Welt, in der

---

for a proof for the existence of God, if we want to avoid [...] the ›closed circle of faith presupposing faith‹« (22); »in order to avoid the closed circle of faith presupposing faith, some kind of proof for the existence of God is necessary« (96; vgl. 147).

[13] *Thomas v. Aquin*, S.c.gent. III, 71.

wir leben, zu sehen und zu verstehen. Die Alternative dazu, dass es Gott nicht gibt, ist nicht, dass es die Welt dann eben ohne Gott gibt, sondern dass gar nichts wäre. Und wer davon überzeugt ist, dass es die Welt gibt, aber Gott nicht, der vertritt nicht nur im Blick auf Gott eine andere Ansicht als der Theist, sondern versteht auch die Welt anders.

Das aber heißt: Beweise der Existenz oder Nichtexistenz Gottes generieren keine neuen Erkenntnisse, sondern entfalten vorgängige Überzeugungen einer bestimmten Sicht der Welt. Damit sind sie genau das, was die metaphysischen Antifideisten kritisieren: Argumentationsgänge im ›closed circle of faith presupposing faith‹ (im Fall des Glaubens an Gott) bzw. im nicht weniger ›closed circle of unfaith presupposing unfaith‹ (im Fall des Nichtglaubens an Gott). Glaube bzw. Nichtglaube an Gott sind die Voraussetzungen und nicht das Resultat solcher Argumentationen. Beweise der Existenz Gottes überzeugen daher allenfalls die, die sie nicht brauchen, und auch Beweise der Nichtexistenz Gottes überzeugen nur die, die davon schon überzeugt sind.

2. *Falsche Hoffnung:* Das ändert sich nicht grundlegend, wenn man zwar zugibt, dass die meisten Antworten der Tradition falsch waren, aber unterstellt, es könnte die richtige Antwort geben. Zwar hat bislang noch niemand einen Beweis für die größte natürliche Zahl geführt, aber mit besseren Rechenmaschinen wird uns das schon noch gelingen. – Nein. Ehe nicht geklärt ist, ob man einem wirklichen Problem nachjagt oder einer Verwirrtheit des eigenen Denkens und Sprechens aufsitzt, sollte man in ein solches Forschungsprogramm kein Geld investieren.

Wenn eine Lektion von Kants kritischer Philosophie nach wie vor Gültigkeit hat, dann ist es die, dass es wenig Sinn hat, von ungeklärten Voraussetzungen aus darüber zu streiten, ob Gott ist oder nicht ist, die Welt endlich ist oder ewig, es Freiheit gibt oder nicht. Mit korrekten Argumenten kann man alles beweisen, wenn man seine Prämissen richtig wählt. Ob es vernünftig ist, von Prämissen auszugehen, die es zulassen, auf formal richtigem Weg zu kontradiktorischen Ergebnissen zu gelangen, ist zumindest keine unvernünftige Frage. Solange sich von denselben Voraussetzungen aus formal korrekt kontradiktorische Konklusionen beweisen lassen, sollte man Zeit und Kraft eher auf die kritische Klärung dieser Voraussetzungen verwenden, als das Spiel von Beweis und Gegenbeweis ohne Sinn und Verstand Runde um Runde weiterzuführen.

3. *Falsche Aufgabenstellung:* Ein drittes Problem ist, dass man das ganze Projekt von Vernunft, Vernünftigkeit und Gottesbeweis meint durchführen zu können, ohne das auch nur zu erwähnen, was christliche Theologie ›Sünde‹ nennt. Kann man darauf verzichten, die Sündenproblematik von Anfang an zu berücksichtigen, und sich damit begnügen, sie nach erfolgtem Beweis zur Beschreibung einiger Züge des moralischen (oder eher unmoralischen) Lebens der Menschen

heranzuziehen? Paulus, die Reformatoren, Schleiermacher, Kierkegaard oder Barth haben hier mit Recht anders geurteilt und gewichtige Anfragen formuliert. Ist das Grundproblem der Theologie wirklich die theoretische Frage der Existenz Gottes und nicht die praktische Frage des rechten Lebens vor Gott? Ist die argumentative Herausforderung wirklich die kognitiv-epistemische Frage nach einem Beweis für Gottes Existenz und nicht die lebenspraktische Frage, wie aus der Sündenverblendung ein Weg in ein Leben gefunden werden kann, das für Gottes Gegenwart und damit die Wahrheit des eigenen Lebens offen und sensibel ist? Und wenn beides verknüpft ist, wie man doch vermuten sollte: Kann man es dann in zwei Schritte zerlegen und zunächst den Gottesbeweis führen und dann vielleicht auch noch – oder eben auch nicht – nach dem rechten Leben vor Gott fragen? Wie würde sich ein Leben denn ändern, wenn der gesuchte Beweis der Existenz Gottes nicht geführt werden könnte? Oder wenn er sich nicht nur führen ließe, sondern geführt wäre? Was wäre dann anders – nicht für irgendjemanden, sondern für mich? Kann man mit einem Hauch von Seriosität von Gott reden und sich selbst aus dem Spiel lassen?

Wo Beweise der Existenz Gottes dazu führen, dass alles beim Alten bleibt, erübrigen sie sich. Wo es dagegen darum geht, dass man sich selbst und alles andere *anders* versteht als vorher, können sie nicht die Form eines Erfahrungsbeweises haben. Solche Beweise lassen alles, wie es ist. Sie verändern nichts. Sie erklären, was der Fall ist. Aber sie erfassen nicht, was sein könnte, oder hätte sein müssen, oder gewesen wäre, oder sein sollte. Sie behandeln den Glauben an Gott wie den Glauben an ein Faktum, und verfehlen völlig das Kontrafaktische, Konjunktivische, Irreale und Unmögliche, das mit dem Glauben an Gott in die Welt des Faktischen, Indikativen, Realen und planbar Möglichen kommt.

8 VOM DENKEN GOTTES

Die Fehler des metaphysischen Theismus werden dann aber nicht dadurch korrigiert, dass man seine bisherigen Ergebnisse einer Kritik unterzieht, aber die Aufgabenstellung beibehält: Gottesglaube ist nur sinnvoll, wenn man beweisen kann: Es gibt ein x, und das ist Gott. Einen Gott, den es so gibt, gibt es nicht – es wäre ein Götze. Bezieht man das ›Es gibt‹ (den Existenzquantor) auf das Erfahrbare, dann kann Gott dort nicht exemplifiziert werden. Die Welt ist kein großes Ding, und Gott kein Gegenstand in der Welt. Bezieht man ihn auf das Bezeichenbare bzw. Mögliche, dann bleibt der Gottesgedanke unbestimmt. Die bloße Kohärenz der Merkmale in der Bestimmung des Ausdrucks ›Gott‹ genügt nicht. Kohärente ›Gottesbegriffe‹ in diesem Sinn gibt es viele, und nicht alle sind kompatibel. Welcher von ihnen erfasst korrekt, wer oder was Gott ist? Wüsste man das, dann bräuchte man nichts mehr zu beweisen.

Nur wenige würden heute noch der Vernunft zusprechen, das zu wissen. *Sola ratione* scheint nur der negative Weg zu bleiben, wenigstens die unzureichenden Gotteskonzepte auszuscheiden. Anselm hat es klassisch versucht: Gott ist *id quo maius cogitari nequit.*

Das ist kein Gottesbegriff, mit dem man irgendein x als Gott bestimmen könnte, sondern eine kritische Regel menschlichen Gottdenkens, die zwei Dinge sagt: dass wir Gott nicht denken können, ohne dass in und durch Zeichen zu tun; und dass wir die Zeichen, mit denen wir Gott zu denken versuchen, niemals mit dem verwechseln dürfen, den wir damit zu denken versuchen. Nichts verdient ›Gott‹ genannt zu werden, über das hinaus Größeres gedacht werden kann. Aber auch das Größte, was wir denken können, ist nicht identisch mit Gott, weil Gott größer ist als alles, was wir denken können – ›größer‹ in dem konkreten Sinn, dass nicht unser Denken über die Denkbarkeit Gottes entscheidet, sondern unser Denken Gott gerade umgekehrt nur dann trifft, wenn dieser in unser Denken einfällt, dieses also durch Gott und nicht Gott durch unser Denken bestimmt wird.

Bestimmt Gott das Denken, dann bestimmt er aber nie nur das Denken, sondern das ganze Leben; und bestimmt Gott das Leben, dann bleibt nichts so, wie es war. Wenn Gott in das Leben einbricht, werden Menschen aus der Bahn geworfen (existenziell disloziert) und ihre Lebensausrichtung von Grund auf erneuert und verändert (existenziell re-orientiert). Wer wirklich Gott denkt, spielt nicht mehr oder weniger harmlos mit einem Gedanken, den zu denken er auch unterlassen könnte, ohne dass dies tiefere Spuren in seinem Leben hinterließe, sondern er setzt sich selbst aufs Spiel. Deshalb kann man Gott nicht denken, ohne sich und alles andere *anders* zu verstehen als zuvor. Meint man dagegen, alles beim Alten lassen zu können, wenn man Gott denkt, weil es ja nur um eine Gedankenoperation geht, dann hat man noch nicht einmal begonnen, Gott zu denken – nicht weil Gott zu groß wäre für unser Denken, sondern weil man nicht sieht, dass nicht Gott das Problem ist, um das es geht, sondern man selbst.

Das ist etwas anderes als das Mantra negativer Theologie: Wir können Gott nicht denken, sondern allenfalls einsehen, dass wir Gott nicht denken können. Der entscheidende Punkt ist nicht die Unendlichkeit Gottes und die Endlichkeit des menschlichen Geistes, sondern der Charakter der Situation, in der wir Gott zu denken versuchen – das, was die Theologie (in nichtmoralischem Sinn) *Sünde* nennt: zu leben, als ob es Gott nicht gäbe, obwohl man nicht leben würde, wenn Gott sich uns nicht gäbe.

9 REFORM DES DENKENS

In theologischer Sicht ist nicht unsere Endlichkeit, sondern die Sünde das
entscheidende Problem des Denkens Gottes. Endlichkeit ist ein Merkmal der
Schöpfung, und Geschöpf zu sein, trennt uns nicht von Gott, sondern verbindet
uns mit ihm. Sünde dagegen trennt von Gott, weil im konkreten Lebensvollzug
mit Gottes Gegenwart auch das eigene Geschöpfsein ignoriert wird. Man lebt,
aber man versteht nicht, wer man in Wahrheit ist. Man denkt so etwas wie Gott,
aber weiß nicht, ob das Gott auch trifft. Man bleibt auf sich selbst bezogen (*in-
curvatus in se*), ohne zu wissen, wer das eigentlich ist, auf den man bezogen ist.

Für den Theismus jedweder Provenienz dagegen gibt es hier nur ein episte-
misches, aber kein sündentheologisches Problem. Man stimmt zu, dass Gott
größer ist als alles, was wir denken können – auch wenn man damit allein noch
nicht zwischen Gott (dem Einen) und der Welt (dem Ganzen) zu unterscheiden
vermag. Aber dann stürzt man sich in die ›*Great Debate*‹ zwischen Theismus
und Naturalismus um die bessere Erklärung der Wirklichkeit der Welt und plädiert entweder für ein theistisches Pro oder ein atheistisches Contra. Doch in
dieser Debatte gehen beide Seiten von falschen Voraussetzungen aus. Wer etwa
mit Hilfe des Theorems von Bayes meint beweisen zu können, dass angesichts
der Wirklichkeit der Welt die Existenz Gottes höhere Wahrscheinlichkeit besitzt
als das Gegenteil, der darf sich nicht wundern, wenn dem auf derselben Basis
entgegengehalten wird, dass genau das für die Nichtexistenz Gottes gelte: Gott
gibt es höchstwahrscheinlich nicht, freue Dich Deines Lebens.

Der Grundfehler ist, dass man sich dem Pro und Contra der Argumente hingibt, ohne die Voraussetzungen zu durchleuchten, unter denen so um Gott gestritten wird. Will man hier weiter kommen, sind nicht bessere Argumente für
oder gegen die Wahrscheinlichkeit der Existenz Gottes nötig, sondern eine Reform des *Denkens*, das Gott so zum Thema macht. Diese Reform erfordert nicht
nur, sich der denk- und vernunftkritischen Aufgabe zu stellen: ›Verstehe das
Denken recht, dann verstehst Du im Prinzip alles, was gedacht werden kann.‹
Die – nötige und richtige – Selbstkritik der Vernunft findet nicht im luftleeren
Raum, sondern mitten im Leben statt. Um das Denken zu reformieren, muss
man daher das Leben reformieren, und das Leben reformieren heißt, sich grundlegend neu zu orientieren. Menschliches Denken ist stets *eingebettetes Denken*,
und zwar *ins menschliche Leben* eingebettetes Denken. Und menschliche Vernunft ist stets *eingebettete Vernunft*, und zwar *ins menschliche Leben* eingebettete
Vernunft: Nur abstrakt lässt sie sich von Gefühl und Emotion, Wollen und Wünschen, Handeln und Hoffen, Leiblichem, Seelischem und Geistigem unterscheiden. Nur in diesen konkreten Zusammenhängen lebt sie, unabhängig von
ihnen ist sie nichts.

10 Glaube und Unglaube

Doch das ist nicht alles. Es gibt kein menschliches Leben, das nicht auf *bestimmte Weise* gelebt würde, und die beiden grundlegenden Weisen, in denen Menschen ihr Leben *vor Gott* konkret leben, sind die des *Unglaubens* und des *Glaubens*. *Glaube* steht dabei für ein Leben in bewusster Orientierung an Gottes Gegenwart (glaubend leben); *Unglaube* steht für ein Leben in faktischer Nichtorientierung daran (nicht glaubend leben), ob das in Gestalt praktischer Nichtbeachtung (Ignoranz, Indifferenz), kognitiver Entscheidungsunfähigkeit (Agnostizismus) oder ausdrücklicher Ablehnung Gottes (Atheismus) geschieht; und die Disjunktion von *Glaube oder Unglaube* steht für die Totalität der Möglichkeiten, die es für den Vollzug menschlichen Lebens *coram deo* gibt. Jeder Mensch lebt konkret in der einen oder der anderen Weise, und keiner lebt, der nicht das eine oder das andere täte. Gottes Gegenwart gegenüber gibt es im konkreten Lebensvollzug keine neutrale Position, sondern nur die, sie zu ignorieren oder sie nicht zu ignorieren. Beides prägt das Leben in unterschiedlicher Weise. Beides kann lebenspraktisch viele Gestalten annehmen. Aber weder das eine noch das andere ändert etwas an der vorgängigen Wirklichkeit von Gottes Gegenwart: Gott ist nicht gegenwärtig, weil an ihn geglaubt wird, sondern an ihn kann geglaubt werden, weil er gegenwärtig ist. Und Gott hört nicht auf, gegenwärtig zu sein, weil nicht an ihn geglaubt wird, sondern weil er gegenwärtig ist, heißt nicht an ihn zu glauben, sich wirklichkeitswidrig zu verhalten. Wie Vernunft und Denken ins Leben eingebettet sind, so ist jedes Leben eingebettet in die Beziehung zu anderem Leben und mit diesem zusammen in die Beziehung zu Gott bzw. genauer: in Gottes kreative Beziehung zum Leben. Ohne Leben keine Vernunft und kein Denken, und ohne Gottes kreative Gegenwart kein Leben – gleichgültig ob das im Vollzug des Lebens ignoriert oder anerkannt wird. Nicht nur ein Gott anerkennendes, sondern auch ein Gott ignorierendes Leben gibt es nicht ohne Gott. Wo das anerkannt wird, spricht evangelische Theologie von *Glaube*, wo es – faktisch oder ausdrücklich – ignoriert wird, von *Unglaube*.[14]

Glaube und Unglaube sind in diesem theologischen Gebrauch keine beschreibenden, sondern orientierende Begriffe. Sie taugen nicht zum Sortieren von Phänomenen oder zur Klassifizierung von Menschen, sondern sie zeigen an, wie ein menschliches Leben – jedes menschliche Leben – im Blick auf seine Einstellung zur kreativen Gegenwart Gottes zu beurteilen ist. Sie sagen nicht, *was* man tut (glauben bzw. nicht glauben), sondern *wie* man tut, was man tut (*glaubend* bzw. *nicht glaubend* leben); und sie sagen das konkret im Blick darauf, wie Menschen – alle Menschen – ihr Leben angesichts von Gottes Gegenwart

14 Vgl. zum Folgenden *I. U. Dalferth*, Ist Glauben menschlich? In: Denkströme. Journal der Sächsischen Akademie der Wissenschaften 8 (2012), 173–192.

faktisch leben (*vor Gott* nicht glaubend leben) und leben könnten und sollten (*vor Gott* glaubend leben). Als Orientierungsbegriffe stellen sie menschliches Leben in einen Beurteilungshorizont, der sich an der Gegenwart Gottes ausrichtet und mit der Leitunterscheidung von Glaube und Unglaube die beiden grundlegenden Weisen bezeichnet, menschliches Leben in diesem Horizont zu vollziehen. Glaube und Unglaube sind Modi menschlicher Existenz vor Gott, die alle praktischen Lebensvollzüge bestimmen (*Wie existiert man vor Gott*, wenn man sein Leben lebt, wie man es lebt?), aber sie sind keine besonderen Lebensvollzüge neben oder im Unterschied von anderen (Wie lebt man, wenn man *an Gott glaubt bzw. nicht glaubt?*).

So freilich werden sie in der Regel aufgefasst – also wie Verben (*glauben / nicht glauben*) und nicht wie Adverbien (*glaubend / nicht glaubend* leben). Wird ›glauben‹ verbal konstruiert und als besonderer kognitiver, emotionaler oder voluntativer Lebensvollzug angesehen, dann kann dieser religiös-lebenspraktisch als *Vertrauen und Sichverlassen auf Gott* beschrieben werden (›Wer glaubt, setzt sein Vertrauen in Gott‹). Im konkreten Leben kann das spannungsreich mit Zweifel, Unsicherheit, Anfechtung und Ungewissheit verknüpft sein, weil ein solches Sichverlassen auf Gott stets als ein Mehr oder Weniger, also in polarer Spannung und gradueller Intensität gelebt wird. Werden Glauben und Unglauben dagegen adverbial konstruiert, also als Existenzmodi verstanden, dann kann der Existenzmodus des Glaubens theologisch-reflektiert bestimmt werden als *Überwindung oder Negation des Unglaubens* (›Wer glaubend lebt, hat einen Wechsel seines Existenzmodus vor Gott vom Unglauben zum Glauben vollzogen.‹). Als Modus der Existenz *coram deo* ist dieser nicht mit den vielen Lebensmodi *coram mundo, coram alio* oder *coram seipso* zu verwechseln, die ein Leben mehr oder weniger intensiv charakterisieren können (interessant, langweilig, mühevoll, freudig, geduldig, müde). Der Existenzmodus tritt vielmehr als das strikte Entweder/Oder auf, ein Leben unter diesem Gesichtspunkt zu führen oder nicht zu führen (Vollzugsperspektive) bzw. zu betrachten oder nicht zu betrachten (Beurteilungsperspektive). So wenig man mehr oder weniger schwanger sein kann, sondern nur entweder das eine oder das andere, falls man eine Frau ist, so wenig kann man mehr oder weniger glaubend bzw. nicht glaubend leben, sondern nur das eine oder das andere, falls man ein Mensch ist.

Weder die Charakterisierung des gelebten Glaubens (Gottvertrauen) noch das theologische Glaubensverständnis (Überwindung des Unglaubens) sind ein Beitrag zur Bestimmung des Menschseins des Menschen. Sie sagen nichts zur Unterscheidung von Mensch und Tier im Horizont des biologischen Lebenszusammenhangs (*Mensch/Tier*), sondern konkretisieren die Unterscheidung von Menschlichkeit und Unmenschlichkeit im anthropologischen Horizont des Zusammenlebens der Menschen (*Mensch/Mensch*) und im theologischen Horizont des Zusammenlebens der Menschen mit Gott (*Mensch/Gott*). Und wie das Verb ›glauben‹ seinen primären Gebrauch im ersten Zusammenhang hat, so hat das theologische verwendete Adverb ›glaubend‹ seinen primären Gebrauch im zweiten Zusammenhang.

Die adverbial verstandene theologische Unterscheidung von Glaube und Unglaube taugt nicht zum Sortieren von Tätigkeiten, Lebensweisen oder Menschen. Die mit ihr markierte Differenz verläuft nicht zwischen den Menschen, so dass diese in ›Gläubige‹ und ›Nichtgläubige‹ eingeteilt würden, sondern sie verläuft mitten durch das Leben eines jeden Menschen hindurch, sofern sein bzw. ihr Leben im Licht der Gegenwart Gottes beurteilt wird. Ihr Kriterium ist die Einstellung zur kreativen Gegenwart Gottes, die als Existenzmodus den Lebensvollzug eines Menschen prägt, und so wenig diese Gottesgegenwart phänomenal in Beobachterhaltung beschrieben werden kann (sie tritt nicht *im* Leben, sondern *mit dem* Leben auf und zeigt sich nur dort, wo man das Leben als Wirkfeld Gottes und sich selbst als Gottes Geschöpf versteht), so wenig können es die Existenzmodi des Glaubens und des Unglaubens. Diese sind eine theologische Orientierungsunterscheidung im Blick auf Gottes Gegenwart im menschlichen Leben, die ebenso wenig unabhängig von denen gegeben ist, die ihr Leben so leben, wie es die Unterscheidung von links und rechts unabhängig von denen gibt, die sich so im Raum orientieren.[15]

Für die Grammatik dieser theologischen Orientierungsunterscheidung zwischen Glauben und Unglauben sind sechs Punkte wichtig:

1. Beides sind mögliche Lebensmodi eines jeden Menschen, und es sind die beiden einzigen, die es im Blick auf Gottes Gegenwart gibt (im Blick auf Gott gibt es keine neutrale Haltung).

2. Keines von beiden wäre möglich, ohne die Gottesbeziehung, die der Unglaube ignoriert und an der sich Glaube ausrichtet: Der Glaube schafft diese Beziehung nicht und der Unglaube hebt sie nicht auf, beide setzen sie vielmehr voraus und beziehen sich auf sie.

3. Niemand erkennt Gottes kreative Gegenwart an, ohne sie zuvor ignoriert zu haben: Wer glaubend lebt, hat stets den Unglauben im Rücken. Der Unglaube ist der universale Modus des alten Lebens (der für alle Menschen gilt), der Glaube der universale Modus des neuen Lebens (der für jeden Menschen gelten kann).

---

[15] In beiden Fällen ist es nicht das *Bewusstsein* der Differenz, das diese wirklich macht, sondern weil man *im Raum* bzw. *vor Gott* nicht leben kann, ohne sich in den konkreten Vollzügen seines Lebens räumlich (links/rechts/oben/unten/…) bzw. existenziell (glaubend / nicht glaubend) zu lokalisieren und zu orientieren, kann man sich dessen auch bewusst werden. Nicht nur das, *was* ich bin als Mensch unter Menschen und anderen Lebewesen, ist eine wichtige Erkenntnis, sondern auch *wo* ich bin im Verhältnis zu anderem und anderen (Raum und Zeit) oder *wie* ich vor Gott existiere, indem ich mein Leben lebe (Existenzmodus), sind lebenspraktisch wichtige Einsichten, auf die wir angewiesen sind, um leben zu können.

4. Ohne den Wechsel vom Unglauben zum Glauben wird diese Orientierungsdifferenz nicht lebensrelevant: Wer den Glauben nicht kennt, kennt auch keinen Unglauben, auch wenn er faktisch auf diese Weise vor Gott lebt.

5. Niemand, der im Unglauben lebt, wechselt deshalb von sich aus zum Glauben.

6. Umgekehrt gehört zum Leben im Glauben eben deshalb das Bekenntnis, nicht durch eigene Vernunft und Kraft, sondern durch Gott selbst auf Gottes Gegenwart aufmerksam geworden zu sein.

Die wirkliche ›Great Debate‹ ist dann aber nicht der Streit zwischen theistischen und naturalistischen Welterklärungshypothesen, sondern der zwischen Glaube und Unglaube, einem Leben in der Ausrichtung an Gottes kreativer Präsenz, und einem Leben, das sie ignoriert. Theisten sind nicht *ipso facto* Glaubende, und Nichttheisten nicht *ipso facto* Nichtglaubende. Weil alle im Unglauben beginnen, kommt es zu einer wirklichen Reform des Denkens von Gott erst dort, wo das Leben geändert, also alles im Licht des Wechsels vom Unglauben zum Glauben am Leitfaden der Unterscheidung des Alten und des Neuen neu gesehen wird.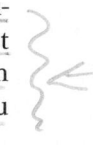

Der Rekurs auf die Vernunft bildet davon keine Ausnahme. Man kann im Unglauben und man kann im Glauben vernünftig oder unvernünftig leben und denken. Aber es ist nicht *per se* unvernünftig zu glauben, oder *per se* vernünftig, nicht zu glauben. Die Vernunft ist kein neutraler Ort, von dem aus sich der Streit zwischen Unglaube und Glaube argumentativ entscheiden ließe. Der Rekurs auf die Vernunft ist vielmehr Teil des Problems, um das gestritten wird, weil diese immer nur als Vernunft des Unglaubens oder als Vernunft des Glaubens auftritt.

11 THEOLOGISCHES DENKEN

Theologie wäre daher schlecht beraten, wenn sie sich auf die Position des metaphysischen Theismus festlegen ließe. Sie will Gott *konkret* denken, und deshalb will sie *mehr* als Gott *nur denken* oder *nur Gott* denken: Wer meint, Gott denken zu können, ohne die Einstellung zu seinem Leben ändern und sich und alles Übrige anders verstehen zu müssen als zuvor, denkt nicht Gott, sondern etwas, was er sich als Gott ausdenkt.

Wie aber ist das Leben zu ändern, um wirklich Gott denken zu können? So, dass man existenziell auf die Einbettung des eigenen Lebens in Gottes Leben achtet (existenzielle Grundwahrheit) und methodisch die daraus resultierende durchgängige Korrelation von Selbst, Welt und Gott zu beachten lernt (intellektuelle Grundwahrheit): Nur in und durch Gottes Gegenwart kann man Gott konkret denken – oder bestreiten. Dass man Gott ignorieren kann, zeigt, dass man in Gottes Gegenwart lebt. Achtet man darauf, beginnt man, Gott zu denken. In

Gottes Gegenwart kann man Gott aber nicht denken, ohne sich selbst und seine Welt anders zu verstehen, als man sich zuvor verstanden hat oder von sich aus hätte verstehen können. Man entdeckt sich als eingebettet in Gottes Leben und beginnt zu beachten, dass man aus einem Geheimnis lebt, das sich weder auflösen noch erschöpfen lässt: dem Zuspiel von Möglichkeiten, die mehr aus dem eigenen Leben machen, als man von sich aus vermag, und die seine Wahrheit als etwas erweisen, was weit über das hinausgeht, was man selbst im Positiven und im Negativen des eigenen Lebens erlebt oder erleben kann. Deshalb darf man nicht bei sich selbst und seinem eigenen Erleben und Erfahren ansetzen, wenn man sich, seine Welt und Gott so verstehen will, dass man die Wahrheit seines Lebens erfasst. Man kann sich und seine Welt vielmehr nicht verstehen, ohne Gott zu verstehen, und man kann Gott nicht verstehen, ohne sich und seine Welt anders zu verstehen, als man von sich aus hätte verstehen können: nämlich als Schöpfung, die sich der Gegenwart des Schöpfers verdankt.

Diese Einsicht drängt sich im Leben nicht unabweisbar auf, und sie ist keine Erfahrung neben anderen. Sie ist eine radikale Veränderung des ganzen Orientierungsrahmens, in dem man sich und sein Leben versteht, kein bloßes weiteres Erfahrungsdatum, sondern eine neue Qualifikation des gesamten Erfahrungszusammenhangs. Zu dieser kommt es nicht ohne existenzielle Dislozierung und Reorientierung, ohne die Unterbrechung des Gewohnten durch ein Wahrheitsereignis (in Badious Sinn)[16], das klarstellt, was ein Leben in Wahrheit ist, und ohne die Neuausrichtung des Lebens im Licht dieser Unterbrechung, in der man das Wahrheitsereignis rückblickend als ›Erschließung‹ von Gottes Gegenwart‹, sich als Geschöpf und seine Welt als Gottes Schöpfung neu zu verstehen beginnt.

Wo man sich so radikal anders, nämlich als Gottes Geschöpf versteht, kann man auch Gott anders denken: Gott ist nicht nur der, ohne den ich und meine Welt nicht wären, sondern zugleich der, ohne den ich mich nicht als Gottes Geschöpf, meine Welt nicht als Schöpfung und Gott nicht als Gott und Schöpfer verstehen könnte. Der Unglaube kennt keine Schöpfung, sondern nur eine endliche oder unendliche Welt, deren Gesetzmäßigkeiten und Mechanismen sich erforschen und technisch in Dienst nehmen lassen. Der Glaube dagegen beginnt, wo ich mich als Geschöpf zu begreifen beginne, das sein Leben seinem Schöpfer verdankt, seine Welt als Gabe Gottes versteht, und in dieser mit anderen Geschöpfen und nicht nur mit anderen Tieren, Pflanzen und Organismen zusammenlebt. Die Orientierungssemantik des Glaubens ist deshalb eine andere als die des Nicht- oder Unglaubens. Anthropologische Leitdifferenz etwa ist nicht die zwischen Mensch und Tier, sondern zwischen menschlichem und unmensch-

---

[16] Vgl. *A. Badiou*, L'Être et l'Événement, Paris 1988; *ders.*, Logiques des mondes. L'Être et l'Événement, 2. Aufl., Paris 2006.

lichem Leben des Menschen. Und das entscheidende Kriterium für ein menschliches Leben ist nicht das, was *wir* tun oder zu tun vermögen, sondern das, was einem Menschen von Gott zugespielt wird und sein Leben zu dem macht, was es vor Gott sein kann und sein soll: ein Leben, das – wie Christen sagen – durch ›Gottes- und Nächstenliebe‹ bestimmt wird.

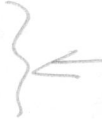

Um wirklich Gott zu denken, ist daher das Leben und nicht nur das Denken ins Zentrum zu stellen, genauer: der Wechsel von einem Leben und Denken im Unglauben zu einem Leben und Denken im Glauben, von einem Leben, das Mitmenschen kennt, zu einem Leben, das Nächste kennt – Menschen, denen Gott ebenso nahe kommt wie einem selbst, deren Würde daher nicht in dem besteht, was wir ihnen zusprechen, sondern was Gott in ihnen sieht.

In diesem Sinn muss sich das, was von Gott gedacht wird, am Leben bewähren als das, was das Leben wahr, gerecht und gut macht, es also nicht so belässt, wie es ist, sondern zu dem macht, was es sein kann und vor Gott sein soll. Das heißt umgekehrt, dass sich Gott theologisch nicht denken lässt, ohne Rekurs auf die Lebensveränderung, die als Orientierungswechsel vom Unglauben zum Glauben, vom Alten zum Neuen chiffriert wird. Menschliches Leben manifestiert diesen Wechsel nicht *per se*, sondern nur im Licht des Ereignisses, das seine (verdeckte und verdunkelte) Wahrheit gegen die gängigen Sichtweisen menschlichen Lebens zur Geltung bringt. Und das wird *nicht* dort angemessen gedacht, wo diese gängigen Sichtweisen metaphysisch fundiert werden, sondern wo die *Unterbrechung* in den Blick rückt, in der Neues im Leben auftritt und der Wechsel vom Unglauben zum Glauben sich ereignet.

12 SCHLUSS

Ich komme zum Schluss: Theologie denkt Gott, indem sie das Wahrheitsereignis zu denken versucht, das menschliches Leben wahr macht. Sie denkt dieses Ereignis, indem sie es als Wechsel vom Unglauben zum Glauben chiffriert und am Leitfaden der Differenz des alten und des neuen Lebens entfaltet. Im Licht dieser Differenz sieht sie jederzeit mehr, als im Leben von sich aus zur Erscheinung kommt, insofern sie es auf Gottes kreative Gegenwart hin auslegt. Anders als der metaphysische Theismus thematisiert sie mit Gott damit nicht nur einen strittigen Aspekt der Welt, sondern artikuliert eine neue und andere Sicht von allem. Nur in der Kontrastierung dieser Totalsichten des Alten und des Neuen kann sie von Gott reden, und eben deshalb hat ihr Reden von Gott stets lebensorientierende Funktion.

Grundlegend zu beachten ist dabei nicht nur die *Differenz zwischen Gott und Welt* (*Schöpfer/Schöpfung*), sondern auch die zwischen der *Indifferenz gegenüber Gott im Unglauben und der Anerkennung Gottes im Glauben*. Und zwar so, dass Gott als Vollzugsgrund beider Differenzen, also als Schöpfer und als Erlöser gedacht wird. Ihr Denken Gottes hat damit keine theoretische, sondern durchgehend eine praktische Pointe: Was heißt es, wahrhaft menschlich zu leben?

Als christliche Theologie lautet ihre Antwort: so zu leben, dass man sich an dem Gott zu verdankenden Wechsel vom Alten zum Neuen ausrichtet, also offen dafür bleibt, immer wieder von Möglichkeiten überrascht zu werden, die einem unerwartet und unvorhersehbar zufallen und zugespielt werden und das Leben zum Guten (und nicht nur zum Besseren) verändern. Wo das geschieht, rufen Christen: ›Gott sei Dank‹. Das ist es, was sie mit ›Gott‹ meinen: der, dem dafür zu danken ist. Und das hat evangelische Theologie zu denken, wenn sie Gott zu denken versucht.

5.7.16

5.10.19

II
FACHGRUPPEN-
VERANSTALTUNGEN

ALTES TESTAMENT

WAS SIND DIE GÖTTER BEI DEUTEROJESAJA UND IN DEN SPÄTEN PSALMEN?[1]

Friedhelm Hartenstein

1 WAS IST EIN GOTT?
EINE RELIGIONSGESCHICHTLICHE DEFINITION

1.1 ZUM THEMA DER TAGUNG

»Gott – Götter – Götzen«: Die drei Begriffe im Thema dieses Europäischen Kongresses für Theologie umreißen ein weites Feld, ein Feld von Entwicklungen, Verwerfungen und Konflikten, nicht nur innerhalb, sondern zunehmend auch außerhalb der Theologie. Der Titel wäre noch vor 20 Jahren kaum für eine Gesamttagung aller theologischen Disziplinen konsensfähig gewesen. Ereignisse wie die Zerstörung der Buddhastatuen durch die Taliban, die Anschläge vom 11. September 2001 und in deren Folge Karikaturenstreit und Koranverbrennung haben gesellschaftliche und kulturwissenschaftliche Diskussionen herausgefordert. Darin wird auch die Frage nach den abendländischen religiösen Traditionen und ihren expliziten und unterschwelligen Wirkungen auf Deutemuster und Handlungsorientierungen neu gestellt. Es tritt zunehmend ein Bewusstsein für das *Nichtselbstverständliche* hervor und damit ein Anstoß zur Klärung, vielleicht auch erneuter Aufklärung der Standpunktbezogenheit jeder theologischen Bemühung. Eine verantwortete Hermeneutik unserer Traditionsbestände wird sich dabei der in ihnen aufgrund ihrer großen zeitlichen Tiefe und kulturellen Weite enthaltenen *Fremdheit* neu stellen müssen. Nur eine Theologie, die bereit ist sich zu hinterfragen und, wo nötig, korrigieren zu lassen, vermag eine starke und glaubwürdige christliche Identität zu fördern. Dass der Theologiekongress

---

[1] Um ein Drittel gekürzte Fassung des Kongressbeitrags (der Vortragsstil wurde beibehalten).

in diesem Jahr mit »Gott – Götter – Götzen« mitten ins Zentrum solcher Identität zielt, ist aus meiner Sicht ebenso folgerichtig wie herausfordernd.

1.2 PLASTISCHER UND VIELFÄLTIGER MONOTHEISMUS

Besonders das Teilfach Altes Testament darf sich durch den Tagungstitel bestätigt und zum Weiterdenken ermutigt fühlen. Es ist hier nicht der Ort – und sei es skizzenhaft –, eine Problemgeschichte der Monotheismus-Forschung in der alttestamentlichen Wissenschaft zu referieren. Deutlich ist aber, dass das mit »Gott – Götter – Götzen« umrissene Spannungsfeld vor allem durch die alttestamentlichen Gotteskonzepte geprägt ist. In der Beurteilung der Besonderheit der biblischen Texte spielt »Gott« als der Eine/Einzige, spielen die »Götter« als dessen Umfeld und überwundenes Gegenüber und spielen »Götzen« als polemisch abwertender Begriff eine herausragende Rolle. Die neueren Einsichten der Monotheismus-Forschung haben uns allerdings die heuristisch unaufgebbare Gegenüberstellung von Polytheismus und Monotheismus *plastisch und fließend* werden lassen.[2] Die religionsvergleichende Fragestellung konnte bewusst machen, dass nicht nur antik-orientalische Polytheismen oft monotheistischer sind als üblicherweise angenommen, sondern auch dass der biblische Monotheismus *in sich vielfältig* ist. Durch die Endgestalt des Alten Testaments scheinen nicht nur Vorstufen hindurch, sondern ihr prägender JHWH-Monotheismus weist plurale Formen und Funktionen auf. Und diese sind keineswegs alle gleich ausgrenzend. Dies sollte auch in kulturwissenschaftlichen Debatten wie derjenigen um Jan Assmanns »Mosaische Unterscheidung« vor Vereinfachungen bewahren.[3] Die biblischen Gotteskonzeptionen sind *historisch und hermeneutisch offener*, als man oft annimmt.

Der folgende Beitrag möchte diese Plastizität anhand zweier in manchem gegensätzlicher, aber auch aufeinander bezogener alttestamentlicher Monotheismen verdeutlichen: Der vor allem exklusiven Rede von Gott bei *Deuterojesaja* und der in manchem eher inkludierenden Rede von Gott im *Psalter*. Ich möchte dafür an die Eigenart der jeweiligen Gotteskonzepte etwas unüblich stärker von der »polytheistischen« Seite herangehen. Ich frage also nach den *Göttern* (und durch die damit verbundene *Bilder*problematik auch nach den »Götzen«) in diesen Texten. Die Antworten darauf, »was« die Götter in Deuterojesaja und den späten Psalmen »sind«, fallen dann etwas anders aus, als wenn man sich den Texten sogleich unter monotheistischem Vorverständnis nähert. Zu diesem

---

[2] Vgl. zusammenfassend *F. Stolz*, Einführung in den biblischen Monotheismus, Darmstadt 1996.

[3] *J. Assmann*, Die Mosaische Unterscheidung oder der Preis des Monotheismus, München/Wien 2003 mit den dort (193-286) abgedruckten Repliken namhafter Alttestamentler/Theologen.

Zweck ist ein kleiner Umweg nötig. Wir brauchen eine hinreichend begründete Arbeitsdefinition dessen, was im näheren altorientalischen Kontext ein Gott bzw. Götter waren. Vor einem solchen Hintergrund erscheinen dann sowohl Kontinuitäten wie Innovationen alttestamentlicher Gotteskonzepte deutlicher. Denn weder religions- noch theologiegeschichtlich lässt sich der israelitische Gott JHWH als völlig aus seinem Entstehungskontext emanzipierte Erscheinung begreifen. Vielmehr muss man sein individuelles Profil im Rahmen der zeitgenössischen Gottesvorstellungen beschreiben.

1.3 Was ist ein Gott? Eine Arbeitsdefinition

Ein Gott bzw. Götter sind vor dem Hintergrund der mesopotamischen, syrisch-phönizischen und griechischen Religionen:[4]

1. *Personal* und das heißt vor allem *anthropomorph* vorgestellte Instanzen, die durch Körperlichkeit und Eigennamen lokalisierbar sind und zugleich durch übermenschliche Größe, Glanz, Macht und Undurchschaubarkeit gekennzeichnet sind.

2. Ihre Individualität als konkrete Personen wird durch die oft nur begrenzt durchsichtigen *Eigennamen* verstärkt, die Deutungen und Beinamen herausfordern, die die Gottheiten anhand ihres Handelns erläutern.

3. Gottheiten sind eingebunden in ein familiäres und politisches *soziales Bezugssystem*, ihre »Sphäre«. Dadurch sind sie für Menschen etwa im Kult regelgeleitet und weitgehend verlässlich zugänglich (Audienzmodell).

4. Von den Gottheiten erwartet man aufgrund ihrer Macht und ihrer übermenschlichen Fähigkeiten vor allem *positive Wirkungen* und Zuwendungen für das Kollektiv und für Einzelne, jedoch ohne Versicherung, dass dies auch eintrifft.

5. Neben und unterhalb individueller Gottheiten gibt es *ein viel breiteres Feld göttlicher Wesenheiten* wie bestimmte kosmische oder sozial bedeutsame Größen (z. B. Himmelskörper und Recht und Gerechtigkeit). Letztere erscheinen als *Wirkmächte* und personifizierte Abstrakta. Auch Gegenständen kann Göttlichkeit zugeschrieben werden.

6. Zu den vielfältigen Erscheinungsformen von Gottheiten gehören an prominenter Stelle *visuelle Repräsentationen*, vor allem die zentralen Tempelkult-

---

4   Die Definition wurde formuliert aufgrund folgender Darstellungen: *B. N. Porter (Hg.)*, What is a God? Anthropomorphic and Non-Anthropomorphic Aspects of Deity in Ancient Mesopotamia, Winona Lake, Indiana 2009; *M. S. Smith*, The Origins of Biblical Monotheism. Israel's Polytheistic Background and the Ugaritic Texts, Oxford 2001; *C. Bonnet*, Die Religion der Phönizier und Punier, in: *Dies. / H. Niehr*, Religionen in der Umwelt des Alten Testaments II, Stuttgart 2010, 13–185; *W. Burkert*, Griechische Religion der archaischen und klassischen Periode, RM 15, 2. Auflage, Stuttgart 2011.

bilder, aber auch – kulturell verschieden gewertet – nicht-anthropomorphe und anikonische Symbole.

7. Ein wesentliches Charakteristikum der Götter ist ihre *größere Zeit* bzw. ihre Anfangsqualität und Langlebigkeit/Unsterblichkeit.

In den folgenden Abschnitten des Vortrags möchte ich nun anhand von Deuterojesaja und dem Psalter prüfen, wie sich die dort enthaltene Rede von den Göttern und von dem Gott JHWH angesichts dieser Merkmale darstellt.

2 WIRKUNGSLOSIGKEIT ANGESICHTS UMFASSENDER WIRKMACHT: DIE AUSGRENZENDE REDE VON DEN GÖTTERN BEI DEUTEROJESAJA

2.1 VORBEMERKUNGEN ANHAND DES PROLOGS JES 40,1–5

Es gehört zu den Grundeinsichten der alttestamentlichen Wissenschaft, dass in Jes 40–55 der biblische Monotheismus am deutlichsten und theologisch gehaltvollsten zum Ausdruck kommt. Die neuere redaktionsgeschichtliche Forschung rekonstruiert mit abweichenden Ergebnissen ein sukzessives Textwachstum der Prophetenschrift, bei dem die Grundschicht zumeist in die spätbabylonische, teils auch die frühpersische Zeit datiert wird.[5] Dreh- und Angelpunkt einer solchen Ansetzung sind die Ankündigungen des Siegeszugs des Kyros. Die Frage, wie sich Voraussage und literarische Retrospektive auf die Einnahme Babylons 539 v. Chr. zueinander verhalten, kann hier nicht vertieft werden. Plausibel erscheint in jedem Fall, dass die Überzeugungskraft der deuterojesajanischen Botschaft nur im Rahmen des lange etablierten *schriftprophetischen Paradigmas* behauptet werden konnte. Das Kriterium der Dokumentation des JHWH-Willens war in der vorausliegenden vorexilischen Unheilsprophetie die historische Bewahrheitung von Ankündigungen, die noch ausstehende Vorhersagen legitimierte. Für den beabsichtigten Anschluss an die frühere Prophetie bietet der *Buchprolog in Jes 40,1–5* entscheidende Hinweise:[6] Der nach Jes 40,1–2 Jerusalem zukommende Trost ist zum einen das Ende der Fremdbestimmung (»Frondienst« V. 2) aufgrund früherer Schuld (politisch: Ende des neubabylonischen Reiches). Und zum anderen öffnet sich mit V. 3–5 der Blick auf die Rückkehr des Königsgottes JHWH unter Anteilnahme der ganzen Schöpfung (»alles Fleisch« V. 5). Wie es Christina Ehring in einer eingehenden Untersuchung ge-

---

[5] Vgl. die knappe Zusammenfassung des Forschungsstands bei *K. Schmid*, Literaturgeschichte des Alten Testaments. Eine Einführung, Darmstadt 2008, 132–137.

[6] Vgl. *F. Hartenstein*, »… dass erfüllt ist ihr Frondienst« (Jes 40,3). Die Geschichtshermeneutik Deuterojesajas im Licht der Rezeption von Jesaja 6 in Jesaja 40,1–11*, in: *Ders.*, Das Archiv des verborgenen Gottes, BThSt 74, Neukirchen-Vluyn 2011, 97–125.

zeigt hat, bildet die *Rückkehr JHWHs* ein programmatisches Thema Deuterojesajas, das sehr wahrscheinlich vor dem Hintergrund eines in Babylon lange etablierten geschichtstheologischen Deutemodells entwickelt wurde.[7] Aus der Sicht der Babylonier hat nämlich der Hauptgott Marduk seine Stadt mehrfach in der Geschichte aufgrund der Schuld ihrer Bewohner Feinden preisgegeben und ist in Gestalt seines Kultbildes in die Gefangenschaft gegangen. Aus dieser kehrte er jeweils nach Beendigung der Strafzeit triumphal zurück und belebte seine Stadt auf diese Weise neu – auf der politischen Ebene war dies an realen Rückführungen des Kultbildes ablesbar.

Für unsere Fragestellung ist dabei festzuhalten: Der Prolog lässt JHWH in Jes 40,3–5 in einem königlichen Triumphzug zurückkehren, bei dem überirdische Stimmen seine Bahn bereiten. Die neue Präsenz des Gottes wird mit einem *mentalen Bild* (tempeltheologischer Begriff *kabod* »Herrlichkeit«), *nicht aber durch ein Kultbild* markiert. Vermutlich ist dies Ausdruck des Bewusstseins einer spezifischen religiös-kulturellen Differenz im Blick auf die Bilder. Ich werde gleich darauf zurückkommen. Dass der Prolog in Jes 40,1ff. auf babylonische Inhalte einer Marduk-zentrierten Geschichtsdeutung zurückzugreifen scheint, ist nur ein weiterer Mosaikstein eines Bildes, das auch von Matthias Albani, Jürgen van Oorschot, Peter Höffken und zuletzt Martin Leuenberger ausgestaltet wurde.[8] Ihre Untersuchungen konnten zeigen, wie sehr die Kapitel Jes 40–48* durch eine *Auseinandersetzung mit der spätbabylonischen Religion* geprägt sind. Dies ist auch und gerade dann historisch plausibel, wenn das Kyrosorakel in Jes 45,1–7* bereits auf den Kyroszylinder und seine probabylonische Deutung der Ereignisse von 539 v. Chr. reagiert, wie es jetzt Leuenberger erneut untermauert hat.[9] Je später in der Perserzeit man indes den Kernbestand der Grundschicht datiert, desto weniger einsichtig wird die religiös-kulturelle *Konfliktsituation*, die sich in den Anfangstexten der Prophetenschrift spiegelt. Sie ist *eng mit den »Göttern« verbunden*, um die es mir in diesem Vortrag geht, und

---

[7]   C.Ehring, Die Rückkehr JHWHs. Traditions- und religionsgeschichtliche Untersuchungen zu Jesaja 40,1–11, Jesaja 52,7–10 und verwandten Texten, WMANT 116, Neukirchen-Vluyn 2007.

[8]   M.Albani, Der eine Gott und die himmlischen Heerscharen. Zur Begründung des Monotheismus bei Deuterojesaja im Horizont der Astralisierung des Gottesverständnisses im Alten Orient, ABG 1, Leipzig 2000; J.van Oorschot, Vom altorientalischen Geschichtsherrn zum *deus creator et iustificans*. Zur Entwicklung der Geschichtstheologie im Raum der deuterojesajanischen Prophetien, in: J.F.Diehl u.a. (Hg.), FS D. Conrad, Kleine Arbeiten zum Alten und Neuen Testament 4/5, Waltrop 2003, 199–219; P.Höffken, Zur Mardukinterpretation in Babylonien mit besonderer Hinsicht auf Deuterojesaja, BN 125, 2005, 11–23; M.Leuenberger,»Ich bin Jhwh und keiner sonst«. Der exklusive Monotheismus des Kyros-Orakels Jes 45,1–7, SBS 224, Stuttgart 2010.

[9]   Leuenberger, »Ich bin Jhwh« (s.Anm. 8), 32–46.

nur in Jes 40–48* spielen die Götter überhaupt eine Rolle. Die übliche Beurteilung des Phänomens in der Forschung speist sich aus der Höhenlage des deuterojesajanischen Monotheismus. So zieht Hans-Jürgen Hermisson in seinem Aufsatz »Gibt es die Götter bei Deuterojesaja?« folgendes Fazit:

> »Es gibt keine anderen Götter. Als was ›gibt‹ es dann andere Götter? In der Konsequenz der Verkündigung Deuterojesajas gibt es sie nur als Wahngebilde von Menschen – in dieser Gestalt allerdings sehr real, in menschlichen Wunsch- wie Angstphantasien und woran immer Menschen ihr Herz hängen. Als Menschenwerk ›gibt‹ es sie – nicht bloß von Händen, sondern auch von Köpfen gemacht.«[10]

Ich frage mich, ob dies trotz der Zustimmungsfähigkeit des modernen theologischen Urteils nicht zu einseitig ist. Religionsgeschichtlich orientierte Exegeten haben hier noch andere Nuancen wahrgenommen. So werde bei Deuterojesaja »in den Gerichtsreden gegen die Völker und deren Götter [...] offenkundig mit der Existenz der Götter gerechnet und Jhwh selbst als Sprecher proklamiert konkret seine [...] Überlegenheit, während er in Jes 45 zum einzigen Gott schlechthin geworden ist.«[11] »Gibt« es also die »Götter« in Deuterojesaja doch und »als was« gibt es sie? Hierzu möchte ich nun einen kurzen Überblick zu den einschlägigen Stellen geben und mich dafür auf die Kapitel 40–46 beschränken.

2.2 MARDUK UND NABU IN JES 46,1–4 UND DIE DEUTEROJESAJANISCHE BILDERKRITIK

Ich beginne mit dem umstrittenen Text *Jes 46,1–4*. Nur hier werden in Deuterojesaja die babylonischen Hauptgötter mit Eigennamen genannt:

> 1 »Bel (= Marduk) ist in die Knie gegangen, Nabu hat sich gekrümmt,
> ihre Kultbilder ('azabim) sind den Tieren und Lasttieren zuteil geworden,
> eure Getragenen sind aufgeladen,
> eine Last für die erschöpften (Tiere).
> 2 Sie haben sich gekrümmt, sie sind zugleich in die Knie gegangen.
> Sie haben keine Last retten (mlt Pi'el) können,
> und/sondern sie selbst sind in die Gefangenschaft gegangen.«[12]

Der Text malt eine Wegführung von Götterbildern vor Augen, wie wir sie etwa aus neuassyrischen Darstellungen kennen: In Folge einer Stadteroberung werden

---

[10]   *H.-J. Hermisson*, Gibt es die Götter bei Deuterojesaja?, in: *A. Graupner u.a. (Hg.)*, FS W. H. Schmidt, Neukirchen-Vluyn 2000, 109–123, Zitat: 123.

[11]   *Leuenberger*, »Ich bin Jhwh« (s. Anm. 8), 63, Anm. 160.

[12]   Übersetzung nach *Ehring*, Rückkehr JHWHs (s. Anm. 7), 227.

Gottheiten der Besiegten als Beute abtransportiert. Man hat für die Datierung des Textes darauf hingewiesen, dass Ähnliches für die persische Einnahme Babylons gerade nicht belegt ist, vielmehr ging der Mardukkult offenbar gestärkt aus ihr hervor. Insofern wurde Jes 46,1–2 entweder noch vor 539 v. Chr. oder aber erst deutlich später unter Darius I. oder aber Xerxes angesetzt.[13] All dies bleibt jedoch sehr unsicher. Stattdessen ist es – wiederum mit Christina Ehring – weiterführend, den Text primär als eine symbolische, nicht historische Szene zu lesen, die die Adressaten zu einer grundsätzlichen Erkenntnis bringen will:[14]

a) V. 1a *ruft zunächst durch die Namen die Gottheiten als solche ins Gedächtnis*, die anhand ihrer Bewegungen unwillkürlich körperlich vorgestellt werden – sie zeigen jedoch Schwäche und Immobilität.

b) Im weiteren Verlauf von V. 1 *verschiebt sich der Blick hin zu den (Kult-)Bildern*, die als schwere Objekte (»Lasten«) durch Menschen und Tiere getragen werden. Dabei erscheinen die »ihr« des Suffixes »eure Getragenen« mehrdeutig: Sind Babylonier oder von V. 3–4 her Judäer angeredet?

c) Der Beginn von V. 2 nimmt die Bewegungsverben »sich krümmen« und »in die Knie gehen« (auch: »sich unterwerfen«) aus V. 1a auf und hebt auf *die Unwirksamkeit der Götter* ab, die weder Menschen noch sich selbst (*naphscham* »ihr Leben«) retten konnten, sondern weggeführt wurden.

Jes 46,1–2 konzipiert also Marduk und Nabu durchaus im Sinn der oben genannten Arbeitsdefinition dessen, was ein Gott ist. Man beachte, dass es für den Text gerade keine Trennung zwischen den Göttern und ihren Bildern gibt, sondern beides eng zusammengesehen wird. Aus dieser Identifikation bezieht der Text sein Argument: Marduk und Nabu können nicht einmal sich selbst helfen, weil sie *als Traglasten erscheinen*. In direktem Kontrast dazu erinnert das »Ich« JHWHs in den folgenden Versen Jes 46,3–4 Israel daran, dass dieses ein Leben lang von ihm getragen wurde und dass das auch in Zukunft so sein wird. Dazu nimmt V. 4 bewusst das Verb *mlt* Pi'el »retten« aus V. 2 wieder auf:

> Jes 46,4: »Auch bis ins Greisenalter – ich bin es, und bis zum Grauhaar – ich schleppe! Ich habe gewirkt und ich werde tragen und ich werde schleppen und werde befreien/retten!« (mlt Pi'el)

Es ergibt sich folgende Gegenüberstellung der Götter und JHWHs:

---

[13]   Nach *Herodot*, Historien I, 183, soll Xerxes 482 v. Chr. eine Strafaktion gegen den Mardukkult unternommen haben.

[14]   Vgl. *Ehring*, Rückkehr JHWHs (s. Anm. 7), 220–255.

Marduk und Nabu	JHWH
Eigennamen	»Ich« (implizit: Eigenname)
Körperlich/Inaktivität: Gekrümmt/ Gebeugt	Körperlich/Aktivität: Tragen/Schleppen
Kultbilder/Immobilität: Getragen	Kein Kultbild/Mobilität: Wirken/Tun
Unfähig zu retten (*mlt*)	Fähig zu retten (*mlt*)
Keine Kommunikation (stumm)	Kommunikation: Anrede

Umfassende Handlungsfähigkeit (»Tragen/Retten«) und Unabhängigkeit von einer immobilen Orts- oder Objektbindung ('*azabim*, »Kultbilder«) unterscheidet JHWH von Marduk und Nabu. Dabei wird den Göttern nicht die »Existenz«, sondern *die Wirkmacht* abgesprochen. Die aus politischer Propaganda stammende Szenerie der entmächtigten Götter(bilder) steht dann textübergreifend in einem *bewussten Gegensatz zur Rückkehr JHWHs ohne Kultbild* (aber in seinem *kabod*) im Prolog der Grundschrift Jes 40,3–5. Die phönizisch-levantinische Tradition anikonischer Kultsymbole, der vermutlich der Jerusalemer JHWH-Kult in staatlicher Zeit folgte, wäre somit im Kulturkontakt mit der babylonischen Religion als ein identitätsstiftendes Unterscheidungsmerkmal erkannt worden – wie für die Priesterschrift Sabbatruhe und Beschneidung. Dies hat Konsequenzen für die Beurteilung der sogenannten »Götzenbilder«-Texte in Deuterojesaja. Manche von ihnen könnten, wie Jes 46,1–2, bereits auf der Ebene der Grundschicht liegen.[15] Weiterführend sind sicher Versuche, wie jüngst derjenige von Sven Petry, sie in ihrer Konzeption von Bild und Bilderkritik literarisch noch genauer zu differenzieren.[16] Die entsprechenden Passagen stehen jedenfalls primär und sekundär fast immer *im Zusammenhang mit der Götterpolemik im engeren Sinn* und sind wie diese auf die Kapitel Jes 40–48* beschränkt. Die Auseinandersetzung mit den Göttern scheint in Deuterojesaja von vornherein mit der Frage nach den Bildern verbunden gewesen zu sein. Vielleicht hat sie sich sogar an ihr mit entzündet.

---

[15]   Vgl. *J. Werlitz*, Redaktion und Komposition. Zur Rückfrage hinter die Endgestalt von Jesaja 40–55, BBB 122, Berlin/Bodenheim 1999, 40–53, 221–237; *Ehring*, Rückkehr JHWHs (s. Anm. 7), 262–267.

[16]   *S. Petry*, Die Entgrenzung JHWHs. Monolatrie, Bilderverbot und Monotheismus im Deuteronomium, in Deuterojesaja und im Ezechielbuch, FAT 2/27, Tübingen 2007, 105–240.

2.3 DIE GÖTTER IN DEN GERICHTSREDEN UND JES 45,7–8

Die *Gerichtsreden* in Jes 41–46(48) werden erst im Kontext der deuterojesajanischen Grundbotschaft verständlich, denn es geht in ihnen um das Ringen, wer den geschichtlichen Umbruch (durch Kyros) vorhergesagt hat und in wessen Licht er zu deuten ist. Dabei dienen fiktive Befragungen vor dem Forum der Völkerwelt zur Herausstellung der alleinigen Handlungsmacht JHWHs. Es geht in ihnen – im Sinne der oben genannten schriftprophetischen Tradition Israels und vermutlich in Auseinandersetzung mit babylonischer Omenpraxis – um zweierlei:

a) Den Nachweis, dass JHWH als Einziger die Ereignisse um Kyros bekannt gemacht hat.

b) Den Aufweis, dass dies lediglich einen Teil eines langzeitigen Geschichtshandelns JHWHs an seinem Volk bildet.

Dabei werden *die »Götter« immer in Bezug auf die »Völker«*, also die Babylonier, thematisiert. Und es geht nicht um die Frage, »ob« es die Götter in einem prinzipiellen ontologischen Sinn »gibt« oder »nicht«, sondern darum, *ob sie eine ernst zu nehmende schicksalsbestimmende Macht darstellen* und insofern für die judäischen Adressaten von Belang sind. Auffallend ist, dass nur einmal, in Jes 41,21–29, die »Götter« direkt als solche adressiert werden:

> Jes 41,23–24a: »Macht bekannt die danach kommenden Dinge, dass wir erkennen können, dass ihr Götter seid! Ja, wirkt etwas Gutes (*tub* Hif.) und wirkt etwas Übles (*r'* Hif.), dass wir uns fürchten und es sehen zugleich! – Siehe, ihr seid weniger als nichts! Und eure Taten – weniger als Nichtiges! (lies *'ps* mit Targum). Ein Greuel erwählt man mit euch!«

Die Unwirksamkeit der Götter liegt darin begründet, dass sie weder weissagen noch überhaupt in wahrnehmbarer Weise etwas »tun« können, und zwar zum Guten wie zum Schlechten. Auffallend ist der Bezug zum berühmten monotheistischen Erweissatz JHWHs aus dem Kyroswort in Jes 45,7:

> Jes 45,6b–7: »Ich JHWH bin es und keiner sonst, der bildet (*jazar*) Licht (*'or*) und schafft (*br'*) Finsternis, der wirkt (*'sh*) Heil (*schalom*) und schafft (*br'*) Unheil/Übel (*ra'*)! Ich JHWH bin es, der all diese Dinge tut!«

Hier begegnen am kompaktesten in Jes 40ff. die *Kriterien einer Gottesdefinition*, der andere Götter nicht (mehr) genügen können. Man beachte dazu die bewusste *Sach*reihenfolge vom Kosmischen zum Sozialen. Und man beachte, noch wichtiger, die zweifache *Erkenntnis*reihenfolge vom positiv Erfahrbaren und Erkennbaren (»Licht« und »Heil«) zum negativ Undurchschaubaren (»Finsternis« und »Übel«). Auffallend ist weiter, dass für die beiden negativen Objekte das abstrakte Schöpfungsverb *bara'* reserviert ist, das Deuterojesaja wohl noch vor der Priesterschrift theologisch profiliert hat. Die Differenz zwischen JHWH und den Göttern liegt hier, wie es dann die unmittelbare Fortsetzung von Jes 45,7 in V. 8 zeigt, in der *immanenten Wirksamkeit des schöpferisch transzendenten Gottes.* Die abstrakte Sprache von V. 7 wird in V. 8 nicht zufällig zugunsten einer kultisch konnotierten Poesie verlassen:[17]

> Jes 45,8: »Lasst träufeln, ihr Himmel, von oben, und Wolken sollen fließen von Recht (*zädäq*). Es öffne sich (?) die Erde, es soll blühen (mit Qᵃ) Rettung (*jäscha'*), und Gerechtigkeit (*zedaqa*) soll sie aufsprießen lassen dazu! Ich, JHWH, habe diese Dinge geschaffen!«

Wie schon zuvor in Jes 41,2, der ersten Gerichtsrede (»Wer hat erweckt vom Sonnenaufgang, dem Recht [*zädäq*] begegnet auf seinen Schritten?«), und in 45,13 (»Ich habe ihn erweckt mit Recht [*zädäq*]«), geht es auch in Jes 45,8 um das *Kyrosgeschehen als Paradigma* für die Wirksamkeit JHWHs. Deuterojesaja greift dazu an dieser Stelle nicht zufällig auf das *Muster eines aufgefächerten göttlichen Wirkfeldes* zurück, auf die Personifikation von Abstrakta wie *zädäq* »Recht/Gerechtigkeit«, die auch in anderen altorientalischen Kulturen in einem abgeleiteten Sinne als göttlich verstanden wurden. Diese Anleihe aus der Psalmensprache (siehe 3.) vermag die exkludierende Argumentation zu ergänzen, indem sie Anschaulichkeit und konkrete Vielfalt anbietet. Denn die in der direkten Auseinandersetzung mit der babylonischen Religion in erster Linie rhetorisch werbende Abgrenzung JHWHs gegenüber den Göttern wird auch in ihrer *Ambiguität* erkannt und benannt:

> Jes 45,15 »Fürwahr, du bist ein sich verbergender Gott (*'el mistater*), der Gott Israels, ein Retter (*moschia'*)!«

Es gilt, neben der Anerkennung des bleibend Verborgenen, auf den »Gott *Israels*« zu vertrauen, denn dieser macht sich bekannt, wo andere Götter schweigen. Dabei wird sein Eigenname – vor dem Hintergrund der Tradition – engstens mit seinem Handeln zugunsten der Seinen verknüpft: Allein an die *Rettungsmacht* JHWHs zugunsten seines Volkes (Lexeme der Wurzel *jsch'*) soll man sich halten. So sagt es pointiert die Gerichtsrede Jes 43,10–12, die umfassende Langzeitigkeit/Größe und (prophetische) Verkündigung der »Rettung« zusammen nennt:

> Jes 43,10bβ–12a »Vor mir wurde kein Gott gebildet, und nach mir wird keiner sein. Ich, ich bin JHWH, und keiner ist außer mir ein Retter (*moschia'*). Ich allein habe es bekannt gemacht und ich habe gerettet …« (*jsch'* Hif.)

---

[17]　Vgl. *F. Hartenstein*, Personalität Gottes im Alten Testament, in: *W. Härle / R. Preul (Hg.)*, Personalität Gottes, MJTh 19, Leipzig 2007, 19–46, hier: 43 f.

Hier liegt wahrscheinlich ein subtiler Hinweis auf die babylonische Kosmogonie vor, die zugleich eine Theogonie war (vgl. die am Weltanfang »noch nicht vorhandenen/geformten« Gottheiten in Enuma elisch 1,1).[18] JHWH transzendiert diese Immanenz durch seine Anfangslosigkeit. Die Götter erscheinen so in Deuterojesaja *an den Rand der Welt und der Wahrnehmung* gedrängt. Sie führen aus der Sicht der Texte lediglich eine unwirksame, schattenhafte Existenz. Für die Adressaten jedoch – und dies macht die besondere Intensität des Ringens dieser Texte aus – erscheinen sie offenbar nach wie vor als Herausforderung und Anreiz, ihre Lage und darin sich selbst neu zu verstehen. Der große argumentative und rhetorische Aufwand, mit dem Jes 40–48* gegen sie anredet, wäre ansonsten kaum verständlich. Eine viel weniger erregte und daher stärker integrierende Weise monotheistischer Sprache zeigen demgegenüber die späten Psalmen.

3 Einstimmung in die Königsherrschaft JHWHs: Die stärker integrierende Rede von den Göttern im Psalter

3.1 Vorbemerkungen anhand von Ps 138

Am Ende des 5. Psalmenbuchs, kurz vor dem Schlusshallel, das in Ps 150 in den universalen Lobpreis JHWHs durch die himmlische und die irdische Welt mündet, eröffnet *Ps 138* die letzten Davidpsalmen. Das Danklied beginnt mit folgender Selbstaufforderung:[19]

> Ps 138,1–2: »Ich will dich loben / dir danken mit meinem ganzen Herzen, in Gegenwart von Göttern (*nägäd 'älohim*) will ich dir spielen! Ich will niederfallen zu deinem heiligen Tempel/Palast und loben deinen Namen wegen deiner Gnade und Treue (*chäsäd//'ämät*), denn groß gemacht hast du über deinem ganzen Namen deinen Ausspruch!«

Wenn man von der überwiegend scharf abgrenzenden Sprache Deuterojesajas herkommt, verwundert die ganz unproblematische Weise, in der hier das *setting* eines kultischen Danklieds *in die Gegenwart von Göttern* transformiert ist. Wie es jedoch der weitere Psalm zeigt, steht eine solche unpolemische Rede von den

---

[18] Vgl. *F. Hartenstein*, Weltbild und Bilderverbot. Kosmologische Implikationen des biblischen Monotheismus, in: *C. Markschies / J. Zachhuber (Hg.)*, Die Welt als Bild, AKG 107, Berlin / New York 2008, 15–37, hier: 33 f.

[19] Vgl. zu Ps 138 *F.-L. Hossfeld*, in: *Ders. / E. Zenger*, Psalmen 101–150, HThK.AT, Freiburg 2008, 703–713.

Göttern am Ende einer langen religions- und theologiegeschichtlichen Entwicklung und ist gerade nicht mehr polytheistisch. Nach Ps 138,4 werden nämlich »alle Könige der Erde« zum Lob/Dank gegenüber JHWH aufgerufen. Sie müssen in die Proskynese des Beters einstimmen, »weil sie gehört haben die Aussprüche deines Mundes!« (Wiederaufnahme von *'imra* »Ausspruch« aus 138,2). Es geht im doppelten Dank von Beter und politischen Repräsentanten der Völkerwelt um das uneingeschränkte Lob des Weltenkönigs JHWH, der durch sein »Wort« die Geschicke der Erde lenkt. Insofern *sind die Götter (der Völkerwelt) hier ganz in die Thronsphäre JHWHs integriert,* sie erscheinen als Zeugen eines JHWH-Lobs, das sich nicht mehr von den Göttern absetzen muss.

Das stärker integrierende Modell des Umgangs mit den »Göttern« im Psalter, für das Ps 138 steht, kann sich *die alte vorexilische Tempeltradition Jerusalems* zunutze machen, von der im Psalter wenige Texte und Fragmente erhalten geblieben sind.[20] Es gehört bekanntlich, um nur zwei wichtige Texte zu nennen, zu dieser Tradition hinzu, dass der Ehrerweis gegenüber dem König JHWH in seinem Palast (*hekal* wie noch in Ps 138,2) von *bene 'elim* »Göttlichen/Göttersöhnen« dargebracht wird (Ps 29,1f.9b) und dass zugleich die himmlische Thronsphäre von untergeordneten Wirkmächten und Personifikationen erfüllt ist, die zwischen innen und außen vermitteln (etwa Ps 89,15: »Gnade und Treue [*chäsäd // 'ämät*] stehen vor deinem Angesicht«). Dabei steht die Unvergleichlichkeit JHWHs angesichts der namenlosen *bene 'elim* niemals in Frage, die schon hier eine Art »Chorhintergrund« bilden (Ps 89,6–9). Nicht nur Ps 138, sondern noch weitere Psalmen der theozentrischen Bücher 4–5 des Psalters nehmen dieses Modell auf: Sie gestalten es angesichts der Völkerthematik der Perserzeit zu einer *universalen politischen Theologie* aus. Diese preist nicht nur JHWHs Weltherrschaft (Geschichtsmächtigkeit), sondern leitet sie betont aus seiner einzigartigen Stellung als Schöpfer der Gesamtwirklichkeit, vor allem *des Himmels,* her.[21] Hatte

---

[20]   Vgl. die neueren Rekonstruktionsversuche von *R. G. Kratz,* Reste hebräischen Heidentums am Beispiel der Psalmen, NAWG 2004, I/2, Göttingen 2004, 27–65; *R. Müller,* Jahwe als Wettergott. Studien zur althebräischen Kultlyrik anhand ausgewählter Psalmen, BZAW 387, Berlin / New York 2008. – Siehe dazu auch die kritische Einschätzung von *F.-L. Hossfeld,* Drei umstrittene Theophanien im ersten und zweiten Davidpsalter (Ps 18; 29; 68), in: *E. Gaß / H.-J. Stipp (Hg.),* FS W. Groß, HBS 62, Freiburg 2011, 153–173.

[21]   Vgl. dazu *F. Hartenstein,* Wolkendunkel und Himmelsfeste. Zur Genese und Kosmologie der Vorstellung des himmlischen Heiligtums JHWHs, in: *B. Janowski / B. Ego (Hg.),* Das biblische Weltbild und seine altorientalischen Kontexte, FAT 32, Tübingen 2001, 126–179; *K. Schmid,* Himmelsgott, Weltgott und Schöpfer. »Gott« und »Himmel« in der Literatur der Zeit des Zweiten Tempels, in: *M. Ebner u. a. (Hg.),* Der Himmel, JBTh 20 (2005), Neukirchen-Vluyn 2006, 111–148; *S. Grätz,* Jhwh, der Gott des Himmels. Erwägungen zu einer alttestamentlichen Vorstellung, in: *A. Berlejung / R. Heckl (Hg.),* FS R. Lux, ABG 39, Leipzig 2012, 407–417.

Deuterojesaja sich für seine monotheistische Theologie der Sprache der Psalmen bedient, wenn er z. B. in Jes 40,22 den Gottesthron den Erdkreis überragen lässt (Rückgriff auf Ps 93), so ist die späte Rede von den Göttern im Psalter ihrerseits oft durch die Rezeption deuterojesajanischer Theologie geprägt. Den Weg, den der stärker integrierende JHWH-Monotheismus der Psalmen dabei einschlägt, möchte ich nun an wenigen wichtigen Beispielen in kanonischer (und entstehungsgeschichtlicher) Reihenfolge beleuchten.

3.2 Die späten JHWH-Königs-Psalmen 96 und 97

Ps 96, der »eine ›moderne‹ Exegese« von Ps 29, 93 und 89 unter Rückgriff auf Deuterojesaja darstellt,[22] setzt an die Stelle der *bene 'elim* aus Ps 29,1-2 die »*Sippen der Völker*«, die zur Audienz vor dem Königsgott unter Gabendarbringung aufgefordert werden (Ps 96,7-9). Das Forum, vor dem das »neue Lied« (aus Jes 42,10) von Ps 96 gesungen und die »Herrlichkeit« des Königsgottes »*erzählt*« werden soll, sind ebenfalls die »Nationen//Völker«, wie schon in Deuterojesaja. Vor der konkreten Aufforderung zur Königsaudienz steht ein *kî*-Satz, der das Lob begründen soll:

> Ps 96,4: »Denn groß ist JHWH und hoch zu preisen, furchterregend (*nora'*) ist er über allen Göttern!«

Erneut wurde hier die alte Jerusalemer Formel von JHWHs Überlegenheit über die Thronumgebung und namenlose Götterversammlung (vgl. nochmals Ps 89,6-9; traditionsgeschichtlich auch Ex 15,11) in eine politische Theologie übertragen, in der *die Götter der gesamten Völkerwelt dem Herrschaftszentrum des universalen Schöpfergottes eingegliedert wurden*. Die Forschung ist sich insofern recht einig, dass der in Ps 96,5 anschließende polemisch-abwertende Satz einen späteren Korrekturversuch darstellt:[23]

> Ps 96,5: »Ja, alle Götter der Völker sind Nichtse (*'älilim*), JHWH aber – den Himmel hat er gemacht!«

Für die sekundäre Hinzufügung sprechen zwei Gründe, die uns auch zu den letzten Beispielen, die ich nennen möchte, hinführen:

---

[22] *J. Jeremias*, Das Königtum Gottes in den Psalmen. Israels Begegnung mit dem kanaanäischen Mythos in den Jahwe-König-Psalmen, FRLANT 147, Göttingen 1987, 125. Vgl. auch *E. Zenger*, Theophanien des Königsgottes JHWH. Transformationen von Psalm 29 im Psalter, in: *Ders. (Hg.)*, Ritual und Poesie, HBS 36, Freiburg u. a. 2003, 163-190, hier: 183-185.

[23] Vgl. *F.-L. Hossfeld*, Psalm 96, in: *Ders. / E. Zenger*, Psalmen 51-100, HThK.AT, Freiburg 2000, 665-672, hier: 667f. zum redaktionellen Charakter von V. 5.

a) Der Begriff *'älilim* »Nichtse« (vielleicht eine Verballhornung von *'el* »Gott« und der Verneinung *'al* »nicht«[24]) kommt im Psalter nur hier und – kaum zufällig – im Nachbarpsalm 97,7 vor (siehe unten).

b) Er findet sich ansonsten vorzugsweise im Protojesajabuch, und zwar stets in späten Schichten. Er bezieht sich dort zumeist auf *Götterbilder* (vgl. Jes 2,8.18.20; 10,10 f.; 19,1.3, in Jes 2 betont als »Werk ihrer Hände«). Indem in Ps 96,5 die vorausgehende Überlegenheitsaussage JHWHs »über allen Göttern« durch »alle Götter der Völker sind Nichtse« konterkariert wird, trägt der Zusatz eine bewusst *ausgrenzende Perspektive* nach.

Die Abfolge von V. 4 zu V. 5 veranschaulicht, wie die unterschiedlichen monotheistischen Sprachformen die spannungsvolle *Offenheit* der späten alttestamentlichen Texte bezeugen. Dies macht sich bekanntlich vor allem an der Frage nach dem Sonderverhältnis Israel – JHWH in der Völkerwelt fest. Das verdeutlicht auf seine Weise auch *Ps 97*, ein sehr wahrscheinlich unter Aufnahme älteren Materials speziell für seinen literarischen Kontext geschaffener junger Text.[25] Er setzt mit einer ausführlichen Theophanieschilderung ein (V. 1–5). Die machtvolle endzeitliche Erscheinung des »Herrn der ganzen Erde« (Ps 97,5) gilt erneut der Völkerwelt:

> Ps 97,6–7: »Macht bekannt, ihr Himmel, sein Recht (*zädäq*), dass sehen all die Völker seine Herrlichkeit (*kabod*). Es mögen zuschanden werden alle Diener eines Kultbilds (*päsäl*), die sich rühmen an / über Nichtsen (*'älilim*), werft euch nieder / huldigt ihm, all ihr Götter (*'älohim*)!«

Der Text ist höchst bemerkenswert, indem er offenbar einen *Ausgleich* zwischen der deuterojesajanischen Theologie und ihrer Bilderkritik einerseits und der stärker integrierenden Theologie der Psalmen zu erreichen sucht. Er tut dies mit folgenden Argumenten:

a) Die Himmel werden aufgefordert, JHWHs »Recht« und »Herrlichkeit« »vor allen Völkern« sichtbar werden zu lassen. Bei beidem handelt es sich nicht um orts- oder objektgebundene Erscheinungsformen, sondern um *soziale Erfahrungen* und *mentale Bilder* (vermutlich bildet *kabod* in Ps 97,6 eine bewusste Anspielung auf den Prolog des Deuterojesaja in Jes 40,5: »und es soll aufgedeckt werden die Herrlichkeit JHWHs [*kebod* JHWH] und es soll [sie] sehen alles Fleisch insgesamt!«, siehe dazu oben 2.1).

b) Die Verehrer von Götterbildern (*päsäl*), sollen an diesen zuschanden wer-

---

24   Zu dieser Vermutung siehe *H.-D. Preuß*, ThWAT I, 306.

25   Vgl. *E. Zenger*, Psalm 97, in: *F.-L. Hossfeld / ders.*, Psalmen 51–100, HThK.AT, Freiburg 2000, 672–686, hier: 685 f. zur dichten Kontextvernetzung von Ps 97 innerhalb von Ps 93–100 und zu dessen »starke[r] inneralttestamentliche[r] Intertextualität« (686).

den, weil sie sich über »Nichtiges« (*'älilim*, s. o. zu Ps 96,5) definieren. Es bleibt dabei offen, an wen genau zu denken ist.

c) Zum Schluss werden *die Götter selbst angesprochen* wie in Jes 41,23 oder in Ps 82,6. Aber dies geschieht vergleichsweise abgemildert, denn sie werden zur *Proskynese aufgerufen* wie in Ps 96 die Völker: »Werft euch nieder/huldigt ihm, all ihr Götter (*'älohim*)!« Auch die Götter sollen Teil des Herrschaftszentrums JHWHs werden und zur Mehrung seines Lobs beitragen. Dazu greift Ps 97 im Anschluss noch auf die in den späten Psalmen prominent aufgenommene Aussage von JHWHs Erhabenheit als »Höchster« (*'äljon*) zurück:

> Ps 97,9: »Denn du, JHWH, bist der Höchste über die ganze Erde, sehr erhaben bist du über alle Götter!«

3.3 Ps 136, 135 und 115: Nochmals die Frage der Bilder

Ps 136, mit Christoph Levin der vermutliche Schlusshymnus einer Vorstufe des masoretischen Psalters,[26] beginnt folgendermaßen:

> Ps 136,1–3: »Lobt JHWH, denn er ist gütig, ja, seine Gnade (*chäsäd*) ist für fernste Zeit! Lobt den Gott der Götter! Ja, seine Gnade ist für fernste Zeit! Lobt den Herrn der Herren! Ja, seine Gnade ist für fernste Zeit!«

JHWH steht über allen Mächten der Gesamtwirklichkeit, den »Göttern« der himmlischen Welt und den »Herren« unter den Menschen. Von beiden kann hier wieder ganz selbstverständlich, da *in klarer Unterordnung,* gesprochen werden. Die Überlegenheit des in Schöpfung und Geschichte souverän wirkenden JHWH gründet in seiner Position als »Gott des *Himmels*« (Ps 136,26). Diese vor allem perserzeitlich prominent hervortretende, schon bei Deuterojesaja als entscheidend erkannte *kosmische Überlegenheit des Himmelsschöpfers* ist Ausdruck einer Transzendenz, die zuletzt auch »Götter« zu umfassen vermag.[27] Einzig im Blick auf die Gefahr der Verwechslung von *Götterbildern* mit dem Erschaffer des Himmels gibt es noch die Notwendigkeit scharf unterscheidender Aussagen. Dies bezeugt *Ps 135.* Er wurde als Collage aus Ps 115 und 136 bei der Einfügung des Wallfahrtspsalters bewusst vor Ps 136 gestellt, wie jüngst Judith Gärtner eingehend begründet hat.[28] Sein einer älterer Bezugstext, *Ps 115,2–3,* zeigt deutlich, wie *die Frage der Völker nach dem »Ort« JHWHs* auf ein Gottesverständnis

---

[26]   *C. Levin*, Ps 136 als zeitweilige Schlußdoxologie des Psalters, in: *Ders.*, Fortschreibungen, BZAW 316, Berlin / New York 2003, 314–321.

[27]   Siehe dazu auch die oben (Anm. 21) genannte Literatur.

[28]   *J. Gärtner*, Die Geschichtspsalmen. Eine Studie zu den Psalmen 78, 105, 106, 135 und 136 als hermeneutische Schlüsseltexte im Psalter, FAT 84, Tübingen 2012, 291–372 (zu Ps 135 f.).

zielt, das vor allem lokalisierbare objektgebundene Erscheinungsformen des Göttlichen im Sinne unserer Arbeitsdefinition (oben 1.3) voraussetzt:

> Ps 115,2–3: »Warum sagen die Völker: ›Wo ist denn ihr Gott?‹ ›Unser Gott ist (doch) im Himmel! Alles, was ihm gefällt, hat er getan!‹«

In der Spannung zwischen himmlischer Entzogenheit JHWHs bei gleichzeitiger Wirksamkeit in der gesamten Welt stehen die bilderkritischen Aussagen von Ps 115,4–8 und diese aufnehmend Ps 135,15–18. Sie rechnen damit, dass die Hersteller von Kultbildern ihren Produkten gleich werden, sie verfallen der Leblosigkeit und *verfehlen ihre Existenz als atmende Geschöpfe*. Ps 135 wandelt deshalb seine Vorlage aus Ps 115 ab, indem er der Funktionslosigkeit der Götterbilder am Ende den Hinweis auf die *ruach* JHWHs hinzufügt:

> Ps 135,17–18: »Ohren haben sie, aber sie können nicht hören. Fürwahr, es ist kein Lebensatem (*ruach*) in ihrem Mund. Wie sie werden ihre Erschaffer/Hersteller, jeder, der auf sie vertraut.«

Diese Mahnung, das Unlebendige nicht mit dem Lebendigen zu verwechseln, gilt in Ps 135 nicht mehr der Völkerwelt als solcher und betrifft auch nicht mehr deren Götter, die längst ein Teil von JHWHs Himmelsherrschaft geworden sind. Sie gilt den »Knechten/Dienern JHWHs« am Heiligtum (Ps 135,1–2) zusammen mit den »JHWH-Fürchtigen« aus den Völkern (Ps 135,20, Ps 115,11.13). Für beide gilt das Bekenntnis zum Schöpfergott und Himmelsherrn, von dem allein man konkrete *Segenswirkungen* in der Welt erwartet:

> Ps 115,15–16: »Gesegnete (seid) ihr bei JHWH, dem Erschaffer/Hersteller von Himmel und Erde. Die Himmel (sind) Himmel für JHWH, die Erde aber hat er den Menschen gegeben.«

Mit dieser auf *eine* Gesamtwelt und *ein* Menschenbild abzielenden inklusiven Rede von Gott als dem »Gott der Götter«, der Erschaffer und Herr des Himmels ist, bietet die Theologie der späten Psalmen eine *ebenso differenzierte wie offenere Option monotheistischer Rede* neben derjenigen Deuterojesajas. In ihr sind die »Götter« nicht einfach nichts, sondern ein Teilelement der erst durch sie vollständigen Einstimmung der Gesamtwirklichkeit in das Lob JHWHs.

4 Resümee: die fruchtbare Offenheit alttestamentlicher Monotheismen

1. Bei *Deuterojesaja* werden andere Götter (konkret: der spätbabylonischen Religion) durchaus als konkurrierende Größen im Konflikt um die Deutung des Kyrosgeschehens wahrgenommen. Die Texte ringen rhetorisch mit ihrem Einfluss

auf die Adressaten: Die Götter sollen als unwirksam, kosmisch begrenzt und an ihre Bilder gebunden erkannt werden. Hauptkriterien für Göttlichkeit sind *die Fähigkeit zu retten und dies langzeitig zu planen und bekannt zu machen.* Beides kommt JHWH allein zu, der als Schöpfer des Himmels alles andere zeitlich und räumlich transzendiert. Der deuterojesajanische Monotheismus ist deshalb stärker *ausgrenzend* und identitätsversichernd. Er zeigt aber auch inkludierende Elemente, indem er (vgl. Jes 45,8) auf die Vorstellung eines aufgefächerten Wirkfeldes personifizierter Größen (*zädäq* u. a.) zurückgreift, um JHWHs Handeln anschaulich zu machen.

2. In den *späten Psalmen* sind die *inkludierenden* Elemente des Monotheismus viel deutlicher. Die Götter der Völker werden im Sinne einer politischen Theologie JHWH unter- und seiner universalen Weltherrschaft eingeordnet. Sie können durchaus unpolemisch *als Götter benannt und angesprochen* werden (vgl. Ps 138,1). Sie bilden dann – wie früher die »Göttersöhne« der alten Jerusalemer Kulttraditionen – einen *Teil des Umfeldes des Königsgottes.* Die Unter- und Einordnung der Götter in das universale JHWH-Lob macht dieses erst vollständig.

3. Die Frage der *Bilder* hat sich in Ps 115 und 135 von derjenigen der Götter abgelöst und wird als *Problem aller JHWH-Fürchtigen* (aus Israel und den Völkern) angesprochen. Dahinter steht möglicherweise eine Defiziterfahrung im Blick auf visuelle Repräsentationen JHWHs. Die Lösung der Psalmen liegt – wie bei Deuterojesaja – in der Betonung von JHWHs himmlischer Transzendenz einerseits und seiner konkreten Erfahrbarkeit in der Welt andererseits (Segen etc.).

4. Die beiden Monotheismen Deuterojesajas und der Psalmen bezeugen eine *Vielfalt und Offenheit theologischer Sprache,* die exkludierende und inkludierende Aussagen zugleich in einem Textkorpus umfasst. Der JHWH-Monotheismus des Alten Testaments erweist sich insofern nicht als abstrakte Theorie, sondern als Ausdruck gelebter Religion.

5. Das Gotteskonzept der Texte (zu Gott und Göttern) erscheint nicht als kategorial neu, sondern fügt sich als hervorstechende und besonders wirkungsvolle Variante in die »Gottesdefinitionen« der altorientalischen und antiken Kontexte ein.

6. Theologisch bedeutet dies eine fruchtbare gesamtbiblische Herausforderung und eine Entlastung in kontroversen kulturwissenschaftlichen Debatten. Denn auch die Theologien des Neuen Testaments haben ihren entsprechenden Anteil an der plastischen, aber gerade nicht beliebigen Vielfalt biblischer Monotheismen.

DER EINE ODER DIE VIELEN?

Monotheismus und materielle Kultur in der Perserzeit*

Christian Frevel

Zwar wird in den seltensten Fällen gesagt, was man darunter genau versteht, doch gilt der Monotheismus als *differentia specifica* des nachexilischen Frühjudentums, ja überhaupt als bleibendes Konstitutivum des Judentums als einer der drei sog. Weltreligionen. So halten Walter Dietrich und Ulrich Luz in ihrem gelehrten Überblick fest: »Die Geburtsstunde des voll ausgereiften Monotheismus war zugleich die Geburtsstunde des Judentums. ... Seine Partikularität wird wesenhaft bestimmt durch seine Religion und diese wiederum durch ihren kompromißlosen Monotheismus ... Das Judentum ist so zum unübersehbaren und unverrückbaren Mahnmal monotheistischer Gottesverehrung geworden. Könnte es also sein, daß nicht nur die Partikularität Israels an seinem monotheistischen Glauben, sondern daß auch der Monotheismus an der Existenz eines in seiner Partikularität respektierten Israel hängt?«[1] Zwar ließe sich die Reichweite dieser Hypothese durchaus mit Blick auf den philosophischen Monotheismus oder den Islam diskutieren, ohne dabei den Respekt gegenüber der Existenz des Judentums aufzugeben, doch zeigt das Zitat auf jeden Fall, wie eng die Geschichte des Monotheismus mit der Entstehung des Judentums zusammengedacht wird. Religionsgeschichtlich war das nicht immer der Fall, wenn man sich etwa an die Hypothese eines Urmonotheismus oder die Annahme eines historischen Monotheismus der Patriarchen erinnert. Erst ein schmerzlicher

---

*   *Frank-Lothar Hossfeld zum 70. Geburtstag in Freundschaft gewidmet.*
       Die hier nur geringfügig bearbeitete Vortragsfassung steht im Zusammenhang mit dem Forschungsprojekt »Spuren des Monotheismus in der materiellen Kultur? Veränderungen im religiösen Symbolsystem in der formativen Phase des vorhellenistischen Judentums in der Eisen III-Zeit und der Perserzeit«, das am Käte Hamburger Kolleg »Dynamiken der Religionsgeschichte zwischen Asien und Europa« in Bochum in Zusammenarbeit mit Sakkie Cornelius (Stellenbosch) durchgeführt wird.
[1]   *W. Dietrich / U. Luz*, Universalität und Partikularität im Horizont des biblischen Monotheismus, in: *C. Bultmann u. a. (Hg.)*, Vergegenwärtigung des Alten Testaments. FS R. Smend, Göttingen 2002, 369–411, 381f.

Diskussionsprozess des vergangenen Jahrhunderts hat den biblischen Monotheismus als geschichtlich gewachsen erwiesen und seine »Geburt« mit dem Übergang vom späten Exil zur frühnachexilischen Gemeinde verbunden.[2] Die Zeit des Zweiten Tempels gilt bei allen Differenzen, die in der Ansetzung des konkreten Durchbruchs des biblischen Monotheismus bestehen, auf jeden Fall als monotheistisch. Der Prozess der »Reinigung« beginnt spätestens mit den Kultreformen Hiskijas und Joschijas und ist im babylonischen Exil abgeschlossen: »Die entscheidenden Schritte hin zum Monotheismus hat Israel/Juda nicht in Hochzeiten, sondern eher an Tiefpunkten seiner Geschichte getan. Mögen die Könige bestimmter Dynastien eine jahwistische Staatsreligion ihren Interessen dienlich gefunden haben: der Durchbruch zur Monolatrie erfolgte im 7., im assyrischen, der zum Monotheismus im 6., im babylonischen Jahrhundert«[3]. Von Deuterojesaja, den späten Deuteronomisten und der Priesterschrift wird der Gottesglaube Israels theoretisch durchdrungen, so dass sich zum Abschluss des Exils ein reiner Monotheismus als Kennzeichen des nachexilischen Judentums formt. »Als Monotheisten wurden die Juden stets und werden sie noch immer wahrgenommen«[4].

Mit dieser Grundlinie, die das *Exil* als die Wasserscheide zwischen Polytheismus und Monotheismus sieht, ist ein weitestgehender Konsens der alttestamentlichen Wissenschaft ausreichend beschrieben. Differenzierungen lässt diese Position nur jenseits der Wasserscheide in den Entwicklungen der spätvorexilischen Zeit zu; diesseits hingegen – also in der Annahme eines nachexilischen Monotheismus – steht sie unverrückbar fest. Die herrschende Sicht ist, dass weder im Zweiten Tempel noch im sich darin versammelnden nachexilischen Judentum andere Gottheiten als wirkmächtige divine Größen akzeptiert, geschweige denn verehrt wurden. Offizielle und private Frömmigkeit treten nicht mehr wie in vorexilischer Zeit auseinander, sondern haben sich angenähert (R. Albertz). Wie zutreffend ist dieses Bild vom nachexilischen Monotheismus vor dem Hintergrund von Texten und der materiellen Kultur?

Dieser Frage werde ich in vier Schritten nachgehen. Ich beginne mit einigen grundsätzlichen Überlegungen zur Methode, blicke dann kurz auf die vorexilische Entwicklung des YHWH-Glaubens, um deutlich zu machen, vor welcher Folie die nachexilische Zeit gegenwärtig untersucht wird. Dieser Gedankengang zeigt ein forschungsgeschichtliches *Bias* in der Religionsgeschichtsschreibung

---

[2] Vgl. zur Übersicht aus der Fülle der Literatur neben *H.-P. Müller,* Art. »Monotheismus II. Altes Testament«, RGG[4], Bd. 5, Tübingen 2002, 1459f.; *F. Stolz,* Einführung in den Biblischen Monotheismus, Darmstadt 1996; *E. Zenger,* Der Monotheismus Israels. Entstehung – Profil – Relevanz, in: *T. Söding (Hg.),* Ist der Glaube Feind der Freiheit? Die neue Debatte um den Monotheismus (QD 196), Freiburg 2003, 9–52.

[3] *W. Dietrich / U. Luz,* a. a. O. (Anm. 1), 381.

[4] *W. Dietrich / U. Luz,* ebd., 381–382.

auf, das nicht unentscheidend ist für die Blicke auf die These Ephraim Sterns, die anschließend anhand der materiellen Hinterlassenschaften knapp überprüft wird. Den Schluss bilden dann einige zusammenfassende Thesen zum Gang der Argumentation und zu der Leitfrage, *ob* und *wie* monotheistisch die YHWH-Religion in der Perserzeit gewesen ist.

I WAS EVIDENT IST UND WAS NICHT – METHODISCHE VORBEMERKUNG

In der Religionsgeschichtsschreibung ist es seit gut 20 Jahren inzwischen gang und gäbe, methodisch die größtmögliche Breite an Evidenzauswertung einzufordern, da die Bibel nicht als sog. Primärquelle dienen kann und als Tendenzliteratur kein historisches Bild liefert. Dabei werden Archäologie und Ikonographie zuweilen nicht nur zum kritischen Korrektiv, sondern zu *den* Leitmedien im Rang von Primärquellen. Wegweisend war der 1999 erschienene Aufsatz Christoph Uehlingers zu den »Powerful Persianisms«: »The only way to test the reliability of biblical historiography, and ultimately to understand it properly even if it might prove unreliable in terms of critical history writing, is to confront it with extra-biblical sources and to contextualize it within the overall cultural and social history of the Persian empire. Primary sources are provided by archaeology, epigraphy and iconography; secondary sources by contemporary writers (e. g., Pseudo-Scylax or Herodotus); tertiary sources by traditions known to later historians (such as Flavius Josephus). Method demands that our reconstruction starts with the primary sources«[5]. Die Bedeutung von Archäologie, Epigraphik und Ikonographie insbesondere für die Religionsgeschichtsschreibung ist nicht zu bestreiten und schon gar nicht gering zu schätzen, jedoch ist unter der Voraussetzung, dass es sich auch hierbei um selektive und zu interpretierende Daten handelt, zu fragen, ob sich die *zu* scharfe Unterscheidung von Primär-, Sekundär und Tertiärquellen über einen heuristischen Wert hinaus halten lässt.[6] Zugleich muss eingestanden werden, dass auch der außerbiblische

---

[5]   *C. Uehlinger*, ›Powerful Persianism‹ in Glyptic Iconography of Persian Period Palestine, in: *B. Becking / M. Korpel (Hg.)*, The Crisis of Israelite Religion. Transformation of Religious Tradition in Exilic and Post-Exilic Times (Oudtestamentische Studiën 42), Leiden 1999, 134–182, 134f.

[6]   Vgl. dazu auch *C. Frevel*, Wovon reden die Deuteronomisten? Anmerkungen zu religionsgeschichtlichem Gehalt, Fiktionalität und literarischen Funktionen deuteronomistischer Kultnotizen, in: *M. Witte u. a. (Hg.)*, Die deuteronomistischen Geschichtswerke. Redaktions- und religionsgeschichtliche Perspektiven zur »Deuteronomismus«-Diskussion in Tora und Vorderen Propheten (BZAW 365), Berlin / New York 2006, 267–276, insb. 271.

Befund der sog. Primärquellen oft nicht einmal hinreicht, um auch nur in groben Zügen das historische religiöse Feld bestimmen zu können. Die Wirklichkeit scheint vielfach komplexer gewesen zu sein als uns je einzelne Quellen – auch sog. Primärquellen – glauben lassen wollen. Der begrenzte Aussagewert der Quellen macht die Sache zudem nicht einfacher: Induktive Argumentationen, d. h. die Extrapolation generell gültiger Aussagen aus einzelnen Beobachtungen, bleiben falsifikatorisch auch hier problematisch. Der Schluss »Israels Glaube in spätexilischer und nachexilischer Zeit war monotheistisch« aus Textbelegen wie Jes 44,6 (»außer mir gibt es keinen Gott«); Dtn 4,39 (»Jahwe ist der Gott im Himmel droben und auf der Erde unten, keiner sonst«); 1 Chr 17,20 (»keiner ist dir gleich, und außer dir gibt es keinen Gott«) ist logisch nicht so möglich, dass die gegenläufige Aussage »Israels Glaube in spätexilischer und nachexilischer Zeit war *nicht* monotheistisch« damit falsifiziert wäre. Und da wir schon einmal bei den Grundlagen argumentativer Logik sind, sei noch auf das immer wieder angesprochene Problem der Quellenauswertung durch das *argumentum ex silentio* hingewiesen, auf das vielfach Hypothesengebäude in der Religionsgeschichtsschreibung aufbauen. Dabei muss man sich immer wieder verdeutlichen, dass *argumenta ex silentio* für deduktive Aussagen ungeeignet sind und aus fehlender Evidenz nicht auf die Nichtexistenz eines Sachverhalts geschlossen werden kann. Weder macht *eine* Schwalbe *einen* Sommer noch *keine* Schwalbe *keinen* Sommer.

Nun ist allerdings zuzugestehen, dass über die Reichweite von Schlüssen oder über den Grad, wann ein Schluss als zwar nicht notwendig, aber zureichend begründet angesehen werden kann, in der alttestamentlichen Wissenschaft und Religionsforschung der vorchristlichen Antike ebenso wenig Einigkeit besteht. Daher erscheint es hilfreich, jeweils offenzulegen, auf welcher Datenbasis die eigenen Schlüsse beruhen und welche konzeptuellen, methodischen und begrifflichen Voraussetzungen bestehen.

2 Eine kurze religionsgeschichtliche Rückversicherung zur vorexilischen Entwicklung

»Einen reflektierten Monotheismus gibt es erst als Antwort auf die Exilskrise«[7]. In der alttestamentlichen Wissenschaft hat man sich daran gewöhnt, von einem Durchbruch des Monotheismus in exilischer oder spätestens frühnachexilischer Zeit zu sprechen. Der Monotheismus wurde erst durch Deuterojesaja, späte Deuteronomisten und die Priesterschrift im babylonischen Exil in Auseinandersetzung mit der neubabylonischen Präsenz von Marduk/Bel und Nebo entwickelt

---

[7]   *H. P. Müller*, a. a. O. (Anm. 2), 1461.

oder – und das ist schon ein seltener gemachtes Zugeständnis – *spätestens* als Differenzmerkmal der frühnachexilischen Gemeinde entwickelt.

Nun lässt sich lange darüber streiten, ob es einen »Monotheismus« in der Bibel überhaupt gibt, ob das erstmals im 17. Jh. von Henry Moore unter dem Neologismus »Monotheismus« geprägte Konzept überhaupt sinnvoll für die Beschreibung von Religionen in der Antike ist, und wenn ja, welche Differenzierung bzw. Klassifizierung des Monotheismus adäquat zur Bezeichnung des biblischen Monotheismus ist: praktischer oder theoretischer, abstrakter oder konkreter, impliziter oder expliziter, inklusiver oder exklusiver, revolutionärer oder evolutionärer Monotheismus.[8] Die Problematik der Konstruktivität der Paradigmen Monotheismus/Polytheismus als Beschreibungskategorien antiker Religion sind bekannt,[9] aber letztlich auch durch die Vermeidung der Kategorien nicht lösbar. Zumindest von heuristischem Wert scheint mir nach wie vor die Unterscheidung zwischen Monolatrie und Monotheismus. Von monotheistischen Aussagen wird dann gesprochen, wenn die Einzigkeit eines Gottes unter Ausschluss der Existenz anderer göttlicher Größen formuliert wird. Monolatrie hingegen meint lediglich die Verehrung eines Gottes, ohne die Existenz anderer Götter explizit auszuschließen. So bleibt das meist mit »Du sollst keine anderen Götter haben neben mir« übersetzte erste Gebot des Dekalogs Ex 20,3//Dtn 5,7 wegen der Annahme, dass es grundsätzlich andere Größen neben YHWH gibt, eine *monolatrische* Aussage, während Jes 45,6 als monotheistische Aussage angesprochen werden kann, wenn vom Aufgang der Sonne bis zu ihrem Untergang erkannt werden soll, dass es außer YHWH keinen Gott und erst recht keinen YHWH gibt. Es darf allerdings mit Recht bezweifelt werden, dass dieser Unterscheidung – sofern sie über den propositionalen Gehalt hinaus extrapoliert wird – mehr als ein heuristischer Wert zukommt.

Nun ist nicht zu leugnen, dass solche Aussagen, die eine komparative und explizite Exklusivität zum Ausdruck bringen, frühestens ab der Exilszeit auftauchen. Spätvorexilisch finden sich zunehmend im 7. Jh. v. Chr. Aussagen, die Konkurrenzgrößen YHWHs begrifflich stark herabwürdigen und so implizite Exklusivitätsaussagen machen. So werden beispielsweise in der Wendung »Holz und Stein« (וְאֶבֶן עֵץ)[10] oder ein »Machwerk von Menschenhand (מַעֲשֵׂה יְדֵי אָדָם)[11]

---

[8]   S. C. *Frevel*, Beyond Monotheism? Some Remarks and Questions on Conceptualicing ›Monotheism‹ in Biblical Studies, in: Verbum et Ecclesia 33,2 (2013).

[9]   Siehe G. *Ahn*, ›Monotheismus‹ – ›Polytheismus‹. Grenzen und Möglichkeiten einer Klassifikation von Gottesvorstellungen, in: *M. Dietrich / O. Loretz (Hg.)*, Mesopotamica – Ugaritica – Biblica. FS K. Bergerhof (AOAT 232), Kevelaer/Neukirchen-Vluyn 1993, 1–24, 15–19.

[10]   Dtn 4,28; 28,36.64; 29,16; 2 Kön 18,19//Jes 37,19; Jer 2,27; 3,9; Ez 20,32; Hab 2,19.

[11]   Dtn 4,28; 2 Kön 19,18//Jes 37,19; 2 Chr 32,19; Ps 115,4; 136,15. Ohne אָדָם Dtn 27,15; Jes 2,8; 17,8; Jer 1,16; 10,3; 44,8; Hos 14,4; Mi 5,12; 2 Chr 34,25, vgl. offener formuliert,

verehren« die Konkurrenzgrößen auf ihre Materialität reduziert, ihre wirksame Existenz durch die begriffliche Qualifizierung als »Nichtse« (אֱלִילִם)[12] oder »Windige« (הֲבָלִים)[13] herabgemindert oder sie – insbesondere bei Ezechiel und Jeremia – durch fäkalische Spottbezeichnungen wie »Scheusale« (שִׁקּוּצִים)[14] oder »Mistdinger/Scheißgötzen« (גִּלּוּלִים)[15] abgewertet. Wer so respektlos tituliert wird, für den bleibt nicht mehr viel an übernatürlichem Wirkungsraum. Es sind *implizit* monotheistische Aussagen, die zumindest in dem durchaus noch begrenzten Wirkungsraum YHWHs die Wirksamkeit anderer göttlicher Größen umfassend bestreiten. Intrareligiös gewendet transportieren diese Texte die Botschaft: In und für Israel gibt es nur YHWH. Dessen erwählendes Geschichtshandeln und seine Unvergleichlichkeit fordern die monolatrische Verehrung. Nur ein schmaler und von der späteren Rezeption leicht zu überwindender Grat trennt in Dtn 6,4 die deuteronomische ursprüngliche Lesung des יהוה אֶחָד als »YHWH ist einer«, von dem monotheistisch späteren »YHWH ist einzig«. Aus dem Widerstand gegen die polyyahwistische Parzellierung wird im monotheistischen Kontext eine numerische Einzigkeit,[16] die weder lokale Differenzierungen zwischen einem YHWH von Teman, Samaria oder Jerusalem zulässt noch anderen Größen – und sei es der Partnerin Aschera – eine Handbreit Raum zugesteht.[17]

---

aber die Verletzung der Ausschließlichkeitsforderung einschließend Dtn 31,29; 1 Kön 16,7; 2 Kön 22,17; Jer 25,6-7; 32,30.

[12] Vgl. Lev 19,4; 26,1; Jes 2,8.18.20[bis]; 10,10.11; 19,1.3; 31,7[bis]; Ez 30,13; Hab 2,18; Ps 96,5; 97,7; 1 Chr 16,26; (Sir 30,19).

[13] Vgl. die Belege in Dtn 32,21; 1 Kön 16,13.26; 2 Kön 17,15; Jer 2,5; 8,19; 10,3.8.15; 14,22; 16,19; 51,18; Jona 2,9; Ps 31,7 (Sir 49,2).

[14] Vgl. Dtn 29,16; 1 Kön 11,5.7[bis]; 2 Kön 23,13[bis]; 23,24; Jes 66,3; Jer 4,1; 7,30; 13,27; 16,18; 32,34; Ez 5,11; 7,20; 11,18.21; 20,7.8.30; 37,23; Hos 9,10; Dan 9,27; 11,31; 12,11; 2 Chr 15,8.

[15] Vgl. die Häufung dieser Bezeichnung in Ezechiel: Ez 6,4.5.6.9.13[bis]; 8,10; 14,3.4 [bis].5.6.7; 16,36; 18,6.12.15; 20,7.8.16.18.24.31.39; 22,3.4.7; 23,30.37.39.49; 30,13; 33,25; 36,18.25; 37,23; 44,10.12. Außerhalb von Ez nur Lev 26,20; Dtn 29,16; 1 Kön 15,12; 21,26; 2 Kön 17,12; 21,11.21; 23,24; Jer 50,2; zu der drastischen Übersetzung schon *H.W. Wolff*, Jahwe und die Götter in der alt. Prophetie, in: *Ders.*, Gesammelte Studien zum Alten Testament (ThB 22), 2. Auflage, München 1973, 418–441, 430.

[16] S. dazu *P. Höffken*, Eine Bemerkung zum religionsgeschichtlichen Hintergrund von Dtn 6,4, in: *Ders.*, »Fürchte dich nicht, denn ich bin mit dir!« (Jesaja 41,10) (Beiträge zum Verstehen der Bibel 14), Münster 2005, 17–22, insb. 18; zum Polyyahwismus ferner *K. Schmid*, Differenzierungen und Konzeptualisierungen der Einheit Gottes in der Religions- und Literaturgeschichte Israels. Methodische, religionsgeschichtliche und exegetische Aspekte zur neueren Diskussion um den sogenannten »Monotheismus« im antiken Israel, in: *M. Oeming / K. Schmid (Hg.)*, Der eine Gott und die Götter. Polytheismus und Monotheismus im antiken Israel (AThANT 82), Zürich 2003, 11–38, 26f.

[17] Zur Entwicklung der Auseinandersetzung mit Aschera als Partnerin YHWHs s. *C. Frevel*,

Nun ist bekanntlich die Lage nicht so klar, dass alle Belege der oben genannten Wendungen und der abwertenden Spottbezeichnungen spätvorexilisch zu datieren wären. Vielfach gehören sie in den Umkreis der nachexilisch zu datierenden Götzenbildpolemik, doch – und das ist wichtig festzuhalten – gehen sie darin nicht vollständig auf. Einige Stellen aus Jeremia, Ezechiel und vielleicht auch Hosea bleiben als Kandidaten für eine spätvorexilische Datierung in der Diskussion. Sie treffen sich mit Formulierungen der Ausschließlichkeitsforderung aus den frühen Rechtskorpora, dem Jerusalemer Geschichtswerk, dem Deuteronomium und auch Anklängen bei Hosea, Jeremia und der frühen Elijaüberlieferung. Zu den Kandidaten gehören etwa Gen 18*; Ex 20,23*; 22,19; 34,14.17; Dtn 6,4; 16,21–22*; Hos 8,5*; 9,10; 10,1; 13,2*; Jer 2,27–28; 3,9; 14,22* u. a. m. Die Forderung der ausschließlichen Verehrung YHWHs, also einer sich zunehmend intolerant gebenden Monolatrie, ist nicht erst Ergebnis exilischer Reflexion, sondern hat nach wie vor ihre plausiblen Wurzeln in spätvorexilischer Zeit und der sog. assyrischen Krise. In bestimmten Kreisen scheint hier schon die Überzeugung gereift zu sein, dass YHWH quasi »alles in allem ist«, er durch die Solarisierung die geographischen Grenzen eines lokal begrenzt wirkenden Nationalgottes zu sprengen beginnt und seine monolatrische Exklusivität über den bloßen Anspruch der Ausschließlichkeit hinausgeht. Das alles findet aber in einem polytheistischen Referenzrahmen statt, in dem andere Götter noch präsent sind bzw. für grundsätzlich existent gehalten werden.

Nimmt man den ikonographischen, epigraphischen und biblischen Befund ernst, wird man auf unterschiedlichen Ebenen des religiösen Feldes einen begrenzten Polytheismus anzunehmen haben. Ab dem späten 8. Jh. v. Chr. ist dann mit Absetzbewegungen zu rechnen, die durch die immer stärkere Betonung der nationalen Ausschließlichkeit YHWHs zu den oben ausgeführten Positionen eines impliziten Monotheismus vorgedrungen sind. Die Rede von der Eifersucht YHWHs,[18] der andere männliche Gottheiten als Konkurrenz begreift und nicht zu dulden bereit ist, steht am Anfang und *nicht* am Schluss dieser Entwicklung. Dieser ursprünglich nicht indigene Wettergott YHWH hat nicht von Beginn an der Spitze der Stadt- und Nationalpanthea gestanden. YHWH stammt aller Wahrscheinlichkeit und jüngeren Bestreitungen zum Trotz aus dem altnordarabischen Süden, möglicherweise aus Midian.[19] Es ist ein Gott, der von außen kommt und

---

Aschera und der Ausschließlichkeitsanspruch YHWHs. Beiträge zu literarischen, religionsgeschichtlichen und ikonographischen Aspekten der Ascheradiskussion (BBB 94), Weinheim 1995, 913–931.

[18] Ex 20,5; 34,14; Dtn 5,9; 6,14; Ez 8,3 und später Num 25,11; Dtn 4,21; 32,6.21; 1 Kön 14,22; Joël 2,18; Sach 1,14; 8,2. Vgl. *C. Dohmen*, »Eifersüchtiger ist sein Name« (Ex 34,14). Ursprung und Bedeutung der alttestamentlichen Rede von Gottes Eifersucht, in: ThZ 46 (1990), 289–304.

sich erst allmählich – zum Teil mit gehörigem Ellenbogeneinsatz – an die Spitze des Pantheons gesetzt hat. Mit dem Siegeszug bricht aus einer Vielzahl von Gründen nach und nach der Spitze die Basis weg, so dass schließlich nur noch YHWH allein die Szene beherrscht.

Halten wir hier kurz inne. Im Rahmen einer kleinen vorgeschalteten Vergewisserung haben wir in sehr knapper und verkürzender Form die Genese des biblischen Monotheismus bis zur Herausbildung des monotheistischen Bekenntnisses Revue passieren lassen. Der Grund für die Angabe von Essentials zur biblischen Religionsgeschichte, die ein vertrautes Bild gespiegelt haben sollte, war ein dreifacher: Zum einen sollte klar sein, vor welcher »Folie« nun im Anschluss über den Monotheismus der Perserzeit gesprochen wird, zum Zweiten sollte zumindest die eigene Positionierung anklingen und zum Dritten daran erinnert werden, dass die Daten – oder sagen wir besser das, was für eine Religionsgeschichte der vorexilischen Zeit ausgewertet wird – einen weit größeren Umfang haben als das Material, das für die Perserzeit zur Verfügung steht. Aus Textbelegen, ikonographischen Daten und Inschriften wird eine Entwicklung synthetisiert, die mehr oder minder geradlinig eine Entwicklung vom Polytheismus zum Monotheismus nachzeichnet. Dass diese methodischen Prinzipien in der Religionsgeschichtsschreibung der Perserzeit jedoch in der Regel gerade nicht greifen, soll im Folgenden gezeigt werden.

3 Anmerkung zur Quellenlage und zu einem forschungsgeschichtlichen Bias

Zwar ist die Perserzeit keineswegs mehr das dunkle Zeitalter, aber sie ist durch die enorme Datenmenge auch nicht wirklich hell geworden.[20] Nach wie vor ist eine Differenzierung zwischen eindeutigen Phasen bzw. die Markierung eines

---

[19]   Zur Diskussion s. *M. Leuenberger*, Jhwhs Herkunft aus dem Süden. Archäologische Befunde – biblische Überlieferungen – historische Korrelationen, in: ZAW 122 (2010), 1–19, insb. 2–3.17; *C. Frevel*, Rezension zu Pfeiffer, Henrik: Jahwes Kommen von Süden, in: OLZ 103 (2008), 712–718; *ders.*, Grundriss der Geschichte Israels, in: *E. Zenger u. a.*, Einleitung in das Alte Testament (Kohlhammer Studienbücher Theologie 1,1), 8. Auflage, Stuttgart 2012, 701–870, 719.

[20]   Während manche die Quellenlage nach wie vor als schlecht beurteilen, sehen andere inzwischen eine unübersehbare Flut von Daten zur »Second Temple Period«, die der zunehmenden Aufmerksamkeit der Wissenschaft in den letzten 10–15 Jahren geschuldet ist. Die Einschätzungen gehen dabei weit auseinander. Sie reichen von »The Persian period is still a very poor parent in the archaeology of Palestine« (*C. Uehlinger*, a. a. O. [Anm. 5], 136) bis zu dem Stichwort »flood« bei Levine: »The main problem that faces the interested scholar, student and lay person is one of *too much information*. So many new archaeological excava-

»Epochenübergangs« von der neubabylonischen Periode nach dem Untergang des Staates Juda 587/6 v. Chr. und der ersten Hälfte der Perserzeit ab 539 v. Chr. in der materiellen Kultur – die deshalb oft Eisen III-Zeit genannt wird – nicht möglich. Selbst das Exil stellt keinen totalen Bruch dar – was häufig durch die Bindestrich-Bezeichnung babylonisch-persische Zeit angezeigt wird; zumindest in Bezug auf die materielle Kultur *überwiegt* die Kontinuität gegenüber der Diskontinuität.[21] Gleiches gilt für die zweite Hälfte des 5. Jh.s für die Provinz Yehûd.[22]

Nach wie vor wissen wir wenig über die kultische Organisation und das religiöse Feld in der differenzierten Provinzenlandschaft jenseits des Stroms. Wie in der assyrisch-babylonischen Zeit ist eine starke Regionalisierung prägend, etwa in Aschdod, Dor, Idumäa, Samaria, Yehûd oder dem Ostjordanland. Für Yehûd wird in der Regel vermutet, dass die YHWH-Monolatrie bzw. der Monotheismus sich wenn nicht ab 622 v. Chr. oder – mit dem Zugeständnis, dass die Joschijanische Reform entweder gescheitert ist oder zu großen Teilen ein fiktives *vaticinium ex eventu* war und das Exil den eigentlich Bruch darstellt – ab 587 v. Chr., spätestens mit der Rückkehr der Gola und dem Wirken Nehemias und Esras ab 539 v. Chr. durchgesetzt habe. Mit dem Bau des Zweiten Tempels ist »YHWH allein zu Haus«, wenn er nicht schon als »Witwer« ins Exil gegangen ist. Die verwirrend bunte Welt des spätvorexilischen Polytheismus – so stellt es die Mehrheitsmeinung jedenfalls dar – ist nachexilisch in sich zusammengebrochen und hat den hehren Monotheismus zurückgelassen. So viele Städte – so viele Götter (Jer 2,28) war einmal, jetzt strahlt nur noch der eine und einzige auf, so dass Menschen nicht mehr zwischen YHWH und Baal wählen müssen (1 Kön 18,21), sondern nur noch, ob sie *Gott* dienen oder nicht (Mal 3,18).

Meist enden die Darstellungen der Religionsgeschichte und der Entwicklungsgeschichte des biblischen Monotheismus mit Hinweisen auf die mono-

---

tions have been reporting discoveries from the Persian period, so many new epigraphic finds have been published, so many new ideas about the existing material and so many theories about the biblical books of the period have been expounded, that the reader finds him- or herself in danger of drowning in the flood of new data« (*Y. Levine [Hg.]*, A Time of Change. Judah and Its Neighbours in the Persian and Early Hellenistic Period [Library of Second Temple Studies, 65], London 2007, xvi).

[21]   Vgl. *K. Valkama*, What Do Archaeological Remains Reveal of the Settlements in Judah during the Mid-Sixth Century BCE?, in: *E. Ben-Zvi / C. Levin (Hg.)*, Concept of Exile in Ancient Israel and its Historical Contexts (BZAW 404), Berlin / New York 2010, 39–60.

[22]   Die von *Charles E. Carter* eingeführte, aber umstrittene Differenzierung zwischen der Perserzeit I und der Perserzeit II ist deutlicher durch das erkennbare Wachstum, die wirtschaftliche Prosperität und dem folgend die Siedlungsentwicklung und die zunehmende Internationalisierung gekennzeichnet als durch eine sich ausdifferenzierende materielle Kultur, eine andere Keramiktypologie oder andere Typen des Hausbaus.

theistischen Grundpfeiler Deuterojesaja, die späten Deuteronomisten und die Priesterschrift. Als Appendix finden sich dann oft noch Hinweise zu Kompensationsentwicklungen und Transformationen wie die Personifikation der Weisheit und die Ausbildung einer Angelologie. Problematische Stellen, die dem einfachen Bild widersprechen könnten, werden ignoriert, exstirpiert, marginalisiert oder in das pagane Heidentum der Umwelt eskamotiert.

Aber ist der Himmel so klar? Einige Hinweise mögen für die Verdunklung genügen:

Die Rede von der *Tochter eines fremden Gottes* in Mal 2,11 ist mitnichten so klar, dass es ausschließlich um eine Ausländerin gehen kann und damit »nur« die Mischehenproblematik angesprochen ist.[23] Die Frau im Efa in Sach 5, die in Babylon wie eine Göttin aufgestellt ist, wird meist – und vielleicht auch nicht ganz zu Unrecht – als das personifizierte Böse verstanden.[24] Zumindest in der Bildwelt der Vision wird mit dem Bild einer Göttin »gespielt« und die Verständlichkeit des Bezuges auch für das perserzeitliche Yehûd vorausgesetzt. Das schließt die Relevanz einer Göttin in Jerusalem vielleicht ein. Noch im frühnachexilischen Heiligkeitsgesetz scheint die Fremdgötterverehrung eine hohe Relevanz zu besitzen, wenn sie mit signifikant terminologischer Verschiebung gegenüber den Prätexten verboten werden muss (Lev 19,4; 26,1). Vielleicht deutet sogar Lev 24,15 im Vergleich zu Lev 24,16 darauf hin, dass zwischen der Lästerung anderer Götter und der Lästerung YHWHs qualitativ unterschieden wurde.[25] Mit dem Heiligkeitsgesetz im Blick wird man nicht daran erinnern müssen, dass auch die Blütezeit deuteronomistischer Fremdgötterpolemik in den Fortschreibungen der nachexilischen Zeit und damit jenseits der vermeintlichen Wasserscheide des monotheistischen Durchbruchs liegt. Während für die spätvorexilische Zeit jedoch davon ausgegangen werden soll, dass die Texte auf reale Situationen in der Gegenwart der Autoren Bezug nehmen, kehrt sich das für die exilisch-nachexilischen Texte hingegen meist um. Dann sollen die Texte lediglich retrospektiv beschreiben, ohne die Situation der Entstehungszeit zu spiegeln

---

[23]   Vgl. *C. Frevel*, YHWH und die Göttin bei den Propheten. Eine Zwischenbilanz, in: *M. Oeming / K. Schmid (Hg.)*, Der eine Gott und die Götter. Polytheismus und Monotheismus im antiken Israel (AThANT 82), Zürich 2003, 49–77, insb. 70–71; *ders.*, »Mein Bund mit ihm war das Leben und der Friede«. Priesterbund und Mischehenfrage, in: *C. Dohmen / C. Frevel (Hg.)*, Für immer verbündet. Studien zur Bundestheologie der Bibel. FS F.-L. Hossfeld (SBS 211), Stuttgart 2007, 85–94, 90–92.

[24]   Zur Diskussion *C. Frevel*, YHWH (Anm. 23), 66–70; *C. Uehlinger*, Die Frau im Efa (Sach 5,5–11). Eine Programmvision von der Abschiebung der Göttin, in: BiKi 49 (1994), 93–103; *J. Schnocks*, Eine intertextuelle Verbindung zwischen Ezechiels Eifersuchtsbild und Sacharjas Frau im Efa, in: BN 84 (1996), 59–63.

[25]   So zuletzt *R. Albertz*, From Aliens to Proselytes. Non-Priestly and Priestly Legislation Concerning Strangers, in: *R. Achenbach u. a. (Hg.)*, The Foreigner and the Law. Perspectives from the Hebrew Bible and the Ancient Near East (BZAR 16), Wiesbaden 2011, 53–69, 59.61.

oder davon beeinflusst zu sein. Aber ist diese idolatrische Arbeitsteilung mit einem so klaren Schnitt wirklich plausibel?

Lassen sich die Heiligen in Sach 14,5 so einfach in den unbedeutenden himmlischen Hofstaat abschieben oder mit den Jerusalemer Notablen gleichsetzen, wie das in der Exegese oft geschieht? Vergleichsweise wenig Aufmerksamkeit haben auch die Fremdkulte in den Abschnitten »Trito«-Jesajas bekommen, wo in Gärten geopfert und auf Ziegeln Rauchopfer dargebracht werden (Jes 65,3), wo offenbar Gräber und dunkle Höhlen eine besondere Anziehungskraft haben (Jes 65,4), wo Glücksgott und Meni/Schicksalsgott/Göttin[?] zum Abfall von YHWH reizen (Jes 65,11) oder man in Opferkontexten fremder Götter Hunden das Genick bricht und auch Götzen preist (Jes 66,3) oder man sich reinigt für die Gärten, Schweinefleisch essend und Mäuse (Jes 66,17).[26]

Auch lässt sich wohl nicht so einfach über den Eigensinn der Chronik hinweglesen, die Amazja nach der Schlacht gegen Edom die Götter Seïrs *mitbringen* und verehren lässt (2 Chr 25,14.20), die Götter aber durch den Propheten YHWHs zugleich als handlungsunfähig verspottet (2 Chr 25,15). Erinnert sei schließlich auch an die apotropäischen Amulette der makkabäischen Kämpfer in 2 Makk 12,40, die illegitimerweise unter ihren Kleidern (ὑπὸ τοὺς χιτῶνας) Amulette oder Götterbilder (ἱερώματα) der Götzen von Jamnia (τῶν ἀπὸ Ιαμνείας εἰδώλων) trugen, was den Erzähler – gut deuteronomistisch geschult – dazu verleitet, ihren Tod auf diesen Gesetzesverstoß zurückzuführen.[27]

Verglichen mit den Anstrengungen, die zur Rekonstruktion einer detaillierten Genese des Monotheismus unternommen worden sind und werden, sind die Bemühungen, seine Frühgeschichte im ausgehenden 6. und beginnenden 5. Jh. aufzuhellen und möglichen Spuren eines fortgesetzten Polytheismus nachzugehen, eher erschreckend schmal. Zwei Gründe lassen sich m. E. dafür ausmachen:

Zum einen bestimmt in der Religionsgeschichtsschreibung das Exilsparadigma sehr stark das Denken und die Rekonstruktion. Das Exil wird dabei – zugespitzt formuliert – als Ereignis größtmöglicher Diskontinuität konstruiert. Mit dem Untergang Judas als staatlicher Größe 587 v. Chr. tritt demgegenüber erstmals die aus der (gesamten) Geschichte des Judentums nicht wegzudenkende

---

[26]   Vgl. zum Überblick *K. Koenen*, Heil den Gerechten – Unheil den Sündern. Ein Beitrag zur Theologie der Prophetenbücher (BZAW 229), Berlin / New York 1994, 240; *E. S. Gerstenberger*, Israel in der Perserzeit. 5. und 4. Jahrhundert v. Chr. (BE 8), Stuttgart 2005, 161–162; *S. Ackerman*, Under every green tree. Popular religion in sixth-century Judah (Harvard Semitic monographs 46), Atlanta, Ga. 1992, 165–212.

[27]   Herrmann stellt allerdings fest, dass die Anzahl von Amuletten in der hellenistischen Zeit schon stark zurückgegangen ist und ihm nur vergleichsweise wenige ägyptische Amulette bekannt sind. Vgl. *C. Herrmann*, Ägyptische Amulette aus Palästina/Israel. Mit einem Ausblick auf ihre Rezeption durch das Alte Testament (OBO 138), Göttingen/Fribourg 1996, 75.

Diaspora als soziale und ideologische Leitgröße in den Blick. Jedoch ist das durch erzwungene Massenmigration entvölkerte und in seinen wirtschaftlichen wie sozialen Grundfunktionen zum Erliegen gekommene Land – angestoßen durch eine intensive Exilsdiskussion in den vergangenen Jahren – aus historischer Perspektive weitestgehend als Mythos und biblische Konstruktion entlarvt.[28] Mit der neubabylonischen Eroberung Jerusalems ist weder die Stadt noch das Umland vollkommen zum Erliegen gekommen. Insbesondere in der nördlich von Jerusalem gelegenen Region Benjamin (etwa in Mizpa/*Tell en-Naṣbe*, Gibea/*Tell el-Fūl*, Gibeon/*el-Ǧib*, Bet-El/*Bētīn*) gab es eine erstaunliche Kontinuität in der materiellen Kultur.[29] Den totalen Bruch gab es ebenso wenig wie eine Massenrückkehr der Gola in das Kernland in der zweiten Hälfte des 6. Jh.s, sei es nun unter Kyros d. Gr. oder – was historisch einen höheren Grad an Plausibilität aufweist – langsam »zurücksickernd« unter Darius II.

Damit treten aber die religionsgeschichtlichen Veränderungen eher als komplexe Aushandlungsprozesse denn als »Revolutionen« in den Blick. Dass also die Rückkehrer im Exil den Monotheismus neben dem Sabbat und der Beschneidung als Identitätsmarker entwickelt hätten und danach im Land (mit der Hilfe persischer Beamter) politisch durchgesetzt haben, ist angesichts des differenzierten textlichen und archäologischen Befundes weniger wahrscheinlich als

---

[28] Vgl. *H. Barstad*, The Myth of the Empty Land. A Study in the History and Archaeology of Judah During the ›Exilic‹ Period (SOSup 28), Oslo 1996, 8. Aus der jüngeren Literatur: *E. Ben-Zvi / C. Levin (Hg.)*, Concept of Exile in Ancient Israel and its Historical Contexts (BZAW 404), Berlin / New York 2010; *O. Lipschits*, Shedding New Light on the Dark Years of the »Exilic Period«: New Studies, Further Elucidation and Some Questions Regarding the Archaeology of Judah as an »Empty Land«, in: *B. E. Kelle u. a. (Hg.)*, Interpreting Exile. Interdisciplinary Studies of Displacement and Deportation in Biblical and Modern Contexts (SBL – Ancient Israel and Its Literature 10), Leiden u. a. 2012; *M. A. Halvorson-Taylor*, Enduring exile. The metaphorization of exile in the Hebrew Bible (VT.S 141), Leiden u. a. 2011; *J. J. Ahn*, Exile as forced migrations. A sociological, literary, and theological approach on the displacement and resettlement of the Southern Kingdom of Judah (BZAW 417), Berlin / New York 2011. Dabei ist die Skizze der Forschungslage bei *J. J. Ahn*, a. a. O., 25f. hoch problematisch, weil sie das Moment des Mythos nicht auf die Massendeportation/Massenrückkehr, sondern auf die Periode als Ganzes bezieht und damit falsche Alternativen aufbaut: »Contemporary exilic scholarship ... has indeed transcended these past views [scil. the unconstructive and damaging negative views on the exilic period or the period as highly creative and productive, respectively] – with one school of thought completely dismissing the period as but a myth or fabrication while others call for further investigation suggesting that we can still say something about that period«.

[29] Vgl. *H. Weippert*, Palästina in vorhellenistischer Zeit (Handbuch der Archäologie. Vorderasien II, Bd. I), München 1988, 698; *J. W. Betlyon*, A People Transformed. Palestine in the Persian Period, in: NEA 68 (2005), 4–51, 21; *E. Stern*, Material culture of the land of the Bible in the Persian period 538-332 B.C., 2. Auflage, Warminster 1982, 229.

die Annahme einer *formativen Phase* des nachexilischen Judentums, in dem sich diese Marker – ohne dabei den Anstoß der Gola zu leugnen – allmählich herausbilden.

Der zweite Grund für die fehlende Aufmerksamkeit gegenüber Differenzierungen in der nachexilischen Religionsgeschichte dürfte in der Wertung des Monotheismus als geistesgeschichtliche Errungenschaft liegen und mindestens ebenso problematisch sein: »Die Monotheisierung des Jahweglaubens in Juda ist wohl der wichtigste Ertrag für die Geistesgeschichte der westlichen Welt geworden«[30]. Implizit herrscht nach wie vor ein Wertungsgefälle zwischen Monotheismus und Polytheismus, das den Monotheismus als die höher entwickelte Religionsform begreift. Entsprechend werden Devianzen als Depravation und Digression gewertet.[31]

Die vorhergehenden Ausführungen benennen Implikate und Wertungsprozesse der Forschungsgeschichte. Sie zeigen Aufmerksamkeitsdesiderate und selektive Wahrnehmungen an. Sie sind aber darin nicht als Plädoyer für den Umkehrschluss misszuverstehen: Das Heil liegt nicht im Lob des Polytheismus in nachexilischer Zeit. Weder soll hier eine totale Kontinuität zwischen spätvorexilischer und nachexilischer Zeit behauptet werden noch die Bedeutung monotheistischer Bekenntnisse für die Entwicklung der Religion des Frühjudentums nivelliert werden. Es steht m. E. außer Frage, dass es in den biblischen Texten eine quantitative und qualitative Differenz zwischen der vor- und der nachexilischen Zeit gibt. So sind die nachexilischen Notizen insgesamt weit weniger konkret, die göttlichen Größen werden – wenn überhaupt – seltener genannt, die Polemik ist weit weniger standardisiert, die Bilderpolemik tritt oft an die Stelle der Fremdgötterpolemik, wodurch die Auseinandersetzung auf eine andere Ebene verlagert wird etc. Mit dem vorhergehenden Gedankengang sollte lediglich deutlich gemacht werden, dass es in Bezug auf den biblischen Befund zur Diversität und Pluralität der nachexilischen Religion ein forschungsgeschichtliches *Bias* gibt, das die Diskontinuität zwischen der spätvorexilischen und nachexilischen Zeit überbetont. Zugleich wird die Frage aufgeworfen, ob »monotheistisch« eine treffende Beschreibungskategorie für das differenzierte religiöse Feld der nachexilischen Zeit ist. Kurz: mit dem וְאֵין זוּלָתִי »und keiner sonst« (Jes 45,5.21) ist noch nicht alles gesagt.

---

[30]   *E. S. Gerstenberger,* a. a. O. (Anm. 26), 355.

[31]   Das implizite Wertungsgefälle entfaltet zudem eine selbstverstärkende Tendenz. Da das Depravationsschema auch in der sog. Prophetenanschlusstheorie und in der Abwertung des an das Ende seiner Entwicklung gekommenen »Spätjudentum« auftaucht und implizit antijudaistisch ist (zumindest ein solches Potential hat), tritt ein Vermeidungsverhalten in der Forschung ein, um in diese »Falle« nicht zu tappen. Entsprechend war die Aufwertung des Frühjudentums in den vergangenen Dekaden immer auch mit einer Aufwertung des damit eng verknüpften Monotheismus verbunden.

Die Überbetonung der Diskontinuität und der »Hang zum Monotheismus« zeigt sich besonders auch in Bezug auf die Auswertung der materiellen Kultur in der Perserzeit, wie im nächsten Abschnitt an der These Ephraim Sterns aufgezeigt werden soll. Im Rahmen dieses Aufsatzes ist es dabei nicht möglich, den differenzierten Befund im Einzelnen zu dokumentieren. Dafür sei auf Folgepublikationen verwiesen, die den archäologischen, numismatischen und ikonographischen Befund detaillierter besprechen und durch Abbildungen, die hier aus Platzgründen entfallen müssen, anschaulicher aufbereiten können. Im Folgenden sollen vielmehr die Entwicklungslinien und ihre Interpretation im Vordergrund stehen.[32]

4 EINE MONOTHEISTISCHE REVOLUTION IN DER PERSERZEIT? ZU EINER THESE EPHRAIM STERNS

Ausgehend von einer stupenden Beschreibung der materiellen Hinterlassenschaft der persischen Zeit, die bis heute maßgeblich die Forschung bestimmt, hat Ephraim Stern 1982 (bzw. in der hebräischen Version 1975) eine recht einfache Hypothese zur religionsgeschichtlichen Entwicklung vorgelegt, die er seitdem mehrfach und zuletzt 2010 nur wenig verändert vorgetragen hat.[33] Stern stellt auf der einen Seite eine Art phönizischer Ökumene, zum anderen aber eine zunehmende regionale Differenzierung in der Perserzeit fest, die in Bezug auf die perserzeitliche Provinz Yehûd zu einer markanten Differenz führt. Seiner Einschätzung nach verändert sich das Symbolsystem, in dem sich ein bestimmtes Selbstverständnis und auch eine religiöse Identität spiegeln, radikal gegenüber der spätvorexilischen Zeit und zwar in allen verfügbaren Fundgattungen,

---

[32]   Entsprechend werden auch Einzelbefunde lediglich genannt, ohne dass die Quellen, Grabungspublikationen etc. hier angeführt werden. Für die in die Diskussion Eingearbeiteten wird es leicht möglich sein, diese Angaben zu überprüfen und so das Argument detailliert nachzuvollziehen. Verwiesen sei hier bereits auf die ausführlichere Dokumentation in dem Band *C. Frevel / I. Cornelius (Hg.)*, Jewish »Material« Otherness? Studies in the Formation of Persian Period Judaism(s) (in Vorbereitung).

[33]   Vgl. *E. Stern*, Religion in Palestine in the Assyrian and Persian periods, in: *B. Becking / M. Korpel (Hg.)*, The Crisis of Israelite Religion. Transformation of Religious Tradition in Exilic and Post-Exilic Times (Oudtestamentische Studiën 42), Leiden 1999, 245–255; *E. Stern*, Archaeology of the land of the Bible. 2. The Assyrian, Babylonian and Persian periods. 732–332 BCE, New York u. a. 2001; *E. Stern*, The religious revolution in Persian-period Judah, in: *O. Lipschits / M. Oeming (Hg.)*, Judah and the Judeans in the Persian period, Winona Lake 2006, 199–205; *E. Stern*, From many gods to the one God. The archaeological evidence, in: *R. G. Kratz / H. Spieckermann (Hg.)*, One God – one cult – one nation. Archaeological and biblical perspectives (BZAW 405), Berlin / New York 2010, 395-403.

vor allem Figurinen, Siegeln, Amuletten, Räucheraltären, importierter Keramik, Münzen etc. »In all the territories of Judah and Samaria, there is not a single piece of evidence for any pagan cults! There are no sanctuaries …, no figurines, and no remains of any other pagan cultic objects«[34]. Die Differenz tituliert er markant unter dem Titel »The religious revolution in Persian period Judah«[35], was nichts anderes als der oben beschriebene totale Bruch zwischen spätvor-exilischer und exilischer Zeit ist. Das Bild, das er von der religiösen Entwicklung zeichnet, ist weitestgehend biblisch inspiriert und – wie Stern selbst zugibt – relativ simpel:[36]

In der vorexilischen assyrischen Periode des 8./7. Jh.s hatten die sieben Nationen der südlichen Levante sieben unterschiedliche Götter (nämlich Baal, Dagon, Hadad, Qaus, Milkom, Kemosch und YHWH), die alle mehr oder minder dieselbe Partnerin hatten, nämlich Astarte oder Aschera.[37] Für Juda verweist er dafür auf die Masse an weiblichen Figurinen: »The pagan cult in Judah, whether being of foreign origin (either Egyptian or Phoenician) or of national Judean origin in the shape of the deities YHWH and Asherah (or 'Ashtart), is presented by a rich assemblage of finds. These particular finds are dated from the late 8th century down to the beginning of the 6th century BCE«[38]. Während die mehr als 800 sog. Pfeilerfigurinen mit Raz Kletter eine spezifische judäische Prägung haben (»*these pottery figurines are Judean*«[39]), sieht er Juda in Bezug auf die männlichen Pferd- und Reiterterrakotten als Teil eines levantinischen Trends, so dass er in der Summe konstatiert: »Judah did not differ from its neighbours«[40]. Das gilt selbst für die Frage des Bilderverbots und der Darstellungen YHWHs, denn Stern sieht in den Reiterterrakotten mögliche Darstellungen YHWHs und in den Pfeilerfigurinen Abbildungen seiner Gemahlin Astarte oder Aschera. Dabei handelt es sich aber nicht um den offiziellen Jerusalemer Kult, der durchgehend monotheistisch gewesen sei (»there always has been the monotheistic,

---

[34]   *E. Stern*, Archaeology (Anm. 33), 479.

[35]   So zuerst 1999. Die Formulierung übernimmt er dann 2006 als Titel eines seiner Aufsätze.

[36]   Stern gesteht das in Bezug auf die Befunde selbst zu: »I realize that my interpretation of these finds may be oversimplified« (*E. Stern*, Revolution [Anm. 33], 199; *ders.*, Gods [Anm. 33], 395).

[37]   Das ist 2001 noch deutlich anders, wo Juda als monotheistisch charakterisiert wird: »In Judah, there was always the monotheistic and central cult practiced in the Temple of Jerusalem by its priests and preached by the various prophets« (*E. Stern*, Archaeology [Anm. 33], 200). Erst 2006 ringt sich *Stern* dazu durch, die Verehrung Ascheras im *vorexilischen* Juda stärker zu gewichten.

[38]   *E. Stern*, Religion (Anm. 33), 250.

[39]   *E. Stern*, ebd., 251.

[40]   *E. Stern*, ebd., 251.

central cult practised in the temple of Jerusalem«[41]), sondern um ein religiöses Konstrukt, das Stern »Yahwistic paganism« nennt. Diese Volksreligion soll es allerorten in Juda gegeben haben. »The combination of the archaeological finds, namely the mention of the name ›YHWH‹ (and of his Asherah/Ashtart) in the ostraca and other Judean inscriptions of the period, and the fact that many clay figurines are only typical for Judah, brings us to the inevitable conclusion that a cult existed between the foreign pagan practices and the pure monotheism of Jerusalem, which may be called ›Yahwistic Paganism‹, common to all other Judean settlements«[42]. Stern charakterisiert also das vorzentralistische Juda des 7. Jh.s v. Chr. als religiös plural, allerdings nur im Bereich einer Heterodoxie, von der sich die Jerusalemer Orthodoxie immer schon scharf abhob. Nach dem Exil gibt es diese Differenz nicht mehr.

Um hier die größtmögliche Diskontinuität zu unterstreichen, markiert Stern die neubabylonische Periode ab dem ausgehenden 7. Jh. v. Chr. als schwarzes Loch, in dem vergleichbare materielle Evidenz fehle (»a clear and objective vacuum«[43], »we almost know nothing«[44]). Erst in der persischen Periode ist die Differenz feststellbar, weil sich dort eine neue mediterrane Koine im Umland herausbildet, wo in *Favissae* etwa auf dem *Tel Ṣippor*, in *Tel Ḥalīf/Tell el-Ḥuwēlfe*, Marescha/*Tell el-Sandaḥanna* oder in Dor größere und aus der Beerschebar Region, vom *Tell Erani*, aus Lachisch und einigen weiteren Orten kleinere Mengen an Terrakotten im phönizischen und griechischen Stil gefunden wurden: »the picture is completely different. Instead of a separate national paganic cult unique to each of the individual nations of the country, new types of figurines appear which reflect a certain ›Koine‹«[45]. Diese »Koine« umfasst in der Deutung Sterns Darstellungen eines erwachsenen königlichen Mannes, von Fruchtbarkeitsgöttinnen und von Knaben. Das lokal variierte Ensemble wird mit Sabatino Moscati als Triade (»divine triad«) gedeutet, die je regional unterschiedlich interpretiert worden sei. Im Gegensatz dazu wird die Differenz zu Yehûd stark betont, das nicht länger Teil dieser Koine ist: »From now all the figurines are only found in areas outside the region settled by the returning Judean exiles – in Indumea (sic!), Philistia, Phoenicia and Galilee – that is, in those parts of the country which are still dominated by pagans. At the same time, in the areas of the country occupied by Jews, not a single cultic figurine has been

---

[41]   E. *Stern*, ebd., 252 f.

[42]   E. *Stern*, Gods (Anm. 33), 400.

[43]   E. *Stern*, ebd., 400; vgl. auch *ders.*, Religion (Anm. 33), 253: »definitive vacuum«.

[44]   E. *Stern*, ebd., 253.

[45]   E. *Stern*, ebd., 253; vgl. auch die Übersicht über den Befund bei *M. Knowles*, Centrality Practiced. Jerusalem in the Religious Practice of Yehud and the Diaspora in the Persian Period (SBL Archaeology and Biblical Studies 16), Atlanta 2006, 55–76.

found!«[46]. Das gilt – so Stern ausdrücklich – nicht nur für Yehûd, sondern auch für Samaria. Weder in Yehûd noch auf dem Gebiet der Provinz Samarias seien mehr als ein Heiligtum gefunden worden: Jerusalem und Garizim. Der Kult war zentralisiert. Offenbar – so deutet Stern den Befund – habe eine *kultische Reinigung* stattgefunden und den jüdischen Monotheismus durchgreifend in Juda etabliert. Dieser Monotheismus sei in Samaria übernommen worden. Verantwortlich für die Durchsetzung des Monotheismus sei die babylonische Gola gewesen.[47]

Die These Ephraim Sterns ist vielfach übernommen worden, nicht zuletzt von Othmar Keel und Christoph Uehlinger in *Göttinnen, Götter und Gottessymbole*: »Was die billigen und einst so populären Terrakotten betrifft, so bestand dafür im nachexilischen Juda offenbar kein Markt mehr – sei es daß die religiöse Entwicklung nun so weit in Richtung Monotheismus fortgeschritten war, daß der Bedarf bzw. die Nachfrage nicht genügend groß war, sei es, weil ›orthodoxe‹ Kreise im nachexilischen Juda Produktion und Import solcher Ware wirkungsvoll unterbanden«[48]. Mit den »orthodoxen Kreisen« verweisen sie implizit auf den Einfluss der Gola, schränken aber gleichzeitig ein, dass die »religionsgeschichtlich relevante Hinterlassenschaft der Eisen III … noch zu wenig erforscht (sei), als daß … sie von den politischen Autoritäten ausgeübte Kontroll- und Sanktionsmechanismen und interne Umschichtungen in der religiösen Bedürfnislage der judäischen Bevölkerung genauer zu differenzieren vermöchten«[49]. In seinem 2007 erschienenen Werk zur Geschichte Jerusalems und zur Entstehung des Monotheismus ist Keel wieder vorsichtiger, wenn er schreibt: »Zur Erklärung braucht man keinen Bildersturm zu bemühen. Wie Esr-Neh und die Chr zeigen, hatte sich der Monotheismus im Jehûd der Perserzeit durchgesetzt. Die Tora mit ihrem Kultbilderverbot fand auch in Samaria Resonanz. Diese Feststellung erfordert nicht das Fehlen jeder Spur von Figuren«[50]. Dazu verweist er auf die in Neh 13,16 bezeugten tyrischen Händler und mit 2 Makk 12,40 auf vereinzelt »fremd gehende« Judäerinnen und Judäer, die »bei diesen ›heidnischen‹ Gestalten und Praktiken Hilfe suchen«[51]. In der Tendenz bemüht Keel damit ebenfalls das Heterodoxie-Schema Sterns. Zwar ist es – wie C. Uehlinger überzeugend gezeigt

---

[46]   *E. Stern*, Gods (Anm. 33), 401; vgl. *ders.*, Religion (Anm. 33); *ders.*, Revolution (Anm. 33), 479; *M. Knowles*, a. a. O. (Anm. 45), 71.

[47]   Vgl. *E. Stern*, Gods (Anm. 33), 401 f.

[48]   *O. Keel / C. Uehlinger*, Göttinnen, Götter und Gottessymbole. Neue Erkenntnisse zur Religionsgeschichte Kanaans und Israels aufgrund bislang unerschlossener ikonographischer Quellen, 6. Auflage, Fribourg 2010, 450.

[49]   *O. Keel / C. Uehlinger*, ebd., 450.

[50]   *O. Keel*, Die Geschichte Jerusalems und die Entstehung des Monotheismus (OLB 4,1) Göttingen 2007, 954.

[51]   *O. Keel*, ebd., 954.

hat – vielleicht möglich, bestimmte Siegeltypen wie die des königlichen Löwen-bezwingers plausibel persischen Verwaltungsbeamten zuzuordnen,[52] doch sind das Ausnahmen. Dass phönizische oder griechische Figurinen aber nur von phö-nizischen Händlern benutzt worden sein sollen, wird man kaum annehmen dür-fen. Allerdings – und darin ist Keel durchaus zuzustimmen – lässt sich mit Ein-zelstücken die von E. Stern festgestellte Tendenz nicht in Frage stellen.

Eine Auseinandersetzung mit der These Sterns erscheint jedoch von zwei Seiten aus notwendig. Zum einen ist das vorausgesetzte Konstrukt einer Jerusa-lemer Orthodoxie, die aktive Kontrolle über den Import ausübt, ikonoklastische Säuberungen durchführt oder eine Revolution herbeiführt religionsgeschichtlich, historisch und soziologisch hoch problematisch und erinnert nicht zuletzt be-denklich an die Annahme der theokratischen Tempelpolizei bei Max Weber.[53] Zum anderen ist die Frage zu stellen, ob der Befund die Schlüsse zulässt, die Ephraim Stern daraus zieht, oder ob dessen simplifizierende Deutung nicht zu einer Schieflage führt.

Vor allem Herbert Niehr hat 1999 gegen den Stachel gelöckt und der These der Diskontinuität die der totalen Kontinuität entgegengestellt: »We should not let ourselves be seduced by some texts of Deutero-Isaiah claiming a kind of monotheism. … Since continuity was the dominant feature which characterized royalty, priesthood, temple and piety during the Achaemenid period, we should not expect any changes in the pantheon venerated in the Jerusalem temple either«[54]. Nach Einschätzung Niehrs gab es hingegen im gesamten 6. Jh. v. Chr. keinerlei religionsgeschichtlich signifikante Veränderung: »… that immediately after 586 BCE and even after 539 BCE there was no considerable change in the religious history of Judah (and Yehûd)«[55] und »the first important caesura is made by the ending of the Davidic dynasty arround 500 BCE«[56].

Neben Herbert Niehr hat Rüdiger Schmitt 2003 in einem Aufsatz die Konti-nuität auch im Gebrauch der Figurinen behauptet und dabei auf einige Frag-mente aus Yehûd hingewiesen. So z. B. auf zwei Figurinenfragmente in der Zis-terne von Gibeon/*el-Ǧib* sowie eine Reihe von Terrakotten aus Geser, dessen Zugehörigkeit zu Yehûd allerdings unsicher bleibt.[57] Dieser schmale Befund

---

[52] Vgl. *C. Uehlinger,* a. a. O. (Anm. 5), 145.147.

[53] Vgl. *M. Weber,* Gesammelte Aufsätze zur Religionssoziologie. Bd. 3: Das antike Judentum, Tübingen 1921, 397.

[54] *H. Niehr,* Religio-historical Aspects of the ›Early Post-Exilic‹ Period, in: *B. Becking / M. Korpel (Hg.),* The Crisis of Israelite Religion. Transformation of Religious Tradition in Exilic and Post-Exilic Times (Oudtestamentische Studiën 42), Leiden 1999, 228–244, 239.

[55] *H. Niehr,* ebd., 229.

[56] *H. Niehr,* ebd., 228.

[57] Vgl. *R. Schmitt,* Gab es einen Bildersturm nach dem Exil? Einige Bemerkungen zur Ver-wendung von Terrakottafiguren im nachexilischen Israel, in: *R. Albertz / B. Becking (Hg.),*

ließe sich mindestens noch durch zwei Fragmente aus Bet-Schemesch und *Tell en-Naṣbe* ergänzen.[58] Am häufigsten handelt es sich um Fragmente perserzeitlicher Reiterterrakotten. Schmitt nennt »zahlreiche« aus Geser, mind. 6 Fragmente aus Mizpa/*Tell en-Naṣbe*, eines aus *Rāmat Rāḥēl*, einige aus En-Gedi und einen Kopf einer Reiterfigurine aus Jericho. Sicherlich wird man damit das »not a single cultic figurine« Ephraim Sterns in Frage stellen müssen, aber in der Tendenz bleibt das quantitative Ungleichgewicht trotzdem auffallend. Dafür mag es mehrere Gründe geben und vielleicht ist die Lage bei den persischen Reiterterrakotten auch noch einmal anders als bei den weiblichen Figurinen. Vor allem aber stammen die außerhalb von Yehûd gefundenen perserzeitlichen Figurinen mehrheitlich aus Hortfunden, was ihre Interpretation als Votive wahrscheinlich macht. Wo aber keine Heiligtümer sind, wird man auch keine größere Menge dieser Figurinen erwarten müssen.[59] Wie Jens Kamlah gezeigt hat,[60] sind für die Perserzeit überhaupt nur wenige Kultstätten nachgewiesen, *keine* davon liegt – abgesehen von den beiden Tempeln in Jerusalem und archäologisch nachgewiesen auf dem Garizim – in den Gebieten der Provinzen Yehûd und Samaria. Häufig lässt sich überhaupt nur aufgrund der Fundkonzentration in Favissae etc. auf ein Heiligtum schließen. In Frage kommen – abgesehen von den Depositorien in *Tel Ṣippor, Tel Ḥalīf* und Marescha in der Schefela – an der Küstenebene *Nebī Yūnis*, Jaffa, *Makmiš, 'Elyāḵīn* und Dor, im Norden *Ǧebel el-Arb'īn/ Miṣpē Yammīm* und Dan und im Süden lediglich der (frühhellenistische?) *solar shrine* in Lachisch. Nimmt man die Bronzen – Apis-Stiere, Osiris-Figuren und Isis-Statuetten – als Indikator für einen kostbaren Votivkult, so kommen – bei vorausgesetzter Spätdatierung in persische Zeit – Aschkelon und im Ostjordan-

---

Yahwism after the Exile. Perspectives on Israelite Religion in the Persian Era (STAR 5), Assen 2003, 186–198, 188–189.

[58]   Nach Fertigstellung dieses Aufsatzes ist die These von *I. de Hulster,* Figurines from Persian period Jerusalem?, in: ZAW 124 (2012), 73–88 publiziert worden, der die 51 Fragmente der Shiloh-Grabung in Jerusalem in die Perserzeit herabdatiert und so zu einem hohen Anteil persischer Figurinen in Jerusalem und einem starken Kontinuitätsargument kommt: »the number of figurines discovered in the Persian stratum is higher than in most excavations outside Jerusalem« (83). Die These ist komplex, bietet eine Reihe von Angriffsflächen und bedürfte einer ausführlichen Auseinandersetzung, die hier nicht geleistet werden kann. Die Fragmente aus der Davidsstadt werden daher hier und im Folgenden nicht einbezogen.

[59]   Nach Schmitt sei es gut möglich, »daß Figurinen auch im perserzeitlichen Palästina für Liebeszauber und Abwehrrituale, aber auch im Schadenszauber Verwendung fanden« (*R. Schmitt,* a. a. O. [Anm. 57], 197). Dafür gibt es allerdings aus Palästina keinerlei belastbare Anhaltspunkte.

[60]   *Jens Kamlah,* Zwei nordpalästinische »Heiligtümer« der persischen Zeit und ihre epigraphischen Funde, in: ZDPV 115,2 (1999), 163–190.

land *Tell Dēr 'Allā*, hinzu. Dass aufgrund der *einen* Statuette in der Weinkellerei in Gibeon/*el-Ǧib* ein Heiligtum anzunehmen sein könnte, ist – trotz der Osiris-Funde in Dan und *Miṣpē Yammīm* (hellenistisch) wenig wahrscheinlich, zumal Osiris-Figurinen in der südlichen Levante häufig gefunden wurden und Osiris im Neuen Reich »gelegentlich mit Reben und Wein in Zusammenhang gebracht«[61] wurde.

Wie dem auch sei – bisher gibt es keine Anzeichen für ein Heiligtum auf dem Gebiet der Provinzen Samaria und Yehûd, die einen Votivkult mit Figurinen erwarten lassen würden (einzige unsichere Ausnahme Gibeon/*el-Ǧib*). Mit der funktionalen Interpretation persischer Figurinen als Votive ist aber zugleich eine Differenz zu der Masse der Pfeilerfigurinen in Juda im 9./8. Jh. v. Chr. beschrieben, die – wenn überhaupt – dann nur vereinzelt als Votive Verwendung fanden und mit wenigen Ausnahmen (mit je eigenen Problemen etwa Höhle 1 in Jerusalem oder der Palast *Rāmat Rāḥēl/Ḥirbet Ṣāliḥ*) nicht in *Favissae* deponiert wurden.[62]

Ist es unter dieser Voraussetzung methodisch überhaupt zulässig, die weiblichen Terrakottafigurinen quasi zum Leitmedium des Monotheismus zu erheben? Zu große Lasten sollte man m. E. diesem Argument nicht aufbürden und zwar aus einem einfachen Grund: Für das 8./7. Jh. v. Chr. ist auffallend, wie stark sich die Verteilung der Judean-Pillar-Figurines mit dem Verwendungsgebiet der *lmlk*-Stempelabdrücke deckt. Den nahezu inzwischen 1000 Figurinen und Figurinenfragmenten aus dem Kerngebiet Judas stehen nicht einmal zwei Dutzend gleich gestaltete Figurinen gegenüber, die außerhalb dieses Gebietes gefunden worden wären. Aus dem Gebiet des Nordreiches stammen lediglich neun Figurinen.[63] Auch wenn eine sichere Identifikation nicht möglich ist, stehen die Pfeilerfigurinen am wahrscheinlichsten mit der Verehrung der Göttin Aschera in Verbindung, doch wird man aus der Fundverteilung gerade *nicht* schließen dürfen, dass Aschera in Israel vor und nach dem Untergang des nördlichen Staates *nicht* oder nur marginal verehrt worden wäre und YHWHs Partnerin dort Anat, Astarte oder sonst wie geheißen hätte. Dagegen spricht neben dem biblischen Befund (z. B. 1 Kön 13,6) der epigraphische aus *Kuntilet 'Aǧrūd* (9. Jh. v. Chr.), in

---

[61]   *O. Keel / C. Uehlinger*, a. a. O. (Anm. 48), 493.

[62]   Zum Befund s. *R. Kletter*, The Judean Pillar-Figurines and the Archaeology of Asherah (British Archaeological Reports. International Series 636), Oxford 1996 und ergänzend *I. D. Wilson*, Judean Pillar Figurines and Ethnic Identity in the Shadow of Assyria, in: JSOT 36 (2012), 259–278, insb. 261–268.

[63]   Hier greife ich auf die Überprüfung des Befundes bei Kletter durch *K. Pyschny*, Die sog. Judean Pillar Figurines. Typologie, Ikonographie, Distribution und Interpretation (M.A.-Arbeit Ruhr-Universität Bochum 2010, unveröffentlicht) zurück. Vgl. ferner *D. T. Sugimoto*, Female Figurines with a Disk from the Southern Levant and the Formation of Monotheism, Tokyo 2008, 153–162.

dem von YHWH von Samaria und *seiner* Aschera die Rede ist. Offenbar also zeigen die Figurinen in Juda eine Verehrung Ascheras an, ihr Fehlen in Israel darf aber nicht mit dem Fehlen der Verehrung dieser Göttin gleichgesetzt werden. Übertragen auf die Perserzeit bedeutet das, dass das *argumentum ex silentio* nur begrenzt tragfähig ist.

Auch bei den männlichen Figurinen zeigt sich, dass Ephraim Stern für die vorexilische und die persische Zeit mit zweierlei Maß misst. Für die männlichen Figurinen des 8. und 7. Jh.s v. Chr. aus Juda wird von Stern erstaunlicherweise in Betracht gezogen, dass sie YHWH repräsentiert haben könnten. »Which Judean deities are represented by these clay figurines? We may only guess. They might represent one of the foreign deities whose cult was also practiced in Jerusalem, perhaps that of the Phoenician god Ba'al. But, it is also possible, that they are pagan representations of the national Judean god, Yahweh and his consort Ashtart or Asherah, for all these figurines – as we have seen – are Judean and only Judean«[64]. Das soll hingegen bei den persischen Figurinen nicht mehr in Betracht kommen, weil diese – anders als die Pferd- und -Reiterterrakotten der Eisen IIB-C – keine spezifisch judäische Prägung aufweisen. Persische Reiterterrakotten bzw. Fragmente davon gibt es auf dem Gebiet der Provinz Yehûds relativ häufig, nämlich aus Mizpa/*Tell en-Naṣbe, Rāmat Rāḥēl/Ḥirbet Ṣāliḥ*, En-Gedi, Gibeon/*el-Ǧib*, Jerusalem und Jericho. Bei Stern werden diese Exemplare, die er nicht im Einzelnen aufführt, pauschal der phönizischen Koine zugeordnet, während die judäischen Exemplare eine »stylistic uniqueness«, nämlich die sog. *pinched nose*-Gesichter haben.[65] Bei der Unsicherheit der Zuordnung der Figurinen ist aber sehr fraglich, ob dieser klare Schnitt gezogen und eine lokale Interpretation ausgeschlossen werden kann. Müsste also nicht für die persischen Reiterterrakotten dieselbe Vermutung gelten wie für die judäischen, nämlich dass auch sie vielleicht den Gott YHWH dargestellt haben könnten? Ich möchte diese Frage hier nicht in dieser Richtung entscheiden, sondern lediglich darauf aufmerksam machen, dass der Befund der Perserzeit bei Ephraim Stern (und anderen) mit ganz anderen Maßstäben – nämlich letztlich vor dem Hintergrund des präsumierten Monotheismus – wahrgenommen wird. Das lässt sich auch noch an einem anderen Beispiel deutlich machen: Die Vorstellung einer von allem »Paganen« purifizierten YHWH-Religion der Gola, die von den Rückkehrern durchgesetzt wurde, bestimmt bei Ephraim Stern (und denen, die seiner Grundthese folgen) auch die Wahrnehmung *regionaler* Unterschiede. Hier wäre auf die aramäisch sprechenden Yehûdim des Yahô-Tempels in Elephantine abzuheben, für die im ausgehenden 5. Jh. v. Chr. der Monotheismus offenbar keine vergleichbare Identitätsfunktion hat, wenn sie ausweislich einer Steuerliste

---

[64] *E. Stern,* Gods (Anm. 33), 400.

[65] Vgl. *E. Stern,* Religion (Anm. 33), 252.

Ašim-Bethel, Anat-Bethel neben YHWH und Anat-Yahô als Partnerin YHWHs verehren.[66] Daran hatten offensichtlich auch weder die Offiziellen in Jerusalem noch in Samaria etwas auszusetzen.[67] Der Grad der Pluralität in Jeb scheint zumindest toleriert und nicht als deviant, transgressiv, heterodox o. ä. gewertet worden zu sein. Nun ist die Situation in der Militärkolonie für die Wahrnehmung des nachexilischen Judentums zwar hoch bedeutsam, aber nicht unbedingt vergleichbar mit Yehûd und Samaria. Die beiden Provinzen werden von Stern ganz bewusst gleichgeschaltet und klar von den Nachbarprovinzen abgegrenzt. Dass die Westgrenze der Provinz Yehûd etwa in der Zugehörigkeit des deutlich pluralistischeren Geser unklar bleibt oder die Rolle von En-Gedi im Südosten offen ist, vor allem aber die Frage des Status der südlichen Schefela und des Negev bis zur Errichtung der Provinz Idumäa (also kurz gesagt die Rolle von Lachisch) keinesfalls eindeutig ist, kann hier nur angerissen werden.[68] Zumindest ist vor diesem Horizont bemerkenswert, dass YHWH in Lachisch in dem theophoren Personennamen מחליה *Maḥaliyāh* auf einem der Räucheraltärchen auftaucht.[69] Wenn es dort – sei es im spätpersischen/frühhellenistischen sog. »solar shrine« oder in der perserzeitlichen Residenz – auch YHWH-Verehrer gegeben hat, ist kaum auszuschließen, dass diese sich selbst weit pluraler gaben und weniger absetzten wie vielleicht Führungspersonen in Jerusalem. Je näher dann Lachisch an die Provinz Yehûd heranrückt, desto mehr gerät die Einschätzung eines »von allem Paganen gereinigten Monotheismus« ins Wanken.

---

[66]   Zu der Petition s. *M. Weippert,* Historisches Textbuch zum Alten Testament (ATD Ergänzungsreihe 10), Göttingen 2010, 284–287, zu der Steuerliste ebd., 288 und zu Anat Yahô AP 44/TAD 3.3,1. Weippert unterstreicht in HTAT noch einmal seine Auffassung, dass es sich bei YHW und Bethel um Wechselnamen gehandelt habe und so auch in der Steuerliste die Gemahlin YHWs aufgeführt wird (s. ebd., 478). Zur Diskussion vor allem *B. Becking,* Die Gottheiten der Juden in Elephantine, in: *M. Oeming / K. Schmid (Hg.),* Der eine Gott und die Götter. Polytheismus und Monotheismus im antiken Israel (AThANT 82), Zürich 2003, 203–226; *A. Joisten-Pruschke,* Das religiöse Leben der Juden von Elephantine in der Achämenidenzeit (Göttinger Orientforschung. Iranica NF 2), Wiesbaden 2008.

[67]   Allerdings bleibt bemerkenswert, dass in der Petition nur um die Erlaubnis zur Errichtung des Yahô-Tempels gebeten wird und die Partnerin YHWs dort *nicht* erwähnt wird.

[68]   Vgl. zur Diskussion *D. Edelman,* The Origins of the ›Second‹ Temple. Persian Imperial Policy and the Rebuilding of Jerusalem, Oxford 2005, 209–280; *dies.,* Apples and oranges. Textual and archaeological evidence for reconstructing the history of Yehud in the Persian period, in: *M. Nissinen (Hg.),* Congress Volume Helsinki 2010 (VT.S 148), Leiden 2012, 133–144; sowie *Y. Levin,* The Southern Frontier of Judah and the Creation of Idumea, in: *Y. Levine (Hg.),* A Time of Change. Judah and Its Neighbours in the Persian and Early Hellenistic Period (Library of Second Temple Studies 65), London 2007; *A. Kloner / I. Stern,* Idumea in the late Persian period (fourth century B.C.E.), in: *O. Lipschits / G. N. Knoppers (Hg.),* Judah and the Judeans in the fourth century B.C.E., Winona Lake, Ind. 2007, 139–144.

[69]   S. dazu in den Ausgrabungspublikationen Lachish III, Pl. 49,3, Lachish V, Plate 7,1–2.

Dass man jedenfalls auch das Idumäa des 4. Jh.s v. Chr. keinesfalls zur YHWH-freien Zone erklären kann, ist spätestens seit dem von André Lemaire publizierten Ostrakon 283 bekannt, das vermutlich – wie die übrigen etwa 1600 inzwischen bekannten aramäischen Ostraka aus Idumäa – aus dem Verwaltungszentrum in Makkeda/*Ḥirbet el-Kōm* stammt. Dort wird neben dem Tempel der edomitischen Göttin ʿUzzā (BYT ʿZ') und dem weniger sicheren Tempel des babylonischen Gottes Nabu (*BYT K/NBD/R/W*) auch ein klar zu lesender Tempel YHWHs (BYT YHW) erwähnt.[70] Auch das zeigt deutlich an, dass sich die YHWH-Religion vielleicht zwar regional in Jerusalem und auf dem Garizim konzentrierte, jedoch nicht darauf beschränkte. Zwar darf man ebenso wenig von dem offensichtlich polytheistischen Rahmen in Elephantine und in Idumäa auf einen höheren Grad an Pluralität in Yehûd und Samaria schließen, doch scheint demgegenüber eine geradlinige Differenzierung zwischen orthodoxem und heterodoxem Judentum in der Provinz Yehûd ebenso problematisch.

Insbesondere in Bezug auf die regionalen Besonderheiten ist die Lage doch weit komplexer als es in der einfachen These Sterns scheint, wo Yehûd und Samaria in religiöser Hinsicht vollständig parallel konstruiert werden. In Bezug auf Samaria hat sich die Befundlage inzwischen allerdings dramatisch gewandelt. In seinen jüngeren Veröffentlichungen geht Stern daher auf die veränderte Fundlage bezüglich des samarischen bzw. samaritanischen Heiligtums auf dem Garizim ein. Die Ausgrabungen von Yizhaq Magen haben bestätigt, dass die erste archäologisch nachweisbare Anlage nicht wie früher angenommen erst aus hellenistischer Zeit stammt, sondern bereits in persischer Zeit ein Heiligtum existierte.[71] An dessen epigraphisch bezeugter Existenz[72] und dessen durch Münzfunde gesicherter Datierung Ende 5./Anfang 4. Jh. v. Chr. bleiben wenig Zweifel, auch wenn der Grundriss des eigentlichen Tempelgebäudes vollständig rekonstruiert ist. Stern geht auf die Frage der Gründung dieses Heiligtums nicht ein, sondern hält 2010 lediglich fest, dass die Errichtung *nach* der Durchsetzung des Monotheismus erfolgt sei, weil ja auch in Samaria keine Figurinen gefunden wurden.[73]

---

[70]   Vgl. *A. Lemaire*, Collections Moussaïeff, Jeselsohn, Welch et divers. Vol. 2 of Nouvelles inscriptions araméennes d'Idumée. Supplément à Transeuphratène, Paris 2002, 149–156; *ders.*, New Aramaic Ostraca from Idumea, in: *O. Lipschits / M. Oeming (Hg.)*, Judah and the Judeans in the Persian period, Winona Lake 2006, 409–452, 412–413.

[71]   Vgl. *Y. Magen*, The dating of the first phase of the Samaritan temple on Mount Gerizim in light of the archaeological evidence, in: *O. Lipschits / G. N. Knoppers (Hg.)*, Judah and the Judeans in the fourth century B.C.E., Winona Lake, Ind. 2007, 157–211.

[72]   Vgl. *Y. Magen / L. Tsfania / H. Misgav,* Mount Gerizim Excavations I: The Aramaic, Hebrew and Samaritan inscriptions, Jerusalem 2004, 131, no. 14.

[73]   Vgl. *E. Stern*, Gods (Anm. 33), 401 f.

Zwar gibt es im Gebiet der Provinz Samaria in der Tat keinen größeren Bestand an Figurinen, doch fällt auf, dass die ikonographische Entwicklung im 5./4. Jh. v. Chr. keinesfalls parallel zu Yehûd verläuft. Samaria ist weit internationaler, es spiegelt deutlicher phönizische wie griechische Einflüsse. Das lässt sich an den Siegelabdrücken aus dem *Wādi ed-Dāliye* und den Münzprägungen ablesen. Die über 70 Bullen stammen von den Samaria-Papyri, die zwischen 375 und 335 v. Chr. datieren.[74] Die in den feuchten Ton gedrückten Siegel zeigen neben persischer Ikonographie (Mischwesen, der königliche Held im Kampf mit einem Löwen) Tierdarstellungen (darunter wie selbstverständlich zwei [Wild-] Schweine WD 23?, 45), vor allem griechische Motive, darunter mehrfach Herakles (WD 11C, 39, 42), Perseus (WD 32?, 54, 56?), Hermes (WD 14, WD 49?), Nike (WD 46 und vielleicht I.3.22B), einen Satyr (WD 2, 16B, 21B, 51) sowie Darstellungen nackter Männer. Das alles zeigt zwar nicht zwingend auch die Verehrung der abgebildeten griechischen Götter an, macht aber deutlich, dass das gut entwickelte und wirtschaftlich deutlich internationaler aufgestellte Samaria kulturell nicht völlig homogen war und sich erst recht nicht parallel zu dem – wie in den Jahrhunderten zuvor – eher zurückgebliebenen Yehûd entwickelte.

Offenbar hatte man so auch von offizieller Seite aus keinerlei Probleme, das auch in den Münzprägungen zum Ausdruck zu bringen. Die samarischen Münzprägungen starten je nach Ansatz zwischen 375 und 360 v. Chr. und enden 333 v. Chr., spätestens aber 331 v. Chr., wenn Samaria griechische Kolonie wird. »Die Bilderwelt der Münzen von Samaria ist reich und vielfältig, aber völlig abhängig von fremden Vorbildern und stark auf Persien ausgerichtet«[75], schreibt Leo Mildenberg als einer der besten Kenner der früher als philisto-arabische Münzen einsortierten samarischen Münzen. Damit gilt für sie etwa das gleiche wie für die Siegeldarstellungen, was Stephen N. Gerson so ausdrückt: »I posit that the sensibility and vision of Judea was more ›inward,‹ interior and conservative while that of Samaria was to look ›outward‹ during this period«[76]. Die unglaublich variantenreichen lokalen Prägungen (Drachme, Obol,

---

[74] Vgl. *M.J.W.Leith*, Wadi Daliyeh I. The Wadi Daliyeh seal impressions (DJD 24), Oxford 1997 und jetzt auch *O.Keel*, Corpus der Stempelsiegel-Amulette aus Palästina/Israel. Von den Anfängen bis zur Perserzeit, Bd. 2: Von Bahan bis Tel Eton (OBO.SA 29), Göttingen/Fribourg 2010, 340–379. Die Stücke werden hier nach Leith angegeben.

[75] *L.Mildenberg*, Über die Münzbildnisse in Palästina und Nordwestarabien zur Perserzeit, in: *C.Uehlinger (Hg.)*, Images as media. Sources for the cultural history of the Ancient Near East and the Eastern Mediterranean (1st millennium BCE) (OBO 175), Göttingen/Fribourg 2000, 375–391, 386.

[76] *S.N.Gerson*, Fractional coins of Judea and Samaria in the Fourth Century BCE, in: NEA 64 (2001), 106–121, 119. S. jetzt auch *I.Cornelius*, »A tale of two cities«. The visual imagery of Yehud and Samaria, and identity/self-understanding in Persian-period Palestine, in: *L.Jonker (Hg.)*, Texts, contexts and readings in postexilic literature. Explorations into historiogra-

Hemibol, Viertelbol) der Provinz Samaria zeigen Nachahmungen persischer, kilikischer, phönizischer und athenischer Prototypen. Es finden sich (sogar einmal inschriftlich genannt MQ 114) Zeus, Herakles (MQ 41, 83, 85, 93, 94, 139 [v. auch 154, 186-191]), Aphrodite (MQ 33, 44, 91, 92-94, 177, 182-184), Arethusa (MQ 168), Poseidon (MQ 114-119), vielleicht auch Ahura-Mazda (MQ 84.100.124)[77] und der Baal von Tarsus (MQ 37.178). Stark ist auch der ägyptische Bes vertreten, der ein beliebtes Motiv auf philistäischen und phönizischen Münzen darstellt (MQ 16, 53, 54, 120, 152, 153, 157, 158, 170, 179, 180), hingegen aber ebenso wie die anderen in Yehûd nicht belegt ist. Für Bes ist das besonders auffallend, weil er in der Eisen II-Zeit sich auch in Juda größerer Beliebtheit erfreute. Ob die samarische Münze MQ 45 aus dem »Nablus hoard« Spuren einer samarischen Göttinnenverehrung bezeugt, kann hier dahingestellt bleiben, aber es ist deutlich erkennbar, dass sich Samaria im Motivrepertoire ganz anders aufstellt als Yehûd, von dem vergleichbare Münzen fehlen und Motive jenseits von Eule, Lilie und wenigen Mischwesen ausgesprochen selten sind. »However, I would conclude by positing that the comfort the Samarians felt with powerful, intense, non-Jewish religious symbols such as the sun disc, the Persian fire altar, the Egyptian *ankh*, and gods such as Ahura Mazda, Zeus, Heracles, Bes, and the ›temple boy,‹ indicates a substantial difference in their religious outlooks during this period«[78].

Wie lässt sich die Differenz in den Münzbildern, die den religiös gleichgeschalteten YHWH-Provinzen der einfachen These Sterns widerspricht, erklären? Ökonomische Gründe für den Internationalisierungsschub in den samarischen Münzbildern sind weit wahrscheinlicher als religiöse Programmatik. Schon in vorexilischer Zeit hat sich Samaria bekanntermaßen mit einem Entwicklungsvorsprung von etwa einem Jahrhundert gegenüber Juda entwickelt, auch wenn die Bibel uns das genau anders herum darstellt. Die Yahwismen in Juda und Samaria sind zwar wahrscheinlich weit mehr kommunizierende Röhren gewesen als man das gewöhnlich wahrhaben will, und man wird eher von interdependenter Formation als von Parallelentwicklung reden müssen, aber dennoch sind beide Entwicklungen abhängig von äußeren Bedingungen, politischen und öko-

---

phy and identity negotiation in Hebrew Bible and related texts (FAT II 53), Tübingen 2011, 213-237.

[77] Sehr unsicher *Y. Meshorer / S. Qedar,* Samarian Coinage (Numismatic Studies and Researches 9), Jerusalem 1999, 52: »To a certain extent, it can be said that this figure is a mixture of a Persian king and a bird, a combination that is new in the iconography of the time«. Zuversichtlicher *S. N. Gerson,* a. a. O. (Anm. 76), 109; *L. Mildenberg, yĕhūd* und *šmryn.* Über das Geld der persischen Provinzen Juda und Samaria im 4. Jahrhundert, in: *H. Lichtenberger / H. Cancik / P. Schäfer,* Geschichte – Tradition – Reflexion, FS. M. Hengel, Bd. 1: Judentum, Tübingen 1996, 119-138, 127.

[78] *S. N. Gerson,* a. a. O. (Anm. 76), 111.

nomischen Strukturen etc. Es gibt jedenfalls keine belastbaren Anhaltspunkte für die These, Juda und Samaria wären durch eine monotheisierende Tendenz religionspolitisch »gleichgeschaltet« gewesen. Gleiches gilt für die gegenteilige Annahme, dass eine monotheistische Revolution nur in Yehûd stattgefunden hätte. Wie unsicher die Deutung Sterns ist, zeigt die diametrale Umkehrung seiner Deutungsrichtung bei Y. Meshorer und S. Qedar. Die spekulieren in ihrem Buch darüber, dass es nicht nur eine ausgedehnte YHWH-Ikonographie in Samaria gab, sondern auch dass das Bilderverbot wenig galt.[79] D. h. die Autoren konstruieren einen devianten samarischen Yahwismus und demgegenüber eine solipsistische YHWH-Orthodoxie in Jerusalem. Damit dürften sie nicht weniger falsch liegen.

5 PLURALISTISCHE PARALLAXE MIT INSULAREN MONOTHEISMEN – SCHLUSS

Der Überblick zur Frage des nachexilischen Monotheismus bleibt unvollständig. Vieles, vor allem aus dem letzten Kapitel, wäre ausführlicher zu diskutieren. Dennoch ergeben sich einige Linien zum Verhältnis von nachexilischem Monotheismus und materieller Kultur der Perserzeit, die zum Abschluss in wenigen Sätzen thesenhaft zusammengefasst werden sollen:

1. Die mehr oder minder revolutionäre Rekonstruktion der Geschichte des Monotheismus, die in klaren voneinander zu unterscheidenden Phasen operiert, indem sie einem vorexilischen polytheistischen oder monolatrischen Pluralismus einen reinen exilisch-nachexilischen Monotheismus gegenüberstellt, ist sowohl konzeptionell als auch von der Sache her unzutreffend. Die Religionsgeschichtsschreibung in nachexilischer Zeit hat ein ›monotheistisches Bias‹, das von der Bewertung der geistesgeschichtlichen Leistung des Monotheismus herrührt und deshalb dazu neigt, den Durchbruch des Monotheismus in exilisch-frühnachexilischer Literatur absolut und mit einem philosophischen Monotheismus gleichzusetzen.

2. Die enge Verbindung der Durchsetzung des Monotheismus mit den Interessen der Gola und deren theologischer Reflexion in der Diasporasituation entspringt vordergründig der Konstruktion eines theologischen Kontinuitätsbruchs, der außerhalb des Landes im Exil entwickelt wurde. Die Annahme ist daher abhängig von der historischen Zuverlässigkeit der Exilskonstruktion, die in der jüngeren historischen Forschung in Frage gestellt wurde. Neben erkennbare Diskontinuitäten treten aber Kontinuitäten sowohl in sozialer, kultureller und religiöser Hinsicht. Neben das Exilsparadigma tritt die Vorstel-

---

[79] Vgl. *Y. Meshorer / S. Qedar*, a. a. O. (Anm. 77), 37 f.

lung von scharfen und letztlich kontrollierten politischen Grenzen, die identisch mit religiösen Grenzen gewesen sind. Diese Vorstellung ist ebenso eine Fiktion wie die Annahme eines ausschließlich von einer Jerusalemer Orthodoxie dominierten hierokratisch organisierten Judentums.

3. Dabei ist insgesamt der Befund der materiellen Kultur keinesfalls so eindeutig wie E. Stern dies darstellt. Zunächst ist *grosso modo* zuzugestehen, dass die Einschätzung Sterns in der Tendenz zutrifft, selbst wenn es das eine oder andere Einzelstück in den Grenzen der Provinzen Samaria und Yehûd geben sollte. Es gibt eine in der materiellen Kultur beobachtbare Differenz vor allem von Yehûd zu seinen Nachbarprovinzen. Aber schon in Bezug auf Samaria geht die Lage vor allem im 4. Jh. v. Chr. nicht in dieser Feststellung auf. Zudem ist danach zu fragen, inwieweit a) der Befund einer Differenz signifikant ist und als Lackmus-Test für den revolutionären Gola-Monotheismus taugt und b) ob neben religiösen nicht andere Faktoren – besonders politische ökonomische, vielleicht aber auch soziale – für die Entwicklung verantwortlich gemacht werden können.

4. Jedenfalls ist aus dem materiellen Befund der Perserzeit das Handeln einer vom Zentrum in die Peripherie wirkenden, insgesamt intoleranten Orthodoxie *nicht* zu erheben. Entscheidend ist, dass das Gesamtbild der Formationsphase des frühen Judentums nicht mit dem biblisch gespiegelten und von der hierokratischen Elite in Jerusalem bestimmten Bild des frühnachexilischen Judentums gleichgesetzt wird, sondern *auch* Elephantine und das ägyptische Diasporajudentum, das südliche Juda bzw. Idumäa und die westliche Schefela in die Rekonstruktion einbezogen werden. Die Blicke auf Samaria und die mit Yehûd verschränkte Entwicklung weiten ebenfalls den Blick. Die Wertung eines größeren Pluralismus als Heterodoxie entspringt hingegen dem Bild eines im Grundsatz einheitlichen Yahwismus, das der Befund aber nicht gleichermaßen spiegelt.

5. Der Aussagewert der Kleingattungen wie Figurinen, Siegeln und Münzen, aber auch Inschriften für die religiöse *Entwicklung* bleibt begrenzt. Diese Einsicht gilt zunächst schwerpunktmäßig für die Perserzeit, hat aber methodische Konsequenzen für die Religionsgeschichtsschreibung als Ganze. Einer enthusiastischen Phase ikonographischer Religionsgeschichtsschreibung, in der Bildern zu Recht zu ihrem Recht verholfen wurde, müsste nun noch einmal eine stärker methodisch reflektierte Diskussion folgen. Wie der Blick auf die Perserzeit zeigt, ist insbesondere den unterschiedlichen *argumenta ex silentio* – dem Fehlen von Terrakotten, von bestimmten ikonographischen Motiven auf Siegeln und Münzen, von archäologisch nachgewiesenen Heiligtümern etc. – mit Skepsis zu begegnen. Sicher liegt das Heil ebenso wenig in einem methodisch begründeten *ignoramus*, doch könnte der Religionsgeschichtsschreibung neben dem Eingeständnis des Konstruktionscharakters die methodische Metareflexion keinesfalls schaden.

6. Der regionalen Differenzierung ist in Zukunft größere Aufmerksamkeit zu widmen. Juda und Samaria bezeugen beide die nachexilische YHWH-Religion, beide sind aber weder vollständig parallel noch einfach konkurrierende Orthodoxien. Gerade in Bezug auf Samaria hat sich die Lage nicht nur durch die Frühdatierung des Tempels auf dem Garizim, sondern *auch* durch die Infragestellung der These von einer Reichsteilung im 10. Jh. verändert. Das wäre noch einmal eine eigene Reflexion wert. Jedenfalls ist die religiöse Eigenentwicklung des samarischen Yahwismus und samaritanischen Judentums nicht durch das Paradigma einer Religionsspaltung resp. eines Schismas ausreichend erklärt. Hier wird die künftige Forschung besonderes Augenmerk auf die Verschränkung von interdependenter Formation und gleichzeitig disparater Entwicklung von Yehûd und Samaria im 6. und 5. Jh. zu legen haben. In Bezug auf den Monotheismus jedenfalls scheinen sich Juda und Samaria nicht völlig gleich entwickelt zu haben. Juda und Samaria bilden keine simultane Exklusivität aus, aber auch keine exklusive Simultaneität ab. Denn neben Juda und Samaria gab es regionale Yahwismen in Elephantine, in Lachisch, in »Makedah«, in *Tell Yahûdiye* [Leontopolis] und *āl-Jāḥdudu* und wohl auch noch einige mehr. Das Bild der Formation des nachexilischen Judentums ist weit komplexer als dass es in der Trias Monotheismus, Beschneidung, Sabbat oder der zentripetalen Kraft der Tora aufgehen würde.

7. Die zu Anfang gestellte Frage, ob die nachexilische YHWH-Religion monotheistisch war, ist also nicht nur falsch gestellt, sondern auch nicht beantwortbar, weil es *die eine* YHWH-Religion nicht gibt. Es gibt nicht den einen Monotheismus, der sich in der Exilszeit entwickelt und dann in der nachexilischen Zeit mit zunehmender Intoleranz gegenüber anderen Religionen und vor allem religiösem Pluralismus durchgesetzt hätte. Das, was Burkhard Gladigow als »Insularität« des Monotheismus beschrieben hat und was häufig unter der Klassifizierung »inklusiver Monotheismus« geführt wird,[80] trifft die plurale Situation der nachexilischen Yahwismen und Judaismen besser als die behauptete Exklusivität YHWHs im nachexilischen Frühjudentum.

8. Die Religionsgeschichte Yehûds, Samarias und die Geschichte der Yahwe-Religion in persischer und frühhellenistischer Zeit muss erst noch geschrieben werden. Das gilt sowohl für die detaillierte Auswertung der materiellen Zeugnisse als auch für den biblischen Befund. Die Spitzentexte bei Deuterojesaja sind viel, aber nicht alles. Das Fehlen der Figurinen ist viel, aber nicht alles.

---

[80] Vgl. *B. Gladigow*, Polytheismus und Monotheismus. Zur historischen Dynamik einer europäischen Alternative, in: *M. Krebernik / J. van Oorschot (Hg.)*, Polytheismus und Monotheismus in den Religionen des Vorderen Orients (AOAT 298), Münster 2002, 3–20, 12; *ders.*, Polytheismus. Akzente, Perspektiven und Optionen der Forschung, in: ZfR 5 (1997), 59–77, 70.

HEILIGKEIT UND REINHEIT IM BUCH LEVITICUS

Marianne Grohmann

1 VORBEMERKUNGEN

Mit dem priesterlichen Ordnungssystem קדשׁ (*heilig*) – חל (*profan*) und טהר (*rein*) – טמא (*unrein*),[1] wie es im Buch Leviticus entfaltet wird, werden Facetten JHWHs und seiner Beziehung zum Volk Israel beschrieben. Das alttestamentliche Verständnis von »Heiligkeit« ist eng mit dem Anspruch der Alleinverehrung JHWHs verbunden: »only God is holy, this holiness is capable of being radiated toward objects, places and times.«[2] Die Grenzziehungen zwischen קדשׁ (*heilig*) und חל (*profan*) sowie zwischen טהר (*rein*) und טמא (*unrein*) haben Relevanz für die Frage der Abgrenzung der JHWH-Religion von anderen Göttern, sog. »Götzen«, Götterbildern und religiösen Praktiken in ihrem Umfeld. Reinheit, die der Heiligkeit Gottes korrespondiert, ist die zentrale Ordnungskategorie in der exilisch-nachexilischen Priesterschrift.[3]

Das Vokabular rund um Heiligkeit und Reinheit ist beiden Teilen des Buches Leviticus – Lev 1–16 und 17–26 – gemeinsam.[4] Die Unterscheidung zwischen טהר (*rein*) und טמא (*unrein*) spielt im ersten Teil eine wichtigere Rolle als im zwei-

---

[1] Jede Übersetzung hat andere Konnotationen als die hebräischen Termini und ist daher nur als Annäherung zu verstehen. Im Hebräischen wird *unrein* nicht wie im Deutschen mit der Verneinung eines positiven Begriffs ausgedrückt, sondern טהר (*rein*) und טמא (*unrein*) sind zwei unterschiedliche Termini, die zwei einander ausschließende Zustände beschreiben.

[2] *M. Poorthuis*, Rudolph Otto Revisited: Numinosity Vis-à-Vis Rabbinic, Patristic and Gnostic Interpretations of Scripture, in: *Ders. / J. Schwartz (Hg.)*, Purity and Holiness. The Heritage of Leviticus (Jewish and Christian Perspectives Series 2), Leiden et al. 2000, 107–127: 109.

[3] Vgl. *T. Podella*, Art. »Reinheit II. Altes Testament«, in: TRE, Bd. 28, Berlin / New York 1997, 477–483: 478.

[4] Vgl. *R. A. Kugler*, Holiness, Purity, the Body, and Society. The Evidence for Theological Conflict in Leviticus, in: JSOT 76 (1997) 3–27: 9.

ten. Der markanteste Unterschied ist, dass die von JHWH ausgehende Heiligkeit in Lev 1–16 auf den Tempel sowie Personen und Dinge in seinem Umfeld begrenzt ist, während sie in Lev 17–26 auf das gesamte Volk ausgeweitet wird. Die für priesterliche Theologie zentrale Forderung nach Heiligkeit geht über kultische Angelegenheiten hinaus und umfasst das gesamte Alltagsleben. In der Komposition des Buches Leviticus liegt der Schwerpunkt in den Kapiteln 11–15 auf dem Thema Un-/Reinheit, in Lev 17–26, dem »Heiligkeitsgesetz« auf der Heiligkeit: Die Heiligkeit Gottes und die ihr entsprechende Heiligung des Volkes Israel sind zentrale Themen. Die unterschiedlichen Akzentsetzungen geben Anlass zu verschiedenen literarkritischen Erklärungsmodellen, auf die hier nicht eingegangen werden kann.[5] Auch wenn das sog. »Heiligkeitsgesetz« ein eigenständiger Rechtskomplex ist, gehört es in den Kontext priesterlicher Schriften.[6] Zwischen H und P besteht ein ergänzendes Verhältnis: »H kommentiert die Regelungen von P und legt – in Form der Kommentierung anderer, vornehmlich juridischer Quellen – die Konzepte von Heiligkeit, Reinheit und Unreinheit neu aus.«[7] Über die literarkritischen Unterscheidungen hinaus bleibt es wichtig, die Lektüre von »Levitikus als Buch«[8] weiter zu verfolgen.

Die Vielfalt der Vorkommen der Termini קדשׁ (heilig) – חל (profan), טהר (rein) – טמא (unrein) im Buch Leviticus lässt sich schwer exakten Begriffsbestimmun-

---

[5]   Weit verbreitet ist eine nachexilische Datierung des sog. »Heiligkeitsgesetzes« Lev 17–26 (vgl. z. B. *F. Maas*, Art. »טהר *ṭhr* rein sein«, in: THAT, Bd. 1, 6. Aufl., München/Gütersloh 2004, 646–652), wenn es überhaupt als eigenständige Größe wahrgenommen wird. *E. Blum*, Studien zur Komposition des Pentateuch (BZAW 189), Berlin / New York 1990, 321–322, sieht in H gar keine eigene Schicht, sondern eine Bearbeitungsschicht innerhalb der Priesterschrift. *E. Otto*, Innerbiblische Exegese im Heiligkeitsgesetz Levitikus 17–26, in: *H.-J. Fabry / H.-W. Jüngling (Hg.)*, Levitikus als Buch (BBB 119), Berlin/Bodenheim b. Mainz 1999, 125–196, beurteilt H als nachpriesterschriftliche Ergänzung zu P. Für eine frühe Datierung von H plädieren *Y. Knohl*, The Sanctuary of Silence. The Priestly Torah and the Holiness School, Minneapolis 1995; *J. Milgrom*, Leviticus 1–16 (AncB 3), New York et al. 1991; *J. Klawans*, Impurity and Sin in Ancient Judaism, Oxford 2000, 22.

[6]   Zur Forschungsgeschichte vgl. *A. Ruwe*, »Heiligkeitsgesetz« und »Priesterschrift«. Literaturgeschichtliche und rechtssystematische Untersuchungen zu Leviticus 17,1–26,2 (FAT 26), Tübingen 1999, 5–35.

[7]   *R. Schmitt*, »Zu unterscheiden zwischen rein und unrein …«. Sakraler und profaner Sprachgebrauch im Buch Leviticus, in: MARG 18, Münster 2006, 121–132: 127.

[8]   Vgl. *Fabry/Jüngling*, Levitikus als Buch. *M. Douglas*, Leviticus as Literature, Oxford / New York 1999, mit ihrem Versuch, Leviticus als Literatur sozialanthropologisch zu lesen und diese unterschiedlichen Teile des Buches zu verbinden, wird v. a. in jüdischer Exegese rezipiert und bemüht sich um eine integrative Lesung des Buches; vgl. *W. J. Houston*, Towards an Integrated Reading of the Dietary Laws of Leviticus, in: *R. Rendtorff / R. A. Kugler (Hg.)*, The Book of Leviticus. Composition and Reception (VT.S 93), Leiden/Boston 2003, 142.

gen und Definitionen zuordnen. Dennoch soll im Folgenden versucht werden, ein paar Grundlinien dieser beiden Gegensatzpaare nachzuzeichnen und sie anhand konkreter und exemplarisch ausgewählter Textbeispiele zu verdeutlichen. Der Beitrag fragt danach, wie das Unterscheidungssystem קדש (*heilig*) – חל (*profan*), טהר (*rein*) – טמא (*unrein*) im Buch Leviticus zur Abgrenzung der JHWH-Religion von anderen Kulten, religiösen Praktiken und Gottheiten eingesetzt wird. Außerdem geht er der Diskussion um die Unterscheidung zwischen kultisch-ritueller und moralisch-ethischer Unreinheit nach.

2 Zur Terminologie קדש (Heilig) – חל (Profan), טהר (Rein) – טמא (Unrein)

In Lev 10,10, einem Kernstück priesterlicher Theologie, finden wir folgende Formulierung: וּלֲהַבְדִּיל בֵּין הַקֹּדֶשׁ וּבֵין הַחֹל וּבֵין הַטָּמֵא וּבֵין הַטָּהוֹר (*zu unterscheiden zwischen dem Heiligen und dem Profanen und zwischen dem Unreinen und dem Reinen*) – lautet in Lev 10,10 einer der Aufträge JHWHs an Aaron als Vertreter der Priester. Das klingt nach einer eindeutigen Definition: Das Gegensatzpaar קדש – חל wird im chiastischen Parallelismus den einander ausschließenden Begriffen טמא – טהר zugeordnet. Im Sinne eines synonymen Parallelismus wären hier *Heiliges* und *Reines* synonym genauso wie *Profanes* und *Unreines*. Das Unterscheiden (בדל *hi.*) der Bereiche ist also eine wichtige Aufgabe der Priester, um die Heiligkeit JHWHs zu bewahren. Auch wenn eine etymologische Ableitung der Wurzel קדש von einer Grundbedeutung *Unterscheiden* nicht eindeutig möglich ist,[9] ist dieser Aspekt häufig im Kontext wichtig, hier ausgedrückt mit der Wurzel בדל. Mit 35 Belegen kommt die Wurzel קדש, die in allen Stammformen sowie mehreren Nominal- und Adjektiv-Bildungen gebräuchlich ist, innerhalb von Lev 17–26 besonders häufig vor.

Personen und Dinge können sich in vier möglichen Zuständen befinden: קדש (*heilig*) – חל (*profan*), טהר (*rein*) – טמא (*unrein*): Reine Dinge können heilig oder profan sein. Profane Dinge können rein oder unrein sein. Aber Heiliges und Unreines sind diametral entgegengesetzt und sollen nicht in Kontakt miteinander kommen.[10] Die Heiligkeit des Gottes Israels soll vor jeder Art von Unreinheit bewahrt werden. Un-/Reinheit sind mögliche Zustände menschlicher körperlicher Existenz, orientiert an Gott und Welt, in Bezug auf Heiligkeit und Alltagsleben.[11]

---

9   Vgl. *Köhler/Baumgartner*, Art. »קדש«, in: HALAT, Bd. 3, 3. Aufl., Leiden et al. 1983, 1003–1005: 1003.

10   Vgl. *Maas*, Art. »טהר *ṭhr* rein sein«, 651; *J. Milgrom*, The Dynamics of Purity in the Priestly System, in: *Poorthuis/Schwartz*, Purity and Holiness, 29–32: 29.

Die Zusammenstellung dieser vier Termini findet sich nur hier und in Ez 44,23, einem Text, der Lev 10,10 offensichtlich voraussetzt.[12] Die Unterscheidung, die in Lev 10,10 nur die Priester betrifft, wird in Ez 44,23 zum Auftrag an die Priester umformuliert, das Volk in dieser Unterscheidung der Bereiche zu unterweisen: וְאֶת־עַמִּי יוֹרוּ בֵּין קֹדֶשׁ לְחֹל וּבֵין־טָמֵא לְטָהוֹר יוֹדִעֻם (*Und sie sollen mein Volk unterweisen zwischen heilig und profan und sie zwischen unrein und rein erkennen lassen*).[13]

Die Tendenz, die Aufgabe der Unterscheidung zwischen Heiligem und Profanem sowie zwischen Rein und Unrein auf das ganze Volk auszuweiten, setzt sich im Judentum der Zeit des Zweiten Tempels fort: Diskutiert wird, ob die Reinheitsgebote nur für den Tempel und die Priester gelten oder für das ganze Volk Israel.[14]

Nach Lev 16,19 hat der Zustand der Unreinheit zwei Gegenbegriffe: Reinheit und Heiligkeit: וְטִהֲרוֹ וְקִדְּשׁוֹ מִטֻּמְאֹת בְּנֵי יִשְׂרָאֵל (*Er reinige ihn und heilige ihn von den Unreinheiten der Kinder Israels*). Reinigung und Heiligung sind Vorgänge, um die rituell-kultische Unreinheit zu beseitigen.[15]

Entsprechende Gebote dienen dazu, die Heiligkeit JHWHs und des Priestertums vor Entweihung zu schützen: die Priester haben mit den Opfergaben ehrfürchtig umzugehen, um JHWH nicht zu entweihen (Lev 22,2.9.15). Das ganze Volk wird vor Handlungen gewarnt, die JHWH entweihen würden: Kinderopfer (Lev 18,21; 20,3); Genießen des Opferfleisches am dritten Tag nach der Zeremonie oder danach (Lev 19,8); falsches Schwören (Lev 19,12) oder Missachtung der Gebote (Lev 22,32).[16] Schwerpunkte des Vorkommens der Wurzel חלל sind neben dem Heiligkeitsgesetz (16x) das Buch Ezechiel (31x).[17] חל (profan) lässt sich nicht mit unserem heutigen Verständnis von »säkular« vergleichen. Eine Übersetzung mit »entweiht« ist wohl angemessener.[18] Z. B. in Lev 19,2–3 geht es um die Heiligung in allen Lebensbereichen: Sie beginnt mit der Achtung vor

---

[11]   Vgl. *M. Poorthuis / J. Schwartz*, Purity and Holiness: an Introductory Survey, in: *Dies.*, Purity and Holiness, 3–26: 7.

[12]   Vgl. *Milgrom*, Leviticus 1–16, 615.

[13]   In Ez 22,26 wird dasselbe doppelte Gegensatzpaar ex negativo als nicht erfüllte Aufgabe der Priester genannt; zum Ezechiel-Kontext vgl. *W. Zimmerli*, Ezechiel (BKAT 13/1), 2. Aufl., Neukirchen-Vluyn 1979, 524–525.

[14]   Vgl. *Klawans*, Impurity and Sin, 7.

[15]   Kontext sind hier Reinigungsrituale am Jom Kippur, auf die hier nicht weiter eingegangen werden kann.

[16]   Vgl. *F. Maas*, Art. »חלל *ḥll pi.*, entweihen«, in: THAT, Bd. 1, 6. Aufl., München/Gütersloh 2004, 570–575: 571–572.

[17]   Vgl. *T. A. Rudnig*, Heilig und Profan. Redaktionskritische Studien zu Ez 40–48 (BZAW 287), Berlin / New York 2000.

[18]   Vgl. *Schmitt*, »Zu unterscheiden zwischen rein und unrein …«, 121.

den Eltern, dem Halten des Sabbat und der Anerkennung JHWHs als einzigem Gott. Im Rahmen der Zusammenfassung der wichtigsten Gebote enthält Lev 19,12 die Aufforderung, nicht falsch im Namen Gottes zu schwören, wodurch der Name JHWHs »entweiht« (חלל) würde. Hier ist die Heiligkeit Gottes der Gegenbegriff zum Entweihen. In Lev 22,32 wird dieser Zusammenhang zur Heiligkeit explizit mit der Aufforderung, Gottes heiligen Namen (שם קדש) nicht zu entweihen (חלל), ausgedrückt; JHWH wird im Volk Israel geheiligt (קדש ni.) und heiligt selbst (קדש pi.). Die Warnung vor dem Moloch-Dienst in Lev 18,21 und 20,3 ist mit der Warnung verbunden, dadurch nicht den Namen Gottes zu entweihen. Insgesamt 7x steht in Lev die Forderung, den heiligen Namen, das Heiligtum nicht zu entweihen (חלל pi.): Lev 21,6.12.15.23; 22,2.15.32 vgl. 18,21; 20,3; 19,8.12.29.

Das Konzept Un-/Reinheit hat seinen Ursprung in priesterlichen Kontexten und ist eine wichtige Kategorie zur Ordnung von Leben und Religion. Ausführliche Bestimmungen dazu sind – mit einzelnen Vorstufen in älteren Texten (z. B. Gen 7,2.8; 2 Kön 5,10) – in nachexilischer Zeit entstanden. »Reinheit normiert den Kontakt mit der Sphäre des Göttlichen und ist selbst die Bedingung der Möglichkeit, mit Göttlichem in Kontakt zu treten. Die Ordnung der Welt in Reinheit und Unreinheit repräsentiert einen Teilbereich der göttlichen Weltordnung«[19]. Unreinheit ist ein Zustand, in dem man sich etwas Heiligem nicht nähern darf. טהר (rein) ist das Gottgemäße; das, was auf menschlicher Seite dem Heiligen (קדש) entspricht. Reinheit ist Voraussetzung für die Möglichkeit, sich Gott zu nähern, für die Kommunikation mit der Götterwelt. טמא (unrein) bedeutet zunächst kultisch unrein. Es bezeichnet alles, was dem Bereich Gottes, dem Heiligen, entgegensteht. Ausgangspunkt der komplexen Vorstellungswelt von Un-/Reinheit ist die Heiligkeit des Tempels: Damit der Mensch der Heiligkeit des Tempels entspricht, sollen alle Menschen und Dinge, die in Kontakt mit dem Heiligen stehen, im Zustand der Reinheit sein (Lev 7,19; 12,4). Nach Lev 1–16 ist die Heiligkeit also auf Personen und Dinge beschränkt, die mit dem Tempel in Verbindung stehen.[20] Ein Großteil der Reinheitsvorschriften im Alten Testament ist an die Existenz des Tempels gebunden und wurde daher nach der Zerstörung des Zweiten Tempels stark modifiziert.

Unreinheit entsteht durch unterschiedliche Phänomene wie z. B. das Essen von unreinen Tieren (Lev 11,1–23): Wesensmäßig unreine Tiere können ihre Unreinheit auf Menschen übertragen: durch Essen, Berühren oder »Bezeltung«, d. h. Anwesenheit im selben Raum. Manche Krankheiten, wie z. B. Aussatz, verunreinigen. Daneben macht die Berührung von Toten einen Menschen unrein

---

19   T. Seidl, Art. »Rein und unrein II. Altes Testament«, in: RGG⁴, Bd. 7, Tübingen 2004, 240–242: 240.

20   Vgl. Kugler, Holiness, Purity, the Body, and Society, 10.

(Num 9,6; 19,10–22). Auch manche Phänomene, die die menschlichen Geschlechtsorgane, Zeugung und Geburt betreffen, verunreinigen (Lev 15): So wird der Mann durch Samenerguss und Geschlechtsverkehr und bestimmte Formen von Ausfluss im Zusammenhang mit Krankheiten unrein. Die Frau ist während der Menstruation und nach der Geburt eines Kindes im Zustand der Unreinheit. Diese Phase der kultischen Unreinheit oder »Kultunfähigkeit«[21] ist bei einzelnen Phänomenen von unterschiedlicher Dauer und wird durch Reinigungsriten beendet.

Ein Erklärungsmodell für das Ordnungssystem Rein – Unrein, das in Arbeiten zu Leviticus breite Verbreitung gefunden hat, sind die kulturanthropologischen Theorien von Mary Douglas. Eines ihrer Konzepte ist der Ansatz, dass in Heiligkeits- und Reinheitssystemen der menschliche Körper als Metapher für die Gemeinschaft dient und körperliche Grenzziehungen in Parallele zu gesellschaftlichen Abgrenzungen zu sehen sind.[22]

Ein Blick auf die vielfältigen Verwendungsweisen der Begrifflichkeit קדש (heilig) – חל (profan), טהר (rein) – טמא (unrein) im Buch Leviticus zeigt, dass die Verhältnisbestimmung nicht immer so eindeutig ist, wie in Lev 10,10 gefordert wird. Die Terminologie variiert je nach Kontext und Gegenüber.

3 HEILIGKEIT, REINHEIT UND GRENZZIEHUNGEN DER JHWH-RELIGION

Im Folgenden wird in einer kursorischen Lektüre einzelner Stellen aus dem Buch Leviticus, v. a. aus Lev 18–20, danach gefragt, wie das Unterscheidungssystem Heilig (קדש) – Profan (חל), Rein (טהר) – Unrein (טמא) zur Abgrenzung von anderen Kulten und Gottheiten eingesetzt wird.

Innerhalb der Sammlung von Tora, Weisungen, Geboten, »Lebensregeln«[23], ethischen Normen in Lev 17–26 gehören die Kapitel 18–20 mit ihren Schwerpunktthemen Sexualverbote und Götzendienst näher zusammen. Die Verehrung anderer Götter oder »Götzen« entweiht oder verunreinigt die Heiligkeit des Gottes Israels und die Heiligung des Volkes. Um Leviticus 19 als »Kern« oder »Mitte«, mit Parallelen zum Dekalog, bilden die Kapitel 18 und 20 einen Rahmen.

Lev 20 versammelt eine Fülle von Themen. Strukturell lässt es sich als Introversion bezeichnen. Hauptteil des Kapitels (D: V. 9–21) ist die Beschreibung

---

[21] D. Erbele-Küster, Körper und Geschlecht. Studien zur Anthropologie von Leviticus 12 und 15 (WMANT 121), Neukirchen-Vluyn 2008, 20.

[22] Vgl. M. Douglas, Purity and Danger. An Analysis of the Concepts of Pollution and Taboo, London 1966.

[23] E. S. Gerstenberger, Das dritte Buch Mose. Leviticus (ATD 6), Göttingen 1993, 225.

illegitimen Sexualverhaltens und der Strafen dafür. Dieser Hauptteil ist gerahmt von Aufforderungen zum Halten der Gebote (C: V. 8; C': V. 22–25) und zur Heiligung (B: V. 7–8; B': V. 26). Beschreibungen illegitimer religiöser Praktiken wie Molochkult, Totenbeschwörung und Wahrsagerei rahmen das Kapitel (A: V. 2b–5; A': V. 27).[24]

In Lev 20 werden religiöse Praktiken bzw. Kulte genannt, die in Widerspruch zur Heiligkeit JHWHs und des Volkes (Lev 20,7.26) stehen. Hier stehen die Verbrechen von Moloch-Gottesdienst und Totenbefragung nicht in ihrer vorigen Anordnung (Lev 18,21 und 19,31), sondern am Anfang von Kapitel 20 (V. 1–6), weil das Kapitel nach der Schwere der Strafen geordnet ist.[25]

Lev 20,2b–6:

> [2]*Jeder von den Kindern Israels und von den Fremden, die in Israel wohnen, der von sei-*
> *ner Nachkommenschaft dem Moloch übergibt (יִתֵּן מִזַּרְעוֹ לַמֹּלֶךְ), soll getötet werden; das*
> *Volk des Landes soll ihn steinigen.* [3]*Ich werde mein Angesicht gegen diesen Mann rich-*
> *ten und ihn aus der Mitte seines Volkes ausrotten, weil er von seiner Nachkommenschaft*
> *dem Moloch übergeben hat (מִזַּרְעוֹ נָתַן לַמֹּלֶךְ), mein Heiligtum unrein zu machen und mei-*
> *nen heiligen Namen zu entweihen (לְמַעַן טַמֵּא אֶת־מִקְדָּשִׁי וּלְחַלֵּל אֶת־שֵׁם קָדְשִׁי).* [4]*Wenn das Volk*
> *des Landes seine Augen vor diesem Mann verhüllt, während er von seiner Nachkom-*
> *menschaft dem Moloch übergibt (בְּתִתּוֹ מִזַּרְעוֹ לַמֹּלֶךְ), so dass es ihn nicht tötet,* [5]*so werde*
> *ich mein Angesicht gegen diesen Mann und seine Familie richten und werde ihn und alle,*
> *die ihm nachhuren, um dem Moloch nachzuhuren (וְאֵת כָּל־הַזֹּנִים אַחֲרָיו לִזְנוֹת אַחֲרֵי הַמֹּלֶךְ), aus-*
> *rotten aus der Mitte ihres Volkes.*
>
> [6]*Und die Person, die sich zu den Totengeistern (הָאֹבֹת) und zu den Wahrsagern (הַיִּדְּעֹנִים)*
> *wendet, um ihnen nachzuhuren, gegen diese Person werde ich mein Angesicht richten*
> *und sie ausrotten aus der Mitte ihres Volkes.*

Nach Lev 20,2.3.4 (vgl. Lev 18,21) sind mit dem Moloch-Kult zwei Vergehen verbunden: Mord an Kindern und Anerkennung eines falschen Gottes und damit Verschmutzung des Heiligtums und Entweihung des Namens JHWHs.[26] Falls es einen Moloch-Kult gegeben hat, hat er nicht am Jerusalemer Tempel stattgefunden, verunreinigt aber aus der Ferne. Die Formulierung נתן מזרעו למלך (*von seiner Nachkommenschaft dem Moloch zu geben*) lässt an eine symbolische Übergabe oder religiöse Weihe von Kindern an eine Gottheit denken.[27] Auch wenn sich

---

[24]   Vgl. *J. Milgrom*, Leviticus 17–22 (AncB 3A), New York et al. 2000, 1728.

[25]   Vgl. ebd., 1730.

[26]   *Milgrom*, Leviticus 1–16, 26–27, versucht, diese religiösen Verbote mit einer Verbreitung von Molochkult und Nekromantie in der zweiten Hälfte des 8. Jh. v. Chr. zu erklären, was allerdings nicht verifizierbar ist: vgl. *R. Schmitt*, Magie im Alten Testament (AOAT 313), Münster 2004, 346.

die genaue Eigenart des Moloch-Kultes nicht rekonstruieren lässt und die Frage, ob es in Israel zu irgendeinem Zeitpunkt tatsächlich Kinderopfer gegeben haben könnte, kontrovers bleibt,[28] zeigt dieser Text eine Distanzierung der nachexilischen Gemeinde von religiösen Praktiken, die etwas mit Kinderopfern zu tun haben könnten.[29]

Nach Lev 20,6.27 (vgl. Lev 19,31) werden Totenbeschwörung (אוב) und Wahrsagerei (ידעני) verboten, weil diese den Alleingeltungsanspruch JHWHs einschränken könnten. Während es im Deuteronomium um die Unterscheidung zwischen wahrer und falscher Prophetie geht, setzt das Heiligkeitsgesetz den besonderen Akzent auf die Heiligkeit des ganzen Volkes.[30] »Die Forderung, sich durch derartige Praktiken nicht zu verunreinigen, ist nicht nur im potentiell kontaminierenden Umgang mit Totengeistern zu suchen, sondern steht im Kontext der generellen priesterlichen Heiligkeitsforderung, nach der Israel heilig sein solle, weil Jahwe heilig ist (Lev 19,2).«[31] Die Aussage aus Lev 19,31, wonach religiöse Praktiken außerhalb der JHWH-Verehrung das Volk unrein machen, werden in Lev 20,6 zu göttlicher Strafandrohung gesteigert. Neben der Erklärung von אוב als Opfergrube, zu der es eine Reihe von Parallelen in altorientalischen Sprachen gibt (z. B. heth. *api* Opfergrube),[32] könnte eine Verwandtschaft mit אב (*Vater*) vorliegen, die in die Richtung des toten Geistes der Vorfahren weist. Der Begriff beschreibt ein Ritual, um mit den Toten in Kontakt zu kommen.[33]

Abgelehnt werden diese Praktiken, weil sie in Konkurrenz zu JHWH stehen.

---

[27]   Vgl. *R. Albertz*, Religionsgeschichte Israels in alttestamentlicher Zeit, Teil 1: Von den Anfängen bis zum Ende der Königszeit (GAT/ATD Ergänzungsreihe 8/1), Göttingen 1992, 300; *Chr. Frevel*, Moloch und Mischehen. Zu einigen Aspekten der Rezeption von Gen 34 in Jub 30, in: *U. Dahmen / J. Schnocks (Hg.)*, Juda und Jerusalem in der Seleukidenzeit. Herrschaft – Widerstand – Identität (FS H.-J. Fabry) (BBB 159), Göttingen 2010, 161–187: 166–167.

[28]   Vgl. *M. Bauks*, Kinderopfer als Weihe- oder Gabeopfer. Anmerkungen zum *mlk*-Opfer, in: *M. Witte / J. F. Diehl (Hg.)*, Israeliten und Phönizier. Ihre Beziehungen im Spiegel der Archäologie und der Literatur des Alten Testaments und seiner Umwelt (OBO 235), Fribourg/Göttingen 2008, 233–251; *B. H. Reynolds*, Molek: Dead or Alive? The Meaning and Derivation of *mlk* and מלך, in: *K. Finsterbusch et al. (Hg.)*, Human Sacrifice in Jewish and Christian Tradition (SHR 112), Leiden/Boston 2007, 133–150, kommt zu dem Ergebnis, dass es sich bei der Wendung למלך gar nicht um eine Gottheit handelt, sondern um eine *hi.*-Partizip-Form von הלך, die er als Opferterminologie erklärt.

[29]   Vgl. *Gerstenberger*, Das dritte Buch Mose, 265–267.

[30]   Vgl. *Schmitt*, Magie, 346.

[31]   *Schmitt*, Magie, 346.

[32]   Gesenius[18], Bd. 1, Berlin et al. 1987, 22.

[33]   Vgl. *Milgrom*, Leviticus 17–22, 1770.

»Die straffe Zentralisierung des nachexilischen Kultus [...] hat hier die Funktion, eine gesellschaftliche Rollenverteilung durch göttliches Gebot zu sanktionieren und Zuwiderhandelnde durch die Androhung, unrein zu werden, auszugrenzen. Denn wer sich dergestalt verunreinigt, verunreinigt Jahwe selbst.«[34] Über die tatsächliche Verbreitung dieser nekromantischen und anderer nicht-JHWH-bezogener religiöser Praktiken fehlen die Quellen.[35]

Während die Aussagen über אבת וידענים hier und auch in Lev 19,31 sehr eindeutig abgrenzend sind, spiegelt die Erzählung von der Totenbeschwörerin in En Dor in 1 Sam 28,3–14 die Ambivalenz zwischen der Vertreibung dieser Kulte durch Samuel und ihre gleichzeitige Wertschätzung durch Saul wider. Die Schärfe der Polemik und der Vergleich mit narrativen Texten wie diesem zeigt, dass vielfältige religiöse Praktiken verbreitet waren. Es ist davon auszugehen, dass Ahnenkulte seit vorexilischer Zeit bestanden und bis in rabbinische Zeit (bSanh 65) praktiziert wurden. Die biblischen Texte spiegeln eine Auseinandersetzung wider, die nie gewonnen wurde.[36]

In Lev 20,3 stehen Verunreinigen (טמא) und Entweihen (חלל) im Parallelismus im Gegensatz zur Heiligkeit (קדשׁ) JHWHs. Lev 20,3 enthält die Spitzenaussage, dass illegitime religiöse Praktiken das Heiligtum nicht nur entweihen, d. h. profanisieren, sondern auch unrein (טמא) machen – eine Aussage, die sich sonst nur außerhalb des Pentateuch findet, etwa in Jer 7,30; 32,34; Ez 5,11; 23,38.

Die metaphorische Verwendung von זנה (nachhuren) im Zusammenhang mit fremden Gottheiten wie Moloch-Kult (Lev 20,5) und Totengeisterbeschwörung (Lev 20,6) begegnet in Lev noch beim Satyr-Gottesdienst (Lev 17,7). Die in Lev 18 aufgezählten illegitimen sexuellen Verhaltensweisen bewirken nach Lev 18,24–25 eine Verunreinigung (טמא) des Landes und seiner Bewohner.[37]

Die Abgrenzung von Götzen findet sich an markanten Stellen im Heiligkeitsgesetz: Lev 19,4 und Lev 26,1, in parallelen Formulierungen, in Kombination mit der Selbstoffenbarung JHWHs und dem Sabbatgebot. An beiden Stellen werden religiöse Praktiken aufgezählt, die von der JHWH-Verehrung ablenken und deshalb verboten werden.

Lev 19,4:

Wendet euch nicht den Götzen (האלילים) *zu, macht euch keine gegossenen Götterbilder* (אלהי מסכה). *Ich bin JHWH, euer Gott.*

---

34   *Schmitt*, Magie, 346.

35   Vgl. ebd., 347.

36   Vgl. *Milgrom*, Leviticus 17–22, 1771–1772, der Totenbefragung im Heiligkeitsgesetz als eine Art von Götzendienst bezeichnet.

37   Diese Verhaltensweisen werden in Lev 18,25 pauschal als עון (*Sünde/schuldhaftes Verhalten*) bewertet, das von Gott sanktioniert (פקד) wird. Dennoch liegt darin keine »Gleichstellung« mit Unreinheit, wie sie *G. André*, Art. »טָמֵא *ṭāme'*«, in ThWAT 3, Stuttgart u. a. 1982, 352–366: 362, konstatiert.

Lev 26,1:

Macht euch keine Götzen (אלילים)*, richtet euch weder ein Götterbild* (פסל) *noch einen Gedenkstein* (מצבה) *auf, und stellt keinen Stein mit Bildwerk* (אבן משכית) *in eurem Land hin, um euch davor anbetend niederzuwerfen; denn ich bin JHWH, euer Gott.*

An beiden Stellen ist im Kontext die Heiligkeit JHWHs (Lev 19,2) bzw. seines Heiligtums (Lev 26,2) die Begründung für die Abgrenzung von Götzen. אלילים (*Nichtse, »Götzen«*), das sonst in Jes die häufigsten Vorkommen aufweist (10x), ist eine Spottbezeichnung, abgeleitet von der Wurzel אלל (*schwach sein*), und »zielt auf die Machtlosigkeit der fremden Götter ab.«[38] Die »»Neufassung« des Hauptgebots in Lev 26,1–2« mit den drei Elementen Fremdgötterverbot, Sabbat und Ehrung des Heiligtums fasst wesentliche Elemente des Dekalogs zusammen[39] und ist in der Entstehungszeit frühestens exilisch einzuordnen.[40] אלהי מסכה (*gegossene Götterbilder*), אבן משכית (*Stein mit Bildwerk*) und die Möglichkeit, sie zu *machen* (עשה) und *aufzustellen* (קום *hi.*) verweisen auf die handwerkliche Machbarkeit von Götterbildern. Jede Art von פסל (*Götterbild*), abgeleitet von der Wurzel פסל (*Holz schnitzen oder Stein behauen*)[41], widerspricht dem Bilderverbot (Ex 20,4) und wird in der Hebräischen Bibel polemisch verwendet (Dtn 27,15). מצבה kann sowohl neutral *Mazzebe/Malstein/Gedenkstein* bedeuten (Gen 28,18.22), als auch polemisch und abgrenzend eingesetzt werden (Dtn 16,22).

Mit Un-/Reinheit wird hier nicht argumentiert. Als Gegenbegriff zur Heiligkeit JHWHs fungiert in der Fortsetzung von Lev 19,4 חלל (*Entweihen*): In Lev 19,8 ist vom Entweihen des Heiligtums (קדש יהוה חלל) die Rede, wenn jemand Opferfleisch nach dem dritten Tag isst.

In den Fluchformulierungen, die auf den Segensteil in Lev 26 folgen und im Alten Orient Vertragstexte üblicherweise abschließen,[42] werden göttliche Sanktionen gegen Götzen angedroht:

Lev 26,30–31:

[30]*Ich werde eure Höhen* (במות) *austilgen und eure Räucheraltäre* (חמנים) *ausrotten, und ich werde eure Leichen auf die Leichen eurer Götzen* (פגרי גלוליכם) *werfen, und meine Seele wird euch verabscheuen.*

---

[38]   *H. U. Steymans*, Art. »Götterpolemik« in: Wibilex, online unter: http://www.bibelwissenschaft.de/nc/wibilex/das-bibellexikon/details/quelle/WIBI/zeichen/g/referenz/19736 [letzter Zugriff am 09.02.2012].

[39]   Vgl. *E. Zenger*, Das Buch Levitikus als Teiltext der Tora / des Pentateuch. Eine synchrone Lektüre mit diachroner Perspektive, in: *Fabry/Jüngling*, Levitikus als Buch, 47–83: 74.

[40]   Vgl. *Gerstenberger*, Das dritte Buch Mose, 242–243.

[41]   Gesenius[18], Bd. 4, Berlin et al. 2007, 1065–1066.

[42]   Vgl. *Gerstenberger*, Das dritte Buch Mose, 365.

³¹Ich werde eure Städte zur Trümmerstätte machen und eure Heiligtümer (מקדשׁים) *öde machen, und ich werde euren wohlgefälligen Geruch nicht riechen.*

Hier kommen v. a. die Kultstätten illegitimer religiöser Praktiken in den Blick: במות (*An-/Höhen*), חמנים (*Räucheraltäre / Kultbauten für fremde Götter*)[43] und מקדשׁים (*Heiligtümer*), deren Zerstörung JHWH ankündigt. Auch die hier verwendete Bezeichnung für Götzen, גלולים, gehört in den Bereich von Spott und Götzenpolemik und ist im deuteronomistischen Geschichtswerk (Dtn 29,16) und v. a. bei Ezechiel (Ez 6,4; 14,3) die gängige Vokabel für Fremdgötter. Ableiten lässt sie sich von גלל (*wälzen/rollen*, aber auch *Kot-/Ballen*), so dass sie die Konnotation *Mistdinger/Mistgötzen* beinhaltet.[44] Über die פגרים (*Leichen*) klingt hier das Thema der Verunreinigung durch Tote an (Num 19,11).

Die Aufforderung zur Heiligung, die in der Heiligkeit JHWHs begründet ist (Lev 19,2) und sich wie ein »Motto« durch das »Heiligkeitsgesetz« zieht (Lev 11,44; 20,26), ist in Lev 18–20 eng mit der Aufforderung verknüpft, sich nicht den Götzen zuzuwenden.

Das Buch Leviticus nennt also an verschiedenen Stellen religiöse Praktiken, die im Widerspruch zur JHWH-Religion stehen, und mit dem Unterscheidungssystem Heilig-Profan, Rein-Unrein ausgeschlossen werden sollen. Rückschlüsse von den scharfen Abgrenzungen in den Texten auf die komplexe Entwicklung des Monotheismus[45] sind nur begrenzt möglich.

4 Zur Unterscheidung zwischen rituell-kultischer und moralischer Un-/Reinheit

Die Terminologie קדשׁ (*heilig*) – חל (*profan*) und טהר (*rein*) – טמא (*unrein*) stammt aus dem kultischen Bereich und bezeichnet zwei unvereinbare Zustände, die prinzipiell wertneutral nebeneinander stehen.[46] Es kann nicht oft genug betont werden, dass rituelle Unreinheit, Kultunfähigkeit, ein Zustand ist, der nichts mit moralischen Verfehlungen zu tun hat.[47] Es ist ein Zustand, der nicht mit

---

43 Gesenius[18], Bd. 2, Berlin et al. 1995, 366.

44 *H. D. Preuß*, Art. »גלולים *gillûlîm*«, in: ThWAT 2, Stuttgart et al. 1977, 1–5.

45 Vgl. *M. Oeming / K. Schmid (Hg.)*, Der eine Gott und die Götter. Polytheismus und Monotheismus im antiken Israel (AThANT 82), Zürich 2003.

46 Vgl. z. B. *B. J. Schwartz*, Israel's Holiness: The Torah Traditions, in: *Poorthuis/Schwartz*, Purity and Holiness, 47–59: 49: »As used in the Hebrew Bible [...], the root qdš does not convey any value judgment at all.«

47 Vgl. *T. Frymer-Kensky*, Pollution, Purification, and Purgation in Biblical Israel, in: *C. L. Meyers / M. O'Connor (Hg.)*, The Word of the Lord Shall Go Forth. Essays in Honor of

dem Heiligen kompatibel ist, aber er hat weder mit Hygiene oder Schmutz noch mit Sünde zu tun. Das Verhältnis zwischen Unreinheit und Sünde ist komplexer, als einfach von einem gemeinsamen »Wortfeld«[48] oder dem »verfeinerte[n] und überwache[n] Sündenbewußtsein der nachexilischen Gemeinde«[49] auszugehen.

Um eine vorschnelle Übertragung von moralischen Urteilen auf die Grenzziehung zwischen טהר (*rein*) und טמא (*unrein*)[50] zu vermeiden, ist die Unterscheidung zwischen rituell-kultischer und moralischer Unreinheit prinzipiell sinnvoll, wie sie in jüngerer Zeit z. B. von Jonathan Klawans vorgeschlagen worden ist:[51] Während rituelle Unreinheit durch natürliche, unvermeidliche körperliche Funktionen verursacht wird, entsteht moralische Unreinheit durch bestimmte Vergehen und Sünden.[52] Während rituell-kultische Unreinheit ein vorübergehender Zustand ist und durch Reinigungsriten beendet wird, können Verunreinigungen, die durch bestimmte Verhaltensweisen bewirkt werden, nicht durch Rituale beseitigt werden.[53]

Rituelle Unreinheit entsteht durch verschiedene natürliche körperliche Vorgänge: Geburt (Lev 12,7), Aussatz (Lev 13; 14; 22,4), geschlechtliche Ausflüsse (Lev 15; 22,4); Berührung oder Essen unreiner Tiere (Lev 11,32; 17,15); Nähe oder Berühren von Leichen (Lev 21,1–4; 22,4). Sie ist vorübergehend, wird durch Berührung weitergegeben und kann durch Waschen und Abwarten beendet werden. In P inklusive H werden Reinigungsrituale für diese Art von Unreinheit beschrieben. Die Quellen der rituellen Unreinheit sind natürlich und mehr oder weniger unvermeidlich: Geburt, Tod, Sexualität, Krankheit, Ausfluss sind Teil des menschlichen Lebens. Rituelle Unreinheit hat nichts mit Sünde zu tun und ist ein zeitlich begrenzter Zustand.[54] Z. B. bei den Regelungen rund um die Menstruation in Lev 12; 15 geht es nur um rituell-kultische Unreinheit, nicht um moralische.[55]

David Noel Freedman in Celebration of His Sixtieth Birthday, Winona Lake 1983, 399–414: 403–404.

[48]   *Schmitt,* »Zu unterscheiden zwischen rein und unrein …«, 124.

[49]   *Maas,* Art. »טהר *thr* rein sein«, 651.

[50]   Z. B. nach *Maas,* Art. »טהר *thr* rein sein«, 648, »scheint immer an eine schuldhafte Seite gedacht zu sein«. Er geht auch in Lev 15,28 von unerfreulicher Verschuldung aus.

[51]   Vgl. *Klawans,* Impurity and Sin, 67.

[52]   Vgl. *Klawans,* Impurity and Sin. viii, *Maas,* Art. »טהר *thr* rein sein«, 647, unterscheidet im Anschluss an *H.-J. Hermisson,* Sprache und Ritus im altisraelitischen Kult. Zur »Spiritualisierung« der Kultbegriffe im Alten Testament (WMANT 19), Neukirchen-Vluyn 1965, 84–99, zwischen körperlicher, sittlicher und religiöser (kultischer) Reinheit, die alle drei mit der Wurzel טהר beschrieben werden.

[53]   Vgl. *Frymer-Kensky,* Pollution, 399.

[54]   Vgl. *Klawans,* Impurity and Sin, 23.

[55]   Auf die ausführlichen gender-spezifischen Diskussionen rund um Un-/Reinheit kann

Moralische Unreinheit ist die Konsequenz schwerer Sünden: z. B. sexuelle Sünden (Lev 18,24–30), fremde Kulte (Lev 19,31; 20,1–3), Blutvergießen (Num 35,33–34). Moralische Unreinheit verunreinigt den Menschen, der eine Sünde begeht (Lev 18,24); das Land Israel (Lev 18,24; Ez 36,17); das Heiligtum Gottes (Lev 20,3; Ez 5,11). Moralische Unreinheit wird nicht durch Berührung übertragen und bewirkt eine lang andauernde Verunreinigung. Es gibt keine Reinigungsrituale, sondern moralische Reinheit wird durch Strafe, Versöhnung oder durch Vermeidung von moralischer Unreinheit erreicht.[56]

Das Problem dabei ist, dass die biblischen Texte diese Unterscheidung nicht kennen. Der Begriff טמא gilt für beide Arten von Unreinheit, aber zusätzlich wird תועבה (*Gräuel*)[57] nur für Quellen von moralischer Unreinheit verwendet, nicht bei ritueller Unreinheit.[58] Die moralische Bewertung geschieht also durch zusätzliche Qualifikationen, die Klassifizierung als Sünde kommt erst durch zusätzliche Beschreibungen dazu. Es handelt sich um zwei unterschiedliche Konzepte mit zum Teil überlappender Terminologie. Die Unterscheidung zwischen reinen und unreinen Tieren ist z. B. ein Grenzbereich, der deutlich macht, dass die Trennschärfe nicht eindeutig gegeben ist.[59] Eine Zuordnung dieser zwei Reinheitssysteme zu den literarischen Corpora Priesterschrift und Heiligkeitsgesetz – rituelle Unreinheit in P (Lev 1–16) und moralische Unreinheit in H (Lev 17–26)[60] – ist nicht möglich. Vielleicht wäre es besser, bei den Stellen in Lev, wo es um Abgrenzungen der JHWH-Religion von anderen Gottheiten und religiösen Praktiken geht, von einer eigenen Kategorie »religiöser Unreinheit« zu sprechen. Bei der Vorstellung der Verunreinigung des Heiligtums

---

hier nicht eingegangen werden: vgl. z. B. *V. Bachmann*, Die biblische Vorstellungswelt und deren geschlechterpolitische Dimension. Methodologische Überlegungen am Beispiel der ersttestamentlichen Kategorien »rein« und »unrein«, in: lectio difficilior 2 (2003) (http://www.lectio.unibe.ch/); *K. De Troyer et al. (Hg.)*, Wholly Woman holy Blood. A Feminist Critique of Purity and Impurity (Studies in Antiquity and Christianity), Harrisburg et al. 2003; *Erbele-Küster*, Körper und Geschlecht.

56   Vgl. *Klawans*, Impurity and Sin, 26–31.

57   *Klawans*, Impurity and Sin, 26, nennt hier neben תועבה (*Gräuel*) auch noch »›pollute‹ (תנף)«, was wohl als Verschreibung von טנף (*beschmutzen*) zu lesen ist, aber nur in Cant 5,3 vorkommt, für die levitische Terminologie also nicht unbedingt relevant ist. In Lev 18 hat das Nomen תועבה (*Gräuel*) die Funktion, JHWH und Israel von anderen Völkern, v. a. der vorisraelitischen Bevölkerung Kanaans, ihren Bräuchen und Gottheiten abzugrenzen.

58   Vgl. *Klawans*, Impurity and Sin, 26.

59   Bezeichnenderweise bringt *Klawans*, Impurity and Sin, 31–32, die Speisegebote in Lev 11 in seiner Kategorisierung zwischen ritueller und moralischer Unreinheit nicht unter und macht sie zu einer Sondergruppe, die er weitgehend ausklammert. Sie stellen in gewisser Weise einen Angelpunkt dar und reichen in beide Bereiche hinein.

60   Vgl. *Klawans*, Impurity and Sin, 42.

durch Götzendienst steht ihr Ursprung im Ordnungssystem ritueller טמאה im Hintergrund.

Erhard Blum zieht die Grenze zwischen unvermeidlichen Unreinheiten in Lev 12–15 und vermeidbaren in Lev 11 folgendermaßen: »Lev 12–15 handeln von unverschuldeten, mehr noch, auch willentlich nicht vermeidbaren Unreinheiten (u. a. durch Krankheit), deren Betreuung und kultische Reinigung den Priestern aufgetragen ist [...], in Lev 11 hingegen geht es um Verunreinigungen, die der Einzelne durch sein Verhalten meiden kann und soll, ja bei denen es wesentlich auf die bewusste Observanz ankommt.«[61]

Es ist davon auszugehen, dass in den Lev-Texten das rituell-kultische Verständnis der Begriffe קדשׁ (*heilig*) – חל (*profan*), טהר (*rein*) – טמא (*unrein*) prägend ist und auf andere Kontexte »übertragen« wird. So heißt es z. B. in Hi 4,17: *Soll ein Mensch gerechter sein als Gott oder ein Mann reiner (*יטהר*) als sein Schöpfer?* Hintergrund dieser »metaphorisch-bildlichen« Ausdrucksweise bleibt der kultisch-rituelle Hintergrund der Reinheitsterminologie.[62]

Die Vorstellung, dass unmoralisches Verhalten unrein macht, stammt erst aus der Zeit des Zweiten Tempels und findet sich z. B. bei Philo oder in Qumran.[63] In rabbinischer Zeit wurden die Bereiche getrennt und in ein umfangreiches System von weiteren Kategorien eingeteilt.[64] In Bezug auf die Heiligkeit Gottes ist eine zunehmende Tendenz zu ihrer »Moralisierung« sowohl in rabbinischer als auch in patristischer Literatur zu beobachten: »the tremendous element in the divine revelation is played down [...] by turning it into a moral issue [...].«[65]

Auch wenn das biblische Hebräisch in seiner Terminologie von טהר (*rein*) und טמא (*unrein*) keine Unterscheidung von kultischer und moralischer Un-/Reinheit kennt, ist sie als Interpretationsrichtung sinnvoll, um eine vorschnelle Übertragung moralischer Wertungen auf die Kategorien טמא – טהר zu vermeiden.

---

[61] *Blum*, Studien zur Komposition des Pentateuch, 323.

[62] *Klawans*, Impurity and Sin, 32–36, hält den Metaphernbegriff prinzipiell für ungeeignet, um moralische Unreinheit zu beschreiben.

[63] Vgl. z. B. *Philo*, De Specialibus Legibus 3, 63. – Zur Diskussion vgl. *E. Ottenhejm*, Impurity between Intention and Deed: Purity Disputes in First Century Judaism and in the New Testament, in: *Poorthuis/Schwartz*, Purity and Holiness, 129–147: 130–131.

[64] Vgl. *Klawans*, Impurity and Sin, 92–117.

[65] *Poorthuis*, Rudolph Otto Revisited, 126. Vgl. z. B. bAZ 20b; BemR 7,10.

5 SCHLUSS

Das priesterliche Symbolsystem der Unterscheidung von קדשׁ (*heilig*) und חל (*profan*), טהר (*rein*) und טמא (*unrein*) ist ein zentrales Element in der Beschreibung des JHWH-Glaubens in Abgrenzung von sog. »Götzen« und anderen religiösen Praktiken. Es hat in der nachexilischen Zeit eine wichtige identitätsstiftende Funktion. Die Unterscheidung zwischen ritueller und moralischer Un-/Reinheit ist prinzipiell hilfreich, um Unreinheit nicht vorschnell mit Sünde zu assoziieren. Sowohl Götzendienst als auch die Unterscheidung zwischen reinen und unreinen Tieren zeigen, dass sich der biblische Sprachgebrauch nicht so einfach kategorisieren lässt. Es ist wichtig, die Bewertungen als Sünde oder Abscheulichkeit, wie sie Götzendienst zugeschrieben werden, nicht auf die rituelle Unreinheit zu übertragen. Religiöse Unreinheit enthält Elemente von beiden Kategorien, kultischer und moralischer Unreinheit. Heiligkeit beschreibt prinzipiell die Sphäre des Göttlichen, Un-/Reinheit die menschliche Sphäre, aber beide können jeweils in den anderen Bereich hineinreichen: Das Heilige, das zunächst nur Gott, Tempel und Priester beschreibt, wird im Heiligkeitsgesetz auf das ganze Volk ausgeweitet, das sich im Alltagsleben als heilig erweisen soll. Durch illegitime religiöse Praktiken werden JHWH und das Heiligtum nicht nur entweiht, sondern auch unrein gemacht.

Die jüdische Wirkungsgeschichte unterscheidet sich wohl bei keinem anderen alttestamentlichen Buch so stark von der christlichen wie bei Leviticus.[66] Der höhere Stellenwert des Buches im Judentum drückt sich z. B. in der Beurteilung von Lev 19,1–4 als wichtigem Basistext aus – רוב גופי תורה תלוים בה (*die Mehrzahl des Kerns / des Körpers der Tora hängen davon ab*),[67] durchaus in Parallele zum Dekalog. In einer Auslegung wird die Aufforderung zur Heiligung mit Absonderung gleichgesetzt: קדושים תהיו פרושים היו (*seid heilig – seid abgesondert*).[68] Die jüdische Rezeptionsgeschichte hat sowohl ausführliche Diskussionen und Bestimmungen im Talmud und in halachischen Midraschim über die praktische Umsetzung der Reinheitsgebote in der veränderten Situation nach der Zerstörung des zweiten Tempels hervorgebracht als auch vielfältige, facetten-

---

[66]   Vgl. z. B. *Poorthuis/Schwartz*, Purity and Holiness: an Introductory Survey, 5–6: »Leviticus is perhaps the Biblical book most remote from modern experience, although this applies more to Christians than to Jews.«

[67]   SifraQid zu Lev 19,1ff.; vgl. LevR 24,5. Auch wenn dieses Kapitel zweifellos wesentliche Aussagen enthält, erscheint mir die von *G. Bodendorfer*, Der Horizont einer Exegese des Buches Leviticus in den rabbinischen Midraschim, in: *Fabry/Jüngling*, Levitikus als Buch, 343–371: 365, vorgeschlagene Bezeichnung von Lev 19 als »theologisches Zentrum« der Tora als zu weitgehend.

[68]   SifraQid zu Lev 19,1ff.

reiche haggadische, erzählerische, predigtartige Auslegungen, wie z. B. im Midrasch Leviticus Rabbah, aus dem abschließend zitiert werden soll:»Warum beginnen die kleinen Kinder mit Levitikus (Torat Kohanim) (zu lernen) und nicht mit Genesis? Weil die kleinen Kinder rein sind und die Opfergaben rein sind, so kommen die Reinen und beschäftigen sich mit den Reinen.«[69]

---

[69]   LevR 7,3 in der Übersetzung von *Bodendorfer*, Der Horizont einer Exegese des Buches Levitikus, 343.

Vom Numen zum Nomen

Udo Rüterswörden

Sehr geehrte Damen und Herren,
in Dtn 7,13 steht:

וַאֲהֵבְךָ וּבֵרַכְךָ וְהִרְבֶּךָ
וּבֵרַךְ פְּרִי־בִטְנְךָ
וּפְרִי־אַדְמָתֶךָ דְּגָנְךָ וְתִירֹשְׁךָ וְיִצְהָרֶךָ
שְׁגַר־אֲלָפֶיךָ וְעַשְׁתְּרֹת צֹאנֶךָ
עַל הָאֲדָמָה אֲשֶׁר־נִשְׁבַּע לַאֲבֹתֶיךָ לָתֶת לָךְ

Nach der alten Zürcher Bibel ist dies zu übersetzen mit:

> Und er wird dich lieben und dich segnen und mehren;
> er wird segnen die Frucht deines Leibes
> und die Frucht deines Landes, dein Korn, deinen Wein und dein Öl,
> den Wurf deiner Kühe und die Zucht deiner Schafe,
> in dem Lande, von dem er deinen Vätern geschworen hat, dass er es dir geben wolle.

Geprägt ist der Vers von einem doppelten Dreiklang: Gott wird Israel nach der Landnahme lieben, segnen und mehren, und dieser erste Dreiklang erstreckt sich auf drei Bereiche: Die menschliche Fruchtbarkeit, die Fruchtbarkeit des Landes und die Fruchtbarkeit des Viehs. Die beiden letzten Bereiche werden konkretisiert durch exemplarische Gaben des Landes und die Nennung von Groß- und Kleinvieh.[1]

---

[1]   Zu den Einleitungsfragen und zu den Einzel- und Sacherklärungen sei auf die rezenten Kommentare hingewiesen: *M. Rose*, 5. Mose Teilband 2: 5. Mose 1–11 und 26–34 Rahmenstücke zum Gesetzeskorpus (Zürcher Bibelkommentare AT; 5), Zürich 1994, 449–456; *E. Nielsen*, Deuteronomium (HAT I/6), Tübingen 1995, 99–101; *T. Veijola*, Das 5. Buch Mose Deuteronomium Kapitel 1,1–16,17 (ATD 8,1), Göttingen 2004, 193–208; *U. Rüterswörden*, Das Buch Deuteronomium (NSK-AT 4), Stuttgart 2006, 58 f. An Ausführlichkeit und Gelehrsamkeit ragt die Auslegung von *M. Weinfeld*, Deuteronomy 1–11 (The Anchor Bible 5), New York u. a. 1991, 357–384 hervor.

Gehen wir die Termini einmal durch und versuchen wir es mit paradigmatischen Ersetzungen:

1. דגן Der Ausdruck für »Getreide« ist nicht ungewöhnlich. Allerdings hätten auch andere Möglichkeiten zur Auswahl gestanden, so בר, ein Ausdruck, der in der Josephsgeschichte (Gen 41,35; 41,49; 42,3.25; 45,23) und im Amosbuch (5,11; 8,5f.) auftritt; dasselbe gilt für שבר (Gen 42,1.2.19.26; 43,2; 44,2; 47,14; Am 5,8). Die Produkte des Landes kommen in den Inschriften aus Arad, in denen es um die Versorgung der Militärangehörigen geht, vor. Hier geht es allerdings um Öl, Wein, Mehl und Brot.[2] Dies sind die zur Ernährung notwendigen weiterverarbeiteten Erzeugnisse, nicht jedoch die Früchte des Landes. Die Früchte des Landes wären: Getreide, Trauben und Oliven; die weiterverarbeiteten Erzeugnisse hingegen: Mehl, Wein und Öl. Das heißt, in dieser Art von Aufzählung ist zusammengewachsen, was eigentlich nicht zusammengehört: Früchte (Getreide) und weiter verarbeitete Erzeugnisse (Wein und Öl). Dies gilt für die herrschende Ansicht, die in Wörterbüchern und Übersetzungen hervortritt; Naeh und Weitzmann haben dafür plädiert, dass תירוש beides bedeuten kann: Traube und Wein; diese Metonymie gelte auch für יצהר.[3] Diese These ist im Folgenden zu prüfen.

2. תירוש. Die Bedeutung des Wortes ist nicht ganz klar; Gesenius-Buhl hatte für »Most« plädiert;[4] H. Donner in Ges[18] an den meisten Stellen für »Wein«.[5] Die Sache mit dem »Most« halte ich für etwas heikel – hat man im Alten Israel in namhaftem Ausmaß Most konsumiert? Dabei ist je nach landsmannschaftlichem Herkommen unklar, was mit »Most« gemeint ist – ungegorener Wein (so Gesenius-Buhl) oder junger Wein, Heuriger. Das Wort ist inschriftlich in einem phönizischen Beleg bezeugt;[6] in hebräischen Inschriften dagegen bisher nicht. In diesem Textkorpus tritt יין auf. Ein besonders markantes Beispiel bildet die o. g. Untergruppe der Ostraka aus Arad. Es geht dort um die Versorgung von Soldaten, darunter griechische Söldner.[7] Zum Soldatenleben gehörte schon in dieser Zeit der abendliche Drink. Mit Traubensaft oder Most hat man sich nicht aufgehalten, sondern natürlich Wein konsumiert.

Man kann sich allerdings darüber streiten, ob »Wein« in jedem Fall eine zutreffende Übersetzung ist. Nach Naeh und Weitzmann ist an vielen Stellen von der Bedeutung »Traube« auszugehen;[8] ein markantes Beispiel ist Dtn 11,14:

---

[2]   *J. Renz*, Die althebräischen Inschriften Teil 1 Text und Kommentar (*J. Renz / W. Röllig*, Handbuch der althebräischen Epigraphik I), Darmstadt 1995, 375-378.

[3]   *S. Naeh / M. P. Weitzmann*, Tīrōš – Wine or Grape? A Case of Metonymy, VT 44 (1994), 115-120.

[4]   Gesenius-Buhl 877 f.

[5]   Ges[18] 1437.

[6]   DNWSI 1234, s. u.

[7]   *Renz* (s. Anm. 2), 375-378.

[8]   *Naeh/Weitzmann* (s. Anm. 3), 115 f.

וְאָסַפְתָּ דְגָנֶךָ וְתִירֹשְׁךָ וְיִצְהָרֶךָ

sodass du dein Korn, deinen Wein und dein Öl ernten kannst.

Das Verb אסף ist im Alten Testament als Terminus für »ernten« bezeugt, z. B. in Ex 23,10; Rut 2,7; Spr 27,25; Jes 17,5; Mi 7,1.[9] Inschriftlich ist auf die erste Zeile des Gezer-Kalenders hinzuweisen.[10] Ernten kann man Früchte, nicht jedoch die weiter verarbeiteten Erzeugnisse. Deutlich wird dies auch anhand von Dtn 28,4 (und 28,1):

בָּרוּךְ פְּרִי־בִטְנְךָ וּפְרִי אַדְמָתְךָ וּפְרִי בְהֶמְתֶּךָ שְׁגַר אֲלָפֶיךָ וְעַשְׁתְּרוֹת צֹאנֶךָ

Gesegnet ist die Frucht deines Leibes, die Frucht deines Landes und die Frucht deines Viehs, der Wurf deiner Rinder und die Zucht deiner Schafe.[11] Wenn in Dtn 28,4 das Vorbild für unseren Vers liegt, dann haben wir einen Dreiklang der Früchte vor uns: Die Früchte des Leibes, des Bodens und des Viehs. Die Früchte des Bodens wären dann in unserem Ausgangstext Dtn 7,13 expliziert durch die Dreierreihe mit דְּגָנֶךָ וְתִירֹשְׁךָ וְיִצְהָרֶךָ. Beide Texte stellen heraus, dass es um Früchte geht – das legt den Versuch nahe, in תירוש und יצהר konkret Früchte anzunehmen. Der Punkt, um den es geht, ist die Fruchtbarkeit, und die darin eingeschlossene Frage, wer sie garantiert.

3. יצהר. Das Wort ist insofern interessant, als dass es vorwiegend in Reihen mit דגן und תירוש vorkommt:[12] Num 18,12; Dtn 7,13; 11,14; 12,17; 14,23; 18,4; 28,51; Jer 31,12; Hos 2,10.24; Joel 1,10; 2,19; Hag 1,11; Neh 5,11; 10,40; 13,5.12; 2 Chr 31,5; 32,28. Das ist eine eindrucksvolle Liste – gleichwohl teilt das Wort die gleiche Eigenschaft der beiden anderen Ausdrücke in den Aufzählungen: es klingt ein wenig gekünstelt. In der Verwaltungssprache der nordwestsemitischen Inschriften ist es nicht belegt, und in der Proviantierung unserer Soldaten aus Arad kommt natürlich auch Öl vor, nur dass dort – wie auch sonst in den Verwaltungsdokumenten[13] – das Wort שמן gebraucht wird.[14]

Auch hier ist zu erwägen, ob das Lexem יצהר sowohl die Frucht als auch das Produkt bezeichnen kann. Naeh und Weitzmann weisen hier auf Joel 1,10 hin:[15]

כִּי שֻׁדַּד דָּגָן הוֹבִישׁ תִּירוֹשׁ אֻמְלַל יִצְהָר

denn verwüstet ist das Korn, vertrocknet ist die Traube/der Wein, verdorrt die Olive/das Öl.

---

9   Jer 40,10 ist kein Gegenbeispiel, da es dort nicht um das Ernten, sondern um das Sammeln von Vorräten geht.
10   *Renz* (s. Anm. 2), 34.
11   Nach der Alten Zürcher Bibel; so auch die folgenden Übersetzungen.
12   Ges[18] 484.
13   DNWSI 1163.
14   *Renz* (s. Anm. 2), 375–378.
15   *Naeh/Weitzman* (s. Anm. 3), a. a. O., 119.

4. עשתרת und שׁגר. Die beiden Ausdrücke kann man zusammen behandeln, da ihre Bedeutung mehr oder weniger geraten ist. Mit jener Vornehmheit, die dem Philologen klassischer Prägung eigen ist, dem die Grenzen der Erkenntnis bewusst sind, hat M. Weippert es so formuliert: »Die Übersetzungen ›Wurf‹ und ›Zuwachs‹ sind konventionell (...).«[16] Angesichts dieses Umstands scheint der Versuch einer paradigmatischen Ersetzung zum Scheitern verurteilt zu sein, doch ist die Situation nicht so hoffnungslos, wie es auf den ersten Blick scheint. Eine schöne Reihe mit den schon behandelten Ausdrücken finden wir in Jer 31,12; dort steht:

וְנָהֲרוּ אֶל־טוּב יְהוָה

עַל־דָּגָן וְעַל־תִּירֹשׁ וְעַל־יִצְהָר וְעַל־בְּנֵי־צֹאן וּבָקָר

und sie werden herbeiströmen zu all dem Guten des HERRN:
zum Korn, zum Most, zum Öl und zu dem Nachwuchs der Schafe und Rinder.

Fünferreihen mit דגן, תירוש, יצהר, צאן und בקר sind noch in Dtn 12,17 und 14,23 (vgl. 18,4) belegt, nur dass es dort um die Erstlinge von Klein- und Großvieh geht. Das heißt, mit עשתרת und שׁגר wird die Nachkommenschaft der Haustiere bezeichnet, doch stellt sich die Frage, warum hier nicht einfach wie in Jer 31,12 der Ausdruck בן steht.

Eine erste Annäherung an diese Frage besteht in der Überlegung, dass hier nicht die Produkte des Landes, an Früchten und Viehbesitz, sondern die Produktivkräfte im Blick sind.

So heißt es in Hos 2,24:

וְהָאָרֶץ תַּעֲנֶה אֶת־הַדָּגָן וְאֶת־הַתִּירוֹשׁ וְאֶת־הַיִּצְהָר וְהֵם יַעֲנוּ אֶת־יִזְרְעֶאל

Die Erde erhört Korn, Most und Olivensaft, und sie erhören Jesreel.
Es ist zumindest ein übertragener Sprachgebrauch, wenn die Trias דגן, תירוש, יצהר über die Fähigkeit akustischer Wahrnehmung verfügt. So steht in der Reihe יצהר, nicht שׁמן, worin man ja das kalt gepresste Olivenöl mit Ökosiegel sehen könnte – שׁמן רחץ »gereinigtes Öl« ist in den Ostraka aus Samaria als Qualitätsöl bezeugt.[17] Das heißt, unsere Trias benutzt Termini, die mehr assoziieren lassen als nur Früchte und – metonymisch – weiter verarbeitete Produkte.

Dieses »Mehr« besteht in dem Umstand, dass die drei Elemente dieser Trias Götternamen sind;[18] dies gilt auch für עשתרת und שׁגר in Dtn 7,13. דגן lässt an

---

[16]   M. Weippert, Die »Bileam«-Inschrift von Tell Dēr ʿAllā, in: Ders., Jahwe und die anderen Götter (FAT 18), Tübingen 1997, 157 Anm. 126.

[17]   Renz (s. Anm. 2), 83 m. Anm. 3.

[18]   S. dazu die ausführliche Studie von J. M. Hadley, The de-deification of deities in Deuteronomy, in: R. P. Gordon (Hg.), The God of Israel, New York / Cambridge / Melbourne 2007, 157-174.

den Gott Dagon[19] denken; תירוש ist als Göttername belegt;[20] allein bei יצהר mangelt es noch an einem schlüssigen Hinweis; Albrights Vermutung, dass hier eine Gottheit im Hintergrund stehen könnte, bezog sich auf die בְּנֵי־הַיִּצְהָר in Sach 4,14.[21] Ziemlich eindeutig wird die Sache wieder im Falle von עשתרת[22] und שֵׁגֶר,[23] denn die beiden Gottheiten treten gemeinsam in der Bileam-Inschrift aus Deir ›Alla[24] auf; wobei ihre Bezeugung natürlich nicht auf diese Inschrift beschränkt ist.

In Hos 2,24 handelt es sich keineswegs mehr um Götter; darauf weist die feine Beobachtung von H. W. Wolff hin: »Die Reihe Jahwe – Himmel – Land – Korn, Most, Olivensaft – Jesreel verfolgt den Weg der menschlichen Nahrung von Jahwe über den Regen spendenden Himmel, über den von oben her fruchtbar gewordenen Erdboden, über Korntennen, Traubenkeltern und Olivenpressen hin zum Menschen. (…) Im hoseanischen Zusammenhang ist es lehrreich zu sehen, wie mit der Befreiung Israels von den Naturmythologien des Baalkultus freies naturkundliches Denken aufkeimt (vgl. Gen 1).«[25]

Es gibt eine grammatische Beobachtung, die Wolffs Deutung stützen kann: in dem Text von Hos 2,24 sind die drei Termini יצהר תירוש דגן keine Namen, sondern Nomina. Das ist zweifelsfrei der Fall, da vor jedem der Ausdrücke der Artikel steht. Das ist bei Namen ausgeschlossen. Es sind Wirkgrößen, die man adressieren kann, aber dies vollzieht sich in einer fast naturwissenschaftlichen Weise. Diese die Fruchtbarkeit bewirkenden Größen sind Abstrakta, keine Götter, und sie wirken auf Veranlassung Jahwes.

Diese Abstraktionsleistung ist keine singuläre Leistung alttestamentlicher

---

[19]   *J. J. Healey*, Art. »Dagon«, in: *K. van der Toorn / B. Becking / P. W. van der Horst (Hg.)*, Dictionary of Deities and Demons in the Bible, 2. Aufl. Leiden/Boston/Köln 1999, 216–219.

[20]   *J. J. Healey*, Art. »Tirash«, in: *K. van der Toorn / B. Becking / P. W. van der Horst (Hg.)* (s. Anm. 19), 871–872.

[21]   *W. F. Albright*, Yahweh and the Gods of Canaan, London 1968, 162; *N. Wyatt*, Art. »Oil«, in: *K. van der Toorn / B. Becking / P. W. van der Horst (Hg.)* (s. Anm. 19), 640.

[22]   *N. Wyatt*, Art. »Astarte«, in: *K. van der Toorn / B. Becking / P. W. van der Horst (Hg.)* (s. Anm. 19), 109–114; *J. M. Hadley*, The Fertility of the Flock?, in: *B. Becking / M. Dijkstra (Hg.)*, On Reading Prophetic Texts. FS F. van Dijk-Hemmes, Leiden / New York / Köln 1996, 115–133.

[23]   *K. van der Toorn*, Art. »Sheger«, in: *K. van der Toorn / B. Becking / P. W. van der Horst (Hg.)* (s. Anm. 19), 760–762.

[24]   *J. Hoftijzer / G. van der Kooij*, Aramaic Texts from Deir 'Alla, Leiden 1976, Combination I 16, 174; s. ferner 273f.

[25]   *H. W. Wolff*, Dodekapropheton 1 Hosea (BK XIV/1), 3. Aufl. Neukirchen-Vluyn 1976, 65f.

Denker und Theologen; Vergleichbares findet sich auch in der Inschrift von Karatepe, KAI 26, um 720 v. Chr.:

»Und es segne der Ba'al-KRNTRŠ den 'ZTWD mit Leben und Heil und mächtiger Stärke über jeden König hinaus, indem ihm, dem 'ZTWD, der Ba'al-KRNTRŠ
und alle Götter der Stadt, Länge der Tage und Fülle von Jahren und gute Regierung und mächtige Stärke über jeden König hinaus geben. Und diese Stadt möge
eine Besitzerin von Sättigung (שבע) und Wein (תרש) sein, und dieses Volk, das in
ihr wohnt, sei Besitzer von Rindern (אלפם) und Besitzer von Kleinvieh (צאן) und
Besitzer von Sättigung (שבע) und Wein (תרש).«[26]

Die »Götter der Stadt« sowie die in der Inschrift genannten Götter »Ba'al des
Himmels«, »'El, der die Erde geschaffen hat«, »Sonnengott der Ewigkeit«[27] zeigen
an, dass wir uns in einem polytheistischen Umfeld bewegen. Mit dem König
'ZTWD ist indes die Gottheit Ba'al KRNTRŠ in besonderer Weise verbunden.
Diese Gottheit garantiert den Segen für die Stadt und ihre Bewohner, der ganz
ähnlich ausgedrückt wird wie in Dtn 7,13. Mit »Sättigung (שבע)« ist wohl gemeint,
was satt macht, die klassische mediterrane Mahlzeit mit Brot und Olivenöl.
Das Äquivalent wäre in Dtn 7,13 die Kombination von דגן und יצהר. Die Kombination von »Sättigung (שבע)« und תירוש kennt auch das Alte Testament; so steht
in Spr 3,9f.:

כַּבֵּד אֶת־יְהוָה מֵהוֹנֶךָ וּמֵרֵאשִׁית כָּל־תְּבוּאָתֶךָ

וְיִמָּלְאוּ אֲסָמֶיךָ שָׂבָע וְתִירוֹשׁ יְקָבֶיךָ יִפְרֹצוּ

Ehre den Herrn [durch Gaben] von deinen Gütern und von den Erstlingen
all deines Ertrags
so füllen sich deine Vorratskammern mit Überfluss, und deine Keltern
laufen über von Wein.

Wie in Dtn 7,13 haben wir in KAI 26 die Erträge des Landes kombiniert mit
Groß- und Kleinvieh vor uns.[28] Aber der Passus aus der Karatepe-Inschrift
geht einen Schritt weiter, indem er die Bezeichnungen, hinter denen Götternamen stehen, fast völlig abgestreift hat. Die Ausnahme ist תרש. Allerdings ist
es ausgeschlossen, hierin einen Götternamen zu vermuten, da sowohl die
Stadt als auch deren Bewohner Besitzer (בעל) von תרש sein werden. In dieser
constructus-Verbindung kann תרש aus semantischen Gründen kein Göttername
sein.

Das heißt, in einem polytheistischen Umfeld hält sich der König an seine
ihm besonders zugetane Gottheit. Diese allein garantiert den Segen, der sich an

---

[26] KAI 26 III 2-9.

[27] KAI 26 III 18f.

[28] Auf diesen Sachverhalt hat *M. Weinfeld* (s. Anm. 1), 373 hingewiesen.

den Erträgen des Landes und des Viehbestands zeigt. Göttliche Wirkgrößen lassen sich bei der Formulierung nicht mehr assoziieren, mit Ausnahmen von חרש,
wobei es die Formulierung deutlich macht, dass es sich nicht um eine Gottheit
handeln kann. Demgegenüber wirkt die Formulierung in Dtn 7,13 archaischer.
Die Verfasser des Verses bewegen sich wohl nicht in einer polytheistischen Gedankenwelt, gleichwohl haben sie Formulierungen bewahrt, die altertümlicher
wirken als die Äquivalente in der Inschrift von Karatepe. Man wird sich vor
allzu einlinigen Entwicklungsschemata hüten müssen: auf dem Weg zur alleinigen Verehrung Jahwes kann noch das eine oder andere archaische Versatzstück
im Gepäck sein.

Ein anderes »caveat« kommt hinzu: Der Passus aus der Karatepe-Inschrift
ist ein Segenswunsch. Für Dtn 7,13 wird zuweilen angenommen, der Text sei
von Dtn 28,4.18.51 beeinflusst. Dann wäre der Vers gleichsam die Umkehrung
der dort zu findenden Flüche. Das muss nicht so sein – Das Segensthema könnte
auch eigenständig formuliert sein, vergleichbar mit der Karatepe-Inschrift.

Die Formulierung in Dtn 7,13 macht es unmöglich, hinter den Gliedern der
Aufzählung göttliche Größen zu vermuten,[29] aus Gründen der Semantik und der
Grammatik.

Zunächst zur Semantik. Der Ausdruck וּפְרִי־אַדְמָתֶךְ wird durch die Dreierreihe
דְּגָנְךָ וְתִירֹשְׁךָ וְיִצְהָרֶךָ expliziert. Damit gibt »Frucht deines Landes« die Kategorie
an, zu der die drei folgenden Termini gehören. Es sind Erträge, und keine Gottheiten.

Im Hinblick auf die Grammatik ist festzustellen, dass die Ausdrücke der
Dreierreihe mit einem enklitischen Personalpronomen versehen sind – das
schließt die Annahme von Eigennamen aus.

Die beiden abschließenden Elemente, שְׁגַר־אֲלָפֶיךָ וְעַשְׁתְּרֹת צֹאנֶךָ, stellen Statusconstructus-Verbindungen dar. Ein Name kann nicht den Platz des nomen regens
in einer derartigen Verbindung einnehmen.

Man kann hier den Akt einer kreativen Neuinterpretation[30] sehen: eine vorgegebene Reihe von Ausdrücken wird aufgenommen und mithilfe von Semantik
und Grammatik neu bestimmt. In dem schon genannten Beispiel Joel 1,10 sind
דגן, תירוש und יצהר nicht mit dem Artikel versehen – man könnte die Ausdrücke
auch als Namen lesen; dies gilt auch für andere Stellen, z. B. Jes 36,17; Jer 31,12;
Klgl 2,12; Hos 7,14; 9,1; Joel 1,17; Sach 9,17.

---

[29]   »(...) deities such as Sehegar, Astarte and Dagon are treated as common nouns.«
J. M. Hadley (s. Anm. 22), 132.

[30]   Der Vorgang wird verschieden beschrieben; so spricht *E. A. Knauf*, Zur Herkunft und
Sozialgeschichte Israels. »Das Böckchen in der Milch seiner Mutter«, Biblica 69 (1988), 158,
von einer sprachlichen Ikone; *Hadley* (s. Anm. 22), 132 spricht von einer de-personalization
oder de-deification.

Diese Aufnahme von Ausdrücken und ihre Vereindeutigung im Hinblick auf ein Nomen ist schon in einer älteren Stufe des Deuteronomiums, im Kern des Zentralisationsgesetzes, Dtn 12,17, belegt. Der Umgang mit den Termini ist eigentümlich unpolemisch – man hätte sie auch unter die Fremdgötter, אֱלֹהִים אֲחֵרִים subsumieren können. Dagon ist im deuteronomistischen Geschichtswerk durchaus noch als Gottheit präsent; aber vielleicht ist es ihm ergangen wie der griechischen Göttin Ceres – an sie denkt wohl kaum jemand, wenn er Cerealien, ein Ausdruck, der uns über das Englische erreichte, verzehrt.[31]

Dieser Vorgang einer kreativen Neuinterpretation vorgegebener Termini ist im Deuteronomium nicht ohne Beispiel. So hat das Verb זבח in Dtn 12,15 die Bedeutung »schlachten« und nicht »opfern«. Die Verfasser des Abschnitts haben das Verb hier mit einem neuen Sinn versehen und im Hinblick auf die wichtige Neuerung des Deuteronomiums, die Profanschlachtung, umgeprägt.

Diese Sprachregelung ist aufgegeben in Dtn 28,51:

לֹא־יַשְׁאִיר לְךָ דָּגָן תִּירוֹשׁ וְיִצְהָר שְׁגַר אֲלָפֶיךָ וְעַשְׁתְּרֹת צֹאנֶךָ

Es [das Feindesvolk] wird dir nichts übrig lassen von Korn, von Wein und Öl, vom Wurf deiner Rinder und der Zucht deiner Schafe.

In diesem Vers ist das Fehlen des Artikels oder einer sonstigen Weise der Determination bei der ersten Trias auffällig. Damit fällt dieser Vers aus der sonstigen Sprachregelung des Deuteronomiums heraus.[32] Der Abschnitt v. 47–57 interpretiert die Strafe, die Israel treffen wird, als militärische Eroberung. Es handelt sich um ein spätes Element im Deuteronomium.[33]

Bei dieser Neuinterpretation stellt sich die Frage, ob es denkbare Vorbilder gibt. Vergleichbares kennen wir aus den Inschriften von Kuntillet 'Aǧrūd. Eine der Inschriften auf einem Vorratskrug lautet:[34]

ברכת אתכם ליהוה שמרן לאשרתה

Ich segne euch gegenüber Jahwe von Samaria und seiner Aschera.

Uns interessiert hier nur die Grammatik. Man kann den Gottesnamen Jahwe als nomen regens in eine Status-constructus-Verbindung stellen. Hier ist das nomen rectum ein Ortsname. Bei Götternamen geht so etwas prinzipiell; denken wir nur an die entsprechenden Komposita mit בעל[35] Interessant ist auch der Fall der Aschera, die mit einem enklitischen Personalpronomen versehen ist. Bei der Formulierung »seine Aschera« denkt man nicht mehr an die namentlich be-

---

[31]   *J. H. Tigay,* Deuteronomy (The JPS Torah Commentary), Philadelphia / Jerusalem 5756 / 1996, 89.

[32]   Abgesehen von 33,28 – der Mosesegen hat seine eigene Entstehungsgeschichte, *Rüterswörden* (s. Anm. 1), 193-195.

[33]   *Rüterswörden* (s. Anm. 1), 180.

[34]   *Renz* (s. Anm. 2), 61.

[35]   Ges[18] 163f.

kannte Göttin; vielmehr ist »Aschera« zu einem allgemeinen Nomen geworden, der »Göttin« bedeutet. Der Weg vom Numen zum Nomen ist keine Erfindung der Deuteronomiker, sondern schon anfangsweise im 9. Jh. beschritten.

Im Hinblick auf die Göttin Astarte ist zu bemerken, dass sie in Ugarit mit dem nomen šd verbunden werden kann, als »Astarte des Feldes«.[36] In der constructus-Verbindung wird ihr also ein Funktionsbereich zugeordnet.

Interessanter als dieses Beispiel ist ein Beleg aus der Liste der Schwurgötter des Vertrags zwischen Hattusili III. und Ramses II. In der hieroglyphischen Fassung ist eine Göttin *t3 ntrt n D3-i-n3* bezeugt.[37] Die ägyptischen Übersetzer haben das keilschriftliche Original wohl als eine Kombination Göttin + Ortsname verstanden. Wahrscheinlicher ist es indes, hier eine Übertragung von ^{d}*Ištar ṣeni* zu sehen, was עַשְׁתְּרֹת צֹאן entspräche.[38] Das heißt, diese Fügung ist nicht völlig ungewöhnlich oder gar ungrammatisch, und sie reicht sogar bis in den Anfang des 2. Jts. zurück.

Allerdings steht in Dtn 7,13 עַשְׁתְּרֹת צֹאנֶךָ. Das enklitische Personalpronomen hinter dem nomen rectum ist die Innovation des deuteronomischen Verfassers. Mit seiner Verwendung ist צֹאן determiniert; das nomen regens עַשְׁתְּרֹת ist mithin indeterminiert und kann kein Name sein.

Blicken wir zurück, stellen wir fest, dass die grammatischen und semantischen Spielregeln, derer sich der Deuteronomiker bedient, bis in das 9. Jh. zurückreichen. Interessanterweise ist er nicht den Weg der paradigmatischen Ersetzung gegangen, obwohl die Möglichkeit bestanden hätte, wie eingangs angedeutet. Auch eine Formulierung, die die Anklänge an Götternamen weitgehend meidet, wie in der Karatepe-Inschrift, wurde nicht gewählt.

Auch die Umschreibung, wie sie die Priesterschrift in Gen 1,14ff. für »Sonne« und »Mond« gewählt hat, Ausdrücke, mit denen man semitische Götternamen assoziieren kann, wurde nicht angewandt.

Beschritten wurde indes der Weg einer Interpretation mit den Mitteln der Semantik und Grammatik: Die fünf Größen in Dtn 7,13 sind selbstredend keine Götter(-namen), sondern abstrakte Wirkgrößen, die z. T. metonymisch für die Produkte des Landes stehen. Den Vorgang der »legal innovation« hat B. M. Levinson in seiner Dissertation beschrieben und anhand des Vergleichs von Passagen des Bundesbuchs und des Deuteronomiums konturiert.[39] In Dtn 7,13 haben wir eine Dreierreihe von Produkten des Landes vor uns, die auch sonst im Alten Testament vorkommt, ergänzt durch Groß- und Klein-

---

[36] *M. Delcor*, Astarté et la fécondité des troupeaux en Deut. 7,13 et parallèles, UF 6 (1974), 11.

[37] *M. Görg*, Die »Astarte des Kleinviehs«, BN 69 (1993), 9f.

[38] *Görg* (s. Anm. 37), 10.

[39] *B. M. Levinson*, Deuteronomy and the Hermeneutics of Legal Innovation, Oxford 1997.

vieh. Das wirkt wie ein archaisches Gut, das nun in geeigneter Weise zurechtgerückt wird. So bemerkt Levinson: »Deuteronomy is a learned text, a literary composition that is the product of skilled scribes. It is a text, whose authors drew upon other texts, Israelite and cuneiform to revise them for their own ends.«[40]

---

[40]   *Levinson* (s. Anm. 39), 18.

Gottes Eifersucht als eine der Wurzeln des altisraelitischen Monotheismus

Bob Becking

1 Einleitung

In diesem Beitrag möchte ich gerne eine freche These vorstellen und verteidigen. In der alttestamentlichen Wissenschaft sowie in der biblischen Theologie wird die Eifersucht Gottes als eine Konsequenz der Monolatrie oder des Monotheismus gesehen, zum Beispiel von Gerhard von Rad[1], Oswalt Loretz[2], Walter Brueggemann[3] und Rainer Albertz[4]. Meines Erachtens ist sie aber eher eine der Wurzeln der Vorstellung der Alleinverehrung Jhwh's. Es ist unmöglich diese These niet- und nagelfest als unumgängliche Konsequenz der uns vorliegenden Daten zu beweisen – das ist übrigens mit der Konsequenzthese auch unmöglich. Ich kann nur die Texte – mit meiner Interpretation dazu – vorlegen und auf Ihre Zustimmung hoffen.

---

[1]   *G. von Rad*, Theologie des Alten Testaments, Band 1: Die Theologie der geschichtlichen Überlieferungen Israels, München 1957, 203–207.

[2]   *O. Loretz*, Des Gottes Einzigkeit. Ein altorientalisches Argumentationsmodell zum »Schma Jisrael«, Darmstadt 1997, 89–124.

[3]   *W. Brueggemann*, Theology of the Old Testament. Testimony, Dispute, Advocacy, Minneapolis 1997, 293–296.

[4]   *R. Albertz*, Religionsgeschichte Israels in alttestamentlicher Zeit (GAT, 8/1–2), Göttingen 1992, 68–103; siehe auch *S. D. Goitein*, YHWH the Passionate. The Monotheistic Meaning and Origin of the Name YHWH, in: VT 6 usw., 1–9; *D. Lochhead*, Monotheistic Violence, in: Buddhist usw., 3–12; *R. Mantin*, ›Dealing with a Jealous God‹: Letting Go of Monotheism and ›Doing‹ Sacrality, in: *L. Isherwood (Hg.)*, Patriarchs, Prophets and Other Villains, London/Oakville 2007, 37–49; *P. D. Miller*, The Ten Commandments (Interpretation), Louisville 2009.

2 ERSTER RUNDGANG DURCH DIE TEXTE

Circa 40 Stellen im Alten Testament belegen die Vorstellung von Gott Jahweh als einem eifersüchtigen Gott. Alle Stellen nützen eine Form der Wurzel קנא, ›eifern; eifersüchtig sein‹. Am bekanntesten ist die Stelle im Dekalog, wo das Gebot, sich nicht vor anderen Göttern niederzuwerfen, folgendermaßen motiviert wird: »denn ich, der HERR, dein Gott, bin ein eifersüchtiger Gott«[5]. Ein erster Rundgang durch die Texte macht klar, dass das semantische Feld dieser Wurzel sich zwischen zwei Polen bewegt und immer innerhalb eines Dreiecks.

Die Polarität kann folgendermaßen umschrieben werden: Auf der einen Seite steht ein schroffer Anthropopathismus.[6] Gott wird porträtiert, als ob Er eine an Neid oder Gier grenzende Angst hat, das zu verlieren was Er besitzt, oder als ob Er das haben will, was andere besitzen. Am anderen Ende des Spektrums steht dann das liebevolle Sich-Ereifern für: die Schutzmacht Gottes für Israel, das Er liebt und das Er nicht in fremde Hände fallen lassen möchte.[7] Das Buch Hosea bietet ein gutes Beispiel für die Abwechslung dieser zwei Seiten der Eifersucht beziehungsweise des Sich-Ereiferns.[8]

Eifersucht setzt ein Dreieck beziehungsweise eine Beziehung zwischen drei Entitäten voraus:[9]

(1) das eifersüchtige Subjekt,
(2) das Objekt des Besitzanspruches bzw. der Verlustangst (den Partner) und
(3) das Objekt, gegen das die Eifersucht gerichtet ist.

Dies kann eine Bedrohung sein, vor der die eifersüchtige Person Angst hat, weil sie etwas verlieren könnte.[10] Oder es kann eine Person sein, die bereits etwas besitzt, das das eifersüchtige Subjekt besitzen möchte. Hier grenzt die Eifersucht an den Neid. Ich werde später noch ausführlicher auf die Dreiecke, die im Umfeld der Wurzel קנא zu finden sind, eingehen.

---

[5]   Ex 20,5; siehe neben den Kommentaren *Miller*, Ten Commandments, 59–61.

[6]   Ein Anthropopathismus ist die Auffassung Gottes als eines menschlicher Affekte (*pathê*) fähigen Wesens.

[7]   S. *Brueggemann*, Theology, 267–313.

[8]   S. *J. P. Kakkanattu*, God's Enduring Love in the Book of Hosea. A Synchronic and Diachronic Analysis of Hosea 11, 1–11 (Forschungen Zum Alten Testament 2. Reihe), Tübingen 2006; *T. C. Römer*, Dieu obscur. Cruauté, sexe et violence dans l'Ancien Testament, Genève 2009, 35–36.

[9]   S. *D. Johnson*, Love: Bondage or Liberation, London 2010; *S. L. Hart / M. Legerstee (Hg.)*, Handbook of Jealousy. Theory, Research, and Multidisciplinary Approaches, Oxford 2010.

[10]   Man denke zum Beispiel an einen »Eindringling« in eine Zweierbeziehung; *R. G. Bringle / K. L. G. Boebinger*, Jealousy and the ›Third‹ Person in the Love Triangle, Journal of Social and Personal Relationships 7 (1990), 119–133.

In den mit dem Hebräischen verwandten semitischen Sprachen gibt es –
abgesehen von einem Beleg im Punischen[11] und einem unklaren spätbabylonischen Text[12] – keine Parallele zur Wurzel קנא. Manchmal wird ein ugaritischer
Beleg genannt.[13] Der Satz *'iqn'u šmt ṯn šrm*[14] wird z. B. von Driver[15] gelesen als
›ich bin eifersüchtig auf die Namen der Fürsten'. Das Wort *'iqn'u* ist aber ein
Nomen, das auf eine Farbe ›Blau (wie in Lapis-lazuli)‹ weist.[16]

Die Abwesenheit von Parallelen auf der Sprachebene des Wortes bedeutet
aber nicht die Abwesenheit des Konzeptes der menschlichen und göttlichen Eifersucht in den Kulturen des alten Vorderen Orients. Auch die manchmal dramatischen Dreiecke sind auffindbar. Leick hat darauf hingewiesen, dass der Topos ›Frauen, die eifersüchtig sind auf andere Frauen, weil sie denselben Mann
lieben möchten‹ häufig in der sumerischen Liebeslyrik anzutreffen ist.[17] Das
Thema der Eifersucht unter den Göttern ist in mehreren Epen belegt. Die Göttin
Inanna oder Ishtar ist ein gutes Beispiel.[18] Sie ist eifersüchtig gegenüber den
anderen Göttern, insbesondere Enki, weil sie die ME's – das heißt die Kontrolle
über das Wohl der Menschen – in ihrem Besitz haben.[19] In dem sumerischen
Text ›Inannas Gang in die Unterwelt‹, ist sie, von Eifersucht getrieben, bereit ihren Gatten Dumuzi zu töten, damit sie nach ihrer Rückkehr aus der Unterwelt
auf seinem Thron sitzen kann.[20] Und das ist nur einer ihrer Tricks. In einem anderen Text schmeichelt sie dem Hauptgott Anu damit, dass sie [für ihn?] eine
sehr hohe Position im Pantheon gewinnen kann.[21] Ihr ›love-life‹ ist gefüllt mit

---

[11]   DNWSI, 1014.

[12]   *B. Hruska*, Das spätbabylonische Lehrgedicht ›Inannas Erhöhung‹, Archiv Orientální
37 (1969), 473–522, 489.

[13]   Zum Beispiel von *E. Reuter*, Art. qn', ThWAT 7, Stuttgart u. a., 51–62.

[14]   Der Geburt der schönen Götter; Shahar und Shalim; UT Nr. 2246 = UT 52 = KTU
1.23:21–22.

[15]   *G. R. Driver*, Canaanite Myths and Legends, Edinburgh 1956, 121 n. 15.

[16]   Vgl. Akkadisches *uqnu*, ›lapis-lazuli‹, AHw, Bd. 3 (1981), 1426; *CAD U/W*, 195–202;
siehe *J. Friedrich*, Kleinigkeiten zur ugaritischen Grammatik, Orientalia (12) 1943, 1–22, 8
Anm. 1; *W. Röllig*, Lapislazuli A. Philologisch, in: RLA 6 (1983), 488–489; *W. G. E. Watson*,
Lexical Studies in Ugaritic, Aula Orientalis Supplementa 19, Sabadell-Barcelona 2007,
148–149.

[17]   *G. Leick*, Sex and Eroticism in Mesopotamian Literature, London 1994, 128.

[18]   Vgl. *H. L. J. Vanstiphout*, Inanna/Ishtar as a Figure of Controversy, in: *H. G. Kippenberg*
(Hg.), Struggles of Gods. Papers of the Groningen Work Group for the Study of the History
of Religion (Religion and Reason 31), Berlin 1984, 225–238.

[19]   *G. Farber-Flügge*, Der Mythos ›Inanna und Enki‹ unter besonderer Berücksichtigung der
Liste der me (Studia Pohl 10), Roma 1973.

[20]   *S. N. Kramer*, »Inanna's Descent to the Nether World«, Continued and Revised, Journal
of Cuneiform Studies 64 (1950), 199–214, 348–375.

vielen Geliebten. Aber als Gilgamesch sie ablehnt, ist sie erregt von Wut und Eifersucht. Ihr Vater Anu versucht sie zu beruhigen, stimmt aber mit Gilgamesch ein:

> Ishtar – kaum dass sie dieses hörte,
> War sie, Ishtar, sehr zornig, stieg empor zum Himmel,
> Es ging Ishtar hin, weinte vor Anu, ihrem Vater.
> Vor Antum, ihrer Mutter, fließen ihre Tränen:
> »Mein Vater! Gilgamesch hat mich sehr beschimpft!
> Beschimpfungen gegen mich reihte er aneinander,
> Beschimpfungen und Flüche gegen mich!«
> Anu tat zum Reden den Mund auf
> Und sprach zur fürstlichen Ishtar:
> »Wohl reiztest du selber den König von Uruk,
> Darum reihte Gilgamesch Beschimpfungen gegen dich aneinander,
> Beschimpfungen und Flüche gegen dich!«[22]

Daneben ist es auch möglich, das babylonische Schöpfungsepos *enuma eliš* als einen Mythos zu lesen, in dem der Hauptgott Marduk, von Eifersucht auf seine Rivalen getrieben, seine Position an der Spitze des Pantheons erkämpft und erobert.[23]

Auch in den Epen Ugarits werden die Göttinnen und Götter beschrieben als eifersüchtig auf den Besitz anderer Götter oder eben Menschen, sei es materiell, in kultischer Verehrung oder im Hinblick auf den Rang im Pantheon. Ich gebe einige Beispiele. Als die Göttin Anatu den Bogen des Helden Aqhatu sieht, ist sie eifersüchtig und möchte auch so einen Bogen haben. Sie bietet Aqhatu Silber oder Gold, aber er verweigert. Dadurch entzündet sich die Wut der Göttin. Diese

---

[21]   Der Mythos Inanna und An, siehe: http://etcsl.orinst.ox.ac.uk/cgi-bin/etcsl.cgi?text=
t.1.3.5#.

[22]   Gilgamesch Epos (*A. George*, The Epic of Gilgamesh: A New Translation, London 1999;
S. Maul, Das Gilgamesch-Epos: neu übersetzt und kommentiert, München 2008), vi: 80–91;
siehe *T. Abusch*, Ishtar's Proposal and Gilgamesh's Refusal. An Interpretation of the Gilgamesh Epic, Tablet 6, Lines 1–79, in: History of Religions 26 (1986), 143–87; *Vanstiphout*,
Inanna/Ishtar, 228; *R. Harris*, Gender and Aging in Mesopotamia. The Gilgamesh Epic and
Other Ancient Literature, Norman 2000, 119–128.

[23]   Siehe *W. G. Lambert*, Enuma Elisch, in: *O. Kaiser u. a. (Hg.)*, Texte aus der Umwelt des
Alten Testaments – Alte Folge, Band III, Lieferung 4; Weisheitstexte, Mythen und Epen II –
Akkadische Mythen und Epen, Gütersloh 1994, 565–602; *Ph. Talon*, Enuma Eliš. The Standard Babylonian Creation Myth (State Archives of Assyria Cuneiform Texts 4), Helsinki
2005.

Wut führt letztendlich zum Mord an Aqhatu.[24] Der Plot des Baal-Epos ist getrieben von der Eifersucht zwischen Yammu und Baalu um den Vorrang im Pantheon.

In dem fragmentarisch überlieferten hetitischen Mythos ›Elkunirsha‹ aus dem dreizehnten Jahrhundert wird – wahrscheinlich eine kanaanitische Vorform fortbildend – erzählt, dass die Göttin Ashertu den Sturmgott Baal zu einem sexuellen Abenteuer genötigt hat. Er verweigert sich und berichtet es Elkunirsha, dem Gatten von Ashertu. In einem Racheakt tötet daraufhin Baal Dutzende der Kinder von Ashertu.[25] Saul Olyan vermutet, dass El(kunirsha) zu viel Zeit mit jüngeren Göttinnen verbracht hat, dass Ashertu versuchte ihn eifersüchtig zu machen durch eine Liaison mit Baal.[26]

Im alten Ägypten gab es einen Unterweltgott Apep (Apophis). Der Legende nach wurde die Sonnenbarke des Re jede Nacht während der Reise durch die Unterwelt (ägyptisch Duat) von der Schlangengottheit angegriffen, weil Apep eifersüchtig war auf das strahlende Licht des Sonnengottes. Daher musste Apep allmorgendlich besiegt werden, damit Re seine Fahrt fortsetzen und so die Sonne aufgehen konnte. So soll Apophis die Fahrt der Barke mit den Windungen seines riesigen Schlangenkörpers behindert haben – deswegen die Sandbank des Apophis.[27]

3 Zwischenbilanz

Diese kurze Rundschau durch den Alten Orient hat gezeigt, dass das Konzept der göttlichen Eifersucht nicht beschränkt ist auf eine monotheistische oder monolatrische Form der Religion. Auch innerhalb polytheistischer Systeme ist das Konzept belegt. Damit ist gezeigt, dass die These ›das Konzept eines eifersüchtigen Gottes ist der Erfolg einer Entwicklung zum Monotheismus‹, mindestens einer Erweiterung oder Differenzierung bedarf. Daneben sei darauf hingewiesen, dass die Eifersucht der Göttinnen und Götter des alten Orients auf zweifache Weise funktioniert.

---

[24]   *KTU* 1.17 vi: 11–19, mit *J. C. de Moor*, The Rise of Yahwism. The Roots of Israelite Monotheism, 2. Aufl. (BEThL 91), Louvain 1997, 96–99.

[25]   CTH 342; *H. A. Hoffner*, Hitite Myths, New Edition (Writings from the Ancient World 2), Atlanta 1991, 69–70.

[26]   *S. M. Olyan*, Asherah and the Cult of Yahweh in Israel (SBL Monograph Series 34), Atlanta 1988, 44–45.

[27]   *J. Assmann*, Egyptian Solar Religion in the New Kingdom, London 1995, 49–57; s. auch das Buch der Bewältigung Apeps: *R. O. Faulkner*, The Bremner-Rhind Papyrus: III. D. The Book of Overthrowing 'Apep, in: The Journal of Egyptian Archaeology 23 (1937), 166–185.

Erstens funktioniert sie in der Dialektik und Dynamik von Polaritäten als Erklärung der Mehrfaltigkeit der Wirklichkeit. Die Eifersucht Apeps funktioniert innerhalb der Polarität zwischen Licht und Dunkel, Tag und Nacht. Die Abwechslung war eine tagtägliche Wahrnehmung der alten Ägypter – und nicht nur von ihnen. Sie wurde aber gefährdet von dem Gedanken oder der Angst, dass die Abwechslung eines Tages aufhören könnte, und dass die Finsternis bleibend wäre. Innerhalb dieser existentiellen Gedankenwelt funktioniert die Eifersucht Apeps und ihre Überwindung durch Re als hilfreicher Trost, als ein Mythos mit dem Ängste bewältigt werden können. Auf English gesagt: a myth to cope with the enormities of reality. Oder in der Terminologie Hermann Lübbes: der Mythos funktioniert hier als Kontingenzbewältigungspraxis.[28]

Zweitens funktioniert das Konzept der Eifersucht innerhalb einer Entwicklung, die man mehrfach deuten kann. *Enuma eliš* lässt sich aus mehreren Perspektiven lesen.

(1) Als Mythos der Neukonstellation eines Jahrübergangs.
(2) Als Spiegel von Macht und Machtstreit. Also das Pantheon als Metapher der königlichen Menschlichkeit und des Streits am Hofe.
(3) Aber auch als eine Tendenzschrift.

Der Aufstieg und die Bevorzugung Marduks ist nicht eine Tendenz zu Monotheismus oder Monolatrie, aber doch eine Konzentration auf die Verehrung dieses einen Gottes. Als Erfolg der Eifersucht Marduks sind die anderen Göttinnen und Götter an den Rand des Pantheons und der menschlichen Verehrung verbannt. Die göttliche Eifersucht funktioniert hier also in Verbindung mit der Vorrangigkeit Marduks.[29]

4 ZURÜCK ZUR HEBRÄISCHEN BIBEL

Wie gesagt sind Formen der Wurzel קנא, ›eifern; eifersüchtig sein‹, im Alten Testament circa 40 Mal belegt für JHWH oder Gott. Dieses Reden über Gott ist metaphorisch.[30] Es handelt sich also nicht um objektive Sprache für einen direkt wahrnehmbaren Gegenstand. Vielmehr handelt es sich um subjektive Sprache, die versucht eine tragende Grunderfahrung des Lebens annäherungsweise zu

---

[28] H. Lübbe, Kontingenzerfahrung und Kontingenzbewältigung, in: *G. von Graevenitz / O. Marquard (Hg.)*, Kontingenz (Poetik und Hermeneutik 17), München 1998, 35–47.

[29] Siehe auch A. Seri, The Fifty Names of Marduk in »Enūma eliš«, in: Journal of the American Oriental Society 126 (2006), 507–519; K. Sonik, Bad King, False King, True King. Apsû and His Heirs, in: Journal of the American Oriental Society 128 (2008), 737–743.

[30] Über die Art der religiösen Sprache und ihren metaphorischen Charakter gibt es eine Unmenge von Publikationen; siehe jetzt M. C. A. Korpel / J. C. de Moor, The Silent God, Leiden 2011, 55–77.

umschreiben. Jede Metapher hat ihre ›Träger‹ innerhalb der wahrnehmbaren Wirklichkeit. So wie die Metapher ›JHWH ist mein Hirte‹ Aspekte der liebevollen Fürsorge eines menschlichen Hirtens auf die Wahrnehmung an Gott transponiert, so transponiert die Metapher ›JHWH ist ein eifersüchtiger Gott‹ die allgemein erkennbare menschliche Emotion der Eifersucht auf die Ebene Gottes. Problematisch dabei sind zwei Sachen.

Erstens muss gesagt werden, dass andeutende Sprache, die Emotionen andeutet, immer auch selber schon Bildsprache ist. Weniger noch als das Wort Tisch mit einem Tisch zusammenfällt, fällt das Wortfeld קנא zusammen mit einer klar definierbaren menschlichen Emotion. Dazu kommt dann, dass die semantischen Felder von קנא und ›Eifersucht‹ oder ›jealousy‹ auch nicht zusammenfallen.

Zweitens sei bemerkt, dass die Transformation von der menschlichen Ebene auf die göttliche Ebene auch nicht wie eine algebraische Formel nachvollziehbar ist. Anders gesagt: Manche Metaphern isolieren einige für die Kommunikation nützliche Aspekte aus der Ganzheit des Trägerfeldes. Noch anders gesagt: Bei der Metapher ›Gott ist ein Fels‹ sind nicht alle Aspekte der Steinwelt mittransponiert, zum Beispiel das Element, dass man sich an einem Fels verwunden kann.

5 DIE ZWEI ODER VIER SEITEN DER EIFERSUCHT

Der Mensch ist eifersüchtig. Wie gesagt, setzt die Eifersucht ein Dreieck voraus:
(1) das eifersüchtige Subjekt,
(2) das Objekt des Besitzanspruches bzw. der Verlustangst (den Partner) und
(3) das Objekt, gegen das die Eifersucht gerichtet ist.
Dies kann eine Bedrohung sein, vor der die eifersüchtige Person Angst hat, weil sie etwas verlieren könnte (denken Sie zum Beispiel an einen »Eindringling« in eine Zweierbeziehung). Oder es kann eine Person sein, die bereits etwas besitzt, das das eifersüchtige Subjekt besitzen möchte.

Der Unterschied zwischen Eifersucht und Neid ist der, dass ein eifersüchtiger Mensch Angst hat, zu verlieren, was (oder wen) er besitzt und wirklich oder vermeintlich braucht, während ein neidischer Mensch das haben will, was andere besitzen. Beispielsweise sind Kinder eifersüchtig, wenn ihre Mutter ihren Geschwistern Aufmerksamkeit zuteil werden lässt. Sie sind jedoch neidisch auf das Fahrrad ihres Freundes, das sie gerne hätten.

Die gemeinsame Ursache für Eifersucht und Neid ist ein Selbstwert-Defizit.[31] Im Fall von Eifersucht empfindet der Betroffene mangelnde Wertschätzung durch

---

[31]   Siehe *L. Khanchandani / Th. W. Durham*, Jealousy During Dating Among Female College Students, in: College Student Journal 43 (2009), 1272–1278; *S. Stieger / A. V. Preyss / M. Vora-*

eine konkrete Person, Neid hingegen entzündet sich an den eigenen Wertvorstellungen oder denjenigen, die der Betroffene in eine soziale Gruppe bzw. die Gesellschaft projiziert.

Im Alten Testament gibt es Subjekte, die an einem derartigen Selbstwert-Defizit leiden. Ich nenne zwei Beispiele dieser dunklen Seite von קנא: Beschreibend: »Rachel aber sah, dass sie Jakob keine Kinder gebar, und Rachel wurde eifersüchtig auf ihre Schwester, und sie sprach zu Jakob: Schaffe mir Söhne, sonst sterbe ich« (Gen 30,1). Weisheitlich: »Voll Eifersucht glüht der Zorn des Mannes, und am Tag der Rache kennt er keine Schonung« (Sprüche 6,34).

Es gibt aber auch Beispiele der anderen Seite, also des ›eifern für‹, ›sich ohne Unterlass bekümmern um‹. Als Elia daran ist sein prophetischen Amt zurückzugeben, nennt er als Motivation: »Und er sprach: Ich habe wahrlich geeifert für den HERRN, den Gott der Heerscharen! Denn die Israeliten haben deinen Bund verlassen, deine Altäre haben sie niedergerissen und deine Propheten haben sie mit dem Schwert umgebracht. Und ich allein bin übrig geblieben, sie aber haben danach getrachtet, mir das Leben zu nehmen«.[32] Diese Motivation ist nicht ohne Emotion und auch nicht ohne Psychopathologie. Elias Streben ›für die gute Sache‹ hat ihn in einen arbeitssüchtigen Menschen transformiert, der jetzt die Grenzen seiner Möglichkeiten erreicht hat.

Gottes Eifersucht[33] im Alten Testament funktioniert auch innerhalb eines Dreiecks. Soweit ich sehe, gibt es zwei Konstellationen. Das Konzept קנא funktioniert dann unterschiedlich.

(1) Das Dreieck: Gott – andere Götter – Volk. Dieses Dreieck ist z. B. impliziert im Motivationswort im Dekalog. Gott entbrennt in neidischer Wut im Mo-

---

cek, Romantic Jealousy and Implicit and Explicit Self-Esteem, Personality and Individual Differences 52 (2012), 51–55.

[32]   1 Kön 1,10; s. *R. A. Carlson*, Élie a l'Horeb, in: Vetus Testamentum 19 (1969), 416–439; s. auch Jehu's Streben, dazu *Albertz*, Religiongeschichte, 242–244.

[33]   Aus der Fülle der Literatur: *B. Renaud*, Je suis un Dieu jaloux. Evolution semantique et signification theologique de Qine'ah, Paris 1963; *Th. C. Vriezen*, Hoofdlijnen der Theologie van het Oude Testament, derde druk, Wageningen 1966, 327–328; *W. Berg*, Die Eifersucht Gottes: ein problematischer Zug des alttestamentlichen Gottesbildes?, in: Biblische Zeitschrift 23 (1979), 197–211; *C. Dohmen*, »Eifersüchtiger ist sein Name« (Ex 34,14). Ursprung und Bedeutung der alttestamentlichen Rede von Gottes Eifersucht, in: Theologische Zeitschrift 46 (1990), 289–304; *R. Péter-Contesse*, Dieu est-il ›jaloux‹?, in: Cahier de la Traduction Biblique 28 (1997), 11–17; *Brueggemann*, Theology, 267–313; *De Moor*, Rise, 315–317; *W. Dietrich / Chr. Link*, Die dunklen Seiten Gottes. Willkür und Gewalt, Neukirchen 1995, 84–106; *W. Herrmann*, Theologie des Alten Testaments. Geschichte und Bedeutung des israelitisch-jüdischen Glaubens, Stuttgart 2004, 228–229; *A. Marx*, Le Dieu de l'Ancien Testament. Esquisse d'une approche canonique, Revue de Sciences Religieuses 80 (2006), 53–209; *Römer*, Dieu obscur.

ment, in dem Israel sich vor anderen Göttern beugt und diese verehrt. Das Bild ist anthropopathisch und gleicht der Eifersucht Marduks in *enuma eliš*. Ex 20 geht aber einen Schritt weiter. Die anderen Göttinnen und Götter sind hier nicht nur an den Rand, sondern über die Grenze des Pantheons und der menschlichen Verehrung hinaus gedrängt. Diese Vorstellung ist monolatrisch und geht weiter als das Konzept von Jhwh als Vorsitzendem des Gottesrates.

(2) Das Dreieck: Gott – Volk – andere Völker. In diesem Dreieck hat Israel eine andere Position. Das Volk ist jetzt das Objekt des Besitzanspruches bzw. der Verlustangst. Gott hat Angst, das Volk an die Feinde zu verlieren und ereifert sich liebevoll dafür, dass das Joch, das auf die Schultern des Volkes drückt, zerbrochen wird. Dieses Motiv ist in mehreren Texten aus der Zeit rund um das Exil belegt, z. B. Nah 1; Jes 9. Ich nenne hier Ez 39,25: »Darum, so spricht Gott der HERR: Nun werde ich das Geschick Jakobs wenden und mich des ganzen Hauses Israel erbarmen, und für meinen heiligen Namen werde ich eifern.«

Es ist verlockend, hier eine Entwicklung zu sehen: vom Anthropopathismus zum liebevollen Sich-Ereifern für.[34] Das wäre aber problematisch.

(1) Es ist noch immer nicht einfach, alle diese Texte zu datieren. Die Datierungen sind umstritten und deswegen ist eine Schlussfolgerung, die auf Datierungen basiert, schwach.[35]

(2) Auch in nach-exilischen Texten und Redaktionen ist die ›alte‹ Bedeutung belegt.[36]

(3) Im Großen und Ganzen kann doch gesagt werden, dass das eine Konzept – der Anthropopathismus – in älteren Texten relativ häufiger belegt ist.

(4) Ich meine – kann das aber nicht verifizieren, aber ich sehe auch keinen Weg zur Falsifikation –, dass es eine theologische Adaption des Konzeptes der Eifersucht an die Idee der Heiligkeit Gottes gegeben hat.

»Das Konzept der Heiligkeit Gottes ist das wichtigste Kennzeichen des alttestamentlichen Gottesglaubens.«[37] Der Begriff *qādôš* ist weiter und breiter als der manchmal genannte qualitative Unterschied zwischen Jhwh und der Menschheit oder zwischen Jhwh und anderen Göttinnen und Göttern. Er bezeichnet neben der Majestät und Unnahbarkeit Gottes auch das rätselhaft Unerforschliche in Gott. Diese heilige Undurchdringbarkeit ist meines Erachtens der Grund dafür, dass Jhwh auch im anderen Sinne des Wortes eifersüchtig sein kann.

---

[34] *Herrmann*, Theologie, 229, neigt zu so einer Position.

[35] Siehe dazu die unterschiedlichen Positionen in neueren Literaturgeschichten des Alten Testaments, z. B. *H. M. Barstad*, A Brief Guide to the Hebrew Bible, Westminster 2010; *K. Schmid*, Literaturgeschichte des Alten Testaments. Eine Einführung, Darmstadt 2008.

[36] Ez 5,13 für Gott und in anderen Texten für Menschen.

[37] *Vriezen*, Hoofdlijnen, 322; siehe auch *Brueggemann*, Theology, 267–313.

6 POLYTHEISMUS, PLURALISMUS, MONOTHEISMUS, MONO-YAHWISMUS, MONOLATRIE

Angeregt durch die Funde zahlreicher eisenzeitlicher *pillar-figurines*, die eine Dea Nutrix darstellen[38] und durch die althebräischen Inschriften, die über Jahweh und seine Asherah informieren,[39] hat sich seit 1980 eine bedeutsame Debatte entfaltet um die Frage, ob die Religion Altisraels monotheistisch war – oder nicht. Diese Debatte ist bisher zu keinem eindeutigen Lösungsvorschlag gelangt. Lassen Sie mich in einigen Worten meine eigene Position beschreiben.[40]

Meines Erachtens hat es im alten Israel von alters her einen religionsinternen Pluralismus gegeben.[41] Das bedeutet, dass die Formen von Kult, Glaube und Gottesvorstellung differenziert waren: lokal, zeitlich und abhängig von der jeweiligen sozialen Gruppe. Bestandteil dieses religiösen Reichtums war, dass es an mehreren Orten Formen von Polytheismus gegeben hat: Jahweh wurde zusammen mit einer Göttin verehrt. Dabei handelte es sich manchmal um Asherah, aber auch Anat und die ›Königin des Himmels‹ sind belegt.[42] Daneben hat es –

---

[38] Siehe *T. A. Holland*, A Typological and Archaeological Study of Human and Animal Representations in the Plastic Art of Palestine during the Iron Age, Oxford 1975; *R. Kletter*, The Judean Pillar-Figurines and the Archaeology of Asherah, Oxford 1996; *R. Kletter*, »Between Archaeology and Theology. The Pillar Figurines from Judah and the Asherah«, in: *A. Mazar (Hg.)*, Studies in the Archaeology of the Iron Age in Israel and Jordan, JSOT Sup 331, Sheffield 2001, 197–216; *I. D. Wilson*, Judean Pillar Figurines and Ethnic Identity in the Shadow of Assyria, in: JSOT 36 (2012), 259–278.

[39] Aus Khirbet el Qom und Kuntillet al Ajrud, siehe *J. Renz*, Die althebräischen Inschriften. Teil 1. Text und Kommentar, HAE, II/1, Darmstadt 1995, 47–64 und 202–211.

[40] Wichtige Stimmen sind: *B. Lang*, Die Jahwe-allein-Bewegung, in: *Ders. (Hg.)*, Der einzige Gott. Die Geburt des biblischen Monotheismus, München 1981, 47–83; *M. Dietrich / O. Loretz*, »Jahwe und seine Aschera«. Anthropomorphes Kultbild in Mesopotamien, Ugarit und Israel. Das biblische Bilderverbot, UBL, 9, Münster 1992; *O. Loretz*, Des Gottes Einzigkeit. Ein altorientalisches Argumentationsmodell zum »Schma Jisrael«, Darmstadt 1997; *J. M. Hadley*, The Cult of Asherah in Ancient Israel and Judah. Evidence for a Hebrew Goddess, University of Cambridge Oriental Publications, 57, Cambridge 2000; *A. Lemaire*, La Naissance du monothéisme. Point de vue d'un historien, Paris 2003; *N. McDonald*, Deuteronomy and the Meaning of »Monotheism«, FAT, 2.1, Tübingen 2003; *W. G. Dever*, Did God Have a Wife? Archaeology and Folk Religion in Ancient Israel, Grand Rapids 2005; *M. S. Smith*, The Origins of Biblical Monotheism. Israel's Polytheistic Background and the Ugaritic Texts, Oxford 2001; *S. Petry*, Die Entgrenzung JHWHs: Monolatrie, Bilderverbot und Monotheismus im Deuteronomium, in Deuterojesaja und im Ezechielbuch, FAT II/27, Tübingen 2007; *Olyan*, Asherah; *De Moor*, Rise.

[41] So auch *Albertz*, Religiongeschichte.

[42] S. neben den Lemmata in *DDD*: *K. Koch*, Aschera als Himmelskönigin in Jerusalem, in: UF 20 (1988), 97–120; *H. Niehr*, JHWH in der Rolle des Baalsamem, in: *W. Dietrich / M. Klop-*

insbesondere in der Religion auf der Ebene des Haushaltes – alle Arten von Dämonenglauben gegeben, die eine Gefährdung der Bilanz im Leben bedeuteten, zum Beispiel die Bes-Figur, die das Leben von schwangeren Frauen bedrohte,[43] die Pest, die umgeht im Finstern, die Seuche, die wütet am Mittag,[44] aber auch der Dämon der Schwelle des Hauses, den die Schwellenhüpfer der Jerusalemer Elite vermeiden möchten.[45]

Im alten Israel hat es eine Entwicklung hin zur Monolatrie und Mono-Yahwismus gegeben. Die ›Theologie‹ der Jahweh-Allein-Bewegung[46], die ihren Niederschlag gefunden hat in biblischen Büchern wie Deuteronomium, Könige und Jeremia, hat zu einer Form von Religion geführt, die gewissermaßen auf drei Pfeilern ruhte:

(a) Monolatrie: nur JHWH soll verehrt werden; die Existenz anderer Göttinnen und Götter wird nicht verneint, sie sind aber aus dem Pantheon verbannt.

(b) Anikonismus: JHWH möchte nicht über ein Bild, Abbild oder tastbares Vorbild verehrt werden.

(c) Kultkonzentration: Nur die Verehrung am Jerusalemer Heiligtum ist akzeptabel; alles andere wird mit eifersüchtigen Augen angesehen und soll abgelehnt werden.

Zwei Sachen sind dabei unklar:

(1) Wie tief waren die Wurzeln dieser ›Theologie‹ in der Religion Altisraels?

(2) Wann hat das entscheidende Momentum stattgefunden?

Im Zeitalter Josias – also vor dem Exil, wie 2 Kön 23 andeutet, oder erst nach dem Exil als Erfolg der Predigt Deuterojesajas? Ich selber meine, dass die Wende bereits vor dem Exil stattgefunden hat – aber diese Einschätzung verrät

---

fenstein (Hg.), Ein Gott allein? Jhwh-Verehrung und Monotheismus im Kontext der israelitischen und orientalischen Religionsgeschichte, OBO, 139, Freiburg/Göttingen 1994, 307–26; *H. Cohn*, Is the »Queen of Heaven« in Jeremiah the Goddess Anat?, in: Jewish Bible Quarterly 32 (2004), 55–57. Für die These, dass die Himmelskönigin Jahwe entspreche s. *T. A. Ellis*, Jeremiah 44: What if ›the Queen of Heaven‹ is YHWH?, in: JSOT 33 (2009), 465–488.

[43] Siehe *V. Wilson*, The Iconography of Bes with Particular Reference to the Cypriot Evidence, in: Levant 7 (1975), 77–103; *E. Lieber*, Leprosy in the lands of the bible, and the demons Bes and Pazuzu. I: Ancient Egypt and the Bes-image, in: Qorot 10 (1993–94), 25–43.

[44] Psalm 91,6; mit *G. C. Vreugdenhil*, Achter de schermen. Psalm 91 en de realiteit van demonen, in: Theologia Reformata 52 (2009), 379–385.

[45] Zef 1,9; s. dazu *H. Donner*, ›Die Schwellenhüpfer. Beobachtungen zu Zephanja I, 8 f.‹, in: Journal of Semitic Studies 15 (1970), 42–55 – von der Mehrheit der Kommentare übernommen; *Chr. Uehlinger*, Astralkultpriester und Fremdgekleidete, Kanaanvolk und Silberwäger. Zur Verknüpfung von Kult- und Sozialkritik in Zef 1, in: *W. Dietrich / M. Schwantes (Hg.)*, Der Tag wird kommen. Ein interkontextuelles Gespräch über das Buch des Propheten Zefanja (SBS 170), Stuttgart 1996, 49–83, 58.

[46] *Lang*, Bewegung.

vielleicht nur meine Behutsamkeit und reflektiert keine historische Wirklichkeit.

7 EIFERSUCHT UND MONOLATRIE/MONOTHEISMUS

Meines Erachtens ist die Vorstellung von der Eifersucht Gottes älter als diese Wende. Das lässt sich nicht einfach beweisen und ist abhängig von der Datierung von Quellen, Texten und Redaktionen. Deswegen schlage ich ein konzeptuelles oder religionsvergleichendes Argument vor. In der Umwelt Altisraels führt die göttliche Eifersucht zur Vorrangigkeit innerhalb des Pantheons. Diese Vorstellung einer Gottheit als Chef einer göttlichen Ratsversammlung ist auch bekannt im Alten Testament – zum Beispiel: Gen 1; Hiob 1–2; 1 Kön 22; Ps 58. Meines Erachtens ist sie eine Vorstufe des Monolatrismus. Die Jahweh-Allein-Bewegung wurde also nicht nur geprägt durch die historischen Zusammenhänge des 8. und 7. Jahrhunderts, wie dem Fall des Nordreiches und der Abrechnung der Manasse-Doktrin der Kooperation mit Assyrien,[47] sondern ist auch gespeist von der Vorstellung der Eifersucht Gottes, die JHWH an die Spitzenposition des Pantheons und später zur Alleinverehrung gebracht hat.[48]

---

[47] Siehe *Lang*, Bewegung; *Albertz*, Religionsgeschichte, 304–373.

[48] Erst später bemerkte ich, dass diese Position schon 1923 von *G. M. Stratton*, Anger: Its Moral and Religious Significance, New York 1923, 227, vorgeschlagen wurde, allerdings nur mit Argumenten aus der damaligen Psychologie.

DER UNVERGLEICHLICHE GOTT

Zur Umformung einer polytheistischen Redeweise
im Alten Testament

Reinhard Müller

»Wer ist wie du unter den Göttern, Jahwe?« Wie in einem Brennglas bündelt sich in diesem Satz, auf welche Weise die Jahwereligion aus dem Kreis der altorientalischen Religionen, in dem ihre Wurzeln liegen, herausgewachsen ist. Denn es ist unübersehbar, dass der Satz eine vorhandene Götterwelt im Blick hat: Die rhetorische Frage »wer ist wie du unter den Göttern?« kann nur entstanden sein, solange diese Götter als Wesen galten, die mit Jahwe potentiell vergleichbar waren. Liest man die Frage jedoch in ihrem alttestamentlichen Horizont, ist deutlich, dass den Göttern keine echte Göttlichkeit zukommen kann. Die Frage erhält einen Inhalt, der zur Form nicht mehr passt: *Wer ist wie du unter Göttern, die der Eigenschaften eines Gottes entbehren?* Offensichtlich hat sich das Verständnis dessen, was den Gott Jahwe aus dem Kreis der übrigen Götter heraushebt, tiefgreifend gewandelt.

Im Folgenden soll versucht werden, diesen Wandel skizzenhaft nachzuzeichnen, und zwar anhand einiger Beispiele der Rede vom unvergleichlichen Gott: Es liegt auf der Hand, dass diese geprägte Redeweise, die aus einer polytheistischen Vorstellungswelt stammt, im Alten Testament umfassend neubestimmt werden musste.

I DIE UNVERGLEICHLICHKEIT DES KÖNIGLICHEN GOTTES

Die Religionen des Alten Orients lebten von der bunten Vielfalt ihrer Götter. In den Götterhimmeln spiegelten sich manche Aspekte des irdischen Lebens. Vor allem die strenge hierarchische Schichtung der Gesellschaft fand hier ein Gegenstück.[1] In diesem Horizont ist die Rede vom unvergleichlichen Gott entstanden. Sie erlaubte es, einen Gott aus der Vielfalt herauszuheben, indem

---

[1]   Vgl. *M. S. Smith*, The Origins of Biblical Monotheism. Israel's Polytheistic Background and the Ugaritic Texts, Oxford / New York 2001, bes. 54–66.

man betonte, dass keiner der übrigen Götter ihm gleiche. Meist finden sich derlei Aussagen in Hymnus und Gebet,[2] was darauf schließen lässt, dass sie in diesem Kontext geprägt wurden: In der Anbetung galt es, der jeweiligen Gottheit in einer Haltung höchster Ehrfurcht zu begegnen, und eine Möglichkeit, diese Ehrfurcht zu zeigen, bestand darin, die Einzigartigkeit der Gottheit zu loben.

Diese Ehre wurde längst nicht allen Göttern zuteil. Das Lob der Unvergleichlichkeit ist nur für einen eingeschränkten Kreis von Gottheiten belegt, allen voran Ištar, Sîn und Šamaš, Marduk, Nabû und Nergal.[3] Gegenstand des Lobs war nicht eine spezifische Eigenschaft der jeweiligen Gottheit – in dieser Hinsicht hätte man auch andere Götter unvergleichlich nennen können –, sondern ihre außerordentliche Macht, die sie mit keinem der übrigen Götter teilte.[4] Dabei ging es nicht darum, die Hierarchie im Götterhimmel von einem neutralen Standpunkt aus zu systematisieren. Vielmehr pries man, der aspekthaften Wahrnehmung gemäß,[5] diejenige Gottheit als unvergleichlich, deren Kult man gerade vollzog, weil man sich anbetend von Ehrfurcht vor ihr erfüllen ließ.[6]

---

[2]   An mesopotamischen Beispielen seien genannt: Ištar 1, Z. 11f. (*A. Zgoll*, Die Kunst des Betens. Form und Funktion, Theologie und Psychagogik in babylonisch-assyrischen Handerhebungsgebeten an Ištar, AOAT 308, Münster 2003, 191-200); King Seven Tablets of Creation II, Pl. LXXVff. (an Ištar), Z. 36 (*E. Ebeling*, Die akkadische Gebetsserie »Handerhebung«. Von neuem gesammelt und herausgegeben, Deutsche Akademie der Wissenschaften zu Berlin, Institut für Orientforschung, Veröffentlichung Nr. 20, Berlin 1953, 130-36); Prayer to Ištar, Z. 75f. (*W. G. Lambert*, Three Literary Prayers of the Babylonians, in: AfO 19 [1959/60], 50-55); K. 3505 + Scheil 7 (an Marduk), Z. 14f. (*Ebeling*, Gebetsserie, 93-95); K. 3351 (an Marduk): Z. 11f (*Ebeling*, Gebetsserie, 94f.); Prayer to Marduk No. 2, Z. 32-35 (*Lambert*, Prayers, 61-66); Prayer to Marduk No. 1, Z. 38 (*Lambert*, Prayers, 55-60); King Magic Nr. 27 (an Nergal), Z. 6 (*Ebeling*, Gebetsserie, 112-114); AO 17642 (an Nergal), Z. 13-16 (*Ebeling*, Gebetsserie, 118f.); IV R 9 (an Nannar/Sin), obv. Z. 52, 54, 56, rev. Z. 10 (*S. Langdon*, Babylonian Penitential Psalms, Oxford Editions of Cuneiform Texts VI, Paris 1927, 6-11); großer Šamaš-Hymnus, Z. 45f. (*W. G. Lambert*, Babylonian Wisdom Literature, Oxford 1967, 121-138).

[3]   Vgl. den Überblick bei *C. J. Labuschange*, The Incomparability of Yahweh in the Old Testament, Pretoria Oriental Series V, Leiden 1966, 33-45.

[4]   *Labuschange*, Incomparability, 48-53, vermutet den Ursprung des Gedankens daher einerseits im Motivkreis des göttlichen Kampfes über die Chaosmächte, andererseits in der göttlichen Fähigkeit zur Beherrschung natürlicher Phänomene.

[5]   Vgl. grundlegend *E. Brunner-Traut*, Frühformen des Erkennens. Am Beispiel Altägyptens, Darmstadt 1990, zum vorliegenden Gegenstand bes. 115-120.

[6]   Vgl. *Labuschange*, Incomparability, 53f.; *F. Stolz*, Einführung in den biblischen Monotheismus, Darmstadt 1996, 44f.

Ein besonders schönes Beispiel findet sich im altbabylonischen Ištar-Hymnus des Königs Ammiditana,[7] eines Urenkels des Hammurapi.[8] Die Göttin wird mit den Worten gepriesen:

> Wer ist ihrer Größe gleich, wer?
> Mächtig, erhaben, herausragend sind ihre Kultordnungen.
> …
> Sie, unter den Göttern ist ihre Stellung übergroß,
> gewichtig ist ihr Wort, über diese ist sie mächtig.
> …
> Ihre Königin (ist sie): Ihre Weisungen tauschen sie immerzu aus,
> sie alle werfen sich vor ihr nieder,
> zu ihrem Licht kommen sie,
> Frau und Mann werfen sich vor ihr nieder.[9]

Das Beispiel zeigt, wie eng das Lob der göttlichen Unvergleichlichkeit auf die hierarchische Vorstellung bezogen ist: Dass der Göttin niemand gleichkommt, ist in ihrer königlichen Herrschaft begründet, und ihre Machtvollkommenheit spiegelt sich in den ehrfürchtigen Huldigungen, die sie in der Götterversammlung und unter den Menschen empfängt.

Es ist zu erwarten, dass der Königsgott Jahwe, der in den eisenzeitlichen Königreichen Israel und Juda verehrt wurde, mit ähnlichen Aussagen gepriesen werden konnte. Ein Indiz ist der Personenname מכיהו »Wer-ist-wie-Jahu?«, der den zahlreichen akkadischen Namen vom Typ *Mannu-kī-Ištar* oder *Mannu-kī-Adad*[10] an die Seite zu stellen ist.[11] Auf Stempelsiegeln und Bullen ist der Name מכיהו in Juda auffallend häufig um die Wende vom 7. zum 6. Jh. bezeugt.[12] Freilich

---

[7]   AO 4479, Z. 21–32 (*A. Lenzi* [Hg.], Reading Akkadian Prayers and Hymns, Society of Biblical Literature Ancient Near East Monographs 3, Atlanta 2011, 111–130).

[8]   Zu Ammiditana vgl. RLA, Bd. 1, 97.

[9]   Eigene Übersetzung auf Grundlage des Textes bei *Lenzi (Hg.)*, Reading Akkadian Prayers, 116–118.

[10]   Vgl. *K. L. Tallqvist,* Assyrian Personal Names, Helsingfors 1914 (ND Hildesheim 1966), 124–127, und *J. J. Stamm,* Die akkadische Namengebung, MVAG 44, Leipzig 1939, 237–239.

[11]   Vgl. *M. Noth,* Die israelitischen Personennamen im Rahmen der gemeinsemitischen Namengebung, Stuttgart 1928, 144.

[12]   Vgl. *J. Renz / W. Röllig,* Handbuch der althebräischen Epigraphik, Bd. II/2, Darmstadt 2003: Nr. 13.21 (Ende 8. Jh.): מכיהו; Nr. 13.20 (7. Jh.): מכיהו; Nr. 13.22 (Ende 7. Jh.): מכיהו; Nr. 13.23 (Ende 7. Jh.): [ו]מכיה; Nr. 13.24 (Ende 7. Jh.): מכיהו; Nr. 13.25 (Ende 7. Jh.): [מכי]הו; Nr. 13.26 (Ende 7. Jh.): מכיהו; Nr. 13.27 (Ende 7. Jh.): מכיהו (wohl derselbe Besitzer wie 13.26); Nr. 13.28 (Ende 7. Jh.): [מכי]הו; Nr. 13.29 (Ende 7. Jh.): [מכי]הו; sowie *dies.*, Handbuch der althebräischen Epigraphik, Bd. I, Darmstadt 1995: Lak(6):1.11,3 (ca. 589/88): מכיהו.

lässt das judäische Onomastikon dieser Zeit zugleich eine monolatrische Beschränkung auf den Gott Jahwe erkennen,[13] was dafür sprechen könnte, dass die Beliebtheit des Namens מכיהו – anders als die akkadischen Namen – eine weithin exklusive Bindung der Bevölkerung an Jahwe spiegelt.

Wer im Alten Testament nach Resten der im Alten Orient verbreiteten, polytheistischen Rede vom unvergleichlichen Gott sucht, stößt vor allem auf zwei Texte: Ex 15 und Ps 89. In beiden Fällen ist der ursprüngliche Vorstellungshorizont unübersehbar.

Wenn Moses Meerlied (Ex 15) von den Göttern spricht, ist die Vorstellung des göttlichen Königtums vorausgesetzt (V. 11a):

> Wer ist wie du unter den Göttern, Jahwe,
> wer ist wie du, verherrlicht im Heiligtum?

In diesem klassischen Stufenparallelismus werden die Götter (אלים) mit dem Heiligtum parallelisiert, in dem Jahwe »verherrlicht« wird (נאדר בקדש); gemeint ist das unsichtbare Heiligtum im Hintergrund des Tempels, in dem, wie in dem alten Hymnus von Ps 29 beschrieben, der göttliche König Huldigungen durch die »Göttersöhne« (בני אלים) empfängt.[14] Auf diese Vorstellung deutet auch die Wurzel אדר, ein in westsemitischen Texten einschlägiger Begriff der Theologie des Königsgottes;[15] man vergleiche nur Ps 93,4: אדיר במרום יהוה »mächtig ist in der Höhe Jahwe«[16].

Das Bild des Königsgottes, der unter den Göttern nicht seinesgleichen hat, prägt in Ex 15 nicht nur die Unvergleichlichkeitsaussage selbst; in V. 6 und 7 wird mit ähnlichen Begriffen und Motiven ein göttlicher Krieger gezeichnet, der seine Widersacher besiegt:

> Deine Rechte, Jahwe, der du verherrlicht bist[17] durch Kraft,
> deine Rechte, Jahwe, zerschmettert den Feind!
>
> Und durch deiner Hoheit Größe reißt du nieder, die sich gegen dich erheben,
> du entsendest deine Zornesglut, dass sie sie frisst wie das Stroh.

---

[13] Vgl. *J. Tigay*, You Shall Have No Other Gods. Israelite Religion in the Light of Hebrew Inscriptions, HSS 31, Atlanta 1986, bes. 17–20.

[14] Vgl. dazu *R. Müller*, Jahwe als Wettergott. Studien zur althebräischen Kultlyrik anhand ausgewählter Psalmen, BZAW 387, Berlin / New York 2008, 122–128.

[15] Vgl. 'dr₇ Nr. 1 a) in: *J. Hoftijzer / K. Jongeling*, Dictionary of the North-West Semitic Inscriptions, HdO I/21, Bd. 1, Leiden u. a. 1995, 18f.

[16] Vgl. dazu *Müller*, Jahwe als Wettergott, 73–75.

[17] נאדרי wird meist auf die Rechte Jahwes bezogen (z. B. bei *J. Jeremias*, Das Königtum Gottes in den Psalmen. Israels Begegnung mit dem kanaanäischen Mythos in den Jahwe-König-Psalmen, FRLANT 141, Göttingen 1987, 94, und *H. Spieckermann*, Heilsgegenwart. Eine Theologie der Psalmen, FRLANT 148, Göttingen 1989, 97); das Wort ist aber Apposition zu יהוה, vgl. *H. Holzinger*, Exodus, KHC II, Tübingen u. a. 1900, 49.

Dabei zeigt sich, dass Jahwe deshalb im Heiligtum verherrlicht wird (V. 11), weil er durch seine kriegerische Macht »verherrlicht« ist (V. 6); im Gestus der Rechten, die zum Niederschlagen der Feinde ausholt,[18] findet das einen Ausdruck, der ikonographisch breit belegt ist.[19] Es lässt sich erwägen, dass in V. 6–7.11a die Reste eines alten, königszeitlichen Preisliedes auf den kriegerischen König Jahwe erhalten sind.

Im Zusammenhang des Meerliedes wurde die traditionelle Motivik freilich grundlegend neubestimmt, indem sie auf den Untergang der Ägypter im Meer (V. 8–10) und die Führung des Gottesvolkes zum Heiligtum (V. 13) bezogen wurde.[20] Dabei lehnt sich die Anspielung auf das Meerwunder in V. 8–10 auffallend eng an die Motivik des Wettergottes und seines Kampfes gegen die Chaosmächte an: So ist von Jahwes zornigem Schnauben die Rede oder von ים »Meer«, תהמת »Fluten« und מים אדירים »mächtigen Wassern«. Freilich erscheinen die gewaltigen Fluten, anders als in Ps 93, nicht mehr als Jahwes Widersacher; vielmehr werden sie von ihm als Werkzeuge im Kampf gegen geschichtliche Feinde in den Dienst genommen.[21]

Im Zuge der heilsgeschichtlichen Umdeutung wurde auch das Lob des unvergleichlichen Gottes erweitert:[22]

> Wer ist wie du unter den Göttern, Jahwe,
> wer ist wie du, verherrlicht im Heiligtum,
> *gefürchtet an Ruhmestaten, Wunder vollbringend?*

---

[18] Vgl. Ps 118,15b.16, ein hymnisches Fragment, das dasselbe Motiv enthält.

[19] Vgl. *M. Klingbeil*, Yahweh Fighting from Heaven. God as Warrior and as God of Heaven in the Hebrew Psalter and Ancient Near Eastern Iconography, OBO 169, Freiburg (Schweiz)/ Göttingen, 1999, 168–178.

[20] Die Vorschläge zur Datierung des Meerliedes reichen von der Frühzeit Israels (v. a. durch die Schule Albrights) über die Zeit des Josia bis zur nachexilischen Zeit, vgl. die bei *Jeremias*, Das Königtum Gottes in den Psalmen, 93, Anm. 1 und 2, genannte Literatur. Ich halte es nicht für ausgeschlossen, dass das möglicherweise in V. 6 f.11a greifbare Fragment eines alten Preisliedes auf den königlichen Krieger Jahwe noch in der späten Königszeit durch V. 8–10.13.18 erweitert wurde, um die israelitische Exodus-Überlieferung auf die Theologie des Jerusalemer Tempels auszurichten. V. 15–17* könnten in sehr viel späterer Zeit hinzugefügt worden sein (erkennbar an der Wiederaufnahme von V. 13 in V. 17), wodurch das Meerwunder mit der Durchquerung des Jordans überblendet wurde. Der Einbau in Ex 15 ist möglicherweise erst durch V. 1–5*.19 geschehen, wobei die Verwandlung des Mirjamliedes in ein individuelles Danklied des Mose v. a. durch Elemente aus Ps 118 (vgl. V. 14.28 mit Ex 15,2) geleistet wurde. Weitere Ergänzungen könnten in V. 12.14.15b zu greifen sein.

[21] Vgl. *Jeremias*, a. a. O., 101f.

[22] Vgl. *Spieckermann*, Heilsgegenwart, 103.

Die Götter müssen Jahwe also nicht mehr allein wegen seiner königlichen Macht fürchten (wie in Ps 29,1–2), sondern auch und vor allem wegen seines heilsgeschichtlichen Wirkens: Die »Ruhmestaten« (תהלת)[23] und das »Wunder« (פלא)[24] bestehen darin, dass Jahwe in seiner königlichen »Huld« (חסד) ein Volk »ausgelöst«[25] und zu seinem Heiligtum gebracht hat (V. 13)[26]. Auf diese Weise wandelt sich die Unvergleichlichkeit des Königsgottes – vielleicht zum ersten Mal im Alten Testament – zur echten Analogielosigkeit: Vergleichbare »Ruhmestaten« eines Gottes sind tatsächlich »unter den Göttern« nicht zu finden.

Die monumentale Klagekomposition von Ps 89, die von Jahwes Treue an seinem Gesalbten handelt, hebt in ihrer Eröffnung mehrfach Jahwes Unvergleichlichkeit hervor. Die Aussagen sind auf das Bild des Königsgottes inmitten seines Hofstaates bezogen (V. 7–8):

(Denn:) Wer in den Wolken gleicht Jahwe,
ist Jahwe ähnlich unter den Göttersöhnen?

Ein Gott, gefürchtet im Kreis der Heiligen gar sehr,
und furchtbar über allen, die ihn umgeben!

Die Wolken gehören zum Motivkreis des königlichen Wettergottes,[27] und die »Göttersöhne« (בני אלים) begegnen sonst nur in der Einleitung von Ps 29, wo sie aufgerufen werden, ihrem König Jahwe zu huldigen (Ps 29,1–2*). Auch die Rede vom »Kreis der Heiligen« (סוד קדשים), parallel zu »allen, die ihn umgeben«, verweist auf den göttlichen Hofstaat; dass קדשים ein alter Begriff für den Kreis der Götter ist, wird durch westsemitische Parallelen bestätigt.[28] Auffallend ist, dass Jahwe in V. 8 אל genannt wird. Darin klingt der Name des westsemitischen

---

[23] Vgl. Ps 78,4; Jes 60,6.

[24] Vgl. פלא (sg.) in Ps 89,6 (s. u.) sowie in Ps 77,12.15; 78,12; evtl. auch Jes 25,1; ohne heilsgeschichtlichen Bezug in Ps 88,11.13.

[25] Traditionsgeschichtlich älter könnte das Motiv der göttlichen Auslösung aus dem Tod sein, das im individuellen Gebet begegnet (Ps 69,19; 103,4; Klgl 3,58; vgl. Hos 13,14). Hier setzt das Motiv der Auslösung hingegen die Vorstellung einer Versklavung Israels in Ägypten voraus (textlich mindestens in der Notiz von Ex 1,11 enthalten). Die übrigen Belege für die göttliche Auslösung Israels sind möglicherweise jünger als Ex 15,13: Ex 6,6; Jes 43,1; 44,22 f.; 48,20; Jer 31,11; Mi 4,10; Ps 74,2; 77,16; 106,10; vgl. 107,2).

[26] Zu נוה קדש vgl. v. a. Jer 31,23.

[27] Vgl. Ps 18,12; 68,35.

[28] In der Jeḥīmilk-Inschrift (KAI 4:4 f.), auf dem Amulett von Arslan Taş (KAI 27:11 f.) und in der aramäischen Aḥīqar-Überlieferung (Column 6:1 [B. Porten / A. Yardeni, Textbook of Aramaic Documents from Ancient Egypt III. Literature. Accords. Lists, Jerusalem 1993, 37]).

Hochgottes nach, der über dem Pantheon thront[29] – auch das eine Parallele zu Ps 29, wo Jahwe ebenfalls mit אל parallelisiert wird (V. 3); freilich dürfte der einstige Gottesname El in beiden Fällen bereits als Gattungsbegriff gebraucht sein.[30] Die Unvergleichlichkeit dieses »Gottes« besteht schlicht darin, dass er im Götterhimmel überaus »gefürchtet« und »furchtbar« ist; seine Macht zwingt die Götter, sich zu unterwerfen. Möglicherweise ist deshalb in V. 7 auch das Verb ערך gewählt, das als militärtechnischer Begriff dienen kann.[31] Die Frage würde dann nicht nur eine allgemeine Entsprechung meinen (»wer steht mit Jahwe auf einer Ebene?«), sondern auch auf einen möglichen Rivalen zielen: »Wer in den Wolken fordert Jahwe zum Kampf?«[32]

Im Kontext von Ps 89 könnten die beiden Bikola von V. 7*(ohne כי) und 8, die die Anrede an Jahwe in V. 6 und 9 unterbrechen, aus einem älteren, königszeitlichen Hymnus zitiert sein. Es fällt nämlich auf, dass das Lob der Unvergleichlichkeit Jahwes in den rahmenden Versen umgedeutet wird: Jahwes »Wundertat« (פלא) in V. 6 lässt genauso wie in Ex 15,11b an die Heilsgeschichte denken, und der Begriff אמונה »Treue« zielt auf das Thema des Psalms, Jahwes Treueschwur gegenüber seinem Gesalbten.[33] In V. 9 tritt Jahwes Treue sogar an die Stelle der Götter, die ihn nach V. 8 umgeben:

> Jahwe, Gott der Heerscharen, wer ist wie du?[34]
> Und deine Treue ist rings um dich her!

Jahwes göttlicher Hofstaat wird hier geradezu mit seiner Treue gleichgesetzt. Dabei fällt auf, dass die Unvergleichlichkeitsaussage von V. 9, die auf Jahwes heilsgeschichtlich gedachte Treue bezogen ist, durch die Fortsetzung in V. 10–13 einen polemischen Unterton erhält:

> *Du bist,* der herrscht über die Hoheit des Meeres,
> wenn sich seine Wellen erheben, besänftigst *du* sie.

> *Du bist,* der wie einen Durchbohrten Rahab erschlagen,
> durch den Arm deiner Macht hast du deine Feinde zerstreut.

---

29   Vgl. *H. U. Steymans,* Psalm 89 und der Davidbund, ÖBS 27, Frankfurt a. M. u. a. 2005, 121.

30   Das geht aus dem benachbarten Plural אלים hervor.

31   Vgl. die Wendung ערך מלחמה in 1 Sam 17,2; 2 Sam 10,8 etc.

32   Vgl. ל + ערך in Jer 50,9 sowie ערך + לקראת in 1 Sam 4,2; 17,2 etc.

33   Vgl. אמונה in V. 2 f.25.50.

34   חסין יה »Starker Jah!« dürfte sich aus poetologischen Gründen als Glosse erweisen, ähnlich wie ביה שמו in Ps 68,5 (vgl. dazu *H. Pfeiffer,* Jahwes Kommen von Süden. Jdc 5; Hab 3; Dtn 33 und Ps 68 in ihrem literatur- und theologiegeschichtlichen Umfeld, FRLANT 211, Göttingen 2005, 224).

Dir gehört der Himmel, auch gehört *dir* die Erde,
das Festland und seine Fülle – *du bist,* der sie gegründet,

Nord und Süd, *du bist,* der sie erschaffen,
Tabor und Hermon jubeln über deinen Namen!

Das wiederholte »du« betont, dass es der angeredete Jahwe ist, der die Chaos-mächte besiegt[35] und die bewohnbare Welt erschaffen hat. Die preisenden Verse[36] erwecken den Eindruck, dass Jahwe mit einem anderen Gott um die genannten göttlichen Leistungen konkurriert: Es liegt nahe, an den babylonischen Marduk zu denken, der bekanntlich ähnliche Ansprüche erhob.[37] Den ursprünglichen Aussagen zur göttlichen Unvergleichlichkeit, für die das hymnische Fragment von V. 7*.8 stehen kann, ist eine solche religionspolemische Tendenz noch fremd gewesen.

2 Jahwes Unvergleichlichkeit im Kreis nichtiger Götter

Bei Deuterojesaja wurde die Aussage in einen vollkommen neuen Horizont ge-stellt. Erstaunlicherweise wurde die Rede vom unvergleichlichen Gott in diesem Horizont, der herkömmlich mit dem Begriff Monotheismus bezeichnet wird,[38] nicht aufgegeben. Sie begegnet vielmehr als eine sprachliche Form, die ihres ursprünglichen Inhalts entleert wurde.

So in der Gerichtsrede von Jes 44,6–8. Jahwe, Richter und Prozesspartei in einem, ist durch seinen Propheten vertreten:

So spricht Jahwe, der König Israels,
und sein Löser, Jahwe der Heerscharen: …

Mit der erweiterten Botenformel hebt der Prophet hervor, dass Jahwe durch die heilsgeschichtliche »Auslösung« seines Volkes »König Israels«[39] geworden ist. Der Satz, mit dem Jahwe seine Rede beginnt, zeigt, dass dieses Königtum – an-

---

[35] Im Sieg über Rahab klingt zugleich der heilsgeschichtliche Sieg über Ägypten an, vgl. *Zenger,* in: *Hossfeld/Zenger,* Psalmen 51–100, 591.

[36] In V. 10–15 könnte ein selbständiges Stück aus der späten Königszeit zitiert sein, das in dem Loblied, das in das Volksklagelied von Ps 74 eingebettet ist (V. 13–17), eine nahe Parallele hat (vgl. *Müller,* Wettergott, 162, mit Anm. 107).

[37] Vgl. Enūma Elîš, IV und V.

[38] Vgl. z. B. *P. Höffken,* Das Buch Jesaja. Kapitel 40–66, NSK.AT 18/2, Stuttgart 1998, 27; *B. M. Zapff,* Jesaja 40–55, NEB 36, Würzburg 2001, 225.

[39] מלך ישראל findet sich nur hier bei DtJes; der Titel knüpft jedoch an die Eröffnung der ersten Gerichtsrede gegen die Götter in 41,21 an (vgl. daneben 43,15).

ders als in Ex 15 – ein gleichzeitiges Königtum »unter den Göttern« ausschließt;
denn abgesehen von Jahwe selbst scheint der Götterhimmel vollkommen leer zu
sein:

> Ich bin der Erste, und ich bin der Letzte,
> und außer mir ist kein Gott!

Die Israeliten, die das vor der Welt bezeugen sollen, müssen – wiederum anders
als die Götter von Ex 15 und Ps 89 – vor einem solchen Königsgott nicht er-
schrecken (V. 8).[40]

In diesen Rahmen ist indes eine Aussage der göttlichen Unvergleichlichkeit eingefügt, die eine überraschend traditionelle Form hat (V. 7):

> Und wer ist wie ich – er rufe
> und tue es kund und lege es mir vor! –,
> seitdem ich einsetzte ein uraltes Volk?

Die rhetorische Frage »wer ist wie du?« ist lediglich in die erste Person der Gottesrede gesetzt, eine Variation, die sich auch in mesopotamischen Texten findet.[41]
Inhaltlich wird die alte Vorstellung der Götterversammlung heraufbeschworen
und auf die Gerichtsverhandlung gegen die Götter abgebildet – der Text knüpft
damit an die Prozessrede in 41,21–24 an, die in der Feststellung gipfelte, dass
Wesen und Werk der Götter nichtig seien (41,24). Im scheinbaren Gegensatz zu
der Aussage von 44,6 (»außer mir ist kein Gott«) werden diese nichtigen Götter
in V. 7 noch einmal auf den Plan gerufen: Sie sollen darlegen, worin sie Jahwe
gleich seien. Dass sie dazu nicht in der Lage sind, erweist erneut ihre Nichtigkeit.
Das Gewicht liegt dabei auf dem zeitlichen Horizont, in den die Frage gestellt
wird:

> Wer ist wie ich ...,
> seitdem ich einsetzte ein uraltes Volk (משומי עם עולם)?[42]

---

[40]   In Jes 44,11 wird das, wahrscheinlich nachträglich, auf die Hersteller der Götzenbilder
bezogen, die erbeben und sich schämen werden.

[41]   Vgl. das Selbstlob der Göttin Inanna in einer sumerischen Hymne (Kol. III 8–41 der
Tafel VAT 7025 [H. Zimmern, Vorderasiatische Schriftdenkmäler der königlichen Museen
zu Berlin, Bd. 10, Leipzig 1913, Nr. 199]), Z. 8: »Mißt sich einer, ein Gott mit mir?« (Übersetzung: W. H. Ph. Römer, in: TUAT II, 647).

[42]   Wegen des ungewöhnlichen Ausdrucks wird der Text oft verändert, vgl. z. B. K. Elliger,
Deuterojesaja, BK XI, Neukirchen-Vluyn 1978, 396f. MT ist jedoch durch die Versionen gesichert, vgl. U. Berges, Jesaja 40–48, HThKAT, Freiburg u. a. 2008, 291f.

Wahrscheinlich ist das Volk der ersten Menschen gemeint:[43] Seitdem Jahwe es erschaffen hat, gleicht ihm kein Gott, der sonst von der Menschheit verehrt wurde. Nur er hat die Fähigkeit, das Kommende anzukündigen, und nur er hat ein Volk, das seine Einzigkeit bezeugt. Die übrigen Götter der Menschheit verfügen über keine vergleichbare Macht, und aus diesem Grund erweist sich Jahwe als der einzige Gott, dem echte Göttlichkeit zukommt. Dass die Rede vom unvergleichlichen Gott hier aufgegriffen wird, wirkt also nur auf den ersten Blick paradox: Jahwes Einzigkeit erscheint geradezu als logische Folge seiner Unvergleichlichkeit unter Göttern, die sich als machtlos erweisen, und beides ist durch sein einzigartiges Verhältnis zu Israel begründet.

Auch bei diesem Text legt sich ein Vergleich mit dem babylonischen Marduk nahe: Nach dem *Enūma eliš* preisen die Götter die Unvergleichlichkeit ihres Königs Marduk;[44] Israel dagegen bezeugt, dass sein König Jahwe unvergleichlich ist, weil die Götter sich ihm gegenüber als nichtig erwiesen haben.

In Jes 46,9–10 begegnet die Aussage ein zweites Mal, jetzt in einer Mahnung, die an »das Haus Israel« (46,3) gerichtet ist:[45]

Gedenkt der ersten Dinge von Urzeit her:
Ich[46] bin Gott und keiner sonst,
Gottheit, und niemand ist mir gleich!

Der zeitliche Horizont (»von Urzeit her«) ist derselbe wie in 44,7. Und Jahwes Unvergleichlichkeit, hier von vornherein mit seiner Einzigkeit parallelisiert, wird erneut mit der Weissagung des Kommenden verknüpft (V. 10a):

Der kundtut vom Anfang her das Ende
und von der Vorzeit her, was nicht geschehen ist …

---

[43] Zur Formulierung ist Hi 20,4 zu vergleichen, zu עם עולם Ez 26,20, wo das »Volk« sämtlicher Verstorbener gemeint ist, sowie die Rede vom urzeitlichen »Volk« in Gen 11,6, vgl. *Berges*, Jesaja 40–48, 329. Die alternative Deutung, mit dem Volk sei Israel gemeint (vgl. z. B. *A. Knobel*, Der Prophet Jesaja, 3. Aufl., Leipzig 1861, 338), ist im Blick auf diese Parallelen unwahrscheinlich.

[44] In der Rede des Anšar in der Götterversammlung, der für die übrigen Götter spricht (VI 101 ff.): »… Der Sohn, unser Rächer, sei hoch erhaben, / seine Herrschaft sei hoch erhaben, seinesgleichen habe er nicht.« (Z. 105 f.; Übersetzung: *K. Hecker*, in: TUAT III, 595). Vgl. auch IV 6; VII 13 f.95–98.

[45] Zumindest nach dem vorliegenden Text; *R. G. Kratz*, Kyros im Deuterojesaja-Buch, FAT 1, Tübingen 1991, 64–66, nimmt dagegen an, dass 46,9–11 ursprünglich 45,20 f.* fortgesetzt hat und eine Gerichtsrede an die Völker darstellte.

[46] Das כי am Anfang des zweiten Kolons »zieht« wahrscheinlich »den Schluß …, der sich aus dem ›Gedenken des Früheren‹ wie von selbst ergibt (›ja‹, Doppelpunkt)« (*Kratz*, a. a. O., 55; vgl. Berges, Jesaja 40–48, 467).

Dieses »Ende« der Weltzeit gewinnt in einem bestimmten »Plan« Gestalt (V. 10b):

> ... der spricht: Mein Plan wird bestehen,
> und alles, was mir gefällt, führe ich aus.[47]

Das steht sicherlich nicht zufällig, kurz nachdem der Sturz der babylonischen Götter Bel und Nabû beschrieben wurde (46,1–2) und bevor der Sturz Babels angekündigt wird (Kap. 47), Ereignissen, die Israels neuen Exodus vorbereiten. Einen Gott, der seine Göttlichkeit mit einem vergleichbaren Plan beweisen könnte, gibt es nicht. Damit ist genauso wie in 44,7 das Motiv des unvergleichlichen Gottes seines alten Inhalts entleert.

Einen Schritt weiter geht ein Satz, der in der Eröffnung der Deuterojesajaschrift steht (40,25):

> Und mit wem wollt ihr mich vergleichen, dass ich (ihm) entspräche?
> – sagt der Heilige.

Mit der alten Rede vom Königsgott, der in der Versammlung der Götter seinesgleichen sucht, hat das nichts mehr gemein. Die Frage nach der Vergleichbarkeit wird hier auf eine geradezu kategoriale Ebene gehoben: Der weltüberlegene Gott ist nicht unvergleichlich, sondern wesenhaft unvergleichbar. Vor dem altorientalischen Hintergrund ist diese Aussage, die offenbar als logische Folge aus dem Gedanken der Einzigkeit Gottes abgeleitet wurde, etwas vollkommen Neues. Im Alten Testament ist diese gedankliche Strenge in der Rede von Gott, abgesehen von der Polemik gegen die Götterbilder, allerdings nur selten aufgegriffen worden. Ein abstrakter Begriff von Gott, der durchaus in der Konsequenz von Jes 40,25 gelegen hätte, wurde im Alten Testament nicht ausgebildet.

3 Das unvergleichliche Gottesvolk

Die theologisch bedeutsamste Umformung hat die altorientalische Rede vom unvergleichlichen Gott jedoch in einem anderen Gedanken erhalten: Die Unvergleichlichkeit Jahwes spiegelt sich in der Unvergleichlichkeit seines Volkes.

Am differenziertesten wurde der Gedanke in Dtn 4 entwickelt. In diesem »barocke[n] Textkomplex«[48] klingt die Rede vom unvergleichlichen Gott in zwei Abschnitten an, die ungefähr am Anfang und am Ende stehen.

---

[47]   In V. 11 wird dieser »Plan« auf die Berufung des Kyros bezogen. V. 11bβ könnte allerdings Wiederaufnahme von V. 10bβ sein; das איש עצתו in V. 11bβ könnte der sekundären Anknüpfung von V. 11 an V. 10 dienen. In jedem Fall ist Jahwes »Plan« durch den Bezug auf Babel, der durch den Kontext (46,1f.; 47) gegeben ist, zureichend bestimmt.

In Dtn 4,32–35 wird ein Horizont in den Blick genommen, der zeitlich von der Urzeit bis zur Gegenwart reicht und räumlich die ganze Welt umfasst (V. 32):

> … frage doch nach den ersten Tagen, die vor dir gewesen sind, seit dem Tag, an dem Gott Menschen auf der Erde erschuf, und von einem Ende der Himmel bis zum andern!

Die Wendung »seit dem Tag, an dem Gott Menschen auf der Erde erschuf« klingt an die priesterliche Darstellung der Menschenschöpfung an (vgl. v. a. Gen 5,1), stimmt aber auch mit dem zeitlichen Bogen überein, der in Jes 44,7 geschlagen wird (»wer ist wie ich, … seitdem ich einsetzte ein uraltes Volk?«). Auch in Dtn 4,32 wird in diesen universalgeschichtlichen Horizont[49] der Gedanke der Unvergleichlichkeit eingezeichnet, freilich anders zugespitzt als bei Deuterojesaja:

> Ist je etwas geschehen *wie* dieses große Ereignis, oder wurde je etwas gehört, das ihm gleicht?

Im »wie« dieser Frage klingt das alte »Wer ist *wie* du unter den Göttern?« nach, und der vergleichende Blick auf die Götter erhält in den folgenden Versen ein Echo (V. 33 und 34):

> Hat je ein Volk eines Gottes Stimme gehört, aus dem Feuer redend, wie du (sie) gehört hast, und es blieb am Leben? Oder hat je ein Gott gewagt, hineinzugehen, um sich ein Volk zu holen aus der Mitte eines anderen …?

Die rhetorischen Fragen zielen darauf, dass beide heilsgeschichtlichen Ereignisse unter Göttern und Völkern einzigartig sind. Dass dabei entgegen der zeitlichen Folge zuerst genannt wird, wie das Volk Jahwe aus dem Feuer reden hörte, entspricht dem inhaltlichen Schwerpunkt des Kapitels (vgl. V. 11–13) und hebt zugleich die einzigartig enge Beziehung zwischen Gott und Volk hervor: Nur dieses Volk ist beim Reden eines Gottes am Leben geblieben, und zwar nachdem derselbe Gott es aus einem anderen Volk herausgeholt hat. Dass diese göttliche Tat ein »Wagnis« genannt wird (»… hat je ein Gott gewagt …?«), wandelt das alte Motiv des Götterkampfes ab: Durch die Befreiung Israels hat Jahwe die ägyptischen Götter als ohnmächtig erwiesen (vgl. Ex 12,12).[50]

---

[48] *T. Veijola*, Das 5. Buch Mose. Deuteronomium, Kapitel 1,1–16,17, ATD 8,1, Göttingen 2004, 114.

[49] Der Begriff »Universalgeschichte« ist von *Veijola*, a. a. O., 115, übernommen.

[50] Vgl. *Veijola*, a. a. O., 116.

Als Folge dieses »großen Ereignisses« erhält Israel eine einzigartige theologische Erkenntnis; das passivum divinum הראת hebt hervor, dass sie von Jahwe verliehen wurde (V. 35):[51]

> Du bist, der es gezeigt bekam, damit du erkennst, dass Jahwe Gott ist, keiner sonst außer ihm!

Mit אין עוד »keiner sonst« ist Deuterojesajas Formel der Einzigkeit zitiert (vgl. z. B. Jes 46,9).

Dtn 4,5-8 ist wahrscheinlich in Entsprechung zu V. 32-35 formuliert.[52] Hier wird der Gedanke entfaltet, dass das Gottesvolk unter den Völkern einzigartig ist. Zunächst richtet sich der Blick darauf, wie Israels Gehorsam gegenüber den göttlichen Gesetzen in der Völkerwelt wahrgenommen wird (V. 6):

> ... das ist eure Weisheit und eure Einsicht vor den Augen der Völker, die von all diesen Gesetzen hören und sagen werden: Ein weises und einsichtiges Volk ist doch dieses große Volk!

Im Vergleich mit dem traditionellen Gebrauch der Wurzeln חכם und בין führt die Verknüpfung mit dem Toragehorsam zu einer radikalen Neudefinition von Weisheit:[53] Weise und einsichtig zu sein, bedeutete ursprünglich nicht, dass ein ganzes Volk schriftlich vorliegende Gesetze befolgt; vielmehr ging es darum, dass sich eine einzelne Person Verhaltensweisen aneignete, die im Rahmen der gegebenen Gesellschaftsordnung ein gelingendes Leben versprachen. Die weisheitliche Didaktik, die dieser Aneignung diente, wird in Dtn 4,6 durch die mosaische Tora ersetzt, die als Weisung an das ganze Volk ergeht. In dieser Neudefinition verbirgt sich allerdings ein traditionsgeschichtliches Kontinuum des Weisheitsbegriffes: Die Ankündigung des Mose, Israels Toragehorsam werde bei den Völkern als Weisheit anerkannt werden, fußt auf der traditionellen Internationalität der Weisheit; sie ist die Voraussetzung dafür, dass die Völker Israels Besonderheit mit Begriffen, die auch sie selbst besitzen (»weise« und »einsichtig«), benennen und anerkennen können.

Diese Besonderheit wird sodann als Unvergleichlichkeit entfaltet, genauso wie in V. 33 und 34 in zweifachem Anlauf (V. 7-8):

---

[51]   Vgl. *Veijola*, a. a. O., 117.

[52]   Vgl. *G. Braulik*, Die Mittel deuteronomischer Rhetorik. Erhoben aus Deuteronomium 4,1-40, AnBib 68, Rom 1978, 141f.

[53]   Vgl. *G. Braulik*, Weisheit, Gottesnähe und Gesetz – Zum Kerygma von Deuteronomium 4,5-8, in: *Ders.*, Studien zur Theologie des Deuteronomiums, SBAB 2, Stuttgart 1988, 53-93, bes. 65-73.

Denn *wer* ist ein großes Volk, das Götter hat, die ihm (so) nahe sind *wie* Jahwe, unser Gott, wann immer wir ihn anrufen?
Und *wer* ist ein großes Volk, das (so) gerechte Gesetze und Rechtsentscheide hat *wie* diese ganze Tora, die ich euch heute vorlege?

Auch hier klingt in der rhetorischen Frage die alte Rede vom unvergleichlichen Gott nach, wie an dem Fragepronomen »wer?« und an der Präposition »wie« zu erkennen ist; in V. 7 sind sogar alle Elemente einer jüngeren Form der Unvergleichlichkeitsfrage enthalten: כיהוה אלהינו ... מי »Wer ist ... wie Jahwe, unser Gott?« (so belegt in Ex 8,6 und Ps 113,5). Auch die Götter sind genannt, wenn die Rede ist von אלהים קרבים »nahen Göttern«, was an das אלהים אחרים des Ersten Gebots erinnert.[54] Die Frage selbst richtet sich jedoch nicht auf Jahwe und die Götter, sondern auf das Volk: »Wer ist ein großes Volk ...?«

Israel ist demnach in zweierlei Hinsicht einzigartig: Sein Gott ist ihm unvergleichlich nahe, und es besitzt eine Tora voller »gerechter Gesetze und Rechtsentscheide«. Nur der zweite Gedanke (V. 8) knüpft dabei an die Äußerung der Völker in V. 6 an: Es ist offenbar die universale Gerechtigkeit der Toragesetze, die den Völkern einleuchtet und um deretwillen sie über Israels Weisheit staunen.[55] Wenn in V. 7 zusätzlich auf Jahwes einzigartige Nähe zu Israel verwiesen wird, kann das nur vordergründig allein auf das Gebet bezogen sein;[56] das Motiv der göttlichen Nähe lässt sich kaum vom Gedanken des »sehr nahen Wortes« aus Dtn 30,11 trennen: Jahwe kommt Israel in der Tora einzigartig nahe,[57] und diese bringt durch ihre einzigartige Gerechtigkeit die Völker dazu, die Weisheit des Gottesvolkes anzuerkennen.

Die Rede vom unvergleichlichen Gott hat durch die Übertragung auf Israel also eine universale Evidenz erhalten: Das Gottesvolk erweist sich unter den Völkern tatsächlich als einzigartig, und deshalb hat sein Gott Jahwe unter den Göttern der Völker nicht seinesgleichen.

Im Rahmenpsalm des Mosesegens (Dtn 33) ist dieser Gedanke in hochpoetischer Form verdichtet worden. Die zweite Strophe beginnt mit einer Aussage über den unvergleichlichen Gott, die fast klassisch genannt werden kann (V. 26):

---

[54]   Vgl. z. B. *C. Steuernagel*, Das Deuteronomium, HAT III/1, 2. Aufl., Göttingen 1923, 65.

[55]   Der ungewöhnliche Ausdruck erklärt sich wahrscheinlich als Anspielung auf den Codex Hammurapi: Zu Beginn des Epilogs erhebt Hammurapi den Anspruch, durch seine Rechtssammlung *dīnāt mīšarim* »gerechte Richtersprüche«»festgesetzt« zu haben (XLVII 2–8 [Übersetzung *R. Borger*, in: TUAT I, 75]); durch die Anspielung will die Aussage von Dtn 4,8 offenbar das berühmte Rechtsbuch mit der mosaischen Tora überbieten (vgl. *Braulik*, Weisheit, Gottesnähe und Gesetz, 85–90; *M. Weinfeld*, Deuteronomy 1–11, AncB 5, New Haven / London 1991, 202).

[56]   Das Motiv dürfte aus 1 Kön 8,52.59 entlehnt sein, vgl. *Veijola*, Das 5. Buch Mose, 112 f.

[57]   Vgl. *Braulik*, Weisheit, Gottesnähe und Gesetz, 78 f.

> Keiner ist wie dieser Gott, o Jeschurun,
> der einherfährt über die Himmel zu deiner Hilfe
> und in seiner Hoheit über die Wolken.

Die uralte Vorstellung des Wettergottes, der mit seinem Wagen durch das Gewitter poltert,[58] erhält hier ein spätes Echo.[59] Die Motivik ist freilich auf die Heilsgeschichte zugespitzt: »Dieser Gott« kommt »zur Hilfe« Jeschuruns, wie mit dem poetischen Ehrennamen Israels gesagt wird, der wahrscheinlich von Deuterojesaja stammt (Jes 44,2). Die göttliche Hilfe wird in V. 27–28 auf die Kriege der Landnahme bezogen sowie auf das sichere Wohnen in einem fruchtbaren Land. Abschließend wird Israel glückselig gepriesen (V. 29):

> Wohl dir, Israel! Wer ist wie du?

In der Frage מי כמוך »Wer ist wie du?« klingt natürlich die Rede vom unvergleichlichen Gott an.[60] Diese Entsprechung wird mit einem Satz soteriologisch zugespitzt, der aus Deuterojesaja zitiert ist (45,17):

> Ein Volk, das gerettet wurde durch Jahwe …

Im Folgenden werden Israel geradezu göttliche Eigenschaften verliehen: Jahwes »Hoheit« (גאוה) spiegelt sich in der »Hoheit« Israels; dass Israel »auf die Höhen« seiner Feinde tritt (V. 29b), erinnert an einen Gestus, den der Herrscher des Kosmos vollzieht (vgl. z. B. Am 4,13[61]). Mit all dem hat Israel die Rolle des irdischen Königs inne, dem der göttliche König im Kampf beisteht und den Sieg verleiht.

Es ist also Israels Gottunmittelbarkeit, die dieses Volk unvergleichlich gemacht hat.[62] Und diese königliche Eigenschaft des Volkes hat auch die Einzigartigkeit seines Gottes von Grund auf neubestimmt. Diese Neubestimmung hat im Ergebnis noch höheres Gewicht als die Entmachtung der Götter: Die Rede vom unvergleichlichen Gott wird im Alten Testament durch den Satz »Jahwe der Gott Israels, Israel das Volk Jahwes« gefüllt.

---

[58] Vgl. Ps 18,11; 68,34.

[59] Zur späten Entstehung des Rahmenpsalms von Dtn 33 vgl. *Pfeiffer*, Jahwes Kommen von Süden, 202 f.

[60] Neben Ex 15,11 und Ps 89,9 auch in Ps 35,10 und 71,19; in der 1. Ps. in Jes 44,7; Jer 49,19/50,44; in der 3. Ps. in Hi 36,22.

[61] Sowie Mi 1,3 und Hi 9,8.

[62] Vgl. *R. Müller*, Theologie jenseits der Königsherrschaft, in: ZThK 104 (2007), 1–24, bes. 21–24.

Das Erstaunlichste dabei ist, dass das Alte Testament die verschiedenen Horizonte der Unvergleichlichkeitsaussage nebeneinander gestellt hat. Die Vorstellung des Königsgottes, der im Kreis des himmlischen Hofstaates nicht seinesgleichen findet, ist in Ex 15 und Ps 89 in Kontexte eingebettet, die im Ganzen wesentlich jünger sind als die Gottesvorstellung der Königszeit; die Entmachtung der Götter, die zuerst bei Deuterojesaja begegnet, dürfte in diesen Kontexten längst vorausgesetzt sein, ebenso die königsgleiche Gottunmittelbarkeit Israels. Der Satz »Wer ist wie du unter den Göttern, Jahwe?« schillert daher auf eine Weise, die pars pro toto für die eigentümliche Lebendigkeit steht, die allen alttestamentlichen Aussagen über den Gott Jahwe zukommt: Die altorientalischen Denkvoraussetzungen stehen in diesem Satz unübersehbar im Hintergrund; zugleich aber ist deutlich, dass die darin enthaltene Gottesvorstellung sich grundlegend gewandelt hat: In den Vordergrund ist Jahwes Verhältnis zu seinem Volk getreten, das im Blick auf die Völker und ihre Götter tatsächlich einzigartig ist. Auf der Überwindung des polytheistischen Denkens liegt dabei offenbar nicht der Hauptakzent, sonst würde es sich nicht erklären, weshalb die Rede von den Göttern in den späten Kontexten überhaupt weiterüberliefert werden konnte. Vielmehr zielt das alttestamentliche Lob des unvergleichlichen Gottes darauf, dass die Götter sich als machtlos erwiesen haben, weil Jahwe an seinem Volk Israel auf unvergleichliche Weise gehandelt hat.

DER EINE GOTT UND DIE GEFÄHRDETE SCHÖPFUNG

Zur Rezeption polytheistischer Vorstellungen
in der biblischen Sintfluterzählung

Jakob Wöhrle

EINLEITUNG

Die biblische Sintfluterzählung beschreibt, wie Gott beschließt, die Menschheit in einer Flut zu vernichten, aber zugleich über diesen Beschluss hinausgeht und die Menschheit durch Noah rettet, ihren Fortbestand sichert und
vor einer weiteren Flut bewahrt. Die Sintfluterzählung schildert also ein Drama
um die Vernichtung und Rettung, die Gefährdung und Bewahrung des Menschen.

In der alttestamentlichen Forschung wird nun häufig die These vertreten,
dass das so beschriebene, die Sintfluterzählung bestimmende Nebeneinander
der göttlichen Vernichtungsabsicht und des göttlichen Rettungswillens darauf
zurückgeht, dass hier eine ursprünglich aus polytheistischer Tradition stammende
Erzählung übernommen und auf den einen Gott übertragen wurde.[1] So wird in
den altorientalischen Parallelen zur biblischen Fluterzählung meist ein Konflikt
zweier Götter geschildert, von denen einer die Menschheit in einer Flut
vernichten will, während der andere für die Bewahrung der Menschheit durch

---

[1]   Vgl. nur *C. Westermann*, Genesis, Bd. 1: Genesis 1–11 (BK I,1), Neukirchen-Vluyn 1974,
549; *J. Jeremias*, Die Reue Gottes. Aspekte alttestamentlicher Gottesvorstellung (BThSt 31),
Neukirchen-Vluyn (1975) ²1997, 25–26.132; *H.-P. Müller*, Das Motiv für die Sintflut. Die
hermeneutische Funktion des Mythos und seiner Analyse, in: ZAW 97 (1985), 295–316,
bes. 308; *N. C. Baumgart*, Die Umkehr des Schöpfergottes. Zu Komposition und religionsgeschichtlichem Hintergrund von Gen 5–9 (HES 22), Freiburg u. a. 1999, 419–495; *E. Bosshard-Nepustil*, Vor uns die Sintflut. Studien zu Text, Kontexten und Rezeption der Fluterzählung Genesis 6–9 (BWANT 165), Stuttgart 2005, 219–221; *J. C. Gertz*, Noah und die
Propheten. Rezeption und Reformulierung eines altorientalischen Mythos, in: Deutsche
Vierteljahrsschrift für Literaturwissenschaft und Geistesgeschichte 81 (2007), 503–522;
J.-D. Döhling, Der bewegliche Gott. Eine Untersuchung des Motivs der Reue Gottes in der
Hebräischen Bibel (HBS 61), Freiburg 2009, 85.

die Flut hindurch eintritt. Es wird daher angenommen, dass in der biblischen Fassung das in den altorientalischen Texten belegte Gegenüber eines menschenfeindlichen und eines menschenfreundlichen Gottes in den einen Gott verlegt wurde und hier als zwei Seiten des einen Gottes in Erscheinung tritt. Ja, nach üblicher Sicht wurde in der biblischen Sintfluterzählung der in den altorientalischen Texten dargestellte Götterkonflikt geradezu in einen innergöttlichen Rollenkonflikt überführt, in dessen Verlauf die eine, die menschenfeindliche Seite Gottes zugunsten der anderen, der menschenfreundlichen Seite aufgegeben wird.

Nach der gängigen These wird also davon ausgegangen, dass in der biblischen Überlieferung verschiedene, eher eindimensionale Gottesbilder aus der Tradition übernommen und zu einem mehrdimensionalen Bild des einen Gottes zusammengeführt wurden. Die Frage ist aber, ob diese Annahme den altorientalischen wie den biblischen Texten im vollen Umfang gerecht wird.

Im Folgenden soll deshalb erneut der Rezeption polytheistischer Vorstellungen in der biblischen Sintfluterzählung nachgegangen werden. Dabei sollen zunächst die altorientalischen Texte betrachtet werden, und auf dieser Grundlage soll das theologische Profil der biblischen Fassung bestimmt werden.

1 Die altorientalischen Fluterzählungen

Zu kaum einem biblischen Textbereich finden sich unter den altorientalischen Texten so deutliche Parallelen wie zur Fluterzählung.[2] Im Folgenden sollen zwei der bedeutendsten altorientalischen Parallelen eingehender behandelt werden: Das Atramḫasīs-Epos und die sumerische Flutgeschichte.

1.1 Das Atramḫasīs-Epos

Das altbabylonische Atramḫasīs-Epos stammt aus der ersten Hälfte des 2. Jahrtausends.[3] Das Epos handelt von der Erschaffung des Menschen, der Gefährdung

---

[2] Einen Überblick über die altorientalischen Parallelen zur Fluterzählung geben etwa *D. Hämmerly-Dupuy*, Some Observations on the Assyro-Babylonian and Sumerian Flood Stories, in: AUSS 6 (1968), 1–18; *R. E. Simoons-Vermeer*, The Mesopotamian Floodstories: A Comparison and Interpretation, in: Numen 21 (1974), 17–34; *Westermann*, Genesis I, 536–546, oder *H. S. Kvanvig*, Primeval History: Babylonian, Biblical, and Enochic. An Intertextual Reading (JSJ.S 149), Leiden/Boston 2011, 13–181.

[3] Die Keilschriftedition der am umfassendsten erhaltenen altbabylonischen Fassung ist veröffentlicht in CT 46; eine Bearbeitung des kompletten Textes wurde von *W. G. Lambert / A. Millard*, Atra-Ḫasīs. The Babylonian Story of the Flood, Oxford 1969, vorgelegt. Eine deut-

der Menschheit durch eine Flut und der Bewahrung der Menschheit durch die Flut hindurch.

Beachtenswert ist zunächst der im Atramḫasīs-Epos dargestellte Anlass der Flut: Die Menschen, die dazu geschaffen wurden, den Göttern die Arbeit abzunehmen, verursachen Lärm (I,352–359). Dieser Lärm stört insbesondere den Götterkönig Enlil. Der Götterkönig versucht daher, die Menschheit durch Plagen zu dezimieren. Als dies keinen Erfolg bringt, will er die gesamte Menschheit in einer Flut vernichten.

Es wurde viel darüber diskutiert, wie das im Atramḫasīs-Epos beschriebene Lärmen der Menschen zu verstehen ist. So wurde immer wieder angenommen, dass das Lärmen der Menschen als Ausdruck der Rebellion gegen die von den Göttern auferlegten Arbeiten und somit als schuldhaftes Verhalten, ja als Sünde der Menschen anzusehen ist.[4] Wahrscheinlicher ist aber, dass der Lärm darauf zurückgeht, dass die Menschen immer mehr und so eben auch immer lauter werden.[5] Es ist somit die schlichte Existenz, das So-Sein der Menschen, das zu einer Störung der Götter und sodann zu einer Reaktion der Götter führt.

Das heißt aber nicht, wie häufig angenommen, dass das im weiteren Verlauf des Epos dargestellte, gegen die Menschen gerichtete Handeln der Götter als ein

---

sche Übersetzung des Epos findet sich bei *W. von Soden*, Der altbabylonische Atramchasis-Mythos, in: TUAT III,4 (1994), 612–645.

[4]   Vgl. etwa *G. Pettinato*, Die Bestrafung des Menschengeschlechts durch die Sintflut. Die erste Tafel des Atramḫasīs-Epos eröffnet eine neue Einsicht in die Motivation dieser Strafe, in: Or. 37 (1968), 165–200; *V. Afanasieva*, Der irdische Lärm des Menschen (nochmals zum Atramḫasīs-Epos), in: ZA 86 (1996), 89–96. Grundlegend für diese These ist die Beobachtung, dass bei dem zu Beginn des Epos dargestellten Aufstand der niederen Gottheiten – der Igigu –, die sich gegen die von den höheren Gottheiten zugewiesenen Arbeiten auflehnen, in I,77 derselbe Begriff *rigmu* »Lärm« gebraucht wird, der dann in I,356 für das Lärmen der Menschen verwandt wird.

[5]   So wird im Atramḫasīs-Epos an keiner Stelle klar ausgesprochen, dass das Lärmen der Menschen als Ausdruck der Rebellion zu verstehen ist. Hinzu kommt, dass das Lärmen des Menschen in I,352–359 im direkten Zusammenhang mit der Vermehrung der Menschen genannt wird. Und schließlich ist zu beachten, dass die am Ende des Epos von den Göttern beschlossenen Maßnahmen wie Kinderlosigkeit oder Krankheiten ja allesamt auf eine Reduktion der menschlichen Bevölkerung hinauslaufen. All dies spricht dafür, dass der von den Menschen ausgehende Lärm schlicht auf ihre Menge zurückgeht. Vgl. hierzu etwa *R. Albertz*, Das Motiv für die Sintflut im Atramḫasīs-Epos, in: *Ders.*, Geschichte und Theologie. Studien zur Exegese des Alten Testaments und zur Religionsgeschichte Israels (BZAW 326), Berlin / New York 2003, 49–63; *C. Wilcke*, Weltuntergang als Anfang. Theologische, anthropologische, politisch-historische und ästhetische Ebenen der Interpretation der Sintflutgeschichte im babylonischen *Atram-ḫasīs*-Epos, in: *A. Jones (Hg.)*, Weltende. Beiträge zur Kultur- und Religionswissenschaft, Wiesbaden 1999, 63–111, bes. 86–87.

Akt der Willkür zu verstehen ist.[6] Denn der Lärm der Menschen ist zwar keine Schuld, aber doch eine objektive Beeinträchtigung der Götter.[7]

Als nun der Götterkönig gegen diese von den Menschen her geschehende Beeinträchtigung vorgeht, entsteht unter den Göttern ein Konflikt, der das weitere Epos bestimmt. Enki, der Gott der Weisheit, stellt sich gegen den Götterkönig. Schon während der Plagen wendet sich Enki an den Menschen Atramḫasīs. Er instruiert ihn, wie die Menschen auf die Plagen reagieren sollen, und sichert so deren Überleben (I,364–II,iv,25).

Der Konflikt eskaliert, als Enlil und die anderen Götter nach der dritten Plage beschließen, die Menschheit durch eine Flut zu vernichten (II,v,12–viii,35). Die Götter versuchen, den Abweichler Enki dazu zu bringen, dass er sich per Eid an ihren Beschluss bindet. Doch dies weist Enki von sich:

II,vii,42 »Warum wollt ihr mich an einen Eid binden [...]?
43 Soll ich meine Hand an [meine Menschen] legen?
44 Die Flut, von der ihr [zu mir] sprecht –
45 wer ist das? Ich [weiß es nicht]!
46 Soll ich [eine Flut] zeugen?
47 Dies zu bewirken liegt bei [Enlil]!«

Enki verweigert also den von den Göttern geforderten Eid. Er will sich nicht an der Flut und der mit der Flut einhergehenden Vernichtung der Menschen beteiligen. Die Flut ist allein die Sache Enlils, des Götterkönigs.

Und so hintergeht Enki auch weiterhin das Vorhaben des Götterkönigs und der übrigen Götter. Auf den Beschluss der Götter, eine Flut kommen zu lassen, wendet sich Enki erneut an Atramḫasīs und fordert ihn auf, ein Schiff zu bauen. Atramḫasīs folgt den Anweisungen, baut ein Schiff und nimmt seine Familie und allerlei Arten von Tieren mit sich auf das Schiff (III,i,1–ii,55).

Während der Flut kommt es unter den Göttern zu einer entscheidenden Wendung. Die Götter bemerken, dass mit den Menschen auch ihre Opfer ausbleiben (III,iii,23–iv,23). Die Versorgung der Götter ist in Frage gestellt. Insbesondere die Muttergöttin, die die Menschen einst geschaffen hat, gerät daher in Verzweiflung und Trauer:[8]

---

[6]   Gegen *Jeremias*, Reue, 21–23; *Müller*, Motiv, 299; *L. Ruppert*, Genesis. Ein kritischer und theologischer Kommentar, Bd. 1: Gen 1,1–11,26 (fzb 70), Würzburg ²2003, 372; *Gertz*, Noah, 513; *A. Schüle*, Die Urgeschichte (Gen 1–11) (ZBK.AT 1,1), Zürich 2009, 119, u. a.

[7]   So ist die in I,352–359 genannte, vom Lärm der Menschen ausgehende Beeinträchtigung des göttlichen Schlafes als eine massive Störung der Götter anzusehen. Beachtenswert ist in diesem Zusammenhang etwa die im Erra-Epos in I,41 belegte Aussage, dass der Lärm der Menschen für die Götter »unerträglich« ist; vgl. *G. G. W. Müller*, Ischum und Erra, in: TUAT III,4 (1994), 785.

[8]   Vgl. hierzu *Wilcke*, Weltuntergang, 90–93.

III,iii,32 Die Göttin sah es, sie weint,
     33 die Hebamme der Götter, die weise Mami.
     34 »Der Tag soll finster sein;
     35 er soll wieder dunkel werden!
     36 Wie konnte ich in der Versammlung der Götter
37/38 mit ihnen die vollständige Vernichtung anordnen!«

Nach Aufkommen der Flut erkennen die Götter also die mit der Vernichtung der Menschheit verbundenen Konsequenzen. Sie bereuen daher ihren einstigen Entschluss, eine Flut kommen zu lassen und die Menschen zu töten.

Als die Flut dann von der Erde weicht und der überlebende Atramḫasīs den Göttern ein Opfer darbringt, versammeln sich die Götter um dieses Opfer und genießen es (III,v,34–vi,4). Auf Betreiben des weisen Enki beschließen sie, dass künftig keine Flut mehr kommen soll. Es soll vielmehr durch andere Maßnahmen, etwa durch Unfruchtbarkeit oder Krankheiten, die Vermehrung der Menschen eingeschränkt werden (III,vi,5–viii,17).[9]

Am Ende des Epos wird somit festgehalten, dass die Gefährdung des Menschen durch die Götter dauerhaft gebannt ist. Das Vorhaben des Enlil ist gescheitert. Enki hat sich durchgesetzt.

Das Atramḫasīs-Epos mit seiner Darstellung der Erschaffung, Gefährdung und Bewahrung des Menschen ist also ganz wesentlich durch das Gegenüber der beiden Götter Enlil und Enki bestimmt.[10] Dem menschenfeindlichen Enlil, der angesichts der von den Menschen her geschehenden Störung die gesamte Menschheit vernichten will, steht der menschenfreundliche Enki entgegen, der das Überleben der Menschheit sichern will. Der eine Gott bewirkt die Flut, der andere Gott erhält die Menschheit durch das Flutgeschehen hindurch. Der eine Gott sucht den Tod, der andere das Leben der Menschen.

Beachtenswert ist sodann, dass die übrigen Götter, wie sich insbesondere an der Muttergöttin zeigt, während der Flut eine Wandlung erfahren. Standen die Götter anfangs noch auf der Seite des menschenfeindlichen Götterkönigs und wollten sie zunächst noch den Abweichler Enki dazu bringen, sich ihnen und ihrem Beschluss zur Vernichtung der Menschen anzuschließen, so erkennen sie während der Flut ihre Abhängigkeit von den Menschen und bereuen ihre Tat. Nach der Flut folgen sie daher dem weisen Enki und beschließen mit ihm Regelungen, die eine neuerliche Flut verhindern sollen.

Im Atramḫasīs-Epos kommen den einzelnen Göttern also sehr verschiedene Rollen zu, und von diesen verschiedenen Rollen der Götter her entwickelt

---

[9] Vgl. *Wilcke*, Weltuntergang, 97–99.
[10] Vgl. hierzu etwa *Müller*, Motiv, 300-303; *Baumgart*, Umkehr, 457–465; *Gertz*, Noah, 511-513.

sich das Geschehen, das zur Flut, zum Überleben der Menschheit durch die Flut hindurch und schließlich zur dauerhaften Bewahrung der Menschheit führt.

1.2 DIE SUMERISCHE FLUTGESCHICHTE

Auch die vorliegende Fassung der sumerischen Flutgeschichte stammt aus der 1. Hälfte des 2. Jahrtausends.[11] Der Text ist nur fragmentarisch erhalten und gibt etliche philologische und interpretatorische Schwierigkeiten auf. Nichtsdestotrotz lässt sich die inhaltliche Anlage dieses Werks zumindest in groben Umrissen beschreiben.

Wie das Atramḫasīs-Epos handelt die sumerische Flutgeschichte von der Erschaffung des Menschen, der Gefährdung der Menschheit durch eine Flut und der Bewahrung der Menschheit durch die Flut hindurch. Im Einzelnen zeigen sich aber recht deutliche Differenzen zwischen dem Atramḫasīs-Epos und der sumerischen Flutgeschichte, die in der bisherigen Forschung noch nicht im ausreichenden Maße zur Kenntnis genommen wurden.[12]

Auch in der sumerischen Flutgeschichte dürfte der Anlass der Flut darin bestehen, dass sich die Menschen mehren und zunehmenden Lärm verursachen.[13] Auch in diesem Werk ist es also die schlichte Existenz des Menschen, die zu einem Konflikt mit den Göttern führt und eine göttliche Reaktion heraufbeschwört.

Der Beschluss der Götter, die Menschheit durch eine Flut auszulöschen, ist im vorliegenden Text nicht erhalten. Aus dem weiteren Kontext geht aber hervor,

---

[11]   Die Keilschriftedition der sumerischen Flutgeschichte ist in PBS 5 veröffentlicht. Bearbeitungen finden sich bei *A. Poebel*, A New Creation and Deluge Text, in: *Ders.*, Historical Texts (PBS 4,1), Philadelphia 1914; *T. Jacobsen*, The Eridu Genesis, in: JBL 100 (1981), 513–529. Eine deutsche Übersetzung wurde von *W. H. P. Römer*, Die Flutgeschichte, in: TUAT III,3 (1993), 448–458, vorgelegt.

[12]   In der bisherigen Forschung wird stets davon ausgegangen, dass die sumerische Flutgeschichte keine nennenswerten Differenzen zu den anderen altorientalischen Fluterzählungen erkennen lässt. Vgl. nur *Simoons-Vermeer*, Floodstories, 30, die nach einem umfassenden Vergleich der sumerischen Flutgeschichte mit den im Atramḫasīs- und im Gilgameš-Epos belegten akkadischen Fluterzählungen zu dem Schluss kommt: »All in all, the differences between S. and the two Akkadian versions are not very important. We are justified in saying that the contents of S. roughly conform with these of A. and G.«

[13]   So wird in II,21' ausgesagt, dass die von den Menschen vorgenommene Reinigung der Kanäle großes Wachstum brachte. Es ist also durchaus wahrscheinlich, dass in der hierauf folgenden Lücke ausgeführt wurde, wie sich die Menschen vermehrten und mit ihrem Lärm den Unmut der Götter auf sich zogen. Vgl. hierzu auch *Jacobsen*, Eridu Genesis, 520–521, und *Baumgart*, Umkehr, 482, die den Inhalt der Lücke auf vergleichbare Weise aus einer späten Parallele erschließen.

dass dieser Beschluss auch hier im Rahmen einer Götterversammlung gefasst wurde.[14]

Beachtenswert ist nun das folgende, auf die Entscheidung zur Flut hin dargestellte Verhalten der Götter:

> III,15' An diesem Tag Nintu […]
> 16' Die heilige Inanna war voller Seufzen über ihre Menschen.
> 17' Enki beriet sich in seinem eigenen Herzen.
> 18' An, Enlil, Enki und Ninchursaga
> 19' [ließen] die Götter des Himmels und der Erde den Namen Ans und Enlils [anrufen (pà)].[15]

Die hier belegte Reaktion der Götter ist gleich in mehrfacher Hinsicht interessant. Bemerkenswert ist zunächst das Verhalten der an dieser Stelle genannten Göttinnen, der Muttergöttin Nintu und der Inanna. Sie reagieren auf den Beschluss zur Flut mit Klagen.[16]

Dies ist nun insofern bemerkenswert, als im Atramḫasīs-Epos doch erst während der Flut eine Wandlung der Götter und insbesondere der Muttergöttin dargestellt wird. Dort erheben die Muttergöttin wie auch die anderen Götter ihre Klagen, als sie angesichts der ausbleibenden Opfer der Konsequenzen ihres Tuns bewusst werden. In der sumerischen Flutgeschichte ist dagegen schon die Entscheidung zur Flut Anlass zu Trauer und Klage.[17]

Beachtenswert ist sodann, dass neben Nintu und Inanna auch der weise Gott Enki auf die vorangehende Entscheidung zur Flut reagiert: Er berät sich in seinem Herzen. Dies kann doch nur heißen, dass Enki nach einem Weg sucht, die Menschheit angesichts der drohenden Flut zu retten.[18]

---

[14]   So blickt Enki in seiner Rede an den Sintfluthelden Ziusudra in IV,8 auf ein unabänderbares »Wort der Versammlung« (inim pu-úḫ-ru[ ]) zurück.

[15]   Ergänzung der Zeile nach III,25' mit *Jacobsen*, Eridu Genesis, 521 Anm. 13.

[16]   Die Reaktion der Nintu ist allerdings im vorliegenden Text nicht erhalten. Es ist aber durchaus wahrscheinlich, dass Nintu wie die im Folgenden genannte Inanna mit Trauer oder Klage auf den Beschluss zur Flut reagiert. Ja, es dürfte sogar wahrscheinlich sein, dass an dieser Stelle mit Nintu und Inanna überhaupt nur ein und dieselbe Gottheit gemeint ist, über die dann zwei parallel formulierte Aussagen vorgebracht wurden; so auch *A. Heidel*, The Gilgamesh Epic and Old Testament Parallels, Chicago ²1949, 102, gegen *S. N. Kramer*, The Deluge, in: *J. Pritchard (Hg.)*, Ancient Near Eastern Texts Relating to the Old Testament, Princeton ³1969, 43 Anm. 12; *Baumgart*, Umkehr, 480–481 mit Anm. 281, die Nintu und Inanna an der vorliegenden Stelle als zwei zu unterscheidende Gottheiten auffassen.

[17]   Diese Differenz zwischen dem Atramḫasīs-Epos und der sumerischen Flutgeschichte erkannten auch schon *Westermann*, Genesis I, 539–540, oder *Baumgart*, Umkehr, 481.

[18]   So auch *S. N. Kramer*, The Sumerian Deluge Myth, in: AnSt 33 (1983), 119 Anm. 24; *Baumgart*, Umkehr, 482–483.

Umso erstaunlicher ist dann aber die hierauf folgende Aussage, dass An, Enlil, Enki und die nun als Ninchursaga bezeichnete Muttergöttin die Götter des Himmels und der Erde den Namen Ans und Enlils anrufen lassen. Dies ist, wie schon häufiger gesehen wurde, doch sicherlich so zu verstehen, dass diese vier Gottheiten die übrigen Götter des Pantheon schwören lassen, den zuvor gefassten Beschluss zur Flut zu befolgen.[19]

Das heißt doch aber, dass auch die Muttergottheit – trotz ihrer Trauer über die Menschen – und sogar Enki – trotz seines Vorhabens, die Menschen zu retten – nach der sumerischen Flutgeschichte aktiv an der Durchführung der Flutkatastrophe mitwirken. Sie brechen nicht aus der Entscheidung zur Flut aus, sondern setzen diese mit durch.[20]

Dies ist aber gerade mit Blick auf die Darstellung des Enki bedeutsam. Denn im Atramḫasīs-Epos wird doch, wie zuvor gezeigt, eigens ausgeführt, dass sich Enki weigert, dem Beschluss der Götterversammlung Folge zu leisten. Er verweigert den von den Göttern geforderten Eid. Nach der sumerischen Flutgeschichte ist Enki dagegen aktiv an der Durchsetzung eines solchen Eids beteiligt.

Von hier aus ist dann auch die weitere Darstellung der sumerischen Flutgeschichte bemerkenswert. Auch in dieser Erzählung wendet sich Enki an einen – hier Ziusudra genannten – Menschen. Von der Rede des Enki sind die folgenden Worte erhalten:

IV,6 »Durch unsere Hand wird eine Flut hinwegfahren über […]
7 den Samen der Menschheit zu zerstören […]
8 Es gibt keinen, der das beschlossene Urteil, das Wort der Versammlung widerruft.
9 Das gesprochene Wort Ans und Enlils kennt keinen, der es ändert.«

In seiner Rede an Ziusudra stellt Enki die kommende Flut als ein Geschehen dar, das »durch unsere Hand« (šu-me-a) über die Erde kommen und die Menschheit vernichten wird. Zudem verweist Enki auf den unwiderrufbaren Beschluss der Götterversammlung.

Mit diesen Worten spricht Enki also nochmals deutlich aus, dass er an der Durchführung der Flut und somit auch an der Vernichtung der Menschheit be-

---

[19] Vgl. etwa *Kramer*, Sumerian Deluge Myth, 119 Anm. 25; *Römer*, Flutgeschichte, 453 Anm. 19'a.

[20] Wenn also *Westermann*, Genesis I, 539, oder *Baumgart*, Umkehr, 482, meinen, dass auch in der sumerischen Flutgeschichte Enlil als Initiator der Flut dargestellt wird, oder wenn *Müller*, Motiv, 303, vorgibt, dass auch hier ein Götterkonflikt das Geschehen bestimmt, so ist dies ohne jeden Anhalt am vorliegenden Text.

teilgt ist. Er steht den Göttern, die die Flut kommen lassen, nicht, wie im Atramḫasīs-Epos, gegenüber, sondern gehört zu den Göttern, durch deren Hand die beschlossene Flut umgesetzt wird.

Im weiteren Verlauf der sumerischen Flutgeschichte wird nach einer größeren Lücke, in der wohl der Auftrag zum Bau eines Schiffes und die Ausführung dieses Auftrags dargestellt wurden,[21] das Auftreten der Flut geschildert (V,1–6). Die Darstellung der Flut umfasst nur einige wenige Zeilen. Eine Reaktion der Götter auf die Flut und die mit ihr verbundene Vernichtung der Menschen wird hier – anders als im Atramḫasīs-Epos – nicht erwähnt.

Nach Ende der Flut wird sodann geschildert, wie Ziusudra Rinder und Schafe als Opfer darbringt (V,9–11). Und auf dieses Opfer hin werden – nach einer neuerlichen Lücke im Text – die folgenden Worte des Enki vorgebracht:

> VI,1 »Ihr werdet das Leben des Himmels und das Leben der Erde anrufen (pà) [...]
> 2 An und Enlil, ihr werdet das Leben des Himmels und das Leben der Erde anrufen (pà) [...].«

Die doppelte Aufforderung des Enki, das Leben des Himmels und der Erde anzurufen, ist wohl so zu verstehen, dass hier zunächst die Gesamtheit der Götter angesprochen wird, bevor dann nochmals explizit An und Enlil angesprochen werden.[22] Dabei werden die Götter zu einem Schwur aufgerufen, dessen Inhalt textlich wie philologisch nicht wirklich verständlich ist. Naheliegend erscheint aber, wie häufig angenommen, dass der von Enki geforderte Schwur darauf zielt, dass die Götter künftig keine Flut mehr kommen lassen.[23]

Enki, der die Götter vor der Flut noch schwören ließ, dass sie sich an den Beschluss zur Flut und somit an den Beschluss zur Vernichtung der Menschheit halten, lässt die Götter also nach der Flut – und zwar mit demselben Verb (pà) – schwören, von einer weiteren Flut abzusehen. Mit Enki tritt in der sumerischen Flutgeschichte demnach ein und derselbe Gott für die Durchsetzung der Flut wie auch für die Durchsetzung der künftigen Bewahrung der Menschheit ein.

Die sumerische Flutgeschichte zeigt somit – entgegen der gängigen Sicht – tatsächlich ganz deutliche Differenzen zu dem zuvor dargestellten Atramḫasīs-Epos. Insbesondere ist in dieser Fassung der Fluterzählung der das Atramḫasīs-Epos bestimmende Konflikt zwischen Enlil und Enki, also zwischen einem menschenfeindlichen und einem menschenfreundlichen Gott, so nicht erkennbar.

---

[21] Vgl. *Jacobsen*, Eridu Genesis, 523; *Römer*, Flutgeschichte, 455.

[22] Vgl. hierzu *Jacobsen*, Eridu Genesis, 525.

[23] Vgl. *Jacobsen*, Eridu Genesis, 525; *Römer*, Flutgeschichte, 457 Anm. 1a; *Baumgart*, Umkehr, 483.

Nach der sumerischen Flutgeschichte ist auch Enki an der Durchsetzung und an der Durchführung der Flut beteiligt. Enki ist hier gleichermaßen einer der Götter, die die Flut kommen lassen, wie auch der Gott, der die Menschheit durch die Flut hindurch rettet und vor einer neuerlichen Flut bewahrt.

Doch nicht nur Enki, auch die anderen Götter, so insbesondere die Muttergottheit, werden in der sumerischen Flutgeschichte differenzierter dargestellt. So klagt die Muttergöttin unmittelbar auf den Beschluss zur Flut und nicht erst, wie im Atramḫasīs-Epos, als die Opfer ausbleiben. Doch trotz dieser Klage beteiligt auch sie sich an der Durchsetzung der Flut. Der Wille zur Vernichtung der Menschheit und das Leiden an dieser drohenden Vernichtung fallen in der Muttergöttin zusammen.

Das in der sumerischen Flutgeschichte dargestellte Geschehen wird also nicht wie im Atramḫasīs-Epos aus dem Gegenüber verschiedener Rollen, die den einzelnen Göttern zukommen, entwickelt. Es ist hier nicht der Konflikt zwischen einem menschenfeindlichen und einem menschenfreundlichen Gott, der die Handlung in Gang setzt und bestimmt. Die sumerische Flutgeschichte ist vielmehr davon geprägt, dass die Götter insgesamt eine ambivalente Haltung gegenüber den Menschen einnehmen. Die Götter, besonders Enki und die Muttergöttin, suchen angesichts der sie betreffenden, von den Menschen ausgehenden Beeinträchtigungen die Vernichtung der Menschen. Doch zugleich zeigen sie sich mit den Menschen verbunden und treten für die Bewahrung der Menschheit ein. Am Ende des Epos wird schließlich festgehalten, dass die Gefährdung des Menschen gebannt ist, da sich die Götter – trotz ihrer ambivalenten Einstellung gegenüber den Menschen – zur dauerhaften Bewahrung der Menschheit entschieden haben.

2 Die biblische Sintfluterzählung

Von den mesopotamischen Texten herkommend soll nun die biblische Sintfluterzählung betrachtet werden, wobei sich die folgenden Überlegungen auf die nichtpriesterliche Fassung beschränken. So soll zunächst der Frage nach der Vorlage der nichtpriesterlichen Sintfluterzählung nachgegangen werden. In einem zweiten Schritt soll das theologische Profil dieser Erzählung herausgestellt werden.

2.1 Die Vorlage der nichtpriesterlichen Sintfluterzählung

Es ist nahezu unumstritten, dass die biblische Sintfluterzählung, insbesondere in ihrer nichtpriesterlichen Fassung, von den mesopotamischen Fluterzählungen beeinflusst ist. Mit Blick auf die konkrete Vorlage der nichtpriesterlichen Sintfluterzählung wird nun aber stets davon ausgegangen, dass diese Erzählung direkt oder indirekt von der im Atramḫasīs-Epos oder von der sehr ähnlichen, im

Gilgameš-Epos belegten Version der Flutgeschichte abhängt.[24] Über die bisherige Forschung hinaus kann jedoch gezeigt werden, dass die nichtpriesterliche Fluterzählung auf eine Vorlage zurückgeht, die viel eher der sumerischen Flutgeschichte entspricht.[25] Für diese Annahme lassen sich einige formale und inhaltliche Eigenheiten nennen, die die nichtpriesterliche und die sumerische Fluterzählung – über die beiden akkadischen Versionen hinaus – gemeinsam haben.

So ist zunächst beachtenswert, dass weder im Atramḥasīs- noch im Gilgameš-Epos eine direkte Reaktion der Götter auf den Beschluss zur Flut vorgebracht wird (Atr II,viii,32–35 // Gilg XI,14–19). Wie zuvor ausgeführt, wird dagegen in der sumerischen Flutgeschichte dargestellt, dass die Göttinnen Nintu und Inanna nach der Entscheidung zur Flut trauern und klagen (Sum III,15'–16'). Und ganz entsprechend wird in der nichtpriesterlichen Fluterzählung in Gen 6,6 dargestellt, dass Jhwh angesichts seiner Reue über die Erschaffung des Menschen betrübt ist. Anders als in den akkadischen Texten wird also in der sumerischen wie in der nichtpriesterlichen Fluterzählung schon im Zusammenhang der Entscheidung zur Flut die Trauer geschildert, die die Götter bzw. den einen Gott angesichts dieser Entscheidung überfällt.

Bedeutend ist sodann, dass der Sintflutheld im Atramḥasīs- wie im Gilgameš-Epos von Enki zum Bau eines Schiffes aufgefordert wird, ohne dass ihm der Sinn und Zweck dieses Unternehmens mitgeteilt würde (Atr III,i,13–35 // Gilg XI,21–31). In der sumerischen Flutgeschichte wie in der nichtpriesterlichen Erzählung wird dem Sintfluthelden dagegen auch eröffnet, dass eine Flut über die Erde kommen wird. Zudem wird ihm hier wie dort mitgeteilt, dass diese Flut die gesamte Menschheit vernichten soll (Sum IV,6–7 // Gen 7,4).

---

[24] So gehen etwa *W. M. Clark*, The Flood and the Structure of the Pre-patriarchal History, in: ZAW 83 (1971), 184–211, bes 187; *Ruppert*, Genesis I, 308–309, davon aus, dass für die biblische Sintfluterzählung auf das Atramḥasīs-Epos zurückgegriffen wurde. Nach *W. G. Lambert*, A New Look at the Babylonian Background of Genesis, in: JThS 16 (1965), 291–292; *V. Fritz*, »Solange die Erde steht« – Vom Sinn der jahwistischen Fluterzählungen in Gen 6–8, in: ZAW 94 (1982), 599–614, bes. 608; *Bosshard-Nepustil*, Sintflut, 219, ist die biblische Fassung vom Gilgameš-Epos beeinflusst. Zum Gilgameš-Epos vgl. *K. Hecker*, Das akkadische Gilgamesch-Epos, in: TUAT III,4 (1994), 646–744.

[25] Das heißt natürlich nicht, dass die nichtpriesterliche Sintfluterzählung direkt von der vorliegenden Fassung der sumerischen Flutgeschichte abhängt. Zu beachten ist aber, dass in der Babyloniaka des Berossos noch für das 3. Jh. eine Fluterzählung belegt ist, die der sumerischen Flutgeschichte nahesteht; vgl. *P. Schnabel*, Berossos und die babylonisch-hellenistische Literatur, Leipzig/Berlin 1923, 264–266, und siehe hierzu *A. Parrot*, Sintflut und Arche Noahs. Der Turm von Babel. Ninive und das Alte Testament (BiAr 1), Zürich 1955, 29–30; *Hämmerly-Dupuy*, Flood Stories, 10–11. Die in der sumerischen Flutgeschichte belegte Tradition war also auch zu biblischer Zeit noch im Umlauf. Es ist daher ohne weiteres möglich und denkbar, dass für die nichtpriesterliche Sintfluterzählung auf eben diese Tradition zurückgegriffen wurde. Siehe hierzu auch unten Anm. 27.

Aber mehr noch: Im Atramḫasīs- wie im Gilgameš-Epos wird umfassend das Verhalten der Götter während der Flut dargestellt. Insbesondere wird deren Verzweiflung und Trauer angesichts der ausbleibenden Opfer beschrieben (Atr III,iii,23–iv,23 // Gilg XI,113–126). In der sumerischen Flutgeschichte wie auch in der nichtpriesterlichen Fassung finden sich dagegen keinerlei Ausführungen über das Ergehen und Empfinden, das die Götter bzw. den einen Gott während der Flut bestimmt (Sum V,1–6 // Gen 7,12–8,13*).

Zuletzt ist noch bemerkenswert, dass der Sintflutheld im Atramḫasīs- wie auch im Gilgameš-Epos nach Ende der Flut Räucheropfer und somit vegetabilische Gaben darbringt (Atr III,v,41 // Gilg XI,155–158). Die sumerische Flutgeschichte und die nichtpriesterliche Version stimmen dagegen darin überein, dass der Sintflutheld Tieropfer darbringt (Sum V,11 // Gen 8,20).[26]

Die nichtpriesterliche Fluterzählung zeigt also einige doch sehr markante Gemeinsamkeiten mit der sumerischen Flutgeschichte, über die sich diese beiden Fassungen gerade von den im Atramḫasīs- und im Gilgameš-Epos belegten Fluterzählungen unterscheiden. Demgegenüber besteht zwischen der nichtpriesterlichen Fluterzählung und den akkadischen Versionen nur eine bedeutendere Übereinstimmung, die kein Gegenstück in der sumerischen Flutgeschichte hat: Die Vogelflug-Szene ist nur im Gilgameš-Epos und in der nichtpriesterlichen Fluterzählung (Gilg XI,145–154 // Gen 8,8–12), nicht aber in der sumerischen Fassung belegt.[27]

Insgesamt sprechen die genannten Beobachtungen dann aber ganz deutlich

---

[26]   So hat schon *C. Levin*, Der Jahwist (FRLANT 157), Göttingen 1993, 107, erkannt, dass in der nichtpriesterlichen Sintfluterzählung im Gegensatz zu den akkadischen Parallelen tierische Opfer dargebracht werden. Dass die biblische Fassung in diesem Detail mit der sumerischen Flutgeschichte übereinstimmt, wurde bislang aber stets übersehen.

[27]   Die Vogelflug-Szene wird häufig als das entscheidende Argument dafür genannt, dass die nichtpriesterliche Sintfluterzählung vom Gilgameš-Epos abhängt; vgl. nur *Lambert*, Look, 291–292; *Bosshard-Nepustil*, Sintflut, 219. Beachtenswert ist aber, dass in der bei Berossos belegten, der sumerischen Flutgeschichte nahestehenden Fluterzählung ebenfalls das Aussenden von Vögeln beschrieben wird; vgl. *Schnabel*, Berossos, 264–265. Ja, in den von Berossos erhaltenen Überlieferungen wird sogar dargestellt, dass der Sintflutheld vergleichbar mit der nichtpriesterlichen Fassung drei Mal dieselben Vögel aussendet (Gen 8,8–12), während im Gilgameš-Epos drei verschiedene Vogelarten genannt werden (XI,145–154). Es ist also ohne weiteres denkbar, wenn nicht sogar wahrscheinlich, dass die in der sumerischen Flutgeschichte belegte Tradition in der weiteren Überlieferungsgeschichte um eine – mit drei gleichen Vögeln gestaltete – Vogelflug-Szene erweitert und so in der nichtpriesterlichen Sintfluterzählung aufgenommen wurde. Die Vogelflug-Szene muss also nicht für eine direkte oder indirekte Abhängigkeit der nichtpriesterlichen Sintfluterzählung vom Gilgameš-Epos sprechen, sondern kann ebenso gut von der sumerischen Flutgeschichte und deren weiterer Überlieferungsgeschichte her erklärt werden.

gegen die verbreitete Annahme, dass die nichtpriesterliche Fluterzählung direkt oder indirekt vom Atramḫasīs- oder Gilgameš-Epos beeinflusst ist. Die nichtpriesterliche Fluterzählung geht vielmehr auf eine Vorlage zurück, die weitgehend der sumerischen Flutgeschichte entspricht. Vor diesem Hintergrund ist nun auf das theologische Profil der nichtpriesterlichen Sintfluterzählung einzugehen.

2.2 Das theologische Profil der nichtpriesterlichen Sintfluterzählung

Wie die altorientalischen Parallelen ist auch die nichtpriesterliche Urgeschichte von der Abfolge Menschenschöpfung, Flut und Bewahrung der Menschheit durch die Flut hindurch bestimmt. Die eigentliche Fluterzählung beginnt in Gen 6,5–8 mit den folgenden Worten:

> Gen 6,5 Und Jhwh sah, dass die Bosheit des Menschen groß war auf Erden und alles Planen und Vorhaben seines Herzens nur böse war allezeit.
>
> 6 Da reute es Jhwh, dass er den Menschen gemacht hatte auf Erden, und es bekümmerte ihn in seinem Herzen.
>
> 7 Und Jhwh sprach: Ich will den Menschen, den ich geschaffen habe, von der Erdoberfläche vertilgen, vom Menschen über das Vieh, die Kriechtiere bis hin zu den Vögeln des Himmels. Denn es reut mich, dass ich sie gemacht habe.
>
> 8 Aber Noah hatte Gnade gefunden in den Augen Jhwhs.

Bei Gen 6,5–8 ist zunächst wieder der Anlass der Flut zu betrachten. Nach Gen 6,5 ist es die Bosheit des Menschen, die Jhwh zu dem Entschluss führt, dass die Menschheit vernichtet werden soll. Dabei wird die Bosheit des Menschen, wie schon häufig bemerkt, an dieser Stelle als tief in der Natur des Menschen verankert angesehen: Das Planen und Vorhaben seines Herzens ist böse. Der Mensch verfolgt also ganz bewusst und willentlich das Böse.[28]

Bedeutend ist sodann, dass die Bosheit des Menschen hier nicht als etwas beschrieben wird, das sich im Menschen erst entwickelt hätte. Gen 6,5 sagt nicht, dass die Menschheit nach ihrer Erschaffung erst böse geworden ist. Es wird vielmehr ganz allgemein festgehalten, dass der Mensch von innen heraus böse ist – und zwar ohne Ausnahme und allezeit.[29]

---

[28]   Vgl. hierzu etwa *Westermann*, Genesis I, 551–552; *Jeremias*, Reue, 24; *Döhling*, Gott, 100–103.

[29]   Die erstmals bei *G. von Rad*, Das erste Buch Mose. Genesis (ATD 2–4), Göttingen (1949) [11]1981, 86, vorgebrachte und fortan häufig aufgenommene These, dass in der nichtpriesterlichen Urgeschichte dargestellt würde, wie die »Sünde lawinenartig angewachsen« ist, wird dem vorliegenden Text also nicht gerecht.

An dieser Stelle wird häufig eine der bedeutendsten Differenzen, wenn nicht gar die entscheidende Differenz zwischen den altorientalischen Fluterzählungen und der biblisch-nichtpriesterlichen Fassung gesehen. Denn während dort das Lärmen des Menschen die Götter dazu führt, eine Flut über die Erde kommen zu lassen, ist es hier eben die Bosheit, also ein moralisches Defizit des Menschen, das Jhwh zum Herbeiführen der Flut bewegt.[30]

Es erscheint aber fraglich, ob hier tatsächlich eine so große Differenz zu den altorientalischen Texten gesehen werden muss wie zumeist angenommen. Da nämlich in der nichtpriesterlichen Fluterzählung, wie zuvor ausgeführt, nicht davon die Rede ist, dass der Mensch erst böse geworden ist, sondern vielmehr ganz generell ausgesagt wird, dass der Mensch – insgesamt und allezeit – böse *ist*, besteht doch eine bedeutende Gemeinsamkeit zwischen den altorientalischen Flutgeschichten und der nichtpriesterlichen Fassung darin, dass hier wie dort das So-Sein des Menschen die Götter bzw. den einen Gott dazu veranlasst, den Menschen zu vernichten.

Beachtenswert ist nun die in Gen 6,6 belegte Darstellung der göttlichen Reaktion auf die zuvor genannte Bosheit des Menschen. So steht zunächst in Gen 6,6a, dass es Jhwh reut, dass er den Menschen geschaffen hat. Die Bosheit des Menschen führt also dazu, dass Jhwh die Existenz des Menschen in Frage stellt.

In dem hierauf folgenden Halbvers Gen 6,6b heißt es dann aber, dass Jhwh in seinem Herzen bekümmert ist. Diese Aussage kann, wie schon häufig gesehen wurde, doch nur so verstanden werden, dass Jhwh angesichts seiner in der vorangehenden Reue-Aussage bereits implizit ausgesprochenen Absicht, die Menschheit zu vernichten, bekümmert ist.[31]

In Gen 6,6 zeigt sich somit ein spannungsvolles Nebeneinander zweier verschiedener göttlicher Reaktionen auf die menschliche Bosheit: Jhwh ist gleichermaßen von Reue und Kummer, von der Absicht, die Menschheit zu vernichten, und von Trauer über deren drohende Vernichtung bestimmt.

Dem entspricht, dass in den folgenden beiden Versen zunächst in Gen 6,7 – und nun explizit – Jhwhs Beschluss zur Vernichtung der Menschen vorgebracht

---

[30] Vgl. nur *Jeremias*, Reue, 24; *Fritz*, Erde, 608; *Müller*, Motiv, 299; *Gertz*, Noah, 518. Dabei wird diese Differenz zwischen den altorientalischen Fluterzählungen und der biblischen Fassung meist so erklärt, dass die Flut in der biblischen Fassung nicht auf einen Götterkonflikt zurückgeführt und somit nicht als ein von den Göttern ausgehender, letztlich willkürlicher Akt dargestellt werden konnte. Die Begründung der Flut musste daher ganz auf den Menschen verlegt werden. Diese Annahme wird aber schon den altorientalischen Texten nicht gerecht, in denen die Flut, wie gezeigt, nicht als Akt göttlicher Willkür erklärt werden kann.

[31] So auch *Westermann*, Genesis I, 552; *Jeremias*, Reue, 25, u. a. gegen *Ruppert*, Genesis I, 318, oder *Döhling*, Gott, 110–116, die die Betrübnis Jhwhs auf die Bosheit des Menschen beziehen.

wird. In Gen 6,8 heißt es dann aber, dass Noah vor Jhwh Gnade gefunden hatte. Der Wille zur Vernichtung der Menschen und der Wille, die Menschheit durch Noah zu bewahren, fallen somit in Jhwh zusammen.

Das heißt doch aber, dass Jhwh am Beginn der nichtpriesterlichen Flutgeschichte dieselbe ambivalente Haltung gegenüber den Menschen zugeschrieben wird, von der nach der sumerischen Flutgeschichte die Götter insgesamt bestimmt sind. Hier wie dort führt das So-Sein des Menschen dazu, dass sich die Götter bzw. der eine Gott zur Vernichtung des Menschen durch eine Flut entschließen. Doch hier wie dort erweisen sich die Götter bzw. der eine Gott zugleich mit der Menschheit verbunden und suchen deren Bewahrung durch die Flut hindurch.

Die ambivalente Haltung Jhwhs gegenüber den Menschen bestimmt auch den weiteren Verlauf der nichtpriesterlichen Sintfluterzählung. So begründet Jhwh den an Noah gerichteten Auftrag, zusammen mit seiner Familie und allen Arten von Tieren auf die Arche zu gehen, in Gen 7,4 mit den folgenden Worten:

> Gen 7,4 Denn noch sieben Tage, dann lasse ich regnen auf der Erde, 40 Tage und 40 Nächte, und ich will alles Bestehende, das ich gemacht habe, von der Erdoberfläche vertilgen.

In Gen 7,4 eröffnet Jhwh dem Noah sein Vorhaben, die Menschen durch eine Flut zu vernichten. Aber indem er dies tut, bewahrt er die Menschheit doch gerade durch Noah vor eben dieser Vernichtung. Jhwhs Wille zur Vernichtung und sein Wille zur Bewahrung der Menschheit sind hier also aufs engste miteinander verbunden. An dieser Stelle zeigt sich daher besonders deutlich die Ambivalenz, die das Empfinden und Handeln Jhwhs in der nichtpriesterlichen Fluterzählung bestimmt.

Beachtenswert ist schließlich das Ende der nichtpriesterlichen Erzählung. So steht in Gen 8,20–22:

> Gen 8,20 Und Noah baute einen Altar für Jhwh, und er nahm von allen reinen Tieren und von allen reinen Vögeln und opferte sie auf dem Altar.
> 21 Da roch Jhwh den beruhigenden Duft und sprach zu seinem Herzen: Ich werde die Erde nicht mehr um des Menschen willen verderben. Denn das Planen des Herzens des Menschen ist böse von seiner Jugend an. Aber ich will nicht mehr alles Lebendige schlagen, wie ich getan habe.
> 22 Solange die Erde steht, soll nicht mehr aufhören Saat und Ernte, Frost und Hitze, Sommer und Winter, Tag und Nacht.

In Gen 8,20–22 wird also zunächst beschrieben, wie Jhwh auf das Opfer des Noah hin beschließt, keine Flut mehr über die Erde kommen zu lassen. Jhwh sichert der Menschheit, ja der gesamten Schöpfung ihren uneingeschränkten Bestand zu.

Es wird dann aber klargestellt, dass sich an der Einstellung Jhwhs gegenüber den Menschen nichts Grundlegendes geändert hat. Es wird hier – mit etwas abgemilderten, aber im Ganzen doch nahezu gleichlautenden Worten wie in Gen 6,6 – festgehalten, dass der Mensch böse ist. Die künftige Bewahrung des Menschen geschieht trotz der bleibenden Bosheit des Menschen.[32]

Wie am Ende der sumerischen Flutgeschichte wird also auch am Ende der nichtpriesterlichen Erzählung dargestellt, dass die Menschheit trotz der auch weiter bestehenden ambivalenten Haltung, die die Götter bzw. der eine Gott gegenüber der Menschheit einnehmen, Bestand haben wird.[33] Trotz der Tatsache, dass das So-Sein des Menschen – sei es durch deren Lärmen, sei es durch deren Bosheit – eine bleibende Beeinträchtigung und Herausforderung der Götter bzw. des einen Gottes darstellt, ist eine weitere Gefährdung der Menschheit ausgeschlossen. Denn der Entschluss zur Bewahrung der Menschheit ist ein für allemal gefallen.

Von der sumerischen Flutgeschichte herkommend ist das theologische Profil der nichtpriesterlichen Fassung mit ihrem Nebeneinander von Reue und Kummer, von Vernichtung und Bewahrung demnach nicht so zu erklären, dass hier zwei in einer polytheistischen Vorlage ursprünglich getrennte, ja eigentlich unvereinbare göttliche Rollen in dem einen Gott zusammengeflossen sind. Es sind hier nicht die gegenläufigen Rollen eines menschenfeindlichen und eines menschenfreundlichen Gottes in den einen Gott verlegt. Es wird somit auch nicht ein göttlicher Rollenkonflikt geschildert, in dessen Verlauf die eine Rolle zugunsten der anderen abgelegt würde. All dies wird der nichtpriesterlichen Flutgeschichte mit dem etwa in Gen 7,4 erkennbaren, aufs engste verbundenen Neben- und Ineinander des göttlichen Vernichtungs- und Rettungswillens wie auch der in Gen 8,21 ausgedrückten bleibend ambivalenten Haltung Jhwhs gegenüber dem Menschen nicht gerecht.

Das theologische Profil der nichtpriesterlichen Fluterzählung ist viel eher so zu erklären, dass hier unter Aufnahme einer der sumerischen Flutgeschichte nahestehenden polytheistischen Fassung die dort belegte ambivalente Haltung,

---

[32] Mit *L. Perlitt*, 1. Mose 8,15–22, in: GPM 24 (1970), 392, kann also durchaus gesagt werden: »Die Flut hat [...] nicht den Menschen verwandelt, sondern Gott!« Dabei ist aber zu beachten, dass sich für Gott nicht die negative Beurteilung des Menschen, sondern sein Verhalten gegenüber dem negativ beurteilten Menschen verändert hat; vgl. hierzu etwa *Jeremias*, Reue, 26–27; *Gertz*, Noah, 517.

[33] Dass Jhwh am Ende der nichtpriesterlichen Sintfluterzählung trotz seiner bleibend negativen Einschätzung des Menschen von einem weiteren Strafhandeln absieht, ist also gegen *Gertz*, Noah, 519–522, nicht so zu erklären, dass hier eine aus den prophetischen Schriften entlehnte Theologie (Hos 11,8–9) in die Fluterzählung eingebracht wurde. Dieses Motiv ist vielmehr, wie die sumerische Flutgeschichte zeigt, bereits in den altorientalischen Traditionen enthalten und wurde von dort übernommen.

die die Götter gegenüber dem Menschen einnehmen, auf den einen Gott übertragen wurde. Aus dieser ambivalenten Haltung der Götter bzw. des einen Gottes heraus wird hier wie dort das Geschehen entwickelt, das zur Gefährdung des Menschen in der Flut, zur Rettung der Menschheit durch die Flut hindurch und schließlich zur dauerhaften Bewahrung der Menschheit führt.

FAZIT

Die biblische Sintfluterzählung ist insbesondere in ihrer nichtpriesterlichen Fassung von vorgegebenen, ursprünglich polytheistischen Traditionen beeinflusst. Doch entgegen der gängigen Annahme ist die nichtpriesterliche Sintfluterzählung nicht von einer dem Atramḫasīs- oder dem Gilgameš-Epos nahestehenden Variante abhängig. Die nichtpriesterliche Sintfluterzählung ist vielmehr von einer Vorlage beeinflusst, die der sumerischen Flutgeschichte entspricht.

Die sumerische Flutgeschichte ist aber – anders als die beiden akkadischen Fassungen – nicht an einem Konflikt zwischen zwei Göttern orientiert. Sie beschreibt nicht einen Konflikt zwischen einem menschenfeindlichen und einem menschenfreundlichen Gott, aus dem heraus die Gefährdung und schließlich die dauerhafte Bewahrung des Menschen erwächst. Die sumerische Flutgeschichte beschreibt vielmehr, dass die Götter insgesamt eine ambivalente Haltung gegenüber dem Menschen einnehmen. Angesichts der vom So-Sein des Menschen ausgehenden Beeinträchtigung beschließen die Götter die Vernichtung der Menschheit und zugleich zeigen sie sich mit den Menschen verbunden und treten für die Rettung und dauerhafte Bewahrung der Menschheit ein.

Eben diese ambivalente Haltung der Götter gegenüber den Menschen wurde in der nichtpriesterlichen Fassung auf den einen Gott übertragen. Ganz analog zur sumerischen Flutgeschichte stellt die nichtpriesterliche Erzählung dar, wie der eine Gott aufgrund einer vom So-Sein des Menschen ausgehenden Beeinträchtigung die Vernichtung des Menschen beschließt und zugleich die Rettung des Menschen verfolgt. Und sie stellt dar, wie der eine Gott trotz seiner bleibend ambivalenten Haltung gegenüber den Menschen den dauerhaften Bestand der Menschheit garantiert.

Die Rezeption polytheistischer Vorstellungen in der biblischen Sintfluterzählung ist demnach nicht so zu erklären, dass hier verschiedene, eher eindimensionale Gottesbilder zu einem mehrdimensionalen Bild des einen Gottes zusammengeführt wurden. Schon die der biblischen Erzählung vorgegebene polytheistische Fassung war von mehrdimensionalen Gottesbildern bestimmt und konnte so auf den einen Gott und die Darstellung der von diesem einen Gott ausgehenden Gefährdung, Rettung und dauerhaften Bewahrung der Menschheit übertragen werden.

Neues Testament

Translation in Tacitus' Germania und der Areopagrede

Beobachtungen zum Kultur-Transfer im ausgehenden ersten nachchristlichen Jahrhundert[1]

Manfred Lang

Der römische Rhetor Marcus Fabius Quintilianus schrieb zu Beginn seiner Rhetorik über die Frage, ob man Einzelunterricht oder Schulunterricht bevorzugen solle, man solle nützlicherweise (*utile igitur*) Mitschüler haben, die ein einzelner Schüler anstreben oder übertreffen solle. Gerade die Mitschüler insgesamt würden den *einen* besser anstacheln als einzelne. Quintilian fährt fort: »die Redekunst hängt zum größten Teil von der Verfassung unseres Geistes ab. Er muß sich ergreifen lassen, die Bilder der Dinge in sich aufnehmen und sich gewissermaßen verwandeln in das Wesen dessen, wovon er spricht.«[2] Dieser Prozess des Aufnehmens und des Verwandelns in das Wesen dessen, wovon er spricht, steht für die Ausbildung zum Rhetor in Rede, dürfte aber genauso für meine Fragen relevant sein, die anhand von Tacitus und Lukas gestellt werden sollen. Dabei greife ich auf grundlegende Einsichten der modernen Kulturwissenschaft zurück, die sich unter dem Stichwort der ›Translation‹ in drei Bereiche fassen lassen:[3] 1) Der Ausgangspunkt für die Frage nach Translation ist zunächst die

---

[1]   Der Vortrag wurde auf besagter Tagung der Wissenschaftlichen Gesellschaft für Theologie in Zürich in der Sektion für Neues Testament und in der ntl. Sozietät der Theologischen Fakultät der Georg-August-Universität Göttingen gehalten, wo ich im WiSe 2011/12 den Lehrstuhl von Prof. Dr. Reinhard Feldmeier vertreten habe. Allen Beteiligten danke ich für anregende und weiterführende Diskussion; Letzteren zudem für freundliche Aufnahme und angenehmes Arbeitsklima.

[2]   Marcus Fabius Quintilianus, Ausbildung des Redners I, hg. und übers. von *Helmut Rahn*, TzF 2, Darmstadt 2006, 39.

[3]   Ich beziehe mich auf folgende Arbeiten: *D. Bachmann-Medick*, Cultural Turns. Neuorientierung in den Kulturwissenschaften, Reinbek bei Hamburg 2007, *M. Bal*, Travelling Concepts in the Humanities. A Rough Guide, Toronto 2002, *J. Clifford*, Travelling Cultures, in:

Beschreibung der je epistemischen Gemeinschaft in ihrem eigenen Diskursraum (= Kultur). 2) ›Konzept‹ soll dabei eine Anschauungsform sein, die Gegenstand der Translation ist. 3) Ein solches Konzept wird dann im Rahmen der Translation von *einem* Diskursraum in den anderen übertragen, indem nur auf gemeinsame Implikate rekurriert wird. Möglich ist auch, das Neue des Konzepts aus der Ausgangskultur kongruent zu einer Vorstellung in der Zielkultur zu formulieren.

Ich beginne daher damit, den Ort des Kulturtransfers zu skizzieren: zunächst in Hinsicht auf die politische Großwetterlage. Diesbezüglich sollen Leistung und Grenze der Herrschaft Domitians skizzenhaft und exemplarisch vor Augen gestellt werden, um den Charakter des Übergangs zu Trajan besser verstehen zu können. Dadurch kann sodann der Ort des taciteischen Kulturtransfers in den Blick genommen und in seiner Relevanz für die Situation gewürdigt werden. Die Analyse der Translation selbst soll anhand des Konzepts der Theo-logie erfolgen.

I Kulturhistorische Signatur

1.1 Domitians Herrschaft

Die Regierungspolitik des flavischen Kaisers Domitian respektive seiner Außenpolitik angemessen beurteilen zu wollen, ist aufgrund der Wirkungsgeschichte kein leichtes Unterfangen: da ist zunächst das Vorgehen Domitians gegen die stoische Senatsopposition zu nennen, das zuvor von Vespasian angestrengt worden war und sich gegen unliebsame Philosophen richtete und einen traurigen Höhepunkt in deren Ausweisung aus Rom etwa im Jahre 93 n. Chr. erreichen sollte. Bekannte Namen sind zu nennen, die sich gegen ihn wandten: Dion Chrysostomos und Epiktet. Daneben ist Domitians Vorgehen gegen christliche Gemeinden zu nennen, die das Ansehen des Kaisers augenfällig schwächten. Auch wenn diese beiden Aspekte ein unterschiedlich düsteres Bild von Domitian zeichnen, so dürfen die folgenden Aktivitäten nicht verschwiegen werden, die für die Wegbeschreibung zur möglichen Bestimmung des Ortes der ›Germania‹ relevant sind: Wie Vespasian strebte Domitian den Ausbau und die Rückkehr zum römischen mos maiorum an: Standesgrenzen sollten eingehalten werden, Befugnisse ggf. sogar durch Eingriffe in das Privatleben beschnitten werden. Vor allem lag ihm daran, die Reinheit der Vestalinnen, die »als Unterpfand des Wohlergehens Roms und der Sieghaftigkeit des Kaisers«[4] galt, unnachsichtig zu garantieren

---

J. Clifford (Ed.), Routers. Travel and Translation in the Late Twentieth Century, Cambridge (MA), London 1997, 17–46.

[4]   St. Pfeiffer, Die Zeit der Flavier. Vespasian – Titus – Domitian, Geschichte kompakt, Darmstadt 2009, 59.

(Suet Dom 8,3–5). Wie ernst Domitian diese Angelegenheit nahm, zeigt sich daran, dass Aktionen gegen solche Vorstöße gute 10 Jahre anhielten und konsequent und rigide geahndet wurden. Dabei zeigte er für die Kritik an diesem Vorgehen kein Verständnis (Plin Ep 4,11,11).

Mit diesem Vorgehen ist eine umfangreiche Bautätigkeit Domitians verknüpft, die die Schäden des 3-tägigen Brandes Roms durch zahlreiche Neubauten beseitigen wollte. Dass Domitian diese ›Gelegenheit‹ nutzte, sich und das damit verknüpfte Selbstverständnis Roms neu zu initiieren, sieht man u. a. an dem großen Tempel auf dem Kapitol, Juppiter Custos (Suet Dom 5,1), der in Erinnerung an die Bewahrung gegen Vitellius gestiftet worden ist: Juppiter fällt hier als Gott Domitians auf. Ein damit verbundener Aspekt tritt dort hervor, wo Domitian das Forum Romanum zum sichtbaren Ausdruck für die Herrschaft des Prinzeps neu gestaltete. Er ließ wohl um 92 n. Chr. ein Reiterstandbild errichten, das ihn über dem personifizierten Rhein thronend zeigt.[5] Seine siegreiche Germanenpolitik – auch wenn sie ›nur‹ im Sieg über den Germanenstamm der Chatten[6] im Jahr 83 und 85 n. Chr. zu greifen ist – sollte für alle weithin sichtbar sein und den Anspruch des Imperium Romanum zeigen.

1.2 Die literarische Tätigkeit des Tacitus

In diesen zeitgeschichtlichen Rahmen fallen zwei kleinere Arbeiten des »›Shakespeare‹ unter den römischen Historikern«[7], Tacitus, die retro- wie prospektiv angelegt sind. Sein ›Agricola‹[8] ist ein gattungsmäßiges permixtum und zeigt in seinen apologetischen Passagen eine politische Dimension, weil Domitians Umgang mit Agricola, nämlich Domitians Missachtung der Leistungen Agricolas in Britannien, weitergeführt werden kann zur Germanienpolitik Domitians bis hinein in die Wendejahre zu Trajans Regierungszeit. Diese Germanienpolitik wiederum ist in dem scheinbar ethnographischen Werk der ›Germania‹ greifbar.

---

[5]   Diese Statue ist nicht mehr erhalten; das Fundament ist jedoch archäologisch nachweisbar. Literarisch hat das Standbild im Loblied des Status Silvae 1,1 überlebt. Zur Analyse *J. Leberl*, Domitian und die Dichter. Poesie als Medium der Herrschaftsdarstellung, Hyp. 154, Göttingen 2004, 152–160 (weitere Literatur); als Einführung *T. Hölscher*, Das Forum Romanum – die monumentale Geschichte Roms, in: *E. Stein-Hölkeskamp / K.-J. Hölkeskamp (Hg.)*, Erinnerungsorte der Antike. Die römische Welt, München 2006, 100–122 (bes. 116–118).

[6]   Ein kleiner Stamm in der Nähe des hessischen Arnsburg (bei Lich), der sich im Gießener Becken ausgebreitet hatte.

[7]   *M. von Albrecht*, Geschichte der römischen Literatur I.II, 2. Aufl., München 1997, 886.

[8]   Zur Sache vgl. *M. Lang*, Der *bonus dux*. Tacitus' Agricola und der lukanische Paulus, in: *J. Frey / C. K. Rothschild / Jens Schröter, unter Mitarbeit von B. Rost (Hg.)*, Die Apostelgeschichte im Kontext antiker und frühchristlicher Historiographie, BZNW 162, Berlin / New York 2009, 244–276, 249–253.

Insoweit wird man die ›Germania‹ im Rahmen dessen als politische Schrift in der Auseinandersetzung mit Domitian zu lesen haben.

Die Eigenart der ›Germania‹[9] besteht darüber hinaus in der überlieferten Gestalt: Sind ethnographische Passagen im Rahmen der Geschichtsschreibung als Exkurse zur Illustration oder zur ›literarischen Erhebung‹ eingebaut, dann begegnet sie bei Tacitus als eigenständiges monographisches Werk, das ohne jegliches Proömium eröffnet wird. Wie anders wird hier von ›Germanien‹ gesprochen, wenn man sich das zuvor beschriebene Reiterstandbild als Anti-Folie daneben legt. Es geht Tacitus nicht darum, Gegenargumente zu entkräften, etwa solche, die den peregrinen Charakter der Germanen und die zutiefst unzivilisierte Lebensweise thematisieren. Es geht Tacitus vielmehr darum, Wesen und Eigenart anders vor Augen zu stellen: Nicht das einseitige Bild finsterer unzivilisierter Gesellen im tiefen, dunklen und sumpfigen Wald, sondern das differenzierte Bild, das die Germanen auch als dem zivilisierten römischen Wesen nicht unähnlich an die Seite rücken kann. Wer sich auf diesen alternativen Weg einlassen wollte, sollte eine Wandlung zu einem differenzierten Germanenbild vornehmen: Gerade diese Darstellung der germanischen Lebensweise, ihres Wesens, ihrer Stärken und Schwächen liefert »genau die Hintergrundinformationen über den potentiellen Gegner, an denen man in der ersten Hälfte des Jahres 98 interessiert gewesen sein mußte«[10]. Die retrospektive Perspektive der ›Germania‹ gewinnt somit politische Dimensionen im Rahmen einer prospektiven Perspektive.

---

[9] Wichtige Literatur (inkl. Kommentare): *R. Schuhmann*, Kommentar zu Tacitus' *Germania*, c. 1–20, Diss. masch., Jena 2006; P. Cornelius Tacitus, Germania, interpr., hg., übertr., komm. und mit einer Bibliographie versehen von *A. A. Lund*, WKGLS, Heidelberg 1988. Die Germania des Tacitus, erl. von Rudolf Much, dritte beträchtlich erweiterte Aufl. unter Mitarbeit von Herbert Jankuhn, *hg. von Wolfgang Lange*, Germanische Bibliothek, 3. Aufl., Heidelberg 1967. Zur Forschungsdiskussion: *A. A. Lund*, Kritischer Forschungsbericht zur ›Germania‹ des Tacitus, ANRW II 33.3, Berlin / New York 1991, 1989–2222.2341–2382; *A. A. Lund*, Zur Gesamtinterpretation der ›Germania‹ des Tacitus, ANRW II 33.3, Berlin / New York 1991, 1858–1988; zur Einführung: *St. Schmal*, Tacitus, Studienbücher Antike 14, 2. Aufl., Hildesheim / Zürich / New York 2009, 29–42; *R. F. Thomas*, The *Germania* as Literary Text, in: *A. J. Woodman (Hg.)*, The Cambridge Companion to Tacitus, Cambridge 2009, 59–72; zu Einzelproblemen: *A. A. Lund*, Zum Germanenbild der Römer. Eine Einführung in die antike Ethnographie, Heidelberg 1990; *F. Fischer / J. Heiligmann*, Bemerkungen zur ›Germania‹ des Tacitus aus archäologischer Sicht, ANRW II 33.3, Berlin / New York 1991, 2223–2254; *H. Jankuhn*, Die Glaubwürdigkeit des Tacitus in seiner ›Germania‹ im Spiegel archäologischer Beobachtungen, in: *Gerhard Radke (Hg.)*, Politik und literarische Kunst im Werk des Tacitus, Stuttgart 1971, 142–151.

[10] *J.-W. Beck*, Germania – Agricola: Zwei Kapitel zu Tacitus' zwei kleinen Schriften. Untersuchungen zu ihrer Intention und Datierung sowie zur Entwicklung ihres Verfassers, Spudasmata 68, Hildesheim / Zürich / New York 1998, 35; vgl. dort 9–59 für die umfangreiche Begründung dieser These. Vgl. ferner *Schmal*, Tacitus (s. Anm. 9) 29 mit Anm. 2. Sein Fazit

Was Tacitus tat, um jene Informationen bereitzustellen, möchte ich kurz nachzeichnen und kommentiere besonders Germ 43,4 sowie 9,1 f.

2 Translation in Tacitus' Germania

2.1 Germ 43,4

Dieser Abschnitt befindet sich im zweiten Teil der Germania, die die unterschiedlichen einzelnen Stämme beschreibt. Der Stamm der Lugier gliedert sich u. a. in die sog. Naharnavaler auf, von denen es heißt:

»Bei den Naharnavalern zeigt man einen Hain, eine uralte Kultstätte. Vorsteher ist ein Priester in Frauentracht; die Gottheiten, so wird berichtet, könnte man nach römischer Auffassung Kastor und Pollux nennen. Ihnen entsprechen sie in ihrem Wesen (*ea vis numini*); sie heißen Alken. Es gibt keine Bildnisse; keine Spur weist auf einen fremden Ursprung des Kultes; gleichwohl verehrt man sie als Brüder, als Jünglinge.«[11]

Die Gottheiten weisen ein hohes Alter auf, weshalb sie aus der Reihe der Lugier deutlich herausragen und es verdienen, besonders erwähnt zu werden. Eigentümlich ist dabei auch, dass neben der maskulinen Charakterisierung (*deos*) des Priesters auch die feminine in Gestalt der ›Frauenkleider‹ (*muliebri ornatu*) zum Ausdruck gebracht wird. Beide Dimensionen werden nun mit den römischen Göttern Kastor und Pollux gleichgesetzt und als *interpretatio Romana*[12] verstanden.

Was hat Tacitus[13] getan? Die beiden Götter der Naharnavaler werden als ›Alken‹ bezeichnet. Sie sind aber aufgrund des Hapax-legomenon-Charakters für

---

liegt in der angedeuteten Linie von *Beck* (a. a. O., 42). Offene Fragen nennt er dort in Anm. 71; die Frage, welcher Personenkreis eine solche Schrift rezipieren wird, könnte vielleicht mit dem Hinweis auf die aufstrebenden *equites* angegangen werden; vgl. dazu *M. Lang*, Die Kunst des christlichen Lebens. Rezeptionsästhetische Studien zum lukanischen Paulusbild, ABG 29, Leipzig 2008, 421–423.

[11] *Publius Cornelius Tacitus*, Agricola, übers., erl. und mit einem Nachwort hg. von *R. Feger*, Stuttgart 1973, 59.

[12] Vgl. dazu die umfangreichen Literaturhinweise bei *Beck*, »Germania« (s. Anm. 10) 35 Anm. 53, sowie für die ältere Forschung *G. Wissowa*, Interpretatio Romana. Römische Götter im Barbarenlande, ARW 19 (1916–1919), 1–49.

[13] Ich verstehe das im Text genannte »so wird berichtet«, das man aus der Wendung *sed deos interpretatione Romana ... memorant* herausliest, nicht in der Weise einer Distanzierung durch Tacitus (zu *memorant* vgl. im übrigen Germ 3,1). Was Tacitus schreibt, ist Ausdruck seiner historiographischen Einschätzung des Themas ›Germanien‹, mag er diesbezüglich auch auf seine »gelehrten Gewährsmänner« (*Much*, Germania [s. Anm. 9] 481) zurückgreifen.

uns heute nicht mehr zu entschlüsseln. Die vermutlich auch dem römischen Publikum unbekannten Götter erfahren folgende Translation:

1. Die Sexus-Differenzierung fällt ersatzlos weg. Die vielleicht bekannteste und im Übrigen von Domitian besonders wertgeschätzte Göttin Minerva hätte Tacitus leicht einsetzen können. Er tut es nicht und scheint mit dieser Differenzierung nicht viel anfangen zu können. Sie scheint ihm auch hinsichtlich des Wesens (*numen*) ungeeignet.

2. Tacitus interpretiert die ›Alken‹ dahingehend, dass er sie kurzerhand zu Brüdern (*fratres*) bzw. Jünglingen (*iuvenes*) macht. Liegt der Grund für diese Veränderung darin, dass sich Tacitus nicht auf eine mythologische Struktur bezieht, die dem praktizierten Kult nicht mehr entspricht? Tacitus hätte diese Differenz dann in dem ›*venerantur*‹ zum Ausdruck bringen wollen. Aber auch dann bleibt die Spannung mit der eingangs genannten Sexus-Differenzierung, wie sie durch ›*deos*‹ und ›*muliebri ornatu*‹ zum Ausdruck gebracht ist.

3. Die Translation auf die Dioskuren Kastor und Pollux geht von den uns leider unbekannten ›Alken‹[14] aus. Wir wissen nichts über inhaltliche Eigenschaften dieser Gottheiten. Das scheint entweder Tacitus selbst unbekannt zu sein oder ihm nicht wert, expliziert zu werden. Ihm liegt eher daran, seinem Publikum die ihm bekannten Größen vor Augen zu stellen: als Nothelfer im Dienste von Zeus agieren die Dioskuren auch in den Schlachten gegen die Germanen. Das unterscheidet also den römischen Soldaten von seinem germanischen Gegenüber *nicht*: beide beziehen sich im Schlachtgetümmel auf nothelfende Götterbrüder[15], die nach Tacitus' Meinung unterschiedslos agieren! Dasselbe gilt für die Situation, wo die Dioskuren als Schwurgötter[16] gedient haben. Auch in diesem Fall gilt, dass Tacitus die germanische von der römischen Ausprägung *nicht* differenziert hat.

4. Es ist durchaus auffällig, dass jene Gottheiten von Tacitus *nicht* mit dem negativ besetzten Wort ›*superstitio*‹, sondern mit dem wertschätzenden Begriff ›*religio*‹ charakterisiert werden. Für das zuvor zu den Dioskuren Gesagte ist eine solche Sprachregelung wesentlich und den römischen Ohren eine willkommene Hilfestellung. Das wird daran erkennbar, dass diese germanische Religion frei von Aberglaube ist (*nullum peregrinae superstitionis vestigium*).

Tacitus spricht davon, das Fremde für römische Ohren verständlich machen zu wollen. Das Ergebnis ist einigermaßen gewagt: der Ausgangspunkt, die germa-

---

[14]   Zu Erklärungsversuchen vgl. die oben genannten Kommentare (s. Anm. 9) z. St.

[15]   Zur Vorstellung, wonach die Dioskuren als Σωτῆρες agieren vgl. *Much*, Germania (s. Anm. 9) 481 f. und dort weitere Literatur, sowie *F. Jung*, ΣΩΤΗΡ. Studien zur Rezeption eines hellenistischen Ehrentitels im Neuen Testaments, NTA 39, Münster 2002, 101.

[16]   *T. Scheer*, Art. »Dioskuren I. Religion«, DNP 3, Stuttgart/Weimar 1997, Sp. 673–675, 675.

nische Religion, wird ohne detailliertere Darstellung auf ganz wenige Implikate reduziert. Schon der Beginn der Translation ist somit problematisch, weil ›die germanische Religion‹ nicht zu Wort kommt, sondern sogleich umgesetzt wird in die römischen Verstehensbedingungen. Aber auch dann erfolgt keine Interpretation dessen, was als Kommunikat zu bezeichnen wäre. Tacitus genügt es, mittels ›*fratres*‹ und ›*iuvenes*‹ die Dimension des Brüderpaares als bekannte Größe einzuführen, um den Vergleichspunkt zu formulieren und dadurch abzustützen, dass die ›Alken‹ als ›*religio*‹ bezeichnet werden. Römische Ohren hören demnach germanische Religion beinahe ausschließlich mit ihren eigenen, bekannten Tönen und Melodien – Dissonanzen sind jedenfalls nicht irritierende Größen (Priester in Frauentracht, Alken).

Eine zweite Stelle aus der ›Germania‹ soll im Folgenden zur Kontrolle und gegebenenfalls zur Ergänzung der bisher gewonnenen Ergebnisse herangezogen werden.

2.2 Germ 9,1f.

Im allgemeinen, ersten Teil der Germania (§ 1–27), kommt Tacitus nach einer allgemeinen Beschreibung der Germanen (§ 1–5) auf deren öffentliches Leben zu sprechen (§ 6–15) und verweist insbesondere auf göttlich verehrte Frauen, von denen am Ende des § 8 die Rede ist. Ganz zwanglos schließt sich § 9,1f an:[17]

[1] »Von den Göttern verehren sie am meisten den Merkur; sie halten es für geboten, ihm an bestimmten Tagen auch Menschenopfer darzubringen. Herkules und Mars stimmen sie durch bestimmte Tiere gnädig. Ein Teil der Sueben opfert auch der Isis. Worin der fremde Kult seinen Grund und Ursprung hat, ist mir nicht recht bekannt geworden; immerhin beweist das Zeichen der Göttin – es sieht wie eine Barke aus –, daß der Kult auf dem Seeweg gekommen ist. [2] Im übrigen glauben die Germanen, daß es der Hoheit der himmlischen nicht gemäß sei, Götter in Wände einzuschließen oder irgendwie der menschlichen Gestalt nachzubilden. Sie weihen ihnen Lichtungen und Haine, und mit göttlichen Namen benennen sie jenes geheimnisvolle Wesen, das sie nur in frommer Verehrung erblicken.«[18]

Das Warten auf die Nennung der germanischen Götternamen ist vergeblich – Tacitus bietet sie leider nicht, sondern nennt ausschließlich solche Götternamen, die den römischen Ohren bekannt klingen: Merkur, Mars und Isis sowie die textkritisch nicht sichere Erwähnung eines Herkules[19]. Die entsprechende Zuordnung Merkur = Wotan; Herkules = Donar; Mars = Tiu (bzw. Tyr) leistet Ta-

---

[17]   Vgl. ferner *Schuhmann*, Raum (s. Anm. 9) 275.

[18]   Übers.: *Feger*, Germania (s. Anm. 11) 15.17.

[19]   S. dazu *Schuhmann*, Raum (s. Anm. 9) 284, der aus paläographischen Gründen »*Herculem et*« nicht tilgt.

citus nicht, sondern setzt sie voraus. Worin also die Trias der germanischen Gottheiten ihre charakteristischen Attribute und Wirksamkeiten besitzt, bleibt im Text unklar. Auch hier ist als problematisch zu benennen, dass Tacitus schon den Ausgangspunkt seiner Interpretation nicht nennt: Die germanische Götter-Trias tritt nicht als solche entgegen, sondern ist bereits kongruent zu einer Vorstellung in der Zielkultur geworden, ohne dass Interpretationen für eine solche Gleichsetzung geboten würden. Als Vergleichspunkte werden ausschließlich die Namen genannt. Die Irritationen, die den germanischen Ursprung anzeigen, sind die Erwähnung der gelegentlichen Menschenopfer für Merkur sowie das Eindringen des Kultus *in* die germanische Religion auf dem Seeweg. Wertschätzend wird auch hier von der germanischen Götter-Trias als von ›*peregrino*[20] *sacro*‹ gesprochen, nicht jedoch von ›*barbaro sacro*‹. Zusätzlich vermeidet Tacitus auch hier die Kennzeichnung des Kultes als ›*superstitio*‛, sondern verwendet das positiv besetzte ›*religio*‹! Dass Tacitus auch den Isis-Kult *nicht* als un-römisch kennzeichnet, sondern ihn im Rahmen der römischen Religion nennt, dürfte darin begründet sein, dass sich der Isis-Kult in Rom zur Zeit Domitians großer Beliebtheit erfreute.

3 Translation in der Apostelgeschichte

Zwei Vorbemerkungen sind vonnöten: 1) Wenn ich im Folgenden die Apostelgeschichte in diesen kulturhistorischen Rahmen der Übergangszeit von Domitian hin zu Trajan einzeichne, dann ist das aufgrund des aktuellen Vorschlages einer Frühdatierung durch Alexander Mittelstaedt[21] einerseits wie einer Spätdatierung andererseits etwa durch Richard I. Pervo[22] keineswegs selbstverständlich.[23] Da wir m. E. auf diesem Gebiet aber keine evidente Beweisführung vornehmen können, wähle ich den Weg, die Apostelgeschichte in eine kulturhistorische Signatur einzuzeichnen und Plausibilitätsstrukturen aufzuzeigen.

---

[20]   »Das Wort *peregrinus*« (in der Bedeutung wie *externus*) drückt, obwohl der Kult in Germanien vorkommt, den Kontrast zur Verehrung der einheimischen Göttertrias aus.« *Schuhmann*, Raum (s. Anm. 9) 290.

[21]   *A. Mittelstaedt*, Lukas als Historiker. Zur Datierung des lukanischen Doppelwerkes, TANZ 43, Tübingen 2006.

[22]   *R. I. Pervo*, Dating Acts. Between the Evangelists and the Apologists, Santa Rose (CA) 2006, bes. 343; vgl. ferner *J. B. Tyson*, The Date of Acts. A Reconsideration, Forum 5 (2002), 33–51, 48 (zweites Jahrhundert; nach-marcionitische Zeit).

[23]   Vgl. dazu die profunde Diskussion bei *M. Meiser*, Der theologiegeschichtliche Standort des lukanischen Doppelwerks, in: *W. Kraus (Hg.)*, Beiträge zur urchristlichen Theologiegeschichte, BZNW 163, Berlin / New York 2009, 99–126, 101–111 (mit reichhaltiger Literatur).

Ich bevorzuge demnach nicht einzelne Argumente aus einer Liste, sondern Verknüpfungen, die zusammen einen Schluss wahrscheinlicher machen.

2) Die gattungsmäßige Zuweisung der Apostelgeschichte ist ebenfalls alles andere als evident und es spricht vieles dafür, dass sie Züge einer historischen Monographie genauso in sich trägt wie romanhafte und enkomiastische. Gleichzeitig ist die Areopagrede *nicht* aus einem ethnographischen Interesse verfasst worden. Ja, sie beschreibt die vollständig andere Perspektive zu der des Tacitus: Der Christenmensch Lukas[24] schildert seine Sache für jüdische und philosophische Ohren. Gleichwohl wird auch hier die Struktur erkennbar werden, Unbekanntes für fremde Ohren verständlich machen zu wollen.

Folgende Möglichkeiten ergeben sich für die Zeit des Umbruchs und der beginnenden Neuorientierung in der Zeit Trajans, die eine Datierung in die Anfangsmonate des Jahres 98 erlauben:[25]

1. Das programmatische Vorwort (Apg 1,1f.), das den Rückgriff zudem auf den ersten Band des LkEv vornimmt (Lk 1,1-4), betont erneut die Zuverlässigkeit (ἀσφάλεια) der Darstellung. Das Reich des Fabulösen und Mirakulösen wird dadurch konsequent gemieden. Das ›offene Ende‹, das eine fortdauernde Rezeption erlaubt,[26] wehrt zudem jenen Zügen, die in der älteren Geschichtsschreibung angeprangert worden waren;[27]

2. Die erzählerische Kunstfertigkeit des Lukas erlaubt es dem Rezipienten, sowohl das theologische Kommunikat wie auch die Sachaussagen leicht mitverfolgen zu können. In allen Phasen der Entwicklung des Urchristentums stehen die Einzelheiten wie auch die großen Linien klar vor Augen.

3. Die Reduktion der Entwicklung auf wenige treibende und prägende Charaktere lassen das Eigene und je Besondere deutlich werden. Dabei treten philosophisch ansprechende Vorstellungen (z. B. παρρησία [2,29; 4,13.29.31; 9,28; 13,46; 18,26; 26,26; 28,31 u. ö.), φιλανθρωπία [27,3; 28,2], ἐγκράτεια[24,25] u. a. m.) in den Vordergrund.

4. Die Darstellung der Urgemeinde in ihrer idealen Gestalt (2,42-47; 4,32-37) erinnert an eine vergangene Zeit, ohne dass diese Gestalt eine fortdauernde Relevanz für die Entwicklung der Gemeinde hat.

---

[24] Auch hinsichtlich der Autorenschaft ist unlängst Kritik mittels Wortstatistik geübt worden: *P. Walters*, The Assumed Authorial Unity of Luke and Acts. A Reassessment of the Evidence, SNTS.MSS 145, Cambridge 2009.

[25] Es ist selbstredend, dass eine solche Situation der Abfassung im Rahmen dieser räumlich beschränkten Überlegungen zum Kulturtransfer nur annäherungsweise vorgestellt werden kann.

[26] *Lang*, Kunst (s. Anm. 10) 424-426.

[27] Polyb 9,1,3; 12,25e; vgl. ferner Suet Tib 70,2f.

3.1 Die Areopagrede

Die Areopagrede[28] wird von Lukas mit der Nennung der Zuhörerinnen und Zuhörer eröffnet: Juden, Epikureer und Stoiker. Damit sind die epistemischen Gemeinschaften in ihren je eigenen Diskursräumen genannt, die unterschiedlich stark in der nachfolgenden Argumentation hindurchschimmern: das atl.-frühjüdische Gottesbild, die ›skeptische‹ Haltung der Epikureer und die stoische Theologie. Die Translation zwischen jenen und Paulus entzündet sich daran, Paulus verkündige das Konzept ›Jesus und die Auferstehung‹ (17,18). Mit V 22 folgt die wertschätzende Bemerkung der athenischen Frömmigkeit, auch wenn sie sich in einer eigen-sinnigen Altar-Inschrift Ausdruck verleiht. Die sich daran anschließende kurz gefasste kosmologisch orientierte Gotteslehre (Theo-logie) in V 24 wird in die Anthropologie überführt (V 25–28). In diesen beiden Themen lassen sich die gemeinsamen Implikate überdeutlich erkennen. Zum Dreh- und Angelpunkt wird die (erneute) Frage der Gottesverehrung, die die Thematik der Auferstehung aus V 18 wieder aufnimmt (V 31), zu V 32 überführt und personalisiert (V 33). Motiviert wird dies durch die Aufforderung zur Umkehr (μετανοέω).

Nach diesem allgemeinen Überblick soll nun eine detailliertere Analyse unter dem Gesichtspunkt erfolgen, worin aus dem bisher Gesagten der Beitrag der Rede zur Translation gesehen werden kann: Gleich zu Beginn wird den drei Personengruppen eine doppelte Perspektive vorgelegt, die kennzeichnend sein wird: da ist zunächst die δεισιδαιμονία angesprochen, die wertschätzend eine Frömmigkeit bezeichnet, die im Gegenüber zur radikalen Skepsis steht. Auch wenn epikureische Frömmigkeit immer wieder in den Verdacht geriet, letztlich a-theistisch zu sein, so dürfte sich dieses Urteil doch einer gewissen Überzeichnung verdanken. Gleichwohl ist ihre Position des bloßen Dass einer Existenz Gottes näher an dem in V 23 genannten ›unbekannt‹, denn dort, wo ein solches Konzept einer Gottes-Existenz mit konkreten Attributen gefüllt wird und auch zum Gegenstand der εὐσέβεια werden kann. Hier, auf der positiv entfalteten Seite finden sich Juden, Stoiker und Christen wieder. Deren je spezifische Ausprägung wird zunächst *nicht* hervorgehoben, weil für alle drei Gruppen das Konzept kongruent ist, wonach ›Gott‹ der Schöpfer sei.[29] Dieser allgemeingültige Grundsatz wird durch die Attribuierung, Gott wohne nicht in mit Händen gemachten Tem-

---

[28]   Hinsichtlich der hellenistischen Parallelstellen für die folgende Analyse s. *Lang*, Kunst (s. Anm. 10) 255–313, im weiteren Verlauf notiere ich exemplarische Parallelstellen aus dem (hellenistischen) Judentum (Philo von Alexandrien).

[29]   S. dazu beispielsweise die Texte zu Joh 1,3 in: *U. Schnelle (Hg.) unter Mitarbeit von M. Labahn und M. Lang*, Neuer Wettstein, Texte zum Neuen Testament aus Griechentum und Hellenismus I/2: Texte zum Johannesevangelium, Berlin / New York 2001, 15–27; ferner beispielsweise Weish 9,1.9; Tob 7,17. Zur philonischen Schöpfungstheologie zuletzt: *Ch. A. Anderson*, Philo of Alexandria's Views of the Physical World, WUNT 2.309, Tübingen 2011, 36–73.74–102 (die οὐσία, ὕλη, γένησις und γεννητός sind unverwechselbare Zu-

peln konkretisiert. Sie entspringt weitestgehend stoischer Kritik und tempelkritischer atl. Theologie (Jes 1,11; vor allem Jes 16,12 [LXX][30]). Ein der Schöpfung gegenüberstehender Gott bedarf keiner menschlichen Hände zum Tempelbau.[31] Hier wird zweifelsfrei jene Aseität zum Ausdruck gebracht, die römischerseits mittels der *maiestas* festgehalten wurde. Hinsichtlich der Kosmologie erfolgt mit V 26 dahingehend eine Differenzierung, als sich die Menschheit ἐξ ἑνός verdankt:[32] Diese für das später vorgestellte Konzept der Auferstehung wichtige Reduktion auf einen Menschen im Rahmen der Schöpfungstheologie ist mir weder bei epikureischer noch bei stoischer Philosophie begegnet, trifft also nur atl.-frühjüdische Vorstellungen. Das Neue stößt hier also auf Differenzen, die erläutert und interpretiert werden müssten, was jedoch nicht geschieht. Wie sich der lukanische Paulus bzw. Lukas selbst diese Zusammenhänge vorstellt, bleibt offen.

Die weitere Argumentation, die mittels κατοικεῖν und καιρούς die ethnologischen Dimensionen in den Blick nimmt, verdankt sich stoischer Überlegungen, wonach aus dem einen (Volk) die ganze Menschheit stammt (Dio Chrys Or 36,30–32.35–37; Epict Diss 1,3,1)[33] und beschreibt weiterhin, in welchen zeitlichen Grenzen sie leben sollen. Was stoisch bisweilen mittels der Ekpyrosis eingeholt ist, ist atl.-frühjüdisch mittels des Gerichtsgedankens verständlich. Dabei ist aber der direkte, konjunktional offene Anschluss an ζητεῖν τὸν θεόν für die

---

schreibungen, die weitestgehend negativ konnotiert sind, durch den positiv besetzten ›κόσμος‹ hingegen differenziert werden. Vgl. ferner den Kommentar von *D. T. Runia*, Philo of Alexandria. On the Creation of the Cosmos according to Moses. Introduction, Translation, and Commentary, Philo of Alexandria Commentary Series 1, Leiden/Boston (MA) 2001. *D. Zeller*, Schöpfungsglaube und fremde Religion bei Philo von Alexandrien, in: *L. Bormann (Hg.)*, Schöpfung, Monotheismus und fremde Religionen. Studien zu Inklusion und Exklusion in den biblischen Schöpfungsvorstellungen, BThSt 95, Neukirchen-Vluyn 2008, 125–148, besonders für Philo Op 7–12: Schöpfungstheologie im Rahmen des Strebens danach, eine attraktive Philosophie für alle zu formulieren.

[30]   Χειροποιήσας hier im polytheistischen Sinn: καὶ εἰσελεύσεται εἰς τὰ χειροποίητα αὐτῆς; diese Stelle ist leider bei Holladay nicht genannt, weil er sich ausschließlich auf den Apparat von Nestle/Aland in der 27. Aufl. stützt. Die konkrete LXX-Rezeption in der Apostelgeschichte hat ausgesprochen umfangreich zuletzt gesehen: *C. R. Holladay*, Luke's Use of the LXX in Acts. A Review of the Debate and a Look at Acts 1:15–26, in: *Th. S. Caulley / H. Lichtenberger (Hg.)*, Die Septuaginta und das frühe Christentum – The Septuagint and Christian Origins, WUNT 277, Tübingen 2011, 233–300, bes. 254–282.283–295 (genaue Übersichten über Zitation und Anspielungen).

[31]   Vgl. für Apg 17,24b.25: Philo Plant 33.35.51; Cher 99f.121–123; Prov 2,6; Det 55; Decal 81; Spec Leg 1,152.271; Conf 175; All 2,2; Op 13; Vit Mos 1,157.

[32]   Gerade der genannte Zusammenhang zwischen 17,26 und V. 31 (ἐν ἀνδρί) legt doch nahe, ἐξ ἑνός maskulinisch zu verstehen, wiewohl auch die neutrische Lesart – und damit wiederum die stoische Färbung (s. u.)! – möglich ist.

[33]   Zum atl.-frühjüd. Zusammenhang vgl. auch: Weish 7,17f.21.

zuletzt genannte atl.-frühjüdische Auffassung selbstredend und final gedacht.[34] Stoisches Denken verbindet mit der Ekpyrosis eine solche Vorstellung gerade nicht, kennt also keine ›instrumentalisierte Eschatologie‹.

Der insgesamt in V 26 formulierte 3-Klang ›suchen‹ – ›greifen‹ – ›finden‹ (ζητέω – ψηλαφάω – εὑρίσκω)[35] läuft auf das Konzept der Gottesnähe zu, die den drei bisher genannten Gruppen (Juden, Stoa, Christen) nicht fremd ist, und im 3-Klang von V 28 wieder aufgenommen (›ζῶ‹ – ›κινέω‹ – ›εἰμί‹) und mit dem Arat-Zitat krönend abgeschlossen und sachlich gebündelt wird.[36] Die gerade angeklungene ›hohe Anthropologie‹ wird vor der Fehlinterpretation einer Hybris sogleich geschützt, indem ausgeschlossen wird, menschliche τέχνη könne Gott be-greiflich und be-tastbar machen (vgl. V 27a). Wo man dies glaubte tun zu können, wissen sowohl atl.-frühjüdische Texte wie stoisch ge-färbte um eine Form der ›Unwissenheit‹.[37] Die sich daraus ableitende Motivation für ›Umkehr‹ ist gleichwohl nicht symmetrisch im atl.-frühjüdischen und stoi-schen Denken ausgeprägt: Während es bei Ersterem eine klar theo-logische Di-mension ist, weil Gott nicht den Tod des Sünders will, sondern will, dass er am Leben bleibt (Ez 18,23), ist die stoische Dimension eher erkenntnistheoretisch begründet (vgl. γνῶθι σεαυτόν), die im weiteren Verlauf durchaus theologisch vertieft werden kann.[38] Die Gerichtsthematik[39] in Apg 17,31a, die dann in das Auferstehungskerygma überführt wird, stößt somit auf leicht erkennbare Diffe-renzen, die eine Translation erschweren.

An der Gerichtsthematik entzündet sich der Disput jedoch nicht, sondern am Konzept der Auferstehung, was bereits zu Beginn der Rede angesprochen worden war und was nun recht lapidar zum ἐξῆλθεν ἐκ μέσου αὐτῶν des Pau-lus wird. Vielfach wird dabei der in V 32b beschriebenen Reaktion, man wolle Paulus später erneut hören, eine negative Konnotation beigelegt, die sachlich mit dem zuvor beschriebenen Spott vergleichbar sei.[40] Dann wäre zweimal sach-lich dasselbe gesagt, was ich für wenig wahrscheinlich halte. Vielmehr dürfte sich eine ›gemäßigte Zustimmung‹ ohne größere Euphorie artikulieren, die viel-

---

[34]   Philo All 3,4.47; Fug 141.164f.; Spec Leg 1,36; Post 15.

[35]   Weish 13,6.

[36]   Zu Apg 17,28: Philo Spec Leg 4,14 (ἀγχίσπορος ὢν θεοῦ); Vit Mos 1,279; Plant 18.19; Abr 41.

[37]   Zum Zusammenhang, der in V. 28 das Rhema ›Einsicht‹ und ›Blindheit‹ mit Arat ver-knüpft vgl. schon Clem Alex Strom 1,19.

[38]   Vgl. dazu das Rhema: Der Kyniker als Zeuge des Zeus in Epict Diss 1,29,46–49.56; 3,22,46; 4,8,31–32.

[39]   Jos Ant 16,188.

[40]   Belege für den Ausdruck der (versteckten) Kritik wie auch für ›verhaltene Zustimmung‹ bei *J. A. Fitzmyer*, The Acts of the Apostles. A New Translation with Introduction and Com-mentary, AncB 31, New York / London / Toronto / Sydney / Auckland 1998, 612.

leicht weiterer Erläuterungen bedarf, dem Gesagten aber grundsätzlich offen gegenübersteht (vgl. 26,28).[41]

Es bleibt aber festzuhalten, dass weitergehende Erläuterungen dieser ›These‹ nicht erfolgen. Das Fremde, das von Lukas zu erläutern wäre, bleibt in seinem verschiedenartig möglichen Verstehen unmissverständlich stehen.

Es bleibt hier ein kurzes Fazit:

1. Die Ausgangslage der Areopagrede ist anders, weil christliche Theologie einem geneigten Hörerkreis in seinem Neuheitscharakter beschrieben werden soll. Auf Tacitus übertragen bedeutet dies, er hätte die römische Religion für interessierte *germanische* Ohren erläutern müssen. Und doch ist unstrittig erkennbar, Fremdes für eigene Ohren zu übertragen. Für Lukas ist die gewählte Strategie – hoffentlich – erkennbar gewesen:

2. Die sachlichen Ausgangspunkte werden gleich zu Beginn mit der Konstruktion ἀγνοοῦντες εὐσεβεῖτε benannt und wie folgt entfaltet: die Schöpfungstheologie als Attribut göttlichen Handelns verknüpft mit einer hohen Anthropologie werden nicht grundlegend begründet, sondern stehen als positive Aussagen einer skeptischen, epikureischen Philosophie zum Teil gegenüber. Die hohe Anthropologie ist aus der Schöpfungslehre insoweit teleologisch heraus entwickelt, als sie nachweislich auf die Antwort des Menschen gegenüber Gottes Handeln zuläuft und trotz *hoher* Anthropologie einer naheliegenden Hybris wehrt.

3. Differenzen zwischen den Gesprächspartnern und den Darlegungen des lukanischen Paulus verlaufen quer hindurch:

3.1 Die ethnologischen Ausführungen, wonach der Menschheit Zeiten und Räume zur Besiedelung vorgegeben sind und sich dem Schöpfungshandeln Gottes verdanken, sind atl.-frühjüdischem Denken und seiner sachlichen Entfaltung fremd.

3.2 Mehrere sachliche Hinweise sind für die vorzugsweise stoischen Ohren sperrig: Der Ausgangspunkt, die Wendung ἐξ ἑνός meine in V 26 Adam bzw. Noah, aus denen das weitere Menschheitsgeschlecht hervorgegangen sei, ist sperrig – als neutrische Fassung, wonach das »Ur-Volk« gesucht wird, aber bei Poseidonius durchaus bekannt. Gleichwohl wird dann eine Sinnlinie von 17,18.26.31.32 zerrissen.

3.3 Dass ein kommendes Gericht Gottes das Weltenende meine und ein Entrinnen vor dem dann stattfindenden Vergeltungshandeln nur durch Umkehr erreichbar sei, ist stoischem Denken weitestgehend fremd. Die vorhandenen Züge einer futurischen Eschatologie werden allesamt *nicht* eschatologisch motiviert, *sondern* erkenntnistheoretisch.

---

[41]   Vielleicht beziehen sich solche Erläuterungen gerade auf die genannten Dissonanzen, z. B. die Gerichtsthematik, die ja später *nicht* zur Trennung führt.

Alle bisher genannten Differenzen, die für die Ausgangsfrage der Translation im Rahmen einer Theo-logie zu nennen sind, sind für Lukas aber ganz offensichtlich nicht letztlich hinderlich. An keinem dieser genannten Punkte bricht die Rede ab, weil Missfallensäußerungen, Widerspruch etc. hindern. Entscheidend ist für ihn vielmehr, dass sich das Auferstehungskerygma nicht in die Translation fügt. Hieran entzündete sich *eingangs* das freundliche wie feindliche »ergreifen« (ἐπιλαμβάνω; V 19) als man Paulus auf den Gerichtsplatz führt, um mehr von dieser »neuen Religion« zu erfahren. Hieran scheiden sich die Geister *am Ende* der Rede, als die anderen nachdenklich weggehen, um beim nächsten Mal Genaueres zu erfahren und schließlich solche, die dableiben und der Verkündigung glauben.

An einer zweiten Stelle soll auch hier das bisher Gesagte sehr kurz überprüft werden.

3.2 Apg 14,15–17

Die Perikope Apg 14,8–18 berichtet vom Auftreten des Barnabas und Paulus in Lystra. Dieses bringt die Volksmenge dazu, Barnabas als Zeus und Paulus als Hermes zu bezeichnen (ἐκάλουν; V 12) und misszuverstehen. Letzteres wird damit begründet, er sei der Wortführer von beiden. Beide sind erbost über diese Attribuierung und den versuchten Opferkult (θύω; V 13). Ihr Einwand wird in V 15–17 geschildert:[42] Ausgangspunkt ist der Verweis, leidensfähig wie alle anderen Menschen auch zu sein. Ihr Auftrag gleicht dem eines Philosophen, den Menschen davon Kunde zu geben, von all den eitlen und unnützen Dingen umzukehren. Das Ziel soll der lebendige Schöpfergott sein, auch wenn dieser die Heiden ihre je eigenen Wege gehen ließ. Das mag zunächst negativ verstanden sein, weil ja der *eine* Gott nicht je eigene Wege der Heiden zulassen kann. Und doch ist insoweit noch etwas Positives zu notieren, das die Wendung in 17,30 übertrifft, wonach Gott über diese Wege der Heiden hinweggesehen habe. Gott gab jenen Völkern, die ihre eigenen Wege gingen immerhin jene guten Gaben, die sie (eigentlich) aus Seinen Händen empfangen haben, auch wenn sie nicht den angemessenen ›Weg‹ beschreiten. Vor allem ist zu sehen, dass sich an der Einstellung der Bewohner Lystras *nichts* ändert, weil sie Barnabas und Paulus immer noch opfern wollen. Vergleicht man die Szene mit derjenigen auf dem Areopag, dann ist doch auffällig, dass das Auferstehungskerygma fehlt. Sollte diese Differenz zufällig sein? Der christliche Gott bleibt verwechselbar als Schöpfergott auf dem Plan, nicht als solcher, der Leben und Sterben Jesu von Nazareth durch dessen Auferweckung beglaubigt?! Gerade dann wären die beiden Zeugen, Barnabas und Paulus, als solche erkennbar geworden.

---

[42]　Vgl. zu Apg 14,15–17: Philo Somn 1,233; Virt 93.

4 Versuch einer Bündelung

Zunächst zu Tacitus: Er überträgt das Konzept der germanischen Theo-logie in den römischen Diskursraum. Dabei werden die gemeinsamen Implikate dadurch benannt, indem auf das *numen* der Götter verwiesen wird. Funktionen und Attribute der germanischen Götter werden homophon aus der Übertragung dieses Konzepts heraus verständlich. Ausgangskultur und Zielkultur besitzen ein kongruentes Konzept. Diese Translation läuft auf zwei wichtige Implikate hinaus, die zu benennen sind: germanische Götter tragen römische Namen und deren Attribute; ihre Theologie ist *nicht superstitio*, sondern *religio* – und genau deshalb auch *nicht* barbarisch!

Die Translation sperriger, abstoßender oder abseitiger Vorstellungen (Alken, Frauentracht, Menschenopfer) sind für Tacitus unkritisch; er mutet sie römischen Ohren zu, ohne sie zu kommentieren. Insgesamt vollzieht Tacitus damit eine weitreichende Interpretation, weil fremde Götter plötzlich nicht mehr abgewehrt werden, sondern in die römische Kultur kongruent eingegliedert werden: Sie sind für Tacitus – ganz im lukanischen Sinne – nicht fern von einem jeden von uns.[43]

Lukas greift, wenn auch aus anderer Perspektive, dasselbe Konzept auf: Die Schöpfungstheologie erlaubt weitreichende Translation, weil sie von der Erkennbarkeit Gottes ausgeht, eine hohe Anthropologie formuliert, ohne einer Hybris Vorschub zu leisten. Als Schöpfer entlässt Gott Implikate, die darauf hinweisen, dass menschliches Leben nicht ohne Gott bestimmt werden kann: In ihm leben, weben und sind wir, weil wir eines Geschlechts sind. Das Neue, wonach Gott in dieser Schöpfung *einen* herausragen ließ, dessen Auferweckung neue Maßstäbe setzt, lässt die Translation des Konzepts in den Diskursraum teilweise abbrechen. Dabei scheint Lukas aber offensichtlich das Konzept, wonach Gott sich in den fremden Völkern gezeigt habe und sie ihre Wege habe gehen lassen, nicht ausreichend zu sein: Es mag sein, dass fremde Völker sich der Vorstellung einer göttlichen Schöpfung bedienen und somit in gewisser Weise eine Gotteserkenntnis in sich tragen. Der Weg über die Ethnie bringt aber keine Ruhe in der Diskussion um das Konzept einer christlichen Theologie! Der Streit um die Apostel, nicht aber um die Sache, geht unvermindert weiter und beruhigt die Situation keineswegs. Die ›Antwort‹ aus Kap. 17 greift hier weiter: Wir sind *eines Geschlechts*, und durch die Auferweckung des einen ›Fürsten des Lebens‹ (Apg 3,15).

---

[43] Das wirft natürlich ein bezeichnendes Licht auf die Theologie des Tacitus. Der hier anzutreffende Synkretismus wäre andernorts etwa mit der seiner Vorstellung zu erläutern, wonach etwa die Prodigien *sine cura deorum* (Ann 14,12,2) erfolgten und die Götter den bösen wie guten Taten gegenüber gleichgültig seien (Ann 16,33,1); zur Sache vgl. etwa *J. P. Davies*, Rome's Religion History. Livy, Tacitus and Ammianus on their Gods, Cambridge 2004, 143–225.

Rivalität zwischen Gott und seinen Paladinen

Beobachtungen zum Monotheismus der rabbinischen Literatur

Friedrich Avemarie

Israel hat nur einen Gott. Israels Gott ist der einzige Gott, der wahrhaft existiert, andere Götter gibt es nicht. Für das antike Judentum ist dies ebenso eine unumstößliche Gewissheit wie für das frühe Christentum. Die Christen allerdings wichen aus jüdischer Sicht von diesem Glaubensfundament ab, indem sie Jesus von Nazareth nicht nur als den Messias bekannten, sondern auch zu Gottes einziggeborenem Sohn erhoben, seine Gleichheit und Einheit mit dem Vater behaupteten und ihm göttliche Verehrung erwiesen. Andererseits war das Judentum selbst mit – vorsichtig gesagt – Differenzierungen im göttlichen Bereich seit alters vertraut: Das Proverbienbuch spricht von der Weisheit als Gottes Gespielin von Urzeiten her. Bei Philo von Alexandrien begegnen wir dem Logos, der, von weiteren göttlichen Kräften flankiert, als Mittler der Schöpfung und Welterhaltung fungiert.[1] Die Targume umschreiben an vielen Stellen die Gottesbezeichnungen der Bibel, indem sie von Gottes *Memra*, seiner *Schechina* und seinem *Jeqara* reden, seinem »Wort«, seiner »Einwohnung« und seiner »Herrlichkeit«.[2] Die rabbinische Literatur kennt gottähnliche Engelwesen wie Metatron und personifizierte göttliche Eigenschaften wie die beiden *middot* der Gerechtigkeit und der Barmherzigkeit. Die neuere Judaistik, besonders die nordamerikanische, die in Abkehr von scheinbaren Selbstverständlichkeiten, die noch vor zwei, drei Jahrzehnten galten, das rabbinische Judentum und das antike Christentum wieder stärker in ihrer wechselseitigen Bezogenheit wahrnimmt, hat auch jenen inner- und nebengöttlichen Wesenheiten neue Aufmerksamkeit ge-

---

[1]   Vgl. *N. Umemoto*, Die Königsherrschaft Gottes bei Philon, in: *M. Hengel / A. M. Schwemer (Hg.)*, Königsherrschaft Gottes und himmlischer Kult im Judentum, Urchristentum und in der hellenistischen Welt, WUNT 55, Tübingen 1991, 207–256; *G. Sellin*, Gotteserkenntnis und Gotteserfahrung bei Philo von Alexandrien, in: *H.-J. Klauck (Hg.)*, Monotheismus und Christologie. Zur Gottesfrage im hellenistischen Judentum und im Urchristentum, QD 138, Freiburg u. a. 1992, 17–40.

[2]   Vgl. *A. Chester*, Divine Revelation and Divine Titles in the Pentateuchal Targumim, TSAJ 14, Tübingen 1986.

schenkt.[3] Mein Beitrag setzt an dieser Stelle ein.[4] Er fragt, wie viel an inner- und nebengöttlicher Differenzierung das rabbinische Gottesbild zuließ, wo die Grenzen lagen und was dies über die Flexibilität und Kreativität der rabbinischen Rede von Gott verrät. Die Textbeispiele, die ich hierzu präsentiere, gehören mehr oder weniger zum Grundrepertoire der Forschung. Aber anders als sonst üblich möchte ich nicht diejenigen Auffassungen in den Mittelpunkt stellen, die in diesen Texten verworfen werden.[5] Es geht vielmehr mir um das, was die Rabbinen für angemessen hielten oder zumindest tolerierten.

1 DIE MIDDOT DER BARMHERZIGKEIT UND DER GERECHTIGKEIT

In einer talmudischen Auslegung zu der Vision aus Ez 9, in der Gott durch Strafengel in Jerusalem ein Blutbad anrichten lässt, heißt es, er habe zunächst zwischen den Bewohnern der Stadt unterscheiden wollen und Gabriel die Stirnen der einen mit einem Taw aus Tinte und die der anderen mit einem Taw aus Blut markieren lassen, die mit der Tinte zur Rettung und die mit dem Blutmal zur Vernichtung.[6] Dann aber, so heißt es weiter,

> ... sprach das Maß der Gerechtigkeit (מדת הדין) vor dem Heiligen, gepriesen sei er: Herr der Welt, wodurch unterscheiden sich diese von jenen? – Er antwortete ihm:

---

[3] Vgl. *D. Boyarin*, Border Lines: The Partition of Judaeo-Christianity, Philadelphia 2004 (Part II: The Crucifixion of the Logos: How Logos Theology Became Christian); *ders.*, Two Powers in Heaven; or, The Making of a Heresy, in: *H. Najman / J. H. Newman (Hg.)*, The Idea of Biblical Interpretation, FS J. L. Kugel, JSJ.S 83, Leiden 2004, 331–370; *ders.*, Beyond Judaisms: Metatron and the Divine Polymorphy of Ancient Judaism, JSJ 41 (2010), 322–365; *P. Schäfer*, Die Geburt des Judentums aus dem Geist des Christentums: Fünf Vorlesungen zur Entstehung des rabbinischen Judentums, Tübingen 2010; ferner *A. Schremer*, Midrash, Theology, and History: Two Powers in Heaven Revisited, JSJ 39 (2008), 230–254; aus der älteren Literatur bes. *A. F. Segal*, Two Powers in Heaven: Early Rabbinic Reports about Christianity and Gnosticism, SJLA 25, Leiden 1977.

[4] Für eine kritische Durchsicht und hilfreiche Anregungen danke ich Herrn Sebastian Weigert, für Mithilfe beim Korrekturlesen Frau Annelott Büchner.

[5] Keine Rolle braucht daher auch die Frage zu spielen, ob die als häretisch identifizierten Inhalte von den Rabbinen als charakteristisch für *konkurrierende* religiöse Gruppen wahrgenommen wurden (so die Arbeitshypothese von *Segal*, Two Powers) oder ob es sich um *traditionell jüdische* Auffassungen handelt, die erst infolge innerjüdischer Klärungsprozesse verworfen wurden (so emphatisch *Boyarin*, Two Powers; *ders.*, Beyond Judaisms).

[6] Der Finalsatz »damit die Engel des Verderbens über sie Gewalt haben« fehlt allerdings in Hs. München 95, fol. 16v. Das dürfte der ursprünglichere Text sein; er vermeidet es auszusprechen, dass Gott hier über einen Teil seines Volkes Unheil beschließt (s. dazu unten).

Diese sind vollkommene Gerechte und jene sind vollkommene Frevler. – Es sprach vor ihm: Herr der Welt, es lag in ihrer Hand, (gegen den Frevel) zu protestieren, und sie haben nicht protestiert. – Er antwortete ihm: Es ist vor mir offenbar und bekannt, dass, wenn sie protestiert hätten, jene nicht auf sie gehört hätten. – Es sprach vor ihm: Herr der Welt, wenn es vor dir offenbar gewesen ist, wäre es denn auch ihnen offenbar gewesen?[7]

Die *middat ha-din* argumentiert also, die Gerechten konnten ja nicht wissen, dass ihr Protest nichts fruchten würde; deshalb sei ihr Schweigen nicht zu entschuldigen. Gott erkennt dies als stichhaltig an und revidiert sein Vorhaben, so dass nun alle miteinander erschlagen werden. Exegetisch wird dies daran abgelesen, dass es in Ez 9,6 zunächst heißt: »Wer das Taw trägt, den rührt nicht an«, anschließend jedoch: »Fangt aber bei meinem Heiligtum an«; denn mit einer leicht modifizierten Vokalisierung, so Rav Josef, lässt sich »mein Heiligtum« auch als »meine Geheiligten« interpretieren und damit auf die Gerechten beziehen. Das Ganze wird als der einzige jemals geschehene Fall angeführt, in dem ein »gutes Maß« (מדה טובה), das vom Munde Gottes ausgegangen war, »zu einem bösen« (לרעה) abgewandelt wurde, ein grauenerregendes Beispiel zur Bekräftigung der Mahnung, gegen Frevel selbst dann einzuschreiten, wenn das Bemühen aussichtslos ist.

Der Ausdruck מדת הדין, den ich mit »Maß der Gerechtigkeit« wiedergegeben habe, wird oft auch anders übersetzt, etwa »Eigenschaft« oder »Attribut« der Gerechtigkeit – mit gutem Grund, denn es ist nicht unwahrscheinlich, dass er mit dem Topos von den in Ex 34,6f. aufgezählten 13 göttlichen *middot* zusammenhängt, bei denen es sich tatsächlich um Eigenschaften handelt: »barmherzig, gnädig, geduldig, von großer Güte und Treue« usw.[8] Die *midda* der Gerechtigkeit erscheint allerdings gewöhnlich im Verbund mit nur einer weiteren *midda*, der *midda* der Barmherzigkeit (מדת רחמים). Als Kontrastpaar bezeichnen die zwei Ausdrücke die beiden obersten Prinzipien, nach denen Gott sein Handeln an der Menschheit ausrichtet; man könnte also auch »*Prinzip* der Gerechtigkeit« und »*Prinzip* der Barmherzigkeit« übersetzen. Wie Gott im konkreten Konfliktfall zwischen ihnen abwägt, ist oft Gegenstand ausgedehnter haggadischer Erörterungen.

Wie man seit langem gesehen hat, berührt sich die Unterscheidung zwischen diesen beiden *middot* eng mit der zwischen der schöpferisch-wohltätigen und der königlich-richterlichen Gotteskraft bei Philo von Alexandrien.[9] Was sie beide

---

[7]   Talmud Bavli, Shabbat 55a.

[8]   Vgl. Talmud Bavli, Rosh ha-Shana 17b u. öfter.

[9]   Vgl. *E. E. Urbach*, The Sages. Their Concepts and Beliefs, Jerusalem, 2. Aufl. 1987, 452 f.; *N. A. Dahl / A. F. Segal*, Philo and the Rabbis on the Names of God, JSJ 9 (1978), 1–28 (1–3 Lit.); *Umemoto*, Königsherrschaft 21.

theologisch motiviert, dürfte das Interesse sein, Gott nicht nur als Ursache menschlichen Wohlergehens, sondern auch menschlicher Leiderfahrungen zu begreifen, ohne ihm aber andererseits Böswilligkeit und Grausamkeit zu unterstellen.[10] Zur Lösung verhilft, wie in vielen klassischen Theodizeen, der Gedanke einer *strafenden* göttlichen Gerechtigkeit, der eine Kausalkette impliziert, die das erfahrene Leid auf den leidenden Menschen selbst als seinen schuldigen Verursacher zurückführt.[11] Gott als »böse« oder auch nur als Ursache von Bösem zu bezeichnen lässt sich so vermeiden, auch wenn das zitierte Textstück aus Bavli Shabbat den Zusammenhang zwischen *iustum* und *malum* deutlich erkennen lässt: Wenn Gott nach der *middat ha-din* verfährt, wird die *midda ṭova*, das »gute Maß«, das er den Gerechten zugedacht hat, *le-ra'a*, »zu einem bösen«.[12] Andererseits wird im Text der Münchner Handschrift nicht einmal der Vernichtungsbeschluss über die *Frevler* expressis verbis Gott in den Mund gelegt; der Finalsatz zu ihrer Kennzeichnung mit Blut, »damit die Engel des Verderbens über sie Gewalt haben«, fehlt hier.[13]

Dass die *middot* der Gerechtigkeit und der Barmherzigkeit in personifizierter Form auftreten, ist ein relativ spätes Phänomen. Der früheste Beleg findet sich meines Wissens im 5. Jahrhundert in Bereshit Rabba 8,4, wo es um das Für und Wider der Menschenschöpfung geht: Gott sieht sehr wohl voraus, dass von Adam nicht nur Gerechte, sondern auch Frevler abstammen werden, aber er unterdrückt diese Erkenntnis, macht sich die Barmherzigkeit »zur Partnerin« und erschafft den Menschen trotzdem. Oder, nach einer Variante des Themas: Er ver-

---

[10]   Vgl. *Y. Liebes*, God and His Qualities [hebr.], Tarbiz 70 (2000) 71–75, der nicht ganz zu Unrecht die beiden Middot mit diversen dualistischen Kosmologien der Antike in Verbindung bringt, aber den m. E. wesentlichen Gesichtspunkt, dass die Rabbinen nicht vom Bösen, sondern von Gerechtigkeit sprechen, unbeachtet lässt.

[11]   Bei Philo vgl. etwa *De confusione linguarum* 171, wonach zu den vielerlei Gotteskräften auch »die strafenden« gehören, die Strafe aber nicht der »Schädigung«, sondern der »Verhinderung und Korrektur von Verfehlungen« dient. Zur weiteren Distanzierung Gottes vom Bösen vgl. a. a. O., 180: Gott ist »Ursache nur des Guten«, so dass es seiner Natur geziemt, das Beste zu schaffen, während »die Strafen wider die Bösen durch seine Untergebenen gewährleistet werden.« (Hinweis von Sebastian Weigert)

[12]   Ähnliches lässt sich bei einem weiteren Paar göttlicher *middot* beobachten, das in tannaitischen Texten noch häufiger begegnet als das von Gerechtigkeit und Barmherzigkeit: dem »Maß des Guten« (מדת הטוב) und dem »Maß der Strafe« (מדת הפורענות): Beide sind streng auf das *vergeltende* Handeln Gottes bezogen, weshalb hier von *middat ha-pur'anut* anstelle von *middat ha-ra'a* die Rede sein kann, was lexikalisch als Gegenbegriff zur *middat ha-ṭov* eigentlich zu erwarten wäre. Zum nicht völlig symmetrischen Verhältnis der beiden Paare *middat ha-din/middat ha-raḥamim* und *middat ha-ṭov/middat ha-pur'anut* vgl. *E. E. Urbach*, Sages, 450–451.

[13]   S. oben Anm. 6.

schweigt die absehbaren Sünden seinen Engeln, denn wüssten diese Bescheid, würde das »Maß der Gerechtigkeit« die Menschenschöpfung nicht zulassen.[14] Die beiden *middot* ergreifen hier zwar nicht das Wort; ihre literarische Personifizierung ist also noch nicht so weit fortgeschritten wie im Talmud Bavli.[15] Aber wenn Gott sich die eine zur Partnerin machen und die andere regelrecht hintergehen kann, sind sie doch mehr als nur abstrakte Prinzipien. Die zweite Version erweckt sogar den Eindruck, als sei die *middat ha-din* ein Mitglied des himmlischen Hofstaats, ein Engel neben anderen.

Theologisch aufschlussreich ist bei der Personifizierung der beiden *middot* vor allem ihr offenkundiges Ungleichgewicht: Steht die *middat ha-raḥamim* Gott willig zur Seite, so tritt die *middat ha-din* als seine Gegnerin auf. Sie widerspricht ihm, er muss ihr zuhören, im einen Fall unterwirft er sich ihr sogar, während er im anderen Fall ihr Diktat nur durch List umgehen kann. Der *middat ha-din* wird also gegenüber Gott wesentlich größere Eigenständigkeit eingeräumt als der *middat ha-raḥamim*. So wird die Dissoziierung zwischen Gott und dem Unheil, das von ihm ausgeht, noch verstärkt: Durch den Gerechtigkeitsbegriff bereits neutralisiert, wird das Unheil obendrein auch aus Gottes unmittelbarer *Urheberschaft* herausgenommen. Die Strafe wird zu einem *uneigentlichen* Handeln Gottes, vollzogen unter dem Zwang seiner Gerechtigkeit. Und diese Entlastung Gottes von der Verursachung des Unheils ist umso größer, je weiter die quasipersonale Verselbständigung reicht, die der *middat ha-din* zugestanden wird. In gewisser Weise ist das Phänomen der allmählichen Individuation des himmli-

---

[14] Bereshit Rabba 8,4 (59–60 Theodor/Albeck): »R. Berekhja sagte: Zu der Stunde, da der Heilige, g. s. e., sich anschickte, den ersten Menschen zu erschaffen, sah er, dass Gerechte und Frevler von ihm abstammen würden. Er sprach: Wenn ich ihn erschaffe, werden Frevler von ihm abstammen; erschaffe ich ihn nicht, wie sollen dann Gerechte von ihm abstammen? Was tat der Heilige, g. s. e.? Er schob den Weg der Frevler von seinem Angesicht weg und machte das Maß der Barmherzigkeit zu seiner Partnerin (שיתף בו מידת רחמים) und erschuf ihn. Wie geschrieben steht: *Denn der Herr kennt den Weg der Gerechten, aber der Weg der Frevler geht verloren* (Ps 1,6). – Rabbi Chanina sagte nicht so, sondern: Zu der Stunde, da er sich anschickte, den ersten Menschen zu erschaffen, beriet er sich mit den Dienstengeln. Er sagte zu ihnen: *Lasst uns einen Menschen machen* (Gen 1,26). Sie antworteten ihm: Was hat es mit ihm auf sich? Er sagte zu ihnen: Gerechte werden von ihm abstammen, wie es heißt: *Denn der Herr kennt den Weg der Gerechten*, denn der Herr tat den Weg der Gerechten den Dienstengeln kund; *aber der Weg der Frevler geht verloren* – er offenbarte ihnen, dass Gerechte von ihm abstammen würden, aber er offenbarte ihnen nicht, dass Frevler von ihm abstammen würden. Denn wenn er ihnen offenbart hätte, dass Frevler von ihm abstammen würden, hätte es das Maß der Gerechtigkeit nicht zugelassen, dass er erschaffen würde (לא היתה מידת הדין נותנת שיברא).«

[15] Debatten zwischen Gott und den *middot* finden sich neben Shabbat 55a auch in Sanhedrin 94a sowie Sanhedrin 111b par. Megilla 15b.

schen Anklägers Satan in der alttestamentlichen Theologiegeschichte vergleichbar, auch wenn die *middat ha-din* in der frührabbinischen Literatur niemals zu jener dämonischen Gegenmacht wird, als die der Satan am Ende jener theologiegeschichtlichen Entwicklung hervortritt.[16]

Bei alledem dürfen wir freilich nicht übersehen, dass es sich bei der Personifikation der beiden *middot* und der Verselbständigung insbesondere der *middat ha-din* gegenüber Gott um ein rein literarisches Phänomen handelt. Wir können also nicht wissen, inwieweit, ja ob überhaupt, die Autoren dieser Texte dem Agieren der beiden *middot* irgendeinen Realitätsgehalt beimaßen. Und doch hat dieser literarische Vorgang eminente theologische Konsequenzen und gewährt einen tiefen Einblick in das rabbinische Gottesbild. Der Gott Israels, so sehen wir hier, verfügt als Herr der Welt zwar auch Unheil, aber er tut dies nur uneigentlich. Seinem Wesen nach ist er der Menschheit und insbesondere Israel gütig zugetan.

Ein ähnliches theologisches Interesse spricht auch aus den vieldiskutierten Talmudtexten über den Engelfürsten Metatron:

2 Metatron und das Problem der zwei Gewalten

Der Engelname Metatron begegnet in der rabbinischen Literatur erstmals im Babylonischen Talmud.[17] Es handelt sich nur um wenige Passagen; sie vermitteln aber alle das gleiche Bild, und zwar ein ambivalentes: Metatrons überragender hierarchischer Rang wird nicht in Zweifel gezogen, doch die Pointe liegt regelmäßig auf dem, was er *nicht* ist oder nicht vermag; es geht darum, zwischen ihm und Gott den kategorialen Unterschied zu wahren. Angesichts dieser unübersehbaren theologischen Zielrichtung der Texte hat man – gewiss zu Recht – vermutet, dass der Talmud hier in Auseinandersetzung mit benachbarten jüdischen Kreisen steht, die Metatron eine höhere göttliche Würde zuschrieben. Von der Existenz solcher Kreise zeugt vor allem das 3. Henoch-

---

[16]   Zur Vermischung kommt es allerdings im Mittelalter: In Esther Rabba 7,13 zu Est 3,9 (13a) warnt Mardochai die Juden vor der Teilnahme an einem Festmahl des Ahasveros, da die *middat ha-din* dies zum Anlass für eine Anklage nehmen könne; als sie der Einladung aber trotzdem folgen, ist es nicht die *middat ha-din*, sondern der Satan, der sie bei Gott anschwärzt. Vgl. *B. J. Bamberger*, Fallen Angels: Soldiers of Satan's Realm, Philadelphia 1952, 95 und 275, Anm. 21. Zur Datierung von Esther Rabba 7 s. *G. Stemberger*, Einleitung in Talmud und Midrasch, 8. Aufl., München 1992, 312. Auch die von *Bamberger*, ebd., genannten Parallelen sind mittelalterlichen Ursprungs.

[17]   Als Lehnwort begegnet מטטרון = *metator*, »Vermesser«, auch schon früher, z. B. in Bereshit Rabba 5,4 (34 Theodor/Albeck), wo es heißt, Gott habe bei der Scheidung von Festland und Wasser seine Stimme zu einem *metator* werden lassen.

Buch,[18] ein Werk aus der Merkava-Mystik; es identifiziert Metatron mit Henoch und schildert, wie er nach seiner Entrückung auf einem himmlischen Thron installiert wird (10,1–6), wie seine Mitengel ihm die Proskynese erweisen (14,5) und wie Gott ihn als den »kleinen JHWH« bezeichnet, im Sinne von Ex 23,21, wo er von dem Engel, der Israel durch die Wüste geleitet, sagt: »Denn mein Name ist in ihm« (12,5).

Diese Vorstellung von Metatron als Träger des Gottesnamens greift der Talmud in Sanhedrin 38b auf, wobei er sie durchaus gelten lässt, zugleich aber bezeichnende funktionale Einschränkungen vornimmt. Gerahmt ist der Passus als Disput zwischen einem Häretiker und dem Amoräer Rav Idit:[19]

> Ein gewisser Häretiker (מינא) sprach zu Rav Idit: »Es steht geschrieben: *Und zu Mose sprach er (sc. der Herr): Steig hinauf zum Herrn* (Ex 24,1). ›Steig hinauf zu mir‹, hätte er befehlen müssen.« – (Rav Idit) sagte zu ihm: Das[20] ist Metatron, dessen Name wie der Name seines Herrn (lautet), wie es heißt: *Denn mein Name ist in ihm* (Ex 23,21).«
> – (Der Häretiker entgegnete:) »Wenn es so ist, sollten wir ihn anbeten!« – (Darauf Rav Idit:) »Es steht geschrieben: *Erbittert ihn nicht* (אל תמר בו, ebd.), (das bedeutet:) Verwechsle mich nicht mit ihm (אל תמירני בו).« – (Und wiederum der Häretiker:) »Wenn es so ist, wozu (heißt es dann noch): *Er wird euch eure Sünde nicht vergeben* (ebd.)?« – (Er entgegnete:) »Sei versichert,[21] dass wir ihn nicht einmal als Boten[22] annehmen würden. Denn es heißt: *Und er sprach zu ihm: Wenn dein Angesicht nicht mitgeht, (führe uns nicht von hier hinauf,* Ex 33,15).«

In Ex 23 kündigt Gott dem wandernden Volk Geleit durch seinen Engel an, und der Häretiker, mit dem es Rav Idit zu tun hat, kann mit einer erstaunlich konsistenten Auslegung dieses Motivs aufwarten: Der mahnende Hinweis, dass der Engel keine Sünden vergeben werde, setzt voraus, dass er dazu fähig ist, und wenn ferner der Gottesname in ihm wohnt, so gebührt ihm auch göttliche Verehrung. Die Verbindung von Namensverleihung und Anbetung erinnert an Phil 2,9–11, und die Vollmacht zur Sündenvergebung ist Thema von Mk 2,1–12; frei-

---

[18] Vgl. *Ph. Alexander*, 3 (Hebrew Apocalypse of) Enoch, in: *J. H. Charlesworth (Hg.)*, The Old Testament Pseudepigrapha, Bd. 1, Garden City 1983, 223–315.

[19] Vgl. *P. Schäfer*, Rivalität zwischen Menschen und Engeln. Untersuchungen zur rabbinischen Engelvorstellung, SJ 8, Berlin 1975, 71 f.; *Segal*, Two Powers, 68 f.; *Boyarin*, Beyond Judaisms, 329–333.

[20] Der Text lässt offen, ob sich dies auf den in Ex 24,1 Redenden (so u. a. *Schäfer*, Rivalität, 71) oder den in Ex 24,1 Genannten (so *Boyarin*, Beyond Judaisms, 331) bezieht.

[21] הימנותא בידך, Hs. München 95, fol. 341r; Übersetzung nach *M. Jastrow*, A Dictionary of the Targumim, the Talmud Babli and Yerushalmi, and the Midrashic Literature, New York 1903, Ndr. o. J., 347.

[22] פרוונקא , ein persisches Lehnwort.

lich, die naheliegende Frage, ob zwischen der neutestamentlichen Christologie und diesem Talmudtext ein traditionsgeschichtlicher Zusammenhang besteht, lässt sich kaum mit hinreichender Wahrscheinlichkeit beantworten.

Wenden wir uns lieber der von Rav Idit vertretenen Gegenposition zu. Die Schlussfolgerung von Gottes Name auf die göttliche Verehrung wird durch eine Umvokalisierung des Bibeltextes widerlegt; מרר *hi.*, »erbittern«, wird zu מור *hi.*, »vertauschen«. Auf die angebliche Implikation, dass der Engel Sünden vergeben könne, geht Rav Idit nicht ein. Und dem Motiv des Geleits durch den Engel, das sich aus dem Bibeltext ja nicht wegleugnen lässt, wird die Spitze genommen: Denn ob der Engel mitzieht oder nicht, für Israel kommt es einzig und allein darauf an, dass Gott selbst bei seinem Volk anwesend ist; das zeigt die Bitte des Mose in Ex 33,15.

Was dem Engel bleibt, ist also nur der göttliche Name. Streitig gemacht wird ihm dagegen alles, was das Verhältnis zu Israel betrifft: Er wird von den Israeliten nicht angebetet, er kann ihnen keine Sünden vergeben, und auch als Begleiter beim Exodus kommt er nicht ernsthaft in Betracht.[23] Wenn wir das mit unseren Beobachtungen zu den *middot* der Barmherzigkeit und Gerechtigkeit vergleichen, so zeigt sich eine wichtige und, wie ich meine, wesentliche Übereinstimmung: Was immer für Israel und die Menschheit zum Heil geschieht, es bleibt hier wie dort fest in Gottes Hand – die Erschaffung Adams, der Auszug aus Ägypten, die Vergebung der Sünden und, als naheliegende reziproke Konsequenz, die Anbetung durch die Menschen, die niemandem gebührt als Gott. Nur was außerhalb dieses Rahmens liegt, kann an sonstige himmlische Agenten delegiert werden. Dazu gehören das Unheil des göttlichen Strafhandelns und, wie wir hier sehen, im Falle von Ex 23,21 auch Gottes Name.

Metatron wird noch zwei weitere Male im Talmud erwähnt, und beide Stellen vermitteln den gleichen Eindruck. In Avoda Zara 3b wird erwogen, ob Metatron es vielleicht gewesen sein könnte, der sich vor der Zerstörung Jerusalems um die Tora-Unterweisung der Schulkinder gekümmert hatte. Seit der Zerstörung, so heißt es jedenfalls, nehme sich Gott selbst dieser Aufgabe an, und offenbar soll damit die Wichtigkeit des Tora-Unterrichts für das tempellose Israel unterstrichen werden. Denn nachdem von Israels Heilsgütern und Identitätsinsignien nur noch die Tora geblieben ist, nimmt Gott in die eigene Hand, was er vorher an Metatron delegieren konnte. Wenn Israels Heil auf dem Spiel steht, handelt er persönlich.

---

[23] Dem entspricht auch die Auslegung von Dtn 26,8 in der Pessach-Haggada: »*Und der Herr führte uns aus Ägypten* – nicht durch die Hand eines Engels und nicht durch die Hand eines Seraphen und nicht durch die Hand eines Beauftragten (שליח).« (Nach *D. Goldschmidt*, The Passover Haggadah. Its Sources and History, Jerusalem 1960, 122; Hinweis von Martin Vahrenhorst).

Der bekannteste und zugleich dramatischste talmudische Metatron-Text findet sich in Hagiga 15a. Er handelt von der Apostasie des Toragelehrten Elischa ben Avuja, genannt Acher,[24] der in mystischer Schau den Himmel betritt und, als er dort Metatron erblickt, dem »Vollmacht (רשותא) gegeben war, Israels Verdienste (זכוותא דישראל) aufzuschreiben«, den fatalen Schluss zieht, es gebe womöglich »zwei Gewalten (שתי רשויות)«.[25] Boyarin und andere halten es für denkbar, ja wahrscheinlich, dass hinter diesem Text eine ursprünglich anders lautende Überlieferung steht, denn im 3. Henoch-Buch findet sich eine Parallele, wo Acher, viel suggestiver, Metatron auf einem königlichen Thron sitzen sieht.[26] Sollte dieses Motiv tatsächlich im Hintergrund von Hagiga 15a stehen, wird freilich der Eigenakzent, den der Talmud dem Erzählstoff aufsetzt, nur desto signifikanter: Hier ist nämlich das, woran Acher zu Fall kommt, keine bloß innerhimmlische Manifestation von Prunk und Status, es ist vielmehr Metatrons Mitwirken an der himmlischen Buchführung, die über Israels irdisches Wohl und Wehe entscheidet. Die Erzählung fährt damit fort, dass der Engelfürst hinausgeführt wird, und, so der Text der Münchner Handschrift,

> … man schlug ihn mit sechzig Feuerstößen. Es wurde Metatron Vollmacht (רשותא) gegeben, Achers Verdienste auszulöschen. (Und) eine Echostimme ging hinter dem Vorhang hervor (und) sprach: »*Kehrt um, ihr abtrünnigen Kinder* (Jer 3,14) – ausgenommen Acher.«[27]

Nach der etwas längeren Fassung des Textus receptus muss Metatron sich den Vorwurf gefallen lassen, nicht aufgestanden zu sein, als Acher im Himmel auftauchte;[28] so dienen die sechzig Feuerschläge, die man ihm verabreicht, nicht nur zum Beweis, dass er kein zweiter Gott sein kann, sondern auch zu seiner

---

[24]   Zu Elischa ben Avuja vgl. *Stemberger*, Einleitung, 83 (Literatur).

[25]   Zitiert nach Hs. München 95, fol. 72r. Dass Metatron beim Schreiben sitzt, wie es im Textus receptus heißt, dürfte auf einer sekundären, aber nicht unsinnigen Verlesung von למכתב zu למיתב beruhen. Sie könnte durch den Fortgang des Textes angeregt sein, wo Elischa überlegt, dass es vor Gott ein Aufstehen, ein Sitzen usw. doch eigentlich nicht geben kann, wobei der Textus receptus hier das Aufstehen weglässt (s. Anm. 28).

[26]   3 Hen 16,1–5; vgl. *Boyarin*, Beyond Judaisms, 348–351; *Schäfer*, Geburt, 105–107.

[27]   Übersetzung nach Hs. München 95, fol. 72r.

[28]   »Man sprach zu ihm: ›Warum bist du, als du ihn sahst, nicht vor ihm aufgestanden?‹« Danach ist näherhin Metatrons *Sitzen* der Anlass für Achers Fehlschluss; hätte Metatron gestanden, wäre die Verwechslung nicht geschehen. – In der vorangehenden Auflistung dessen, was es vor Gott nicht gibt, fehlt im Textus receptus das Aufstehen oder Aufwachen (עוררה); so charakterisiert diese Liste hier nicht, wie in Hs. München, die Unkörperlichkeit Gottes, sondern die Konstitution und das Verhalten der Engel: sie sitzen nicht (sondern stehen) usw.

Bestrafung. Der kürzere Text der Münchner Handschrift zeigt aber ebenfalls sehr deutlich, für wie problematisch man es hält, wenn die Buchführung über Israels Verdienste einem Engel anvertraut wird, und erst recht, wenn ein Mensch davon Kenntnis erhält. Nach dem Zwischenfall ist bezeichnenderweise nur noch von einer Vollmacht die Rede, Verdienste zu *streichen*;[29] ob Metatron künftig Verdienste auch wieder gutschreiben wird, bleibt offen. Dass subdivine Instanzen als Heilsmittler nicht wirklich geeignet sind, sehen wir also auch hier.

Unter dem gleichen Gesichtspunkt können wir noch einen weiteren Text hinzunehmen, der sich ebenfalls mit der häretischen Vorstellung von »zwei Gewalten« im Himmel auseinandersetzt. Er stammt aus der Mekhilta, ist also älter als jene Passagen aus dem Talmud, und bezieht sich auf scheinbar widersprüchliche Theophanie-Motive in der biblischen Exodus- und Sinai-Erzählung:

> *Ich bin der Herr, dein Gott* (Ex 20,2), wozu ist dies gesagt? Weil er sich am Meer als ein kriegführender Held offenbarte, wie es heißt: *Der Herr ist ein Kriegsmann.* Am Berg Sinai offenbarte er sich als alter Mann voll Erbarmen, wie es heißt: *Und sie sahen den Gott Israels* (Ex 24,10). Und als sie erlöst worden waren, wie heißt es da? *Und wie der Himmel selbst in seiner Klarheit* (ebd.). Und es heißt: *Ich sah, wie Throne aufgestellt wurden, (und ein Hochbetagter setzte sich,)* und heißt: *Ein Feuerstrom floss und ging vor ihm aus usw.* (Dan 7,9–10). Damit den Völkern der Welt kein Anhalt gegeben sei zu sagen, es seien zwei Gewalten; sondern: *Ich bin der Herr, dein Gott* – ich war es in Ägypten, ich war es am Meer, ich bin es am Sinai, ich war es einst, ich werde es zukünftig sein, ich bin es in dieser Welt, ich bin es in der kommenden Welt. Wie es heißt: *Seht nun, ich, ich bin es* (Dtn 32,39).[30]

Zeigte sich Gott am Schilfmeer auch als jugendlicher[31] Kriegsheld und bei der Sinaioffenbarung als Greis, so ist er doch ein und derselbe, versichert der Midrasch; Schlüsse auf eine zweite Gottheit lässt der Bibeltext trotz der Verschiedenheit seiner Bilder nicht zu. Schwieriger ist zu sagen, was als häretische Gegenposition ins Auge gefasst wird. Wie es scheint, beruht sie auf der pluralischen Rede von »Thronen« in Dan 7,9 und der (hier unerwähnt bleibenden) Erscheinung eines Menschensohnähnlichen vor dem Hochbetagten in Dan 7,13:[32] Der

[29] Zur Funktion der Mittlerwesen als Strafinstanz s. auch *Segal*, Two Powers, 71.

[30] Mekhilta Baḥodesh 5 (219f. Horovitz/Rabin); ähnlich Mekhilta Shirta 4 (129f. Horovitz/Rabin); leicht abweichend Mekhilta de-R. Shimon ben Yoḥai zu Ex 15,3 (81 Epstein/Melamed); s. *Segal*, Two Powers, 33–56; *Schremer*, Midrash, 239–252 (Literatur ebd. 241); *Schäfer*, Geburt, 65–79; *Boyarin*, Beyond Judaisms, 336–339.

[31] Die Jugendlichkeit des Aussehens dürfte impliziert sein. In der Parallele in Mekhilta de-Rabbi Shimon (s. Anm. 30) heißt es explizit כבחור, »wie ein Jüngling«.

[32] Anders *Schremer*, Midrash, 248, und *Schäfer*, Geburt, 74–77; ihrer Meinung nach spielen Dan 7,13 und der Menschensohnähnliche für den Midrasch keine Rolle; das Daniel-Zitat sei lediglich ein zusätzlicher Beleg für den in Ex 24,10 erwähnten erbarmungsvollen

Menschensohnähnliche wird mit dem Kriegsmann des Schilfmeerlieds identifiziert, der Hochbetagte mit dem Gott der Sinaioffenbarung in seinem himmlischen Glanz[33] – jener ein rettender Gott, dieser ein Gott des Gesetzes. Dass der Kriegsmann in Ex 15,3 mit dem Tetragramm bezeichnet wird, der Gesetzgeber dagegen in Ex 24,10 mit אלהים, wird vermutlich als zusätzlicher Auftrieb für die häretische Gottesspaltung empfunden.[34] Aber das voranstehende Lemma, der Anfang des Dekalogs, liefert den Gegenbeweis.[35] Denn der Offenbarer der Tora präsentiert sich hier ausdrücklich als der, der Israel aus Ägypten führte, und obendrein tut er das unter beiderlei Bezeichnung, dem Tetragramm aus Ex 15,3 und dem Appelativum אלהים aus Ex 24,10. Weitere Schriftverse, die im Anschluss zitiert werden, demonstrieren dasselbe (Dtn 32,39 usw.).

Die Frage allerdings, was es mit dem Menschensohnähnlichen aus Dan 7 auf sich hat, ob es sich um ein Engelwesen oder eine irdisch-messianische Gestalt handelt, ob ihm einer der Throne zukommt und was dies gegebenenfalls über seinen himmlischen Rang besagen würde, bleibt dabei letztlich offen. R. Aqiva wird im Talmud Bavli mit der Auffassung zitiert, einer der Throne sei »für David« bestimmt,[36] aber für solche Spekulationen interessiert sich dieser Midrasch

---

Alten. Doch dürfte die Pointe des Danielzitats darin liegen, dass der mitzitierte Anfang von V. 9 pluralisch von »Thronen« spricht, denn genau das ist es, was hier den Schluss auf eine zweite göttliche Instanz neben dem Hochbetagten scheinbar erlaubt. Dass als diese zweite göttliche Instanz am ehesten der Menschensohnähnliche von V. 13 in Frage kommt, braucht nicht explizit gesagt zu werden. Vgl. *Segal*, Two Powers, 35 f.; *Boyarin*, Two Powers, 343 f.; *ders.*, Beyond Judaisms, 337–338.

[33]   Nach *Schremer*, Midrash, 246 f., wird das Motiv des Alters in Ex 24,10 aus dem Ausdruck לבנת הספיר erschlossen, den Schremer mit »white sapphire« übersetzt und als Hinweis auf weißes Haar versteht. Durch die antiken Übersetzungen von Ex 24,10 (LXX, TO, TPsJ, Vulgata) ist dies aber nicht gedeckt. Sie legen eher die von *Schäfer*, Geburt, 68–71, vertretene Deutung »Saphir-Ziegel« nahe, mit der Schäfer auch die Assoziierung des Schlusses von Ex 24,10 mit der Zeit *nach* der Erlösung zu erklären vermag, wenngleich sie mit Gottes Erscheinung als erbarmungsvoller Alter in keinem erkennbaren Zusammenhang steht.

[34]   *Urbach*, Sages, 451, vermutet, dass der Text Assoziationen nicht nur zwischen verschiedenen Erscheinungsweisen und verschiedenen Bezeichnungen Gottes, sondern auch den beiden *middot* der Barmherzigkeit und der Gerechtigkeit voraussetzt. Dagegen spricht allerdings, dass in Begleitung der Gesetzesoffenbarung weniger die Barmherzigkeit als vielmehr die מדת הדין zu erwarten wäre und sich das Erscheinen am Schilfmeer sowohl als Strafhandeln (gegenüber Ägypten) als auch als Erweis von Barmherzigkeit (gegenüber Israel) deuten lässt. Zur Diskussion s. auch *Segal*, Two Powers, 39.

[35]   In der Fassung von Mekhilta Shirta 4 steht als Lemma Ex 15,3, was aber nicht zum Fortgang des Textes passt (»Wozu ist dies gesagt? Weil er sich am Meer als kriegführender Held offenbarte, wie es heißt: *Der Herr ist ein Kriegsmann*.«); es führt vielmehr dazu, dass die Widerlegung der häretischen Gegenposition erst durch die im Anhang mitgegebenen Schriftverse Dtn 32,39 usw. geschieht. Diese Inkonzinnitäten deuten darauf hin, dass

nicht. Worauf es ihm ankommt, ist allein, was auf Erden geschieht, Gottes Heilshandeln an Israel. Und dieses lässt sich nicht auf zwei Mächte verteilen oder zur Hälfte an einen Engel oder messianischen Stellvertreter delegieren, sondern bleibt unveräußerlich in Gottes eigener Hand. Wer neben ihm im Himmel einen Thronplatz einnimmt, ist demgegenüber eine Frage von nachrangiger Bedeutung.

3 Die Schekhina

Die vorgetragenen Beobachtungen zur Unteilbarkeit von Gottes Heilshandeln sind noch nicht vollständig, ein wichtiger Aspekt fehlt. Denn von der wohl wichtigsten Manifestationsform des Göttlichen, die die Rabbinen kennen, der Schekhina, wird genau das ausgesagt, was man der *middat ha-din*, Metatron und dem Menschensohn verweigert: unmittelbarer Einfluss auf Israels Wohlergehen. Nach gängiger Auffassung ist es geradezu der Sinn und Zweck der Rede von der Schekhina, Gottes Mitsein mit seinem Volk aussagbar zu machen.[37] Die Schekhina, so heißt es, sei anwesend, wenn Menschen ihre Unterhaltung über die Lehre der Tora führen, ebenso, wenn sie die Synagoge besuchen oder wenn sie Recht sprechen;[38] ihre Flügel breiteten sich über Fremde, die zum Judentum übertreten;[39] doch weiche sie, wenn das Land durch Götzendienst, Unzucht oder Blutvergießen befleckt wird,[40] usw.

Arnold Goldberg hat allerdings in seiner unerreicht gründlichen Untersuchung der einschlägigen Texte herausgestellt, dass die Schekhina trotz mancherlei personifizierender Redeweisen[41] niemals den Charakter einer von Gott unterscheidbaren, eigenständig-personalen Größe annimmt. Zwar tritt, so Gold-

---

die Fassung von Shirta 4 gegenüber der von Baḥodesh 5 sekundär ist. Vgl. *Schremer*, Midrash, 242.

[36] Talmud Bavli, Hagiga 14a; s. dazu *Segal*, Two Powers, 7–50; *Boyarin*, Two Powers, 351f. R. Aqivas Deutung von Dan 7,9 wird übrigens nicht als irrig erwiesen; es wird lediglich vermerkt, dass er sich schließlich von R. Yose ha-Gelili überzeugen ließ, nach dessen Ansicht die Throne nicht für Gott und David, sondern für (Gottes) דין und צדקה bestimmt sind.

[37] Vgl. bes. *A. Goldberg*, Untersuchungen über die Vorstellung von der Schekhinah in der frühen rabbinischen Literatur – Talmud und Midrasch –, SJ 5, Berlin 1969, passim.

[38] Mischna Avot 3,2; 3,6; Mekhilta Baḥodesh 11 (243 Horovitz/Rabin) u. öfter; vgl. *Goldberg*, Untersuchungen, 376–399.

[39] Mekhilta Amaleq-Yitro 2 (200 Horovitz/Rabin) u. öfter; vgl. *Goldberg*, Untersuchungen, 409–413.

[40] Mekhilta Yitro 9 (238 Horovitz/Rabin); Sifre Devarim 258 (282 Finkelstein); Sifre Bamidbar 161 (222 Horovitz) u. öfter; vgl. *Goldberg*, Untersuchungen, 142–160.

[41] Vgl. *Goldberg*, Untersuchungen, 462.

berg, »(in der Vorstellung) eine Teilung oder Unterscheidung der Daseinsweisen der Gottheit ein«, doch nirgends wird sie dadurch ein »von dem personhaften Gott gänzlich unabhängiges Wesen; sie ist mit diesem immer subjektsidentisch.«[42] Das dürfte erklären, warum in den Diskussionen über das Zwei-Gewalten-Problem – so vielfältig die Formen auch sind, in denen sich dieses Problem den Rabbinen darstellen kann –[43] der Schekhina-Begriff dennoch niemals mit ins Spiel kommt.

Dass die Schekhina aber durchaus mit anderen himmlischen Wesen in Verbindung gebracht werden konnte, zeigt mein letztes Textbeispiel, ein Ausschnitt aus dem Kommentar der Mekhilta zu Ex 12,41, der vom Mitziehen der Schekhina in Israels Exil handelt:[44]

> *Und an demselben Tage zog das ganze Heer des Herrn* (כל צבאות יי״י) *aus Ägypten* (Ex 12,41). Das sind die dienenden Engel. Und ebenso findest du, dass jedesmal, wenn die Israeliten versklavt wurden, die Schekhina gleichsam (כביכול) mit ihnen versklavt wurde. [...] – R. Aqiva sagt: Wenn der Schriftvers nicht geschrieben stünde, wäre es unmöglich, dies zu sagen: Die Israeliten sprachen vor dem Heiligen, gepriesen sei er, gleichsam (כביכול): »Du hast dich selbst erlöst!« Und ebenso findest du, dass überall, wohin die Israeliten in die Verbannung zogen, die Schekhina gleichsam (כביכול) mit ihnen in die Verbannung zog. (Als) sie nach Ägypten in die Verbannung zogen, (zog) die Schekhina mit ihnen, wie es heißt: *Ich ging in die Verbannung* [45] *zu dem Haus deines Vaters, als sie in Ägypten waren* (1 Sam 2,27). [...]

Es folgen noch Schriftbeweise für die Verbannungen unter Babylon, Elam und Rom, ehe der Midrasch mit einem Ausblick auf Israels endzeitliche Erlösung schließt: »Und wenn sie einst zurückkehren werden, kehrt die Schekhina gleichsam (כביכול) mit ihnen zurück, wie es heißt: *Und Gott der Herr wird mit deiner Gefangenschaft zurückkehren* (Dtn 30,3); es heißt nicht: *wird zurückbringen* (והשיב), sondern: *wird zurückkehren* (ושב).«[46]

Wenn man vom Ende des Textes zurück auf den Anfang schaut, fällt auf, dass der ausgelegte Vers Ex 12,41 nicht von Gott, sondern von seinem »Heer« spricht, in rabbinische Diktion übersetzt: den »Dienstengeln«. Wenn der Midrasch im nächsten Satz auf die Schekhina zu sprechen kommt, scheint es deshalb zunächst, als rechne er sie zum himmlischen Hofstaat. Aber für die Dienst-

---

[42]   *Goldberg*, Untersuchungen, 534.

[43]   Dies herausgestellt zu haben ist das große Verdienst der Untersuchung von *Segal*, Two Powers.

[44]   Mekhilta Bo 14 (51f. Horovitz/Rabin).

[45]   גליתי. Der Midrasch deutet hier גלה *ni.* nicht als »sich offenbaren«, sondern als »verbannt werden«.

[46]   Mekhilta Bo 14 (52 Horovitz/Rabin).

engel interessiert er sich im Folgenden gar nicht. Vielmehr lässt er, wie nach rabbinischem Sprachgebrauch zu erwarten, die Schekhina als Erscheinungsform Gottes agieren. Das zeigt sich erstens daran, dass er synonym zugleich vom »Heiligen, gepriesen sei er« spricht, und zweitens an der reichlichen Verwendung des Ausdrucks כביכול, mit dem er zu verstehen gibt, dass das, was er über die Schekhina und über Gott sagt, eigentlich nicht über sie gesagt werden kann: dass die Schekhina in die Verbannung zieht und dass Gott sich selbst erlöst. Das lässt sich schon deshalb eigentlich nicht sagen, weil es sich bei der Verbannung um Unheil handelt, Unheil, das womöglich Gott selbst als Strafe über sein Volk gebracht hatte. Aber dass Gott in Gestalt der Schekhina dieses Unheil mit auf sich nimmt, ist gerade die Pointe des Textes. Die Bibel spricht ja nur vom *Herausziehen* aus Ägypten, der Midrasch aber legt den Ton darauf, dass das Mit-Herausziehen ein vorheriges *Mit-Dorthingehen* impliziert. Und es wäre offenbar zu wenig, wenn er dieses Mit-Dorthingehen den Engeln des himmlischen Hofstaats überließe. Das solidarische Mitsein im Unheil gehört also – wie die Menschenschöpfung, die Toraoffenbarung, die Sündenvergebung oder auch die Unterweisung der Schulkinder seit der Zerstörung Jerusalems – zu jener Art von Handeln, die Gott an ein Mittlerwesen nicht delegieren würde.

In der Assoziationskette, die vom »Heer des Herrn« über die Dienstengel und die Schekhina zu dem »Heiligen, gepriesen sei er« führt, erscheint die Schekhina also zwar zunächst als Brückenglied zwischen den Engeln und Gott. Sie steht dabei aber eindeutig auf der Seite Gottes und nicht der Engel, denn von ihr kann der Midrasch im Folgenden auch das aussagen, was er von Gott aussagen will; von den Engeln kann er es definitiv nicht.

SCHLUSS

Die Art und Weise, wie die frühe rabbinische Literatur mit Vorstellungen von personaler Differenzierung in der Sphäre Gottes umgeht, wird plausibel, so meine These, wenn wir sie konsequent im Zusammenhang mit ihren *soteriologischen* Interessen und Überzeugungen sehen. Das größte Bedenken der Rabbinen ist offenbar, dass durch das Auftreten von Engeln und anderen Zwischenwesen der Blick dafür getrübt werden könnte, dass Israels Heil (und das Heil der Menschheit) seinen Ursprung allein in Gott hat. Solange dies aber feststeht, bereitet es keine Probleme, wenn im Himmel nicht ein, sondern zwei (oder vielleicht noch mehr) Throne stehen und es einen Engel namens Metatron gibt, in dem Gottes Name ruht; ja, man ist sogar bereit, Gottes Gerechtigkeit zu einer eigenständigen Hypostase werden zu lassen, weil sich so die Urheberschaft des Unheils von Gott abwälzen lässt. Mit der Schekhina allerdings verhält es sich umgekehrt wie mit der *middat ha-din:* Geboren vermutlich aus dem theologischen Bedürfnis, das heilvolle Wirken eines transzendenten Gottes in dieser

Welt sagbar zu machen, darf sie gerade deshalb niemals zu einer eigenständigen Hypostase werden. Denn das Heil kann immer nur von Gott ausgehen.[47]

Auf die neutestamentliche Christologie lässt sich das selbstverständlich nicht übertragen. Es schärft aber den Blick dafür, dass der eigentliche Graben, der die christliche von der jüdisch-rabbinischen Frömmigkeit trennt, nicht schon durch bestimmte Identitätsaussagen über Christus als Sohn Gottes aufgerissen wird, sondern erst durch die Behauptung, dass das Heil durch Christus kommt.

---

[47] Einer gesonderten Untersuchung, die im Rahmen dieses Beitrags nicht geleistet werden kann, bedürften noch rabbinische Texte, die von der Bedeutung des Erzengels Michael für die Heilsgeschichte Israels handeln. Es fällt allerdings auf, dass das Textmaterial, das bei Bill. III, 72 hierzu gesammelt ist, erstens aus nachtalmudischer Literatur stammt (Shemot Rabba, Pesiqta Rabbati) und zweitens mit völliger Selbstverständlichkeit Michaels Subordination unter Gott voraussetzt. Wenn Tosefta Hullin 2,18 von einer Schlachtung »auf den Namen des großen Heeresfürsten Michael« spricht, so ist dies wahrscheinlich eine hyperbolische Redeweise, die keinen Rückschluss auf eine reale Verehrung Michaels erlaubt; vgl. *D.D.Hannah*, Michael and Christ. Michael Traditions and Angel Christology in Early Christianity, WUNT 2.109, Tübingen 1999, 104–106.

Vertauschung, Dämon und Fetisch – Zur frühchristlichen Interpretation fremder Götter

Versuch einer jüdisch-christlichen Typologie

Bernhard Mutschler

Sieht man in den ältesten christlichen Schriften nach den Bezeichnungen für »fremde Götter« – gemeint sind andere Götter als der eine Gott Israels –, dann stößt man schnell auf zwei verschiedene, aber grundlegende Begriffe: δαιμόνιον und εἴδωλον, Letzteres mit einigen Wortableitungen. Vergleichsweise wenig ist dagegen von »Göttern« im Plural (θεοί) die Rede. Bereits dieser allererste sprachliche Befund legt die Vermutung nahe, dass »fremde Götter« keineswegs als solche – als »Götter« – akzeptiert und interpretiert werden. »Fremde Götter« werden vielmehr mit Hilfe einiger typischer Deutemuster begriffen und erklärt. Die ältesten christlichen Schriften folgen dabei Denkwegen der jüdisch-hellenistischen Literatur. Wie werden die so genannten »Götter« in diesen Texten gedeutet?

Im Folgenden versuche ich, einige Belege typologisch zu erfassen und anzuordnen. Sie stehen zugleich repräsentativ für andere. Es zeigt sich, dass die Texte einer dreigliedrigen Typologie zugeordnet werden können.

1 Götter als irrtümlich verabsolutierte Schöpfung

Ein erster Typ in der Interpretation fremder Götter geht davon aus, dass diese eigentlich nur ein Teil von Gottes guter Schöpfung sind. Aus unterschiedlichen Gründen wurden einzelne Phänomene der Schöpfung aber durch Menschen sekundär vergöttert. In diesen Texten werden fremde Götter somit als irrtümlich verabsolutierte Schöpfung interpretiert.

1.1 UNWISSENTLICHE VERABSOLUTIERUNG

1.1.1 Größe und Schönheit der Geschöpfe, Weish 13,1-4 (-9)

Unwissenheit, genauer: θεοῦ ἀγνωσία, Nichterkenntnis Gottes wird am Beginn von Weisheit 13 als Motiv für die Verabsolutierung genannt (V. 1-4[1]):

> »[1]Verstandleer nämlich waren zwar alle Menschen von Natur aus,
> bei denen Nichterkenntnis Gottes war,
> und aus den sichtbaren Gütern vermochten sie
> nicht den Seienden zu erkennen,
> und wenn sie den Werken ihre Aufmerksamkeit zuwandten,
> anerkannten sie nicht den Werkmeister,
> [2]sondern meinten, entweder das Feuer oder der Geist oder die schnelle Luft
> oder der Kreis der Gestirne oder das gewalttätige Wasser
> oder die weltbeherrschenden Himmelsleuchten seien Götter.
> [3]Wenn sie sich zwar an deren Schönheit erfreuten und sie für Götter hielten,
> sollten sie erkennen, um wie viel besser als diese der Gebieter ist;
> der Urheber der Schönheit nämlich hat sie erschaffen.«

Als Grund für die irrtümliche Verabsolutierung von Teilen der Schöpfung wird bereits eingangs das Motiv des Wissens (εἰδέναι), Erkennens (γιγνώσκειν) oder Anerkennens (ἐπιγιγνώσκειν) mehrfach genannt. Als weiterer Grund werden im Verlauf des Textes mehrfach die »Größe und Schönheit der Geschöpfe« genannt, die in einem Entsprechungsverhältnis zu ihrem Schöpfer stehen. Der Fehlschluss von den Werken Gottes und Urelementen wie Feuer, Wasser oder Luft auf »Götter« ist nach dem Verfasser zwar verständlich, aber dennoch nicht entschuldbar. Die Faszination durch die Schönheit dieser Welt kann zu einer Verabsolutierung von Teilen der Schöpfung führen, die als »Götter« aufgefasst werden. Dabei spielt »Unwissenheit« eine entscheidende, fast leitmotivische Rolle bei der Erklärung, wie es zu dieser irrigen Verabsolutierung kommt. Der Wissende hingegen – so der Umkehrschluss – kennt »Gott« als den »Seienden«, »Werkmeister« und »Urheber der Schönheit«.

»Götter« werden hier verstanden als unzulässige, irrtümliche Verabsolutierung von sichtbarem Geschaffenem, z. B. den Elementen.

1.1.2 Nähe und Ahnung einer transzendenten Dimension, Apg 17,22-31

Mit fehlendem Wissen hängt auch die Verehrung des »unbekannten Gottes« in der Areopagszene der Apostelgeschichte zusammen. Nach Lukas sind die »Zeiten der Unwissenheit« und Unkenntnis allerdings durch die Verkündigung des Pau-

---

[1]   Übersetzung hier und im Folgenden nach *W. Kraus / M. Karrer (Hg.)*, Septuaginta Deutsch. Das griechische Alte Testament in deutscher Übersetzung, Stuttgart 2009 (Übersetzung von Helmut Engel).

lus zu Ende: »Alle Menschen überall« – und damit in universaler Weise – rufe Gott nun »zur Umkehr«. Spannend ist: Gott selbst habe verfügt, dass die Menschen (Apg 17,27 f.[2])

> »[27](…) Gott suchen, indem sie sich fragen, ob er denn nicht zu spüren und zu finden sei; denn er ist ja jedem einzelnen unter uns nicht fern. [28]In ihm leben, weben und sind wir, wie auch einige eurer Dichter gesagt haben: Ja, wir sind auch von seinem Geschlecht.«

Die Verehrung des unbekannten Gottes wird durch ein Bewusstsein von dessen Nähe begründet. Die Menschen ahnen offenbar eine tiefere Dimension ihres Lebens, ohne dass sie diese von sich aus klar benennen könnten. Sie sind auf Transzendenz und ein transzendentes Gegenüber hin angelegt – was auch Poeten bestätigen –, wissen aber von Haus aus nicht, wie mit diesem umzugehen und zu kommunizieren ist. Die Spannung zwischen Ahnung und Unwissenheit überbrücken sie bislang durch eine eher unbeholfen wirkende Verehrung eines »unbekannten Gottes«. Nach dem lukanischen Paulus soll diese Formvariable ersetzt werden durch die Verkündigung des von den Toten auferstandenen Jesus, der zum Gericht kommen wird.

Lukas konzipiert die Verehrung des »unbekannten Gottes« als eine bis zum Beginn der Christusverkündigung legitime Antwort auf die menschliche Ahnung einer unbekannten Tiefendimension dieser Welt. Der »unbekannte Gott« stellt somit eine Formvariable dar, die aus der menschlichen Ahnung ihres transzendenten Gegenübers entspringt – noch *ehe* dieses zu ihm gesprochen hat. Anders ausgedrückt: Die lukanische Konzeption des »unbekannten Gottes« verdankt sich der Verabsolutierung menschlicher Offenheit und Sehnsucht.

1.1.3 Unerklärlich: Abstoßende Tiere, Weish 15,18 f.

Ein weiteres Beispiel für die Erhebung vom Geschöpf zum gottgleichen Wesen findet sich wiederum im Buch Weisheit: Hier werden »Götter« als unerklärliche Verabsolutierung gerade der am wenigsten vorteilhaften und unsympathischsten Tiere interpretiert. Sie stellen insofern eine genaue Verkehrung von Schöpfung und Schöpfungshierarchie dar und entbehren einer mitteilbaren Rationalität.

I.2 Wissentliche Verabsolutierung: Vertauschung Gottes mit einem Geschöpf, Röm 1,21–23.25

Schließlich wird auch im ersten Kapitel des Römerbriefs die Vertauschung von Geschöpf und Schöpfer thematisiert. Im Unterschied zu den bisherigen Texten wird hier aber betont, dass dies nicht unwissentlich, sondern wissentlich geschieht. Daher erfährt es eine klare Bewertung (Röm 1,21–23.25):

---

[2]   Übersetzung hier und im Folgenden nach der Zürcher Bibel, Zürich 2007.

»[21]Denn obwohl sie Gott erkannten, haben sie ihm nicht die Ehre gegeben, die Gott gebührt, noch ihm Dank gesagt, sondern sie verfielen mit ihren Gedanken dem Nichtigen, und ihr unverständiges Herz verfinsterte sich. [22]Sie behaupteten, weise zu sein, und wurden zu Toren, [23]und sie tauschten die Herrlichkeit des unvergänglichen Gottes gegen das Abbild eines vergänglichen Menschen, gegen das Abbild von Vögeln, Vierfüßlern und Kriechtieren. (…) [25]Sie tauschten die Wahrheit Gottes gegen die Lüge und huldigten und dienten dem Geschöpf statt dem Schöpfer – gepriesen sei er in Ewigkeit, Amen.«

Auf dem Hintergrund der bisher behandelten Texte leuchtet dieser Abschnitt wie von selbst. Auffällig ist die umgekehrte Verwendung des Wissensmotivs: Trotz der Kenntnis Gottes, die aus seinen Schöpfungswerken möglich ist (1,20), werden ihm Ehre und Dankbarkeit versagt. Was in der Folge beschrieben wird, ist wie ein großes, unvorteilhaftes Eintauschen von Gegensätzen nach dem Motto *das Schlechtere und Zeitliche anstatt des Besseren und Ewigen*: Nichtigkeit anstelle von Gotteserkenntnis, sodann Finsternis, Unverstand und Behauptung, Dummheit anstelle von Weisheit, ein Bild anstelle von Herrlichkeit, Vergänglichkeit anstelle von Unvergänglichkeit, Mensch und Tier anstelle von Gott, Lüge anstelle von Wahrheit, Kreaturdienst anstelle von Schöpferdienst, kurz: Götzendienst statt Gottesdienst. Zwar fallen die Begriffe »Götzen« und »Götter« nicht, aber durch σεβάζεσθαι (huldigen) und λατρεύειν (dienen) wird deutlich, dass genau dieses gemeint ist. Bereits die Nichtanerkennung Gottes, die im Kontext mehrfach als »unentschuldbar« konstatiert wird,[3] bedeutet eo ipso »Götzendienst«. Konsequenterweise wird darum ein Bilderdienst erwähnt: an Kreaturen wie Menschen, Vögeln und Landtieren.

»Götter« werden hier als vollkommener Gegensatz zur wahrhaften Gotteserkenntnis konzipiert. Sie werden mit Unverstand, Dummheit, Finsternis, Vergänglichkeit, Nichtigem und Lüge konnotiert. Im Kern geht es um eine schuldhafte Vertauschung Gottes des Schöpfers mit einem Geschöpf, sei es ein Mensch oder ein Tier. Die Verantwortung dafür trägt der fremde »Götter« verehrende Mensch.

1.3 EIN ERSTES FAZIT

Ein erster Typ in der jüdischen und frühchristlichen Interpretation fremder Götter besteht darin, dass Elemente oder Geschöpfe der Schöpfung zu Unrecht verabsolutiert werden. Dies kann sowohl unwissentlich geschehen als auch wissentlich. Verabsolutiert werden können einerseits Menschen, Tiere, Verstorbene, andererseits aber auch Ideen, z. B. die Vorstellung eines bislang nicht bekannten Gottes. Diese Fälle unangemessener Überhöhung bis hin zur Verabsolutierung

---

[3] S. ἀναπολόγητος, Röm 1,20; 2,1, das nur hier im Neuen Testament belegt ist.

werden spätestens seit Ludwig Feuerbach als »Projektion« bezeichnet. »Fremde Götter« sind nach antikem jüdisch-christlichem Verständnis der Sache nach einem Projektionsvorwurf ausgesetzt.

2 GÖTTER ALS DÄMONISCHE EIGENWIRKLICHKEIT, MÄCHTE UND GEISTER

Ein zweiter Typ in der Interpretation fremder Götter geht davon aus, dass in ihnen eine nicht von Menschen geschaffene oder zu verantwortende Wirklichkeit agiert. Diese greift jedoch einschränkend in das menschliche Leben ein, so dass bisweilen ein In-Besitz-Nehmen durch diese »dämonische« Wirklichkeit oder umgekehrt ein Befreiungskampf gegen sie stattfindet. In diesen Texten werden fremde Götter als dämonische Eigenwirklichkeit oder als fremde, den Menschen von außen beanspruchende Mächte oder Geister interpretiert.

2.1 DÄMONEN, MÄCHTE UND GEISTER, VON DENEN MAN VERFÜHRT WIRD

2.1.1 Völker werden verführt und fallen ab, TestNaph 3,2–4
In den Testamenten der Zwölf Patriarchen – Testament Naphtali – werden »Verführungsgeister« (πνεύματα πλάνης) als Anstifter dafür verantwortlich gemacht, dass die Völker nicht den einen Gott Israels verehren, sondern anderen Mächten »nachfolgen«[4], die durch Holz und Stein repräsentiert werden. Die Heidenvölker wurden durch diese »Geister« zu Götzen verführt – und sie ließen sich verführen.

2.1.2 Gläubige werden verführt und fallen ab, 1 Tim 4,1
»Verführungsgeister« und »dämonische Lehren« treten nach dem ersten Timotheusbrief »in den letzten Zeiten« an die christliche Gemeinde heran (1 Tim 4,1):

> »Der Geist sagt ausdrücklich, dass in den letzten Zeiten manche vom Glauben abfallen werden und sich betrügerischen Geistern und Lehren von Dämonen zuwenden.«

Die Bedeutung des pluralischen πνεύματα, das im Brief nur hier vorkommt, ist dem unmittelbaren Kontext zu entnehmen. Dabei fällt auf, dass »Geister«, »Lehren« und »Dämonen« jeweils ohne Artikel im Plural gebraucht werden. Sie bleiben unbestimmt, pauschal und potentiell vielgestaltig. Versteht man die Verbindung πνεύματα πλάνα καὶ διδασκαλίαι δαιμονίων als zusammengehörig, dann legen sich »betrügerische Geister« und »Dämonen« wechselseitig aus. »Betrügerische Geister« sind dann als anderer Begriff, sozusagen als Überset-

---

4   S. ἐπηκολούθησαν sowie ἐξακολουθήσαντες, TestNaph 3,3.

zung für »Dämonen«, zu verstehen. Umgekehrt ist »Dämonen« ein Synonym für »betrügerische Geister«. – Dies fügt sich gut zu der Beobachtung, dass auch an den übrigen Stellen des Neuen Testaments, an denen »Geist(er)« und »Dämon(en)« im selben Zusammenhang genannt werden, diese Begriffe austauschbar sind.

Wie sind sie in 1 Tim 4,1 konnotiert? Sie bezeichnen eine fremde Macht außerhalb der Gemeinde. Zuwendung zu ihr ist gleichbedeutend mit Abfall vom Glauben.[5] Grammatisches Subjekt bleiben jedoch die potentiellen Apostaten unter den Gemeindegliedern. Daher erscheinen die »betrügerischen Geister« alias »Dämonen« hier als weniger mächtig im Vergleich zu den »Verführungsgeistern« im Testament Naphtali. Gleichwohl bilden sie eine eigene Wirklichkeit außerhalb des Menschen, die dessen Verführung beabsichtigt.

2.2 DÄMONEN, MÄCHTE UND GEISTER, VON DENEN MAN FREI WIRD

Von Dämonen, Mächten und Geistern wird man nicht nur verführt, sondern auch befreit. Dies kann verschiedene Formen annehmen: Vernichtung oder Vertreibung der Plagegeister, Unterordnung unter Christus oder Integration in Christus.

2.2.1 Vernichtung aller Herrschaft, Gewalt und Macht, 1 Kor 15,24

Ein Beispiel für die Vernichtung von Herrschaft, Gewalt und Macht bietet das 15. Kapitel des ersten Korintherbriefs. In Christus werden bei seiner Parusie alle zum Leben erweckt (1 Kor 15,24):

> »Dann ist das Ende da, wenn er das Reich Gott, dem Vater, übergibt, wenn er alle Herrschaft, alle Gewalt und Macht zunichte gemacht hat.«

Da das »Zunichtemachen« ($\varkappa\alpha\tau\alpha\varrho\gamma\epsilon\tilde{\iota}\nu$) »aller Herrschaft, aller Gewalt und Macht« auch »die ganz konkreten Bindungen der Einzelnen« betrifft,[6] ist jeder Anspruch einer fremden $\dot{\alpha}\varrho\chi\dot{\eta}$, $\dot{\epsilon}\xi o v\sigma\acute{\iota}\alpha$ oder $\delta\acute{v}v\alpha\mu\iota\varsigma$, jeder Einfluss einer anderen Macht außer derjenigen Gottes mit der Parusie beendet. Die widergöttlichen Mächte sind – wie der Kontext zeigt: einschließlich des Todes – vernichtet. Die Vernichtung nicht nur der geschichtlichen, sondern insbesondere auch der »überirdischen«, »kosmisch-dämonischen« Mächte[7] wird als durch Christus realisiert betrachtet.

---

5 Zum Glaubensverständnis an dieser Stelle s. ausführlich *B. Mutschler*, Glaube in den Pastoralbriefen. Pistis als Mitte christlicher Existenz, Tübingen 2010, 319–321.

6 *N. Baumert*, Sorgen des Seelsorgers. Übersetzung und Auslegung des ersten Korintherbriefs, Würzburg 2007, 287.

7 Dies betont zu Recht *W. Schrage*, Der erste Brief an die Korinther, Bd. 4, Düsseldorf/Neu-

2.2.2 Vertreibung von Dämonen und unreinen Geistern, Tob, Mk 5,1-20

Die ausführlichste und dramatisch spannendste Erzählung der Vertreibung eines unreinen Geistes oder Dämons liegt im Büchlein Tobit vor. Tobias' vermeintlicher Reisebegleiter Asarja, der in Wahrheit der von Gott gesandte Engel Rafael ist, weist ihn in ein apotropäisches Ritual ein, bei dem Eingeweide eines Fisches in Rauch aufgehen. Dadurch kann Tobias den Dämon vertreiben, der »in das ferne Ägypten flieht, wo er von Rafael gebunden wird«[8].

Im Neuen Testament sind Dämonenaustreibungen auf die synoptischen Evangelien beschränkt. Die Austreibung erfolgt durch Jesus oder in der Vollmacht und im Namen Jesu. Am ausführlichsten und spannendsten ist die Erzählung vom besessenen Gerasener geschildert. Diese Austreibung kostete 2000 Schweine das Leben, denn als »Legion« waren sie viele, die dem Gerasener und seinem Umfeld zu schaffen machten. Bezeichnungen wie Legion oder Beelzebul[9] (als Fürst der Dämonen) lassen die Überzeugung von einer Organisiertheit unter den Dämonen erkennen.

In den synoptischen Evangelien kommen Geister und Dämonen erst dadurch in den Blick, dass Jesus sie »austreibt«[10]. Lukas resümiert: »*In Vollmacht und Kraft gebietet er den unreinen Geistern, und sie fahren aus*« (4,36).

2.2.3 Unterordnung von Dämonen, Mächten und Elementen unter Christus bzw. Gott, Apg 8,24; Jak 2,19; Gal 4,9

Außer Vernichtung und Vertreibung ist auch Unterordnung eine Weise, wie Dämonen, Mächte und Elemente zu Christus bzw. Gott in ein Verhältnis gesetzt werden. Wenn etwa Simon Magus die Apostel um Fürbitte bittet, ordnet sich »die Kraft Gottes, die man ›die Große‹ nennt«, selbst Gott unter (Apg 8,10.24). Dabei ist Angst ein Beweggrund, nachdem Petrus ihn massiv bedroht hat. Mit Angst scheint auch das Bekenntnis der Dämonen in Jak 2,19 verbunden, die glauben, »dass es einen einzigen Gott gibt« - »und schaudern«.

---

kirchen-Vluyn 2001, 173f. Insofern ist eine Annihilierung, die eine bloße Entmachtung übersteigt, sprachlich angemessen (καταργεῖν) und sachlich konsequent; ähnlich *M. Hailer*, Gott und die Götzen. Über Gottes Macht angesichts der lebensbestimmenden Mächte, Göttingen 2006, 406: »endgültige Vernichtung der gottwidrigen ἐξουσίαι und δυνάμεις«.

[8]   *B. Ego*, »Denn er liebt sie« (Tob 6,15 Ms. 319). Zur Rolle des Dämons Asmodäus in der Tobit-Erzählung, in: *A. Lange u. a. (Hg.)*, Die Dämonen. Die Dämonologie der israelitisch-jüdischen und frühchristlichen Literatur im Kontext ihrer Umwelt, Tübingen 2003, 309-317, 310. Das fünfte Kapitel des Testaments Salomos kann »in weiten Strecken als Midrasch zu Tobit gelesen werden«, s. *P. Busch*, Das Testament Salomos. Die älteste christliche Dämonologie, kommentiert in deutscher Erstübersetzung, Berlin / New York 2006, 117-129, 119.

[9]   Mk 3,22 parr. Lk 11,15 und Mt 12,24; s. ferner Mt 10,25; 12,27; Lk 11,18f.

[10]   S. ἐκβάλλειν, Mk 1,34.39; 3,15.22f.; 6,13; 7,26; 9,18.28.38; 16,9.17; Lk 9,40.49; 11,14f.18-20 (*quater*); 13,32; Mt 7,22; 8,16.31; 9,33f.; 10,1.8; 12,24.26-28 (*quater*); 17,19.

Im vierten Kapitel des Galaterbriefs ruft Paulus einen Herrschaftswechsel von »den Elementarmächten der Welt« (τὰ στοιχεῖα τοῦ κόσμου) hin zum *Sohn* in Erinnerung (Gal 4,3).[11] Daher stehe, wer »Gott kenne, vielmehr von Gott erkannt worden« sei (Gal 4,9), nicht mehr für den Sklavendienst an »schwachen und armseligen Elementarmächten« zur Verfügung (Gal 4,9). Diese sind dem Vater und dem Sohn unterlegen.

Dämonen, Mächte und »Weltelemente« sind zwar unter Gott bzw. Christus untergeordnet, bleiben aber dennoch für den Menschen gefährlich. Denn der Herrschaftswechsel ist auch im Alltag zu bewähren, was bedeuten kann, einem Erwartungsdruck der Umgebung nicht zu entsprechen. Die Unterordnung der Mächte unter Christus hat daher auch eine ethische und eine seelsorgliche Dimension.

2.2.4 Integration von Herrschaften, Mächten und Gewalten in Christus, Kol und Eph

In der Versöhnungstheologie des Kolosser- und Epheserbriefs sind Herrschaften, »Mächte und Gewalten« (ἀρχαὶ καὶ ἐξουσίαι) von Anfang an – seit ihrer Erschaffung – in Christus integriert. Sie können auch als Ausdruck des einen Gottes verstanden werden (Kol 2,10) und sind in jedem Fall Christus kategorial untergeordnet.

2.3 Ein weiteres Fazit

Ein zweiter Typ in der jüdischen und frühchristlichen Interpretation fremder Götter besteht darin, dass sie entweder als personale dämonische Eigenwirklichkeit und Geister oder als impersonale Mächte und Gewalten verstanden werden. Einerseits werden Menschen von ihnen verführt und fallen ab. Andererseits werden sie von ihnen befreit: durch Vernichtung, Vertreibung, Unterordnung oder Integration der Mächte, Gewalten, Dämonen oder Geister. An dieser Stelle enthalten die jüdischen und christlichen Texte nebeneinander monistische und zumindest ansatzweise dualistische Konzeptionen. »Fremde Götter« werden nach antikem jüdisch-christlichem Verständnis dämonisiert, rationalisiert, depotenziert oder integriert.

3 Götter als vom Menschen geschaffene Realitäten

Von der irrtümlich verabsolutierten Schöpfung und der dämonischen Eigenwirklichkeit ist ein dritter Typ in der Interpretation fremder Götter zu unterscheiden: Götter als vom Menschen geschaffene Realitäten. Diese gibt es sowohl als hand-

---

[11]   Ähnlich 1 Kor 8,3; 13,12.

werkliche Produkte des Menschen als auch als psychische Produkte des Menschen.

3.1 HANDWERKLICHE PRODUKTE

3.1.1 Standbilder aus Stein und Holz, Arist 134-137

Götter werden im Aristeasbrief als leblose Konstrukte aus Stein und Holz erklärt, denen über den reinen Materialwert hinaus kein eigener, selbständiger Wert zukommt. Es handelt sich insofern um einen handwerklich kaschierten Selbstbetrug, der für die anderen Völker, nicht jedoch für Israel charakteristisch ist.

3.1.2 Wie ein Götterbild entsteht, Weish 13,11-19

Wohl am ausführlichsten wird der handwerkliche Produktionsprozess von Göttern im Buch Weisheit beschrieben (13,11-19):

> »[11](So ist es) aber auch, wenn irgendein Holzhandwerker einen leichtbeweglichen Baum absägte, dessen ganze Borke ringsum kundig entfernte und ihn schön bearbeitete, (daraus) ein nützliches Gerät bereitete zum Dienst im (täglichen) Leben, [12]die Abfälle seines Werkstücks aber für die Zubereitung von Essen verwendete und sich sättigte, [13]den für nichts brauchbaren Abfall davon aber, krummes und knotiges Holz, nahm und als Feierabendbeschäftigung daran schnitzte und es mit der Erfahrenheit von entspannter Tätigkeit formte, es der Gestalt eines Menschen nachbildete [14]oder es irgendeinem wohlfeilen Lebewesen ähnlich machte, es mit Rötel überstrich und seine Oberfläche rot schminkte und jeden Flecken auf ihm überstrich [15]und für es eine ihm entsprechende Nische machte und es an einer Wand mit einem Eisen(nagel) sicherte und aufhängte. [16]Zwar traf er also, damit es nicht herunterfiel, Fürsorge für es im Wissen, dass es unfähig ist, sich selbst zu helfen, es ist nämlich nur ein Bild und benötigt Hilfe; [17]aber im Gebet um Besitz und Ehe und Kinder schämt er sich nicht, das Unbelebte anzusprechen, und um Gesundheit ruft er das Kraftlose an; [18]um Leben aber ersucht er das Tote, um Beistand aber fleht er das Unerfahrenste an, um gute Reise aber das, was nicht einmal den Fuß benutzen kann; [19]in Bezug auf Geschäftsgewinn aber und auf Tätigkeit und Erfolg seiner Hände bittet er bei dem, was mit seinen Händen am wirkungslosesten ist, um gute Wirkung.«

In tendenziöser Weise wird Schritt für Schritt die Herstellung eines Gottesbildes erklärt, um damit jeglichen Gedanken an einen metaphysischen Mehrwert des Produzierten im Keim zu ersticken: von der Auswahl des Materiales – es handelt sich um drittklassiges Holz – über die Freizeitbeschäftigung des Schnitzens, Färbens und Installierens des Gottesbildes bis hin zur widersinnigen Anrufung des toten Gegenstandes, der selbst so kraftlos ist, dass er mit einem Nagel an der Wand befestigt werden musste. Die ausdrückliche Erwähnung solcher Details klärt über den gesamten Vorgang auf und lehnt ihn vehement ab; Parodie, Häme und Spott klingen dabei mit. Theologisch liegt nichts weniger als eine glatte

Verkehrung von Gen 1,26f. vor: Ein Mensch erschafft sich seinen Gott »nach Menschenbild«.

Fremde Götter werden hier in der Tradition alttestamentlicher Götzenpolemik als von Hand gemachte Götzenbilder vorgestellt, denen jegliche eigene Initiative, jegliche eigene Kraft und jegliches Leben fehlen. Mehr noch: Die Anhänger solcher Götzen vertauschen Leben und Tod – und betrügen sich dadurch zu ihrem eigenen Schaden selbst. Der Herstellungsprozess der Bilder wird so demaskierend geschildert, um damit die metaphysische Substanzlosigkeit und Nichtigkeit der Götzenbilder zu verdeutlichen. Wie selbstverständlich wird dabei eine Identität von Bild und Fremdgott bzw. »Götze« vorausgesetzt. Insofern beschränkt sich sein ganzes Sein auf das handwerklich Hergestellte. »Es ist nämlich nur ein Bild«[12].

3.1.3 Griechische Städte voller Götterbilder, Apg 17,16; 19,26

Der zutiefst heidnische Charakter der Götterbilder (εἴδωλα) wird in der Apostelgeschichte anhand von zwei zentralen Städten deutlich: Athen und Ephesus. Liegt in Apg 17 (Athen) der Akzent auf den vielen verschiedenen Götterbildern bis hin zum Altar für den »unbekannten Gott«, so geht es in Apg 19 (Ephesus) um eine Vielzahl von Darstellungen desselben Kultes. Gegen diese lautet der Einwand des Apostels (19,26): »Es sind keine Götter, die durch Menschenhände entstehen.«

Eine handwerklich gestaltete Gottheit ist zwar für ihn bloß ein Artefakt und kein Numinosum, für seine Umwelt aber ist es deutlich mehr als ein Artefakt (sonst würde seine Kritik nicht als gefährlich empfunden). Dieser enge Zusammenhang von Gottheit und Bild ist vorauszusetzen, möchte man Paulus' Entsetzen beim Anblick »zahlloser Götterbilder« in Athen verstehen.

3.2 PSYCHISCHE PRODUKTE, z. B. ANERKENNUNG IN KULTISCHEN AKTEN

Neben handwerklichen Produkten werden Götter auch als psychische Produkte des Menschen betrachtet. Häufig geschieht dies in Form einer Anerkennung in kultischen Akten. Als Beispiel für einen differenzierten Umgang mit Hilfe eines interaktiven Gewissen ist hier 1 Kor 8–10 zu nennen.[13]

3.2.1 Ablehnung von Kalenderfrömmigkeit und Götzenkult, Gal 4,10; 5,20

Zu erinnern ist freilich auch an die Warnung vor einer »Kalenderfrömmigkeit« in Gal 4,10 oder vor »Götzendienst« in Gal 5,20. Durch Verehrung, Liturgie, den Vollzug von Zeiten und Diensten entsteht ein Bewusstsein von der Bedeutung, Größe und Güte des Verehrten. Zugespitzt könnte man sagen: Durch Anerken-

---

[12]   Καὶ γάρ ἐστιν εἰκών, Weish 13,16.
[13]   Zu diesem Text s. den Vortrag von Frau Kollegin Holtz in derselben Fachgruppe.

nung in kultischen Akten wird aus einem Götzen ein Gott. Gewissermaßen in der Seele des Einzelnen geboren, können Götter somit als psychische Produkte des Menschen verstanden werden.

3.2.2 Verbot von Götzenopferfleisch, Apg 15,20.29; 21,25

Ein generelles Verbot von Götzenopferfleisch findet sich in Apostelgeschichte 15. Fremde Götter und ihre Bilder stellen in der Innenperspektive der Jerusalemer Beratungen eine »Verunreinigung durch Götzenbilder« dar. In der Kommunikation nach außen hingegen wird dieser Ausdruck durch »Götzenopferfleisch« ersetzt und konkretisiert. Εἰδωλόθυτα ist in der Septuaginta nur im Zusammenhang mit der heidnisch-hellenistischen Vergewaltigung durch Antiochus IV. belegt, dort parallelisiert mit dem Essen von Schweinefleisch.

Eine stillschweigende Akzeptanz fremder Götter ist für Juden- und Heidenchristen so vollkommen unmöglich, dass jeglicher Genuss von Götzenopferfleisch durch ein Tabu untersagt wird. Obwohl durch den beiläufigen Verzehr von Götzenopferfleisch Leben und Existenz dieser Götter mit keiner Silbe zugebilligt würden, würde das Essen dieses Fleisches eine kultische Kontamination verursachen, die für das Zusammenleben von Juden- und Heidenchristen in der Gemeinde unerträglich wäre. Fremde Götter werden daher durch eine Vermeidungsstrategie tabuisiert.

3.3 Fazit

Ein dritter Typ in der jüdischen und frühchristlichen Interpretation fremder Götter besteht darin, dass Götter als vom Menschen geschaffene Realitäten betrachtet werden. Sie werden von Menschen hervorgebracht und sind Produkte von Menschen. Zwei Spielarten sind dabei möglich: Einerseits handelt es sich um handwerklich-künstlerische Produkte aus verschiedenen Materialien. Andererseits können die Produkte als psychische Produkte auch gelebt, gedacht oder erlebt sein. Hier spielen Kult, Ethos und Erfahrung des Menschen eine entscheidende Rolle. Der Grundgedanke ist in beiden Fällen derselbe: Die Vorstellung fremder »Götter« ist von Menschen veranlasst und gemacht: als Kunstwerk, als Kultereignis, als Verhalten oder als Erlebnis.

4 Versuch einer Gesamtdeutung

4.1 Ausgangspunkt, Situation und theologische Herausforderung

1. Die Basis für jegliche Beschreibung und Bezeichnung »fremder Götter« in hellenistisch-jüdischen und frühchristlichen Texten ist das monotheistische Bekenntnis nach Dtn 6,4f. innerhalb eines monotheistischen Deutehorizontes oder Weltbilds. Dies bedeutet *a priori*, dass fremden Göttern, d.h. anderen Göttern als dem Gott Israels, keine Existenz, kein Existenzrecht und keine Existenz-

möglichkeit – geschweige denn irgendeine Wirksamkeit – zugebilligt werden konnte.

2. Gleichwohl waren Juden und Christen, da sie nicht auf einer Insel der Gleichgesinnten lebten, mit alternativen religiösen Erscheinungen, Ansprüchen und Begriffen im Alltag konfrontiert. Besonders das hellenistische Diasporajudentum und das Heidenchristentum waren herausgefordert zu einer gedanklichen und begrifflichen Bewältigung ihrer polytheistisch geprägten Umgebung. Sie standen vor der Aufgabe, eine monotheistische Lesart anderer religiöser Erscheinungen, Ansprüche und Begriffe zu entwickeln und diese hauptsächlich *ad intra* zu kommunizieren und zu plausibilisieren. Es bestand Erklärungsbedarf in Sachen fremder Religion.

3. Die Einordnung, Erklärung und »Verarbeitung« fremdreligiöser Erscheinungen, Ansprüche und Begriffe lief auf deren Abwertung und Diskreditierung hinaus. Sie erfolgte nicht nur auf der Basis alttestamentlich-monotheistischer Überzeugung, sondern folgte auch den Spuren alttestamentlicher Fremdgötter- und Götzenpolemik.[14] Aufklärung einerseits und Abgrenzung bis hin zur Verspottung andererseits waren dabei oft eng miteinander verbunden. Den literarischen Ausgangspunkt für das frühe Christentum bildeten die Septuaginta und jüdische Schriften aus hellenistisch-römischer Zeit.

4.2 AUFKLÄRUNG UND ABGRENZUNG – ODER: ERKLÄREN UND REGELN, ENTZAUBERN UND GRENZEN FESTSETZEN

4. Da fremden Göttern, d. h. anderen Göttern als dem Gott Israels, aus der Perspektive des hellenistischen Judentums und des frühen Christentums keinerlei Existenz oder Potenz zukommt, ist die Gesamtstrategie einerseits durch einen erklärenden, aufklärenden Ansatz gekennzeichnet. Potentielle Auswirkungen eines fremden Gottes werden beispielsweise als Widerspiegelungen menschlicher Aktionen erklärt. Die polytheistische Göttervielfalt wird dann auf menschliche Bedürfnisse, Wahrnehmungen und Erlebnisse zurückgeführt.

5. Komplementär dazu werden andererseits praktizierbare Anweisungen und Regelungen für den Alltag formuliert, die die Grenzen der Gemeinsamkeit aufzeigen. Dies betrifft besonders die Bereiche des Kultes und der Ethik. Im Schnittfeld beider Bereiche liegt die Angst vor kultischer Verunreinigung beim Essen. Herkunft und Art der Speisen, besonders des Fleisches, erwies sich daher als ein sensibler Bereich.

6. Aufklärung und Abgrenzung verfolgen dieselbe Absicht. Sie dienen dem Ziel, fremdreligiöse Erscheinungen und Ansprüche innerjüdisch bzw. innerchristlich einzuordnen, zu erklären und wo nötig auf Distanz zu halten.

---

[14]   S. dazu grundlegend *H. D. Preuß*, Verspottung fremder Religionen im Alten Testament, Stuttgart et al. 1971, passim.

4.3 RE-ATTRIBUIERUNG, ENTMYTHISIERUNG, TABUISIERUNG

7. Zur Entzauberung des polytheistischen Götterhimmels wurden hauptsächlich drei Strategien angewendet. Sie wurden hier als drei Typen der frühchristlichen Interpretation fremder Götter vorgestellt: (1) Götter als irrtümlich verabsolutierte Schöpfung, (2) Götter als dämonische Eigenwirklichkeit, Mächte und Geister und (3) Götter als vom Menschen geschaffene Realitäten. Schlagwortartig könnte man auch von einer (1) Vertauschungsthese, einer (2) Dämonenthese und einer (3) Fetischismusthese sprechen.

8. Betrachtet man die Wirkung dieser drei Strategien, dann fällt auf: Wo immer möglich, werden die fremdreligiösen Erscheinungen ihrer Fremdheit entkleidet und in bereits bekannte Bereiche des eigenen, monotheistischen Weltbilds integriert: entweder in den Bereich des *Menschen,* so in den Fällen von Projektion und Produktion von Gottheiten, oder in den Bereich *Gottes,* so in den Fällen von Unterordnung unter Christus und Integration in Christus.

9. Diese Integration in bereits bekannte Bereiche des eigenen, monotheistischen Weltbilds stellt eine Re-Attribuierung und zugleich eine Entmythisierung dar: Kräfte, Phänomene und Eigenschaften, die in der Umwelt einem fremden, heidnischen Gott zugeschrieben werden, werden nun entweder der Wirkung des einen Gottes unterstellt – beispielsweise bei der Austreibung und Vernichtung von Dämonen, Mächten oder Gewalten – oder in den Einflussbereich des Menschen zurückgeführt, etwa indem selbst hergestellte Gottesbilder oder das Mitgerissenwerden durch Affekte erklärt werden.

10. Durch die gezielte Re-Attribuierung von heidnisch-numinoser Transzendenz und ihren Wirkungen wird das polytheistische Weltbild vereinfacht, neu strukturiert und weithin entmythisiert. Ursprünglich fremdreligiöse Phänomene, Wirkungen und Erfahrungen werden in einen neuen Erzählzusammenhang gestellt, der im Wesentlichen zwei Akteure hat: den Gott Israels als Schöpfer des Weltganzen und den Menschen als *praecipuum membrum* innerhalb der Schöpfung. Eine jüdische oder frühchristliche Re-Attribuierung ist daher immer zugleich eine Entmythisierung des in der Umwelt fremdreligiös Attribuierten.

11. An zwei Stellen scheint eine Re-Attribuierung und Entmythisierung zumindest teilweise nicht zu gelingen: im Umgang mit Dämonen und im Umgang mit so genanntem Götzenopferfleisch. An diesen Stellen werden daher zumindest teilweise Tabuisierungen ausgesprochen. So werden manche Dämonen gebunden oder getötet, um eine weitere Begegnung mit ihnen und eine Fortsetzung ihrer schädigenden Wirkung auf Dauer zu unterbinden. In ähnlicher Weise wird Opferfleisch tabuisiert, um eine Belastung der Gewissen bereits im Voraus abzuwenden.

12. In beiden Fällen besteht massive Angst vor einer kultischen Kontamination (Verschmutzung), und sie regiert. In beiden Fällen ist die Furcht zu stark, als dass eine systemkonforme, d.h. in den Denkbahnen des Judentums oder Christentums vorgenommene Re-Attribuierung und Entmythisierung restlos –

sozusagen rückstandsfrei – gelingen könnte. Versuche in dieser Richtung gibt es zwar. Aber erst durch die Tabuisierung wird die Gefahr, die von Dämonen oder Opferfleisch ausgeht, für den eigenen religiösen Bereich zuverlässig abgewendet und gleichsam gebannt – freilich um den Preis einer Tabuisierung.

4.4 Die Fragen nach Selbstverständnis, Berechtigung und nach Intoleranz

13. Das in den jüdisch-hellenistischen und frühchristlichen Texten vorgenommene Verfahren der Re-Attribuierung, Entmythisierung und Tabuisierung von ursprünglich Fremdreligiösem erfasst sicher nicht das Selbstverständnis dieser fremdreligiösen Phänomene. Ebenso wenig beabsichtigt es eine systematische Entzauberung oder Auseinandersetzung, die von der Eigenintention heidnischer Kulte und Religiosität ausgeht oder sich zentral auf diese bezieht. Beides wird auch gar nicht versucht. Stattdessen werden in allen betrachteten Texten nur punktuelle Einordnungen vorgenommen, die in aller Regel anlassbezogen sind. Das Selbstverständnis einzelner polytheistischer Götter oder Kulte wird weder gesucht noch zu widerlegen versucht.

14. Dass der Versuch einer möglichst »objektiven« Erfassung oder Beschreibung des Fremdreligiösen unterbleibt, scheint aus heutiger Sicht die gesamte Auseinandersetzung mit ihm zu diskreditieren. Der Anspruch, eine fremde Religion in ihrer Eigenintention zu erfassen, wird jedoch in keinem Text formuliert. Auch wird die Einbettung in eine Theorie, die dem Selbstverständnis der eingeordneten Kulte bzw. Götter widerspricht, nicht einmal versuchsweise an irgendeiner Stelle kaschiert, geschweige denn reflektiert. In allen Texten ist vielmehr der Standpunkt einer klar positionierten Theologie erkennbar.

15. Wird dadurch die gesamte jüdisch-frühchristliche Auseinandersetzung mit fremden Kulten und »Göttern« fragwürdig und nach heutigen Maßstäben inakzeptabel? Nicht unbedingt. Denn gerade eine moderne Religionswissenschaft, die die Abwertung fremdreligiöser Erscheinungen durch eine Religion oft schroff als Intoleranz kritisiert, sollte dafür Verständnis haben – denn sie verfährt *mutatis mutandis* ebenso.

Was macht einen Gott zum Götzen?

Die paulinische Götzendienstvorstellung in 1 Kor 8 und 10 im Spannungsfeld von Realismus und Nominalismus

Gudrun Holtz

Was macht einen Gott zum Götzen, was zum Dämonen? Die Antwort, die Paulus in 1 Kor 8 und 10 auf diese Frage gibt, lautet kurz gesagt: seine Wirkungslosigkeit und das Bewusstsein des Menschen. Die Wirkungslosigkeit der Götter ist Teil der paulinischen Glaubensüberzeugung, die sich jüdischer Gotteserfahrung verdankt. Im Raum der paganen Gottesverehrung dagegen macht der Apostel ein dynamisches Element aus: Götzen werden gemacht. Sie haben ihren Ort im menschlichen Bewusstsein, das dem, wie es sich für jüdisch-christliches Denken darstellt, Wirkungslosen erst Realität verleiht.

Die beiden Antworten sind nicht wirklich neu, wenngleich sie in der neutestamentlichen Wissenschaft keineswegs Allgemeingut sind. Während die Deutung, dass die Götzen ihren primären Ort im Bewusstsein des Menschen haben, kontrovers diskutiert wird, hat sich mit Blick auf die Frage nach der Macht von Göttern, Götzen und Dämonen ein weitgehender Konsens herauskristallisiert. Diesem Konsens zufolge sind für Paulus zwei Tendenzen zu unterscheiden, die manche als Spannung oder gar Widerspruch deuten. So leugne der Apostel einerseits die Existenz dieser Entitäten, rechne aber andererseits mit ihrer relativen Mächtigkeit.[1] Demgegenüber soll im Folgenden die Einheitlichkeit des pau-

---

[1]   Diese Aussage bezieht sich auf 1 Kor 8,4–6 einerseits und 10,19f. andererseits. Vgl. u. a. *Chr. Wolff*, Der erste Brief des Paulus an die Korinther, Leipzig 1996 (ThHK 7), 171f.233, *W. Schrage*, Der erste Brief an die Korinther, Zürich u. a. 1991–2001 (EKK VII/1–4), hier: 2, 236ff.444, *M. Konradt*, Gericht und Gemeinde. Eine Studie zur Bedeutung und Funktion von Gerichtsaussagen im Rahmen der paulinischen Ekklesiologie und Ethik im 1 Thess und 1 Kor, Berlin / New York 2003 (BZNW 117), 388 mit Anm. 1022, *D. Newton*, Deity and Diet. The Dilemma of Sacrificial Food at Corinth, Sheffield 1998 (JSNT.SS 169), 351, *E.-M. Becker*, ΕΙΣ ΘΕΟΣ und 1 Kor 8. Zur frühchristlichen Entwicklung und Funktion des Monotheismus, in: *W. Popkes / R. Brucker (Hg.)*, Ein Gott und ein Herr. Zum Kontext des Monotheismus im Neuen Testament, Neukirchen-Vluyn 2004 (BThS 68), 65–99, hier: 81.85, *D. Gerber*, Der eine Gott und die sogenannten Götter – Die Exklusivität der κοινωνία mit dem Herrn (1 Kor 8,1–11,1), in: *E. Bons (Hg.)*, Der eine Gott und die fremden Kulte. Exklusive

linischen Götterverständnisses begründet und die Rolle des Bewusstseins als Faktor bei der Hervorbringung der Götzen mit Hilfe tannaitischen Materials neu bestimmt werden. Da die Götzenproblematik in 1 Kor 8 und 10 aufs engste mit der Götzenopferfleischthematik verbunden ist, werden die betreffenden Stellen ebenfalls berücksichtigt.

In einem ersten Schritt wird der paulinische Befund nachgezeichnet, bevor dann die Interpretation der Aussagen des Paulus im Licht der pharisäisch-rabbinischen Traditionsbildung vertieft wird. Schließlich soll seine Argumentation mit verschiedenen theoretischen Modellen ins Gespräch gebracht werden, die für ihn selbst und das zeitgenössische Material gegenwärtig in der Forschung diskutiert werden.

1 Gott, Götter, Götzen und Dämonen – der Befund in 1 Kor 8 und 10

Der Ausgangstext für unsere Fragestellung ist 1 Kor 8,4–6. Er formuliert die Grundposition des Paulus zur Götterfrage, die er in 8,7.10 und 10,19f. auch mit Blick auf das Götzenopferfleisch präzisieren wird.

Entscheidend für das paulinische Verständnis dessen, was Nicht-Gott und also den Bereich von Göttern, Götzen und Dämonen ausmacht, ist 1 Kor 8,4, wo der Apostel die ihm und den Korinthern gemeinsame Überzeugung formuliert: ὅτι οὐδὲν εἴδωλον ἐν κόσμῳ, καὶ ὅτι οὐδεὶς θεὸς εἰ μὴ εἷς. Strittig ist dabei v. a. die Deutung des ersten Satzteils, V. 4b. Die meisten Ausleger verstehen οὐδέν attributiv und übersetzen: »es gibt keinen Götzen in der Welt«. Begründet wird dies mit der Wortstellung[2] und der dazu parallelen Wendung: »es gibt keinen Gott außer dem einen«, in V. 4c.[3] Die Alternative zur attributiven Lektüre ist die prädikative, so dass zu übersetzen wäre: »ein Götze ist nichts

---

und inklusive Tendenzen in den biblischen Gottesvorstellungen, Neukirchen-Vluyn 2009 (BThS 102), 73–94, hier: 92f., *A.Lindemann*, Gott und die Götter. Paulus, Lukian von Samosata und der ›Brief an Diognet‹, in: *D.C.Bienert u.a. (Hg.)*, Paulus und die antike Welt. Beiträge zur zeit- und religionsgeschichtlichen Erforschung des paulinischen Christentums, Göttingen 2008 (FRLANT 222), 33–55, hier: 39f. (V. 5 »korrigiert« V. 4 [ebd., 39]), sowie *D.Zeller*, Der erste Brief an die Korinther, Göttingen 2010 (KEK 5), 288 Anm. 49. Auffälligerweise betonen einige dieser Autoren im Zusammenhang mit 1 Kor 10,22, dass es Pls hier nicht um die Macht der Dämonen gehe, sondern um die Eifersucht des Kyrios (o. ä.); vgl. *Wolff*, 234, *Schrage*, 2, 447, *Konradt*, 394, *A.Lindemann*, Der Erste Korintherbrief, Tübingen 2000 (HNT 9/I), 227.

[2]　　Vgl. *Wolff*, 171 mit Anm. 30.

[3]　　Vgl. ebd. sowie *G.Fee*, The First Epistle to the Corinthians, Grand Rapids (Mi) 1987, 371 Anm. 8, *Schrage*, 2, 236, *Lindemann*, Korintherbrief, 188, und *Zeller*, 288 Anm. 49.

in der Welt«.[4] Für diese Deutung sprechen v. a. inhaltliche Gründe, insbesondere die später noch im Einzelnen zu erhellende Rede von den ›sogenannten Göttern‹ in V. 5 sowie die wiederholt als Sachparallele herangezogene Stelle 1 Kor 10,19, wo Paulus die von ihm gestellte rhetorische Frage: »Was sage ich also? ... dass ein εἴδωλον etwas ist?«, implizit negativ beantwortet.[5] Doch auch wenn man οὐδέν attributiv liest, so legt V. 4c nahe, den Schwerpunkt von V. 4b nicht auf die Nicht-Existenz des Götzen zu legen, sondern, wie sogleich begründet werden soll, auf dessen grundsätzliche Andersartigkeit gegenüber dem ›einen‹ Gott:

In V. 4c ist θεός Gattungsbegriff, der doppelt bestimmt ist. Zunächst wird die Existenz eines jeden Gottes verneint, bevor die eine Ausnahme von dieser Regel konstatiert wird: Es gibt von der Gattung Gott genau ein Exemplar, nämlich den ›einen‹ Gott. Damit ist implizit gesagt, dass alles, was es im Bereich des Göttlichen sonst noch gibt, etwas kategorial anderes ist als θεός. Im Rahmen des Doppelsatzes V. 4b.c ist damit zugleich die Gott-Artigkeit des εἴδωλον bestritten.[6] Es ist Nicht-Gott. Dies gilt ebenso für jene Größen, die Paulus in V. 5 λεγόμενοι θεοί nennt. Dass es sie im Sinne des Apostels gibt, unterliegt angesichts der Parenthese V. 5b[7] keinem Zweifel.[8] Welche Art von Sein ihnen zukommt, tatsächliches oder nur vermeintliches, weil in der Subjektivität ihrer Verehrer begründetes Sein, bleibt offen.[9]

Die in V. 4 implizite kategoriale Differenz zwischen dem ›einen‹ Gott und allem, was Nicht-Gott ist, erfährt in V. 5 f. eine wichtige inhaltliche Füllung. Paulus

---

[4]   S. ähnlich *Fee*, 369.370 f., und *Gerber*, 92.

[5]   S. ähnlich *J. Woyke*, Götter, ›Götzen‹, Götterbilder. Aspekte einer paulinischen ›Theologie der Religionen‹, Berlin / New York 2005 (BZNW 132), 160 f. (ebd., 161 Anm. 16, mit weiterer Literatur).

[6]   Diese Auslegung bezieht sich auf die pln Gestalt der Wiedergabe seines Konsenses mit den Korinthern. V4b.c ist ursprünglich wohl ein Zitat aus dem Brief der Korinther an Pls; vgl. *Schrage*, 2, 221. S. aber u. a. *O. Hofius*, »Einer ist Gott – Einer ist Herr«. Erwägungen zu Struktur und Aussage des Bekenntnisses 1 Kor 8,6, in: *M. Evang u. a. (Hg.)*, Eschatologie und Schöpfung. FS E. Gräßer, Berlin / New York 1997 (BZNW 89), 95–108, hier: 100, der davon ausgeht, dass V. 4–6 insgesamt ein »Zitat aus dem Brief der Korinther« an den Apostel ist, während *Becker*, 76, zufolge »es sich *nicht* um ein korinthisches Zitat« handelt, Pls hier vielmehr »auf ein allgemein-christliches Wissen« rekurriert.

[7]   Vgl. *Fee*, 372.

[8]   Mag die durch καὶ γὰρ εἴπεϱ eingeleitete hypothetische Periode es noch offenlassen, ob Paulus die in ihr zum Ausdruck gebrachte Bedingung als wirklich und möglich oder doch eher als unmöglich oder unwahrscheinlich betrachtet, so schafft die anschließende Parenthese V. 5b: »wie es ja tatsächlich (ὥσπεϱ) viele Götter und viele Herren gibt«, Klarheit.

[9]   *Hofius*, 101, zufolge existieren sie im Sinne des Pls nicht »›an sich‹, d. h. nicht ... abgesehen und unabhängig von dem Menschen, der sie verehrt«.

bestimmt als Ort der λεγόμενοι θεοί Himmel und Erde und konkretisiert damit in biblischer Redeweise den in V. 4 als potentiellen Ort des Götzen bezeichneten Kosmos. Während die sogenannten Götter ihren Ort im Raum der Schöpfung haben und als solche Teil der Schöpfungswirklichkeit sind, ist der eine Gott der Schöpfer eben jener Wirklichkeit, deren Teil die Götterwelt ist.[10] Paulus bezieht den ›einen‹ Herrn, Jesus Christus, von vornherein als Schöpfungsmittler in die Schöpfertätigkeit des ›einen‹ Gottes und Vaters, der der Ursprung von allem ist, ein. Argumentativ gewinnt er im Blick auf unsere Fragestellung damit zweierlei:[11] Jesus Christus wird Teil der kategorialen Differenz zwischen dem ›einen‹ Gott und allem, was im Bereich des Göttlichen Nicht-Gott ist. Damit legt der Apostel zugleich die argumentative Grundlage für die strikte Alternative von Teilhabe am Tisch des Herrn und am Tisch der Dämonen, die er in Kap. 10 formulieren wird:[12] Weil es ›für uns‹ (ἡμῖν) nur den ›einen‹ Gott und Herrn gibt (8,6), ist das Mahl des Herrn schlechterdings exklusiv.

Was macht einen Gott zum Götzen? Eine erste Antwort auf der Grundlage von 1 Kor 8,4–6 lautet somit: Es ist die kategoriale Differenz zu dem ›einen‹ Gott, die sich im Gegensatz von Schöpfermacht und bloßer Zugehörigkeit zur Schöpfungswirklichkeit äußert und den Götzen als ein ›Nichts‹ enthüllt. Mit dieser Sicht der Dinge knüpft Paulus implizit an alttestamentlich-frühjüdische Götterpolemik an, für die die Schöpfermacht des jüdischen Gottes der Beweis für die Nichtigkeit der Götter der Völker ist, die ohnmächtig sind.[13]

Die vorgetragene Deutung vorausgesetzt, kann für 1 Kor 8,4–6 von einer Spannung oder doppelten Tendenz im paulinischen Verständnis von Göttern und Götzen keine Rede sein.[14] Diese sind auch hier, wie der Apostel in Gal 4,8f. sagen wird, ihrer »Natur nach keine … Götter«, sondern, wie es dort von den Elementen heißt, »schwach und armselig«.

Die zweite Antwort, die der Apostel auf die Frage gibt, was einen Gott zum Götzen macht, findet sich in 1 Kor 8,7.10, wo die abstrakten Reflexionen des

---

[10] *Woyke*, 194f. (und die Anm. 137 genannte Literatur), erkennt hier keinen spezifischen Bezug zur Schöpfertätigkeit Gottes, sondern sieht die Gesamtheit der göttlichen Wirkmacht beschrieben. S. aber *C. Zimmermann*, Die Namen des Vaters. Studien zu ausgewählten neutestamentlichen Gottesbezeichnungen vor ihrem frühjüdischen und paganen Sprachhorizont, Leiden/Boston 2007 (AJEC 69), 360–366.

[11] Mit Blick auf den unmittelbar folgenden Abschnitt dagegen bereitet die Erwähnung Jesu Christi die Aussage 8,11f. vor.

[12] Vgl. die Wiederaufnahme der εἷς-Terminologie in 10,17, wo das ›eine Brot‹ den Leib Christi repräsentiert. S. auch *J. F. M. Smit*, »About the Idol Offerings«. Rhetoric, Social Context and Theology of Paul's Discourse in First Corinthians 8:1–11:1, Leuven u. a. 2000 (CEBT 27), 78.

[13] Dazu s. u. 387.392.

[14] S. ähnlich *Hofius*, 101, sowie *Woyke*, 160 (mit weiterer Literatur ebd., Anm. 11).

Apostels über Gott und die Götter auf das eigentliche Thema des Zusammenhangs, den Verzehr von Götzenopferfleisch, zugespitzt werden. Während derjenige Teil der korinthischen Gemeinde, mit dem sich Paulus in Kap. 8-10 auseinandersetzt, aus der Einsicht heraus, dass es keinen Götzen in der Welt gibt, der dem ›einen‹ Gott in irgendeiner Weise vergleichbar wäre, folgert, dass es dann auch kein Götzenopferfleisch gibt, es sich bei dem im Tempelbezirk[15] angebotenen Fleisch also um gewöhnliches profanes Fleisch handelt,[16] zieht Paulus aus derselben Einsicht gänzlich andere Konsequenzen: Das Vorbild derer, die den Götzen entgöttert haben und in dieser Haltung im Tempel Opferfleisch verzehren, verleitet diejenigen, die diese Erkenntnis nicht haben, dazu, das im Tempel dargebotene Fleisch »als« Götzenopferfleisch zu essen (ὡς εἰδωλόθυτον; V. 7). Sie könnten es wie die Wissenden unter den Korinthern theoretisch auch als profanes Fleisch essen, tun es aber nicht. Zwei Gründe dafür scheinen durch: ihre Gewöhnung (συνήθεια) an den Götzen (V. 7) und ihr Bewusstsein (συνείδησις; V. 10).[17] Weil dieses durch langjährige Götterverehrung darauf ausgerichtet ist, mit dem Ort des Tempels den mit ihrer Konversion als Götzen erkannten Gott zu assoziieren, sehen sie in dem im Tempel dargereichten Fleisch

---

[15] »Εἰδωλεῖον hebt nicht notwendigerweise nur auf den heidnischen Tempel selber ab, sondern kann auch direkt angrenzende Anlagen bezeichnen [...]. Der gesamte Temenos, Tempelbezirk, ist gemeint, in dessen Zentrum die Tempelanlage liegt« (*P. Lampe*, Die dämonologischen Implikationen von I Korinther 8 und 10 vor dem Hintergrund paganer Zeugnisse, in: *A. Lange u. a. [Hg.]*, Die Dämonen. Demons, Tübingen 2003, 584-599, hier: 584 Anm. 1, im Anschluss an *Schrage*, 2, 263). Zu Kultorten und Kultpraxis in Korinth vgl. bes. *P. D. Gooch*, Dangerous Food. 1 Corinthians 8-10 in Its Context, Ontario 1993 (SCJud 5), 1-26, *J. Fotopoulos*, Food Offered to Idols in Roman Corinth. A Social-Rhetorical Reconsideration of 1 Corinthians 8:1-11:1, Tübingen 2003 (WUNT 2, 151), 49-157, und *ders.*, The Misunderstanding of Lerna Fountain at Corinth: Implications for Interpretations of the Corinthian Idol-Food Issue (1Cor 8:1-11:1), in: *Ders. (Hg.)*, The New Testament and Early Christian Literature in Greco-Roman Context, FS D. E. Aune, Leiden/Boston 2006, 37-50.

[16] Mit der Mehrzahl der neueren Ausleger wird davon ausgegangen, dass 1 Kor 8 und 10,14-22 den Verzehr von Götzenopferfleisch im Tempelbezirk als einheitliches Grundthema haben; vgl. dazu *G. Holtz*, Damit Gott sei alles in allem. Studien zum paulinischen und frühjüdischen Universalismus, Berlin 2007 (BZNW 149), 267 Anm. 307.

[17] Zu dieser Wiedergabe von συνείδησις vgl. *Fee*, 380 f., sowie *P. J. Tomson*, Paul and the Jewish Law: Halakha in the Letters of the Apostle to the Gentiles, Assen/Minneapolis 1990 (CRINT III/1), 208-216, der diese Deutung vor dem Hintergrund rabbinischer Quellen begründet hat. Tomsons Schwergewicht liegt auf ›Intention‹. M. E. ist jedoch für jede Stelle gesondert zu entscheiden, welcher Aspekt im Vordergrund steht, ›Intention‹, ›Bewusstsein‹ oder eine andere der unten, 398 mit Anm. 59, aufgeführten Facetten, die *Noam* und *Neusner* nennen. Zum Ganzen s. auch *P. Borgen*, ›Yes,‹ ›No,‹ ›How Far?‹. The Participation of Jews and Christians in Pagan Cults, in: *T. Engberg-Pedersen (Hg.)*, Paul in His Hellenistic Context, Minneapolis 1995, 30-59, hier: 48-54.

Götzenopferfleisch und essen es auch so (V. 7).[18] Paulus wiederholt diese Feststellung in V. 10, wo er nun aber statt von der »Gewöhnung« an den Götzen von
einem auf diesen ausgerichteten Bewusstsein spricht: Das Zutischeliegen der
Wissenden im Tempelbezirk bestimmt die Bewusstseinslage derer, die keine Erkenntnis haben, dahingehend, dass sie darin bestärkt werden, das dargebotene
Fleisch als Götzenopferfleisch zu essen.

Was einen Gott zum Götzen und Fleisch zum Götzenopferfleisch macht,
gründet nach 8,7.10 somit nicht in objektiven Tatsachen, sondern im Kopf des
Tempelbesuchers. Hier entscheidet sich, wie er εἴδωλον und εἰδωλόθυτον beurteilt: mit dem Bewusstsein dessen, der die Wirklichkeit des Götzen verneint,
oder mit dem Bewusstsein dessen, für den aufgrund seiner in Fleisch und Blut
übergegangenen Gewöhnung an den Gott dieser eine bleibende Realität ist.

In 1 Kor 10,19f. verbindet Paulus die beiden für Kap. 8 gegebenen Antworten auf die Frage, was einen Gott zum Götzen macht, in zwei knappen Sätzen. Mit der negativ zu beantwortenden Frage V. 19: »Was sage ich also? Dass
am Götzenopferfleisch etwas ›dran‹ ist oder dass am Götzen etwas ›dran‹ ist?«,[19]
bestätigt der Apostel seine Aussage über die Nichtigkeit des Götzen in Kap. 8.
Und ähnlich wie dort argumentiert er in V. 20a implizit mit dem Bewusstsein
derer, die im Tempel opfern. So sehr der Götze aus paulinischer Perspektive
zwar ein Nichts ist, so sehr gilt es wahrzunehmen, dass die heidnischen Kultteilnehmer das, was sie opfern, Dämonen opfern und nicht Gott. Ihre Intention beim Opfer ist auf die Dämonen gerichtet und eben nicht auf Gott.[20] Somit
ist festzuhalten, dass sich Paulus in 1 Kor 8,7.10 und 10,19f. mit Bezug auf
das Götzenopferfleisch einerseits und den Götzen andererseits ein und desselben Argumentes bedient: der im Bewusstsein des Menschen gründenden Intentio-
nalität. In ihrer Begegnung mit der Welt des Tempels ist die Intention der Schwachen unter den Heidenchristen ebenso wie die der Heiden auf den Götzen ausgerichtet.[21]

---

[18]   Vgl. *Wolff*, 181 mit Anm. 105, und *Lindemann*, Korintherbrief, 195.

[19]   Die Wiedergabe von τί ἐστιν mit »etwas ›dran‹ sein« orientiert sich an *F. Blass / A. De-
brunner / F. Rehkopf*, Grammatik des neutestamentlichen Griechisch, 16. Aufl., Göttingen
1984, §301₃, wonach das Pronomen indefinitum τις die Bedeutung »ein Besonderer« haben
kann. S. auch *Woyke*, 217, dem zufolge τί ἐστιν in 1 Kor 10,19 »die Konnotation ›von Bedeutung sein‹ und ›etwas vermögen, bewirken‹ trägt«.

[20]   S. bereits *Johannes Chrysostomos*, Homilie 24 zu 1 Kor 10,20: »For the intention
(σκοπός) of the sacrificers, and the person of the receivers, maketh the things set before
thee unclean« (zit. n. *P. Schaff [Hg.]*, Nicene and Post-Nicene Fathers, Vol. 12: Chrysostom:
Homilies on the Epistles of Paul to the Corinthians, 1889 (Ndr. Peabody [Mass.] 1994, 141)).
Die vorgeschlagene Deutung findet sich nicht unter den drei von *Woyke*, 217ff.235–240,
diskutierten Auslegungen. Sie stimmt mit *Woyke*, 216.254, aber darin überein, dass sie in
V. 19b.20a nicht mit einer Spannung im pln Götter- bzw. Götzenbild rechnet.

Da sich in der Forschung mit V. 20a ähnlich wie mit 1 Kor 8,4 f. die These verbindet, dass das hier vertretene Götterbild in Spannung zu V. 19 stehe, indem der Apostel den Dämonen eine relative Mächtigkeit zubillige, die er für den Götzen soeben verneint habe, bedarf V. 20a genauerer Betrachtung. Die skizzierte These erweist sich keineswegs als zwingend, sofern sich die Auslegung von der Stelle Dtn 32,17 leiten lässt, die Paulus hier mit großer Wahrscheinlichkeit im Blick hat. Der MT des Verses lautet in einer an *J. H. Tigay* angelehnten Übertragung: »Sie opferten Dämonen, die nicht Gott sind, Göttern, die sie nicht kannten« (יִזְבְּחוּ לַשֵּׁדִים לֹא אֱלֹהַ אֱלֹהִים לֹא יְדָעוּם). *Tigay* zufolge geht es in diesem Vers darum, die Götter herabzusetzen, die Israel verehrt. Behauptet werde nicht, dass Israel »nichtexistierende Wesen« verehre, »bloße Statuen«, sondern dass es nichtgöttliche Wesen verehre, die »wirklicher Macht« entbehrten, Dämonen im Sinne von Geistern, die keine Götter sind.[22] Israel verehre m. a. W. Wesenheiten, die unverdientermaßen Götter genannt würden, Pseudogötter, die sich dem Volk nicht als soteriologisch wirksam erwiesen hätten.[23] In den Worten von V. 12: »Der Herr allein leitete es (sc. sein Volk), kein fremder Gott war mit ihm«,[24] bzw. von V. 15, wo die Rettungsmacht Gottes um das Motiv seiner Schöpfermacht er-

---

[21] *Lampe*, 585, entnimmt 1 Kor 10,7.14–22, dass aus pln Perspektive nur die »direkte Partizipation an den heidnischen Schlachtopferhandlungen: die Idolatrie, das θύειν (das ebenfalls mit dem Verzehr von Geopfertem sich verband)« prinzipiell »mit der ἐξουσία (sc. der Starken) unvereinbar war«; s. auch *Becker*, 81. Dieser Deutung steht zum einen der Wortlaut von V. 20 entgegen, wo nicht von einer Opferbeteiligung der Starken die Rede ist, sondern in der 3. Person Plural von einem von der Ihr-Gruppe der Starken (V. 18.20) verschiedenen Personenkreis. Zum anderen ist das übergeordnete Thema des Abschnitts die Partizipation an Mählern der Gottheit, nicht das Opfer.

[22] *J. H. Tigay*, Deuteronomy ברדים, Philadelphia/Jerusalem 1996, 306. Ebd. weist dieser darauf hin, dass שֵׁד im Akkadischen »minor protective spirits« bezeichnet. Was Israel also verehre, seien »mere spirits«, keine Götter; s. auch Ps 106,36 ff.

[23] Vgl. *Tigay*, 306.

[24] *Tigay*, 433 f., betont im Anschluss an *Y. Kaufmann* und *W. F. Albright*, dass das Verständnis aller anderen Götter außer JHWH als unwirksamer Entitäten von den meisten Israeliten seit der Zeit Moses geteilt worden sei. Entsprechendes gilt für die praktischen Konsequenzen, die Israel daraus mit Blick auf die Bestimmung von Götzendienst zieht. So erläutert *J. Neusner*, A History of the Mishnaic Law of Damages. Part Four. Shebuot, Eduyot, Abodah Zarah, Abot, Horayot, Leiden 1985 (StJLA 35), 137, das Verhältnis des Mischna-Traktats Avoda Zara zur Schrift folgendermaßen: »Mishnah makes concrete and everyday the general conceptions of Scripture«. Genauer sei es ihre Aufgabe, »to supply rules and regulations to carry out the fundamental Scriptural commandments about the destruction of idols and all things having to do with idolatry. It follows that while our tractate deals with facts and relies upon suppositions which Scripture has not supplied, its basic viewpoint and the problem it seeks to solve in fact derive from the Mosaic code«.

gänzt wird: »Jeshurun … verließ den Gott, der ihn gemacht hatte (עָשָׂהוּ) und verachtete den Fels seiner Rettung (צוּר יְשֻׁעָתוֹ)«.[25]

Die LXX, auf die sich der paulinische Text bezieht, bietet einen leicht veränderten Text, ohne dass dadurch jedoch die Grundaussagen des MT in Frage gestellt würden. Der Text der LXX liest die Wendung לֹא אֱלֹהַ nicht als Apposition zu לַשֵּׁדִים sondern als Objekt zu יִזְבְּחוּ und übersetzt: »Sie opferten Dämonen und nicht Gott, Göttern die sie nicht kannten (ἔθυσαν δαιμονίοις καὶ οὐ θεῷ, θεοῖς, οἷς οὐκ ᾔδεισαν)«. Die Dämonen werden hier zwar nicht ausdrücklich als Nicht-Gott charakterisiert. Da sie aber als »Götter« bestimmt werden, die Israel »nicht kannte«, sind sie wie im MT vom Kontext her als wirklicher Macht entbehrend zu bestimmen. Um diesen grundsätzlichen Unterschied zwischen dem Gott Israels und den Göttern sprachlich auszudrücken, verwendet die LXX wiederholt den Begriff δαιμόνια als Synonym zu θεοί. Er besagt in Dtn 32 m. a. W. gerade nicht die relative Mächtigkeit der Götter-Dämonen, sondern ihre Machtlosigkeit.

Ähnlich ist die Mehrzahl der in der exegetischen Literatur zu 1 Kor 10,20 aufgeführten Parallelstellen zu beurteilen, die die Macht der Dämonen belegen sollen.[26] Stellvertretend sei auf Ps 95,4 f. LXX verwiesen, wo sich die Machtlosigkeit der Götter im Gegenüber zur alles übersteigenden Schöpfermacht des Gottes Israels im Begriff der δαιμόνια verdichtet: »Denn groß ist der Herr und gewaltig zu loben, furchterregend ist er über allen Göttern. Denn alle Götter der Völker sind δαιμόνια, der Herr aber hat die Himmel gemacht«.[27] Die sich in der Schöpfermacht manifestierende Unterschiedenheit von Gott und Göttern hat sich ähnlich in 1 Kor 8,5 f. gezeigt.[28] So spricht alles dafür, auch im Begriff

---

[25]   S. auch Dtn 32,18.

[26]   Bei den in diesem Zusammenhang meist aufgeführten Stellen handelt es sich um Jes 65,3.11 f. LXX; Ps 95,4 f. LXX; 105,37 LXX; Bar 4,7; Jub 1,11; 22,28; 1 Hen 99,7 f.; TestJud 23,1. Eine Auslegung dieser Stellen im Sinne der Mächtigkeit der Dämonen ist vom Textbefund her nicht gerechtfertigt. Dies hat *Woyke*, 225–232, hier: 233, in überzeugender Weise nachgewiesen. Zusammenfassend stellt er fest: »In den besprochenen alttestamentlichen, frühjüdischen und neutestamentlichen Götterkontexten […] geht es in der Regel darum, die Macht der heidnischen Götter auch und gerade durch ihre Benennung als Dämonen – und sei es zur Herausstellung ihrer widergöttlichen Natur – zu minimieren, nicht aber die Furcht vor ihnen zu kultivieren« (z. T. kurs.).

[27]   Im MT steht für δαιμόνια hier aber nicht wie in Dtn 32,17 שׁדים, sondern אלילים, was meist mit »Nichtse« wiedergegeben wird.

[28]   Zu weiteren Belegen für diese Motivverbindung – statt von δαιμόνια kann aber auch von Göttern bzw. Götzen die Rede sein – vgl. 1 Chr 16,26; Bar 4,7; Jes 44,9–20.21.24; Jer 10,8–12. S. auch *Platon*, Tim 40d, wo der Begriff der δαιμόνια ebenfalls in abwertendem Sinn gebraucht wird. Die δαιμόνια sind »die in Epik und Kult verehrten, olympischen Gottheiten […], welche als Produkte dichterischer Phantasien mit der Erschaffung des Kosmos und der Lebewesen auf jeden Fall nichts zu tun haben; hier konnotiert δαίμονες gegenüber

δαιμόνια in 10,20 eine Anspielung auf die Machtlosigkeit der Götter zu sehen und damit eine Bekräftigung der Aussage von V. 19b, dass am Götzen nichts ›dran‹ ist.[29]

2 WAS MACHT EINEN GOTT ZUM GÖTZEN: ZUM RABBINISCHEN BEFUND

Die beiden aufgezeigten Antworten, die Paulus in knappen Federstrichen auf die Frage gibt, was einen Gott zum Götzen macht, lassen sich insbesondere mit Hilfe frührabbinischer Traditionen deutlicher konturieren. Für die Frage nach dem Realitätsgehalt der Götter drängt sich insbesondere haggadisches Material aus den tannaitischen Midraschim auf, das sich teilweise durch die Targumim vertiefen lässt, während für das Bewusstsein als dem menschlichen Faktor, der darüber entscheidet, ob Götzendienst vorliegt, Mischna und Tosefta entscheidende Verstehenshinweise geben.

2.1 ZUR SUBSTANZLOSIGKEIT DER GÖTTER

Das stärkste Indiz dafür, dass das paulinische Götzenverständnis an einem frühjüdischen Traditionsstrom partizipiert, der v. a. in den nachneutestamentlichen hebräisch- und aramäischsprachigen Texten literarisch Niederschlag gefunden hat, hält die Auslegungsgeschichte zu der von Paulus zitierten, bereits ausführlich erörterten Stelle Dtn 32,17 bereit. In SifreDtn und den Targumim zur Stelle wird ein fester exegetischer Zusammenhang erkennbar, der erstmals in 1 Kor

---

θεοί eine *Depotenzierung*, nämlich die Bedeutungslosigkeit dieser Gottheiten für den Kosmos« (*Woyke*, 226 f.). Zu Belegen für die relative Mächtigkeit der Dämonen vgl. Ps 91,6 und Tob 6 sowie SifreDtn § 318 zu Dtn 32,17, wo sie aber gerade nicht im Zusammenhang mit der Frage nach Gott und seiner Schöpfermacht thematisiert wird.

[29]   Den exegetischen Konsens hat zuletzt *Lampe*, 587, formuliert: Pls »partizipiert am gemeinantiken, auch die jüdische Frömmigkeit prägenden Dämonenglauben: Wer am paganen Schlachtopfer am Altar teilnimmt, lässt sich auf die Machtsphäre von Dämonen ein (I Kor 10,14–22)«. *Lampe* verweist für die pln »Herabstufung der paganen ›sogenannten‹ Götter‹ ... auf die Ebene von real existierenden Dämonen« auf »genügend Parallelen« aus der hellenistischen Literatur. Diesem Befund steht aber zum einen der einfache Wortlaut von 1 Kor 10,20 in Verbindung mit 10,19, welchen Vers er allerdings nicht berücksichtigt, entgegen, zum anderen der atl.-jüdische Befund, auf den er sich ebd., 588 Anm. 20, dennoch beruft; dazu s. oben Anm. 28. Insgesamt denkt Pls in 1 Kor 10,14–22 sehr viel stärker an die Gemeinschaft der Gottes- bzw. Götterverehrer mit der jeweiligen Gottheit als an deren Machtsphäre. Dabei liegt der Akzent, wie Pls im Anschluss an 1 Kor 8,6 ausführt (s. o. S. 384 mit Anm. 12), auf dem exklusiven Anspruch des Gottes Jesu Christi auf die Glaubenden.

10,19–20 greifbar wird.[30] Kennzeichnend dafür ist die explizite Verbindung von Dtn 32,17 mit der Frage, ob an den Göttern tatsächlich etwas ›dran‹ ist, ob sie Substanz haben – eine Zuspitzung, die im biblischen Text fehlt.

So legt SifreDtn § 318 den Versteil: »Sie opferten Dämonen, die nicht Gott sind«, mit Blick auf ihre Wirkmacht in der Welt des Menschen folgendermaßen aus: »Wenn sie (sc. die Israeliten) die Sonne, den Mond, die Sterne, die Planeten oder andere Dinge, die für die Welt notwendig (צורך) und für die Welt nützlich (הניה) sind, verehrt hätten, dann hätte sich die Eifersucht (sc. Gottes) nicht verdoppelt. Aber sie verehren die Dinge, die ihnen weder etwas Gutes tun noch ihnen schaden«. Was die Israeliten demnach in Gestalt der Dämonen gottgleich verehren, ist das im Positiven wie im Negativen Wirkungslose. Es ist weder notwendig noch in irgendeiner Weise nützlich. In 1 Kor 10,19 f. begegnet dieser Gedankengang in umgekehrter Reihenfolge. Eine weitere Übereinstimmung mit 1 Kor 10 zeigt sich in dem Motiv der Eifersucht Gottes auf das in SifreDtn mit den Dämonen identifizierte Nutzlose. Dieses auf Dtn 32,21 zurückgehende Motiv findet sich in 1 Kor 10,22 und damit dem Schlussvers des mit 10,19 beginnenden Zusammenhangs. Es bezieht sich in V. 22 auf die mögliche Eifersucht Jesu Christi (παραζηλοῦμεν τὸν κύριον), der aber, wie gesehen, nach 8,4–6 das εἷς θεός entfaltet.[31]

Die These, dass 1 Kor 10,19 f. an einem festen, auf Dtn 32,17 basierenden exegetischen Zusammenhang partizipiert, lässt sich anhand der Targumim zu dieser Stelle weiter erhärten. Ähnlich wie SifreDtn und die im Folgenden erörterten tannaitischen Texte bestimmen die Targumim zu Dtn 32,17 die Götzen-Dämonen als das Nutzlose[32] bzw. als das, was keine Substanz oder Realität hat.[33]

---

[30]   G. Stemberger, Einleitung in Talmud und Midrasch, 9. vollst. neubearb. Aufl., München 2011, 302, stellt im Anschluss an I. Drazin fest: »Die frühe Wirkungsgeschichte von SifDev (oder zumindest seinem Material) zeigt sich in den Targumen zu Dtn«. – Mit Blick auf Paulus ist festzuhalten, dass der »haggadische Stoff der halakhischen Midraschim […] ganz allgemein viel stärker Gemeingut (ist) als die Halakha« (ebd.; aber s. u. 2.2.); dies erklärt dann auch seine Rezeption in den Targumim.

[31]   Zur Auslegungsgeschichte von Dtn 32,17 gehört ferner Bar 4,7, ein wohl aus dem 2. oder 1. Jh. v. Chr. stammender Text. Ihm fehlen allerdings die Merkmale, die seiner Interpretation durch Pls, SifreDtn und den Targumim gemeinsam sind.

[32]   Vgl. TargOnk zu Dtn 32,17: »Sie opferten Dämonen, die keinen Nutzen haben« (דבחו לשידין דלית בהון צרוך), sowie PsJon zu Dtn 32,17: »Sie opferten Götzen, die Dämonen vergleichbar sind, an denen nichts ist, was von Nutzen wäre« (ידבחון לטעוון דמתילין לשדים דלית בהון מידעם דצורך).

[33]   Vgl. TargNeof zu Dtn 32,17: »Sie opferten vor den Götzen der Dämonen, die keine Substanz haben« bzw. »die keine Realität haben« (דבחו קדם טעוות שדיה דלית בהון ממש). Zur Wiedergabe von ממש mit »Substanz« vgl. M. McNamara, Targum Neofiti 1: Deuteronomy, Edinburgh/Collegeville (Minn) 1997, 154 («in which there is no substance«), zur zweiten

Wenngleich nicht in der Form von Schriftauslegung und Schriftparaphrase, findet sich die Frage nach der Macht der Götter in ganz ähnlichem terminologischen und konzeptionellen Gewand innerhalb der rabbinischen Literatur auch in der Gattung des Streitgesprächs. Der aufschlussreichste Text verbindet sich mit der Person Rabban Gamliels, einem Enkel des mutmaßlichen Paulus-Lehrers Gamliel, und einem anonym bleibenden Philosophen.

Dieses in MekJ überlieferte Gespräch ist Teil der Auslegung zu Ex 20,5:[34] »Denn ich, der Herr, dein Gott, bin ein eifersüchtiger Gott«. Für den Philosophen lässt die Eifersucht des biblischen Gottes darauf schließen, dass diesem im Götzen ein Gleicher gegenübersteht. Er fragt darum, »ob beim Götzen etwa Macht liegt, so dass er Eifersucht gegen sich hervorrufen sollte (וכי יש כוח בעבודה זרה להתקנאות בה)?« Er begründet dies mit dem Erfahrungswert, dass ein großer Athlet nur auf einen anderen großen Athleten eifersüchtig sei, ein Weiser nur auf einen anderen Weisen und ein Reicher nur auf einen anderen Reichen. Darauf antwortet Rabban Gamliel mit einer rhetorischen Gegenfrage, die in Gestalt eines Gleichnisses verdeutlicht, dass die Eifersucht Gottes unmöglich einem Gleichrangigen gelten könne, sondern ausschließlich einem ihm unendlich Unterlegenen. Der Philosoph gibt sich aber noch nicht geschlagen und entgegnet: Am Götzen »ist doch teilweise (ein) Nutzen (יש למקצתה צורך)«. Als Gamliel ihn nach seinen Beweisen fragt (מה ראית), erzählt ihm der Philosoph von einem Brand, bei dem eine ganze Stadt mit Ausnahme des Götzentempels niedergebrannt sei. Wie Gamliel in seiner Replik mit Hilfe eines Gleichnisses verdeutlicht, beweist die Rettung des Tempels (והוצל בית עבודה זרה) aber nur, dass der Götze tot ist.[35]

Ähnlich wie in Dtn 32 und Sifre zeigt sich die Machtlosigkeit des Götzen auch hier an seiner soteriologischen Unwirksamkeit. Mit Blick auf 1 Kor 10,19 ist neben den Motiven der Ohnmacht des Götzen und der Eifersucht Gottes v. a.

---

mit »Realität« *A. Diez Macho*, MS Neophyti 1. V. Deuteronomio, Madrid 1978, 272: »que no tienen realidad«. S. auch *M. Jastrow*, A Dictionary of the Targumim, the Talmud Babli and Yerushalmi, and the Midrashic Literature, Israel o. J., 795, der ממש mit »[something tangible], substance; substantial, real« wiedergibt. *M. Tilly*, Die Targume – Zeugnisse der Rezeptionsgeschichte der Bibel im Judentum, Sacra Scripta 6 (2008), 7–19, hier: 16, verweist auf eine weitere Übereinstimmung zwischen der Interpretation eines Dtn-Textes (30,11–13) durch Pls (Röm 10,6–8) einerseits und TargNeof andererseits.

[34] Bachodesh 6 (= *H. S. Horovitz / I. A. Rabin*, Mechilta d'Rabbi Ismael, Frankfurt/M. 1931 [Ndr. Jerusalem 1970, 226, Z. 5–17, hier: Z. 5–12]). Eine Parallelüberlieferung ist die Baraita bAZ 54b. Die beiden Versionen unterscheiden sich allerdings in verschiedenen Details.

[35] Bei dem Vergleich handelt es sich um ein Königsgleichnis: Der Sachverhalt gleicht »einem König von Fleisch und Blut, der in den Krieg zieht. Mit wem wird er kämpfen? Mit den Lebenden oder mit den Toten? Er (sc. der Philosoph) antwortete ihm: Mit den Lebenden«. Es schließt sich ein weiterer Gesprächsgang an, in dem es wiederum um die Macht Gottes geht.

die sprachliche Gestalt der beiden Traditionen gemeinsamen Frage nach der Bedeutung des Götzen hervorzuheben. Der rhetorischen Frage des Paulus: φημὶ ... ὅτι εἴδωλόν τί ἐστιν, entspricht die Frage des Philosophen in MekJ: וכי יש בעבודה זרה כוח. Der Ausdruck בעבודה זרה bezeichnet meist einen Götzen oder eine nichtjüdische Gottheit[36] und entspricht damit exakt dem von Paulus verwendeten Begriff εἴδωλον. τί ἐστιν drückt in offener Form aus, was in MekJ mit וכי יש כוח (Macht) und צורך (Nutzen) bzw. in der Parallelüberlieferung im babylonischen Talmud mit ממש (Substanz) umschrieben wird.[37] Beide Traditionen verneinen, ob explizit oder implizit, dass am Götzen etwas ›dran‹ ist.

In MekJ finden sich zudem einige Überlieferungen, die die Wirkungslosigkeit der Götter der Völker mit der von Paulus in 1Kor 8,5 angedeuteten Frage nach den sogenannten Göttern verbindet. So heißt es in einer anonymen Auslegung zu Ex 15,11: »Wer ist wie du unter den Göttern, o Herr«, folgendermaßen: »Wer ist dir unter denen gleich, die die anderen Gottheiten nennen (שאחרים קוראין אותם אלוהות),[38] in denen (aber) keine Substanz ist (ואין בהם ממש) und von denen es heißt: ›Sie haben einen Mund, aber sie sprechen nicht usw.‹ (Ps 115,5). Sie haben einen Mund und sprechen nicht. Der aber, der sprach, und die Welt ward, ist nicht so (אבל מי שאמר והיה העולם אינו כן). Er sagt zwei Dinge in einer Aussage, was Fleisch und Blut zu sagen unmöglich ist«.[39]

Nach dieser Stelle zeichnet die von den Nichtjuden sogenannten Götter Substanzlosigkeit aus. Diese wird sichtbar im Vergleich mit ihrem Gegenteil, dem Gott Israels, der die Welt mit seinem machtvollen Wort ins Leben rief und weiterhin machtvoll redet. Die antithetische Struktur des Midrasch, die Erinnerung an die Schöpfermacht Gottes und der Hinweis auf die Wesenheiten, die ›Gott‹ genannt werden, ohne es zu sein, verbinden diesen Abschnitt mit 1 Kor 8,4–6. Allerdings spricht auch Philo an einer Stelle von den fälschlich sogenannten Göttern[40] im Gegensatz zu dem Einen, der in Wahrheit Gott ist. Insofern handelt es sich bei der Rede von den sogenannten Göttern vermutlich um eine gemeinjüdische Redeweise.[41]

---

[36] Vgl. *Jastrow*, 1036 s. v. עבודה, 5.

[37] bAZ 54b gebraucht statt צורך למקצתה יש die Wendung: והלא יש בה ממש.

[38] אלוהות ist der Plural von אלוה und bedeutet »deities, powers«; vgl. *Jastrow*, 67 s. v. אלוה.

[39] Shirata 8 (= *Horovitz/Rabin*, 143, Z. 2–6). Als Fortsetzung folgen drei Schriftzitate. Das gesamte Textmaterial zu Ex 15,11 ist anonym überliefert. Die Übersetzung folgt teilweise den im Apparat vermerkten MSS.

[40] ὁ μὲν ἀληθείᾳ θεὸς εἷς ἐστιν, οἱ δ' ἐν καταχρήσει λεγόμενοι πλείους (Somn 1,229). Vgl. *H. G. Liddell / R. Scott / H. S. Jones*, A Greek-English Lexicon. With a Supplement, 9. Aufl., Oxford 1968 (= *LSJ*), 921, s. v. καταχρηστικός: der Begriff beziehe sich auf »words and phrases« und ist mit »misused, misapplied« (kurs.) wiederzugeben.

[41] *Woyke*, 183, macht allerdings darauf aufmerksam, dass λεγόμενος »in der Regel einfach eine Konvention« bezeichnet, ohne dass damit die Berechtigung der mit diesem Attribut

Innerhalb der Literatur des antiken Judentums kommen somit die Targumim zu Dtn 32,17 und die exemplarisch herangezogenen Texte aus dem Midrasch den paulinischen Aussagen in 1 Kor 8 und 10 am nächsten und sind daher in besonderer Weise geeignet, diese inhaltlich zu konturieren. Sie bestätigen die vorgeschlagene Lektüre der erörterten Texte aus dem 1 Kor. Dies gilt in Sonderheit für die oben zurückgewiesene These zweier unterschiedlicher Gestalten des Götterverständnisses des Apostels. Für ihn gibt es den Götzen als eine dem machtvoll handelnden ›einen‹ Gott vergleichbare Größe nicht. Was es gibt, sind von anderen sogenannte Götter, deren zentrales Merkmal die Substanzlosigkeit im Sinne ihrer Macht- und Nutzlosigkeit ist.

2.2 Bewusstsein und Intention im Kontext des Götzendienstes

Im Zusammenhang der Auslegung von 1 Kor 10,19 f. hat sich gezeigt, dass der Apostel die Frage, ob am Götzenopferfleisch und am Götzen etwas ›dran‹ ist, unter Verweis auf die Intention bzw. das Bewusstsein der Opfernden beantwortet: Der Adressat ihrer Opfer sind die Götzen-Dämonen. Auf sie ist die Intention der Opfernden gerichtet und nicht auf den ›einen‹ Gott. Entsprechend argumentiert Paulus für das Götzenopferfleisch. Die Kategorie der Intention soll nun im Gespräch mit der mischnischen und der paulinischen Tradition vertieft werden.

Der wohl aussagekräftigste Text der Mischna zu der Frage, was einen Gott zum Götzen macht, ist das in mAZ 3,4 überlieferte Gespräch zwischen einem Philosophen namens Proklos und Rabban Gamliel, in dem Proklos sein Gegenüber mit dem Vorwurf konfrontiert, er begehe mit seinem Besuch des Bades der Göttin Aphrodite Götzendienst. Dass dieser Vorwurf unhaltbar ist, verdeutlicht Gamliel u. a. mit der nur als rhetorisch zu verstehenden Frage: »(Selbst) wenn man dir viel Geld gäbe, würdest du (da vielleicht) nackt oder durch Pollution (unrein geworden) in (den Tempel) deines Götzen gehen oder (würdest) vor ihm urinieren (אם נותנין לך ממון הרבה אי אתה נכנס לעבודה זרה שלך ערם ובעל קרי ומשתין בפניה)«?[42] Die Antwort auf diese Frage kann nur lauten: Nein! Selbstverständlich würde kein Verehrer einer Gottheit sie auf solche Weise desakrieren. Tatsache aber ist, wie Gamliel hinzufügt, dass eben dies im Bad von Akko geschieht, wo Aphrodite am Abflusskanal steht. Weil also die Statue der Göttin auch von den Heiden selbst nicht als Gottheit behandelt wird, kann, so die implizite Aussage, auch Gamliel das Bad betreten, ohne sich des Götzendienstes schuldig zu machen.

---

versehenen Entitäten in Zweifel gezogen würde. *Platon*, Leg 10,891e, und *Polybios*, Hist XXX,25,13 beziehen das Wort in dieser Weise auf die Götter.

[42] Zur Übersetzung vgl. *Neusner*, History, 172: »If someone gave you a lot of money, you would never walk into your temple of idolatry naked …«. Dabei bleibt aber die Fragepartikel אי unberücksichtigt; vgl. *Jastrow*, 43 s. v. I.II 2.

Das Gesagte wird abschließend in den allgemeinen Grundsatz gefasst:[43] »Es wird nur gesagt: ›ihre Götter‹ (Dtn 12,2). Das, was man als Gottheit behandelt, ist verboten, aber was man nicht als Gottheit behandelt, ist erlaubt«. Das Schriftzitat:»›ihre Götter‹«, spielt auf Dtn 12,2 an, wo es heißt:»Ihr sollt all die Stätten zerstören, wo die Nationen … ihren Göttern gedient haben …«. Im Bad von Akko dienen die Völker »ihren Göttern« nicht. Deshalb ist es Juden erlaubt. Entscheidend für sie ist m. a. W. die Intention,[44] mit der Heiden einer potentiellen Gottheit begegnen.

Entsprechendes gilt für 1 Kor 10,19 f. Weil die Intention der paganen Kultteilnehmer auf den Götzen geht und sie, so Paulus, »den Dämonen opfern und nicht Gott«, deshalb ist auch den Starken unter den Glaubenden der Verzehr von Götzenopferfleisch im kultisch definierten Raum eines Tempels verboten.

Deutlicher noch als in 1 Kor 10,19 f. zeigt sich die Bedeutung von Intention und menschlichem Bewusstsein für die Frage, was Christen im Kontext potentiell götzendienerischen Handelns erlaubt bzw. verboten ist, in 1 Kor 8,7.10 und 10,25–29. Dabei verdeutlichen weitere Zusammenhänge insbesondere aus der Tosefta, dass die paulinische Argumentation an halachischen Diskussionen partizipiert, die in den Werken späterer Generationen literarisch Niederschlag gefunden haben.

TAZ 3,11 stellt die Frage, ob Wein, der von Personen hergestellt worden ist, deren Konversion nicht vollgültig ist, für Juden erlaubt ist oder nicht, und beantwortet sie folgendermaßen: Der von Erwachsenen produzierte Wein ist verboten, der von Kindern dagegen erlaubt. Begründet wird diese Vorschrift mit dem in Sachen Götzendienst relevanten Unterschied zwischen Erwachsenen und Kindern. Als Erwachsener gilt »jeder, der sich an den Götzen erinnert und ihn in Erinnerung ruft und seine Diener (ואיזהו גדול] כל הזוכר ומזכיר עבודה זרה ומשמשיה)«.[45] Entscheidend sind hier keine objektiven Größen, wie etwa die

---

[43] Die Antwort Gamliels ist dreiteilig (vgl. *Neusner*, History, 172), deren erster Teil hier jedoch nicht besprochen wird. Wie aber *P. K. Kahati*, Mishnajot. Seder Nezikin. Bd. 2, Israel 1977 (hebr.), רסד, herausstellt, bezieht sich der Schluss auch auf den ersten Teil der Antwort zurück. Zur Interpretation der Erzählung als ganzer vgl. *S. Schwartz*, Gamliel in Aphrodite's Bath. Palestinian Judaism and Urban Culture in the Third and Fourth Centuries, in: *P. Schäfer (Hg.)*, The Talmud Yerushalmi and Graeco-Roman Culture, Bd. 1, Tübingen 1998 (TSAJ 71), 204–217, hier: 211–214.

[44] Hierbei, so *Neusner*, History, 169, handelt es sich um den »›philosophical‹ ground« von Verbotenem und Erlaubtem. *Ders.*, The Philosophical Mishnah, Volume Two. The Tractates' Agenda. From Abodah Zarah through Moed Qatan, Atlanta 1989 (BJS 164), 37, sieht die philosophische Dimension des Traktates Avoda Zara u. a. in der »(i)ntentionality« zum Ausdruck gebracht; dazu gehöre »resolving doubt by appeal to intentionality«.

[45] MS ב und ד ergänzen folgendermaßen: ואיזהו קטן כול שאינו מכיר ע"א

Herstellungsbedingungen des Weines, das Alter der fraglichen Konvertiten oder die Zahl der Jahre ihrer Zugehörigkeit zu einem jüdischen Besitzer, sondern ihr inneres Verhältnis zum Götzendienst. Erlaubt ist der Wein derer, die von der inneren Bindung an den Götzen ganz und gar frei sind und ihn bei der Herstellung des Weines weder assoziieren noch erwähnen.

Vergleichbar argumentiert der Apostel in 1 Kor 8 und 10. So sieht er in 8,7 die Gewöhnung des sog. Schwachen an den Götzen als Ursache dafür an, dass jener das Tempelfleisch als Götzenopferfleisch isst. Der Schwache ist vom Götzen innerlich nicht frei und urteilt entsprechend. Ähnlich ist 1 Kor 10,28 f. zu beurteilen, wo Paulus dem christlichen Gast eines heidnischen Gastgebers verbietet, das gereichte Fleisch zu verzehren, wenn dieser ihn während des Essens darauf aufmerksam macht (μηνύσαντα),[46] dass es sich dabei um Opferfleisch handelt. Paulus begründet dies ausdrücklich mit der συνείδησις als dem Bewusstsein des Gastgebers. Dieser assoziiert mit dem Fleisch die Welt des paganen Tempels und seiner Götter. Dem hat der christliche Gast Rechnung zu tragen. Demgegenüber darf er das Fleisch, das ihm ein Ungläubiger ohne weiteren Kommentar vorsetzt, essen, ohne, wie der Apostel unter Anwendung einer weiteren halachischen Kategorie feststellt, Nachforschungen wegen des Bewusstseins anzustellen (10,27).[47] Für ihn hat es in diesem Fall keinen Bezug zum Götzendienst, d. h. jedenfalls keinen im subjektiven Bewusstsein des heidnischen Gastgebers gründenden, auf das es ihm hier ankommt.[48] Die objektive Seite, nämlich die tatsächliche Herkunft des Fleisches, interessiert Paulus genauso wenig wie tAZ 3,11 die Umstände der Herstellung des Weines durch zweifelhafte Konvertiten.

Das von Juden bzw. Christen geforderte Verhalten orientiert sich in beiden Traditionen somit am Bewusstsein der heidnischen Seite. Maßstab ihres Verhaltens kann aber auch die lediglich anzunehmende Reaktion der auf Götzendienst

---

ומשמשיה [אלילים=]. עבודת אלילים. *Jastrow*, 399f. s. v. זכר, gibt die Qalform mit »to remember, mention« wieder, die Hifilform mit »to cause to be remembered, to recall«.

[46]   Vgl. zu dieser Wiedergabe *LSJ*, 1128 s. v. μηνύω: »*disclose what is secret, reveal:* generally, *make known, declare«.* μηνύω ist bei Pls Hapaxlegomenon. Das könnte darauf hindeuten, dass er den Begriff entweder hervorheben wollte oder er hier traditionelle Begrifflichkeit verwendet.

[47]   Vgl. dazu *Tomson*, 162.214; zur Kategorie selbst tAZ 1,6.21; 2,1; 4,11.13; 7,10f.17.

[48]   *Lampe*, 589, kommentiert 10,27 dahingehend, dass »Paulus [...] offensichtlich kein Problem damit (hatte), dass Christen bei einer solchen heidnisch-religiösen Zeremonie der Esskultur«, d. h. einem »paganen Dinner« in Privathäusern, zu dessen »Standard« eine Opferung »in Form der *Libation*« gehörte, »zugegen waren«. Warum Pls dann aber in V. 28 auf die bloße verbale Erwähnung der Tatsache hin, dass es sich bei dem vorgesetzten Fleisch um den Göttern geopfertes Fleisch handele, den Verzehr des Fleisches verbieten sollte, leuchtet nicht recht ein.

ausgerichteten Person auf ein Handeln dessen sein, der von götzendienerischen Ambitionen frei ist. Beispielhaft sei dies an tAZ 6,4 illustriert, wo es heißt:

»Derjenige, dessen Münzen in Richtung eines Götzentempels verstreut wurden, soll sich nicht vor ihm niederbeugen und sie aufheben, weil es (dann) aussieht, als ob er sich vor dem Götzen niederbeugen würde (מפני שנראה כשוחה לעבודה זרה). Er dreht ihm vielmehr seinen Rücken zu und sammelt (die Münzen) zusammen. An einem Ort (aber), an dem er nicht gesehen wird, ist es erlaubt (ובמקום שאינו נראה מותר)«, dass er sich mit seinem dem Götzen zugewandten Gesicht niederbeugt und sie aufliest. Das Kriterium, das für das Verhalten des Juden bestimmend ist, ist sein Gesehen-werden (נראה) durch den Heiden,[49] der das Niederbeugen des Juden als Verbeugung vor dem Götzen missverstehen könnte. Entsprechend heißt es in 1 Kor 8,10: Sähe der noch in der Gewohnheit an den Götzen befangene Christ seinen davon freien Mitchristen im Götzentempel zu Tische liegen (ἐὰν γάρ τις ἴδῃ σέ), würde er dessen Intention verkennen und würde in seiner eigenen, noch nicht überwundenen Ausrichtung auf den Götzen gestärkt. Halachisch relevant ist damit weder die Handlung selbst noch die Intention dessen, der sie tut, sondern die mutmaßliche Intention, die ein götzendienstaffiner Betrachter darin wahrnimmt.

3 Das paulinische Götzenverständnis im Horizont wissenschaftlicher Theoriebildung

An theoretischen Modellen zu der Frage, was einen Gott zum Götzen macht, sind für die neutestamentliche Wissenschaft v. a. zwei Deutungsrichtungen zu erwähnen. Die eine, u. a. von *C. Wolff* in seinem Kommentar zum 1. Kor vertretene, lässt sich auf den Begriff der Projektion bringen, sofern man darunter versteht, dass »die rel. Vorstellungen von Gott, Göttern und Dämonen Spiegelbilder und Produktionen des Menschen seien, die Rückwirkungen auf das Werten und Handeln des Menschen haben«.[50] Demgegenüber betont *W. Schrage* als Vertreter der anderen Richtung, dass dies »zu modern-aufgeklärt gedacht« sei[51] und die

---

[49]   Vgl. *Tomson*, 162, der נראה mit »›he is seen‹«, »›he creates the impression‹« wiedergibt. Zu dieser Begrifflichkeit vgl. neben tAZ 6,4 auch tAZ 1,5 f.; 6,5 f.

[50]   *C. Danz*, Art. Projektion, in: *H. D. Betz u. a. (Hg.)*, Religion in Geschichte und Gegenwart, Bd. 6, 4. Aufl., Tübingen 2003, 1684. So spricht *Wolff*, 172, von der Zuschreibung »göttlicher Qualitäten« an die Götter der heidnischen Kulte, »die sie nicht haben« und belegt dies, ebd. Anm. 35, mit einer Aussage von *H. Köster*: »›Götter, die erst durch menschliche Setzung Götter werden‹«. Ebd., 233, bezeichnet *Wolff* die Götter als »menschliche(n) Erfindungen«. S. ferner die von *Schrage*, 2, 239 Anm. 167, genannten Autoren.

[51]   *Schrage*, 2, 239 Anm. 167. Dass dies keineswegs zutrifft, zeigt nicht nur das untersuchte tannaitische Material, sondern auch der vorsokratische Philosoph Xenophanes von Kolo-

sogenannten Götter und Herren keineswegs »bloße Hirngespinste und Phantasieprodukte seien oder bloß im Bewußtsein der Verehrer existierten« und sie nicht »erst Götter durch die werden, die sie als solche ansehen und behandeln«.[52] Schrage selbst erkennt bei Paulus eine quasi-ontologische Position, wenn er den Göttern mit *L. I. Rückert* »ein Seyn, ein reales, objectives, nicht nur in der Vorstellung des Menschen begründetes« Sein zuschreibt.[53]

M. E. steht Paulus, wie die Ausführungen im Vorangehenden gezeigt haben, jenseits dieser Alternative. Er weist den Göttern zwar »Realität« zu. Der Frage aber, ob es sich dabei um eine tatsächliche Realität im Sinne *Schrages* oder eine vermeintliche im Sinne *Wolffs* handelt, gilt sein Interesse nicht, auch wenn es verschiedene Indizien dafür gibt, dass er in den Göttern wohl eher vermeintliche als tatsächliche Realitäten erkennt.[54]

Stattdessen verweisen die im Kontext des tannaitischen Materials erörterten Texte aus 1 Kor 8 und 10 auf ein im Bereich ›Philosophie der Halacha‹ entwi-

---

phon, von dem folgende Aussagen überliefert sind: »Homer und Hesiod haben den Göttern alles zugeschrieben, was bei den Menschen schändlich ist und getadelt wird: zu stehlen, die Ehe zu brechen und sich gegenseitig zu betrügen«. »Aber die Sterblichen meinen, die Götter seien geboren und hätten solche Kleider wie sie selbst, eine Stimme und einen Körper«. »Die Äthiopier sagen, ihre Götter seien stumpfnasig und schwarz, und die Thraker behaupten, die ihren hätten hellblaue Augen und rote Haare«. »Aber wenn Rinder und Pferde und Löwen Hände hätten oder mit ihren Händen Bildwerke vollenden könnten, wie das die Menschen tun, dann würden die Pferde die Göttergestalten den Pferden und die Rinder sie den Rindern ähnlich malen und sie würden die Statuen der Götter mit einem solchen Körper meißeln, wie sie ihn jeweils auch haben«; zit. nach *G. S. Kirk u. a.*, Die vorsokratischen Philosophen. Einführung, Texte und Kommentare, Stuttgart/Weimar 1994, 184 Nr. 166–169.

[52] *Schrage*, 2, 239.

[53] Ebd., 240 Anm. 168, bzw. in den eigenen Worten von *Schrage*: »ihre Existenz und Mächtigkeit« wird von Pls nicht »bestritten«. Quasiontologisch bezeichne ich diese Position, weil *Schrage* im Anschluss an *E. Gräßer* betont: »Gewiß werden hier nicht metaphysische oder ontologische Urteile gefällt« (a. a. O., 239).

[54] Darauf deutet in Verbindung mit den herangezogenen jüdischen Texten die Formulierung 1 Kor 10,19: »Was sage ich also? … dass am Götzen etwas ›dran‹ ist?«, ebenso wie die Rede von den sogenannten Göttern. Auch der atl.-jüdische Hintergrund spricht eher für die Projektionsthese. Der biblische Grundtext zum Götzendienst, die von Pls in 1 Kor 10,7 rezipierte Erzählung vom goldenen Kalb, zeigt den Projektionsvorgang in geradezu klassischer Weise (dazu vgl. *L. Feuerbach*, Das Wesen des Christentums, Stuttgart 1980, bes. 59–66): Die Rettungstat des Mannes Mose, von dem in Ex 32,1 das Volk sagt, er habe Israel aus dem Land Ägypten herausgeführt, wird von den Israeliten wenige Zeilen später auf das goldene Kalb übertragen: »Das sind deine Götter, Israel, die dich aus dem Land Ägypten heraufgeführt haben« (V. 4). Jahrhunderte später wird Jub 1,11 die Götzenbilder als »Werke … des Irrtums« der Israeliten bezeichnen und in Rezeption von Dtn 32 die von ihm verehrten Dämonen mit »jedem Werk des Irrtums ihres Herzens« umschreiben.

ckeltes Modell, das in der Forschung zur Qumran- und zur tannaitischen Halacha
zuletzt verstärkt rezipiert worden ist. Dieses Modell rechnet, bei Unterschieden
im Einzelnen, mit zwei gegensätzlichen Grundgestalten des halachischen Denkens, für die sich inzwischen ›Realismus‹ und ›Nominalismus‹ als metasprach-
liches Begriffspaar herauskristallisiert hat.[55] Beide halachischen Trends lassen
sich bereits für das letzte Jahrhundert des zweiten Tempels sicher nachweisen.[56]

Die realistische Tendenz der Halacha sieht das Gesetz auf der Ebene des
Seins, d. h. konkret in den natürlichen Ordnungen und ihren objektiven Gegebenheiten, verankert.[57] Demgegenüber spielt für die nominalistische Tendenz
der Faktor Mensch bei der Ausformulierung der Gebote eine zentrale Rolle.[58]
Diesen Faktor hat *V. Noam* v. a. mit folgenden Begriffen umschrieben: »›([die]
menschliche) Intention‹«, »›([das] menschliche) Denken‹«, »›Bewusstsein des
Menschen‹«.[59]

---

[55] Vgl. *Y. Silman*, Halakhic Determination of a Nominalistic and Realistic Nature: Legal
and Philosophical Considerations, Diné Yisrael 12 (1984/85), 249–266 (hebr.); *D. Schwartz*,
Law and Truth. On Qumran-Sadducean and Rabbinic Views of Law, in: *D. Dimant / U. Rap-
paport (Hg.)*, The Dead Sea Scrolls: Forty Years of Research, Leiden u. a. 1992 (STDJ 10),
229-240, hier: 231 u. ö.; *J. L. Rubenstein*, Nominalism and Realism in Qumranic and Rabbinic
Law: A Reassessment, DSD 6 (1999), 157-183; *V. Noam*, From Qumran to the Rabbinic Re-
volution. Conceptions of Impurity, Jerusalem 2010, 220–255 (hebr.). – Begriffsanalogien zu
Realismus und Nominalismus sind v. a. ›ontologisch‹ und ›deontologisch‹ (vgl. *Y. Silman*,
The Significance of the Relation between Intention and Behavior in Halakha, in: *A. Enker /
S. Deutsch [Hg.]*, Studies in Jewish Law and Halakha, Ramat Gan 1999, 263–277 [hebr.]);
›ontologisch‹ und ›normativ‹ (*Y. Silman*, Introduction to the Philosophical Analysis of the
Normative-Ontological Tension in the Halakha, Daat 31 [1993], V–XX); ›existential‹ und ›di-
rektiv‹ (*ders.*, Commandments and Transgressions: Matters of Obedience or Intrinsic Quality,
Diné Yisrael 16 [1991/1992], 183–201 [hebr.]); ›natural law‹ und ›positivism‹ (*Rubenstein*,
158 f. Anm. 5); ›in der Natur vorfindlich (בטבע)‹ und ›abstrakt‹ (*Noam*, 221).
[56] Vgl. mOhol 3,4 und dazu *Noam*, 250–253.
[57] Vgl. *Silman*, Significance, 263, *Rubenstein*, 159 f. Anm. 5, und *Noam*, 222.
[58] Vgl. *Noam*, 222. Es gibt weitere Definitionen und Zuspitzungen der beiden halachischen
Trends, die im hiesigen Zusammenhang aber wenig austragen.
[59] Vgl. ebd., 252-254 u. ö.: תודעת האדם (ה)מחשבה (האנושית); (ה)כוונה (האנושית) (o. ä.).
Ähnlich beschreibt *J. Neusner*, Judaism. The Evidence of the Mishnah, Atlanta 1988 (BJS
129), 282, den von *Noam* skizzierten Sachverhalt und verweist dazu auf drei Begriffe aus
der rabbinischen Tradition: »*kawwanah* (intention); *raṣṣon* (will or desire); the very common
word choice, *maḥshabah* (thought, attitude, or intention)«. In diesen Begriffen sieht *Neusner*
»references to diverse sides of a very large but single thing: mind and heart«. Die Relevanz
dieses Sachverhalts für das System der Mischna sieht er darin, dass »man's feelings and
powers to reflect bear power over the material world. This power [...] is what sustains the
entire structure and moves and motivates the working of the cogent system conceived by
the framers of the Mishnah. The single word, intention, thus is made, only for convenience's
sake, to cover multiple modes by which the human will comes to full expression and reaches

Realismus und Nominalismus charakterisieren gemeinsam die pharisäisch-rabbinische Halacha. Die realistischen Elemente stellen *Noam* zufolge die Grundprinzipien des halachischen Denkens bereit, die nominalistischen kreiieren die Ausnahmen, sind also so etwas wie »Fußnoten«, die die Grundprinzipien des realistischen Ansatzes ergänzen.[60]

Was *Noam* hier für die pharisäisch-tannaitische Halacha beschreibt, zeigt sich in ähnlicher Weise auch bei Paulus. Obwohl bei ihm der nominalistische Trend dominiert, bildet die realistische Tendenz den Ausgangspunkt. Sie zeigt sich in 1 Kor 8,7–10 und 10,19–22, wo der Tempel (εἰδωλεῖον) als objektive Tatsache der natürlichen Welt vorausgesetzt ist,[61] an dem Götzendienstqualität haftet. Dadurch ist das gesamte Geschehen dieses Ortes von vornherein als Götzendienst bestimmt, so dass damit auch das Tempelfleisch zwingend als Götzenopferfleisch anzusehen ist. Dem Ort des Götzen entspricht die Intention der paganen Kultteilnehmer und ähnlich der Schwachen unter den Heidenchristen: Sie ist auf den Götzen-Dämonen ausgerichtet und nicht auf Gott. Weil im Tempelbezirk aus paulinischer Perspektive somit alles von der Wirklichkeit des Götzendienstes durchdrungen ist, gibt es für Paulus hier keinen Interpretationsspielraum. Deshalb verbietet er auch den ›Starken‹ unter den Glaubenden den Verzehr des Tempelfleisches. Daran ändert sich für ihn auch dadurch nichts, dass sich die ›Starken‹ der Wirklichkeit dieses Ortes auf der Ebene ihres Bewusstseins entziehen zu können meinen.

Anders verhält es sich außerhalb des Tempels,[62] wo die Frage, ob Götzendienst vorliegt, nicht von vornherein entschieden ist.[63] Dieser Fall ist in 1 Kor 10,25–29 im Blick. In dieser offenen Situation argumentiert Paulus nominalistisch, was es ihm ermöglicht, Ausnahmen zu dem auf der Grundlage des Realis-

---

its richest range of power«. – Mit dem Faktor Mensch führt Pls einen subjektiven Faktor in die Gebote zum Götzendienst ein. Er unterscheidet sich von der für die Projektionsthese ebenfalls vorauszusetzenden subjektiv-individuellen Dimension v. a. dadurch, dass er nicht auf die Produktion des Götzen zielt, so dass ihm erst der Mensch zur Existenz verhelfen würde (vgl. *Feuerbach*, 60 ff.). Im Kontext des Nominalismus bezieht sich das subjektive Moment auf die menschliche Einstellung gegenüber bzw. sein inneres Verhältnis zu jener Größe, die als Gott bzw. Götze bezeichnet wird, und zwar unabhängig davon, ob sie tatsächlich oder nur vermeintlich existiert.

[60]   *Noam*, 247; s. auch *Rubenstein*, 183, sowie unten Anm. 63.

[61]   Mit *Fee*, 379 f., ist davon auszugehen, dass es in 1 Kor 8,7–10 nicht anders als in 10,19–22 um den Verzehr von den Götzen geopfertem Fleisch im Tempel geht und nicht um Fleisch, das auf dem Marktplatz erworben wurde; s. auch *Lampe*, 584 f.

[62]   Dazu s. auch *Lampe*, 595.597.

[63]   *H. Eilberg-Schwartz*, The Human Will in Judaism. The Mishnah's Philosophy of Intention, Atlanta 1986 (BJS 103), 115–122.142, stellt für die Mischna heraus, dass sie bes. dann mit Intention argumentiert, wenn es gelte, »(a)mbiguity« aufzulösen.

mus getroffenen absoluten Verbot von Götzenopferfleisch für den Raum des Tempels zu formulieren. Dabei unterscheidet er zwischen dem Bewusstsein seiner korinthischen Gesprächspartner und dem ihrer heidnischen Gastgeber. Weil die Intention der korinthischen Christen nicht auf den Götzen ausgerichtet ist, erlaubt er ihnen auf dem Markt erworbenes Fleisch zu essen. Für ihre heidnischen Gastgeber dagegen rechnet er mit der Möglichkeit sowohl der Intention zum Götzendienst als auch der Freiheit davon. Deshalb macht er für den christlichen Gast die Erlaubnis zum Verzehr des Fleisches vom Bewusstsein des paganen Gastgebers abhängig.

Die realistische Alternative zur paulinischen Position findet sich in mAZ 2,3, wo es heißt: »Fleisch, das zum Götzendienst hineingeht, ist erlaubt, aber was herauskommt, ist verboten, weil es wie ›Opfer für die Toten‹ (Ps 106,28) ist«. Diese R. Akiva zugeschriebene Halacha setzt im Sinne des realistischen Gesetzestrends voraus, dass das den Göttern geopferte Fleisch eine ontologisch andere Qualität hat[64] als profanes Fleisch und darum jeder Verzehr solchen Fleisches Götzendienst darstellt. Auch wenn auf den antiken Märkten nicht nur Tempelfleisch verkauft wurde,[65] führt Akivas Position in der Konsequenz zu einem grundsätzlichen Verbot, auf dem Markt erworbenes Fleisch zu essen, da nicht auszuschließen ist, dass es sich dabei um Götzenopferfleisch handeln könnte.

Die Anwendung unterschiedlicher halacha-philosophischer Prinzipien auf ein- und dieselbe Sachfrage durch Paulus und Akiva ist kein Einwand gegen die vorgeschlagene Deutung von 1 Kor 10,25–29, da sich eine vergleichbare Kontroverse auch innerrabbinisch findet, und zwar in tAZ 5,6, wo die Frage erörtert wird, wann ein Götze Juden verboten ist. Die Stelle konfrontiert das Schriftwort Dtn 7,25: »Die Bilder ihrer Götter sollt ihr im Feuer verbrennen«, mit dem Grundsatz Gamliels, dass das, was von Heiden als Gottheit behandelt wird, verboten ist, während das, was sie nicht als Gottheit behandeln, erlaubt ist. Der nomina-

---

[64] Die ontologisch neue Qualität des Götzenopferfleisches ist wohl am besten mit Äußerungen von *M. Silberg*, The Order of Holy Things as a Legal Entity, Sinai 52 (1962), 8–18 (hebr.), zu erklären, dem zufolge sich weder die molekulare Struktur noch die chemische Natur z. B. einer Frau ändert, wenn sie geschieden wird. Dennoch ändert der halachische Akt der Scheidung die Wirklichkeit in gewisser Weise, so dass »a woman who received a halakhic divorce was now ontologically different than she had been«. Entsprechend erhält ein dem Tempel geweihtes Tier einen neuen Status, nämlich den des הקדש, und zwar nicht »because it is now called ›sanctified‹ but because its reality now fundamentally differs from a profane animal with the status of חולין« (so in der Zusammenfassung von *Rubenstein*, 159 f.). S. auch *Silman*, Introduction, VI.IX, sowie *ders.*, Significance, 263.

[65] Vgl. *Gerber*, 78 f., im Anschluss an *D. A. Koch*, ›Alles, was ἐν μακέλλῳ verkauft wird, esst …‹. Die macella von Pompeji, Gerasa und Korinth und ihre Bedeutung für die Auslegung von 1Kor 10,25, ZNW 90 (1999), 194–219, hier: 213.

listisch begründete Ansatz Gamliels wird mit einem im Realismus gründenden Argument zurückgewiesen, das sich aus dem Satz: »Die Schrift sagt: ›Die Bilder ihrer Götter‹«, und der abschließenden Aussage ergibt: »Ob er (es) als Gott behandelt oder nicht als Gott behandelt, (es ist zum Gebrauch) verboten«.[66] Dem realistischen Gesetzestrend entsprechend haftet die Götzenqualität dem Bild irreversibel an. Nicht einmal ein Heide als potentieller Verehrer des Götterbildes kann dessen Status als Götze aufheben. Er liegt, so der anonyme Rabbine gegen Gamliel, im Bild selbst und nicht in der Intention, mit dem ein Nichtjude dem Bild begegnet.

So gehört die in diesem Text ausgetragene Kontroverse zwischen Realismus und Nominalismus zu den grundlegenden Formen des halachischen Diskurses, mit dem sich Paulus wohl vertraut zeigt.[67]

M. Konradt ist in seiner Studie »Gericht und Gemeinde« zu Recht zu dem Schluss gekommen, dass für den Apostel nicht anders als für das Judentum und das außerpaulinische Christentum Götzendienst ein Kardinalvergehen sei. *Einen* Unterschied »zum Standpunkt toratreuer Juden« aber hebt er hervor: Paulus folge der »korinthischen Aufklärung« so weit, dass »Götzenopferfleisch nicht schon an sich als problematisch beurteilt« werde, »sondern erst dessen Verzehr im Kontext der Verehrung von Götzen«.[68] Vor dem Hintergrund des Gesagten erscheint es mir plausibler, die Argumentation des Apostels von jüdisch-pharisäischen Voraussetzungen her zu erklären. Was *Konradt* dem Einfluss der »korinthischen Aufklärung« zuschreibt, ist nach dem Gesagten eher als Konsequenz einer Anwendung nominalistischer Prinzipien auf das Problem des Götzenopferfleisches zu interpretieren.

Der Vorteil dieser Deutung scheint mir darin zu liegen, dass für sie das menschliche Bewusstsein eine zentrale Kategorie ist, die auch Paulus selbst in seinen Aussagen zum Götzenopferfleisch verwendet und die auch im Hintergrund seiner Äußerungen zu Gott, Götzen und Dämonen in 1 Kor 10,19 f. steht.

---

[66] Deshalb kann kaum davon die Rede sein, dass mAZ 3,4 »articulates *the* meta-halakhic principles which underlie rabbinic legislation on Avodah Zarah *as a whole* in a way which highlights their contrast with the sort of rigoristic interpretation of the Pentateuch« (*Schwartz*, 210 [Hvb. G. H.]), so sehr der Text auch *ein* meta-halachisches Prinzip artikuliert, nämlich das nominalistische.

[67] Nominalismus und Realismus sind halacha-philosophische Prinzipien, die *Silman*, Introduction, VII, zufolge »in different and contradictory world views about G-d, man, and the world« verankert sind. Die Spannungen zwischen beiden Prinzipien in der Halacha resultieren aus der Unterschiedlichkeit der ihnen vorausliegenden Weltanschauungen. Insofern können diese auch außerhalb der Halacha in der Haggada thematisiert werden; vgl. Pesikta de-Rav Kahana, 4.7.

[68] *Konradt*, 401.

Die nominalistisch geprägte Argumentationsweise des Paulus kommt den Korinthern im Ergebnis zweifelsohne entgegen. Aus dem wenigen aber, was 1 Kor 8 und 10 zu entnehmen ist, unterscheidet sich das Denken beider fundamental. Ausgangspunkt der korinthischen Argumentation ist ein ontologisch begründetes Urteil: Weil es keinen Gott gibt außer dem ›einen‹, gibt es den Götzen auch nicht als Gott. Wenn es den Götzen in diesem Sinne nicht gibt, kann es, so die Schlussfolgerung der Korinther, auch keinen Götzendienst und damit auch kein Götzenopferfleisch geben. Und was es nicht gibt, kann auch nicht verboten sein. Daher sehen sie keinen Grund, auf die Teilnahme an Götzenopfermahlen zu verzichten.

Paulus verweigert sich dem ontologisch begründeten Diskurs der Korinther, weil er die praktischen Folgen ihrer Argumentation ablehnt, ohne jedoch seine Sympathie für ihre Position zum Sein Gottes und der Götter zu verhehlen. Er verlagert den Diskurs von der Ebene der Ontologie auf die Ebene des menschlichen Bewusstseins, für das die götterontologische Frage gänzlich irrelevant ist: Im Bewusstsein sowohl der Schwachen als auch der paganen Kultteilnehmer sind Götter, Götzen und Dämonen eine Realität, auf die die Intention beider Gruppen potentiell gerichtet ist. Bewusstsein und Intention wendet Paulus aber auch auf die praktische Seite der Götzenproblematik an und bestimmt mit diesen im Nominalismus verankerten Prinzipien, was Götzendienst ist und was nicht, und kommt dabei zu Lösungen, die den Korinthern in der Sache entgegenkommen. Demgegenüber hätte Pls die Korinther mit einer auf dem Realismus basierenden Argumentation kaum überzeugen können. Der realistische Trend bindet die halachischen Qualifizierungen, wie z. B. die Qualifizierung von Fleisch als Götzenopferfleisch, an Entitäten der gegenständlichen Welt, einen Göttertempel etwa. Plausibel ist dies nur für diejenigen, die mit der Existenz von Göttern rechnen, was für die Korinther aber nicht gilt. Denn wenn der Götze als Gott nicht existiert, kann auch Objekten keine Götzenqualität anhaften.

So gibt der Nominalismus Paulus die Prinzipien an die Hand, die es ihm erlauben, nicht nur die konkreten Einzelgebote zum Götzendienst zu formulieren, sondern auch die Argumentation der Korinther abzuweisen. Er verlässt mit den sich dem nominalistischen Gesetzestrend verdankenden Geboten von 1 Kor 10,25–29 somit keineswegs den »Standpunkt toratreuer Juden«, um der »korinthischen Aufklärung« zu folgen, sondern reflektiert auf den Wegen der pharisäisch-tannaitischen Tradition das alte Problem des Götzendienstes für den neuen Kontext der griechisch-römischen Welt mit theoretischen Prinzipien, die er sehr wohl zu Füßen Gamliels des Älteren gelernt haben könnte.

KIRCHENGESCHICHTE

Ζεὺς ὁ τῶν δαιμόνων ἡγούμενος
Götterkritik und Dämonologie bei Tatian

Jörg Trelenberg

Ist Tatianos, der aus Assyrien stammende Apologet und berühmte Verfasser des *Diatessaron*, ein Monotheist im strengen Sinne? Die Frage mag verwundern, denn die griechischen Apologeten des zweiten Jahrhunderts gelten geradezu als die Protagonisten des jüdisch-christlichen Monotheismus gegen den heidnischen Götterpluralismus im Römischen Reich.[1] Darin wird gemeinhin ihre Stärke gesehen, dass sie den exklusiven biblischen Gottesbegriff mit dem philosophischen Gedanken des Vorrangs des Einen vor dem Vielen verbinden, ihn eloquent und überzeugend zum Ausdruck bringen, dass sie an eine große philosophische Traditionslinie anknüpfen, die das monistische Prinzip und eine entsprechende Einheit des Kosmos betont.[2] Dieses ist doch ihr stärkstes Argument, dass der

---

[1]   Vgl. die bes. klare Darstellung bei *J. Lortz*, Das Christentum als Monotheismus in den Apologien des zweiten Jahrhunderts, in: *A. M. Königer (Hg.)*: Beiträge zur Geschichte des christlichen Altertums und der byzantinischen Literatur. Festgabe Albert Ehrhard zum 60. Geburtstag (14. März 1922), dargebracht von Freunden, Schülern und Verehrern (Bonn/Leipzig 1922), 301–327; vgl. insb. auch die profunde Analyse bei *W. Pannenberg,* Die Aufnahme des philosophischen Gottesbegriffs als dogmatisches Problem der frühchristlichen Theologie, in: Zeitschrift für Kirchengeschichte 70, 1959, 1–45; daneben aus neuerer Zeit: *P. Hofrichter,* Logoslehre und Gottesbild bei Apologeten, Modalisten und Gnostikern, in: *H.-J. Klauck (Hg.)*, Monotheismus und Christologie. Zur Gottesfrage im hellenistischen Judentum und Urchristentum, Freiburg/Basel/Wien 1992, 186–217; *R. M. Hübner,* Εἷς θεὸς Ἰησοῦς Χριστός. Zum christlichen Gottesglauben im 2. Jahrhundert – ein Versuch, in: Münchener theologische Zeitschrift 47, 1996, 325–344.

[2]   Vgl. *P. Hadot*, Eine (das), Einheit: Historisches Wörterbuch der Philosophie Bd. 2, Basel 1972, 361–367; *W. Beierwaltes,* Hen (ἕν): Reallexikon für Antike und Christentum Bd. 14, 1988, 445–472; *J. Halfwassen,* Einheit/Vielheit: RGG, 4. Aufl., Bd. 2, Tübingen 1999,

Glaube an den einen, einzigen, vollkommenen, transzendenten und über alles erhabenen Gott jeden Vorrang haben müsse gegenüber einer minderwertigen Vorstellung, die den Götterhimmel mit Gestalten angefüllt sieht, die nicht nur in ihrer äußeren Erscheinung anthropomorph, nicht nur in ihrem Wesen und Charakter defizitär erscheinen, sondern insbesondere in ihrer Vielzahl nur jeweils einen fraktionierten Wirkungs- und Zuständigkeitsbereich verwalten und ihre Herrschaft in ständigem Antagonismus kämpferisch sichern und verteidigen müssen. Die Apologeten treffen das religiöse Empfinden ihrer aufgeklärten Zeitgenossen, die sich innerlich längst von den Göttern einer naiven und antiquierten Volksfrömmigkeit getrennt haben und stattdessen einen eher abstrakten, hyperontischen Gottesbegriff bevorzugen. Die Apologeten rezipieren die mittelplatonische Spekulation über den einheitlichen Ursprung alles Seins.[3] Es ist ihre Leistung, eine populäre und zeitgemäße Henologie mit tradierter biblischer Schöpfungstheologie zu einer durchaus beeindruckenden Symbiose zu führen.

1. Die Beantwortung der Eingangsfrage erfordert einen Blick auf Tatians Kritik an den heidnischen Göttern:[4] Die mythisch-homerischen Götter sind bei Tatian bekanntlich Gegenstand seines beißenden Spottes. Dazu bedient er sich immer derselben Technik. Indem er bei seinen Lesern die detaillierte Kenntnis der griechischen Göttersagen voraussetzt, muss er eine solche nur kurz andeuten, manchmal auch nur einen skurrilen Einzelzug derselben nennen, um die gesamte Mythologie der Griechen der Lächerlichkeit preiszugeben.[5] In einem

---

1168–1170; *L. J. van den Brom*, Einheit / Einzigkeit / Einfachheit Gottes: RGG, 4. Aufl., Bd. 2, 1999, 1165; *K. Oehler*, Der höchste Punkt der antiken Philosophie: Einheit und Vielheit, in: *E. Scheibe / G. Süßmann (Hg.)*: Festschrift für Carl Friedrich v. Weizsäcker zum 60. Geburtstag, Göttingen 1973, 45–59; *W. Beierwaltes*, Denken des Einen. Studien zur neuplatonischen Philosophie und ihrer Wirkungsgeschichte, Frankfurt a. M. 1985; *ders.*, Einheit und Identität als Weg des Denkens, in: L'Uno e i Molti, a cura di V. Melchiorre, Mailand 1990, 3–23; *J. B. Metz*, Theologie versus Polymythie oder Apologie der Einfalt, in: *O. Marquard / P. Probst / F. J. Wetz (Hg.)*: Einheit und Vielheit, Hamburg 1990, 170–186; *J. Trelenberg*, Das Prinzip ›Einheit‹ beim frühen Augustinus (Beiträge zur historischen Theologie 125), Tübingen 2004.
[3]   Die Abhängigkeit Tatians von mittelplatonischen Prämissen hat insbesondere *M. Elze* in seiner wichtigen Monographie (Tatian und seine Theologie, Göttingen 1960) herausgearbeitet. Für Justin vgl. insb. *C. Andresen*, Justin und der mittlere Platonismus, in: ZNW 44, 1952/53, 157–195. Vgl. daneben *R. Hanig*, Tatian und Justin. Ein Vergleich, in: Vigiliae Christianae 53, 1999, 31–73.
[4]   Zum Folgenden ist zu vergleichen: *E. Norelli*, La critique au pluralisme grec dans le Discours aux Grecs de Tatian, in: *B. Pouderon / J. Doré (Hg.)*, Les apologistes chrétiens et la culture grecque (Théologie Historique 105, Paris 1998), 81–120.
[5]   *P. Lampe* (Die stadtrömischen Christen in den ersten beiden Jahrhunderten. Untersuchungen zur Sozialgeschichte, 2. Aufl., Tübingen 1989, 247) betont die typische Oberfläch-

eingeschobenen Summarium gelangt er zu dem Ergebnis: Was solle man nur von Göttern halten, die »heiraten, Knaben schänden, ehebrechen, lachen und zürnen, die Flucht ergreifen und verwundet werden«.[6]

Bereits an dieser Stelle werden die Grundrichtungen der tatianischen Mythologiekritik deutlich. So tadelt der Apologet die Unmoral der griechischen Götter, indem er insbesondere die allbekannten sexuellen Übergriffe und Eskapaden aufzählt, die bei den olympischen Göttern und Halbgöttern gleichsam an der Tagesordnung seien: Zeus habe mit seiner eigenen Tochter (Persephone) verkehrt und diese sei von ihm schwanger geworden.[7] Herakles habe in einer Nacht 50 Jungfrauen beschlafen und geschwängert.[8] Viele weitere Beispiele werden addiert. So sehr lebt und webt Tatian in der griechischen Sagenwelt, dass man nicht selten den Eindruck hat, als sehe Tatian den griechischen Pantheon als sehr lebendig und tatsächlich existent an. Selbstverständlich ist dies strategisch bedingt: Denn die tiefe Unmoral der Götter und Heroen zu tadeln, ist sehr viel effektvoller, wenn zumindest beim Leser kurzfristig die Illusion erzeugt wird, es handle sich um reale Gestalten.

Andererseits spottet Tatian über den naiven Anthropomorphismus in der griechischen Götterwelt, im Falle des Zeus über dessen Therio- und Phytomorphismus, wenn er sich der begehrten Jungfrau in Tier- oder gar in Pflanzengestalt nähert. Solche Vorstellungen von Gottheiten seien geradezu entwürdigend und blasphemisch![9] Tatian benutzt in diesem Zusammenhang die Wendung κατάληψις περὶ τοῦ θεοῦ (Vorstellung über das Göttliche) und insinuiert damit,

---

lichkeit der tatianischen Rhetorik, die ins Bild der Zeit, der sog. »Zweiten Sophistik« passe: »Tatians Vorliebe für Anekdoten, für Obskuritäten, seine Mythologumena ... all dies passt ins Bild vom damaligen Rhetor.« – »Tatian fügt sich bestens in das Bild ein, das wir von der Rhetorik des 1./2. Jh. n. Chr. besitzen – als einer Prunkberedsamkeit, die eine imponierende Breite von Bildungselementen auffährt, aber an der Oberfläche bleibt.« Vgl. konkret zu Tatians Mythologiekritik bereits A. Puech (Recherches sur le discours aux Grecs de Tatien suivie d'une traduction française avec notes, Paris 1903, 43): Tatian behandle das Thema »moins en vue d'une argumentation sérieuse qu'en vue d'effets oratoires faciles«. Vgl. aus neuerer Zeit L. Nasrallah, Mapping the World. Justin, Tatian, Lucian and the Second Sophistic, in: Harvard Theological Review 98, 2005, 283–314.

[6]   Or. 8,2. Die Zählung der Kapitel und Paragraphen richtet sich nach der im Druck befindlichen Ausgabe von J. Trelenberg (Tatianos. Oratio ad Graecos. Rede an die Griechen. Herausgegeben und neu übersetzt von Jörg Trelenberg, Beiträge zur Historischen Theologie 165, Tübingen 2012). Sie ist weitgehend mit der Zählung der Ausgabe von M. Marcovich (Tatiani oratio ad Graecos. Edited by Miroslav Marcovich, Patristische Texte und Studien 43, Berlin / New York 1995) identisch.

[7]   Or. 8,6.

[8]   Or. 21,3.

[9]   Or. 21,8.

dass die Sagenwelt der Griechen auch Fiktion sein könnte. An anderen Stellen spricht Tatian auch eindeutig davon, dass es sich um erdachte und erlogene Geschichten handle.[10] Man sieht bereits an dieser Stelle, dass Tatian die Frage nach Realität und Fiktion der heidnischen Götter im Sinne seiner apologetischen Technik in einem eigenartigen Schwebezustand belässt.

2. Tatian bringt bekanntlich in seiner *oratio ad Graecos* eine kleine Astrologie.[11] Auch hier ist der moderne Leser ratlos, welchen Grad der Realität Tatian dem Wirken der Götter zuspricht. Erstaunt nimmt man zur Kenntnis, dass der Zodiakos bei Tatian nicht etwa betrügerisches Menschenwerk sei, sondern dem Götterwillen entspringe: »Denn die Anordnung der Tierkreiszeichen ist ein Werk der Götter«.[12] Zwar kritisiert Tatian ausführlich die Ungereimtheiten der deutenden Sternenkunde: Wenn ein Delta am Himmel in seiner Dreiecksform als die Umrisse der Insel Sizilien gedeutet werde, so sei dies willkürlich. Wo befänden sich Sardinien und Zypern am Himmel? Wenn das Delta nach Meinung anderer für Zeus (= Dis) stehe, wo seien denn dann seine beiden Brüder Poseidon und Hades zu finden?[13] Tatians Kritik ist zwar amüsant zu lesen, letztlich bleibt sie aber an der Oberfläche.

Uneindeutig ist auch Tatians Kritik eines auf die Sterne bezogenen Fatalismus. Auf der einen Seite streitet er die Macht des himmlischen Schicksals ab.[14] Andererseits trifft er konkrete Aussagen, in denen die himmlischen Götter (die Planeten Sonne, Mond, Mars, Merkur, Jupiter, Venus, Saturn) für irdisches Schicksalsspiel durchaus verantwortlich seien: »Die sieben Planeten aber haben ihren Gefallen daran wie die Brettspieler an ihren Steinen.«[15] Tatian wehrt sich insgesamt halbherzig gegen die Schicksalsgläubigkeit. Der Astralismus wird mehr für die *eigene* Person abgelehnt als grundsätzlich bestritten: »Diese Wesen mögen ihr Schicksal behalten; ich will keine Planeten anbeten.«[16] Hier zieht Tatian seine individuelle Trennungslinie. Er ist Kind seiner Zeit und kann das durch göttliche Himmelskörper generierte Schicksal nicht gänzlich ausschließen. Aber als Christ entzieht er den himmlischen Wesen die Verehrung und begrenzt damit ihre Macht. Das Schicksal, die εἱμαρμένη, hat nicht mehr denselben Einfluss. Der Mensch unterliegt ihr nicht zwangsläufig, sondern kann sich durch autonome Willensentscheidung befreien. In einem schönen Wortspiel formuliert Tatian: »Wir stehen höher als das Schicksal und anstatt der dämonischen Irrsterne (ἀντὶ πλαντητῶν δαιμόνων) kennen wir nur den einen, nie irrenden Herrn

---

[10]   *Or.* 21,4; 22,7; 27,4; 31,6; 34,5 u. ö.

[11]   *Or.* 8–10.

[12]   *Or.* 9,2.

[13]   *Or.* 9,6.

[14]   *Or.* 9,3.7; 11,1.

[15]   *Or.* 9,2.

[16]   *Or.* 10,2.

(ἕνα τὸν ἀπλανῆ δεσπότην). So werden wir nicht vom Schicksal bestimmt und verwerfen die, die es zum Gesetz gemacht haben.«[17] Nicht nur die Göttergestalten auf dem mythischen Olymp, sondern auch die apotheosierten Sterne am Himmel behalten bei Tatian sichtbar einen Rest an Realität.

3. Um die Frage weiterzuverfolgen, muss ein Blick auf die Dämonenlehre Tatians geworfen werden: Tatians Dämonologie ist insofern konventionell, als auf die verbreitete jüdisch-christliche Vorstellung vom Engelssturz zurückgegriffen wird.[18] Bevor das himmlische Wort, der Logos, zum Schöpfer der Menschen geworden sei, habe er bereits die Engel geschaffen.[19] Beide Schöpfungsgattungen, sowohl die Menschen als auch die Engel, hätten die freie Selbstbestimmung, das sog. αὐτεξούσιον, erhalten.[20] Unter ihnen befand sich ein Engel, der wegen seiner Erstgeburt klüger war als die übrigen. Menschen wie Engel folgten ihm nach, obwohl er sich gegen das Gesetz Gottes aufgelehnt hatte. Schließlich erhoben sie ihn gar zu einem Gotte. Daraufhin schloss der Logos sowohl den Erzfrevler als auch seine Nachfolger aus der himmlischen Gemeinschaft aus. Sie wurden, wie Tatian sagt, vom Himmel herabgestürzt.[21] Der Erstgeborene, der πρωτόγονος, wie auch seine Nachfolger seien durch diesen Akt zu Dämonen geworden.

Die Doktrin der gefallenen Engel findet sich bekanntlich (andeutungsweise) im Neuen Testament, in christlichen Interpretationen alttestamentlicher Stellen und in der apokryphen Literatur. Darüber hinaus existiert bei den Apologeten, insbesondere bei Justin und später bei Tertullian, die Vorstellung, dass die heidnischen Götter ebenfalls Dämonen seien. Tatian formuliert unmissverständlich gegen den Polytheismus der Griechen: »Schwört den Dämonen ab und folgt dem einzigen Gott.«[22] Ähnlich wie Tertullian polemisiert er gegen die heidnischen Volksfeste, die »zur Ehre böser Dämonen gefeiert werden.«[23] Und er spricht namentlich von Zeus, Artemis und verschiedenen anderen Dämonen.[24]

---

[17] *Or.* 9,3.

[18] Zur Dämonologie Tatians vgl. insbesondere *H. Wey,* Die Funktion der bösen Geister bei den griechischen Apologeten des zweiten Jahrhunderts nach Christus, Winterthur 1957; *M. Elze* (wie Anm. 3), 100–103; *G. F. Hawthorne,* Tatian and his discourse to the Greeks, in: Harvard Theological Review 57, 1964, 161–188, hier: 174 f.; *E. F. Osborne,* Tatian's discourse to the Greeks. A literary analysis and essay in interpretation, Cincinnati 1969; hier: 128 f. 172–180; *R. M. Grant,* Greek Apologists of the Second Century, Philadelphia 1988, hier: 130 f.

[19] Vgl. *or.* 7 zur tatianischen Lehre von Schöpfung und Fall der Engel.

[20] Tatian übernimmt den Begriff von Justin: 2 *Apol.* 7(6),5; vgl. *Dial.* 88,5; 102,4.

[21] *Or.* 20,3.

[22] *Or.* 19,9.

[23] *Or.* 22,1. Siehe für Tertullian insbesondere seinen Traktat *De spectaculis,* passim.

[24] *Or.* 29,1; vgl. 40,1.

Insoweit ist Tatians Götterkritik und seine Dämonologie nicht exzeptionell. Doch Tatian geht über das Konventionelle hinaus, wenn er die beiden – ursprünglich getrennten – Vorstellungen vom Engelssturz und der Götterdämonisierung sehr konkret *verbindet*. Diese Verbindung wird über keinen Geringeren als den Göttervater selbst hergestellt. Unmittelbar nach der Schilderung der himmlischen Vertreibung des Erzfrevlers und seiner bösen Nachfolger, die zu Dämonen werden, nennt Tatian Zeus den »Anführer der Dämonen«, den ἡγούμενος τῶν δαιμόνων.[25] Damit aber wird Zeus in die christliche Schöpfungslehre hineingenommen und integriert. Er, Zeus, ist der gefallene erste Engel und der Erzfrevler, der am Anfang der Zeiten vom Logos geschaffen wurde, aber untreu wurde. Und die aktuellen heidnischen Götter sind diejenigen aufständischen Wesen, die durch die Macht des Wortes noch vor den Menschen in die Existenz gerufen wurden. Man muss sich diesen ungewöhnlichen Vorgang vergegenwärtigen: Der heidnische Polytheismus, der durch Tatian bekämpft wird, wird paradoxerweise in das eigene christliche Lehrgebäude integriert und damit in gewisser Weise bestätigt. Wieder sieht man, dass Tatian weit davon entfernt ist, die Existenz der olympischen Götter zu leugnen. Er hält sie für äußerst real. Man hat sich gefragt, warum Tatian keinen Euhemerismus lehrt. Dass die heidnischen Götter ursprünglich Menschen waren, die man bereits in alter Zeit in mythischer Überhöhung vergöttlicht hatte, ist ein beliebtes apologetisches Argument z. B. in Tertullians Apologeticum[26] und nachfolgend bei Minucius Felix.[27] Bei Tatian jedoch wäre ein Euhemerismus, auch wenn er apologetisch vorteilhaft wäre, insofern inkonsequent, als bei ihm der Ursprung von Zeus und seinen Konsorten eindeutig im Himmel liegt.

4. Warum hat Tatian als christlicher Apologet ein so großes Interesse an der Realexistenz der griechischen Götter? Tatian warnt sogar (wie paradox!) die Griechen selbst davor, ihre Götter abzuschaffen. Man solle die Götter doch nicht allegorisch deuten, wie es Metrodoros von Lampsakos beispielsweise als Epikureer getan habe.[28] Dieser habe die Götter in dem Sinne interpretiert, dass Hera, Zeus und Athene für grundlegende Naturkräfte stünden, für φύσεως ὑποστάσεις. Er habe auch die Ansicht vertreten, in der homerischen Dichtung tauchten sie wie die anderen Heroen lediglich aus Kompositionsgründen auf und es handle sich lediglich um literarisch-fiktive Gestalten. Von solchen Deutungen der Götter, seien es literarische, naturalistische oder allegorische, hält Tatian nichts. Er warnt die Griechen explizit vor solchen Gedankenexperimenten, vor dem Geist der (bekanntlich im 5. Jahrhundert einsetzenden) griechischen Aufklärung und

---

[25]   *Or.* 8,2.
[26]   *Apol.* 10 und 12.
[27]   *Oct.* 21,4.
[28]   *Or.* 21,6f.

stellt klar: »Wenn ihr dies zu tun versucht, ist eure Gottheit damit bereits beseitigt«[29].

5. Die Frage steht nach wie vor im Raum: Warum hat Tatian ein solches Interesse an der Lebendigkeit der griechischen Götter als reale, personale Existenzen? Eine Antwort ist schwierig, aber es steht zu vermuten, dass es taktisch-strategische Gründe sind. Tatians Apologie zeichnet sich dadurch aus, dass sie einen Generalangriff auf das Griechentum darstellt. Sie kritisiert und polemisiert, wo es nur möglich ist. Tatian liebt die Defensive nicht.[30] »Angriff ist die beste Verteidigung!«, so lautet die Parole seines Pamphlets.[31] In dieser Logik ist es zweifellos günstiger, den Göttern auf dem Olymp ihre Realität, ihre lebendige, anthropomorphe Gestalt zu lassen. Denn so kann Tatian a) den Anthropomorphismus selbst publikumswirksam verspotten und b) die in der Eigenschaft des allzu Menschlichen verübten Fehltritte insbesondere des Göttervaters genüsslich auswälzen. Erst dann erscheint die griechische Religion seinen Lesern als zugleich naiv, primitiv und moralisch depraviert, wenn er zumindest für einen kurzen Moment den Eindruck erweckt, alle Griechen glaubten tatsächlich – selbst noch im zweiten nachchristlichen Jahrhundert – an die Mythen der archaischen Zeit.

6. Als Resümee ist festzuhalten: Tatian versucht nicht wie viele andere frühchristliche Schriftsteller, den heidnischen Polytheismus dadurch zu bekämpfen, dass er dessen Götter für nichtexistent erklärt.[32] Er integriert vielmehr den paganen Götterpluralismus in das christliche Lehrsystem. Er identifiziert sehr konkret den Göttervater Zeus mit dem gefallenen Erzfrevler der jüdisch-christlichen Tradition und deklariert implizit, aber eindeutig die übrigen olympischen Götter als ehemalige Engel. Indem er die heidnischen Götter als Gefallene dämonisiert, degradiert er sie, nimmt ihnen ihren vormaligen Status als vollwertige Gottheiten, subordiniert sie dem christlichen Gottvater und seinem Logos, präsentiert gleichzeitig aber ein verschärftes dualistisches Konzept, indem er die Macht der insbesondere in der Materie wirksamen Dämonen stark betont, vor ihnen warnt und sie als äußerst vital beschreibt. Insgesamt baut Tatian in seiner *oratio* eine ausgeprägte Dämonophobie auf.

Ist Tatian nun ein Monotheist? Die Frage ist zu bejahen, denn sein Bekenntnis zum einen, allmächtigen Gott, dem alleinigen Ursprung und Schöpfer der

---

[29]   *Or.* 21,5.
[30]   Vgl. bereits *A. Puech*, discours (wie Anm. 5), 48: »Tatien n'aime pas la défensive«.
[31]   Treffend *W. L. Petersen* (Tatian the Assyrian, in: *A. Marjanen / P. Luomanen [Hg.]*: A Companion to Second-Century Christian »Heretics«, Leiden 2005, 125–158, hier: 135): »Tatian seems unable to modulate his tone. He is in ›attack mode‹ all the time.«
[32]   Vgl. z. B. Tertullian, *Apol.* 12,7 über die heidnischen Götter: *Possumus enim videri laedere eos, quos certi sumus omnino non esse? Quod non est, nihil ab ullo patitur, quia non est.*

Welt ist eindeutig.[33] Gleichzeitig lebt der antike Polytheismus in transformierter Gestalt bei ihm weiter. Man zögert, von einem Synkretismus zu sprechen. Aber es dringen unübersehbar pluralistische Elemente in den strengen Monotheismus ein.[34] Der christliche Gott erhält verstärkt Konkurrenz, gleichwohl keine gleichwertige. Will man die Theologie Tatians exakt beschreiben, so müsste man den Terminus der »Monolatrie« bemühen, die alleinige Verehrung eines Gottes bei gleichzeitiger Anerkennung von Untergöttern. Im Kontext der Trilogie »Gott, Götter, Götzen« kann man abschließend formulieren: Für Tatian existiert ein »Gott«, aber weiterhin viele »Götter«, die er zu »Götzen« degradiert.

---

[33]   Vgl. ebenso *A. Puech*, discours (wie Anm. 5), 54; *E. Preuschen*, Art. »Tatian«, in: Realenzyklopädie für protestantische Theologie und Kirche, 3. Auflage, Bd. 19, Leipzig 1907, 386–394, hier: 392; *J. Lortz*, Monotheismus (wie Anm. 1), passim; *M. Elze*, Tatian (wie Anm. 3), 63 u. ö.; *R. M. Grant*, The Early Christian Doctrine of God, Charlottesville 1966, 22; *J. Barbel*, Geschichte der frühchristlichen griechischen und lateinischen Literatur, Bd. 1, Aschaffenburg 1969, 67.

[34]   Bereits *F. Loofs* (Leitfaden zum Studium der Dogmengeschichte, hg. v. K. Aland, 7. Aufl., Tübingen 1968, §18, 1b) gelangt – unter besonderer Berücksichtigung Tatians, allerdings mit anderer Herleitung – zu einem ähnlichen Schluss: Der Monotheismus der Apologeten besitze »eine heidnisch-philosophische pluralistische Färbung«. Ihr Glaube an den *einen* Gott habe Merkmale einer »heidnisch-philosophischen Dehnbarkeit« (ibid. 5a).

»Gott ist gross, Gott ist gut«

Natürliche, philosophische und biblische Aspekte
der Gotteslehre Tertullians

Rolf Noormann

»Gott ist groß, Gott ist gut«, so bezeugt es nach einer berühmten Stelle in Tertullians Apologeticum die menschliche Seele von Natur aus.[1] Er kann dies mit Argumenten aus der philosophischen Tradition untermauern, und er ist überzeugt, dass auch das biblische Zeugnis damit übereinstimmt. Diese überraschende Konkordanz der Zeugen gehört zu den grundlegenden Anschauungen Tertullians und prägt seine apologetische Argumentation gegenüber unterschiedlichen Gegnern. Allerdings ist er zugleich der Auffassung, dass die christliche Wahrheit aller menschlichen Weisheit widerspricht: »Gott ist dann im höchsten Maße groß, wenn er dem Menschen (als) klein (erscheint), und dann im höchsten Maße der beste, wenn er dem Menschen (als) nicht-gut (erscheint), und dann im höchsten Maß einer, wenn er dem Menschen (als) zwei oder mehrere (erscheint)«.[2]

Das Nebeneinander so unterschiedlicher Aussagen und Erkenntnisquellen hat zu divergierenden Beurteilungen der Gotteslehre Tertullians geführt. Standen lange Zeit seine paradoxen Zuspitzungen im Mittelpunkt des Interesses,

---

[1] »Deus magnus, Deus bonus« … omnium uox est (apol. 17,5;24 f. *Dekkers*). *C. Becker (Hg.)*, Tertullian. Apologeticum. Verteidigung des Christentums, lat. u. dt., hg., übers. u. erl., 2., durchg. Aufl., München 1961, 250, hält die Lesart ›deus bonus et magnus‹ für die endgültige Fassung. *T. Georges*, Tertullian. ›Apologeticum‹, übers. u. erkl., Freiburg u. a. 2011 (KfA 11), 289, folgt *Dekkers*, übersetzt aber »›Großer Gott, guter Gott‹«. Vgl. dagegen Minucius Felix Oct. 18,11, wo die Formeln entsprechend ergänzt sind: »… dicunt et ›deus magnus est‹ et ›deus verus est‹ …« (16,3 *Kytzler*). – Die Schriften Tertullians werden, soweit nicht anders angegeben, nach der Ausgabe Quinti Septimi Florentis Tertulliani Opera, 2 Bde., Turnholt 1954 (CChr.SL 1–2), angeführt.

[2] »… Deus tunc maxime magnus, cum homini pusillus, et tunc maxime optimus, cum homini non bonus, et tunc maxime unus, cum homini duo aut plures« (Marc. 2,2,6;43–45 *Braun*). – *Adversus Marcionem* wird zitiert nach *R. Braun (Hg.)*, Tertullien. Contre Marcion, Tomes I–V (Livres I–V). Introd., texte crit., trad. et notes, Paris 1990–2004 (SC 365.368.399. 456.483).

die ihn als einen ausgemachten Anti-Rationalisten zu erweisen schienen,[3] so hat sich in jüngerer Vergangenheit eine nuanciertere Würdigung seiner Haltung zu Vernunft und Philosophie etabliert.[4] Auch das andere Extrem ist behauptet worden, wonach Tertullian eine radikal rationalistische, unbiblische Gotteslehre vertritt[5] oder als Gefangener seiner vorgeblich rationalen natürlichen Anschauungen erscheint.[6] Die große Bandbreite seiner Aussagen lädt zu gegensätzlichen Interpretationen geradezu ein; einseitigen Auflösungen gegenüber dürfte darum von vornherein Skepsis angebracht sein.

Aus Platzgründen können hier nur einige wenige Gesichtspunkte dieser ebenso komplexen wie lohnenden Thematik erörtert werden. Die folgenden Ausführungen konzentrieren sich zunächst auf einige grundlegende Aspekte des natürlichen Zeugnisses der Seele, bevor dann Tertullians Auseinandersetzung mit Marcion im Blick auf seine eigene Gotteslehre analysiert wird.

I Die Seele kennt Gott von Natur aus auch als Richter

Die natürliche Gotteserkenntnis ist für Tertullian die erste, allgemein zugängliche und, wie es scheint, grundlegende Erkenntnis Gottes:[7] »Wir bestimmen, dass Gott zuerst durch die Natur zu erkennen, danach durch die Lehre wiederzuerkennen ist, durch die Natur aus den Werken, durch die Lehre aus der Verkündigung«.[8] Natürliche Gotteserkenntnis wird ermöglicht zum einen durch

---

3   Vgl. *J.-C. Fredouille*, Tertullien et la conversion de la culture antique, Paris 1972 (Coll. EAug.SA 47), 301 f.

4   Vgl. bes. *Fredouille*, Tertullien, 301–357, und *E. Osborn*, Tertullian, First Theologian of the West, Cambridge 1997, 27–64.

5   Vgl. bes. *M. Spanneut*, Le stoïcisme des Pères de l'Église de Clément de Rome à Clément d'Alexandrie, Paris 1957 (PatSor 1), 282 f.293 f.

6   Vgl. *E. Norelli*, Marcion: ein christlicher Philosoph oder ein Christ gegen die Philosophie?, in: *G. May / K. Greschat (Hg.)*, Marcion und seine kirchengeschichtliche Wirkung. Marcion and His Impact on Church History, Berlin / New York 2002 (TU 150), 113–130, 115–117.126 f.

7   Vgl. *V. Naumann*, Das Problem des Bösen in Tertullians zweitem Buch gegen Marcion, ZKTh 58 (1934) 331–363.533–551, 326.

8   »Nos definimus Deum primo natura cognoscendum, dehinc doctrina recognoscendum, natura ex operibus, doctrina ex praedicationibus« (Marc. 1,18,2;9–11 *Braun*). Dieser Aussage entspricht die Abfolge der Gesichtspunkte in apol. 17–21: natürliche Gotteserkenntnis; vertiefte Gotteserkenntnis durch die alttestamentlichen Schriften; spezifisch christliche Gotteserkenntnis. Vgl. dazu *Georges*, ›Apologeticum‹, 280 f. *Spanneut*, Le stoïcisme, 286 f., betont m. R., dass die jeweils höhere Stufe die vorangehende zwar überbietet, aber nicht aufhebt.

die wahrnehmbaren Werke der Schöpfung – auch diese bezeugen vor allem die Größe und die Güte Gottes –[9], zum anderen durch das Zeugnis der Seele,[10] ein Motiv, das bekanntlich für Tertullian selbst ebenso wie für die Tertullianforschung eine besondere Faszination besitzt.[11] Die Seele bezeugt Tertullian zufolge von Natur aus nicht nur den *einen*, wahren Gott, sondern auch seine wesentlichen *Eigenschaften*.[12] Dass Gott groß und gut ist, ist, so Tertullian, »die Rede aller« (*omnium uox*).[13] Demgemäß betont er im Kontext seiner Argumentation gegen Marcion, das Bewusstsein aller (*omnium conscientia*) erkenne an, dass Gott das höchste Große, das *summum magnum*, sei,[14] und macht dies zur Grundlage seiner rationalen Auseinandersetzung mit der marcionitischen Gegenüberstellung zweier Götter. Ebenso kann er betonen, es genüge, dass Gott Gott genannt werde, damit er notwendigerweise auch als gut geglaubt werde.[15]

Neben seiner Größe und Güte erkennt die Seele Gott auch als Richter, wie Tertullian bereits im Apologeticum hervorhebt und in allen weiteren Ausführungen zu diesem Thema erwähnt:»Auch als *Richter* bezeugt sie ihn (indem sie sagt): ›Gott sieht es‹ und ›ich befehle es Gott an‹ und ›Gott möge es mir vergelten‹«.[16] In *De testimonio animae* 2,3–6 führt er diesen Aspekt breiter aus, da er sich mit Gegnern konfrontiert sieht, die zwar Gott selbst nicht leugnen, aber bestreiten, dass er ›Richter‹ ist, und ihm auch den Zorn absprechen, weil ein Gott,

---

[9] Vgl. apol. 17,1–3; Marc. 2,4,1–6 u. ö. und dazu *F. Chapot*, Virtus Veritatis. Langage et vérité dans l'œuvre de Tertullien, Paris 2009 (Coll. EAug.SA 186), 29 f.

[10] Vgl. apol. 17,4, wo die zweifache natürliche Gotteserkenntnis explizit thematisiert wird, ferner res. 2,7–3,6 und dazu *Spanneut*, Le stoïcisme, 277. Das Thema verdankt sich philosophischer Tradition; vgl. dazu *C. Tibiletti*, Un motivo del primo Aristotele in Tertulliano, VigChr 23 (1969) 21–29, der die Abhängigkeit Tertullians von Aristoteles De philosophia fr.12a nachzuweisen sucht, ferner *Osborn*, Tertullian, 77–83, *Chapot*, Virtus Veritatis, 29 f., sowie *K. Gronau*, Das Theodizeeproblem in der altchristlichen Auffassung, Tübingen 1922, 20 f. mit Anm. 4.

[11] Zu diesem vieldiskutierten Thema vgl. zuletzt *Chapot*, Virtus Veritatis, 30–34.

[12] Vgl. apol. 17,4–6; Marc. 1,10,2 f.; res. 3,1–6; an. 41,3; carn. 12,5 und test. passim, bes. 2,1–7.

[13] Apol. 17,5, zitiert oben Anm. 1.

[14] »... id definio, quod et omnium conscientia agnoscet: Deum summum esse magnum ...« (Marc. 1,3,2;9 f. *Braun*). Vgl. dazu auch Marc. 2,2,3–6 sowie apol. 17,2 f.

[15] »Deum interim sufficit dici, ut necesse sit bonum credi« (Scorp. 5,1;5 f. *Azzali Bernardelli*); vgl. Scorp. 5,2;10 f. Weitere Belege sind zusammengestellt bei *R. Braun*, Deus christianorum. Recherches sur le vocabulaire doctrinal de Tertullien, 2., rev. u. erw. Aufl., Paris 1977 (Coll. EAug.SA 70), 123–126. Zu philosophischen Hintergründen der These der notwendigen *bonitas* Gottes vgl. *Norelli*, Marcion, 113 f. – Tertullians Schrift Scorpiace wird zitiert nach *G. Azzali Bernardelli (Hg.)*, Tertulliano. Scorpiace, Firenze 1990 (BPat14).

[16] »Iudicem quoque contestatur illum: ›Deus uidet‹ et ›Deo commendo‹ et ›Deus mihi reddet‹« (apol. 17,6;25–27 *Dekkers*). Vgl. ferner die in Anm. 12 genannten Belegstellen.

der zürne, der Vergänglichkeit und Leidenschaft unterworfen und damit dem Untergang ausgesetzt sei. Die Formulierung Tertullians könnte an Epikureer denken lassen; Übereinstimmungen mit Marc. 2,16,3 zeigen aber, dass es Marcioniten sind, die er im Blick hat.[17] Tertullian hält auch hier das Zeugnis der Seele für schlagend. Grundlegend für seine Argumentation ist die Vorstellung einer natürlichen Gottesfurcht der Seele (*naturalis timor animae in deum*), die er als gegeben voraussetzt.[18] Zur Begründung verweist er darauf, dass die Seele einen Gott, den sie sich lieber gnädig gesinnt als erzürnt wünsche,[19] offenbar fürchte. Grund zur Furcht gibt es jedoch nur, so Tertullian, wenn Gott überhaupt an etwas Anstoß nehmen bzw. zürnen kann. Wenn dies allerdings der Fall ist – und davon ist er überzeugt –, entsteht sofort ein notwendiger Zusammenhang zwischen Anstoßnehmen, Zorn, Strafverhängung, Gericht und Macht. Weil der Seele dies alles bewusst ist, stehen ihr die oben erwähnten Aussprüche zu Gebote. Die Schlussfolgerung Tertullians basiert auf einer für seine Argumentationsweise charakteristischen gradatio, die von der Gottesfurcht über mehrere Zwischenglieder zum göttlichen Gericht führt – ein rhetorisches Mittel, das er wiederholt im Sinne eines logischen Kettenschlusses verwendet.[20] Dass Gott als Inhaber der *summa potestas* das Richteramt zukommt, entspricht römischen Vorstellungen.[21] Tertullian deutet an, dass dieser Zusammenhang für ihn selbst

---

[17]   Vgl. *C. Tibiletti (Hg.)*, Tertulliano. La testimonianza dell'anima, Firenze 1984 (BPat 1), 100–102, und *ders. (Hg.)*, Q. S. F. Tertulliani De testimonio animae. Introd., testo et comm., Torino 1959, 165–168. Die Übereinstimmungen zwischen test. 2,3 und Marc. 2,16,3 zeigen *Tibiletti* zufolge »ancora una volta … il fondamento della tesi che in *Apol.* e *Test. animae* Tertulliano anticipi temi antiereticali destinati a più ampio sviluppo in opere specifiche successive« (La testimonianza, 102).

[18]   Test 2,5;35 *Willems*. Für *M. Pohlenz*, Vom Zorne Gottes. Eine Studie über den Einfluß der griechischen Philosophie auf das alte Christentum, Göttingen 1909 (FRLANT 12), 27, ist »die in der Seele wurzelnde natürliche Furcht vor Gott« der »positive(n) Gegenbeweis« für den Zorn und das Gericht Gottes. Vgl. auch *Tibiletti*, De testimonio, 120: »il timore che l'anima ha di Dio scaturisce dalla natura dell'anima stessa, è parte della sua testimonianza, e dimostra che Dio si adira. Se Dio non si adirasse, resterebbe senza spiegazione tale timore; il che non può essere, trattandosi di voce della natura e quindi di Dio«. Vgl. ferner virg. 1,7; praesc. 43,5; nat. 2,2,4; Scap. 2,1. – Zum philologisch schwierigen Zusammenhang vgl. *Tibiletti*, ebd. Er liest in test. 2,4 et tantum postremo adauctorem und interpretiert dies folgendermaßen: »l'anima teme Dio non solo come suo creatore (*dator*), ma sopratutto come suo giudice e remuneratore (*adauctor*). ADAUCTOR lett. = ›accrescitore‹; cioè remuneratore«.

[19]   Hier klingt ein grundlegender Aspekt römischer Religiosität an; vgl. *A. Wlosok*, Römischer Religions- und Gottesbegriff in heidnischer und christlicher Zeit, AuA 16 (1970) 39–53, 41.

[20]   Zur rhetorischen Figur der gradatio vgl. Rhet. Her. 4,34, Quintilian inst. 9,3,54–57 sowie *H. Lausberg*, Handbuch der literarischen Rhetorik. Eine Grundlegung der Literaturwissenschaft, 3. Aufl., Stuttgart 1990, § 623 f.

auch existenzielle Bedeutung hat. Er zählt sich zu denen, die sich »aus Furcht vor dem angekündigten Gericht« der christlichen Lehre und Lebensweise anschließen.[22]

Mit seiner These von der natürlichen Gotteserkenntnis der Seele knüpft Tertullian an die bekannte stoische Tradition von den sensus communes, den ›Allgemeinvorstellungen‹, an. Es ist die »Rede« bzw. das »Bewusstsein *aller*«, auf die er sich hier beruft. Das entspricht der philosophischen Tradition, wonach der consensus omnium gleichbedeutend ist mit der »Stimme der Natur«.[23] Im Hintergrund steht die stoische Lehre von den προλήψεις, die, so Carlo *Tibiletti*, in der Kaiserzeit praktisch mit den κοιναὶ ἔννοιαι, den sensus communes, identifiziert werden.[24] Gelten diese ursprünglich als in den ersten Lebensjahren durch Erfahrung gewonnen,[25] so werden sie im mittleren Platonismus als angeborene elementare Erkenntnisse verstanden.[26] In diesem Sinne beruft sich Tertullian auf das *ursprüngliche*, unverbildete Zeugnis der Seele.[27]

Sein *eigener* Beitrag besteht zum einen in der Identifikation der communes sensus mit den als natürliches Zeugnis der Seele interpretierten Aussprüchen aus dem Alltagsleben.[28] Er hat damit, so *Fredouille,* die aus der philosophischen

---

[21]   Vgl. *Wlosok*, Römischer Religions- und Gottesbegriff, 42 f.

[22]   Vgl. test. 2,3;23 f. *Willems*: »… qui ad istam disciplinam metu praedicati iudicii transuolamus.« Die Formulierung könnte einen Hinweis auf das ›Bekehrungsmotiv‹ Tertullians geben, auch wenn das Verb im Präsens gehalten ist; vgl. dazu auch Scap. 1,1. Gottesfurcht ist für Tertullian in jedem Fall die grundsätzlich angemessene Haltung gegenüber Gott; vgl. praesc. 43,4 f.;7–10 *Refoulé*: »Vbi autem Deus non timetur nisi ubi non est? … At ubi Deus, ibi metus in Deum qui est initium sapientiae«.

[23]   »Quodsi omnium consensus naturae uox est …« (Cicero Tusc. 1,35 234;22 *Pohlenz*).

[24]   *Tibiletti*, La testimonianza, 16.

[25]   Vgl. SVF II, 83 und dazu *C. Andresen*, Justin und der mittlere Platonismus, in: *C. Zintzen (Hg.)*, Der Mittelplatonismus, Darmstadt 1981 (WdF 70), 319–368, 361 Anm. 74: »Die Seele ist ein weißes, unbeschriebenes Blatt, auf das ›Wahrnehmung‹ und ›Gedächtnis‹ ihre Eintragungen machen, also sensualistisch, nicht apriorisch gedacht.« Vgl. auch *Chapot*, Virtus Veritatis, 32 f.

[26]   Vgl. *Andresen*, Justin, 335, sowie *Chapot*, Virtus Veritatis, 33.

[27]   Vgl. test. 1,6 f. und dazu *Tibiletti*, La testimonianza, 16 f., sowie *Chapot*, Virtus Veritatis, 34 Anm. 92. In an. 41,1 f. betont Tertullian, dass der ursprüngliche Zustand der Seele durch den Sündenfall wohl verdunkelt, nicht aber ausgelöscht ist. Daher kann er in test. 2,4 voraussetzen, dass die von Gott gegebene oder herrührende Seele ihren Urheber kennt. Er verleiht damit, so *Chapot*, Virtus Veritatis, 33, der apologetischen Rezeption der Vorstellung der communes sensus »un fondement théologique«.

[28]   Diese Identifikation wird in res. 3,1 f. explizit vollzogen: »Est quidem et de communibus sensibus sapere in dei rebus … Quaedam enim et *naturaliter nota* sunt, ut inmortalitas animae penes plures, ut deus noster penes omnes … utar et conscientia populi contestantis deum deorum; utar et reliquis *communibus sensibus*, qui deum *iudicem* praedicant: ›Deus

Tradition empfangene Vorstellung einer natürlichen, instinktiven Gottes-erkenntnis der Seele als eine »gelebte, erfahrbare, von aller dialektischen Kunst gelöste Wahrheit« präsentiert und ihr damit neue Überzeugungskraft verliehen.[29] Zum anderen verwendet er die Vorstellung des *consensus omnium* in produktiver Weise als methodisches Mittel, um grundlegende *Inhalte* seines Glaubens ge-genüber äußerer und innerer Bestreitung zu verteidigen. Auffällig ist schon, dass die Definition Gottes als *summum magnum* nirgendwo sonst belegt ist.[30] Tertullian wiederholt hier nicht, was alle anderen auch schon festgestellt ha-ben, sondern benutzt den *consensus omnium* als eigenständige, unwidersprech-liche Erkenntnisquelle. Entsprechendes dürfte für die Begründung des göttlichen Richteramtes gelten. Es ist auffällig, dass dieses Thema durchgängig präsent ist, und es spricht viel für die These *Tibilettis*, dass Tertullian hier von An-fang an die Marcioniten im Blick hat.[31] Gott ist groß und gut, aber er ist nicht *nur* das, er ist *auch* Richter; das weiß die Seele schon von Natur aus. Die von Marcion abgelehnte Gottesfurcht mitsamt ihren Implikationen gehört damit zu den ›Allgemeinvorstellungen‹. Sie als weitverbreiteten Irrtum zu verstehen, wie dies philosophisch Epikur u. a.[32] und im christlichen Kontext Marcion ver-sucht haben, kommt für Tertullian schon aus existenziellen Gründen nicht in Frage. Der in diesem Zusammenhang begegnende Hinweis auf seine eigene Be-kehrung verdient Beachtung; er könnte die Dringlichkeit der Thematik für ihn erklären. Marcion stellt die Grundlagen seiner *eigenen* Glaubenserfahrung in Frage.

---

uidet‹ et ›Deo commendo‹« (Z.1-9 *Borleffs*). Zur Originalität Tertullians vgl. *Tibiletti*, De tes-timonio, 174-180, *J. Beaujeu (Hg.)*, Minucius Felix. Octauius. Texte établi et traduit, Paris 1964, 106 f., sowie *Fredouille*, Tertullien, 344. Während *Tibiletti*, La testimonianza, 25, einen Einfluss der vielzitierten Theologia tripertita auf die Ausführungen Tertullians entschieden bestreitet, hält *Chapot*, Virtus Veritatis, 30-32, diese für die Grundlage seiner Ausführun-gen.

[29] *Fredouille*, Tertullien 190 (»... comme une vérité vécue, expérimentale, dégagée de tout artifice dialectique ...«).

[30] Vgl. *Braun*, Contre Marcion, Bd. 1, 287f. Den Hinweis *E. P. Meijerings*, Tertullian contra Marcion. Gotteslehre in der Polemik. Adversus Marcionem I-II, Leiden 1977 (PP 3), 16, auf ein Fragment Xenophans (DK A 31) beurteilt *Braun*, a. a. O., 288, m. R. kritisch.

[31] Dies dürfte dagegen sprechen, mit *Georges*, ›Apologeticum‹, 290, apol. 17,6 als Kon-frontation der römischen Richter mit dem wahren Richter zu interpretieren.

[32] Gottesfurcht wird auch von anderen Philosophen abgelehnt; *Wlosok*, Römischer Religi-ons- und Gottesbegriff, 46, etwa verweist auf eine entsprechende Aussage Senecas: Deos nemo sanus timet (benef. 4,19,1 117 *Préchac).*

2 DER SCHÖPFERGOTT IST GUT, ABER ER IST AUCH RICHTER

Ausgangspunkt der marcionitischen Theologie ist bekanntlich die Unterscheidung zwischen dem guten Gott und dem Gott der Schöpfung und des Alten Testamentes. Die klassische Deutung dieser Unterscheidung als Gegenüberstellung des *guten* und des *gerechten* Gottes[33] ist in jüngerer Zeit von Winrich *Löhr* und Sebastian *Moll* in Frage gestellt worden,[34] nachdem zuvor bereits Ekkehard *Mühlenberg* den ›Eifer‹ als die kennzeichnende Eigenschaft des von Marcion abgelehnten Gottes postuliert hatte.[35] Was Tertullian betrifft, so scheint ein differenziertes Urteil angebracht: Die Gegenüberstellung des guten und des *gerechten* Gottes ist bei ihm für Marcion sicher bezeugt,[36] aber sie ist nicht bestimmend; negative Charakterisierungen des Schöpfers als hart und grausam oder als ›Eiferer‹ haben größeres Gewicht.[37] *Dominant* aber ist fraglos die Bestimmung des Schöpfers als *Richter.* Tertullian sieht darin, ähnlich wie Irenäus,[38] ein wesentliches Motiv Marcions: Er habe sich eben darum einen anderen, ausschließlich guten Gott erträumt, weil er den Richter nicht (ertragen) könne.[39] Dass, wie gesehen, bereits in den frühen apologetischen Schriften Tertullians die Richterfunktion Gottes ein kritisches Thema ist, untermauert diese Wahrnehmung. Demgemäß zielen die ersten beiden Bücher *Adversus Marcionem* auf den Nachweis, dass der gute Gott zugleich Richter nicht nur sein kann, sondern auch sein muss. Aus Platzgründen beschränken sich die folgenden Ausführungen

---

[33] Vgl. bes. *A. von Harnack,* Marcion. Das Evangelium vom fremden Gott. Eine Monographie zur Geschichte der Grundlegung der katholischen Kirche. Neue Studien zu Marcion, Darmstadt 1985 (Unveränd. Nachdr. d. 2., verb. u. verm. Aufl. Leipzig 1924), 99–101.121f. 262*–264*.

[34] Vgl. *W. Löhr,* Did Marcion distinguish between a just god and a good god?, in: *May/Greschat (Hg.),* Marcion und seine kirchengeschichtliche Wirkung, 131–146, sowie *S. Moll,* The Arch-Heretic Marcion, Tübingen 2010 (WUNT 1, 250), 47–58.

[35] *E. Mühlenberg,* Marcion's Jealous God, in: Disciplina nostra. Essays in Memory of *R. F. Evans,* Philadelphia 1979 (PatrMS 6), 93–113. 203–205.

[36] Vgl. bes. Marc. 2,12,1; 2,29,1; 4,6,3; 5,13,2.15, ferner res. 14,4 und pud. 2,4. Irenäus schreibt diese Unterscheidung bekanntlich Cerdo zu (haer. 1,27,1). Die Historizität Cerdos bzw. seiner Lehre ist freilich strittig; vgl. dazu *G. May,* Markion und der Gnostiker Kerdon, in: *Ders.,* Markion. Gesammelte Aufsätze, Mainz 2005, 63–73, sowie *D. W. Deakle,* Harnack & Cerdo. A Reexamination of the Patristic Evidence for Marcion's Mentor, in: *May/Greschat (Hg.),* Marcion und seine kirchengeschichtliche Wirkung, 177–190.

[37] Vgl. die grundlegende Definition in Marc. 1,6,1, die am Ende des zweiten Buches in Marc. 2,29,1 variierend wieder aufgenommen wird.

[38] Vgl. bes. haer. 3,25,1–5. Dieser Abschnitt dürfte für Tertullians Wahrnehmung und Kritik der marcionitischen Gotteslehre grundlegend sein.

[39] »... qui idcirco alium deum somniasti, solummodo bonum, quia non potes iudicem ...« (Marc. 2,11,3;21f. *Braun*).

weitgehend auf das für Tertullians eigene Gotteslehre wichtigere zweite Buch, in dem er auf der Grundlage des biblischen Zeugnisses mit rationalen Argumenten zu zeigen sucht, dass der Schöpfer-Gott gut ist, seine *bonitas* sich aber notwendigerweise mit richterlicher Strenge im Kampf gegen das Böse verbindet.

Den grundlegenden Nachweis für die *bonitas* des Schöpfers führt Tertullian mit Hilfe der Schöpfung: Sie dient dem besten Zweck – der Erkenntnis und dem Genuss Gottes –, wird durch das beste Mittel ins Werk gesetzt, nämlich seine höchste *bonitas*, und erweist sich in allen Aspekten der biblischen Schöpfungsgeschichte, einschließlich des von den Marcioniten inkriminierten Paradiesgebotes, als *opus bonum* des Wortes Gottes als *optimus minister*.[40] Man fühlt sich, kaum zufällig, an Platos Timaios erinnert: »denn sie (die Welt) ist das Schönste alles Gewordenen, er (der Schöpfer) der beste aller Urheber«.[41] Die Marcioniten erheben hier freilich Einwände. Neben allgemeineren Anfragen, die aus der griechischen Tradition vertraut sind,[42] richtet sich ihre Kritik vor allem auf den Sündenfall des Menschen. Dass der Schöpfer den Fall des Menschen nicht verhindert hat, beweist für Marcion, dass er weder gut noch vorherwissend noch dazu in der Lage ist, das Böse abzuwenden.[43] Tertullian nimmt zu diesem Thema in Marc. 2,5–10 ausführlich Stellung.[44] Verantwortlich für den Sündenfall ist aus seiner Sicht nicht der Schöpfer, dessen Güte, Vorherwissen und Macht schon aufgrund seiner Schöpfung außer Frage stehen, sondern die menschliche Willensfreiheit. Diese ist gut, weil in ihr die Gottesebenbildlichkeit des Menschen

---

[40]   Marc. 2,3 f. Zu den Hintergründen der Vorstellung, dass Gott den Menschen aus Güte und Liebe geschaffen und für die Gotteserkenntnis bestimmt hat, vgl. *Gronau*, Das Theodizeeproblem, 74 f. mit Anm. 2.

[41]   »ὁ μὲν γὰϱ (sc. κόσμος) κάλλιστος τῶν γεγονότων, ὁ δ᾿ (sc. δημιουϱγός) ἄϱιστος τῶν αἰτίων« (Plato Tim. 29a *Burnet*).

[42]   Vgl. etwa die epikureische Polemik gegen platonische und stoische Vorstellungen einer Schöpfung durch einen guten Gott bei Cicero nat. deor. 1,21 f. und dazu *Braun*, Contre Marcion, Bd. 2, 213, sowie *Meijering*, Tertullian contra Marcion, 95 f.

[43]   Marc. 2,5,2. *J. J. Gager*, Marcion and Philosophy, VigChr 26 (1972) 53–59, dem *Meijering*, Tertullian contra Marcion, 75.100, sich anschließt, findet hier bei Marcion ein epikureisches Argument; kritisch dazu *Braun*, Contre Marcion, Bd. 2, 42 f. Anm. 2. – Zur verbreiteten Kritik an der biblischen Sündenfallgeschichte in ›häretischen‹ Kreisen des 2. Jhs. vgl. den Überblick von *P. Nagel*, Die Auslegung der Paradieserzählung in der Gnosis, in: *K.-W. Tröger (Hg.)*, Altes Testament – Frühjudentum – Gnosis. Neue Studien zu »Gnosis und Bibel«, Berlin 1980, 49–70.

[44]   Vgl. dazu *V. Lukas*, Rhetorik und literarischer ›Kampf‹. Tertullians Streitschrift gegen Marcion als Paradigma der Selbstvergewisserung der Orthodoxie gegenüber der Häresie. Eine philologisch-theologische Analyse, Frankfurt a. M. u. a. 2008 (EHS XXIII, 859), 110–123.

ihren Ausdruck findet, ermöglicht aber Ungehorsam ebenso wie Gehorsam. Der falsche Gebrauch der Willensfreiheit bleibt ganz in der Verantwortung des Menschen; er fällt nicht auf ihren Urheber zurück und stellt damit dessen *bonitas* nicht in Frage.[45] Tertullian folgt hier einer apologetischen Tradition, die ihrerseits an einen bekannten platonischen Grundsatz anknüpft: αἰτία ἑλομένου· θεὸς ἀναίτιος.[46]

Ist somit die *bonitas* des Schöpfers in der Schöpfung verankert und dieser von der Urheberschaft des Bösen freigesprochen, so hat die Sünde des Menschen freilich gravierende Folgen auch für Gott selbst. War er bis dahin allein gut, so wird er nun zum strengen Richter.[47] Damit ist die für Tertullians Auseinandersetzung mit Marcion zentrale Frage erreicht, inwiefern der gute Gott zugleich Richter sein kann und muss. Ausgangspunkt seiner Argumentation ist die *zeitliche Abfolge* zwischen der allein in der *bonitas* Gottes wurzelnden Schöpfung und den sogleich im Anschluss an die menschliche Sünde verhängten Strafen,[48] die für ihn einen ›ontologischen‹ Qualitätsunterschied impliziert: »So ist die bonitas Gottes früher, gemäß seiner Natur, die Strenge später, gemäß dem Anlass. Jene ist ungeworden, diese hinzutretend; jene (Gott) eigen, diese situationsbedingt; jene bekanntgemacht, diese angewandt«.[49] Die Frage, inwiefern in Gott

---

[45]   Vgl. bes. Tertullians Schlussfolgerungen in Marc. 2,9,9.

[46]   Rep. 617e *Burnet*. Zur apologetischen Rezeption dieses Motivs vgl. etwa Justin 1 apol. 44,8 bzw. Kap. 43 f. insgesamt.

[47]   »Igitur usque ad delictum hominis Deus a primordio tantum bonus, exinde iudex et seuerus et, quod Marcionitae uolunt, saeuus« (Marc. 2,11,1;1–3 *Braun*). Dieser Gedanke geht, soweit ich sehe, auf Tertullian selbst zurück, bei dem er wiederholt begegnet. Nach pat. 5,12 haben Gericht und Vergehen den gleichen Ursprung: »Hinc prima *iudicii* unde *delicti* origo, hinc deus *irasci* exorsus unde *offendere* homo inductus ...« (39–41 *Borleffs*); vgl. ähnlich res 14,4. In Herm. 3,1–4 weist Tertullian zur Unterstützung seiner These, dass Gott zwar immer schon Gott ist, Herr (dominus) jedoch erst, seitdem es etwas gibt, worüber er herrschen kann, d. h. seit der Schöpfung, darauf hin, dass für die Vater- und die Richter-Funktion dasselbe gelte: »... quia et *pater* deus est et *iudex* deus est, *non tamen* ideo pater et iudex *semper*, quia deus semper, *nam nec pater potuit esse ante filium nec iudex ante delictum.* Fuit autem tempus cum ei delictum et filius non fuit quod iudicem et qui patrem deum faceret« (Herm. 3,4;18–22 *Chapot*). *Deus* ist, so Tertullian, *substantiae ipsius nomen, dominus* dagegen Name nicht der *substantia*, sondern der *potestas* (3,3;12–14 *Chapot*). – *Adversus Hermogenem* wird zitiert nach F. Chapot (Hg.), Tertullien. Contre Hermogène. Introd., texte crit., trad. et comm., Paris 1999 (SC 439).

[48]   Die Beeinträchtigung der ursprünglichen bonitas der Schöpfung durch die Strafen Gottes (Gen 3,16 ff.) wird in Marc. 2,11,1 f. mit einer längeren Reihung breit ausgeführt; diese dürfte als Gegenstück zu der langen bonitas-Reihe in Marc. 2,4,4–6 gedacht sein.

[49]   »Ita prior bonitas Dei secundum naturam, seueritas posterior secundum causam. Illa ingenita, haec accidens; illa propria, haec accommodata; illa edita, haec adhibita« (Marc.

überhaupt etwas sekundär sein kann, thematisiert Tertullian hier nicht,[50] was insofern überraschend ist, als dies einer seiner grundlegenden Kritikpunkte an der marcionitischen Konzeption des guten Gottes ist.[51] Eine Antwort gibt er in Marc. 2,27: Alle Gestalten der göttlichen Kondeszendenz sind sekundär; sie kommen Gott ursprünglich nicht zu, sind aber für seinen Umgang mit dem gefallenen Menschen unverzichtbar.

> Die von Tertullian vorgenommene Abstufung göttlicher ›Eigenschaften‹ erinnert an die Hierarchie der ersten beiden ›Kräfte‹ Gottes bei Philo von Alexandrien. Philo weist in QE II, 62 der schöpferisch-wohltätigen Kraft Gottes gegenüber seiner königlich-richterlichen Kraft den Vorrang zu. Er interpretiert hier die Cherubim als ›Symbole‹ der schöpferischen und der königlichen Kraft Gottes (Σύμβολα δέ ἐστι δυεῖν τοῦ Ὄντος δυνάμεων ποιητικῆς τε καὶ βασιλικῆς). Die schöpferische Kraft sei älter als die königliche, da zwar alle Gott umgebenden Kräfte gleich alt seien, die schöpferische Kraft aber dennoch irgendwie früher gedacht werde als die königliche (προεπινοεῖται πως ἡ ποιητικὴ τῆς βασιλικῆς), da einer König nur über Gewordenes, nicht über Nicht-Seiendes sein könne. In den heiligen Schriften habe die schöpferische Kraft den Namen θεός erhalten, die königliche Kraft den Namen κύριος.[52] Die Entsprechung zur erwähnten Ausführung Tertullians in Herm. 3,1f. ist so auffällig, dass mit einem traditionsgeschichtlichen Zusammenhang zu rechnen ist.[53] In

---

2,11,2;14–17 *Braun*); vgl. ähnlich res 14.4. *Braun*, Contre Marcion, Bd. 2, 81, gibt *secundum causam* mit »en conformité avec le motif occasionnel«, accomodatus mit »circonstancielle« wieder. Die schwierig zu bestimmende letzte Gegenüberstellung *edita* vs. *adhibita* übersetzt *Braun*, ebd., mit »celle-là est donnée, celle-ci employée«, *Meijering*, Tertullian contra Marcion, 120, mit »jene ist aus ihm selbst hervorgebracht, diese ihm zugefügt«. Zur Sache vgl. *J. Speigl*, Tertullian Adversus Marcionem. Historische Notizen über die Erfassung des Göttlichen unter dem ausschließlichen Aspekt der barmherzigen Liebe, in: Gottesherrschaft – Weltherrschaft. FS R. Graber, Regensburg 1980, 243–250, 247: »Tertullian hat das dem Sinn nach so gesagt: Gott ist prinzipiell die Liebe, umständehalber ist er aber auch gerecht.«

[50] Wie selbstverständlich Tertullian im Bereich der ›Akzidientien‹ von dieser Möglichkeit ausgeht, zeigt die eben angeführte Stelle Herm. 3,1–4; vgl. bes. Herm. 3,3;15f. *Chapot*: postea dominus, accedentis scilicet rei mentio. Zu der hier zugrunde liegenden stoischen Logik vgl. *Chapot*, Contre Hermogène, 222–227, sowie *J. Moingt*, Théologie trinitaire de Tertullien, 4 Bde., Paris 1966–1969, Bd. 3, 717–722, der betont, die *potestas* und das *dominus*-Sein Gottes seien genauso ewig wie seine *bonitas*, träten aber erst in Erscheinung, nachdem geschaffen worden sei, worüber er herrsche.

[51] Vgl. Marc. 1,22 u. ö.

[52] 283 *Terian*. Zu dieser philonischen Deutung der Gottesnamen vgl. *N. A. Dahl / A. F. Segal*, Philo and the Rabbis on the Names of God, JSJ 9 (1978) 1–28, bes. 1–11.

[53] Überraschenderweise bleibt diese Entsprechung bei *J. H. Waszink* (Hg.), Tertullian. The Treatise Against Hermogenes, transl. and ann., New York / Ramsey 1956 (ACW 24), 107–109 und *Chapot*, Contre Hermogène, 222–230, ebenso unerwähnt wie bei *Braun*, Deus Christianorum, 95f., und *Moingt*, Théologie trinitaire, Bd. 3, 717–722. Auch *D. T. Runia*, Philo in

Herm. 3,3 f. folgt eine entsprechende Argumentation zu Gott als Vater und Richter. Offenbar weitet Tertullian die philonische Unterscheidung auf weitere Themenfelder aus. Auch bei Philo begegnet in diesem Zusammenhang das Thema ›Gericht‹. So bemerkt er in QE II, 68, das Göttliche (τὸ θεῖον) sei über der sühnenden und der schöpferischen und jeder (anderen) Kraft. Es spreche – durch den Logos – aus der Mitte zwischen der schöpferischen und der königlichen Macht, und es habe eine vermittelnde, schiedsrichterliche Funktion. Vom göttlichen Logos, so Philo, gehen zwei Kräfte aus. Die eine ist die schöpferische Kraft, durch die der Künstler (ὁ τεχνίτης) das All aufgesetzt und geordnet hat; sie wird θεός genannt. Die andere ist die königliche Kraft, durch die der Schöpfer (ὁ δημιουργός) über alle Dinge herrscht. Von der schöpferischen Kraft wiederum geht die sühnende Kraft (ἡ ἵλεως) aus, die Wohltäterin (εὐεργέτις) genannt wird, von der königlichen die gesetzgebende Kraft (ἡ νομοθετική), die den Namen ›die Strafende‹ trägt (ἡ κολαστήριος).[54] Weist Philo damit der zweiten, späteren Kraft die gesetzgeberische und richterlich-strenge Funktion zu, so korrespondiert dies der von Tertullian vorgenommenen Abstufung.[55]

Auch wenn es demnach der Mensch selbst ist, der sich durch seine Sünde Gott zum Richter macht,[56] so setzt sich dieser damit dem Vorwurf Marcions aus, selbst dem Bösen verwandt (mali affinis) zu sein, ein Vorwurf, der angesichts seines strengen Strafhandelns nicht ganz leicht von der Hand zu weisen ist. Tertullian räumt ein, dass damit die ursprüngliche *bonitas* der Schöpfung beeinträchtigt wird,[57] und er deutet das von Marcioniten mit Vorliebe angeführte Zitat aus Jes 45,7: »Ich bin es, der *Böses* schafft«, auf die von Gott verhängten

---

Early Christian Literature. A Survey, Assen 1993 (CRI 3,3), 277–281, äußert sich zu diesem Zusammenhang nicht; er hält es für unentschieden, ob Tertullian philonische Schriften gekannt hat oder nicht.

[54] 285 f *Terian*. Vgl. ähnlich Philo spec. 1,307. – Zum Thema der beiden Kräfte bei Philo vgl. ferner plant. 86; all. 1,95; her. 166; Abr. 121; post. 20 sowie ausführlich fug. 94 ff.

[55] Die philonische Unterscheidung der beiden höchsten Kräfte oder Eigenschaften Gottes und ihre Verbindung mit den Gottesnamen hat Entsprechungen in der rabbinischen Literatur, wo »die Eigenschaften der Gerechtigkeit (מדת הדין) und der Barmherzigkeit (מדת הרחמים)« unterschieden und mit dem Gottesnamen verbunden werden, erstere mit dem Namen אלהים, letztere mit dem Namen יהוה, also genau umgekehrt wie bei Philo (*L. Cohn [Hg.]*, Philo von Alexandria. Die Werke in Deutscher Übersetzung, Bd. 1, 2. Aufl., Berlin 1962, 19). *Cohn* führt die entgegengesetzte Zuordnung der Eigenschaften zu den Gottesnamen auf einen Irrtum Philos zurück. *Dahl/Segal*, Philo and the Rabbis, haben demgegenüber in einer eingehenden Untersuchung der komplexen Traditionsgeschichte dieser Thematik gezeigt, dass Philo hier eine frühe, auch in Palästina nachweisbare exegetische Tradition repräsentiert.

[56] So bereits Marc. 2,2,7; 62 f. *Braun*: »… quem (sc. Creatorem) a primordio sui et bonum et optimum inuenerat et ipse, si forte, iudicem fecerat«; vgl. ferner Marc. 2,4,3.

[57] Vgl. Marc. 2,11,1 f.

Strafen.[58] Grundlegend für seine Verteidigungsstrategie sind die Rückbindung des Richters an die Gerechtigkeit und die Unterscheidung zwischen einem opus proprium und einem opus alienum der Gerechtigkeit.

Ist es, wie Tertullian als gegeben voraussetzt, die Gerechtigkeit, die den Richter hervorbringt,[59] so muss, wer den Richter missbilligt, auch die Gerechtigkeit selbst missbilligen. Diese aber ist fraglos gut und kann auch von Marcion nicht für böse erklärt werden.[60] Zudem hat, so Tertullian, die Gerechtigkeit an sich nichts mit dem Bösen zu tun, sondern ist ebenso wie die *bonitas* ungeworden in Gott und tritt mit ihr bereits bei der Schöpfung in Erscheinung: Hat die *bonitas* die Welt hervorgebracht, so hat die Gerechtigkeit sie gestaltet, indem sie als Schiedsrichterin (*arbitratrix*) der Werke Gottes geschieden hat zwischen Licht und Finsternis, Tag und Nacht, Himmel und Erde usw.[61] Angesichts dieser im

---

[58]   Vgl. dazu ausführlich Marc. 2,14.

[59]   »… ipsam sine dubio iustititam accusare debebis, quae iudicem praestat …« (Marc. 2,11,3;26 f. *Braun*). *Braun*, Contre Marcion, Bd. 2, 83, übersetzt den Relativsatz mit »qui est le principe du juge«; anders m. R. *E. Evans (Hg.)*, Tertullian. Adversus Marcionem, ed. and transl., 2 Bde., Oxford 1972, Bd. 1, 121: »for this it is that causes any man to be a judge«. Zur Überzeugungskraft der Argumentation Tertullians vgl. *Braun*, a. a. O., 82 Anm. 3: »Le glissement de la notion de ›juge‹ à celle de ›justice‹ va permettre d'acculer l'adversaire à une position intenable.«

[60]   Marc. 2,11,3 f. Der Zusammenhang von *iustitia* und *bonitas* wird hier stark betont. Dass es ohne *iustitia* keine *bonitas* geben könne, hat Tertullian schon in Marc. 1,23,6 f. herausgestellt. *E. Norelli*, Marcione lettore dell'epistola ai Romani, CrSt 15 (1994) 635–675, sucht anhand seiner Römerbriefauslegung zu zeigen, dass auch Marcion die Gerechtigkeit dem *guten* Gott zuordnet (vgl. bes. S. 646–648.656 f.667 u. ö.).

[61]   Marc. 2,12,1 f. Auch hier zeigt sich eine Nähe zu Philo. *Braun*, Contre Marcion, Bd. 2, 85 Anm. 3, bemerkt, die Vorstellung, Gerechtigkeit habe mit Teilungen, Unterscheidungen usw. zu tun, sei stoisch; Tertullian aber benutze sie, »non sans sophisme, … à propos de l'organisation cosmique«. Diese sei schon bei Philo her. 133–140 als »une suite de ›diérèses‹« beschrieben worden. Die stoische Definition der Gerechtigkeit als »φρόνησις ἐν ἀπονεμη-τέοις« (SVF I, 201), auf die *Braun* verweist, ist hier freilich gerade nicht gemeint; Gerechtigkeit als Weisheit im Zuzuteilenden wird erst in Marc. 2,13 thematisiert (dazu s. u.). Philo illustriert in her. 133–140 die ›Teilung in gleiche Teile‹ anhand der Scheidung bzw. Unterteilung in der Schöpfung. In der sich anschließenden Abhandlung über die ›Gleichheit‹ (ἰσότης) heißt es in § 161, Mose sei ein herausragender Lobredner der Gleichheit, »πρῶτον μὲν ὑμνῶν ἀεὶ καὶ πανταχοῦ καὶ δικαιοσύνην, ἧς ἴδιον, ὡς καὶ αὐτό που δηλοῖ τοὔνομα, τὸ δίχα τέμνειν εἰς μοίρας τά τε σώματα καὶ τὰ πράγματα ἴσας …« (244 *Harl*). In Verbindung mit § 134 ff. ließe sich hier das Thema der teilenden Gerechtigkeit in der Schöpfung formulieren; Philo selbst stellt diese Verbindung allerdings nicht her. Die Aussage Philos zur Gerechtigkeit setzt offenbar eine etymologische Verbindung von δίκη mit δίχα voraus; vgl. *F. H. Colson / G. H. Whitaker (Hg.)*, Philo. Bd. 4, London 1935 (LCL 261), 362 Anm. a. Zur Traditionsgeschichte der philonischen Ausführungen vgl. *M. Harl (Hg.)*, Quis

Schöpfungswerk sichtbar werdenden »Urteile des Schöpfers« präzisiert Tertullian die von ihm selbst an anderen Stellen vertretene These, erst die *Sünde* habe Gott zum Richter gemacht: Als *gerechter* Gott ist er von Anfang an *auch Richter*; die Sünde verändert lediglich die Ausrichtung seiner richterlichen Tätigkeit.[62]

Nachdem das Böse ausgebrochen ist und die *bonitas* Gottes es mit einem Widersacher zu tun bekommen hat, erhält die Gerechtigkeit Gottes eine *neue* Aufgabe, nämlich die *bonitas* dieser Gegnerschaft entsprechend auszurichten.[63] An die Stelle der freien Zuwendung des guten Gottes tritt nun die Zuteilung der *bonitas* nach den ›Verdiensten‹ eines jeden: den Würdigen wird sie gewährt, den Unwürdigen versagt, den Undankbaren weggenommen und so gegenüber allen Feinden verteidigt. Auch diese neue Aufgabe der Gerechtigkeit, für deren Beschreibung offenbar ihre klassische Definition als suum cuique dare Pate gestanden hat,[64] steht, so Tertullian, ganz im Dienst des Guten. Dass Gott richtet, verurteilt und straft, nützt dem Guten, nicht dem Bösen; für die Furcht vor dem Gericht gilt Entsprechendes.[65] Tertullian begründet die Notwendigkeit dieser neuen Gestalt der Gerechtigkeit damit, dass die *Selbst*empfehlung des Guten – offenbar eine Anspielung auf das bekannte Motiv, die Tugend sei um ihrer selbst willen zu erstreben – nicht mehr genüge, da sie unter einem Widersacher zu leiden habe. Angesichts der zahlreichen Verlockungen des Bösen, die das Gute bekämpften, bedürfe es einer Macht, die zu fürchten sei (*uis aliqua timendi*) und so auch diejenigen, die das Gute nicht wollten, dazu nötige, es zu erstreben und zu bewahren.[66] Auch bezogen auf Gott selbst ist dies Tertullian zufolge ge-

---

rerum divinarum heres sit. Introd., trad. et notes, Paris 1966 (Les Œuvres d Philon d'Alexandrie, Bd. 15), 62–87.

[62] Marc. 2,12,3. Diese Präzisierung findet sich nur hier; in res. 14 kehrt Tertullian wieder zur ›Kurzfassung‹ – Gott ist zuerst allein optimus, dann auch iustus – zurück.

[63] »… aliud quoque negotium eadem illa iustitia Dei nacta est, iam secundum aduersationem dirigendae bonitatis …« (Marc. 2,13,1;2–4 *Braun*). Zur Begründung der von *Braun* übernommenen Konjektur *Engelbrechts* ›aduersationem‹ – *Evans* liest mit θ *aduersionem*, *Moreschini* folgt *Scaligers* Korrektur *auersionem* – vgl. *Braun*, Contre Marcion, Bd. 2, 191: *Evans'* Deutung der überlieferten Lesart *aduersionem* im Sinne von *animaduersionem* habe den ThLL gegen sich; *auersionem* passe sachlich, spiele aber nicht, wie offenbar beabsichtigt, mit dem vorangehenden *aduersario*.

[64] Diese erstmals bei Aristoteles rhet. 1,9 1366b 9ff. belegte Definition wird von der stoischen Philosophie und dann auch von der römischen Popularphilosophie tradiert (vgl. etwa Rhet. Her. 3,3; Cicero inv. 2,160; fin. 5,65). Im juristischen Bereich erlangt die Definition Ulpians maßgebende Bedeutung: »constans et perpetua voluntas ius suum cuique tribuendi« (zitiert nach ThLL VII/2 fasc. V [1970] 713f.).

[65] Marc. 2,13,1f.

[66] »Nam et si commendabile per semetipsum, non tamen et conseruabile, quia expugnabile iam per aduersarium, nisi uis aliqua praeesset timendi, quae bonum etiam nolentes adpetere et custodire compelleret« (Marc. 2,13,2;13–16 *Braun*).

fordert: Als Urheber des Guten muss er es auch einfordern, und nur, wer dem Bösen feind ist und es daher auch bekämpft und bestraft, ist ihm tatsächlich fremd. Ein Gott, der nicht gefürchtet werden will, macht die Menschen schlechter und lässt den Teufel spotten.[67] Mit anderen Worten: dem Bösen *verwandt* ist, wer dies *nicht* tut!

Damit ist nun auch die Frage beantwortet, *inwiefern* der Schöpfergott »Böses schafft«, nämlich im Sinne der im Kampf *gegen* das Böse der Sünde (*mala delicti*) zu verhängenden Übel der Strafe (*mala supplicii*). Letztere sind freilich, sofern sie gerecht sind, das Gute verteidigen und die Vergehen bekämpfen, in Wahrheit *gut* (*bona*) und daher auch Gottes würdig. Entscheidend für die Beurteilung der Strafübel ist daher, so Tertullian, die Gerechtigkeit des Urteils, auf das sie zurückgehen. Böse wären sie nur, wenn sie auf einem *ungerechten* Urteil basierten, und so wäre auch der Richter nur dann zu tadeln, wenn er sich als *böser* Richter erwiese.[68] Sein Fazit lautet daher: »Gut ist also auch die Strenge, weil sie gerecht ist, wenn der Richter gut, das heißt gerecht ist. Ebenso sind auch die übrigen Dinge gut, durch die sich das gute Werk der guten Strenge vollzieht, sei es Zorn, sei es Feindseligkeit, sei es Grausamkeit. Denn alle diese Dinge sind der Strenge geschuldet, so wie die Strenge der Gerechtigkeit geschuldet ist.«[69]

Die Stringenz der Argumentation Tertullians darf nicht darüber hinwegtäuschen, dass hier einer der zentralen Konfliktpunkte liegt. Die Marcioniten bestreiten in der Tat die Gerechtigkeit der Urteile und die Angemessenheit der Strafen des alttestamentlichen Gottes; Beispiele dafür werden in Kap. 14 und 15 angeführt.[70] Tertullian stellt die Härte der Urteile und Strafen nicht in Frage,

---

[67]   »Illum bonum iudicares deum, qui hominem posset magis malum facere securitate delicti« (Marc. 2,13,3;26–28 *Braun*)? Vgl. 2,13,2–4 insgesamt. Vor der Konsequenz der securitas delicti, der Gefahrlosigkeit des Vergehens, warnt Tertullian wiederholt; vgl. Marc. 1,27,1; 4,16,7; 4,29,2 u.ö.

[68]   Marc. 2,14,1–15,1.

[69]   »Bona igitur et seueritas quia iusta, si bonus iudex, id est iustus. Item cetera bona, per quae opus bonum currit bonae seueritatis, siue ira siue aemulatio siue saeuitia. Debita enim omnia haec sunt seueritati, sicut seueritas debitum est iustitiae« (Marc. 2,16,1;1–5 *Braun*). Vgl. ähnlich Marc. 2,15,1.

[70]   Ausführlichstes Beispiel für die marcionitische Kritik an den Grundsätzen des Schöpfers ist die Heimsuchung der Sünden der Väter an den Kindern. Tertullian erklärt diese Regelung als eine erzieherische Maßnahme wegen der Härte (duritia) des Volkes – nur so gehorchen sie überhaupt – und als zeitlich begrenzt: »… ut post duritiam populi duritia legis edomita iustitia iam non genus, sed personas iudicaret« (Marc. 2,15,1f., Zitat 2,15,2;18–20 *Braun*). Er knüpft damit an Vorstellungen des Irenäus an; vgl. *R. Noormann*, Irenäus als Paulusinterpret. Zur Rezeption und Wirkung der paulinischen und deuteropaulinischen Briefe im Werk des Irenäus von Lyon, Tübingen 1994 (WUNT 2, 66), 395–403. Der Gedanke der ›Zähmung‹ der anfänglichen Härte Gottes bzw. des göttlichen Gerichtes begegnet am

verteidigt sie aber als unverzichtbar: Auf die von Marcion kritisierten »Regungen und Empfindungen, durch die er richtet« (*motus et sensus per quos iudicat*) und für die Zorn und Feindseligkeit (*aemulatio*) als Oberbegriffe stehen, könne Gott als Richter ebenso wenig verzichten wie ein Arzt auf seine chirurgischen Instrumente.[71]

Die ›Affekte‹ Gottes, die Tertullian als notwendige Äußerungen seiner Richterfunktion verteidigt, werden von Marcion u. a. freilich nicht nur im Blick auf die betroffenen Menschen, sondern auch im Blick auf Gott selbst angegriffen: Wer zürne und eifere usw., unterliege der Vergänglichkeit und werde daher sterben.[72] Tertullian führt solche Bestimmungen auf den Gottesbegriff der Philosophen und speziell Epikurs zurück, der für Christen nicht in Frage komme. Der Glaube an einen Gott, der um der Rettung der Menschen willen die Niedrigkeiten einer menschlichen Gestalt angenommen habe, sei weit entfernt von der Meinung derjenigen, die nicht wollten, dass Gott sich um irgendetwas kümmere.[73] Die Möglichkeit von Affekten für Gott zu bestreiten, weil er andernfalls der Vergänglichkeit und Sterblichkeit unterworfen sei, sei ein Fehlschluss vom Menschen auf Gott. So sehr die *substantia* Gottes eine ganz andere sei als die des Menschen, so sehr seien auch seine Affekte ganz anders als die menschlichen.[74] Auch auf dieser Ebene ist für Tertullian jeder Anthropomorphismus strikt aus-

---

Ende von Marc. 2 noch einmal, dort bezogen auf den *deus zelotes* (2,29,4). Das heißt: alle Strenge wird heilsgeschichtlich einmal überwunden werden. Vgl. dazu auch *S. Grosse*, Der Zorn Gottes. Überlegungen zu einem Thema der Theologie bei Tertullian, Laktanz und Origenes, ZKG 112 (2001) 147–167, 155f.

[71] Marc. 2,16,1f. (Zitat 2,16,2;14 *Braun*).

[72] »... si Deus irascitur et aemulatur et extollitur et exacerbatur, ergo et corrumpetur, ergo et morietur« (Marc. 2,16,3;20–22 *Braun*); vgl. ebenso test. 2,3 und dazu *Tibiletti*, De testimonio, 119.165-168.

[73] »Qui credimus Deum etiam in terris egisse et humani habitus humilitatem suscepisse ex causa humanae salutis, longe sumus a sententia eorum, qui nolunt Deum curare quicquam« (Marc. 2,16,3;16–19 *Braun*). Tertullian fasst damit pointiert zusammen, was er in Buch 1, bes. in Kap. 22 und Kap. 25, schon angedeutet hat: Ein Gott, der zum Heil der Menschen selbst Mensch wird, hat mit dem apathisch-unberührbaren, in sich selbst ruhenden Gott Epikurs nichts zu tun. Vgl. dazu auch *Meijering*, Tertullian contra Marcion, 75–78.

[74] Marc. 2,16,4. Tertullian hebt die Nicht-Übertragbarkeit menschlicher Begriffe und Vorstellungen auf Gott stark hervor. Es handelt sich grundsätzlich um äquivoken Begriffsgebrauch: »Discerne substantias et suos eis distribue sensus, tam diuersos quam substantiae exigunt, licet uocabulis communicare uideantur« (Marc. 2,16,4;27–30 *Braun*). Gott erleidet Affekte wie Zorn und Erbitterung nicht auf gleiche Weise wie die Menschen, er besitzt sie, ohne von ihnen ›affiziert‹ zu werden: »Irascetur enim, sed non ›concitabitur‹, exacerbabitur, sed non periclitabitur, mouebitur, sed non euertetur« (2,16,7;56–58 *Braun*); vgl. 2,16,6f. insgesamt und dazu *Grosse*, Der Zorn Gottes, 152f., sowie *Tibiletti*, De testiomino, 167, der auf eine Parallele in an. 16,5 hinweist.

zuschließen. Begriffe wie Zorn oder Erbitterung werden demnach äquivok gebraucht. Die ›Affekte‹ Gottes, zu denen, wie Tertullian betont, auch die entgegengesetzten wie Barmherzigkeit, Geduld und Milde gehören, die Marcion offenbar für göttlich hält, stellen seine unvergängliche Substanz nicht in Frage. Sie sind vielmehr Ausdruck seiner Kondeszendenz um des menschlichen Heiles willen.

3 Die gegensätzlichen Aspekte zusammen machen die Fülle der Gottheit aus

Tertullian sucht in *Adversus Marcionem* 2 zu zeigen, dass erst *bonitas* und richterliche Gerechtigkeit *zusammen* die Fülle der Gottheit, die alles vermag, hervorbringen.[75] Die Reduktion Gottes auf reine *bonitas* macht nicht nur Gott klein, sondern beschädigt auch die *bonitas* selbst. Ganz und gar *gut* ist Gott nur, wenn er zugunsten des Guten *alles* ist; allmächtig ist er nur, wenn er helfen *und* schaden kann, weil er nur so konkret in den Kampf gegen das Böse und für das Gute eintreten kann.[76] Die Antithesen Marcions liefern daher, so Tertullian, wenn sie *recht* verstanden werden, ein vollständiges Bild des *einen* Gottes, der sowohl gut als auch Richter ist.[77]

Die Zusammengehörigkeit von Gegensätzlichem in Gott kann Tertullian zufolge insofern nicht befremden, als auch die Welt selbst diese Gegensätzlichkeit widerspiegelt, und das heißt für ihn: diese durch ›Allgemeinvorstellungen‹ (*communes sensus*) und philosophische Beweisführungen (*argumentationes iustae*) bestätigt wird.[78] So wie das ganze Werk des Schöpfers aus Gegensätzlichkeiten

---

[75]   Quodsi utraque pars, bonitatis atque iustitiae, dignam plenitudinem diuinitatis efficiunt omnia potentis ... (Marc. 2,29,1;6–8 *Braun*).

[76]   Sic totus Deus bonus est, dum pro bono omnia est. Sic denique omnipotens, quia et iuuandi et laedendi potens (Marc. 2,13,4;31–33 *Braun*).

[77]   Aufer titulum Marcionis et intentionem atque propositum operis ipsius, et nihil aliud praestat quam demonstrationem eiusdem dei, optimi et iudicis, quia haec duo in solum Deum competunt (Marc. 2,29,2;14–17 *Braun*). Vgl. Marc. 2,17,1–3.

[78]   Vgl. Marc. 1,16,2, wo Tertullian *communibus sensibus* et *argumentationibus iustis* zu begründen sucht, dass die *diuersitas uisibilium* et *inuisibilium* dem Schöpfer-Gott zuzurechnen ist, sicuti tota operatio eius ex diuersitatibus constat ... (Z. 14 f. *Braun*); vgl. 1,16,2–4 insgesamt und dazu auch *Braun*, Contre Marcion, Bd. 1, 31–33.45–51, sowie *Lukas*, Rhetorik, 73 f. Die Formulierung *sicuti tota operatio eius ex diuersitatibus constat* sowie einige Einzelheiten der Ausführung in Marc. 1,16,2 berühren sich mit Seneca nat. 7,27,3 f.: »quid porro? mundus ipse, si consideres illum, nonne ex diuersis compositus est? ... Non uides, quam contraria inter se elementa sint? grauia et leuia sunt, frigida et calida, umida et sicca; *tota haec mundi concordia ex discordibus constat*« (313;626–637 *Hine*); das Begriffspaar

besteht, so kommt auch dem Schöpfer selbst Gegensätzliches zu: die Strenge und Härte des Richters ebenso wie die Milde und Sanftheit der Güte; er verletzt *und* heilt, tötet *und* macht lebendig, schafft Böses *und* stiftet Frieden.[79] Natürliche Gotteserkenntnis, philosophische Reflexion und biblische Gottesaussagen kongruieren hier, und auch römisches Empfinden, nach dem Gott sowohl Vater als auch Herr ist, milde und streng, zu lieben und zu fürchten,[80] stimmt damit überein.

Das bedeutet für Tertullian freilich nicht, dass die konkrete Gestalt der Gegensätzlichkeiten des biblischen Gottes von vornherein auf der Hand läge, im Gegenteil. Hier waltet das gleiche Prinzip des Paradoxes wie bei der Inkarnation und Kreuzigung des Gottessohnes.[81] An den Anfang des 2. Buches stellt Tertullian darum eine Reflexion über die Größe Gottes, die von den gegnerischen *censores diuinitatis* verkannt werde, weil die Weisheit Gottes, wie es im Anschluss an 1 Kor 1,18 ff. heißt, für die Welt Torheit sei. In Wahrheit aber sei die Torheit Gottes weiser als die Menschen und das Schwache Gottes stärker als diese.[82] Bezogen auf die marcionitische Kritik am biblischen Gott heißt dies in Entfaltung des eingangs zitierten Textes:

---

frigida – calida haben beide, die Begriffspaare *arida – sucida* bzw. *umida – sicca* entsprechen sich.

[79]   Vgl. dazu bes. Marc. 4,1,9 f., ferner Marc. 1,16,4 und 2,29,4. Auf die Bedeutung des Motivs der Zusammengehörigkeit von Gegensätzen für die theologische Reflexion Tertullians hat *Osborn*, Tertullian, 90 f.103 f, hingewiesen. Er sieht darin eines der philosophischen Grundprinzipien seiner Theologie, das bereits im Apologeticum eine zentrale Rolle spiele; vgl. ebd., 66–77, wo auch die philosophischen Hintergründe des Motivs thematisiert werden.

[80]   Vgl. dazu *Wlosok*, Römischer Religions- und Gottesbegriff, 50f, sowie *dies.*, Laktanz und die philosophische Gnosis. Untersuchungen zu Geschichte und Terminologie der gnostischen Erlösungsvorstellung, Heidelberg 1960, 232–246, zu Tertullian S. 239–241.

[81]   Vgl. neben dem bekannten Abschnitt carn. 4f. auch res. 3,3. Zu Bedeutung und Entwicklung des Paradoxes bei Tertullian vgl. *Fredouille*, Tertullien, 326–337.

[82]   Marc. 2,2,3–6. Die grundsätzlich-allgemeinen Ausführungen in Kap. 2 und Kap. 29 rahmen das zweite Buch. Zum Thema ›magnitudo dei‹ werden in Marc. 2 die beiden Aspekte der Unerkennbarkeit der eigentlichen Größe Gottes und des paradoxen Charakters seiner Größe ausgeführt. Wie in Marc. 1,3,2 sieht Tertullian Gott auch hier durch die Größe definiert (*magnitudo* ist die *substantia nominis*; vgl. auch 1,7,3 f.); diese ist freilich in dem Maße nicht erkennbar, in dem sie, wenn der Mensch sie in jeder Hinsicht erkennen könnte, nicht ›Größe‹ wäre (vgl. dazu ausführlicher apol. 17,1–3). Zur Begründung der Unbegreiflichkeit Gottes führt Tertullian Jes 40,13 f. und Röm 11,33 an, bevor er dann mit einer Auslegung von 1 Kor 1,20f.25; 2,11 f. die gegnerische Anmaßung zurückweist, bestimmen zu wollen, wie Gott sich verhalten oder nicht verhalten dürfe. Tertullian versteht das paulinische Paradox als Anstoß, *gerade* in den pusillitates des biblischen Gottes (vgl. dazu Marc. 2,21–28) seine *magnitudo* und in den Dingen, die Marcion als böse ansieht, seine außerordentliche

«Gott ist dann im höchsten Maße groß, wenn er dem Menschen als klein erscheint«, und zwar deshalb, weil die von den Marcioniten kritisierten ›menschlichen Seiten‹ Gottes Ausdruck seiner in der Inkarnation kulminierenden Kondeszendenz zum Heil des Menschen sind. Was immer die Marcioniten »als klein(lich), schwach und unwürdig« zusammentragen, um den Schöpfer zu vernichten, lässt sich für Tertullian mit einer einfachen und sicheren Erklärung (ratio) beantworten: »Gott hätte nicht in menschliche Begegnungen eintreten können, wenn er nicht menschliche Empfindungen und Affekte angenommen hätte, durch die er die der menschlichen Kleinheit auf jeden Fall unterträgliche Gewalt seiner Majestät durch Demut mäßigte, die für ihn zwar unwürdig, für den Menschen aber notwendig war und so sogleich auch Gottes würdig, weil nichts so sehr Gottes würdig ist wie das Heil des Menschen«.[83] Das wahre Ausmaß der Größe Gottes zeigt sich für Tertullian darin, dass er selbst klein (pusillus) wird, um den Menschen möglichst groß (maximus) zu machen.[84]

»Gott ist dann im höchsten Maße der beste, wenn er dem Menschen als nicht-gut erscheint«, weil seine Strenge und mit ihr alles, was böse scheint, strikt im Dienst des Guten stehen. Auch wenn er als Richter streng ist und die Strenge sich in Zorn, Eifer, Strafe usw. äußert, vollzieht sich doch eben darin ein *gutes* Werk.[85] Die »ganze Ordnung Gottes des Richters« dient der Herstellung bzw. dem Schutz seiner »allgemeinen und höchsten bonitas«.[86] Tertullian scheut

---

bonitas zu erkennen. ›Gott *ist* groß, Gott *ist* gut‹, aber dies ist – trotz des zitierten Ausrufs der Seele – mit der Weisheit der Welt nicht zu erkennen.

[83] »... quaecumque adhuc ut pusilla et infirma et indigna colligitis ad destructionem Creatoris, simplici et certa ratione proponam Deum non potuisse humanos congressus inire, nisi humanos et sensus et adfectus suscepisset, per quos uim maiestatis suae, intolerabilem utique humanae mediocritati, humilitate temperaret, sibi quidem indigna, homini autem necessaria, et ita iam Deo digna, quia nihil tam dignum Deo quam salus hominis« (Marc. 2,27,1;2–9 *Braun*). In Marc. 2,16,7 begründet Tertullian entsprechend die Notwendigkeit der einzelnen Affekte Gottes mit den menschlichen Verhaltensweisen, auf die er damit reagiert.

[84] »Deus pusillus inuentus est, ut homo maximus fieret« (Marc. 2,27,7;51 f. *Braun*). Tertullian trägt in Marc. 2,27,6 f. in Kürze Grundgedanken der irenäischen ›Tauschtheologie‹ (vgl. dazu *Noormann*, Irenäus als Paulusinterpret, 487–492) vor: Der Sohn will dem Menschen so viel zueignen, wie er Gott wegnimmt; alles, was die Marcioniten am Schöpfer als dedecus brandmarken, ist sacramentum humanae salutis; Gott wandelt auf menschliche Weise, damit der Mensch lernt, auf göttliche Weise zu handeln; Gott handelt mit dem Menschen von gleich zu gleich, damit der Mensch mit Gott von gleich zu gleich handeln kann.

[85] Vgl. Marc. 2,16,1.

[86] »Haec ita dispecta totum ordinem dei iudicis operarium et, ut dignius dixerim, protectorem catholicae et summae illius bonitatis ostendunt ...« (Marc. 2,17,1;1–3 *Braun*); vgl. Kap. 17 insgesamt. Die *catholica bonitas* wird mit Mt 5,45 illustriert. Diese Stelle habe Marcion zwar gestrichen, ihre Aussage aber sei der Welt selbst eingeschrieben.

nicht davor zurück, auch die erschreckenden Züge des biblischen Gottesbildes herauszustreichen. Er verteidigt sie gegenüber Marcion, und er setzt sie in paränetischem Kontext auch selbst ein. Er kann dies tun, weil er davon überzeugt ist, dass alles, was die Marcioniten an seinem Gott »schändlich« finden, zum Geheimnis des menschlichen Heils gehört.[87]

»Gott ist schließlich dann im höchsten Maße einer, wenn er dem Menschen als zwei oder mehrere erscheint«, weil er in sich majestätische Erhabenheit verbindet mit der ›Affektivität‹ eines Gottes, der sich einmischt, um zu retten: »Was immer ihr – die Marcioniten – als Gottes *würdig* fordert, wird sich in dem unsichtbaren, unzugänglichen und friedfertigen Vater und, um es so zu sagen, Gott der Philosophen finden; was immer ihr aber als (Gottes) *unwürdig* tadelt, wird dem Sohn zugerechnet werden, der gesehen und gehört und dem begegnet wird, dem Zeugen und Diener des Vaters ...«[88] Max *Pohlenz* hat in dieser Stelle »eine Kapitulation vor dem ›Philosophengott‹ Markions« gesehen, und etliche Interpreten sind ihm darin gefolgt.[89] Dies dürfte ein Missverständnis sein. Vom ›Gott der Philosophen‹ spricht Tertullian ironisch – er hat eben erst betont, die Christen würden nicht von den Philosophen, sondern von Christus und den Propheten über Gott unterrichtet.[90] Zudem hat er zuvor nicht ohne Grund den Nachweis zu führen versucht, dass *alles*, was der biblische Gott tut, *Gottes würdig* ist und *Affekte* für einen Gott, der sich einmischt, unverzichtbar sind, angesichts seiner ganz anderen *substantia* jedoch mit menschlichen Affekten nicht verglichen werden können.[91] Der hier anklingenden marcionitischen Aufspaltung folgt er selbst gerade nicht![92] Dem Sohn kommt nach seiner Überzeugung auch das

---

[87] Vgl. Marc. 2,27,7.

[88] »Igitur quaecumque exigitis Deo digna, habebuntur in Patre inuisibili incongressibilique et placido et, ut ita dixerim, philosophorum deo, quaecumque autem ut indigna reprehenditis, deputabuntur in Filio et uiso et audito et congresso, arbitro Patris et ministro ...« (Marc. 2,27,6 ;40–45 *Braun*). Vgl. auch Prax. 16,2–4.

[89] *M. Pohlenz*, Die Stoa. Geschichte einer geistigen Bewegung, Bd. 1, 7. Aufl., Göttingen 1992, 440; vgl. *ders.*, Vom Zorne Gottes, 28 f., wo von einem Abwälzen des Niedrigen und Anstößigen auf den Logos die Rede ist, das eine Entsprechung in der Dämonologie der späteren platonischen Philosophie habe. *Fredouille*, Tertullien, 160–162, stimmt *Pohlenz* im Wesentlichen zu, allerdings mit der Korrektur, dass es sich um eine Kapitulation vor dem *philosophischen* Gottesbegriff handle. Vgl. dazu auch *Spanneut*, Le stoïcisme, 292 mit Anm. 35, sowie *Meijering*, Tertullian contra Marcion, 159 f.

[90] »Deum nos a prophetis et a Christo, non a philosophis nec ab Epicuro erudimur« (Marc. 2,16,2;15 f. *Braun*).

[91] Vgl. Marc. 2,16,6.

[92] Kritisch zur These *Pohlenz'* auch *Grosse*, Der Zorn Gottes, 154, und *Lukas*, Rhetorik, 158 f. Vgl. auch *Moingt*, Théologie trinitaire, Bd. 2, 415–418, bes. S. 417 f., der zu zeigen sucht, dass der Vater für Tertullian keinesfalls ein untätiger Gott, sondern aufgrund seiner

zu, was Marcion für Gottes *würdig* hält, ja, er kann selbst als die *summa bonitas* bezeichnet werden. Betont steht darum am Ende des Buches der Hinweis, in den gegensätzlichen Aspekten des göttlichen Handelns zeige sich ein und dieselbe substantia diuinitatis, die sowohl gut als auch streng sei.[93] Gott ist so für Tertullian gerade darin *einer*, dass er allen alles wird und jedem auf die ihm angemessene Weise begegnet.[94]

Tertullian ist in seiner Gotteslehre geprägt durch Anschauungen und Haltungen, die er als ›natürliches‹ Zeugnis der Seele deutet, und er macht sich Argumente und Vorstellungen zu eigen, die vielfach dem philosophischen mainstream seiner Zeit entstammen.[95] Aber er ist zugleich wie wenige andere bemüht, die ganze *Vielfalt* des biblischen Gotteszeugnisses auch in ihrer Anstößigkeit theologisch zu integrieren.

---

essentiellen *bonitas* durch Sohn und Geist aktiv ist. *R. Cantalamessa*, La cristologia di Tertulliano, Fribourg 1962, 40 f., zufolge geht es Tertullian darum, dass die kritisierten Aspekte des *alttestamentlichen* Gottes auch dem Christus des *neuen* Bundes zukommen.

[93] »Adeo enim ipsa et una erat substantia diuinitatis, bona et seuera …« (Marc. 2,29,3;19 f. *Braun*). Obgleich Tertullian eine ›Aufteilung‹ verschiedener Aspekte auf Vater und Sohn vornehmen kann – vgl. dazu vor allem seine Schrift *Adversus Praxean* –, hält er an der *Einheit* Gottes fest. Im Kontext von Marc. 2 werden die ›trinitarischen‹ Gesichtspunkte nicht ausgeführt, entscheidend ist für Tertullian hier die *Zusammengehörigkeit verschiedener*, ja *gegensätzlicher* Aspekte in dem *einen* Gott. Das heißt aber auch: die angedeutete ›ökonomische Trinitätslehre‹ ermäßigt das strittige Problem der Gotteslehre kaum.

[94] »Omnia necesse est adhibeat propter omnia, tot sensus quot et causas …« (Marc. 2, 16,7;58 f. *Braun*).

[95] Tertullian ist rhetorisch wie philosophisch vor allem von der sog. Zweiten Sophistik beeinflusst; vgl. dazu etwa *C. Moreschini*, Aspetti della cultura filosofica negli ambienti della Seconda Sofistica, ANRW II,36.7, Berlin / New York 1994, 5101–5133.

Die Götter als Dämonen bei Justin, Athenagoras und Tertullian[1]

Tobias Georges

»Diesem [Jesus Christus] folgend erklären wir, dass die Geister, die solches getan haben [die Weiber entehrt, Knaben geschändet und den Menschen Schreckbilder vorgezeigt haben], nicht nur keine Götter, sondern böse und ruchlose Dämonen sind ... Daher heißen wir Gottesleugner. Wir gestehen zu, inbezug auf derartige falsche Götter Gottesleugner zu sein, nicht aber hinsichtlich des wahren Gottes, des Vaters der Gerechtigkeit und Keuschheit und der übrigen Tugenden, der mit dem Schlechten nichts gemein hat.«[2]

Mit diesen Worten bringt Justin in 1 apol. 5 f. ein wesentliches Verteidigungsargument auf den Punkt, dessen sich frühchristliche apologetische Schriftsteller gegen den Vorwurf des Atheismus bedienen: Die Christen sind keine Atheisten, weil die paganen Götter, deren Anbetung sie in der Tat verweigern, gar keine Götter, sondern nur Dämonen sind. Statt dieser Götzen verehren die Christen den wahren Gott und erweisen sich damit als vorbildliche Gottesverehrer. Der Verweis auf die Dämonen gewinnt in der Auseinandersetzung der frühen Christen mit ihrer paganen Umwelt Gewicht, kann er doch an die antike, außerchrist-

---

[1]   Der vorliegende Beitrag entstand im Rahmen meiner Tätigkeit am Courant-Forschungszentrum »Bildung und Religion« (EDRIS) der Universität Göttingen, das aus Mitteln der Exzellenzinitiative gefördert wird.

[2]   *Justin*, 1apol. 5,4–6,1 (*hg. von D.Minns / P.Parvis*, Oxford 2009, 90): »ᾧ πεισθέντες ἡμεῖς τοὺς ταῦτα πράξαντας δαίμονας οὐ μόνον οὐ θεοὺς εἶναί φαμεω, ἀλλὰ κακοὺς καὶ ἀνοσίους δαίμονας – οἳ οὐδὲ τοῖς ἀρετὴν ποθοῦσιω ἀνθρώποις τὰς πράξεις ὁμοίας ἔχουσιν. ἔνθεν δὲ καὶ ἄθεοι κεκλήμεθα, καὶ ὁμολογοῦμεν τῶν τοιούτων νομιζομένων θεῶν ἄθεοι εἶναι, ἀλλ' οὐχὶ τοῦ ἀληθεστάτου καὶ πατρὸς δικαιοσύνης καὶ τῶν ἄλλων ἀρετῶν ἀνεπιμίκτου τε κακίας θεοῦ.« Die Übersetzung dieser und der folgenden Passagen aus Justins Apologien legt die BKV-Übersetzung (*G.Rauschen*, München 1913) zugrunde und passt sie, wo erforderlich, dem Text der neuen Edition an. Ebenso wird bei Athenagoras' *Legatio* (*A. Eberhard*, München 1913) verfahren. Für Tertullians *Apologeticum* wurde meine eigene Übersetzung (Freiburg 2011) genutzt.

liche Vorstellungswelt anknüpfen.[3] So sind die Dämonen gemäß Plato, smp. 202de Mittelwesen zwischen Gott und Mensch, und folgt man Apuleius, apol. 43,1 f., so gehen von ihnen Sehergabe und magische Handlungen aus. In kritischer Auseinandersetzung mit den paganen Vorstellungen von den Dämonen versuchen die Autoren frühchristlicher Apologien, ihre Abkehr von den Göttern und ihre Hinwendung zu dem einen Gott argumentativ darzulegen.[4] Sieht man sich die Aussagen dieser Schriftsteller zu den Dämonen näher an, so ist zu beobachten: So sehr sie in ihrer Verteidigung gegen den Atheismusvorwurf grundsätzlich übereinstimmen, so deutlich unterscheiden sie sich doch in der Art und Weise, mit der sie die Dämonen in diesem Zusammenhang behandeln. Gerade der Vergleich zwischen Justin und Athenagoras, zwei herausragenden griechischen Repräsentanten dieser Autorengruppe, offenbart einen wesentlichen Unterschied in der Herangehensweise, der in der bisherigen Forschung, wie es scheint, nicht hinreichend profiliert worden ist. Der Blick auf diese Differenz lässt sich schärfen, wenn man noch Tertullian heranzieht, den ersten Verfasser einer christlichen Apologie in lateinischer Sprache. Dieser kurze Beitrag will keine umfassende Studie zu den Dämonen bei Justin, Athenagoras und Tertullian liefern. Der folgende chronologisch geordnete Durchgang hat vielmehr den Zweck, eine charakteristische, divergierende Schwerpunktsetzung in Justins Apologien (1 und 2 apol.), in Athenagoras' *Legatio pro Christianis* (leg.) und in Tertullians *Apologeticum* (apol.) zu beleuchten.

Zunächst zu Justin: In seinen zwei Apologien, die er wohl um die Jahre 150/155 nach Christus verfasste,[5] nehmen die Dämonen eine sehr prominente Rolle ein: Sie begegnen auf Schritt und Tritt,[6] eine gebündelte, systematisierende Behandlung vermisst man freilich. Recht erhellend ist aber gleich ihre erste Erwähnung in 1 apol. 5. Dort äußert Justin:

»Inbezug auf uns, die wir geloben, kein Unrecht zu begehen und solche gottesleugnerischen Ansichten nicht zu hegen, stellt ihr keine genauen Untersuchungen an, sondern straft uns in unvernünftiger Leidenschaft und vom Stachel böser Dämonen getrieben ohne Überlegung und unbekümmert. Denn es soll die Wahrheit gesagt werden: Vor alters hatten böse Dämonen, die Gestalten angenommen hatten, Weiber entehrt, Knaben geschändet und den Menschen Schreckbilder vorgezeigt, so dass

---

[3] Siehe hierzu *J. ter Vrugt-Lentz*, Art. »Geister (Dämonen) B. II. Vorhellenistisches Griechenland«, in: RAC 9 (1976) 598–615; *C. Zintzen*, Art. »Geister (Dämonen) B. III. c. Hellenistische und kaiserzeitliche Philosophie«, in: RAC 9 (1976) 640–668.

[4] Siehe hierzu *M. Fiedrowicz*, Apologie im frühen Christentum. Die Kontroverse um den christlichen Wahrheitsanspruch in den ersten Jahrhunderten, Paderborn 2000, 227–243.

[5] Siehe hierzu *S. Heid*, Art. »Iustinus Martyr I«, in: RAC 19 (2001), 803; *D. Minns / P. Parvis (Hg.)*, Justin, Philosopher and Martyr – Apologies, Oxford 2009, 44.

[6] So z. B. in *Justin*, 1 apol. 5 f.10.18.28.44.54; 2 apol. 1.4(5).5(6).6(7).7(8).12.

die, welche die Vorgänge nicht mit Einsicht unterschieden, verwirrt wurden; von Furcht berückt und verkennend, dass es böse Dämonen waren, nannten sie jene Götter und legten den einzelnen den Namen bei, den ein jeder der Dämonen sich selbst gab.«[7]

Justin beklagt sich hier über das gerichtliche Vorgehen gegen die Christen: Entgegen der sonstigen Rechtspraxis wird im Falle der Christen nicht untersucht, ob sie konkrete Verbrechen begangen haben, sondern die Verurteilung erfolgt allein aufgrund des Bekenntnisses zum Christennamen. Hinter diesem Verfahren, gegen dessen Rechtswidrigkeit Justin sich von Beginn seiner ersten Apologie an wendet, stehen in seinen Augen eben die Dämonen. Die erste Erwähnung dieser Geister nimmt Justin sogleich zum Anlass, etwas näher auf sie einzugehen: Er verweist auf ferne Vergangenheit, darauf, dass die Dämonen sich schon damals unsittlich verhalten haben, sowie darauf, dass sie die Menschen in Verwirrung gebracht haben. Folge dieser Verwirrung sei die Annahme der Menschen, die Dämonen seien Götter. Auf diesem Gedanken basiert Justins Überzeugung, die Götter seien nur böse Dämonen, mit der er im folgenden Kapitel in den eingangs zitierten Worten dem Atheismusvorwurf entgegentreten kann. Justin zufolge maßen sich die Dämonen aber nicht nur göttlichen Rang an, sie gehen auch konsequent gegen die Menschen vor, die ihre Göttlichkeit infrage stellen. Dieses wahrheitsfeindliche Wirken der Dämonen deutet sich in ihrem Einwirken auf die Rechtspraxis gegen die Christen schon an und wird im Fortgang von 1 apol. 5 noch deutlicher: Justin verweist darauf, dass die Dämonen die Verurteilung des Sokrates bewirkt hätten, weil er ihr wahres Wesen aufdecken wollte. Dieses Vorgehen parallelisiert er dann mit dem christenfeindlichen Wirken der Dämonen, wie es z. B. in der römischen Rechtspraxis, aber auch darüber hinaus greifbar wird: »… und in gleicher Weise setzen sie [die Dämonen] gegen uns ganz dasselbe [wie gegen Sokrates] ins Werk.«[8] Im Fortgang der Apologien ist zu erfahren, dass die Dämonen grundsätzlich üble Wesen sind, die Gott und das Gute, und somit natürlich vor allem die Christen, hassen und ihnen

---

[7]   1 apol. 5,1f. (Minns/Parvis, 88–90): »ἐφ' ἡμῶν, ὑπισχνουμένων μηδὲν ἀδικεῖν μηδὲ τὰ ἄθεα ταῦτα δοξάζειν, οὐ κρίσεις ἐξετάζετε, ἀλλὰ ἀλόγῳ πάθει καὶ μάστιγι δαιμόνων φαύλων ἐξελαυνόμενοι ἀκρίτως κολάζετε, μὴ φροντίζοντες. εἰρήσεται γὰρ τἀληθές· ἐπεὶ τὸ παλαιὸν δαίμονες φαῦλοι, ἐπιφανείας ποιησάμενοι, καὶ γυναῖκας ἐμοίχευσαν καὶ παῖδας διέφθειραν καὶ φόβητρα ἀνθρώποις ἔδειξαν, ὡς καταπλαγῆναι τοὺς οἳ λόγῳ τὰς γινομένας πράξεις οὐκ ἔκρινον, ἀλλὰ δέει συνηρπασμένοι καὶ μὴ ἐπιστάμενοι δαίμονας εἶναι φαύλους, θεοὺς προσωνόμαζον καὶ ὀνόματι ἕκαστον προσηγόρευον ὅπερ ἕκαστος αὐτῷ τῶν δαιμόνων ἐτίθετο.« Gegen Minns/Parvis, 88 wird hier nicht auf die Konjektur »κρίσει« zurückgegriffen, sondern die in den meisten Editionen verwendete Lesart von Handschrift A, κρίσεις, übernommen.

[8]   1 apol. 5,3 (Minns/Parvis, 90): »Καὶ ὁμοίως ἐφ' ἡμῶν τὸ αὐτὸ ἐνεργοῦσιν.«

entgegenwirken (1 apol. 10,1–6; 2 apol. 1,2; 2 apol. 6[7],3; 2 apol. 7[8],1–3), dass sie die Menschen schädigen, wo sie nur können, sie versklaven, zu Opfern verleiten (2 apol. 4[5],4), sie von der Erkenntnis Gottes abhalten (1 apol. 10,6; 1 apol. 54,1 f.) und zu diesem Zweck auch die göttlichen Prophezeiungen verunstaltet und so die paganen Göttermythen geschaffen haben (1 apol. 54,1–10). Auch ihre Genese erläutert Justin: Engel, denen Gott bei der Schöpfung die Vorsorge für die Menschen übertragen hatte, widersetzten sich ihrem Auftrag, paarten sich mit Menschenfrauen und zeugten so die Dämonen (2 apol. 4[5],2–6).[9] Mit der Abkehr der Engel von Gott und der Entstehung der Dämonen kann Justin auch die Herkunft des Bösen in der Welt erklären: Gott hat die Welt in wohlgeordneter Weise geschaffen, da die Engel ihrer Aufgabe vorzusorgen aber entgegenwirken, untergraben sie diese Ordnung und ziehen die Menschen, die wie die Engel mit freiem Willen geschaffen sind und sich an Gottes Willen halten könnten, auf ihre Seite (2 apol. 4[5],1–4; 2 apol. 6[7],3–6). Überblickt man Justins Aussagen zu den Dämonen, wird deutlich, dass er ihrer widergöttlichen Macht umfangreiche Bedeutung zumisst. Ein ganz wesentlicher Mosaikstein in Justins Dämonenverständnis fehlt aber noch: In Justins Augen steht der Sieg Christi über die Dämonen schon fest (2 apol. 5[6],5; 2 apol. 7[8],4 f.). Dass die Dämonen noch ihr Unwesen treiben können, hat nur einen Grund – Justin erläutert in 1 apol. 28:

> »Dass dieser [der Satan als Oberhaupt der bösen Dämonen] mit seiner Heerschar und den ihm anhangenden Menschen ins Feuer werde geworfen werden zu ewig dauernder Bestrafung, hat Christus vorhergesagt. Und der Aufschub, dass Gott dies noch nicht getan hat, ist um des Menschengeschlechtes willen eingetreten. Denn er sieht vorher, dass einige infolge ihrer Buße noch Rettung finden werden …«[10]

Die Tage der Dämonen sind also gezählt, ihre Macht ist schon gebrochen. Das lässt sich, so Justin, gerade an der Vollmacht der Christen zum Exorzismus ablesen. Wiederholt lenkt Justin seine Ausführungen zu den Dämonen auf die Vollmacht der Christen hin, sie auszutreiben (2 apol. 5[6],5–6; 2 apol. 7[8],3–5):

---

[9]   Hier dürfte Gen 6,1–4, gelesen durch die Brille außerkanonischer Schriften, speziell von 1 Hen 1–36, im Hintergrund stehen. Siehe hierzu *A. Y. Reed*, The Trickery of the Fallen Angels and the Demonic Mimesis of the Divine. Aetiology, Demonology, and Polemics in the Writings of Justin Martyr, in: JECS 12 (2004), 146–153; *C. Pietri*, Saints et démons: L'héritage de l'hagiographie antique, in: *O. Capitani (Hg.)*, Santi e demoni nell'alto medioevo occidentale (secoli V–XI), Bd. 1, Spoleto 1989, 39–41.

[10]   1 apol. 28,1 f. (Minns/Parvis, 158): »ὅν εἰς τὸ πῦρ πεμφθήσεσθαι μετὰ τῆς αὐτοῦ στρατιᾶς καὶ τῶν ἑπομένων ἀνθρώπων κολασθησομένους τὸν ἀπέραντον αἰῶνα προεμήνυσεν ὁ Χριστός. καὶ γὰρ ἡ ἐπιμονὴ τοῦ μηδέπω τοῦτο πρᾶξαι τὸν θεὸν διὰ τὸ ἀνθρώπιον γένος γεγένηται, προγινώσκει γάρ τινας ἐκ μετανοίας σωθήσεσθαι μέλλοντας …« Vgl. 2 apol. 6(7),1.

Sie zeigt einerseits an, dass die Macht der Dämonen Christus schon Untertan ist, andererseits, dass die Dämonen, vermittels des Jüngsten Gerichts, dem ewigen Feuer entgegengehen.

In der Gesamtschau rücken Justins Äußerungen zu den Dämonen folgenden Zusammenhang ins Zentrum, den Justin hervorheben möchte: Die Götter sind nichts anderes als Dämonen. Die widergöttliche Macht dieser Dämonen ist keinesfalls zu unterschätzen, die Dämonen verursachen das Böse auf der Welt. Aber ihre Macht ist schon gebrochen. Gottes Selbstmitteilung in Christus ist der Anfang von ihrem Ende. Dass die Götter nur Dämonen sind, offenbart ihre Machtlosigkeit gegenüber dem wahren Gott der Christen und enthebt die Christen des Atheismusvorwurfs.

Wendet man sich nun der »Bittschrift für die Christen« bzw. *Legatio* des Athenagoras zu, so lässt sich im Blick auf die Dämonen ein deutlich anders gelagerter Fokus herausarbeiten. Aus darstellungspraktischen Gründen möchte ich hier den Schwerpunkt, den Athenagoras m. E. bewusst setzt, voranstellen, und meine Athenagorasinterpretation dann anhand der Quellenanalyse begründen. Wie Justin geht Athenagoras in seiner um das Jahr 177 verfassten[11] Schrift davon aus, dass die Wirkungen, die den Göttern zugeschrieben werden, von den Dämonen ausgehen. Die Götter sind also auch hier letztlich nichts anderes als Dämonen. Mir scheint aber, dass die Aussage, um die es Athenagoras im Zusammenhang des Atheismusvorwurfs eigentlich geht, darauf zielt, die Bedeutung der Dämonen absichtlich herunterzuspielen: Athenagoras strebt danach, diesem Vorwurf zu begegnen, indem er betont, dass die Götter nicht nur nichts anderes als Dämonen sind, sondern dass sie eigentlich gar nicht existieren. In diesem Kontext kommt er allerdings nicht umhin, zumindest die Wirkungen, die von den Götterbildern ausgehen, zu erklären, da er sie selber als nicht bestreitbar erachtet; zu diesem Zweck rekurriert er auf die Dämonen, achtet aber sorgsam darauf, die Ausführungen zu den Dämonen auf diesen Zusammenhang zu begrenzen, um den Dämonen nicht unnötig Gewicht zu verleihen und so die Infragestellung der Götterexistenz zu schwächen. In der bisherigen Forschung wurde wohl zum Teil darauf hingewiesen, dass Athenagoras den Dämonen nicht die umfassende Bedeutung beimisst, wie wir es bei Justin gesehen haben.[12] Bis-

---

[11]   Siehe hierzu *D. Rankin*, Athenagoras: philosopher and theologian, Aldershot 2009, 23–25; *W. Kinzig*, Art. »Athenagoras«, in: RGG[4] 1 (1998), 887; *B. Pouderon (Hg.)*, Athénagore – Supplique au sujet des Chrétiens et Sur la resurrection des morts (SC 379), Paris 1992, 23 f.

[12]   Siehe z. B. *H. Wey*, Die Funktionen der bösen Geister bei den griechischen Apologeten des zweiten Jahrhunderts nach Christus, Winterthur 1957, 254; *F. Andres*, Die Engellehre der griechischen Apologeten des zweiten Jahrhunderts und ihr Verhältnis zur griechisch-römischen Dämonologie, Paderborn 1914, 94 f.; *R. Heinze*, Tertullians Apologeticum, Leipzig 1910, 394; *J. Geffcken*, Zwei griechische Apologeten, Leipzig/Berlin 1907, 219.

her wurde aber kaum gesehen, dass er diese geringere Gewichtung ganz absichtlich vornimmt und strategisch einsetzt,[13] dass diese also weniger auf seiner grundlegenden Überzeugung beruht, die Dämonen seien von geringerer Bedeutung, als vielmehr auf der übergeordneten Aussageabsicht, die darauf zielt, die Existenz der Götter in grundsätzlicherer Weise zu bestreiten.

Um meine These zu begründen, muss ich zunächst kurz auf die Gliederung der *Legatio* eingehen. Im Vergleich mit Justin, dessen Apologien denen, die sie zu gliedern suchen, immer wieder Kopfzerbrechen bereiten,[14] weist die *Legatio* eine recht klare Struktur auf:[15] Nach einleitenden Bemerkungen in den ersten drei Kapiteln wendet Athenagoras sich in den Kapiteln 4–30 ausführlich gegen den Vorwurf des Atheismus, um anschließend in den Kapiteln 31–36 auch noch den Gräuelvorwürfen gegen die Christen – »thyesteische Mahlzeiten und ödipodeische Beilager« (3,1) – zu begegnen und sein Werk in einem letzten Kapitel mit der Bitte an die Herrscher zu beschließen, sich ihm geneigt zu zeigen. Innerhalb der Widerlegung des Atheismusvorwurfes stellt Athenagoras zunächst positiv heraus, dass gerade die Christen Gottesverehrer sind, sofern sie an den einen Gott glauben (Kapitel 4–12), um dann negativ hervorzuheben, dass die Christen angesichts dieser Verehrung des einen Gottes nicht an die Götter glauben können (Kapitel 13–30). Sein Angriff gegen die Existenz der Götter klingt schon im positiven Beweisgang an, wenn er in Kapitel 5, unter Berufung auf Euripides, gleich zweimal bemerkt, dass die »Wesenheiten [der Götter] nicht existieren«[16]. In der negativen Argumentation legt er dann zunehmend Gewicht darauf, dass für die Götter zwar Namen und Bilder stehen, dass diese Namen und Bilder aber allesamt auf geschichtliche Entwicklungen oder Erzeugnisse zurückzuführen sind. Die Götter selbst gibt es also gar nicht. In diesem Zusammenhang setzt er sich dann in den Kapiteln 23–27 mit dem möglichen Einwand auseinander: »Wie erklärt es sich denn, dass einige Götterbilder wirksam sind, wenn diejenigen, zu deren Ehren wir die Statuen errichten,

---

[13]   Dass dieses absichtliche Vorgehen bisher nicht gesehen wurde, belegt z. B. *Wey*, Funktionen (s. Anm. 12), 254 sehr eindrücklich in den Worten: »Entweder hat dieser Philosoph aus Athen die viel dualistischere Auffassung der Christen (Justins) nicht richtig assimiliert (das möchte ich vermuten), oder dann wollte er für seine Zwecke und sein Publikum davon keinen Gebrauch machen.«

[14]   Siehe hierzu z. B. *G. Rauschen*, Einleitung zu Justin, in: Frühchristliche Apologeten und Märtyrerakten, Bd. I (BKV 1,12), München 1913, 59–62; *Heid*, Iustinus (s. Anm. 5), 803 f.

[15]   Siehe zu dieser Gliederung *A. Eberhard*, Einleitung zu Athenagoras, in: Frühchristliche Apologeten und Märtyrerakten Bd. I (BKV 1,12), München 1913, 270–272; *Rankin*, Athenagoras (s. Anm. 11), 26 f.

[16]   *Athenagoras*, leg. 5,2 (hg. von *B. Pouderon*, Paris 1992 [SC 379], 86): »Τῶν μὲν γὰρ οὔτε τὰς οὐσίας, αἷς ἐπικατηγορεῖσθαι τὸ ὄνομα συμβέβηκεν, ὑποκειμένας ἑώρα … ὧν γὰρ αἱ οὐσίαι οὐχ ὑπόκεινται …«

keine Götter sind?« (Leg. 23,1)[17] Nach dem bisher Gesagten dürfte schon klar sein, dass Athenagoras diese Wirkung auf die Dämonen zurückführt: In leg. 26,1 sagt er explizit: »Wer also die Leute zu den Götterbildern hinzieht, sind die Dämonen ...«[18]

In diesen Kapiteln 23–27 bündelt Athenagoras seine Behandlung der Dämonen-Thematik: Seine grundlegende These ist eben, dass die Wirkungen der Götterbilder keine Belege für das Dasein der Götter sind, sondern dass sie lediglich das Werk der Dämonen sind, die sich hinter den Namen der Götter und hinter ihren Bildern verstecken. Für diese These verweist er in Kapitel 23 zunächst darauf, dass auch Thales und vor allem Plato zwischen dem ungewordenen Gott und den gewordenen Dämonen unterschieden hätten, erläutert dann in leg. 24 die Genese der Dämonen mit dem Fall der Engel und zuoberst des »Beherrschers der Materie« (24,5): Diese hätten sich dem Auftrag zur Fürsorge, den Gott ihnen verliehen hätte, widersetzt – hier zeigen sich, wie auch sonst häufig in Athenagoras' Darlegungen zu den Dämonen, deutliche Motivüberschneidungen mit Justin. Athenagoras erklärt mit der Verweigerungshaltung und Feindseligkeit der Dämonen in Kapitel 25 auch die Zweifel an der göttlichen Fürsorge – die in seinen Augen freilich unzweifelhaft ist –, bevor er in leg. 26 noch einmal klar ausspricht: Die Götterbilder haben keinen göttlichen Hintergrund, da die vermeintlichen »Götter« selbst nur einstige Menschen sind, und die Wirkungen der Götterbilder gehen nur von Dämonen aus, die hinter den Namen der Götter Deckung suchen und sich an den Götteropfern laben. Schließlich beleuchtet Athenagoras in Kapitel 27 noch die Weise, in der die Dämonen auf die menschliche Seele einwirken, und betont dabei insbesondere die Anfälligkeit der unvernünftigen Seelenkräfte und die Täuschungsmacht der Dämonen.

Das interessante ist nun, dass Athenagoras seine Aussagen zu den Dämonen gänzlich auf die Kapitel 23–27 beschränkt. Es ist nicht so, dass er sich dort eben konzentriert mit den Dämonen beschäftigt und sie an anderer Stelle nur *en passant* erwähnt. Die Dämonen begegnen außerhalb von leg. 23–27 überhaupt nicht! Lediglich in leg. 10 wird auf die Gruppe, von denen die Dämonen ausgegangen sind, nämlich die Engel verwiesen, doch passt gerade diese Bemerkung sehr ins Bild: Nach Darlegung des christlichen Glaubens an Gott Vater, Sohn und Heiligen Geist äußert Athenagoras da:

> »Doch bleibt der theologische Teil unserer Lehre nicht dabei stehen, sondern wir
> lehren auch eine Menge von Engeln und Dienern, welche Gott, der Schöpfer und

---

[17] Leg. 23,1 (Pouderon, 154): »τίνι οὖν τῷ λόγῳ ἔνια τῶν εἰνεργεῖ, εἰ μὴ εἰσὶν θεοί, ἐφ' οἷς ἱδρυόμεθα τὰ ἀγάλματα ...«

[18] Leg. 26,1 (Pouderon, 170): »Καὶ οἱ μὲν περὶ τὰ εἴδωλα αὐτοὺς ἕλκοντες οἱ δαίμονές εἰσιν οἱ προειρημένοι ...«

Bildner der Welt, durch sein Wort verteilt und aufgestellt hat, damit sie über die Elemente und die Himmel, über die Welt, die Dinge in der Welt und deren Ordnung wachen.«[19]

Athenagoras bemerkt hier, dass Gott Engel und Diener angewiesen hat, über seine Schöpfung zu wachen. Das entspricht genau dem Auftrag zur Fürsorge, den Athenagoras, wie eben erwähnt, in Kapitel 24 benennt, um dann zu beleuchten, dass die Dämonen sich diesem Auftrag gerade widersetzt haben. Von solch einem Abweichen oder von den gefallenen Engeln ist in Kapitel 10 aber keine Rede: Dass die göttliche Ordnung von den Dämonen untergraben wird, kommt erst in leg. 24 f. in den Blick, innerhalb der komprimierten Beschäftigung mit den Dämonen. Hier fragt sich doch, ob Athenagoras die Dämonen nicht ganz absichtlich in leg. 10 außen vor gelassen und sie ebenso absichtlich auf die Kapitel 23–27 begrenzt hat. Könnte sich eine solche These nur auf die Absenz der Dämonen in der zitierten Passage berufen, stünde sie auf eher wackligen Füßen. Für die These lassen sich aber weitere gewichtige Indizien anführen, die im Folgenden zu benennen sind.

Vergleicht man die *Legatio* mit Justins Apologien, so fällt auf, dass sich weitreichende Motiv-Parallelen, wie sie im Blick auf die Beschreibung der »Dämonen« ja grundsätzlich zu sehen waren, auch auf anderen Feldern beobachten lassen. So beleuchten beide die Drangsale, denen die Christen von Seiten ihrer nichtchristlichen Umwelt ausgesetzt sind, in sehr ähnlicher Weise: Beide sehen den blinden Hass gegen den Christennamen als wesentliches Motiv für die Nachstellungen (1 apol. 3–5; leg. 1 f.), beide prangern die Widersinnigkeit des gerichtlichen Vorgehens gegen die Christen an (1 apol. 4 f.; leg. 2 f.), beide bekämpfen die paganen Gräuelvorwürfe gegen die Christen – in erster Linie Kannibalismus und Inzest – und setzten diesen Vorwürfen jeweils entgegen, dass niemals die Christen solche Schandtaten begingen, wohl aber die paganen Ankläger (2 apol. 12; leg. 31–36). Während nun jedoch Justin hier jeweils das Wirken der Dämonen im Hintergrund sieht (1 apol. 5; 2 apol. 12), erwähnt Athenagoras sie in diesen Zusammenhängen mit keinem Wort: In der Rolle des Anstifters sieht Justin jeweils die Dämonen (1 apol. 5; 2 apol. 12), Athenagoras hingegen lediglich die Unvernunft der Christenverfolger (leg. 1; 2; 31) – die Justin freilich auch kennt, als deren Wurzel er aber wiederum das Wirken der Dämonen ausmacht.

Gegen eine bewusste Ausblendung der Dämonen durch Athenagoras könnte man hier noch einwenden, Athenagoras habe die Bedeutung der Dämonen eben

---

[19]   Leg. 10,5 (Pouderon, 102): »Καὶ οὐδ᾽ ἐπὶ τούτοις τὸ θεολογικὸν ἡμῶν ἵσταται μέρος, ἀλλὰ καὶ πλῆθος ἀγγέλων καὶ λειτουργῶν φαμεν, οὓς ὁ ποιητὴς καὶ δημιουργὸς κόσμου θεὸς διὰ τοῦ παρ᾽ αὐτοῦ λόγου διένειμε καὶ διέταξεν περί τε τὰ στοιχεῖα εἶναι καὶ τοὺς οὐρανοὺς καὶ τὸν κόσμον καὶ τὰ ἐν αὐτῷ καὶ τὴν τούτων εὐταξίαν.«

entgegen Justin tatsächlich auf das in leg. 23–27 behandelte Themenfeld begrenzt gesehen. Gegen diesen Einwand ist jedoch auf die Bezüge in leg. 23–27 zu verweisen, welche erkennen lassen, dass Athenagoras mit einer größeren Bedeutung der Dämonen rechnet, diese aber außerhalb dieser Kapitel auch dann nicht benennt, wenn der Kontext es eigentlich erwarten ließe. Dass der Fürsorge-Auftrag, dem die Dämonen nicht nachkommen, in leg. 10 keine Erwähnung der gefallenen Engel nach sich zieht, wurde schon erwähnt. Darüber hinaus ist hier die Vorstellung des Athenagoras aus leg. 26 zu benennen, dass die Dämonen »sich an das Blut der Opfertiere herandrängen und von ihnen naschen«[20], dass die Dämonen sich de facto also von den Opfern ernähren, die den Göttern zugedacht sind. Angesichts dieser Vorstellung ist damit zu rechnen, dass das Thema »Dämonen« bei Athenagoras präsent ist, sobald von den Götteropfern die Rede ist. In Kapitel 13 legt Athenagoras ausführlich dar, warum die Christen keine blutigen Opfer darbringen – und erwähnt die Dämonen mit keinem Wort. Des Weiteren ist zu beobachten, dass auch der Gedanke des Athenagoras aus leg. 26 f., die Dämonen versteckten sich hinter den Namen der Götterbilder, nicht zur Folge hat, dass die Dämonen sonst im Zusammenhang der Götternamen und -bilder erwähnt würden: Athenagoras befasst sich in leg. 15–18 (vgl. auch leg. 28) ausführlich mit den Namen und Bildern der Götter und erläutert, dass hinter ihnen keine Götter stünden – von Dämonen ist wiederum keine Rede. Schließlich fällt auf, dass Athenagoras in leg. 27 seine Überzeugung zum Ausdruck bringt, dass »die Dämonen … immer auf Täuschung der Menschen bedacht sind«[21]. In der ganzen *Legatio* gäbe es Punkte, die auf diese dämonische Täuschung verweisen ließen, und gerade im Zusammenhang der Gräuelvorwürfe am Ende des Werks wäre der Bezug zu den Täuschungsmanövern der Dämonen – den ja auch Justin betont – nahe gelegen, zumal Athenagoras in diesem Zusammenhang immer wieder vom »Andichten« (λογοποιεῖν) spricht (leg. 31–35), doch wiederum: kein Wort von den Dämonen.

So verdichten sich doch die Gründe für die These: Das Hauptaugenmerk des Athenagoras gilt der Aussage: Die Götter gibt es nicht. Da die Wirkungen der Götterbilder für ihn nicht zu leugnen sind, bringt er die Dämonen doch zur Sprache, da er mit ihnen diese Wirkungen erläutern kann. Er beschränkt die Ausführungen zu den Dämonen aber ganz bewusst auf die Kapitel 23–27 und handelt von ihnen insgesamt nur unter der reduzierten Grundfragestellung: Wie sind die Wirkungen der Götterbilder zu erklären? Indem er die Erläuterung dieser Wirkung von den restlichen Ausführungen separiert, zielt er darauf, dass die Bestreitung der Existenz der Götter und die Erklärung dennoch vorhandener

---

[20]   Leg. 26,1 (Pouderon, 170): »… οἱ προειρημένοι, οἱ προστετηκότες τῷ ἀπὸ τῶν ἱερείων αἵματι καὶ ταῦτα περιλιχμώμενοι« (vgl. auch leg. 27,2).

[21]   Leg. 27,2 (Pouderon, 174): »ἀπατηλοὶ δὲ ἀνθρώπων«.

wunderhafter Wirkungen auseinandergehalten werden. Eine Vermengung der beiden Themenkomplexe hätte zur Folge, dass den Dämonen größere Macht zugemessen würde, als es der Argumentation des Athenagoras recht sein kann, dass die Dämonen in seinen Augen zu, wenn auch niederen, Gottheiten würden.

Dass es Athenagoras darum geht, die Macht der Dämonen als möglichst irrelevant darzustellen, lässt sich schließlich auch daran ablesen, dass er im Gegensatz zu Justin die Exorzismusvollmacht der frühen Christen mit keinem Wort erwähnt – ein auffälliger Befund angesichts der Bedeutung der Exorzismen in der frühchristlichen Apologetik.[22] Für diesen Befund liegt die Erklärung nahe: Athenagoras verschweigt die Dämonenaustreibungen, um den Dämonen erst gar keine Bühne zu bieten. Exorzismen belegen freilich die gebrochene Macht der Dämonen – und Justin setzt im Gegensatz zu Athenagoras auf diesen Argumentationsweg –, sie billigen den Dämonen aber zunächst doch eine gewisse Macht zu.

Nun könnte man gegen die These noch einwenden: Die komprimierte Behandlung der Dämonen in leg. 23–27 lässt sich einfach dadurch erklären, dass Athenagoras sein Werk besser zu strukturieren weiß als Justin und dass er die Dämonen eben *en bloc* behandeln will. Auf die ausgeprägtere rhetorische Versiertheit des Athenagoras ist in der Forschung immer wieder hingewiesen worden.[23] Gegen diesen Einwand stehen nun nicht nur die Indizien aus der *Legatio*, die hier präsentiert wurden. Ein wesentliches Zusatzargument liefert ein abschließender Seitenblick auf Tertullians *Apologeticum*, der die Differenz zwischen Justin und Athenagoras schärfen soll.

Gerade Tertullian ist für seine rhetorische Finesse bekannt,[24] und sein apol., das wohl im Jahr 197 verfasst wurde,[25] kann dafür als besonders prominente Illustration gelten: Es ist, wie Kommentatoren wiederholt betont haben, klar gegliedert.[26] Die klare Gliederung ist auch an der Behandlung der Dämonen ablesbar. Sie werden, wie bei Athenagoras, gebündelt behandelt, in apol. 22 f.[27] Wer aber meint, das stütze den benannten Einwand, irrt sich. Denn im Gegensatz zu Athenagoras blendet Tertullian die Dämonen außerhalb dieser Kapitel keines-

---

[22]   Siehe hierzu *K. Thraede*, Art. »Exorzismus«, in: RAC 7 (1969), 67–72.

[23]   Siehe schon *Eberhard*, Einleitung (s. Anm. 15), 268 f., neuerdings z. B. *Rankin*, Athenagoras (s. Anm. 11), 12.26 f.

[24]   Siehe hierzu *T. Georges*, Tertullian – Apologeticum. Übersetzung und Kommentierung (KfA 11), Freiburg/Basel/Wien 2011, 18.

[25]   Siehe hierzu *H. Tränkle*, §474. Q. Septimius Florens Tertullianus, in: HLL 4 (1997), 444–449; *T. D. Barnes*, Tertullian. A Historical and Literary Study, Oxford 2005, 33 f.

[26]   Siehe zur Gliederung des apol. *Georges*, Apologeticum (s. Anm. 24), 11–16.39–44.

[27]   In *Tertullian*, apol. 27 stehen die Dämonen noch einmal im Zentrum, das Wesentliche über sie kommt aber schon in apol. 22 f. zur Sprache.

wegs aus. Vielmehr sind die Dämonen, wie bei Justin, omnipräsent:[28] Schon in apol. 2,14 verweist er auf die »Macht im Verborgenen« als Ursache für die widersinnige Vorgehensweise der römischen Behörden gegen die Christen. Mit dieser Macht meint er, wie sich im Fortgang des apol. zeigt, zweifellos die der Dämonen,[29] und diese Macht ist in seinen Augen die treibende Kraft für alles Böse. In den Kapiteln 22 f. nimmt er sie eigens unter die Lupe. Er erläutert zunächst in apol. 22 ihre Genese, daraufhin ihre umfassende Zielsetzung, den Menschen zu vernichten, und ihre Wirkweise. In apol. 23 weist er dann ihre Nichtgöttlichkeit und Machtlosigkeit gegenüber Christus bzw. ihre Unterlegenheit unter der Majestät des einen Gottes auf. An dieser Stelle ist es angezeigt, in aller Kürze auf die Makrostruktur des Werkes einzugehen: Mit dem Beleg, dass die Dämonen keine göttliche *maiestas* besitzen, widerlegt Tertullian den Atheismusvorwurf bzw. die Anklage der *laesa religio*, mit der er sich in apol. 10–27 auseinandersetzt – also in der ersten Hälfte des Hauptteils seines Werkes. In apol. 28–45, der zweiten Hälfte, widerlegt er dann den Vorwurf der *laesa maiestas*, der Schädigung der kaiserlichen Majestät. Die mangelnde *maiestas* der Dämonen wird hier zum Bindeglied zwischen den beiden Hälften des Hauptteils: Sie verweist indirekt auf die unvergleichliche Größe des einen Gottes, die dann in der zweiten Hälfte die Unterordnung auch der kaiserlichen *maiestas* begründet – dieser kurze Hinweis mag zeigen, wie sehr Tertullians Verständnis der Dämonen mit der Gliederung des Werkes verwoben ist. Um herauszustellen, dass die bösen Geister dem Gott der Christen unterlegen sind, durch Christus letztlich schon besiegt sind und dem Gericht entgegengehen, beruft sich Tertullian in apol. 23 ausführlich auf die Exorzismusvollmacht der Christen – die Athenagoras gänzlich ausgeblendet hatte. Sie ist ihm Beleg für die mangelnde *maiestas* der Dämonen.

Der kurze Blick auf das apol. offenbart: Tertullian behandelt die Dämonen einerseits, wie Athenagoras, in gebündelter und strukturierterer Weise als Justin und bezeugt damit die Tendenz zur systematischeren Behandlung der Dämonen innerhalb der frühchristlichen Apologeten. Im Blick auf das Dämonenverständnis bewegt sich Tertullian andererseits aber deutlich in den Bahnen Justins: Er betont die im Verborgenen wirksame Macht der Dämonen, um letztlich zu unterstreichen, dass die Dämonen schon besiegt sind. Beachtet man, dass Tertullian die Dämonen zwar, anders als Justin, in klar strukturierter Weise behandelt, ihre Macht aber, wie Justin, sehr ernst nimmt und sie im ganzen apol. im Blick

---

[28] Siehe z. B. apol. 2,12.14.18 f.; 7,12; 9,17; 21,17; 24,3; 29,1; 32,2 f.; 37,9; 43,2; 46,5; 47,11. Auch wenn Tertullian an den ersten genannten Stellen nicht explizit von den »Dämonen« spricht, sind sie doch zweifellos angesprochen. Sogar für die Gliederung des Werkes spielen sie eine entscheidende Rolle. Siehe hierzu *Georges*, Apologeticum (s. Anm. 24), passim.

[29] Siehe hierzu *Georges*, Apologeticum (s. Anm. 24), 87 f.

hat, wird es noch wahrscheinlicher: Athenagoras spielt mit seiner Eingrenzung des Dämonen-Themas auf leg. 23–27 deren Macht bewusst herunter. Die Untersuchung zu Justin, Athenagoras und Tertullian zeigt: Alle drei beziehen sich im Zusammenhang der Widerlegung des Atheismus-Vorwurfs auf die Dämonen, sie offenbaren dabei aber zwei unterschiedliche Aussageintentionen: Justin und Tertullian stehen mit ihrer Betonung der – wohlgemerkt gebrochenen – Macht der Dämonen gemeinsam auf der einen Seite, Athenagoras mit seiner Eingrenzung dieser Macht auf der anderen. Wenn Tertullian den Sieg der Christen über die Dämonen herausstellt, geht er freilich noch über Justin hinaus: Bei ihm müssen die Dämonen im Exorzismus nicht nur ihre eigene Nichtgöttlichkeit bekennen, sie werden auch die Wahrheit des Gottes der Christen und der christlichen Lehre bezeugen:

> »Durch eben diese unsere Tätigkeit« – das exorzistische Handeln – »werdet ihr allerdings von eben diesen euren Göttern, die nicht nur enthüllen, dass weder sie selbst Götter sind noch irgendwelche anderen, sogleich auch dieses erkennen, wer in Wahrheit Gott ist, und ob es jener ist und ob jener allein, zu dem wir Christen uns bekennen, und ob an ihn so zu glauben und er so zu verehren ist, wie es im Glauben und der Lehre der Christen geordnet ist.«[30]

Diese Kühnheit, die Dämonen zu Zeugen des christlichen Glaubens zu machen, haben die Apologeten vor Tertullian nicht besessen.

---

[30]   Apol. 23,11 (hg. von E. Dekkers, Turnhout 1954 [CChr.SL 1], 132): »Eadem vero opera nostra ab eisdem deis vestris non tantum hoc detegentibus, quod neque ipsi sint neque ulli alii, etiam illud in continenti cognoscitis, qui sit vere deus, et an ille et an unicus, quem Christiani profitemur, et an ita credendus colendusque, ut fides et disciplina disposita est Christianorum.«

Gott, Götter und Gurken

Die Einheit Gottes in der Praxis (Iren., haer. I,11,4)

Barbara Müller

Irenäus von Lyon († um 200) war der wohl engagierteste Bekämpfer gnostischer Glaubenssysteme seiner Zeit.[1] Dabei beschränkte sich sein Kampf gegen die für ihn, den Bischof und Kirchenmann, so bedrohlichen häretischen Systeme nicht auf die schlichte Ablehnung. Vielmehr setzte er sich intensiv mit den gnostischen Lehren und Lehrern auseinander und beschreibt diese minuziös und mit viel Sachkenntnis. An auch harscher Kritik fehlt es nicht; schließlich will er mit seinem Hauptwerk – wie es dessen paulinisch inspirierter Titel besagt – die »Überführung und Widerlegung der fälschlich so genannten Gnosis« (1 Tim 6,20) bewirken.[2] Dieses Werk, meist mit seinem lateinischen Kurztitel *Adversus haereses* bezeichnet, ist von unschätzbarem Wert, sowohl was die Beschreibung heterodoxer Lehren betrifft als auch die kirchliche Entgegnung darauf. Darüber hinaus ist *Adversus haereses* auch ein groß angelegter positiver theologischer Entwurf aus dem ausgehenden 2. Jahrhundert.

1 Irenäus, Adversus haereses I,11,4 – Inhalt, Überlieferung und Anliegen

»Es existiert eine Proarche, königlich, vor-unausdenkbar, vor-substanzlos, eine vor-vorwärtsrollende Kraft. Zusammen mit dieser existiert eine Kraft, die ich Kürbis (*Cucurbitam*) nenne. Zusammen mit dem Kürbis existiert eine Kraft, die ich Überleere nenne. Da diese beiden, der Kürbis und die Überleere, eins sind,

---

[1]   Für Hinweise und Hilfeleistungen danke ich Prof. Dr. Christian Brockmann, Franziska May, Prof. Dr. Silke Petersen und Prof. Dr. Gregor Wurst.

[2]   Iren., haer. wird im Folgenden zitiert aus: A. *Rousseau et al. (Hg.),* Irénée de Lyon, Contre les hérésies. Kommentar- und Textbände. Buch I: SC 263, 264; Buch II: SC 293, 294; Buch III: SC 210, 211; Buch IV: SC 100; Buch V: SC 152/153, Paris 1965-1982. – Erwähnungen und Kommentierungen des Titels, z. B. Iren., haer. II,14,7 (SC 294, 140); IV,41,4 (SC 100, 994).

brachten sie Frucht hervor, ohne sie herauszulassen, die allseits sichtbar war, essbar und süss. Unsere Sprache nennt diese Frucht Gurke (*Cucumerem*). Zusammen mit der Gurke existiert eine Kraft, die ihr wesensgleich ist. Ich nenne sie Melone (*Peponem*). Diese Kräfte, Kürbis, Überleere, Gurke und Melone, brachten die restliche Menge von Valentins schwachsinnigen Melonen hervor. Wenn nämlich die allgemein gebräuchliche Sprache auf die erste Tetras zu übertragen ist und jeder die Namen wählen darf, wie er will, wer kann dann etwas dagegen einwenden, wenn man diese Namen verwendet, die viel glaubhafter, geläufiger und allgemein bekannt sind?«[3]

Innerhalb des irenäischen Werkes gehört diese Passage zu den besonders sarkastischen. Zwar geht Irenäus insgesamt mit seinen Gegnern nicht gerade zimperlich um.[4] Dennoch entfernt er sich hier besonders weit von einer sachlichen Auseinandersetzung, indem er sogar so weit geht, selber pseudo-gnostisch kreativ zu werden. Vielleicht ist dies mit ein Grund, weshalb diese Passage nicht auf Griechisch, sondern nur in der lateinischen Übersetzung überliefert ist. Dieser sprachliche Befund ist nämlich auffällig, da die ersten 20 Kapitel des ersten Buches anhand von griechischen Fragmenten fast gänzlich rekonstruiert werden konnten.[5] Nur unsere Passage mit ihrem Ausflug in das Reich der Gurken, Melonen und Kürbisse sowie ein einziger Halbsatz in Kapitel 12 sind ausschliesslich in der lateinischen Übersetzung überliefert. Es ist also vorstellbar, die griechischen Exzerpisten hätten unseren etwas experimentellen Abschnitt bewusst beiseite gelassen.[6] Selbst für Epiphanius, der im Allgemeinen wenig

---

[3] »*Est quaedam Proarche regalis, proanennoetos, proanypostatos, Virtus proprocylindomene. Cum illa autem est Virtus, quam ego Cucurbitam uoco. Cum hac Cucurbita est Virtus, quam et ipsam uoco Perinane. Haec Cucurbita et Perinane, cum sint unum, emiserunt, cum non emisissent, fructum in omnibus uisibilem, manducabilem et dulcem, quem fructum sermo Cucumerem uocat. Cum hoc Cucumere est virtus eiusdem potestatis ei, quam et ipsam Peponem voco. Haec virtutes, Cucurbita et Perinane et Cucumis et Pepo, emiserunt reliquam multitudinem Valentini deliriosorum Peponum. Si enim eum sermonem qui de uniuersis fit transfigurari in primam Quaternationem oportet et quemadmodum uult aliquis ipse ponere nomina, quis prohibet his nominibus uti multo credibilioribus et in usu positis et ab omnis cognitis?*« Iren., haer. I,11,4 (SC 100, 994). Übersetzung aus: Irenäus von Lyon, Epideixis, Adversus haereses / Darlegung der apostolischen Verkündigung, Gegen die Häresien, Bd. 1, in: *N. Brox (Hg.)*, FC 8,1, Freiburg 1993, 211. Die folgenden deutschen Übersetzungen von haer. erfolgen ebenfalls in Anlehnung an Brox.

[4] Z. B. Iren., haer. I,prol.2 (SC 264, 20; 22); I,16,3 (SC 264, 260; 264); I,31,3 (SC 264, 388); II,6,3 (SC 294, 62); II,7,1 (SC 294, 62); II,10,3 (SC 294, 88–90); II,18,7 (SC 294, 184); II,27,2 (SC 294, 266); II,30,1 (SC 294, 302); III,12,7 (SC 211, 212); III,14,4 (SC 211, 274).

[5] Vgl. die tabellarische Übersicht in: *A. Rousseau / L. Doutreleau*, Introduction, in: *Dies. (Hg.)*, Irénée de Lyon, Contre les hérésies, Bd 1: Introduction, notes justificatives, tables (SC 263), Paris 1979, 64 f.

Scheu zeigt, Falschgläubige zu verspotten und der die 20 Anfangskapitel des ersten irenäischen Buches ansonsten mehr oder weniger getreu in sein *Panarion* aufgenommen hat, hat es Irenäus mit seinen Kürbis-Kapriolen wohl zu bunt getrieben.[7]

Obschon oder vielleicht gerade, weil haer. I,11,4 quellenmässig schwächer bezeugt ist als andere Passagen, handelt es sich um eine interessante Stelle. Zwei Fragen stellen sich insbesondere: 1. Warum kreiert Irenäus dieses pseudognostische System? 2. Weshalb wählt er gerade die Trias Kürbis-Gurke-Melone und nicht vielmehr z. B. Forelle, Lachs und Flunder?

Die erste Frage, weshalb er dieses pseudognostische System überhaupt erfindet, lässt sich recht einfach beantworten. Indem er eine eigene, andere kosmische Tetras erfindet, fügt er den diversen gnostischen Varianten eine weitere hinzu, um so gleichsam anhand seines eigenen Beispiels auf die Widersprüchlichkeit der gnostischen Lehren hinzuweisen – und zwar sowohl, was den Inhalt als auch die Terminologie betrifft. Irenäus stellt fest, dass man, wenn man die Meinungen allein von zwei oder drei gnostischen Lehrern nimmt, sogleich auf Gegensätzliches stößt.[8] Seiner Ansicht nach handelt es sich bei ihren Glaubenslehren um eigene, gleichsam Privatmeinungen (*ex opinionibus propriis*) und daher nicht um die universale Wahrheit.[9]

Haer. I,11,4 ist parallel zum in I,1,1 dargestellten ptolemäischen Lehrsystem gestaltet, indem sie die erste Tetras schildert, d. h. die erste Emanation, welche die *Proarche* und die *Sige* hervorbrachten, aus welchen der *Nus* bzw. *Unigenitus* und die *Veritas* hervorgingen.[10] Bei Irenäus werden daraus Kürbis, Überleere, Gurke und Melone. Mit diesem äonischen Geschehen befinden wir uns in der Dimension des Pleromas, also des Immateriellen, insbesondere vor der Entstehung der Welt. Dass Irenäus gerade diese Phase des kosmischen Dramas polemisch attackiert, ist kein Zufall. Denn an all den häretischen Systemen stößt er sich ganz besonders daran, dass sie an etwas, wenngleich Diffuses, glauben, das vor dem Schöpfer der Welt existierte.[11] Unmittelbar damit verbunden beanstandet er auch heftig, dass die Häretiker sowohl den Schöpfer des Materiellen

---

6   Für Hippolyt ist eine Tendenz, u. a. solche Passagen auszulassen, in denen sich Irenäus über seine Gegner lustig macht, nachweisbar, vgl. *Rousseau/Doutreleau*, Introduction (wie Anm. 5), 86, mit Bezug auf das für Iren., haer. I,11,4 relevante Fragment 4.

7   A. a. O., 87.

8   »*... et nominibus et rebus contraria respondent*«, Iren., haer. I,11,1 (SC 264, 166), vgl. I,24,1 (SC 264, 320); II,prol. (SC 294, 22).

9   Haer. II,28,7 (SC 294, 284).

10   Haer. I,1,1 (SC 264, 28–30).

11   Haer. II,8,3 (SC 294, 80–82). Offenbar können die Valentinianer aber nicht angeben, was vor der Schöpfung war: II,15,3 (SC 294, 148–150).

als auch die Materie als Produkt eines Zufalles, mithin eines Unfalles, sehen und damit abwerten.[12] Dies widerspricht seiner Meinung nach den Zeugnissen der Heiligen Schrift, welche samt und sonders den einen Gott als den Schöpfer bezeichnen. Und es widerspricht auch dem alles andere als zufälligen Heilsplan des souverän ordnenden einen Gottes. Über diesen einen Gott gibt es in der Kirche, welche im Besitz der einen und wahren Lehre ist, welche auf der ganzen bewohnten Welt »bis an die Grenzen der Erde« das Bekenntnis zu Gottvater, dem Schöpfer, zu Christus Jesus, dem Sohn, sowie zum Heiligen Geist beinhaltet.[13] Die Kirche bewahrt diese Botschaft in aller Sorgfalt auf, »wie wenn sie in einem einzigen Hause wohnte, und sie glaubt so daran, als ob sie nur eine Seele und ein Herz hätte, und verkündet, lehrt und überliefert das, als hätte sie nur einen Mund.«[14]

Die Vielfalt und Widersprüchlichkeit der gnostischen Lehren beweist demgegenüber, dass sie nicht wahr sind. Ein untrügliches Indiz dafür ist auch ihre willkürliche Terminologie. Unmittelbar vor unserer Kürbispassage stößt Irenäus bezogen auf einen namentlich nicht genannten, aber deklariertermaßen anerkannten gnostischen Lehrer, eigentliche Jammerlaute aus: »Auweh, auweh! Den Jammerruf muss man ausstossen über solcher Namensbilderei und solcher Frechheit, mit der er, ohne rot zu werden, für seine Lügenmärchen die Namen ausgesucht hat.«[15] Dieser ungenannte Lehrer wollte nach Angabe des Irenäus zu noch grösserer Erkenntnis gelangen, indem er die gnostischen Fachtermini nach eigenem Gutdünken und nach Irenäus eben falsch platzierte.[16] Diese selbst innergnostische sprachliche Inkohärenz war es, die in Irenäus die Spiellust entfachte – »Nichts steht dagegen, dass ein anderer sich über dasselbe Thema macht und dabei die Namen folgendermaßen definiert.«[17] – und ihn in unmittelbarem Anschluss die Kürbispassage einfügen ließ.

Wie verhält es sich nun aber angesichts der universalen Kirche, die Irenäus durchaus bereits vor Augen steht, mit einer dortigen unterschiedlichen Terminologie, herrührend etwa von unterschiedlichen Sprachen? Hierzu schreibt Irenäus:

»… wenn auch die Sprachen überall in der Welt verschieden sind, so ist doch der Inhalt der Überlieferung ein und derselbe. Die Kirchen, die es in Germanien gibt, glauben und überliefern nicht anders, auch die in Iberien und die bei den Kelten nicht, ebenso die im Orient und die in Ägypten, in Libyen und in der Mitte der Welt.

---

[12] Haer. IV,prol.3 (SC 100, 384); IV,33,3 (SC 100, 808); II,3,2 (SC 294, 44).
[13] Haer. I,10,1 (SC 264, 154).
[14] Haer. I,10,2 (SC 264, 158), Apg 4,32.
[15] Haer. I,11,4 (SC 264, 174).
[16] Haer. I,11,3 (SC 264, 172), vgl. II,12,3 (SC 294, 100); II,13,1–10 (SC 294, 108–130).
[17] Haer. I,11,4 (SC 264, 176).

Sondern wie die Sonne, Gottes Geschöpf, in der ganzen Welt ein und dieselbe ist, so scheint das Licht, die Kunde von der Wahrheit, überall und erleuchtet die Menschen, die zur Erkenntnis der Wahrheit kommen wollen. ... Denn es ist eben ein und derselbe Glaube ... .«[18]

Er untermauert diese Überzeugung auch mit schier endlosen Schriftbeweisen, indem er sowohl auf die inhaltliche Konsistenz des Alten und des Neuen Testaments hinweist, als auch auf die inhaltliche Übereinstimmung derjenigen Schriften, die künftig den Kanon des Neuen Testaments bildeten.

Der in der Kirche treu tradierte Glaube ist nach Irenäus also einer und unterschiedliche Formulierungen und Sprachen tun dem keinen Abbruch.[19] Im Bezug auf die gnostischen Lehrer und Lehren ist Irenäus weniger großzügig.[20] Hier weist eine uneinheitliche Sprache auf inhaltliche Falschheit und terminologische Beliebigkeit hin. Die inhaltliche Unwahrheit potenziert sich geradezu noch in einer inkonsequenten Terminologie. Und wie kann man unmissverständlicher und beißender auf terminologische Unstimmigkeiten hinweisen, als indem man selber weitere und eben sogar absurde Elemente hinzufügt?![21]

Warum aber, ich wende mich nun der zweiten Frage zu, wählt Irenäus gerade die Trias Kürbis-Gurke-Melone?

Im letzten Satz unseres Abschnittes charakterisiert Irenäus die gewählten Gemüsetermini als viel glaubhafter (*multo credibilioribus*), geläufiger (*in usu*) und allgemein bekannt (*ab omnibus cognitis*).[22] Komperativisch grenzt er sie damit von der gnostischen Fachterminologie ab. Irenäus verwehrt sich gegen den Gebrauch einer exklusiven Expertensprache. Es ist der Wahrheit nicht angemessen, sie in einer Weise zu formulieren, dass sie nur von wenigen ausgesuchten Spezialisten erfasst werden kann und damit zum esoterischen Gut wird. Die wahre Lehre muss vielmehr in einer Weise formuliert sein, dass sie allgemein zugänglich ist – so, wie das in vorbildlicher Weise die Apostel taten.[23] Mehr noch: Wenn die Lehre nicht in allgemeine, allverständliche Begriffe gefasst werden kann, dann steht es schlecht um ihren Wahrheitsgehalt. Die Einfügung von Kürbis, Gurke und Melone verdankt sich also maßgeblich der Eindeutigkeit

---

[18]   Haer. I,10,2 (SC 264, 158–160). Dies gilt etwa auch für die LXX: Haer. IV,21,4 (SC 211, 408–410).

[19]   Vgl. den Rekurs auf die Apostel: Haer. III,1,2 (SC 211, 24).

[20]   Er bezeichnet sie als *peruersi grammatici*, haer. IV,1,1 (SC 100, 394); vgl. II,19,9 (SC 294, 198).

[21]   Es geht ihm also um die Demaskierung (*manifestatio*) ihrer Falschheit und Überheblichkeit: Haer. I,31,3 (SC 264, 388).

[22]   Haer. I,11,4 (SC 264, 176).

[23]   Die Apostel verkündeten »keine momentane Meinung (*non secundum praesentem opinionem*)«, haer. III,5,2 (SC 211, 56–58).

und Verständlichkeit des damit Gemeinten. Die Geschichte der Kürbisgewächse in literarischen und natürlichen Quellen lehrt, dass sie im spätantiken Mittelmeerraum beliebte und verbreitete Pflanzen und Nahrungsmittel waren; zur Zeit des Irenäus wusste jeder und jede, was mit Kürbis, Gurke und Melone gemeint ist.[24]

Auf eine weitere Spur führt der Ausdruck »die schwachsinnigen Melonen Valentins *(Valentini deliriosorum Peponum)*«.[25] Gemeint sind damit die Schüler des Gnostikers Valentin, die dessen Lehre weitertrugen und in einer Weise veränderten, die sie völlig abstrus machte. Dies ist nicht die einzige Stelle, in der Irenäus Vertreter einer unstimmigen Lehre als Melonen beschimpft. Ähnlich schreibt er bezogen auf eine andere Schülergruppe Valentins: »Gerechterweise kann man sie nur anreden mit: ›ihr Melonen (*pepones*) und schandbare Sophisten, ihr Memmen (*non uiri*)!‹«[26] Der eben zitierte Statz ist auf Griechisch überliefert, so dass hier das Spiel der beiden Bedeutungen von πέπων zum Tragen kommt. Πέπων bedeutet im Griechischen nicht nur Melone, sondern auch reif und überreif, im übertragenen Sinne dann auch Weichling.[27] Jemanden, wie hier, als πέπων zu beschimpfen, heißt also, ihn sowohl als Kürbisgewächs als auch als Weichling zu verspotten. Aber auch die Leser der lateinischen Version von *Adversus haereses* gingen eines Spiels mit einer unschmeichelhaften Doppeldeutigkeit nicht völlig verlustig, hier ausgehend vom Wort *cucurbita*, also Kürbis: Jemand, der einen *cucurbitae caput* hat, ist einem lateinischen Sprichwort zufolge ein Dummkopf.[28] Der üble Beigeschmack der Beschimpfung wohnt unserer Passage also zweifellos inne.

2 Botanik und Exegese

Da mir scheint, Irenäus hätte die Kürbisgewächse nicht zuletzt mit Blick auf ihre botanischen Eigentümlichkeiten eingefügt, sollen sie im Folgenden aus der Perspektive der antiken Botanik betrachtet werden. Da wir uns in der Zeit vor

---

[24]   Andreas *Emmerling-Skala*, Kürbisgewächse in Texten der griechischen und römischen Antike, Kassel 2002, 2.

[25]   Haer. I,11,4 (SC 264, 176). In I,30,15 vergleicht er Valentins Schüler mit der Hydra (SC 264, 384) und in II,4,1 (SC 294, 46) beschreibt er sie als »leer (*vacui*)«.

[26]   Haer. I,11,5 (SC 264, 178). *Rousseau/Doutreleau*, Introduction (wie Anm. 5, 235) gehen davon aus, dass in diesem Satz ein Homervers (Il. 2,235) nachhallt.

[27]   Das Adjektiv πέπων bedeutet auch reif, vgl. *H. G. Liddell / R. Scott* (Hg.), A Greek-English Lexicon, Oxford 1996, 1364. Benutzt als Anrede von Weichlingen ist es gebräuchlich bei Homer und Hesiod, vgl. *Brox*, Irenäus von Lyon (wie Anm. 3), 212, Anm. 38.

[28]   *Georges*, Ausführliches lateinisch-deutsches Handwörterbuch, Bd. 1, 9. Aufl., Graz 1951, Sp. 1785.

dem Linné'schen Klassifizierungssystem befinden, ist die Zuordnung von Namen und Pflanze nicht einfach. Denn die Begriffe werden in den diversen antiken Quellen nicht eindeutig benutzt.

Ich beginne mit dem Kürbis, der im Lateinischen als *cucurbita* und im Griechischen als κολοκύνθη bezeichnet wird.[29] Bei dieser Kürbisart handelt es sich um den Flaschenkürbis, sicher nicht um den orangen Riesenkürbis (*cucurbita maxima*); denn die heute in unseren Breitengraden wohl bekanntere *cucurbita maxima* wurde aus Amerika eingeführt und war entsprechend in der Antike unbekannt.[30] Ein gewichtiges Argument für diesen kürbisgeschichtlich bedeutsamen Befund sind antike Darstellungen Jonas unter der Kürbispflanze, bei denen es sich durchwegs um Kalebassen handelt.[31] Den Streit zwischen Hieronymus und den Kritikern seiner lateinischen Übersetzung der in Jona 4,6 genannten Pflanze mit »Efeu« (*hederam*) kann ich an dieser Stelle nur kurz streifen, als Beispiel dafür nämlich, dass in der Spätantike die Erwähnung von Kürbissen oder eben Nicht-Kürbissen nicht nur aufmerksam wahrgenommen, sondern auch zu Protesten führen konnte.[32] Hieronymus erkannte im hebräischen Text von Jona 4,6 (*qîqajôn*) »eine Art Strauch oder kleine[n] Baum mit grossen Blättern wie Weinlaub«, der »ganz dichten Schatten« spendet.[33] Da es für diese, vornehmlich in Palästina wachsende Pflanze im Lateinischen kein Wort gab, behalf er sich bei der Erstellung der Vulgata mit Efeu und entfernte damit den Kürbis, der in der LXX an dieser Stelle im Jonabuch bezeugt ist, aus dem Text. Damit provozierte er einen exegetischen Streit über, so Hieronymus in einem Brief an Augustin, »die lächerliche Kürbisfrage (*ridiculam cucurbitae ... quaestionem*)«.[34] So lächerlich war sie aber eben nicht, denn sie tangierte offenbar alte, liebgewonnene Vorstellungen und führte zu Protesten.

---

[29] Die von *Emmerling-Skala* (Kürbisgewächse, wie Anm. 24, 5) angefügte adjektivische Übersetzung von κολοκύνθη mit »geschwollen« ist mir mithilfe der gängigen Wörterbüchern nicht nachvollziehbar.

[30] Vgl. A. *Emmerling-Skala*, Kürbisgewächse (wie Anm. 24), 2.

[31] Z.B. der in Rom gefundene, sich in Berlin (Staatliche Museen PKB, Skulpturensammlung und Museum für Byzantinische Kunst) befindliche Friessarkophag aus dem letzten Viertel des 3. Jahrhunderts, in: *A. Effenberger / H. G. Severin*, Das Museum für Spätantike und Byzantinische Kunst. Staatliche Museen zu Berlin, Berlin 1992, Kat. 5, Inv. Nr. 2704 oder das Bodenmosaik der Basilika in Aquileja aus dem frühen 4. Jahrhundert, in: *J. Spier / M. Charles-Murray*, Picturing the Bible. The Earliest Christian Art, New Haven, Conn 2007, 120, Abb. 87.

[32] Hier., in Ion. 4,6, in: Jérôme, Commentaire sur Jonas, *Y.-M. Duval (Hg.)*, SC 323, Paris 1985, 296.

[33] Hier., in Ion. 4,6 (SC 323, 298).

[34] Hier., Epist. 115,4, in: *I. Hilberg (Hg.)*, Sancti Eusebii Hieronymi Epistulae, CSEL 55, Bd. 2, Wien 1912 (reprint New York 1961), 397, ebenso: Hier., Epist. 112,21f. (CSEL 55,

Der Flaschenkürbis wurde antiken Quellen zufolge, aus Indien in den Mittelmeerraum eingeführt und war ein beliebtes Nahrungsmittel.[35] Allein im Kochbuch des Apicius findet sich ein ganzes Kapitel mit Rezepten für Kürbisgerichte.[36] Aus den Flaschenkürbissen wurden aber, wie es ihr Name sagt, auch Gefäße hergestellt, z. B. Weinflaschen.[37]

Eindeutiger zu bestimmen ist *cucumis, -eris*. Dabei handelt es sich um die Schlangengurke (*cucumis sativus*). Die griechische Entsprechung lautet σικυός oder σικύδιον, wobei dahinter die Vorstellung des Strotzenden, Zeugungsfähigen und insbesondere Samenreichen dahintersteht.[38] Wie die Kürbisse wurden auch die Gurken früh angebaut, teilweise auch unter Glas, etwa Kaiser Tiberius war ein leidenschaftlicher Gurkenesser. Plinius berichtet:»Ja, sie [die Gurke] fehlte ihm an keinem Tage, denn die Gärtner schoben ihre beweglichen Beete auf Rädern in die Sonne und brachten sie an winterlichen Tagen wieder unter den Schutz der Treibhausfenster zurück.«[39] Auch zu den Gurken gibt es diverse antike Rezepte, sowohl für eine gekochte als auch für eine rohe Zubereitung.[40]

Etwas unklarer wiederum ist, was man sich unter πέπον bzw. *pepon* vorzustellen hat, d. h. welche Melonenart.[41] Am wahrscheinlichsten meint *pepon* eine Wassermelone.[42] Dies ist aus den Beschreibungen diverser Autoren zu schließen – etwa, wenn Galen feststellt, dass bei den Wassermelonen im Unterschied zu den Zuckermelonen die Samen im inneren Fleisch sitzen und zusammen mit dem Fruchtfleisch gegessen werden.[43] Plinius wähnt die *pepones* allerdings auch

---

391–393). Angeblich wurde Hieronymus wegen dieser Übersetzung in Rom sogar des Sakrilegs angeklagt:»*me accusasse sacrilegii quod pro ›cucurbita‹ ›hederam‹ trastulerim*«, Hier., in Ion. 4,5 (SC 323, 296). In der Gemeinde Oea, in der Nähe von Tripoli, kam es wegen dieser Übersetzung zu *tantus tumultus*, Hier., Epist. 112,21 (CSEL 55, 391).

[35]   Vgl. *Emmerling-Skala*, Kürbisgewächse (wie Anm. 24), 9 f.

[36]   Z. B. für einen mit gekochtem Hirnchen, Fischsauce und Eiern gefüllten Kürbis, Apic. 4,5,3.

[37]   Z. B. Plin., nat. 19,71.

[38]   *Orth*, Art.»Gurke«, PRE 14, 1912, Sp. 1946–1950, Sp. 1946; ähnlich hinsichtlich ihres Samenreichtums wird auch die auch lautlich verwandte Feige (σῦκον) bezeichnet, vgl. *L. Dindorf*, Art. σικυός, in: TLG 8, 1954, Sp. 241 f. Angesichts der Häufigkeit, mit welcher in gnostischen Texten von Samen die Rede ist, könne auch hier ein inhaltlicher Anknüpfungspunkt liegen.

[39]   Plin., nat. 19,64.

[40]   Apic. III,6,1–3; IV,1,1 f.

[41]   Vgl. *G. Wurst*, Art.»Melone«, in: RAC: I: Griechisch-römisch – RAC XXIV, I: Griechisch-römisch (2011), Sp. 653.

[42]   *Emmerling-Skala*, Kürbisgewächse (wie Anm. 24), 6.

[43]   Gal., alim.fac. II,5,2, in: Galeni De alimentorum facultatibus libri III, *G. Helmreich (Hg.)*, CMG V,4,2, Leipzig 1923, 199–386, 271.

als Form von Gurke: »Wenn sie [*cucumeres*] besonders groß sind, nennt man sie Wassermelonen *(pepones)*.«[44]

Die wichtigste Bibelstelle für unsere Passage ist sicher Num 11,5, wo das Murren des Volkes Israel in der Wüste geschildert wird: »Wir erinnern uns an die Fische, die wir in Ägypten umsonst aßen, und an die Gurken (τοὺς σικύας), und die Wassermelonen (τοὺς πέπονας), und an den Lauch, und die Zwiebeln und den Knoblauch.« Man findet an dieser Stelle zwei unserer drei Kürbisgewächse erwähnt, die Gurken und die Wassermelonen. Es fehlt der Kürbis. Bei Num 11,5, der übrigens ältesten schriftlichen Quelle, in der Kürbisgewächse erwähnt werden, handelt es sich um diejenige Bibelstelle, welche die meisten Elemente unserer Kürbistrias enthält.[45] Im übrigen AT findet man Kürbisgewächse nur noch in der griechischen Version von Jona 4, den oben erwähnten Flaschenkürbis, sowie in Jes 1,8, wo ein Gurkenfeld erwähnt wird. Im Neuen Testament sucht man vergeblich nach Kürbissen.

Angesichts dieses Befundes legt sich eine Verbindung von Num 11,5 mit unserer Passage nahe. Wenn Irenäus einen Schriftvers aufgegriffen hat, dann war es sicher Num 11,5. Ich denke, dass unbedingt davon auszugehen ist, denn Irenäus war ja generell bestrebt, schriftgestützt zu argumentieren.[46] Trotzdem vermag meiner Einschätzung nach dieser Vers die Einfügung der irenäischen Bilder in unsere Passage nicht erschöpfend zu erklären. Denn in Num 11,5 werden ja nicht nur Gurken und Wassermelonen erwähnt, sondern darüber hinaus Fische, Lauch, Zwiebeln und Knoblauch. Lauch und Knoblauch hätte Irenäus aufgrund ihrer Ähnlichkeit genauso gut wählen können wie Gurke und Wassermelone. Und hätte er es sich nur einfach machen wollen, dann hätte er die ersten zwei oder drei Nahrungsmittel genommen und dann wären wir bei Fisch und Gurke, bzw. Fisch, Gurke und Wassermelone gelandet – dem ist aber nicht so. Also muss Irenäus tatsächlich ein spezifisches Interesse gerade an den Kürbisgewächsen gehabt haben.

Ich denke, dass dieses spezifische Interesse durch gewisse botanische Eigenheiten der Kürbisgewächse mitbedingt sein könnte. Bei der Durchsicht der recht umfangreichen antiken Literatur über Kürbisgewächse fällt auf, dass immer wieder auf deren Formbarkeit und Vielgestaltigkeit hingewiesen wird.[47] Etwa Gurken steckte man, um langgestreckte Früchte zu erreichen, zum Wachstum in ein Rohr.[48] Es gibt sogar Quellen, die berichten, junge Gurkenpflanzen könnten in Tonformen mit Menschen- oder Tiergesichtern gepflanzt

---

[44]   Plin., nat. 19,65.

[45]   *Orth*, Gurke (wie Anm. 38) Sp. 1947.

[46]   Iren., haer. I,27,4 (SC 264, 352).

[47]   Vgl. *Orth*, Gurke (wie Anm. 38), Sp. 1946.

[48]   Ebd., Sp. 1949.

werden, so dass die dort eingeschlossen gewachsenen Pflanzen dann die betreffende Gestalt annehmen.[49] Gurken wurden in diesem Sinne der Formbarkeit gar emotionale Regungen zugeschrieben. Während des Wachstums fürchtet sie (*metuit*) Öl.[50] Und bei Donner wendet sie sich, »gleichsam erschrocken (*velut timore*)«.[51]

Vor dem Hintergrund der Tatsache, dass Irenäus die Geordnetheit der kirchlichen Lehre so sehr am Herzen liegt, kann ich mir durchaus vorstellen, dass für ihn eine Pflanze, die derart formbar ist wie die Gurke, ein besonders geeignetes Demonstrationsobjekt darstellte, um das Beliebige und das Instabile der falschen gnostischen Lehren zu veranschaulichen. Ich hatte eingangs bereits auf die Stelle in *haer.* I,11,5 hingewiesen, an der Irenäus *pepon*, also Wassermelone, im Sinne von Weichling benutzt. Es ist das Weiche, Unstete und Formbare, das einem an den Kürbisgewächsen missfallen kann, jedenfalls, wenn man wie Irenäus daran interessiert ist, die Unstimmigkeit und Neuheit einer Lehre zu kritisieren. Irenäus hätte sich demnach also für Kürbisgewächse interessiert, die er auch in Num 11,5 erwähnt fand, und hätte dann zu Gurke und Melone den Kürbis hinzugefügt. Denn wie Hieronymus in seinem Jona-Kommentar schreibt: »Wo die Gurke (*cucumis*) wächst, dort wächst gewöhnlich auch der Kürbis (*cucurbita*).«[52] Anders gesagt: Wer auch nur über minimale botanische Kenntnisse verfügt, wird Gurke und Melone schnell mit Kürbis ergänzen.

3 Diätetik

Eine andere Motivation zur Einfügung unserer Kürbis-Trias könnte darin bestanden haben, mit diesen Gewächsen auf spezifische Ernährungsgewohnheiten gnostischer Gruppierungen anzuspielen. Irenäus hätte damit die Beispiele gleichsam aus dem Umfeld seiner gnostischen Gegner selbst bezogen. Es gehört durchaus zu den Argumentationsstrategien des Irenäus, seinen Gegnern »... den ihnen eigenen Charakteristika entsprechend zu widersprechen«, d.h. ausgehend von ihren eigenen Argumenten und Schriften.[53] Die Vermutung, wonach Irenäus auf gnostische Ernährungsgewohnheiten anspielt, basiert allerdings auf der Spekulation, wonach Ernährungsgewohnheiten, die wir von den Manichäern kennen, bereits im 2. Jahrhundert und in anderen gnostischen Kontexten verbreitet gewesen wären. Gänzlich unplausibel erscheint mir das ange-

---

[49]   Pall., 4,9,4; Geop. 12,19,6.

[50]   Plin., nat. 19,65; Pall., 4,9,8.

[51]   Pall., 4,9,8.

[52]   Hier., in Ion. 4,6 (SC 323, 302).

[53]   Iren., haer. I,22,2 (SC 264, 310).

sichts der historischen und inhaltlichen Linien, die die Gnosis und den Manichäismus verbinden, nicht.[54]

Dass die Manichäer eine besondere Vorliebe für Gurken und Melonen hatten, wissen wir. Schwieriger ist indes die Frage, wie es die Gnostiker mit den Kürbispflanzen hielten. Warum sollte ein Gnostiker mit Vorliebe gerade Kürbisse essen? Die Motivation hierzu wäre sicher eine andere als bei den Manichäern. Ich spekuliere, da die Quellen hierzu schweigen. Die plausibelste Erklärung bestünde in der geringen Nahrhaftigkeit und damit der geringen Materialität der Kürbisgewächse. Insbesondere Wassermelonen sind sehr leicht zu verdauen, insofern belastet man sich durch ihren Verzehr nur minimal mit stofflicher Materie. Diese Überlegungen basieren auf entsprechenden Ausführungen Galens in seinem Werk »Über die Kräfte der Nahrungsmittel«; Galen schreibt dort überdies den Wassermelonen eine reinigende Kraft zu und schneller noch als Gurken zersetzen sie sich seiner Kenntnis nach im Magen.[55] Wenn man sich also als Gnostiker nahrungsmäßig von der bösen Welt möglichst weit distanzieren will, dann verbindet man sich nur minimal mit ihr, wenn man Gurken und Melonen isst. Vielleicht war dies eine Ernährungspraxis, die die Gnostiker mit den Manichäern verbindet.

Wir wissen sowohl aus original manichäischen Quellen als auch aus der antimanichäischen Polemik, insbesondere Augustins, von der nahrungsmäßigen Vorliebe der manichäischen *electi* besonders für Melonen und Gurken.[56] Melonen und Gurken sind anderen Nahrungsmitteln zum einen vorzuziehen, weil sie pflanzlich und nicht tierisch sind.[57] Zum anderen kommt ihnen innerhalb der pflanzlichen Nahrungsmittel ein besonderer Stellenwert zu, da sie angeblich besonders viel Lichtsubstanz enthalten, die durch ihren Verzehr befreit werden

---

[54] Zum Verhältnis von Gnosis und Manichäismus vgl. *V. H. Drecoll / M. Kudella*, Augustin und der Manichäismus, Tübingen 2011, 53–58.

[55] Gal., alim.fac. II,4,1 (CMG V,4,2, 270): »Sie [πέπονες] sind ihrer ganzen Art nach etwas kühl und enthalten reichlich Flüssigkeit; sie haben ferner etwas Reinigendes (ῥυπτικόν), weshalb sie auch den Urin mehr in Gang bringen als Kürbis (κολοκυνθῶν) und Zuckermelone (μηλοπεπόνων).« Vgl. Gal., alim.fac. II,6,1 (CMG V,4,2, 271).

[56] Über die Nahrung: Kephalaia CX; CXIV, in: Kephalaia. Manichäische Handschriften der staatlichen Museen Berlin I/2, in: *A. Böhlig (Hg.)*, Stuttgart 1966, 264 f.; 269.26–32. Zur manichäischen (Nahrungs-)Askese vgl. *S. Lieu*, Manichaeism in the Later Roman Empire and Medieval China (WUNT 63), 2. Aufl. Tübingen 1992, 180–191; *J. D. BeDuhn*, The Manichaen Body in Discipline and Ritual, Baltimore 2000, 163–208; *K. M. Woschitz / M. Hutter / K. Prenner*, Das manichäische Urdrama des Lichtes. Studien zu koptischen, mitteliranischen und arabischen Texten, Wien 1989, 135–139.

[57] Auch Fisch aßen die *electi* nicht, vgl. Kephalaia XCI, in: Kephalaia. Manichäische Handschriften der staatlichen Museen Berlin I/1, *H. Ibscher (Hg.)*, Stuttgart 1940, 233.8. Pflanzen dürfen keinesfalls zertreten und verdorben werden: Kephalaia LXXXV (a. a. O., 208.17–19).

kann.[58] Der Gurken und Melonen essende Manichäer wird nur minimal durch die von den Chaosmächten besetzte Materie, Hyle, verunreinigt, die sich in allen Nahrungsmitteln befindet, vor allem aber in Fleisch und Wein.[59] Bei seinem Ableben wird vielmehr diejenige Menge Lichtsubstanz, die er gerade beim Verzehr von Gurken und Melonen von ihrer Mischung mit der Schlechtigkeit gelöst hat, freigesetzt. Das kosmische Drama fand bei den Manichäern seine Entsprechung im Mikrokosmos des menschlichen Stoffwechsels.[60]

Explizit anzutreffen ist diese Vorstellung etwa in den manichäischen Kephalaia: »Die man ›geschlachtete, getötete, bedrängte, gemordet Seele‹ genannt hat, sie ist die Kraft der Früchte, der Gurken und Samen, die geschlagen, gepflückt und zerrissen werden und den Welten des Fleisches (σάρξ) Nahrung (τροφή) geben.«[61] Gemeint ist damit, dass die mit einer besonderen, guten Kraft ausgestatteten Früchte, hier namentlich die Gurken, in den in der Welt tobenden Kampf mithineingezogen werden und dort jämmerlich zugrunde gehen. Für die konkrete Lebensführung bedeutet dies jedoch, dass die göttliche Kraft, die den Gurken eigen ist, genutzt werden kann, indem man sie sich einverleibt. Durch solchermassen geordnet eingenommene Nahrung kann stetig mehr Seelenkraft oder eben auch Licht in den *electus* hineinkommen, was zu Heiligung sowie Reinigung und Läuterung »von der Vermischung (σύγκρασις) mit der Finsternis« führt – in ihm, aber auch im Kosmos.[62]

Diese manichäische Vorliebe für Kürbisgewächse lässt sich auch aus einer mittelalterlichen manichäischen Buchmalerei aus Turfan ersehen.[63] Abgebildet

---

[58]   »Manchmal aber findest du die Nahrung (τροφή), die in dich hineinkommt, geläutert …, indem sie einerseits Überfluss hat an Licht und Leben, während der Bodensatz in ihr wenig ist, die Schlechtigkeit (κακία) gering in ihr ist.« Kephalaia LXXXVI (Ibscher, wie Anm. 57, 215.25–29). Vgl. A. Böhlig, Einleitung, in: Die Gnosis. Bd. III: Der Manichäismus, J. P. Asmussen / A. Böhlig (Hg.), Zürich, 1995, 5–71, 43.

[59]   »Er soll seinen Mund von allem Fleisch (σάρξ) und Blut reinigen und überhaupt nicht kosten, was heisst Wein und Rauschgetränk (σίκερα).« Kephalaia LXXXS (Ibscher, wie Anm. 57, 192.11–13). Von schlechter und geläuterter Nahrung: Kephalaia LXXXVI (ebd., S. 215.11–29), vgl. A. Böhlig, Einleitung – Manichäismus (wie Anm. 58), 37.

[60]   Zur Analogie zwischen menschlichem Körper und Kosmos vgl. Kephalaia LXX (Ibscher, wie Anm. 57, 169-175), resümierend: »So nun entspricht der kleine Körper dem großen (d. h. dem Makro-)Kosmos, in seinen Firmamenten (στερέωμα), in seinen Ordnungen, in seinen Bergen, seinen Mauern und seinen Fahrzeugen, wie ich euch offenbart habe.« (a. a. O., 170.16–20)

[61]   Kephalaia LXXIII (*Ibscher*, wie Anm. 57, 178.5–9), vgl. LXV (ebd., 160.2); LXX (ebd., 169.1); allgemein: *Wurst*, Melone (wie Anm. 41), C. Manichäisch.

[62]   Kephalaia LXXIX (*Ibscher*, wie Anm. 57, 191.18 f.).

[63]   Museum für Indische Kunst, Berlin: MIK III 4979 verso, abgebildet in: *BeDuhn*, Body (wie Anm. 56), Abb. 3, dazu auch *S. Lieu*, Manichaeism in Central Asia and China (Nag Ham-

ist dort eine manichäische Bema-Feier, d. h. eine Feier zum Gedenken an den Tod Manis. In diesem liturgischen Rahmen wurde auch gegessen. Auf dem orangenen Tisch liegt ein Brett mit Broten, darüber, in der dreibeinigen grossen Esschale, sieht man Trauben und Melonen, bei denen es sich unschwer erkennbar um Wassermelonen handelt.

Augustin hat die manichäischen Essgewohnheiten in diversen Werken harsch und auch mit beissender Ironie kritisiert.[64] Etwa in *De moribus ecclesiae catholicae et de moribus Manichaeorum* geht er ausführlich darauf ein.[65] Eingehend setzt er sich insbesondere mit dem Vegetarismus der Manichäer auseinander, sowohl ihrer Ablehnung von Fleisch als auch ihrer Präferenz für pflanzliche Nahrung.[66] Ein eigenes Kapitel über Kürbisgewächse findet man hier zwar nicht, aber immerhin Sätze, die durchscheinen lassen, dass die Manichäer Melonen besonders schätzten, so etwa im Folgenden: »Warum glaubt ihr, das Gold der Melone (*melonem*) stamme aus der Schatzkammer Gottes, nicht aber das ranzige Fett der Hinterkeule oder das Eigelb?«[67] Es geht hier darum, dass die Manichäer vertraten, die Schönheit der Farbe einer Pflanze weise auf ihren Gehalt an göttlicher Substanz hin.

In *contra Faustum* will er die Manichäer der Pflanzenmorde, konkret der »Gurkenmorde« (*homicidia cucurbitarum*) überführen und ihre *electi*, die es tunlichst vermieden, Pflanzen selber zu ernten und damit umzubringen, der Inkonsequenz bezichtigen, da sie die für sie geschnittenen oder aus der Erde gezogenen Pflanzen nichtsdestotrotz aßen.[68] Besonders aber wenn die Manichäer die Gurken kochten, was aber offenbar nicht alle taten, fügten sie ihnen nach Augustin unsägliche Schmerzen zu.[69] »Sie [die Gurken: *cucurbitae*] leiden im Feuer (*in igne patiantur*)!« ruft Augustin aus.[70] Zynisch fügt er dennoch hinzu – und

---

madi and Manichaean Studies, XLV), Leiden 1998, 17. Lieu weist auch auf ein Dokument hin, das als Entschädigung für die Pacht der manichäischen Klostergüter Melonen aufführt, ebd.

[64]   Vgl. *D. Grumett / R. Muers*, Theology on the Menu. Asceticism, Meat and Christian Diet, Abingdon 2010, 89–94.

[65]   Wenig überraschend hält Augustin die manichäischen Ernährungstheorien für beschränkt und absurd: »*O rerum angustias, o incredibiles absurditates*«, mor. 51, in: Sancti Aureli Augustini opera VI/VII, *J. B. Bauer (Hg.)*, CSEL 90, Wien 1992, 133.

[66]   Aug., mor. II,36–64 (CSEL 90, 17–21), vom Vegetarismus der Anhänger des Saturninus aus Antiochien berichtet Iren., Haer. I,24,2 (SC 264, 324).

[67]   Aug., mor. II,16,39 (CSEL 90, 123f.). Augustin scheint an dieser Stelle von Zuckermelonen auszugehen.

[68]   Aug., c. Faust VI,4, in: Augustinus von Hippo, Contra Faustum Manicheum libri triginta tres, in: *J. Zycha (Hg.)*, CSEL 25,1, Prag 1881, 288, sie werden dann zu *viva cadavera*, ebd.

[69]   Aug., c. Faust VI,4 (CSEL 25,1, 289).

[70]   Aug., c. Faust, VI,4 (CSEL 25,1, 289).

das bezieht sich nun allgemein auf das von den *electi* gegessene Gemüse: »O glückliches Gemüse, dem es beschieden ist, selbst wenn von Hand ausgerissen, mit dem Messer geschnitten, gequält im Feuer und von den Zähnen zermalmt, lebend in die Altäre eurer Eingeweide zu gelangen … .«[71] Dort kann dann nämlich längerfristig »mithilfe des Magens (*intercessione … stomachi*)« die Befreiung erfolgen.[72]

In der Praxis führten diese Nahrungsgewohnheiten auch dazu, dass die Manichäer es ablehnten, Nicht-Manichäern Essen zu geben, selbst Hungernden. Dies veranlasste Augustin zur Kritik: »… ihr [Manichäer] [seid] doch allenthalben den Melonen (*melonibus*) freundschaftlicher verbunden als den Menschen.«[73] Es führte ihn auch zur rhetorischen, bitterbösen Frage: »Aber könnt ihr [Manichäer] beurteilen was es heißt, gut oder schlecht zu leben, deren Gerechtigkeit mehr darin besteht, einer empfindungslosen Melone (*meloni non sentienti*) zu Hilfe zu eilen, indem ihr sie esst, als dass ihr einem hungernden Bettler etwas gebt?«[74] In der Perspektive der Manichäer war es ein Vergehen an der Lichtsubstanz, diese in Form von Nahrungsmitteln nicht den besonders Reinen, also den *electi*, als Almosen zur kosmischen Freisetzung anzuvertrauen.

Nun könnte man denken, dass mindestens die Hinweise auf das Leiden der Pflanzen, so etwa der im Kochtopf gefolterten Gurken, reine Polemik und Überzeichnung Augustins wären. Dem scheint nicht so zu sein. Denn beispielsweise im Kölner Mani-Codex ist von einer Dattelpalme die Rede, die angesichts ihrer Ernte ihre »Pein (μόχθον)« beklagt,[75] auch von terminologisch nicht näher bestimmtem Gemüse, das angesichts des unmittelbar bevorstehenden Schneidens weint[76] oder von solchem Gemüse, das beim Schnitt vor Schmerz jämmerlich aufschreit, und dann prompt blutige Schnittwunden aufweist.[77] Die Manichäer scheinen Pflanzen also durchaus physische Leidensfähigkeit und emotionale Erregbarkeit attestiert zu haben.

Kurz: in manichäischen Kreisen genossen Melonen und Gurken offenbar besondere Hochschätzung, da man sie für besonders lichthaltig hielt. Falls nun solche oder ähnliche Ideen bereits den Gnostikern des Irenäus bekannt waren und ihre Ernährung bestimmt hätte, dann ist vorstellbar, Irenäus

---

[71] Aug., c. Faust VI,6 (CSEL 25,1, 292), ähnlich: Aug., Conf. 4,1, in: Augustinus von Hippo, Confessionum libri tredecim, in: *L. Verheijen (Hg.)*, CChr.SL 27, Turnholt 1981, 40.

[72] Aug., c. Faust. VI,6 (CSEL 25,1, 292).

[73] Aug., mor. II,17,62 (CSEL 90, 144).

[74] Aug., c. Faust XII,47 (CSEL 25/1, 375).

[75] Der Kölner Mani-Kodex. Über das Werden seines Leibes, in: *L. Koenen / C. Römer (Hg.)*, Papyrologica Coloniensia 14, Opladen 1988, 4.

[76] A. a. O., 68.

[77] A. a. O., 6.

hätte mit der Aufnahme seiner Kürbisbilder auch ironisch auf solche Esssitten angespielt.

4 BILANZ

Irenäus von Lyon polemisiert in *Adversus haereses* I,11,4 gegen die Schüler Valentins, indem er ihren, in diversen Termini formulierten Tetradenlehren eine eigene, absurde Kreation gegenüberstellt. Mit dieser ironischen Überbietung bezweckt er, die terminologische Beliebigkeit der gegnerischen Lehre bloßzulegen und sie letztlich lächerlich zu machen. Denn eine terminologisch ungereimte Lehre ist unglaubwürdig und kontrastiert insbesondere scharf mit der Einheitlichkeit der kirchlichen Lehre.

Irenäus konstruiert seine nur vordergründig komische Demontage mit Bedacht. Er folgt damit diversen Strategien, die er auch andernorts, aber dann meist sachlicher, benutzte. Indem Irenäus Kräfte seines selbst kreierten gnostischen Systems gerade Kürbis, Melone und Gurke nennt, bezieht er sich auf Termini und Inhalte, die allgemeinverständlich sind. Solchermaßen reagiert er polemisch auf die esoterische Expertensprache und die bedenklich adressatenorientierte oder auch verborgene Verkündigung der Gnostiker. Möglicherweise sah er bereits in der physischen Formbarkeit der Kürbisgewächse die blasphemische Angewohnheit seiner Gegner vorgebildet, den Sinn der Schriften und der wahren Lehre zu verbiegen – und hätte sie deshalb als Illustrationsobjekte gewählt. Mit der Melone und der Gurke greift Irenäus zugleich die beiden in Num 11,5 genannten Kürbisgewächse auf. Solchermaßen ist seine Kürbissatire biblisch verwurzelt, und er folgt damit seiner bevorzugten Argumentationsweise, nämlich mit Bezug auf die Heiligen Schriften. Möglicherweise spielte Irenäus mindestens mit den Gurken und den Melonen auch auf Essgewohnheiten seiner Gegner an, falls sie, wie die Manichäer, diese Kürbisgewächse besonders schätzten. Er hätte seine Gegner dann gleichsam auf eigenem Terrain zu schlagen versucht, indem er gnostisch positiv besetzte Elemente aufgreift, und sie zweckentfremdet einsetzt. Er hätte dann ironisch nachgeahmt, was er den Gnostikern vorwirft, nämlich dass sie die Heiligen Schriften verdrehen. Inhaltlich hätte er mit dem Verweis auf die Gurken seinen Hauptvorwurf an die Gnostiker, nämlich dass sie nicht an den einen Gott glauben, sondern ihn in mehrere Götter aufsplittern, auf der mikrokosmischen Ebene aufgegriffen.

All diese möglichen Einfügungmotivationen des Gurkenvergleichs zeigen jedenfalls, dass Irenäus in *haer.* I,11,4 nicht spielerisch beliebig vorgeht, sondern sich als versierter Polemiker erweist. Dass die Gurken, Melonen und Kürbisse des Irenäus in der bisherigen Forschung so sträflich vernachlässigt und damit einmal mehr misshandelt wurden, ist also ungerechtfertigt, bilden sie doch einen unverzichtbaren Bestandteil gleich mehrerer Argumentationsstrategien, um seine Gegner von der Wahrheit des einen Gottes zu überzeugen. Sie, wie eingangs vorgeschlagen, durch Forelle, Lachs und Flunder zu ersetzten, würde eine sorgsam konstruierte Argumentation jäh zum Einsturz bringen und uns auch der kunstvoll gestalteten, wunderbaren irenäischen Verkürbissung der Valentinianer berauben.[78]

---

[78]   Mit der Verkürbissung wird auf Senecas *Apocolocyntosis Divi Claudii* angespielt. Zum umstrittenen Titel dieses Werkes vgl. *O. Schönberger*, Einführung, in: Lucius Annaeus Seneca, Apocolocyntosis Divi Clavdii. Einführung, Text und Kommentar, in: *Ders. (Hg.)*, Würzburg 1990, 7–45, 28–30. Für *J. L. Heller*, Some Points of Natural History in Seneca's APOCOLO-CYNTOSIS, in: Homenaje a Antonio Tovar, ofrecido por sus discípulos, colegas y amigos, Madrid 1972, 181–192, ist es der zwar nützliche und dekorative, jedoch »very humble and ordinary status« (192) des Flaschenkürbisses, der Seneca dazu motivierte, Kaiser Claudius gerade damit zu vergleichen: Gewöhnlich und nicht göttlich, letztlich eine schnöde Pflanze war er. Dieses abfällige Urteil Senecas deckt sich damit mit der Meinung des Irenäus über die Gnostiker.

GOTT – GÖTTER – HEILIGE

Die Anargyroi als eine Trägergruppe der Wohlfahrt in der Spätantike

Andreas Müller

1 EINLEITUNG

Diakonie, *caritas* und Wohlfahrt in Antike und Spätantike – das sind Themen, die in der patristischen Forschung der vergangenen 100 Jahre kaum Beachtung gefunden haben. Dabei bieten gerade auch diese Themen viele interessante Einblicke in die Entwicklung des frühen Christentums, in Prozesse der Ausbildung einer spezifischen Identität der frühen Christenheit und in deren Verortung innerhalb der spätantiken Kultur und Gesellschaft. Transformationsprozesse in der Spätantike lassen sich am Beispiel der »Liebestätigkeit« hervorragend illustrieren. Betrachtet man z. B. die Entwicklung karitativer Institutionen, so wird deutlich, dass die Übergänge von der Antike hin zur spätantik-christlichen Gesellschaft auch in diesem Bereich viel fließender sind, als in der älteren Literatur von Gerhard Uhlhorn bis hin zu Hendrik Bolkestein angenommen.[1] Bereits Adolf von Harnack hat in seinen Ausführungen zur altkirchlichen »Liebestätigkeit« hervorgehoben, dass auch die antike Welt nicht ohne Liebe war.[2] Noch Richard Klein hat allerdings in mehreren wegweisenden Aufsätzen betont, dass zwischen der antiken Praxis der *liberalitas* und der christlichen *caritas* auch insofern deutlich zu unterscheiden sei, als die christliche *caritas* kultisch verankert wäre – Wohlfahrt habe in der Antike immer losgelöst vom Kult stattgefunden.[3]

---

[1] Vgl. *H. Bolkestein*, Wohltätigkeit und Armenpflege im vorchristlichen Altertum. Ein Beitrag zum Problem »Moral und Gesellschaft«, Utrecht 1939; *G. Uhlhorn*, Die christliche Liebestätigkeit, Neukirchen 1959 (Nachdruck der 2. Aufl. von 1895). Zu den fließenden Übergängen von der Antike zum Christentum bei Institutionen vgl. zuletzt *A. Müller*, »All das ist Zierde für den Ort ...« Das diakonisch-karitative Großprojekt des Basileios von Kaisareia, in: Zeitschrift für Antikes Christentum XIII (2009), 452–474.

[2] Vgl. u. a. *A. v. Harnack*, Die Mission und Ausbreitung des Christentums in den ersten drei Jahrhunderten, 4. Aufl., Wiesbaden 1975, 170–220, hier 170f. Anm. 3.

[3] Vgl. u. a. *R. Klein*, Pagane *liberalitas* oder christliche *caritas*? Konstantins Sorge für die

An einigen Punkten lässt sich aber auch die Transformation kultisch verankerter antiker Wohlfahrtspraxis beobachten, wenn man diese als den Einsatz für konkretes Heil für Bedürftige und Heilung von Individuen versteht. Dies gilt z. B. für die Praxis der Inkubation.[4] Deren Rezeption bzw. unmittelbare Weiterführung im Bereich des Christentums hat sich zuletzt Christoph Markschies gewidmet.[5] Einen der Gründe für die starke Rezeption der paganen Kultpraxis sieht Markschies in ähnlichen Darstellungen christlicher und paganer religiöser Leitfiguren. Bekanntlich gibt es zwischen Asklepios und Christus zahlreiche inhaltliche, ja sogar ikonographische Parallelen.

Im folgenden Beitrag möchte ich weniger auf vergleichbare Praktiken in der paganen und der christlichen Heilkunst hinweisen. Vielmehr soll es noch ausgeprägter als im Beitrag von Markschies um die Frage gehen, wie aus paganen Heroen und Göttern im Bereich des Krankenwesens (und somit im weitesten Sinne auch von Diakonie und Wohlfahrt) christliche Träger desselben wurden. Dies lässt sich besonders an den so genannten Anargyren illustrieren, d. h. den Heiligen, die ohne Bezahlung geheilt haben.

2 DIE ANARGYROI ALS CHRISTLICHE HEILER

Die Anargyroi haben die christliche Tradition stark geprägt. Im Bereich der latein-europäischen Christenheit zeugen davon u. a. viele Kosmas- und Damian-Patronate.[6] Während jene im Westen Europas darüber hinaus kaum noch im Bewusstsein sind, blieben sie in der ostkirchlichen Tradition bis heute präsent. Insbesondere ihre Reliquien werden auch heute noch bei Heilungsprozessen eingesetzt.[7] Auf der Insel Kea wurden nachweislich bis in die 60er Jahre des vergangenen Jahrhunderts Opfer für die Anargyren veranstaltet und Inkubation in der Nacht vor ihrem Gedenktag in der gleichnamigen Kirche durchgeführt.[8]

Bevölkerung des Reiches, in: *Ders.*, Zum Verhältnis von Staat und Kirche in der Spätantike, Tübingen 2008, 43–80.

[4]   Vgl. als Überblick *M. Wacht*, Art. Inkubation, in: RAC XVIII (Stuttgart 1998), 179–265.

[5]   Vgl. *Ch. Markschies*, Gesund werden im Schlaf – einige Rezepte aus der Antike, aus: *H. Brandenburg* u. a., Salute e guarigione nella tarda antichità. Atti della giornata tematica dei Seminari di Archeologia Cristiana (Roma – 20 maggio 2004), Città del Vaticano 2007, 165–198.

[6]   Vgl. zuletzt zu den Kosmas- und Damianpatrozinien im Westen *H. Kloft*, Reliquien und Volksfrömmigkeit. Betrachtungen zur Verehrung der Heiligen Cosmas und Damian, in: Hospitium Ecclesiae. Forschungen zur Bremischen Kirchengeschichte XIX (1993), 7–61.

[7]   Vgl. *A. Monachos Agioritis*, Γεροντικό Αγίου Όρους, 4. Aufl., Athen 1994, 29.

[8]   Vgl. den Art. von *Dem. S. Loukatos*, Ἀνάργυροι, Ἅγιοι, in: TEE 2 (1963), 546–549, hier 549.

Die Anargyren prägen nicht nur die Frömmigkeitspraxis der orthodoxen Kirchen bis heute. Vielmehr finden sie sich auch in der kirchlichen Kunst an prominenter Stelle wieder.[9] Betritt man z. B. das Katholikon des Klosters Hosios Loukas in Böothien, so entdeckt man bereits im Narthex der Kirche eine ganze Sammlung der Heiligen. Günther Schiemenz hat in einem opulenten Aufsatz die vermutlich apotropäische Rolle der Anargyren in östlichen Kirchenbauten nachgewiesen.[10]

Nach dem Dionysios von Phourna († nach 1744) zugeschriebenen Maler-handbuch des Berges Athos werden zu den Anargyroi namentlich zwölf Personen gezählt. Die Herkunft von Kosmas und Damian wird dabei in drei unterschied-lichen Regionen lokalisiert, nämlich Rom (Festtag 1. Jul.), Kleinasien (Festtag 1. Nov.) und Arabien (Festtag 17. Okt.). Darüber hinaus tauchen Johannes und Kyros, Panteleimon und Hermolaos, Sampson und Diomedes, Phobus (oder Pho-tius/Photinus) und Anicetus, Thalaläus und Tryphon in der Liste des Maler-handbuches auf.[11] Auffällig ist, dass die Anargyren meist als Paare fassbar sind, so z. T. im Malerhandbuch selber, darüber hinaus aber auch u. a. in der Prosko-midie der ostkirchlichen Liturgie.[12] Selbst der Festtag am 1. November gilt sowohl für Kosmas und Damian als auch für Panteleimon und Hermolaos sowie Kyros und Johannes.

Insbesondere die Tatsache, dass die historisch meist kaum fassbaren Anar-gyren in der hagiographischen Tradition häufig als Paare auftreten, nötigt zu der Frage nach traditionsstiftenden Vorbildern. In der Forschungsgeschichte sind bereits häufiger die Dioskuren als prägend für die Entwicklung der Anar-

---

[9] Zu Kosmas und Damian in der kirchlichen Kunst vgl. den ausgezeichneten Überblick von *H. Skrobucha*, Kosmas und Damian, Recklinghausen 1965.

[10] Vgl. *G. Schiemenz*, ΚΥΡΟΥ ΙΩΑΝΝΟΥ in Umm er-Rus. Zur Bedeutung eines frühby-zantinischen Fußbodenmosaiks, in: *G. Koch* (ed.), Studien zur spätantiken und frühchristli-chen Kunst und Kultur des Orients, Wiesbaden 1982, 72–114. Zur Ikonographie der Anar-gyren vgl. neben der in der vorherigen Anmerkung zitierten Monographie von Skrobucha: *C. H. W. Wendt*, Die Heiligen Ärzte in der Ostkirchenkunst, in: Centaurus I (1950), 132–138. Wendt verweist auch auf die Darstellung von Kyros, der aus unbekannten Gründen im 18. Jh. in Russland populär geworden wäre, aber schon früher in der Ikonographie selbst im rumänischen Curtea de Argeş (14. Jh.) zu finden gewesen sei (vgl. a. a. O., 136–138).

[11] Malerhandbuch des Malermönches Dionysios vom Berge Athos, München 1983, 142. *B. Kötting*, Peregrinatio religiosa. Wallfahrten in der Antike und das Pilgerwesen in der alten Kirche, Münster 1950, 204 erwähnt darüber hinaus noch Pausikakus. Zu den Anargyren grundsätzlich vgl. a. *P. Sinthern*, Zum Kult der Anargyroi, in: ZKathTheol LXIX (1947), 354–360. Auch er geht a. a. O., 354 insgesamt von dreizehn Anargyren im Bereich der grie-chischen Kirche aus.

[12] Hier werden Kosmas und Damian, Kyros und Johannes, Panteleimon und Ermolaos, Sampson und Diomedes als Paare genannt, vgl. den Art. von *Loukatos*, Ἀνάργυροι (Anm. 8), 547.

gyren-Hagiographie angesehen worden. Wenden wir uns also zunächst den Dioskuren zu, um dann an zwei Paradigmen zu untersuchen, ob die Erzähltradition über sie die christlichen Heiligenlegenden tatsächlich beeinflusst haben könnte.

3 DIE DIOSKUREN ALS ANTIKE RETTER-GESTALTEN

Der Glaube an ein Zwillingspaar göttlicher Jünglinge ist im indogermanischen Raum weit verbreitet. Die als Zeussöhne geltenden Zwillinge tauchen in der griechischen Kultur in unterschiedlichen Regionen mit verschiedenen Namen auf.[13] Insbesondere die Zweizahl ist das Kennzeichen dieser Gottheiten, die Einzelgestalten wurden häufig erst nachträglich ausgebildet.[14] Die geläufigsten Individualnamen, die möglicherweise auch bereits indogermanischen Ursprungs sind, lauteten Kastor und Polydeukes. In Rom wurden die Dioskuren nach dem Namen des ersten Bruders auch einfach Castores genannt. In den Kyprien wurde der sterbliche Rossebändiger Kastor von seinen unsterblichen Geschwistern, dem Faustkämpfer Polydeukes und der Helena, unterschieden.[15] Nach dem gewaltsamen Tod des Kastor wird seinem Bruder zugestanden, seine Unsterblichkeit mit jenem zu teilen, so dass beide im Wechsel einen Tag im Hades und einen Tag auf dem Olymp verbringen.[16] Aber nicht nur untereinander nützte ihnen ihre teilweise göttliche Herkunft.

Wie die Kabiren von Samothrake, deren Tradition mit der der Dioskuren im Hellenismus zu verschmelzen begann,[17] galten die Dioskuren als Retter in der Seenot. Insbesondere ihre Erscheinung als Sternenpaar bzw. im St. Elmsfeuer half den Seefahrern.[18] In hellenistischer Zeit wurden die Sterne sogar ihr eigentliches Symbol.[19] Von besonderer Bedeutung waren sie als Nothelfer allgemein. Dementsprechend wurden sie als σωτῆρες bezeichnet.[20] Als solche halfen sie natürlich im Krieg[21] und auch bei Wettkämpfen.[22]

---

[13]   Vgl. zu den Dioskuren den Art. Dioskuroi von *T. S.[cheer]*, in: Neuer Pauly III (1997), 673–676 und insbesondere *W. Kraus*, Art. »Dioskuren«, in: RAC III (1957), 1122–1138.

[14]   Vgl. W. *Kraus*, Dioskuren (Anm. 13), 1125 f.

[15]   Vgl. Kyprien fr. 8 (PEG ed. *Bernabé* 49); Apollod. 3, 126 (ed. *Brodersen* 178); Hyg. fab. 77 (ed. *Marshall* 75).

[16]   Vgl. *Hom.* Od. 11, 301–304 (ed. *Bérard* 95); *Pind.* Nem. 10,55–91 (ed. *Ringleben* 126 f.); *Verg.* Aen. 6,121 (ed. *Conte* 163); *Lukian.* dial. deor. 26 (ed. *Macleod* 350–352).

[17]   Vgl. *Paus.* 10,38,7 (ed. *Rocha-Pereira* 186).

[18]   Vgl. *Hom.* h. Diosk 32 (ed. *Gemoll* 96); Alk. fr. 34 (Poetarum Lesbiorum Fragmenta, ed. *Lobel/Denys* 125), Hdt. 2,43 (ed. *Godley* 328); *Eur.* Hel. 140.1495–1505 (ed. *Burian* 66.170–172); Lukian nav. 9 (ed. *Kilburn* 438); *Cic.* div. 1,75 (ed. *Schäublin* 79); Plut. Lysand. 12,1 (ed. *Page* 260); Hesychius 1933–1936 (ed. *Latte* 463).

[19]   Vgl. *W. Kraus*, Dioskuren (Anm. 13), 1128.

Die Dioskuren tauchen auch im Umfeld des ägyptischen Götterpantheons auf. Darauf hat u. a. Otfried Deubner 1947 nachdrücklich hingewiesen. Er führte eine beeindruckende schiffsförmige Tonlampe aus Puteoli an, auf der Serapis und Isis mit einem Dioskuren zusammen dargestellt worden sind, aber auch alexandrinische Münzen mit einer derartigen Kombination.[23] Auf solchen Münzen aus der Zeit Trajans und Hadrians flankierten die Dioskuren u. a. eine Mondsichel bzw. eine Göttin, die eine solche auf dem Kopf trägt.[24] Mit großer Wahrscheinlichkeit handelt es sich dabei um Isis.[25] Deubner vermutete eine solche Kombination erst seit der Kaiserzeit. Fernand Chapouthier hat die Kombination der Isis mit den Dioskuren schon in der klassischen Zeit und besonders unter den Ptolemäern nachgewiesen.[26] Deubners grundsätzliche Ausführungen sind von neueren Untersuchungen bestätigt worden. So ist im zyprischen Soli ein Dioskuren-Kopf aus der Mitte des 3. Jahrhunderts, der aus hartem Kalkstein geschaffen wurde, im Tempel E gefunden worden. Bei diesem Tempel handelte es sich wohl um einen Serapis-Tempel. Seit der ptolemäischen Zeit ist die Darstellung der Dioskuren auf Zypern sehr populär gewesen.[27] Sylvia Barnard hat generell festgestellt, dass Funde von Dioskuren auf Zypern fast immer mit der ägyptischen Religion oder Kultur in Verbindung standen und daher nicht mit der griechischen Besiedlung, sondern mit bedeutenden ägyptischen Gottheiten, insbesondere auch der in Ägypten stark verehrten Isis, nach Zypern kamen. In Amathous waren die Dioskuren wohl gleichsam als Gefährten der Isis interpretiert. In Paphos ist ein Intaglio gefunden worden, auf dem die Dioskuren eine Frauengestalt flankieren, die aufgrund der sie bekrönenden Mondsichel und

---

[20]   Vgl. *Strabo* V 3,5 (ed. *Lasserre* III 84); *Ail.* var. 1,30 (ed. *Dilts* 12). Vgl. a. das Dioskuren-relief aus Kruchevjane/Makedonien bei *F. Chapouthier*, Les Dioscures au service d'une déesse. Étude d'iconographie religieuse, Paris 1935, 34 Nr. 11.

[21]   Vgl. u. a. *Hdt.* 5,75 (ed. *Godley* 84); 8,64 (ed. *Godley* 58 [hier Aiakiden]).

[22]   Vgl. u. a. Il. 23, 538–42 (ed. *Rupé* 798); Paus. 3,14,7; 5,15,5 (ed. *Rocha-Pereira* 235. II 39).

[23]   Vgl. *O. Deubner*, Sarapis und die Dioskuren, in: Marburger Winckelmann-Programm 1947, 13–16.

[24]   Auf solche Darstellungen verweist auch *C. Reinhardt*, Mythische Brüderpaare. Untersuchungen zu einer Antenbasis in Messene, in: *B. Asamer* u. a. *(Hg.)*, Temenos. FS Florens Felten und Stefan Hiller, Wien 2002, 113–122, hier 119.

[25]   *Hermary*, LIMC III,1, 579–80; 593; LIMC III 2, 467, Diskouroi, 139.151. Zur Gleichsetzung von Isis und Selene, also dem Mond, vgl. a. *Diodor* Sic. I,25,1 (ed. *Bertrac* 61). Allerdings kann die Mondsichel insbesondere außerhalb Ägyptens auch auf andere indigene Göttinnen verweisen, vgl. *R. Stupperich*, Das Dioskuren-Relief in Dortmund, in: Boreas VIII (1985), 205–210, hier 207–209.

[26]   Vgl. *F. Chapouthier*, Dioscures (Anm. 20), bes. 248–262.

[27]   Vgl. *S. Barnard*, The Dioscuri on Cyprus, in: Thetis X (2003), 71–75, hier 71.

auf der Basis von ikonographischen Vergleichen als Isis zu identifizieren ist.[28] Sie hat auf diesem Intaglio die Stelle der Dioskuren-Schwester Helena einge-nommen.[29] Wahrscheinlich sind die Dioskuren als Schutzgötter oder Gottheiten mit Wächterfunktion bereits von den Ptolemäern nach Zypern transferiert wor-den.[30]

Grundsätzlich sind die Dioskuren seit der ptolemäischen Zeit in Ägypten verehrt worden. Möglicherweise hat sie die aus Samothrake stammende Frau des Ptolemaeus Philadelphus namens Arsinoë hier eingeführt, weil sie sie mit den von ihr in ihrer Jugend verehrten Kabiren identifizierte.[31]

Für unseren Kontext freilich von besonderer Bedeutung ist die Heiltätigkeit der Dioskuren. Sie lässt sich auch bei anderen Heroen beobachten, die paarweise auftreten.[32] Ihr Kult wurde nicht nur in Epidauros betrieben, es gab vielmehr auch eine Heilstätte der Dioskuren in Byzanz. Allerdings erst im 6. nachchrist-lichen Jahrhundert wurde von Hesychios von Milet († nach 582) daran erinnert, dass der legendäre Stadtgründer Byzas ein Dioskuren-Heiligtum erbaut habe, in dem den Menschen Heilung zuteil würde.[33] Vermutlich hat dabei Inkubation eine Rolle gespielt. Diese ist in jedem Fall im Dioskurenheiligtum des Trophonios in Labadeia zu beobachten.[34] Möglicherweise hat es sie auch im Dioskuren-Hei-ligtum in Rom gegeben.[35] Es ist also keineswegs davon zu sprechen, dass »die Heiltätigkeit … in der Geschichte ihres Kultes nirgends in besonderer Weise zu-tage« tritt.[36] Die Dioskuren halfen nicht nur bei akuten Krankheiten, sondern wohl auch bei Unfruchtbarkeit von Frauen.[37]

Der äußerst populäre Kult der Dioskuren, der in zahlreichen Kunstwerken seinen Niederschlag[38] fand und auch in Rom und anderen Städten Italiens weit

---

[28]   Vgl. a. a. O., 71f.

[29]   Zur mythologischen Trias der Dioskuren mit einer weiblichen Gestalt vgl. ausführlich *F. Chapouthier*, Dioscoures (Anm. 20).

[30]   Vgl. *S. Barnard*, Dioscuri (Anm. 27), 75. Die Dioskuren konnten auch in Verbindung mit Serapis dargestellt werden, vgl. *Reinhardt*, Brüderpaare (Anm. 24), 119.

[31]   Vgl. *Barnard* Dioscuri (wie Anm. 27), 74 unter Rückgriff auf eine Inschrift.

[32]   Vgl. u. a. Podaleirios und Machaon. Zu Podaleirios vgl. *G. Türk*, Art. »Podaleirios«, in: *W. H. Roscher* (ed.), Ausführliches Lexikon der griechischen und römischen Mythologie III,2, Leipzig 1909, 2586–2591; zu Machaon: *O. Höfer*, Art. »Machaon«, in: ebd. II,2, Leipzig 1897, 2228–2231.

[33]   Vgl. *Hesychios von Milet* 15 (F Gr Hist / ed. *Jacoby* III/B 268).

[34]   Vgl. *Kraus*, Dioskuren (Anm. 13), 1130.

[35]   Vgl. *L. A. Deubner*, Kosmas und Damian. Texte und Einleitung, Leipzig 1907, 56 unter Rückgriff auf Schol. zu Persius 2,56/57 (jetzt ed. *Scholz/Wiener* 69.223).

[36]   So *E. Lucius*, Die Anfänge des Heiligenkults in der christlichen Kirche, Tübingen 1904, 261 Anm. 3.

[37]   Vgl. *Kraus*, Dioskuren (Anm. 13), 1131.

verbreitet und an prominenten Stellen präsent war – immerhin gab es auch einen berühmten Castores-Tempel auf dem *Forum Romanum*[39] – ließ sich durch das Christentum nicht ausmerzen.[40] Polemisch versuchten christliche Autoren den Dioskurenkult zu verunglimpfen, indem sie gerade pagane Schriftsteller zitierten. Insbesondere wurde dabei betont, dass die Dioskuren gestorben und begraben seien.[41] Darüber hinaus wurde auch das Ausbleiben ihrer Hilfe thematisiert.[42] Aber nicht nur polemische Auseinandersetzung, sondern auch Adaption der Dioskuren in den christlichen Bereich lässt sich beobachten. Bereits James Rendel Harris hat auf gelegentlich abenteuerliche Weise darzustellen versucht, wie die Dioskuren in christianisierter Form als Heilige auftauchten, um den antiken Kult endgültig zu überwinden.[43] Eine solche Form der Verchristlichung der antiken Heroen hat es sicher gegeben, wenn auch nicht alle von Harris aufgeführten Beispiele als solche überzeugen. Die Adaptionsphänomene sind differenzierter zu betrachten, als das in den religionsgeschichtlichen Arbeiten aus der Wende zum 20. Jahrhundert zu beobachten ist. Dies soll im Folgenden an zwei ausgewählten Beispielen illustriert werden.

4 KOSMAS UND DAMIAN – DIE »ERSTEN ÄRZTE DER WELT«

Wie bereits erwähnt, taucht das Ärztepaar Kosmas und Damian im griechischen Synaxarion gleich drei Mal an unterschiedlichen Orten und mit einer jeweils andersartigen Biographie auf. Die drei gleichberechtigten Heiligenpaare dürften bereits nach den Ausführungen von Ernst Lucius auf ein und dieselbe Tradition zurückgehen.[44] Die kleinasiatische Variante, nach welcher die Heiligen in Kleinasien geboren und in Pherman bzw. Pheremma, einem Ort bei Kyrhos in Nord-

---

[38]   Zu den Dioskuren in der Kunst bzw. zu deren Inszenierung an Heiligtümern vgl. u. a. *H. von Hesberg*, Die Statuengruppe im Tempel der Dioskuren von Cori, Mitteilungen des Deutschen Archäologischen Instituts. Römische Abteilung CXIII (2007), 443–460; *Reinhardt*, Brüderpaare (Anm. 24); *S. Geppert*, Die monumentalen Dioskurengruppen in Rom, in: Antike Plastik XXV (1996), 121–150.

[39]   Vgl. bereits Strabo V 3,5 (ed. *Lasserre* III 84).

[40]   Vgl. *Gelasius I.* (Ende des 5. Jh.), Adversus Andromachum 8, in: *A. Thiel* (ed.), Epistolae Romanorum pontificum genuinae I, Hildesheim / New York 1974, 603.

[41]   Vgl. u. a. *Athenag.* leg. 29,2 (ed. *Marcovich* 95,22 f.); Firm. Mat. err. 12,8 (ed. *Halm* 94,5 f.).

[42]   Vgl. nochmals *Gelasius I*, Adversus Andromachum (Anm. 40), 603.

[43]   Vgl. *J. R. Harris*, The Dioscuri in the Christian Legends, London 1903.

[44]   *Lucius*, Anfänge (Anm. 36), 256. Zu einer weiteren syrischen Legende vgl. *W. Weyh*, Die syrische Kosmas- und Damian-Legende = Programm d. K. humanist. Gymnasiums Schweinfurt f. 1909/10.

syrien, noch im 3. Jh. bestattet worden sind, ist am besten bezeugt und kann von daher am meisten Historizität für sich beanspruchen.[45] In ihr sind die Heiligen nicht mit einem Ort paganer Heilkulte verbunden. Dies gilt erst für die arabische Vitenvariante: Nach ihr sind die beiden als Märtyrer im kilikischen Aigeai[46] gestorben, also an einem Ort, an dem sich ein bedeutender Asklepios-Tempel befand.[47] In Rom fand die Verehrung von Kosmas und Damian auf dem *forum pacis* ihren Ort, das als bekannter Treffpunkt der Ärzte der Metropole galt. Es ist durchaus denkbar, dass das zunächst als solches kostenlos heilend wirksame Heiligenpaar sekundär mit den Zentren antiker Heilkulte verbunden worden ist. Die arabische und die römische Vita würden dann von einem Verdrängungsprozess älterer Heilkulte in Aigeai bzw. in Rom Zeugnis ablegen. Dabei wären die Heiligen mit Praktiken verbunden worden, die bereits an diesen Heilzentren existierten, vor allem mit der Inkubation.

In allen Legenden über die Heiligen wird ihre medizinische Ausbildung und insbesondere die Tatsache hervorgehoben, dass sie kostenlos heilten. Nach der römischen Variante haben sie selbst den Kaiser geheilt, sind allerdings schließlich trotz oder gerade wegen enormer Missionserfolge als Märtyrer gestorben.

Der Anargyrenkult kam wohl aus Syrien auch nach Konstantinopel. Cyrill Mango geht mit guten Argumenten davon aus, dass dort die erste Kirche der beiden Heiligen erst unter dem Usurpator Leontios († 488) durch dessen Mutter Paulina um 480 n. Chr. gebaut worden ist.[48] Besonders populär sind die Anargyren in der Hauptstadt in der Zeit Kaiser Justinians († 565 n. Chr.) geworden, der durch eine Erscheinung derselben von einer schweren Krankheit unerwartet geheilt worden zu sein meinte und daraufhin ihren Kult in der Hauptstadt gewaltig förderte.[49] Ab dieser Zeit wurden sie reichsweit insbesondere auch durch zahlreiche Wunderberichte bekannt, die stark an die Berichte aus Asklepios-Heiligtümern erinnern. In Konstantinopel fanden demnach in ihrer Kirche nahe dem Vlachernen-Heiligtum zahlreiche Heilungen gerade auch durch Inkubation statt.

---

[45] Vgl. *C. Mango*, On the Cult of Saints Cosmas and Damian at Constantinople, in: Θυμίαμα στη μνήμη της Λασκαρίνας Μπούρα, Athen 1994, 189–192, hier 190.

[46] Vgl. zur antiken Kultstätte in Aigeai: *Lucius*, Anfänge (Anm. 36), 259. *Libanius*, Or. 30,39 (ed. *Nesselrath* 64) hat auch nach der Zerstörung des Heiligtums in Aigeai von Pilgern dorthin berichtet, Kaiser Julian den von der paganen Bevölkerung nach wie vor gepflegten Kult durch die geplante Wiederaufrichtung des Tempels zu fördern versucht, vgl. *Zonaras*, Chron. XIII,12,31 (ed. *Pinderi* 63).

[47] Vgl. *Lucius*, Anfänge (Anm. 36), 256. Nach ihm ist ein Kult der Märtyrer hier bereits im ausgehenden 4. Jh. nachweisbar.

[48] Vgl. *Mango*, Cult (Anm. 45), 191.

[49] Vgl. *Lucius*, Anfänge (Anm. 36), 257.

In welchem Verhältnis nun standen die Brüder zu den Dioskuren? Auch mit dem Dioskurenkult dürften die erfolgreichen Heiler erst sekundär in Verbindung gebracht worden sein, um diesen schließlich zu verdrängen. In Konstantinopel war ihre Kirche an der Stelle des bei Hesychios von Milet erwähnten antiken Dioskuren-Heiligtums angesiedelt. Da der Kult der Anargyren in Kyrhos und Aigeai bereits früher belegt ist, ist wohl kaum davon auszugehen, dass das Heiligenpaar nur deswegen konstruiert worden ist, um das bekannte antike Bruderpaar in Konstantinopel zu ersetzen.[50] Dennoch ist der bereits bekannte Kult um Kosmas und Damian wohl gerade aufgrund seiner Ähnlichkeit als Konkurrenz zum Dioskurenkult und dann auch als dessen christliche Fortsetzung in Konstantinopel eingesetzt worden. Ein besonders anschauliches Zeugnis von der Kultkontinuität bietet die Erzählung Miraculum 9 von einem Kranken aus paganem Umfeld. Dieser habe – so die Legende – das inzwischen christliche Heiligtum in Konstantinopel aufgesucht, um eigentlich bei den Dioskuren Heilung zu suchen. Die Übergänge zwischen der Verehrung der Anargyren und der Dioskuren sind in der Legende bemerkenswert fließend. So ruft der »Heide« die beiden Heiligen durchaus mit ihrem Namen an, denkt dabei aber an Kastor und Polydeukes. Bei seiner Inkubation erscheinen ihm jene im Traum und weisen ihn zurecht. Sie klären ihn nicht nur über sich selber, sondern auch über den Urheber ihrer Wundertätigkeit auf.[51] Daraufhin lässt sich der »Heide« taufen. Die missionarischen Aspekte der Kultadaption werden somit betont. Bernhard Kötting lag sicher nicht falsch, wenn er vermutete, »daß man von kirchlicher Seite bewußt an dieser Stelle den Kult der heiligen christlichen Ärzte eingerichtet bzw. gefördert hat zur Überwindung der heidnischen Verehrung der göttlichen Zwillinge.«[52]

Walter Kraus hat bereits 1957 zusammenfassend auf weitere einzelne Darstellungselemente verwiesen, die bei den Dioskuren und den Anargyren in vergleichbarer Weise auftauchen: Kosmas und Damian erscheinen als Reiter, sie tragen wie die Dioskuren auf späten Denkmälern Fackeln in den Händen und sie retten ein Schiff.[53]

Wenn man also beim Kosmas- und Damiankult auch nicht davon ausgehen kann, dass das Geschwisterpaar als Ersatz der Dioskuren konstruiert worden ist, so lässt sich doch festhalten, dass bei der Installation des Kultes in Konstan-

---

[50] So einst *L. Deubner*, Kosmas (Anm. 35), 38–83. Gegen die Annahme der Konstruktion zur Kultersetzung sprechen auch die Namen der Heiligen, die nach Syrien weisen, und der Nachweis einer älteren syrischen Fassung der Heiligenlegende, vgl. zusammenfassend *Kraus*, Dioskuren (Anm. 13), 1135.

[51] Vgl. *L. Deubner*, Kosmas (Anm. 35), 113–117.

[52] *Kötting*, Peregrinatio (Anm. 11), 219.

[53] Vgl. *Kraus*, Dioskuren (Anm. 13), 1135.

tinopel bewusst auf die fließenden Übergänge vom Kult der paganen Heroen zu den christlichen Heiligen insbesondere aus missionarischen Gründen geachtet worden ist.

5 Johannes und Kyros in Menuthis

Nicht nur der Kult um Kosmas und Damian nahm seit der zweiten Hälfte des 6. Jahrhunderts gewaltig an Popularität zu. Ähnliches gilt auch für den Kult um Kyros und Johannes im ägyptischen Menuthis,[54] der allerdings nicht durch einen Kaiser, sondern durch den Jerusalemer Bischof Sophronios[55] nach einer Heilungserfahrung massiv gefördert worden war. Dieser knüpfte in seiner Sammlung der Wunder der Heiligen, die um 610 bzw. 619 n. Chr. publiziert worden ist,[56] explizit an die Erzählungen von Kosmas und Damian an.[57] Er betonte, diese gelesen und dabei Zweifel an dem Gerücht entwickelt zu haben, dass Kyros und Johannes vergleichbare Wunder vollbracht hätten – wenn dies so sei, dann habe Christus eben durch unterschiedliche Heilige dasselbe bewirkt.

Das Isis-Heiligtum im unterägyptischen Menuthis, etwa 20 km nordöstlich vom Zentrum Alexandreias, galt als eines der wichtigsten Pilger- und Heilungszentren im spätantiken Ägypten. Es lag nahe dem einst bedeutenden Serapis-Tempel von Kanopos.[58] Bereits der alexandrinische Erzbischof Theophilos († 412) versuchte, dem ausgeprägten paganen Kult einen christlichen Akzent entgegenzusetzen, indem er nicht nur um 391 n. Chr. den Serapis-Tempel von Kanopos zerstören, sondern in der Gegend auch eine Kirche der Evangelisten und ein Pachomianer-Kloster[59] bauen ließ.[60] Eine einfache Besetzung des Ortes

---

[54]   Zum Kult um Kyros und Johannes im unterägyptischen Menuthis vgl. *D. Montserrat*, Pilgrimage to the Shrine of SS Cyrus and John at Menuthis in Late Antiquity, in: *D. Frankfurter*, Pilgrimage and Holy Space in Late Antique Egypt, Leiden u. a. 1998 (= Religions in the Graeco-Roman World CXXXIV), 257–279.

[55]   Zu Sophronios vgl. *Ch. Schönborn*, Sophrone de Jérusalem, Paris 1972; *H. Chadwick*, John Moschus and his Friend Sophronius the Sophist, in: JThS XXV (1974), 41–74.

[56]   Zu der Sammlung der Wunder durch Sophronios vgl. *J. Duffy*, Observations on Sophronius' *Miracles of Cyrus and John*, in: JThS XXXV (1984), 71–90.

[57]   Vgl. die *Narratio miraculorum SS. Cyri et Ioannis* 30. Zur Datierung zwischen 610 und 620 n. Chr. vgl. schon *Lucius*, Anfänge (Anm. 36), 262, Anm. 1; ferner *P. Grossmann*, Zur Gründung des Heilungszentrums der Hl. Kyros und Johannes bei Menuthis, in: *E. Czerny* (ed.), Timelines. Studies in honor of Manfred Bietak, Leuven 2006 (= Orientalia Lovaniensia analecta CXLXI), 203–212, hier 208.

[58]   Zu dem Serapistempel und den dortigen Heilungen vgl. *Strabo* XVII,1,17, abgedruckt u. a. bei *A. Bernand*, Le Delta égyptien d'après les textes grecs I, Le Caire 1970, 183.

mit einer christlichen Kirche hat dem paganen Treiben vor Ort allerdings keinen Abbruch getan. Daher suchte wohl bereits Kyrill von Alexandrien († 444)[61] nach einem wirksameren Mittel, dem populären, auch Heilungen herbeiführenden Isiskult zu entgegnen.[62] In einer Traumvision – so zumindest nach Sophronios[63] – soll er im Jahr 414 n. Chr. von einem Engel auf die Gebeine von Märtyrern in der alexandrinischen Markus-Kirche hingewiesen worden sein, die als zweites bedeutendes Anargyren-Paar der Spätantike fortan Karriere machten: Kyros und Johannes. Wenn auch das Iseion von Theophilos und Kyrill wohl nicht zerstört worden ist[64] und noch für die zweite Hälfte des 5. Jahrhunderts Zeugnisse für die Fortführung des Isis-Kultes in Menuthis existieren,[65] so ist in Konkurrenz dazu die Heilpraxis seit den Zeiten Kyrills mit scheinbar großem Erfolg von den beiden christlichen Anargyren betrieben worden. Deren Gebeine wurden von dem alexandrinischen Hierarchen in die erwähnte Evangelisten-Kirche überführt,[66] die etwa drei Kilometer östlich von Kanopos nahe Menuthis gelegen war. Menuthis kann damit als ein Ort ununterbrochener, im christlichen Gewand fortgeführter Inkubationspraxis gelten.[67]

---

[59] Zum Kloster der Tabennisioten, dem so genannten Metanoia-Kloster, vgl. zuletzt *P. Grossmann*, Gründung (Anm. 57), 204.

[60] Vgl. zur Zerstörung des Serapis-Tempels *Rufin*, hist. eccl. XI 26–27 (ed. Schwartz II 1032 f.); *Eunapios*, v. soph. (ed. Wright 420–422).

[61] Zur Diskussion darüber, ob das Heilungszentrum von Menuthis möglicherweise erst unter dem nonchalkedonensischen Patriarchen Petros Mongos (477.482–488) eingerichtet worden ist (so Louis Duchesne, Annick Martin, Jean Gascou und Ewa Wipszycka) oder nach der traditionellen Ansicht bereits unter Kyrill (412–444; so Dominic Montserrat), vgl. zuletzt *Grossmann*, Gründung (Anm. 57). Ich schließe mich den überzeugenden Ausführungen Grossmanns zugunsten einer Gründung durch Kyrill an. Er betont, dass lediglich bei Kyrill die Intention deutlich wird, dem Isis-Heiligtum durch die Installation der Märtyrer den Garaus zu machen, vgl. ebd., 211.

[62] Zu den Krankenheilungen durch Isis vgl. *Diodor Sic.* I,25,2 (ed. *Bertrac* 61 f.); ferner für den römischen Bereich: *G. Lafaye*, Histoire du culte des divinités d'Alexandrie, isis, harpocrate et anubis hors de l'égypte, depuis les origines jusqu'a la naissance de l'école néo platonicienne, Paris 1884, 161.

[63] *Sophronios*, Laudes 18–23 (PG LXXXVII/3, 3400–3408).

[64] Vgl. *Grossmann*, Gründung (Anm. 57), 209.

[65] Von der Auflösung einer Isis-Kultstätte ist erst in der Zeit des Petros Mongos († 490) die Rede, vgl. *Z. Scholasticus*, Vie de Sévère (ed. *M. A. Kugener*), PO II 1 (Nr. 6), 27–32. *Grossmann*, Gründung (Anm. 57), 210 macht allerdings zurecht deutlich, dass es sich bei der von Zacharias Scholasticus berichteten Auflösung nicht um die Zerstörung des berühmten Isis-Kultzentrums selbst, sondern um diejenige eines kleinen, »im Besitz eines privaten Kultvereins« befindlichen Heiligtums gehandelt haben müsse.

[66] Zur Evangelisten-Kirche vgl. *Grossmann*, Gründung (Anm. 57), 207 f.

[67] Vgl. *Markschies*, Gesund werden (Anm. 5), 183. Zur Inkubationspraxis, zu antiken Wun-

Im Blick auf die Kulttransformation stellt sich die Frage, warum Kyrill den alten Isis-Kult gerade durch ein Anargyren-Paar ersetzte? Gab es möglicherweise auch hier weitere Anknüpfungspunkte, die den Einsatz dieses bis dahin unbekannten Märtyrerpaares in Menuthis sinnvoll machten?

Die Frage lässt sich nur eingeschränkt beantworten, da die meisten Kenntnisse zur Kultpraxis in Menuthis aus dem 7. Jahrhundert stammen. Während die tradierten Enkomia auf die Heiligen und die Wunderberichte frühestens aus dieser Zeit stammen, sind von Kyrill selber drei bei Sophronios tradierte Auszüge aus ursprünglich wohl zwei Reden auf die Heiligen erhalten.[68] Von der Grundtendenz her stimmen die Berichte des Sophronios und die Aussagen Kyrills durchaus überein. Die wenigen »biographischen« Angaben stammen ohnehin von Kyrill und sind allenfalls in den späteren Hagiographien noch ausgeschmückt.[69] Es ist daher angemessen, unseren Fragen auf der Basis beider Textcorpora nachzugehen.

Wie wir bereits sahen, gab es durchaus eine Verbindung zwischen dem Kult der Isis und den Dioskuren. Zwar ist in Menuthis selber ein entsprechender Dioskurenkult nicht belegt. Dafür existieren aber die bereits erwähnten Münzen aus dem benachbarten Alexandreia, die auf eine Verbindung von Isis und Serapis mit den Dioskuren hinweisen. Es ist durchaus denkbar, dass auch in Menuthis die Dioskuren gleichsam durch die Heiligen ersetzt wurden. Während aus der »Kyra Menuthis« der »Kyrios Christos« wurde, entsprachen die Anargyren den bei Kyrill erwähnten Gehilfen der Gottheit.[70]

Einige Argumente sprechen für eine solche Annahme:

---

derheilungen allgemein und deren christlicher Adaption vgl. *T. Lehmann (Hg.)*, Wunderheilungen in der Antike. Von Asklepios zu Felix Medicus. Begleitheft zur gleichnamigen Ausstellung der Humboldt-Universität zu Berlin und des Berliner Medizinhistorischen Museums der Charité. Berliner Medizinhistorisches Museum 10. November 2006 – 11. März 2007, Oberhausen 2006.

[68]   Die Auszüge finden sich in PG LXXVII, 1100–1105.

[69]   So auch Kötting, Peregrinatio (Anm. 11), 203.

[70]   Noch bei *R. Merkelbach*, Isis regina – Zeus Sarapis. Die griechisch-ägyptische Religion nach den Quellen dargestellt, 2. Aufl., München 2001, 328, Anm. 3 findet sich allerdings auch die Erklärung, dass der Name Kyros der Kyra Menuthis gegenübergestellt werden sollte. Kyrill habe dazu den Namen erfunden. Bei dieser Deutung ergibt sich die Schwierigkeit, dass der Name Johannes dann vollkommen unvermittelt erfunden sein müsste. Er könnte allenfalls von den Reliquien Johannes des Täufers her abgeleitet sein, die Theophilos Rufins Bericht gemäß nach Kanopos transferiert haben soll, vgl. *Grossmann*, Gründung (Anm. 57), 205. Ders. äußert 211 die Vermutung, dass der Name Kyros wie auch die anderen Namen möglicherweise auf der Verschlussplatte eines der Schiebegräber eines Hypogäums gestanden habe.

1. Die Konkurrenzsituation zwischen paganen und christlichen Heilkulten wird von Kyrill wie von Sophronios deutlich betont. Schon Kyrill schreibt, dass die beiden Heiligen den Satan und seine üblen Dämonen (= Isis und die Dioskuren?) vernichten würden[71] – auf diesen Plural ist in der Forschungsliteratur bisher nicht geachtet worden. Gerade eine solche Konkurrenzsituation nötigte dazu, Vertrautes für die Anhänger der bisherigen Religion mit dem Neuen des Christentums zu verbinden. Der Auftritt der Heiligen gleichsam als Dioskuren in christlichem Gewand dürfte auch in Menuthis die Akzeptanz gegenüber der neuen Religion gesteigert haben. Diese wurde so gar nicht als neu wahrgenommen. Zu einer attraktiven Konkurrenz wurde der neue Heiligenkult trotzdem, weil nun das Heilen kostenlos durchgeführt wurde. Dies sei – so bereits Kyrill – ein Zeichen dafür, dass es den Anargyren um Hilfe und nicht um Verdienst gehe. Sophronios übt ferner – ähnlich wie der Verfasser der Wunder von Kosmas und Damian – häufiger Kritik an den Methoden eines Hippokrates oder eines Galen.[72] Kyrill sprach davon, dass die Gegend himmlischer Ärzte zur Überwindung des heidnischen Kultes bedürfe. Darunter verstand er solche, die mit göttlichen Gnadengaben heilen.

2. Wenn Kyrill nur den Isis-Kult hätte ersetzen wollen, hätte er nicht *zwei* Märtyrer nach Menuthis transferieren müssen. Kritisch gegen dieses Argument ist einzuwenden, dass sich die Zweizahl nicht zwangsweise aus paganen Vorbildern ableiten lassen muss. Kyrill selber thematisiert sie auch, indem er betont, dass er eigentlich nur einen Märtyrer gesucht hätte. Die Gebeine der beiden wären aber bei der Auffindung in der Markus-Kirche Alexandriens so unzertrennbar gewesen, dass er beide nach Menuthis transferiert habe.[73] Dennoch passte die Zweizahl gerade auch bei der Ersetzung des zu vermutenden Dioskurenkultes und kam Kyrill daher zupass.

3. Es bestehen innerhalb der jeweiligen Paare der Dioskuren und der Anargyren – allerdings nur in entfernt vergleichbarer Weise – Unterschiede: Kyros ist dem sakralen Bereich als Mönch zugeordnet, Johannes als Soldat dem Bereich dieser Welt.[74] Es fällt auf, dass diese Unterschiede bei den Anargyren bereits von Kyrill betont werden, obwohl er historisch über seine Heiligen nichts Genaues mehr ermitteln konnte. Möglicherweise liegt hier eine Parallelkon-

---

[71] Vgl. *Kyrill*, hom 3, 1106 A. *Kötting*, Peregrinatio (Anm. 11), 203 schreibt nur: »In den Predigten, die Cyril bei dieser Translation hielt, gab er bekannt, daß die Heiligen nun die Rolle übernehmen würden, die bisher der heidnische Dämon gespielt habe.«

[72] Vgl. *Mir.* 8, 15, 27, 30, 48, 55, 67 u. a.

[73] *Grossmann*, Gründung (Anm. 57), 211 sieht in der Tatsache der verklebten Leichname eine historische Reminiszenz, da der Bericht darüber »auch inhaltlich nichts für die Legende bringt«. Vielleicht sollte aber die außergewöhnliche *concordia* des Heiligenpaares durch die Betonung dieses Faktums hervorgehoben werden.

[74] Vgl. *Kyrill*, hom. 2, 1101C.

struktion zu den Unterschieden zwischen den beiden Dioskuren vor: Polydeukes soll ja göttlichen, Castor hingegen menschlichen Ursprungs gewesen sein.

4. Bemerkenswerter sind die gemeinsamen Attribute, die sich sowohl für die Dioskuren als auch die Anargyren finden. Die Bezeichnung als σωτῆρες taucht in veränderter Form bei den Anargyren wieder auf. Sie sind in der Darstellung des Sophronios zunächst nicht selber als Retter bezeichnet, sondern als μιμηταὶ τοῦ Σωτῆρος (Mir. 67; 3656B). Als solche Nachahmer Christi werden sie dann aber in dem Bericht über die wunderhafte Heilung seines Augenleidens von Sophronios selber als σωτῆρες charakterisiert (Mir. 70, 3673C).[75] Spätestens bei Sophronios findet also für die Anargyren eine vergleichbare Attribuierung wie für die Dioskuren statt.

5. Die Tätigkeitsfelder der Dioskuren entsprechen denjenigen der Anargyren, wie sie bei Sophronios berichtet werden. Das betrifft nicht nur die Inkubations-Praxis, sondern auch ein Wunder an Schiffbrüchigen (Mir. 8, 3437B–3440B), das aus den übrigen Wundern auf auffällige Weise heraussticht: Es handelt sich um das einzige Wunder außerhalb des Heiligtums.

6 Pagane Heroen im christlichen Gewand oder christliche Märtyrer pagan appliziert?

Handelt es sich nun bei den beiden beschriebenen Anargyren-Kulten um eine einfache Christianisierung paganer Heroenkulte? Die Beobachtung, dass das Anargyren-Paar keineswegs ursprünglich zur Ersetzung der Dioskuren gedient hat, spricht bereits dagegen. Die Prozesse von Kultadaptionen sind in jedem Fall vielschichtiger zu denken, als es Religionsgeschichtler wie Ludwig Deubner vorgeschlagen haben. Im Blick auf Konstantinopel hatte Deubner selber einräumen müssen, dass Kosmas und Damian die Dioskuren nicht einfach ersetzt haben. Das Auftreten als Paar lässt sich zumindest bei diesen Heiligen definitiv nicht nur vom Dioskurenkult erklären.

Bisher in der Forschung unbeachtet blieb die Möglichkeit, biblische Ideale für das paarweise Auftreten der Anargyren zu benennen. Bereits Kyrill sah explizit den Grund für das kostenlose Heilen von Kyros und Johannes in der Aussendungsrede Jesu nach Mt 10,8: »Macht Kranke gesund, weckt Tote auf, reinigt Aussätzige, treibt böse Geister aus. Umsonst habt ihr's empfangen, umsonst gebt es auch.«[76] Dieser Text ist schon bei Irenaios von Lyon über den Jüngerkreis

[75] Der Titel θεοὶ σωτῆρες taucht allerdings auch im hellenistischen Herrscherkult auf, so etwa für die Großeltern der Herrscher im Dekret von Kanopos aus dem Jahr 237 v. Chr., vgl. *Bernand*, Delta (Anm. 58), 991 Z. 17.

hinausgehend auf die Träger christlicher Charismen in den Gemeinden bezogen worden.[77] Gegen den Vorwurf aus nicht-valentinianischen, gnostischen Kreisen,[78] dass Jesus seine Wunder und Zeichen mithilfe von Zaubertricks durchgeführt habe, betont Irenaios, dass nicht nur er, sondern alle seine Nachfolger Wunder zum Segen der Menschheit, umsonst und ohne aus eigennützigem Interesse zu täuschen, vollbracht hätten. Kostenloses Heilen wird somit als Beweis für eine tricklose, uneigenützige Handlung in Anschlag gebracht.[79] In diesem Sinne wird es auch in den Wundererzählungen sowohl über Kosmas und Damian als auch über Kyros und Johannes verstanden. Sieht man in den Anargyren aber konsequente Nachfolger der Jünger Christi, die in der Art und Weise für seine Botschaft eintreten, wie sie in der Aussendungsrede Jesu formuliert worden ist, ergibt sich auch ein Schlüssel zum paarweisen Auftreten der Anargyren:

In der markinischen Variante der Aussendungsrede Mk 6,7.13 werden die Jünger, die obendrein heilen sollen, zu solch paarweisem Auftreten ermutigt:[80] »Und er rief die Zwölf zu sich und hob an und sandte sie je zwei und zwei und gab ihnen Vollmacht über die unsauberen Geister. … Und sie trieben viele Dämonen aus und salbten viele Kranke mit Öl und heilten sie«. Kyrill verstand in jedem Fall seine beiden Heiligen als konsequente Nachfolger Christi, als Martyres. Selbst ihr reales Martyrium wird dabei von ihm hervorgehoben.[81]

Eine explizite Rezeption von Mk 6 ist in den Wunderberichten über die Anargyren m. W. nicht mehr zu ermitteln. Dennoch ist zu konstatieren, dass die Ärztepaare von christlicher Seite aus gut als konsequente Nachfolger der Jünger, als Martyres Christi verstanden wurden. Bei den Anfängen des Kosmas und Damian-Kultes, die quellenmäßig nicht mehr zu erheben sind, mag das biblische Nachfolge-Ideal deren paarweisem Auftreten sogar zugrunde gelegen haben. Kyros und Johannes hingegen mögen bereits im Blick auf die Ersetzung des Dioskuren-Paares in Menuthis als ein solches Paar von Kyrill entdeckt worden sein. Ihr Verständnis als konsequente Zeugen Christi ließ sich von Mt 10 und Mk 6 her aber auch gegenüber Christen leicht begründen.

---

[76] Vgl. *Kyrill*, hom 3, 1105AB.

[77] Vgl. *Iren.*, Adv. haer. II 32,4 (ed. *Brox* II, 278–280). Wörtlich ist hier von denjenigen die Rede, »qui vere illius sunt discipuli«.

[78] Genannt werden die Anhänger von Simon Magus, Menander, Karpokrates u. a. vgl. *Iren.*, Adv. haer. II 32,5 (ed. *Brox* II, 280).

[79] Vgl. *Iren.*, Adv. haer. II 32,4 (ed. Brox II, 280).

[80] Vgl. zur paarweisen Berufung von »Zeugen« auch Dtn 19,15b; Koh 4,9–12, und zu den neutestamentlichen Apostelpaaren *G. Schille*, Die urchristliche Kollegialmission, Zürich/Stuttgart 1967 (AThANT 48), bes. 89–91.136–139.

[81] Vgl. *Kyrill*, hom. 2, 1101C; hom. 3, 1104C.

7 SCHLUSS

Nach unseren Beobachtungen hat es auch im Bereich des Kultes, zumindest des Heilkultes, interessante Verschränkungen paganer und christlicher Kultur gegeben. Ich rede lieber von einer Verschränkung als von einer religionsgeschichtlich nachvollziehbaren einlinigen Abhängigkeit. Die Rede von einem christlichen Heilerpaar basierte anfangs wahrscheinlich nicht auf paganen Vorbildern. Sie wurde aber durch die zunehmende Betonung der Parallelen für pagane Adressaten christlicher Mission viel leichter applikabel. Gerade in der Möglichkeit, die Anargyren von paganer wie christlicher Seite als Element der eigenen Kultur zu verstehen, lag wohl das besondere Erfolgsrezept der Anargyren-Kulte begründet. Die Förderung von – in gewisser Weise – akkommodierten Heiligenkulten ist in jedem Fall zur Verdrängung paganer Vorgängerkulte propagiert worden, ohne dabei zentrale biblische Ideale aufzugeben.

Gott, Götter und die Taufentscheidung von Chlodwig

Bemerkungen zum 46. Brief des Avitus von Vienne

Uta Heil

Chlodwig ist vor genau 1500 Jahren gestorben; so erscheinen momentan einige neue Bücher zu diesem bedeutenden fränkischen Herrscher und Eroberer Galliens. In einer dieser Neuerscheinungen, der Monographie »Chlodwig I. Der Aufstieg der Merowinger und das Ende der antiken Welt« (München 2011) des Bonner Historikers Matthias Becher,[1] heißt es gleich zu Beginn:

> »Vor allem Chlodwigs Entscheidung, zum christlichen Glauben überzutreten, sollte die weitere Geschichte des westlichen Europa nachhaltig beeinflussen. Sie war die Voraussetzung für die enge Verbindung von Staat und Kirche, die die Geschichte des Kontinents bis weit in die Neuzeit hinein bestimmen sollte.« (9) ... »Seine Entscheidung für den Katholizismus und gegen andere Lehren dürfte die Christianisierung Westeuropas unter diesem Vorzeichen erheblich beschleunigt haben.« (10)

Chlodwigs Taufe[2] war also ein bedeutendes Ereignis mit großer Wirkung – aus der Rückschau betrachtet. Wie sich die Lage für Chlodwig selbst darstellte und

---

[1]   Vgl. auch *M. Becher*, Merowinger und Karolinger, Geschichte kompakt, Darmstadt 2009.

[2]   Literatur (chronologisch): *W. von den Steinen*, Chlodwigs Übergang zum Christentum. Eine quellenkritische Studie (1932), Darmstadt ³1969; *G. Tessier*, Le Baptême de Clovis, Paris 1964; *R. Weiss*, Chlodwigs Taufe, Reims 508. Versuch einer neuen Chronologie für die Regierungszeit des ersten christlichen Frankenkönigs unter Berücksichtigung der politischen und kirchlich-dogmatischen Probleme seiner Zeit, Bern / Frankfurt a. M. 1971; *E. Ewig*, Studien zur merowingischen Dynastie, Frühmittelalterliche Studien 8, 1974, 15–59; *I. N. Wood*, Gregory of Tours and Clovis, Revue Belge de Philologie et d'Histoire 63, 1985, 249–272; *J. Moorhead*, Clovis' Motives für Becoming a Catholic Christian, Journal of Religious History 13, 1985, 329–339; *M. McCormick*, Clovis at Tours. Byzantine Public Ritual and the Origins of Medieval Ruler Symbolism, in: *E. K. Chrysos / A. Schwarcz (Hg.)*, Das Reich und die Barbaren, Veröffentlichungen des Instituts für österreichische Geschichtsforschung 29, Wien/Köln 1989, 155–180; *W. M. Daly*, How Barbaric, how pagan?, Speculum 69, 1994, 619–664; *M. Spencer*, Dating the Baptism of Clovis 1886–1993, Early Medieval Europe 3,

welche Bedeutung er diesem Schritt beimaß, kann man nur ansatzweise beschreiben, da die überlieferten Quellen nicht nur rar, sondern auch widersprüchlich sind.

I QUELLENLAGE

Die Taufe Chlodwigs und die Umstände seiner Entscheidung für das katholische und nicht das arianische bzw. homöische Christentum[3] standen seit jeher, im Prinzip seit dem Geschichtswerk des Gregor von Tours vom Ende des sechsten

---

1994, 97–116; *M. Rouche*, Clovis. Suivi de vingt et un documents traduits et commentés, Paris 1996; *A. Dierkens*, Die Taufe Chlodwigs, in: Die Franken. Wegbereiter Europas. Katalog der Ausstellung, Mannheim/Mainz 1996, 183–191; *D. Shanzer*, Dating the Baptism of Clovis. The Bishop of Vienne vs. the Bishop of Tours, Early Medieval Europe 7, 1998, 29–57; *D. Geuenich*, Chlodwigs Alemannschlacht(en) und Taufe, in: *Ders. (Hg.)*, Die Franken und die Alemannen bis zur »Schlacht bei Zülpich« 496/97, Reallexikon der Germanischen Altertumskunde Ergänzungsband 19, Berlin 1998, 423–437; *G. Scheibelreiter*, Die Bekehrung des Merowingerkönigs Chlodwig 496, in: *Ders., (Hg.)*, Höhepunkte des Mittelalters, Darmstadt 2004, 13–32; *K. Schäferdiek*, Chlodwigs Religionswechsel – Ablauf, Bedingungen und Bewegkräfte, in: *P. Gemeinhardt / U. Kühneweg (Hg.)*, Patristica et Oecumenica, FS W. A. Bienert, Marburger Theologische Studien 85, Marburg 2004, 105–121; *B. Jussen*, Chlodwig und die Eigentümlichkeiten Galliens. Ein *warlord* im rechten Augenblick, in: *M. Meier (Hg.)*, Sie schufen Europa. Historische Portraits von Konstantin bis Karl dem Großen, München 2007, 141–155; *G. Bordonove*, Clovis et les Mérovingiens, Paris 2009; *H. Castritius*, Chlodwig und der Tag von Tours 508, in: *M. Becher / S. Dick (Hg.)*, Völker, Reiche und Namen im frühen Mittelalter, Mittelalter Studien 22, München 2010, 113–120. Ferner allgemein *W. Pohl*, Die Völkerwanderung. Eroberung und Integration, 2. erweiterte Auflage, Stuttgart 2004 (176–185 zu Chlodwig); *B. Bleckmann*, Die Germanen, München 2009 (279–289 zu den Franken).

[3]   Die homöische Theologie entstand Ende der fünfziger Jahre des vierten Jahrhunderts im Rahmen des trinitarischen Streits um die Gottheit Christi und des heiligen Geistes im Verhältnis zur Gottheit des Vaters, als sich die Kontroverse in mehrfacher Hinsicht zugespitzt hatte: Die Kirche war seit der gescheiterten Synode von Serdica 343 gespalten zwischen Vertretern einer Drei-Hypostasen-Lehre im Osten und einer Ein-Hypostasen-Lehre im Westen mit Ägypten; hinzu kamen eine äußerst intensive Debatte um die Deutung des nizänischen Begriffs »wesenseins«/ὁμοούσιος und eine neue Auseinandersetzung um Thesen des Aëtius, der die Verschiedenheit und Unterordnung des Wesens des Sohnes zum Vater betonte. Auf der von Kaiser Konstantius einberufenen Doppelsynode von Rimini und Seleucia 359 einigte man sich nach langen Verhandlungen und unter kaiserlichem Druck auf eine theologische Erklärung, die in schlichter biblischer Terminologie die einfache Gleichheit des Sohnes zum Vater beschrieb (vgl. Phil 2,6) und die Verwendung umstrittener philosophischer Begriffe wie »Wesen«/οὐσία oder »Hypostase«/ὑπόστασις als unbiblisch verbot.

Jahrhunderts,[4] im Zentrum des historischen Interesses. Es gibt jedoch nur wenige aussagekräftige Primärquellen darüber; das wichtigste Zeugnis ist der Brief des burgundischen Bischofs Avitus von Vienne an Chlodwig (ep. 46),[5] in dem er auf Chlodwigs Einladungsschreiben zur Teilnahme an der Tauffeier antwortet. Avitus selbst reiste nicht zur Tauffeier, sondern übermittelte brieflich seinen Segen und seine Empfehlungen an den nun christlichen Herrscher. Der Brief ist das einzige zeitgenössische Zeugnis über die Taufe Chlodwigs und daher auch der in der Forschung bekannteste Text des Avitus von Vienne.[6] Daneben gibt es

---

Während der zwanzig Jahre, in denen die homöische Theologie die offizielle Lehre war, übernahmen gotische Gruppen (die sog. Kleingoten mit ihrem Bischof Wulfila sowie die 376 im Reich angesiedelten späteren Westgoten unter ihrem Anführer Fritigern) das Christentum in dieser homöischen Form, die sie auch nach der theologischen Wende zum »Neunizänismus« beibehielten und an andere *gentes* (Ostgoten, Sueben, Burgunder, Vandalen) vermittelten. Zu eventuellen Bemühungen um die Franken s. u. S. 480 ff. Zu relevanten homöischen Texten vgl. Athanasius Werke. Dritter Band. Erster Teil: Dokumente zur Geschichte des arianischen Streites. 4. Lieferung: Bis zum Tomus ad Antiochenos (362), hg. im Auftrag der Berlin-Brandenburgischen Akademie der Wissenschaften von H. C. Brennecke, U. Heil, A. von Stockhausen und A. Wintjes, Berlin / New York 2012 (in Vorbereitung). Zum Christentum bei den Goten vgl. K. *Schäferdiek*, Art. »Germanenmission«, in: RAC 10, Stuttgart 1978, 492-548; *ders.*, Zeit und Umstände des westgotischen Übergangs zum Christentum (1979), in: *Ders.*, Schwellenzeit. Beiträge zur Geschichte des Christentums in Spätantike und Frühmittelalter, hg.v. W. A. Löhr / H. C. Brennecke, AKG 64, Berlin / New York 1996, 89-96; *ders.*, Die Anfänge des Christentums bei den Goten und der sog. gotische Arianismus, ZKG 112, 2001, 295-310.

[4] Gregor, seit 373 Bischof von Tours, schrieb die »Zehn Bücher Geschichten«/*Historiarum libri X* zur fränkischen Geschichte; Text in: *B. Krusch / W. Levison (Hg.)*, Gregorii Turonensis Opera 1, MGH SRM 1,1, Hannover 1951. Zu Gregor vgl. *B. K. Vollmann*, Art. »Gregor von Tours«, in: RAC 12, Stuttgart 1983, 895-930; *W. Goffart*, Narrators of Barbarian History (A.D. 550-800): Jordanes, Gregory of Tours, Bede and Paul the Deacon, Princeton 1988; *M. Heinzelmann*, Gregor von Tours (538-594): »Zehn Bücher Geschichte« – Historiographie und Gesellschaftskonzept im 6. Jahrhundert, Darmstadt 1994; *A. H. B. Breukelaar*, Historiography and Episcopal Authority in Sixth-Century Gaul. The Histories of Gregory of Tours interpreted in their historical context, FKDG 57, Göttingen 1994; *K. Mitchell / I. Wood (Hg.)*, The World of Gregory of Tours, Cultures, Beliefs, and Traditions 8, Leiden/Boston 2002; Gregor behandeln auch die in Anm. 2 genannten Autoren.

[5] Text des Briefes in: *R. Peiper (Hg.)*, Acimi Acdicii Aviti opera quae supersunt, MGH AA 6,2 75,1-76,14. Eine deutsche Übersetzung bei *Von den Steinen* (s. o. Anm. 2), 64-68 und von S. Scholz in: *R. Kaiser / S. Scholz (Hg.)*, Quellen zur Geschichte der Franken und der Merowinger. Vom 3. Jahrhundert bis 751, Stuttgart 2012, 104-107; eine englische Übersetzung bei *D. Shanzer / I. Wood (Hg.)*, Avitus of Vienne. Letters and Selected Prose. Translated With an Introduction and Notes, TTH 38, Liverpool 2002, 369-373.

[6] Zu Avitus von Vienne vgl. *M. Burckhardt*, Die Briefsammlung des Bischofs Avitus von

noch eine kurze Notiz im Testament des Remigius von Reims, dass er Chlodwig getauft bzw. aus dem Taufbecken gehoben habe.[7] Zwei Generationen später erinnerte Nicetius von Trier um 564 in einem Brief Chlodwigs Enkelin Chlodoswinde, die mit dem Langobardenkönig Alboin vermählt wurde, daran, dass ihre Großmutter Chrodechilde sich sehr um Chlodwigs Bekehrung zum katholischen Christentum bemüht habe, und wünscht sich Ähnliches nun von ihr.[8]

Zwanzig Jahre später bietet Gregor von Tours die auf den ersten Blick ausführlichste Darstellung der Ereignisse um die Taufe von Chlodwig.[9] Er schildert zunächst den missionarischen Eifer der katholischen Ehefrau Chlodwigs, Chrodechilde, einer Nichte des burgundischen Herrschers Gundobad, und die katholische Taufe ihrer gemeinsamen Söhne; der Tod des ersten bald nach der Taufe und die Erkrankung des zweiten verhindern Chlodwigs Bekehrung und steigern die Dramatik. Es folgt die bekannte Erzählung von Chlodwigs Anrufung des christlichen Gottes während einer ausweglosen Situation in einer Alemannenschlacht, der sich die Schilderung der Taufe durch Remigius von Reims anschließt. Dennoch bleiben bei genauem Hinsehen die Umstände und die Hintergründe unklar. Gregors Tendenz, Chlodwig als Kämpfer für die katholische Seite zu charakterisieren, gepaart mit seiner Vorgehensweise, die Ereignisse mit bekannten Elementen sowohl aus der Vita des Kaisers Konstantin als auch aus traditionellen apologetischen antipaganen Argumenten zu gestalten, verdecken aus heutiger Perspektive eher den Blick auf Chlodwig als ihn zu erhellen.

Vienne († 518), Abhandlungen zur mittleren und neueren Geschichte 81, Berlin 1938; *U. Kühneweg*, Alcimus Acdicius Avitus von Vienne. Kirchenpolitiker und Bibeldichter, in: *P. Gemeinhardt / U. Kühneweg (Hg.)*, Patristica et Oecumenica, FS W. A. Bienert, MThSt 85, Marburg 2004, 123–145; *U. Heil*, Avitus von Vienne und die homöische Kirche der Burgunder, PTS 66, Berlin/Boston 2011, 29–35. Die Schriften des Avitus sind sämtlich von R. Peiper in MGH AA 6,2 ediert (s. o. Anm. 5), darunter auf S. 1–103 seine 98 Briefe.

[7]   Das Testament des Remigius findet sich am Schluss seiner Vita in: MGH.SRM 3, Hannover 1896 = 1977, 336–339 (B. Krusch), die erwähnte Passage lautet: ... *quod mihi domnus illustris memoriae Hludowicus rex, quem de sacro baptismatis fonte suscepi* ... (337,7 f. Krusch).

[8]   Epistolae Austrasicae 8, MGH Ep. 3 119–122 Grundlach, hier 122,1–7: *Audisti, ava tua, domna bone memoriae Hrodehildis, qualiter in Francia venerit, quomodo domnum Hlodoveum ad legem catholicam adduxerit, et, cum esset homo astutissimus, noluit adquiescere, antequam vera agnosceret. Cum ista, quae supra dixi, probata cognovit, humilis ad domni Martini limina cecidit et baptizare se sine mora promisit, qui baptizatus quanta in hereticos Alaricum vel Gundobadum regum fecerit, audisti, qualia dona ipse vel filii sui in saeculo possiderunt, non ignoratis.* Hier werden also die Bemühungen der Königin in den Mittelpunkt gestellt, und das Taufversprechen »vor Martin« (von Tours) ist zentral. Der Brief ist bedeutend für die Sicht auf Chlodwigs Taufe vor der Darstellung bei Gregor von Tours.

[9]   Gregor II 29–31.

So gestaltet Gregor das Werben der katholischen Ehefrau um Chlodwig mit einer fiktiven Rede, die eher einem Justin oder Athenagoras zuzuordnen wäre:

> »Nichts sind die Götter, die ihr verehrt, denn sie können sich und anderen nicht helfen. Sie sind nämlich Gebilde aus Stein, Holz oder Erz. Und die Namen, die ihr ihnen beilegt, gehörten einst Menschen an, nicht Göttern.«

Als Illustration für das euhemeristische Argument habe sie dann auf Saturn, Jupiter, ferner auf Mars und Merkur verwiesen, deren moralisch fragwürdigen Lebenswandel herausgestellt und ihnen nur Zauberkünste, nicht aber wahre göttliche Macht zugestanden. »Wieviel mehr muß der verehrt werden, der Himmel und Erde, Meer und alles, was darinnen ist, durch sein Wort aus nichts geschaffen hat …« - so ihr Verweis nach Gregor auf den allmächtigen Schöpfergott.[10] Diese Argumentation gehört zum Standardrepertoire antiheidnischer Werke seit der Zeit der frühchristlichen Apologeten.[11]

---

[10] Die Rede von Chrodechilde bei Gregor (II 29 [MGH SRM 1,1, 74,5-18 Krusch/Levison]): *Nihil sunt dii quos colitis, qui neque sibi neque aliis potuerunt subvenire. Sunt enim aut ex lapide aut ex ligno aut ex metallo aliquo sculpti. Nomina vero quae eis indedistis homines fuere, non dii, ut Saturnus, qui a filio ne a regno depelleretur, per fugam elapsus adseritur. ut ipse Iovis omnium stuprorum spurcissimus perpetratur, incesta tur virorum, propinquarum derisor, qui nec ab ipsius sororis propriae potuit abstenere concubitum, ut ipsa ait: Iovisque et soror et coniux. Quid Mars Mercuriusque potuere? Qui potius sunt magicis artibus praediti, quam divini nominis potentiam habuere. Sed ille magis coli debit, qui caelum et terram, mare et omnia quae in eis sunt verbo ex non extantibus procreavit, qui solem lucere fecit et caelum stillis ornavit, qui aquas reptilibus, terras animantibus, aera volatilibus adimplivit, cuius nutu terrae frugibus, pomis arbores, uvis vineae decorantur, cuius manu genus humanum creatum est, cuius largitione ipsa illa creatura omnes homini suo, quem creavit, et obsequio et benefitio famulatur.* Vgl. auch II 10. Übersetzung der Gregor-Texte von R. Buchner (Freiherr vom Stein-Gedächtnisausgabe 2, Darmstadt 1974).

[11] Vgl. exemplarisch aus der lateinischen Literatur: Saturn und Jupiter waren Menschen: Tertullian, *Apologeticum* 10; Minucius Felix, *Octavius* 20,5-21,1; Laktanz, *Epitome* 13f.; Augustinus, *De civitate Dei* VI 8; VII 18. Flucht Saturns vor seinem Sohn: Minucius Felix, *Octavius* 23,10; Laktanz, *Epitome* 10,1. Jupiters ehebrecherischer Lebenswandel und Paarung mit seiner Schwester: Tertullian, *Apologeticum* 14,3; Minucius Felix, *Octavius* 23,7; Laktanz, *Epitome* 10; Arnobius, *Adversus nationes* V 32-34; Aug., ep. 91. In der *Vita* des in Tours verehrten Martin von Sulpicius Severus (Kap. 22) erscheint dem Martin der Teufel in der Gestalt des Jupiter und des Merkur, um ihn zu verführen (vgl. Sulpicius Severus, *Dialogi* II 181,6; III 6,4) - vielleicht mit ein Hintergrund für die Ausführungen bei Gregor, der Martin sehr verehrte. *Von den Steinen* (s. o. Anm. 2) vermutet hier eine schriftliche Quelle, eine verlorene Römerpredigt vielleicht des Cäsarius von Arles (6), die Gregor verarbeitet habe, was aber spekulativ bleibt. Zu den verarbeiteten Traditionen (Chrodechilde-Tradition; Remigius-Tradition) bei Gregor vgl. *Schäferdiek* (wie Anm. 2), 108-113.

Der Text zeigt auch exemplarisch, wie wenig über die Religion der Franken vor ihrer Hinwendung zum Christentum bekannt ist. So bleibt die eine Seite der Alternative »Heidentum oder Christentum« dunkel. Im Unterschied zu den Apologeten im zweiten Jahrhundert hat sich Gregor nicht darum bemüht, die gegnerische vor- oder nichtchristliche Religion halbwegs adäquat wiederzugeben. Auch Avitus hält sich in seinem Brief an Chlodwig darüber sehr bedeckt. Man hat aus folgenden Sätzen im Brief des Avitus eine besondere Ahnenverehrung der Franken herauslesen wollen:

> »Es pflegen die meisten in einem solchen Fall, wenn Mahnung der Priester oder Zuspruch irgendwelcher Genossen sie dahin bringt, da sie im Glauben Gesundung suchen, die Gewohnheit ihres Geschlechts und den Brauch von Vaters her entgegenzusetzen. So stellen sie zum Verderben ihre Scham über ihr Heil, und indem sie ihren Eltern in Bewahrung des Unglaubens unnütze Verehrung erweisen, bekennen sie, dass sie eigentlich gar nicht wissen, worum die Wahl geht.«[12]

Avitus spricht jedoch sehr allgemein die Gewohnheit einer Gruppe und ihre überlieferten Traditionen, die sie bewahren wollen, an, ohne konkreter zu werden. Ganz ähnlich argumentiert er in einem anderen Brief an den burgundischen Herrscher Gundobad:

> »Wenn jemand nämlich die alte Gewohnheit oder Sekte der Eltern für einen besseren Glauben auswechselt und nicht vom Vorrecht der Gewohnheit gehalten wird, weil die Wahrheit ihn zur Sorge um sein Heil auffordert, so verlässt dieser besser Eltern, Brüder und Schwestern wie z. B. auch Abraham … .«[13]

Avitus betont also in beiden Fällen den Bruch und die Neuheit des christlichen Glaubens und stellt der Aufgabe der Herkunfts-Tradition das Setzen einer neuen Tradition gegenüber, so dass Chlodwig nun – wie Abraham – Stammvater eines neuen großen Volks werde. Auch der anschließende Satz bei Avitus: »Ihr, dem von dem ganzen uralten Stammbaum der bloße Adel genug ist, Ihr habt gewollt, dass alles, was den Gipfel der Hoheit irgend zu zitieren vermag, für Eure Nach-

---

[12] Avitus, ep. 46 (MGH AA 6,2 75,7–12 Peiper): *Solent plerique in hac eadem causa, si pro expetenda sanitate credendi aut sacerdotum hortatu aut quorumcumque sodalium ad suggestionem moveantur, consuetudinem generis et ritum paternae observationis obponere. Ita saluti nocenter verecundiam praeferentes, dum parentibus in incredulitatis custodia futilem reverentiam servant, confitentur, se quoddamodo nescire, quid eligant.*

[13] Avitus, ep. 6 (MGH AA 6,2 34,33–36 Peiper): *Si quis enim antiquam parentum consuetudinem sive sectam melius credendo commutet nec teneatur privilegio consuetudinis, cum veritas provocat ad dilectionem salutis, utiliter his parentes, fratres sororesque dimittit: velut Abraham dives … .*

kommenschaft bei Euch Ausgang nehme«, ist nicht als Hinweis auf ein sakrales Königtum bei den Franken zu deuten, sondern betont den Neuanfang mit Chlodwig als neuen Stammvater (wie Abraham).[14]

Wie groß sind der Einschnitt und der Bruch jedoch tatsächlich gewesen? Wie ist es dazu gekommen und was hat sich Chlodwig davon versprochen? Avitus geht in seinem Brief anders als Gregor gar nicht auf andere Einflüsse, andere Ratgeber oder besondere Ereignisse ein, die Chlodwigs Entschluss zur christlichen Taufe motiviert hätten. Nur im ersten Satz spricht er Anhänger schismatischer Sekten an, die ihn jedoch nicht von der Erkenntnis der Wahrheit des Katholischen abbringen konnten. Es ist Konsens in der Forschung, hier Arianer bzw. homöische Geistliche oder Ratgeber zu vermuten.[15] Demgegenüber betont Avitus jedoch den Scharfsinn und die Klugheit von Chlodwig und dessen Entscheidungshoheit:

---

[14]   Avitus, ep. 46 (75,13-15 Peiper): *Vos de toto priscae originis stemmate sola nobilitate contentus, quicquid omne potest fastigium generositatis ornare, prosapiae vestrae a vobis voluistis exurgere.* Eine kurze mythologische Erzählung von der Geburt Merowechs, dem Großvater Chlodwigs, von einem Meeresungeheuer, die zur Deutung herangezogen wird, bietet Fredegar, Chronik III 9. Während in der früheren Forschung daraus ein sakrales Königtum bei den Franken gefolgert wurde, deutet *A. C. Murray* (Et postea vocantur Merohingii: Fredegar, Merovech and »Sacral Kingship«, in: *Ders.*, After Rome's Fall. Narrators and Sources of Early Medieval History, FS W. Goffart, Toronto 1998, 121-151) diese Erzählung kritisch als nicht ernst zu nehmende Persiflage späterer Zeit. Vorbehalte äußert auch *Becher* (Merowinger und Karolinger [s. o. Anm. 1], 6; auch in Chlodwig I., 115-119). Zur Problematik vgl. auch die besprochene Literatur in: *F.-R. Erkens*, Reflexionen über das sakrale Königtum germanischer Herrschaftsverbände, in: *M. Becher / S. Dick (Hg.)*, Völker, Reiche und Namen im frühen Mittelalter, Mittelalter Studien 22, München 2010, 87-95 (er setzt jedoch trotz fehlender Quellen ein Sakralkönigtum voraus). Vgl. *I. Wood*, Defining the Franks. Frankish origins in early medieval historiography, in: *T. F. X. Noble (Hg.)*, From Roman Provinces to Medieval Kingdom, London 2006, 110-119; *H. H. Anton*, Troja-Herkunft, origo gentis und frühe Verfaßtheit der Franken in der gallisch-fränkischen Tradition des 5. bis 8. Jahrhunderts, in: Mitteilungen des Instituts für österreichische Geschichtsforschung 108, 2000, 1-30. Damit verbunden sind grundsätzliche Forschungsprobleme über die Herkunft der *gentes* allgemein und der Franken im Speziellen (aus Troja: Fredegar, Chronik II 4-6; III 2; Gregor II 9; Ammianus Marcellinus 15,9) und die Entstehung und Bildung ihrer Herkunftslegenden (vgl. *A. Plassmann*, Origo gentis: Identitäts- und Legitimationsstiftungen in früh- und hochmittelalterlichen Herkunftserzählungen, Orbis medievalis 7, Berlin 2006). Die klassische Deutung als alter Mythos vertritt *E. Ewig*, Troiamythos und fränkische Frühgeschichte, in: *D. Geuenich (Hg.)*, Die Franken und die Alemannen bis zur Schlacht bei Zülpich (496/97), RGA.E 19, Berlin 1998, 1-30.

[15]   Avitus, ep. 46 (75,2-4 Peiper mit einer Konjektur von D. Shanzer [s. o. Anm. 2]): *Vestrae subtilitatis acrimonia[m] ›detecta mendacia‹ quorumcumque scismatum sectatores sententiis suis variis opinione, diversis multitudine, vacuis veritate, Christiani nominis nisi sunt obum-*

»Ja, es hat für unsere Zeit die göttliche Vorsehung einen Mann der Entscheidung gefunden. Indem Ihr für Euch wählt, gebt Ihr das Urteil für alle; so ist Euer Glaube unser Sieg.«[16]

Avitus hat es wohl kaum an Informationen gemangelt, aber er möchte einerseits
die Machtfülle Chlodwigs auch in religiösen Fragen betonen und andererseits
ebenso die göttliche Lenkung des Geschehens (*divina provisio*) voranstellen.
Vielleicht ist dies auch der Grund dafür, dass Avitus in seinem Brief den taufen-
den Bischof Remigius von Reims nicht erwähnt. Auch bei der Schilderung der
vorgestellten Taufe nennt er nur allgemein eine Schar anwesender Bischöfe;
Chlodwig selbst erscheint dagegen als der aktiv Handelnde:

»Was wäre von der glorreichen Feier Eurer Wiedergeburt zu sagen? … Wir bespra-
chen nämlich untereinander den Hergang und stellten uns alles vor: wie die zahlreiche Schar der versammelten Bischöfe im Eifer ihres heiligen Dienstes die Königslie-
der in den Lebenswogen wärmte, wie vor den Knechten Gottes das den Völkern
furchtbare Haupt sich beugte, wie das unter dem Kriegshelm gepflegte Haar sich
nun mit geweihter Ölung behelmte, wie der Panzer einmal abgelegt wurde und die
makellosen Glieder im makellosen Weiß der Taufkleider glänzten.«[17]

---

bratione velare. »Die Anhänger von allerlei Sekten haben mit ihren verschiedenen, vielfältigen, aller Wahrheit baren Lehrmeinungen versucht, unter dem Decknamen der Christen
die Lügen zu verbergen, die durch Euren scharfen Geist aufgedeckt wurden.« Ian Wood hat
daraus gefolgert, dass Chlodwig tatsächlich erst zum »arianisch«-homöischen und dann
zum katholischen Christentum wechselte (s. o. Anm. 2, 267). Das ist jedoch deswegen unwahrscheinlich, weil Chlodwig getauft und nicht wie ein Konvertit, dem nur die Hand auf-
zulegen wäre, behandelt wurde. Die in den »arianisch«-homöischen Kirchen praktizierte
traditionelle Wiedertaufe war ein Unterscheidungsmerkmal zwischen »arianisch« und »katholisch« in jener Zeit; vgl. *Heil*, Avitus (s. o. Anm. 6), 90 f.

[16]   Avitus, ep. 46 (75,6 f. Peiper): *Invenit quippe tempori nostro arbitrium quendam divina
proviso. Dum vobis eligitis, omnibus iudicatis; vestra fides nostra victoria est.* Vgl. auch das
betonte *voluistis* in dem Satz oben Anm. 14 und im Folgesatz (75,15 Peiper): *Habetis bonorum
auctores, voluistis esse meliorum.*

[17]   Avitus, ep. 46 (75,24.29–33 Peiper): *Quid iam de ipsa gloriosissima regenerationis vestrae
sollemnitate dicatur? … Conferebamus namque nobiscum tractabamusque, quale esset illud,
cum adunatorum numerosa pontificum manus sancti ambitione servitii membra regia undis
vitalibus confoveret, cum de servis dei inflecteret timendum gentibus caput, cum sub casside
crinis nutritus salutarem galeam sacrae unctionis undueret, cum intermisso tegmine loricarum
immaculati artus simili vestium candore fulgerent.*

2 »GESEHENER GLAUBE«

Zu Beginn des letzten Abschnitts im Brief des Avitus begegnet, eingekleidet in eine rhetorische Frage, die auffällige Aussage, dass Chlodwig den Glauben auch ohne Prediger bereits gesehen habe:

> »Sollen wir dem Vollkommenen den Glauben predigen, den Ihr schon vor der Vollkommenheit ohne Prediger gesehen habt?«[18]

Avitus möchte in seinem Brief also keine Glaubensunterweisung einfügen, die Chlodwig nicht benötige. Was ist jedoch mit dem »gesehenen Glauben« gemeint? Spielt Avitus hier auf eine Vision an? Vielleicht kann man zur Deutung dieser Bemerkung eine weitere kleine Aussage in diesem Brief mit hinzunehmen:

> »Möge nun, nach so wunderbarem Geschehen (*post talis facto miraculum*), die schädliche Scham auf diese Entschuldigung verzichten.«[19]

Avitus meint damit, dass der Verweis auf die Tradition nach solchem wunderbaren Geschehen nicht mehr verfange und der Schritt zur christlichen Taufe folgen müsse. Mit dem Wunder könnte einfach die Taufentscheidung Chlodwigs gemeint sein, sinnvoller scheint aber, das Wunder von der Taufentscheidung zu unterscheiden, da eben dieses wundersame Geschehen die Entscheidung erst bewirkt habe. Avitus könnte hier auf den Brief Chlodwigs Bezug nehmen, in dem dann ein entsprechendes Wundergeschehen erwähnt gewesen wäre. Der Brief dürfte damit nicht nur eine knappe Taufbewerberanzeige enthalten haben, sondern durchaus auch eine etwas ausführlichere Darstellung der Umstände der Entscheidung einschließlich eines geschauten Wunders.

Betrachtet man unter diesem Aspekt die anderen Überlieferungen zu Chlodwig und seiner Taufentscheidung, so ergeben sich – bei aller Vorsicht gegenüber einer unkritischen Addition der unterschiedlichen Quellen zu einem Gesamtbild – im Grunde zwei Möglichkeiten der Deutung. Hier soll die erste vorsichtig abgelehnt und die zweite eher befürwortet werden.

---

[18]   Avitus, ep. 46 (76,4f. Peiper): *Numquid fidem perfecto praedicabimus, quam ante perfectionem sine praedicatore vidistis?* S. o. Anm. 13.

[19]   Avitus, ep. 46 (75,12f. Peiper): *Discedat igitur ab hac excusatione post talis facti miraculum noxius pudor.*

2.1 CHLODWIGS SIEG IN DER ALEMANNENSCHLACHT

Das Wunder und der gesehene Glaube könnte der Sieg Chlodwigs in der Alemannenschlacht gewesen sein. Die Alemannenschlacht ist ein wichtiges Element
bei Gregor in der einen Erzähltradition zur Taufe, in der Chrodechilde im Mittelpunkt steht;[20] zu dieser Überlieferung gehört die zu Beginn zitierte Passage
der Götterkritik. Nach der Chrodechilde-Tradition waren ihre Bekehrungsversu-
che zunächst erfolglos. Ihre Predigt nützte nichts, auch die prächtigen Tauffeiern
ihrer gemeinsamen Söhne beeindruckten den Frankenherrscher nicht, zudem
der erste Sohn bald nach der Taufe starb (II 29). Erst eine zunächst ausweglose
Situation in einer Schlacht gegen die Alemannen brachte Chlodwig dazu, die
Macht des christlichen Gottes seiner Ehefrau einmal zu prüfen.[21] So flehte er,
als sein Heer kurz davor war, vernichtet zu werden, Christus an:

> »Jesus Christus, Chrodechilde verkündet, du seiest der Sohn des lebendigen Gottes;
> Hilfe, sagt man, gebest du den Bedrängten, Sieg denen, die auf dich hoffen – ich
> flehe dich demütig an um deinen mächtigen Beistand: gewährst du mir jetzt den
> Sieg über diese meine Feinde und erfahre ich so jene Macht, die das Volk, das
> deinem Namen sich weiht, an dir erprobt zu haben rühmt, so will ich an dich glauben
> und mich taufen lassen auf deinen Namen. Denn ich habe meine Götter angerufen,
> aber, wie ich erfahre, sind sie weit davon entfernt, mir zu helfen. Ich meine daher,
> ohnmächtig sind sie, da sie denen nicht helfen, die ihnen dienen. Dich nun rufe ich
> an, und ich verlange, an dich zu glauben; nur entreiße mich aus der Hand meiner
> Widersacher.«[22]

Und prompt fliehen die Alemannen, und ein Rest ergab sich, als sie sahen, dass
ihr König tot war. Gregor hat die Erzählung literarisch ausgearbeitet, bietet ein
stummes Stoßgebet im Schlachtengetümmel und anschließend persönliche
Schlafzimmergespräche über das Geschehene zwischen Chlodwig und seiner
Ehefrau.

---

[20] S. o. Anm. 11.

[21] *Schäferdiek*, Chlodwigs Religionswechsel (s. o. Anm. 2), 115: »Die religiöse Überzeugung
von einem göttlichen Beistand im Kampf ist uralt und allgemein verbreitet.« Schäferdiek
verweist auf W. *Speyer*, Die Hilfe und Epiphanie einer Gottheit, eines Herrn und eines Heiligen in der Schlacht, in: *E. Dassmann (Hg.)*, Pietas, FS B. Kötting, JAC.E 8, Münster 1980,
55–77.

[22] Gregor II 30 (MGH SRM 1,1 75,18–25 Krusch/Levison): *Iesu Christi, quem Chrotchildis
praedicat esse filium Dei vivi, qui dare auxilium laborantibus victuriamque in te sperantibus
tribuere diceris, tuae opis gloriam devotus efflagito, ut, si mihi victuriam super hos hostes indul-
seris et expertus fuero illam virtutem, quam de te populus tuo nomine dicatus probasse se praedicat, credam tibi et in nomine tuo baptizer. Invocavi enim deos meos, sed, ut experior, elongati
sunt ab auxilio meo; unde credo, eos nullius esse potestatis praeditos, qui sibi oboedientibus
non occurrunt. Te nunc invoco, tibi credere desidero, tantum ut eruar ab adversariis meis.*

Die chronologische Zuordnung dieser Schlacht gegen die Alemannen ist in der Forschung ein sehr kontrovers diskutiertes Thema, besonders da meistens anhand dieser Schlacht die Taufe Chlodwigs datiert wird. Gregor selbst datiert die Alemannenschlacht in das 15. Jahr von Chlodwigs Regierung, also etwa 496/7 (II 30). Es handelt sich demnach um die Schlacht gegen die Alemannen bei Tolbiacum (= Zülpich) in der Eifel, so die traditionelle Deutung,[23] und wäre vor den Kriegen zwischen den Franken und Burgundern im Jahr 500 zu datieren und auch vor der bedeutenden Schlacht der Franken gegen die Westgoten 507, wodurch diese nach Spanien abgedrängt wurden. Andere wollen diese Schlacht mit einer bei dem Ostgotenherrscher Theoderich in einem Brief aus dem Jahr 506 erwähnten Schlacht der Franken gegen die Alemannen verbinden.[24] Neuere Arbeiten möchten sich wiederum chronologisch nicht festlegen; auch wird darauf verwiesen, dass die Alemannen nicht einen geschlossenen Verbund darstellten, so dass es immer wieder diverse Auseinandersetzungen mit Einzelverbänden gegeben habe.[25] So schwanken auch die Datierungen der Taufe zwischen 496 und 508. Falls jedoch die Taufentscheidung Chlodwigs doch nicht unmittelbar mit einer siegreichen Schlacht gegen die Alemannen zu verbinden ist, dann entfällt der Zwang, sich auf ein Datum einer Alemannenschlacht festzulegen.

Wie sehr die göttliche Unterstützung im Kriegsgeschehen Chlodwigs Erwartungshaltung an den christlichen Glauben entsprach, wird auch aus dem Brief des Avitus deutlich. Er beschreibt in der ausgemalten Tauffeier das Aus-

---

[23]   Von Gregor in II 37 berichtet; in II 30 ist nur von irgendeinem Kampf gegen Alemannen die Rede. Vgl. den Jubiläumsband von 1996: *M. Rouche (Hg.)*, Clovis. Histoire et mémoire. Actes du Colloque International d'Histoire de Reims 1996, 2 Bände, Paris 1997; vorsichtiger gegenüber dieser Datierung der Begleitband zur Ausstellung in Zülpich: *D. Geuenich u. a. (Hg.)*, Chlodwig und die »Schlacht bei Zülpich«. Geschichte und Mythos 496–1996, Euskirchen 1996. Auf 496/7 datieren aber auch *Schäferdiek*, Chlodwigs Religionswechsel (s. o. Anm. 2), 113; *Scheibelreiter*, Bekehrung (s. o. Anm. 2), 24 f.; auch *Becher* entscheidet sich für 496 (Chlodwig [s. o. Anm. 2], 199).

[24]   Cassiodor, Variae II 42. *Wood*, Gregory of Tours and Clovis; *Shanzer*, Dating the Baptism; *Dierkens*, Die Taufe Chlodwigs; *Spencer*, Dating the Baptism of Clovis; auch *Pohl*, Völkerwanderung, 179, erwägt eine spätere Datierung (zu allen Literaturangaben s. o. Anm. 2). *Shanzer* argumentiert auch damit, dass die bei Avitus in ep. 46 erwähnten freigelassenen Gefangenen einige Westgoten aus dem Krieg von 507 gewesen seien.

[25]   *Jussen*, Chlodwig (s. o.), 148. Die Problematik der angeblichen Entscheidungsschlacht gegen die Alemannen von 496 wird ausführlich dargestellt in den Beiträgen von *Geuenich*, der auch auf das problematische Chronologie-Schema bei Gregor eingeht (Beiträge in dem Ausstellungsband zu Zülpich s. o. Anm. 23 und Anm. 2). Zum Niedergang der Alemannen auch: *D. Geuenich*, Die Alemannen im Kontakt mit dem Imperium Romanum und dem Frankenreich, in: *M. Becher / S. Dick (Hg.)*, Völker, Reiche und Namen im frühen Mittelalter, Mittelalter Studien 22, München 2010, 181–191.

ziehen seiner Kleidung exemplarisch durch das Ablegen des Helms (*cassida*) und des Brustpanzers (*lorica*). Der Herrscher Chlodwig wird also vornehmlich als Anführer einer Heeresmacht vorgestellt. Besonders aussagekräftig ist darüber hinaus der anschließende Satz:

> »Möge diese weiche Gesinnung, so wie Ihr, blühendster der Könige, es glaubt, bewirken, dass Euch die starren Waffen fortan nur um so kräftiger helfen, und was bisher das Glück geschenkt hat, die Heiligkeit wird es nun vermehren.«[26]

Avitus geht hier anscheinend auf Aussagen von Chlodwig ein: Chlodwig selbst glaubte also, dass aus seiner Taufe auch seine Waffen gestärkt hervorgehen würden. Auch Avitus stellt das nicht prinzipiell in Frage, zudem er Chlodwigs Entscheidung als Sieg des Katholischen gedeutet hat (*vestra fides nostra victoria est*) und göttliche Vorsehung (*divina provisio*) am Werk sieht.[27] Er weiß natürlich, wie sehr das Wohl der Kirche auch von den politischen Entwicklungen abhängt, und wünscht daher gewiss Chlodwigs Wohlergehen.[28]

Obwohl Avitus durchaus kriegerische Ereignisse entsprechend theologisch deuten kann, scheint er dennoch gerade in seinem Brief an Chlodwig mit dem Wunder etwas anderes gemeint zu haben als einen Sieg Chlodwigs in einer Schlacht gegen die Alemannen. Nach der Darstellung des Avitus gingen näm-

---

[26] Avitus, ep. 46 (75,33–76,3 Peiper): *Faciet, sicut creditis, regum florentissime, faciet inquam indumentorum ista mollities, ut vobis deinceps plus valeat rigor armorum, et quicquid felicitas usque hic praestiterat, addet hic sanctitas.*

[27] S. o.

[28] Vergleichbar sind hier Briefe von Avitus an den Burgunderherrscher Sigismund, der inzwischen ebenfalls katholisch war im Unterschied zu seinem Vater Gundobad. So schreibt er z. B. in ep. 91 an Sigismund, der in den Krieg gezogen ist, mit der Bitte, auf sein Leben aufzupassen, und betet um seine heile Rückkehr. In Brief 92 an Sigismund bittet er ihn um ein Lebenszeichen und ruft alle Katholiken dazu auf, für den Erfolg seines Kriegszugs zu beten, damit in dieser schwierigen Situation Christus für Sigismund vorangehe und kämpfe, so dass er den gewünschten Sieg und Frieden erreiche. Ferner verbindet Avitus in ep. 45 an Sigismund mit einem Sieg im Krieg den Triumph der Wahrheit: *Quod superest, egressi felices, ite sospites, redite victores* (74,27 f. Peiper). Sigismund solle seinen Glauben in die Waffen einpflanzen (*fidem vestram telis inserite* 74,28 Peiper), um göttliche Hilfe bitten (*auxilia caeli precibus exigite*) und seine Waffen mit Gebeten gürten (*iacula vestra votis armate* 74,29 Peiper). Der Herr möge schließlich ihm, Avitus, gewähren, anlässlich eines Sieges eine Rede des Triumphes zu halten (*Dabit deus, ut bellorum trophaea, quae vobis ipse praestiterit, cuiuscumque sermonis obsequio sub materia eius, quem dudum expecto, triumphi pretiosioris exaggerem* 74,30 f. Peiper). Auch in ep. 92 betet Avitus darum, dass Christus für und vor Sigismund kämpft, um ihm einen Sieg und Frieden zu gewähren (... *sicque in rerum necessitate multiplici ambifariam vobis Christo propugnante contingat et pax, quae cupitur, et victoria, quae debetur* 99,21 f. Peiper).

lich Chlodwigs bisherige kriegerische Erfolge auf reines Glück zurück: ... *et quicquid felicitas usque hic praestiterat* ... . Wenn nun Avitus Chlodwigs Siege als Glück beschreibt, dürfte er mit »Wunder« und »gesehenem Glauben« etwas anderes meinen. Auch in dem berühmten Satz *vestra fides nostra victoria est*[29] ist die Kriegsrhetorik gebrochen. Er formuliert nicht, dass Chlodwig sein Glaube zu einem Sieg – in einem Kampfgeschehen – führe, sondern dass sein Glaube ein Sieg für das (katholische) Christentum bedeute: Euer Glaube ist *unser* Sieg!

2.2 Wunder am Martinsgrab in Tours

Die gesehenen Wunder könnten mit Wundern am verehrten Martinsgrab in Tours zu verbinden sein. Das ist die aus den Quellen mögliche Alternative, es sei denn, man möchte eine genauere Bestimmung des »Gesehenen« offen halten.[30] Gregor erwähnt zwar im Zusammenhang seines Berichts über Chlodwigs Taufe nichts von einer Martinsverehrung, aber in dem Brief des Nicetas von Trier heißt es nach der Erwähnung der Bemühungen von Chrodechilde um Chlodwig:

> »... und da er ein äußerst kluger Mann war, so wollte er nicht eher ruhen, bis die Wahrheit erkannte. Als der die Richtigkeit der katholischen Lehre bewährt fand, fiel er demütig an der Schwelle des heiligen Martin nieder und gelobte, sich bald taufen zu lassen.«[31]

Tours lag zwar bis zur Schlacht von 507 im westgotischen Herrschaftsbereich, aber es gab schon vorher gelegentliche Vorstöße der Franken südlich der Loire gegen die Westgoten, so dass ein Besuch des bedeutenden Martinsheiligtums auch vor 507 schon möglich erscheint.[32] Leider wird Nicetas nicht konkreter, was Chlodwig erlebt und gesehen haben könnte. Dass der verehrte Martin jedoch

---

[29] S. o.

[30] *Shanzer/Wood* (s. o. Anm. 5), 372, meinen, Avitus wolle durch das subjektlose »Sehen« hier die Bedeutung des Konkurrenten-Bischofs Remigius herunterspielen.

[31] Zitat oben in Anm. 8. Auch Schäferdiek betont in seinem Beitrag zum Religionswechsel Chlodwigs die Bedeutung des Martinskults, ohne aber diese Stelle des Avitusbriefes damit in Verbindung zu bringen (Chlodwigs Religionswechsel [s. o. Anm. 2], 115 f.). Auch Von den Steinen schlug schon vor, hier an den Martinskult zu denken (Chlodwigs Übergang [s. o. Anm. 2], 77 f.). Zum verehrten Martin vgl. unten Anm. 33 und *K. S. Frank*, Martin von Tours und die Anfänge seiner Verehrung, in: *W. Gross (Hg.)*, Martin von Tours. Ein Heiliger Europas, Ostfildern 1997, 21–62; *D. von der Nahmer*, Art. »Martin von Tours«, in: LMA 6, München 1993, 344 f. Besonders Perpetuus von Tours (um 460–490) förderte die Verehrung des wundertätigen Martin und erbaute eine Martinsbasilika in Tours.

[32] Vgl. *Schäferdiek*, Chlodwigs Religionswechsel (s. o. Anm. 2), 115; *Becher*, Chlodwig (s. o. Anm. 2), 205 f. Oder man datiert die Taufe nach dem Sieg über die Westgoten.

eine wichtige Rolle gespielt haben dürfte, belegt indirekt die zentrale Rolle dieses Heiligen bei den Merowingern in späterer Zeit.[33] Dies scheint mit Chlodwig selbst begonnen zu haben, wie einige spätere Episoden aus seinem Leben zeigen. Beim Zug gegen die Westgoten 507 habe Chlodwig persönlich angeordnet, das Gebiet von Tours zu verschonen: »Wo bleibt denn die Aussicht auf Sieg, wenn wir dem heiligen Martin Anstoß geben?« Ein günstiges Zeichen, wie z. B. gerade in der Kirche gesungene Psalmen über einen Sieg, war Chlodwig wichtig.[34] Und nach der Rückkehr bedachte er die Martinskirche mit reichen Geschenken.[35] Diese von Gregor berichteten Episoden scheinen eine große persönliche Verehrung des Martin bei Chlodwig vorauszusetzen. Da liegt es nahe, ein Wundererlebnis in Tours als einen entscheidenden Auslöser anzunehmen, der Chlodwig, wie es Nicetas berichtet, zu seiner Taufentscheidung bewegt hatte. Und bald nach dieser Entscheidung dürfte eben jener Brief durch Boten an Avitus geschickt worden sein, der Chlodwig als Taufbewerber (*competens*) anzeigt.

Es hat den Anschein, dass Chlodwig das katholische Christentum vor allem deswegen wählte, weil es religiös mehr zu bieten hatte und u. a. mächtigere Heilige wie Martin von Tours präsentieren konnte.[36] Es war also weniger eine politische Entscheidung, die Machtbereiche der Westgoten und Burgunder damit zu unterwandern, indem er nun mit der Unterstützung des gallischen katholischen Klerus rechnen konnte, als eine Entscheidung für die seiner Ansicht nach

---

[33]   Vgl. *E. Ewig*, Der Martinskult im Frühmittelalter, in: Archiv für mittelrheinische Kirchengeschichte 14, 1962, 11–30, wieder in: *Ders.*, Spätantikes und fränkisches Gallien II, Francia B 3,2, München 1979, 371–392; auch *Schäferdiek*, Chlodwigs Religionswechsel (s. o. Anm. 2), 116.

[34]   Gregor II 37.

[35]   Gregor II 38. Vgl. zu diesem bedeutenden Ereignis im Jahr 508 mit der Ehrung Chlodwigs durch den oströmischen Kaiser *M. McCormick*, Clovis at Tours (s. o. Anm. 2); *ders.*, Frankish Victory Celebrations, in: *T. F. X. Noble (Hg.)*, From Roman Provinces to Medieval Kingdom, London 2006, 345–357; Becher, Chlodwig, 235–239; *Castritius*, Chlodwig (s. o. Anm. 2).

[36]   Die »arianisch«-homöische Kirche kannte auch Heilige, die aber offenbar mit der Vielfalt und Überzeugungskraft der »katholischen« Heiligen in Gallien nicht mithalten konnten. Zu gotischen Heiligen und Märtyrern vgl. *K. Schäferdiek*, Das gotische liturgische Kalenderfragment – Bruchstück eines Konstantinopler Martyrologs, in: *Ders.*, Schwellenzeit (s. o. Anm. 3), 147–168. Es kann nicht mehr gesagt werden, wie gut Chlodwig die theologischen Unterschiede zwischen »arianisch«-homöischem und katholischem Christentum kannte; im Alltag waren diese nur in einem kleinen liturgischen Detail erkennbar, nämlich im *Gloria patri*: Die Katholiken sprachen »Ehre sei dem Vater und dem Sohn und dem heiligen Geist«, während die »Arianer« die traditionelle präpositionale Doxologie beibehielten, »Ehre sei dem Vater durch den Sohn im heiligen Geist.« Vgl. *Heil*, Avitus (s. o. Anm. 6).

machtvollere Version des Christentums, die zu seinem eigenen Machtstreben passte.[37] An Avitus erkennt man, dass ein burgundischer katholischer Bischof durch Chlodwigs Taufe bei aller Freude darüber kein »Agent« der Franken wurde, im Gegenteil: Avitus fordert Chlodwig im Schlussabschnitt seines Briefes auf, sich neben angemessenem sozialen Engagement jetzt um noch weiter entfernte Heidenvölker zu kümmern und ihnen durch Boten das Christentum zu bringen[38] – und nicht in den Krieg gegen die »arianischen« Westgoten und Burgunder

---

[37]   Die Taufentscheidung Chlodwigs wird oft rein politisch gedeutet, z. B. »als politische Geste« (*Pohl*, Völkerwanderung [s. o. Anm. 2], 179). Zur Auseinandersetzung mit dieser Position vgl. *J. Moorhead*, Clovis' Motives for Becoming a Catholic Christian (s. o. Anm. 2; dort Anm. 2 Vertreter der politischen Deutung). Politisch interpretiert auch *G. Halsall*, Barbarian Migrations and the Roman West 376–568, Cambridge Medieval Textbooks, Cambridge 2007, 306: »… an astute politival move. It enabled the Franks to ally with the Catholic Empire in Constantinople and gave their kings an advantage over their Arian Visigothic and Burgundian rivals. Indeed it might have been the only way that Clovis could try to pry the southern nobility away from their loyalty to their kings.« Chlodwig schloss jedoch auch noch nach dieser Entscheidung Bündnisse mit den »arianischen« Burgundern unter Gundobad und stand nach wie vor im Bündnis mit den Ostgoten unter Theoderich. Weshalb sollte Chlodwig seine (katholische) Taufe in Widerspruch zu den führenden (»arianischen«) Germanenkönigen führen (so *G. Neumann*, »Magnus et pugnator egregius« – Das Chlodwigbild bei Gregor von Tours, in: *D. Geuenich u. a. [Hg.]*, Chlodwig und die »Schlacht bei Zülpich«. Geschichte und Mythos 496–1996, Euskirchen 1996, 81–86, hier 83), wenn er vorher als Heide/Nichtchrist eigentlich in viel größerem Widerspruch zu ihnen stand – und trotzdem Heiratsbündnisse mit ihnen einging? Erst Gregor war es, der den Kampf der Franken gegen die Westgoten als »Religionskrieg« der katholischen Franken gegen die »arianischen« Westgoten stilisierte (Politik = Religion); mit umgekehrten Vorzeichen deutet man heute meist Chlodwigs Taufentscheidung für das katholische Christentum als politische Maßnahme (Religion = Politik).

[38]   Avitus, ep. 46 (76,8–14 Peiper): *Unum est, quod velimus augeri: ut, quia deus gentem vestram per vos ex toto suam faciet, ulterioribus quoque gentibus, quas in naturali adhuc ignorantia constitutas nulla pravorum dogmatum germina corruperunt, de bono thesauro vestri cordis fidei semina porrigatis. nec pudeat pigeatque etiam directis in rem legationibus adstruere partes dei, qui tantum vestras erexit. Quatenus externi quique populi paganorum pro religionis vobis primitus imperio servituri, dum adhuc aliam videnter habere proprietatem, discernantur potius gente quam principe …* »Nur eines wünschten wir vermehrt: Wenn nun Gott Eurem Stamm durch Euch ganz und gar zu dem Seinen machen wird, so streut aus dem reichen Schatz Eures Herzens die Glaubenssaat auch unter die ferner wohnenden Stämme, die bisher in natürlicher Unwissenheit leben und nicht durch Keime von Irrlehren verdorben sind. Frisch und ohne Scheu vertretet, auch durch eigens entsendete Botschafter, die Sache Gottes, der die Eure so hoch erhöht hat. Auf dass all die Heidenvölker draußen vorerst um des christlichen Glaubens willen Euch dienen und, während sie noch getrenntes Eigentum zu behalten scheinen, doch eher dem Stamme als dem Herrscher nach geschieden seien.« Hier bricht der Brief ab.

zu ziehen. Und am Briefanfang erklärt er, dass es Gottes Entscheidung im Endgericht zu überlassen sei, über Sekten und Häretiker das Urteil zu fällen – also nicht einem eventuellen Strafzug der Franken gegen solche Häretiker.[39]

Der Brief des Avitus an Chlodwig legt also nahe, die Taufentscheidung nicht so eng mit der bei Gregor so prominenten Alemannenschlacht zu verbinden. Chlodwigs Entscheidung ist, neben einem möglichen Erleben des günstigen Kriegsausgangs, neben dem Einfluss seiner katholischen Ehefrau und wohl auch neben dem Einfluss des Bischofs Remigius von Reims, der ihn schließlich taufte,[40] vor allem durch ein Erleben der überzeugenden Wunder von Heiligen wie Martin begründet; es war keine plötzliche Eingebung während einer Alemannenschlacht, sondern beruhte auf einem längeren Prozess. Die Hoffnung auf einen mächtigeren Helfer bei seinen Waffengängen dürfte Chlodwig geprägt haben, wird aber von Avitus kritisch gesehen und vorsichtig korrigiert. Eine Seite in diesem längeren Geschehen bleibt jedoch dunkel: Die Quellen geben keine Auskunft darüber, welche Religion, Götter und Gottesbilder den Frankenherrscher zuvor geprägt haben.

---

[39]   Avitus, ep. 46 (75,4–6 Peiper): *Dum ista nos aeternitati committimus, dum, quid recti unusquisque sentiat, futuro examini reservamus, etiam in praesentibus interlucens radius veritatis emicuit.* »Während wir das der Ewigkeit überlassen, während wir es der künftigen Prüfung anheimstellen, wie viel Richtiges in jeder Meinung liegt, ist auch in der Gegenwart der selten durchbrechende Strahl der Wahrheit aufgeblitzt.«

[40]   Auch schon vor der Taufe suchte Chlodwig Kontakt zur katholischen Geistlichkeit und Remigius von Reims; vgl. den Brief des Remigius an Chlodwig (ep. Austrasicae 2 [MGH Ep. 3,1 719 f. Krusch]). Zu Remigius hielt schon Chlodwigs Vater Childerich guten Kontakt. Vgl. von *G. Halsalls* Deutung der Herrschaft des Childerich als Befehlsgeber des fränkischen Kontingents des römischen Heeres an der Loire (»Loire army«) auf römischen Boden (Childerich's Grave, Clovis's Succession and the Origins of the Merowingian Kingdom, in: *R. W. Mathisen / D. Shanzer [Hg.]*, Society and Culture in Late Antique Gaul. Revisiting the Sources, Aldershot 2001, 116–133; *ders.*, Barbarian Migration [s. o. Anm. 37], 303–310). Die Franken waren keine Einwanderer mehr, sondern lebten schon seit 100 Jahren im nördlichen Gallien.

Kulturtransfer am Vorabend der Reformation

Überlegungen zum Verhältnis zwischen Reformation
und hermetisch-neuplatonisch-kabbalistischen Rezeptionen in der
Renaissance

Friedemann Stengel

1 Die Heidelberger Verwerfung

Wer ist er – der *Theologus gloriae*, gegen den Luther Ende April 1518 in Heidelberg schweres Geschütz auffährt?[1] Wer ist es, der Luthers Zorn so weit treibt,
dass er den freien Willen des Menschen auf nominalistische Weise zur bloß ti-
tulären Schimäre und sämtliche *opera* dieses nach seiner Seele doch gottebenbildlichen Menschen zu Todsünden erklärt?[2] Ist es wirklich nur der Pelagianis-
mus Gabriel Biels, wie er 1516 schrieb?[3] Sieht man sich genauer an, welche
Attribute er dem Theologen der Herrlichkeit weiter zuordnet, wogegen er seine
konsequent imputatorische Kreuzes-Christozentrik richtet, dann könnten noch
andere Autoritäten in den Blick rücken, die unter den gelehrten Kreisen des
frühneuzeitlichen Europa unübersehbar populär waren.

Denn diese Theologen meinen, so Luther, das Unsichtbare aus dem Geschaffenen, mithin aus dem Sichtbaren erkennen zu können,[4] und sie wollen Gott ge-

---

[1]   Vgl. *M. Luther*, Disputatio Heidelbergae habita / Heidelberger Disputation (1518), in:
Ders., Lateinisch-Deutsche Studienausgabe, unter Mitarbeit von *M. Beyer* hg. und eingeleitet
von *W. Härle*, Bd. 1, Leipzig 2006, 35–69, hier: 52 f. (WA 1, 362).

[2]   Vgl. ebd., 36 f. (WA 1, 356): These III: »Opera hominum, ut semper speciosa sint, bonaque
videantur, probabile tamen est, ea esse peccata mortalia.« Ebd., 46 f. (WA 1, 360): These XIII:
»Liberum arbitrium post peccatum, res est de solo titulo, et dum facit, quod in se est, peccat
mortaliter.« In These 1 der *Disputationsfrage über die Kräfte und den freien Willen des Menschen ohne Gnade* (Quaestio de viribus et voluntate hominis sine gratia disputata) aus demselben Jahr hatte er den Menschen nach der Seele zur »Dei imago« und zur Aufnahme der
Gnade für befähigt (»sic ad gratiam Dei aptus«) erklärt, vgl. ebd., 1–17, hier: 2 f. (WA 1, 146).

[3]   Luther an Lang, WA Br 1, 65 f. Vgl. *M. Brecht*, Martin Luther. Sein Weg zur Reformation
1483–1521, Berlin 1986 [Stuttgart 1981], 165. Auch die Disputation gegen die scholastische
Theologie habe sich gegen Biels Auffassung vom natürlichen Vermögen des Menschen gerichtet, vgl. ebd., 170.

[4]   Vgl. *Luther*, Disputatio Heidelbergae (wie Anm. 1), 52 f. (WA 1, 362): These XIX: »qui

rade nicht durch Kreuz und Leiden sehen, ja sie hassen Kreuz und Leiden, weil sie Weisheit, Ruhm und Macht lieben.[5] Die Missachtung eines stellvertretend gestorbenen Christus, dessen Gerechtigkeit dem Sünder *sola gratia* und *sola fide* zugerechnet wird, ist in Luthers Augen beim *Theologus gloriae* mit einem Erkenntnisanspruch verbunden, der über das Wunschpotential des alten Realismus[6] hinausgeht. Luther hält dagegen: die *invisibilia Dei*, letztlich das Wesen Gottes selbst, kann man nicht durch das Geschaffene erkennen; dies ist nur durch den Gelittenen und Gestorbenen möglich.[7] Schon ein Jahr zuvor hatte Luther betont, dass dieser Gegenspieler des *Theologus crucis*, der hier als »homo errans« figuriert, mit seinem Beharren auf dem freien Willen und seinem falschen Vernunftgebrauch Gott nicht Gott sein lassen könne, sondern selbst Gott sein wolle. Es sei ein »erdichteter Begriff« und eine »Chimäre«, dass der Mensch ihn von Natur aus überhaupt lieben könne.[8]

2 Hermetiker, Neuplatoniker, Kabbalisten

Luthers Konnotationen in den Thesen 19–22 der Heidelberger Disputation weisen noch in eine andere Richtung als auf den Erfurter Ockhamismus Biels. Erasmus und Wimpfeling, Eck und Reuchlin – die ganze Palette der mit dem problematischen Begriff »Humanisten« bedachten Renaissancegelehrten kannte einen Schub, den ich hermetisch-neuplatonisch-kabbalistische Rezeptionen genannt habe. Die in den letzten Jahren anwachsende und wohl disparate Esoterikfor-

---

invisibilia Dei, per ea, quae facta sunt, intellecta conspicit«. Die Übersetzer legen das unsichtbare »Wesen« Gottes nahe und beziehen sich damit offenbar auf die *deus-absconditus*-Figur. Die Parallelisierung der sichtbaren und gemachten (Dinge), die Luther auch als »posteriora« (These 20) bezeichnet, gegenüber den unsichtbaren (Dingen), könnte sich aber auch auf die Korrespondenz zwischen *mundus naturalis* und *mundus intelligibilis* und damit auf eine für die Renaissance typische neuplatonisch-hermetische Kosmogonie beziehen, sofern man sich der im Folgenden vorgeschlagenen Deutung anschließt.

[5]   Vgl. ebd., 54 f. (WA 1, 362 f.): Thesen XXI: »odiunt crucem et passiones«; XXII: »diligunt […] sapientiam, gloriam et potentiam«.

[6]   Die im Jahr vor der Heidelberger Disputation verfasste und ebenfalls schroff anti-aristotelische Disputation gegen die scholastische Theologie attackiert in These 54 den Universalienrealismus des Porphyrius, der am besten »den Theologen nicht geboren wäre«, vgl. *M. Luther*, Disputatio contra scholasticam theologiam / Disputation gegen die scholastische Theologie, in: *Ders.*, Studienausgabe (wie Anm. 1), 19–33, hier: 26 f. (WA 1, 226).

[7]   Vgl. *Luther*, Disputatio Heidelbergae (wie Anm. 1), 53 (WA 1, 362): These 20: »Ergo in Christo crucifixo est vera Theologia et cognitio Dei.«

[8]   Vgl. *Luther*, Disputation gegen die scholastische Theologie (wie Anm. 6), 20–23 (WA 1, 224 f.) (Thesen 3, 6, 14, 17–19).

schung hat in der kompakten und zeitlich gedrängten Verarbeitung neu- oder wiederentdeckten Schrifttums und des damit zusammenhängenden Kulturtransfers insbesondere aus dem jüdisch-muslimisch geprägten Spanien und aus dem griechischen Byzanz einen innovativen Einschnitt in der Kulturgeschichte der Frühen Neuzeit festgestellt.[9] Die »Esoterik«, die aus der konkordienhaften, polemischen, jedenfalls überaus produktiven Inbeziehungsetzung kabbalistischer, hermetischer und neuplatonischer Schriften zu den christlichen Theologien und scholastischen Lehrgebäuden entstanden sei, bezeichne ein lange verkanntes Paradigma der Frühen Neuzeit, das durch den bereits von Jacob Burckhardt ganz unvermittelt und unbegründet eingeführten und mit »Renaissance« verbundenen Humanismusbegriff[10] gedeckt sei. Demgegenüber sollte die schon vor Jahren von Paul Oskar Kristeller ausgesprochene Warnung berücksichtigt werden, gerade den Florentiner Platonismus überhaupt als »Humanismus« im Sinne der reinen *studia humanitatis* als einer antikeorientierten Bildungsbewegung anzusehen.[11] Die Schwierigkeiten des Esoterikbegriffs sind bislang vielfach

---

[9]   Dieser Ansatz wird mit unterschiedlichen Akzenten vor allem von Antoine Faivre und seinen Schülern vertreten, vgl. *A. Faivre*, Esoterik im Überblick. Geheime Geschichte des abendländischen Denkens, Freiburg i. Br. 2001, insbes. 15–23; *W. J. Hanegraaff*, Beyond the Yates Paradigm: The Study of Western Esotericism between Counterculture and New Complexity, in: Aries 1 (2001) Nr. 1, 5–37; *K. v. Stuckrad*, Was ist Esoterik? Kleine Geschichte des geheimen Wissens, München 2004.

[10]   *J. Burckhardt*, Die Kultur der Renaissance in Italien. Ein Versuch, Frankfurt a. M. 2009 [2. Aufl. 1869]. Auf Seite 192 wird der Begriff ohne weitere Begründung eingeführt, und zwar ausgerechnet anlässlich der Besprechung von Pico della Mirandola. An anderer Stelle (196) führt Burckhardt die kirchenkritische Front des Humanismus ins Feld, um später (207) zu behaupten, Cosimo di Medici habe mithilfe der platonischen Philosophie »innerhalb des Humanismus« eine höhere Stufe der Neugeburt der Antike repräsentiert. Hinzuweisen ist in diesem Zusammenhang auch auf die Verwirrung in neueren Ansätzen. Gerrith Walther nimmt jüngst in der *Enzyklopädie der Neuzeit* eine durchaus historische Verortung des Humanismusbegriffs vor, geht auf seine anthropologische Aufladung seit dem 19. Jahrhundert (F. J. Niethammer) ein und weist die eher »weltanschauliche« Identifizierung mit der Renaissance gegenüber der auf die *studia humanitatis* zurückgehenden, nicht anthropologischen Bestimmung zurück. Der Artikel gelangt angesichts der unübersehbaren Spannung zwischen bloßem Bildungsbegriff und anthropologischem Kampfschlagwort dennoch zu dem überraschenden Ergebnis, »Humanismus« sei »ein unentbehrliches heuristisches Werkzeug«. *G. Walther*, Art. »Humanismus«, in: Enzyklopädie der Neuzeit 5 (2007), 665–692, hier: 665–668.

[11]   Vgl. *P. O. Kristeller*, Humanismus und Renaissance, 2 Bde., München 1980 [1973], hier: Bd. 1, 58–61, sowie Bd. 2, 249. Auf die Unschärfe des Humanismusbegriffs hinsichtlich des Neuplatonismus bei Paracelsus hat aufmerksam gemacht *J. Telle*, Aufgaben der Paracelsusforschung, in: Medizinische Ausbildung und Versorgung zur Zeit des Paracelsus. Salzburg 2006, 9–28, hier 20 f. Vgl. auch *Kristeller*, ebd., Bd. 1, 11–29, Bd. 2, 244–264.

und, wie zu erwarten, ohne einheitliches Ergebnis besprochen worden.[12] Mit Gewinn zu rezipieren wäre aber die Beobachtung eines publizistisch und rezeptionell höchst einflussreichen Transfers, der sich mit den Bezeichnungen Hermetismus, Kabbala und Neuplatonismus verbinden lässt. Neben- und vorchristliche Lehren werden hierbei in einen christlichen Kontext eingeschrieben: Juden, Türken und Griechen ist die *prisca theologia*[13] gemeinsam. Sie werden gemeinsam wie von einer christlichen Superreligion überwölbt, die das Fremde unter Marginalisierung des Abweichenden nostrifiziert und das Eigene, nämlich die christliche Theologie, an zentralen Stellen umformt. Ihren Höhepunkt fand die literarische Seite dieses Transfers, der durch die einflussreichen Medici in Florenz inspiriert, gefördert und vorangetrieben wurde, in Marsilio Ficinos Übersetzungen.[14] Es war nicht Platon allein, sondern das geheimnisumwitterte *Corpus Hermeticum*, Jamblich, Porphyrius, Psellos und natürlich Plotin, die binnen kürzester Zeit erstmals vollständig und lateinisch vorlagen.[15] Daneben steht die Konstruktion der christlichen Kabbala und die umfangreiche Rezeption arabischer Autoren durch Giovanni Pico della Mirandola und andere.[16]

Die Superiorität der christlichen Gottesverehrung zeigt sich für Pico und Ficino darin, dass die christlichen Dogmen mit Trinität und Christologie samenhaft und als logosgegründete Weisheit schon vormosaisch bei Hermes, dann im Alten Bund und natürlich bei Platon und Plotin vorhanden waren.[17] Es ging hier kei-

---

[12] Vgl. *M. Bergunder*, Was ist Esoterik? Religionswissenschaftliche Überlegungen zum Gegenstand der Esoterikforschung, in: *M. Neugebauer-Wölk / A. Rudolph (Hg.)*, Aufklärung und Esoterik. Rezeption – Integration – Konfrontation, Tübingen 2008, 477–507; *F. Stengel*, Diskurstheorie und Aufklärung, in: *M. Meumann (Hg.)*, Ordnungen des Wissens – Ordnungen des Streitens. Gelehrte Debatten des 17. und 18. Jahrhunderts in diskursgeschichtlicher Perspektive, Berlin 2013.

[13] Dieser Begriff ist zeitgenössisch, so etwa bei Erasmus, Ficino und Pico della Mirandola, der ihn auf Hermes Trismegistos anwendet, vgl. *G. Pico della Mirandola*, De hominis dignitate. Über die Würde des Menschen. Lateinisch-deutsch, hg. von *A. Buck*, Hamburg 1990, 47 (hier ist ausdrücklich von der *prisca theologia* des Hermes Trismegistos die Rede); Enchiridion *Erasmi Roterodami* Germani de milite Christiano, in quo taxatis vulgi superstitionibus, ad priscae religionis puritatem, veteris aeloquentiae lituo nos provocat Hieronymus Emser. Lipsiae 1516; *J. Lauster*, Die Erlösungslehre Marsilio Ficinos. Theologiegeschichtliche Aspekte des Renaissanceplatonismus, Berlin / New York 1998, 234 u. ö.

[14] Womöglich bestand die *Academia Platonica* in nichts anderem als in Ficinos u. a. Übersetzertätigkeit, vgl. *J. Hankins*, The Myth of the Platonic Academy of Florence. In: Renaissance Quarterly 44 (1991), 429–475; *Kristeller*, Humanismus (wie Anm. 11), Bd. 2, 105.

[15] Vgl. dazu überblicksweise *Kristeller*, Humanismus (wie Anm. 11), Bd. 2, 101–114.

[16] Zu Pico vgl. *St. A. Farmer*, Syncretism in the West. Pico's 900 Theses (1486). The Evolution of Traditional Religious and Philosophical Systems. With Text, Translation, and Commentary, 2. Aufl., Tempe 2008, 1–179.

nesfalls mehr um andere Götter, es ging um den einen letztlich christlichen Gott, den die Völker nur in verschiedenen »ritus adorationis«[18] anbeten. Die *concordia* aller theologischen und philosophischen Schulen ist Thema und Ziel der 900 Thesen, die Pico 1490 auf einem Gelehrtenkongress diskutieren lassen wollte.[19]

3 PRISCA THEOLOGIA VERSUS THEOLOGIA CHRISTIANA?

Welche Rolle kam dem Heils- und Versöhnungswerk Christi und der korrelierenden Anthropologie in den Konzeptionen der Florentiner und ihrer Rezipienten zwischen Rotterdam, Basel, Oxford oder Straßburg zu?[20] Dieser Frage nachzugehen, könnte ein differenzierteres Licht auf das oft diskutierte Verhältnis der Reformatoren zu diesen nur problematisch so genannten »Humanisten« werfen, indem nämlich deutlicher konzediert würde, wo die Quellen der Florentiner lagen und dass es sich eben nicht nur um bloße Antike- und Kirchenväterrezeption handelte. Denn in der Tat trat in den viel gelesenen Entwürfen Picos und Ficinos nicht die *gratia*, nicht die *fides*, ja nicht einmal Christus zurück, sondern die imputatorische Theologie des Kreuzes.[21] Das ist gerade im Blick auf das Ereignis Heidelberg im Auge zu behalten.

---

[17]   *Pico della Mirandola*, De hominis dignitate (wie Anm. 13), 63. Jeder hebräische Kabbalist, der den kabbalistischen Prinzipien folge, sei gezwungen, die katholische Trinitätslehre zuzugestehen. Paulus selbst habe kabbalistisch gearbeitet. Vgl. Thesen 832–836 in *Farmer*, Syncretism (wie Anm. 16), 522 f.

[18]   So Ficino in *De Christiana Religio*; zitiert nach *Lauster*, Ficino (wie Anm. 13), 10. Lauster deutet diese Stelle erstaunlicherweise so, dass von verschiedenen *Religionen* die Rede ist, wobei offenbar der moderne Begriff von (Welt-)Religionen im Blick ist. Ficino spricht ausdrücklich von verschiedenen Riten der Verehrung – des (einen) Gottes.

[19]   Vgl. *Farmer*, Syncretism (wie Anm. 16), ixf.

[20]   Auf die Rezeption und Edition Picos durch Erasmus, Jakob Wimpfeling, John Colet, Thomas Morus, Faber Stapulensis und Symphorien Champier u. a. macht aufmerksam *A. Buck*, Einleitung, in: *Pico della Mirandola*, De hominis dignitate (wie Anm. 13), VII–XXVII, hier: XXIII–XXVII.

[21]   Vgl. zur fehlenden Kreuzestheologie und zur Umwertung der soteriologischen Rolle Christi bei dem späten, sich gegen den Magievorwurf verteidigenden Ficino etwa *Lauster*, Ficino (wie Anm. 13), 23, 114, 118, 121, 193 f. Für Pico hat Christi Kreuz die Gemeinschaft mit den Engeln erschlossen und dem Menschen die Aufstiegsmöglichkeit trotz Sündenfall gewährt. Vgl. *G. Pico della Mirandola*, Heptaplus [Auszug], in: *Ders.*, Ausgewählte Schriften, Jena/Leipzig 1905, 141–170, hier: 145 f. In seiner *Apologie* verteidigt sich Pico gegen den Vorwurf, er habe der Verehrung des Kreuzes widersprochen und das Dogma verletzt, ja er

Als weiteres Stichwort ist die Anthropologie zu nennen, die ihren zeit-genössisch bekanntesten Ausdruck in Picos nie gehaltener *Oratio de hominis dignitate*, dem Vorwort zu den 900 Thesen, gefunden hat, die nie auf einer Kon-ferenz diskutiert, aber durch Picos *Apologia* der gelehrten Öffentlichkeit voll-umfänglich bekannt wurden.[22] Wenn kürzlich erst Thomas Kaufmann den »An-thropozentrismus des humanistischen Menschenbildes« erneut und mit vollem Recht als negative Voraussetzung für Luthers Reformation bezeichnet hat,[23] dann ist dieses Menschenbild am einflussreichsten in der *Oratio* vertreten. Aber was sind seine Wurzeln? Es ist die kosmische Anthropologie und Ficinos aus der Himmelslehre Algazels und anderer abgeleitete Engelwelt, ein aus Hermes und kabbalistischen Quellen kompilierter Anthropozentrismus, der im *Adam kadmon* den Urmenschen und das Zentrum des Alls erblickt, ausgestattet selbstverständlich mit Willens- und Handlungsfreiheit, Exemplar der Menschheit selbst, die selbst entscheiden kann, über den vielgegliederten Engelshimmel hinaus in die göttliche Sphäre zu gelangen – oder Vieh zu sein.[24] Der Mensch ist in der Lage, sich seiner Körperlichkeit zu entledigen und auf diese Weise »reine[r] Betrachter« zu sein, und damit ist er mehr als nur ein Philosoph, weder irdisch noch himmlisch, sondern ein göttliches Wesen; er ist ein »augustius [...] numen humana carne circumvestitum«, wie ein Gott in Menschengestalt.[25]

---

greift in diesem Zusammenhang Thomas' Auffassung vom Verhältnis des Symbols (Kreuz) zur Sache (Christus) an, vgl. ebd., 219–232, hier: 225. Siehe zu diesem Punkt jedoch unten S. 503 f.

[22]   So etwa in: Opera *Joannis Pici Mirandule* Comitis Concordie: littera[rum] principis: nouissime accurate reuisa (addito generali sup omnibus memoratu dignis regesto) quaru[m]cunq[ue] facultatu[m] professoribus iam iucunda et proficua, hg. von *J. Wimpfeling* unter Beteiligung von *H. Emser,* Argentinae 1504.

[23]   Vgl. *Th. Kaufmann*, Geschichte der Reformation, Frankfurt a. M. / Leipzig 2009, 123.

[24]   »Poteris in inferiora quae sunt bruta degenerare; poteris in superiora quae sunt divina ex tui animi sententia regenerari.« Pico della Mirandola, De hominis dignitate (wie Anm. 13), 6 f. Dazu *H. Greive*, Die christliche Kabbala des Giovanni Pico della Mirandola, in: Archiv für Kulturgeschichte 57 (1975), 141–161; *W. Schmidt-Biggemann*, Philosophia perennis. Histo-rische Umrisse abendländischer Spiritualität in Antike, Mittelalter und Früher Neuzeit, Frankfurt a. M. 1998, 269–271; sowie zu Ficino ebd., 259–268. Die *Oratio* enthält im Ge-gensatz zu den Thesen nur schemenhafte Hinweise auf Picos kabbalistische und hermetische Quellen gerade im Hinblick auf eine kosmische Christologie – offenbar aus strategischen Gründen, vgl. *Schmidt-Biggemann*, ebd., 269.

[25]   *Pico della Mirandola*, De hominis dignitate (wie Anm. 13), 8 f.

4 Magia versus Goetia

Dieser mit quasigöttlichen Potenzen ausgestattete Mensch vermag die verborgenen Korrespondenzen zwischen Makrokosmos und Mikrokosmos zu entschlüsseln.[26] Das neue alte Stichwort, das Pico umformuliert, heißt: Magie. *Magia naturalis* ist die »absoluta consummatio« der Naturphilosophie.[27] Das ist eines der zentralen Themen der 900 Thesen von 1486.[28] Aber »μαγεία« ist nicht »γοητεία«, sie hat nichts mit Dämonen zu tun, sondern ist reine Wissenschaft.[29] Wahre Astrologie und Kabbala sind ihre Mittel, im Buch des Gesetzes und im Buch Gottes (der Natur) zu lesen, so lautet die 900. These, gedruckt am 7. Dezember 1486.[30] Es liegt auf der Hand, dass sich die neue, wahre Wissenschaft »Magie« der Wiederentdeckung verschollen geglaubter Bücher und uraltem, dogmatisch nicht beeinträchtigtem Wissen verdankt, das die geheimen Naturkräfte in den Dienst des Magiers zu stellen half und auf irenische Weise überdies zu einer christlichen, alle theologischen und philosophischen Gräben zwischen Juden, Griechen, Türken und Christen überbrückenden Superreligion führen sollte.[31] Das geheimnisumwitterte, in Mazedonien entdeckte, 1463 erstmals vollständig und auf lateinisch herausgebrachte *Corpus Hermeticum,* für dessen Übersetzung Ficino seine Arbeit an Platon unterbrach, als es ihm Cosimo di Medici schenkte,[32] ist nur ein Beispiel für die Faszination, die vermeintlich vorchristli-

---

[26] Zur Konstruktion eines neuen Magiebegriffs in der Renaissance vgl. jetzt *M. Neugebauer-Wölk,* Magieglaube und Esoterik. Brauchen wir eine neue europäische Religionsgeschichte?, in: *Th. Pfeiffer (Hg.),* Zauber und Magie, Heidelberg 2010, 131–161, besonders 147 f.

[27] *Pico della Mirandola,* De hominis dignitate (wie Anm. 13), 52. – Die »Magia« wird durch »συμπάθεια«, durch den »universi consensus« nämlich, die »latitantia miracula«, die »in den Tiefen der Welt, im Schoß der Natur, in den geheimen Speichern Gottes« verborgen sind, ans Licht bringen, ebd. 55–57.

[28] Vgl. die *conclusiones magicae,* Thesen 772–797, in *Farmer,* Syncretism (wie Anm. 16), 494–503.

[29] Vgl. *Pico della Mirandola,* De hominis dignitate (wie Anm. 13), 52 f.; *Pico della Mirandola,* Apologie (wie Anm. 21), 220: »Ich bin kein Magier und kein Jude, ich bin kein Ismaelit noch ein Ketzer. Ich bete Jesum an [...]«; sowie 226–228 (Unterscheidung der beiden Magien). Farmer, der sich von den älteren Thesen von Frances Yates absetzt, macht vor allem auf die Differenzen der Magiebegriffe Picos und Ficinos aufmerksam und betont für Pico anstelle des Hermetismus arabische (al-Kindi) und scholastische Autoren (Albertus Magnus, Wilhelm von Paris), vgl. *Farmer,* Syncretism (wie Anm. 16), 115–132.

[30] *Farmer,* Syncretism (wie Anm. 16), 552 f.: »Sicut uera astrologia docet nos legere in libro dei, ita Cabala docet nos legere in libro legis.«

[31] Ficino sieht letztlich in der christlichen Gottesverehrung die »höchste und perfekteste Realisierung der seelischen Ausrichtung auf Gott«, vgl. Lauster, Ficino (wie Anm. 13), 237.

[32] Vgl. *Kristeller,* Humanismus (wie Anm. 11), 104.

che *arcana* – zunächst – in den italienischen Gelehrtenkreisen hervorrief. Im Ursprung, bei Gott, und dann vermittelt durch Hermes oder durch die schon vorschriftliche Kabbala, nicht bloß in der literarischen Antike, wie es ein einseitiger Renaissancebegriff nahelegen könnte, lag die tiefste Wahrheit, die nun vermeintlich entschlüsselt werden konnte.

Das hat nichts mit der *falsa magia*, der γοητεία, zu tun.[33] Und der zeitliche Kontext macht deutlich, dass es sich um eine äußerst effektive Unterscheidung handelt. Denn fast punktgenau zu der Zeit, als Picos Thesen auf den Markt kommen, wird mit päpstlicher Autorität ein anderer Magiebegriff verkündet: *Malleus maleficarum* kennt die Begriffsdifferenz zwar auch, ebnet sie aber gezielt ein. Auch Magier, Astrologen oder Divinatoren, ja sogar Astronomen, die etwa unter Berufung auf Aristoteles behaupten, Gestirne oder physikalische Kräfte seien für bestimmte Wirkungen in der Körperwelt verantwortlich, handeln stets mit Einverständnis oder auf Veranlassung von Dämonen,[34] nicht nur die *Malefici* und *Maleficae*, die ausdrücklich einen Pakt geschlossen haben. Für den *Malleus* ist durch die Synergie dreier Faktoren alles dämonisch: *permissio Dei*, Dämonen und Wille des Menschen, also des *magus*.[35] Das ist das Gegenbild zum Magiebegriff des Medici-Kreises und dieses Gegenbild wird in zeitlich dichter Parallele konstruiert. Die Florentiner Hermetiker und Kabbalisten sahen sich bald dem Vorwurf ausgesetzt, Magier in genau diesem Magieverständnis zu sein.[36]

---

[33] Vgl. zu dieser Unterscheidung auch *W.-D. Müller-Jahncke*, Von Ficino zu Agrippa. Der Magia-Begriff des Renaissance-Humanismus im Überblick, in: *A. Faivre / R. Ch. Zimmermann (Hg.)*, Epochen der Naturmystik. Hermetische Tradition im wissenschaftlichen Fortschritt, Berlin 1979, 24–51, insbes. 38–42.

[34] Vgl. *H. Kramer (Institoris)*, Der Hexenhammer. Malleus Maleficarum, hg. von *G. Jerouschek und W. Behringer*, 5. Aufl., München 2006 [1487], z. B. 139, 165, 173, 201–203, 207, 218 f., 583: hier wie an vielen Stellen unter ausdrücklicher Berufung auf Augustin. Astronomische (!) Bildnisse basieren auf einem stillschweigenden (tacita pacta), nigromantische auf einem ausdrücklichen Dämonenpakt. Dieser Angriff könnte sehr wohl auch Ficino betroffen haben, der in *De vita coelitus comparanda* die positiven, rein natürlichen Kräfte der Himmelskörper im Sinne der *magia naturalis* beschrieben hatte, vgl. *Stuckrad*, Esoterik (wie Anm. 9), 103.

[35] Vgl. *Kramer*, Hexenhammer (wie Anm. 34), 121, 175 u. ö. Der *permissio Dei* sind eigene, eng an Augustin angelehnte Abschnitte gewidmet, vgl. ebd., 289–303. Der *Malleus maleficarum* kam 1487, drei Jahre nach der sogenannten Hexenbulle Innozenz VIII., und nach dem auf den 19. Mai 1487 datierten, aber wohl gefälschten Notariatsinstrument der Kölner Universität heraus.

[36] 1490 wurde Ficino von Innozenz VIII. der Magie und Astrologie in *De vita libri tres* beschuldigt, es kam aber nicht zu einem förmlichen Verfahren. Immerhin erschien ein Jahr später Pico della Mirandolas *Adversus Astrologos*, vgl. *Lauster*, Ficino (wie Anm. 13), 15. Hier unterschied Pico ausdrücklich zwischen der die Philosophie verderbenden, mit Genethliaci, Schicksalsschau, Nekromantie verbundenen »Afterwissenschaft« Astrologie und

In der Hexenforschung setzt sich immer mehr die Einsicht durch, dass der Hexenjäger das »Vexierbild«[37] des Renaissancemagiers ist, denn beide propagieren gezielt den Magieglauben, beide gehen von der Wirksamkeit von *vires occultae* aus, gleichsam unter einer nur differierenden Ontologie. Aber der Magus war für den Hexenjäger der kräftige Beweis, dass die Welt durch geheime, magische Kräfte bedroht war. Die Hexenverfolgung, die ihren Höhepunkt erst im 16. Jahrhundert hatte,[38] hängt somit eng mit – sich selbst als Magier verstehenden – Renaissancegelehrten zusammen. Pico ist Teil des Problems, denn er setzt sich bewusst von der Goetie ab. Im selben Moment beginnt die Debatte um die Deutungshoheit über den Begriff »Magie« und um die eigene Positionierung gegenüber dem Vorwurf, selbst Magier zu sein.

5 Wer nimmt am Diskurs teil?

Seit Jörg Hausteins detaillierter Studie sind manche Fragen zum ambivalenten Verhältnis Luthers in der Hexenfrage beantwortet worden. Ließe sich eine differenziertere Sicht gerade angesichts des immer wieder erhobenen und konfessionspolitisch gefärbten Vorwurfs an Luther gewinnen, eher Katalysator der Hexenverfolgung gewesen zu sein, den Teufels- und Hexenglauben gar zum Allgemeingut des deutschen Volkes und zur »lutherischen Fundamentallehre« gemacht zu haben,[39] wenn die nun herausgearbeiteten und kombinierten Ergebnisse der Magie- und Hexenforschung hinzugezogen würden?

---

der Astronomie, die sich mit der Messung von Maßen und Bewegungen befasse. Vgl. Auszüge aus der Schrift in *Pico della Mirandola*, Ausgewählte Schriften (wie Anm. 21), 242–266, hier: 243 f. u. ö. Im Druck von 1504 findet diese Differenzierung bereits im Prooemium statt, (wie Anm. 22), CXVr.

[37] Vgl. *M. Neugebauer-Wölk*, Wege aus dem Dschungel. Betrachtungen zur Hexenforschung, in: Geschichte und Gesellschaft 29 (2003), 316–346, hier: 328, sowie: *Dies.*, Magieglaube (wie Anm. 26), 148, wo aber das Motiv des »Vexierbilds« erweitert wird: der Magieglaube der Renaissancegelehrten sei ein differenzierterer religiöser Entwurf als der der Hexenjäger, der sich zwischen 1420 und 1440 konstituiert habe.

[38] Neuere Zahlen und regionale Übersichten bei *W. Rummel / R. Voltmer*, Hexen und Hexenverfolgung in der Frühen Neuzeit, Darmstadt 2008, 74–79.

[39] So der Vorwurf des katholischen Historikers Josef Diefenbach auf dem Höhepunkt der konfessionspolitischen Kämpfe im wilheminischen Deutschland bereits 1900, unter Bezugnahme auf Luthers Großen Katechismus, in dem Teufelsbuhlschaft und Teufelsbund als feste Gegenstände der Kinderunterweisung betrachtet werden, vgl. *J. Diefenbach*, Der Zauberglaube des 16. Jahrhunderts nach den Katechismen D. Martin Luthers und des P. Canisius. Mit Berücksichtigung der Schriften Pfarrer Längins und des Professors Riezler, Mainz 1900, 21. Zur Gesamtdebatte *J. Haustein*, Martin Luthers Stellung zum Zauber- und Hexenwesen, Stuttgart/Berlin/Köln 1990, 13–31.

Auf den ersten Blick scheint das nicht so einfach zu sein: Direkte Referenzen auf den *Malleus maleficarum*[40] fehlen bei Luther ebenso wie Indizien für eine genauere Kenntnis Picos und Ficinos.[41] Aber fiele Luther aus dem Konzert seiner Zeitgenossen, welches Milieus und welcher Region auch immer, auf geradezu provinzialistische Weise nicht ganz heraus, wenn man von seiner Unkenntnis dieser Literatur ausginge? *Malleus maleficarum* ist bis 1523 in mindestens 13 Auflagen und etwa 10.000 Exemplaren gedruckt worden.[42] Schon Pico ging, wie Stephen Farmer gezeigt hat, mit großer Sicherheit auf ihn ein, wenn er in der *Apologia* zwei seiner 900 Thesen revidierte, die nach dem Hexenhammer als Bejahung der schwarzen Magie gelesen werden konnten.[43]

Und Pico selbst? Jakob Wimpfeling, der 1517 in Straßburg mit Johannes Niders *Formicarius* von 1434/35 eines der ersten Hexereikompendien neu herausgab,[44] findet sich 1504 ebenfalls in Straßburg als Herausgeber auch der *Opera omnia* Picos. Aber er ist nicht der Einzige. An dieser Edition beteiligte sich auch der junge Magister Hieronymus Emser.[45] 1504 ist auch das Jahr, in dem der

---

[40]   Dessen Nichterwähnung hat sich seit der Arbeit von Nikolaus Paulus von 1910 bis hin zu Haustein erhalten. Anstelle des Hexenhammers sei Luther von Geiler von Kaysersberg beeinflusst worden. Es bleibt ein Rätsel, wie Nennungen oder Nichtnennungen von Namen und Büchern die Basis für Nachweise von Rezeptionen bilden können. Vgl. *N. Paulus,* Hexenwahn und Hexenprozeß vornehmlich im 16. Jahrhundert, Freiburg i. Br. 1910. In erster Linie versucht Paulus, die Unabhängigkeit Geilers (den Luther erwähnt) vom Hexenhammer nachzuweisen; vgl. ebd., schon 2; sowie *Haustein,* Stellung (wie Anm. 39), 27, wo dieser vermeintliche Nachweis ungeprüft und folgenschwer zugrunde gelegt ist.

[41]   Dass er die 900 Thesen Picos wenigstens dem Namen nach gekannt hat, geht hervor aus seiner Antwort auf die Verdammung durch die Kölner Fakultät, vgl. WA 6, 183; vgl. daneben eine weitere Erwähnung von Pico in den Resolutiones zu den 95 Thesen, in einer Auflistung gemeinsam mit Laurentius Valla, Petrus von Ravenna, Johannes Vesalia, Johannes Reuchlin und Faber Stapulensis, WA 1, 574.

[42]   Insgesamt wurde das Werk wohl 29-mal aufgelegt. Vgl. *Jerouschek/Behringer,* »Das unheilvollste Buch der Weltliteratur«? Zur Entstehungs- und Wirkungsgeschichte des Malleus Maleficarum und zu den Anfängen der Hexenverfolgung, in: *Kramer,* Hexenhammer (wie Anm. 34), 9–98, hier: 16.

[43]   Vgl. *Farmer,* Syncretism (wie Anm. 16), 502.

[44]   *J. Nider,* Formicarius Joannis Nyder theologi profundissimi / pulcherrimus Dialogus ad vitam christianam exemplo conditionum Formice in citativus: historiis & Hermanie refertissimus, Argentine 1517 (letztes Blatt: Jacobus Wympfelingius Sletstatinus nobili bone indolis adolescenti wernhero de Ursirupe / vulgo Berenfels); zu Nider und der Entstehung der frühneuzeitlichen Hexenverfolgung am Rande des Konzils von Basel, Florenz und Ferrara im Herrschaftsgebiet des Gegenpapstes Felix V. (Savoyen) *Neugebauer-Wölk,* Wege (wie Anm. 37), 189.

[45]   Opera *Joannis Pici Mirandule* (wie Anm. 22). Druckort (Argentinae: Prüs) und -jahr (1504) sind handschriftlich auf dem Frontispiz eingetragen, auf der Rückseite befindet sich

junge Luder in Erfurt über den *Sergius* Reuchlins von Emser selbst unterwiesen worden ist.[46] Sollte es wirklich der Fall sein, dass die Florentiner und ihre Rezipienten mit ihrer hermetisch-kabbalistisch-neuplatonischen Theologie und Naturphilosophie und mit ihrer Abwehrschlacht gegen den Vorwurf dämonischer Magie und Astrologie nur in obskuren Häretikerkreisen bekannt waren? 1504 war der früh verstorbene Pico gerade einmal zehn, Ficino fünf Jahre tot, und ihre Bücher fingen an, sich überall zu verbreiten. Das lässt sich an dem Umfang von Ficinos um und nach 1500 herausgebrachten Übersetzungen hermetischer, magischer, neuplatonischer und selbstverständlich dämonologischer Literatur ablesen.[47] Aber weder Pico noch Ficino waren ohne weiteres zitierfähig: Picos 900 Thesen waren nicht diskutiert, 13 *conclusiones* waren verurteilt, drei für häretisch erklärt worden.[48] Er selbst votierte in seiner umfangreichsten Schrift *Adversus Astrologos* gegen die astrologische Superstition für Astronomie, um sich zu verteidigen.[49] Und Jörg Lauster hat eindrücklich gezeigt, wie dringend der unter Magieverdacht stehende Ficino in *De Christiana Religio* und in dem kurz vor seinem Tod verfassten Römerbriefkommentar bemüht war, seine Or-

---

unter der Überschrift »Hieronymus Emser presbyter Ioanni Prüs Argentino Civitatq. Calcographo accuratissimo. S.P.D.« ein Widmungstext. In der Universitätsbibliothek Halle enthält dieser Band übrigens die bemerkenswerte Besitzbezeichnung Gottfried Arnolds (»M. Godofredo Arnoldo, Annamontano«) und Johann Heinrich Michaelis', der es in einer öffentlichen Auktion erworben hat.

[46] Dies ist nicht eine spätere Behauptung Luthers, sondern Emsers selbst, weil er ihn im Konflikt offenbar wieder unter seine Hörerschaft bringen wollte. Ersteres wird zuweilen ohne Kommentar in der Literatur behauptet. Vgl. dagegen *H. Smolinsky,* Augustin von Alveldt und Hieronymus Emser. Eine Untersuchung zur Kontroverstheologie der frühen Reformationszeit im Herzogtum Sachsen, Münster 1983, 27.

[47] Vgl. dazu etwa das intensiv durchgearbeitete, mit zahlreichen Unterstreichungen und Besitzvermerk eines Magdeburger Gymnasiums versehene Exemplar in der Halleschen Universitätsbibliothek, ohne Erwähnung des Übersetzers *M. Ficino,* Index eorum, quae hoc in libro habentur Iamblichus de mysteriis Aegyptiorum. Chaldeorum. Assyriorum. Proclus Platonicum Alcibiadem de anima, atq. daemone. Proclus de sacrificio & magia. Porphyrius de divinis atq. daemonibus. Synesis Platonicus de somnis. Psellus de daemonibus. Expositio Prisciani & Marsilii in Theophrastum de sensu, phantasia & intellectu. Alcinoi Platonici philosophi liber de doctrina Platonis. Speusippi Platonis discipuli liber de platonis definitionibus. Pythagorae philosophi aurea verba. Symbola Pithagorae philosophi. Xenocratis philosophi platonici liber de morte. Mercurii Trismegisti Pimander. Eiusdem Asclepius. Marsilii Ficini de triplici vita Lib. II. Eiusdem liber de voluptate. Eiusdem de Sole & lumine libri. II. Apologia eiusdem in librum suum de lumine. Eiusdem libellus de magis. Quod necessaria sit securitas & tranquillitas animi. Praeclarissimarum sententiatum huius operis brevis annotatio. [2. Aufl.] Venetiis [1516]. Vgl. dazu auch *Stuckrad,* Esoterik (wie Anm. 9), 89 f.

[48] Vgl. *Buck,* Einleitung (wie Anm. 20), XXII.

[49] Vgl. oben Anm. 36.

thodoxie unter Beweis zu stellen, so sehr, dass seine teils seitenweisen Abschriften und Kompilationen aus dem Römerbriefkommentar des Aquinaten mit seinem Plotinismus unübersehbar kollidierten.[50] Der Florentiner Hermetismus forcierte durch seine von außen aufgezwungene und ihm selbst zugleich inhärente Apologetik eine umfangreiche Neubeschäftigung mit Paulus, mit Augustin und natürlich auch mit den Scholastikern. Diese sakrosankten Autoritäten dienten zur theologischen Absicherung des *prisca-theologia*-Projekts. Ludwig Borinski hat bereits vor Jahren darauf hingewiesen, dass fünf der prominentesten »Humanisten« um 1500 Römerbriefkommentare verfasst haben: Ficino, Agrippa von Nettesheim, Faber Stapulensis, Erasmus und John Colet[51] – allesamt Autoren, die genauer besehen Begründer oder Rezipienten des Florentiner Hermetismus waren, der *Magia* und *Philosophia occulta*, oder – wie Colet – Paraphrasten von Picos *Heptaplus*.[52]

Sollten diese ›modernen‹ Texte in Erfurt und dann in Wittenberg weniger bekannt gewesen sein als Biel und die schon hunderte Jahre toten Scholastiker des Thomismus und Scotismus geschweige denn Aristoteles, auch wenn sie weniger namentlich erwähnt werden, was bekanntermaßen keinen Rückschluss auf Art und Umfang der Rezeption erlaubt?

Es wäre fruchtbar, näher diesem Kontext nachzugehen, der für Erasmus und Emser, für Eck und Wimpfeling ohne weiteres, für den Verfasser der Heidelberger Thesen wenigstens implizit, und sei es als negative Voraussetzung, von Belang war: als anti-augustinische, seine Christozentrik bedrohende Front, für seine Auffassung vom Menschen, von Sünde und freiem Willen, von Christi Erlösungswerk, von der Rolle und Hermeneutik der Heiligen Schrift, von Magie und Hexen, für seine Vorstellung vom Wirken des Teufels und einem zuweilen geradezu anti-synergistischen Erlösungsprozess. Es ist klar, dass in all diesen Punkten von allen Kombattanten stets die alten Autoritäten referiert und diskutiert wurden. Aber sind es auch die aktuellen Fronten?

---

[50] Bereits Walter Dreß hat die literarische Abhängigkeit Ficinos von Thomas' Römerbriefkommentar ans Licht gebracht, vgl. *W. Dreß*, Die Mystik des Marsilio Ficino, Berlin/Leipzig 1929, 159–176; kritischer dagegen *Lauster*, Ficino (wie Anm. 13), z. B. 80f., 118f., 122, 143, 240–242, 248.

[51] Vgl. *L. Borinski*, Englischer Humanismus und deutsche Reformation, Göttingen 1969, 12f.

[52] Vgl. *S. Jayne*, John Colet and Marsilio Ficino, Oxford 1963, 27, 44. Jayne wie auch Borinski haben die enge rezeptionelle Verbindung zwischen Ficino, Colet und Erasmus herausgearbeitet.

6 FEINDE DES KREUZES?

Zunächst bietet sich ein Rückblick auf die frühen Disputationen gegen die Kreuz-hasser, die selbst Gott sein wollen, an. Dessen ungeachtet, dass hier Thomas, Scotus und Biel genannt werden, ist das attackierte Menschenbild in Picos *De hominis dignitate* enthalten, abgedruckt in Emsers Pico-Ausgabe. Und im *Enchiridion militis christiani* des Pico-Kenners Erasmus kann eben dies nachgelesen werden, fast wie ein Zitat aus Pico: »Der Geist läßt uns also zu Göttern werden, das Fleisch zu Tieren.«[53] Von einem stellvertretenden Sühnetod Christi ist hier ebensowenig die Rede wie bei Pico oder Ficino. Für die Florentiner ermöglicht Christus den Aufstieg der Seele, wenn auch *sola gratia*, also gerade nicht als Selbsterlösung.[54] Ohne Christus in diesem Zusammenhang überhaupt zu er-wähnen, ist es für Pico nämlich der Magier, der Himmel und Erde, das Untere mit dem Oberen durch seine Betrachtung der Wunder Gottes »vermählt« und dadurch zur Steigerung der Gottesverehrung beiträgt.[55] Und auch Ficino glaubt, dass dem Menschen ein natürliches Vermögen zur Wiedererlangung des rechten Weges erhalten bleibe, der durch Erkenntnis beschritten wird, nicht durch ein stellvertretendes Leiden.[56]

Es ist auffällig, dass Luther in nahezu singulärer Weise ausgerechnet in Heidelberg seine Präferenz für Platon und Pythagoras gegenüber Aristoteles be-kennt.[57] In den *probationes* parallelisiert Luther sogar ausdrücklich Augustin, Jamblich und »alle platonischen Streiter« als Zeugen für den Vorrang und die Separatheit der Ideen gegenüber der Körperwelt bei Aristoteles.[58] Schon Martin

---

[53]   Weiter: »Die Seele macht uns zu Menschen; der Geist zu frommen, das Fleisch zu bösen; die Seele allein zu keinem von beiden. Der Geist strebt nach dem Himmlischen, das Fleisch nach dem Angenehmen, die Seele nach dem Notwendigen. Der Geist hebt uns zum Himmel, das Fleisch drückt uns nieder zur Hölle; der Seele wird nichts zugeschrieben.« *E. von Rotterdam*, Enchiridion militis christiani. Handbüchlein eines christlichen Streiters, in: *Ders.*, Ausgewählte Schriften, hg. von *W. Welzig*, Bd. 1, Darmstadt 2006, 143. Auf diese Stelle hat jüngst hingewiesen: *Kaufmann*, Reformation (wie Anm. 23), 122.

[54]   Vgl. *Lauster*, Ficino (wie Anm. 13), 82–84, 110–112, 121 f., 124–156 u. ö.; *Pico della Mirandola*, Heptaplus (wie Anm. 21), 168 f.

[55]   *Pico della Mirandola*, De hominis dignitate (wie Anm. 13), 56 f.: »[...] ita Magus terram caelo, idest inferiora superiorum dotibus virtutibusque maritat«. Soteriologische Aussagen Picos: Anm. 21.

[56]   Vgl. *M. Ficino*, Traktate zur Platonischen Philosophie, übers. von *E. Blum u. a.*, Berlin 1993, 215 (im Anschluss an die Peripatetiker); *Lauster*, Ficino (wie Anm. 13), 118, sowie 248, wo Lauster die Unverbundenheit von Ficinos Erlösungslehre und seiner Adaption der Satisfaktions- und Stellvertretungslehre Thomas' betont.

[57]   Vgl. *Luther*, Disputatio Heidelbergae (wie Anm. 1), 68 f. (WA 1, 355), Thesen 36 f.

[58]   Vgl. *H. Junghans*, Die probationes zu den philosophischen Thesen der Heidelberger Disputation Luthers im Jahre 1518, in: Lutherjahrbuch 46 (1979), 10–59, hier: 57.

Brecht hat die ganz unvermittelte und unbegründete Platon-Sympathie in Heidelberg als einen nicht weiter verfolgten Weg Luthers bezeichnet.[59] Sie dürfte aber zweifellos dafür verantwortlich sein, dass der »Funkenschlag in den Südwesten«[60] überhaupt zustande kam. War es ein Versuch, bei den jungen Erasmianern mit Platon und Pythagoras zu punkten, zugleich aber Aristoteles abzuwählen und dennoch die Theologie des Kreuzes im streng antipelagianisch-augustinischen Sinne zu propagieren? Luther hätte die ficinianisch-hermetische Anthropologie massiv angegriffen, aber ihre platonisch-pythagoreische, antiaristotelische Agenda wenigstens verbal hofiert.[61] Wenn diese zeitgenössischen Kontexte betrachtet werden, könnten sich neue Fragestellungen ergeben, ohne dass das Gebot einer angemessenen Zurückhaltung gegenüber der Behauptung verletzt würde, man könne Faktum und Modus von Rezeptionsvorgängen sicher nachweisen, ob nun Buchtitel, Autorennamen, Frontstellungen und Solidarisierungen genannt werden oder nicht.

7 Feinde der Rechtfertigung sola fide

Diese Art von Zurückhaltung betrifft auch Luthers spätere Gegner. Das sollte aber nicht zur Ausblendung ihres Kontextes führen. Das Beispiel Emsers, des neben Eck und Cochläus wohl wichtigsten frühen Luthergegners, ist genannt worden. Die Emserforschung hat zwei Punkte herausgearbeitet, die Emser gegenüber Luther geradezu unerbittlich vorbrachte. Dessen Beharren auf einer Rechtfertigung *sola fide* ohne Werke ist für Emser die »wahre Lästerung« Luthers.[62] Er war wohl einer der Ersten, der Luthers nicht textgemäßes *sola* in Röm 3,21 monierte.[63] Dass er unter den Gesetzeswerken die jüdischen Zeremo-

---

[59]   Vgl. *Brecht,* Luther (wie Anm. 3), 228.

[60]   *V. Leppin,* Martin Luther, Darmstadt 2006, 126.

[61]   Leppin urteilt in einer ähnlichen Richtung über Luthers taktische Argumentation: als Aristoteleskritiker (und Platonfreund) habe er sich nicht nur als Kenner der humanistischen Strömungen präsentiert, sondern wenigstens hier in Heidelberg auch an ihnen partizipiert, vgl. ebd., 132 f. Dass man in der Renaissancephilosophie allerdings nicht von klar abgegrenzten aristotelischen oder platonischen Systemen, sondern nur von hybriden, konkordienhaften und zuweilen polemisch geprägten Durchdringungen sprechen kann (das war auch Picos Projekt in den 900 Thesen), hat vor allem Martin Mulsow am Beispiel Bernhardino Telesios, Pomponazzis, Patrizis, Persios u. a. gezeigt in: *M. Mulsow,* Frühneuzeitliche Selbsterhaltung. Telesio und die Naturphilosophie der Renaissance, Tübingen 1998.

[62]   Vgl. *Smolinsky,* Alveldt und Emser (wie Anm. 46), 284.

[63]   Vgl. die »Emserbibel«: Das New Testament so durch den hochgelerten Hieronymum Emser seligen verteutscht / under des Durchleuchten / Hochgebornen Fürstenn und Herrn / Herrn Georgen Hertzogen zu Sachssen etc. Regiment außgegangen ist. Freiburg i. Br.

nialwerke verstand, war an Erasmus angelehnt, der seine Sicht aus Colets Römerbriefkommentar übernommen haben dürfte.[64]

Ein zweiter Punkt ist Emsers kräftiges Insistieren auf der allegorischen Schriftauslegung, wofür er sich ausdrücklich auf Pico beruft. Für Emser ist die Schrift dunkel und widersprüchlich, sie legt sich keinesfalls selbst aus. Aber im Buchstaben wohnt noch ein anderer, der innere und eigentliche geistliche Sinn. Der Geist ist im Buchstaben.[65] Luther identifiziert gegen Emser den äußeren Buchstaben mit dem tötenden Gesetz. Hinter dem Buchstaben, schreibt er dem »Bock«, ist kein Geist, der Geist muss ins Herz geschrieben werden.[66]

Kannte Luther den von Emser herausgegebenen *Heptaplus* Picos mit seinen weitreichenden Konsequenzen einer allegorischen Auslegung der Schöpfungsgeschichte im hermetisch-kabbalistischen Sinne, mit rationaler Engelwelt, einer modifizierten *Adam-kadmon*-Figur, dem willensfreien Menschen?[67] Könnte Luthers Abwehr gegen die Allegorie mit der Abwehr einer hermetisch-kabbalistischen Kosmologie und Anthropologie zusammenhängen, die in ihrer Zuspitzung seinen antipelagianischen Augustinismus verletzten?

Für Emser sind es die Ketzer, die die Bibel nicht über den Buchstaben hinaus auslegen,[68] aber in Picos *Apologia* besteht darin gerade der Unterschied zwischen Christen und Juden: Die einen suchen nur den Buchstaben des Gesetzes, der letztlich tötet, »wir« aber suchen den Geist. Täten es die Juden auch, würden sie die christlichen Dogmen erkennen – und zwar durch die Kabbala.[69] Keine Wis-

---

1534, 234v (zu Röm 3,21) und 234r. Paulus meine mit den Werken des Gesetzes nicht die guten Werke; er sage nicht, der Mensch werde durch den Glauben ohne die Werke des Gesetzes selig, sondern ohne die Beschneidung und andere jüdische Zeremonien. Vgl. auch die Annotation zu Jak 1, ebd. 358r.

[64] Vgl. *Jayne*, Colet (wie Anm. 52), 75. Die Randglossen der »Emserbibel« enthalten zahlreiche Verweise auf die *Adnotationes ad Novum Testamentum* des Erasmus (1516). Bereits 1516 war Luther der Auffassung, Erasmus verstehe Gesetzesgerechtigkeit nicht als Werkgerechtigkeit, sondern nur als jüdische Zeremonialgerechtigkeit, vgl. *Brecht*, Luther (wie Anm. 3), 162. Dies lehnte Luther schon 1516 in einem Brief an Spalatin ab, vgl. WA Br 1, 70f.

[65] Vgl. *Smolinsky*, Alveldt und Emser (wie Anm. 46), 258f., 261, 265. Emser beruft sich auf Pico, Origenes, Faber Stapulensis, Reuchlin und Erasmus.

[66] Vgl. *Smolinsky*, Alveldt und Emser (wie Anm. 46), 263; WA 7, 654f.

[67] Der Heptaplus ist in den *Opera* Picos von 1504 enthalten (wie Anm. 22). Es liegt nur eine Teilübersetzung vor, vgl. Anm. 21. Die gesamte rationale Engelwelt ist Mensch, nicht nach dem Körper, sondern nach der Seele, vgl. ebd., 153. Auf die Popularität des *Heptaplus* hat auch *Jayne*, Colet (wie Anm. 52), 27, 44, hingewiesen.

[68] Vgl. *S. Braun*, »Wider das unchristliche Buch Martin Luthers …«. Zur rhetorischen Komposition in Hieronymus Emsers *refutatio* auf Luthers Adelsschrift, in: Daphnis 38 (2009), 491–526, hier: 507 (Bezugnahme auf die *refutatio* Emsers, 9).

[69] Vgl. *Pico della Mirandola*, Apologie (wie Anm. 21), 231.

senschaft, so eine von Picos 900 Thesen, überzeuge mehr von der Gottheit Christi als Magie und Kabbala.[70] Denn die Kabbala führt zur Erkenntnis des Geistes im Text.

Luther versteht gegen Emser und kabbalistische Tendenzen den Geist gerade antineuplatonisch, wenn er vom Heiligen Geist spricht und von der geistlichen Seite des Materiellen nichts wissen will. Dass er in der Praxis nicht so radikal anti-allegorisch vorgegangen ist und im übrigen durch die Christotypologese und durch die existentielle Textdimension[71] selbst mehr als den bloßen *sensus historicus* erkennt, ist die eine Seite. Seine distanzierte Haltung gegenüber kabbalistischen Auslegungen und seine ambivalenten judenpolitischen Äußerungen sind eine andere Seite, die in den Konflikt mit dem neuplatonisch-picianischen Ansatz Emsers zurückweist.

Es bleibt ein Forschungsdesiderat, die aneignenden und abweisenden Rezeptionen der Schriften Picos, Ficinos und ihrer Schüler bei den Reformatoren herauszuarbeiten. Immerhin argumentierte auch Johann Eck gegen Karlstadt in Leipzig ausgerechnet bei einer strittigen Augustinauslegung zum Sündenbegriff nicht mit den Scholastikern: Sünde gelte hier als Konkupiszenz, dort als Sündenstrafe. Aus Augustin werde deutlich, dass unter Sünde die Sündenstrafen verstanden werde, so wie wir in diesem Sinne für die Toten beten, dass sie von den Sünden erlöst werden; das vertrete wohl unterrichtet (»docte«) Graf Pico della Mirandola in der 11. *Conclusio* seiner *Apologia*.[72] Diese singuläre Erwähnung dürfte eher ein Zeichen für die Normalität und Bekanntheit von zeitgenössischen Autoren sein, die gerade aufgrund ihrer problematischen Position zwischen Magien und Prozessen weniger namentlich erwähnt wurden als die kirchlichen Normtheologen, um deren Deutung innerhalb der zeitgenössischen Fronten ja gerade gestritten und in deren Kontexte sie neu eingeschrieben und dabei modifiziert wurden.

8 FIDES – FIDUCIA

Ludwig Borinski hat darauf hingewiesen, dass Luthers innovatives Verständnis der *fides* als *fiducia* ganz offenbar an die *Adnotationes* des Erasmus von 1516 angelehnt ist, der wiederum John Colet rezipiert hat. Die dahinter stehende Vor-

---

[70]   »Nulla est scientia quae nos magis certificet de diuinitate Christi quam magia et cabala.« *Farmer,* Syncretism (wie Anm. 16), 496 (These 780, die von der päpstlichen Kommission verdammt wurde).

[71]   Vgl. *Leppin,* Luther (wie Anm. 60), 70 f., sowie 83.

[72]   *O. Seitz (Hg.),* Der authentische Text der Leipziger Disputation (1519). Aus bisher unbenutzten Quellen, Berlin 1903, 245.

stellung, *fiducia* und *confidentia* bedeuteten »Sammlung« und »Vereinheitli-
chung« der im Körper hoffnungslos verteilten Seele mit ihren Kräften zu Gott
hin, stammt jedoch von Ficino, Pico und Dionysios.[73] *Sola fide* ist bei Colet wie
schon bei Cusanus selbstverständliches Element der Römerbriefauslegung, wenn
auch abweichend von späteren reformatorischen Deutungen.[74] Bei Ficino soll
sola fide beispielsweise den Vorrang des Glaubens gegenüber dem Erkennen,
sola gratia die vorauslaufende Urheberschaft der Gnade Gottes bei der *deificatio*
sicherstellen.[75] Und die *iustitia* ist für Ficino im Römerbrief eben gerade kein
Rechtsverhältnis zwischen Gott und Mensch, sondern die wiederhergestellte
Harmonie der Seelenkräfte.[76] Diese Differenzen bestehen zweifellos, aber es
sind ja die Auseinandersetzungen um die Füllung der Signifikanten, die die Debatten prägen und die Lehrsysteme wechselseitig verändern.

9 Perspektiven

Ließe sich durch diese Kontextualisierung auch die Position der Reformatoren
in der zeitgenössisch äußerst brisanten Frage nach dem Umgang mit Magie angesichts des fast gleichzeitigen Erscheinens von Picos Thesen und Kramers *Malleus maleficarum* differenzierter darstellen? Man könnte fragen, inwieweit der
Glaube an die reale und physische Wirksamkeit von Teufel und Dämonen, der
mit der Debatte um Magie als Wissenschaft versus Zauberei um 1500 ambivalent
den Gelehrtendiskurs geprägt hat, in Luthers *solus*-Theologie eine christozen-
trische Antwort erhalten hat, die sich als Alternative beschreiben lässt: gegenüber den naturmagischen und anthropologischen Entwürfen der *Prisca theologia*
und *Magia* aus Florenz und gegenüber der Universalgoetie, die dem *Malleus*

---

[73]   Vgl. *Borinski,* Humanismus (wie Anm. 51), 11–21, das Colet-Zitat ebd., 15.

[74]   Vgl. *L. Borinski,* Wyclif, Erasmus und Luther, Göttingen 1988, 41–43. Cusanus' Werke
waren 1514 von Faber Stapulensis herausgebracht worden. Die zugespitzte Aussage von einer Rechtfertigung *sola fide* findet sich an vielen Stellen in den *Excitationum libri decem.* Im
Exemplar der Halleschen Universitätsbibliothek (AB BB 92ª) sind viele dieser auf die *fides*
bezogenen Passagen handschriftlich markiert worden. Vgl. *N. v. Kues,* Haec accurata reco-
gnitio trium voluminum operum clariss. P. Nicolai Cusae Card. ex officina ascensiana re-
center emissa est cuius universalem indicem, proxime sequens pagina monstrat, hg. von
J. Lefèvre D'Etaples, 3 Bde., Paris 1514, hier: Bd. 2, LXIr, LXXr, LXXVIv, LXVIIIr, XCIIIv, XCVv
passim. Dass Luther die *deus-absconditus*-Vorstellung anders gewichtet als Cusanus (vgl.
Leppin, Luther [wie Anm. 60], 254), spricht gerade nicht gegen eine Rezeption. *De deo ab-
scondito dialogus* befindet sich in Bd. 2 der Faber-Edition.

[75]   Vgl. *Lauster,* Ficino (wie Anm. 13), 152 f., 194 f. Gott steigt beim Erlösungsprozess selbst
in die Seele herab.

[76]   Vgl. *Lauster,* Ficino (wie Anm. 13), 190 (-193).

maleficarum zugrundeliegt, der die Bestreitung der Existenz von Hexen ebenso
für Häresie hält wie den Schadenszauber selbst.[77] Wie sähen die Folgen für die
Einordnung der theologischen Entwicklung Luthers und anderer Reformatoren
aus, wenn hinter den vielzitierten Scholastikern und Kirchenvätern stärker diese
aktuellen, vielgedruckten und vielgelesenen Schriften einbezogen würden?

Mit der *prisca theologia* verband sich das Projekt, die *vera religio christiana*
samenhaft in allen Religionen aufzuspüren, die Urgeschichte(n) wurden gleichsam christianisiert. Aber die Christologie wurde zugleich von vielen Autoren in
die Schöpfungs- und Inkarnationslehre verlegt.[78] Christus erschien als präexis-
tenter Logos und Offenbarer der göttlichen Weisheit, die – wie bei Ficino – erst
in der Inkarnation des Logos vollendet war.[79]

Der Hermetiker Lodovico Lazzarelli setzte Gottvater und Christus in unita-
rischer Manier in eins und erblickte im *Pimander* denjenigen, der sich in Jesus
von Nazareth inkarnierte, um den Abstand zwischen Gott und Menschheit zu
überbrücken.[80] Das war eher eine Ausnahmethese im christlichen Hermetismus.
Der Transport des Heilswerks Christi weg vom Kreuz in die Inkarnation
und/oder in die Schöpfung war aber weiter verbreitet. Ficino handelte in seinem
Römerbriefkommentar Röm 3,28 mit zwei Sätzen ab und widmete demgegenüber
eine ganze Abhandlung Röm 1,20a,[81] wo es genau um das geht, was Luther in
den Heidelberger Thesen am Theologen der Herrlichkeit anprangerte: die *invisibilia*, »Gottes vnsichtbares wesen, das ist, seine ewige allmechtigkeit vnd Gottheit, wird ersehen, denn man mus es mercken an den wercken, die er thut an
der Welt die er geschaffen hat«.[82]

Picos These, die Gottheit Christi werde durch keine andere Wissenschaft
besser erkannt als durch Kabbala und Magie,[83] kann als Kommentar zu Röm
1,20a gelesen werden. Der Erkenntnisanspruch auf die *invisibilia* träfe auf diese
Autoren ebenso zu wie die Kreuzesverachtung.

Die Soteriologie wäre nur ein Bereich, in dem die Frage nach dem Verhältnis
zwischen Hermetismus, Neuplatonismus, Kabbala, der *Prisca theologia* und den
reformatorischen Bewegungen gestellt werden könnte. Hermeneutik, Kosmolo-

---

[77]   Vgl. *Kramer,* Hexenhammer (wie Anm. 34), 121, 142. Fünf Merkmale des Ketzerbegriffs
ebd., 611f.

[78]   Vgl. zum Beispiel Ficino: *Lauster,* Ficino (wie Anm. 13), 99, 105f., 109.

[79]   *Lauster,* Ficino (wie Anm. 13), 100, 113, 243.

[80]   Zu Lazzarelli: *W.J. Hanegraaff / R. Bouthoorn,* Lodovico Lazzarelli (1447–1500). The
Hermetic Writings and Related Documents, Phoenix 2004.

[81]   *Lauster,* Ficino (wie Anm. 13), 29.

[82]   Luthers Übersetzung von Röm 1,20a im Septembertestament 1522, WA DB 7, 31: 1546:
»gottis vnsichtbars wesen, das ist, seyn ewige krafft vnd gotheyt wirt ersehen, so man des
warnympt bey den wercken, von der schepffung der welt an«.

[83]   Siehe oben Anm. 70.

gie, die Frage nichtchristlicher Glaubensformen, Juden- und Türkenpolitik, schließlich die Rolle der ambivalenten Magien zwischen *scientiae* und *maleficia* wären weitere Bereiche, in denen der Blick auf diesen literarisch-kulturellen Transfer fruchtbare Felder für die Erforschung der Frühen Neuzeit eröffnen könnte.

DER ALLMÄCHTIGE BAUMEISTER DER WELT

Gottesvorstellungen in den Geheimgesellschaften
des 18. Jahrhunderts

Christopher Spehr

»Jahrtausende werden vergehen, und voll Ehrfurcht und heiligem Schauer wird die
Nachwelt vor Friedrichs Bilde vorübergehen und weinen, daß sie nicht mit uns oder
vielmehr mit ihm lebte. Alle Fürsten der kommenden Zeit, die den großen Beruf,
den die Hand der Gottheit ihnen anvertraute, in seinem ganzen Umfange kennen,
werden vor seinem Bilde schwören, ihm auch in der Ferne nachzustreben, um wie
er die Liebe ihrer Unterthanen ins Grab zu nehmen. Und wenn einst[,] am Ende der
Tage, der allmächtige Baumeister diese Welt wie ein Buch zusammenrollt, so wird
dennoch auf dem letzten Blatte dieses großen Buchs Friedrichs Name mit unaus-
löschlicher Schrift stehen.«[1]

Mit diesen Worten gedachte Friedrich Gedike am 15. September 1786 des vor
kurzem verstorbenen Preußenkönigs Friedrich II.[2] Dieser war 1738 als Kron-
prinz nachts heimlich den Freimaurern beigetreten, hatte nach seinem Regierungsantritt 1740 die Freimaurerei in Brandenburg-Preußen aktiv gefördert
und hatte die maurerische Sozietät für Angehörige der politischen und intellektuellen Elite attraktiv gemacht.[3] In der Trauerfeier der Loge »Zu den drei Welt-

---

[1] F. Gedike, Zum Andenken Friedrichs, in: Sammlung der Reden nebst einem Gedicht
zum Gedächtnis Friedrichs des Großen, in der feyerlichen Trauerloge zu den dreyen Welt-
kugeln in Berlin gehalten den 15. September 1786, Berlin 1786, 3–14, hier 12. Wiederab-
druck in: Berlinische Monatsschrift 8 (1786), 338–347.

[2] Zum Tod Friedrichs vgl. J. Kunisch, Friedrich der Große. Der König und seine Zeit, München 2004, 525–539; ders., Das Begräbnis eines Unsterblichen? Die Trauerfeierlichkeiten
für Friedrich den Großen, in: Ders., Friedrich der Große in seiner Zeit. Essays, München
2008, 106–144; A. Beutel, Frömmigkeit als »die Empfindung unserer gänzlichen Abhängigkeit von Gott«. Die Fixierung einer religionstheologischen Leitformel in Spaldings Gedächt-
nispredigt auf Friedrich II. von Preußen, in: ZThK 106 (2009), 177–200, insb. 177–181.

[3] Vgl. W. Dotzauer, Friedrich der Große im Brennpunkt von Freimaurerei und Aufklärung,
in: AKuG 70 (1988), 411–441; R. Hachtmann, Friedrich II. von Preußen und die Freimaurerei,
in: HZ 264 (1997), 21–54.

kugeln« erinnerte Gedike, preußischer Oberkonsistorialrat und deputierter Logenmeister, nun an den maurerischen Großmeister, dessen Wirken er in eschatologischer Steigerung göttlichem Wohlwollen zuschrieb. Zur Charakterisierung der Gottheit bediente sich Gedike hierbei des »Baumeister«-Begriffs.

Dies gibt Anlass zu der Frage, was sich hinter dieser freimaurerischen Beschreibung Gottes als »Baumeister« verbirgt. Weil im Zuge der Aufklärung des 18. Jahrhunderts das christliche Religionsverständnis ins Private diffundierenden Umformungsprozessen unterzogen war, dürfte es für die Erforschung dieser höchst komplexen Vorgänge von Bedeutung sein, die Funktion der Geheimgesellschaften in diesem Zusammenhang genauer zu untersuchen.[4] Seit den 1740er Jahren schlossen sich zahlreiche Adelige und Bürger in Europa den freimaurerischen Gruppierungen an, aus und neben denen sich in den 1760er bis 1770er Jahren miteinander konkurrierende Geheimbünde formten. Es steht daher zu vermuten, dass durch geheimgesellschaftliche Netzwerkarbeit bedeutende religiöse Impulse in den aufklärerischen Führungsschichten Verbreitung fanden. Diese These möchte ich im Blick auf das Gottesbild konkretisieren und fragen: Inwiefern prägten die in den Logen und Zirkeln gelehrten Gottesvorstellungen das Gottesbild ihrer Mitglieder? Allerdings geht mit dieser Fragestellung sogleich ein Problem einher. Es existieren zwar wenige philosophiehistorische Untersuchungen zu den Geheimgesellschaften.[5] Die geheimgesellschaftlichen Gottesvorstellungen waren aber bisher nicht explizit Gegenstand theologiegeschichtlicher oder religionswissenschaftlicher Beschäftigung. Deshalb muss – bevor der religiöse Einfluss durch arkane Gruppen überhaupt untersucht werden kann – die Frage geklärt werden: Wie sahen die Gottesvorstellungen in den elitären Gruppierungen des 18. Jahrhunderts aus?

Der Beantwortung dieser Frage wende ich mich hier zu und hoffe, die religiösen Einflüsse der Geheimgesellschaften im 18. Jahrhundert zu einem anderen Zeitpunkt ausführlicher darstellen zu können. Ich beginne mit den Freimaurern, nehme dann den Geheimbund der Gold- und Rosenkreuzer in den Blick und beende die Darstellung mit den Illuminaten. Um Licht in die wissenschaftlich schwer zugänglichen Gesellschaften zu bringen, untersuche ich verschiedene Statuten und Texte dieser Gruppierungen. Bei den Recherchen zeigte sich, dass

---

[4]   Auf das Forschungsdesiderat machte kürzlich *A. Beutel*, Aufklärung in Deutschland (KiG 4.02), Göttingen 2006, 202 aufmerksam.

[5]   Vgl. z. B. *K. R. H. Frick*, Die Erleuchteten. Gnostisch-theosophische und alchemistisch-rosenkreuzerische Geheimgesellschaften bis zum Ende des 18. Jahrhunderts. Ein Beitrag zur Geistesgeschichte der Neuzeit, Graz 1973; *H. Reinalter*, Aufklärung und Geheimgesellschaften. Zur politischen Funktion und Sozialstruktur der Freimaurerlogen im 18. Jahrhundert, München 1989; *K.-J. Grün*, Philosophie der Freimaurerei. Eine interkulturelle Perspektive (Interkulturelle Bibliothek 124), Nordhausen 2006.

zahlreiche Dokumente in Archiven noch unerforscht sind und der interdisziplinären – auch kirchenhistorischen – Aufarbeitung harren.[6]

1 DIE FREIMAURER

Die Freimaurer gelten als Prototyp aufgeklärter Sozietäten im 18. Jahrhundert.[7]
Mit ihren verschiedenen Riten und Symbolen haftet den Freimaurern zugleich
etwas Mystisches an, das sie als parareligiöse Geheimgesellschaft erscheinen
lässt.[8] Das von den Freimaurern praktizierte symbolisch-esoterische Brauchtum
brachte ihnen die Bezeichnung »spekulative Freimaurerei« ein, das zum einen
den alten Konstitutionsschriften der englischen Werkmaurerei und zum anderen
der schottischen Freimaurerei entsprang. Wie die religiöse Grundierung der
spekulativen Freimaurerei bezüglich des Gottesbildes aussah, sei skizzenhaft
umrissen.[9]

---

[6] Hinsichtlich der Illuminatenforschung konnten in den letzten Jahren im Rahmen der
von Monika Neugebauer-Wölk betriebenen Esoterikforschung neue Studien vorgelegt werden. Vgl. z. B. *R. Markner / M. Neugebauer-Wölk / H. Schüttler (Hg.)*, Die Korrespondenz des
Illuminatenordens, Bd. 1: 1776–1781, Tübingen 2005.

[7] Zu den Freimaurern vgl. u. a. *L. Hammermayer*, Zur Geschichte der Europäischen Freimaurerei und der Geheimgesellschaften im 18. Jahrhundert. Genese – Historiographie –
Forschungsprobleme, in: *E. Balázs (Hg.)*, Beförderer der Aufklärung in Mittel- und Osteuropa.
Freimaurer, Gesellschaften, Clubs (Studien zur Geschichte der Kulturbeziehungen in Mit-
tel- und Osteuropa 5), Berlin 1979, 9–68; *A. Giese*, Die Freimaurer, Wien 1991; *E. Lennhoff
u. a. (Hg.)*, Internationales Freimaurer-Lexikon, München 2000; *H. Reinalter*, Die Freimaurer
(Beck'sche Reihe 2133), 4. Aufl., München 2004.

[8] Vgl. *Beutel*, Aufklärung (s. Anm. 4), 201. Begrifflich sollten die Freimaurer von den genuinen Geheimbünden unterschieden werden. Denn obwohl sie ihre Mitglieder zur Ver-
schwiegenheit verpflichten und esoterische Riten pflegen, verfügen die Freimaurer – anders
als die gleich noch zu skizzierenden Geheimbünde – nicht über geheime Obere oder eine
Geheimhaltung ihrer Mitgliedschaft.

[9] Zum Religionsthema in der Freimaurerei des 18. Jahrhunderts vgl. *A. Mellor*, Die unbekannte Grundurkunde der christlichen Freimaurerei. Deutsche autorisierte Übersetzung
von *R. Mueller*, Uetersen 1980; *M. C. Jacob*, The Radical Enlightenment. Pantheists, Freema-
sons and Republicans, 2. Aufl., Lafayette 2006; *J. Assmann*, Religio duplex. Ägyptische Mys-
terien und Europäische Aufklärung, Berlin 2010; Nachhall der Religion in der Freimaurerei.
Betrachtung, Ursprünge, Wahrnehmung (Quatuor Coronati. Jahrbuch für Freimaurerfor-
schung 47), Bayreuth 2010.

1.1. DIE ENGLISCHE FREIMAUREREI UND DER »GRÖSSTE BAUMEISTER«

1717 wurde die weltweit erste Großloge als Zusammenschluss einzelner Freimaurerlogen in London gegründet. Wenige Jahre später, 1720, entstanden durch
George Payne, Altertumsforscher und Großmeister der Großloge, die ersten »Allgemeinen Anordnungen« (General Regulations) der Freimaurer. Zur Gottesverehrung äußerte er sich dort wie folgt:

> »Einem wahren Freimaurer liegt ob, den größten und heiligsten Baumeister der Welt
> mit reinem Eifer zu verehren und zu lieben, und die Ausübung seiner Schuldigkeiten
> gegen die Gottheit ist ein Trieb, bey dem ein nichtiger Gewinnst eben so wenig die
> Ursache zur Änderung seiner Grundsätze und Lehren werden kann, als ein allge-
> meiner Aberglaube von Eigensinn unterstützt eine Ursache zur [Änderung der]
> Standhaftigkeit in jedem Glaubensbekenntnisse[,] welches er von seiner frühesten
> Jugend an bekannte und ausgeübt hat.«[10]

Gott wird hier durch die Baumeister-Metaphorik beschrieben, welche sich aus
verschiedenen – keineswegs eindeutig zu bestimmenden – Quellen wie der Bibel
(1 Kor 3,10; Hebr 11,10), Platon, Schriften der Humanisten und der Renaissance
(z. B. Pico della Mirandola) und anderen speist und den zeitgenössischen Sprachgebrauch aufgreift. Diese den freimaurerischen Handwerkerhorizont transzen-
dierende Metapher sollte für die Freimaurerei insgesamt charakteristisch werden.

Die Identifizierung Gottes als »the great Architect of the Universe«[11], der
unabhängig vom konfessionellen Glaubensbekenntnis zu verehren ist, prägt
auch das über Paynes »Allgemeine Anordnungen« hinausgehende freimaurerische Konstitutionenbuch von 1723. Dieses Werk, das vom presbyterianischen
Prediger James Anderson in London publiziert wurde, enthält die mythische
Geschichte und die »Alten Pflichten« (Old Charges) der Freimaurerei. Es gilt bis
heute als Basisdokument der Freimauerer.

Am Anfang des freimaurerischen Weltsystems steht Gott, der Baumeister,
der als Schöpfer die Welt errichtet. Inwiefern er sie auch erhält und einst erlöst,
wird im Konstitutionenbuch nicht erörtert. Das konfessions-, ja religionsübergreifende Gottesbild dient als transzendenter Bezugspunkt des auf Moralität

---

[10] Übersetzung nach *K. C. F. Feddersen (Hg.)*, Constitutionen. Statuten und Ordensregeln
der Freimaurer in England, Frankreich, Deutschland und Skandinavien. Eine historische
Quellenstudie aus den Constitutionen der freimaurerischen Systeme, insbesondere zur religiösen und christlichen Tradition in der Freimaurerei, Husum 1989, 733. Zur Constitution
von George Payne vgl. a. a. O. 12.729–733.

[11] *J. Anderson (Hg.)*, The Constitutions of the Free-Masons. Containing the History, Charges, Regulations, etc. of that most Ancient and Right Worshipful Fraternity. For the Use of
the Lodges, London 1723, 1.

und Sittlichkeit ausgerichteten maurerischen Perfektibilitätsstrebens. Die religiöse Fundierung des überkonfessionellen Gottesbildes wird in Andersons erster Pflicht »Concerning God and Religion« entfaltet.[12] In ihr wird betont, dass ein Freimaurer durch seine innere Haltung verpflichtet sei, das Moralgesetz (moral law) zu befolgen. So werde er weder ein »stupid Atheist« noch ein »irreligious Libertine«.[13] Diese Ausführungen gipfeln in der Aussage: Nachdem früher die Freimaurer der jeweiligen Religion ihres Landes verpflichtet waren, werden sie jetzt nur auf die Religion verpflichtet, in der alle Menschen übereinstimmen.[14] Wie diese alle Menschen vereinigende Religion aussieht und ob sie christlich konnotiert ist, bleibt 1723 bewusst offen.

Formuliert wird hier die Vorstellung einer natürlichen, die Konfessionsgrenzen überwindenden Religion. Damit greifen die »Alten Pflichten« deistisches Gedankengut zeitgenössischer religionsphilosophischer Diskurse auf, an denen sich führende Londoner Freimaurer lebhaft beteiligten.[15] Dass die englischen Freimaurer sich von Atheisten und irreligiösen Wüstlingen explizit abgrenzen, dürfte ein Reflex auf reale zeitgenössische Begebenheiten sein.[16] Auch wenn

---

[12]   *Anderson*, The Constitutions (s. Anm. 11), 50: »A Mason is oblig'd, by his Tenure, to obey the moral Law; and if he rightly understands the Art, he will never be a stupid Atheist, nor an irreligious Libertine. But though in ancient Times Masons were charg'd in every Country to be of the Religion of that Country or Nation, whatever it was, yet 'tis now thought more expedient only to oblige them to that Religion in which all Men agree, leaving their particular Opinions to themselves; that is, to be good Men and true, or Men of Honour and Honesty, by whatever Denominations or Persuasions they may be distinguish'd: whereby Masonry becomes the Center of Union, and the Means of conciliating true Friendship among Persons that must have remain'd at a perpetual Distance.«

[13]   Zu den Übersetzungsproblemen und den ideengeschichtlichen Hintergründen vgl. *Mellor*, Die unbekannte Grundurkunde (s. Anm. 9), 25–27; *Jacob*, Enlightenment (s. Anm. 9), 89.

[14]   Vgl. *Anderson*, The Constitutions (s. Anm. 11), 50.

[15]   Zum Deismus und zu den deistischen Diskursen in England, an denen sich auch John Theophilus Desaguliers, Meister der Londoner Großloge und bedeutender Experimentalphysiker, beteiligt vgl. *Jacob*, Enlightenment (s. Anm. 9). Siehe außerdem *G. Gawlick*, Der Deismus als Grundzug der Religionsphilosophie der Aufklärung, in: H. S. Reimarus (1694–1768): Ein »bekannter Unbekannter« der Aufklärung in Hamburg, Göttingen 1973, 15–43; *A. Schmidt*, Das Erbe des englischen Deismus, in: *M. Lutz-Bachmann (Hg.)*, Und dennoch ist von Gott zu reden. FS für Herbert Vorgrimler, Freiburg im Breisgau u. a. 1994, 186–206; *C. Voigt*, Der englische Deismus in Deutschland. Eine Studie zur Rezeption englisch-deistischer Literatur in deutschen Zeitschriften und Kompendien des 18. Jahrhunderts (BHTh 121), Tübingen 2003.

[16]   Möglicherweise suchte sich die Großloge von den skandalträchtigen und mit den antichristlichen »Hellfire Clubs« in Verbindung gebrachten Machenschaften Philipp Herzog von Wharton abzugrenzen. Vgl. *Mellor*, Die unbekannte Grundurkunde (s. Anm. 9), 27–31.

eine nähere Charakterisierung des Religionssystems aufgrund der skizzenhaften Aussagen nicht möglich ist, enthalten die freimaurerischen Konstitutionen dennoch einen deutlich deistischen Vorstellungshorizont. Sie kennzeichnen Gott als Baumeister der Welt und erheben die vernünftige Religion in Gestalt des Moral- oder Sittengesetzes über die Denominationen mit ihren kirchlichen Bekenntnissen.

1738 überarbeitete Anderson die Konstitutionen hinsichtlich ihres religiösen Gehaltes grundlegend. In der ersten Pflicht konkretisierte er das Gesetz als noachitisches Moralgesetz, fügte die Berufung des Freimaurers auf sein Gewissen ein und erinnerte an die christlichen Wurzeln der Freimaurerei.[17] Für die Ausbreitung der Freimaurerei auf dem europäischen Festland blieben aber die Konstitutionen von 1723 vorerst grundlegend.

1.2. DAS GOTTESBILD IN DER DEUTSCHEN FREIMAUREREI

1737 wurde als erste bekannte Loge auf deutschem Boden die »Loge d'Hambourg« in der Hansestadt gegründet, der bald weitere Logen nicht zuletzt durch die Unterstützung Friedrichs II. folgten.[18] Als Statuten der ersten Logen galten die englischen Konstitutionen, so dass die deistische Grundierung Einfluss auf die deutsche Freimaurerei nehmen konnte. Die Vorstellung Gottes als Baumeister und die Konzeption des Freimaurerbundes als überkonfessioneller, einer vernünftigen Religion anhängender humanistischer Interpretationsgemeinschaft verband sich mit dem aufklärerischen Zeitgeist adeliger und gelehrter Kreise.[19]

Gegen die deistisch-religiöse Ausrichtung des Bundes regte sich allerdings bald Widerstand. 1738 verurteilte Papst Clemens XII. die Freimaurerei.[20] Schon vorher hatten die Freimaurer ihrerseits auf die Kritik kirchlicher Amtsträger reagiert. Insbesondere im katholischen Frankreich wurde daher ein stärker christliches Profil entwickelt. Im französischen Text der ersten Pflicht wurde nun betont: Von den Maurern werde nur die Religion gefordert, der jeder *Christ* zustimme.[21] In der deutschen Freimaurerei gelangten u. a. über französische Logengründungen und durch die Rezeption von Andersons Neuem Konstitutionenbuch von 1738 christliche Formulierungen zur Dominanz, auch wenn am Baumeister-Gott und überkonfessionellen Prinzip festgehalten wurde.

---

[17] Vgl. *Feddersen*, Constitutionen (s. Anm. 10), 15–18.

[18] Vgl. z. B. *K. Gerlach*, Österreichische und preußische Freimaurer im Jahrhundert der Aufklärung 1731/1738–1795/1806. Gemeinsamkeiten und Gegensätze, in: *M. Fischer u. a. (Hg.)*, Aufklärung, Freimaurerei und Demokratie im Diskurs der Moderne. FS zum 60. Geburtstag von Helmut Reinalter, Frankfurt am Main 2003, 229–273.

[19] Zur Aufklärung in Deutschland vgl. *Beutel*, Aufklärung (s. Anm. 4).

[20] Siehe Apostolisches Schreiben »In eminenti apostolatus specula« 28. April 1738, in: DH 2511–2513.

[21] *Feddersen*, Constitutionen (s. Anm. 10), 20: »que la religion dont tout chrétien convient«.

1.3. Das Gottesverständnis in der Strikten Observanz

In den 1740er Jahren differenzierte sich die Freimaurerei zuerst in England, deutlicher dann in Frankreich in unterschiedliche Systeme und Richtungen aus. Vermehrt stellte sich die Freimaurerei in die Tradition der aus den mittelalterlichen Kreuzzügen hervorgegangenen christlichen Tempelritter und schärfte hierdurch ihr christliches Profil. Den Höhepunkt der Entwicklung bildete die Entstehung der (schottischen) Hochgradmaurerei. In ihr wurden die drei klassischen Johannisgrade – Lehrling, Geselle, Meister – durch höhere Erkenntnisgrade ergänzt. Durch sie fanden philosophisch-theosophische Denktraditionen Eingang, welche die Ganzheitlichkeit von Gott-, Natur- und Selbsterkenntnis betonten. Außerdem war es nun möglich, unter Zuhilfenahme unbekannter Grade konspirative Geheimbünde zu gründen.[22]

Die einflussreichste Verbindung von Tempelrittertradition und Hochgradmaurerei schuf der Reichsfreiherr Karl Gotthelf von Hund und Altengrotkau mit seiner sogenannten Strikten Observanz. Dieses System, dem von Hund den würdigen Namen »Der Hohe Orden der Ritter des heiligen Tempels zu Jerusalem« gab, verbreitete sich von seinen mitteldeutschen Anfängen in den 1750er Jahren über ganz Deutschland und errang die Vormachtstellung in den meisten Freimaurerlogen. Nachdem von Hund 1776 gestorben war, kam es zu Richtungsstreitigkeiten, die auf dem Wilhelmsbader Konvent 1782 zur Auflösung dieses Systems führten.[23]

Hinsichtlich des Gottesbildes lässt sich eine fundamentale Änderung feststellen. In den Statuten der Strikten Observanz lautet der erste Satz: »Ein Ordens Bruder muss sich gänzlich dem dreyeinigen Gott widmen, und sich Ihm verloben.«[24] Der Baumeister-Gott ist hier einem christlichen Gottesbild gewichen. Dass dieses Gottesbild katholische Züge trägt – der Lutheraner von Hund soll in den 1740er Jahren zum Katholizismus in Paris konvertiert sein – wird an dem Rittereid der Strikten Observanz deutlich. Dieser lautet:

---

[22] Vgl. *R. Le Forestier*, Die templerische und okkultistische Freimaurerei im 18. und 19. Jahrhundert, Bd. 1, Die Strikte Observanz, Deutsche Ausgabe hg. v. *A. Durocher*, Leimen 1987.

[23] Vgl. *L. Hammermayer*, Der Wilhelmsbader Freimaurer-Konvent von 1782. Ein Höhe- und Wendepunkt in der Geschichte der deutschen und europäischen Geheimgesellschaften (WSA 5/2), Heidelberg 1980; *H. Schüttler*, Zwei freimaurerische Geheimgesellschaften des 18. Jahrhunderts im Vergleich. Strikte Observanz und Illuminatenorden, in: *E. Donnert (Hg.)*, Europa in der Frühen Neuzeit. FS für Günter Mühlpfordt, Weimar 1997, 521–544; *J. Bauer / G. Müller*, Jena, Johnssen, Altenberga. Ein Beitrag zur Geschichte der deutschen Freimaurerei im 18. Jahrhundert, in: *J. Bauer u. a. (Hg.)*, Logenbrüder, Alchemisten und Studenten. Jena und seine geheimen Gesellschaften im 18. Jahrhundert, Rudolstadt 2002, 19–85.

[24] *Feddersen*, Constitutionen (s. Anm. 10), 324.

»Ich schwöre dem Allmächtigen, der heiligen Jungfrau Maria, allen Heiligen und Dir, o Herr, mein ganzes Leben hindurch die vom heiligen Bernhard von Clairvaux den Tempelrittern gegebene und durch den Honorius JJ. bestätigte Regel zu beobachten, in allen Artikeln, soweit sie auf den heutigen Stand des Ordens anwendbar und nicht dispensiert sind, lebend in Gehorsam ohne Eigentum im Orden und in geistiger Keuschheit«.[25]

Für die deutsche Freimaurerei im späteren 18. Jahrhundert bleibt festzuhalten, dass durch die Strikte Observanz ein christliches Gottesbild in den Logen gefördert wurde, das deistische Züge zurückdrängte und mystisch-theosophischen Zügen Eingang verschaffte.

2 Die Gold- und Rosenkreuzer

Von den Freimaurern zu unterscheiden ist der Geheimbund der Gold- und Rosenkreuzer.[26] Die arkane Sozietät, die sich selbst als »Gold- und Rosenkreuzer alten Sistems«[27] bezeichnete, beschäftigte sich intensiv mit Theosophie, Alchemie und Kabbala. Sie entwickelte sich während der späten 1770er und frühen 1780er Jahren zu einer antiaufklärerischen Bewegung, die sich dem Kampf gegen den Einfluss der Aufklärung in Kirche und Gesellschaft sowie gegen Religionsspötter und Illuminaten verschrieben hatte.

2.1. Organisation und Bedeutung der Rosenkreuzer

Wann und wo die Bruderschaft gegründet wurde, ist, ebenso wie ihr Ende, unklar. Erschwert wird jede Annäherung an diesen Orden durch seine mythisch-religiösen Abstammungsgeschichten, die über Johann Valentin Andreä und die

---

[25] *Feddersen*, Constitutionen (s. Anm. 10), 326.

[26] Als einführende Literatur vgl. *A. Marx*, Die Gold- und Rosenkreuzer. Ein Mysterienbund des ausgehenden 18. Jahrhunderts in Deutschland, in: Das Freimaurer-Museum 5 (1930), 1–168; *H. Möller*, Die Gold- und Rosenkreuzer. Struktur, Zielsetzung und Wirkung einer anti-aufklärerischen Geheimgesellschaft, in: *P.C. Ludz (Hg.)*, Geheime Gesellschaften (WSA 5/1), Heidelberg 1979, 153–202; *C. McIntosh*, The Rose Cross an the Age of Reason. Eighteenth-Century Rosicrusianism in Central Europe and its Relationship to the Enlightenment, Leiden / New York 1992; *R. Edighoffer*, Die Rosenkreuzer, München 1995. – Zu den Rosenkreuzern des 19. und 20. Jahrhunderts, die vom Orden der Gold- und Rosenkreuzer zu unterscheiden sind, vgl. *H. Lamprecht*, Neue Rosenkreuzer. Ein Handbuch (Kirche – Konfession – Religion 45), Göttingen 2004.

[27] *J. F. Göhrung (Hg.)*, Die Pflichten der G[old] und R[osen] C[reutzer] alten Sistems. In Juniorats-Versammlungen abgehandelt von Chrysophiron, nebst einigen beigefügten Reden anderer Brüder, o. O. 1782.

Rosenkreuzer des 17. Jahrhunderts bis in biblische Zeiten reichen und für das Selbstverständnis des Geheimordens konstitutiv sind.[28] Historisch greifbar wird der Bund, der sich aus freimaurerischen Strömungen speiste, erst um 1767.[29] Anfang der 1770er Jahre konstituiert sich der Geheimbund in Süddeutschland, Österreich, Ungarn und Böhmen mit Wien als Zentrum. Seit 1778 verbreitet er sich auch in Mittel- und Norddeutschland, vor allem in Brandenburg-Preußen bis hin nach Rußland.[30] In der ersten Hälfte der 1780er Jahre erlebt der Bund seine Blütezeit, wird aber zunehmend medialen Verfolgungen durch die aufklärerische Presse ausgesetzt.[31] 1787 beginnt der von der Ordensdirektion verordnete Stillstand der Zirkelarbeit. Gleichwohl reichen rosenkreuzerische Aktivitäten bis in die 1790er Jahre.[32]

Beim Aufbau der streng hierarchischen Ordnung bediente man sich des maurerischen Hochgradsystems und profitierte von der Attraktivität der auf-

---

[28] Vgl. Von obristbrüderlicher Wahl, Macht und Gewalt bestätigter Eingang zur ersten Classe des preißwürdigsten Ordens vom GOLDENEN ROSEN-CREUTZE nach der letzten Haupt- und Reformations-Convention errichtet zum guten Gebrauch aller würdigen Brüder, so andere Meister vom Schein des Lichts und dem verlohrnen Worte an und aufzunehmen berechtigt sind Cum Concordia Fratrum erlassen im Jahr des Herrn 1777. Wien, Regensburg, Berlin bey den hohen O. Obern 1788 […], in: *J. J. C. Bode (Hg.)*, Starke Erweise aus den eigenen Schriften des Hochheiligen Ordens Gold- und Rosenkreuzer für die Wahrheit daß seine in Gott ruhende[n] Väter von ewiger Thät- und Wirksamkeit sind, nach abgelaufenen Ersten Decennio ans Licht gestellt von Einem ächten Liebhaber des wahren Lichtes, Wien 1788, 2 f.

[29] Ein organisatorischer Zusammenhang zu Orden und Schriften, die zuvor unter dem Namen »Rosenkreuzer« firmierten, besteht nicht. Vgl. *Möller*, Gold- und Rosenkreuzer (s. Anm. 26), 154–156.

[30] Vgl. *K. Gerlach*, Die Gold- und Rosenkreuzerorden in Brandenburg-Preußen, in: Quatuor Coronati Jahrbuch 32 (1995), 87–147; *R. Geffarth*, Zirkel, Brüder, Unbekannte Obere. Zur inneren Struktur des Gold- und Rosenkreuzerordens in Mittel- und Norddeutschland, in: *H. Zaunstöck / M. Meumann (Hg.)*, Sozietäten, Netzwerke, Kommunikation. Neue Forschungen zur Vergesellschaftung im Jahrhundert der Aufklärung (Hallesche Beiträge zur Europäischen Aufklärung 21), Tübingen 2003, 159–175; *E. Donnert*, Im Kreis der Moskauer Rosenkreuzer: Johann Georg Schwarz (1751–1784), in: *M. Fischer u. a. (Hg.)*, Aufklärung, Freimaurerei und Demokratie im Diskurs der Moderne. FS zum 60. Geburtstag von Helmut Reinalter, Frankfurt am Main 2003, 275–288.

[31] Aus der publizistischen Kritik an den Rosenkreuzern vgl. z. B. [*H. C. von Ecker und Eckhoffen*], Der Rosenkreuzer in seiner Blösse. Zum Nutzen der Staaten hingestellt durch Zweifel wider die wahre Weisheit der so genannten ächten Freymäurer oder goldnen Rosenkreuzer des alten Systems von Magister Pianco, Amsterdam 1781; [*A. Freiherr von Knigge*], Ueber Jesuiten, Freymaurer und deutsche Rosenkreutzer, hg. von *J. Maier*, Leipzig 1781; *H. C. Albrecht*, Geheime Geschichte eines Rosenkreuzers, Hamburg 1792.

[32] Vgl. *Möller*, Gold- und Rosenkreuzer (s. Anm. 26), 158 f.

klärungskritischen Strikten Observanz.[33] Nach den Statuten von 1777 war die Mitgliedschaft in der Freimaurerei Voraussetzung für den Eintritt in die Rosenkreuzer-Bruderschaft.[34]

Religionspolitische Bedeutung erlangte die elitär-reaktionäre Geheimgesellschaft aufgrund der Mitgliedschaft des preußischen Kronprinzen und späteren Königs Friedrich Wilhelm II.[35] Dieser war 1781 unter dem Eindruck seiner Ratgeber Hans Rudolf von Bischoffwerder und Johann Christoph Woellner dem Orden beigetreten und gehörte ihm bis zum Tode im Jahr 1797 an. Den durch die Ordensstruktur vorgezeichneten Einfluss auf den zu Mystizismus und Spiritismus neigenden Prinzen machte sich der Theologe und preußische Kammerrat Woellner zu Nutze. Der Pragmatiker Woellner hatte sich 1777 den Rosenkreuzern angeschlossen und war 1780 zum Berliner Oberhauptdirektor des Ordens gekürt worden, wodurch ihm umfangreiche Leitungskompetenz zuwuchs. Wie der nach Friedrich Wilhelms Regierungsantritt zum Minister des Geistlichen Departements ernannte Woellner durch das 1788 publizierte Religionsedikt seinen reaktionären kirchenpolitischen Kurs in Preußen durchsetzte, konnte unlängst Uta Wiggermann in ihrer venerablen Dissertation zeigen.[36]

---

[33]   Die mehrstufige Rosenkreuzerhierarchie reichte vom einfachen Bruder über die Leiter der Zirkel – so die Bezeichnung des örtlichen Zusammenschlusses – über die Ober-, Haupt- und Oberhauptdirektoren bis hin zu den Generälen. Geheimzeichen dienten der Diskretion über Informationen und erschwerten die Kommunikation zwischen den verschiedenen Ordensgraden. Ein eigenes Informations- und Spitzelsystem sowie die Vorstellung eines höchsten, allwissenden Meisters ermöglichten den Ordensoberen, uneingeschränkte Macht auf die Mitglieder auszuüben. Wie in Geheimbünden üblich, blieb die höchste Leitungsebene den Mitgliedern unbekannt. Ob die Generalebene wirklich existierte oder nur eine obskure Fiktion bildete, kann ohne neue Quellenfunde nicht beantwortet werden. Vgl. zur vertikalen Verflechtung *Geffarth*, Zirkel (s. Anm. 30), 165–169.

[34]   Dass die Mitgliedschaft aber auch ohne Logenzugehörigkeit möglich war, konnte jüngst anhand des Dresdener Rosenkreuzerzirkels nachgewiesen werden. Vgl. *R. Geffarth*, Geheimrat und Rosenkreuzer. Geheimbundmitglieder in der kursächsischen Regierung und Verwaltung 1780–1794, in: *M. Neugebauer-Wölk (Hg.)*, Arkanwelten im politischen Kontext (Aufklärung 15), Hamburg 2003, 105–123, bes. 108–111.

[35]   Zu Friedrich Wilhelm II. vgl. *H.-J. Neumann*, Friedrich Wilhelm II. Preußen unter den Rosenkreuzern, Berlin 1997; *W. Bringmann*, Preußen unter Friedrich Wilhelm II. (1786–1797), Frankfurt am Main u. a. 2001; *D. E. Barclay*, Friedrich Wilhelm II. (1786–1797), in: *F.-L. Kroll (Hg.)*, Preußens Herrscher. Von den ersten Hohenzollern bis Wilhelm II. (Beck'sche Reihe 1683), München 2006, 179–196.

[36]   Vgl. *U. Wiggermann*, Woellner und das Religionsedikt. Kirchenpolitik und kirchliche Wirklichkeit im Preußen des späten 18. Jahrhunderts (BHTh 150), Tübingen 2010. Siehe auch den instruktiven Aufsatz von *T. M. Schröder*, Aufklärung im Zwielicht. Die preußische Kirchen- und Religionspolitik unter König Friedrich Wilhelm II. (1786–1797), in: *J. Kampmann (Hg.)*, Preußische Union: Ursprünge, Wirkung und Ausgang (UnCo 27), Bielefeld 2011, 19–43.

2.2 Die Gottesvorstellung der Rosenkreuzer

»G.U.S.W.M.U.S«. Hierhinter dieser Abkürzung verbarg sich die Bitte »Gott und seine Weisheit mit uns sei!«. Mit ihr beendeten die Rosenkreuzer in der Regel ihre Briefe.[37] So war es auch hier die Vorstellung des Göttlichen, die für den Bestand des Ordens konstitutiv war.[38]

Bei der Untersuchung des Gold- und Rosenkreuzerordens ergibt sich hinsichtlich der Gottesvorstellung ein disparates Bild. Es setzt sich aus verschiedenen religiösen Traditionen zusammen und hängt mit ihrem keineswegs einheitlichen Anliegen zusammen.

Im Zentrum rosenkreuzerischer Lehre stand eine mystische Rezeption der pansophischen Emanationslehre. Die Natur galt als Ausfluss der Schöpferkraft Gottes und somit als ein Stück Gottheit. Durch das Eindringen in die Geheimnisse der Natur mit Hilfe von theoretischer und praktischer Naturkunde und Alchimie suchte man, sich dem Schöpfergott zu nähern und Selbstvervollkommnung zu erlangen.[39] Folglich bildete das rosenkreuzerische Stufensystem durch die Praktiken der mystischen Versenkung und tätigen Erkenntnis einen, besser *den* Weg zur menschlichen Vollkommenheit. Apologetisch betonten die Rosenkreuzer in der Schrift »Compaß der Weisen« (1779): »Der Endzweck unserer Gottgefälligen Unternehmungen sey kein anderer, als: Kunst, Weisheit und Tugend zu erlangen, Gott zu gefallen, und dem Nächsten zu dienen.«[40] Die erste von insgesamt sieben Ordenspflichten lautete daher auch: »die Furcht Gottes beständig zu üben«[41].

Wie dieser Gott genauer zu verstehen ist, wird anhand der rosenkreuzerischen Interpretation der maurerischen Lichtsymbolik in den Statuten von 1777 deutlich. Die drei Lichter zeugen »von der Allmacht, Gerechtigkeit und Barmherzigkeit des höchsten Baumeister[s] Himmels und der Erden«.[42] Das maureri-

---

[37]   Vgl. *Neumann*, Friedrich Wilhelm II. (s. Anm. 35), 106.

[38]   Zur religiösen Ausrichtung des Ordens vgl. *R. Geffarth*, Religion und arkane Hierarchie. Der Orden der Gold- und Rosenkreuzer als geheime Kirche im 18. Jahrhundert, Leiden 2007.

[39]   [*B. J. Schleiss von Löwenfeld*], Carl Huberti Lobreich von Plumenoek geoffenbarter Einfluß in das Wohl der Staaten der ächten Freymäurerey aus dem wahren Endzweck ihrer ursprünglichen Stiftung erwiesen [...], o. O. 1777, 17: »Die nähere Kenntnis Gottes aus den Werken der Schöpfung, die wurzelmäßige Aufschließung aller erschaffenen Dinge, und der daraus allen anderen Wissenschaften zuwachsende Vorteil, dieses ist der Gegenstand unserer Beschäftigungen, und diese unsere Bemühungen suchen wir zum gemeinschaftlichen Nutzen des menschlichen Geschlechts brauchbar zu machen.« (zitiert nach *B. Beyer*, Das Lehrsystem des Ordens der Gold- und Rosenkreuzer, Leipzig/Berlin 1925 [Nachdruck: Hiram-Edition 8, Augsburg 1978], 13)

[40]   *Bayer*, Lehrsystem (s. Anm. 39), 12.

[41]   *J. C. Woellner*, Commentarius über verschiedene Ordens-Wahrheiten zum Gebrauch der würdigen Bbr. O. Directoren, in: *Bode*, Starke Erweise (s. Anm. 28), 21–90, hier 45.

sche Dreieck wird zudem als Symbol für die Dreieinigkeit interpretiert, welche nicht christlich als Vater, Sohn und Geist ausgelegt wird, sondern in kabbalistischer Tradition mittels der Gottesnamen pointiert wird: »Adonai, Elohim, Iehovah, allmaechtig, gerecht und barmherzig: Anfang, Mittel und Ende.«[43] Dominierend in diesem Gottesbild ist die Vorstellung des Schöpfergottes als Baumeister der Welt, sodass die Interpretation im Rahmen der freimaurerischen Gottesvorstellungen bleibt.

Überraschenderweise taucht in den Schriften nach 1779 ein deutlich christlicheres Gottesbild auf. Im »Commentarius«[44] von 1781 werden der Sündenfall des Menschen, das durch die Sünde »verdunkelte, und verunstaltete Ebenbild Gottes«, die Erlösung Jesu Christi, das Reich Christi und der Heilige Geist thematisiert und auf den Rosenkreuzerorden hin orientiert. Gott selbst ist nun der Allvater, Jesus Christus der Erlöser und der Heilige Geist der Mittler. Als höchste Pflicht wird dem Ordensvorgesetzten nun eingeschärft, den Bundesbrüdern »ohne Unterlaß zu predigen Jesum den gekreuzigten«[45]. Neben Jesus als »Haupt Fundament« des Ordens wird als Endzweck des Ordens genannt: »Den, durch den kläglichen Sündenfall, von seiner ersten Würde so tief herab gesunkenen Menschen, wieder empor zu heben«[46]. Dieses soll in Abwandlung der lutherischen Rechtfertigungslehre durch niemand anderen als durch den heiligen Orden geschehen. Aufgrund dieser Aufgabe avanciert der Orden zur wahren Kirche, zur Gemeinde, »die herrlich sey, die nach Eph. 5 V. 27 nicht […] einen Fleck, oder Runzel [habe], sondern […] heilig sey, und unsträflich«[47]. Der Verfasser des »Commentarius« ist bekannt: Es ist der im Orden äußerst einflussreiche lutherische Theologe Woellner. Durch ihn oder zumindest durch seine Mitwirkung erfolgte im Berliner Gold- und Rosenkreuzerorden nicht nur eine stärker antiaufklärerische Politisierung, sondern auch eine stärker mystische Christianisierung.

Aufgrund der Veränderung in der Gottesvorstellung lassen sich zwei Strömungen oder Phasen des Rosenkreuzerordens feststellen. In der ersten Phase steht Gott als Baumeister-Gott im Mittelpunkt. In der zweiten rückt Christus ins Zentrum des Ordens. So heißt es nun: »der ganze Orden ist auf Jesus allein gebauet, es ist ein Jesusorden, die Mitglieder sind kleine Jesus; Christus selbst wohnt in dem Kreisdirektor.«[48]

---

[42] *Bode*, Starke Erweise (s. Anm. 28), 7.

[43] *Bode*, Starke Erweise (s. Anm. 28), 15.

[44] *Woellner*, Commentarius (s. Anm. 41), 21–90.

[45] *Woellner*, Commentarius (s. Anm. 41), 26.

[46] *Woellner*, Commentarius (s. Anm. 41), 24.

[47] *Woellner*, Commentarius (s. Anm. 41), 25.

[48] Zitiert nach: [*C. U. D. von Eggers*], Probierstein für ächte Freimaurer, ein Denkzettel für Rosenkreuzer, Jesuiten, Illuminaten und irrende Ritter, 1. Teil, o. O. 1786, 193.

3   DIE ILLUMINATEN

Als Geheimbund par excellence gilt – nicht erst seit Dan Brown – der Illuminatenorden.[49]

Keine Geheimgesellschaft ist bekannter als diese Gruppierung, in der vermeintlich finstere Schurken und dämonische Weltverschwörer ihr Unwesen treiben. Dass dieses Bild nicht den historischen Fakten entspricht, sondern den zahlreichen Verschwörungstheorien entstammt, die seit den 1780er Jahren die Öffentlichkeit beunruhigten, darf als bekannt vorausgesetzt werden.[50]

3.1   DIE ORGANISATION DES ILLUMINATENBUNDES

1776 gründete Adam Weishaupt, Professor des Kirchenrechts und der praktischen Philosophie an der Universität Ingolstadt, ebendort als aufklärerischen Gesinnungszirkel die Illuminaten. Der Bund war als Schutz vor jesuitischen Nachstellungen und rosenkreuzerischen Einflüssen gedacht und sollte den Mitgliedern auf ihrem Weg zur Vervollkommnung Tugend und Weisheit vermitteln.[51] Neben dem perfektibilistischen pädagogisch-humanistischen Anliegen, das den Geist der Freimaurerei und aufklärerischer Ideale atmete, stand die Versicherung, »keine für den Staat, die Religion und gute Sitten nachtheilige Gesinnungen oder Handlungen zum Zwek« zu haben.[52] Dass allerdings die Mitglieder einer rigiden Überwachung durch verborgene Vorgesetzte ausgeliefert waren, war nicht nur für diese Geheimgesellschaft charakteristisch.[53]

---

[49]   *D. Brown*, Angels and Demons, London 2001; *ders.*, Illuminati. Aus dem Amerikanischen von *A. Merz*, Bergisch Gladbach 2003.

[50]   Zu den Verschwörungstheorien vgl. *Th. Grüter*, Freimaurer, Illuminaten und andere Verschwörer. Wie Verschwörungstheorien funktionieren, Frankfurt 2006; *H. Reinalter*, Der Geheimbund der Illuminaten im Verschwörungsdenken, in: *Ders. (Hg.)*, Typologien des Verschwörungsdenkens (Quellen und Darstellungen zur europäischen Freimaurerei 6), Innsbruck 2004, 61–63; *M. Pöhlmann*, Der Dan-Brown-Code. Von Illuminaten, Freimaurern und inszenierten Verschwörungen (EZW-Texte 207), Berlin 2010. – Zu den Illuminaten vgl. *R. van Dülmen*, Der Geheimbund der Illuminaten. Darstellung, Analyse, Dokumentation, 2. Aufl., Stuttgart-Bad Cannstatt 1977; *M. Agethen*, Geheimbund und Utopie. Illuminaten, Freimaurer und deutsche Spätaufklärung. Studienausgabe, München 1987; *H. Reinalter (Hg.)*, Der Illuminatenorden (1776–1785). Ein politischer Geheimbund der Aufklärungszeit (Schriftenreihe der Internationalen Forschungsstelle »Demokratische Bewegungen in Mitteleuropa 1770–1850« 24), Frankfurt am Main 1997.

[51]   Vgl. *M. Mulsow*, »Steige also, wenn du kannst, höher und höher zu uns herauf«. Adam Weishaupt als Philosoph, in: *W. Müller-Seidel / W. Riedel (Hg.)*, Die Weimarer Klassik und ihre Geheimbünde, Würzburg 2003, 27–66.

[52]   Allgemeine Ordensstatuten, in: [*J. H. Faber*], Der ächte Illuminat oder die wahren, unverbesserten Rituale der Illuminaten, Edessa 1788, 25.

Durch den Eintritt und das Engagement Adolph Freiherr von Knigges, jenes umtriebigen Freimaurerorganisators, erlebte der bis dahin auf Bayern konzentrierte, konfessionell katholisch geprägte Bund Anfang der 1780er Jahre einen sprunghaften Aufschwung. Knigge erweiterte den ursprünglich antijesuitischen Kampf- und elitären Aufklärungsbund in freimaurerische Kreise hinein und konnte im Zusammenhang der Krise der Strikten Observanz führende protestantische Freimaurer gewinnen.[54] Seine Expansionspolitik zielte auf eine radikale Durchsetzung aufklärerischer Ideale in Staat und Gesellschaft bei Abwehr jeglicher als Aberglauben und Schwärmerei abgelehnten gegenaufklärerischen Strömungen.[55]

Im Zuge interner Streitigkeiten wurde Knigge 1784 aus dem Bund entlassen. Kurze Zeit später erfolgten in Bayern staatliche und kirchliche Verbote gegen die Illuminaten. Weishaupt floh. Der Bund löste sich auf. Juristische Untersuchungen begleitet von medialen Hetzkampagnen gaben ihm den Todesstoß.[56] Gleichwohl dürften einzelne Aktivitäten bis Ende der 1780er Jahre bestanden haben.

3.2. Das Gottesverständnis der Illuminaten

Untersucht man die verschiedenen Schriften und Sammlungen der Illuminaten, die allesamt erst nach Ende der Gesellschaft publiziert wurden, ist das Ergebnis eindeutig: das Thema Gott und Religion findet nur am Rande Erwähnung.[57] Im Vordergrund steht die sittlich-aufklärerische Erziehung der Mitglieder durch Erkundung der Natur und Geschichte sowie der immanente Endzweck der Glückseligkeit.[58] Es scheint, dass in den ersten Jahren des Ordens die Thematik keine programmatische Bedeutung hat.

Das ändert sich, als Anfang der 1780er Jahre mit der Mitgliedschaft Knigges ein die konfessionellen Räume übergreifendes radikal-aufklärerisches Netzwerk entsteht. Weishaupt und Knigge werden nun gezwungen, über die bisherigen Erkenntnisgrade weitere Grade für das obskure Illuminatensystem zu entwi-

---

[53] Vgl. *Agethen*, Geheimbund (s. Anm. 50), 70–73.

[54] Vgl. *H. Schüttler*, Die Mitglieder des Illuminatenordens 1776-1787/88, München 1991. Zu Bode siehe u. a. *E. Haufe*, Ein Aufklärer in Weimar – Lessings Freund Johann Joachim Christoph Bode. Ein biographischer Versuch, in: Wolfenbütteler Beiträge 9 (1994), 169–195.

[55] Vgl. *Agethen*, Geheimbund (s. Anm. 50), 73–77.

[56] Vgl. z. B. System und Folgen des Illuminatenordens aus den gedruckten Originalschriften desselben gezogen. In Briefen, München 1787. Vgl. *C. Hippchen*, Zwischen Verschwörung und Verbot. Der Illuminatenorden im Spiegel deutscher Publizistik 1776–1800, Köln 1998.

[57] [*A. Weishaupt*], Apologie der Illuminaten, Frankfurt/Leipzig 1786; *ders. (Hg.),* Das verbesserte System der Illuminaten mit allen seinen Einrichtungen und Graden, Frankfurt/Leipzig 1787.

[58] *Weishaupt*, System (s. Anm. 57), 152–191.

ckeln. 1782 entwerfen sie den Grad des Priesters, in dem die religionsphilosophischen Überzeugungen zusammengefasst werden sollen.[59] Einig sind sich die
führenden Illuminaten in ihrer radikalen Kirchenkritik und in der Ablehnung
einer klerikalen Offenbarungsreligion. Weishaupt notiert in einem Brief an
Knigge:

> »Sie können nicht glauben, wie unser Priester-Grad bey den Leuten Auf- und Anse-
> hen erweckt. Das wunderbarste ist, daß große protestantische und reformierte Theo-
> logen, die vom Kreis sind, noch dazu glauben, der darinn ertheilte Religionsun-
> terricht enthalte den wahren und ächten Geist und Sinn der christlichen Religion. O
> Menschen! Zu was kann man euch bereden; hätte nicht geglaubt, daß ich noch ein
> neuer Glaubensstifter werden sollte.«[60]

Knigge schlägt vor, den differenten religiösen Bedürfnissen der Mitglieder im
Orden Raum zu geben. Um die extremen Positionen zusammenzubringen, müsse
man – so Knigge – »eine Erklärung der christlichen Religion erfinden, die den
Schwärmer zur Vernunft brächte, und den Freygeist bewöge, nicht das Kind mit
dem Bade auszuschütten, dieß zum Geheimniß der Freymaurerey machen und
auf unsere Zwecke anwenden.«[61] Als Lehrinhalt betont Knigge: »Jesus hat keine
neue Religion einführen, sondern nur die natürliche Religion und die Vernunft
in ihre alten Rechte setzen wollen.«[62] Der geheime Sinn der Lehre Jesu sei gewesen: »Freiheit und Gleichheit wieder unter den Menschen ohne alle Revolution
einzuführen«[63]. Dieses humane, immanente Modell bezeichnet Knigge als »einfache Religion«[64]. Hinsichtlich eines konkreten Gottesbildes schweigt er sich im
Religionsentwurf aus.

In der umfangreichen religionsphilosophischen Abhandlung »Unterricht für
alle Mitglieder, welche zu theosophischen Schwärmereyen geneigt sind« greift

---

[59] Zur Diskussion über die »Mystischen Grade«, zu denen neben dem Grad des Priesters
der Grad des Dirigierenden Illuminaten und des Regenten gehören, vgl. *M. Neugebauer-
Wölk*, Debatten im Geheimraum der Aufklärung. Konstellationen des Wissensgewinns im
Orden der Illuminaten, in: *W. Hardtwig (Hg.)*, Die Aufklärung und ihre Weltwirkung (GeGe
Sonderheft 23), Göttingen 2010, 17–46.
[60] Nachtrag von weitern Originalschriften, welche die Illuminatensekte überhaupt, son-
derbar aber den Stifter derselben Adam Weishaupt, gewesenen Professor zu Ingolstadt betreffen, und bey der auf dem Baron Baffusischen Schloß zu Sandersdorf, einem bekannten
Illuminaten-Neste, vorgenommenen Visitation entdeckt, sofort auf Churfürstlichen höchsten
Befehl gedruckt, und zum geheimen Archiv genommen worden sind, um solche jedermann
auf Verlangen zur Einsicht vorlegen zu lassen, München 1787, 76.
[61] Nachtrag (s. Anm. 60), 104.
[62] Nachtrag (s. Anm. 60), 105.
[63] Ebd.
[64] Ebd.

Weishaupt verschiedene Gottes- und Göttervorstellungen auf.[65] Er diskutiert einzelne Gottesbilder, schließt sich aber in rationalistisch-pseudowissenschaftlicher Distanz keinem an. Die analytische Darstellung atheistischer und deistischer Welterklärungsversuche, die in der Skizzierung der neuplatonischen Emanationslehre gipfelt, zielt auf die Abwehr mystisch-theosophischer Religionsmodelle und damit direkt auf den Rosenkreuzerorden. Dennoch blitzen in der rationalistischen Analyse christliche Gottesvorstellungen auf, die anders als bei Knigge positiv konnotiert sind. Eine verbindliche Gottesvorstellung lässt sich für den Illuminatenorden aber nicht feststellen.

4 Resümee

Als Ergebnis kann festgehalten werden: Ein einheitliches Gottesbild existiert in den Freimaurerlogen und Geheimbünden des 18. Jahrhunderts nicht. Gleichwohl dominiert die aus deistischen Diskursen genährte Vorstellung eines überkonfessionellen »Baumeister«-Gottes. Wie diese Metapher gefüllt wird, hängt von den jeweils konfessionellen und frömmigkeitspraktischen Prägungen und religionsphilosophischen Anschauungen der Ordensleitung ab. Während beispielsweise für das Gottesbild der Rosenkreuzer mystisch-theosophische Vorstellungen leitend sind, trägt das diffuse Gottesverständnis der Illuminaten aufklärerisch-rationalistische Züge. Es existiert folglich eine Wechselwirkung zwischen Orden und Mitgliedern. Das religiöse Erkenntnissystem formt die Mitglieder und die Mitglieder prägen mit ihrer jeweiligen religiösen Überzeugung den Orden.

Obwohl in den deutschen Geheimgesellschaften eine Tendenz zum christlichen Gottesbild gegenüber atheistischen und freigeistigen Strömungen vorherrscht, bleiben theologische Akzentuierungen selten. Diese Beobachtung hat ihren Grund nicht nur in der überkonfessionellen Ausrichtung der Sozietäten, sondern auch in den von den Gesellschaften bewusst praktizierten esoterisch-religiösen Mischformen, die altägyptischen, jüdischen, christlichen, neuplatonischen, theosophischen, hermetischen oder naturalistischen Vorstellungen Raum jenseits kirchlich-theologischer Reglementierung boten. Den Freimaurern und Geheimbünden kommt somit eine besondere emanzipatorische Funktion im 18. Jahrhundert zu: Das Bewusstsein für die individuelle Privatreligion wird durch sie gefördert.

---

[65] *Weishaupt*, System (s. Anm. 57), 302–362.

MONOTHEISMUS UND RELIGIONEN IN KATECHISMEN DES 18. UND 19. JAHRHUNDERTS

Johannes Ehmann

1 EINLEITUNG

Es soll im Folgenden darum gehen, anhand weniger Beispiele zu zeigen, welchen Stellenwert *die Religionen* innerhalb der *katechetischen Literatur* gewonnen haben. Ich sage hier nicht (nur) Katechismen, da das klassische *genus* von Katechismen sowohl im 18. wie 19. Jahrhundert auch unter Titeln wie bspw. »Kinderunterricht« oder »Konfirmandenunterricht« begegnet und ich mich nicht nur auf offizielle Landeskatechismen beziehe. Die im Weiteren herangezogenen Werke sind allerdings allesamt gedruckt – dürften also den Wirkungskreis nur *eines* Pfarrers in vielleicht nur einer Gemeinde überschritten haben. Auch hatte – was hier nicht darzustellen ist – der Druck eines Privatkatechismus meist die Funktion, einer aufgrund der Untätigkeit von Konsistorien als katechetisch problematisch empfundenen Lage entweder abzuhelfen oder kirchenleitende Initiativen zu begleiten, bzw. die landeskirchliche Entwicklung zu beeinflussen.

Auch vor dem Hintergrund der Thematik des Kongresses ist der Titel meiner Ausführungen zu präzisieren zur »Frage der Religion und der Religionen in südwestdeutschen Katechismen des 18. und 19. Jahrhunderts«. Die zeitliche Zäsur setze ich dabei um das Jahr 1820, also nicht streng bei der Jahrhundertwende, da um dieses Jahr herum im Südwesten, in der Pfalz und Baden Unionskatechismen entstanden sind, die auch stark auf Hessen einwirkten.

Daraus ergibt sich die Gliederung meines Vortrags: 18. und 19. Jahrhundert – und abschließend die Summe mit einem katechetischen Seitenblick.

2 Katechismen des 18. Jahrhunderts (mit einem Blick ins 17. Jh.)

Im Jahre 1800, also schon zu Ende des 18. Jahrhunderts, fragt der französisch-sprachige Wallonische Katechismus der Mannheimer französisch-reformierten Gemeinde:[1] (3.) »Was ist Gott?« Und antwortet: »Gott ist das unbegrenzte und vollkommene Wesen (Sein), welches das All geschaffen hat, das es bewahrt durch seine Vorsehung, die Tugend belohnt und das Laster bestraft.« Und fragt weiter: »Wie wisst ihr, dass es einen Gott gibt?«, um darauf mit einer gestuften Offenbarungslehre zu antworten: aus Mikrokosmos, Makrokosmos, Consensus gentium, innerem Gewissen und schließlich aus der Schrift. »Gibt es [aber] mehrere Götter? Nein, Vernunft und Schrift lehren uns, dass es nur einen Gott gibt. Dtn 4, 39; Eph 4, 6; 1 Tim 2, 5.« Die der monotheistischen Grundlegung folgende Lehre zu den Kräften und Vollkommenheiten Gottes kann hier übergangen werden. Dann aber heißt es:

»4. Was ist also die Religion? Es ist die Lehre, die uns Gott zu erkennen lässt, der wir ein Verhalten schulden, dass wir ihm angenehm und glückselig sind. Wieviele Hauptreligionen gibt es auf der Welt? Vier Haupt(religionen): *Die heidnische Religion* oder die Völker, die glauben, dass es mehrere Götter gibt, auf die sie ganz grobe Ideen stützen und die sie durch einen abergläubischen Kult erwidern. *Die Religion der Juden*, die diesem Volk durch das Amt des Mose gegeben wurde. *Die christliche Religion*, die Gott uns durch seinen Sohn Jesus offenbart hat, und die *mohammedanische Religion*, die Mohammed 600 Jahre nach Jesus Christus begründet hat.«

Vier Anschauungen werden also genannt, die unter dem Begriff der Religion subsumiert werden können.

»Welche ist aber die hervorragendste Religion von diesen allen? Das ist die christliche Religion, die von Jesus und seinen Aposteln gelehrt wurde: Denn sie kommt von Gott. Joh 7, 16. Sie stimmt am meisten mit der Vernunft überein. Sie empfiehlt sich dem Herzen und dem Gewissen und ist schließlich begründet in der heiligen Schrift.«

Hier schließt sich der Kreis und es ist bereits als erstes Ergebnis festzuhalten: Die Lehre von den Religionen gehört integral in den Zusammenhang einer weiteren Offenbarung, die bereits seit der sog. Altprotestantischen Orthodoxie als natürliche oder allgemeine Offenbarung entwickelt wird. Das ist nichts Neues, neu ist freilich die Nennung dreier Weltreligionen und des Heidentums (als Religion!). Die Affirmation der christlichen Wahrheit steht nicht als errati-

---

[1]   Catechisme à l'usage de la Jeunesse de l'église réformée wallone, Mannheim 1800. Der Katechismus ist ausschließlich in Französisch gehalten; im Vortrag wird die (eigene) Übersetzung geboten.

scher Block da, sondern wird ein weiteres Mal untermauert durch eine erneut dreifach gestufte Offenbarungslehre: Übereinstimmung mit der subjektiven Vernunft, Empfehlung durch das subjektive Herz und Gewissen, Begründung durch die Hl. Schrift. Der *katechetisch* – sehe ich recht – erst im 18. Jh. fassbare Übergang von »Glaube« zur »Religion« ist hier vollzogen, wovon im Bereich des kurpfälzischen Luthertums auch die Aufnahme des aufgeklärten Lübecker Katechismus des Johann Andreas Cramer von 1774[2] zeugt.

Jetzt, d. h. 1800, bei den französisch-Reformierten der Pfalz steht nicht mehr wahrer Glaube, der mit dem Apostolikum erläutert wird, gegen falschen Glauben, zu dem nach heutigem Sprachgebrauch auch die Religionen zu zählen wären, sondern herausragende Religion über weniger herausragendere. Religion ist also genus proximum, die differentia specifica liegt nicht in der speziellen, sondern noch in Teilen allgemeinen Offenbarung noch vor der Schrift. Und: Die Bewertung der Religion vollzieht sich *historisch*-klimaktisch: Heidentum und Polytheismus sind grob und abergläubisch; schon das monotheistische Judentum stützt sich dagegen auf das Amt des Mose, d. h. auf Gott und Heilsgeschichte. Die christliche Offenbarung ist Christusoffenbarung, später auch als spezielle Schriftoffenbarung begründet, aber nicht identisch mit dieser. Mit der »mohammedanischen« Religion, also dem Islam neigt der Bogen sich offenbar wieder nach unten. Von ihm kann nur aus gesagt werden, dass er eine Religion 600 Jahre nach Christus sei.

Was ich geschildert habe, bezog sich auf einen Katechismus, der Rätsel aufgibt. Er ist ein Unikat und hat offenbar ganz verschiedene Traditionen verarbeitet. Zweifellos ist er reformiert, aber weder vom Heidelberger noch vom Genfer Katechismus abhängig. Vielleicht ist er von Schweizer katechetischen Arbeiten beeinflusst, aber das ist nicht erweisbar. Der Katechismus ist aufgeklärt, wie sich besonders an der Sündenlehre zeigt. Über die Autorschaft lässt sich nur spekulieren.

Woher stammt dann aber diese Religionstheologie und die sie begleitende Offenbarungslehre? Das mir aus der Katechetik zuerst begegnende Beispiel einer dem Mannheimer Katechismus ähnelnden Aufzählung begegnet im *Catechisme general de la reformation et de la religion* von 1654, einem Werk, das die Grundlage einer Kontroverse zwischen J. B. Bossuet und dem Verfasser des Katechismus gebildet hat. Verfasser war Paul Ferry (1591–1669).[3]

---

[2] *J. A. Cramer*, Der Catechismus Lutheri in einer kurzen und ausführlichen Auslegung erklärt und mit E. hochedl. und hochweisen Raths Genehmhaltung zum öffentlich Gebrauche herausgegeben von einem ehrwürdigen Ministerio der kayserlichen freyen und des heiligen Römischen Reichs Stadt Lübeck, Lübeck 1774.

[3] Catechisme General de la Reformation. Presché dans Metz, Par Pavl Ferry Ministre de la Parole de Dieu, Sedan 1654. Im Vortrag ist (meist) wiederum die deutsche Übersetzung geboten.

Ferrys erste Frage lautet: Was ist Religion? Und antwortet heilsgeschichtlich: das, was der Wiedervereinigung Gottes mit dem Menschen dient. Frage 2 behandelt folgerichtig die Sünde als vorausgegangene Trennung von Gott.

Es ist Frage 3, die zum Problem der Religionen vordringt: Hat man aber eine (scil. *nur* eine) Religion gehabt? Antwort, man hatte vier Religionen, »quatre principales«: die der Heiden, der Juden, der Türken und die christliche Religion.[4]

Auch hier aber und vor aller Aufklärung besteht ein Weg von der Religion zu den Religionen. Freilich ist die eine Wahrheit der christlichen Religion eigen. Somit folgte Ferry auch einer Klimax der Wahrheit und endet mit der christlichen Religion. Aber eine mögliche Quelle des Mannheimer Wallonenkatechismus scheint mir mit Ferrys Werk gegeben.

Die der Religionstheologie des Mannheimer Wallonenkatechismus entsprechende gestufte Offenbarungslehre fehlt freilich bei Ferry. Die Begründung der Religionen in der natürlichen Religion scheint eine originale Leistung des Mannheimers zu sein. Die aufgeklärte Tradition einer Begründung nun der natürlichen Religion in Vernunft, im Herzen des denkenden Menschen, in Makrokosmos und Mikrokosmos, Natur und Gewissen, findet sich in großer Übereinstimmung zum Mannheimer Katechismus bei dem aufgeklärten Lausanner und Berner Theologen Elias Bertrand (1713–1797), und zwar in dessen Instructions Chretiennes von 1756.[5] In seiner Offenbarungs- und Gotteslehre scheint der Mannheimer Katechismus stark auf Bertrand zurückgegriffen zu haben. Er hat also der eigenen Leistung zwei französischsprachige Traditionen zugrunde gelegt, die der Herkunft der Flüchtlinge in Mannheim, nämlich aus der Schweiz und weniger dem inner- bzw. südfranzösischen Raum entsprach.

Diese katechetische Tradition ist auch in deutscher Sprache verbreitet worden. 1767 und dann nochmals verbessert 1779 sind Bertrands Instructions als Christliche Unterweisung in Leipzig erschienen.[6] Dass die vorgetragene Lehre aber im Grunde bereits standardisiert war, das belegt die Catechetische Sammlung der unentbehrlichsten Wahrheiten des Berliner Lutheraners Johann Chris-

---

[4] »Demande III.
N' y a-il iamais eu qu'une Religion?
Response.
Il y eu a quatre principales, asçauoir celle des Payens, celle de Iuifs, celle des Turcs, et la Chrestienne.«

[5] *E. Bertrand*, Instructions Chretiennes par Elie Bertrand, Nouvelle Edition, Lausanne 1756.

[6] Christliche Unterweisung. Nach dem Franzoesischen des Herrn Elias Bertrands Predigers der Franzoesischen Kirche zu Bern, und Mitglieds der Koenigl. Gesellschaften der Wissenschaften zu Berlin und Goettingen ec, Zweyte verbesserte und vermehrte Auflage, Leipzig 1779.

tian Jocardi von 1745.[7] Jocardi wandte sich freilich nicht gegen andere Religionen, sondern gegen Atheisten (16), Aberglaube, unvernünftigen Gottesdienst und Eifer mit Unverstand (27).

Die kreative Leistung des unbekannten Mannheimers war also die, Religion auf Vernunft, natürliche Ordnung und Gewissen zu gründen und die so gewonnene Religion mit *den Religionen* zu verbinden. Die Wahrheit der christlichen Religion lag in der Überlegenheit über andere Religionen hinsichtlich der Klarheit der allgemeinen Kriterien der Religion, wie sie nur in der Schrift und Jesus Christus zum Ausdruck kommen konnte.

3 KATECHISMEN DES 19. JAHRHUNDERTS

Die religionstheologischen Traditionen reißen katechetisch in den sich nach 1800 bildenden südwestdeutschen Unionen ab, nicht aber die offenbarungstheologischen: Im »Katechismus der christlichen Religions-Lehre, zum Gebrauche beym Religions-Unterrichte in den protestantisch-evangelisch-christlichen Kirchen und Schulen [der Pfalz], Speyer 1823« wird unter Offenbarung klare Gotteserkenntnis verstanden (13), der nicht näher spezifizierte »falsche Vorstellungen von Gott« (14) entsprechen. Gott offenbart sich sowohl in der Geschichte als auch im Menschen, indem er fromme Männer mit seinem Geist erfüllt (15). Die nähere Offenbarung bietet die Bibel (16). Ähnliche Lehren vertreten auch die ersten badischen Unionskatechismen 1830 und 1834/36. Hessen-Darmstadt und weitere hessische Gebiete sind stark von diesen katechetischen Arbeiten abhängig.

In Baden bricht mit dem vermittlungstheologisch-konfessionellen Katechismus von 1855/56 diese Tradition abrupt ab. Weder eine anthropologisch anknüpfende Offenbarungsvorstellung noch Religionstheologisches ist hier zu finden.

Eine radikale Veränderung tritt allerdings mit dem Sieg des kirchlichen Liberalismus nach 1860 ein. Eben die Begründung der Offenbarung allein auf das Wort Gottes wird jetzt scharf kritisiert und u. a. deshalb ein neuer Katechismus gefordert.

So schreibt ein Anonymus in der AKZ 40 (1861), 356 f.: »Das Gewissen ist nach der Lehre der Schrift der innerste Mittelpunkt des geistigen Lebens des Menschen, das innerste Grundbewußtsein des Menschen von sich selbst, in welchem der Mensch des Zusammenhangs seines Geistes mit dem göttlichen un-

---

[7]   Catechetische Sammlung der unentbehrlichsten Wahrheiten des Christenthums zur Erleichterung einer gruendlichen Fassung der Christlichen und Evangelischen Religion herausgegeben von *J. Chr. Jocardi*, Berlin und Leipzig, 1745.

mittelbar sich bewußt wird. Es ist daher zugleich Gottesbewußtsein, ist das Organ, in welchem das göttliche Gesetz functioniert und den Handlungen des Menschen gegenüber fortwährend Zeugniß ablegt, es ist die unmittelbarste Offenbarung Gottes in jedem Menschen, die Grundlage alles Glaubens, an welche auch das Evangelium anknüpft und an welcher es sich bewährt. Dieser Bedeutung gemäß wird das Gewissen sehr oft in der heiligen Schrift genannt. Hat aber das Gewissen diese Bedeutung, die unmittelbarste Offenbarung Gottes zu sein, so gebührt ihm jedenfalls auch eine Erwähnung in einem Lehrbuche für den Religionsunterricht in Kirche und Schule (…).«

Es kann hier nicht gezeigt werden, dass die gesamte im engeren Sinn theologische Diskussion bis zum Erscheinen eines neuen Katechismus 1882 von den Impulsen Richard Rothes geprägt ist. Nur soviel: Rothe entwickelte in der Erstausgabe seiner Ethik und (fasslicher) in Einzelarbeiten in den theologischen Studien und Kritiken mittels der Begrifflichkeit von objektiver Manifestation und subjektiver Inspiration eine für die moderne Welt und die Zeitgenossen anschlussfähige Lehre von der Selbstoffenbarung Gottes, die vom altprotestantischen Schriftprinzip gelöst wurde. Natur und Geschichte waren Medien der Offenbarung.[8] Offenbarung war natürlich, geschichtlich und moralisch-persönlich vermittelt. Dieses Offenbarungsverständnis, das gegen ein »magisches« abgegrenzt wurde, wurde nun zum Kriterium wahrer Religion und damit auch religionstheologisch wirksam. Denn »Eben hierin ist die wahrhaft menschliche, die wirklich geistige, überhaupt die allein wahre Religion, und bildet den diametralen Gegensatz gegen die heidnischen als die magischen …« (64) Konkreter wird Rothe nicht, aber die heidnischen Religionen erscheinen im Plural. Und die wahrhafte Vermittlung der Offenbarung und somit wahre Religion ist selbstverständlich die im Erlöser Jesus Christus natürlich und geschichtlich gegebene, wie Rothe 1863 nochmals unterstrich.

Was bedeutet dies? Zum einen eine offenbarungstheologische Öffnung hinsichtlich Kultur, Geschichte und Wissenschaft, wie sie dann auch das Programm des Protestantenvereins bestimmte. Zum andern schuf dies aber auch eine Identifizierung und offenbarungstheologische Reduktion auf das, was nun Rothe unter Offenbarung verstand. D. h. wir haben es mit einer Transformation, nicht aber Aufhebung des christlichen Wahrheitsanspruchs zu tun. Die Frage des Monotheismus wird kaum mehr gestellt, allenfalls noch in trinitätstheologischen Erwägungen, nicht aber religionstheologisch. Sie ist der Debatte über Offenbarungsvorstellungen gewichen, wird aber nun doch implizit praktisch und d. h. katechetisch wirksam.

In Aufnahme der Tradition des 18. Jahrhunderts und der Rotheschen Transformation erwachsen nämlich neue Formulierungen zu Religion und Religionen

---

[8]   Vgl. vor allem »II. Offenbarung«, in: *R. Rothe*, Zur Dogmatik, Gotha 1863.

auf der Basis der erneuerten gestuften Offenbarungslehre, zu fassen in den gedruckten Privatentwürfen dreier Theologen, die allesamt zu den Institutionen
des liberalen Protestantismus, dem Protestantenverein und/oder dem Wissenschaftlichen Predigerverein zu zählen sind: Karl Wilhelm Doll, Georg Längin
und Emil Zittel[9]. Nur auf zwei möchte ich eingehen.

So formulierte Doll 1873, der spätere Prälat der badischen Kirche in seinem
Konfirmandenunterricht:[10] »I. Religion ist der Bund des menschlichen Herzens
mit Gott.« (3) Aber: »Heidentum ist Creaturvergötterung« (4); und: »Der Muham-
medanismus oder Islam ist eine Mischreligion aus Elementen des Heidenthums,
Judenthums und Christenthums.« (5) »Das Christenthum ist die Religion der
Kindschaft Gottes im Glauben und in der Liebe.« (5 f.) »Die Religion kommt von
Gott. Die Offenbarung Gottes ist die Quelle der Religion. Gott offenbart sich in
der Natur, in der Vernunft und dem Gewissen des Menschen, in der Geschichte
der Völker, in einzelnen, gottbegeisterten Lehrern und Führern der Menschheit,
am vollkommensten in seinem Sohne Jesus Christus.« (7) Das Ziel war erreicht.
Ganz ähnlich dem Mannheimer Katechismus von 1800 war die christliche Religion den Religionen zugeordnet und zugleich über bestimmte Kriterien, nun
der Offenbarung, als wahr erwiesen. Das Heidentum war nicht diskutabel, der
Islam letztlich nur Synkretismus.

Die vorgetragene Auffassung einer gestuften Offenbarung in Natur, Vernunft
und Gewissen klingt traditionell; sie ist aber in der katechetischen Debatte erst
seit 1867 wieder zu greifen – und zwar aufgrund der Popularisierung und Ele-
mentarisierung der Rotheschen Theologie durch den so einflussreichen wie
skandalträchtigen Theologen Daniel Schenkel, v. a. in dessen Aufsätzen zur »protestantischen Freiheit«[11].

Das Judentum war in der Aufzählung Dolls nicht genannt. Fürchtete der damalige Hofprediger, dass es zu gesellschaftlichen Spannungen führen könnte,
das Judentum religionstheologisch negativ zu verorten? Der Karlsruher Stadt-
pfarrer Georg Längin legte sich an dieser Stelle weniger Zurückhaltung auf. Ein
paar Kostproben seines »Konfirmanden-Unterrichts« von 1877[12] seien geboten:
1. Religion oder Frömmigkeit ist das demüthige Gefühl unserer Abhängigkeit
von Gott und das Verlangen, mit Gott in Gemeinschaft zu treten. (…) In den niederen Religionen herrscht die Furcht vor; wahres Vertrauen und Liebe und Seligkeit in Gott ist erst im Christenthum möglich. Die Religion, als Bedürfniß des
Herzens nach Gott ist dem Menschen angeboren. (…)

---

[9]   *E. Zittel*, Evangelischer Religionsunterricht, 3. Aufl. Karlsruhe 1878.
[10]   *K. W. Doll*, Konfirmandenstunden, Karlsruhe 1873.
[11]   Die protestantische Freiheit in ihrem gegenwärtigen Kampfe mit der kirchlichen Reaktion. Eine Schutzschrift von Dr. *D. Schenkel*, Wiesbaden 1865.
[12]   *G. Längin*, Konfirmanden-Unterricht, Karlsruhe 1877.

2. Durch die besondere Weise, in der Frömmigkeit unter den verschiedenen Völkern sich ausprägt, entstehen die verschiedenen Religionen. Man teilt sie (…) in drei Klassen: Heidenthum, Judenthum, Christenthum. Heidenthum und Judenthum sind nicht unbedingte Gegensätze, sondern sind Vorstufen zur vollkommenen Religion, welche im Christenthum erschienen ist.

3. Das Heidenthum ist Creaturvergötterung, denn es hält die Kräfte und Gewalten der Natur für göttliche Wesen, und es verehrt das Geschöpf statt des Schöpfers, daher ist der Glaube an viele Götter (Polytheismus) mit ihm verbunden; die Götter werden durch Opfer, zum Teil Menschenopfer, und Abbildungen verehrt, daher das Heidenthum auch Abgötterei oder Götzendienst genannt wird. Es giebt verschiedene Stufen des Heidenthums. Die niederste Stufe bilden die Fetischanbeter; höher stehen die ägyptische, die chinesische, die altpersische, die indische, die griechisch-römische und die altgermanische Religion.«

4. Das Judenthum ist die Religion des Gesetzes; es hat den Glauben an Einen Gott (Mononotheismus), (…) als religiöses Gefühl herrscht die Furcht vor. Doch weisen die Propheten auf ein Höheres und Vollkommenes hin und das Gesetz, in dem es Selbsterkenntniß wirkt, weckt Verlangen nach Erlösung.« Der Monotheismus nützt also dem Judentum nichts.

5. Das Christenthum ist die Religion der Liebe und Gotteskindschaft.« Dies ist nicht weiter zu verfolgen.

6. (aber) Die mohamedanische Religion ist eine Mischreligion aus Heidenthum, Judenthum und Christenthum. Sie verabscheut den Bilderdienst, hält Abraham und Christus für Propheten, hat aber grobsinnliche Vorstellungen von Himmel und Hölle und ist voll Haß gegen andere Religionen (…).« Auch hier zerbricht das Kriterium des Monotheismus an der synkretistischen Offenbarungsvorstellung des Islam.

Längin entwickelt nun die Beziehung von wahrer Religion auf Offenbarung, die nun wieder als gestufte Offenbarungslehre (Schöpfung, Geist und Gewissen, dann außerordentliche Persönlichkeiten; schließlich Christus) verdeutlicht wird.

4 Schluss mit einem katechetischen Seitenblick

1. Es wurde versucht zu zeigen, dass die Frage des Monotheismus in der ausgewählten katechetischen Literatur zur Frage des Verständnisses von Religion, dann aber zu der des Verständnisses von Offenbarung führt. Begriffe wie mono- bzw. polytheistisch tauchen nur am Rande auf.

2. Die Fragen der Religion(en) und der Offenbarung und beider Verhältnis zueinander haben die Liberalen in ihrem Sinne beantwortet. Ich erlaube mir nur die schon systematische Anfrage, ob nicht Monotheismus und Religion christlicherseits dem Offenbarungsbegriff zuzuordnen sind und nicht umgekehrt. Darin hatten die Liberalen freilich Recht, dass (implizit) monotheistisch

allein kein Kriterium von Offenbarung sein kann, sondern »monotheistisch« durch »Offenbarung« abgedeckt, d. h. erläutert und entfaltet werden muss.

3. Dass aber die Religionstheologie in ihrem Zusammenhang zu einer natürliche Theologie umgreifenden Offenbarungslehre problematisch sein könnte, diese Erkenntnis verdanken wir katechetischer Kritik an der manchmal und in Relikten bis heute anzutreffenden Sokratik im Unterricht: 1883, ein Jahr, nachdem die gestufte Offenbarungslehre in die badische Katechismusgeschichte Eingang gefunden hatte, schrieb der Theologe und Pädagoge Jakob Theodor Plitt: »Sie [die Sokratik] ist (…) nicht nur unzweckmäßig, sondern falsch in ihrem Prinzip und darum in der Tat verwerflich. Sie geht nämlich von der Voraussetzung aus, daß das Christentum identisch sei mit der sogenannten natürlichen Religion, über deren Entdeckung man sich im achtzehnten Jahrhundert so sehr freute. (…) Das Christentum aber ist eine geoffenbarte und eben darum eine geschichtliche Religion. Wie sie uns ist überliefert worden, so müssen auch wir sie unsern Kindern überliefern, und da ist offenbar die sokratische Methode gänzlich unanwendbar. Es wird zwar erzählt, ein Sokratiker habe einmal seinen Schülern ›ablocken‹ wollen, von welchen Reichen Cyrus und Karl der Große Könige gewesen seien. Indessen ist dies vielleicht nur eine Satire, die zeigen soll, daß es ein Wissen giebt, welches man nicht ablocken kann, sondern welches überliefert werden muß.«[13]

Dies war eine *offenbarungstheologische* Beobachtung, die aus *katechetischer* Perspektive erwuchs. Das theologische Problem der Bestimmung von Offenbarung, Religion und des christlichen Verständnisses eines trinitarisch entfalteten Monotheismus, ist damals im Zusammenhang der Katechismen noch nicht traktiert worden. Erst wieder im Kirchenkampf des 20. Jahrhunderts, dessen theologische Postulate nach dem II. Weltkrieg zu einer (insgesamt wenig nachhaltigen) Problematisierung der Unionskatechismen führte. Dass die religionspädagogische Erneuerung der 1960er-Jahre die Katechismen für obsolet erklärte, kann freilich nicht darüber hinwegtäuschen, dass – nicht zuletzt für den Unterricht – die Frage des Verhältnisses von Offenbarung und Religion(en) unter den Bedingungen einer Migrationsgesellschaft bleibt bzw. wieder neu zu diskutieren ist.

---

[13] *J. Th. Plitt*, Katechismus-Unterricht, Lahr 1883, 5.

Karl Beths »Evolutionäre Theologie«

Erinnerung an einen vergessenen Theologen

Tilman Matthias Schröder

I Die apologetische Lage um 1900

Geht man vom thematischen Dreiklang dieses Kongresses »Gott – Götter – Götzen« aus, so schien es am Ende des 19. Jahrhunderts manchem Zeitgenossen, als ob gerade die Infragestellung Gottes und das Hervortreten neuer Götter und Götzen das besondere Signum der Moderne ausmachten. Die Beispiele dafür waren vielfältig: eine bunter werdende außerkirchliche Religiosität, die Zunahme politischer Heilsmythen, neue Formen säkularer Religion und atheistischer Religionskritik. Sie alle relativierten die Bedeutung der traditionellen kirchlich-theologischen und philosophischen Orientierungssysteme und konkurrierten mit ihnen um die gültige Deutung der Welt. Die Ahnung, vor weitreichenden Veränderungen zu stehen, deren Folgen noch nicht abschätzbar waren, kulminierte schließlich um 1900 in einem europaweiten Gefühl einer umfassenden »kulturellen Krise«.[1]

In Teilen des deutschen Protestantismus wurde die Infragestellung der bisherigen monopolisierten christlichen Weltdeutung geradezu als ein *Kampf um den Glauben* aufgefasst, als *Kampf um das Christentum* und *Kampf um die Weltanschauung,* um nur einige der damals recht martialischen, aber populären Schriftentitel zu nennen.[2] Die Ursachen dieser Entwicklung schienen schnell

---

[1] *T. M. Schröder,* Naturwissenschaften und Protestantismus im Deutschen Kaiserreich. Die *Versammlungen der Gesellschaft Deutscher Naturforscher und Ärzte* und ihre Bedeutung für die Evangelische Theologie (Contubernium 67), Stuttgart 2008, 10. – *T. Nipperdey,* Religion im Umbruch. Deutschland 1870–1918, München 1988. – *V. Drehsen / W. Sparn,* Die Moderne: Kulturkrise und Konstruktionsgeist, in: *Dies.* (Hg.), Vom Weltbildwandel zur Weltanschauungsanalyse. Krisenwahrnehmung und Krisenbewältigung um 1900, Berlin 1996, 11–29 (mit weiterführenden Literaturangaben).

[2] *E. Pfennigsdorf,* Im Kampf um den Glauben, Gütersloh 1909. – *W. Elert,* Der Kampf um das Christentum, München 1921. – *R. Wimmer,* Im Kampf um die Weltanschauung. Bekenntnisse eines Theologen. 16. Aufl., Tübingen 1906. – Zur Bedeutung des »Kampf«-Be-

gefunden zu sein. Der Erlanger Systematiker und Apologet August Wilhelm Hunzinger beispielsweise beantwortete die Frage nach den Ursachen der Kulturkrise mit einer doppelten Schuldzuweisung. Zum einen habe die Kirche selbst entscheidende Fehler gemacht, indem sie sich neuen Entwicklungen vor allem im Bereich der Wissenschaften uninteressiert, ja sogar ablehnend gegenübergestellt habe. Andererseits machte Hunzinger auch die Wissenschaften und hier vor allem die Naturwissenschaften für die Misere verantwortlich. »Es ist die radikale naturalistische Stimmung, (…) die Überschätzung der verstandesmäßigen Erkenntnis (…). Noch ehe man sich der Tragweite und Grenzen der neuen (sc. naturwissenschaftlichen) Ergebnisse bewußt geworden war, ging man hastig daran, aus ihnen Weltanschauungen zu schmieden.«[3] Hunzinger spielte hier auf den Siegeszug des Materialismus in den Naturwissenschaften an. Gerade dort hatten sich weltanschauliche Ansätze ausgebildet, die viele Apologeten als einen radikalen Angriff auf das Christentum ansahen. Die umstrittene Darwininterpretation des Jenenser Zoologen Ernst Haeckel bot dafür ein hervorragendes Beispiel. Haeckels 1899 erschienene *Welträthsel* waren der Bestseller unter den Sachbüchern im Deutschen Kaiserreich.[4] Vor allem hier, im vierten Teil seines Buches, den Haeckel »Der Gott« betitelte, hatte er in polemischer Abgrenzung zum Christentum seine monistische Naturphilosophie entfaltet, welche die christliche Religion dauerhaft ablösen sollte, hier auch fand sich die berüchtigte Bezeichnung Gottes »als eines gasförmigen Wirbelthieres«.[5] Haeckels provozierende Äußerungen lösten dementsprechend heftige Gegenreaktionen von kirchlicher Seite aus. Mit dem tatsächlichen Dialog zwischen Theologie und Naturwissenschaften hatte das freilich wenig zu tun. Die *Welträthsel* waren bei ihrem Erscheinen auch bei den meisten Naturwissenschaftlern auf weitgehend peinlich berührtes Schweigen gestoßen. Die Auseinandersetzung mit Vertretern der eigenen Zunft um die Grenzen seriöser naturwissenschaftlicher Aussagen hat Haeckel daher genauso polemisch und aggressiv geführt wie gegen das Christentum.[6]

Dass es in der Auseinandersetzung mit Haeckel also eher am Rande auch um die Naturwissenschaften ging, war den meisten akademischen Theologen bewusst. Nur wenige haben sich in den Haeckel-Debatten engagiert, das war

---

griffes in der wissenschaftlichen und belletristischen Literatur um 1900 vgl. *A. Voigt*, Das Rechtsleben um die Jahrhundertwende, in: *H. J. Schoeps* (Hg.), Zeitgeist im Wandel. Bd. 1: Das Wilhelminische Zeitalter, Stuttgart 1967, 219–234, bes. 226–230.

[3]   *A. W. Hunzinger*, Das Christentum im Weltanschauungskampf der Gegenwart, 3. Aufl., Leipzig 1919, 18.

[4]   *E. Haeckel*, Die Welträthsel. Gemeinverständliche Studien über Monistische Philosophie, 4. Aufl., Bonn 1900 (1899).

[5]   *Haeckel*, Welträthsel, 337–419.

[6]   *Schröder*, Naturwissenschaften und Protestantismus, 127–144, 290 f.

eher Sache von Pfarrern und evangelischen Laien, die sich vor Ort in ihren Gemeinden mit dem Phänomen »Haeckel« herumplagen mussten. Dass aber ganz grundsätzlich die Entwicklung der Naturwissenschaften auch für die Theologie Konsequenzen hatte, war allen klar. Beispielhaft sei hier Ernst Troeltsch genannt, der 1893 in seinem Aufsatz über *Die christliche Weltanschauung und die wissenschaftlichen Gegenströmungen* in dem Nachweis der »Zusammenbestehbarkeit« von Christentum und moderner Wissenschaft den »Lebensnerv und das eigentliche Geschäft aller Theologie« sah.[7] Zu den besonderen Herausforderungen innerhalb dieser »wissenschaftlichen Gegenströmungen« zählte Troeltsch auch den Materialismus der Naturwissenschaften.[8] In allen diesen Strömungen handele es sich jedoch »nicht bloß um mehr oder minder verwerfliche Theorien, sondern um eine ungeheure Summe von Tatsachen aus der Natur und dem geschichtlichen Leben.«[9]

Die Frage nach Inhalt und Ziel dieser Auseinandersetzung wurde nun ganz unterschiedlich beantwortet. Speziell im Gespräch mit den Naturwissenschaften waren in der wilhelminischen Ära jedoch drei Schwerpunkte erkennbar. Der Erste umfasste die apologetische Abwehr des Darwinismus, vor allem in seiner haeckelschen Interpretation.[10] Den zweiten Schwerpunkt bildeten erkenntnistheoretische Fragen, in denen es um die Klärung der Geltungsbereiche zwischen religiöser Weltdeutung und naturwissenschaftlicher Weltsicht ging, also um Grenzziehungen. Hier wurden die auf Kants Unterscheidung von praktischer und theoretischer Vernunft zurückgreifenden Überlegungen Albrecht Ritschls und Wilhelm Herrmanns maßgebend.[11] Beim dritten Schwerpunkt finden sich zunächst Parallelen zu dem bereits genannten Anspruch Ernst Troeltschs, die »Zusammenbestehbarkeit« von Christentum und moderner Wissenschaft, hier also der Naturwissenschaft, möglichst konkret werden zu lassen. Dabei sollte nicht bei dem Prinzip der gegenseitigen Nichteinmischung durch Grenzziehungen stehen geblieben, sondern naturwissenschaftliche Erkenntnisse auch für das theologische Denken fruchtbar gemacht werden. Es ging um die Suche nach den Möglichkeiten einer Synthese und damit gleichzeitig um eine zeitgemäße Form christlicher Apologetik. Um dieses Synthesemodell bemühten sich eine

---

[7] *E. Troeltsch*, Die christliche Weltanschauung und die wissenschaftlichen Gegenströmungen, in: ZThK 3, 1893, 493–528; 4, 1894, 167–231; hier: 3, 1893, 495.

[8] *Troeltsch*, Christliche Weltanschauung, 497–503.

[9] *Troeltsch*, Christliche Weltanschauung, 504.

[10] Beispielhaft seien hier die Bemühungen des Greifswalder Kirchenhistorikers und Apologeten Otto Zöckler (1833–1906) genannt. Vgl. *Schröder*, Naturwissenschaften und Protestantismus, 200–220. – *S. Meindl*, Otto Zöckler. Ein Theologe des 19. Jahrhunderts im Dialog mit den Naturwissenschaften (Untersuchungen zum christlichen Glauben in einer säkularen Welt 4), Frankfurt/M 2007.

[11] *Schröder*, Naturwissenschaften und Protestantismus, 221–243.

Reihe von Vertretern vor allem der modern-positiven Richtung – und am konsequentesten Karl Beth.

2 Biographisches zu Karl Beth

Karl Beth (1872–1959) gehört heute zu den »vergessenen« Theologen. Über ihn informiert kein Artikel in den aktuellen Ausgaben der RGG oder der TRE, kurz nur das Biographisch-bibliographische Kirchenlexikon[12] und selbst bei Wikipedia, dem sonst so redseligen Auskunftsmedium über Wichtiges und Unwichtiges, sucht man vergeblich nach ihm.[13] Mehr »Vergessenheit« geht heutzutage gar nicht. Daher einige kurze biographische Bemerkungen zu Beth.

1872 im sächsischen Förderstedt geboren, wuchs Karl Beth im märkischen Stendhal als Sohn des dortigen Gymnasialdirektors auf. Bereits als Schüler begeisterte sich Beth für die Naturwissenschaften.[14] Beeinflusst durch seinen Religionslehrer Karl Steyer, einem Schüler Willibald Beyschlags, der Beth mit der Vermittlungstheologie bekannt machte und in seinem Unterricht die Möglichkeiten des Dialogs zwischen Theologie und Naturwissenschaften thematisierte, entschied sich Beth dann aber doch für die Theologie.[15] Er begann sein Studium in Tübingen und wechselte schließlich nach Berlin, wo er auf die akademischen Lehrer traf, die ihn prägen sollten. Neben Adolf Harnack und Otto Pfleiderer war das vor allem Wilhelm Dilthey, mit dem ihn schließlich eine sehr enge Lehrer-Schüler-Beziehung verband.

1901 habilitierte sich Beth in der Systematischen Theologie an der Berliner Universität. Haeckels *Welträthsel* waren kurz davor erschienen und Beth erlebte in seinen Lehrveranstaltungen hautnah die Verunsicherung vieler Theologiestudenten durch Ernst Haeckels Thesen. Nur zu gern arbeitete sich Beth neben seinem religionsgeschichtlichen Schwerpunkt daher auch verstärkt in entsprechende naturwissenschaftliche Themen ein, um die angehenden Theologen mit den eigentlichen biologischen Sachverhalten vertraut zu machen.[16] Als Beth

---

[12]   *F. W. Bautz*, Beth, Karl, in: BBKL, Bd. 1, Hamm 1990, Sp. 564 f.

[13]   Stand vom 20. Januar 2012.

[14]   *K. Beth*, Selbstdarstellung, in: *E. Stange* (Hg.) Die Religionswissenschaft in der Gegenwart in Selbstdarstellungen. Bd. 2, Leipzig 1926, 1–40, hier: 2.

[15]   *Beth*, Selbstdarstellung, 5.

[16]   *Beth*, Selbstdarstellung, 12 f. – Beths religionsgeschichtliche Arbeit wurde durch eine längere Forschungsreise durch das Osmanische Reich befördert, die ihn 1902 von Konstantinopel über Syrien und Palästina bis nach Ägypten führte. Beth berichtete darüber in seiner ersten großen Monographie: Die orientalische Christenheit der Mittelmeerländer. Reisestudien zur Statistik und Symbolik der griechischen, armenischen und koptischen Kirche, Berlin 1902.

1906 eine Professur für Dogmatik, Ethik und Symbolik in Wien übernahm, forderte er von seinen Hörern, sich neben der reinen Lektüre naturwissenschaftlicher Sachbücher auch praktisch-experimentell fundierte Kenntnisse in ausgewählten naturwissenschaftlichen Teilbereichen anzueignen. Zusammen mit seinen Studenten verfertigte er im histologischen Institut zoologisch-histologische Präparate, nahm an Mikroskopierkursen teil und hörte embryologische Fachvorlesungen.

Bei diesem großen Interesse an den Naturwissenschaften war es verständlich, dass sich Beth nicht mit Grenzziehungen im Sinne Ritschls und Herrmanns zufrieden geben konnte. Er schloß sich der »modern-positiven« Theologie an, in der vor allem Reinhold Seeberg sein besonderes Augenmerk auf die Entwicklung der Naturwissenschaften gelegt und eine genauere Verhältnisbestimmung von Entwicklungsgedanken und Offenbarung angemahnt hatte.[17] Beth entwickelte nun ein an Reinhold Seeberg angelehntes, aber weit über ihn hinausgehendes Programm, das er 1907 unter dem Titel *Die Moderne und die Prinzipien der Theologie* veröffentlichte. Die traditionellen dogmatischen Lehrsätze sollten für die grundlegend veränderten Bedingungen der Moderne vermittlungsfähig gemacht werden. Dazu bedurfte es einer entsprechenden modernen wissenschaftlichen Theologie, die auch wiederum »positiv« sein musste. »Positiv« bedeutete für Beth, dass sie bei aller Modernität doch die althergebrachten Glaubensinhalte bewahrte, wie sie sich in Bibel und Bekenntnisschriften historisch niedergeschlagen hatten.[18] Bewusst sprach Beth daher immer wieder von einer »modernen Theologie des alten Glaubens«, um sich klar von der »modernen Theologie« abzusetzen, wie sie dreißig Jahre zuvor David Friedrich Strauß mit der Unterscheidung zwischen einem zu überwindenden »alten« und einem dementsprechenden »neuen« Glauben propagiert hatte.[19]

Wieweit sollte sich diese »modern-positive« Theologie aber nun gegenüber der Moderne öffnen? Beth forderte zunächst einmal recht pauschal ein »unvoreingenommenes« Verständnis für die Motive und Faktoren, die den modernen Geist prägten. Die bisherigen Glaubensinhalte und Glaubenssätze sollten dagegen daraufhin geprüft werden, inwieweit sie dem modernen Menschen »erlebbar« gemacht werden konnten. Das führte zu der Kritik, dass Beth durch eine im Grunde reduktionistische Theologie die Distanz zwischen der modern-positiven Theologie und den Problemen der Moderne möglichst klein zu halten

---

[17] *R. Seeberg*, Die Kirche Deutschlands im neunzehnten Jahrhundert. Eine Einführung in die religiösen, theologischen und kirchlichen Fragen der Gegenwart, 3. Aufl., Leipzig 1910 (1. Aufl. 1903), 328.

[18] *K. Beth*, Die Moderne und die Prinzipien der Theologie, Berlin 1907, 18 f.

[19] *D. F. Strauß*, Der alte und der neue Glaube. Ein Bekenntniß, hg. von E. Zeller, 15. Aufl., Bonn 1903 (1873).

suchte, um überhaupt zu Annäherungen zu kommen.[20] Für Beth wog dieser Einwand nicht so schwer, weil er sich trotz seines offen formulierten Programms natürlich ganz auf einen besonders qualifizierten Teilaspekt der Moderne konzentrierte, nämlich auf das Gespräch mit den Naturwissenschaften. Hier aber, so stellte er fest, konnte nicht nur von bloßen Zeitgeisterscheinungen die Rede sein, sondern die Naturwissenschaft bot eine für die Theologie durchaus ernstzunehmende Weltdeutung. »Gerade die Theologie hat ein lebendiges Interesse daran, daß die Naturwissenschaft ihrerseits die Frage nach dem Zusammenhang in der Welt, nach dem Organismus des Ganzen, was wir Welt nennen, in Angriff nimmt und dartut, wie weit die exakt fundamentierte Wissenschaft selbst für die Auffassung der Welt als eines Organismus, eines in sich einheitlichen Systems Argumente liefert, um dadurch möglichenfalls die exakte Basis für die Bestimmung des Wesens und des Sinnes der Welt zu erhalten, die sie, die Theologie, mit andersartigen Erkenntnissen zu Ende führt.«[21] Von daher forderte Beth die Theologie zu einer grundsätzlichen Aufnahmebereitschaft gegenüber naturwissenschaftlichen Erkenntnissen auf, die eben auch eine ganze Reihe begründeter Anfragen an die theologische Interpretation und Deutung darstellten. Der entscheidende Fragekomplex, den Beth dabei im Auge hatte, ließ sich unter dem Stichwort »Entwicklung« zusammenfassen.

3 Der Entwicklungsbegriff

Das Problemfeld der Entwicklung bot sich nicht nur aufgrund seiner Bedeutung in der Evolutionsbiologie für ein interdisziplinäres Gespräch an. Der Entwicklungsbegriff besaß ja zudem eine lange philosophische und theologische Tradition, die von Aristoteles über Leibniz und vor allem natürlich Herder und Kant bis zu Schleiermacher, Hegel und Schelling reichte. Von daher spielte der Entwicklungsbegriff während des 19. Jahrhunderts, durch Darwins Theorien noch zusätzlich verstärkt, in allen Geisteswissenschaften und auch in der Theologie eine wichtige Rolle. Insbesondere die Stellung des Christentums in der allgemeinen Religionsgeschichte bot Stoff für Auseinandersetzungen. Hierfür stehen die Diskussionen um die Arbeiten der Religionsgeschichtlichen Schule oder auch um Troeltschs 1902 erschienene Schrift über *Die Absolutheit des Christentums und die Religionsgeschichte*. In den Debatten zeigte es sich, dass bei dem

---

[20]   *W. Elert*, Reduktion und Restriktion in der Dogmatik, in: NKZ 10, 1919, 406–428, hier: 420. – *Ders.*, Der Kampf um das Christentum. Geschichte der Beziehungen zwischen dem evangelischen Christentum in Deutschland und dem allgemeinen Denken seit Schleiermacher und Hegel, München 1921, 383.

[21]   *K. Beth*, Urmensch, Welt und Gott, Berlin 1909, 80f.

inflationären Gebrauch des Entwicklungsbegriffs häufig die Tatsache aus den Augen verloren wurde, dass zwischen dem rein mechanistisch-kausalen naturwissenschaftlichen und dem teleologisch besetzten philosophisch-historischen Entwicklungsbegriff deutlich unterschieden werden musste.[22] Obwohl sich beispielsweise Troeltsch klar von der naturwissenschaftlichen Begriffsbildung distanzierte und auf seine *historische Methode* hinwies, blieb es ein häufig ihm gegenüber geäußerter Kritikpunkt, dass er aufgrund seiner Relativierung supranaturalistischer Einflüsse in der Entwicklung des Christentums schließlich doch ins Fahrwasser einer »naturalististischen Kausalität« geraten sei.[23] Auch Karl Beth hatte sich zunächst kritisch gegenüber Troeltschs historischer Methodik geäußert und in ihr die Gefahr eines »darwinistische(n) Historizismus« gesehen.[24] Er akzeptierte dann aber Troeltschs spätere Erläuterungen und stellte sich schließlich positiv zu dessen Arbeiten. Aber gerade weil sich Troeltsch so deutlich von allen naturwissenschaftlichen Begriffsbestimmungen absetzte, erkannte es Beth als seine Aufgabe, einen theologischen Ansatz zu erarbeiten, der sich zwar vom Darwinismus distanzierte, zugleich aber wesentliche Elemente der biologischen Entwicklungslehre enthielt. Seine erste darüber handelnde monographische Arbeit unter dem Titel *Der Entwicklungsgedanke und das Christentum* erschien 1909. Weitere Veröffentlichungen folgten in kurzen Abständen.[25]

Beth beschrieb zunächst die seiner Ansicht nach bestehenden beiden Linien des aktuellen Entwicklungsgedankens.[26] Die eine, philosophisch-theologische

---

[22] *E. Benz*, Theologie der Evolution im 19. Jahrhundert, in: *G. Mann* (Hg.), Biologismus im 19. Jahrhundert, Stuttgart 1973, 43–72. – *S. M. Daecke*, Art. »Entwicklung«, in: TRE IX, 705–719. – *Schröder*, Naturwissenschaften und Protestantismus, 249–261.

[23] *E. Troeltsch*, Die Absolutheit des Christentums und die Religionsgeschichte (1902/1912) mit den Thesen von 1901 und den handschriftlichen Zusätzen, hg. von *T. Rendtorff* (Ernst Troeltsch. Kritische Gesamtausgabe. Bd. 5), Berlin / New York 1998, 105.

[24] *K. Beth*, Das Wesen des Christentums und die moderne historische Denkweise. Leipzig 1904, 46 und 49. – Vgl. dazu *D. Schlenke*, Wesen, Wahrheit und Geschichte. Zur Auseinandersetzung Karl Beths mit Ernst Troeltsch um das »Wesen des Christentums«, in: *W. Härle u. a.* (Hg.), Befreiende Wahrheit. Festschrift für Eilert Herms, Marburg 2000, 227–238.

[25] *K. Beth*, Der Entwicklungsgedanke und das Christentum, Berlin 1909. – Ders., Urmensch, Welt und Gott, Berlin 1909. – *Ders.*, Entwicklung und Entfaltung. Thesen und Antithesen, in: ZThK 20, 1910, 406–417. – *Ders.*, Wie verträgt sich der Entwicklungsgedanke mit der religiösen Ueberzeugung von der geistigen Sonderstellung des Menschen, in: ChW 24, 1910, Sp. 98–106.

[26] Beth folgte hier vor allem den Vorgaben des Ritschl-Schülers Max Reischle (1858–1905), der seit 1897 in Halle Systematische Theologie lehrte. Reischle hatte versucht, durch eine dementsprechende Differenzierung die philosophisch-theologischen Grundlagen des Entwicklungsgedankens für die Theologie fruchtbar zu machen. *M. Reischle*, Christen-

Linie, im Gefolge Herders, fragte bei der Entwicklung nach dem »Wohin« und dem »Zweck« der Entwicklung, während die andere, naturalistische Form, sich lediglich für das »Woher« der Entwicklung interessierte und dieses durch entsprechende mechanistische Gesetzmäßigkeiten zu erklären suchte. Erstere Form konnte ohne weiteres theologisch adaptiert werden, letztere aber nicht, weil sie auf Gott als entscheidenden Faktor der Weltentwicklung verzichtete. Beth glaubte jedoch, auch innerhalb der Naturwissenschaften eine Tendenz zu erkennen, beide Formen des Entwicklungsgedankens miteinander zu verbinden.[27] Es ging dabei um die damals aktuell innerhalb der Biologie geführte Auseinandersetzung zwischen den Theorien der Vertreter der »Präformation« und denen der »Epigenesis« bei der Keimentwicklung. Die Epigenetiker gingen davon aus, dass sich der tierische Fötus im Allgemeinen aus ungeformter Materie in einem ontogenetischen Prozess zu einem aus differenzierten Teilen bestehenden ganzen Organismus entwickelte. Dieser Entwicklungsprozess verlief nicht gradlinig, sondern war durch Sprünge, Mutationen und Variationen gekennzeichnet, die sich einer bloßen mechanistisch-kausalen Deutung entzogen. In der Zellpathologie und Embryologie hatte das seit 1895 eine neue Forschungsrichtung ausgelöst, den sogenannten »Neovitalismus«, der sich von einem strengen mechanistisch-kausalen Bild der Evolution entfernte und mit besonderen, immateriellen Lebenskräften rechnete, welche die Entwicklungsprozesse lenkten und regulierten.[28] Die Gegenposition zu den Epigenetikern nahmen die Präformisten ein. Sie gingen davon aus, dass Organismen bereits in ihrem Keim differenziert und voll ausgebildet sind. Die embryonale Entwicklung erfolgte somit nach rein mechanisch-kausalen Abläufen im Sinne einer Entfaltung – und das ohne von außen her einwirkende Kräfte. Die Präformationslehre war mit Hilfe der Genetik weitergeführt und durch die Selektionstheorie Darwins ausgebaut worden. Das führte zum »Neodarwinismus«, dessen Evolutionstheorie im Gegensatz zu derjenigen der Neovitalisten stand. Der Neovitalismus sollte sich damals recht bald als wissenschaftlich unhaltbar erweisen. Heute jedoch diskutieren eine moderne

---

tum und Entwicklungsgedanke (Hefte zur »Christlichen Welt« Nr. 31), Leipzig 1898. – *Ders.*, Wissenschaftliche Entwicklungsforschung und evolutionistische Weltanschauung in ihrem Verhältnis zum Christentum, in: ZThK 12, 1902, 1–43. Vgl. dazu *Schröder*, Naturwissenschaften und Protestantismus, 261–270.

[27]   *Beth*, Entwicklungsgedanke, 35.

[28]   Einer der führenden Vertreter der Neovitalisten war der Zoologe Hans Driesch (1867–1941). Er glaubte, bei seinen Forschungen zum Keimplasma eine besondere, immaterielle, formbestimmende und teleologisch ausgerichtete »Kraft« gefunden zu haben, die das Lebensgeschehen lenkt und reguliert. Einem aristotelischen Begriff folgend nannte Driesch diese Kraft »Entelechie«. Er entwickelte daraus eine »Philosophie des Organischen« und wechselte schließlich 1905 konsequenterweise ganz zur Philosophie über. Vgl. *H. Driesch*, Philosophie des Organischen, Leipzig 1909.

Präformationstheorie und eine evolutionäre Entwicklungsbiologie wieder miteinander. Letztere versteht Entwicklung durchaus als einen epigenetischen Prozess, der mehr verlangt als ein genetisches Programm, sondern der auch biochemische Schaltvorgänge berücksichtigt, die von außen und ohne kausale Notwendigkeiten regulierend auf die Gene einwirken.[29] Beth erlebte diesen Streit noch völlig offen und wie fast alle Theologen, die damals zu naturwissenschaftlichen Erkenntnissen Stellung nahmen, setzte er natürlich voll und ganz auf die Epigenesistheorie, da sie scheinbar wissenschaftlich die teleologische Ausrichtung der Entwicklung des Lebens beweisen konnte und damit einen Ansatz für den Gottesbegriff im Evolutionsprozess gab.[30] Beth erhob nun die Sichtweise der Neovitalisten zum maßgebenden »biologisch-teleologischen Weltbild der Entwicklungstheorie« überhaupt.[31] Der durch die Epigenesistheorie teleologisch erweiterte Entwicklungsgedanke erlaubte seiner Ansicht nach eine Verbindung zwischen dem religionsphilosophischen und dem biologisch-vitalistischen Entwicklungsbegriff. Damit glaubte Beth auch die dualistische Trennung von Geist und Materie überwinden zu können, weil sie beide als Teile eines umfassenden Entwicklungsprozesses aufgefasst werden können, als dessen Herkunft und Mittelpunkt Beth Gott als den »Herrn aller Entwicklung« erkannte. Daraus ergibt sich ein »spiritualistischer christlicher Monismus«, den Beth gegen den materialistischen Substanzmonismus Haeckels stellte.[32] Dieser »christliche« Monismus war zugleich Kern einer christlichen Weltbetrachtung, welche die Welt als eine »werdende« und sich »entwickelnde« begreift, in der sich auch bereits die Entwicklung zu einer »besseren« Welt anbahnt, nämlich dem auf Erden beginnenden Reich Gottes. Von diesem Aspekt der sinnvollen und zielgerichteten Weltentwicklung ausgehend ergab sich Beths Meinung nach nun die Möglich-

---

[29] *K. Stotz*, Geschichte und Positionen der evolutionären Entwicklungsbiologie, in: *U. Krohs / G. Toepfer* (Hg.), Philosophie der Biologie, Frankfurt a. M. 2005, 338–356, hier: 342. – *J. Graw*, Genetik, 5. Aufl., Berlin/Heidelberg 2010, 528–612.

[30] Beth bemüht sich, den Gedanken von der Entfaltung, für ihn ein Begriff der Evolutionslehre, von dem der Entwicklung, für ihn ein Begriff der Epigenesislehre, zu unterscheiden. Evolution meint für ihn zum einen der eher unreflektiert benutzte Entwicklungsbegriff der Tradition, z. B. bei Schleiermacher, zum anderen aber der im Darwinismus geltende weltanschaulich benutzte Entwicklungsbegriff. Von beidem will er sich distanzieren. Vgl. z. B. *Beth*, Entwicklung und Entfaltung, 406–417. – Evolution und Entwicklung sind aber keine Gegenbegriffe, sondern sind heute Teil der Evolutionslehre. Beth sagt also »Entwicklung«, meint aber »Evolution«. Von daher ist der Begriff »Evolutionisierung der Theologie«, den *Elert*, Der Kampf um das Christentum, 395, kritisch auf Beths Arbeiten anwendet, zwar polemisch gemeint, aber inhaltlich richtig. Vgl. dazu auch *F. M. Wuketits*, Grundriß der Evolutionstheorie, 2. Aufl., Darmstadt 1989, 1.

[31] *Beth*, Entwicklungsgedanke, 41.

[32] *Beth*, Urmensch, Welt und Gott, 60f.

keit, eine Reihe traditioneller dogmatischer Aussagen in einer dem modernen Menschen verständlicheren Form auszudrücken.

4 Aspekte von Beths theologisch-evolutionärem Programm

Beth setzte zunächst bei der grundsätzlichen Frage nach der Stellung des Menschen in der Natur und vor Gott ein. Die Anwendung der allgemeinen Deszendenztheorie auch auf den Menschen war für Beth dabei nicht das Problem. Viel wichtiger war ihm die Frage nach dem »Wie« dieses Vorgangs, die er mit Hilfe der epigenetischen Entwicklungslehre zu beantworten suchte. Im Sinne eines Gottesbeweises führte er den Deszendenzprozess auf Gott als die höchste »causa finalis« zurück. Gott war derjenige, der das Leben allgemein geschaffen hatte, darüber hinaus aber auf der Ebene einer höheren und bereits organisierten Materie die geistige Sonderstellung des Menschen herbeiführte. Damit wehrte Beth zugleich einen exklusiven Anthropozentrismus ab. Natur, kreatürliche Welt und Mensch sind zusammengenommen notwendige Bestandteile eines ganzheitlichen, alles bestimmenden und alles umfassenden Planes Gottes. Durch ihn ist die Welt von Anfang an zum Zweck der Herstellung des Reiches Gottes geschaffen worden. Der Mensch nimmt dabei die letzte und höchste Stufe der Schöpfung ein. Konsequent folgert Beth daraus: »Entwicklung wird eben zum anderen Ausdruck für Schöpfung.«[33]

Eine zweite Frage ergab sich nach der Stellung des Menschen innerhalb der Gesamtheit der organischen Lebewesen. Hier ergab sich das Problem der verwandtschaftlichen Beziehungen zwischen Mensch und Affe. Beth verwies auf zahlreiche physische Ähnlichkeiten, ohne dass freilich die Primaten zu den direkten Vorfahren des Menschen gezählt werden konnten. Vielmehr musste nach Beth bei der Entstehung des Menschen mit einem besonderen Entwicklungssprung gerechnet werden.[34] Für Beth war die Kluft zwischen Mensch und Tier vor allem durch die Sprache und die kulturell-geistigen Leistungen des Menschen gekennzeichnet. Beth ließ dabei offen, wie man sich den entscheidenden Entwicklungssprung vorzustellen hatte: als einen direkten Eingriff Gottes oder als einen von Gott bereits in seiner Schöpfung am Anfang so vorhergesehenen Ablauf. Wichtig war ihm vor allem, dass der Mensch von Gott nicht fertig »gesetzt«, sondern über den Weg einer Entwicklung hin geschaffen worden war.

---

[33] *Beth*, Selbstdarstellung, 15.

[34] Beth stützte sich hier auf die Forschungen des niederländischen Botanikers Hugo de Vries (1848-1935). Vgl. *H. de Vries*, Die Mutationstheorie. Versuche und Beobachtungen über die Entstehung von Arten im Pflanzenreich, 2 Bde., Leipzig 1901/03.

Das verpflichtete den Menschen gleichzeitig zur Wertschätzung der ihm vorausgehenden Entwicklungsstufen des Lebens und damit zu einem verantwortungsbewussten Umgang mit der Schöpfung.[35] Offen blieb dagegen die Frage, ob die biologische Entwicklung nicht auch über den aktuellen Menschentypus hinausgehen könnte. Beth wollte diese Möglichkeit nicht ausschließen, hielt sie aber für rein spekulativ.

Einen weiteren theologischen Anwendungsbereich für den Entwicklungsgedanken sah Beth im Bereich der Sittlichkeit. Bereits die Tiere verfügen über einen sittlichen Trieb, der ihnen ein soziales Verhalten ermöglicht, ein Trieb, der sich dann beim Menschen zum Bewusstsein entwickelt. Wenn der Mensch aber nach dem Woher seiner Moral fragt, führt ihn diese Frage weiter zur nächsten Stufe des religiösen Bewusstseins. Er begreift nämlich, dass es eines »höchsten transzendenten Willen[s] (bedarf), der den seinen geschaffen hat.«[36]

Eng verbunden mit der sittlichen Entwicklung des Menschen ist für Beth die Frage nach Sünde und Erlösung. Auch im Bereich der Sünde ist der besondere Entwicklungssprung des Menschen erkennbar. Natürlich leben im Menschen aufgrund seiner Herkunft tierische Instinkte weiter, die zu Ausbrüchen von Brutalität und Grausamkeit führen können. Mit dem eigentlichen theologischen Sündenbegriff hat das aber noch nichts zu tun, weil dieser ein persönliches Bewusstsein voraussetzt. Sünde bestimmt Beth als Abkehr und Auflehnung des Menschen gegen den von Gott gesetzten Zweck der Schöpfung. Gott entwickelt seine Schöpfung aus seiner Liebe heraus. Diese Liebe ist daher Zweck der Schöpfung und zugleich Aufgabe für jeden Einzelnen. Beth nennt diese Aufgabe eine für jeden Menschen verbindliche *Entwicklungsnorm*, die ihm ermöglicht, die ihm von Gott gewiesene *Entwicklungsrichtung* zu erkennen. Sünde bedeutet deshalb die »Abkehr von der göttlich gesetzten Entwicklungsrichtung«, für Beth verbunden mit der Preisgabe eines Teils der besonderen Entwicklungsqualität des Menschen.[37] Der Sünder sperrt sich gegen seine eigene Weiterentwicklung.

Der Frage nach der Sünde folgte für Beth die nach dem Tod. Den paulinischen Satz vom Tod als kausaler Folge der Sünde (Röm 6,23) erachtete er für den modernen Menschen als nicht mehr zu begreifen. Stattdessen waren auch Sterben und Tod als entwicklungsbedingte Notwendigkeit zu verstehen. »Jedes Individuum besitzt nur eine relative Entwicklungsmöglichkeit, die mit seiner Lebensaufgabe identisch ist.«[38] Mit der Erfüllung oder Verfehlung dieser Aufgabe hat der Mensch seine Entwicklungsmöglichkeit erschöpft. Der weiteren Bestimmung der Entwicklung kann er nicht mehr dienen und unterliegt deshalb einem Alte-

---

[35]   *Beth*, Entwicklungsgedanke, 156.
[36]   *Beth*, Entwicklungsgedanke, 161.
[37]   *Beth*, Entwicklungsgedanke, 178.
[38]   *Beth*, Entwicklungsgedanke, 196.

rungs- und Vergehensprozess. »Der Tod ist daher der Regulator der stetigen Entwicklung, der ermöglicht, dass neue Wesen mit neuen Kräften Platz gewinnen (…). So ist der Tod auch aufgrund der biologischen Forschung als ein allgemeines und natürliches Menschenlos anzusehen, und der Entwicklungsgedanke zeigt uns, mit den Ergebnissen der exakten Forschung arbeitend, die Zweckmässigkeit des Todes innerhalb des göttlichen Weltplanes,«[39] weil eben das »vorgesteckte Ziel der Entwicklung nur durch den Wechsel der Individuen und Generationen zu erreichen« ist.[40]

Angesichts einer solchen Zweckmäßigkeit des Todes muss sich Beth mit dem Glauben an eine Auferstehung der Toten schwer tun. Da eine solche Auferstehung dem allgemeinen Entwicklungsplan Gottes eigentlich nichts nützt, könnte man auf ihre Formulierung ganz verzichten, und das tut Beth auch. Er lässt den Auferstehungsgedanken beiseite und kommt gleich auf das Problem der Unsterblichkeit der Seele zu sprechen. Seele und Unsterblichkeit sind nun beide Kategorien, die sich naturwissenschaftlich nicht beschreiben lassen. Beth dagegen sieht das irdische Leben als eine Durchgangsstufe zu einer höheren Entwicklungsstufe an. Im Begriff der Unsterblichkeit kommt daher der Glaube an ein ewiges Leben in Gott zum Tragen, womit »eine Entwicklung über die Stufe der materiellen Gebundenheit des Geistes hinaus zu der Stufe der reinen Geistigkeit«[41] gemeint ist.

Beths Zurückhaltung bei der Auferstehungslehre zeigte sich natürlich auch in seiner Christologie. Er entfaltete sie in bewusster Abgrenzung zur »modernen« Theologie wie sie David Friedrich Strauß ausgeführt hatte, was jedoch die Darstellung seiner eigenen Position häufig unscharf bleiben ließ. Er konzentrierte sich stark auf die richtige »Würdigung des menschlichen Personenlebens Jesu« und suchte »den *Menschen* Jesus als den Mittler zwischen Gott und Menschen« darzustellen, in dessen Leben sich Gottes Plan für die Welt und Gottes Wesen am vollständigsten offenbart hatte.[42] Wichtig war Beth, nun die Einzigartigkeit Jesu mit der allgemeinen Entwicklung von Welt und Menschheit zu vereinbaren. Als Mensch unterstand Jesus der allgemeinen Entwicklung, wie sie bei jedem Menschen zutraf und worin sich Jesus eben als »wahrer Mensch« zeigte. So entsprach seine Heranbildung vom Kind zum Erwachsenen auch dem gewöhnlichen ontogenetischen Entwicklungsgang. Seine Besonderheit zeigte sich dann aber

---

[39]   *Beth*, Entwicklungsgedanke, 196.

[40]   *K. Beth*, Die Entwicklung des Christentums zur Universal-Religion, Leipzig 1913, 300.

[41]   *Beth*, Entwicklungsgedanke, 261.

[42]   *Beth*, Entwicklungsgedanke, 223. Beth ist sich hier mit anderen Vertretern der modern-positiven Richtung einig, so v. a. mit Theodor Kaftan. Vgl. *ders.*, Der Mensch Jesus Christus, der einige Mittler zwischen Gott und den Menschen. Ein Wort der Klärung (Biblische Zeitfragen, IV. Serie, Heft 4), Berlin-Lichterfelde 1908.

in der Entwicklung seines einzigartigen und von seiner Umwelt unabhängigen religiösen Bewusstseins. Beth nennt es »Berufsbewußtsein«[43]. Erklären lässt es sich nur als eine besondere Entwicklung, als ein wirklich Neues, Epigenesis also, das auf einen supranaturalen Eingriff Gottes zurückzuführen ist. In Jesus erfolgte somit ein exklusiver, nur auf diesen einzelnen Menschen bezogener Entwicklungssprung aufgrund eines besonderen Schöpfungsaktes. Beth verweist in diesem Zusammenhang auf Paulus, der Christus als den zweiten Adam bezeichnet und damit auf eine neue Schöpfungstat Gottes hinweist. Dieser Schöpfungsakt eröffnet zugleich in Jesus eine neue Entwicklung, die diesen im Laufe seines Lebens immer mehr zum Gottmenschen werden lässt. Im Kreuzestod Jesu findet die Entwicklung der Offenbarung schließlich ihren Höhepunkt. Das Kreuz offenbart den Offenbarer Jesus Christus, in dessen Tod, den er als ein Sündloser erleidet, uns Nachfolgenden die eigene Sündhaftigkeit bewusst wird. Darin freilich beschränkt sich für Beth dann auch die Heilsbedeutung des Kreuzestodes Jesu.[44] Die ihm folgende durchaus real zu verstehende Auferstehung Jesu bedeutet das Ende von dessen Entwicklung als gottmenschlichem Individuum und seine Erhöhung, die sich als seine »Weiterentwicklung« zum »Weltheiland« erweist.

Eine grundsätzliche Entwicklungsfähigkeit hin zur Universalreligion ist schließlich auch dem Christentum selbst eigen.[45] Seine Keimgestalt ist durch Jesu eigene Religiosität gesetzt.[46] Dieser Keim, der zugleich als die »epigenetische Energie« des Christentums verstanden werden kann, entwickelt sich bereits im Urchristentum in eine synoptische, paulinische und johanneische Form, verändert sich dann im weiteren Verlauf der Geschichte immer wieder, wobei aber Jesu religiöse Anschauung und seine Ethik ein kontinuierliches Kernelement bleiben.[47] Dabei machen die Verschiedenheiten der Kirchen, ja unter Umständen auch häretische Abweichungen im Rahmen der Entwicklungsgeschichte einen Sinn, weil es sich hierbei um eine notwendige Anpassung christlicher Richtungen unter besonderen historischen Bedingungen an eine je spezielle kulturelle Umgebung handeln kann. Hier kommt Beth Darwins Gedanken vom Überleben der am besten angepassten Art recht nahe. Dass das Christentum schließlich

---

[43]   *Beth*, Entwicklungsgedanke, 230.

[44]   *Beth*, Moderne, 225–227. – Zu Beths Jesusbild vgl. auch *ders.*, Die Wunder Jesu, Berlin-Lichterfelde 1905. Eine zweite, neu bearbeitete Auflage erschien unter dem Titel: Das Wunder. Prinzipielle Erörterung des Problems (Biblische Zeit und Streitfragen, IV. Serie, Heft 5), Berlin-Lichterfelde 1908.

[45]   *Beth*, Universal-Religion, 85.

[46]   *Beth*, Universal-Religion, 138.

[47]   *K. Beth*, Der dritte Weg, in: Festgabe für D. Dr. Julius Kaftan zu seinem 70. Geburtstage dargebracht von seinen Schülern und Kollegen, Tübingen 1920, 15–24, hier: 21.

die Entwicklungsfähigkeit zur universalen Religion hat, bedeutet keine Abwertung anderer Religionen. Beth ist aufgrund der eben geschilderten Entwicklung religiösen Denkens Ökumeniker und vermeidet bewusst jeden Absolutheitsanspruch. Es liegt vielmehr in der Eigenheit des Christentums begründet, in einer universalen Betrachtung der Gesamtheit von Welt und Leben das Offenbarungswirken Gottes zu sehen. Offenbarung aber bedeutet für Beth auch das »Auftauchen eines neuen Prinzips der Lebenshaltung und Weltüberwindung,« wie es sich in einmaliger Weise im Leben Jesu selbst gezeigt hat.[48] Aufgabe des Christentums ist daher, die Offenbarung Gottes zu einer konkreten Lebenswirklichkeit werden zu lassen, die im einzelnen Menschen Energie für ein sittliches Leben hervorbringt.

5 ENTTÄUSCHENDE ENTWICKLUNGEN

Karl Beths Absicht war gewesen, möglichst die ganze christliche Dogmatik und Ethik mit Hilfe des Entwicklungsgedankens neu interpretieren zu können. Aber schon die hier aufgezeigte Skizze lässt erkennen, dass dies nur dann gelang, wenn in strittigen Fällen der Entwicklungsgedanke den Vorrang vor der theologischen Tradition bekam. Beth nahm das in Kauf, um die christliche Botschaft dem modernen Menschen anschaubarer und damit »glaubwürdiger« zu machen. Gleichzeitig sollte die christliche »Weltbetrachtung« in ihrer solchermaßen aufgezeigten »Modernität« gegenüber der naturwissenschaftlichen Weltanschauung konkurrenzfähig bleiben. Nur Religion und Naturwissenschaften gemeinsam und in einer »Wahlverwandtschaft« miteinander verbunden, ergaben für Beth den »Schlüssel für den Rätselbau des Seins und Werdens« der Welt.[49] Und es gab tatsächlich dezidiert christliche Naturwissenschaftler, denen Beths evolutionäre Theologie eine Hilfe und Bereicherung bedeutete. So wurde Beth 1912 zu einem Vortrag über die philosophischen Wurzeln des Entwicklungsgedankens auf der 84. Jahrestagung der hochrenommierten *Gesellschaft deutscher Naturforscher und Ärzte* nach Münster eingeladen.[50] Er ist der einzige Theologe, dem diese besondere Ehre zuteil geworden ist. Gerade diese Münsteraner Tagung der Naturforschergesellschaft spiegelte aber sehr viel wider von der Unsicherheit in den Naturwissenschaften jener Jahre. Positivistische und vitalistische Einsprüche, erste Erfahrungen mit Quanten- und Relativitätstheorien hatten das bis dahin so unerschütterlich scheinende geschlossene mechanistische Weltbild der Naturwissenschaften in eine ernste Krise geführt. Stattdessen tauchten mit

---

[48]   *Beth*, Universal-Religion, 283.
[49]   *Beth*, Entwicklungsgedanke, 268 f.
[50]   Beth, Universal-Religion, 95.

ihnen teilweise Ideen auf, die bereits längst widerlegt zu sein schienen.[51] Von daher trafen auch Beths Ausführungen – wenngleich nur kurzfristig – durchaus den aktuellen Nerv vieler Naturwissenschaftler. Nach dem Krieg gingen die Entwicklungen in den Naturwissenschaften in eine ganz andere Richtung und verabschiedete sich vor allem der Neovitalismus aus der Biologie. Damit brach aber auch die entscheidende Grundlage für Beths evolutionäre Theologie weg. Das traf ihn und alle anderen evangelischen Theologen, die gehofft hatten, mittels des Vitalismus in das Gespräch mit den Naturwissenschaften zu kommen. Es rächte sich, dass Beth seine Theologie weitgehend von biologischen Theorien abhängig gemacht hatte, die sich am Ende in der laufenden naturwissenschaftlichen Kontroverse nicht behaupten konnten. Er hatte eine solche Möglichkeit zwar nie ganz ausgeschlossen, wurde aber jetzt doch von ihr überrascht.[52] Seine eigene Wissenschaftsbegeisterung hat ihn hier in eine Sackgasse geführt.

Ein Stück weit desillusioniert wandte sich Beth nun weitgehend von diesem Arbeitsfeld ab und der Religionsgeschichte sowie der Religionspsychologie zu.[53] Auch hier griff er natürlich auf den Entwicklungsbegriff zurück, nun jedoch ohne längere Verweise auf neovitalistische Theorien.[54] 1922 gründete er das Wiener »Forschungsinstitut für Religionspsychologie« und wurde 1928 Präsident der »Internationalen Religionspsychologischen Gesellschaft«. Wissenschaftliche Anerkennung erwarb er sich auch 1926 als Herausgeber der Zeitschrift *Psychologie* und seit 1928 der *Zeitschrift für Religionsphilosophie*. Gleichzeitig war er geschäftsführender Vorsitzender des Weltbundes für Internationale Freundschaftsarbeit der Kirchen und eine wichtige Stimme in der Ökumene. 1912 hatte Beth geheiratet. Seine Frau Marianne, geb. Weisl, entstammte einer jüdischen Wiener Familie. Anlässlich ihrer Hochzeit war sie zum Protestantismus konvertiert. Als erste Frau in Österreich erwarb sie 1921 den juristischen Doktortitel und engagierte sich als Rechtsanwältin für Frauenrechte.[55] Das führte dazu,

---

[51] Zur Naturforscherversammlung in Münster vgl. *Schröder*, Naturwissenschaften und Protestantismus, 159 f.

[52] *Beth*, Urmensch, Welt und Gott, 73.

[53] *Beth*, Selbstdarstellung, 14 f.

[54] *Beth*, Der dritte Weg, 21–23. – *Ders.*, Einführung in die vergleichende Religionsgeschichte, Leipzig/Berlin 1920. – *Ders.*, Frömmigkeit der Mystik und des Glaubens, Leipzig/Berlin 1927.

[55] Über Marianne Beth (1890–1984) und ihr Werk als Frauenrechtlerin, Religionspsychologin und Soziologin gibt es mittlerweile sehr viel mehr Literatur als über ihren Mann. Vgl. *E. Prost*, Emigration und Exil österreichischer Wissenschaftlerinnen, in: *F. Stadler* (Hg.), Vertriebene Vernunft I. Emigration und Exil österreichischer Wissenschaft 1930–1940, Wien 1987, 444–470. – *E. Leisch-Prost*, Marianne Beth, in: *B. Keintzel u. a.* (Hg.), Wissenschaftlerinnen in und aus Österreich. Leben-Werk-Wirken, Wien/Köln/Weimar 2002, 63 f. – *J. A. Bel-*

dass Marianne Beth nach dem »Anschluss« Österreichs an das Deutsche Reich ihre Anwaltszulassung entzogen wurde. Gleichzeitig wurde auch Karl Beth selbst, der noch im Studienjahr 1937/38 Dekan der theologischen Fakultät gewesen war, von den eigenen Kollegen zum Rücktritt von allen Ämtern gedrängt und schließlich aus dem Universitätsdienst entlassen.[56] Mit seiner Familie emigrierte er 1938 nach Chicago und lehrte dort, nicht zufällig also an einer der Geburtsstätten der Prozesstheologie, bis 1945 Religionswissenschaft und Religionspsychologie.

Ob Karl Beth im Gedenken der heutigen Systematischen Theologie wieder einen Platz erhalten wird, bleibt offen. Für die Kirchengeschichte aber spiegelt sich in seinem Werk so viel von den damaligen weltanschaulichen Debatten und interdisziplinären Gesprächsansätzen wider, dass es schade wäre, ihn wieder ganz dem Vergessen zu überantworten.

---

zen, Pioniere der Religionspsychologie: Marianne Beth (1890-1984), in: Archive for the Psychology of Religion/Archiv für Religionspsychologie, Bd. 32, Nr. 2, 2010, 125-145.

[56] *K. Schwarz*, »Grenzburg« und »Bollwerk«. Ein Bericht über die Wiener Evangelisch-theologische Fakultät 1938-1945, in: *L. Siegele-Wenschkewitz / C. Nicolaisen* (Hg.), Theologische Fakultäten im Nationalsozialismus (Arbeiten zur Kirchlichen Zeitgeschichte, Reihe B, Darstellungen, Bd. 18), Göttingen 1993, 361-389.

Protestanten im New Age

Evangelische Kirche und neue religiöse Bewegungen in der Bundesrepublik während der 1970er und 80er Jahre

Claudia Lepp

Seit den sechziger Jahren des 20. Jahrhunderts hat sich das religiöse Feld in Deutschland und Europa deutlich verändert, mit erheblichen Auswirkungen auf die christlichen Großkirchen. Die Kirchen im westlichen Europa gerieten in eine schwere Krise, sowohl was die quantitative Mitgliedschaft als auch was das ekklesiologische Selbstverständnis betraf. Teil des Transformationsprozesses von Religion in der zweiten Hälfte des 20. Jahrhunderts war das Aufkommen neuer religiöser Bewegungen[1]. Im Folgenden soll untersucht werden, wie sich die evangelische Kirche in der Bundesrepublik Deutschland zu diesen Bewegungen stellte und welche Deutungs- und Handlungsmuster sie ihnen gegenüber entwickelte. Dazu wird zunächst auf den »Jugendsekten«-Diskurs der siebziger Jahre eingegangen, sodann werden die Reaktionen der evangelischen Kirche auf Ideen und Praktiken der New-Age-Bewegung in den achtziger Jahren analysiert.

---

[1]   Die Bezeichnung »neue religiöse Bewegungen« bzw. »new religious movements« stammt aus der angelsächsischen Religionssoziologie. Dort wurde sie eingeführt, um die Bewegungen zu bezeichnen, die nach dem Zweiten Weltkrieg entstanden. In den siebziger Jahren wurde sie von deutschen Journalisten und Religionswissenschaftlern übernommen, um die pejorativ aufgeladenen Begriffe »Sekte« und »Kult« zu vermeiden. Zugleich wurde damit auf Ähnlichkeiten mit den neuen sozialen Bewegungen hingewiesen. Siehe *H. Knoblauch*, Populäre Religion. Auf dem Weg in eine spirituelle Gesellschaft, Frankfurt / New York 2009, 100; *N. Hannig*, Die Religion der Öffentlichkeit. Kirche, Religion und Medien in der Bundesrepublik 1945–1980, Göttingen 2010, 359.

1 KLARE FRONTEN:
DER »JUGENDSEKTEN«-DISKURS DER SIEBZIGER JAHRE

Vermittelt über die Medien bestimmten die Kirchen die öffentliche Wahrnehmung der neuen religiös-weltanschaulichen Gemeinschaften während der
siebziger Jahre entscheidend mit.[2] Denn als die neuen Gruppen aufkamen, die
insbesondere Jugendliche ansprachen, verfügten die Kirchen bereits über
etablierte apologetische Einrichtungen.[3] Auf evangelischer Seite existierte seit
1960 die »Zentralstelle für Weltanschauungsfragen«, eine Nachfolgerin der
1937 von den Nationalsozialisten geschlossenen »Apologetischen Centrale«.
Die Forschungs-, Dokumentations- und Auskunftsstelle mit Sitz in Stuttgart
wurde von der Evangelischen Kirche in Deutschland getragen. Ihre Aufgabe
war es, religiöse und weltanschauliche Strömungen zu beobachten, sowie die
Klärung daraus resultierender theoretischer und praktischer Fragen zu fördern. Auf landeskirchlicher Ebene arbeiteten neben- und hauptamtliche Beauftragte für Weltanschauungsfragen, die untereinander vernetzt waren. Sie
sammelten Informationen über das regionale Erscheinen der neuen religiösen Gruppierungen und übernahmen in ihren Landeskirchen seelsorgerliche
und beratende Funktionen. Auf diese Spezialisten griffen die Massenmedien
bereitwillig zurück, wenn es darum ging, die Öffentlichkeit über die neuen religiösen Bewegungen zu informieren. Die Monopolstellung der kirchlichen
Sektenbeauftragten verdankte sich teilweise auch einem Defizit auf Seiten
der zeitgenössischen Religionswissenschaften.[4] Zur Hauptquelle der Medien,
die ihre Aufmerksamkeit verstärkt den alternativ-religiösen Gruppen zuwandten,
wurde in den siebziger Jahren der Beauftragte für Sekten- und Weltanschauungsfragen der Evangelisch-Lutherischen Kirche in Bayern, Friedrich-Wilhelm
Haack. Er konnte sich deutschlandweit als »Sekten-Experte« etablieren. Der
Pfarrer hatte bereits 1965 in München die »Arbeitsgemeinschaft für Religions-
und Weltanschauungsfragen« gegründet, die der Informationssammlung und
-vermittlung diente und seit 1976 einen eigenen Verlag betrieb. 1975 war er
Mitbegründer der »Elterninitiative zur Hilfe gegen seelische Abhängigkeit
und religiösen Extremismus e. V.«. Haack leitete 1974 die literarische Auseinandersetzung mit den von ihm so genannten »Jugendreligionen« ein. Diese qua-

---

[2]   Vgl. hierzu sehr kritisch: *F. Usarski*, Die Stigmatisierung Neuer Spiritueller Bewegungen
in der Bundesrepublik Deutschland, Köln 1988; moderater: *E. Arweck*, Researching New Religious Movements. Responses and redefinitions, London / New York 2006.

[3]   *Arweck*, Researching (s. Anm. 2), 293.

[4]   Siehe *M. Baumann*, »Merkwürdige Bundesgenossen« und »naive Sympathisanten«. Die
Ausgrenzung der Religionswissenschaft aus der bundesdeutschen Kontroverse um neue
Religionen, in: Zeitschrift für Religionswissenschaft 3, 1995, 111–136, 113.

lifizierte er nicht als legitime Form von Religion oder einen legitimen Ausdruck von Religiosität, sondern als eine Gefahr für Individuen, Familien und die Gesellschaft.[5] Seine Kritik setzte nicht bei den Inhalten, sondern bei den Strukturen und Praktiken der Jugendreligionen an.[6] Haack folgte einem seelsorgerlichen Ansatz, verstand sich als Verteidiger der Eltern und forderte staatliche Stellen zum Einschreiten auf. Im Sommer 1978 gab er den Anstoß zum »Jugendsekten«-Diskurs, der zum nachhaltig negativen Image der neuen religiösen Bewegungen in der Bundesrepublik beitrug.[7] Haack und andere Sektenbeauftragte brachten auf Informationsveranstaltungen und Fachtagungen, in Einzelpublikationen und Pressebeiträgen das »Brainwashing«-Modell sowie den Betrugsverdacht in die Debatte ein und etablierten eine dem »Pathologie- bzw. Kriminalisierungskonzept verpflichtete«[8] Bewertung der neuen religiösen Bewegungen. Medien, staatliche Stellen und teilweise auch die Wissenschaft ließen sich von den kirchlich vorgegebenen Deutungsmustern leiten und übernahmen die »Gefahren- und Aufklärungsrhetorik«[9]. In den Massenmedien verband sich diese mit »boulevardspezifischen Inszenierungsstrategien«[10]. Die anerkannte Orientierungsfunktion der kirchlichen Sektenbeauftragten und die Etablierung der »Jugendsekten«-Kategorie lassen sich als eine gesellschaftliche Aufwertung der Kirche deuten.[11] Sie steht somit in Kontrast zur grundsätzlich kirchenkritischen Medienberichterstattung der sechziger und siebziger Jahre, die darauf zielte, den Kirchen politische und moralische Deutungskompetenz zu entziehen.[12]

Die kirchliche Haltung gegenüber den sogenannten »Jugendreligionen« war jedoch nicht völlig uniform. Zwar konnte Haacks Medienpräsenz den Eindruck erwecken, er spreche für die gesamte Kirche,[13] jedoch folgten innerkirchlich nicht alle seiner prinzipiellen Gegnerschaft. So suchten EZW-Referenten nach Ursachen für das Aufkommen der neuen Religionsformen und nach einem angemessenen kirchlichen Umgang mit ihnen.[14] Der Referent Michael Mildenber-

---

[5]   Siehe *Arweck*, Researching (s. Anm. 2), 290.

[6]   Vgl. *M. Hero*, Die neuen Formen des religiösen Lebens. Eine institutionentheoretische Analyse neuer Religiosität, Würzburg 2010, 103.

[7]   Siehe *Usarski*, Stigmatisierung (s. Anm. 2), 89.

[8]   *Usarski*, Stigmatisierung (s. Anm. 2), 232.

[9]   *Hannig*, Religion (s. Anm. 1), 376.

[10]   *Hannig*, Religion (s. Anm. 1), 382.

[11]   *Usarski*, Stigmatisierung (s. Anm. 2), 164.

[12]   *Hannig*, Religion (s. Anm. 1).

[13]   Siehe *Arweck*, Researching (s. Anm. 2), 259.

[14]   Siehe *S. Joneleit-Oesch*, Die Kirche und die Gurus. Die Geschichte der Evangelischen Zentralstelle für Weltanschauungsfragen mit der Hare-Krishna- und der Osho-/Bhagwan-Bewegung, Frankfurt am Main 2003, 170.

ger versuchte, die Vorgaben des Ökumenischen Rates der Kirchen zum interreligiösen Dialog auf den Umgang mit alternativ-religiösen Gruppen zu übertragen und forderte in der kirchlichen Apologetik »Achtung vor Andersdenkenden«[15]. Auch selbstreflexive Deutungen kamen auf, etwa wenn auf kirchliche Defizite im Bereich der seit den siebziger Jahren ins Zentrum der Aufmerksamkeit rückenden religiösen Erfahrung verwiesen wurde.[16] Ebenso fanden soziologische Deutungsmuster, die in der alternativen Religiosität eine Reaktion auf die Krise der modernen Kultur sahen, allmählich Eingang in die Analysen der EZW-Referenten.[17] Pauschale Verurteilungen und vordergründige Abwehrreaktionen wurden zunehmend kritisiert, die »Frontkämpfermentalität« einiger Weltanschauungsbeauftragter und Elterninitiativen abgelehnt.[18] Allerdings bewerteten auch die EZW-Referenten die neuen religiösen Bewegungen vom christlichen Standpunkt aus sehr kritisch, charakterisierten sie mit der religionssoziologischen Kategorie »Sekte« und sahen die Kirche in einer »orientierenden Funktion«[19]. In den Evangelischen Akademien erhielten sowohl Vertreter einer aggressiven als auch einer moderateren Apologetik das Wort. Auch »Sekten-Aussteiger« traten dort auf und berichteten mit dem Ziel der Abschreckung von den negativen Folgen religiöser Praktiken.[20] Anfang der achtziger Jahre schien indes aus kirchlicher Perspektive die größte Gefahr gebannt zu sein[21] und der »Jugendsekten«-Diskurs ebbte ab.

---

[15]   *M. Mildenberger*, Kirchliche Apologetik muss Achtung vor dem Andersdenkenden haben, in: EZW Arbeitstexte Nr. 22, III/82, 21 f.

[16]   Vgl. insgesamt die EZW Arbeitstexte Nr. 22, III/82.

[17]   *G. Küenzlen*, Kirche und Alternativkultur, in: Materialdienst der Evangelischen Zentralstelle für Weltanschauungsfragen Nr. 4/1983, 100–107.

[18]   *H.-D. Reimer / R. Hummel*, »Jugendreligionen« in den 80er Jahren. Eine Bestandsaufnahme, in: Materialdienst der EZW, Sonderdruck 4, 13.

[19]   *Mildenberger*, Apologetik (s. Anm. 15), 22.

[20]   Vgl. *T. Mittmann*, Kirchliche Akademien in der Bundesrepublik. Gesellschaftliche, politische und religiöse Selbstverortungen, Göttingen 2011, 202.

[21]   *T. Sundermann*, Auf der Suche nach Kriterien in der Begegnung mit der Esoterik. Ein Gespräch mit Manfred Josuttis, in: *M. Bergunder / D. Cyranka (Hg.)*, Esoterik und Christentum. Religionsgeschichtliche und theologische Perspektiven. Helmut Obst zum 65. Geburtstag, Leipzig 2005, 205–215, 205.

2 HARMONISIERUNG ODER PROFILIERUNG: DIE REAKTIONEN AUF DIE NEW-AGE-BEWEGUNG

Wenige Jahre später sahen sich jedoch die christlichen Kirchen mit neuen Strömungen alternativer Religiosität konfrontiert. Aus dem Umfeld der kalifornischen Protestbewegung kommend, breiteten sich in den achtziger Jahren auch im deutschsprachigen Raum Theorien und Praktiken aus, die unter dem Begriff »New Age« zusammengefasst wurden. Fünf Tendenzen charakterisierten die New-Age-Religiosität:[22] 1. Die Hoffnung auf ein neues Zeitalter; 2. die Diesseitsausrichtung; 3. die holistische Vorstellung, dass alles mit allem zusammenhänge; 4. ein Evolutionismus, der sich auf das menschliche Bewusstsein, die Gesellschaft und den Kosmos bezog; sowie 5. eine Psychologisierung der Religion und Sakralisierung der Psychologie. Im New Age vermischten sich Elemente der westlichen Esoterik mit Bestandteilen aus östlichen Religionen und säkularen Elementen wie Evolution und Psychologie. Die Gottesvorstellungen variierten zwischen Pantheismus, Monotheismus, Polytheismus und moderatem Atheismus. Grundsätzlich galt das Göttliche als vom Einzelnen innerlich erfahrbar. Dabei spielte neben dem Geist auch der Körper eine große Rolle.[23]

Eine gemeinsame New Age-Lehre existierte jedoch nicht, zwischen den Aussagen seiner prominenten Autoren gab es lediglich Überschneidungen.[24] Zu den Leitfiguren des New Age zählte die amerikanische Wissenschaftsjournalistin Marilyn Ferguson. Ihr 1982 auf Deutsch erschienenes Buch »Die sanfte Verschwörung. Persönliche und gesellschaftliche Transformation im Zeichen des Wassermanns«[25] erlebte bis 1989 acht Auflagen. In Deutschland stark rezipiert wurde auch der österreichisch-amerikanische Atomphysiker Fritjof Capra mit seinem 1983 veröffentlichten Buch »Wendezeit. Bausteine für ein neues Weltbild«. Darin vermischte er östliches Gedankengut mit westlicher Physik und kündigte einen Wechsel zu einem neuen holistisch-systemtheoretischen und

---

[22] Vgl. *W. J. Hanegraaff*, New Age and Western Culture. Esotericism in the Mirror of Secular Thougth, Leiden / New York / Köln 1996, 365–366.

[23] Die Somatisierung der Religion im New Age betont vor allem *Pascal Eitler*. Vgl. *ders.*, Körper – Kosmos – Kybernetik. Transformationen der Religion im »New Age« (Westdeutschland 1975–1990), in: Zeithistorische Forschungen 4, 2007, 116–136; *ders.*, »Alternative« Religion. Subjektivierungspraktiken und Politisierungsstrategien im »New Age« (Westdeutschland 1970–1990), in: *S. Reichardt / D. Siegfried (Hg.)*, Das alternative Milieu. Antibürgerlicher Lebensstil und linke Politik in der Bundesrepublik Deutschland und Europa 1968–1983, Göttingen 2010, 335–352.

[24] *Knoblauch*, Populäre Religion (s. Anm. 1), 102.

[25] *M. Ferguson*, The Aquarian Conspiracy. Personal and Social Transformation in the 1980s, Los Angeles 1980.

ökologischen Paradigma an. Indem New Age die Ablehnung eines dogmatischen Christentums, eines zweckrationalen Vernunftsdenkens und einer Materialismusorientierung miteinander verband, kann es als eine »Kulturkritik« an der modernen westlichen Gesellschaft verstanden werden.[26]

Die Sozialform von New Age war nicht mehr die Gruppe, die sich um einen Guru sammelte, sondern miteinander vernetzte einzelne Individuen. Knotenpunkte im Netzwerk waren Zentren, Lehrinstitute, Verlage, Zeitschriften, Buchläden und Therapiezentren. Ein institutioneller Kern fehlte ebenso wie eindeutige Merkmale der Zugehörigkeit, so dass man nur unter Vorbehalt von einer »Bewegung« sprechen kann. Hingegen existierte eine Art »sekundäre Sozialwelt in den Medien des Marktes und der Information.«[27] Insgesamt war New Age hinsichtlich seiner Lehre und sozialen Form schwer fassbar.[28] Damit bot es aber auch die Möglichkeit, ganz unterschiedliche Strömungen, Gruppierungen und Identitäten darunter zu subsumieren. So war denn New Age auch bald mehr eine Fremd- als eine Selbstbeschreibung. Sie diente in der öffentlichen Diskussion der zweiten Hälfte der achtziger Jahre allgemein als »Chiffre für nichtkirchliche Religiosität« und inkludierte auch Bewegungen, die nicht millenaristisch orientiert waren.[29] Über die Massenmedien und den Buchmarkt wurde ein breites Publikum mit dem New Age bekannt gemacht. Ende der achtziger Jahre zählten allerdings nur schätzungsweise vier Prozent der Bevölkerung im deutschsprachigen Raum zu den New Age-Anhängern.[30] Entscheidender aber ist, dass die Vorstellungen und Praktiken des New Age immer mehr in die Gesamtgesellschaft diffundierten.[31]

Innerhalb und im Umfeld der Kirchen setzte die Auseinandersetzung mit der neuen alternativen Religiosität bereits früh ein. Intensiv reagierte vor allem

---

[26]   Siehe *Hanegraaff*, New Age (s. Anm. 22), 515–517.

[27]   *I. Mörth*, New Age – neue Religion? Theoretische Überlegungen und empirische Hinweise zur sozialen Bedeutung des Wendezeit-Syndroms, in: Kultur und Gesellschaft. Verhandlungen des 24. Deutschen Soziologentags, des 11. Österreichischen Soziologentags und des 8. Kongresses der Schweizerischen Gesellschaft für Soziologie in Zürich 1988. Hg. im Auftrag der Deutschen, der Österreichischen und der Schweizerischen Gesellschaft für Soziologie von *M. Haller / H.-J. Hoffmann-Nowotny / W. Zapf*, Frankfurt / New York 1989, 297–320, 316.

[28]   Das erschwert auch eine wissenschaftliche Definition. Hanegraaff schlägt daher vor, zwischen einem New Age »sensu strictu« und einem New Age »sensu lato« zu unterscheiden. New Age im weiteren Sinne meint die Ansammlung an Bewegungen, die seit den sechziger Jahren entstanden sind. Vgl. *Hanegraaff*, New Age (s. Anm. 22).

[29]   Siehe *C. Bochinger*, »New Age« und moderne Religion. Religionswissenschaftliche Analysen, Gütersloh 1995, 515.

[30]   Vgl. *Knoblauch*, Populäre Religion (s. Anm. 1), 114.

[31]   So der Befund von *Knoblauch*, Populäre Religion (s. Anm. 1), 118.

die katholische Seite, bewegte sich doch New Age auf einem Gebiet, in dem vor allem der Katholizismus präsent war: Mystik, Glaubensheilung, religiöse Erfahrung, Kontemplation, Spiritualität und Ordensleben.[32] Doch auch im evangelischen Bereich wurde reagiert, wie im Folgenden gezeigt wird.

Die Evangelischen Akademien veranstalteten schon früh Tagungen zu den neuen Entwicklungen auf dem religiösen Feld, wobei Bad Boll eine Vorreiterrolle spielte.[33] Im Unterschied zu den sog. »Sekten« der siebziger Jahre schienen mit der New Age-Bewegung angesichts ihrer undogmatischen Lehre und ihren offenen Strukturen Gespräche möglich zu sein. So traten Vertreter der neuen Bewegung als Referenten auf, wodurch auch die Akademien zur Popularisierung des New Age beitrugen. Bei den Veranstaltungen wurde über das beobachtete wachsende Bedürfnis nach »erfahrener« Religiosität diskutiert und dies selbstkritisch als Reaktion auf kirchliche Versäumnisse gedeutet. Einige Praktiken der neuen erfahrungsorientierten Religionsbewegung erschienen den Tagungsreferenten und -teilnehmern in die christliche Praxis integrierbar. Redner, wie etwa Wolfgang Dahlberg,[34] gingen noch weiter und generierten eine Art »New-Age-Christentum«, indem sie das »neue Denken« mit christlichen Begriffen und Metaphern ergänzten.[35] Bei den Tagungen kamen zwar auch New Age-Kritiker zu Wort, doch war die Gefahrenrhetorik auf den Akademieveranstaltungen nicht dominant. Nicht »Stigmatisierung«,[36] sondern Integration wurde hier als adäquates Handlungsmuster gegenüber alternativen Religionsangeboten betrachtet.

Nach Einschätzung der Evangelischen Zentralstelle für Weltanschauungsfragen verfolgten die Evangelischen Akademien eine »unkritische, auf eine bestimmte Art von Dialog angelegte Strategie«.[37] Die Zentralstelle übernahm im

---

[32] Vgl. *R. Hummel*, New Age und die Zukunft der Religion. Eine Antwort auf die Vorschläge von Hermann Timm, in: Lutherische Monatshefte 11/89, 489–492, 489.

[33] Tagungen in Bad Boll: 10.–12.1.1986: New Age. Aufbruch in eine neue Zeit? Aspekte des Bewußtseinswandels; 17.–19.10.1986: Transpersonale Psychologie und Gotteserfahrung; 10.–14.11.1986: Christliche Meditation und östliche Religion; 9.–11.1.1987: New Age II.

[34] Dahlberg referierte auf der Tagung »New Age. Aufbruch in eine neue Zeit? Aspekte des Bewußtseinswandels«, 10.–12.1.1986 in Bad Boll. Vgl. Protokolldienst 16/86. Vgl. auch: *W. Dahlberg*, New Age und Christentum. Skizzen eines Dialogs 1986–1991, München 1992. Das Buch enthält 17 Vorträge und Podiumsbeiträge von Dahlberg in kirchlichen Einrichtungen.

[35] Vgl. zu dieser Richtung allgemein *W. Thiede*, Esoterik – die postreligiöse Dauerwelle. Theologische Betrachtungen und Analysen, Neukirchen-Vluyn 1995, 112.

[36] *Usarski*, Stigmatisierung (s. Anm. 2).

[37] 25 Jahre Evangelische Zentralstelle für Weltanschauungsfragen (EZW Berlin). – Ich danke Dr. Reinhard Hempelmann und Dr. Matthias Pöhlmann für die Möglichkeit, Archi-

New Age-Diskurs den Part des Kritikers.[38] In zahlreichen Publikationen versuchten die Referenten, New Age religionswissenschaftlich zu beschreiben, es christlich-theologisch zu beurteilen sowie Empfehlungen für den interreligiösen Umgang zu geben. Im Unterschied zum »Jugendsekten«-Diskurs, beschäftigte man sich mit der neuen Religiosität stärker inhaltsanalytisch. Die Referenten verwiesen auf historische Vorläufer wie Gnosis und Theosophie, um dem New Age den Reiz des Neuen zu nehmen, es innerkirchlich abzuwerten und historische Vorbilder für den Umgang mit außerkirchlicher Religiosität heranzuziehen. Die Deutungsmuster der Referenten enthielten aber auch eine gewisse Variationsbreite, je nach fachlichem Zugriff und je nach Einstellung zur »Moderne«.

Die erste fundierte literarische Auseinandersetzung mit New Age in der Bundesrepublik kam von Hans-Jürgen Ruppert. Der EZW-Referent publizierte 1985 ein Buch mit dem Titel »New Age. Endzeit oder Wendezeit?« und bot darin der Öffentlichkeit und Wissenschaft erste Deutungsmuster an. Auch in den Folgejahren veröffentlichte Ruppert noch mehrfach zu diesem Thema. Die Ursache für das Aufkommen und die Attraktivität von New Age sah der Theologe in den Enttäuschungen »über die nicht eingelösten Versprechungen der Moderne und ihrer materialistisch orientierten Kultur«.[39] Im »New Age-Bewusstsein« vermischte sich seiner Analyse nach Okkultismus, neue Gnosis und fernöstliche Religiosität mit humanistischer Psychologie und modernen naturwissenschaftlichen Theorien. New Age war für den Theologen sowohl eine »moderne Variante eines vor- und außerchristlichen ›Selbsterlösungsweges‹« als auch eine »säkular-rationalistische Ersatzreligion«.[40] Da Ruppert sich primär mit dem »Esoterik-Boom« im New Age beschäftigte, fanden sich in seinen Äußerungen auch noch Elemente der Gefahrenrhetorik. Zur Abgrenzung von der New-Age-Bewegung setzte er auf eine Stärkung der trinitarischen und christologischen Grundlagen des christlichen Glaubens.[41]

Gottfried Küenzlen, ebenfalls Referent der EZW, sprach von einem »New Age-Syndrom« und ordnete es in die geistesgeschichtliche und gesellschaftliche Entwicklung ein. Unter Rückgriff auf die Terminologie Max Webers bezeichnete der Theologe und Soziologe die neue Bewegung als »Sammelbecken ›vagabun-

---

valien der Evangelischen Zentralstelle für Weltanschauungsfragen (EZW) in Berlin einsehen zu können.

[38]   Vgl. den Sammelband von fünf Referenten der EZW: *H. Hemminger (Hg.)*, Die Rückkehr der Zauberer. New Age: eine Kritik, Reinbek bei Hamburg 1987.

[39]   *H.-J. Ruppert*, New Age-Bewußtsein und Esoterik. Hintergründe ihrer gesellschaftlichen Plausibilität, in: Materialdienst der EZW 6/1988, 161–177, 169.

[40]   *Bochinger*, New Age (s. Anm. 29), 50.

[41]   *W. Knackstedt / H.-J. Ruppert*, Die New Age-Bewegung. Darstellung und Kritik. EZW Texte Information Nr. 105, V/1988, 34.

dierender Religiosität««[42]. New Age galt ihm als eine Variante der in der Geschichte der Moderne immer wieder auftretenden antimodernistischen Bewegungen. Die Sinndeutungsmuster des institutionalisierten Christentums und der säkularen Glaubensmächte böten in der Gegenwart vielen Menschen keine Orientierungsmöglichkeit mehr. In dieses Vakuum stoße das New-Age-Denken und offeriere mit dem Evolutionsglauben ein Hoffnungs- und Zukunftsangebot. Es stille das Bedürfnis nach Ganzheit, das die Fragmentierung und Segmentierung des modernen Zivilisationsprozesses hervorgerufen hatte. Die Verheißung des neuen Menschen im New Age ging laut Küenzlen auf einen mystisch-evolutionären Utopismus zurück, der – meist mit indisch-religiösem Hintergrund – in Theosophie und Spiritismus schon seit dem 19. Jahrhundert im Westen auftrat und nun in der New-Age-Szene neu aufblühte.[43]

Als Reaktion auf die Defiziterfahrungen der modernen Menschen empfahl er der Kirche »vernachlässigte Dimensionen der christlichen Verkündigung« wieder neu zu entdecken.[44] Küenzlen hielt jedoch nicht alle religiösen Erwartungen der modernen Gesellschaft für christlich einholbar.[45] Eine partielle Übernahme der alternativen Spiritualität hielt er für ausgeschlossen, da sie Ideen und Weltbilder einer östlich-mystischen Kosmologie mitliefere, die der Botschaft des Evangeliums fremd seien.[46] So werde Gott als unpersönliches Universum oder kosmisches Bewusstsein gedacht. Letztlich handle es sich beim »New Age-Messianismus« um ein »Selbsterlösungsprogramm […] in religiösem Gewand«.[47] Um einer humanen Kultur willen müsse die christliche Kirche sowohl gegenüber dem New Age als auch gegenüber einem »totalen Rationalismus« in der Gesellschaft das Wissen um die »Daseinsohnmächtigkeit«, die »Endlichkeit« und die »Erlösungsbedürftigkeit« des Menschen wach halten. Ohne eine klare

---

[42] *G. Küenzlen*, Das Unbehagen an der Moderne. Der kulturelle und gesellschaftliche Hintergrund der New Age-Bewegung, in: *H. Hemminger (Hg.)*, Die Rückkehr der Zauberer. New Age: eine Kritik, Reinbek bei Hamburg 1987, 187–222, 214.

[43] *G. Küenzlen*, Vagabundierende Religiosität am Beispiel des New-Age-Syndroms, in: Der Evangelische Erzieher 41, 1989, 111–121, 115. Auch das vom VELKD-Arbeitskreis »Religiöse Gemeinschaften« herausgegebene »Handbuch religiöse Gemeinschaften, Freikirchen, Sondergemeinschaften, Sekten, Weltanschauungen, Missionierende Religionen des Ostens, Neureligionen, Psycho-Organisationen« (Gütersloh 1993) sah in der Theosophie einen Vorläufer von New Age, vgl. 423.

[44] *Küenzlen*, Vagabundierende Religiosität (s. Anm. 43), 120.

[45] Ebd.

[46] Vgl. *G. Küenzlen*, Wendezeit – oder ›Die sanfte Verschwörung‹. Geschrieben für das Württembergische Pfarrerblatt ›Für Arbeit und Besinnung‹. Anlage zum Bericht von Küenzlen für die Konferenz der Landeskirchlichen Beauftragten 1984 in Nordenham (EZW Berlin).

[47] *Küenzlen*, Unbehagen (s. Anm. 42), 218.

Abgrenzung gegenüber New Age sah Küenzlen die gesellschaftliche Position der Kirche in Gefahr. Nachdem sie »ihr religiöses Monopol verloren« hatten, sollten die Kirchen auf dem »Markt der religiösen Angebote«[48] eigenes Profil zeigen.

Reinhart Hummel, der Leiter der Stuttgarter Zentralstelle, informierte an verschiedenen Publikationsorten über Sozialgestalt und Inhalte der New-Age-Bewegung. In seiner Deutung folgte der Theologe und Religionswissenschaftler dem Ansatz des Soziologen Peter L. Berger, nach dem die Modernität das Bedürfnis nach Mystik, Ökologie und Selbsterfahrung selbst hervorbringe.[49] Hummel hielt New Age für »interreligiös angereicherte und von apokalyptischen Ängsten aufgeladene Neoromantik«.[50] Trotz aller Kritik an der Moderne schreibe New Age aber das Programm der Moderne fort, indem es sich »die religiösen Traditionen der gesamten Menschheit als Dispositionsmasse verfügbar« mache.[51] New Age war für den Theologen also sowohl »Neoromantik« als auch religiöser Konsumismus. Hummel sah hinter New Age die Frage nach dem Verhältnis von Religion und Moderne, auf die auch Kirche und Theologie noch eine Antwort schuldig sei. Diese könne jedoch nicht in der christlichen Vereinnahmung der New-Age-Thematik und -Bewegung liegen. Denn nach Hummel war der vom New Age geforderte Paradigmenwechsel ein »Glaubenswechsel« hin zu einer »Vergötterung des menschlichen Bewußtseins«, zu einem »Machbarkeitsglauben«, zum Glauben an »das neue Systemdenken und Paradigma«, an Astrologie und Magie und zu einem »kultischen Synkretismus«[52]. Die Antwort des Christentums auf die Krise der Moderne müsse gegenüber der New Age-Religiosität und der Säkularität etwas Drittes, Neues sein.[53]

Hummel kommentierte auch die Stellungnahmen der Ökumene zu den Entwicklungen im religiösen Feld. Im September 1986 empfahl eine gemeinsame Konsultation des Ökumenischen Rates der Kirchen und des Lutherischen Weltbundes auf die neuen religiösen Bewegungen in vierfacher Weise zu reagieren:[54] Erstens mit einer besseren Vorbereitung des kirchlichen Personals auf die Arbeit in einer religiös pluralen Gesellschaft; zweitens mit einem Informationsaus-

---

[48]   A. a. O., 214.

[49]   »Das gegenwärtige Wiederaufleben religiöser Strömungen deutet nicht nur auf eine mögliche Umkehr des Säkularisierungstrends hin, sondern läßt sich auch als eine spezifische Manifestation des Entmodernisierungsimpulses verstehen« (*P. L. Berger / B. Berger / H. Kellner,* Das Unbehagen in der Modernität, Frankfurt / New York 1973, 171f.)

[50]   epd Dokumentation Nr. 39/87 vom 14. 9. 1987.

[51]   *R. Hummel,* New Age und die Zukunft der Religion. Eine Antwort auf die Vorschläge von Hermann Timm, in: Lutherische Monatshefte 11/89, 489–492, 492.

[52]   Thesen zur Diskussion. In: epd Dokumentation Nr. 39/87 vom 14. 9. 1987.

[53]   *Hummel,* New Age (s. Anm. 51), 492.

[54]   Abgedruckt in: Materialdienst der EZW 50, 1987, 44 ff.

tausch über neue religiöse Bewegungen auf ökumenischer Ebene; drittens mit einer Erneuerung und Intensivierung des eigenen geistlichen Lebens; und viertens mit einem vorurteilsfreien, selbstreflexiven und auch kritischen Dialog mit den neuen religiösen Bewegungen. Hummel sah hinter dieser Dialogbereitschaft auch durchaus eigennützige Motive. Mit dem Dialog verbänden sich Hoffnungen, dass durch ihn »die radikaleren religiösen Bewegungen zu größerer Selbstkritik befähigt« würden und dass die Rückkehr »enttäuschter Mitglieder und Ehemaliger in die Kirchen leichter« würde.[55]

Auf Tagungen von evangelischen Einrichtungen übernahmen die EZW-Referenten die Funktion der kirchlichen Grenzwächter. Angesichts zahlreicher Harmonisierungsversuche sahen sie ihre Hauptaufgabe darin, die Differenzen zwischen Christentum und New Age im Gottes-, Welt- und Menschenbild zu markieren. So etwa auf einer Journalisten- und Redakteursversammlung des Fachbereichs Zeitschriften im Gemeinschaftswerk der Evangelischen Publizistik in Pforzheim/Hohenwart am 3. und 4. Juni 1987 unter dem Titel: New Age – eine Bewegung überrollt die Kirche«. Dort übernahm es Reinhart Hummel, die theologische Grenzlinie gegenüber New Age zu markieren, während ansonsten Anhänger des New Age bzw. eines »New Age-Christentums«[56] auftraten.[57]

Grenzwächterfunktion übernahmen auch die landeskirchlichen Weltanschauungsbeauftragten. Angesichts der hohen Aufmerksamkeit, welche die New Age-Bewegung medial vermittelt erregte, war die Nachfrage bei den Landeskirchlichen Beauftragten nach Informationen und Stellungnahmen groß.[58] Die Beauftragten sprachen auf Pfarrkonferenzen, vor Religionslehrern, in Bildungswerken und vor Gemeindegruppen. Sie publizierten in der kirchlichen Presse oder brachten Aufklärungsschriften heraus.[59] Der diffuse Charakter der New-Age-Bewegung machte es auch den Weltanschauungsbeauftragen schwer, zu einer klaren Begriffsbestimmung zu kommen. Gingen einige von einem eher engen New-Age-Begriff aus, wie es auch die EZW tat,[60] benutzten einige andere

---

[55] *R. Hummel*, Dialog mit Neuen religiösen Bewegungen? Konsultation des ÖRK und des LWB in Amsterdam, in: Materialdienst der EZW 50, 1987, 47–50, 49.

[56] Der Begriff wird verwendet in: *H.-J. Ruppert*, New-Age-Bewegung, in: Verkündigung und Forschung 33, 1988, Heft 2, 71–94, 87.

[57] Einige Beiträge sind abgedruckt in: epd Dokumentation Nr. 39/87 vom 14. 9. 1987.

[58] Vgl. den Jahresbericht 1987 von Pfarrer Erwin Haberer, Beauftragter der Evangelisch-Lutherischen Kirche in Bayern für religiöse und geistige Strömungen unserer Zeit (EZW Berlin).

[59] Z. B. *E. Haberer*, Herausforderung New Age. Zur christlichen Auseinandersetzung mit neuem Denken. Evangelischer Presseverband für Bayern 1989.

[60] Vgl. Vorwort von *H. Hemminger* zu dem Band »Die Rückkehr der Zauberer« in: *Haberer*, Herausforderung New Age (s. Anm. 59), 10.

den Begriff New-Age-Bewegung als Sammelbegriff für außerkirchliche Religiosität unterschiedlichster Art.[61] Sorge bereitete ihnen vor allem das Grassieren von New Age-Vorstellungen innerhalb der Kirche.[62] Die Furcht richtete sich demnach nicht mehr so sehr auf eine Mitgliederabwerbung durch eine außerkirchliche religiöse Konkurrenz, sondern auf eine religiöse Diffusion in die eigene Kirche hinein. Die Beauftragten appellierten daher an ihre Kirchen, dieser Herausforderung aktiv zu begegnen und nicht davon auszugehen, die neuen religiösen Bewegungen aussitzen zu können.[63]

Eine zusätzliche Front ergab sich für die Arbeit der meisten Weltanschauungsbeauftragten auf Seiten der Evangelikalen. Diese sahen die Menschheit vor einem »Strafgericht Gottes«. Die verfasste Kirche könnte wegen »theologischen Substanzlustes« der gegenwärtigen Sinnkrise der westlichen Welt nichts entgegensetzen. In der New Age-Religiosität aber künde sich die vielleicht »letzte Geschichtsepoche der Menschheit« an.[64] Die evangelikal-fundamentalistische »Dämonisierungsstrategie«[65] gegenüber New Age schnitt nicht nur jeden Dialog mit dessen Anhängern,[66] sondern auch mit Vertretern einer moderaten christlichen Apologetik ab.[67]

Weiterhin aktiv war auch Friedrich-Wilhelm Haack, jedoch mit stark rückläufiger Medienpräsenz. Zum Teil wurden seine Positionen in den Medien nun ironisierend dargestellt und sein Sekten-Ansatz als unzeitgemäß eingestuft.[58]

---

[61] Tätigkeitsbericht des Beauftragten für Weltanschauungsfragen im Amt für Gemeindedienst der Evangelisch-Lutherischen Landeskirche Hannovers für die Zeit vom 1.1.85–15.11.86 (EZW Berlin).

[62] Schreiben des Beauftragten für Weltanschauungsfragen der Nordelbischen Evangelisch-Lutherischen Kirche Pastor Detlef Bendrath an die EZW, 21.4.1986 (EZW Berlin); Schreiben von Klaus Bender, Amt für Missionarische Dienste der Evangelischen Landeskirche in Baden, an die EZW, 24.11.1986 (ebd.).

[63] So der Beauftragte der Evangelisch-Lutherischen Kirche in Bayern für religiöse und geistige Strömungen unserer Zeit, Erwin Haberer, laut Protokoll auf der EZW-Konferenz der Landeskirchlichen Beauftragten und Referenten für Weltanschauungsfragen vom 7. bis 10.6.1988 in Hildesheim (EZW Berlin).

[64] Evangelikale erwarten ›Strafgericht Gottes‹. In: epd ZA Nr. 178 vom 17.9.1987, 1.

[65] *Hummel*, New Age (s. Anm. 51), 491.

[66] Hintergrund dieser Konfrontationsstrategie mag auch eine Reihe von Gemeinsamkeiten zwischen evangelikalen und esoterischen Bewegungen sein, auf die *H. Knoblauch* hinweist, Populäre Religion (s. Anm. 1), 81f.

[67] Vgl. den Jahresbericht 1987 von Pfarrer Erwin Haberer, Beauftragter der Evangelisch-Lutherischen Kirche in Bayern für religiöse und geistige Strömungen unserer Zeit (EZW Berlin).

[68] Vgl. *S. Esser*: Esoterik – Gefahr oder positive Kraft? Münchner Sektenpfarrer Haack kritisiert New-Age-Szene, in: Abendzeitung München vom 24./25.2.1990.

Haack blieb auch gegenüber New Age bei seiner »traditionsorientierten Abgrenzungsapologetik«.[69] New Age war für ihn »Neopaganismus«.[70] Sein Hauptaugenmerk legte er auf den Bereich des sogenannten »Heilungsokkultismus« und forderte hier ein staatliches Eingreifen.[71] Harte Kritik übte er auch an einem »unreflektierten New Age Denken in der Kirche«. Zwischen dem Glauben an den »Bibelgott« und dem Glauben an die »Lebensgottheit« gäbe es keine »Harmonisierung«,[72] erklärte er gewohnt pointiert. Nach Haack befand man sich gegenwärtig in einem »Kampf der Geister«.[73]

Dieser Kampf fand vor allem auf dem Buch- und Zeitschriftenmarkt statt. New Age hatte in der Bundesrepublik eine Flut von Publikationen ausgelöst. Neben der eigentlichen New-Age-Literatur erschienen etliche Bücher von Autoren, die zu einer Synthese von Christentum und New-Age-Bewusstsein tendierten.[74] Dabei wurden insbesondere der deutsche Mystiker Meister Eckhardt und der französische Jesuitenpater Teilhard de Chardin zu christlichen Bezugsgrößen der New-Age-Bewegung stilisiert. Hinzu kamen Publikationen von Autoren, die in New Age eine positive Herausforderung für Theologie und kirchliche Verkündigung sahen, einer Synthese aber kritisch gegenüberstanden.[75]

In keinem anderen gesellschaftlichen Bereich wurde die New Age-Thematik so intensiv rezipiert, wie innerhalb der christlichen Kirchen.[76] Auf das große Echo von New Age in der kirchlichen Publizistik,[77] in evangelischen Bildungseinrichtungen, in Jugendgruppen und Gemeinden mussten auch die Kirchenleitungen reagieren. Denn mit der Wirkung von New Age wurden sie letztlich mit aktuellen religiösen Bedürfnislagen in ihren eigenen Kirchen

---

[69]   *M. Roser*, Art. »Haack, Friedrich-Wilhelm«, in: T. Bautz (Hg.): Biographisch-Bibliographisches Kirchenlexikon, Bd. 22, Nordhausen 2003, 493–500, 495.

[70]   *F.-W. Haack*, Die Lebensgottheit und der Bibelgott. New Age, Okkultismus, Christenglauben, München 1988, 25.

[71]   A. a. O., 55.

[72]   A. a. O., 6.

[73]   A. a. O., 41.

[74]   Vgl. den Überblick bei *H.-J. Ruppert*, New-Age-Bewegung, in: Verkündigung und Forschung 33, 1988, Heft 2, 71–94, 87 ff.

[75]   Vgl. a. a. O., 71 ff.

[76]   So auch die Einschätzung in »New Age im Spiegel christlicher Beurteilung«, in: Materialdienst der EZW 1/88, 11.

[77]   Vgl. z. B.: Brennpunkt Seelsorge. Beiträge zur biblischen Lebensberatung Nr. 46, 1987, Heft 4: »New Age – Wendezeit für Christen«; Das missionarische Wort. Zeitschrift für Verkündigung und Gemeindeaufbau 40, 1987, Heft: »Unterscheidet die Geister«; Das Baugerüst. Mitarbeiterzeitschrift für außerschulische Jugendbildung 40, 1988, Heft 1 »Die Reise nach innen. New Age – Okkultismus – Esoterik«.

konfrontiert. Auch in den kirchenleitenden Stellungnahmen gab es eine Variationsbreite zwischen Abgrenzungs- und Harmonisierungstendenzen. Als einer der Ersten ging der badische Landesbischof Klaus Engelhardt auf der Landessynode im Mai 1987 auf New Age ein. Die Subjektbezogenheit von New Age kritisierte er als »narzißtisch«.[78] Für einen kritischen Umgang mit der New Age-Weltanschauung und ein konstruktives Eingehen auf die dahinterstehenden religiösen Bedürfnisse plädierte Ulrich Wilckens, der Bischof der Nordelbischen Evangelisch-Lutherischen Kirche auf der Landesynode 1988.[79] Stärker entgegen kam der aktuellen Religiosität der Darmstädter Kirchenpräsident Helmut Spengler, wenn er öffentlich seine »Nähe« zur Neureligiosität dokumentierte.[80] In der Bayerischen Landeskirche wurde die Auseinandersetzung mit New Age 1989 zur »Chefsache« gemacht. Bischof Johannes Hanselmann wies in einem Brief an alle Kirchengemeinden in Bayern auf die Unvereinbarkeit von Christentum und New-Age-Religiosität hin.[81] Die Flucht ins Irrationale, so Hanselmann in einer reduktionistischen Deutung der Ideen und Praktiken von New Age, könne nicht die Antwort auf die Vernunfts- und Technikgläubigkeit der Moderne sein. Hanselmann appellierte an die Gemeindeglieder, »ihre Spiritualität, ihr geistliches Leben« zu vertiefen. Angesichts der Attraktivität, die New Age auf Christen ausübte, verfolgte Hanselmann den Lösungsansatz: deutliche Abgrenzung auf der einen Seite, aber auch Reaktivierung einer christlichen Spiritualität auf der anderen Seite.

Der Rat der Evangelischen Kirche in Deutschland ließ sich im Oktober 1987 von der Evangelischen Zentralstelle für Weltanschauungsfragen über die New-Age-Bewegung informieren. In einem Kommunique folgte er deren Kurs der sachlichen, geistigen Auseinandersetzung, um »voreilige Identifizierung bzw. kenntnislose Ablehnung« abwehren zu können.[82] Erstaunt zeigte sich der Rat über die Flut von literarischen Lebenshilfen, die auf einem neuen Denken und nicht mehr auf christlichem Glauben basierten. Die Ratsmitglieder schienen die neue Konkurrenz auf dem Anbietermarkt für Lebenshilfe bislang ignoriert zu haben. In seinem Bericht auf der Synode des Folgejahres charakterisierte der Ratsvorsitzende Bischof Martin Kruse die Gegenwart als eine »Zeit diffuser religiöser Suche«. In seiner Analyse der Situation und den daraus zu ziehenden

---

[78]   Deutsches Allgemeines Sonntagsblatt Nr. 19 vom 10. 5. 1987, 19.

[79]   Bericht über die Verhandlungen der 8. ordentlichen Synode der 3. Legislaturperiode der Nordelbischen Evangelisch-Lutherischen Kirche vom 27. bis 30. Januar 1988, 169–172.

[80]   Zitiert nach: *H. Timm*, Evangelische Unterscheidung tut not. Noch einmal: Zur protestantischen Abwehr von New Age, in: Lutherische Monatshefte 5/90, 229–231, 229.

[81]   Vgl. Bischof *Hanselmann*: Christentum und New Age sind unvereinbar, in: idea 6, vom 8. 2. 1989, 6.

[82]   Epd ZA Nr. 197 vom 14. 10. 1987, 8.

Schlüssen folgte er den Ansätzen der EZW-Referenten. Er sprach von »vagabundierender Religiosität«, von der Auseinandersetzung mit der Gnosis als »Anschauungsmaterial«, vom Ende des Fortschrittsglaubens, dem Einfluss östlicher religiöser Erfahrungen und Praktiken sowie vom christlichen Vergessen eigener Traditionen wie der Mystik.[83] Die Etiketten »Sektenwesen« und »Götzendienst« lehnte er für die New Age-Bewegung ab.

Als Reaktion auf die Pluralisierung der religiösen Landschaft in der Bundesrepublik und mit dem Ziel der eigenen Profilschärfung setzte die EKD 1989 eine neue Kammer für Theologie ein. Sie sollte die EKD nach drei Richtungen hin gesprächsfähig halten: im Hinblick auf alternative religiöse Deutungsangebote, naturwissenschaftliche Grundlagenforschung und die großen Weltreligionen.[84] Auf derselben Synode wurde auch ein Beschluss zu den neuen religiösen Strömungen gefasst, der ebenfalls dem Profilierungsprinzip folgte. Angesichts des Einfließens von Elementen nichtchristlicher Religionen in Glauben und Praxis von christlichen Gemeinden erschien der Synode »Die ›Unterscheidung der Geister‹ […] dringend geboten!« Hierzu empfahl sie vier Maßnahmen:[85] 1. Qualifizierung des kirchlichen Personals für die Arbeit in einer veränderten religiösen Gesamtsituation; 2. Aufforderung an die Gemeinden, sich der Gefahr einer synkretistischen Auflösung der christlichen Botschaft offensiv zu stellen; 3. Beauftragung der neugebildeten Kammer für Theologie und Glaubensfragen, diese Fragen grundsätzlich zu bearbeiten; und 4. Stärkung der Arbeit der Evangelischen Zentralstelle für Weltanschauungsfragen. Damit kam die Synode der Forderung der EZW nach,[86] die Veränderungen auf dem religiösen Feld in der Bundesrepublik als gesamtkirchliche Herausforderung und Aufgabe zu verstehen.

Evangelische Universitätstheologen sahen hingegen zu viel defensive Ängstlichkeit auf Seiten der Kirchen. Der Münchner Systematiker Hermann Timm hielt angesichts eines »Marktes pseudospiritueller Beliebigkeiten« eine evangelische Religionskritik »als Fusions- und Konfusionskontrolle« zwar durchaus für relevant.[87] Er warnte jedoch die evangelische Kirche davor, an der scheinbar unumkehrbaren Religionsloswerdung der Moderne festzuhalten und nur »den negativen Part der Religionskritik als Ideologiekritik [zu] spielen, während das positive Denken den anderen Konfessionskulturen vorbehalten«

---

[83] Vgl. Kirchliches Jahrbuch für die Evangelische Kirche in Deutschland 115, 1988, 86 f.

[84] Bad Krotzingen 1989. Bericht über die sechste Tagung der siebten Synode der Evangelischen Kirche in Deutschland vom 5. bis 10. November 1989, Hannover 1990, 46.

[85] A. a. O., 817.

[86] *Hummel*, Jahresbericht für die Beauftragten-Tagung 1984 (EZW Berlin).

[87] *Timm*, Evangelische Unterscheidung (s. Anm. 80), 231.

werde.[88] Der Protestantismus sollte sich nach Timm das Erbe der reformatorischen Mystik, die pietistische Erfahrungsreligion sowie andere Traditionsbestände aktiv aneignen. Nur so könne er in der Auseinandersetzung mit dem New Age eine Selbstsicherheit gewinnen, die hinter der katholischen nicht zurückstehe. Timm forderte den Protestantismus dazu auf, sich aus dem »Bann des Historismus« zu lösen und sich an den »irdischen, de[n] kosmischen Christus« zu erinnern. Er hoffte auf »neuschöpferische Synkretismen«[89], auf »die symbiotische Kompetenz eines Zusammenlebens im Geist der Wahrheit.«[90]

Vom Konzept eines Dialogs der Religionen her argumentierte der Theologe Michael von Brück. In der Arbeitsgruppe »Der Geist Gottes und der Geist der Zeit« des Deutschen Evangelischen Kirchentages 1989 befürwortete er »transformative Synthesen«, lehnte aber die Verwischung von Widersprüchen ab.[91] Die New Age-Bewegung, die er als genuin westliche Bewegung charakterisierte, sah er durchaus differenziert.

Inhaltlich mit den durch New Age gestellten Fragen setzte sich schon früh Jürgen Moltmann auseinander.[92] Bereits 1983 rezensierte er Capras Bestseller durchaus wohlwollend. Er sah die heutige Theologie von Capra herausgefordert, »eine pneumatologische Schöpfungslehre zu entwickeln, die die Präsenz des Geistes Gottes in jedem Geschöpf und [...] in der Schöpfungsgemeinschaft betont.«[93] In seinem Buch »Gott in der Schöpfung« von 1985 unternahm Moltmann einen solchen Versuch. Insgesamt beschäftigten sich jedoch nur wenige evangelische Universitätstheologen mit den neuen religiösen Strömungen in der Bundesrepublik.

3 PLURALISIERUNG UND INDIVIDUALISIERUNG ALS HERAUSFORDERUNG: EIN RESÜMEE

Während die evangelische Kirche auf den sich entwickelnden alternativreligiösen Markt in den siebziger Jahren noch verstärkt mit Stigmatisierungsstrategien reagierte, variierten in den achtziger Jahren ihre Analysen und Reaktionen. Ins-

---

[88]   *H. Timm*, Zum Zauberstab der Analogie greifen. Querfragen an die protestantische New-Age-Deutung, in: Lutherische Monatshefte 10, 1989, 448–452, 449 f.

[89]   A. a. O., 452.

[90]   *Timm*, Evangelische Unterscheidung (s. Anm. 80), 231.

[91]   Deutscher Evangelischer Kirchentag Berlin 1989. Dokumente. Hrsg. i. A. des DEK von Konrad von Bonin. Stuttgart 1989, 305 f. Vgl. auch: *M. von Brück (Hg.)*, Dialog der Religionen. Bewußtseinswandel der Menschheit, München 1987.

[92]   *J. Moltmann*, Zeit der Wende. Über Bücher von Fritjof Capra, in: Evangelische Kommentare 11/1983, 623–625.

gesamt tat man sich schwer mit einer Gesamtcharakterisierung von New Age, der Erklärung seiner Anziehungskraft und mit einer adäquaten kirchlichen Reaktion. Kritisch wurde New Age als vor- und außerchristliche Selbsterlösungsreligion, als vagabundierende Religiosität, als synkretistischer Religionsersatz oder als postmoderner Frömmigkeitscode gekennzeichnet. Positiv wurde sie als eine Suchbewegung von Individuen nach einer erfahrungsorientierten Religiosität verstanden, die auch von kirchlichen Versäumnissen ausgelöst wurde, und zu einer Erneuerung des christlichen Glaubens führen könnte. Entsprechend variierten auch die Reaktionsmuster: Es gab sachliche religionswissenschaftliche Information über eine religiöse Bewegung, aber auch Aufklärungs- und Gefahrenrhetorik, die sich auf Elemente im New Age bezog, die als theologisch oder psychologisch gefährlich eingestuft wurden. Damit sollte ein Auszug von Menschen aus der Kirche ebenso verhindert werden wie ein Einzug von New Age-Gedankengut in die Kirche. Im Kampf gegen einen innerkirchlichen Synkretismus sollte die protestantische Identität durch theologische Stellungnahmen gestärkt werden. Aber auch gegenüber den Konkurrenten auf dem religiösen Markt galt es, das protestantische Profil zu schärfen.

Gleichzeitig zeigte man kirchlicherseits Dialogbereitschaft in einer zunehmend religiös pluralen Situation. Der Impuls, eine interreligiöse Dialogkultur zu entwickeln, kam auch aus der internationalen Ökumene. Die unscharfen Konturen und das Fehlen eines institutionellen Kerns gestalteten jedoch einen kirchlichen Dialog mit New Age schwierig.

Die größte Gratwanderung für die Kirchen aber bedeutete der Weg, den durch New Age artikulierten religiösen Bedürfnissen der Zeitgenossen, die vor allem auf eine religiöse (Selbst-)Erfahrung zielten,[94] mit innerkirchlichen Veränderungen und Akzentverlagerungen zu begegnen. Diese Entwicklung war allerdings schon vor dem Hype um New Age im Gange, etwa durch den Einzug therapeutischer Modelle[95] und die Erneuerung kirchlicher Frömmigkeitsformen. Durch den New-Age-Diskurs wurden sowohl diese Entwicklung fördernde wie kritisierende Kräfte mobilisiert.

---

[93]   A. a. O., 625.

[94]   Laut *Eitler* »propagierte und produzierte« New Age eine »besondere Form von Individuum oder besser noch Subjekt«; er spricht daher auch von den »Subjektivierungspraktiken« im New Age, vgl. *ders.*, »Alternative« Religion (s. Anm. 80), 337, 341. Letztlich war New Age dabei jedoch selbst nur Ausdruck eines religiösen Wandels, dessen gesellschaftlicher Fluchtpunkt das aufgewertete Subjekt und seine individuelle Sinnsuche ist, so *H. Knoblauch*, Populäre Religion (s. Anm. 1).

[95]   Vgl. zur katholischen Kirche: *B. Ziemann*, Zwischen sozialer Bewegung und Dienstleistung am Individuum. Katholiken und katholische Kirche im therapeutischen Jahrzehnt, in: Archiv für Sozialgeschichte 44, 2004, 357–393.

Die kirchlichen Reaktionen auf die neuen religiösen Bewegungen waren Bestandteil der Auseinandersetzung der Großkirchen mit einer zunehmend pluralen religiös-weltanschaulichen Situation in der Bundesrepublik und einem seit den siebziger Jahren wachsenden Bedürfnis nach individueller Spiritualität. Neben die Herausforderung durch den säkularen Humanismus und den Atheismus trat verstärkt die Herausforderung durch die religiöse Pluralisierung und Individualisierung respektive Subjektivierung, die bis heute anhält.

SYSTEMATISCHE THEOLOGIE

GOTT ODER GÖTZE?

Zum Modus des Umgangs mit der Frage nach der Identität Gottes
im interreligiösen Dialog

Helga Kuhlmann

1 DIE SITUATION

Gegenwärtig nach Gott, Göttern und Götzen zu fragen, spiegelt die religiöse und
weltanschauliche Pluralität, die in modernen Gesellschaften jeweils unterschiedlich ausgeprägt ist. Sie fordert in den letzten Jahren in neuer Weise zur Antwort
auf die Frage heraus, ob Menschen unterschiedlicher Religionen an denselben
Gott glauben. Christinnen und Christen sind von drei Seiten besonders herausgefordert, neu zu buchstabieren, was Gott für sie heißt, wie Gott ist, und was es
bedeutet, an Gott zu glauben. Sie werden besonders vernehmlich von Muslimen
gefragt, die auf diese Frage anders antworten, sowie schon seit längerer Zeit
von Gebildeten, deren religiöser Glauben in Europa religionssoziologischen Studien zufolge abnimmt und die erwarten, dass ihnen rational nachvollziehbare
Erklärungen für theologische Argumentationen gegeben werden.[1] Drittens gewinnen auch innerhalb der christlichen Religion Fragen nach der inhaltlichen
Bestimmtheit des eigenen Gottesglaubens an Relevanz. Die Wiederholung traditioneller Aussagen genügt nicht mehr, da das Verständnis dafür bei der Mehrzahl
der Christen nicht mehr gegeben ist. Während ein kleiner Prozentsatz Kirchen-
verbundener regelmäßig oder häufiger den Gottesdienst besucht, die eigene Religion im Alltag praktiziert und mit den Inhalten der eigenen Religion vertraut
ist, sind vielen Inhalte des eigenen Glaubens fremd geworden. Auch die dogmatischen Vereinbarungen der Alten Kirche sind unverständlich geworden. Die
Stimmen der Muslime, der nicht religiös Orientierten und der Fragenden in der

---

[1] Studie der Europäischen Kommission, Social Values, Science and Technology 2005,
Brüssel, 8–11.

eigenen religiösen Interpretationsgemeinschaft machen erforderlich, die Gehalte der Tradition neu zu formulieren und zu plausibilisieren.

2   Die Frage

Die Themenstellung des Kongresses der Wissenschaftlichen Gesellschaft für Theologie »Gott, Götter, Götzen« nimmt nicht nur Gott, sondern auch Götter und Götzen in den Blick. Wie kann ihr Verhältnis zueinander bestimmt werden? Während der Plural »Götter« auch in der Religionswissenschaft verwendet wird, dann gleichbedeutend mit dem Plural »Gottheiten«, beinhaltet der Begriff des »Götzen« das theologische Urteil, dass es sich um eine falsche Gottheit handelt. Dieser Begriff weist darauf hin, dass die Themenstellung auch theologisch gemeint ist.

In der christlichen biblischen Theologie und ihrer Auslegung wie in der traditionellen dogmatischen Theologie von der Alten Kirche bis in die Moderne, die sich selbst in weiten Teilen als Auslegung biblischer Theologie versteht, wird die eigene Gottesvorstellung von der anderer Gottesvorstellungen unterschieden, die pejorativ »Götter«, »Fremdgötter« bzw. »Fremdgottheiten«, falsche Gottheiten oder »Götzen« genannt werden. Im Licht und auf der Grundlage der Offenbarung des einen Gottes werden Götter bzw. Götzen identifizierbar, die als Personifizierungen widergöttlicher Mächte beurteilt werden. In Binnenperspektiven monotheistischer Offenbarungstheologien aber kann keiner dieser Mächte göttlicher Rang zuerkannt werden. Neben dem im Bekenntnis bestätigten, im Hymnus gepriesenen, im Gebet angerufenen und in der Theologie reflektierten Gott kommt keiner Macht zu Recht Gottheit zu.

Dies gilt auch trotz der funktionalen Bestimmung des Gottesbegriffs in der Bemerkung Martin Luthers zum ersten Gebot, alles, woran das Herz gehängt wird, sei »Gott«. Dieser Satz eignet sich nicht, um Luthers Gottesverständnis inhaltlich zu umschreiben.[2] Wenn er im Zusammenhang dessen interpretiert wird, was »Gott« inhaltlich bei Luther bedeutet, muss sie mit Luthers trinitarischer und christologischer Theologie verbunden werden. Luther macht darauf aufmerksam, dass die Gottesbeziehung nicht intellektuell, sondern im Inneren des Menschen affektiv *und* intellektuell verankert ist. Dennoch kann Gott auch nach Luthers Auffassung nicht durch das Herz, nicht durch die subjektive Ausrichtung, zum *wahren* Gott werden. Aus seiner Sicht wären der Mammon oder das eigene Ich gerade falsche Gottheiten, an die sich das Herz hängen könnte. Die Reformatoren heben hervor, dass Glauben-Können, die rechte Ausrichtung des Herzens, Gott zu verdanken ist. Damit aber wird die freie

---

[2]   *M. Luther*, Der Große Katechismus, 1. Gebot, BSLK 560.

Zustimmung des Herzens nicht bedeutungslos. Vielmehr wünscht Gott nach Luther, dass Menschen ihn suchen. Auch wenn das Glauben-Können durch Gott selbst zugeeignet wird, wird es aktualisiert durch die subjektive Ausrichtung des »Herzens« des Menschen. »Was dir manglet an Gutem, des versiehe Dich zu mir und suche es bei mir, und, wo Du Unglück und Not leidest, kreuch und halte Dich zu mir.«[3]

Das bedeutet, dass mit dem Verhältnis der drei Begriffe »Gott, Götter, Götzen« für Angehörige monotheistischer Religionen und für deren Theologie nicht drei qualitativ analoge Größen angesprochen werden, sondern der Bedeutungsgehalt der beiden letzten »Götter« und »Götzen« nur in Abhängigkeit vom Gottesbegriff bestimmt werden kann. Im Kern richtet sich dann die theologische Frage auf die Einzigkeit und Einheit Gottes, der sich zu Mächten und Gewalten ins Verhältnis setzt, die das göttliche Wirken oder Handeln einschränken oder sich ihm widersetzen.

In der Begegnung mit Angehörigen anderer Religionen ist die Nicht-Übereinstimmung mit der eigenen Gotteserkenntnis offensichtlich. Auf die Wahrnehmung dieser Diskrepanz reagierten in der christlichen Geschichte Kirchen und Theologien häufig mit der Verurteilung der anderen Position als Götzenverehrung.

In meinem Beitrag plädiere ich dafür, in Dialogen unter Angehörigen unterschiedlicher Religionen nach Denkmöglichkeiten der Einheit des Göttlichen zu suchen, bevor der anders als in der eigenen Religion erkannte Gott mit dem Begriff des Götzen und nicht mit dem des »anderen« Gottes bezeichnet wird. Analoges gilt auch für Differenzen zwischen Gottesvorstellungen innerhalb der eigenen Religionsgemeinschaft. Zur Geburtsstunde des Protestantismus gehört die Anerkennung von Differenzen im Gottesverständnis der eigenen christlichen religiösen Gemeinschaft. Der Gewissensfreiheit der einzelnen Person als letzter Instanz der Auskunft über die eigene Gotteserkenntnis und des in Freiheit erfolgten Gottesbekenntnisses kommt höchster Rang zu.

Auf dieser Grundlage können Fragen nach der Einheit des Göttlichen nur im Respekt gegenüber dem Glaubenszeugnis anderer bearbeitet werden. Das bedeutet keineswegs, Differenzen zu ignorieren, sondern vielmehr von ihrer Wahrnehmung ausgehend das eigene Gottesverständnis zu befragen. Die Differenz der Religionen in einer Kultur und damit auch das Zusammenleben von Angehörigen unterschiedlicher Religionen in Familie, Beruf und in pluralen Öffentlichkeiten wecken die Frage nach der Einheit Gottes auch im Inneren der Religionen. Statt der Identifikation des je anderen Gottesverständnisses als widergöttlich, satanisch, teuflisch oder als Götze und der damit naheliegenden Unmöglichkeit von Dialogen scheint mir das Formulieren und das Aushalten der

---

[3] Ebd.

offenen Frage, wie die unterschiedlichen Gotteserkenntnisse zu vereinbaren sind, als tragfähigerer Weg. Er ist darauf ausgerichtet, die Differenzen in der Gotteserkenntnis unter den Religionen besser zu verstehen. Durch die Dialoge können Möglichkeiten gemeinsamer Ethik und gemeinsamen Lebens eröffnet und das Friedenspotenzial in den unterschiedlichen Religionen gebündelt werden. Wenn die Frage nach der Einheit Gottes im Dialog mit Angehörigen anderer Religionen und – aus christlicher Sicht auch sachgemäß – im Dialog mit agnostischen Gesprächspartnern stärker als echte und offene Frage gestellt wird, korrespondiert ihr die Haltung des Hörens und der Öffnung für die Stimmen anderer und für die Stimme des Göttlichen.

3 Die Perspektive mutualen oder reziproken Inklusivismus

Im Rahmen einer christlichen Theologie der Religionen kann die Frage, ob Angehörige anderer Religionen an denselben Gott glauben wie Christen, so meine ich, nur inklusivistisch, von der eigenen Erkenntnis der Wahrheit her, beantwortet werden. Für nicht überzeugend halte ich den Weg von Theorien, die Religion für eine anthropologische Dimension halten und die in Religionen sowie in individuellen Ausprägungen religiösen Selbstbewusstseins unterschiedliche Varianten desselben erkennen. Sie unterstellen auch Menschen Religion, die sich selbst als agnostisch oder atheistisch bezeichnen. Eine inhaltliche Gemeinsamkeit lässt sich nicht plausibel machen. Ein solcher Religionsbegriff setzt voraus – auch gegen die Selbstinterpretation von Agnostikern – dass alle Menschen der Religion bedürfen, um ihr Leben sinnvoll führen und mit Kontingenzen umgehen zu können, und dass sie, ohne dies subjektiv zu wissen, tatsächlich Religion ausüben. Wenn demgegenüber Religion so verstanden wird, dass sie nur in der Gestalt konkreter Religionen existiert, dann sind damit bestimmte in der jeweiligen Religion als Normen anerkannte Erkenntnisse über die Qualitäten des Göttlichen, die Beziehung zwischen Göttlichem und Menschlichem und über die Lebensführung von Religionsangehörigen verbunden, die Differenzen deutlich machen. Religion gibt es demzufolge nur in konkreten Religionen.

In christlicher Perspektive wird die Wahrheit in der Erfahrung der Zuwendung Gottes zum Menschen erkennbar, und zwar auf die Weise, in der sich Gott durch den Heiligen Geist in Jesus Christus Menschen gegenüber zeigt. Ihrem (idealen) Selbstverständnis nach gewinnen Christinnen und Christen ihre Gotteserkenntnis, ihre Selbst- und ihre Welterkenntnis auf der Basis der Einsicht in die ihnen zuteil gewordene Gottesbeziehung zu ihnen. Das Sich-Einlassen und Vertrauen in diese Liebe machen den Vollzug ihres Glaubens (fides qua) aus, der systematisch einzelnen theologisch reflektierten Erkenntnissen der Gottesbeziehung (fides quae) vorgeordnet ist.[4]

Die christliche Sicht ist in dem Sinn inklusivistisch, dass sie alle Menschen in die liebende Zuwendung Gottes zur Welt in Schöpfung, Versöhnung und Vollendung einbezogen sieht. Exklusivistisch ist sie darin, dass sich für die christliche Gemeinschaft der liebende Gott einzigartig und ganz in seiner geistvermittelten Offenbarung in der Person Jesu Christi zeigt. Dieser Exklusivismus der Gotteserkenntnis gilt innerhalb der christlichen Religion. Schließt er andere Gotteserkenntnisse aus?

Da die Glaubensperspektive das eigene Gottes-, Selbst- und Weltverständnis umfasst, werden auch die Gottesverständnisse anderer Religionen in diesem Rahmen verortet. Statt diese aber als widergöttlich anzusehen, wie dies in der Tradition häufig geschah, können sie auch im Vertrauen darauf, dass die Liebe Gottes tatsächlich alle Menschen umfasst, als Wege Gottes erkannt und anerkannt werden, sich Menschen selbst zu präsentieren. Sie bleiben möglicherweise fremd und unverständlich, fordern aber zunächst dazu heraus, sich ihnen zuzuwenden, gerade weil auch sie wie die eigene Perspektive Menschen als Ausdruck göttlicher Selbstpräsentation gewiss wurden. Sie veranlassen, sich der Frage nach der Einheit und der Differenziertheit Gottes neu zuzuwenden.

Eine analog inklusivistische Perspektive wie der eigenen Sicht muss auch den Partnern im Dialog der Theologien zuerkannt werden. Theologien sind immer in Interpretationsgemeinschaften über den eigenen Glauben verankert und daher standortgebunden. Obwohl Angehörige anderer Religionen und Nicht-Glaubende die Perspektiven einer Religion nicht teilen (können), konstruieren alle Religionen ihre Perspektiven für alle, für die ganze Schöpfung, für die ganze Welt und für die ganze Geschichte.

Daher erscheint mir als Methode des Streits um die Wahrheit der Gotteserkenntnis der mutuale oder reziproke Inklusivismus angemessen zu sein, wie sie von Reinhold Bernhardt in die Diskussion eingebracht wurde.[5] Vom traditionellen Inklusivismus des Vaticanum II unterscheidet sich mutualer Inklusivismus darin, dass er bereit ist, auch die eigene Wahrheitserkenntnis in die dialogische Haltung einzubeziehen und sie als *eine* – immanent einzigartige und überzeugende – *Perspektive* auf die Wahrheit zu sehen. Trotz der eigenen Glaubensgewissheit ist sich dieser Inklusivismus der eigenen Fragmentarität der

---

[4]   Damit wird nicht ignoriert, dass dieses Selbstverständnis immer nur individuell angeeignet wird und dass dieser Aneignung eigenes theologisches Gewicht zukommt. Spätestens seit Schleiermacher, aber im Grunde schon mit Luthers Einspruch gegenüber der geltenden Lehre müssen im Protestantismus individuelle Glaubensgewissheit und theologische Lehre in eine Balance gebracht werden. Dennoch werden die Inhalte des Glaubens und die Bestimmung christlicher Identität nicht beliebig, sondern müssen sich konstruktiv und/oder kritisch auf die theologische Lehre beziehen.

[5]   Vgl. *R. Bernhardt*, Ende des Dialogs? Die Begegnung der Religionen und ihre theologische Reflexion (Beiträge zu einer Theologie der Religionen 2), Zürich 2006.

Gotteserkenntnis bewusst. Ein Verständnis von Mission, das auf die Konversion der Gesprächspartner zielt, ist mit dem im Dialog erforderten Respekt nicht zu vereinbaren. Demgegenüber zeichnet sich der Dialog durch Mission (Sendung) in dem Sinn aus, das eigene Gottesverständnis auch der fremden Perspektive gegenüber zu bezeugen und es möglichst verständlich zu plausibilisieren. Solcher »Mission« bedarf der Dialog auf beiden Seiten.

4 Die EKD-Studie »Christlicher Glaube und nicht-christliche Religionen«

Am Beispiel der 2003 erschienenen Schrift der EKD »Christlicher Glaube und nicht-christliche Religionen« sollen die vorstehenden Anmerkungen konkretisiert werden.[6]

Der Text geht differenzhermeneutisch vor und lehnt den Weg über einen allgemeinen Religionsbegriff ab, weil dieser zu differente Phänomene, Auffassungen und Praktiken umfasst (4, 9). Betont wird, dass auf der Grundlage der von Christen erkannten Wahrheit argumentiert wird, der von anderen Religionen widersprochen wird. Diese Wahrheit sei ein Ereignis, das Menschen so erfahren, dass sie sich darauf »schlechterdings« verlassen können. Die Wahrheitsfrage lasse sich nicht relativieren. Dennoch wird in einer Hinsicht von einem Absolutheitsanspruch der christlichen Wahrheit Abstand genommen. Auch Christen »sind selbst *auf das Ereignis der Wahrheit angewiesen, das sie bezeugen*« (15). Als Kriterium für die ganze Argumentation wird das »Evangelium von der Rechtfertigung des Sünders« (8) angegeben und dies trinitätstheologisch entfaltet. Das »Licht« dieses allen Menschen geltenden Evangeliums wird darin näher beschrieben, dass alle Menschen »in der Nähe Gottes« leben und dass alle auf Gottes gnädige Zuwendung angewiesen sind, weil alle sich »zu ihrem Verderben der Gegenwart Gottes entziehen« (8). Die Erinnerung daran, dass Christen selbst immer wieder darauf angewiesen sind, am Ereignis der Wahrheit zu partizipieren und dass sie selbst immer wieder sündig werden, relativiert die eigene Perspektive und wäre als Grundlage für ein offenes Gespräch unter den Religionen geeignet.

Während im schöpfungstheologischen Teil die Gemeinsamkeit aller Geschöpfe betont wird, wird in den beiden Abschnitten zur Christologie und zur Pneumatologie neben einer erneuten Bekräftigung der Gemeinsamkeit der Angewiesenheit von Menschen auf die Anteilgabe an der Wahrheit Gottes

---

[6]   *Kirchenamt der EKD (Hg.)*, Christlicher Glaube und nichtchristliche Religionen. Theologische Leitlinien. EKD-Texte 77, Hannover 2003. Die Seitenzahlen beziehen sich auf diesen Text.

in Christus (15) den Differenzen zu anderen Religionen größeres Gewicht gegeben.

Schon im christologischen Teil wird das Bewusstsein der eigenen Relativität der Wahrheitserkenntnis zurückgenommen. Die Ablehnung Jesu Christi als Ereignis der »Rettung der ganzen Welt« durch die Juden wird als »Urform« des »Gegensatzes« zwischen christlicher und anderen Religionen gesehen (14). Dass aus christlicher Sicht die jüdische Religion bei aller Differenz zugleich Wurzel der eigenen Religion ist, dass die Verbindung zur jüdischen Religion im Vergleich zum Verhältnis mit anderen Religionen die intensivste ist, wird trotz der schuldbelasteten Geschichte der Ignoranz dieser Nähe nicht erwähnt. So entsteht der falsche Eindruck, das Verhältnis zwischen jüdischer und christlicher Religion sei primär durch Gegensätzlichkeit bestimmt, stärker noch als dies im Verhältnis der christlichen zu anderen Religionen der Fall ist. Möglich gewesen wäre, die Differenz in der Wahrheitserkenntnis anzuerkennen, aber statt der Konstruktion der »Urform« des »Gegensatzes« zur Frage zu kommen, wie die Differenz zwischen den Religionen am besten beurteilt werden könnte.

Der pneumatologische Teil beginnt mit der indikativischen Selbstzuschreibung, dass »die Kirche und die Christen« das Zusammenleben mit Angehörigen anderer Religionen »mit dem Evangelium prägen und nicht mehr dem Gesetz« (17). Dies wird damit begründet, dass Christus als Bruder allen Menschen im Grundakt seiner Liebe zuvorkommend begegnet, bevor Religion und religiöse Differenzierungen deutlich werden (vgl. 18). Wird hier die im christologischen Teil noch präsente Selbstkritik an der christlichen Mission zurückgenommen? Die Aussage, Gott lasse »sich seine Geliebten nicht durch die menschlichen Religionen wegnehmen« (18), scheint von der Gefahr auszugehen, dass die als »menschlich« qualifizierten Religionen darauf zielen, dem liebenden Gott seine Geschöpfe zu rauben. Da der folgende Satz die Christenheit den anderen Religionen gegenüberstellt, spricht einiges dafür, dass die Christenheit in diesem Fall nicht zu diesen Menschen raubenden Religionen gezählt wird.

Für die Teilnahme an der Praxis anderer Religionen werden konkrete Befürchtungen und Warnungen ausgesprochen. »... Christen können ... nicht guten Gewissens an der religiösen Praxis einer anderen Religion teilnehmen (z. B. Opferriten mit vollziehen, Geister und Ahnen anrufen, zu Göttern beten und vor ihnen tanzen usw.), um auf diese Weise andere religiöse Erfahrungen zu sammeln oder die zuvorkommende Liebe Gottes zu demonstrieren. Sie würden sie auf diese Weise gerade religiös zu handhaben trachten und ins Zwielicht bringen. Die Idee einer der christlichen Ökumene vergleichbaren ›Ökumene der Religionen‹ ist deshalb als Irrweg anzusehen. ... Aber auch die schwerwiegende Frage, ob und unter welchen Voraussetzungen Christen mit Vertretern anderer Religionen gemeinsam beten können, muss im konkreten Fall an dem Kriterium entschieden werden, ob solches gemeinsames Beten der befreienden Wahrheit des Evangeliums von Gottes schöpferischer Nähe beim sündigen Menschen die

Ehre gibt oder ob es dieser Wahrheit in den Rücken fällt.« (18 f.) Vermutet der Text, dass sich Christen am Tanzen vor Göttern und an Gebeten zu Göttern beteiligen könnten, mit der Absicht, Gottes Liebe durch diesen Tanz oder das Gebet herbeizuzwingen? Welche Art von Erfahrungen und welche Art von Ängsten sind hier angesprochen?

In einem abschließenden Kapitel werden die Differenzierung von Staat und Religion und die damit verbundene weltanschauliche Neutralität des Staates empfohlen. Von allen Religionen wird gefordert, die Norm der Religionsfreiheit anzuerkennen.

4.1 ANSATZ DES TEXTES: EVANGELIUM VON DER RECHTFERTIGUNG DES MENSCHEN, TRINITÄTSTHEOLOGIE, RELIGIONSFREIHEIT

Wie können aus der christlichen Binnenperspektive die Antworten auf die Frage nach der Einheit und nach Eigenschaften Gottes beurteilt werden, die von der eigenen Perspektive abweichen? Die in dem Text der EKD angegebene doppelte Bestimmung des Evangeliums von der Rechtfertigung des sündigen Menschen und der trinitätstheologischen Entfaltung dieses Evangeliums eignet sich gut, um die christliche Perspektive zu begründen und zu entfalten, denn sie erfasst die Struktur christlich-theologischen Denkens im Kern. Dass Menschen trotz ihrer Ohnmacht, Begrenztheiten, ihrer Ängste und ihrer Mängel von Gott umfassend ohne Einschränkung geliebt werden, steht im Zentrum christlicher Theologie.

Die letzten Jahrzehnte trinitätstheologischer Reflexion haben gezeigt, dass die trinitarische Theologie ein aus christlicher Sicht besonders geeignetes und unhintergehbares Denkmodell für das Göttliche bereitstellt. In der theologischen Entwicklung des eigenen Gottesverständnisses, das die durch Gott eröffnete Beziehung des Glaubens zu seinem Grund reflektiert, ist sie nicht nur in ihrem Inhalt, sondern auch als Struktur oder Grammatik als Spezifikum christlicher Gotteserkenntnis und christlichen Gottesbekenntnisses zu verstehen. In Dialogen mit jüdischen und muslimischen Theologen, aber auch unter Christen, die sich auf Aussagen der biblischen Texte berufen, ist es sinnvoll, herauszustellen, dass mehrere der später dogmatisch festgehaltenen Ausformulierungen der Trinitätstheologie noch nicht in den biblischen Texten erfolgen, sondern erst in der Interpretation dieser Texte unter dem Einfluss hellenistischer Philosophie. Weiterentwicklungen dieses altkirchlich entstandenen Modells bieten aber bis in die Gegenwart aus christlicher Sicht ein tragfähiges Denkmodell für Gottes Beziehung zur Schöpfung und für die innere Differenziertheit Gottes an, das niemals mit Gott identisch gedacht werden kann.

In der Tradition des Denkens Karl Barths wird die Trinität so verstanden, dass sich Gott selbst seiner Schöpfung in Freiheit und Liebe mitteilt, sich Christen in der Liebe Jesu Christi selbst erschließt und Menschen durch den Heiligen Geist für Gott öffnet. Auch Paul Tillich entwickelt »trinitarische Prinzipien« als

Strukturen theologischen Denkens, die für den interreligiösen Dialog fruchtbar gemacht werden können: Gott als schöpferischer Seinsgrund, Jesus Christus als offenbarende Macht des Unbedingten und als rettende Liebe, die bewirkt, dass sich im Geist zweideutiges Leben ekstatisch in unzweideutiges Leben verwandelt.[7] Alle drei göttlichen Hypostasen, die als göttliche liebevolle Zuwendungen zur Schöpfung verstanden werden können, gelten aus christlicher Sicht allen Menschen. Allen wendet sich Gott in seiner Liebe zu, die Neues ins Leben ruft, die Verlorenes rettet und Fragmentarisches vollendet. Von dieser Grundlage aus stellt sich mit der Wahrnehmung der Differenz religiöser Gottesvorstellungen für Christen die Frage, ob der für Christen exklusiven und letztgültigen Selbstmitteilung Gottes in Jesus Christus andere Selbstmitteilungen entsprechen könnten. Diese Möglichkeit muss nicht von vornherein ausgeschlossen sein.

In dieser Struktur der Differenzierung zwischen dem sich offenbarenden Gott, zwischen der Gestalt der Offenbarung und dem Medium der Offenbarung könnte ein Denkangebot für den interreligiösen Dialog liegen, auf das Theologen anderer Religionen antworten könnten.

Wenn Gott selbst als liebend und als Liebe vorgestellt wird, kann die menschliche Gottesbeziehung nur durch Freiheit bestimmt sein. Liebe kann nicht erzwungen werden, sondern zur Liebe gehört Freiheit. Nur in Freiheit können sich Liebende einander zusagen. Wenn Menschen Gott lieben, dann kann dies aus christlicher Sicht nur aufgrund dessen geschehen, dass Gott selbst die Menschen so zu sich zieht, dass sie sich aus Freiheit auf ihn ausrichten und ihm in Freiheit vertrauen. Religionsfreiheit gehört daher konstitutiv zum christlichen Glauben, obwohl sie in Europa erst im zwanzigsten Jahrhundert gewährt wurde.

4.2 BEFÜRCHTUNGEN GEGENÜBER ANDEREN RELIGIONEN

An einigen Stellen macht die Schrift der EKD auf Gefahren aufmerksam, benennt Fremdheiten und interpretiert diese. In einer gesellschaftlichen Situation, in der schon seit Jahrzehnten und inzwischen vier Millionen Muslime in Deutschland leben, ohne dass deren Zugehörigkeit zu Deutschland selbstverständlich anerkannt ist und sich Muslime dauerhaft Diskriminierungen ausgesetzt sehen, wird die Betonung der Differenzen besonders sensibel wahrgenommen.

»Wenn Frauen Kopftücher tragen oder sich ganz verschleiern *müssen*, dann äußert sich dieser Religion eigene Verständnis des Humanum!« (7) Das klingt, als werde unterstellt, dass »der« Islam die Gleichberechtigung von Männern und Frauen nicht anerkennen könne. Diese Betrachtung ignoriert die Vielfalt islamischer theologischer Ansätze, die in den letzten Jahren entwickelt wurden. Unerwähnt im Text bleibt, dass die Interpretation der Gleichheit von Mann und Frau in der eigenen Religion über Jahrhunderte hinweg anders verstanden

---

[7]   Vgl. *P. Tillich*, Systematische Theologie, Bd. 3, Stuttgart 1966, 324, 328.

wurde, als dies heute die Mehrheit der Christen in der »westlichen Welt« tun und dass auch in der Christenheit Differenzen über die Gleichheit von Mann und Frau in der Frage des Zugangs zum ordinierten Amt sowie hinsichtlich der Verhütung bestehen. Muslime verweisen darauf, dass ihre Religion frei ist von einer Geschichte des Sündenfalls, die die Frau für die Sünde stärker verantwortlich macht als den Mann. Statt im Tragen des Kopftuchs eine prinzipielle und eine prinzipiell unakzeptable Auffassung vom Menschen zu erkennen, sollten Fragen über »das Humanum« und das Geschlechterverhältnis im Einzelnen im Diskurs zwischen Christen und Muslimen debattiert werden.[8]

Gemeinsame religiöse Feiern und gemeinsames Beten von Christen und Angehörigen nicht-christlicher Religionen werden im Text eindeutig skeptisch beurteilt. Die genannte Gefahr, das Beten könne der Wahrheit in den Rücken fallen, somit die Wahrheit möglicherweise »zu Fall bringen«, scheint groß zu sein. In vielen Ländern der Welt und in Zeiten gesellschaftlicher Konflikte beten Menschen unterschiedlicher Religionen gemeinsam oder nebeneinander für den Frieden (Politisches Nachtgebet 1968, Friedensgebete in der DDR, Gebete auf dem Ben-Tahrir-Platz im Februar 2011). Bei öffentlich relevanten Ereignissen, bei Unglücken großen Ausmaßes, bei öffentlichen Gedenkfeiern werden gemeinsame religiöse Feiern veranstaltet und wird auch nebeneinander oder miteinander gebetet.

Anstelle der Befürchtung, die Wahrheit werde durch Beten von Angehörigen unterschiedlicher Religionen angegriffen, könnten Christen auch die Hoffnung darauf zum Ausdruck bringen, dass sich Gott im Geschehen des gemeinsamen Betens selbst klarer zeigen könne, als er bisher in der Differenz der Religionen erkennbar wird. Auch im Verhältnis zwischen den Religionen scheint mir eine Haltung des Vertrauens möglich und begründet. Das Vertrauen richtet sich im Kern auf Gott selbst, dass Gott selbst den Betenden begegnen möge, auch wenn sie ihn (noch) nicht in derselben Weise zu erkennen vermögen. Die Haltung des Vertrauens kann auch denen gegenüber eingenommen werden, die gemeinsam oder nebeneinander beten und sich im Gebet gemeinsam auf Gott ausrichten.

---

[8]   Vgl. *A. Renz u. a. (Hg.)*, »Der stets größere Gott«. Gottesvorstellungen in Christentum und Islam, Regensburg 2011.

5 DAS POTENZIAL EINER HALTUNG DER ERFÜLLTHEIT UND DES VERTRAUENS IN DER BEGEGNUNG MIT ANGEHÖRIGEN UNTERSCHIEDLICHER RELIGIONEN

Der häufig beschrittene altkirchliche und reformatorisch wiederholte Weg in der Beurteilung der von der eigenen Sicht abweichenden Position über das Verständnis Gottes bestand in der Diskriminierung der jeweils anderen Sicht. Obwohl Christen im Römischen Reich keine volle, aber in langen Zeiten partielle Religionsfreiheit zugestanden worden war, wurden mit der konstantinischen Wende andere als christliche Religionen verboten und seit dem Theodosianum 380 Religionsfreiheit nicht gewährt. In der langen Geschichte christlicher Theologie wurden immer wieder theologische Gründe geltend gemacht, um Ausgrenzungen Andersdenkender zu rechtfertigen. Durch Häretisierungen, Diskriminierungen, Nichtgewähr der Religionsfreiheit und Unterstellungen, die aus der eigenen Sicht als »andere« Erscheinende seien vom Antichristen oder vom Satan geleitet, wird das Potenzial möglicher Haltungen in der Auseinandersetzung mit Andersdenkenden verfehlt, das die jüdische und die christliche Tradition bereit stellt. Denn im jüdischen und im christlichen Erbe werden elementare Bausteine eines Kommunikationsmodell präsentiert, theologisch bestärkt und teils liturgisch eingeübt, die sich eignen, Kontroversen über die zentralen Wesensfragen des eigenen Glaubens und Fragen der Grenzziehungen gegenüber dem Glauben anderer sowie gegenüber dem Nicht-Glauben zu klären, in denen immer Menschen mit unterschiedlichen Einsichten über das Göttliche zusammenkommen. Die Haltung der Erfülltheit, der Selbstrelativierung, der Feindesliebe und die Differenzierung zwischen Gott und seinen Offenbarungsgestalten sind als Elemente darin auszumachen.

5.1 FREIHEIT, DEN ANDEREN ÄHNLICH ZU WERDEN, OHNE VON CHRISTUS ABZUWEICHEN

Zukunftsfähig scheint mir noch gegenwärtig das vor allem vom jüdischen Theologen Paulus entwickelte und reformatorisch bestätigte Verständnis des Glaubens als göttlich geschenktes Vermögen, auf Gottes Beistand und die Präsenz der göttlichen Liebe in allen Lebenssituationen zu vertrauen (Röm 8,38 f.). Dass er Gott so vertrauen konnte, hat seine Perspektive grundlegend verändert, so dass er selbst »neu« geworden ist. Im Vertrauen gelingt ihm die Ausprägung eines Verständnisses von Mission als Angleichung an die »anderen« (»den Griechen ein Grieche«, »denen unter dem Gesetz einer unter dem Gesetz«, »denen ohne Gesetz einer ohne Gesetz«). Er werde »den Schwachen ein Schwacher, um die Schwachen zu gewinnen« und meint sogar »Allen bin ich alles geworden« (1 Kor 9,20–22). Das Fundament der Möglichkeit der Angleichung liegt in der Verbundenheit mit Christus. Dies »Sein in Christus« relativiert Paulus nicht. »Christus, der Messias, der Gesalbte, ist für mich maßgebend« (9,21) schreibt

Paulus über diese Freiheit, in die er sich gestellt sieht; als Motiv gibt er »das Evangelium«, die Freudenbotschaft an (1 Kor 9,23). Er hält es für möglich, »in Christus« den »anderen« so nahe zu kommen, dass die Begegnung nicht mehr als Begegnung zwischen Fremden erscheint, wenn die Freudenbotschaft mitgeteilt wird. Um zu erreichen, dass sich Menschen dafür öffnen können, das Evangelium zu hören, teilt Paulus das »Sein« der anderen so, dass er wird wie sie. Obwohl er jüdisch bleibt, kann er griechisch werden. Kontinuität und Diskontinuität kennzeichnen seine Beziehung zu anderen. Insofern ist seine Angleichung als Annäherung zu verstehen, als Weg der Verständigung über das Evangelium.

Dabei bleibt Paulus gelassen genug, die Vorläufigkeit seiner eigenen Einsicht in die Wahrheit nicht zu verschweigen. Er verbindet diese Erkenntnis in Phil 3,15 mit dem Vorschlag, auf dem Boden des gemeinsam Erreichten einstweilen den »Rest« Gott zu überlassen. »Falls ihr anderer Ansicht seid, so wird euch Gott auch darüber Klarheit verschaffen. Doch: was wir erreicht haben, an dem wollen wir uns auch ausrichten!« Paulus macht in diesen Texten deutlich, dass er aus der Fülle lebt, in der Haltung der Erfülltheit.

5.2 Haltung der Erfülltheit und Abgrenzung

Im Umgang mit differenten Antworten auf die Gottes- und Wahrheitsfrage kann die Haltung *der Befürchtung* von der Haltung *der Erfülltheit* unterschieden werden. Personen und Gemeinschaften, die in einer *Haltung gelassener Erfülltheit* nach Gott fragen, haben vor allem Interesse daran, die eigene Mitte, das, was sie »Gott« nennen, so vielsprachig verständlich und so attraktiv wie möglich auszusagen. Sie werben dafür, dass die jeweiligen Dialogpartner/innen in dem, was sie für Gott halten, oder in dem, was sie für das Hindernis halten, überhaupt so etwas wie Gott in ihrer Lebens-, Selbst- und Weltdeutung zuzulassen, keinen so großen Graben zum eigenen Gott-Verstehen erkennen, dass sie sich wenigstens hypothetisch einmal eine Weile auf die Sicht der eigenen (Binnen-)Perspektive einlassen könnten. Dabei kommt auch der Haltung der Befürchtung eine wichtige Funktion zu. In der Haltung der Befürchtung richtet sich das Interesse darauf, eine Grenze zu ziehen, die möglichst klar bezeichnet, wie weit das »wir« des gemeinsamen Gottesglaubens im Fall einer bejahenden Antwort gehen könnte. Ein Glaubensbekenntnis oder ein Dogma kann als eine solche Grenze verstanden werden, genauso das Sakrament der Taufe. »Extra ecclesiam nulla salus« im Kontext eines institutionellen Kirchenverständnisses kennzeichnet hier die Haltung der Befürchtung. Auch biblisch begegnet diese Auffassung, z. B. wenn Mt 16,16 wörtlich übernommen wird, in der zweiten Satzhälfte, wie dies der Lutherische und der Heidelberger Katechismus tun: »wer zum Glauben kommt und getauft wird, wird gerettet werden, wer aber nicht zum Glauben kommt, wird verurteilt werden.« In der Perspektive des Markus bringt die zweite Satzhälfte möglicherweise mehr eine Haltung der Hoffnung als eine der Befürchtung zum Ausdruck, in der Zeit christlicher und weltlichpolitischer Machtallianz aber spricht aus diesem Satz nicht Furcht, sondern primär Drohung.

Wird die Taufe in der Haltung gelassener Erfülltheit interpretiert, wird sie zur Feier der Mitte eines menschlichen Lebens, eine Feier dessen, was in der Lebensgemeinschaft der christlich Glaubenden »Gott« genannt wird.[9] Getaufte dürfen sich daran erinnern, dass Gott sie an seiner Fülle und an seinem Schutz teilhaben lässt und ihnen treu bleibt. Getaufte dürfen sich an dieser Mitte ausrichten, weil Gott sich zu ihrer Mitte gemacht hat, unabhängig davon, ob die Getauften das erkennen oder nicht. Dies lässt sich christlich hoffend so weiterdenken, dass es unabhängig davon gilt, ob es Menschen bis zu ihrem Tod gegeben wird, Gott überhaupt zu erkennen und anzuerkennen.

5.3 UNTERSCHEIDUNG ZWISCHEN GOTT UND SEINEN OFFENBARUNGSGESTALTEN

Wenn die Differenz zwischen Gott und seinen Selbstmitteilungen im Namen sowie in seiner trinitarischen Differenziertheit ernst genommen wird, bleibt die eigene Offenbarungserkenntnis immer von Vorläufigkeit bestimmt. Der Islam hält dies in der stets wiederholten Formulierung fest, Gott sei größer. In der christlichen Theologie wird die Erkenntnis Anselms von Canterbury, Gott sei größer als alles, was von ihm gedacht werden könne, noch gegenwärtig in der evangelischen und in der katholischen Theologie bestätigt. Auch das Bilderverbot hält die Differenz zwischen Gott und dem, was Menschen als Gottesoffenbarung erkennen, fest.[10]

5.4 FEINDESLIEBE

In Aufnahme von Lev 19,34, Lev 19,18 und Mt 5,44 entspräche dem Umgang mit Fremden und sogar mit Feinden mit dem Verweis auf die eigene Geschichte des Fremdling-Seins nicht nur Toleranz gegenüber Fremden und Feinden, sondern sogar Liebe. Könnte diese Liebe nicht den interreligiösen Dialog bestimmen und in bestimmten Situationen durch Präsenz beim Beten zum Ausdruck kommen?

---

[9] Schon *Dietrich Bonhoeffer* fordert im Mai 1944 in seinem Brief zur Taufe von Dietrich Wilhelm Rüdiger Bethge eine neue Sprache, »das Wort Gottes so auszusprechen, daß sich die Welt darunter verändert und erneuert. Es wird eine neue Sprache sein, vielleicht ganz unreligiös, um befreiend und erlösend wie die Sprache Jesu, … die Sprache einer neuen Gerechtigkeit und Wahrheit, die Sprache, die den Frieden Gottes mit den Menschen und das Nahen seines Reiches verkündigt.« *D. Bonhoeffer*, Widerstand und Ergebung. Briefe und Aufzeichnungen aus der Haft, Dietrich Bonhoeffer Werke, Bd. 8, Gütersloh 1998, 436.

[10] Paul Tillich unterscheidet das Prinzip des »Abgrundes« vom Prinzip der »Selbst-Manifestation«. Vgl. *P. Tillich*, Systematische Theologie Bd. 3, 330.

5.5 Bereitschaft zur Buße

Angesichts der langen Unrechtsgeschichte im Umgang mit anderen Religionen sowie mit Einzelnen und Gruppen aus der eigenen Religion, die als Ketzer ausgegrenzt wurden, angesichts der Spaltungen der christlichen Kirche sowie angesichts der zahlreichen Verzerrungen der Liebe Gottes in der eigenen Theologiegeschichte können Christen nicht überheblich und selbstgewiss, sondern nur demütig und in einer Bereitschaft zur Buße in die Begegnung mit anderen Religionen hineingehen.[11]

6 Differenzierung entlang der Grenze von Hamartia

Auch in der Haltung der Erfülltheit werden Grenzen und Unterscheidungen erforderlich. Der christliche, der jüdische und der islamische Glauben ziehen Grenzen.

Ist es aus christlicher Sicht angemessen, von anderen Göttern zu sprechen? Das erste Gebot, das ein Verbot ist, kennt andere Gottheiten. Im Exodusbuch wird der Götzendienst gegenüber dem selbst hergestellten als befreienden Gott verehrten Goldenen Kalb deutlich verurteilt. Paulus spricht von denen, für die Gott der Bauch ist (Phil 3,19). In der Bergpredigt wird der Dienst des Mammons dem Dienst Gottes gegenübergestellt (Mt 6,24). Unterscheidungen, Grenzen, Selbstunterscheidungen von anderen sind sinnvoll und angemessen. Wie ist die Rede vom Bauch und vom Mammon als Götzen zu verstehen? Gilt sie in analoger Weise für Gott, wie ihn Muslime verehren?

Angesichts der christlich erkannten Selbstpräsentation des dreieinigen Gottes in Schöpfung, Rettung und Vollendung, in die die ganze Schöpfung eingeladen ist, verlaufen angemessene Grenzziehungen weniger an formalen und teils kognitiv missverstandenen Bekenntnisgrenzen als an der Grenze zwischen Gott-Vertrauen und Gottesliebe auf der einen Seite, Angst und Misstrauen auf der anderen Seite, zwischen Barmherzigkeit und Unbarmherzigkeit, zwischen einem alten Leben in Unfreiheit, Feindschaft und Gleichgültigkeit und einem neuen Leben in Freiheit, Freundschaftlichkeit und Mitgefühl. Hamartia, die Sündenmacht, theologiegeschichtlich konkretisiert zum Beispiel in den sogenannten Todsünden als Zorn, Geiz, Trägheit, Habgier, Völlerei, Neid und Maßlosigkeit sind mit dem Sein »en Christo« nicht vereinbar. Allerdings kann im Sein »en Christo« der Macht der Hamartia, der Macht des Satans und der Macht des Todes, die im Kern eine Macht der Todesangst ist, keine Gottgleichheit zukom-

---

[11]   Dies fordert schon die 1991 entstandene Studie Religionen, Religiosität und christlicher Glaube, hrsg. im Auftrag des Vorstandes der Arnoldshainer Konferenz (AfK) und der Kirchenleitung der Vereinigten Evangelisch-Lutherischen Kirche Deutschlands (VELKD), 116f.

men, sondern nur begrenzte Macht.[12] Die »Mächte« der Hamartia erschweren das individuelle und das soziale Leben, sind aber nicht in der Lage, Gottverbundene von Gott zu trennen.

Diese qualitative Differenzierung zwischen Gott und den Mächten der Hamartia vereint alle drei monotheistischen Religionen. Auch Muslime hängen ihr Herz an Gott, und nehmen darin eine prinzipielle Haltung der Selbstrelativierung und der Demut ein. Sie sind bereit, über die allgemeine Lebensdienlichkeit und Verantwortlichkeit ihrer Gottesverehrung Auskunft zu geben. Beides fehlt dem Dienst am eigenen Reichtum und am eigenen Machtgewinn bzw. -erhalt.

Die Haltung der Erfülltheit entbindet keineswegs von der theologischen Pflicht zur Religionskritik gegenüber gottfeindlichen Mächten. Die sinnvollen und notwendigen Grenzziehungen, die unter diesen Voraussetzungen erforderlich sind, verlaufen dann nicht immer vorrangig zwischen Christen und Nicht-Christen, sondern sie können sich auch in Einzelnen, in der christlichen Gemeinde und in Kirchen zeigen. Die traurige Selbsterkenntnis, noch als Getaufte simul iusti et peccatores zu sein, und auch als Kirche zur Sünderin zu werden,[13] bleibt Kirchen und einzelnen Christen nicht erspart. Angehörige aller drei monotheistischen Religionen sind sich einig darin, dass allein Gott Menschen und Institutionen aus der Verstrickung in die Macht der Sünde befreit. Aus christlicher Sicht stehen darin Glaubende und Nicht-Glaubende nebeneinander vor Gott.

7 Hoffnung auf Gott

In Konsequenz dieser Überlegungen ist der Begriff des Götzen, der falschen Verehrung einer gottfeindlichen Macht, im Dialog der Religionen nicht auf den als Gott Erkannten der anderen Religion anzuwenden. Im Respekt vor der Würde des Gottesbekenntnisses der anderen und im eigenen monotheistischen Vertrauen könnten Christen auf die Identifikation der anderen Gottheit als Götze vor dem intensiven Dialog verzichten.

Keineswegs weil es nicht anders sein könnte, sondern weil die Haltung der Erfülltheit von der Freudenbotschaft und eine Haltung des Vertrauens auf Gott dies nahelegen, plädiere ich dafür, mit dem Islam in ein größeres monotheistisches Zutrauen einzustimmen, denn »es gibt keinen Gott außer Gott«.[14] Muslime sprechen dies in der Eingangsformel ihrer 5 Tagesgebete, also als Doxologie, die der Haltung der Erfülltheit Ausdruck gibt.

---

[12]   Vgl. *P. Tillich*, Mut zum Sein, Gesammelte Werke, Bd. XI, Stuttgart 1976.

[13]   Vgl. *Kardinal K. Lehmann*, Kirche der Sünder, Kirche der Heiligen, in: *H. Kuhlmann (Hg.)*, Fehlbare Vorbilder in Bibel, Christentum und Kirchen, Münster 2010, 161–169.

[14]   Vgl. auch *P. Tillich*, Systematische Theologie, Bd. 3, 329.

Für alle, die dies sprechen, gilt, dass das Lob der Einzigkeit und Einheit des Göttlichen nur in Freiheit erfolgen kann. Daher entspricht ihm die Gewähr uneingeschränkter Religions- und Gewissensfreiheit. Selbstbegrenzung sowie Dialogbereitschaft und Dialogsuche sind mit der Haltung der Erfülltheit verbunden.

Kann Gott, wie ihn Muslime verehren, in der Haltung der Erfülltheit aus christlicher Sicht »Gott« genannt werden? Statt auf diese Frage abschließend zu antworten, sollten sich Christen und Muslime Zeit nehmen, die Frage zu bedenken.

Ein in der Weise differenzierter Konsens, der Gemeinsamkeiten und unüberbrückbar scheinende trennende Unterschiede so formuliert, dass ihr beide (oder alle) Partner des inter- oder des intrareligiösen Dialogs zustimmen könnten, weil sie die eigene Sicht zutreffend dargestellt und gewürdigt sehen, wäre schon ein großer Schritt. Nicht überwunden wäre damit der Schmerz der bleibenden Zertrenntheit der Gotteserkenntnis. Nicht beantwortet wäre die Frage, ob der Gott der anderen der eigene Gott sei. Wenn der differenzierte Konsens von der Hoffnung und dem Zutrauen getragen wird, Gott möge sich als einer erweisen und zeigen, verbietet sich der Begriff des Götzen für die Gottheit der anderen von selbst. Der Dialog wäre zum Hören aufeinander und zum Hören auf Gott geöffnet.

Paul Tillichs Rede von »Gott über Gott« im Blick auf seine Begegnung mit dem Buddhismus

Reinhold Bernhardt

Im Rückblick auf seine Begegnungen mit Vertretern des Zen-Buddhismus in Japan sprach Paul Tillich[1] davon, dass er sich »irgendwie gewandelt« habe.[2] Die Wandlung bestand nicht nur in spezifischen neuen Einsichten, sondern vor allem in einem erweiterten Horizont seines Denkens. Nicht so sehr das Gedachte, sondern das Denken hatte sich verändert, weniger die Inhalte und mehr der Bezugsrahmen.

Dass es überhaupt zu dieser Öffnung für die interreligiöse Begegnung mit dem Buddhismus als nicht-theistischer Religion kam, hat nicht nur biographische, sondern auch intellektuelle Gründe. Diese liegen in Denkformen, die er schon vor dem Ersten Weltkrieg in seiner Auseinandersetzung mit der Spätphilosophie Schellings ausgebildet, während des Krieges in seiner Beschäftigung mit dem Rechtfertigungsgedanken[3] vertieft und dann vor allem seit Beginn der 50er Jahre des 20. Jahrhunderts weiterentwickelt hatte. In der Rede vom »absoluten Glauben« und von »Gott über Gott« sind diese Denkformen verdichtet.

---

[1] Ich verwende zur Angabe von Belegstellen aus Tillichs Werken folgende Abkürzungen: ST = Systematische Theologie, 3 Bde., Stuttgart 1955 ff.; GW = Gesammelte Werke, hg. von *R. Albrecht*, 14 Bde., Stuttgart 1959 ff.; GWE = Ergänzungs- und Nachlassbände zu den Gesammelten Werken, hg. von *I. Henel u. a.*, bisher 14 Bde., Stuttgart, dann Berlin 1971 ff.; MW = Main Works/Hauptwerke, hg. von *C. H. Ratschow*, 6 Bde., Berlin 1987 ff.; ERQR = The Encounter of Religions and Quasi-Religions, hg. von *T. Thomas*, Lewiston, NY, 1990.

[2] GW XIII, 489.

[3] »Ich bin durch konsequentes Durchdenken des Rechtfertigungsgedankens schon lange zu der Paradoxie des ›Glaubens ohne Gott‹ gekommen, dessen nähere Bestimmung und Entfaltung den Inhalt meines gegenwärtigen religionsphilosophischen Denkens bildet« (Brief an M. Klein, 5.12.1917, GWE V, 121). »Meine Fassung des Rechtfertigungsgedankens hat mich bis zu der Paradoxie des ›Glaubens ohne Gott‹ getrieben« (Brief an E. Hirsch, 12. 11. 17, GWE VI, 97). »Die höchste Leistung des theologischen Prinzips, d. h. des Paradoxes der ›Rechtfertigung‹ ist der Begriff ›Gott des Gottlosen‹ oder ›fromm sein als wäre man gottlos – gottlos sein als wäre man fromm‹« (Brief vom 19. 8. 1917, GWE V, 107).

Werner Schüßler bezeichnete den Begriff »Gott über Gott« als einen »Zentralbegriff« des Tillich'schen Denkens, »in dem geradezu seine philosophischen und theologischen Einsichten kulminieren«[4].

Tillichs Rede von »Gott über Gott« ist nicht aus der Begegnung mit anderen Religionen erwachsen. Ihre Intention – die Transzendierung des Theismus – spielte in der Begegnung mit dem Zen-Buddhismus der Kyoto-Schule aber eine wichtige Rolle. So schreibt er etwa in »Das Christentum und die Begegnung der Weltreligionen«: »Das *esse ipsum* (das ›Sein selbst‹) der klassischen christlichen Lehre von Gott ist eine transpersonale Kategorie, die es dem christlichen Gesprächspartner erleichtert, die Bedeutung des ›absoluten Nichts‹ im buddhistischen Denken zu verstehen.«[5] Um dieses *esse ipsum* geht es, wenn Tillich vom »Gott über Gott« spricht.

Ich will in diesem Beitrag zunächst die Entstehung und Bedeutung der Formel »Gott über Gott« in Tillichs Theologie herausarbeiten und dann zeigen, wie ihn diese Formel auf dem Weg der Begegnung mit dem Buddhismus begleitet hat. Es geht mir dabei nicht nur um eine theologiegeschichtliche Aufarbeitung, sondern auch um die Frage, ob und wie diese Redeform für die religionstheologischen Reflexionen der Gegenwart fruchtbar gemacht werden könnte.

I DER SYSTEMATISCHE KONTEXT: THEISMUSKRITIK

Im letzten Kapitel des Buchs »Der Mut zum Sein«[6] spricht Tillich vom »Gott über Gott«[7], vom »Gott über dem Gott des Theismus«[8], vom »transzendierten Theismus«[9] und vom »Gott, der den Gott der Religionen transzendiert«[10]. Diese Aussagen stehen im Zusammenhang der Theismuskritik, die gewissermaßen zu den Lebensthemen Tillichs gehört. Die Kritik an einer Festlegung des christlichen Gottesdenkens auf ein theistisches Gottesverständnis geht einher mit der Forderung, zwischen den personalen Symbolisierungen Gottes und dem Unbedingten, auf das diese Symbolisierungen verweisen, zu unterscheiden. Das Absolute transzendiert die personalen Konzepte theistischer Glaubensweisen. Diese

---

[4]   *W. Schüßler*, »Gott über Gott«. Ein Zentralbegriff Paul Tillichs, in: *Ders.*: »Was uns unbedingt angeht«. Studien zur Theologie und Philosophie Paul Tillichs (Tillich-Studien 1), Münster u.a. 1999, 3. Aufl. 2009, 133ff.

[5]   GW V, 83f.

[6]   GW XI, 13–139; Englische Originalausgabe: The Courage To Be (1952), in: MW V, 141–230.

[7]   GW XI, 134, 137.

[8]   GW XI, 137–139.

[9]   GW XI, 135.

[10]   GW XI, 138.

Transzendierungsdifferenz bringt Tillich auf verschiedene Weisen zum Ausdruck: (a) durch Gegenüberstellung zwischen »Gott« und »Sein«, (b) durch Unterscheidung zwischen symbolischem und nichtsymbolischem Reden von Gott.

(a) In seinem Aufsatz »Zwei Wege der Religionsphilosophie« stellte Tillich 1946 zwei Begriffe des Absoluten einander gegenüber: *deus* und *esse*. *Deus* steht für die *religiöse* Auffassung des Absoluten, *esse* für die *philosophische*.[11] Die »zwei Absoluten«[12] korrelieren einander in dialektischer Beziehung. *Deus* verweist auf die konkreten Symbolgestalten, in denen das Absolute in den Religionen erkannt, gedacht und verehrt wird, *esse* weist darüber hinaus auf das Unbedingte, das nicht als Gestalt bzw. als Wesen – auch nicht als höchstes Wesen – verstanden werden darf. Es ist »eine Qualität, eine Mächtigkeit, eine Forderung«[13].

Das philosophische Absolute steht nun nach Tillich nicht *neben* dem religiösen, sondern ist mit diesem polar zusammengeordnet und damit dessen integraler Bestandteil. Es ist gleichzusetzen mit dem *einen* Element des religiösen, nämlich mit dem Unbedingten, worauf das Symbol »Gott« verweist. »Gott ist unbedingt, das macht ihn zu Gott; aber das Unbedingte ist nicht Gott«[14]. Als »die Macht des Seins in allem, was am Sein teilhat«[15], transzendiert das Unbedingte das Gottsymbol und bleibt doch immer auch auf dieses Symbol und seine Konkretisierungen in der Vorstellungswelt der Religionen angewiesen.

Denn die Forderung, die das Unbedingte darstellt, kann nur in symbolischer Verkörperung unbedingt an den Menschen herantreten. Die Unbedingtheit liegt dabei nicht in der Symbol*gestalt*, sondern im *Telos*, das von dieser Form intendiert wird und sich in ihr repräsentiert. Darum muss jede Rede von Gott über Gott hinaus zum Unbedingten führen und jede Rede vom Unbedingten muss sich umgekehrt auch in der Rede von Gott oder dem Göttlichen konkretisieren. Der theistische Gottesbegriff muss nicht verlassen, wohl aber transzendiert werden. Echte Religion, die aus dem Gewahrwerden des Unbedingten lebt, geht mit dem »Gefühl für die Unangemessenheit aller ›Namen‹ für Gott«[16] einher und wird daher allen Tendenzen zur Verabsolutierung des Theismus eine a-theistische Religionskritik entgegensetzen.

In der Unterscheidung von *deus* und *esse* kann man einen deutlichen Anklang an Luthers Gegenüberstellung von *deus ipse* und *deus revelatus* heraushören.[17] Ohne die Unterschiede zwischen beiden Ansätzen in Abrede stellen zu wollen – Luther hatte die Rede vom *deus ipse* nicht als philosophische Gottesrede

---

[11]   GW V, 122.

[12]   GW V, 131.

[13]   GW V, 132.

[14]   GW V, 133.

[15]   GW V, 133.

[16]   GW V, 134.

[17]   *Martin Luther*, De servo arbitrio (1525), WA 18, 600–787, 685f.

im Gegenüber zur theologischen qualifiziert –, so kann man doch von einer Analogie sprechen.

(b) Schon in dem genannten Aufsatz aus dem Jahre 1946 hatte Tillich die Begriffe *deus* und *esse* als zwei Erschließungsformen des Absoluten nicht nur einander gegenübergestellt, sondern auch so aufeinander bezogen, dass *esse* Teil von *deus* wurde. Die mit diesen Begriffen markierte Unterscheidung war damit in den Gottesbegriff selbst eingeschrieben. In seiner Reflexion auf »Das Wesen der Religiösen Sprache« – so der Titel des Aufsatzes aus dem Jahre 1959[18] – zieht er diese Linie sprachanalytisch weiter aus, indem er eine zweifache Verwendungsweise des Wortes »Gott« unterscheidet: eine symbolische und eine nichtsymbolische. Beide Verwendungsweisen – die eigentliche und die verweisende – stehen wiederum in dialektischer Komplementarität zueinander und sind nach Möglichkeit parallel auf unterschiedlichen Sprachebenen zu gebrauchen. Das nichtsymbolische Sprechen bedient sich der philosophischen Begriffe der »letzten Wirklichkeit«, des »Absoluten«, des »Unbedingten«, des »Seinsgrundes«, der »Seinsmacht« bzw. des »Sein-selbst«.[19] Symbolisch ist hingegen die theistische Rede von Gott als dem höchsten Wesen zu verstehen, »in dem alles Endliche in höchster Vollkommenheit vereinigt ist.«[20] Die Zuschreibung von Personalität gehört in dieses ›Sprachspiel‹.

Tillich ordnet nun auch hier keineswegs das nichtsymbolische Reden dem symbolischen über, sondern stellt beide in unterschiedliche Sinnhorizonte, die je für sich ihre Berechtigung und ihre Bedeutung haben. Das symbolische Reden über Gott ist Ausdruck – und zwar *notwendiger* Ausdruck – der praktizierten und reflektierten Gottes*beziehung*, das unsymbolische Reden dagegen Ausdruck des philosophischen Gottes*denkens*, das nicht aus der gelebten Beziehung zu Gott heraus nach dem Gott *pro me*, sondern ›spekulativ‹ nach Gott *a se* als dem Grund des Seins fragt. Beide Formen der Gottesrede müssen aufeinander bezogen sein. Ohne die symbolische Redeweise wäre keine Beziehung zu Gott möglich und ohne die nichtsymbolische würde Gottes Ansichsein mit dem personalen Gegenüber identifiziert, als das er im Rahmen der gelebten Gottesbeziehung symbolisiert wird. Die kategoriale Differenz zwischen Symbolgestalt und Symbolgehalt und damit womöglich auch die Differenz zwischen Seienden und Sein-Selbst wäre eingezogen.

Das eigentliche Reden von »Gott« durch Gebrauch von Begriffen wie »das Absolute« oder »das Sein-selbst« hat (also) eine kritisch-regulative Funktion. Seine Sachgemäßheit besteht in der permanenten Erinnerung daran, dass es

---

[18]   GW V, 213–222.

[19]   Vgl. auch die bekannte Aussage aus ST I, 277: »Der Satz, dass Gott das Sein-Selbst ist, ist ein nicht symbolischer Satz.«

[20]   GW V, 218.

bei der Rede von »Gott« nicht um ein Seiendes geht – weder um »jemand« noch um »etwas«, auch nicht um den Superlativ von »jemand« oder »etwas« –, sondern um das Sein-Selbst. Gegenüber Barth verteidigt Tillich den Gebrauch der philosophischen Begriffe für die göttliche Letztwirklichkeit, indem er schreibt: »Nicht als wäre dies ein Ersatzbegriff, sondern es ist ein Schlüssel, um die verschlossene Tür zu dem Sanktissimum des Namens ›Gott‹ sich und anderen zu öffnen, und dann den Schlüssel fortzuwerfen.«[21]

Die (noetische und sprachliche) Differenz zwischen den symbolischen Vorstellungsformen von Gott und dem Sein-Selbst wird nun auch hier – wie in der Beziehung der Begriffe *deus* und *esse* – noch einmal *innerhalb* des symbolischen Redens von Gott zur Geltung gebracht, wie es in der Aussage kulminiert: »›Gott‹ ist Symbol für Gott.«[22] Sie liegt in der Verweisfunktion des Symbols selbst beschlossen. So ermöglicht das Symbol »Person« eine personale Kommunikation mit Gott und hält – als Symbol – zugleich das Bewusstsein dafür wach, dass Gott nicht Person im eigentlichen Sinne ist. »Er ist das, was unsere Erfahrung des Person-Seins unendlich transzendiert, und zugleich das, was unserem Person-Sein so adäquat ist, dass wir ›DU‹ zu ihm sagen und zu ihm beten können.«[23] Die im Symbol angelegte Transzendierung der symbolischen Gestalt schiebt jeder religiösen Bemächtigung Gottes einen Riegel vor.

2 DIE REDE VON »GOTT ÜBER GOTT«

In den beschriebenen beiden Gegenüberstellungen zwischen Gott und Sein und symbolischem und nichtsymbolischem Reden von Gott kommt die von Tillich immer wieder geforderte Überschreitung des theistischen Gottesverständnisses zum Ausdruck. Tillichs Rede vom »Gott über Gott« liegt ganz auf dieser Linie, steht aber in einem eher existenztheologischen, auf die Situation des radikalen Zweifels zielenden Aussagezusammenhang.

Tillich will zeigen, dass dieser Zweifel auf den transzendenten Seins- und Sinngrund als die Bedingung seiner Möglichkeit verweist und in diesem den Grund seiner Überwindung in sich hat. Im »absoluten Glauben«, der jeder konkreten Inhaltlichkeit entleert im »Ergriffensein von dem Gott über Gott«[24] besteht, wird der Mensch dieses Seins- und Sinngrundes gewahr. Dort, wo die In-

---

[21] *P. Tillich*, Kritisches und positives Paradox. Antwort an Karl Barth, GW VII, 241.

[22] *P. Tillich*, Wesen und Wandel des Glaubens, Frankfurt a. M. / Berlin 1961, 58 (GW VIII, 111–196, 143).

[23] GW V, 218.

[24] GW XI, 138 – »Der Glaube muss unterschieden werden von den Ausdrucksformen, in denen er jeweils erscheint«. (GW VIII, 195)

halte des Glaubens zurückgelassen werden, hat auch der intellektuelle Zweifel an ihnen keine Angriffsfläche mehr. Schon in einem Brief an Emanuel Hirsch aus dem Dezember 1917 bestimmte Tillich die »skepsisfreie Religion« als »reine Zuständlichkeit«[25].

Beim »absoluten Glauben« handelt es sich nicht primär um einen religiösen Akt des Menschen, sondern um das allen religiösen Akten zugrunde liegende (und in diesem Sinne ›radikale‹) rezeptive Erfassen des Erfasstseins von der Macht des Seins, deren Seinsmächtigkeit jeglicher Bewusstwerdung vorausliegt. Der »absolute Glaube« ist »ohne die Sicherheit von Worten und Begriffen, er ist ohne einen Namen, eine Kirche, einen Kult, eine Theologie. Aber er bewegt sich in der Tiefe von ihnen allen. Er ist die Macht des Seins, an dem sie partizipieren und von dem sie fragmentarische Ausdrucksformen sind«[26]. In dieser Spitzenaussage erscheint die Macht des Seins nicht nur – wie noch kurz zuvor im gleichen Text – als *Inhalt* des inhaltslosen »absoluten Glaubens«. Beide fallen in eins.

Die Rede von »Gott über Gott« verhält sich zu »Gott« wie der »absolute Glauben« zum inhaltlichen Glauben. Das jeweils erste Glied in dieser Verhältnisbestimmung bezeichnet das Moment der Transzendierungsdynamik am zweiten Glied. Es ist »an« ihm, das heißt: weder identisch mit ihm, noch ihm gegenüber. Darin wiederholt sich wiederum die oben beschriebene Verhältnisbestimmung von *deus* und *esse*. »Gott über Gott« bezeichnet keine inhaltliche Position, sondern eine *Bewegung* und zwar eine *doppelte* Bewegung: Zum einen die Bewegung des Gottdenkens über das »Gott«-Symbol hinaus, zum anderen die Bewegung des Seinsgrundes auf den Menschen zu. Sie kann ihn auch dort ergreifen, wo er für den inhaltlichen Gottesglauben unempfänglich ist und sogar dort, wo er diesen Glauben ablehnt. Wo die Daseinsgewissheit und aller Glaube in intellektuellem Zweifel und in existentieller Verzweiflung versinkt, bleibt diese Ergriffenheit des »absoluten Glaubens«, die allem Zweifel vorausliegt und damit einen letzten Halt in der Verzweiflung gibt. Das Symbol des Kreuzes bringt diese Anwesenheit des »abwesenden Gottes« markant zum Ausdruck. Im Schrei der Gottverlassenheit wandte sich Jesus an »Gott, der sein Gott blieb, nachdem ihn der Gott des Vertrauens verlassen hatte«[27].

Die Wendung »Gott über Gott« findet sich schon in Tillichs Habilitationsschrift[28], bleibt dann aber jahrzehntelang nahezu unerwähnt, bevor er sie in den 50er Jahren wieder aufnimmt. Sie ruft sogleich Kritik hervor, woraufhin

---

[25]   »… reine Zuständlichkeit, die dem gesamten Erleben eine Färbung gibt; sie ist also kein Erlebnis. Dieses subjektive *urständliche* Moment der Religion zu beschreiben, ist nun die wichtigste Aufgabe der Religionswissenschaft und Theologie« (GWE VI, 102).

[26]   GW XI, 139.

[27]   GW XI, 138.

sich Tillich im 1957 erschienenen zweiten Band der »Systematischen Theologie«
veranlasst sieht, den Begriff »Gott über dem Gott des Theismus« gegen eine pantheistische oder mystische Deutung zu verteidigen.[29] Er stellt dabei klar, dass es
sich nicht um eine dogmatische, sondern um eine apologetische Aussage handelt.
»Sie nimmt den radikalen Zweifel, wie ihn viele Menschen erleben, ernst, und
soll ihnen den Mut zur Selbstbejahung geben …«.[30] Der »Gott über dem Gott des
Theismus« ist dem »Gott der Kirchensprache« entgegengesetzt. Er steht für den
Sinn, der schon in der *Frage* nach Sinn inmitten der Erfahrung von Sinnlosigkeit
vorausgesetzt ist. Er steht für den Seins- und Sinngrund, der jeder verzweifelten
Suche nach Sinn vorausliegt und somit den Zweifel wie die Sinnsuche allererst
ermöglicht. Auf diese theologische Sinntheorie, die Tillich seit seiner Schelling-
Dissertation vertritt, greift er besonders in den Schriften zurück, in denen er
die Erfahrung von Sinnleere nach dem Zweiten Weltkrieg aufnimmt und seinen
Lesern in durchaus seelsorgerlicher Absicht »Mut zum Sein« zusprechen will.

In der kleinen Schrift »The God above God« (1961)[31] kommt dieser apologetische und seelsorgerliche Zug deutlich zum Tragen. Darin heißt es u. a., der
»Gott über Gott« sei nicht nur der Gott der religiösen Menschen, sondern auch
der Gott der Gottesleugner und der Agnostiker. Tillich wendet sich hier in z. T.
scharfen Worten gegen die unsymbolisch verstandene Rede von Gott als Person.

In seinen 1953 am »Union Theological Seminary« gehaltenen Vorlesungen
»A History of Christian Thought«, die 1971 auf Deutsch unter dem Titel »Vorlesungen über die Geschichte des christlichen Denkens« erschienen,[32] führt Tillich
den Gedanken von »Gott über Gott« auf eine »unbewusste() Erinnerung an Dionysius« zurück.[33] Dionysius spricht in »De divinis nominibus« XIII 3 von »hy-

---

[28]   *P. Tillich*, Der Begriff des Übernatürlichen, sein dialektischer Charakter und das Prinzip
der Identität, dargestellt an der supranaturalistischen Theologie vor Schleiermacher, GWE
IX, 474. In der 1910 ausgearbeiteten Schrift »Gott und das Absolute bei Schelling« (GWE X,
9–54) ist vom »Unvordenklichen« die Rede (9). – Der Begriff »Gott über Gott« erscheint
auch in den beiden ersten Versionen der Schrift »Rechtfertigung und Zweifel« (1919) (GWE
X, 169; 219). In der endgültigen Version von 1924 (GW VIII, 85–100) ist er dagegen nicht
mehr enthalten (diesen Hinweis verdanke ich: *P. Gallus*, Entzogenheit Gottes bei Tillich, in:
M. Mühling / M. Wendte [Hg.], Entzogenheit in Gott. Beiträge zur Rede von der Verborgenheit
der Trinität, Utrecht 2005, 97–124, 116, Anm. 98). – Siehe auch: GW VIII, 69; GW IX, 34. –
Siehe auch: *D. M. Brown*, Ultimate Concern. Tillich in Dialogue, New York 1970, 14; *A. That-
cher*, The Ontology of Paul Tillich, Oxford 1978, 83 ff.
[29]   ST II, 18 f.
[30]   ST II, 19.
[31]   MW VI, 417–421.
[32]   GWE I und II.
[33]   »Die Idee von dem ›Gott über Gott‹, dem letzten Grund alles Seins, der erscheint, wenn
der Gott, dem wir Namen geben, versunken ist –, eine Idee, die ich in der Schrift ›Der Mut

pertheotes«.[34] In der dort entwickelten Reflexion auf die »Namen Gottes« verschränkt er das kataphatische und das apophatische Reden, die Affirmation und die Negation ineinander und lässt beide über sich hinaus auf das alle Namen übersteigende Namenlose verweisen.

Dieser Hinweis auf den Entdeckungszusammenhang des Begriffs in der »negativen Theologie« ist für dessen Verständnis ebenso wichtig wie die Erinnerung an die apologetische und seelsorgerliche Absicht seines Gebrauchs. Denn sie erweist die Rede vom »Gott über Gott« als einen *Grenzbegriff* des theologischen Denkens. In der »Systematischen Theologie« bezeichnet ihn Tillich als einen »extreme[n] Punkt« – kein »Raum, in dem man leben kann«[35]. Mit nahezu gleichen Worten sprach er in »Der Mut zum Sein« vom »absoluten Glauben«[36] und fügte hinzu: »Es ist die Situation auf der Grenze der menschlichen Möglichkeiten. Er *ist* diese Grenze.«[37] In »Das Problem der theologischen Methode« (1946) stellte Tillich den unmittelbaren Zusammenhang zwischen diesem »extremen Punkt« (des absoluten Glaubens) und der Überwindung des Zweifels her:

> Es gibt jedoch einen Punkt – und ich meine einen Punkt ohne Längen- oder Breitenausdehnung –, in dem Medium und Inhalt zusammenfallen. Es ist das Bewusstsein von dem Letztgültigen, Unbedingten-Selbst, dem *esse ipsum*, das den Unterschied zwischen Subjekt und Objekt transzendiert und als Voraussetzung allen Zweifels jenseits des Zweifels liegt. Es ist das wahre Selbst, die *veritas ipsa*, wie Augustin sie nannte. Wir dürfen diesen Punkt nicht Gott nennen (wie es im ontologischen Gottesbeweis geschieht), aber wir müssen ihn das in uns nennen, was es uns unmöglich macht, Gott zu entfliehen. Es ist die Gegenwart des Elements des Unbedingten in der Struktur unseres Daseins, die Grundlage der religiösen Erfahrung.[38]

---

zum Sein‹ entwickelt habe, mag mir in der unbewussten Erinnerung an Dionysius gekommen sein.« (GWE I, 113) – In »Der Mut zum Sein« nennt Tillich allerdings noch weitere Quellen für diesen Gedanken, wenn er schreibt, schon die Stoa kenne den »Gott jenseits von Gott« (17) und dieser Gedanke finde sich implizit schon bei den Kirchenvätern (GW V 95). – Auch auf Meister Eckhart wäre eine Bezugnahme möglich gewesen: »Sage ich ferner: Gott ist ›ein Sein‹ – es ist nicht wahr; er ist (vielmehr) ein überseiendes Sein und eine überseiende Nichtheit« (*Meister Eckhart*, Kritische Gesamtausgabe, Bd 2: Predigten, hg. *Josef Quint*, Stuttgart 1971 [Nachdruck 1988], Predigt 42).

[34]   Patrologie Graeca III, 981 A. Diesen Hinweis entnehme ich: *W. Schüßler*, Der philosophische Gottesgedanke im Frühwerk Paul Tillichs (1910-1933). Darstellung und Interpretation seiner Gedanken und Quellen, Würzburg 1986, 171. Dort werden weitere Belegstellen für den Begriff »hypertheos« bei Dionysius genannt.

[35]   ST II, 19.

[36]   GW XI, 138.

[37]   GW XI, 139.

[38]   GWE IV, 29.

Daraus ergibt sich für ihn in ST II die Qualifizierung des logischen Status der Rede vom »Gott über dem Gott des Theismus«: »Die dialektischen Aussagen, die eine extreme Situation hervorruft, sind Kriterien der Wahrheit, geben aber keine Basis ab, auf der die Wahrheit als Ganzes aufgebaut werden könnte.«[39] Die Rede vom »Gott über Gott« stellt also einen Grenzbegriff dar, von dem keine weiteren Ableitungen vorgenommen werden können. Sie darf nicht ihrerseits zum Gottesbegriff im Sinne einer höheren Wesensbestimmung erhoben werden, sondern stellt ein kritisch-regulatives Prinzip für das Gottesdenken und die Gottesrede dar, das bzw. die transzendenzoffen gehalten werden muss. In dieser *Aufforderung* besteht der Sinn der Rede vom »Gott über Gott«, die damit weniger von ihrem semantischen Gehalt als von ihrer pragmatischen Funktion her zu verstehen ist. Sie schreibt den Verweischarakter in die Rede von Gott ein und gibt damit eine Anleitung zum Gebrauch des Gottesbegriffs. Zugespitzt gesagt: Der Gottesbegriff darf nicht als *Begriff* aufgefasst und gebraucht werden. Für sein Verständnis gilt, was Tillich an anderer Stelle über die unbedingte Sinnform sagte: Sie ist »eine letzte Abstraktion, rein ideeller Richtungspunkt, aber keine Realität«.[40] Sie wird von allem Bedingten intendiert, in keinem aber erschöpfend realisiert.

Tillichs »unbewusste Erinnerung an Dionysius« dürfte ihm durch Schelling vermittelt worden sein.[41] In dessen 1821 gehaltener Vorlesung »Über die Natur der Philosophie als Wissenschaft« findet sich eine deutliche Bezugnahme auf Dionysius. Darin heißt es: »(D)as absolute Subjekt *ist* nicht nicht Gott, und es ist doch auch nicht Gott, es ist auch das, was nicht Gott ist. Es ist also insofern über Gott, und wenn selbst einer der vorzüglichsten Mystiker früherer Zeiten gewagt hat von einer Uebergottheit zu reden, so wird dieß auch uns verstattet seyn und es wird ausdrücklich hier bemerkt, damit nicht etwa das Absolute – jenes absolute Subjekt – geradezu mit Gott verwechselt werde.«[42] Schelling fordert dazu auf, »*alles* zu lassen … was nur Ist, selbst *Gott*, denn auch Gott ist auf diesem

---

[39]   ST II, 19.

[40]   *P. Tillich*, Grundlinien des religiösen Sozialismus, in: MW III, 109.

[41]   Zum Einfluss Schellings auf Tillich siehe den Literaturbericht bei *G. Neugebauer*, Tillichs frühe Christologie. Eine Untersuchung zu Offenbarung und Geschichte bei Tillich vor dem Hintergrund seiner Schellingrezeption, Berlin 2007, 18–25; *W. Schüßler*, Der philosophische Gottesgedanke im Frühwerk Paul Tillichs (1910–1933), Würzburg 1986, 162–175; *Chr. Danz*, Religion als Freiheitsbewusstsein. Eine Studie zur Theologie als Theorie der Konstitutionsbedingungen individueller Subjektivität bei Paul Tillich, Berlin 2000, bes. 134–152.

[42]   *F. W. Schelling*, Über die Natur der Philosophie als Wissenschaft (1821), in: Sämmtliche Werke, hg. von *K. F. A. Schelling*, 14 Bde., Stuttgart 1856–1861, IX, 217 = Schellings Werke, hg. von *M. Schröter*, Bd. V., München 1928, 11.

Standpunkt nur ein Seyendes«[43]. Das Absolute ist das »Indefinible, das Unfaß-
liche, das Unendliche«[44], das die Gegensätze zu diesen Begriffen in sich schließt
und übersteigt. »(A)lle diejenige Differenz, welche im Nichtabsoluten ist«, muss
in der Rede vom Absoluten negiert werden.[45] Die letzte Identität von Identität
und Differenz, zu der es nicht noch einmal eine Differenz geben kann, charakterisiert das Wesen des Absoluten. Die Indefinierbarkeit wird zum entscheidenden Definitionsmerkmal.

Martin Repp hat Tillichs Rede vom »Gott über dem Gott des Theismus« als
»Potenzialisierung des Theismus« interpretiert.[46] Diese missverständliche und
in der Diskussion um das Verständnis der Formel »Gott über Gott« missverstan-
dene Formulierung macht guten Sinn, wenn sie nicht auf die Polarität von Po-
tenzialität und Aktualität in der Gotteslehre bezogen wird.[47] Es geht nicht um
Gott, sondern um die Bedingung der Möglichkeit der Gotteserfahrung. Um diese
Möglichkeit zu erfassen, greift Tillich auf den Begriff des ›religiösen a priori‹
zurück und fordert: »… wenn wir diesen Ausdruck gebrauchen (in der Bedeutung
von *anima naturaliter religiosa*), müssen wir ihn allen Inhalts entkleiden und
ihn auf die reine Potentialität reduzieren, Erfahrungen von der Art eines letztgültigen ›unbedingten Anliegens‹ zu haben. Jeder Inhalt einer solchen Erfahrung
hängt von der Offenbarung ab, d. h. von der besonderen Art, Form und Situation,
in der sich diese Potentialität durch ein Anliegen aktualisiert, das zugleich konkret und unbedingt ist.«[48]

Der Begriff »Gott über Gott« baut einen Impuls zur Selbstüberschreitung
aller Gottesrede in diese ein. Das »über« in dieser Wendung ist nicht im Sinne
einer Überbietung des Theismus zu verstehen, sondern im Sinne eines kritischen Korrektivs gegen die Festlegung und Begrenzung der Rede von Gott auf
das Paradigma des Theismus. »Gott über Gott« soll den Gottesglauben vor der
Dämonisierung bewahren.

---

[43]   Ebd.

[44]   *F. W. Schelling*, Über die Natur der Philosophie als Wissenschaft (1821), in: Sämmtliche
Werke, hg. von *K. F. A. Schelling*, IX, 219 = Schellings Werke, hg. von *M. Schröter*, V, 13.

[45]   *F. W. Schelling*, Philosophie und Religion (1804), in: Sämmtliche Werke, VI, 22 = Schellings Werke, hg. von *M. Schröter*, Bd. IV., München 1827, 12.

[46]   *M. Repp*, Die Transzendierung des Theismus in der Religionsphilosophie Paul Tillichs,
Frankfurt/M. 1986, bes. 147 ff., Zitat: 238. – Zur Deutung der Formel »Gott über Gott« siehe
auch: *M. Harant*, Religion – Kultur – Theologie. Eine Untersuchung zu ihrer Verhältnisbestimmung im Werke Ernst Troeltschs und Paul Tillichs im Vergleich, Frankfurt a. M. 2009,
205 ff.

[47]   ST I, 284–286.

[48]   GWE IV, 29.

Der Name, der über allen Gottesnamen ist, kann aber nicht für sich stehen. Selbst ohne jede inhaltliche Bestimmtheit bleibt er auf die inhaltlich bestimmten Gottesnamen der Religion angewiesen und verweist mit ihnen auf die Macht des Seins. Man könnte die eingangs zitierte Rede von den »zwei Absoluten«, von denen Tillich sagt, sie seien identisch, als die positive bzw. affirmative und die negative bzw. kritische Seite des Gottesnamens auffassen. Es sind dies nicht zwei Götter, noch nicht einmal zwei Gottesnamen, sondern zwei Dimensionen – die Dimension des Unbedingten und die Dimension des Konkreten –, die beide zusammen auf das alle Namen sprengende Heilige verweisen.

3 Tillichs Hinwendung zum Buddhismus

Der Grund dafür, dass Tillich gerade in den 50er Jahren so auffallend stark auf die Rede vom »Gott über Gott« rekurriert, die ihm seit seiner Beschäftigung mit der Philosophie Schellings vertraut war, liegt – so meine These – nicht zuletzt in Tillichs Suchbewegungen nach existentiellen Sinnformen, die ihn über die Beschäftigung mit der Existenzphilosophie, der Psychoanalyse und der zeitgenössischen Literatur zur Begegnung mit dem Buddhismus führte.[49]

---

[49] Zum Folgenden siehe: *C. Olson*, Tillich's Dialogue with Buddhism, in: Buddhist-Christian-Studies 7, 1987, 183–195; *L. Gilkey*, Tillich and the Kyoto School, in: Papers from the Annual Meeting of the North American Paul Tillich Society, Boston, Massachusetts, December 1987, Charlottesville, VA 1988, 1–10, abgedruckt in: *R. P. Scharlemann (Hg.)*, Negation and Theology, Charlottesville 1992, 72–85; *D. Chr. Siedler*, Paul Tillichs Beiträge zu einer Theologie der Religionen. Eine Untersuchung seines religionsphilosophischen, religionswissenschaftlichen und theologischen Beitrags, Münster 1999, 178–203; *W. Schüßler / E. Sturm*, Paul Tillich. Leben – Werk – Wirkung, Darmstadt 2007, 150–62, bes. 158–163, sowie 244–246; *M. Boss*, Tillich in Dialogue with Japanese Buddhism: A paradigmatic illustration to his approach to inter-religious conversation, in: *R. Manning (Hg.)*, Cambridge Companion to Paul Tillich, Cambridge 2009, 254–272; *St. S. Jäger*, Glaube und Religiöse Rede bei Tillich und im Shin-Buddhismus. Eine religionshermeneutische Studie (Tillich Research 2), Berlin/Boston 2011, bes. 23–38; 491–518. Zu Tillichs Theologie der Religionen insgesamt siehe: *J. Foerster*, Paul Tillich and Inter-religious Dialogue, in: Modern Theology 7, 1990, 1–27; *T. Thomas*, Paul Tillich and World Religions, Cardiff 1999; *R. B. James*, Tillich and World Religions. Encountering Other Faiths Today, Macon, GA 2003; *R. Bernhardt*, Der Geist und die Religionen. Tillichs Religionstheologie im Kontext seiner Pneumatologie, in: *Chr. Danz / W. Schüßler / E. Sturm (Hg.)*, Internationales Jahrbuch für die Tillich-Forschung Bd. 5/2010: Religionstheologie und interreligiöser Dialog, Wien/Berlin 2010, 37–59; *ders.*, Den Provinzialismus abstreifen. Tillichs Theologie der Religion(en), in: Informationes Theologiae Europae, Internationales ökumenisches Jahrbuch für Theologie, 15. Jg., Frankfurt a. M. 2010, 23–41.

Während die Nichtigkeitserfahrung in den genannten Strömungen der westlichen Geisteskultur aufgedeckt und analysiert wird, findet er sie im zenbuddhistischen Denken als Zielpunkt des spirituellen Weges im Verlöschen der Personalität anvisiert. Die Letztwirklichkeit wird dort nicht als das Sein-Selbst, sondern als die Leere aufgefasst, aus der das Sein wie das Nichts hervorgeht. Darin öffnet sich Tillich eine Quelle der Inspiration für die Weiterentwicklung seiner Suche nach Erschließungsformen der »Ultimate Reality«[50]. Er sieht sich im Buddhismus mit einer nicht-theistischen Denkweise konfrontiert, die nicht nur die »Frage« im Sinne der Korrelationsmethode erschließt, sondern eine »Antwort« gibt – eine Antwort, die sich allerdings von der Antwort des christlichen Glaubens charakteristisch unterscheidet.

Die Hinwendung zum Buddhismus vollzog sich nach Tillichs autobiographischen Notizen ungefähr in der Mitte der 1950er Jahre.[51] Erste Begegnungen mit Buddhisten reichen vermutlich bis an den Anfang der 1950er Jahre zurück. Über die Psychoanalytikerin Karen Horney war Tillich in Kontakt mit Daisetsu T. Suzuki[52] gekommen. Er lehrte am Union Theological Seminary in New York, als Suzuki 1951 an die Columbia University kam. Suzuki war kein ordinierter Zen-Lehrer und vertrat einen westlich ausgerichteten und z. T. als unorthodox angesehenen Buddhismus, den er aber mit viel Erfolg in den USA verbreitete. Heidegger soll nach dem Studium der Werke Suzukis gesagt haben: »Wenn ich den Mann richtig verstanden habe, bringt es das zum Ausdruck, was ich in all meinen Büchern versucht habe zu sagen«.[53] 1953 trafen sich Tillich und Suzuki wieder bei der Eranos-Tagung in Ascona. Seit 1933 boten die Eranos Tagungen eine wichtige Plattform für den Austausch zwischen östlichen und westlichen Geisteswelten in Religion und Philosophie. In Harvard, wo Tillich seit 1955 lehrte, hielt Suzuki 1956 eine Vorlesung über »Buddhist Mysticism«, während Tillich über »Christian Mystics in Church History« las.

Die eigentlich prägenden Begegnungen Tillichs mit dem Zen-Buddhismus fanden aber erst im Herbst 1957 statt, als Tillich mit dem japanischen Zen-Meis-

---

[50]   Eine 1951 gehaltene Vorlesung trug den Titel »Biblical Religion and the Search for Ultimate Reality« (MW IV, 289–300; dt.: GW V, 122–137).

[51]   In »Wie sich mein Denken in den letzten Jahren gewandelt hat« (1960) schreibt er: »Einer meiner Freunde ... fragte mich vor einigen Jahren: ›Warum beziehen Sie die östliche Welt in ihr religiös-politisches Denken nicht ein?‹ Seitdem bin ich diese mich beunruhigende Bemerkung nicht mehr losgeworden.« (GW XIII, 489)

[52]   Zu Suzuki siehe: *R. H. Sharf*, Experience, in: *M. C. Taylor (Hg.)*, Critical Terms for Religious Studies, Chicago/London 1998, 94–116. Interessant für das Thema dieses Beitrags ist: *D. T. Suzuki*, Shin Buddhism and Christianity Compared (1973), in: *E. Andreasen (Hg.)*, Popular Buddhism in Japan. Shin Buddhist Religion and Culture, Honolulu 1998, 58–62.

[53]   »If I understand this man correctly, this is what I have been trying to say in all my writings.« (*D. T. Suzuki*, Zen Buddhism, hg. von *William Barrett*, Garden City 1956, xi–xii)

ter Hisamatsu Shin'ichi drei Gespräche führte, die später veröffentlicht wurden.[54] Im Rückblick auf diese Treffen sagte er im Rahmen der Matchette Lectures »The Protestant Principle and the Encounter of the World Religions«[55] im April 1958: »(I)f you meet a person who really has the qualities of a saint, which this man has, then the simple reality of this being gives you more insight into the nature of that for which he lives than any external knowledge.«[56] Die einschneidendste Erfahrung war aber seine Reise nach Japan, wo er sich vom 1. Mai bis 10. Juli 1960 auf Einladung des »Committee for Intellectual Interchange« aufhielt. Die dort gewonnenen Einsichten flossen ein in die Vorlesung »Christianity and the Encounter of World Religions«, die er im Herbst 1961 in New York hielt.[57] Bis zu seinem letzten Vortrag[58] kurz vor seinem Tod im Jahre 1965 hat ihn dieses Thema dann intensiv beschäftigt.

Auf dem Weg der Öffnung für zen-buddhistisches Denken kam es in Tillichs theologischem Denken zu Transformationen. »(I)ch spüre seit der Japanreise eine ungeheure Bereicherung meiner Substanz«[59], schreibt er im Rückblick. Und in der Fortsetzung dieser Aussage fällt dann das eingangs bereits zitierte Wort: »Substanz ... bedeutet mehr als neue Einsichten oder etwa eine bessere Kenntnis eines anderen Teils der Welt. Es bedeutet, dass man sich irgendwie gewandelt hat.«[60] Tillich beschreibt diese Erfahrung als »a volcanic experience«[61].

Worin für Tillich die Faszination an der zen-buddhistischen Geisteswelt und Spiritualität gelegen hat, ist mit Händen zu greifen. Nach dem zen-buddhistischen Verständnis der Kyoto-Schule, wie es etwa Keiji Nishitani (der wie Tillich über Schelling promoviert hatte und seit 1943 in Kyoto lehrte) entfaltet, erschließt der »Standpunkt der Leere« »ein absolut nichtgegenständliches Wissen des absolut nichtgegenständlichen Selbst an sich«[62]. Genau das war es, was Tillich suchte. Im Gespräch mit Hisamatsu ging es um den Ort jenseits der Subjekt-Objekt-Spaltung, in dem sich das gegenständliche Erkennen vollzieht, um

---

[54] The Eastern Buddhist 4 (1971), 89–107; 5 (1972) 107–128; 6 (1973) 87–114; abgedruckt in: ERQR, 75–170.

[55] ERQR, 1–56.

[56] ERQR, 28.

[57] Dt.: GW V, 51–98.

[58] *P. Tillich*, Die Bedeutung der Religionsgeschichte für den systematischen Theologen; in: Werk und Wirken Paul Tillichs. Ein Gedenkbuch, Stuttgart 1967, 187–203.

[59] GW XIII, 489.

[60] Ebd.

[61] *W. & M. Pauck*, Paul Tillich: His Life and Thought, Volume I: Life, New York 1976, 260.

[62] *K. Nishitani*, Was ist Religion?, 2. Aufl. Frankfurt a. M. 1986, bes. 201–263, Zitat 246. Einen Vergleich zwischen Nishitani und Tillich hat *Langdon Gilkey* angestellt in: Tillich and the Kyoto School (siehe Anm. 49).

jenen ortlosen Ort, den Tillich mit dem Begriff des »absoluten Glaubens« bezeichnet hatte.

Den Impuls zur Transzendierung aller religiösen Inhalte und Erscheinungsformen findet Tillich im Zen-Buddhismus an zentraler Stelle zur Geltung gebracht. Was dort als Freiwerdung von aller Anhaftung an religiöse Konzepte beschrieben wird, begegnet in analoger Form in Tillichs theologischer (bzw. prophetischer) Religionskritik. Masao Abe, der Schüler Hisamatsus war und Tillich als Übersetzer auf seiner Japanreise begleitet hat, setzte denn auch den Zentralbegriff des Mahâyâna-Buddhismus *sûnyatâ* (Leerheit) in Beziehung zu Tillichs religionskritischem »Protestantischen Prinzip«[63]. Dieses Prinzip stellt Tillich jeder Form der Selbstverabsolutierung der Religion – und damit der Dämonisierung des Religiösen – entgegen. Das betrifft auch und vor allem die Gottesvorstellungen, was Tillich zu der bereits besprochenen Theismuskritik führte.

Im Buddhismus begegnete er nun einer nicht-theistischen Religion, die noch dazu der Selbstkritik aller religiöser Formen und Anschauungen einen hohen Stellenwert zuerkennt. Dass er auch im Buddhismus das »prophetische« Element der Religion ausgeprägt findet, stimmt mit seinen religionstypologischen Überlegungen zusammen. Diesen zufolge sind die Grundelemente der Erfahrung des Heiligen – das sakramentale, das prophetische, das mystische und das ethische Element – in allen Religionen gegenwärtig, wenn auch in unterschiedlicher Ausprägung. Die zentralen Symbolisierungen der beiden religiösen Traditionen – wie »Reich Gottes« und »nirvana« – können sich nicht gegenseitig ausschließen.[64]

4 UNTERSCHEIDUNGEN

Trotz der Faszination, die von solchen Ähnlichkeiten auf Tillich ausging, hat er die Begegnung mit buddhistischer Spiritualität und der sie reflektierenden Philosophie doch stets im Bewusstsein ihrer paradigmatischen Unterschiedenheit von christlicher Spiritualität und Theologie vollzogen. An keiner Stelle nimmt er Gleichsetzungen vor. Auch die Rede von »Gott über Gott« dient – wie gezeigt – nicht dem Ausweis eines gemeinsamen Nenners.

---

[63]   *M. Abe*, Rezension zu Tillichs »Christianity and the Encounter of the World Religions«, in: The Eastern Buddhist 1 (1965), 109–122. Diesen Hinweis verdanke ich: *D. Siedler*, Paul Tillichs Beitrag (siehe Anm. 51), 201. Siehe auch: *M. Abe*, Zen and Western Thought, New York / Honolulu 1985.

[64]   GW V, 84

In vier Punkten will ich die wichtigen Unterschiede benennen, die im Gespräch zwischen Tillich und Hisamatsu, auf das ich mich im Folgenden konzentrieren will, bestehen:

4.1 Der Grund der Wirklichkeit: Sein-Selbst/»Formless Self«

Hisamatsu nennt die Letztwirklichkeit »Formless Self«. Das Absolute liegt allem Seienden, aber auch dem Nicht-Sein, dem Selbst, aber auch dem Nicht-Selbst ununterscheidbar von diesem zu Grunde. Es ist die unmittelbare Gegenwart des Seienden und des Selbst, steht dem Seienden und dem Selbst also nicht transzendent gegenüber, sondern ist ihnen zutiefst immanent, macht ihr Sein aus, besteht in diesem Sein, transzendiert aber die Form dieses Seins in Richtung der Formlosigkeit. Es ist die *konkreteste* Realität und darin eben unterschieden von Tillichs Verständnis der unbedingten Sinnform, die für ihn – wie vorhin zitiert – »eine letzte Abstraktion, rein ideeller Richtungspunkt, aber keine Realität« darstellt.[65] Nishitani bezeichnet das »Feld der Leere« als das »absolute Diesseits«[66].

Nach Tillich ist der göttliche Grund des Seins demgegenüber dem Seienden transzendent und steht diesem in kategorialer Unterschiedenheit gegenüber. Zugleich ist der Seinsgrund im Seienden anwesend; doch nicht so, dass er diesem ontisch eingeprägt wäre, sondern so, dass er durch das Seiende hindurch ›anwest‹. Die Macht des Seins kann demnach immer nur in einer Dialektik von Immanenz und Transzendenz gedacht werden. Theologisch gesprochen: Gott bleibt der Ganz-Andere, indem er sich in der Gegenwart seines Geistes in der Wirklichkeit der Welt vergegenwärtigt. Die Wendung »Gott über Gott« fasst dabei diese beiden Bewegungsrichtungen zusammen: die Transzendierung aller Gottesbegriffe, wie überhaupt aller Religion, wie überhaupt aller endlichen Wirklichkeit und die Vergegenwärtigung Gottes in der Wirklichkeit, das heißt hier: die Anwesenheit Gottes auch dort, wo diese Gegenwart nicht in theistischen Deutemustern erfasst wird.

4.2 Die Beziehung zum Grund der Wirklichkeit: Identität/Partizipation

Der grundlegend unterschiedlichen Auffassung des Absoluten korreliert eine verschiedene Sicht der Zuordnung des Absoluten zum Seienden und zum Selbst. Hisamatsu sucht den Seinsgrund im Seienden auf, geht also von einer letzten Wesenseinheit aus, wobei dies nicht im Sinne der Unterscheidung von Wesen und Erscheinung gedacht ist, sondern als das Sein bzw. die Gegenwart des Seienden und des Selbst. In diesem Sinne bildet das Absolute die ›Essenz‹ des Seins

---

[65]   Siehe Anm. 40.
[66]   *K. Nishitani*: Was ist Religion? (siehe Anm. 61), 241.

und des Selbst. Ziel der Meditation ist es, in dieser Gegenwart aufzugehen und damit mit allem Seienden eins zu werden.

Tillich nimmt die Zuordnung demgegenüber nach dem Modell der *Beziehung* zwischen dem Seienden und dem Selbst auf der einen Seite und dem Seinsgrund auf der anderen vor. Diese Beziehung ist als eine vom Seinsgrund gewährte Teilhabe zu verstehen. Dem Identitätsprinzip Hisamatsus stellt Tillich also die Polarität von Identität und Partizipation gegenüber.

Richard DeMartino, der bei Tillich studiert hatte und in den Gesprächen mit Hisamatsu als engagierter und sich aktiv am Dialog beteiligender Übersetzer fungierte, brachte diese Differenz auf den Punkt, indem er erklärte, für Tillich werde das Partikulare »*in* its ultimate significance« erfahren, während Hisamatsu das Partikulare »*as* ultimate«[67] erfahre.

Tillich schloss aus dieser Identifikation, dass das Individuelle und Partikulare seine Bedeutung verliere und letztlich im Absoluten aufgehe. Die Dimensionen des Sozialen, des Ethischen und des Geschichtlichen drohten entwertet zu werden. Demgegenüber betonte er immer wieder die Bedeutung der Einzelnen in der Beziehung zum göttlichen Grund seiner Existenz. Dem hatte Hisamatsu allerdings entgegengehalten, dass das Partikulare im Formlosen Selbst nicht aufgelöst werde, sondern darin gerade zu seiner Eigentlichkeit komme.[68]

Der Grund für die Differenz des endlichen Seienden zum Absoluten liegt in der Transzendenzrelation, wie sie im Symbol der Schöpfung bzw. der Geschöpflichkeit ausgedrückt ist. Im Blick auf das menschliche Selbst gibt es neben diesem schöpfungstheologischen noch einen zweiten, hamartiologischen Grund: Es ist die Gebrochenheit der menschlichen Existenzverfassung, die Entfremdung vom wahren Sein, die Differenz zwischen Existenz und Essenz, traditionell gesprochen: die Sündigkeit der menschlichen Natur, die eine Identität mit dem Absoluten unmöglich macht. Vor Nishitanis Behauptung, dass »in jedem Menschen ein Feld absoluter Formlosigkeit erschlossen«[69] ist, muss Tillich deshalb zurückweichen. Einzig in Jesus als dem Christus ist das wahre wesenhafte Sein unter den Bedingungen der Existenz erschienen, ohne von ihnen überwältigt worden zu sein.[70]

Der Unterschied zwischen der christlichen Bestimmung der Beziehung zwischen Gott und Mensch durch das Prinzip der Partizipation bzw. durch eine Dialektik von Identität und Partizipation und dem buddhistischen Streben nach dem Verlöschen der Person, die dadurch identisch mit der Leere als letzter Wirklichkeit wird, spiegelt sich nach Tillich auch in den Zentralsymbolen der beiden

---

[67]   ERQR 161.
[68]   ERQR 146.
[69]   *K. Nishitani*, Was ist Religion? (siehe Anm. 61), 208.
[70]   ST II, 104.

Religionen. Beim »Reich Gottes«-Symbol steht das ontologische Prinzip der Partizipation im Vordergrund, bei »nirvana« das Prinzip der Identität. Beide enthalten aber auch das jeweils andere Prinzip.

4.3 DIE ERKENNTNIS DES SEINSGRUNDES: IN SEINEN SYMBOLISIERUNGEN / ALS »REINES SEHEN«

Hisamatsu verdeutlicht die Erkenntnis des »Formless-Self« – und damit dieses selbst – durch die Unterscheidung zweier Sichtweisen: das bewusste, gegenständliche Sehen, dessen Subjekt seinem Gegenstand in der Subjekt-Objekt-Spaltung gegenüber bleibt, und das »reine Sehen«, bei dem der Sehende mit dem Gesehenen eins wird. Bei der ersten Sichtweise werden Gegenstände, die im Licht stehen, gesehen. Bei der zweiten Sichtweise geht es um die Erleuchtung durch das Licht selbst. Diese »Lichtung«, diesen Zustand der Nicht-Dualität in objekt- und subjektloser Konzentration zu erreichen, ist das Ziel der Zen-Meditation. Jede Gestalt muss überstiegen werden; jede Form muss sich zurücklassen, um zur Formlosigkeit durchzudringen.

Nach Tillich kann sich der Seinsgrund demgegenüber immer nur in symbolischen Formen – allem voran im Symbol »Gott« – manifestieren. Damit gerät die Gotteserkenntnis aber in die Gefahr, die symbolisierte Wirklichkeit des Unbedingten mit dem bedingten Symbol»material«, also mit den Anschauungsformen zu identifizieren. Dem wirkt die Rede von »Gott über Gott« entgegen. Sie fordert die Transzendierung des Gottsymbols auf das Absolute hin ein. Die Dialektik zwischen der Notwendigkeit der Symbolisierung und der Transzendierung des Symbols auf das Symbolisierte hin kann niemals nach einer Seite hin aufgelöst und schon gar nicht über sich hinaus – auf das von Hisamatsu beschriebene »reine Sehen« hin – geführt werden. Sie muss in das Verständnis des Gottesbegriffs integriert werden, indem dieser als Symbol – in der Differenz zwischen der Symbolgestalt (bzw. Medium) und dem Symbolgehalt (bzw. Telos) – verstanden wird.

Der Mensch ist nach Hisamatsu in der Lage, zur Erleuchtungserfahrung des »pure seeing« vorzudringen und damit sein wahres Selbst zu erkennen und zu aktualisieren, während er nach Tillich am »Neuen Sein«, das gewissermaßen von außen auf ihn zukommt und ihn ergreift, unter den Bedingungen existentieller Entfremdung immer nur fragmentarisch partizipieren kann. Dem »reinen Sehen« entspricht nach christlichem Verständnis das eschatologische Schauen, das unter den Gebrochenheitsbedingungen der Existenz nicht erschwinglich ist. Der eschatologische Vorbehalt, das heißt hier: die Differenz zwischen gegenwärtigem Glauben und eschatologischem Schauen kann und darf nach Tillich nicht eingezogen werden, während das ganze Streben des zen-buddhistischen Erkenntnisweges ihrer Überwindung im Hier und Jetzt gilt.

4.4 DIE ERFAHRUNG DER »LEERE«: SINNDEFIZIT/SINNFÜLLE

Vor dem Hintergrund der Sinnkrise nach dem Zweiten Weltkrieg versteht Tillich »Leere« als ein geistiges Vakuum, in dem sich der Mensch nach Erfüllung ausstreckt und das damit zur Bedingung der Möglichkeit dieser Erfüllung wird. Es ist ein Zustand des Wartens und der Sehnsucht, ein Noch-Nicht, gewissermaßen eine adventliche Zeit, die dem Kommen eines neuen Sinns entgegengeht.[71] Leere steht demnach für ein kreatives Sinndefizit, für die verborgene Gegenwart des anwesenden Gottes. Insofern – und nur insofern – ist es eine »heilige Leere«[72].

Für Hisamatsu hingegen stellt die »Leere« nicht den Durchgangszustand der Suche nach Sinn und Erkenntnis dar, sondern den Vollendungszustand, der im Verlöschen der Person im Absoluten erreicht wird. Er verdeutlicht den Unterschied zwischen dem christlichen und dem zen-buddhistischen Verständnis an Meister Eckharts Auffassung des »heiligen Abgrundes«. Nicht die Leere selbst stelle nach Eckhart das Ziel des spirituellen Weges dar, sondern das Gefülltwerden der Leere durch Gott.

Dem Verständnis der »Leere« korrespondiert die Auffassung des »Nichts«. Nach Tillich steht das Nichts als das Negative, jegliche Seinsmächtigkeit entbehrende, dem Sein gegenüber. Es ist das, was das Seiende vernichtet; während es für Hisamatsu von aller Anhaftung an das Seiende befreit und somit in das Feld der Leere führt. Nach Tillich geht das Sein dem Nichtsein ontologisch voraus und umschließt es, während die Vertreter der Kyoto-Schule eher von einer symmetrischen Zuordnung von Sein und Nichtsein ausgehen, die beide ihren Grund im »absoluten Nichts« haben.[73]

---

[71] Siehe dazu etwa: GW IX, 82–93.

[72] *P. Tillich*, The Protestant Era, Chicago 1948, 55–65; dt.: *Ders.*: Der Protestantismus, Stuttgart 1950, 91–103. Siehe dazu: *W. Schüßler / E. Sturm*, Paul Tillich (siehe Anm. 49), 112 f.

[73] Siehe dazu die präzise Zusammenfassung in: *W. Schüßler / E. Sturm*: Paul Tillich (siehe Anm. 49), 245. – Siehe dazu auch: *Y. Takeuchi*, Buddhism and Existentialism. The Dialogue between Oriental and Occidental Thought, in: *W. Leibrecht (Hg.)*, Religion and Culture. Essays in Honor of Paul Tillich, New York 1959, 291–318; *H. Waldenfels*, Absolutes Nichts. Zur Grundlegung des Dialogs zwischen Buddhismus und Christentum, Freiburg/Br. 1976; *J. Baek*, Nothingness. Tadao Ando's Christian sacred space, Abingdon, Oxon (GB) 2009, 72 ff.

5 Die religionstheologische Relevanz der Rede von »Gott über Gott«

Abschließend will ich nach der religionstheologischen Relevanz der Rede von »Gott über Gott« fragen und dazu drei zusammenhängende Punkte benennen:

(1) Zunächst ist festzuhalten, dass diese Rede nicht auf einen »Super-Gott«[74] über den personalen und impersonalen Auffassungen der göttlichen Letztwirklichkeit in den Religionen verweist und damit auf einen Einheitsgrund der Religionen zielt. Wenn Hisamatsus Schüler Masao Abe gegen die Formel von »Gott über Gott« einwendet, dass über Gott kein Gott mehr sei, sondern nur das absolute Nichts[75], dann (miss-) deutet er das »über« offensichtlich im Sinne einer Superiorität und nicht – wie die hier entwickelte Deutung es nahelegt – als ›Absolutheitspol‹ im Rahmen einer dialektischen Auffassung von Gott.

Die Religionen sind und bleiben nach Tillich als Symbolsysteme paradigmatisch verschieden. Und doch stehen sie nicht inkommensurabel nebeneinander, denn in ihnen wird die Macht des Seins, die alles Seiende als Grund und Abgrund durchdringt, erfahren. »Die universale Grundlage der Religion ist die Erfahrung des Heiligen innerhalb des Endlichen. Das Heilige erscheint universell in allem Endlichen und Partikularen, und es erscheint jeweils auf besondere Art.«[76] Bei aller Verschiedenheit lassen diese Erfahrungen daher die gleichen Grundelemente in unterschiedlichen Konstellationen erkennen. Darin liegt nach Tillich die Möglichkeit des interreligiösen Dialogs begründet und auch die Möglichkeit, dass dieser Dialog zu Transformationen der je eigenen Erfahrung des Heiligen führt.

Vom gleichen Gott verschiedener Religionen zu sprechen, wäre nach Tillich unangemessen, denn ›Gott‹ ist ein Symbolbegriff und die Symbolisierungen des Absoluten in den Religionen sind verschieden. Zu sprechen ist aber von der *einen* Seinsmächtigkeit, an der alles Seiende partizipiert, und von dem *einen* Sein-Selbst, das jedes Selbst unbedingt angeht, wenn auch dieses unbedingte Ergriffensein sehr verschieden aufgefasst und konzeptualisiert wird.

Trotz grundlegender Differenzen zwischen Christentum und Buddhismus lassen sich funktionale Äquivalente benennen. Die Rede von »Gott über Gott« kann in Beziehung gesetzt werden zu dem, was im Buddhismus als Freiwerdung von aller Anhaftung an religiöse – besonders theistische – Symbolisierungen und Konzepte angestrebt wird. »Freiwerdung« kann nach Tillich allerdings nicht

---

[74] Vgl. MW VI, 418.
[75] *M. Abe*, Negation in Mahayana Buddhism and in Tillich. A Buddhist View of »The Significance of the History of Religions for the Systematic Theologian«, in: *R. P. Scharlemann (Hg.)*, Negation (siehe Anm. 49), 94.
[76] GWE IV, 149.

die Überwindung des symbolischen Charakters des Gottesdenkens und -sprechens bedeuten, sondern immer nur die Bewusstwerdung dieses Charakters. Darin liegt ein unaufhebbares Differenzmoment zum Begriff *sûnyatâ*.

Die Rede von »Gott über Gott« bringt den Impuls zur Transzendierung theistischer Auffassungen des Absoluten zum Ausdruck. Sie hat in dieser Hinsicht eine dem biblischen Idolatrieverbot vergleichbare Funktion, indem sie die Glaubenden und Theologietreibenden auffordert, »das Bild des persönlichen Gottes vor dem Absinken in eine ›henotheistische‹ Mythologie zu bewahren, das heißt in eine Gottesidee, die partikular ist und einer partikularen Gruppe zugehört«[77].

(2) Die Begriffe »Gott über Gott«, »Religion über der Religion«[78], »absoluter Glaube«, »transtheistische()«[79] Religiosität usw. weisen über die je konkrete Inhaltlichkeit des religiösen Glaubens hinaus auf die Dimension der existentiellen Partizipation an der Seinsmacht, die »Mut zum Sein« vermittelt. Glaube ist mehr als die bewusste Erfassung religiöser Symbolformen, mehr als *fides quae* und auch mehr als bewusst vollzogene *fides qua*. Der absolute Glaube übersteigt den konkreten Glauben nicht nur in seiner Inhaltlichkeit, sondern auch in seinem Charakter als *religiöser* Vollzug. »Absoluter Glaube« besteht im Gewahrwerden der Gegenwart des Absoluten.

Hans-Martin Barth hat diesen Gedanken aufgenommen und als Unterscheidung zwischen »Alpha-« und »Omega-Glauben« entfaltet.[80] Auch sein Motiv ist dabei nicht zuletzt ein seelsorgerliches: Er will die Kraft des Glaubens auch im Blick auf Menschen zur Sprache bringen, die nicht mehr oder noch nicht oder nur in eingeschränkter Weise zu bewussten religiösen Vollzügen fähig sind. Und auch er entwickelt diese Gedanken im Inspirationsfeld der christlich-buddhistischen Begegnung. Von hier aus legt sich ihm die Unterscheidung zwischen Bewusst*sein* und Bewusst*heit* nahe. In ähnlicher Weise hatte Karl Rahner zwischen *Ge*wusstheit und *Be*wusstheit unterschieden.[81]

Die Rede vom »absoluten Glauben« führt somit vor die Frage nach Extension und Intension des Glaubensbegriffs, erfasst diesen als Transzendierungsbewegung, die über alle religiösen Inhalte und Vollzüge hinausgeht, ohne diese aber hinter sich zu lassen. »Absoluter Glaube« kann sich nur *in* diesen religiösen ›Gestalten‹ ereignen. Er ist gebunden an sie, aber letztlich nicht abhängig von

---

[77]   GW V, 95.

[78]   GW IX, 37.

[79]   GW XI, 15.

[80]   *H.-M. Barth*, Dogmatik: Evangelischer Glaube im Kontext der Weltreligionen, Gütersloh 2001, 76 f.; 114–118; *ders.*: Alpha- und Omega-Glaube: Glaubensbewusstheit. Zugleich ein Beitrag zum christlich-buddhistischen Dialog, in: *Ders.*, Authentisch glauben. Impulse zu einem neuen Selbstverständnis des Christentums, Gütersloh 2010, 37–51.

[81]   K. Rahner, Schriften zur Theologie, Bd. 10, Zürich 1972, 538 u. ö.

ihnen. Er kann sich auch in nicht-theistischen Formen des Ergriffenseins vom Unbedingten realisieren.

(3) Die Rede vom »Gott über Gott« fordert eine doppelte Differenzierung innerhalb des christlichen Gottesdenkens ein: Zum einen die Unterscheidung zwischen Gott in seinem An-sich-Sein (dem Absoluten) und Gott in seiner Selbstmitteilung, und zum anderen die Unterscheidung zwischen Gott in seiner Selbstmitteilung und den symbolischen Formen des christlichen Gottesglaubens. Die Formel »Gott über Gott« verweist vom inhaltlich bestimmten Gottesglauben auf dessen Grund in der Selbstmitteilung Gottes und von dort weiter auf das Absolute. Sie stellt somit einen Transzendierungsimpuls dar, der dazu motiviert, Ausschau nach anderen Symbolisierungen des Absoluten zu halten, ohne die inhaltliche Bestimmtheit des christlichen Glaubens zu hintergehen.

In gleicher Weise ist aber auch die umgekehrte Bewegungsrichtung zu betonen, derzufolge das Absolute wesenhaft auf Selbstmitteilung angelegt ist. Und diese Selbstmitteilung hat sich nach dem Verständnis des christlichen Glaubens normativ in Christus ereignet. Das heißt aber nicht, dass sie an die Symbole der christlichen Glaubensüberlieferung gebunden wäre. Sie kann sich auch dort ereignen, wo diese Symbole keine Kraft mehr haben, nicht bekannt sind oder abgelehnt werden. Die Anwesenheit Gottes liegt der Erfassung dieser Gegenwart in der Symbolsprache des Religiösen voraus und kann auch in anders- und nichtreligiösen Verstehenszusammenhängen »Mut zum Sein« vermitteln.

Die Grundspannung zwischen der Universalität der Seinsgrundes und der Partikularität seiner religiösen Symbolisierungen kann nicht nach einer Seite hin aufgelöst werden. Tillich hat sich in seiner Begegnung mit dem Buddhismus in dieses Spannungsfeld hineinbegeben und sich darin verwandeln lassen. Eine der Einsichten, die ihm dabei in neuer Weise wichtig geworden sind, lautet: »In der Tiefe jeder lebenden Religion gibt es einen Punkt, an dem die Religion als solche ihre Wichtigkeit verliert und das, worauf sie hinweist, durch ihre Partikularität hindurchbricht.«[82]

---

[82] GW V, 98.

Im Streit der Gottesbilder
Zur Grundlegung einer Ethik des Religionsdiskurses

Christoph Seibert

Als zu Beginn des Jahres 2011 die rasante politische Entwicklung Ägyptens im Zentrum der Berichterstattung vieler Zeitungen stand, wurde immer wieder eine besondere Aufnahme der Massendemonstrationen auf dem Tahrir-Platz abgedruckt. Auf ihr ist im Hintergrund die Menge der Demonstrierenden zu erkennen, wobei die Konturen der einzelnen Personen ineinander verschwimmen. Sie verlieren sich im Gewühl einer mehr oder weniger diffus bleibenden Masse. Von dieser Masse heben sich dann im Vordergrund prägnant Arme und Hände von einzelnen Personen ab. Sie strecken sich in die Luft und halten deutlich erkennbar verschiedene religiöse Symbole empor: das Kreuz und den Koran. Eine gerne vorgetragene Interpretation dieses Bildes erkannte darin das Zusammenwirken heterogener religiöser Standpunkte im politischen Machtkampf. Das Bild fixiere somit einen Augenblick im politischen Prozess, in dem die zwischen einzelnen religiösen Standpunkten wirksamen Spannungen zugunsten des gemeinsamen Einsatzes für ein übergreifendes Ziel zurückgetreten seien. Die politische Pragmatik habe damit die unterschiedlichen Semantiken religiöser Traditionen überspielt. So schien es zumindest für den Moment. Wir kennen allerdings auch die Folgegeschichte. Und diese zeigt bis heute, dass von einem verlässlichen religionspolitischen Frieden in dieser Region kaum geredet werden kann. Noch immer sorgen beispielsweise gewaltsame Konflikte zwischen extremistischen Muslimen und Angehörigen der koptischen Kirche für Empörung.

So verhaftet diese Szenerie in einem bestimmten historisch-kulturellen Kontext ist, sie kann zugleich auch über ihn hinausweisen. An ihr lassen sich nämlich zwei Aspekte aufzeigen, die für die Entwicklung einer systematischen Fragestellung bedeutsam sind: Einerseits verdeutlicht sie, was spätestens seit José Casanovas Arbeiten über *public religions* zu einem Allgemeingut der religionssoziologischen Debatte geworden ist. Gemeint sind die von ihm ins Zentrum der Aufmerksamkeit gerückten Phänomene der Entprivatisierung von Religion und ihrer damit korrespondierenden verstärkten politischen Einflussnahme auf der Ebene einer globalen Zivilgesellschaft.[1] Andererseits führt die Sequenz dieser Szenen aber auch vor Augen, dass das politische Einverständnis der Repräsentanten von religiösen Gruppen für sich selbst genommen noch keine zureichende Bedingung für ein förderliches Verhältnis *zwischen* diesen Gruppen ist. Sie finden sich zwar bezogen auf politische Ziele, die ihnen prima facie als gemeinsame erscheinen. Dieser Zielbezug schließt aber nicht schon eine für alle Beteiligten ausdrücklich gewordene Beziehung *zwischen* ihnen ein, mithin eine Beziehung, die sich im Modus einer verständigungsorientierten, diskursiven Einstellung aufbaut. Ihnen ist also nicht direkt zugemutet, in ein Verhältnis zu treten, in dem sie füreinander als Urheber und Adressaten von kommunikativen Akten fungieren, deren Gegenstand sie jeweils selbst sind. Die Etablierung eines solchen Verhältnisses ist für die nachhaltige Realisierung sozial-kultureller Friedenslagen jedoch unerlässlich, und zwar sowohl auf lokaler als auch globaler Ebene.[2]

Damit sind wir mit der Notwendigkeit konfrontiert, über Prinzipien nachzudenken, die den Aufbau einer solchen verständigungsorientierten Einstellung ethisch orientieren können. Es stellt sich also die Aufgabe einer Ethik des Religionsdiskurses, wobei ich mich im Folgenden auf einen prinzipientheoretischen Aspekt dieser Aufgabe konzentrieren werde. Dabei wird es nicht darum gehen, die in den verschiedenen Religionen steckenden ethischen Potentiale freizulegen.[3] Stattdessen soll die polymorphe Realität religiöser Lebensvollzüge mitsamt den in ihr bereits wirksamen Kooperationsformen zwischen religiösen Gemeinschaften einer Art *Epoché* unterzogen werden,[4] die den Blick auf diejenigen normativen Potentiale lenkt, welche auf prinzipieller Ebene die Ausbildung einer verständigungsorientierten Einstellung ermöglichen. Dies vorausgesetzt, zielt die Überlegung auf den Nachweis ab, dass in der für religiöse Lebensformen wesentlichen Diskursivität solche Potentiale zu finden sind. Dieser Nachweis erfolgt in drei Schritten: Erstens frage ich nach dem Begründungszusammenhang der diskursiven Einstellung ausgehend von einer Konzeption religiöser Erfahrung (1.). Die vorgestellte Konzeption wird zweitens auf die in ihr angelegten universalistischen Tendenzen hin befragt (2.), um davon ausgehend – drittens – zu einer Profilbestimmung einer Ethik des Religionsdiskurses zu gelangen (3.). Insgesamt wird sich dabei zeigen, dass sie sich im Kern als Ethik des Verstehens realisiert.[5]

---

[1]   Vgl. *J. Casanova*, Public Religions in the Modern World, Chicago 1994.

[2]   Vgl. Aus Gottes Frieden leben – für gerechten Frieden sorgen. Eine Denkschrift des Rates der Evangelischen Kirche in Deutschland, 2. Aufl., Gütersloh 2007, 50–56; *Chr. Schwöbel*, Gott im Gespräch, in: NZSTh 49 (2007), 516–533.

[3]   Vgl. *M. Klöcker / U. Tworuschka* (Hg.), Ethik der Weltreligionen. Ein Handbuch, Darmstadt 2005; *W. Zager*, Ethik in den Weltreligionen. Judentum, Christentum, Islam, 3. Aufl., Neukirchen-Vluyn 2006.

[4]   Vgl. *E. Husserl*, Ideen zu einer reinen Phänomenologie und phänomenologischen Philosophie, in: *Ders.*, Gesammelte Schriften, hg. v. *E. Ströker*, Hamburg 1992, Bd. 5, §§ 31 f.

[5]   Vgl. hierzu bereits die Entwürfe von *T. Sundermeier*, Den Fremden verstehen. Eine prak-

I EIN KONZEPT RELIGIÖSER ERFAHRUNG

1.1 VORBEMERKUNG

Der bislang wohl prominenteste Entwurf, die Prinzipien einer diskursiv ausgerichteten Praxis zu begründen, liegt in der Habermas'schen Variante der Diskursethik vor.[6] Im Zentrum steht dabei ein transzendentalpragmatisches Argument. Es zielt im Kern auf den Nachweis ab, dass wir in unserer alltäglichen Handlungspraxis nicht umhin können, bestimmte Unterstellungen normativer Art anzuerkennen,[7] aus denen sich dann das für den moralischen Standpunkt konstitutive Universalisierungsprinzip herleiten lässt.[8] Würden wir uns weigern, dies zu tun, so begingen wir einen performativen Selbstwiderspruch, da selbst in unserer Weigerung diese normativen Unterstellungen noch wirksam wären. Das liegt daran, dass bereits in der Struktur unserer Alltagssprache normative Ansprüche eingelassen sind, deren Anerkennung prinzipiell jedem Sprecher/jeder Sprecherin zugemutet wird. Es handelt sich somit um eine »transzendentale Nötigung«[9] zum verständigungsorientierten Handeln, der wir in unserer Praxis unterliegen. Soviel sei in aller Kürze zum harten Kern des diskursethischen Arguments gesagt. Eine seine Leistungen besteht sicherlich darin, den anerkennungstheoretischen Grundhalt hervorzuheben, der in kommunikativ organisierten Praxiszusammenhängen unweigerlich eingelassen ist.

Ungeachtet dessen möchte ich mich diesem Entwurf nicht anschließen, sondern stattdessen den Grund markieren, der mich veranlasst, einen anderen Weg zu beschreiten. Er lässt sich in einer negativen und positiven Hinsicht formulieren. *Negativ* gewendet scheint mir die rationalitätstheoretische Prämisse der Diskursethik nicht in der Lage, die Struktur religiös qualifizierter Lebensvollzüge zureichend zu bestimmen.[10] Dieser Mangel ist auch im Zuge der theoreti-

---

tische Hermeneutik, Göttingen 1996; *A. Grünschloss*, Der eigene und der fremde Glaube. Studien zur interreligiösen Fremdwahrnehmung in Islam, Hinduismus, Buddhismus und Christentum, Tübingen 1999, 269–315.

[6]   Vgl. vor allem *J. Habermas*, Moralbewußtsein und kommunikatives Handeln, 7. Aufl., Frankfurt/Main 1999; *ders.*, Erläuterungen zur Diskursethik, 2. Aufl., Frankfurt/Main 1992; *ders.*, Faktizität und Geltung. Beiträge zur Diskurstheorie des Rechts und des demokratischen Rechtsstaats, Frankfurt/Main 1998. Vgl. dazu *D. Horster*, Jürgen Habermas. Eine Einführung, Darmstadt 2010.

[7]   Es handelt sich dabei um die Voraussetzungen der öffentlichen Zugänglichkeit der Gesprächssituation sowie gleichberechtigter Teilnahmemöglichkeiten an ihr, der Wahrhaftigkeit der am Gespräch teilnehmenden Akteure/Akteurinnen und schließlich der Zwanglosigkeit ihrer Äußerungen. Vgl. *Habermas*, Erläuterungen (s. Anm. 6), 132.

[8]   *J. Habermas*, Moralbewusstsein (s. Anm. 6), 67–86; 90–93.

[9]   Ebd.

[10]   Vgl. dazu *H. Joas*, Die Entstehung der Werte, Frankfurt/Main 1999, 252–293.

schen Modifikationen, die seit der Friedenspreisrede im Jahr 2001 eingesetzt
haben, nicht vollständig überwunden. Eine zentrale Pointe dieser Veränderungen besteht zwar darin, dass Habermas nunmehr verstärkt die Dialektik zwischen den Vollzügen kritischer Vernunft und denjenigen des religiösen Glaubens hervorhebt und infolge beide als »komplementäre Gestalten des Geistes«[11]
begreift. Als solche behaften sie einander mit eigenständigen Zumutungen:
Einerseits habe die Religion in der Moderne die autonome Autorität der Vernunft
in Moral und Wissenschaft anzuerkennen; andererseits bliebe sie der Vernunft
zugleich aber auch eine »kognitiv unannehmbare Zumutung«[12], über deren
Wahrheitsgehalt die Letztere nicht zu richten befugt sei. Die Vernunft habe sich
gegenüber der religiösen Tradition daher als »*lernbereit*«[13] zu zeigen. Wie
aber, so bleibt zu fragen, wird dieses lernbereite Verhältnis selbst näher
bestimmt? Aus den nur skizzenhaft vorgetragenen Überlegungen geht bereits
hervor, welche Pointe diese Bestimmung hat. Denn wenn gilt, dass der Glaube
eine »kognitiv unannehmbare Zumutung« an die Verwalter des Wissens richtet, so läuft diese These darauf hinaus, eine grundlegende »Heterogenität
des Glaubens«[14] gegenüber der Vernunft zu behaupten. Der Glaube, so die Pointe,
müsse für das Wissen etwas »Opakes«[15] enthalten; er sei das der Vernunft
»Äußere [...]«[16] und müsse in seiner Opazität daher dem »diskursiven Denken
[...] abgründig fremd«[17] bleiben. Er ist somit das Andere der Vernunft. Unter
diesem Vorzeichen betrachtet, erscheint die Perspektive diskursiver Vernunft
gegenüber religiösen Lebensformen somit als ein Äußeres, das nicht vollständig mit der reflexiven Selbstbesinnung von Religion vermittelt werden kann.
Damit geraten jedoch die diskursiv-vernünftigen Potentiale religiöser Lebensformen fast vollständig aus dem Blick. Soviel sei zur negativen Hinsicht gesagt.
Positiv gewendet konfrontiert dieses Defizit mit der Aufgabe, die diskursiven
Potentiale freizulegen, die im religiösen Lebensvollzug selbst gründen. Damit
ist freilich die Erwartung verbunden, dass die diskursive Einstellung nichts ist,
was der Religion bloß äußerlich zukommt, sondern diese selbst durch das charakterisiert werden kann, was mit dem Ausdruck Diskursivität bezeichnet

---

[11]   *J. Habermas*, Ein Bewusstsein von dem, was fehlt, in: *M. Reder / J. Schmidt (Hg.)*, Ein
Bewusstsein von dem, was fehlt. Eine Diskussion mit Jürgen Habermas, Frankfurt/Main
2008, 29.

[12]   *J. Habermas.*, Zwischen Naturalismus und Religion. Philosophische Aufsätze, Frank-
furt/Main 2005, 252.

[13]   A. a. O., 115.

[14]   A. a. O., 251.

[15]   *J. Habermas*, Ein Bewusstsein von dem, was fehlt (s. Anm. 11), 29.

[16]   A. a. O., 28

[17]   *J. Habermas*, Zwischen Naturalismus und Religion (s. Anm. 12), 150.

wird.[18] Das aber heißt, dass nun der Religionsbegriff selbst ins Zentrum unserer Überlegungen gerät.

1.2 Zur Diskursivität religiöser Erfahrung

Diese Hinwendung zum Begriff der Religion ist allerdings mit methodologischen Problemen behaftet, von denen zumindest das für unsere Belange schwerwiegendste kurz genannt werden soll. Es bezieht sich auf die vielfach diskutierte Schwierigkeit, einen Begriff der Religion zu entwickeln, dessen semantisches Spektrum so weit reicht, dass es die Vielfalt religiöser Wirklichkeit in sich begreifen kann. Ist aufgrund dieser Schwierigkeit von der Entwicklung eines solchen Begriffs abgeraten? Das wäre sicherlich ein Trugschluss. Denn es ist methodisch nicht möglich, auf eine begriffliche Klärung dessen zu verzichten, was mit dem Ausdruck »Religion« gemeint ist. Die Zuschreibung des Prädikates »religiös« nimmt nämlich bereits ein Verständnis derjenigen Bedingungen in Anspruch, unter denen sie selbst gerechtfertigt oder nicht gerechtfertigt ist. Wir werden sehen, dass dies gerade auch in der Begegnung zwischen Angehörigen verschiedener religiöser Gemeinschaften eine zentrale Rolle spielt. Denn ob sie in der Lage sind, sich wechselseitig als religiöse Subjekte zu identifizieren, hängt bis zu einem gewissen Grad vom semantischen Spektrum ihres begrifflich mehr oder weniger aufgeklärten Vorverständnisses von Religion ab. Die reflexive Arbeit am Religionsbegriff ist also gerade deshalb unentbehrlich, weil es anders nicht möglich ist, aus der Fülle der Lebensphänomene diejenigen Aspekte zu identifizieren, die berechtigterweise »religiös« genannt werden können. In diesem Sinn fungiert der Begriff »Religion« zwar immer als ein vom Status hypothetischer, darin aber unverzichtbarer Orientierungsbegriff im Umgang mit Wirklichkeit.[19] Er strukturiert den Horizont des Erwartbaren und erlaubt es dadurch, prognostische Aussagen über die Charakteristik religiös qualifizierbarer Phänomene zu machen.[20] Im Folgenden soll er anhand eines Konzeptes religiöser Erfahrung näher bestimmt werden. Diese Bestimmung erfolgt freilich nicht willkürlich, da der Terminus »Erfahrung«/»*experience*« seit Beginn der Neuzeit den

---

[18]   Vgl. hierzu die Überlegungen von *E. Gräb-Schmidt*, Religion im Dialog. Die Herausforderung des interdisziplinären und interkulturellen Dialogs für die Theologie, in: *G. Ulshöfer (Hg.)*, Religion und Theologie im öffentlichen Diskurs. Hermeneutische und ethische Perspektiven, Frankfurt/Main 2005, 83–99.

[19]   Im Hintergrund steht die pragmatistische These, dass Tatsachenaussagen ihrerseits einen hypothetischen Charakter haben, sofern sie Aussagen über ein zukünftiges Verhalten und seiner Effekte implizieren. Vgl. *J. Dewey*, The Logic of Judgments of Practice, in: The Essential Dewey, ed. by *L. A. Hickmann / Th. M. Alexander*, Bloomington 1998, Vol. 2, 236–271, insb. 240.

[20]   Begriffe haben somit eine Indikatorfunktion. Vgl. *W. James*, Pragmatism. A New Name for Some Old Ways of Thinking, Cambridge Mass. 1975, 98; 127.

primären Modus unserer Teilhabe am Ereigniszusammenhang des Realen bezeichnet.[21]

Dies vorausgesetzt zeichnen sich zwei Möglichkeiten ab, um die gesuchte Bestimmungsleistung zu erbringen: Religiöse Erfahrung kann entweder als eine Erfahrung *sui generis* bestimmt und von gewöhnlich-alltäglichen Erfahrungskonstellationen abgehoben werden (enger Begriff);[22] oder sie wird nicht als Sondererfahrung aufgefasst, sondern als eine Dimension von Erfahrung überhaupt (weiter Begriff).[23] Ich gehe im Folgenden der zweiten Möglichkeit näher nach und bestimme religiöse Erfahrung im Einklang mit einer breiten protestantischen Traditionslinie als die Erfahrung einer strukturell nicht hintergehbaren Differenz des Wirklichen,[24] nämlich der Differenz zwischen der Realisierung endlicher Lebensprozesse durch sie selbst und ihrem dabei immer schon in Anspruch genommenen Gewährtsein »von anderwärts her«[25]. Diese Differenz realisiert sich freilich in verschiedener Gestalt, wobei der Ort, an dem sie sich realisiert, stets eine leiblich-sinnlich vermittelte Perspektive in sich einschließt. Das ist zumindest dann der Fall, wenn gilt, dass endliche Lebensprozesse eine leiblich-sinnliche Vermittlungsstruktur aufweisen,[26] und wenn gleichermaßen gilt, dass Religion eine bestimmte Art dieser Lebensprozesse ist. Daraus ergibt sich ein in zwei Hinsichten interessanter Befund: Denn zum einen erfolgt unter dieser Voraussetzung die Genese des Sinnes, den jene Differenz in der Erfahrung macht, stets perspektivisch und unterliegt deshalb vielfältigen Variationen und Ausgestaltungsformen. Die empirisch konstatierbare Vielfalt religiöser Lebensformen ist also gleichermaßen als Vielfalt des Sinnes jener Differenz im Rahmen von leiblich-sinnlichen Perspektiven aufzufassen.[27] Das heißt zum anderen aber auch, dass diese Perspektivität ihrerseits in konkreten leiblich-sinnlichen Vollzügen manifest ist. Der Vielfalt des Sinnes korrespondieren somit spezifische leibliche Vollzugsformen, die als rituelle Praxen angesprochen werden können. Der Ritus ist dem, was re-

---

[21] Vgl. *E. Herms*, Art. »Erfahrung (philosophisch/systematisch-theologisch)«, in: TRE 10 (1982), 89–109; 128–136.

[22] So etwa *R. Otto*, Das Heilige. Über das Irrationale in der Idee des Göttlichen und sein Verhältnis zum Rationalen, Breslau 1917.

[23] So etwa *J. Dewey*, A Common Faith, New Haven 1934.

[24] Vgl. *J. Dierken*, »Religion« als Thema Evangelischer Theologie, in: NZSTh 43 (2001), 253–264.

[25] *F. D. E. Schleiermacher*, Der christliche Glaube, 2. Aufl., hg. v. *M. Redeker*, Berlin 1960, § 4, 28.

[26] Vgl. a. a. O., § 5.

[27] Darin liegt das Recht von James' pluralistischem Ansatz, als dessen Organisationszentrum der Temperamentsbegriff angesehen werden kann. Vgl. *W. James*, The Varieties of Religious Experience, Cambridge Mass. 1985; dazu: *Ch. Seibert*, Religion im Denken von William James. Eine Interpretation seiner Philosophie, Tübingen 2009, 265–268.

ligiöse Erfahrung ausmacht, somit nicht äußerlich, sondern bildet ein elementares Ausdrucksmoment ihrer kinästhetischen Realität. Denn in ihm zeigt sich ihre interne leiblich-sinnliche Vermittlungsstruktur in performativer Prägnanz.[28] Um von hier aus weiter nach den diskursiven Potentialen von Religion zu fragen, bietet es sich an, die allgemeine Struktur in den Blick zu nehmen, innerhalb derer sich die Entwicklung jenes Sinnes vollzieht. Denn wo, wenn nicht dort, dürfen wir vermuten, solcher Potentiale ansichtig zu werden.

Bei dieser Rückfrage lasse ich mich von hermeneutischen und pragmatistischen Einsichten leiten,[29] die Erfahrung überhaupt und daher auch religiöse Erfahrung als einen in sich differenzierten Prozess verstehen. Seine inhärente Differenziertheit lässt sich in hermeneutischer Terminologie als Zusammenhang von »Erleben«, »Ausdruck« und »Verstehen«[30] oder in pragmatistischer Terminologie als Zusammenhang von »feeling«, »volition« und »thought«[31] ansprechen. Ich schließe mich im Folgenden der bekannteren hermeneutischen Redeweise an. Die Rede vom Erleben bezeichnet dabei die qualitative Präsenz von Realem im Modus direkter Teilhabe. Es bildet einen primordialen Modus, in dem sich Reales am Ort menschlicher Lebenspraxis als es selbst vergegenwärtigt, und zwar ohne dass es dabei schon in eine differenzierte gegenständliche Auffassung überführt ist. So verstanden bildet das Erleben sowohl die Eröffnungsphase als auch den bleibenden qualitativen Hintergrund eines bestimmten Erfahrungsverlaufes.[32] Allerdings fordert der Inhalt des Erlebens, das Erlebte, seine Artikulation und reflexive Erschließung. Denn nur unter dieser Bedingung erlangt es eine Bestimmtheit, die kommuniziert und im Rahmen einer kommunikativen Praxis verantwortet werden kann. Darauf bezieht sich die Rede vom Ausdruck und vom Verstehen. Im Strom des Erlebens[33] richtet sich das Verstehen somit

---

[28] Vgl. *T. Sundermeier*, Art. »Ritus I. Religionswissenschaftlich«, in: TRE 29 (1998), 259–265, bes. 260 f.

[29] Dabei beziehe ich mich auf Überlegungen von *M. Jung*, Qualitatives Erleben und artikulierter Sinn – eine pragmatische Hermeneutik religiöser Erfahrung, in: *W. Gräb u. a. (Hg.)*, Ästhetik und Religion. Interdisziplinäre Beiträge zur Identität und Differenz von ästhetischer und religiöser Erfahrung, Frankfurt/Main 2007, 51–81; *ders.*, Der bewusste Ausdruck. Anthropologie der Artikulation, Berlin / New York 2009, 125 ff.; 201–221.

[30] Vgl. *W. Dilthey*, Der Aufbau der geschichtlichen Welt in den Geisteswissenschaften, in: *Ders.*, Gesammelte Schriften, Bd. 7, hg. v. *B. Groethuysen*, Leipzig/Berlin 1927, 86 f.

[31] Vgl. hierzu Deweys Notiz zu Peirce: *J. Dewey*, Peirce's Theory of Quality, in: The Essential Dewey (s. Anm. 19), 371–376.

[32] Vgl. *Ch. Seibert*, Herausgefordert zum Verstehen. Überlegungen zur religionsphilosophischen Bedeutsamkeit eines Erfahrungskonzeptes im Anschluss an die Tradition des Pragmatismus, in: NZSTh 51 (2009), 1–26, insb. 6–18.

[33] In Anlehnung an die bekannte Metapher vom »stream of thought« bzw. »stream of consciousness« vgl. *W. James*, The Principles of Psychology, Vol. 1, New York 1890, 224 ff.

auf die verschiedenen Ausdrucksgestalten eines Erlebten, indem es ihren möglichen Sinn zu explizieren und in überprüfbare Handlungsanweisungen zu überführen trachtet. Es vollzieht sich daher als ein intersubjektiv verantworteter
Vermittlungsprozess, im Zuge dessen Gemeinsames explizit wird. Verstehen
hebt – zumindest partiell – die »Beschränkung des Individualerlebnisses auf«[34].
Dabei ergibt sich aus dem Bisherigen, dass der Ausdruck eines bereits Verstandenen seinerseits wieder als Gegenstand einer weiterführenden Verstehensbemühung fungiert. Sinn entwickelt sich somit in einer kontinuierlichen Vermittlung von Erleben, Ausdruck und Verstehen. Darin bekundet sich der diskursive
Charakter dieses Prozesses. Denn Diskurs, von *discurrere* her verstanden, meint
letztlich nichts anderes als ein *Hin- und Herlaufen*, also eine Vermittlung zwischen Verschiedenem.

Daraus folgt, dass sich die sinngenerierende Vollzugsstruktur von Erfahrung
im Allgemeinen sowie von religiöser Erfahrung im Besonderen weder auf die mit
der Rede von der Erstheit des Erlebens angesprochene mystische Komponente
des Realitätskontaktes noch auf dessen diskursiv-kritische Komponente reduzieren lässt. Sie umfasst vielmehr den gesamten Prozess, in dem sich der Sinn
der erlebten Differenz zwischen endlichen Lebensbewegungen und ihrem Gewährtsein durch ein Anderes aufbaut. Dieser Sinn baut sich somit im Zuge von
Operationen auf, die zwischen beiden Komponenten des Realitätskontaktes un-
aufhörlich zu vermitteln suchen. So gesehen nimmt dieser Prozess in sich selbst
bereits eine diskursive Gestalt an. Er nimmt sie indessen an, ohne dabei die Un-
verfügbarkeit jener Präsenz des Wirklichen qua direkter Teilhabe begrifflich
überspielen zu können. Eine solche Sicht religiöser Erfahrung impliziert daher
auch Vermittlungsoptionen in mindestens zwei Richtungen: (*a*) Sie erlaubt die
mystischen Elemente religiöser Traditionen mit reflexiv-kritischen zu vermitteln
bzw. Konflikte ihrer Vermittlung aufzudecken; und sie erlaubt *(b)*, individuelle
Religiosität mit den kulturellen Semantiken religiöser Gemeinschaften zu vermitteln bzw. Konflikte ihrer Vermittlung zu diagnostizieren. Beides ergibt sich
daraus, dass sowohl Artikulation als auch Interpretation des Erlebten nicht anders
möglich sind als vor dem Hintergrund überlieferter diskursiv-kultureller Muster.[35]
Eine rein individuell-mystische Religiosität muss unter diesen Gesichtspunkten
daher ebenso abstrakt erscheinen wie rein kollektivistische Formen.

Diese beiden Bestimmungen weisen bereits in die Richtung eines Normativen. Das ist nicht anders möglich, da begrifflich deskriptive Leistungen ihrerseits

---

[34] W. Dilthey, Der Aufbau der geschichtlichen Welt in den Geisteswissenschaften
(s. Anm. 30), 141.
[35] Vgl. dazu bereits Schleiermachers Unterscheidung zwischen grammatikalischer und
psychologischer Interpretation in: F. D. E. Schleiermacher, Hermeneutik und Kritik, hg. v.
M. Frank, 7. Aufl., Frankfurt/Main 1999, 75–84.

präskriptive Leistungen implizieren.[36] Deshalb ist es kein Bruch mit dem bisherigen Gedankengang, sondern vielmehr eine Konsequenz, diese Richtung nun weiter zu verfolgen. Das geschieht, indem das skizzierte Konzept zunächst auf Möglichkeiten hin befragt wird, die auf *prinzipieller* Ebene eine Ausweitung des Diskurses verlangen.

2 Ausweitung der diskursiven Potentiale

Die für uns entscheidende Frage bezieht sich auf *prinzipielle* Möglichkeiten des Übergangs von einer diskursiven Entfaltung, in welcher sich der Sinn der ursprünglichen Differenzerfahrung nur für die Angehörigen eines bestimmten religiösen Milieus herausbildet, zu einer Verständigung über die Grenzen dieses Milieus hinaus. Bislang ist nämlich noch offen, ob das skizzierte Konzept der Vollzugsstruktur von Erfahrung in sich selbst ein Movens zur Ausweitung seiner verständigungsorientierten Potentiale enthält. Die Antwort auf diese Frage entscheidet nicht nur über die Möglichkeit einer Ethik des Religionsdiskurses; in umgekehrter Blickrichtung entscheidet sie zugleich auch darüber, ob das skizzierte Konzept überhaupt in der Lage ist, eine für die Organisation einer solchen Ethik grundlegende normative Funktion zu übernehmen. Die Klärung dieses Problems kann freilich nicht aufs Geratewohl erfolgen, sondern muss sich aus dem Bisherigen entwickeln lassen. Der Zusammenhang zwischen Erleben, Ausdruck und Verstehen muss also selbst Anhaltspunkte für diese Antwort liefern. Solche Anhaltspunkte weist er in der Tat auf, zunächst in einer *hermeneutischen Perspektive* und diese fundierend dann in einer *ethischen* sowie schließlich in einer *theologischen* Perspektive.

Dabei wurde der für die erste Perspektive zentrale Grund bereits angedeutet. Er besteht in der Unabschließbarkeit des sinngenerierenden und sinnverstehenden Prozesses. Fungiert nämlich jeder beliebige Ausdruck des Verstehens zugleich als Gegenstand einer an ihn anschließenden weiteren interpretativen Bemühung, so ist die darin eingeschlossene Aufgabe des Verstehens letztlich eine »unendliche«.[37] Denn jeder Ausdruck des Verstehens konfrontiert seinerseits wieder mit der Aufgabe, nachvollziehen zu müssen, was es mit ihm genau genommen auf sich hat. In ihm ist somit der Verweis auf einen weiteren oder anderen Sinn bereits mitgesetzt. Verstehen ist als zeitliches Geschehen somit immer auch ein Andersverstehen.[38] Diese Dynamik, die über jeden einzelnen Moment hinaus und

---

[36] Mit Blick auf die Unterscheidung zwischen Faktenbeschreibungen und Wertaussagen vgl. *H. Putnam*, Tatsachen und Werte, in: *Ders.*, Vernunft, Wahrheit und Geschichte, Frankfurt/Main 1990, 173–201.

[37] *F. D. E. Schleiermacher*, Hermeneutik und Kritik (s. Anm. 35), 94.

[38] Vgl. *J. Simon*, Philosophie des Zeichens, Berlin / New York 1989, 151f.

auf ein in ihm noch unabgegoltenes Anderes verweist, führt in letzter Konsequenz zur Ausbildung des Ideals eines universalen Diskurses.[39] In Anbetracht dessen muss es daher als willkürliche Setzung erscheinen, die *prinzipiellen* Grenzen der verständnisorientieren Einstellung mit den *faktisch kulturellen* Grenzen der eigenen Gemeinschaft zu identifizieren. Damit haben wir einen Impuls zum Übergang von einem religiösen Binnendiskurs zu einem Diskurs zwischen einzelnen religiösen Positionen freigelegt, und zwar einen Impuls, der im diskursiven Charakter des prätendierten Binnendiskurses selbst gründet.

Ein entsprechendes Ergebnis stellt sich ein, wenn wir zweitens die ethische Tiefendimension der soeben skizzierten hermeneutischen Bewegung betrachten. Sie gerät in den Blick, wenn ernst genommen wird, dass verständigungsorientierte Szenarien immer Abläufe von Interaktionen sind. In ihnen begegnen sich Personen, die in einer bestimmten leibhaft-sinnlichen Weise und an einem bestimmen Ort lebensweltlich situiert sind. Das besagte Movens zum Übergang muss daher in der Natur einer solchen Begegnung selbst gesucht werden. Und dabei zeigt sich, dass die einzelne Person in ihrer unableitbaren Eigentümlichkeit ihrerseits Züge eines Allgemeinen trägt. Dieses Allgemeine stellt sich in der konkreten Begegnung allerdings nur als vag mitfungierender Horizont jener Eigentümlichkeit ein. Würde es allerdings fehlen, könnte das Gegenüber nicht als ein menschlicher Gesprächspartner/eine menschliche Gesprächspartnerin identifiziert werden. Denn schon die Identifikation eines bestimmten Gesichts als »Das Gesicht von X« vollzieht sich im Abgleich mit einem schematischen Begriff von menschlichem Gesicht. Dieser Begriff übersteigt somit die Besonderheit des Einzelnen, ohne sie zu negieren. Und das tut er, indem er einen Spielraum für die Realisierung des Besonderen eröffnet.[40] Insofern stecken in jeder menschlichen Begegnung – um mit den Worten Paul Ricoeurs zu reden – »Antizipationen des Universalismus«.[41]

Damit sind diejenigen Schwellen markiert, die den Übergang von einem sich in einem mehr oder weniger gemeinsamen Milieu bewegenden Diskurs hin zu einem Diskurs zwischen unterschiedlichen Milieus ermöglichen. Der Befund, dass solche universalistischen Tendenzen zumindest in den drei monotheistischen Religionskulturen *in verschiedenen* Ausprägungen zu finden

---

[39] Vgl. *G. H. Mead*, Geist, Identität und Gesellschaft, mit einer Einleitung hg. v. *Ch. W. Morris*, Frankfurt/Main 1973, 375f.

[40] Die Frage nach dem Verhältnis zwischen dem allgemeinen Begriff des Menschen und der Identifikation eines besonderen menschlichen Gesichts verweist auf ein »Medium der *Gleichartigkeit*, in dem sich allgemeiner Begriff und konkreter Gegenstand begegnen« (*V. Gerhard*, Immanuel Kant. Vernunft und Leben, Stuttgart 2002, 177). Vgl. hierzu Kants Überlegungen zum Schematismus: *I. Kant*, Kritik der reinen Vernunft, 3. Aufl. Hamburg 1990, 196–200 (B 176–B 181).

[41] Vgl. *P. Ricoeur*, Das Selbst als ein Anderer, 2. Aufl., München 2005, 248.

sind,[42] weist dann drittens auf die regulative Funktion des in ihnen *jeweils* wirksamen Gottesverständnisses hin. Sofern nämlich der Gottesbegriff nicht ein einzelnes Element des Diskurses, sondern dessen uneinholbaren Letzthorizont meint, ist in ihm bereits die Tendenz zur Entgrenzung verständigungsorientierter Praktiken angelegt. Dabei wirkt die Differenz zwischen Letzt- und Partialhorizont zugleich kritisch auf den diskursiven Prozess selbst zurück. Denn unter der Bedingung, dass der letzte Referent des Ausdrucks »Gott« nicht diskursintern lokalisiert werden kann, lässt sich kein einzelnes Ergebnis des Diskurses für absolut erklären. Die Möglichkeit einer kritischen Distanzierung gegenüber allen Formen einer »misplaced absoluteness« ist somit dem Prozess von Sinnbildung und Sinnverstehen mit eingebaut.[43] Die Klärung der wichtigen Frage, ob diese Möglichkeit tatsächlich realisiert ist und welche (empirischen) Bedingungen für eine solche Realisierung förderlich oder hinderlich sind, ist dabei freilich noch völlig offen.[44] Mein Interesse bezog sich allein darauf, das skizzierte Erfahrungskonzept auf in ihm strukturell angelegte Übergangsschwellen hin zu untersuchen. Dass solche Scharnierstellen ausgemacht werden konnten, berechtigt daher auch zur Formulierung eines kritischen Standards: Eine religiöse Position, die sich aus *prinzipiellen* Gründen nicht imstande sieht, in eine verständigungsorientierte Einstellung zu anderen religiösen Positionen zu treten, missversteht in letzter Konsequenz die Bedingungen, unter denen sie selbst steht. Das mag für den einen unerhört, für die andere schlicht trivial klingen, es hat aber weitreichende Folgen für eine ethisch motivierte Religionskritik. Religiöse Positionen müssen sich nämlich am Maßstab der Ausweitung ihrer verständigungsorientierten Einstellung messen lassen. Dies vorausgesetzt, kann nun auch das Aufgabenprofil einer Ethik des Religionsdiskurses in einem positiven Sinn näher umrissen werden.

3 DIE ETHIK DES RELIGIONSDISKURSES ALS ETHIK DES VERSTEHENS

Angesichts der bisherigen Ausführungen verwundert es nicht, wenn ich das Profil einer Ethik des Religionsdiskurses vor allem in ihrem Beitrag zur Ausbildung einer globalen Kultur der Verständigung bestimme. Sie wird daher als

---

[42]   Neben den verschiedenen Ausprägungen des Glaubens an Gott als Schöpfer sprechen dafür auch die Vorstellungen der Gottesebenbildlichkeit im Judentum und Christentum (Gen 1) sowie die im Islam vorherrschende Auffassung des Menschen als Gottes »Statthalter« auf Erden (Sure 2, 29 f.). Zu Gemeinsamkeiten und Differenzen vgl. *K. Ebeling (Hg.),* Orientierung Weltreligionen, 2. Aufl., Stuttgart 2011.

[43]   Vgl. *Chr. Schwöbel,* Gott im Gespräch (s. Anm. 2), 525 f.

[44]   Vgl. hierzu die Beiträge in *I. U. Dalferth / H. Schulz (Hg.),* Religion und Konflikt. Grundlagen und Fallanalysen, Göttingen 2011.

Ethik des Verstehens zu entfalten sein. Denn Verstehen, so eine Pointe des umrissenen Erfahrungskonzeptes, ist eine Tätigkeit, die ihrerseits verantwortet werden muss: Sie wird *von* denen verantwortet, die sie praktizieren. Und sie muss *gegenüber* denen verantwortet werden, die verstanden werden wollen bzw. die zu verstehen sind. Sie wird also von allen Akteuren/Akteurinnen verantwortet, die sich selbst im Prozess des Verstehens befinden, indem sie sowohl als Urheber als auch als Adressaten von verständigungsorientierten Akten agieren.[45] Diese Praxis des Verstehens hat allerdings eine Voraussetzung:

Sie *zeigt* sich, wenn die im letzten Abschnitt angedeutete bestimmtheitstheoretische Dialektik zwischen Allgemeinem und Besonderem in die Dialektik zwischen Bekanntem und Fremdem überführt wird. Und sie *besteht* darin, dass die Aufgabe des Verstehens nur möglich ist, wenn diese Dialektik nicht auf eine Seite hin überführt und dadurch stillgelegt wird. Würde sie zugunsten des Bekanntheitspoles aufgebrochen, gäbe es schlicht keine Probleme des Verstehens; würde sie zugunsten des Fremdheitspoles aufgebrochen, hätte man mit dem epistemischen Problem zu kämpfen, wie ein schlechthin Fremdes sich überhaupt zu erkennen geben, geschweige denn erkannt werden kann. Verstehen ist folglich »unmöglich, wenn die Lebensäußerungen [anderer, C.S.] gänzlich fremd wären«, und es ist »unnötig, wenn in ihnen nichts fremd wäre«[46]. Die Grundsituation, von der auszugehen ist, besteht also in einer *Spannung* zwischen mehreren Polen, die im Kontinuum von Erleben, Ausdruck und Verstehen miteinander vermittelt werden. Eine Aufhebung dieser Spannung würde den Verstehensprozess insgesamt zum Erliegen bringen. Das gilt gerade auch für die Begegnung zwischen Repräsentanten verschiedener Religionen. Eine solche Begegnung würde keine Verständnisprobleme aufwerfen, wenn an anderen religiösen Einstellungen nichts fremd wäre. Und sie wäre unmöglich, wenn den Repräsentanten der Ausdruck ihres religiösen Erlebens gegenseitig schlechthin fremd wäre. Er könnte dann nämlich nicht als Ausdruck identifiziert werden, dem das Prädikat »religiös« berechtigterweise zugeschrieben werden kann. Und könnte es nicht zugeschrieben werden, käme es zu keiner verständigungsorientierten Begegnung zwischen ihnen. Eine derartige Zuschreibung dürfte aber nur möglich sein, wenn wechselseitig mit der Unterstellung eines mehr oder weniger bekannt Erscheinenden operiert wird. Dieser Unterstellung, die sich im Zuge eines analogischen Schlusses herausbildet, kommt freilich nur ein hy-

---

[45] Mit dieser Fokussierung des Verstehensprozesses unter dem Vorzeichen der Verantwortlichkeit ist freilich nicht der Anspruch verbunden, bereits das Verstehensphänomen im Ganzen in den Blick genommen zu haben. Denn dazu gehören gleichermaßen Operationen, die keiner expliziten Selbstkontrolle unterliegen, sondern vielmehr unwillkürlich und spontan ablaufen.

[46] *W. Dilthey*, Entwürfe zur Kritik der historischen Vernunft. Zusätze, in: *Ders.* (s. Anm. 30), 225.

pothetischer Status zu. Sie mag sich daher im Laufe der Begegnung auch als unangemessen erweisen; ohne eine solche ist jedoch keine verständigungsorientierte Interaktion möglich.

Diese Grundspannung eingestanden, lässt sich die Situation des Verstehens zwar als Situation eines faktischen *Miss*verstehens,[47] aber wohl kaum als Situation eines absoluten *Nicht*verstehens beschreiben. Unter dieser Voraussetzung kann der normative Zielpunkt des Verstehensprozesses dann wie folgt markiert werden: Das Verstehen, so eine Einsicht der klassischen Hermeneutik, kommt dann zu seinem Ziel, wenn man das zu Verstehende – die religiösen Lebensäußerungen anderer – in allen seinen Beziehungen »[n]achkonstruieren«[48] und auf diesem Weg selbst einsehen kann. Diese These impliziert fünf Teilbestimmungen: (1) Das Ziel des Verstehens kann nicht unabhängig von denjenigen *Leistungen* erreicht werden, die die Subjekte des Verstehens füreinander erbringen. (2) Diese Leistungen sind auf die *Nachbildung* ihres Gegenstandes ausgerichtet. (3) Die Nachbildung kann also als die *Summe* derjenigen Leistungen bezeichnet werden, die die Subjekte des Verstehens füreinander erbringen. (4) Sie vollzieht sich daher unter *denselben Bedingungen*, unter denen die Subjekte des Verstehens ihre Leistungen erbringen. Und das bedeutet schließlich (5): Sie vollzieht sich stets am Ort einer *leiblich-sinnlich* vermittelten Perspektive.[49] Damit zeigt sich, dass selbst die Zielbestimmung des Verstehens nicht aus der soeben umrissenen Dialektik ausbrechen kann. Denn auch die Nachbildung des Verstehensobjektes kann nicht anders als am Ort derjenigen Subjekte erfolgen, die die auf diese Nachbildung zielenden Leistungen vollbringen. Im Prozess der Nachbildung ist somit ein nicht aufhebbarer individueller Faktor mitgesetzt. Dieser würde nur unter der Bedingung wegfallen, wenn es möglich wäre, die leiblich-sinnliche Situiertheit des Verstehensprozesses in einer allinklusiven Gesamtsicht so aufzuheben, dass dabei die angezeigte Ausgangsdialektik zum Stillstand gebracht wäre. Sieht man von dieser Option ab, muss in jedem Akt der Nachbildung jedenfalls ein nicht verallgemeinerbarer Faktor wirksam bleiben. Das hat freilich den Effekt, dass die verschiedenen Pole der Differenz zwischen Eigen- und Fremdverstehen letztlich nur im Zuge einer infiniten Approximation, *faktisch* also nur *gebrochen* und *unvollständig* miteinander vermittelt werden können. Denn die Erstheit des Erlebens lässt sich diskursiv nur partiell aufklären. In ihr ist »always something that glimmers and twinkles and will not be caught, and for which reflection comes too late«.[50]

---

[47]   Friedrich Schleiermacher bezeichnet das Missverständnis daher auch als »Grunderfahrung« des Diskurses (*Ders.*, Hermeneutik und Kritik [s. Anm. 35], 92).

[48]   A. a. O., 93.

[49]   Siehe oben 1.2.

[50]   *W. James*, Varieties of Religious Experience (s. Anm. 27), 360.

Diese Grenzziehung eingestanden, kann jetzt danach gefragt werden, worin das »Nachkonstruieren« seinerseits bestehen könnte. Eine gängige Lesart versteht darunter ein subjektives Einfühlen in die Empfindungslagen anderer Personen. Diese Lesart basiert jedoch auf einem psychologistischen Missverständnis, das im Folgenden keine Anwendung finden soll. Die religiösen Lebensäußerungen anderer Personen »nachzukonstruieren«, hat hier vielmehr damit zu tun, den religiös codierten Erwartungshorizont zu erkunden, der in den Äußerungen anderer objektiv aufscheint. Es geht darum, in ihnen neue Weisen des Weltbezugs – neue Seinsweisen – zu entdecken.[51] Und es hat schließlich damit zu tun, die approximativ nachvollzogene Sicht dieses Erwartungshorizontes versuchsweise als eine eigene Möglichkeit vorstellig werden zu lassen. Nicht isolierte Subjekte und ihre Empfindungswelt, sondern ihre religiös codierten objektiven Vorstellungen von Welt sind somit Thema dieser Nachkonstruktion. Und ihr Ziel besteht darin, sich selbst diesen Möglichkeiten perspektivisch auszusetzen und sie pragmatisch durchzuspielen. Darin kann man eine Anwendung der paulinischen Selbstaussage »Den Juden bin ich wie ein Jude geworden«[52] auf das Gebiet des Religionsdiskurses sehen. Jedenfalls mutet diese Idee den Repräsentanten religiöser Gruppen zu, *am Ort* der ihnen vertrauten Erfahrungsperspektive und *vermittels* der ihnen vorgegebenen Lebensäußerungen anderer Personen sich in infiniter Approximation *imaginativ* in die Weltsicht der jeweils anderen zu versetzen. Dem Christen, um es zuzuspitzen, wäre dann zugemutet, Elemente einer muslimischen Sicht auf die Welt *als* Momente des eigenen Selbstverständnisses zu erproben und die Muslima wäre aufgefordert, Elemente einer christlichen Sicht auf die Welt ebenfalls *als* Momente ihres religiösen Vorstellungsspektrums versuchsweise zu entwickeln.

Das scheint auf den ersten Blick der Idee einer idealen Rollenübernahme zu ähneln.[53] Allerdings darf dabei nicht übersehen werden, dass die Realisierung einer solchen Nachbildung eine unendliche, mithin unabschließbare Aufgabe ist. Denn unter der Bedingung, dass die leiblich-sinnliche Vermittlungsstruktur des eigenen Selbstverständnisses nicht zugunsten eines Alleinheitsstandpunktes überspielt werden kann, muss mit einer nicht aufhebbaren Differenz zwischen Eigen- und Fremdwahrnehmung gerechnet werden. Es bleibt somit ein für den Diskurs Unabgeltbares, in ihm nicht restlos Vermittelbares bestehen, an dem das wechselseitige Verstehen seine Grenze findet. So können beispielsweise rituelle Vollzüge pragmatisch durchgespielt werden, um so eine an das kinästhe-

---

[51]   So mit Blick auf das Textverstehen *P. Ricoeur*, Die Metapher und das Problem der Hermeneutik, in: *Ders.*, Vom Text zur Person. Hermeneutische Aufsätze (1970–1999), hg. v. *P. Welsen*, Hamburg 2005, 109–134, insb. 127 f.

[52]   1 Kor 9,20.

[53]   Vgl. *G. H. Mead*, Geist, Identität und Gesellschaft (s. Anm. 39), 358 f.; 375 f.

tische Erleben rückgekoppelte Ahnung von ihrem möglichen Sinn zu erlangen. Diese Ahnung kann dann im Zuge von Artikulationsakten expliziert und im besten Fall mit dem Selbstverständnis der Dialogpartner abgeglichen werden. Unter Voraussetzungen der obigen Prämisse ist es allerdings nicht möglich, in diesen diskursiven Prozessen den eigenen Teilnahmegesichtspunkt so durchzustreichen, dass es zur Aufhebung der beidseitigen Perspektivdifferenzen kommt. Denn damit wäre das Ende des Diskurses, mithin das Ende der Geschichte erreicht. In diesem Sinn lässt sich auch das obige Pauluszitat verstehen. In ihm wird nämlich nicht von Perspektivenidentität, sondern eher vom Bemühen um eine operationale Entsprechung geredet.[54]

4 AUSBLICK

In den voranstehenden Überlegungen habe ich die zentrale Aufgabe einer Ethik des Religionsdiskurses vom Ansatz her als Aufgabe diskursiven Sinnverstehens entwickelt. Im Hintergrund steht dabei der Leitgedanke, dass die diskursive Einstellung nichts ist, was der religiösen Erfahrung bloß äußerlich anhaftet. Sie ist ihrer Vollzugsstruktur vielmehr selbst eigen, und zwar so, dass sie in sich bereits die Tendenz zur Ausweitung birgt. Darin liegt ihr anerkennungstheoretischer Gehalt beschlossen. Denn im ernsthaften Bemühen um das Verstehen des Sinns anderer und fremder religiöser Lebensäußerungen realisiert sich ein interpersonales Verhältnis, in dem die Idee des Respekts zum Ausdruck kommt.

Dieses Vorgehen setzt freilich einen anderen Akzent als es in einer Theologie der Religionen der Fall ist. Dort steht vielmehr die Auseinandersetzung um den Wahrheitswert der innerhalb religiöser Lebensvollzüge erhobenen Geltungsansprüche im Zentrum.[55] An diesem Unterschied ist festzuhalten, er ist allerdings nicht absolut zu setzen. Dies sollte deshalb nicht geschehen, weil dies am Selbstverständnis der Religionen vorbeigehen würde, das stets ein Verständnis der eigenen Wahrheitsgewissheit ist. Aus diesem Grund findet sich der Versuch, den Sinn religiöser Lebensäußerungen zu verstehen, unausweichlich damit konfrontiert, dass diesen Äußerungen ein Geltungsanspruch auf Wahrheit inhäriert. Die Bemühung des Sinnverstehens wird daher von der Frage begleitet, ob das im Verstehensvollzug Nachgebildete akzeptiert und unter welchen Bedingungen es akzeptiert werden kann. Ungeachtet dieses sachlichen Zusammenhangs sollte die angezeigte Unterscheidung allerdings nicht verwischt werden. Denn jede Auseinandersetzung um den Wahrheitswert vorgebrachter Geltungsansprüche

---

[54] Denn dort heißt es nicht: »Den Juden bin ich ein Jude geworden«; es heißt vielmehr: »Den Juden bin ich *wie* [ὡς, kursiv C. S.] ein Jude geworden«.

[55] Vgl. *Ch. Danz*, Einführung in die Theologie der Religionen, Wien 2005, 12.

setzt voraus, dass der Sinn der Äußerungen, denen solche Geltungsansprüche inhärieren, seinerseits Gegenstand einer – das eigene Situiertsein konsequent mit bedenkenden – Verstehensbemühung ist. Dabei ist freilich zu berücksichtigen, dass die Ausdrucksgestalten religiösen Lebens nicht nur einen *propositionalen* Charakter aufweisen, sondern ebenso in *bildhafter* Gestalt begegnen und *rituelle* und *kultische* Formen annehmen. Ein Diskurs um erhobene Geltungsansprüche, der von diesen elementaren Vollzugsweisen absieht, bleibt daher nicht nur abstrakt, sondern bezieht sich auch nur auf einen kleinen Ausschnitt religiöser Praxis. Er muss also seinerseits in einer Verstehensbemühung fundiert sein, die das gesamte Spektrum religiöser Ausdrucksformen zum Gegenstand hat. Und diese wird daran zu messen sein, ob sie das durchaus konfliktanfällige und spannungsreiche Hin- und Hergehen zwischen rituell-kultischen, bildlich-narrativen und im engeren Sinn propositionalen Aspekten religiöser Lebensvollzüge methodisch kontrolliert bewältigen kann.

Der für eine Ethik des Religionsdiskurses grundlegende Gedanke des Respekts, der der verständigungsorientierten Einstellung eingeschrieben ist, scheint mir jedenfalls in diesem Hin- und Hergehen zwischen Verschiedenem sowohl *innerhalb* einer religiösen Lebensform als auch *zwischen* unterschiedlichen religiösen Lebensformen treffend zum Ausdruck zu kommen.

»… DASS DAS GELD DER GOTT UNSERER ZEIT WÄRE.«

Überlegungen zum Verhältnis von Geldwirtschaft und Religion
im Anschluss an Georg Simmel

Arnulf von Scheliha

In diesen Tagen füllt die globale Finanzkrise die Schlagzeilen und macht es Theologen schwer, sich Gehör zu verschaffen. Die USA und die Staaten der EURO-Zone tragen die Folgen jahrelanger Niedrigzinspolitik, der Politik der Bankenrettung und Konjunkturankurbelung. Die Überschuldung der öffentlichen Haushalte bedroht die gemeinsame Währung. Die Krise berührt auch die ökonomisch starke Schweiz, deren Notenbank einen Mindestwechselkurs zum Euro festgelegt hat, um der spekulativen Flucht in den Franken zu wehren.

Man kann sagen: Das Vertrauen in die Balance des globalen Finanzsystems ist geschwunden. Die Staaten der EURO-Zone beäugen einander misstrauisch. Gemäß dem Motto Lenins »Vertrauen ist gut, Kontrolle ist besser« plant man eine gemeinsame Wirtschaftsregierung, um die Stabilitätskriterien durchzusetzen. Aber die politische Verunsicherung ist groß. Unter dem unmittelbaren Eindruck der Krise erscheint es gegenwärtig nicht angemessen, aus dem normativen Gefüge der christlichen Tradition Handlungsanweisungen zu ihrer Bewältigung abzuleiten. Das würde nur dazu führen, bereits erhobene Forderungen zu wiederholen (»Regulierung der Finanzmärkte«, »Entmachtung der privatwirtschaftlichen Rating-Agenturen«, »Entschuldung der staatlichen Haushalte«, »härtere Stabilitätskriterien für die gemeinsame Währung EURO«), und zugleich begäbe man sich als Theologe mit diesen Forderungen auf ein Terrain, das man nicht überschaut, und erteilte Ratschläge für ein Handeln, für dessen Folgen man – anders als die politischen Entscheider – keine Verantwortung übernehmen müsste. Dazu kommt, dass alle eben kurz genannten Vorschläge auf die Affirmation eines starken Staates hinauslaufen. Das mag zwar für den »staatsfixierten deutschen Protestantismus«[1] naheliegend sein, ist aber in der Sache umstritten.[2]

---

[1] *R. Anselm*, Einleitung, in: ZEE 55 (2011) 1f., 1.

[2] Vgl. dazu die beiden Beiträge von *A. Busch* (Der Staat nach der Finanzmarkt- und Wirtschaftskrise) und *B. Edmunds* (Die Finanzkrise rührt an den Grundlagen der Wirtschafts-

Für die folgende theologische Betrachtung wird daher keine sozialethische, sondern eine anthropologische Perspektive gewählt. Thema ist die Identifizierung der religiösen Dimension von Geldwirtschaft. Dazu werden drei Stichworte aufgegriffen, die sich für die Bezeichnung einer Schnittstelle zwischen Glauben und Geld in besonderer Weise anzubieten scheinen: »Risiko und Glückserwartung«, »Vertrauen«, »Schuld und Verantwortung«. Zum Schluss kommt das »Vertrauen« in einem höheren Sinn noch einmal zur Sprache.

I »GELD ALS GOTT UNSERER ZEIT« – DIE THESE GEORG SIMMELS

Ausgangspunkt der Überlegungen ist – wie in der Überschrift angekündigt – die kühne und provozierende These von Georg Simmel, der vor circa einhundert Jahren in vielen Beiträgen die mentale Nähe von moderner Geldwirtschaft und Religion herausgearbeitet hat.

> »Damit wird ... das Geld jenes unbedingte Ziel, dessen Erstrebung überhaupt in jedem Augenblicke principiell möglich ist, im Gegensatze zu den constanten Zielen, von denen nicht jedes zu jeder Zeit gewünscht wird oder erstrebt werden kann. Dadurch wird dem modernen Menschen ein fortwährender Stachel zur Thätigkeit gegeben, er hat nun ein Ziel, das ... sofort eintritt, sobald andere Ziele ihm Raum lassen, es ist potentiell immer da. Daher die Unruhe, Fieberhaftigkeit, Pausenlosigkeit des modernen Lebens, dem im Gelde das unabstellbare Rad gegeben ist, das die Maschine des Lebens zum *Perpetuum mobile* macht. Schleiermacher hebt vom Christenthum hervor, daß es zuerst die Frömmigkeit, das Verlangen nach Gott zu einer dauernden Verfassung der Seele gemacht habe, während frühere Glaubensformen die religiöse Stimmung an bestimmte Zeiten und Orte geknüpft haben. So ist das Verlangen nach Geld die dauernde Verfassung, welche die Seele bei durchgeführter Geldwirthschaft aufweist. So kann der Psychologe überhaupt nicht achtlos an jener häufigen Klage vorbeigehen, daß das Geld der Gott unserer Zeit wäre.«[3]

Das Geld ist der Gott unserer Zeit. Simmel greift diese kapitalismuskritische These auf und wendet sie analytisch, um die inneren Gegenläufigkeiten herauszuarbeiten, die sich mit der modernen Geldwirtschaft verbinden. Mit seiner In-

---

ordnung) in: ZEE 55 (2011), 11–20, 21–35. Auch Hübner äußert sich skeptisch dazu, sozialethisch allein auf den Staat und seine Regelungskompetenz zu setzen (vgl. *J. Hübner*, »Macht euch Freunde mit dem ungerechten Mammon!« Grundsatzüberlegungen zu einer Ethik der Finanzmärkte, Stuttgart 2009, 79 f.).

[3] *G. Simmel*, Das Geld in der modernen Cultur, in: Aufsätze und Abhandlungen 1894–1900, Gesamtausgabe, Bd. 5, Frankfurt 1992, 178–196, 191.

terpretation stellt er sich – wahrscheinlich bewusst – gegen die *loci classici* christlicher Geldkritik, die bis in das Neue Testament zurückgeht. Bekannt ist das Jesus-Logion: »Ihr könnt nicht Gott dienen und dem Mammon« (Lk 16,13 par Mt 6,24). Und ganz im Sinne dieses jesuanischen Rufs in die Entscheidung zwischen Gott und Mammon formuliert Martin Luther in seiner Auslegung des Ersten Gebotes im Großen Katechismus: »Es ist mancher, der meinet, er habe Gott und alles gnug, wenn er Geld und Gut hat, verläßt und brüstet sich drauf so steif und sicher, daß er auf niemand nichts gibt. Siehe, dieser hat auch einen Gott, der heißet Mammon, das ist Geld und Gut, darauf er alle sein Herz setzet, welchs auch der allergemeinest Abgott ist auf Erden.«[4]

Gegen diese duale Gegenüberstellung von »Gott« einerseits und »Abgott« oder »Mammon« andererseits[5] wendet Georg Simmel seine These, nach der »das Geld der Gott unserer Zeit« wäre. Drei Merkmale seien hervorgehoben, die für Simmel den Zusammenhang von Geldwirtschaft und Gottesglauben ausmachen.

Erstens: Ausgangspunkt ist eine *kulturanthropologische Beobachtung.* Nach ihr bewirkt die Einführung des Geldes wichtige Fortschritte in der Entfaltung der menschlichen Potenziale.[6] Die Geldwirtschaft ermöglicht und realisiert soziale Differenzierung und Arbeitsteilung. Der zur elementaren Sicherung des Lebens notwendige Tauschhandel kann nun in allen zeitlichen Dimensionen geplant und durchgeführt werden. Die Möglichkeiten zum Tausch werden vergrößert, denn ursprünglich nicht vergleichbare Güter werden vergleichbar und miteinander in Beziehung gesetzt. Geld entlastet die Gesellschaft von Hass und Gewalt, stiftet soziale Gemeinschaft über räumliche und zeitliche Distanz hinweg. Die Persönlichkeit kann sich von ihrem natürlichen Besitz trennen und in einem hohen Maße selbst bestimmen. Die durch Geld mögliche Wertspeicherung erlaubt es, materielle, sittliche und kulturelle Ziele, die große Anstrengungen erfordern, langfristig zu verfolgen, weil die Mittel sukzessive aufgebaut werden können. Zugleich steht das Geld jederzeit zur Verfügung und kann zum Tausch verwendet werden. Auf der Kehrseite dieser Entwicklung notiert Simmel die hohe Belastung, die auf dem Menschen liegt. Jenseits des bloßen Tausches von arbeitsteilig hergestellten Gütern muss er den Markt inhaltlich definieren, den Wert der Gegenstände errechnen und seine Hauswirtschaft planen. Die durch

---

[4]   Die Bekenntnisschriften der evangelisch-lutherischen Kirche, hg. im Gedenkjahr der Augsburgischen Konfession 1930, 4. Aufl., Göttingen 1952, 561 f.

[5]   Vgl. zur Kritik dieser Dualismen *M. Welker,* »Ab heute regiert Geld die Welt …«. Die Einführung der Geldwirtschaft und ihre Auswirkungen auf religiöses Denken und ethische Orientierung, in: Gott, Geld und Gabe. Zur Geldförmigkeit des Denkens in Religion und Gesellschaft, hg. von *C. Gestrich,* Berlin 2004, 52–69, 53–58.

[6]   Vgl. dazu auch *N. Bolz,* »Money as God-Term«. Wie das Geld Gott ersetzt, Kultur stiftet und Probleme löst, in: Gott, Geld und Gabe. Zur Geldförmigkeit des Denkens in Religion und Gesellschaft, hg. von *C. Gestrich,* Berlin 2004, 88–102, 95–98.

Geldwirtschaft bewirkte Vervielfältigung der Beziehungen führt zur Versachlichung und Zweckbindung des Zwischenmenschlichen. Auf diese Weise entfremden sich die Menschen untereinander. Simmel spricht unter anderem von der »Mathematisierung der Lebensbeziehungen«. Von besonderer psychologischer Bedeutung ist nach Simmel die Verschiebung innerhalb der Zweck-Mittel-Relation. Denn die durch Geld eröffnete Möglichkeit, umwegig höhere und entfernte Ziele anzustreben, führt im Effekt zu einer Konzentration auf die Bewirtschaftung der Mittel. Dadurch werden jene ursprünglichen Ziele in das Hintergrundbewusstsein abgedrängt. Sie bleiben zwar »constant«, treten aber in ihrer Bedeutung zurück. Sie werden nicht mehr kontinuierlich erstrebt, weil die Beschaffung der geldwerten Mittel raschen Erfolg zeitigt und das Bewusstsein dauerhaft in Beschlag nimmt. Das »Mittel« Geld verstetigt sich und nimmt die Funktion eines Ziels ein. Diese Stetigkeit seiner Präsenz im Bewusstsein ist es, die für Simmel – sich auf Friedrich Schleiermacher beziehend – ein erstes gemeinsames Merkmal von Geldorientierung und Gottesbewusstsein ausmacht.

Ein zweites gemeinsames Merkmal verbindet sich mit der *universellen Beziehungshaftigkeit von* »*Gott*« *und* »*Geld*«.

> »Der Gottesgedanke hat sein tieferes Wesen darin, daß alle Mannigfaltigkeiten und Gegensätze der Welt in ihm zur Einheit gelangen, daß er nach dem schönen Worte des Nikolaus von Kusa ... die *Coincidentia oppositorum* ist. Aus dieser Idee, daß alle Fremdheiten und Unversöhntheiten des Seins in ihm ihre Einheit und Ausgleichung finden, stammt der Friede, die Sicherheit, der allumfassende Reichthum des Gefühles, das mit der Vorstellung Gottes ... mitschwebt! Unzweifelhaft haben die Empfindungen, die das Geld erregt, auf ihrem Gebiete eine psychologische Aehnlichkeit mit diesem. Indem das Geld immer mehr zum absolut zureichenden Ausdrucke und Aequivalent aller Werthe wird, erhebt es sich in ganz abstracter Höhe über die ganze weite Mannigfaltigkeit der Objecte, es wird zu dem Centrum, in dem die entgegengesetztesten, fremdesten, fernsten Dinge ihr Gemeinsames finden und sich berühren; damit gewährt thatsächlich auch das Geld jene Erhebung über das Einzelne, jenes Zutrauen in seine Allmacht ..., uns dieses Einzelne und Niedrigere in jedem Augenblicke zu gewähren, sich gleichsam wieder in dieses umsetzen zu können.«[7]

Das Geld, so könnte man zuspitzen, ist gewissermaßen das immanente Äquivalent derjenigen transzendenten Einheit, in der in Gott alle innerweltlichen Sachverhalte aufeinander bezogen und miteinander versöhnt sind. »Geld« und »Gott« verknüpfen jedes mit jedem, Disparates und Gegenläufiges. Von besonderer Bedeutung ist dabei, dass nach Simmel der mentale Bezug auf diese »Centren« sich einer Abstraktionsleistung verdankt, die im Zitat als »Gemeinsames finden«

---

[7] G. Simmel, Das Geld in der modernen Cultur, in: Aufsätze und Abhandlungen 1894–1900, Gesamtausgabe, Bd. 5, Frankfurt 1992, 178–196, 191f.

und »Erhebung über das Einzelne« angedeutet ist und die er sowohl dem religiösen als auch dem monetären Bewusstsein zumisst: »Gerade wie Gott in der Form des Glaubens, so ist das Geld in der Form des Konkreten die höchste Abstraktion, zu der die praktische Vernunft aufgestiegen ist.«[8] Diese Abstraktion, das ist entscheidend, führt nicht in den luftleeren Raum der Spekulation, sondern kehrt in die Realität zurück, indem es sich in seinen Gegenwerten materialisiert.[9] Diese Möglichkeit zur jederzeitigen Aktivierung der Kaufkraft wirkt auf die menschliche Psyche zurück, koinzidiert mit dem Gottesbewusstsein und wird von Simmel zur Beschreibung dieser Ähnlichkeit auf die Formel »Zutrauen in seine Allmacht« gebracht.

Neben »Stetigkeit« und »Allmacht« gibt es noch eine dritte Gemeinsamkeit zwischen »Gott« und »Geld«. Dabei knüpft Simmel vertiefend an den komplexen psychischen Rückwirkungen des Gottes- und des Geldbewusstseins an. In seinen religionstheoretischen Abhandlungen hat Simmel das augustinische Motiv von der Ruhe stiftenden Funktion des Glaubens herausgearbeitet. Das Heil der Seele besteht, wie Simmel formuliert, in der »Befriedigung alles letzten Verlangens der Seele, keineswegs nur des sittlichen, sondern auch des nach ihrer Seligkeit, ihrer Vollkommenheit, ihrer Höhe und Stärke. ... das ist der ganze Inhalt dieses Begriffes, daß er den Einheits- und Treffpunkt all jener Bestrebungen und Regungen bedeutet.«[10] Von dieser umfassenden Befriedungsfunktion der Religion ist das Geldbewusstsein zwar scharf unterschieden, denn es ist in sozialpsychologischer Hinsicht Motor für die »Unruhe, Fieberhaftigkeit, Pausenlosigkeit des modernen Lebens«, wie oben dargelegt wurde. Durch die Verschiebung der Mittel-Zweck-Relation allerdings, durch das Ansparen von Geld mit dem Ziel, es für unterschiedliche Zwecke verwenden zu können, verleiht aber auch der Geldbesitz ein Gefühl von Sicherheit und Ruhe, das dem des Glaubens analog ist: »Diese Sicherheit und Ruhe, deren Gefühl der Besitz von Geld gewährt, diese Ueberzeugung, in ihm den Schnittpunkt der Werthe zu besitzen, enthält so rein psychologisch ... den Gleichungspunkt, der jener Klage über das Geld als den Gott unserer Zeit die tiefere Begründung giebt.«[11] Die Investition mit dem Ziel der Geldvermehrung geht aus von der sicheren Basis von Geldbesitz, das die unmittelbare Sorge um die Sicherung des Lebensunterhaltes abgelöst hat, für das die Religion ursprünglich mit zuständig war.

---

[8]   G. Simmel, Zur Psychologie des Geldes, in: Ders., Aufsätze 1887–1890. Gesamtausgabe, Bd. 2, Frankfurt 1989, 49–65, 64f.

[9]   G. Simmel, Das Geld in der modernen Cultur, in: Aufsätze und Abhandlungen 1894–1900, Gesamtausgabe, Bd. 5, Frankfurt 1992, 178–196, 191f.

[10]   G. Simmel, Vom Heil der Seele, in: Gesammelte Werke, Bd. 7, Frankfurt am Main 1995, 109–115, 109.

[11]   G. Simmel, Das Geld in der modernen Cultur, in: Aufsätze und Abhandlungen 1894–1900, Gesamtausgabe, Bd. 5, Frankfurt 1992, 178–196, 192.

Mit Georg Simmels Interpretation der These, »daß das Geld der Gott unserer Zeit wäre«[12], verbindet sich also keine Nase rümpfende Säkularisierungsthese.[13] Vielmehr macht Simmel mit ihr auf die mentalen Verschiebungen in der humanen Psyche aufmerksam, die sich durch die moderne Geldwirtschaft ergeben. Simmel identifiziert Analogien zwischen Glaube und Geldwirtschaft, funktionale Äquivalente und vor allem jene Verdrängung der Religion aus dem Vordergrundbewusstsein, die sie zwar nicht ort- und bedeutungslos macht, aber ihre alltägliche Präsenz zurückstuft. Inhaltlich sind es die Omnipräsenz des Geldes, die stetige Konzentration, die es uns abnötigt und die wohlständige Sicherheit und Freistellung vom buchstäblichen Erwerb der Lebensmittel, die die innere Affinität von Geld und Gott begründen. Aber »Geld« ersetzt »Gott« nicht. Das Streben nach transzendenter Einheit der Erfahrung immanenter Fragmentierung des Lebens bleibt. Die höheren Ziele bleiben »constant«, auch wenn sie ins Hintergrundbewusstsein abgedrängt werden. Das Gefühl der Sicherheit, das Geldbesitz gewährt, ist am Ende doch begleitet von dem Bewusstsein, dass er zwar nicht auf Sand gebaut ist, aber im Kern nicht so verlässlich ist wie der mathematisierte Umgang mit dem Geld zu suggerieren scheint. Denn zu den Folgen der allgemeinen Geldwirtschaft rechnet Simmel auch die Freisetzung von Emotionen und Imaginationen, die das Sicherheitsgefühl überlagern. Es geht um

> »die mächtigen Wirkungen, die das Geld, ohne irgend welche eigene Bewegung, durch Hoffnung und Furcht, durch Begierde und Besorgnis, die sich mit ihm verbinden, übt; es strahlt diese auch ökonomisch so bedeutsamen Affekte aus, wie Himmel und Hölle sie ausstrahlen: als bloße Idee. Die reine Vorstellung des Vorhandenseins oder des Mangels von Geld an einer bestimmten Stelle wirkt anspannend oder lähmend.«[14]

Diese nach Simmel mit dem Geld verknüpften Imaginationen sollen im Folgenden konkretisiert werden, um die Schnittstellen zwischen »Gott« und »Geld« herauszuarbeiten.

---

[12]   *G. Simmel*, Zur Psychologie des Geldes (Anm. 8), 64.

[13]   Eine solche Substitution scheint Luhmann vor Augen gehabt zu haben (vgl. *N. Luhmann*, Knappheit, Geld und bürgerliche Gesellschaft, in: JSW 23 [1972], 198–210, 191).

[14]   *G. Simmel*, Fragment aus einer ›Philosophie des Geldes‹, in: *G. Simmel*, Aufsätze und Abhandlungen 1894–1900. Gesamtausgabe, Bd. 5, Frankfurt am Main 1992, 479–528, 484.

2 Risiko und Glückserwartung

Ein Ergebnis der Verschiebung innerhalb der Zweck-Mittel-Relation besteht darin, dass Geld nicht mehr nur Tauschmittel, Wertaufbewahrungsmedium und Verrechnungseinheit ist, sondern selbst zu einer eigenständigen Ware geworden ist. Das bedeutet, dass die – womöglich ursprünglich religiös introduzierte – mentale Haltung der Askese, die für das Gewinnstreben überhaupt Voraussetzung ist, nun auch auf den Geldhandel Anwendung findet. Es sind also nicht »Gier und Größenwahn«, wie das Wort der EKD zur globalen Finanz- und Wirtschaftskrise meinte,[15] sondern zunächst die im Eigeninteresse liegende Idee asketischer Gewinnerwartung, die zur Investition in den Geldmarkt antreibt. Von dieser Antizipation größter Renditen sind nach Max Weber nicht nur dreiste Kapitalisten und skrupellose Risikomanager erfasst, vielmehr findet es sich auch »bei Kellnern, Aerzten, Kutschern, Künstlern, Kokotten, bestechlichen Beamten, Soldaten, Räubern, Kreuzfahrern, Spielhöllenbesuchern, Bettlern«[16]. Die Begehrlichkeit nach mehr Geld ist Rückwirkung des Geldbesitzes selbst. Diese Imagination hat auch kleine Anleger dazu stimuliert, riskante Geldanlagen durch Kredite zu finanzieren. Der Sog der Gewinn-Erwartung, in den viele Menschen – übrigens auch kirchliche Finanzmanager – gerieten, ist der gesteigerte Ausdruck der Verzwecklichung des ursprünglichen Tauschmittels »Geld«. Diese Entwicklung wäre nicht möglich, wenn sich mit dem Geldbesitz nicht jene Imagination von Glück und Sicherheit verbände. Sie ist mit Simmel als »Überwucherung der Zwecke durch die Mittel« zu deuten. »Indem die Mehrzahl der modernen Menschen den größten Theil des Lebens hindurch den Gewinn von Geld als nächstes Strebeziel vor Augen haben muß, entsteht die Vorstellung, daß alles Glück und alle definitive Befriedigung des Lebens mit dem Besitze einer gewissen Summe Geldes solidarisch verbunden wäre«[17]. »Gott« und »Geld« konvergieren in Imagination von »Glück« und »Sicherheit«.

3 Vertrauen

Die Imagination von Sicherheit und Glück stimuliert die Bereitschaft zur riskanten Investition von Geld. Innere Voraussetzung dafür ist das Vertrauen in den Geldwert und in das Funktionieren des Geldverkehrs.

---

[15] Vgl. *Rat der EKD* (Hg.), Wie ein Riss in einer hohen Mauer. Wort des Rates der EKD zur globalen Finanzmarkt- und Wirtschaftskrise, Hannover 2009. Vgl. dazu: *I. Pies*, Gier und Größenwahn? Zur Wirtschaftsethik der Wirtschaftskrise, in: Werner-Reihlen-Vorlesungen, hg. von *N. Slenczka*, Berlin 2010, 175–207.

[16] *M. Weber*, Gesammelte Aufsätze zur Religionssoziologie, Bd. I, Tübingen 1988, 4.

[17] *G. Simmel*, Das Geld in der modernen Cultur (Anm. 3), 188 f.

»Ohne ein Vertrauen des Publikums zu der emittierenden Regierung oder, ... zu denjenigen Personen, die den Realwert der Münze gegenüber ihrem Nominalwert festzustellen im stande sind, kann es ... zu einem Bargeldverkehr nicht kommen. ... Es muß ... der Glaube vorhanden sein, daß das Geld, das man jetzt einnimmt, auch zu dem gleichen Wert wieder auszugeben ist.«[18]

Dass dieses Vertrauen die Grundlage für die Geldwirtschaft bildet, ist seit langem bekannt und diese Tatsache ist uns durch das Agieren der Rating-Agenturen drastisch ins Bewusstsein gehoben worden. Simmel hat dieses Vertrauen in enger Analogie zum religiösen Glauben gesehen.

»Wenn man sagt, man glaube an Gott, so ist das nicht nur eine unvollkommene Stufe des Wissens von ihm, sondern ein überhaupt nicht in der Richtung des Wissens liegender Gemütszustand ... Es ist eben das Gefühl, daß zwischen unserer Idee von einem Wesen und diesem Wesen selbst von vornherein ein Zusammenhang, eine Einheitlichkeit bestehe, ... eine Sicherheit und Widerstandslosigkeit in der Hingabe des Ich an diese Vorstellung, die wohl auf angebbare Gründe hin entsteht, aber nicht aus ihnen besteht. Auch der wirtschaftliche Kredit enthält in vielen Fällen ein Element dieses übertheoretischen Glaubens, und nicht weniger thut dies jenes Vertrauen auf die Allgemeinheit, daß sie uns für die symbolischen Zeichen, für die wir die Produkte unserer Arbeit hingegeben haben, die konkreten Gegenwerte gewähren wird.«[19]

Simmel beschreibt das Vertrauen als einen eigenständigen epistemischen Akt, der eine ganze Lebenshaltung begründet und eine gesellschaftliche Sphäre dirigiert. Vertrauen ist der Modus des Sicherheitsbewusstseins. Denn diese Sicherheit existiert nicht außerhalb desjenigen, der dieses Sicherheitsgefühl als Vertrauen aufbringt. Dies geschieht aber gerade so, dass sich der Einzelne diesem Vertrauen hingibt, durch dieses Vertrauen lebt. Aber gerade weil dies so ist, lassen sich die Gründe dafür nicht allein theoretisch angeben und festigen. Vielmehr ist Vertrauen eine »riskante Vorleistung«, wie Niklas Luhmann schreibt.[20] Es wird symbolisch repräsentiert und vergewissert. Deshalb bieten Religion und Finanzpolitiker Maßnahmen zur Stabilisierung des Vertrauens an, Möglichkeiten zur Vergewisserung und Stärkung. Deshalb sind Vertrauenskrisen im Bereich der Religion, wie man an den sexuellen Missbrauchsfällen in der römisch-katholischen Kirche sehen kann, und im Bereich der Währungen, wie ein drohender Staatsbankrott und die Inflationsgefahr, so einschneidend und so schwer zu kurieren. Sie rühren an einer anthropologischen Tiefenschicht, weil sich

---

[18]   *G. Simmel*, Fragment (Anm. 14), 494.
[19]   *G. Simmel*, Fragment (Anm. 14), 495f.
[20]   Vgl. *N. Luhmann*, Vertrauen, Stuttgart 1968, 27.

die Subjekte des Vertrauens ganz in den Akt des Vertrauens hineingeben (»Hingabe«). Zum Vertrauen verhalten wir uns nicht in theoretischer Distanz oder im Modus von »Ja« und »Nein«. Sondern entweder haben wir Vertrauen und dann stiftet dieses Vertrauen ein stabiles Sicherheitsgefühl. Oder wir sind misstrauisch – und dann stoßen wir das Objekt des Misstrauens ab. Deswegen hat Peter Seele jüngst vorgeschlagen, im Blick auf die Banken nicht von einer Vertrauens-, sondern von einer Misstrauenskrise zu sprechen.[21] Jedenfalls wird man in protestantischer Perspektive sagen können: Im Akt des Vertrauens sind Gottesbewusstsein und Geldwert analog strukturiert und existenziell grundlegend.

4 Schuld und Verantwortung

Simmel diskutiert schließlich die Grenze der geldwerten Konvertierbarkeit. Diese Grenze wird von ihm begrifflich markiert durch die Begriffe »Ehre« und »Würde«, und diese verweisen abermals auf die innere Affinität von »Geld« und »Glaube«. Zwei Beispiele nennt Simmel, die in unterschiedliche Richtungen weisen. Das erste Beispiel ist die Prostitution. Von ihr sagt er einerseits, dass das Geldäquivalent allein »der momentan aufgegipfelten und ebenso momentan verlöschenden Begierde ... angemessen« ist, weil es die Sexualpartner »zu nichts verbindet«[22]. Andererseits ist für Simmel die Prostitution der »Tiefpunkt der Menschenwürde, wenn eine Frau das Intimste und Persönlichste, das nur ... mit der gleichen personalen Hingabe des Mannes aufgewogen werden dürfte, gerade um einer so ganz unpersönlichen, rein äußerlich-sachlichen Vergeltung willen dahin gibt.«[23] Hier baut sich das ethische Bewusstsein von »Würde« der Person gegen den Geldwert auf, ohne sich aber gegen die mit dem Beispiel verbundene Ambivalenz durchsetzen zu können. Deutlicher tritt das Grenzbewusstsein im zweiten Beispiel hervor.

>»Wenn der Mord in der primitiven Gesellschaft durch Geld gesühnt werden konnte, so bedeutet das einerseits, daß das Individuum als solches in seinem Werthe noch nicht so betont war, daß es noch nicht als so unvergleichbar und unersetzlich empfunden wurde, wie in späteren Zeiten ...; andererseits bedeutete es, daß das Geld noch nicht so indifferent geworden war, noch nicht so jenseits aller qualitativen Bedeutung stand. Die fortschreitende Differenzirung der Menschen und die ebenso

---

[21]   *P. Seele*, Von der Vertrauenskrise zur Misstrauenskrise. Erklärungen mit Augustin zur Glaubwürdigkeit und Ethik staatlicher Rettungspakete, in: ZEE 55 (2011), 36–47.

[22]   *G. Simmel*, Die Rolle des Geldes in der Beziehung der Geschlechter, in: *G. Simmel*, Gesammelte Werke, Bd. 5, Frankfurt am Main 1992, 246–265, 254.

[23]   *G. Simmel*, Die Rolle des Geldes in der Beziehung der Geschlechter (Anm. 22), 254 f.

fortschreitende Indifferenz des Geldes begegnen sich, um die Sühnung des Mordes durch Geld unmöglich zu machen.«[24]

Folgt man dieser Beschreibung, dann wäre die Geldwirtschaft ein Katalysator für die Realisierung jenes Menschenbildes, das mit wesentlichen Grundeinsichten der christlichen Tradition konvergiert. Denn das Geld markiert die Grenze zwischen den Bereichen, in denen Schuld geldwertig abgegolten wird, und denen, in denen mit der ganzen Person »Verantwortung« zu übernehmen ist.

»Schuld« und »Verantwortung«, diese Merkmale der durch das Christentum geprägten Persönlichkeitskultur, sind auch in den zuvor mit den Begriffen »Risiko« und »Vertrauen« bezeichneten Bereichen vorausgesetzt. Denn Teilnehmer auf dem Geldmarkt sind dort grundsätzlich auf eigene Rechnung und Verantwortung tätig. Sie sind es, die der Währung und dem Tauschpartner vertrauen. Sie sind es, die im Handel das Risiko kalkulieren und tragen müssen. Sie sind aber auch vom Phänomen des Marktversagens betroffen, das sie nicht absichtsvoll herbeigeführt haben. Hier tut sich eine Grenze anderer Art auf, nämlich die Grenze von individuellem Handeln und System. Die Selbstverzwecklichung des Geld- und Gewinnstrebens gehört zu den wesentlichen Folgen der Geldwirtschaft, ist aber nicht die Ursache der globalen Finanzkrise. Sie ist vielmehr eine nicht gewollte Nebenfolge der ökonomischen Handlungen Einzelner. Das Marktversagen ist systemisch und situativ verursacht. Wir, die einzelnen Akteure, werden von ihren Folgen eingeholt, ebenso wie wir zuvor vom Niedrigzins und den kreditfinanzierten staatlichen Konjunkturprogrammen profitiert haben. Zwar können die systemischen Mängel der Marktordnung von Einzelnen ausgenutzt werden. Aber die Krise kann nicht auf das Fehlverhalten Einzelner zurückgeführt werden. Daher sind auch an einzelne Akteure gerichtete Moralappelle kein Mittel zum Weg aus der Krise. Dies kann nur ordnungspolitisch erwirkt werden, durch Veränderungen der Rahmenbedingungen und Anreizsysteme, die das ökonomische Verhalten der Menschen steuern.

Gleichwohl bedeutet diese Feststellung nicht, dass die mit der christlich geprägten Persönlichkeitskultur verknüpften Begriffe wie »Vertrauen«, »Schuld« und »Verantwortung« bedeutungslos würden. Dazu möchte ich nun im letzten Abschnitt einige Erwägungen anstellen.

---

[24] *G. Simmel*, Das Geld in der modernen Cultur (Anm. 3), 188.

5 SCHLUSS: VERTRAUEN ZWEITEN GRADES

Die Interpretation der Ausgangsthese Georg Simmels hat ergeben, dass schon Simmel nicht wirklich von der Gleichung »Gott = Geld« ausgeht. Er beschreibt vielmehr eine mentale Verschiebung der teleologischen Wertigkeiten. Er kommt zu dem Ergebnis, dass das Geld das Vordergrundbewusstsein dominiert, dabei religionsähnlich strukturiert ist und funktioniert, während die Religion selbst in den Hintergrund geschoben wird. Dort aber bleibt sie gerade für den modernen Menschen dauerhaft relevant. Der Mensch braucht Religion »um die Entzweiung zwischen seinen Bedürfnissen und deren Befriedigung, zwischen seinem Sollen und seiner Praxis, zwischen seinem Idealbild der Welt und der Wirklichkeit zu versöhnen«[25], schreibt Simmel in seiner »Philosophie des Geldes«. Der moderne Mensch sucht das »Heil der Seele« in spiritueller und hochkonzentrierter Form gerade deswegen in einem *transzendenten* Einheitspunkt, weil er *innerhalb* der Gesellschaft vor allem die beunruhigende Erfahrung des Fragmentarischen macht.[26] Zu dieser Erfahrung gehört die unvermeidliche Enttäuschung des Vertrauens und der Eintritt des Risiko-Falles – trotz Mathematisierung der Lebensverhältnisse und der Geldwirtschaft. Sie, die Geldwirtschaft, bildet gewissermaßen die Brücke zwischen der überrationalen Sphäre des Religiösen und der rationalen Sphäre des gesellschaftlichen Lebens, weil sie selbst auf einer – allerdings systemisch abgestützten – überrationalen Begründung beruht und auf dieser Basis zwar höchste Rechenhaftigkeit zu entfalten vermag – aber das Risiko niemals los wird.

Der Akt des Glaubens ist zwar dieser überrationalen Grundlage des Geldwertes vergleichbar,[27] fällt aber nicht mit ihm zusammen, sondern übersteigt ihn. Denn wenn es richtig ist, dass das Vertrauen in das Geld existenziell ist[28] und religiöse Züge annehmen kann, dann kann es nur im Modus des Ver-

---

[25]   *G. Simmel*, Philosophie des Geldes, hg. von *A. Ulfig*, Köln 2001, 565.

[26]   Vgl. *Chr. Pflüger*, Georg Simmels Religionstheorie in ihren werk- und theologiegeschichtlichen Bezügen, Frankfurt am Main 2007.

[27]   »Der religiöse Glaube weist somit eine dem Vertrauen verwandte Struktur auf. Beide Mal handelt es sich um komplexe intellektuelle Strategien zur Bewältigung der Zukunft unter den Bedingungen der Unsicherheit. Beide Mal handelt es sich um Institutionen (der Moral oder der Religion), die einen positiven Bezug zum wirtschaftlichen Wachstum vorweisen. Glaube und Vertrauen werden durch vermehrten Verbrauch nicht verzehrt, sondern vermehrt. Beide sind auf Reziprozität angelegt, verlangen aber eine Vorleistung: Einer muss anfangen, ohne dass er die Sicherheit möglicher Erwiderung hätte. Ohne dass er die Zurückweisung sanktionieren könnte.« (*R. Hank*, Vertrauen. Anmerkungen zu einem schlüpfrigen Begriff zwischen Markt, Moral und Recht, in: Moral und Kapital. Grundfragen der Wirtschafts- und Unternehmensethik, Paderborn 2008, 193–204, 203)

trauens selbst kritisch transzendiert werden. Dies leistet das religiöse Vertrauen auf Gott, das im Christentum als Grund- und Grenzreflexion bestimmt ist. Es ist daher als eine reflexive Steigerung jenes Vertrauens zu beschreiben, weil es – auf Gott als das Absolute bezogen – kritisch reflektiert auf die Relativität und damit die Brüchigkeit jenes Vertrauens, ohne es aber zu unterlaufen oder sich ihm dual entgegenzusetzen. Dieses christliche Verständnis soll hier als ein Vertrauen zweiten Grades beschrieben werden, das den Grund und die Grenze des Vertrauens in unsere ökonomischen Anstrengungen vor Augen stellt.

Dieses Vertrauen des Vertrauens *begründet* einerseits das in der Geldwirtschaft vorausgesetzte »Regelvertrauen«[29] oder »Systemvertrauen«[30], das wir benötigen, um ökonomisch rational zu handeln. Bezogen auf das Thema »Geld« schließt das die Anerkennung der kulturproduktiven Leistung des Geldes ein, und es bleibt nichts anderes übrig, als die von Simmel beschriebenen mentalen Rückwirkungen hinzunehmen. Diese Anerkennung der ökonomischen Bedeutung des Geldes findet sich übrigens auch in der weisheitlichen Tradition des Alten Testamentes, die eine nüchterne Einschätzung des Geldverkehrs gibt.[31] Also: Trotz der Verunsicherung durch die globale Finanzkrise erlaubt die religiöse Unterscheidung von Gott und Geld einerseits die Würdigung der Effizienz von Geldrechnung und marktwirtschaftlichem Handeln, die eine kreative Überwindung von Güterknappheit erlauben und die Versorgung von Massengesellschaften sicherstellen.

Andererseits vollzieht das religiöse Vertrauen, also das Vertrauen zweiten Grades, jene Grenzreflexion. Diese vermag einen realistischen Selbstumgang gerade mit den Imaginationen zu begründen, die mit dem verstetigten Geldumgang im Vordergrundbewusstsein verbunden sind, nämlich Hoffnung und Furcht, Begierde und Besorgnis, Geiz und Verschwendung, Armut und Renditestreben, Sicherheit und Glück. Vor allem kann es der Ideologisierung des ökonomischen Regelvertrauens entgegentreten, indem das darin eingebaute Risiko

---

[28] »Vertrauen ist somit unabdingbare Voraussetzung menschlichen Zusammenlebens. Märkte und Gesellschaften sind darauf angewiesen, ohne es selbst als Güter produzieren zu können. Vertrauen gerät damit in die Nachbarschaft zu Konzepten wie Freiheit, Macht und Gerechtigkeit: Basiskonzepte des Menschlichen, gerade deshalb hochgradig ideologisch anfällig.« (*Hank*, Vertrauen [Anm. 27], 198)

[29] Vgl. *H. Siegenthaler*, Regelvertrauen, Prosperität und Krisen, Tübingen 1993.

[30] *Hank*, Vertrauen (Anm. 27), 194 f.

[31] Vgl. *Ph. David*, Gott, Geld und Globalisierung. Protestantische Ethik und moderner kapitalistischer Geist, in: Moral und Kapital. Grundfragen der Wirtschafts- und Unternehmensethik, hg. von *W. Kersting*, Paderborn 2008, 219–246, und *Welker*, »Ab heute regiert Geld die Welt ...«, 58–65 (Anm. 5).

wachgehalten[32] bzw. die notwendige Portion Misstrauen gegen überzogene Gewinnversprechen und Renditeverheißungen eingebaut wird. [33]

Zugleich wird in der christlichen *Entfaltung* dieses reflektierten Vertrauens die systemische Verstrickung aller Menschen in die Hypertrophien des modernen Finanzmanagements bewusst gemacht. An dieser Stelle kann der theologischen Deutung sogar eine besondere Rolle zukommen, weil die christliche Anthropologie ja nicht direkt von einem normativen Ideal aus argumentiert. Vielmehr weiß sie auf Grund der Differenzierung zwischen Aktual- und Ursünde nicht nur von der unter anderem auf das Geld gerichteten *concupiscentia* des Menschen, sondern sie geht auch von einer Mischform von systemischer und individueller Zurechnung von Schuld aus. Bei der mentalen Bearbeitung von systemischen Krisen scheint mir dieses Spannungsfeld besonders relevant zu sein, weil es dazu beiträgt, auf Grund der Einsicht in die anthropologische Verstrickung aller Menschen einer vor allem der medialen Aufmerksamkeit geschuldeten Personifizierung des Bösen zu widerstehen (wie es 2009 mit dem Deutsche-Bank-Chef Ackermann geschah und gegenwärtig im Blick auf Griechenland geschieht) und Krisenbewältigungsmuster zu ersinnen, die der Solidarität verpflichtet sind. Auf dieser Basis wird man bei individuellem ebenso wie bei institutionellem Versagen zwischen Tat und Person bzw. Handeln und Norm unterscheiden und an dem Zusammenhang von individueller Verantwortung und institutioneller Zuständigkeit festhalten, also die Impulse zum systemischen Krisenmanagement vor allem politisch kommunizieren und dafür sozialethische Argumente aufbringen.

Dieser Gedanke führt nun in die Grundlegung der ethischen Normenbildung hinüber, die ausdrücklich nicht Thema dieses Beitrages sein soll. Aber es soll noch der anthropologische Übergang von einer religiösen in eine ethisch-normative Betrachtung des Themas »Gott und Geld« angedeutet werden, der vielleicht sogar trivial ist. Es ist die Neujustierung der Zweck-Mittel-Bestimmung, die direkt in das Gebiet der Religion fällt. Denn die Ausrichtung des Lebens an letzten, für uns unbedingten Zwecken ist religiös und die Depotenzierung der ökonomischen und imaginativen Macht des Geldes kann nur erfolgen, wenn der – religiös betrachtet – mediale Charakter des Geldes auf allen Ebenen humanen Selbstumganges eingeholt wird.[34] Dies kann unter den Bedingungen einer komplexen Gesellschaft nur durch kommunikative Anstrengungen geschehen, für die alle monotheistischen Religionen, insbesondere der christliche Glaube, viel Potenzial mitbringen. Das Ziel würde darin bestehen, durch Initiierung von Bil-

---

[32] Vgl. *Hank,* Vertrauen (Anm. 27), 194f.

[33] Vgl. *P. Seele*, Von der Vertrauenskrise zur Misstrauenskrise (Anm. 21), 36–47.

[34] In diese Richtung geht auch der Vorschlag von *J. Hübner,* »Macht euch Freunde mit dem ungerechten Mammon!« (Anm. 2), 200ff.

dungsprozessen auf eine kritische Selbstbegrenzung aller gesellschaftlichen Teilbereiche hinzuwirken.[35] Damit würde auch die mediale Bedeutung des Geldes zurückgewonnen und eine differenzierte Betrachtung derjenigen Grenzen eröffnet, die nicht geldwertig zu verrechnen sein sollen. Damit wäre eine normative Vorgabe gewonnen, die eine ordnungspolitische Einfriedung des Finanzmarktes begründen würde. All diese Maßnahmen würden das Ziel verfolgen, dass die von Simmel interpretierte Gleichung, nach der das Geld der Gott unserer Zeit wäre, zwar nicht ungültig, aber doch zum Ausgangspunkt einer kritischen Ausdifferenzierung ihres Inhaltes wird.

---

[35]   Im Anschluss an Herms' Forderung nach einer freien »Kommunikation von zielwahlorientierten kategorialen weltanschaulichen/religiösen Gewissheiten« (*E. Herms*, Die Wirtschaft des Menschen. Beiträge zur Wirtschaftsethik, Tübingen 2004, 8).

Gott und die Götter

Auseinandersetzung mit einem heiklen Thema, beraten
von Karl Barth[1]

Martin Hailer

»Wir haben in der Hitlerzeit den Dämonen in die Augen gesehen«, sagte ein prominenter deutscher Theologe, als Karl Barth kurz nach Ende des 2. Weltkriegs
Gespräche in Deutschland führte. Barths Antwort darauf war ziemlich kühl und
lautete so: »Das scheint aber den Dämonen gar keinen Eindruck gemacht zu haben.«[2]

Diese Replik ist entlarvend. Die dämonologische Redeweise, verständlich
vielleicht auf den ersten Blick, hat nämlich ihre Tücken, wenn man etwas näher
hinsieht. Es handelt sich um Folgendes: Dass die Herrschaft des nationalsozialistischen Deutschlands dämonischen Charakter hatte, war in den Jahren direkt
nach dem Krieg durchaus weit verbreiteter kirchlicher und theologischer Sprachgebrauch. Das galt vor allem im Bereich der Bekennenden Kirche, die hier wohl
einen Beleg dafür sah, dass man ohne Scheu biblisch angereichert sprechen
darf. Aber auch jemand, der sich wie Walter Künneth rasch vom Konsens der
Bekennenden Kirche entfernte – falls man von einem solchen sprechen darf
und falls er ihm je wirklich zugehörte –, vollzog seine Deutung der politischen
Großwetterlage unter explizitem Einbezug der Dämonologie.[3] Die Tücke daran

---

[1]   Für eine anregende Diskussion des Entwurfs danke ich Wiss. Ass. Nadine Sauber und
Prof. Dr. Wolfgang Schoberth, zudem Prof. Dr. Johann Ev. Hafner für wichtige Hinweise zum
Werk Niklas Luhmanns.

[2]   *E. Busch*, Glaubensheiterkeit. Karl Barth. Erfahrungen und Begegnungen, Neukirchen-
Vluyn [5]1987, 60 bzw. 61. Die Episode wird in unterschiedlichen Wortlauten berichtet, vgl.
für Varianten *ders.*, Karl Barths Lebenslauf. Nach seinen Briefen und autobiographischen
Texten, Berlin 1979, 295; *K. Barth*, Die Kirchliche Dogmatik III/3 (1950), Zollikon-Zürich
[2]1961, 397; *ders.*, Gespräche 1959–1962, Karl-Barth-Gesamtausgabe Abtlg. IV, hg. von
E. Busch, Zürich 1995, 166. Weitere Informationen zu Barths Auseinandersetzung mit den
Kriegsdeutungen um und nach 1945 bei *M. D. Wüthrich*, Gott und das Nichtige. Zur Rede
vom Nichtigen ausgehend von Karl Barths KD § 50, Zürich 2006, 237–245.

[3]   Vgl. *W. Künneth*, Der große Abfall. Eine geschichtstheologische Untersuchung der Begegnung zwischen Nationalsozialismus und Christentum, Hamburg 1947; *ders.*, Politik zwi-

ist nun nicht, überhaupt von Dämonen zu sprechen. Sie steckt vielmehr im ersten Wort des Satzes »*Wir* haben […] den Dämonen in die Augen gesehen.« Es ist nämlich mitgesetzt, dass *wir* es wagten, *wir* es aushielten, dem Blick der Medusa standzuhalten, ohne zu Stein zu erstarren. Es steckt also eine mehr oder weniger verschwiegene Selbstbewunderung darin. Barths Antwort demaskiert sie treffend.

Damit ist die Sache aber nicht beendet. Barth sagt mit seiner kurzen Antwort *nicht*, dass es Dämonen *nicht* gebe! Er wählt nicht den Ausweg, von schlechter Einbildung zu sprechen oder davon, dass die Rede von Dämonen bloßes Kolorit frühchristlicher Zeit sei, das man heute nicht mehr anzusprechen brauche, weil es sich um Hirngespinste handle oder weil vorgeblich bessere Theoriemittel zur Verfügung stünden. Wir wissen bis jetzt lediglich, dass die subtile Selbstvergrößerung, man sei so heldenhaft, ihnen ins Auge blicken zu können, offenbar deplaziert ist. Auskunft ist demnach nötig an einem weiteren Punkt: Wenn es sie denn gibt – in welcher Weise kann man von Gottes Widersachern sagen, dass sie ›sind‹? Die elementare Prädikation ›das und das ist ein Dämon‹ und die entsprechenden Klassenprädikationen ›Dämonen sind von dieser und jener Art‹ folgen anscheinend eigenen Regeln, will man theologische Fehler wie den eben geschilderten vermeiden.[4] In drei Schritten erörtert der vorliegende Aufsatz ansatzweise die Eigenart der Prädikationsvollzüge in Sachen von Gottes Widersachern. Zunächst wird gefragt, inwiefern die Rede von ›Göttern‹ und anderen Widersachern Gottes überhaupt aussichtsreich ist. Das geschieht durch eine kurze theologiegeschichtliche Einordnung, wie Karl Barth das Thema von Gottes Widersachern überhaupt anfasst. Zweitens geht es um Konkretionen: Wenn es Gottes Widersacher gibt – wie sehen sie aus? Wo kann und wo muss Theologie das Unternehmen der Phänomenologie und dichten Beschreibung angehen? Schließlich drittens, folgen einige Vermutungen, warum von der Existenz der Dämonen zureichend nur auf dem Hintergrund von Gottes Erwählung und Behütung gesprochen werden kann. An diesem Punkt ist eine über Barth hinausgehende Klärung nötig: Es zeigt sich eine Implikation seiner Gotteslehre, die er selber nicht in hinreichender Deutlichkeit entfaltete, die aber zu thematisieren ist, sollte sein Zugang zum Thema der gottwidrigen Mächte irgend Plausibilität enthalten. Sie soll als Ausblick wenigstens skizzenhaft und im Blick auf die aktuelle Diskussion angezeigt werden.

---

schen Dämon und Gott. Eine christliche Ethik des Politischen, Berlin 1954. Eine Schilderung des Sprachgebrauchs in der Kirche der unmittelbaren Nachkriegszeit bei *H. Blendinger*, Aufbruch der Kirche in die Moderne. Die Evangelisch-Lutherische Kirche in Bayern 1945–1990, Stuttgart 2000, 59 f.

[4] Zur Terminologie der elementaren und der Klassenprädikation vgl. *W. Kamlah / P. Lorenzen*, Logische Propädeutik. Vorschule des vernünftigen Redens, unveränderter Nachdruck der 2. Auflage 1973, Mannheim u. a. 1992, 27 ff. 93 ff.

Die Art der Bezugnahme auf Karl Barths Werk in diesem Beitrag macht eine methodische Klarstellung erforderlich. Es geht mir ausdrücklich nicht um einen theologiegeschichtlichen Beitrag, der Barths Äußerungen zur Sache im Rahmen der jeweiligen theologie- und geistesgeschichtlichen Zusammenhänge einordnen würde. Arbeiten dieser Art sind für die hier interessierende Thematik verschiedentlich vorgelegt worden,[5] wobei eine Gesamtdarstellung für die spezielle Barth-Forschung sicher von Interesse wäre. So hier also nicht, vielmehr dominiert ein in Vortrags- und Aufsatzkürze vorgetragenes systematisches Interesse. Der eben angedeutete Dreischritt: Anlage des Themas überhaupt – Phänomenologie der Mächte – providenztheologische Einordnung, ist Teil meiner eigenen These und wird an Barths Wortmeldungen von außen herangetragen. Deswegen kommen sie hier auch in einem Maß dekontextualisiert zur Sprache, das einer historisch-genetischen Darstellung nicht angemessen wäre, zumal es im hier einschlägigen Thema innerhalb des Barth'schen Werks beträchtliche Verschiebungen gibt. Vermöge ihrer systematischen Erschließungskraft aber sind Barths verschiedene Ausarbeitungen allemal sprechend genug, um Ideen und Argumentationen anzubieten, die auch außerhalb ihres Entstehungszusammenhangs konzentriertes Interesse rechtfertigen.

Neben des aus diesen Gründen dekontextualisierten Zugriffs auf Barths Texte ist zu beachten, dass recht verschiedene Typen seiner Äußerungen herangezogen werden: Predigten, wörtlich ausgearbeitete exegetische Vorlesungsskripte, gedruckte Kleinschriften, die Kirchliche Dogmatik nebst eines von Barth nur zeitweise zur Veröffentlichung vorgesehenen längeren Typoskripts dazu, schließlich das eingangs zitierte Gespräch. Auch hier gilt, dass für das vorgetragene Anliegen die Erschließungskraft den recht unvermittelten Zugriff auf Seperates zu rechtfertigen hat. Das ist freilich keine Defizitanzeige! Vielmehr ist ein Autor nur dann der systematisch-theologischen Rezeption wert, wenn er auf die eine oder andere Weise zum theologischen Zeitgenossen werden kann, was immer auch bedeutet, seine Wortmeldungen aus ihrem historischen Zusammenhang herauszunehmen und als gegenwärtig bedeutsam oder doch zumindest produktiv aufstörend zu lesen. Andernfalls geriete die gegenwartsdiagnostische Aufgabe der systematischen Theologie zur Fortsetzung der jüngeren und jüngs-

---

5   Vgl. *M. Hailer*, Gott und die Götzen. Über Gottes Macht angesichts der lebensbestimmenden Mächte, Göttingen 2006, 275 ff.332 ff; *S. Plonz*, Die herrenlosen Gewalten. Eine Relektüre Karl Barths in befreiungstheologischer Perspektive, Mainz 1995; *H. Stoevesandt*, Gottes Freiheit und die Grenze der Theologie. Gesammelte Aufsätze, Zürich 1992, 178 ff.; *K. Tanner*, Karl Barth on the Economy, in: *D. Migliore* (ed.), Commanding Grace. Studies in Karl Barth's Ethics, Grand Rapids MI 2010, 176–197; *Wüthrich* (Anm. 2), bes. 59 ff. Neuerdings und noch unpubliziert: *S. Th. Prather*, The Powers and the Power of Mammon. Karl Barth and John Howard Yoder in Dialogue, PhD Thesis, University of Aberdeen 2011.

ten Theologiegeschichte und müsste sich fragen, ob das von der Selbstmusealisierung noch ausreichend entfernt ist.

1 DAS WIRKLICHKEITSERSCHLIESSENDE POTENZIAL DER REDE VON GOTTES WIDERSACHERN

Ist die Rede von Gottes Widersachern überhaupt wirklichkeitserschließende Rede? Ist sie vom biblischen und philosophischen Monotheismus nicht vielmehr überholt und/oder bieten moderne Theoriemittel nicht einen geeigneteren Zugriff, auf das, wofür die alte Rede einmal gestanden haben mag? – Diese Frage kann nicht vorab entschieden werden, sondern erst dadurch, dass die Leistungsfähigkeit der Termini in der Durchführung beobachtet wird. Vorab lässt sich freilich sagen, welche spezifischen Schwierigkeiten sich zeigen, wenn man meint, als Angehöriger einer monotheistischen Religion prinzipiell auf sie verzichten zu können. Das lässt sich an Karl Barths Grundeinstellung zum Thema gut zeigen.

Sie heißt, kurz gesagt, so: Aus einer weithin üblichen religionsgeschichtlichen Einordnung wird bei ihm ein gegenwärtig drängendes theologisches Problem. Religionsgeschichtliche Einordnungen finden immer dann statt, wenn Dämonen, Götter und Götzen in den Vorstellungswelten anderer Religionen und Geisteshaltungen vermutet werden, nicht jedoch in der eigenen. Es ist, mit einem Dictum von Hartmut Zinser zu sprechen, ›die Religion der Anderen‹, die als falsche Vorstellungswelt beschrieben und entlarvt wird. Ihr wird dann, zumeist in apologetischer Absicht, die eigene als reifere oder gar als am höchsten entwickelte Religion gegenübergestellt. Wer so denkt, tut zwei Dinge gleichzeitig: Einerseits behauptet er eine Entwicklung der Religionsgeschichte mit Zug zur Höherentwicklung. Monotheismen sind dann ›höher‹ und ›reifer‹ als etwa polytheistische und animistische Vorstellungswelten. Von solchen Vorstellungen lässt sich dann der ›christliche Monotheismus‹ trefflich und selbstgewiss absetzen. Das zeigt unmittelbar das zweite Momentum: Wenn Dämonen, Götzen und Gewalten zur ›Religion der Anderen‹ gehören, dann ist mitgesetzt, dass es sich um irrige Begriffe und Vorstellungen handelt. Sie verweisen auf nichts, jedenfalls nicht auf das, was von ihnen behauptet wird. Auch bei solchen Konzeptionen sind die Subtilitätsgrade natürlich unterschiedlich. Um es namhaft zu machen: Ernst Troeltsch und Friedrich Schleiermacher sprechen unterschiedlich aber doch beide deutlich von primitiven Vorstellungswelten, denen sie keine wirklichkeitserschließende Kraft zubilligen.[6] Georg Wilhelm Friedrich Hegels Theo-

---

[6]   *F. D. E. Schleiermacher*, Der christliche Glaube nach den Grundsätzen der evangelischen Kirche im Zusammenhange dargestellt, hg. von *M. Redeker* [auf der Basis der 2. Auflage

logie der griechischen Götter dagegen ist nichts weniger als eine ästhetische Theorie der Affekte und des Dramas.[7] Sie räumt den Götter- und Dämonenvorstellungen also wirklichkeitserschließende Kraft ein. Freilich erschließen sie nicht das, was sie benennen und zeigen sich am Ende als zwar beeindruckend, aber als Vorstufen einer weitergehenden Entwicklung. Hegel macht dies in seiner Auslegung von Schillers Gedicht ›Die Götter Griechenlands‹ deutlich. Als Kommentar auf die Schlusszeilen des Gedichts, in denen Schiller schreibt, dass im Leben untergehen muss, was im Gesang der Dichter leben soll, schreibt er: »Damit ist ganz bestätigt, was wir schon oben angeführt haben: Die griechischen Götter hätten ihren Sitz nur in der Vorstellung und Phantasie, sie könnten weder in der Wirklichkeit des Lebens ihren Platz behaupten noch dem endlichen Geist seine letztliche Befriedigung geben.«[8]

Über die genaue Rolle von Vorstellung und Phantasie wird noch zu handeln sein, aber der Grundzug ist deutlich: Es handelt sich um eine Vorstellungswelt, die primitiv und vergangen ist, jedenfalls in andere Bereiche abgewandert. Beschrieben wird sie in apologetischer Absicht: Was die Religion der anderen unreif oder auf andere Weise falsch darstellt, lässt die (bei Troeltsch relative) Wahrheit der eigenen deutlich zu Tage treten. Barths Auseinandersetzung mit dem Thema ist demgegenüber eine Wendung von 180 Grad. Er schreibt an prominenter Stelle: »Das [erste, M. H.] Gebot sagt nämlich nicht, daß es keine andern Götter gebe neben dem, der da gebietet. Oder vielmehr: es sagt das nur – und das ist etwas anderes – indem es *verbietet*, andere Götter *neben* Gott zu *haben*.«[9] Das erste Gebot ist Kern christlicher Selbstauskunft. Die Rede von Götzen, Mächten, Gewalten wird nicht als Fremdbeschreibung anderer Religionen eingesetzt, sondern ist kritisches Momentum innerhalb der eigenen. Ein Abfall von Gott zu den Göttern ist Möglichkeit und Wirklichkeit mitten in der Kirche, und zwar der Kirche unserer Tage. Das ist eine Feststellung von prinzipiellem Rang: Barths zahlreiche Wortmeldungen zum Thema der gottwidrigen Größen kann, ja muss man von diesem Kerngedanken her verstehen.

Und das heißt also zunächst: Dämonen existieren – jedoch in einer noch näher aufzuklärenden Weise. Das Inventar dessen, was mit diesen Schlüsselbegriffen gemeint ist, hat wirklichkeitserschließende Kraft, und zwar präzise für

---

1830/31], Berlin [7]1960, Bd. 1, 51; *E. Troeltsch*, Die Absolutheit des Christentums und die Religionsgeschichte (1902/1912). Mit den Thesen von 1901 und den handschriftlichen Zusätzen, hg. von *Trutz Rendtorff* in Zusammenarbeit mit *Stefan Pautler*, KGA 5, Berlin u. a., 1998, 173.

[7]   *G. W. F. Hegel*, Vorlesungen über die Ästhetik I, Werke 13, Frankfurt/M. 1986, 229 ff.; Vorlesungen über die Ästhetik II, Werke 14, Frankfurt/M. 1986, 46 ff.

[8]   *Hegel* (Anm. 7), Bd. 14, 115.

[9]   *K. Barth*, Das erste Gebot als theologisches Axiom (1933), in: Theologische Fragen und Antworten. Gesammelte Vorträge, Bd. 3, Zürich [2]1986, 127–143, 134.

diejenige Religion, von der die Älteren behauptet hatten, sie benötige diese Vorstellungswelten nicht. Wer sich die Begriffe apologetisch vom Leibe hält, verfehlt geradewegs die Aufgabe theologischer Zeitgenossenschaft. Mehr noch, er befindet sich selbst im Status der Hybris, weil er ja offenbar annehmen muss, dass der Abfall vom 1. Gebot etwas ist, was Anderen, Früheren, Primitiveren passiert, nicht jedoch ihm. Kurz, Barths Gebrauch des dämonologischen Begriffsinventars ist der Schritt von einer apologetischen Außenbeschreibung zu einer häresiologischen Innenbeschreibung.[10] Dies schließt den Theologen als Häretiker übrigens ausdrücklich ein.[11]

Damit ist, nebenbei bemerkt, eine interessante Nähe von Barths Anliegen zum theologisch heißen Kern von Rudolf Bultmanns Entmythologisierungsprogramm gegeben. Denn Entmythologisierung heißt ja nicht, dass man auf die entmythologisierten ›Gegenstände‹ einfach verzichten könnte. Vielmehr ist das Programm die hermeneutische Rückseite der existenzialen Interpretation: Als Anrede, als existenzbetreffende Sprache hat die Rede von den Dämonen für Bultmann sehr wohl etwas zu sagen, als isoliertes bloßes Inventar in der Welt hingegen nicht. Was Bultmann abweist, ist ein, könnte man sagen, objektivierendes Mythos-Verständnis, also eines, das eine Reihe seltsamer Inventarstücke der Welt als wirklich bewirbt und zugleich *nicht* denkt, dass diese mit dem Menschen existenziell zu tun haben.[12] Ob das freilich ein taugliches Verständnis

---

[10]   Johann Ev. Hafner verwendet diese Begriffe, um den dramatischen Wechsel im theologischen Gestus im Lauf des 2. Jahrhunderts von der Apologetik Justins des Märtyrers zur Theologie Irenäus' von Lyon deutlich zu machen, vgl. *J. E. Hafner*, Selbstdefinition des Christentums. Ein systemtheoretischer Zugang zur frühchristlichen Ausgrenzung der Gnosis, Freiburg 2003, 51.387 ff.465 f. Ohne weitergehende Parallelen im Gestus der Arbeiten Irenäus' und Barths insinuieren zu wollen, bietet sich die Übernahme der Begrifflichkeit durchaus an.

[11]   Einige Hinweise weiter unten. Aus dem eben zitierten Aufsatz, wieder einem Motto ähnlich: »Jede Theologie hat auch ›andere Götter‹ und sicher immer da am meisten, wo man und wo sie selbst es am wenigsten merkt.« *Barth* (Anm. 9), 143. Dieses Momentum spielt in Ingolf U. Dalferths Kritik des philosophischen Theismus eine wichtige Rolle. Wiederholt, auch in seinem Beitrag zu diesem Band, argumentiert er, dass die Frage nach Gott nicht die nach der richtigen Konzeptualisierung eines höchsten Objekts ist, sondern danach, ob die Ausrichtung des ganzen Lebens im Glauben oder im Unglauben geschieht. Entsprechend gehören Hamartiologie und Gotteslehre eng zusammen, vgl. *I. U. Dalferth*, Die Wirklichkeit des Möglichen. Hermeneutische Religionsphilosophie, Tübingen 2003, 119–127 u. ö.; *ders.*, Malum. Theologische Hermeneutik des Bösen, Tübingen 2008, 302–352; *ders.*, Radikale Theologie, Leipzig 2010, 176–184.259–261 u. ö. Als auf die kirchliche Praxis und ihre Programmatik gerichtete Selbstanwendung des 1. Gebots vgl. *F. Scholz*, Missionarische Kirche – ihr Ja und Nein, DtPfrBl 101, 2001, 581–583.

[12]   Daraufhin ist Bultmanns berühmtes Dictum zu lesen, dass man nicht elektrisches Licht und Radio verwenden, zugleich aber an die Geister- und Wunderwelt des NT glauben könne,

von Mythos ist, muss hier auf sich beruhen bleiben. Man kann also geradezu sagen: Bultmann fordert dazu auf, für die ›Dämonenwelt des NT‹ eine gültige existenziale Interpretation zu finden. Diesem Aspekt aus dem Programm des großen Neutestamentlers stimmt Barth durchaus zu, auch wenn er ihm im Ganzen kritisch gegenübersteht.[13] Das ist als Grundtenor zunächst festzuhalten.

2 Ansätze zur Beschreibung der widergöttlichen Mächte

Es ist also vor allem eine hamartiologische Einsicht, die dazu führt, die Rede von den gottwidrigen Mächten als wirklichkeitserschließend Ernst zu nehmen: Das 1. Gebot bezeichnet den Ernstfall des biblischen Monotheismus, der gerade bei denen, die ihm zugehören, wieder und wieder im Abfall von ihm besteht. Weil das so ist, ist die apologetische Außen- durch die häresiologische Innenbeschreibung zu ersetzen. Dann freilich wird die Frage unabweisbar, was man sich des Näheren unter gottwidrigen Mächten soll vorstellen können.

Karl Barth nähert sich dem vor allem auf zwei Wegen. Der eine von ihnen liefert mit einer gewissen Unbefangenheit einfach Beschreibungen, der andere geht auf die Strukturfragen ein, also darauf, wie solche Größen entstehen und was für eine Verfasstheit sie haben. Zum Ersten, also zu den Konkretisierungen nur einige wenige Beispiele. Dies und jenes, so Barth, ist eben widergöttliche Macht, Dämon, Götze. Zugänge wie diese finden sich z. B. in den Predigten, be-

---

vgl. *R. Bultmann*, Neues Testament und Mythologie. Das Problem der Entmythologisierung der neutestamentlichen Verkündigung. Nachdruck der 1941 erschienenen Fassung, hg. von *E. Jüngel*, München 1988, 16. Abzuweisen ist für ihn »mirakelhaftes, supranaturales Geschehen« (ebd. 63), das als die eigene Existenz nicht betreffend angenommen wird. Ausführlicher dazu seine Aufsätze: Das Verständnis von Welt und Mensch im Neuen Testament und im Griechentum (1940), in: Glauben und Verstehen. Gesammelte Aufsätze, Bd. 2, Tübingen [4]1965, 59–78, bes. 73; Zum Problem der Entmythologisierung (1963), in: Glauben und Verstehen. Gesammelte Aufsätze, Bd. 4, Tübingen [2]1967, 128–137.

[13] Vgl. *Bultmann*, Neues Testament und Mythologie (Anm. 12), 9. Die weitere Auseinandersetzung zwischen beiden ist gut dokumentiert, vgl. v. a. Karl Barth – Rudolf Bultmann Briefwechsel 1922–1966, Karl-Barth-Gesamtausgabe Abtlg. V, hg. von *B. Jaspert*, Zürich 1971, bes. 169–195 (Bultmann) und 195–201 (Barth); *K. Barth*, Rudolf Bultmann. Ein Versuch, ihn zu verstehen (1952), Zürich [3]1964. Zur Barth-Bultmann-Kontroverse vgl. die klassische Darstellung von *C. Gestrich*, Neuzeitliches Denken und die Spaltung der Dialektischen Theologie. Zur Frage der natürlichen Theologie, Tübingen 1977, 263 ff. Aus der neueren Literatur: *C. Chalamet*, Dialectical Theologians. Wilhelm Herrmann, Karl Barth and Rudolf Bultmann, Zürich 2005; *M. Dreher*, Rudolf Bultmann als Kritiker in seinen Rezensionen und Forschungsberichten. Kommentierende Auswertung, Münster 2005, 151 ff. 240 ff. u. ö.

reits ab den frühen Jahren als Pfarrer in Safenwil.[14] Bei der Auslegung des Ephe-serbriefs, zu Beginn der 1920er Jahre, ist es ähnlich. Die Vokabeln »Götter« und »Götzen« kommen mit einer gewissen Unbefangenheit vor, oft unkommentiert,[15] mitunter aber auch mit kurzen Erläuterungen, was man sich unter ihnen soll vorstellen können: Götter und Götzen entstehen, wenn man die »dingliche di-rekte, anschauliche Gegenwart Gottes« will.[16] Gott ist frei, Götzen sind jedoch insofern unfrei, als sie dem Zufall unterworfen sind.[17] Götzen und Mächte sind »geistige Selbständigkeiten und Einseitigkeiten, von denen das Leben beherrscht wird«.[18] Sie entstehen durch eine fehlgeleitete Selbständigkeit: »Durch die Lösung von Gott entsteht eine selbständige Gottheit. Die Finsternis bekommt ihre eigene Ordnung und Macht […] im ganzen Lebensgebiet der Menschen […]. Unser Gott ist ja immer das, was wir über alle Dinge fürchten, lieben und verehren.«[19] Dazu zählen: »Idealismus ohne direkte Beziehung auf die Wirklichkeit, Natur ohne Bewusstsein um ihre Grundlegung durch die Vernunft, Jenseits ohne Diesseits, Diesseits ohne Jenseits, Macht ohne Gewissen, Geld ohne Geist, Geist ohne Liebe usf.«[20] Barth denkt hier wohl an Ideologien im weitesten Sinne, geistige Kon-strukte, die ganz eindeutig menschengemachte Hilfsvorstellungen sind. Sie wer-den aber im Laufe ihrer Gebrauchsgeschichte so wichtig, dass das Menschenge-machte an ihnen verschwindet und vergessen wird.

Das ist erkenntlich noch nicht sonderlich dicht gesprochen. Der eben zitier-ten Liste haftet etwas arg Knappes und Generelles an. Konkretionen lassen gleichwohl nicht lange auf sich warten. Am bekanntesten wurde eine Reihe von ihnen, die Barth in einem späten Fragment zur Kirchlichen Dogmatik vorstellte. Er spricht dort von den *herrenlosen Gewalten*: Da ist etwa der Mythos des Staates, also die Idee, als sei eine Staatsorganisation Inbegriff aller Herrschaft und aller Souveränität. Ein Staat, der nur dazu da ist, Macht zu erzeugen, zu sichern und zu erweitern, ist eine solche herrenlose Gewalt. Von ihm kann man sich nur gleichschalten lassen oder aber zum Verbrecher gestempelt werden.[21] Barth ver-

---

14 Vgl. etwa *K. Barth*, Predigten 1914, Karl-Barth-Gesamtausgabe Abtlg. I, hg. von *U.* und *J. Fähler*, Zürich ²1999, 645; *ders.*, Predigten 1916, Karl-Barth-Gesamtausgabe Abtlg. I, hg. von *H. Schmidt*, Zürich 1998, 23.25.190.243; Hinweise auf die letzteren Fundstellen bei *B. L. McCormack*, Große und kleine »Durchbrüche«, VuF 46 (2001), 21–26.

15 Vgl. *K. Barth*, Erklärung des Epheser- und des Jakobusbriefes 1919–1929, Karl-Barth-Gesamtausgabe Abtlg. II, hg. von *J.-M. Bohnet*, Zürich 2009, 60.84.91.

16 *Barth* (Anm. 15), 88.

17 *Barth* (Anm. 15), 99.

18 *Barth* (Anm. 15), 40.

19 *Barth* (Anm. 15), 8.

20 *Barth* (Anm. 15), 40.

21 *K. Barth*, Das Christliche Leben. Die Kirchliche Dogmatik IV/4. Fragmente aus dem Nachlaß. Vorlesungen 1959–1961, Karl-Barth-Gesamtausgabe Abtlg. II, hg. von *E. Jüngel*

deutlicht das an Bemerkungen zur Personifizierung des Staates im Leviathan, wie Thomas Hobbes ihn vorstellte und seiner auch ikonographisch bedeutsamen Nachgeschichte. Freilich ist bis in die Wortwahl hin deutlich, dass er an den absoluten nationalsozialistischen Staat denkt.[22] Es gibt weitere Beispiele. So hält Barth den Mammon für eine herrenlose Gewalt und bezieht das explizit auf die Papiergeld- und Kreditwirtschaft, an denen er eine Eigenart der herrenlosen Gewalten deutlich macht: Bei ihnen kommt die manifeste, einfach nicht zu bestreitende Macht auf der einen Seite mit einer zweiten Seite zusammen, nämlich der, dass die herrenlose Gewalt, rein an sich betrachtet, ziemlich unrühmlich, ja lächerlich ist. Die fatale Eigengesetzlichkeit der Geld- und Kreditwirtschaft bedarf unserer Tage keines weiteren Kommentars. Seit wir aber bereit sind, Papier statt Gold zu akzeptieren und gar einen elektronischen Kontoauszug für bare Münze nehmen, zeigt sich die Absurdität umso deutlicher: Ein Fast-Nichts, was da Macht ausübt, ein Fetzen Papier oder ein paar magnetisch gespeicherte Einser und Nullen, an die wir ein Wertversprechen geknüpft glauben. Originalton Barth dazu: »Mammon, keine Realität, und doch eine, und was für eine!«[23]

---

und *H.-A. Drewes*, Zürich 1976, 375-378. In diese Passage dürften gelegentliche Vorerwägungen eingeflossen sein, weil das Thema Barth immer wieder interessierte. Vgl. *ders.*, Theologische Existenz heute!, München 1933, 21.38; *ders.*, Rechtfertigung und Recht (1938), in: Rechtfertigung und Recht. Christengemeinde und Bürgergemeinde. Evangelium und Gesetz, Zürich 1998, 5-45, 16-22; *ders.*, How My Mind Has Changed (1938), in: Der Götze wackelt. Zeitkritische Aufsätze, Reden und Briefe von 1930 bis 1960, hg. von *K. Kupisch*, Berlin 1961, 181-190, 187-189; *ders.*, Eine Schweizer Stimme 1938-1945 (1945), Zürich ³1985, 80-103.214-232.310-313.317-333.419-424; *ders.*, Texte zur Barmer Theologischen Erklärung, hg. von *M. Rohkrämer*, Zürich 1984, 67-87. Andernorts müsste der Vergleich mit Paul Tillichs Wortmeldung zur Sache erfolgen, der seine Überlegung zum Dämonischen ebenfalls am Phänomen des Staates exemplifiziert, vgl. *P. Tillich*, Das Dämonische. Ein Beitrag zur Sinndeutung der Geschichte, in: Ausgewählte Texte, hg. von *C. Danz* u. a., Berlin 2008, 139-163, 162.

[22]   Kurz vor der hier gemeinten petit-Passage spricht Barth von der »unmenschlichen Idee des *Imperiums*« als Dämonie des Politischen und meint, es sei ganz gleich, ob es sich um eine monarchische, aristokratische, demokratische, nationalistische oder sozialistische Idee davon handelt – unmenschlich sei sie jedenfalls. (*Barth*, Christliches Leben [Anm. 21], 374 [Zitat] und 375 [Paraphrase]) Ist das ein Anzeichen dafür, man müsse Barth eine gewisse Blindheit gegenüber totalitären Regierungsformen unterstellen (vgl. mit Bezug auf weiteres Material Barths den Beitrag von Rochus Leonhardt in diesem Band)? Die Kürze dieses Verweises allein wird das kaum entscheiden lassen, aber hier jedenfalls geht es um eine Warnung vor Totalitarismen und nicht um deren tendenzielle Verharmlosung.

[23]   *Barth*, Christliches Leben (Anm. 21), 382. Zur Diskussion des Themas Geld bei Karl Barth, Walter Benjamin und anderen vgl. *M. Hailer*, Die Unbegreiflichkeit des Reiches Gottes. Studien zur Theologie Karl Barths, Neukirchen-Vluyn 2004, 98-139. Weitere Hinweise in Wolfgang Hubers Beitrag zu diesem Band.

Nun gibt es auch kleinere herrenlose Gewalten. Zu ihnen gehört etwa der erstaunliche Gehorsam gegenüber der Mode oder der Sport, gleich ob er selbst ausgeübt oder in den Tempeln der Spätmoderne gefeiert wird. Schließlich, und das ist Ende der 1950er Jahre durchaus hellsichtig zu nennen: Verkehr und Mobilität können in den Status einer um ihrer selbst willen erstrebten Konkurrenzgottheit einnehmen und haben es weithin getan. Ihnen gegenüber geraten Menschen in den Sog der Unfreiheit: »Servum arbitrium! Sie *müssen, wir* müssen: ungefragt, ob wir wissen, wozu eigentlich und wohin das – das Treiben des Erdgeistes in dieser Gestalt – noch führen mag?«[24] – So viel zu den beispielhaften Konkretionen, die auch nach Barth nur Beispiele, Stichproben sind.[25] Das Getümmel der gottwidrigen Selbstständigkeiten soll man sich ziemlich groß und variantenreich vorstellen.

Damit zu den Strukturen, die Barth in den Mächten, Gewalten und Götzen am Werke sieht. Ich beziehe mich hierzu zunächst auf ein umfangreiches Typoskript, das Barth für die Schöpfungslehre der Kirchlichen Dogmatik verfasste, später aber verwarf; im Karl-Barth-Archiv ist es erhalten.[26]

Es handelt sich um ein mit 313 Seiten umfangreiches und mindestens teilweise für den Druck durchkorrigiertes Typoskript.[27] Warum Barth es dennoch beiseite legte, wird sich trotz einiger plausibler Vermutungen kaum ganz erhellen lassen.[28]

Für unseren Zusammenhang ist die Frage wichtig, warum und wie auf einen Text zugegriffen werden kann, der von seinem Verfasser verworfen wurde. Aus

---

[24]   *Barth*, Christliches Leben (Anm. 21), 396.

[25]   Ebd.

[26]   *K. Barth*, § 42 Der Schöpfer und seine Offenbarung [bekannt geworden unter dem Titel der Überschrift des ersten Abschnitts »Gott und die Götter«], CD-ROM: Unveröffentlichte Texte zur Kirchlichen Dogmatik, hg. von *H.-A. Drewes*, Zürich 2005.

[27]   Beschreibung der Textgestalt bei *Hailer* (Anm. 5), 333 f. und im Beileger zur in Anm. 26 genannten CD-ROM-Ausgabe.

[28]   Eine kurze Schilderung des Vorgangs bei *Busch*, Lebenslauf (Anm. 2), 294. Vgl. *Hailer* (Anm. 5), 346–348 mit der Vermutung, es könne mit einer merklichen argumentativen Schwäche gegen Ende des Typoskripts zu tun haben. *Stoevesandt* (Anm. 5), 188 vermutet dagegen kompositorische Gründe und die, dass die irritierende Rede von den Göttern dann untunlich domestiziert gewesen sei. Matthias Wüthrich entfaltet die viel versprechende These, dass sich KD §§ 50 f. als Korrektur an einigen Annahmen im unveröffentlichten Stück lesen lassen, die dessen Publikation unnötig, ja irreführend gemacht hätten, vgl. *Wüthrich* (Anm. 2), 223–228; ders., »Das fremde Geheimnis des wirklich Nichtigen«. Karl Barths einsamer Denkweg in der Frage des Bösen, in: Karl Barth im europäischen Zeitgeschehen (1935–1950). Beiträge zum internationalen Symposion vom 1. bis 4. Mai 2008 in der Johannes a Lasco Bibliothek in Emden, hg. von *M. Beintker* u. a., Zürich 2010, 395–411, 405–410.

den eingangs geschilderten Gründen geht es nicht um eine werkgeschichtliche Interpretation und Einordnung, sondern allein um das systematische Interesse. Das bringt eine spezifische Freiheit gegenüber der – bekannten oder vermuteten – intentio auctoris mit sich. Herangezogen wird nämlich ausschließlich das, was dem heutigen Leser erhellend und weiterführend erscheint, also diejenigen Argumente und Beobachtungen, bei denen er Barths Gang zum Papierkorb als falsch oder doch mindestens schade empfindet. Argumente gegen die – vermutete – Ansicht ihres Urhebers für hilfreich zu halten, gehört zu den Pflichten des Argumentierens und macht es möglich, ja nötig, der in diesem Fall drastischen Selbstkritik zu widersprechen. Für das Gegenteil, nämlich den kritischen Bezug, gelten andere Regeln. Unzulässig wäre es, den nicht zur Veröffentlichung vorgesehenen Text nur zum Zweck seiner Kritik hervorzuholen. In diesem Fall greift die Regel, dass bis zum Erweis des Gegenteils davon auszugehen ist, dass ein hochklassiger Autor eine auftretende Schwierigkeit besser erkennt als sein Leser.[29]

Eine Kombination zweier zentraler Zitate:

> »Die Götter sind überall da wirklich, wo eine Gestalt geschöpflichen Daseins sich als in sich begründet und als Begruendung alles Übrigen, als erstlich und letztlich wertvoll, zuverlässig und massgebend ausgibt und geltend macht. Eine solche Gestalt des Daseins erfüllt das Wesen eines ›anderen Gottes‹. Und da man nicht leugnen kann, dass es solche Daseinsgestalten gibt, kann man nicht leugnen, dass es ›andere Götter‹ gibt.«[30]
>
> »Götter sind geschöpfliche Wesen, die inmitten der übrigen Geschöpfwelt *Autorität*, *Verehrung*, *Gehorsam* und *Vertrauen* fordern: nicht dienstweise, nicht vertretungsweise für Gott, wie die guten Engel, die Propheten und Apostel, wie die Kirche Jesu Christi, wie im Reich Christi der Staat, der Mann, die Eltern, sondern für sich selbst, ›als ob‹ sie selbst Gott wären.«[31]

Das ist zunächst aus den eben gegebenen Beispielen durchaus verständlich. Eine geschöpfliche Größe – Staat, Geld, Mode, Verkehr – gerät aus welchen Gründen auch immer in eine starke Zentralstellung und es gelingt ihr, sich als Begründung anderer Größen auszuweisen. Dann aber führt sie ein zweckhaftes

---

[29]   John Rawls hat diese hermeneutische Maxime treffend zusammengefasst: »Ich bin stets davon ausgegangen, daß die Autoren, die wir studierten, durchweg viel gescheiter gewesen waren als ich selbst.« *J. Rawls*, Geschichte der politischen Philosophie (Lectures on the History of Political Philosophy, 2007), hg. von *S. Freeman*, übers. von J. Schulte, Frankfurt/M. 2008, 15.

[30]   *Barth* (Anm. 26), 619.

[31]   *Barth* (Anm. 26), 607.

Eigenleben, das ihr als sinnvolle und heilsame menschliche Einrichtung nicht zukommt. Die Effekte sind fatal, insbesondere was Freiheitsverluste und andere Schäden angeht.[32]

Fragt man, wie denn das nun vonstatten gehe, dann bietet Barth eine Erklärung an, die in der jüngeren Gesellschaftswissenschaft einen prominenten Vertreter hat. Es ist das Phänomen der ›heiligen Wahl‹. Gemeint ist folgendes: Größen, die den Rang Gottes einnehmen, entstehen, weil es das Bedürfnis nach Reduktion von Komplexität gibt. Das eine oder andere Element dessen, mit dem man die Welt, sich selbst oder Gott wahrnimmt, gerät in den Status eines Vorzugselements. Es geschehen »Auswahl und Bevorzugung«[33]. Barth führt das am Beispiel von Weltanschauungen durch:

> »Eine Weltanschauung entsteht aber und behauptet sich mit der Ueberzeugung, dass es zwischen den vielen an sich möglichen verschiedenen Bevorzugungen eine notwendige, eine gewissermaßen heilige Wahl gebe. Ist diese erst einmal vollzogen so versteht sich alles Weitere von selbst [...]. Ihr Text aber und ihr eigentliches Geheimnis – der wahrhaft mystische Grund jeder Weltanschauung – besteht in jener heiligen Wahl, in welcher ein Element des Beschaubaren allen anderen gegenüber im Vorsprung ist und vom beschauenden Menschen in diesem Vorsprung erkannt und anerkannt wird.«[34]

Diese Bestimmung Barths ruft ja nun förmlich danach, in Termini von Niklas Luhmann ausgedrückt zu werden: Weltanschauungen sind soziale Systeme, die in hoch dominierender Weise kommunizieren. Ihr basaler Code ist von der Art, dass Programmierungen an ihm als nicht zulässig gelten und mit – wie auch immer gestaltetem – Ausschluss aus dem System geahndet werden: »Codes sind abstrakte und universell verwendbare Unterscheidungen [...] Der Code ist die Form, mit der das System sich selbst von der Umwelt unterscheidet und die eigene operative Geschlossenheit organisiert.«[35] Luhmann selbst behauptet, dies

---

[32] Neben zahlreichen Nachweisen im Typoskript vgl. *K. Barth*, Die Auferstehung der Toten. Eine akademische Vorlesung über I. Kor. 15, München 1924, 20.97.

[33] *Barth* (Anm. 26), 776.

[34] *Barth* (Anm. 26), 777.

[35] *N. Luhmann*, Soziologie des Risikos, Berlin / New York 1991, 88 f. Die Idee, Luhmanns Systemtheorie zur Analyse des Phänomens der Mächte heranzuziehen, wurde zuerst von Thomas Ruster vorgetragen, vgl. *Th. Ruster*, Von Menschen, Mächten und Gewalten. Eine Himmelslehre, Mainz 2005, 62–93. Er bezieht dies zusätzlich zur Beschreibung der Mächte als Systeme auf den binären Code Gott/Götter und damit auf die Unterscheidung, die die christliche Religion angesichts der Götter zu vollziehen habe und schlägt vor, das Halten der Gebote als Ausagieren dieses binären Codes zu verstehen, vgl. 93–96. Es ist gewiss richtig, den binären Code Gott/Götter im 1. Gebot am Werk zu sehen und Ruster befindet sich damit zudem in direkter Nähe zu Barth, vgl. *Barth* (Anm. 9), bes. 127–134. Rückzufra-

Exklusionsverhalten nur zu beobachten, nicht aber zu bewerten.[36] Ist das überhaupt möglich? Hier entscheidet sich nicht wenig in der Frage einer theologischen Luhmann-Rezeption: Die Systemtheorie hat offenkundig Affinitäten zu bestimmten Stilen theologischer Selbstbeschreibung und hilft ihnen deshalb konstruktiv wie kritisch auf. Wo sie ihr Pathos aber in der distanzierten Beschreibung hat, ist theologische Vorsicht geboten. Es ist schon erkenntnistheoretisch mindestens schwierig, für die Position des Betrachters das ›reine Zusehen‹ zu reklamieren.[37] Das gilt umso mehr, wenn es denn richtig ist, dass die Theologie eine bestimmte Weise der Welt- und Selbstauslegung zu verstehen sucht. Der (selbst-)kritische Blick auf Programmierungen und basale Codes kann und soll dann gar nicht übersprungen werden.

Auch dafür kann Barths unveröffentlichtes Typoskript Beispiele liefern, einmal auch in Form der Sottise. So sagt er mit Blick auf das moralische Gottespostulat Kants, für ihn auch ein Kandidat in Sachen eines Ergebnisses einer heiligen Wahl: »Lasset uns niederfallen und anbeten, auch wenn wir noch zögern mögen, auch wenn wir es vorläufig nur postulatweise wagen sollten, seine Existenz auch theoretisch zu behaupten.«[38]

---

gen ist m. E., ob Ruster mit seiner Anlage des Arguments nicht die entscheidende Frage übergeht. Sie lautet: Wie steht die Macht der Mächte vor Gott und seinem Handeln? So wahr es ist, dass das 1. Gebot den Unterschied Gott/Götter einschärft: Der zu rasche Blick auf menschliches Handeln verstellt die Einsicht, dass Gottes Konkurrenten zunächst und zumeist Gottes eigene Sache sind und als solche thematisiert werden sollten.

[36]   *N. Luhmann*, Die Gesellschaft der Gesellschaft, Frankfurt/M. ²1999, 15.

[37]   Genauer zu diskutieren ist das mit Hinblick auf Luhmanns Konzept vom Beobachter zweiter Ordnung, vgl. *Luhmann* (Anm. 35), 235–247; *ders.*, Die Wissenschaft der Gesellschaft, Frankfurt/M. 1990, 68–212. In Luhmanns Spätwerk gibt es Hinweise, dass er der Religion doch eine Art Wächterfunktion zumisst: Systeme wenden ihre Codes auf sich selbst an und vermissen deshalb eine Instanz, die alles sieht. Das Religionssystem ist dazu da, diese Instanz in Erinnerung zu halten, auch wenn es seinen binären Code Glaube/Unglaube dafür durchführen muss und nicht erklären kann, vgl. *ders.*, Die Sinnform Religion, in: Soziale Systeme 2 (1996), 3–33; *ders.*, Soziologische Aufklärung 4. Beiträge zur funktionalen Differenzierung der Gesellschaft (1987), Wiesbaden ⁵2009, 241–290; *ders.*, Die Religion der Gesellschaft, Frankfurt/M. 2000, 24.47.89–91.328–335. Eine von Barth herkommende Theologie würde vermuten, dass ein solcher Gottesbegriff haltlos theistisch imprägniert ist und der trinitarischen Selbstexplikation Gottes deshalb nicht entspricht. Eine Bemerkung Luhmanns zur Trinitätslehre, die diese nahezu grotesk missversteht (Religion der Gesellschaft 82 f.), verstärkt dies Bedenken durchaus.

[38]   *Barth* (Anm. 26), 632.

3 GÖTZEN UND DÄMONEN ALS GOTTES EIGENES PROBLEM

Es gäbe hier noch einiges mehr zu berichten, vor allem über die Selbstanwendung der eben skizzierten Göttertheorie auf die Theologie. Barth ist nämlich der Ansicht, dass auch die Theologie dem Götzendienst nicht entkommt und dass speziell die natürliche Theologie nichts anderes ist als Götzendienst, überdies einer, dem nicht einfach durch Entschluss zu entkommen ist, auch nicht – wie gerade von seinen Epigonen gern übersehen wird – durch Entschluss des Autors der Kirchlichen Dogmatik.[39] Das ist seinerseits aufschlussreich und als Selbstanwendung der Thematik unerlässlich. Um Vollständigkeit beim Bezugsautor kann es aber nicht einmal ansatzweise gehen. Vielmehr kehre ich ein drittes Mal zur eigenen Systematik zurück und frage: Gesetzt, man kann mit Barth Mächte und Götzen so beschreiben, wie eben skizziert. Was ist dann eigentlich von ihrer Existenz vor Gott zu sagen? Die explizite Einordnung in der Gott-Perspektive ist bislang nämlich unterblieben. Dass Barth sie vornimmt, unterscheidet ihn jedoch positiv von manchen Theologien der Mächte und Gewalten, die zu rasch von der Beschreibung der Mächte zu der Frage übergehen, wie sie denn von Menschenseite aus angegangen werden könnten.[40] Wie Barth die Einordnung in die Gott-Perspektive durchführt und was er dabei riskiert, ist also das, was jetzt zu diskutieren ist.

Barth setzt einen Rahmen und probiert innerhalb seiner mehrere Lösungen durch. Der Rahmen ist vor allem providenztheologisch gefasst und sieht so aus: Das Handeln der Mächte ist nicht Gottes Handeln selbst, auch nicht in einem abgeleiteten Sinn, etwa über indirekte Kausalketten. Es gibt also widergöttliche autonome Aktzentren. Es gibt sie – *noch.* Denn zugleich schärft Barth wiederholt ein: Alles, was geschieht, auch das Handeln der Mächte, geschieht jedoch im Rahmen von Gottes letzter Zulassung. Er allein ist Schöpfer und Herr. Die Mächte sind also nicht dauerhaft; und entsprechend ist Gottes Einheit und Einzigkeit etwas, was in eschatologischen Termini ausgesagt wird. Diese beiden Pole – Gott nicht als Urheber des Übels und zugleich seine letzte Zulassung – bilden gleichsam den Hintergrund, vor dem er die Situierung der Macht der Mächte vor Gott wiederholt angeht. Ich beobachte zwei Durchführungen des Themas.

---

[39] *K. Barth*, Die Kirchliche Dogmatik II/1 (1938), ⁴1958, §§ 25–27, vgl. *ders.*, Die Christliche Dogmatik im Entwurf Bd. 1 (1927), Karl-Barth-Gesamtausgabe Abtlg. II, hg. von *G. Sauter*, Zürich 1982, 415.

[40] Das ist m. E. etwa der Fall in der Thematisierung der Mächte in den Arbeiten von William Stringfellow, die unbeschadet der Tatsache, dass er Laientheologe war, weite Beachtung fanden, vgl. *W. Stringfellow*, An Ethic for Christians and Other Aliens in a Strange Land, Waco TX 1973. Eine ausführliche Diskussion bei *Th. Zeilinger*, Zwischen-Räume. Theologie der Mächte und Gewalten, Stuttgart 1999, 44–70, einige daran anknüpfende Überlegungen bei *Hailer* (Anm. 5), 253–259.

Sie liegen Jahrzehnte auseinander, sie weisen eine ähnliche Grundstruktur auf, zeigen aber auch signifikante Unterschiede. Die erste steht in Barths Vorlesung über den Jakobusbrief, gehalten im Wintersemester 1922/23. Gott, so Barth hier, »darf unter keinen Umständen als der auctor malorum in Anspruch genommen werden«.[41] Entsprechend heißt die Auskunft zur Frage, wer am Werke sei, wenn Anfechtungen auftreten: »Kommt es zum Hereinfallen in die Versuchung, dann hat jeder sich selbst anzuklagen.«[42] Machte man es anders, dann wollte man den Status der eigenen Sündhaftigkeit leugnen.[43] Was dagegen von Gott kommt, das ist ausschließlich gut. Es gibt Mächte und sie richten Schaden an. Weil sie aber nicht auf eine Notwendigkeit von Gott her projiziert werden können, muss man sagen, dass es in der Welt einen Gegenspieler Gottes gibt: »Freilich gehört die Existenz dieser Gegenmacht zum unveräußerlichen Bestand des Daseins und des Soseins dieser Welt. Die Welt, die wir kennen, ist ja eben die Sphäre der Wechselwirkung des Kampfes, und wir kennen, von Gottes Offenbarung *abgesehen*, keine andere Welt.«[44] Das heißt nichts weniger als: Es gibt den »Gott dieser Welt, de[n] auctor malorum, der den Menschen versucht und hinter dessen Bild der lebendige Schöpfergott dem Auge des Beters zunächst verborgen ist«.[45] Ein, wenn man so will, subordinierter Dualismus ist also Barths frühe Antwort. An der Realität dessen, was durch die Mächte geschieht, will er direkt festhalten und zugleich daran, dass Gott nicht ihr Urheber ist. Beides sind Motive von Gewicht. Die Lösung heißt also: Das unde malum wird nicht auf Gott bezogen, sondern unter Hinweis auf menschliche Schuld und Freiheit gleichsam stillgestellt. Der frühe Barth hat dies sauber durchgeführt und dabei die beiden Regeln eingeschärft: Gott ist nicht der Urheber des Bösen. Und zugleich ist er allein der Schöpfer und Herr. Der Preis dieser Lösung ist, dass sich das Verhältnis von Gott und Übel nur aporetisch formulieren lässt.

Barth ist dabei nicht geblieben. Fast 30 Jahre später legt er mit der Lehre vom Nichtigen Überlegungen vor, die die Beziehung von Gott und Übel doch näher bestimmen sollen. Der Verdacht, Theologie wolle sich vor einer Erklärung drücken, soll ausgeräumt werden. Wieder lässt Barth die beiden Regeln gelten: Gott ist nicht der auctor malorum. Gleichzeitig aber ist er allein Schöpfer und Herr. Und nun möchte er weiterkommen und die Beziehung zwischen dem auctor malorum und Gott klarer fassen. Die Lösung hat etwas formal Eigentümliches; sie wirkt künstlich, artifiziell. Denn die Erklärung ist von der Art, dass sie durch propositionales Sprechen die Grenze propositionalen Sprechens zeigt. Aber viel-

---

[41] *Barth* (Anm. 15), 338.

[42] *Barth* (Anm. 15), 340, vgl. 348.

[43] Vgl. *Barth* (Anm. 14), 356.

[44] *Barth* (Anm. 15), 358.

[45] *Barth* (Anm. 15), 360.

leicht geht es nicht anders. Ich erinnere an die wichtigsten Schritte in der Lehre vom Nichtigen. Barth betont den Illusionscharakter und damit die Nichtigkeit der Mächte. Sie sind menschliches Hirngespinst, Einbildung, Projektionswahn. Dass eine heilige Wahl stattfindet und dadurch eine mächtige Weltanschauung etabliert wird – das ist ja nun kein von außen hereinkommendes Drittes zwischen Gott und Mensch, es ist eine Verselbständigungsform menschlichen Denkens und Handelns: Einbildung, Wahn, Illusion, Phantasie. Mode etwa ist eine Verdrehung der schlichten Tatsache, dass wir wohl etwas anzuziehen haben sollten, Verkehr die des Gedankens, dass es mitunter vernünftig sein kann, von A nach B zu gelangen, und so fort. Es handelt sich also um bloße Illusionen, und zwar um menschengemachte. Damit sind sie demaskiert, jedoch nicht einfach weggefegt. In ›Gott und die Götter‹ heißt es so:

> »Man darf sich der Erkenntnis, dass es Götter in der Tat gibt, nicht mit der Feststellung verschliessen, dass ihre Wirklichkeit an eine bestimmte Einbildung des Menschen gebunden und also nur in dieser Einbildung vorhanden sei. Diese Feststellung ist allerdings richtig. Alle Götter, vom grössten bis zum kleinsten, vom erhabensten bis zum scheusslichsten, alle einzelnen Götter und Göttersysteme, die Götter in allen Gestalten ihres Wesens existieren nur in der menschlichen Einbildung. […] Aber damit ist nicht gesagt, dass es [das Gottwidrige, M. H.] gar nicht existiert. Es existiert nun eben so.«[46]

Der Illusionscharakter der Mächte macht sie zu zweierlei: Zu durchschaubaren Popanzen *und* zu Mächten. Denn es ist nicht geraten, die Macht von Illusionen zu unterschätzen. Dies ist der wichtige Unterschied zur Einschätzung der Götter als lediglich in der Phantasie existierend, wie Hegel sie sieht: Hegel musealisiert sie auf diese Weise und meint, sie hätten ihren bedrängenden Charakter verloren und seien ins Gesamt der Selbstentfaltung des absoluten Geistes einbeschrieben. Barth hingegen sieht trefflich, wie Illusionen Macht entfalten können. Das ist ein nietzscheanischer Zug gegenüber dem an dieser Stelle optimistischen Idealismus Hegel'scher Prägung.

Die Nichtigkeit der Mächte beinhaltet also präzise ihre Macht uns gegenüber. Nichtig im Wortsinn sind sie Gott gegenüber. Damit sind wir fast am Kern der Lehre vom Nichtigen in § 50 der Kirchlichen Dogmatik. Er lautet: Der treibende Motor hinter den Göttern und Dämonen ist das Nichtige. Es ist weder Gott noch Geschöpf. Denn Gott ist nicht auctor malorum und das Geschöpf als sein Geschöpf ist gut. Welcher Realitätsstatus aber kommt dem Nichtigen dann zu? Barths Antwort heißt: Es hat seine Wirklichkeit dadurch, dass es dasjenige ist, was Gott nicht will. Indem er Schöpfung und Bund will, will er eo ipso deren Ge-

---

[46] *Barth* (Anm. 26), 616 f.

genteil nicht. Das Nichtige hat genau darin seine paradoxe und nichtige Existenz.[47] Es ist die »Kehrseite des göttlichen Erwählens und Bejahens«.[48] Jede Position impliziert das von ihr abgelehnte Gegenteil. So hat Gott, positiv wollend, Negatives mit in den Raum des Möglichen gestellt: »Das *Andere,* von dem Gott sich trennt, demgegenüber er sich selbst behauptet und seinen positiven Willen durchsetzt, ist das *Nichtige.*«[49] Das ist der Kerngedanke, wie Barth die Existenz des Nichtigen betonen und zugleich Gott nicht als auctor malorum gelten lassen will. Sie gilt mit noch einem Zusatz: Weil Gott das Nichtige nur nicht-will, ist es ihm gegenüber erledigt. Es ist eben nur-nichtig, ein fliehender Schatten. »Es ist«, schreibt Karl Barth, »nicht mehr zu fürchten«.[50]

Das ist der Kerngedanke, den Barth seinen Lesern für das zumutet, was hinter dem Getümmel der Mächte und Gewalten steht: Eine Dynamik, die weder Gott noch Geschöpf ist. Sie hat ihr eigentümliches Sein darin, die Rückseite von Gottes Erwählung zu sein, also das zu sein, was Gott nicht will. Das Nichtige ist dabei Gottes eigene Sache, nicht etwa die der Geschöpfe. Weil das so ist und weil Gott es bereits verworfen hat, ist es nicht mehr zu fürchten. So funktioniert der Gedankengang, der Realität des Bösen nicht auszuweichen, sie gleichwohl weder dualistisch noch als Integration in den Schöpferwillen Gottes zu verstehen.

Zwei Aspekte dieses hier nur angerissenen Lehrstücks sind hier noch kurz zu thematisieren. Einmal: Hier ist zunächst ein wichtiges Korrektiv gegen das eingebaut, was man die ethische Überstrapazierung des Mächtethemas nennen könnte. Die Existenz von Mächten geht auf menschliche Verdrehungen und Illusionen zurück, lehrt Barth mit manchen anderen. Aber er schließt an: Das hinter den Mächten tobende Nichtige ist Gottes Sache allein. Das entlastet von einer Fehlmoralisierung des Themas und zugleich von der objektivistischen Fehl-Ontologisierung, wie sie zu Recht auch Rudolf Bultmann kritisierte, wenn er darauf bestand, dass nur angehende Rede von Gott tatsächlich Rede von Gott ist. Vielmehr geht es so: Weil Menschen dem vertrauen dürfen, dass Gott das Nichtige bereits gerichtet hat, werden sie der Suggestion der Mächte nicht mehr erliegen. Es wird reizvoll sein, die sozialethischen Konsequenzen auszuschreiten, etwa im Rahmen der Bonhoeffer'schen Rede vom Christusgemäßen, mit dem, was In-

---

[47]   *Barth,* Kirchliche Dogmatik III/3 (Anm. 2), 405 u. ö. Vgl. die kurzen mündlichen Erläuterungen in: *Ders.,* Gespräche (Anm. 2), 164–166.276f. Auseinandersetzungen mit wichtigen Forschungsbeiträgen früherer Jahre dazu bei *Hailer* (Anm. 5), 291–303. Matthias Wüthrich hat in eingehenden Analysen die Wandlungen des Konzepts des Nichtigen im Rahmen der KD gezeigt, die die früheren Arbeiten dazu nicht im Blick hatten, vgl. *Wüthrich* (Anm. 2), 59–148.

[48]   *Barth* (Anm. 2), 417.

[49]   *Barth* (Anm. 2), 405.

[50]   *Barth* (Anm. 2), 420.

golf U. Dalferth eschatologischen Realismus nennt oder anderen Ansätzen einer Ethik im Rahmen des 3. Glaubensartikels.[51]

Und zum zweiten: Die Sprechweise in diesem Lehrstück ist mehr als eigentümlich. Etwas ist weder Gott noch Geschöpf. Es existiert, weil es verneint wird. Es ist mächtig, aber doch nur fliehender Schatten. Barth geht offenkundig mit der Sprache über die Grenze propositionalen Sprechens hinaus. Er sagt mehr, als man eigentlich sagen kann. Ja, man könnte erwägen, ob diese Sprechweise etwas mit der Tradition der negativen Theologie zu tun hat, für die Pseudo-Dionysius Areopagita als Stichwortgeber steht und die in der Gegenwart wieder viel diskutiert wird.[52] Jedenfalls aber: Diese eigentümliche Sprechweise ist die Antwortstrategie auf eine Frage, die sich unweigerlich aufdrängt, auf die es im propositionalen Sinne aber keine Antwort gibt.[53] Blickt Barths erste Antwortstrategie auf die aporetische Verfasstheit der Frage, so ist der Preis der zweiten das bewusste Risiko des paradoxen Sprechens. Beide machen je auf ihre Weise deutlich: Die irritierende Wirklichkeit der widergöttlichen Mächte ist erst auf dem Hintergrund der Macht und Souveränität Gottes richtig situiert. Zugleich widersetzt sich das Thema einer bündigen propositionalen Einordnung und damit der begrifflichen Ruhigstellung. Dieser Befund ist m. E. unüberspringbar. Er nötigt freilich dazu, die Rede von Gottes Einheit und Einzigkeit angesichts der widergöttlichen Mächte abschließend noch einmal in den Blick zu nehmen.

---

[51]   *D. Bonhoeffer*, Ethik, DBW 6, Gütersloh 1992, bes. 31–136; eine Diskussion der Rezeption dieses Werks unter Konzentration auf das Konzept des Christusgemäßen bei *M. Hailer*, Bonhoeffers »Fragmente zur Ethik« und ihre Rezeption in der Ethik-Diskussion, in: Bonhoeffer-Jahrbuch 4 (2009/2010), Gütersloh 2010, 191–218; *I. U. Dalferth*, Karl Barth's Eschatological Realism, in: Karl Barth. Centenary Essays, hg. von *S. W. Sykes*, Cambridge 1989, 14–45. Ethiken des gemeinten Typs sind – mit beträchtlichen Unterschieden in der Theorieanlage –: *J. Fischer*, Theologische Ethik. Grundwissen und Orientierung, Stuttgart 2002; *J. M. Gustafson*, Ethics from a Theocentric Perspective, 2 vols., Chicago IL / London 1981/1984; *H. G. Ulrich*, Wie Geschöpfe leben. Konturen evangelischer Ethik, Münster ²2007; vgl. jetzt auch *D. H. Kelsey*, Eccentric Existence. A Theological Anthropology, Louisville KT: Westminster John Knox Press 2009, 441–602.

[52]   Vgl. von Paul Tillichs Theologie herkommend den Beitrag von Reinhold Bernhardt zu diesem Band. Neuere Diskussionen zur negativen Theologie bei *Th. Rentsch*, Gott, Berlin 2005, bes. 48–118; Negative Theologie heute? Zum aktuellen Stellenwert einer umstrittenen Tradition, hg. von *A. Halbmayr* und *G. M. Hoff*, Freiburg 2008. Kritische Diskussionen zur negativen Theologie bei *Dalferth*, Wirklichkeit (Anm. 11), 516–541; *ders.*, Radikale Theologie (Anm. 11), 69–72. Mitzubedenken ist bei dieser Parallele freilich, dass der (Nicht-)Gegenstand der negativen Theologie Gott ist und das ihr inhärente doxologische Momentum ihm allein, nie jedoch seinen Widersachern zukommt.

[53]   »Barths Redemodus ist Ergebnis einer der Rede vom Nichtigen implementierten Reflexion auf die Gebrochenheit eben derselben Rede vom Nichtigen.« *Wüthrich* (Anm. 2), 21 i. O. herv., vgl. 335 und die Durchführung 284–299.

4 Ausblick: Gottes Einheit und Einzigkeit als eschatologisches Konzept

Barth offeriert zwei erkenntlich unterschiedliche Sprechweisen angesichts des propositional unlösbaren Hintergrundproblems der Götterthematik. Gerade weil es propositional unlösbar ist, ist die Mehrzahl dieser Lösungsangebote auch nicht falsch, sondern vielmehr als Möglichkeit wechselseitiger Interpretation und Kritik zu lesen. Das Augenmerk zu Ende dieser Problemskizze gilt einer Implikation, die in beiden Sprechweisen enthalten ist. Beide also schließen sie ein und in Barths Gotteslehre sind sie angelegt, er selber hat sie aber nicht in zureichender Weise thematisiert.

Warum das so ist, muss eigens diskutiert werden. In schmaler Andeutung: Barth kritisiert nicht ohne Schärfe abstrakte monotheistische Positionen. Hauptpunkt der Kritik ist, dass ein abstraktes Momentum an Gott herangetragen und somit die Konkretheit der biblischen Gottesrede vorgängig stillgestellt wird.[54] Was bei solchen Operationen herauskomme, seien nichts anderes als »Fratzen Gottes«.[55] Die Logik des Gedankens ist also, dass die konkrete, biblisch induzierte Gottesrede einer vorgängigen Sicherstellung nicht bedarf, vielmehr das Eins- und Einzigsein Gottes sich als Konsequenz seiner Erweise zeigen wird. Weite Strecken von Barths Theologie der Macht Gottes holen dies durchaus ein, indem er stets die Konkretheit von Gottes Präsenz und Wirksamkeit gegenüber abstrakten Machtbegriffen betont. Nun ist aber zu fragen, ob die Eigenschaftslehre im Rahmen der Kirchlichen Dogmatik insgesamt diesem Unterfangen wirklich gerecht wird. Denn in bündelnden Passagen und Formulierungen greift Barth zu Allsätzen, die er sich zuvor hat versagt sein lassen, wie etwa diesen: »Die göttliche Allmacht ist Gott selbst als der, der Macht ist und hat.«[56] Auch die Bezeichnung von Gottes Eigenschaften als »Vollkommenheiten«[57] spricht eher die Sprache des Allgemeinheitspostulats, das Barth doch hatte vermeiden wollen.

Neuere Ansätze, die Barth erklärtermaßen viel verdanken, versuchen dies zu vermeiden, so die einschlägigen Werke von Friedrich Mildenberger, Wolf Krötke und Walter Dietrich / Christian Link.[58] Krötkes Buch etwa ist ganz von der Idee her entworfen, dass von Gott nur konkret die Rede sein kann: »Gott ist nur Gott, wenn er Menschen in der *Gegenwärtigkeit seiner Wirklichkeit* an-

---

[54]   Vgl. *Barth*, Kirchliche Dogmatik II/1 (Anm. 39), 504–506.

[55]   *Barth*, Kirchliche Dogmatik II/1 (Anm. 39), 506.

[56]   *Barth*, Kirchliche Dogmatik II/1 (Anm. 39), 662.

[57]   Durchgängiger Sprachgebrauch in §§ 29–31 der KD.

[58]   Vgl. *F. Mildenberger*, Biblische Dogmatik. Eine Biblische Theologie in dogmatischer Perspektive, Bd. 2, Stuttgart 1992, bes. 67 ff.119 ff.365 ff; *W. Dietrich / C. Link*, Die dunklen Seiten Gottes. Band 1: Willkür und Gewalt, Neukirchen-Vluyn ²1997; *W. Krötke*, Gottes Klarheiten. Eine Neuinterpretation der Lehre von Gottes »Eigenschaften«, Tübingen 2001.

geht.«[59] Von diesem Ausgangspunkt her wird die klassische Lehre von den Eigenschaften Gottes kritisch durchmustert und neu entworfen. Die sich dabei durchhaltende Rede von den ›Klarheiten‹ Gottes ist hilfreich, um ihren vorschnellen Selbstabschluss zu vermeiden und zugleich angemessen von Gottes Souveränität zu sprechen.

Es scheint mir unverzichtbar, die Implikation von Barths beiden Lösungswegen anzusprechen, wenn es darum gehen soll, eine Gotteslehre zu entfalten, die für das Thema der gottwidrigen Mächte sensibel ist: Beide Sprechweisen Barths implizieren, dass Gottes Einheit und Einzigkeit ein eschatologisches Konzept ist. Seine Einzigkeit wird sich erweisen. Sie liegt noch im Streit und muss sich erst noch durchsetzen, in der christlichen Gemeinde wie in der gesamten Schöpfung.

Wie aber ist das zu fassen? Exegetische Wortmeldungen mit systematischem Interesse dürften hier am ehesten weiterhelfen. Der Neutestamentler Wolfgang Schrage schreibt über die widergöttlichen Mächte in paulinischer Wahrnehmung:

> »Denn noch rebellieren sie. Noch harrt vor allem der letzte Feind – notabene der Feind Gottes – seiner definitiven Bezwingung, was mehr ist als die Überwindung des individuellen Todesgeschicks in der Hoffnung auf ein transmortales Heil des Einzelnen, nämlich die Überwindung seiner lebenszerstörerischen kosmischen Macht. Noch ist Gott nicht alles in allem, d. h. noch ist seine Herrschaft und Einzigkeit nicht unbestritten. Sie wird es erst am Ende sein, wenn Christus alles unterworfen haben und Gott ›alles in allem‹ sein wird, alle anderen Mächte aber entmachtet sein werden [...].«[60]

Dieser eschatologische Vorbehalt ist von entscheidender Wichtigkeit: Er erlaubt es, die verstörende Realität der widergöttlichen Mächte allererst richtig in den Blick zu nehmen. Der eingangs kurz angesprochene abstrakte Monotheismus ist demgegenüber in einer hoffnungslosen Lage. Wenn die Götter nur die Götter der anderen sind, dann müssen für die von ihnen beschriebenen Phänomene Ersatzerklärungen herhalten. Entweder ist der abstrakte Monotheismus für sie blind, weil er diese Phänomene ignorieren muss. Oder aber er ist trostlos, nämlich dann, wenn er das Wüten der Mächte kausal auf Gott zurückführen muss. Dieser Preis ist zu hoch. Der eschatologische Vorbehalt ist dagegen anders gelagert. Er mutet die Aussage zu, dass Gottes Einzigkeit noch im Streit liegt. Aber er ist *eschatologischer* Vorbehalt: Die Einzigkeit und Einheit Gottes ist dynamisch. Aber dass sie kommt, ist so gewiss wie Gottes Güte und Existenz selbst.

---

[59]   *Krötke* (Anm. 58), 4.

[60]   *W. Schrage*, Unterwegs zur Einheit und Einzigkeit Gottes. Zum »Monotheismus« des Paulus und seiner alttestamentlich-frühjüdischen Tradition, Neukirchen-Vluyn 2002, 86.

Schrage schreibt, dass Gottes Herrschaft und Einzigkeit »nicht unbestritten« ist. Dem wäre als ein wichtiger Zug von Gottes Einheit und Einzigkeit zu entnehmen, dass sie nicht als automatische und gleichsam rücksichtslose Selbstdurchsetzung zu beschreiben ist. Ist dies der richtige Denkweg, dann lässt er auf wenigstens zwei Implikationen schließen. Einmal: Ohne die – auch fatalen – Freiheitsspielräume des Geschöpflichen ist sie nicht zu denken. So weit hat die erste Lösungsstrategie Barths nach wie vor Plausibilität für sich. Im Bild gesprochen wird man eher an Werben um und Verlocken um Einverständnis denken sollen als an die Allkausalität metaphysischer Allmachtskonzepte.[61] Sodann: Ohne dramatische Denkformen, also ohne von Gottes Auseinandersetzung und Ringen mit den Mächten zu sprechen, ist die Rede von Gottes Einheit und Einzigkeit nicht zu haben.[62] Was biblischer Monotheismus genannt zu werden verdient, ist nicht ein theoretisches *Konzept*, das gelehrt wird, sondern eine *Lebensform*, die gelebt sein will – zuversichtlich inmitten des Getümmels, in dem sie sich vorfindet. Neuesten exegetischen Einsichten zu Folge kann sich dieser Gedanke immerhin auf die Botschaft Jesu selbst berufen: »Als dynamisch-eschatologischer Monotheismus ist der Glaube an den einen Gott Vorzeichen des Lebens Jesu. Jesus lehrt nicht den einen Gott, sondern er lebt aus dessen Zuwendung und bringt sie in der Zuwendung zu anderen Menschen zur Geltung.«[63]

---

[61]   Bei anderer Gelegenheit ist zu erläutern, warum das dynamisch-eschatologische Verständnis von Gottes Einheit und Einzigkeit keine prozesstheologische Konzeption ist, ja deren Grundannahmen sogar direkt widerspricht. Ein im Rahmen der Weiterentwicklung der Prozesstheologie wichtig gewordenes Theologoumenon ist gleichwohl hilfreich, und zwar die Rede von Gottes verlockender Präsenz. Catherine Keller spricht von »God's lure«, vgl. *C. Keller*, On the Mystery. Discerning Divinity in Process, Philadelphia PA 2008, Kap. 5 passim. Sie entwickelt das Argument anhand der Alternative in der Eigenschaftslehre: »In control or in love?« (91) und greift dann zum Whitehead'schen Theorem des responsiven Charakters Gottes (98–101). Auch wenn man Letzteres nicht mitgeht und die Alternative ›control‹ oder ›love‹ wohl eine Fehlzuspitzung darstellt: Dass Gottes Macht zumindest auch einladenden, werbenden, ja verlockenden Charakter hat, dürfte sich als Implikation der alttestamentlichen Bundestheologie, unter Verweis auf die Ehemetaphorik des Hoseabuchs und anderes mehr wahrscheinlich machen lassen.

[62]   Das wiederum erlaubt den positiven Rückbezug auf das Werk Karl Barths: Hans-Wilhelm Pietz hat gezeigt, dass die Kirchliche Dogmatik kein System im herkömmlichen Sinne ist, sondern dass sie mit Absicht in Denkformen des Dramatischen arbeitet: *H.-W. Pietz*, Das Drama des Bundes. Die dramatische Denkform in Karl Barths Kirchlicher Dogmatik, Neukirchen-Vluyn 1998.

[63]   *R. Feldmeier / H. Spieckermann*, Der Gott der Lebendigen. Eine biblische Gotteslehre, Tübingen 2011, 118.

Äquidistanz als Götzendienst?

Überlegungen zur politischen Ethik im deutschen Nachkriegsprotestantismus

Rochus Leonhardt

> »wo ein Volk sich beuget unter einer nur durch die Macht der
> Waffen oder durch die Gewalt gebietender Umstände oder durch
> inneren Frevel aufgedrungenen Obrigkeit, … da mag wohl man-
> cher denken, daß freilich auch diese Obrigkeit von Gott geord-
> net ist wie alles, aber ob sie nicht vielleicht nur so geordnet
> sei, wie er auch schwere Übel und Strafen verhängt über die
> Völker, unter denen sie sich zwar beugen …, deren Dauer sie
> aber auch suchen sollen durch Anstrengung aller ihrer Kräfte
> zu verkürzen?«[1]

1 Einleitung

Was im christlichen Horizont üblicherweise gemeint ist, wenn es heißt, Menschen trieben Götzendienst, läßt sich relativ leicht sagen: Als Idolatrie gilt gemeinhin eine sich vor allem im Kult artikulierende Perversion des Verhältnisses von Schöpfung und Geschöpf. Die eigentliche Wurzel des Götzendienstes
liegt allerdings im inneren Menschen. Denn Abgötterei besteht, so eine klassische Formulierung aus Luthers Erklärung zum 1. Gebot im Großen Katechismus (1529), »nicht bloß darin, daß man ein Bild aufrichtet und anbetet, sondern
vor allem in einem Herzen, welches anderswohin gafft und bei den Kreaturen, bei Heiligen oder Teufeln Hilfe und Trost sucht: es kümmert sich nicht um
Gott und verspricht sich von ihm nicht soviel Gutes, daß er helfen wolle; es
glaubt auch nicht, daß das von Gott komme, was ihm Gutes widerfährt« (vgl.
BSLK 564,20–28).

Im Folgenden soll untersucht werden, ob der Götzendienst-Begriff über das
skizzierte Verständnis hinaus erweiterbar ist. Kann, so lautet die Frage, eine
Abirrung vom christlichen Proprium außer in einer *Fehl*identifikation (Götzendienst im *engeren* Sinne) auch in programmatischer Identifikations*verweigerung*
bestehen (Götzendienst im *weiteren* Sinne), also darin, dass sich der christliche
Glaube sämtlichen irdisch-weltlichen Gegebenheiten gegenüber äquidistant verhält, weil sie aus der ihm eigenen Perspektive alle als gleichermaßen christus-
fremd erscheinen?

---

[1]   *F. D. E. Schleiermacher*, Predigt am 15. Januar 1809, in: KGA III/4, 3–15: 5,4–6.8–14.

Eine theologische Auseinandersetzung mit den unterschiedlichen Ausprägungen von Idolatrie im engeren Sinne gehört, in Fortschreibung der biblischen Vorgaben, zu den Konstanten der christlichen Theologiegeschichte und hat auch in der evangelischen Theologie der Weimarer Zeit eine wichtige Rolle gespielt. Greifbar wird die hier artikulierte Fehlidentifikations-Kritik in der namentlich von Karl Barth formulierten Abrechnung mit allem Bindestrich-Christentum. Dessen Hauptmerkmal besteht, wie Barth im Anschluß an Søren Kierkegaard festhält, darin, dass es »den unendlichen qualitativen Unterschied zwischen Gott und Mensch vergißt«[2]. Diese Tendenz zur Diffusion von Gott und Mensch findet ihre markanteste Ausprägung in einer am Gotteserleben des Menschen orientierten Religiositätskultur, von der Barth behauptet, in ihr würden irdische Instanzen letztlich verabsolutiert – und insofern vergötzt – werden: »Das religiöse Erlebnis, auf welcher Stufe es sich auch abspiele, ist … in seiner Geschichtlichkeit, Dinglichkeit und Konkretheit immer der Verrat an Gott. Es ist die Geburt des Nicht-Gottes, der Götzen«. Wo immer nämlich »jene qualifizierte Distanz zwischen dem Menschen und dem Letzten, der ihn begründet, übersehen und missachtet wird, da muss sich der Fetischismus einstellen … So wird Nicht-Gott, so werden die Götzen aufgerichtet«[3].

Damit ist eine Position bezeichnet, die sich innerhalb der deutschsprachigen protestantischen Universitätstheologie als langfristig wirkungsvoll erweisen sollte. Dass sie sich durchzusetzen vermochte, ist wesentlich durch Barths 1932 programmatisch vollzogene Bestimmung der durch die Radikalkritik des Römerbriefs zunächst gleichsam ortlos gebliebenen Theologie als »Funktion der *Kirche*« im Eingangsparagraphen der Kirchlichen Dogmatik (KD I 1,1) bedingt. Die dadurch möglich gewordene innerkirchliche Durchsetzung seiner Theologie führte dazu, dass sein vernichtendes Urteil über die theologische Tradition (mindestens) seit Schleiermacher auch die historische Wahrnehmung des deutschen Protestantismus nach 1945 beeinflusst hat.

Prägend war vor allem die Überzeugung, dass die nach 1918 getroffenen theologischen Grundentscheidungen auch für die Zeit nach 1945 wegweisend sind – oder jedenfalls sein sollten. Eine Sammlung von Beiträgen aus der Feder Karl Barths, die der Berliner Kirchenhistoriker Karl Kupisch 1961 herausgegeben hat, ist geeignet, diese Überzeugung exemplarisch zu illustrieren. Die Textsammlung trägt den Titel »Der Götze wackelt«[4]; sie nimmt damit ein Karl-Barth-Zitat aus einem 1920 geschriebenen Brief an Eduard Thurneysen auf und stellt

---

[2]   *K. Barth*, Der Römerbrief (Zweite Fassung) 1922, hg. von *Cornelis van der Kooi und Katja Tolstaja*, Karl Barth-Gesamtausgabe, Band 47, Zürich 2010, 138 u. ö.

[3]   A. a. O., 77 f.

[4]   *K. Barth*, ›Der Götze wackelt‹. Zeitkritische Aufsätze, Reden und Briefe von 1930–1960, hg. von *Karl Kupisch*, Berlin 1961.

zugleich einen expliziten Zusammenhang mit der oben angesprochen Götzendienstkritik im Römerbrief her. Die Formulierung des jungen Safenwiler Pfarrers aus der *ersten* Nachkriegszeit dient Kupisch nun aber als Motto für zeitkritische Aufsätze, Reden und Briefe von Barth, die bis in das Jahr 1960 reichen – und damit bis weit in die *zweite* Nachkriegszeit.[5]

Die Frage, der in den folgenden Ausführungen nachzugehen ist, lautet nun: Kann die in der ersten Nachkriegszeit insbesondere von Karl Barth und seinem Umfeld als Polemik gegen Fehlidentifikationen artikulierte Götzendienst-Kritik tatsächlich eine normative Relevanz für die Situation der zweiten Nachkriegszeit beanspruchen? Dabei kommt konkret der Bereich der politischen Ethik in den Blick. Die dabei zu entwickelnde These sei hier schon in nuce vorweggenommen: Die im ersten Nachkriegsprotestantismus ausgebildete – sich vornehmlich als Identifikationsverweigerung artikulierende – Götzendienst-Kritik gerät, was die politische Ethik angeht, angesichts der komplexeren Gesamtlage nach 1945 ihrerseits in die Gefahr einer Verfehlung genau jenes christlichen Propriums, das sie selbst als essentiell proklamiert hatte. Gezeigt wird dies anhand von Äußerungen Barths und einiger seiner Schüler und Anhänger in politisch-ethischen Debatten nach 1945. Dabei kommen die bislang vor allem in der kirchlichen Zeitgeschichte thematisierten Obrigkeitskontroversen vom Ende der 50er Jahre des 20. Jahrhunderts in den Blick, namentlich der sog. Obrigkeitsstreit von 1959/60, der sich an einer Publikation von Otto Dibelius entzündet hatte, jenes Kirchenmannes, dessen ekklesiologische Reflexionen bereits gut 30 Jahre zuvor zum Gegenstand von Barths entschiedener Kritik geworden waren.

Nach den vorstehenden Präzisierungen der Fragestellung nun zum Aufbau des Beitrags. Im folgenden Kapitel (2) ist die politische Ethik Karl Barths zu würdigen, wobei es vor allem darum gehen wird, den darin enthaltenen retrospektiv erkennbaren Unklarheiten und Ambivalenzen nachzuspüren. Dafür wird

---

[5] Bemerkenswert ist übrigens die Intention des Zitats im Zusammenhang des Thurneysen-Briefs vom 20. April 1920 (abgedruckt in: Karl Barth – Eduard Thurneysen. Briefwechsel, Band 1: 1913–1921, Karl Barth-Gesamtausgabe, Band 3, Zürich 1973, 378–381, danach die folgende Seitenangabe). Als jener »Götze«, von dem Barth hier schreibt, daß er »wackelt«, gilt eine konkrete Person, nämlich der damals knapp 70jährige (und offenbar ersichtlich alternde) Adolf von Harnack, dem Barth am 18. April im Haus des Baseler Kirchenhistorikers Eberhard Vischer begegnet war: »Es ist offenbar, daß der Götze wackelt. Harnack machte den Eindruck eines im Grunde gebrochenen Mannes, er wußte wirklich erstaunlich wenig außer seinen erhabenen Witzlein, die ihm auch noch einmal ausgehen werden« (380). Die despektierliche Bemerkung des jungen Barth macht eine Beschreibung der deutschen Theologiegeschichte als Generationenkampf plausibel (vgl. dazu: *H. Fischer*, Protestantische Theologie im 20. Jahrhundert, Stuttgart 2002, 12; *F. W. Graf*, Einleitung, in: *Ders.*, Der heilige Zeitgeist. Studien zur Ideengeschichte der protestantischen Theologie in der Weimarer Republik, Tübingen 2011, 1–110, 29–45.50 f.).

sich insbesondere die Einbeziehung eines wichtigen Barth-Textes aus der Zeit
des sog. Kalten Krieges als fruchtbar erweisen. Ein weiteres Kapitel (3) widmet
sich zunächst (3.1) einschlägigen Äußerungen von Otto Dibelius zur politischen
Ethik; die dabei berücksichtigten Texte stammen ebenfalls aus der Zeit vor
und nach 1945. Daraufhin wird Dibelius' Position im Obrigkeitsstreit skizziert
und mit den Auffassungen seiner wichtigsten Kontrahenten konfrontiert (3.2).
Ein zusammenfassendes Resümee, das in ein Fazit mündet, schließt den Beitrag
ab (4).

2 Karl Barths politische Ethik in wechselnden Kontexten

Im Jahre 1986 hat Eberhard Jüngel einen umfangreichen Aufsatz »Zum Verhältnis von Kirche und Staat nach Karl Barth« vorgelegt.[6] In seiner sorgfältigen
Rekonstruktion von Barths intentio auctoris spielen vor allem die bekannten
Schriften »Evangelium und Gesetz« (1935), »Rechtfertigung und Recht« (1938)
sowie »Christengemeinde und Bürgergemeinde« (1946) eine Rolle. Jüngel führt
vor Augen, wie nachdrücklich der Baseler Theologe darum bemüht war, das Verhältnis von Glaube und Politik auf theologisch fundierte Weise zu klären und
wie er dabei von prinzipiellen Feststellungen zu konkreten Folgerungen vorstieß.
Hier seien lediglich drei Stichworte genannt und – unter Heranziehung direkter
Barth-Zitate – kurz erläutert.

Das erste Stichwort lautet: *Rechtsstaat*. Es hätte nach Barth keinen Sinn, so
zu tun, als befände sich die Kirche »dem Staat und den Staaten gegenüber in
einer Nacht, in der alle Katzen grau sind«[7]. Vielmehr können die Christen den
irdischen Staat »nicht als Pilatus-Staat, sondern nur als *Rechtsstaat* wollen«[8].
Die Christengemeinde wird deshalb »nie auf der Seite der Anarchie und nie auf
der der Tyrannei zu finden sein«[9]. – Das zweite Stichwort lautet: *Demokratie*. Es
ist, heißt es bei Barth schon 1938, kein Zufall, »daß es gerade im Bereich der
christlichen Kirche im Laufe der Zeit gerade zu ›demokratischen‹, d. h. auf der
verantwortlichen Betätigung aller Bürger sich aufbauender Staaten gekommen

---

[6]   *E. Jüngel*, Zum Verhältnis von Kirche und Staat nach Karl Barth (1986), in: *Ders.*, Ganz
werden, Tübingen 2003 (Theologische Erörterungen 5), 174–230 (danach die folgenden
Seitenangaben).

[7]   *K. Barth*, Rechtfertigung und Recht (1938), in: *Ders.*: Rechtfertigung und Recht. Christengemeinde und Bürgergemeinde. Evangelium und Gesetz, Zürich 1998, 5–45, 20.

[8]   A. a. O., 42.

[9]   *K. Barth*, Christengemeinde und Bürgergemeinde (1946), in: *Ders.*: Rechtfertigung und
Recht. Christengemeinde und Bürgergemeinde. Evangelium und Gesetz, Zürich 1998, 47–80,
66; Nr. 16.

ist«[10]. Denn Christentum und Demokratie weisen eine unübersehbare Wahlverwandtschaft auf. Nach Barth ist »nicht zu übersehen und zu leugnen, daß das christlich-politische Unterscheiden, Urteilen, Wählen, Wollen, Sicheinsetzen auf der ganzen Linie eine Tendenz auf die Gestalt des Staates hin hat, die in den sogenannten ›Demokratien‹ … mehr oder weniger ehrlich und deutlich gemeint und angestrebt ist«[11]. – Das dritte Stichwort lautet: *Gewaltenteilung*. Grundsätzlich vollzieht sich in der *Bürger*gemeinde die Sicherung der Freiheit des Einzelnen, des inneren und äußeren Friedens sowie der Humanität des Zusammenlebens in »drei wesentlichen Gestalten«: in »Gesetzgebung«, in »Regierung und Verwaltung«, in »Rechtspflege«[12]. Die *Christen*gemeinde ist nun nach Barth »wach und offen … für die Notwendigkeit, die verschiedenen Funktionen und ›Gewalten‹ – die gesetzgebende, die vollziehende, die richterliche – insofern zu *trennen* als die Träger der einen nicht zugleich die der anderen sein können«. Diesen Grundsatz versucht Barth theologisch zu fundieren: »Kein Mensch ist Gott«; nur von Gott aber kann gesagt werden, daß er diese drei Funktionen »ohne Gefährdung der Souveränität des hier wie dort zu respektierenden Rechtes« in *einer* Instanz »zu vereinigen vermöchte«[13].

Die angeführten Stellen bestätigen zunächst das Urteil von Hermann Fischer, nach dem sich Barth »politisch zeitlebens als Demokrat verstanden« hat.[14] Die – bei Jüngel explizit zurückgewiesene – Behauptung von Friedrich Wilhelm Graf jedenfalls, Barth habe »einen inneren Zusammenhang von ›Rechtfertigung und Recht‹ erst sieben Jahre nach dem Ende einer liberalen, rechtsstaatlichen Demokratie in Deutschland entdeckt«[15], läßt sich angesichts der oben zusammengetragenen Zitate nicht halten.[16]

Dennoch hat Graf etwas Richtiges gesehen, wenn er bei Karl Barth »irritierende politische Ambivalenzen« feststellt.[17] Um dies zu verdeutlichen, muss auf drei Sachverhalte und Zusammenhänge verwiesen werden, die in Jüngels Rekonstruktion unberücksichtigt bleiben, die gleichwohl für die Beurteilung Barths als homo politicus von Bedeutung sind.

1. Zunächst ist die in der Tat hochgradig ambivalente zeitgenössische Rezeption der Texte von Barth zu nennen. Dessen von »Freude am militärischen Jargon

---

[10]   *K. Barth*, Rechtfertigung und Recht (Anm. 7), 41.

[11]   *K. Barth*, Christengemeinde und Bürgergemeinde (Anm. 9), 74; Nr. 29.

[12]   A. a. O., 49; Nr. 1.

[13]   A. a. O., 68 f.; Nr. 21.

[14]   *H. Fischer*, Protestantische Theologie (Anm. 5), 73.

[15]   *F. W. Graf*, ›Der Götze wackelt‹? Erste Überlegungen zu Karl Barths Liberalismus-Kritik (1986), in: *Ders.*, Der heilige Zeitgeist (Anm. 5), 425–446, 446.

[16]   Vgl. *E. Jüngel*, Zum Verhältnis von Kirche und Staat nach Karl Barth (Anm. 6), 214 Anm. 169; dazu: *F. W. Graf*, Einleitung (Anm. 5), 99 Anm. 281.

[17]   *F. W. Graf*, Einleitung (Anm. 5), 24.

und an Metaphern der ideenpolitischen Kriegsführung«[18] geprägtes und auch
»in Zeitschriften der radikalnationalistischen Rechten ... [geschätztes] theologisches Autoritätspathos«[19], seine globale Stigmatisierung der humanen
Kultur mit dem Verdikt der Profanität – all dies konnte als ein prinzipieller
Abschied von der Moderne und als Ausdruck einer Skepsis gegenüber den
auf Kompromiss und Konsens abgestellten politischen Prozeduren der Weimarer Demokratie verstanden und als Beitrag zu jenem Abschied von der Humanität gedeutet werden, der im Nationalsozialismus vollzogen wurde. – Allerdings ist in Rechnung zu stellen, dass sich die antiliberale Rezeption Barths
auch einem Missverständnis seiner durchaus komplexeren Gesamtintention
zu verdanken scheint. Viele seiner Zeitgenossen mögen nicht hinreichend
wahrgenommen haben, dass Barths *politische* Option für bürgerlich-liberale
Traditionen zu seinen »schweizerische[n] Herkunftsselbstverständlichkei-
ten«[20] gehörte, ungeachtet seiner *theologischen* Brachialkritik am liberalen
Protestantismus.

2. Freilich ist darauf zu verweisen, dass die von Barth aufgebotenen Begrün-
dungen für seine politische Option nicht frei von Unklarheiten sind. Barth
hat sich zwar, namentlich in den oben erwähnten von Jüngel herangezogenen
Texten, ersichtlich um eine theologische Fundierung seiner politisch-ethischen
Orientierungen bemüht. So hat er 1946 betont, dass die Gerechtigkeit des
Staates als »ein Analogon zu dem in der Kirche geglaubten und von der Kirche
verkündigten Reich Gottes«[21] verstanden werden kann. Aber den angeführten
Beispielen, an denen Barth die postulierte Analogie durchzuführen sucht,[22]
»haftet so viel Willkürliches und Spielerisches an, daß sie leicht zum Ansatzpunkt der Kritik werden konnten«[23]. Aus einer dezidiert kritischen Perspektive kann der von Barth postulierte Zusammenhang zwischen Christentum
und Demokratie sogar als Abweichung von der Logik seines Denkens behauptet werden: »Barths Theologie hätte logisch eher eine autoritäre Organisation
sowohl der Kirche als auch des Staates zur Folge«[24]. Und in der Tat: Das Fehlen
jedes Versuchs, seine christologische Begründung des demokratischen Rechtsstaats zu säkular-naturrechtlichen Fundierungsansätzen in ein konstruktives

---

[18]   A. a. O., 22.
[19]   A. a. O., 25 f.
[20]   *H. Lübbe*, Religion nach der Aufklärung (1986), München ³2004, 284.
[21]   *K. Barth*, Christengemeinde und Bürgergemeinde (Anm. 9), 63; Nr. 14.
[22]   Vgl. a. a. O., 65–72; Nr. 15–26.
[23]   *M. Honecker*, Evangelische Theologie vor dem Staatsproblem (1981), in: *Ders.*, Evangelische Christenheit in Politik, Gesellschaft und Staat. Orientierungsversuche, Berlin / New
York 1998, 59–97, 76.
[24]   *D. Lange*, Glaubenslehre, Band II, Tübingen 2001, 347 Anm. 138.

Verhältnis zu setzen, nährt aus gegenwärtiger Sicht den Verdacht, dass Barth an einem das Faktum des modernen Pluralismus theologisch ernst nehmenden christlichen Beitrag zum »Zusammenleben im Widerstreit der Weltanschauungen« (Eilert Herms) nicht ernsthaft interessiert war.

3. Die bisher angesprochenen Unklarheiten in Barths politischem Denken lassen sich nun auch auf der Ebene der positiven Aussagen seiner Texte feststellen, namentlich in seinen öffentlichen Äußerungen und Stellungnahmen während der Zeit des Kalten Krieges. Nachstehend wird – notgedrungen exemplarisch – ein dafür signifikanter Text behandelt, der bereits in das unmittelbare zeitliche Vorfeld jener Obrigkeitsdebatten gehört, auf die in Kapitel 3 einzugehen ist.

Im Sommer 1958 war Barth von einigen jungen Pfarrern brieflich um ein klärendes und weisendes Wort zur Situation der Kirche in der DDR gebeten worden.[25] In seinem Antwortschreiben[26] hat er die Klagen über die staatlich propagierte Kirchenfeindschaft und die damit verbundenen Repressionen zwar einerseits ernst genommen, andererseits aber auch relativiert – und zwar in zweifacher Weise. *Erstens* relativierte er die theologische Dringlichkeit der Gravamina aus der DDR. Er betonte dagegen, dass sich die universale Herrschaft Gottes auch auf den Machtbereich seiner selbsterklärten Gegner erstreckt: »Auf Gott aber, der auch über jenem Sozialismus und indem er sich seiner bedient, an Seinem Werke ist, wird auch in dessen Herrschaftsbereich Keiner umsonst hoffen« (419). Aus dieser Einordnung der DDR in den Herrschaftsbereich Gottes leitete Barth – *zweitens* – eine theologisch begründete Relativierung der Systemdifferenz ab: Nicht nur »die heutige Ostmacht« muss als Widersacher der Christenheit angesprochen werden; Christusfeindschaft gibt es, wenngleich in anderer Form, »auch in der angeblich ›freien‹ Welt des Westens« (417). Die damit für die christliche Glaubensexistenz zunächst eingeschärfte Äquidistanz gegenüber den politischen Systemen hat Barth dann sogar in eine visionäre Verheißung für »Gottes geliebte Ostzone« weitergeführt: Die »besondere Berufung« der Christen in der DDR könnte es sein, sich nach dem »eingetretenen ›Ende des Konstantinischen Zeitalters‹« (425) »nach neuen Wagnissen auf neuen Wegen umzusehen« (426). Der militante Atheismus erscheint in dieser Perspektive nicht nur nicht als Bedrohung, sondern gar als notwendiges Werkzeug zur Hervorbringung einer christlichen Avantgarde – und insofern als »verzerrtes ... Gleichnis« der freien Gnade des Evangeliums (422).

---

[25] Vgl. *K. Barth*, Offene Briefe 1945–1968, hg. von *Diether Koch*, Karl Barth-Gesamtausgabe, Band 15, Zürich 1984, 402–411.

[26] *K. Barth*, Brief an einen Pfarrer in der Deutschen Demokratischen Republik, in: *K. Barth*, Offene Briefe (Anm. 25), 411–439 (danach die folgenden Seitenangaben).

Karl Barth ist für seinen offenen Brief von 1958 bereits unmittelbar nach dessen Publikation reichlich gescholten worden.[27] Im Blick auf die hier verfolgte Fragestellung ist die von Helmut Thielicke artikulierte Kritik am aussagekräftigsten. Im Januar 1959, etwa vier Monate nach der Publikation des Pfarrerbriefs, beklagte Barths Hamburger Kollege die das Schreiben prägende »theologisch begründete Weltnacht, die sich über Orient und Okzident gleichermaßen gelegt hat und in der *alle Katzen grau* sind«[28]. – Als Charakterisierung der von Barth 1958 proklamierten Äquidistanz des Glaubens gegenüber den politischen Systemen kann diese Formulierung als durchaus zutreffend gelten. Sie widerspricht aber diametral der von Barth selbst 20 Jahre zuvor ebenso vehement betonten Feststellung, dass sich die christliche Kirche »dem Staat und den Staaten gegenüber« gerade *nicht* »in einer Nacht [befindet], in der alle Katzen grau sind«[29].

Ziemlich genau ein Jahr nach der Abfassung von Barths Pfarrerbrief kam es im deutschen Protestantismus zu einer Debatte über die christliche Beurteilung des politischen Totalitarismus in der DDR. Nachstehend wird sich zeigen, dass diesem Streit im Blick auf die Frage »Äquidistanz als Götzendienst?« eine paradigmatische Bedeutung zukommt.

3 Obrigkeitsgehorsam bei Otto Dibelius und im Barthianismus

3.1 Das Verhältnis von Kirche und Staat nach Otto Dibelius

Mit Otto Dibelius (1880–1967) kommt hier ein Zeitgenosse Karl Barths ins Spiel, der in *theologiegeschichtlichen* Darstellungen zumeist nur am Rande behandelt und vor allem als eine Person der *kirchlichen Zeitgeschichte* wahrgenommen wird.[30] Um den politisch-ethischen Standpunkt von Dibelius bestimmen zu können, werden im Folgenden – wie oben im Blick auf Karl Barth – Stellungnahmen aus unterschiedlichen historischen Konstellationen berücksichtigt. Zunächst ist

---

[27]   Vgl. *G. Besier*, Karl Barths ›Brief an einen Pfarrer in der DDR‹ vom Oktober 1958. Kontext, Vor- und Wirkungsgeschichte, in: *Ders.*, Die evangelische Kirche in den Umbrüchen des 20. Jahrhunderts, Band 2: Von der ersten Diktatur in die zweite Demokratie. Kirchlicher Neubeginn in der Nachkriegszeit. Kirchen, Parteien und Ideologien im Zeichen des Ost-West-Konflikts, Neukirchen-Vluyn 1994 (Historisch-theologische Studien zum 19. und 20. Jahrhundert 5/2), 177–189.

[28]   *H. Thielicke*, Ist die Ulbricht-Regierung Obrigkeit? Eine Frage, die den Christen in Mitteldeutschland auf der Seele lastet, in: Die Zeit, Nr. 4 vom 23. Januar 1959 (Hervorh. von mir, RL).

[29]   Vgl. das in Anm. 7 nachgewiesene Zitat.

[30]   Vgl. *R. Stupperich*, Otto Dibelius. Ein evangelischer Bischof im Umbruch der Zeiten, Göttingen 1989.

auf zwei ältere Texte einzugehen, nämlich sein berühmtes – und von Karl Barth so massiv kritisiertes – Buch »Das Jahrhundert der Kirche« von 1926 und die kleine Schrift »Grenzen des Staates« von 1949. Darauf folgt eine Darstellung von Dibelius' politischer Option im Obrigkeitsstreit von 1959 (3.2).

Die Programmschrift von 1926 ist ein Beitrag zur *Ekklesiologie*, wobei Dibelius, und dies unterstreicht seine Bedeutung für die *politische Ethik*, die Klärung der kirchlichen und politischen Verhältnisbestimmung von Kirche und Staat besonders wichtig war. In seinem innerhalb von zwei Jahren in insgesamt sechs (unveränderten) Auflagen erschienenen Bestseller hat Dibelius die Revolution von 1918 als »Das befreiende Gewitter« für die evangelische Kirche beschrieben.[31] Mit dieser Metapher verbindet sich die Wahrnehmung einer tiefgreifenden Zäsur, die mit dem Ende des landesherrlichen Kirchenregiments bezeichnet ist. Speziell für den deutschen Protestantismus ist mit diesem Epochenbruch eine neue Situation eingetreten – sowohl in institutioneller Hinsicht als auch, was sein geistliches Profil angeht: Sofern die Kirche jetzt in die Selbstverantwortung gerufen ist, markiert der Einschnitt von 1918 das *Ende einer kirchenlosen Zeit*, die mit einem Profilverlust der christlichen Verkündigung verbunden war, wie ihn auf seine Weise auch Karl Barth beklagt hatte. »Die kirchenlose Aufklärung und der der Kirche abholde theologische Liberalismus vertraten eine Kulturfreudigkeit und eine Weltförmigkeit des Christentums, die der Kirche immer fremd geblieben ist« (132).

Das Ende des Kaiserreichs bedeutet für die sich auf dem Boden des deutschen Luthertums erstmals als unabhängige Institution manifestierende Kirche eine *Chance zu eigenständiger geistlicher Neuorientierung*. Die Treue der Kirche gilt grundsätzlich dem *Volkstum*; eine analoge Loyalitätsnotwendigkeit gegenüber dem *Staat* gibt es dagegen nicht. Dies wird nicht nur dadurch ausgeschlossen, dass Volkstums- und Staatsgrenzen nicht identisch sind. Der Hauptgrund ist ein anderer: »Die Illusion, daß der moderne Staat die christliche Obrigkeit von ehedem fortsetze, ist zerstört« (226) – und zwar durch das Faktum der weltanschaulichen Neutralität des Staates, die in der Weimarer Reichsverfassung als Negierung der Staatskirche formuliert war (Art. 137,1 WRV). Der damit verbundene Verzicht des Staates auf die cura religionis ermöglicht es der Kirche, ihre bisher sowohl wegen mangelnder institutioneller Eigenständigkeit als auch aufgrund bestehender Loyalitätserfordernisse erschwerte Kernaufgabe ungehindert wahrzunehmen: Als eine »freie, souveräne Lebensgemeinschaft« (236) muss sie ein »Kulturprogramm« (228) entwickeln und kommunizieren. Dabei geht es um die sittliche Bewältigung der mit den modernen Umwälzungen einhergehenden »Unsicherheit des öffentlichen Urteils: was ist gut und was ist

---

[31] Vgl. *O. Dibelius*, Das Jahrhundert der Kirche. Geschichte, Betrachtung, Umschau und Ziele, Berlin [5]1928, 75–77 (danach die folgenden Seitenangaben).

böse?« Diese ethische Orientierungsleistung kann der Staat selbst nicht erbringen. »Deshalb müssen andere Mächte innerhalb des Staatswesens sich auswirken … Welche Mächte? Es gibt nur eine Macht, die hier den Beweis des Geistes und der Kraft erbracht hat: das ist die Kirche!« (235)

Dreiundzwanzig Jahre später hat Dibelius seine Überlegungen zur Aufgabe der Kirche im Horizont der frühen Nachkriegszeit präzisiert[32] und das Verhältnis von Individuum und Staatsgewalt am Maßstab der Heiligen Schrift erörtert (vgl. 14). Dabei hebt Dibelius einen Aspekt besonders hervor, der 1926 nur eine untergeordnete Rolle gespielt hatte, nämlich die Identifikation von Staat und Macht. Leitend ist für ihn die Einsicht, dass »die christlichen Kirchen … mehr und mehr in einen Konflikt mit dem Totalitätsanspruch des Staates hineingedrängt« werden (10). Er begreift die Entwicklung von Staatlichkeit in der Moderne teleologisch: Es »landen alle Staaten schließlich beim Totalstaat« (37). Die Ausdehnung der Aufgaben, Zuständigkeiten und Machtbefugnisse der Staaten »schreitet immer weiter fort. … Am Ende dieser Entwicklung … kann nichts anderes stehen als der totalitäre Staat« (68). Dies hat desaströse Konsequenzen: »Die Freiheit des Einzelnen wird immer mehr zugunsten des Staates … eingeschränkt. Der Staat … triumphiert über den Menschen« (69). Die skizzierte Entwicklung vollzieht sich nach Dibelius unterschiedslos in *allen* Staaten. Der die Freiheit destruierende Totalitarismus ist also keineswegs lediglich ein Problem autoritärer Diktaturen oder gar nur der Ostblock-Staaten. Das bekannte Augustin-Wort (De civitate dei 4,4), wonach Reiche ohne Gerechtigkeit nur große Räuberbanden seien (vgl. 45), muss nach Dibelius auch auf die demokratischen Staaten der sog. freien Welt bezogen werden.

Dies entspricht zwar in gewisser Weise der schon bei Barth notierten Äquidistanz gegenüber den politischen Systemen im gerade anlaufenden Kalten Krieg. Nicht weniger deutlich ist aber die im Zusammenhang mit den politischen Polarisierungen nach 1945 stehende Differenz: Während nach Barth, dessen mangelndes Verständnis für die theologische Relevanz des politischen Totalitarismus Emil Brunner bereits in den späten 40er Jahren beklagt hatte,[33] politische Veränderungen angesichts des in Christus manifesten Wechsels, der »unendlich viel einschneidender und wichtiger ist als aller Wechsel von Staatsordnungen«[34], im Grunde keine substantielle Relevanz für die christliche Existenz (mehr) ha-

---

[32]   Vgl. *O. Dibelius*, Grenzen des Staates, Berlin 1949 (danach die folgenden Seitenangaben).

[33]   Vgl. *E. Brunner*, Wie soll man das verstehen? Offener Brief an Karl Barth (2. Juni 1948), in: *K. Barth*, Offene Briefe 1945–1968 (Anm. 25), 149–158.

[34]   *K. Barth*, Die christliche Gemeinde im Wechsel der Staatsordnungen, in: *Ders.*, Die christliche Gemeinde im Wechsel der Staatsordnungen. Dokumente einer Ungarnreise 1948, Zürich 1948, 30–46, 31.

ben, kommt nach Dibelius der Kirche als der »Lebensform des [sc. christlich-] religiösen Glaubens« eine eminente politische Bedeutung zu: Sie ist das einzige Korrektiv in der Entwicklung zum Totalstaat, »das erste, feste Bollwerk gegen die Tyrannei der staatlichen Gewalt. Sie ist … der Hort der menschlichen Freiheit« (86). Dabei ist entscheidend, dass die Kirche als Sachwalterin menschlicher Freiheit darauf bedacht sein wird, dem Staat Konzessionen abzuringen, die den Menschen Freiheitsräume sichern. Das Mittel dazu ist weder die Subordination des Staates (der römisch-katholische Weg) noch die unbedingte Anerkennung der staatlichen Priorität durch die Kirche (der Weg der Deutschen Christen). Doch auch eine radikale Trennung ist undurchführbar. Realistisch ist nach Dibelius einzig der *Weg des Kompromisses*, in dem die staatlichen *Macht*interessen permanent mit den von der Kirche vertretenen *Freiheits*interessen der Menschen abgeglichen werden (vgl. 83 f.). Dass im Rahmen der Kompromissfindung stets akzeptiert wurde, »daß der Staat das innerste Leben der Kirche … freigeben müsse« (85), ist insofern »eine Tatsache von schlechthin entscheidender Bedeutung«, als hier der Punkt markiert ist, »von dem aus das ganze System des totalen Staates aus den Angeln gehoben werden kann«. – »Denn wenn die Allmacht des Staates irgendwo … eine Grenze findet, ist sie keine Allmacht mehr« (86).

Was aus diesen Überlegungen für das Verhältnis der Kirche zum Staat folgt, ist deutlich: Ungeachtet der nach Dibelius aus christlicher Sicht gebotenen *prinzipiellen* Kritik an dem von *allen* Staaten der modernen Welt faktisch erhobenen totalitären Anspruch wird für die *konkrete* Haltung der Kirche gegenüber einem *bestimmten* Staat maßgeblich sein, inwieweit dieser sich auf den Weg des Kompromisses einlässt und damit seiner Machtentfaltung zugunsten der menschlichen Freiheit Grenzen setzen lässt. Aus der nach Dibelius theologisch gebotenen Ablehnung des Totalitarismus folgt daher die Unmöglichkeit einer umfassenden Äquidistanz der Kirche in politicis.

3.2 Die Interpretation von Röm 13 im totalitären Staat

Die den Obrigkeitsstreit von 1959/60 auslösende Schrift von Dibelius lässt sich einerseits als Fortschreibung seiner bisher behandelten Texte deuten; sie ist allerdings zugleich als Reaktion auf eine innerkirchliche Neuorientierung im Selbstverständnis des ostdeutschen Protestantismus zu verstehen. Verbunden ist diese von Martin Greschat als radikaler Paradigmenwechsel bezeichnete Neuorientierung[35] mit Namen wie Günter Jacob (1906–1993), Heinrich Vogel (1902–1989), Martin Fischer (1911–1982) und Johannes Hamel (1911–2002), durchgängig theologische Schüler und Anhänger Karl Barths.

---

[35] Vgl. *M. Greschat*, Protestantismus im Kalten Krieg. Kirche, Politik und Gesellschaft im geteilten Deutschland 1945–1963, Paderborn/München/Wien/Zürich 2010, 195–250.

Auf der außerordentlichen EKD-Synode, die vom 27. bis 29. Juni 1956 in Berlin-Spandau zum Thema »Raum für das Evangelium in Ost und West« tagte, hielt der damalige Cottbuser Generalsuperintendent Günter Jacob ein viel-beachtetes Referat, das sich rückblickend als »das herausragende Ereignis der Tagung« darstellte.[36] Darin beschrieb er die Lage der evangelischen Kirche in der DDR als eine Situation nach dem *Ende des Konstantinischen Zeitalters* – ein (volks-)kirchenkritisches Schlagwort, an das Karl Barth wenig später in seinem Pfarrerbrief von 1958 zustimmend anknüpfen sollte.[37] Damit war einerseits ge-meint, dass sich die Kirche in der DDR in ihrer Verkündigungsarbeit darauf ein-zustellen hat, dass sie ohne die bisher gewohnten (und in Westdeutschland noch garantierten) staatlichen Privilegien agieren muss. Andererseits hat Jacob diese *faktische* Konstellation dadurch *normativ* aufgeladen, dass er sie als den urchrist-lichen Anfängen entsprechend und insofern eigentlich auch für die kirchliche Arbeit im Westen als maßgeblich charakterisierte. In dieser Optik bot gerade die Not der Rechtsunsicherheit in der DDR die Chance zur Ausbildung einer wahrhaft authentischen Evangeliumsverkündigung, für deren erfolgreiche Um-setzung das Beharren auf rechtlichen Sicherheiten und staatlichen Garantien kontraproduktiv ist: »Nach dem Ende der Illusionen über das konstantinische Zeitalter und im Rückgriff auf das urchristliche Zeugnis haben wir nicht das Recht, vom Staat Privilegien und Monopole zur Unterstützung des Evangeliums zu fordern.«[38]

Ähnlich wie Jacob argumentierte Johannes Hamel, seit 1947 Studentenpfar-rer in Halle und seit 1955 Dozent für Praktische Theologie am Naumburger Ka-techetischen Oberseminar. Karl Barth hat Hamel geschätzt und sich 1958 aus-drücklich auf dessen programmatischen Aufsatz »Die Verkündigung des Evangeliums in der marxistischen Welt« in der Festschrift für Eduard Thurney-sen bezogen, die anlässlich von dessen 70. Geburtstag (10. Juli 1958) erschienen war.[39] Hamel zielte darauf, die »Anforderung an die Christen, im politischen Le-ben gemäß ihrem Glauben und ihrer Ethik Verantwortung zu erkennen und zu übernehmen« (247), auch angesichts einer kirchen-, christentums- und religi-onsfeindlichen politischen Obrigkeit als unhintergehbar einzuschärfen. Christen sollten deshalb »auch erhebliche Unterschiede in der Staatsgestaltung ... nicht ins Unendliche überschätzen und eine Art Staatsmetaphysik entwickeln«, die schließlich zu der kleingläubigen Auffassung führen würde, »daß in diesem

[36]   A. a. O., 203.

[37]   Vgl. *K. Barth*, Brief an einen Pfarrer (Anm. 26), 425.

[38]   Zitiert nach: *M. Greschat*, Protestantismus im Kalten Krieg (Anm. 35), 204.

[39]   *J. Hamel*, Die Verkündigung des Evangeliums in der marxistischen Welt, in: Gottesdienst – Menschendienst. Eduard Thurneysen zum 70. Geburtstag am 10. Juli 1958, Zollikon 1958, 221–249 (danach die folgenden Seitenangaben); vgl. *K. Barth*, Brief an einen Pfarrer (Anm. 26), 413.

Raum [sc. dem des Marxismus] alles vergeblich sei« (248). Denn: »Was auch sonst über den Marxismus zu sagen ist: wir befinden uns in der Begegnung mit ihm nicht in einem gott-losen Raum« (234). Sondern die politischen Obrigkeiten sind, wie Hamel bereits 1957 artikuliert hatte, *immer* »Instrumente göttlicher Vorsehung, die diesem ihrem Sein auch dann nicht entrinnen, wenn sie von ihrem Auftrag nichts wissen oder gar nichts wissen wollen«[40]. Daraus ergibt sich das Interesse, mit der »Christenheit in der DDR« zwischen den ideologischen Blöcken »als das ›dritte Geschlecht‹ zu stehen, das Gottes Macht [auch und gerade dort] erkennt und preist ..., wo die Kinder dieses Äons aus der Festlegung ... durch die Zukunftslosigkeit und die gewiß nicht harmlose atheistische Welle nicht herausfinden«[41].

Angesichts der skizzierten Neuorientierung sah sich Dibelius veranlasst, seine eigene Position noch einmal publizistisch wirksam zur Geltung zu bringen. Den unmittelbaren Anlass dazu bildete eine von Martin Fischer, Professor für Praktische Theologie an der Kirchlichen Hochschule in (West-)Berlin, anlässlich des 60. Geburtstags von Gustav Heinemann (am 23. Juli 1959) publizierte Schrift, in der die in Röm 13 formulierte Gehorsamspflicht des Christen auch gegenüber der ideologisierten Obrigkeit festgehalten wird.[42] – Es war von daher in der Tat »[N]icht ohne Hintersinn«[43], dass Dibelius als Anlaß seiner Entgegnungsschrift den 60. Geburtstag des Hannoverschen Landesbischofs Hanns Lilje am 20. August 1959 wählte; der als Privatbrief stilisierte, gleichwohl in 500 hektographierten Handexemplaren verteilte, 23 Seiten umfassende Text trägt den Titel »Obrigkeit? Eine Frage an den 60jährigen Landesbischof«[44]. Im Jahre 1963, zwei Jahre nach dem Bau der Berliner Mauer, hat Dibelius seine 1959 formulierte Position noch einmal in Gestalt einer kleinen Monographie vorgetragen.[45] Die nachfolgende Zusammenfassung beruht vorwiegend auf dem Text von 1963, nimmt aber auch auf den Gratulationsbrief für Hanns Lilje von 1959 Bezug.

Dibelius geht der Frage nach der Geltung von Röm 13 in der Situation des in der DDR herrschenden marxistischen Totalitarismus auf mehreren Ebenen nach. Dabei unterscheidet er die paulinische Intention von der durch Luther geprägten Deutung dieses Textes. Zunächst zur Aussageabsicht des Paulus. Dieser habe, so Dibelius, mitnichten einen Staat Neronischer Prägung im Blick gehabt. Damit wendet er sich ganz konkret gegen die von Martin Fischer vertretene Auffassung, nach der Paulus »den Staat unter der stoischen Predigt und in der

---

[40]   *J. Hamel*, Christ in der DDR, Berlin ³1957 (unterwegs 2), 21.

[41]   A. a. O., 29.

[42]   Vgl. *M. Fischer*, Obrigkeit, Berlin 1959 (unterwegs 10).

[43]   *H. Fritz*, Otto Dibelius. Ein Kirchenmann in der Zeit zwischen Monarchie und Diktatur, Göttingen 1998 (AKIZ.B 27), 499.

[44]   *O. Dibelius*, Obrigkeit? Eine Frage an den 60jährigen Landesbischof, Berlin 1959.

[45]   *O. Dibelius*, Obrigkeit, Stuttgart/Berlin 1963 (danach die folgenden Seitenangaben).

neronischen Pervertierung« kannte.[46] Nach Dibelius' Deutung von Röm 13,3f. gilt vielmehr: »Es ist … *ein Rechtsstaat, an den hier gedacht ist* – ein Rechtsstaat im allgemeinsten Sinne des Wortes, aber doch eben ein auf göttliches Recht gegründetes Staatswesen« (38). Diese Auffassung spiegelt sich bereits in den Vorschlägen zu einer Neuübersetzung von Röm 13,1, die Dibelius im Gratulationsbrief formuliert hat: »*Rechtmäßige* Gewalt soll bei jedermann Gehorsam finden!«[47] Daher wäre es nach Dibelius eine »Vergewaltigung von Römer 13«, »wenn man den Gedanken hineinträgt, daß ein Christ, der ›das Gute‹ tut, auch einmal unter einer ungerechten Obrigkeit zu leiden habe und dann gläubig stillhalten müsse« (42).

Diese Art der Obrigkeitsfrömmigkeit aber kann, und damit ist die zweite Ebene betreten, als eine Langzeitfolge der Lutherschen Auffassung diagnostiziert werden. Durch die – nach Dibelius ganz unpaulinische – Übersetzung des griechischen *exousiai hyperechousai* mit dem deutschen Wort *Obrigkeit* in der Luther-Bibel wird der Text »in die Verhältnisse des deutschen 16. Jahrhunderts hinein[interpretiert]« (55). Dabei wird das Bestrafen und Belobigen aus Röm 13 ausgeweitet und bezeichnet nun eine patriarchalisch geprägte, umfassende Verantwortung des Landesherrn für die Bürger, einschließlich der geistlichen Belange. Die Basis dieser Obrigkeitsfrömmigkeit aber ist längst hinfällig. Insbesondere mit dem Gedanken der Volkssouveränität, der sich im Laufe der Neuzeit durchgesetzt hat, wurde das von Luther vorausgesetzte Verantwortungsverhältnis zwischen Regierenden und Regierten letztlich umgekehrt: »*das Volk ist dafür verantwortlich, was es für eine Regierung hat*« (63). Angesichts dieser Konstellation ist die Autorität, über die der Inhaber der politischen Macht aufgrund einer etwa durch Wahlen zum Ausdruck kommenden Volkssouveränität verfügt, »nur noch eine gebrochene und zeitbedingte« (64); sie ist damit von der vormodernen Art der Herrscherautorität völlig verschieden.

Aus diesen Überlegungen folgt nach Dibelius zunächst, dass es nicht mehr möglich ist, eine staatliche Gewalt als Obrigkeit im Sinne *Luthers* zu verstehen. Dies bedeutet zwar, dass der Weg nun frei ist »für ein echtes Verständnis von Römer 13« (66), aber gerade dieses echte Verständnis führt zu der Einsicht, dass auch das *paulinische* Gebot in der Gegenwart keine unumschränkte Geltung (mehr) haben kann, hatte der Apostel doch einen Rechtsstaat vor Augen, ein Gemeinwesen, in dem »sittliche Maßstäbe gelten, die nicht menschlicher Willkür entsprungen sind, sondern sich auf Gottes Gebote stützen« (67). Im Blick auf den modernen Staat gilt dagegen, dass es an ihm »nichts Heiliges« gibt, »wirklich gar nichts«[48]. Der realisierte Totalitarismus macht dies durch seine Bestreitung

---

46   *M. Fischer*, Obrigkeit (Anm. 42), 33.

47   *O. Dibelius*, Obrigkeit? (Anm. 44), 23 (Hervorhebung von mir, R. L.).

48   *O. Dibelius*, Grenzen des Staates (Anm. 32), 25.

einer »metaphysisch gebundenen Sittlichkeit« und die programmatische Dominanz der Macht gegenüber dem Recht besonders deutlich. Als Indiz dafür gibt Dibelius die auf dem 5. SED-Parteitag (Juli 1958) formulierte Definition des Rechts an, das als der »zum Gesetz erhobene Wille der Arbeiterklasse« galt und als dessen Hauptzweck »die Sicherung der Arbeiter- und Bauernmacht und der sozialistischen Errungenschaften« genannt wurde (vgl. 84.95 f.).[49] – Diese Rechtsauffassung bringt nach Dibelius zugleich zum Ausdruck, dass im Totalitarismus die Repräsentanten der staatlichen Gewalt auf die von Paulus den übergeordneten Gewalten zuerkannte Funktion als *diakonos theou* gar nicht sinnvoll angesprochen werden können. Daher gilt: Die »*christliche Kirche kann den totalen Staat und seinen Funktionär nicht als eine Instanz betrachten, der sie nach Römer 13 Gehorsam schuldig sei*« (96). Vielmehr »*muß eine radikale Entmythologisierung Platz greifen*« (124), die aber gerade dort nicht vollzogen ist, wo ein totalitäres Regime theologisch als Exemplar der paulinischen *exousiai hyperechousai* verstanden wird.

Wie aber soll sich nach Dibelius der Christ in einer Situation verhalten, in der das Recht durch die Übergriffigkeit der Macht korrumpiert wird? Ausgehend von Luthers Gedanken der Freiheit eines Christenmenschen ist angesichts des totalitären Staates ein von Pragmatismus und Nächstenliebe geprägter freier Umgang mit denjenigen Gesetzen des Staates geboten, die der lex caritatis widersprechen: Der Christ muss, »im Bewußtsein seiner Freiheit, prüfen, was er diesen Anordnungen gegenüber zu tun hat, um das Gesetz der Liebe zu erfüllen« (129).

Die als Obrigkeitsstreit bekannt gewordene Debatte um Dibelius' Text von 1959 wurde zwar mit bemerkenswerter Heftigkeit ausgetragen, blieb aber letztlich ohne ›Sieger‹ – und auch ohne echtes Ergebnis. Denn sowenig es Dibelius gelang, seine Auffassung gesamtkirchlich plausibel zu machen, sowenig Erfolg hatten seine innerkirchlichen Gegner beim Versuch der Demontage des Bischofs. Die Frage nach dem theologisch angemessenen Verständnis von Röm 13 angesichts des DDR-Totalitarismus blieb ebenfalls unbeantwortet. Zwar wurde der Klärungsbedarf notiert: Eine von der EKD-Synode im Februar 1960 angenommene Entschließung verfügte die Einsetzung eines neuen Ausschusses, der sich dem Verhältnis des Christen zur Staatsgewalt widmen sollte. Aber die Bemühungen um die Einlösung dieses Arbeitsauftrags »zogen sich hin und versandeten schließlich«[50].

---

[49]   Zwar tendiert Dibelius hier – dem Anlass seiner Schrift entsprechend – dazu, den Totalitarismus primär auf der Ostseite des Eisernen Vorhangs wahrzunehmen, aber seine 1949 formulierte Fundamentalkritik am modernen Staat ist auch 1959/63 nicht vergessen (vgl. 67 f.).

[50]   *M. Greschat*, Römer 13 und die DDR. Der Streit um das Verständnis der ›Obrigkeit‹, in: ZThK 105, 2008, 63–93, 88.

4 Zusammenfassung und Fazit

Äquidistanz als Götzendienst? – Hinter dieser Formulierung steht die in Kapitel 1 explizierte Frage, ob eine programmatische Identifikationsverweigerung zu einer Verfehlung des christlichen Propriums führen kann. Um die dort bereits kurz vorweggenommene Antwort im Rückblick auf Kapitel 2 und 3 präzisieren zu können, müssen zunächst die Gemeinsamkeiten und die Differenzen der bisher behandelten Positionen festgestellt werden.

Was Dibelius sowohl mit Barth selbst als auch mit seinen Schülern und Anhängern *gemeinsam* hat, ist die Einsicht, dass es im Horizont des Protestantismus keine spezifisch christliche Form politischer Ordnung gibt und dass geistliche und weltliche Belange sorgfältig zu unterscheiden sind. In Barths Warnung vor Götzenstaat und Pfaffenkirche[51] sowie in seiner nachdrücklichen Kritik an christlichen Parteien[52] spiegelt sich diese Auffassung ebenso wider wie in Dibelius' Forderung nach konsequenter Entmythologisierung des modernen Staates, der unweigerlich zu individualitätsnivellierendem Totalitarismus und damit zur Ablehnung des christlichen Glaubens tendiere, dessen Sachwalterin, der Kirche, es gerade um den Einzelnen geht. Daraus folgt eine die Kontrahenten verbindende prinzipielle theologische Äquidistanz gegenüber politischen Ideologien. Weiterhin sind sich alle Genannten darüber einig, dass es politisches Unrecht gibt, dem im Namen des Glaubens widersprochen werden muss; daran haben auch Dibelius' Gegner im Obrigkeitsstreit festgehalten, auch und gerade Johannes Hamel, der im Jahre 1953 für fünf Monate inhaftiert worden war. – Besonders hier wird eine gewisse Diffusität der Fronten zwischen Dibelius und dem Barthianismus greifbar: Die von Hamel (und anderen Barthianern) eingeklagte Abwendung der christlichen Verkündigung und Kirche vom Schema dieses Äons in Gestalt einer Äquidistanz des Glaubens gegenüber politischen Ideologien entsprach im Prinzip Dibelius' Fundamentalkritik an der für alle modernen (auch die westlichen) Staaten typischen Tendenz zum Totalitarismus. Und die Feststellung von Dibelius, nach der unterhalb solcher Fundamentalkritik dennoch nicht alle Katzen grau sind, hatte ja auch Barth zunächst formuliert.

Allerdings ist auch die *Differenz* zwischen den verschiedenen Standpunkten deutlich geworden: Während Dibelius das christliche Ethos als notwendiges Korrektiv des Totalitarismus begreift, führt die Äquidistanz (bei Jacob) zum Verzicht auf Privilegien und Monopole zur Unterstützung des Evangeliums und (bei Hamel) zum Glauben der Christenheit an die auch unter widrigsten Bedingungen gültige »Bereitschaft Gottes, es mit ihr nicht garaus zu machen, sondern sie aus dem Wort zu erneuern«. – Nur die Abstinenz von einem theologisch gebotenen

---

[51] Vgl. *K. Barth*, Rechtfertigung und Recht (Anm. 7), 31.
[52] Vgl. *K. Barth*, Christengemeinde und Bürgergemeinde (Anm. 9), 74–76; Nr. 30.

Nein mache deshalb »die Aussage glaubwürdig, daß es der Kirche eben nicht um die Erhaltung oder Wiedergewinnung des Bestehenden geht, sondern allein um den Fortgang des Evangeliums«[53].

Der damit bezeichnete Unterschied ist nicht nur das Ergebnis unterschiedlicher Lageeinschätzungen. Vielmehr artikuliert sich darin eine prinzipielle Differenz in der Beurteilung des Verhältnisses der christlichen Existenz zu ihrem weltlichen Kontext. Bei den kirchenpolitischen Antipoden von Dibelius lässt sich eine Tendenz zum Eskapismus beobachten, eine christologisch begründete Immunisierung gegenüber einer nüchternen Wahrnehmung politisch-gesellschaftlicher Realitäten. Man kann auch von einer *De-Kontextualisierung* der christlichen Existenz sprechen, in deren Folge alles positive Sich-Einlassen auf geschichtliche Wirklichkeiten, und sei es auch nur partiell, in den alten Kulturprotestantismus-Verdacht gerät und deshalb als Neuauflage jenes Bindestrich-Christentums identifiziert und zurückgewiesen werden muss, das den deutschen Protestantismus vor 1918 kontaminiert hatte. Dibelius steht dagegen für eine Form der Äquidistanz, die bewusst auf eine *Kontextualisierung* der christlichen Existenz zielt. Danach gilt, dass die konkreten Lebenszusammenhänge, in denen der Christ steht, weder naiv zu affirmieren, noch unter prophetischen Generalverdacht zu stellen sind. An die Stelle des Unmittelbarkeitspathos tritt eine Kultur des Kompromisses; als die notwendige Voraussetzung einer Kompromisskultur aber hat Dibelius jene institutionell und organisatorisch verfasste Kirche betrachtet, deren neu errungene Selbständigkeit als freies Gegenüber zum Staat er 1926 mit dem triumphalistischen Ausruf »Ecclesiam habemus« gefeiert hatte.[54]

Damit ist die Grundlage für das abschließende Fazit gelegt, in dem die in der Titelformulierung enthaltene Frage beantwortet werden soll: Wenn die Welt des Politischen nach Karl Barth keine Nacht ist, in der alle Katzen grau sind, dann bedeutet die von ihm selbst sowie seinen Epigonen in der 50er Jahren vollzogene Nivellierung der Unterschiede zwischen demokratischen und totalitären Systemen zweifellos eine Verfehlung dessen, was zunächst als essentiell christlich proklamiert worden war, wurde doch die (auch von Dibelius geteilte) *prinzipielle theologische Äquidistanz* gegenüber politischen Ideologien zu einer *umfassenden De-Kontextualisierung* der christlichen Existenz zugespitzt. Ungeachtet dessen, dass sich eine so zugespitzte Äquidistanz als eine besonders konsequente Kritik am Götzendienst (im engeren Sinne) inszeniert hat, muss sie doch selbst als eine Form des Götzendienstes (im weiteren Sinne) gelten: *Gehuldigt wird der Diastase von Gott und Welt.* Im Bereich der politischen Ethik reklamierte dieses diastatische Denken zwar einen überideologischen Standpunkt für sich; faktisch aber kam es vielfach zu einer *verdeckten* Ideologisierung des

---

[53]   A. a. O., 242.
[54]   *O. Dibelius*, Das Jahrhundert der Kirche (Anm. 31), 77.

christlichen Glaubens, die sich mit einer theologischen Hochstufung politischer Ressentiments gegenüber den Grundentscheidungen der Adenauer-Zeit verband und dabei – konkret im Obrigkeitsstreit – etlichen Dibelius-Opponenten den Blick für die qualitative Differenz zwischen der freiheitlich-demokratischen Ordnung des Bonner Grundgesetzes und dem aggressiv-atheistischen ›Staatskirchentum‹ der DDR verdunkelte und sie gar dazu veranlasste, eine »sowjetische Satrapie«[55] zum privilegierten Raum authentischer Evangeliumsverkündigung zu stilisieren.

---

[55] *H.-U. Wehler,* Deutsche Gesellschaftsgeschichte. Fünfter Band: Bundesrepublik und DDR 1949–1990, München 2008, XV; vgl. auch a. a. O., 359–361.

Der trinitarische Gottesbegriff im Kontext philosophischer und religiöser Gottesbilder

Matthias Haudel

Mit dem Bekenntnis zu Gott dem Vater, dem Sohn und dem Heiligen Geist bezeugen die altkirchlichen Bekenntnisse den spezifisch christlichen Gottesbegriff. Der trinitarische Gottesbegriff hatte sich besonders in den ersten christlichen Jahrhunderten im Rückgriff auf das biblische Zeugnis sowie im Kontext anderer philosophischer und religiöser Gottesbilder zu klären und zu bewähren. Die zu Beginn des 20. Jahrhunderts vornehmlich im Protestantismus verbreitete Annahme, der trinitarische Gottesbegriff sei nicht genuin biblischen Ursprungs, sondern verdanke sich neuplatonischen Triadologien oder etwa der hellenistischen Logos-Spekulation, wie es Adolf von Harnack[1] vermutete, kann seit längerem als überholt angesehen werden, was der Patristiker Bernhard Lohse schon vor etlichen Jahren hervorhob.[2] Will man zum einen auf biblischer Grundlage den Zusammenhang der trinitarischen Gotteslehre mit anderen philosophischen und religiösen Konzeptionen erkennen und zum anderen die spezifische Dimension des trinitarischen Gottesbegriffs mit seinen Implikationen für die Philosophie, die Anthropologie oder das Glaubensverständnis ergreifen, bedarf es des Einblicks in die frühchristliche Entwicklung. Erst dann werden die Herausforderungen transparent, die sich bis heute durch den trinitarischen Gottesbegriff im Dialog mit zeitgenössischen philosophischen Gottesvorstellungen und anderen Religionen ergeben.

Es erschließt sich von selbst, dass ein Vortrag von 30 Minuten diesbezüglich nur einige grundsätzliche Schneisen schlagen kann. Da die in den ersten Jahrhunderten vollzogenen Zuordnungen in ihrer Grundsätzlichkeit bis heute rele-

---

[1] Vgl. *A. von Harnack*, Lehrbuch der Dogmengeschichte, Bd. I, Darmstadt 1964 [Nachdr. der 4. Aufl., Tübingen 1909], 469 ff.

[2] Vgl. *B. Lohse*, Epochen der Dogmengeschichte, 4. Aufl., Stuttgart/Berlin 1978, 45. Vgl. dazu auch *M. Haudel*, Die Selbsterschließung des dreieinigen Gottes. Grundlage eines ökumenischen Offenbarungs-, Gottes- und Kirchenverständnisses (FSÖTh 110), Göttingen 2006, 82 ff., wo die frühchristliche trinitätstheologische Entwicklung analysiert wird.

vant sind, wird hier der Schwerpunkt gelegt, von dem sich Einsichten in trinitarische Wesensstrukturen mit ihren Implikationen für die Anthropologie und das Glaubensverständnis herleiten lassen, bevor ein exemplarischer Ausblick auf aktuelle Herausforderungen folgt. Aufgrund des vorgegebenen Umfangs beschränkt sich die hermeneutische Perspektive vornehmlich auf den christlich-apologetischen Blickwinkel, da für mögliche Perspektivenwechsel die Zeit fehlt. So wird der Vortrag in folgende drei Abschnitte untergliedert:

1. Die revolutionäre Vertiefung des dynamischen trinitarischen Gottesverständnisses in Auseinandersetzung mit dem frühchristlichen philosophischen und religiösen Kontext.
2. Trinitarische Wesensstrukturen und ihre Implikationen für die Anthropologie und das Glaubensverständnis.
3. Trinitätstheologische Differenzierungen als Voraussetzung für eine angemessene Orientierung im Dialog mit philosophischen Gottesvorstellungen und anderen Religionen.

Jedem der Abschnitte wird zu Beginn eine These zugeordnet.

1 Die revolutionäre Vertiefung des dynamischen trinitarischen Gottesverständnisses in Auseinandersetzung mit dem frühchristlichen philosophischen und religiösen Kontext

These: Maßgebliche Kirchenväter aus Ost und West haben gegenüber statischen dualistischen und emanatorischen Gottesvorstellungen am biblisch vorgegebenen Paradoxon der intra- *und* interpersonalen Dimension Gottes festgehalten und dieses der Versuchung gegenüber verteidigt, es weitgehend auf einen der beiden Aspekte zu reduzieren. So konnten sie im Unterschied zu statischeren philosophischen und religiösen Gottesbildern die dynamische Personalität Gottes als Voraussetzung einer freien personalen Gemeinschaft der Liebe zwischen Gott und Mensch darstellen. Weil sie dabei Seins-Kategorien aufzuzeigen hatten, die in der bisherigen Erfahrung nicht vorlagen, revolutionierten sie die philosophisch-religiösen Vorstellungen vom göttlichen Wesen, was sich auch auf die Anthropologie auswirkte (Person-Verständnis).

Das Gottes- und Christusverständnis erschließt sich im Neuen Testament nur aus der Gegenseitigkeit und Einheit des Handelns von Vater, Sohn und Heiligem Geist. Von diesen Relationen wird auch das Verhältnis der Glaubenden zu Gott sowie ihr Verhältnis untereinander bestimmt.[3] Während schon im Neuen Testa-

---

3   Vgl. *Haudel*, Selbsterschließung (s. Anm. 2), 90 ff., 565 ff.

ment bei der Darlegung dieser Zusammenhänge die Indienstnahme philosophischer und religiöser Begrifflichkeit als differenzierter Prozess von Aneignung und Widerspruch zu beobachten ist, haben die Kirchenväter diesen Prozess intensiviert. Sie sahen sich mit den Worten Adolf Martin Ritters vor die »Aufgabe gestellt [...], bis zu den Elementen des philosophischen Gottesgedankens und Menschenbildes vorzustoßen und diese Elemente im Licht biblischen Gottesglaubens umzuschmelzen«[4]. Dabei gerieten die »mitgebrachten« Bedeutungsgehalte der Begriffe in Konflikt mit ihrer neuen Funktion, so dass es ratsam ist, den metaphorisch-verweisenden Charakter der trinitätstheologischen Begrifflichkeit zu beachten und die Sinnübertragung nachzuvollziehen, durch die Begriffe neu definiert wurden.

Die in der Überwindung mythischer und polytheistischer Gottesbilder fortschreitende Ahnung von der Einheit des göttlichen Urgrundes ließ diese Einheit bei *Platon* und *Aristoteles* analog zum menschlichen Denken als sich selbst denkendes Sein erscheinen. Nach Platon ist der Mensch durch seine unsterbliche Seele, die vom Leib lediglich eingeengt wird, aufgrund der eingeborenen Ideen seines Geistes fähig, am höchsten Urgrund zu partizipieren, dessen Sein sich als Idee der Ideen emanatorisch bis zum letzten Abbild entfaltet. So wird der Mensch als vom Leib-Seele-Dualismus bestimmtes Geistwesen Teil des kosmischen göttlichen Geistes. Aristoteles beschreibt den ewigen Geist (νοῦς) als sich selbst denkende Selbstbeziehung. Der Geist (νοῦς) der menschlichen Seele kommt von außen »durch die Tür« (θύραθεν) in die Seele (gen. an. 736 b 27), mit dem Ziel, dass sich der menschliche Geist zum göttlichen Geist aufschwingt, so dass das Göttliche in uns das Göttliche an sich berührt (eth. Nic. 1177 b 28). Die

---

[4] *A. M. Ritter*, Dogma und Lehre in der Alten Kirche, in: HDThG 1, Göttingen 1982, 99–283, 116, der sich auf eine Untersuchung von Wolfhart Pannenberg zu diesem Thema bezieht. Vgl. *W. Pannenberg*, Die Aufnahme des philosophischen Gottesbegriffs als dogmatisches Problem der frühchristlichen Theologie, in: *Ders.*, Grundfragen systematischer Theologie. Gesammelte Aufsätze, Göttingen 1967, 296–346, 311: »Die christliche Theologie konnte an den philosophischen Gottesgedanken nur anknüpfen, indem sie ihn zugleich durchbrach. Sie mußte [...] der philosophischen Frage nach dem wahren Gott standhalten und sie zu einer echten Erfüllung bringen«. Vgl. ferner *W.-D. Hauschild*, Das trinitarische Dogma von 381 als Ergebnis verbindlicher Konsensusbildung, in: *K. Lehmann / W. Pannenberg (Hg.)*, Glaubensbekenntnis und Kirchengemeinschaft. Das Modell des Konzils von Konstantinopel (381). A. Ganoczy [u. a.] (DiKi 1), Freiburg (Br.) / Göttingen 1982, 13–48, 44: »Die scheinbar hellenische Form des Trinitätsdogmas ist eine instrumentelle Beanspruchung von Sprache und Denken der Philosophie, keine substantielle Hellenisierung.« Vgl. auch *G. Ebeling*, Dogmatik des christlichen Glaubens, Bd. III, 2. Aufl., Tübingen 1983, 533: »Was dem Anschein nach eine Vermengung von Theologie und Philosophie darstellt, wurde zu einem Ringen um ihre Unterscheidung, kraft deren die Theologie erst zur Ausbildung ihrer Besonderheit gelangte.«

Vernunft gilt als das Ewige und Unsterbliche im Menschen. In dem mit diesem Gedankengut verbundenen hellenistischen kosmologischen Monismus, der in der stoischen Identifizierung von Geist und Materie gipfelte, erschien der Mensch als Teil des Göttlichen.

Gegenüber solchen Formen ungeschichtlicher ontologischer Partizipation des Menschen am göttlichen Sein erschloss das neutestamentliche Zeugnis vor dem alttestamentlich-heilsgeschichtlichen Hintergrund Gott in vertiefender Weise als persönliches Gegenüber des Menschen, wodurch sich ein dynamisches Verhältnis von »Gegenüber und Nähe«[5] zwischen Gott und Mensch eröffnete.[6] Damit wurden sowohl dualistische philosophische und religiöse Vorstellungen eines völlig transzendenten bzw. unzugänglichen Gottes als auch emanatorische Formen der Identifizierung von Gott und Welt in Frage gestellt. In dualistischen Konzeptionen erschien Gott oft als »ferner Gott«[7], der entweder das Vorhandensein des Göttlichen im Menschen erforderte – wie etwa in der Gnosis den göttlichen Funken – oder ein gesetzliches Verständnis auf der Handlungsebene hervorrufen konnte, um Gottes habhaft zu werden. Neben solchen Formen einer quasi *dualistischen* Vereinnahmung Gottes auf der Handlungs- oder Seinsebene, die in etlichen platonischen und gnostischen Systemen auf einem Geist-Leib-Dualismus beruhten, beinhalteten *emanatorische* Ansätze wie der Neuplatonismus die stufenweise Entfaltung Gottes in die Welt (identifizierende Vereinnahmung).

Bereits im 2. Jahrhundert versuchten die *Apologeten* in Anknüpfung an den Logos-Gedanken des Johannes-Prologs die spezifisch christliche Wahrheit der griechischen Logos-Idee herauszustellen, um der heidnischen Öffentlichkeit gegenüber »den christlichen Glauben als Inbegriff der göttlichen Weltvernunft«[8] zu entfalten. Vor dem Hintergrund der Platorenaissance der römischen Kaiserzeit erläuterte *Justin* (gest. 165) die zwischen Christus und dem Logos bestehende Identität, so dass Christus als irdische Erscheinung des Weltlogos erkannt werden konnte und das Christentum als die eigentliche Philosophie aufleuchtete (Dialog mit Trypho 8,1). Dabei betonte die *Logoschristologie* im Unterschied zur kosmologischen Zuordnung des Logos im monarchianischen Dualismus dessen

---

[5]   Zur detaillierten Darlegung dieser Verhältnisbestimmung in ihrer vielfältigen Relevanz siehe *Haudel*, Selbstschließung (s. Anm. 2), 565 ff.

[6]   Zur Bedeutung jüdischen und christlichen Denkens für die Entdeckung der *Geschichte* vgl. *W. Pannenberg*, Der Gott der Geschichte. Der trinitarische Gott und die Wahrheit der Geschichte, in: KuD 23 (1977), 76–92, 76.

[7]   »Der Hinweis auf die Absolutheit kann Gott in eine solche Transzendenz entrücken, daß ihm gleichzeitig alle geschichtsmächtige Wirksamkeit abgesprochen wird« (*M. Löhrer / C. Schütz / D. Wiederkehr [Hg.]*, Mysterium Salutis. Ergänzungsband. Arbeitshilfen und Weiterführungen, Zürich/Einsiedeln/Köln 1981, 271).

[8]   *K. Beyschlag*, Grundriß der Dogmengeschichte, Bd. I: Gott und Welt (Grundrisse 2), Darmstadt 1982, 100.

Gottheit, während sie gleichzeitig gegenüber den mittelplatonischen Kosmogonien mit ihren abstrakten stufenweisen Entfaltungen die geschichtlich-personale Gestalt Jesu als Gegenwart Gottes herausstellte. So sollte der christliche Gottesbegriff die allgemeingültige Wahrheit herkömmlicher religiöser Vorstellungen weiterführen und gleichzeitig in kritischer Differenz überbieten.[9] Denn für die Apologeten erweist sich Gott in Christus einerseits als die Erfüllung der im philosophisch-religiösen Monotheismus bestehenden Ahnung von dem einen Gott.[10] Andererseits braucht der in Christus offenbare Gott weder ein rituelles oder geschöpfliches Mittlerwesen wie im monarchianischen Dualismus, noch entfaltet er sich in abstrakten Emanationen des Geistes wie im Mittelplatonismus, sondern er ist ein persönliches Gegenüber, das sich den Menschen unmittelbar zuwendet, so dass sich die Logoslehre als *christliche Geschichtstheologie* von der kosmologischen Spekulation absetzte.[11] »Damit trat an die Stelle der bisherigen Logosspekulation die Logosoffenbarung.«[12]

Trotz der personalen Erfassung des Logos und seiner trinitarischen Zuordnung sahen etliche christliche Theologen im Kontext des platonischen Stufenschemas die Gefahr einer polytheistischen Zergliederung des Gottesbegriffs, weshalb die Vertreter des *Monarchianismus* meinten, den Monotheismus und die Einheit Gottes gegenüber der Logoschristologie verteidigen zu müssen. Sie unterlagen dabei jedoch dem alten dualistischen Gottesbegriff, der die personale Gottheit Christi nicht zuließ. Im *modalistischen Monarchianismus* (Sabellius u. a.) galten der Sohn und der Geist der stoischen Kategorienlehre entsprechend nur als irdische Erscheinungsformen bzw. *modi* des Vaters, während der *Adoptianismus* (Paul von Samosata u. a.) unter Ausblendung der Präexistenz des Gottessohnes davon ausging, dass Christus ein mit der göttlichen Kraft (δύναμις) ausgestatteter Mensch sei, der zum Gottessohn adoptiert wurde. So erhielt der Gedanke einer ontologischen Dreieinigkeit weder im Adoptianismus noch im modalistischen Monarchianismus Relevanz für das Wesen des erneut in statischen Zuordnungen gedachten Gottes.[13] Davon setzten sich Kirchenväter aus Ost und West in dezidierter Orientierung am *biblisch-heilsgeschichtlichen Zeugnis* ab.[14] Im Westen

---

[9]   Vgl. *L. Scheffczyk*, Lehramtliche Formulierung und Dogmengeschichte der Trinität, in: MySal 2, 146–220, 161.

[10]   Vgl. *Hauschild*, Dogma (s. Anm. 4), 39 f.

[11]   Vgl. *ders.*, Lehrbuch der Kirchen- und Dogmengeschichte, Bd. I: Alte Kirche und Mittelalter, Gütersloh 1995, 10.

[12]   *P. Gerlitz*, Der Λόγος Σπερματικός als Voraussetzung für eine ökumenische Theologie, in: ZRGG 22 (1970), 1–18, 10. Vgl. zur apologetischen Interpretation des λόγος σπερματικός a. a. O., 8 ff.

[13]   Vgl. insgesamt *Ritter*, Dogma (s. Anm. 4), 130 ff.; *Beyschlag*, Grundriß Bd. I (s. Anm. 8), 215 ff.; *Lohse*, Epochen (s. Anm. 2), 49 ff.

[14]   Vgl. *Haudel*, Selbsterschließung (s. Anm. 2), 101 ff.

ist besonders *Tertullian* (gest. nach 220) zu nennen, der in lateinischer Terminologie vorbereitete, was die drei Kappadozier in griechischer Terminologie als Grundlage für das Ökumenische Konzil von 381 vollendeten. Unter Rückgriff auf die apologetische Logostheologie hebt Tertullian die wesenseine Offenbarungsdreiheit hervor, um im Unterschied zum monarchianischen Begriff der *modi* Gottes und zur gnostischen Vorstellung von Zwischenwesen die Realität der vollkommenen Offenbarung, Erlösung und Heiligung zu sichern, insofern als sich Gott im Sohn und im Heiligen Geist selbst offenbart, um die Menschen zu erlösen.[15] So trägt Tertullian die drei Personen aus der Heilsgeschichte in den Begriff der ewigen göttlichen Substanz ein, was seine Einführung des Begriffs »trinitas« (Prax. 3) widerspiegelt, der die in der Dreiheit existierende Einheit bezeichnet und Tertullians wegweisende Formel »una substantia – tres personae« zusammenfasst.[16] Damit versuchte Tertullian dem Phänomen gerecht zu werden, dass Gott im neutestamentlichen Zeugnis nicht nur als das eine personale Gegenüber der Menschen erscheint, also als *intra*personale Einheit, sondern auch als *inter*personale Gemeinschaft zwischen Vater, Sohn und Heiligem Geist. Gott verkörpert also die Gleichzeitigkeit von *intra-* und *inter*personaler Dimension, die zunächst paradox erscheint, weil wir diese Gleichzeitigkeit aus unserer Wirklichkeit nicht kennen. Diese von mir als grundsätzliches Begriffspaar eingeführte Terminologie, die bereits Bernd Jochen Hilberath weniger spezifisch im Blick auf Tertullian verwendet[17], ist für das Verständnis trinitarischer und anthropologischer Strukturen hilfreich. Denn auch der Mensch verkörpert als Individuum die *intra*personale Dimension, die *inter*personale Dimension hat er aber nur in Gemeinschaft mit Gott und den Mitmenschen[18], was im zweiten Abschnitt näher erläutert wird.

Weil Tertullian unter Bewahrung des biblischen Monotheismus die heilsgeschichtlich wahrnehmbare *inter*personale Dreiheit Gottes gegenüber den Moda-

---

[15] Vgl. a. a. O., 103 ff., und *Scheffczyk*, Formulierung (s. Anm. 9), 185.

[16] Vgl. *B. J. Hilberath*, Der dreieinige Gott und die Gemeinschaft der Menschen. Orientierungen zur christlichen Rede von Gott, Mainz 1990, 93 ff.; *ders.*, Der Personbegriff der Trinitätstheologie in Rückfrage von Karl Rahner zu Tertullians »Adversus Praxean« (IThS 17), Innsbruck/Wien 1986, 13, 306 ff.; *J. Moltmann*, Trinität und Reich Gottes. Zur Gotteslehre, München 1980, 153 f. – Zur Gesamtentwicklung des Personbegriffs im Westen vgl. *C. Andresen*, Zur Entstehung und Geschichte des trinitarischen Personbegriffes, in: ZNW 52 (1961), 1–39.

[17] Vgl. *Hilberath*, Gott (s. Anm. 16). – Die Terminologie »*intra- und interpersonale Dimension*« wurde vom Verfasser explizit als *grundsätzliches Begriffspaar* eingeführt, um die Eigentümlichkeit des göttlichen Wesens (Gleichzeitigkeit beider Dimensionen) gegenüber intra- *oder* interpersonalen weltlichen Strukturen aufzuzeigen und einseitige Identifikationen des göttlichen Seins mit intra- *oder* interpersonalen anthropologischen und ekklesiologischen Strukturen als Vereinnahmung Gottes aufdecken zu können. Siehe dazu *Haudel*, Selbsterschließung (s. Anm. 2), 104 f., 565–585.

[18] Vgl. *Haudel*, Selbsterschließung (s. Anm. 2), 479 f., 577 f.

listen ernst nahm, verlieh er dem Personbegriff einen geschlosseneren Sinn als in der lateinischen Bedeutung von »Maske« oder der griechischen Bedeutung von »Antlitz« (πρόσωπον), wo individuelle Eigenständigkeit und Beziehungsfähigkeit noch nicht im Blick waren, weil *relatio* nach der aristotelischen Kategorientafel zu den Akzidenzien zählte. Indem Tertullian mit *persona* die unverwechselbare Eigentümlichkeit des »Rollenträgers« verband, konnte er Person als »*Selbstand in Relation*« verstehen, wie es Hilberath formuliert, da die trinitarischen Personen im Rahmen ihres Beziehungsgefüges (der Relation) ihre Eigentümlichkeiten (den Selbstand) behalten. Das gilt auch für Gott an sich, der nicht nur als Substanzeinheit verstanden wird, sondern auch als Handlungs- und Kommunikationseinheit der drei Personen – also als *Gleichzeitigkeit von intra- und interpersonaler Dimension.*[19]

Dadurch wird die bis dahin bestehende philosophische und religiöse »Schwierigkeit, absolutes Selbstsein und absolutes Mitsein zu vereinen«[20], die bis heute große Weltreligionen prägt, überwunden. Im *Unterschied zu statisch erscheinenden polytheistischen oder theistischen Gottesbildern*, die die Gottheiten pantheistisch der Welt zuordnen oder den Menschen mittels eines Geist-Leib-Dualismus partiell mit dem göttlichen Geist identifizieren, erscheint der *trinitarische Gott* als ein in sich *lebendiges persönliches Gegenüber des Menschen, das dem Menschen gleichzeitig nahe sein kann.* Das in seinem *intra*personalen Selbstsein begründete »Gegenübersein« Gottes vermag aufgrund seiner *inter*personalen trinitarischen Gemeinschaft den Menschen im Sohn oder im Heiligen Geist ganz nahe zu kommen – bis hin zur Menschwerdung –, ohne sein *intra*personales »Gegenübersein« aufgeben zu müssen. In dieser Gleichzeitigkeit von »*Gegenüber und Nähe*« Gottes ist die in der Schrift bezeugte *personale Gemeinschaft von Liebe und Freiheit* zwischen Gott und Mensch verankert. So wird auch *das Personsein des Menschen* modifiziert, der als verantwortliches Gegenüber Gottes ebenfalls von Selbstand und Relation geprägt ist, indem er in persönlicher Verantwortung (*intra*personal) vor Gott und den Mitmenschen lebt, was natürlich nur in der Gemeinschaft mit Gott und den Mitmenschen möglich ist (*inter*personal). Die trinitarische Verwendung des Person-Begriffs hat deshalb nicht die so oft angenommene Übertragung anthropologischer Prämissen in den christlichen Gottesbegriff bewirkt, sondern durch den terminologischen Bedeutungszuwachs umgekehrt das Verständnis menschlicher Personalität modifiziert.[21]

---

[19] Vgl. insgesamt *B. J. Hilberath*, Anmerkungen zum Personbegriff in *Adversus Praxean*, in: StPatr Bd. XXI, Löwen 1989, 250–253, 252 f.; *ders.*, Gott (s. Anm. 16), 93 ff.; *ders.*, Personbegriff (s. Anm. 16),143 ff., 306 ff.; *W. Pannenberg*, Person und Subjekt. Zur Überwindung des Subjektivismus im Menschenbild und im Gottesverständnis, in: NZSTh 18 (1976), 133–148, 133 ff.

[20] *A. Brunner*, Dreifaltigkeit. Personale Zugänge zum Mysterium (Kriterien 39), Einsiedeln 1976, 15.

[21] Nach Pannenberg erklärt sich deshalb »die Verwendung des Persongedankens in der

Allerdings waren die Kirchenväter der bis heute zu beobachtenden Gefahr ausgesetzt, die Gleichzeitigkeit von *intra*- und *inter*personalem Wesen Gottes auf eine der beiden Dimensionen zu reduzieren, da diese Gleichzeitigkeit aus den Erfahrungen in der Welt nicht ableitbar ist. Solche Reduktionen konnten mit der Vereinnahmung Gottes für *anthropologische* oder auch *ekklesiologische* Strukturen einhergehen. So verband sich eine einseitige Konzentration auf die *intra*personale Einheit Gottes, die sich besonders in der Westkirche in Korrelation mit der psychologischen Analogie fand, oft mit einem entsprechend monistisch-universalistischen Kirchenverständnis. Umgekehrt resultierte aus der vornehmlich in der ostkirchlichen Tradition herrschenden Konzentration auf die *inter*personale Dimension (soziale Analogie) eine partikular-nationalkirchliche Ekklesiologie.[22] Diese Problemkonstellation deckte sich mit *hermeneutischen Mentalitätsunterschieden* im Morgen- und Abendland, die ebenfalls bis heute nachwirken. Denn westliche Kirchenväter neigten aufgrund der rational-deduktiven abendländischen Hermeneutik zur Betonung der *intra*personalen Einheit Gottes, insofern als sie aus der Einheit die Dreiheit deduzierten, was sich in der psychologischen Analogie widerspiegelt, während östliche Theologen aufgrund der orientalisch-induktiven Hermeneutik die *inter*personale Dreiheit durch die soziale Analogie hervorhoben, insofern als sie induktiv von der Dreiheit der trinitarischen Personen auf deren Einheit schlossen. Diese Implikationen der hermeneutischen Unterschiede spiegelten sich facettenreich in den trinitarischen Streitigkeiten des 4. Jahrhunderts wider.[23]

Gotteslehre des Christentums nicht als eine anthropologisch motivierte Übertragung, sondern aus der inneren Problematik von Einheit und Vielfalt in der christlichen Gotteserfahrung selbst, die auf vorhandene Bezeichnungen (Wesen und Person) zurückgriff, aber dabei den Sinn dieser Bezeichnungen aus der spezifischen Thematik dieser Gotteserfahrung neu definierte. […] Christologie und Trinitätslehre sind damit zum Ausgangspunkt einer deutlicheren Erfassung auch der menschlichen Personalität geworden« (*Pannenberg*, Person [s. Anm. 19], 147).

[22]   Zum detaillierten Nachweis solcher im Einzelnen bedeutend differenzierteren Zusammenhänge, die bis heute in allen Konfessionen die Interdependenz von Trinitäts- und Kirchenverständnis prägen, siehe *Haudel*, Selbsterschließung (s. Anm. 2), wo der *Zusammenhang von Trinitätslehre und Kirchenverständnis* anhand der Kirchengeschichte und aktueller Entwürfe im Blick auf alle großen Konfessionen nachgewiesen wird. Es tritt hervor, inwiefern Unterschiede im Trinitätsverständnis für Unterschiede im Kirchenverständnis verantwortlich sind. Auf der Basis der gemeinsamen altkirchlichen Grundlage werden Lösungsansätze für ein ökumenisches Verständnis von Offenbarung, Glaube, Trinität, Mensch und Kirche aufgezeigt, bevor die Implikationen dieser Ansätze für Fragen der Kircheneinheit, Mission, Weltverantwortung und des interreligiösen Dialogs hervortreten. – Vgl. auch *ders.*, Gotteslehre, Göttingen [erscheint demnächst].

[23]   Vgl. dazu *ders.*, Selbsterschließung (s. Anm. 2), 67–75, 82–153.

In der *Theologie der drei Kappadozier,* die maßgeblich für das Ökumenische Konzil von 381 wurde, kamen die Bemühungen derjenigen Kirchenväter zum Ziel, die versuchten, an dem biblischen Paradoxon der Gleichzeitigkeit von *intra-* und *inter*personaler Dimension festzuhalten. Was Tertullian in lateinischer Terminologie vorbereitet und etwa Athanasius an der Schnittstelle von ost- und westkirchlicher Theologie fortgeführt hatte,[24] vollendete Basilius von Caesarea (gest. 378) durch die begriffliche Differenzierung zwischen οὐσία und ὑπόστασις, *der* zwei Begriffe, die damals synonym für das absolute göttliche Sein verwendet wurden. Er hob die begriffliche Äquivalenz der beiden Begriffe auf, indem er der Hypostase zugleich die Funktion des Personbegriffs (πρόσωπον) zuwies. Da dieser aber ein Beziehungsbegriff war, konnte man jetzt im Unterschied zum griechischen Seinsmonismus die Relationalität in der Ontologie zum Ausdruck bringen, was – wie gezeigt – schon bei Tertullian (Selbstand in Relation) vorgebildet war. Das ermöglichte die Darstellung der perichoretischen Gemeinschaft in dem einen göttlichen Wesen, und zwar als Gleichzeitigkeit von *intra-* und *inter*personaler Dimension. Weil Beziehentlichkeit so zum Wesen des absoluten Seins gehörte, wurde die anitke Metaphysik revolutioniert, die personale oder relationale Differenzierungen lediglich als Akzidens des absoluten göttlichen Seins kannte. Insofern als die Hypostase weder einfach die οὐσία verkörpert noch Akzidens bedeutet, stellt sie ein überkategoriales Sein dar, womit Basilius zeigt, »daß er Gott nicht den irdischen Kategorien unterwirft und seine Realität als Person nicht abhängig macht von menschlichen Vorstellungen, was letztlich seine Gottheit in Frage stellen würde«[25]. Auf dieser Basis bezeichnete Basilius mit οὐσία das eine, gemeinsame göttliche Wesen (τὸ κοινόν) und mit ὑποστάσεις die jeweiligen Eigentümlichkeiten (ἰδιότηςτες) der trinitarischen Personen (Ep. 236,6; 214,4). So entstand die neunizänische Formel μία οὐσία-τρεῖς ὑποστάσεις (Ep. 236,6), in der sich von der Sache her die westliche Formel *una substantia – tres personae* widerspiegelt.[26]

Personalität wurde damit endgültig als personale Eigentümlichkeit erkennbar, wodurch der trinitätstheologische Diskurs auch das *anthropologische* Personverständnis über die bisherige Bedeutung von Maske oder Antlitz hinaus

---

[24]   Zur Bedeutung von Athanasius für die Entwicklung der Trinitätslehre vgl. a. a. O., 119 ff.

[25]   *W. A. Bienert*, Dogmengeschichte (GKT 5,1), Stuttgart/Berlin/Köln 1997, 197. Vgl. *A. M. Ritter*, Dogma (s. Anm. 4), 205; *I. D. Zizioulas*, Wahrheit und Gemeinschaft in der Sicht der griechischen Kirchenväter, in: KuD 26 (1980), 2–48, 19, wo deutlich wird, dass Zizioulas diese metaphysische Revolution allein auf die Kappadozier bezieht und die bereits bei Tertullian und Athanasius erkennbare Vorabbildung übersieht.

[26]   Vgl. *Andresen*, Entstehung (s. Anm. 16), 34 ff., und *C. Markschies*, Gibt es eine einheitliche »kappadozische Trinitätstheologie«? Vorläufige Erwägungen zu Einheit und Differenzen neunizänischer Theologie, in: *W. Härle / R. Preul (Hg.)*, Marburger Jahrbuch Theologie, Bd. X: Trinität (MThSt 49), Marburg 1998, 51–94.

vertiefte. So konnte die freie personale Gemeinschaft im Verhältnis von »Gegenüber und Nähe« zwischen Gott und Mensch auch von der anthropologischen Seite dezidierter zur Darstellung kommen. Hinsichtlich des *Gottesbegriffs* war das biblisch bezeugte Wesen Gottes als lebendige Liebe nun noch differenzierter im Kontext philosophischer und religiöser Gottesbilder nachzuvollziehen, was im folgenden Abschnitt mit den Implikationen für die Anthropologie und das Glaubensverständnis kurz aufgezeigt wird.

2 Trinitarische Wesensstrukturen und ihre Implikationen für die Anthropologie und das Glaubensverständnis

These: Die in der Heilsökonomie wahrnehmbaren innertrinitarischen Beziehungen und personalen Eigentümlichkeiten lassen Gott als vollkommene Gemeinschaft der Liebe erkennen, an der er den Menschen Anteil geben möchte. Es wird ersichtlich, wie der dreieinige Gott seinen jeweiligen personalen innertrinitarischen Eigenschaften entsprechend in der Heilsgeschichte handelt, weshalb Rückschlüsse von der ökonomischen auf die immanente Trinität möglich sind. Als *imago Dei* weist der sprachlich und personal konstituierte Mensch im Kontext *intra*- und *inter*personaler Strukturen *analoge* Eigenschaften auf, wobei neben den Gemeinsamkeiten auch die Unterschiede zu beachten sind, um anthropologische und ekklesiologische Vereinnahmungen Gottes zu verhindern. Das unter diesen Voraussetzungen bestehende personale Verhältnis von »*Gegenüber und Nähe*« eröffnet eine freie Gemeinschaft der Liebe zwischen Gott und Mensch, welche die Gottheit Gottes ebenso gewährt wie die Menschlichkeit des Menschen und bisherige philosophische und religiöse Gottesbeziehungen überbietet.

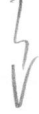

Weil am biblischen Zeugnis deutlich wird, wie sich Gott in seinem trinitarischen Wesen den Menschen in der Heilsgeschichte zuwendet und welche Aspekte dabei der innertrinitarischen Gemeinschaft gelten und welche sich speziell auf die Heilshandlungen in der Welt beziehen (Phil 2,6–8; Joh 1,1–5; Joh 14–17 u. ö.), lässt die heilsgeschichtlich erkennbare *ökonomische Trinität* nach dem Offenbarungsverständnis der Kappadozier Rückschlüsse auf die dem Wesen Gottes *immanente Trinität* zu. Auch die differenzierte kappadozische Energienlehre hält am Zusammenhang zwischen den Beziehungen in der Trinität und ihren energetischen Erscheinungen fest, da sich die trinitarischen Personen in ihren Handlungen und Wirkungen entsprechen (Gregor von Nazianz: Oratio 39,11). Insofern als die Kappadozier in diesem Kontext sowohl die heilsökonomisch erkennbaren trinitarischen Hypostasen als auch die apophatische Tiefe ihrer vielschichtigen – biblisch bezeugten – Relationen wahrnahmen, konnten sie zwischen innertrinitarischen Ursprungsbeziehungen und anderen ewigen Beziehungen auf der

Existenzebene unterscheiden.[27] Deshalb habe ich die Unterscheidung zwischen »*Ursprungs- und Existenzbeziehungen*« eingeführt, die gegenüber ähnlichen terminologischen Unterscheidungen wie der von Jürgen Moltmann zwischen »Konstitutions- und Relationsebene«[28] neben dem Unterschied auch den Zusammenhang der Ebenen transparenter werden lässt, auf denen sich die von den Kappadoziern wahrgenommene innertrinitarische Perichorese vollzieht. Diese kann jetzt nur knapp material ohne die detaillierten Begründungszusammenhänge dargelegt werden.[29]

Der Vater als ursprunglose Quelle tritt sich in seinem Sohn als eigenes Bild gegenüber bzw. spricht sich in seinem Logos selbst aus, was sich unter der Hauchung des Geistes ereignet. Weil sich Zeugung des Sohnes und Hauchung des Geistes als ewiger Prozess gegenseitig begleiten, bestehen die Verbindungen zwischen den ewigen Ursprungs- und Existenzbeziehungen. Am Beispiel des Heiligen Geistes bedeutet das, dass sein Hervorgang aus dem Vater auf der Ursprungsebene *durch* den Sohn geschieht, weil der Geist auf der Ebene ewiger Existenzbeziehungen auf dem Sohn ruht und aus ihm ausstrahlt.[30] Denn im Pro-

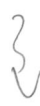

---

[27]   Vgl. insgesamt *Haudel*, Selbsterschließung (s. Anm. 2), 127 ff., 454 ff., wo der Verfasser auf kappadozischer Basis neben trinitätstheologischen Differenzierungen auch eine offenbarungstheologische Differenzierung vollzieht (»Ahnung – Offenbarung«), die bisherige Probleme im Verhältnis von natürlicher und übernatürlicher Theologie zu überwinden vermag. – Zur entsprechend angemessenen Zuordnung von Schrift, Tradition und Kirche vgl. *ders.*, Die Bibel und die Einheit der Kirchen. Eine Untersuchung der Studien von »Glauben und Kirchenverfassung« (KiKonf 34), 3. Aufl., Göttingen 2012, wo nachgewiesen wird, dass »Glauben und Kirchenverfassung« bei dieser Zuordnung einen ökumenischen Durchbruch erzielt hat.

[28]   Bei *Moltmanns* Unterscheidung tritt nicht deutlich genug hervor, dass auch die konstitutiven Ursprungs*beziehungen* ein Ursprungs*verhältnis* (Beziehung, Relation) der entsprechenden trinitarischen Personen beinhalten, während die übrigen perichoretischen Relationen auf ihre Weise ebenfalls *konstitutiv* für das trinitarische Wesen sind. Vgl. *Moltmann*, Trinität (s. Anm. 16), 189 ff.

[29]   Zur detaillierten Begründung und Analyse sowie zur Unterscheidung von »Ursprungs- und Existenzbeziehungen« vgl. *Haudel*, Selbsterschließung (s. Anm. 2), 131 ff., 522 ff.

[30]   Zur daraus abgeleiteten *Lösung des Filioque-Problems*, die der Verfasser auf einer internationalen Konsultation in Aachen 2009 vorstellte (anlässlich des 1200-jährigen Jubiläums der Aachener Synode 809: Karl der Große/Filioque) und die von vielen orthodoxen Theologen als Lösungsmöglichkeit bezeichnet wird, vgl. *M. Haudel*, Hermeneutische und trinitätstheologische Grundlagen für das gemeinsame Verständnis der trinitarischen Beziehungen. Ansätze zur Lösung des Filioque-Problems, in: *M. Böhnke u. a. (Hg.)*, Die Filioque-Kontroverse. Historische, ökumenische und dogmatische Perspektiven 1200 Jahre nach der Aachener Synode (QD 245), Freiburg (Br.) / Basel / Wien 2011, 272–297. Vgl. ferner *ders.*, Trinitätstheologische Perspektiven für das Filioque-Problem und für ekklesiologische Annäherungen, in: International Journal of Orthodox Theology 2/2 (2011), 132–160.

zess von Zeugung und Hauchung öffnet der Geist den Vater für den Sohn und erschließt dem Sohn die antwortende liebende Hingabe an den Vater. Wie der Vater so innertrinitarisch als ewige Quelle gilt, wirkt er nach außen als Schöpfer, und wie der Sohn so innertrinitarisch das Bild des Vaters und die antwortende liebende Hingabe verkörpert, ist er auch heilsgeschichtlich prädestiniert, Gott zu offenbaren und sich für die Menschen hinzugeben. Weil nach seinem Bild alles geschaffen wurde (Kol 1,16f.), offenbart er auch das wahre Menschsein. Und wie der Geist innertrinitarisch Vater und Sohn für die *Wahrheit* des jeweils anderen öffnet und ihre *Liebe* und *Gemeinschaft* ermöglicht und diese als selbstlose *heilige* Liebe auf einen Dritten ausweitet, so ist er als entsprechend *Heiliger* Geist und Geist der *Wahrheit* prädestiniert, heilsgeschichtlich die *Gemeinschaft* der *Liebe* zwischen Gott und Mensch sowie zwischen den Menschen untereinander zu gewähren und dabei die Menschen zu *heiligen* und in die *Wahrheit* zu führen. Dies geschieht im Verhältnis personaler Freiheit, denn wo der Geist ist, ist Freiheit (II Kor 3,17), weil Liebe der Freiheit bedarf. Der dreieinige Gott verkörpert das vollkommene Leben der Liebe (I Joh 4,8.16), insofern als jede trinitarische Person unter Beibehaltung des personalen Selbstandes in gegenseitiger *inter*personaler Hingabe und Durchdringung (περιχώρησις/circumincessio) ganz in jeder anderen ist, was sich in der *intra*personalen Wesenseinheit des Ineinanderseins (circuminsessio) widerspiegelt (Joh 10,30;14,9ff.; 17,21). Dabei wird die Einheit der drei hypostatischen Spezifika der Ursprungsbeziehungen durch das gleichursprüngliche wechselseitige Relationsgefüge auf der Existenzebene garantiert.

Neben dieser relational-*personalen* Prägung fällt die *sprachliche* Prägung des dreieinigen Gottes auf. Da der Logos das innertrinitarische Abbild Gottes ist, besteht hier die vollkommene Identität von Wort und Sein. Der nach dem Bilde des Logos geschaffene Mensch weist deshalb ebenfalls sprachliche und personale Strukturen auf, die sich gegenseitig bedingen. Weil sich der Mensch als selbstreflexives personales Geheimnis nur selbst mitteilen kann und zugleich auf personale Gemeinschaft und damit auf Anrede angewiesen ist, bedarf er ontologisch der sprachlichen Konstitution, so dass er laut Eberhard Jüngel wesensmäßig »sowohl Gott als auch sich selbst entspricht«[31], wenn er sich glaubend auf die Anrede Gottes einlässt. Dabei ermöglicht der dem personalen Verhältnis von »Gegenüber und Nähe« entsprechende empfangende Glaube eine Beziehung, in der die Gottheit Gottes ebenso gewahrt bleibt wie die Menschlichkeit des Menschen, ohne dass es zu dualistisch oder identifizierend ausgerichteten religiösen Strukturen kommt, die eine solche freie personale Gemeinschaft kaum ermöglichen und den Gnadencharakter der göttlichen Zuwendung nicht als freie Liebe *pro nobis* transparent werden lassen. Gleichermaßen wird ein synergistisch

---

[31]   *E.Jüngel*, Gott als Geheimnis der Welt. Zur Begründung der Theologie des Gekreuzigten im Streit zwischen Theismus und Atheismus, 3. Aufl., Tübingen 1978, 219.

oder deterministisch geprägtes Glaubensverständnis abgewehrt, da der Gottes Heilshandeln gegenüber passive Glaube die aktive Glaubensantwort ermöglicht. Obwohl Gott und Mensch mit den Worten Jüngels in der Liebe das gleiche Geheimnis teilen[32], ist auf die *Analogie* der Wesenseigenschaften zu achten. Denn während der dreieinige Gott in der Gleichzeitigkeit von *intra*- und *inter*personaler Dimension die Liebe *ist*, hat der Mensch nur analog Anteil an ihr. Den einzelnen Menschen charakterisiert gemäß der *psychologischen Analogie* die *intra*personale Dimension trinitarischer Einheit in Vielfalt, mit der er auch eine eigene Reflexivität und Lebendigkeit besitzt, während er die *inter*personale trinitarische Dimension gemäß der *sozialen Analogie* nur in Gemeinschaft mit Gott und mit den Mitmenschen erfährt. Doch gerade das zeichnet ihn als *einmaliges Wesen* aus, weil Gott sich nicht einfach vervielfältigt hat, sondern ein neues Leben als Ziel seiner Liebe schuf. Dieses ist nicht – wie tendenziell bei Hegel – Teil eines sich selbst entfaltenden Gottes, sondern etwas Eigenes, in dem Gott nicht sich selbst, sondern etwas anderes liebt.

Wird also die gezeigte differenzierte Analogie ernst genommen, ist eine *freie personale Gemeinschaft der Liebe* als »Gegenüber und Nähe« von Gott und Mensch möglich, die gegenüber anderen philosophischen und religiösen Gottesvorstellungen in besonderer Tiefe gewährt wird, insofern als diese oft von statischerer Natur sind, sei es durch mehr dualistische oder mehr identifizierende Gottesbilder. Zugleich werden auch Konzeptionen christlicher Theologie vor der Gefahr einer intra- *oder* interpersonalen Reduktion der Trinität bewahrt – und damit vor einer anthropologisch oder ekklesiologisch ausgerichteten Vereinnahmung Gottes für eigene intra- *oder* interpersonale Strukturen, was jetzt nicht ausgeführt werden kann.[33] Der letzte Abschnitt kann lediglich noch exemp-

---

[32] Vgl. a. a. O., 538, und *M. Haudel*, Ökumene mit Zukunft. Gemeinsamer Dialog aller Konfessionen: Der Weg der Arbeitsgemeinschaft Christlicher Kirchen in Nordrhein-Westfalen im Licht der Weltökumene (1945–2011). Anhang: Der dreieinige Gott als Lebenshorizont (Schriften des Landeskirchlichen Archivs der Evangelischen Kirche von Westfalen 15), 2. Aufl., Bielefeld 2012, 81 ff.

[33] Vgl. dazu *Haudel*, Selbstschließung (s. Anm. 2), 336 ff., 565 ff.; *ders.*, Der trinitarische Gottesbegriff und die Zukunft der Konfessionen – Probleme und Chancen, in: *I. Noble u. a. (Hg.)*, Religiöse Bindungen – neu reflektiert. Reimagining Religious Belonging. Ökumenische Antworten auf Veränderungen der Religiosität in Europa. Ecumenical Responses to Changing Religiosity in Europe (ÖR.B 90), Leipzig 2012, 245–264. – Die trinitätstheologischen Differenzierungen transzendieren durch ihre Unterbindung einseitiger anthropomorpher Vereinnahmungen auch *reduktive geschlechtsspezifische trinitätstheologische Zuordnungen*, so dass Gott weder patriarchalisch noch durch extreme feministische Gegenreaktionen zu vereinnahmen ist, sondern in seiner einzigartigen Göttlichkeit ernst genommen werden muss. – Zu den Implikationen einer angemessenen Trinitätslehre für die christliche *Weltverantwortung* vgl. *ders.*, Selbstschließung (s. Anm. 2), 594 ff., und *ders.*, Das Verhältnis

larisch auf die bleibende Bedeutung der Differenzierungen im Kontext philosophischer und religiöser Gottesbilder hinweisen.

3 Trinitätstheologische Differenzierungen als Voraussetzung für eine angemessene Orientierung im Dialog mit philosophischen Gottesvorstellungen und anderen Religionen

These: Die Wahrnehmung der differenzierten *Gleichzeitigkeit von intra- und interpersonaler Dimension* des dreieinigen Gottes in ihrem analogen Verhältnis von Anknüpfung und Differenz zu weltlichen bzw. anthropologischen Strukturen verhindert die Auflösung des personalen Verhältnisses von »Gegenüber und Nähe« zwischen Gott und Mensch zugunsten statischerer philosophischer und religiöser Gottesverständnisse, seien sie mehr dualistischer oder mehr identifizierender Natur. Zugleich ermöglicht diese Wahrnehmung eine differenziertere Einbringung des christlichen Gottesbegriffs in den interreligiösen Dialog.

Wie in den ersten vier Jahrhunderten hat sich der trinitarische Gottesbegriff auch weiterhin im Kontext anderer philosophischer und religiöser Gottesbilder zu bewähren. Weil sich Gott in der Heilsgeschichte als personales Geheimnis in Wort und Tat erschließt – in Entsprechung zur personal-sprachlichen Konstitution des Menschen –, verweist die Dimension des Geheimnisses nicht wie in einigen neuplatonisch oder aufklärerisch geprägten religiösen Traditionen auf Über-Rationales oder auf die Nicht-Begreifbarkeit Gottes, sondern auf den apophatischen Aspekt des personalen Geheimnisses, der Gottes Selbstaussage impliziert. Insofern ist Gott weder einfach wie in manchen mystischen Ansätzen schweigend als unsagbar zu bejahen noch ist er atheistisch als völlig undenkbar zu negieren oder theistisch im Rückschlussverfahren abzuleiten, sondern als personales Geheimnis in seinen selbsterschließenden Worten und Taten ernst zu nehmen. Wird die dort erkennbare Gleichzeitigkeit von *intra-* und *inter*personaler Dimension im dreieinigen Wesen Gottes mit ihrer Ermöglichung eines differenzierten personalen Verhältnisses von »Gegenüber und Nähe« zwischen Gott und Mensch wahrgenommen, lassen sich im Dialog mit anderen philosophischen und religiösen Gottesvorstellungen Reduktionen auf die intra- *oder* interpersonale Dimension Gottes mit ihren defizitären Implikationen erkennen.

So erweist sich etwa das *religionsphilosophische* Trinitätsverständnis *Hegels* unter diesem Blickwinkel als einseitig *intra*personal geprägt, wodurch eine als

---

von Gesetz und Evangelium als innerprotestantische und interkonfessionelle Herausforderung, in: KuD 53 (2007), 230–249.

»Gegenüber und Nähe« qualifizierte Gemeinschaft zwischen Gott und Mensch schwer darstellbar ist. Hegel versuchte gegenüber Kants rationaler Reduktion Gottes auf die Ebene der Vernunft oder des Subjekts, die er als statisch und weltfern empfand, trinitarisch die Lebendigkeit eines weltzugewandten Gottes aufzuzeigen. Dabei versteht Hegel Gott als rein *intra*personales absolutes Geist-Subjekt (Reich des Vaters), das sich in die Welt als das Andere seiner selbst entfaltet (Reich des Sohnes), um nicht leblos-einsam zu bleiben. Diese Konkretionen seiner selbst bringt Gott mit Hilfe der geistdurchwirkten Gemeinde zur Einheit des Geistes zurück und gelangt so zu seiner vollkommenen Wirklichkeit (Reich des Geistes). Gegenüber rationalistischen Gefahren einer Trennung von Gott und Heilsökonomie entsteht so die umgekehrte Gefahr der *Identifikation* von göttlicher Immanenz und Ökonomie. Dadurch schieben sich göttliche und menschliche Geschichte in einem dialektischen Prozess linear ineinander und das ständige Verhältnis von »Gegenüber und Nähe« als Voraussetzung freier und lebendiger Gemeinschaft sowie hingebungsvoller Gnade Gottes kommt nicht mehr angemessen zum Tragen.[34]

Auch für jüngere *philosophische* Versuche, durch die *vestigia trinitatis* eine »Metaphysik der Person« zu entwickeln, wie es etwa *Ludger Oeing-Hanhoff* in rein *intra*personaler Orientierung an einer kantianisch geprägten Ontologie des Subjekts unternahm, gilt der Hinweis, dass die zugrunde gelegten intra- *oder* interpersonalen weltlichen Strukturen nur *analog* mit einem entsprechenden Gottesverständnis in Verbindung zu bringen sind. Denn die Gleichzeitigkeit von *intra*- und *inter*personaler Dimension Gottes sperrt sich gegen eine Vereinnahmung durch eine der beiden Dimensionen – und damit auch gegen eine theistisch-metaphysische Prinzipialisierung weltlicher Strukturen, die eine Funktionalisierung des Gottesbegriffs zur Folge haben kann.[35]

Abschließend soll noch an einem Beispiel gezeigt werden, dass es auch bei der Einbringung der Trinitätslehre in den *interreligiösen Dialog* der Beachtung der differenzierten trinitarischen Strukturen bedarf, wenn die damit verbundenen Implikationen der Gemeinschaft von Gott und Mensch Eingang in den Dialog finden sollen. Während Hans-Martin Barth von einer triadischen Grundstruktur des religiösen Bewusstseins spricht,[36] betrachtet der katholische Theologe *Gisbert*

---

[34] Vgl. bes. *G. W. F. Hegel*, Vorlesungen über die Philosophie der Religion II u. III, in: Georg Wilhelm Friedrich Hegel. Werke, Bd. 17, auf der Grundlage der Werke von 1832–1845 neu ed. Ausg. (stw 617), 3. Aufl., Frankfurt a. M. 1996, 7–344. – Vgl. auch *Haudel*, Selbsterschließung (s. Anm. 2), 198 ff.

[35] Vgl. *L. Oeing-Hanhoff*, Trinitarische Ontologie und Metaphysik der Person, in: *W. Breuning (Hg.)*, Trinität. Aktuelle Perspektiven der Theologie. Eugen Drewermann u. a. (QD 101), Freiburg (Br.) / Basel / Wien 1984, 143–182.

[36] Vgl. *H.-M. Barth*, Dogmatik. Evangelischer Glaube im Kontext der Weltreligionen, 3., aktualisierte und ergänzte Aufl., Gütersloh 2008, 321–340.

Greshake die Trinitätslehre sogar als Basistheorie des interreligiösen Dialogs, weil sie das Potential habe, die Grundtypen der Weltreligionen zu integrieren. Die trinitarische Person des *Vaters* als ursprunglose Quelle verkörpert laut Greshake die Korrelation zu allen *apophatischen Religionen* (z. B. buddhistisches Nirvana), der *Sohn* als Wort Gottes bildet das Korrelat zu *theistischen Religionen* mit persönlichem Gottesverhältnis (z. B. Islam), und mit dem Wesen des *Heiligen Geistes* korrelieren religiöse *Vorstellungen von der Ganzheits-Immanenz Gottes* im Kosmos (z. B. hinduistische Spiritualität des Geistes). Greshake gesteht zwar zu, dem ersten und dritten Typos fehle das zur Liebe gehörende Gegenüber-Sein, dessen Beachtung diese religiösen Grundtypen von der christlichen Trinität zu lernen hätten, in der sie ja perichoretisch vereint würden, aber er meint zugleich, die eigenen legitimen Perspektiven der religiösen Grundtypen seien deshalb nicht in Frage zu stellen, da sie auch Gottes Wahrheit transportieren. Hier wird der Ansatz *aporetisch*, weil Greshake Grundausrichtungen zu harmonisieren versucht, die sich in ihrer Grundintention nicht entsprechen (z. B. namenlose Gottesferne und liebende Zuwendung Gottes in personaler Gemeinschaft). Unter differenzierter Beachtung der intra- *und* interpersonalen Dimension Gottes könnte Greshake sowohl dem trinitarischen Gottesbegriff als auch den anderen Religionen gerechter werden. Denn wenn *intra*personal geprägte westliche trinitarische Ansätze (oft verbunden mit einer engen Filioque-Tradition: Geist primär als Gabe) die *inter*personale Eigenständigkeit des Heiligen Geistes ernster nehmen, wirkt sich das zunächst positiv auf die Wahrnehmung des Geistwirkens in anderen Religionen aus. Würde dabei aber der Zusammenhang von Pneumatologie und Christologie nicht wie bei Greshake aufgrund seines Rückgriffs auf trinitarisch-pantheistische Tendenzen des indischen Theologen Raimon Panikkar vernachlässigt, käme das Wirken des Heiligen Geistes in anderen religiösen Kontexten nicht in so pauschaler und vereinnahmender Harmonisierung zum Vorschein, sondern in Wahrnehmung von Spuren der Komplementarität *und* Differenz.[37] Die genannten Differenzierungen können deshalb nicht nur bei mehr inklusivistischen Ansätzen wie dem von Greshake hilfreich sein, sondern auch bei mehr pluralistischen Ansätzen wie dem von Perry Schmidt-Leukel, was nicht mehr im Einzelnen auszuführen ist.[38]

So bleibt es auch angesichts aktueller Herausforderungen von Bedeutung, auf den gezeigten Grundlagen differenziert zu betrachten, wie sich der trinitarische Gottesbegriff in Anknüpfung und Differenz zu anderen philosophischen und religiösen Gottesbegriffen verhält und welche Implikationen sich daraus jeweils ergeben.

---

[37]   Vgl. insgesamt *G. Greshake*, Der dreieine Gott. Eine trinitarische Theologie, Freiburg (Br.) / Basel / Wien 1997, 499–522.

[38]   Vgl. *P. Schmidt-Leukel*, Gott ohne Grenzen. Eine christliche und pluralistische Theologie der Religionen, Gütersloh 2005.

Interkulturelle Theologie

»Religionen« zwischen Universalitäts- anspruch und partikularer Ausprägung

»Pluralistische Religionstheologie« im Gespräch mit »Komparativer Theologie«

Moritz Fischer

1 »Pluralistische Religionstheologie«, »Komparative Theologie« und »Transdifferenz«

Wer die Behauptung aufstellt, es gebe *einen* Gott, der in *vielen* Religionen verehrt würde, muss auch die Gegenfrage aushalten: Wie lassen sich unterschiedliche Glaubenskonzeptionen, die von der Existenz jeweils *eines* Gottes (oder vieler unterschiedlicher Götter) ausgehen, einem universellen, dabei vereinheitlichend-abstrahierenden Begriff von »Religion« zuordnen? Mit diesen Überlegungen konzentriere ich mich auf zwei derzeit diskutierte Antwortversuche auf diese Fragen. Beide stehen miteinander im Gespräch: Es sind dies die »Pluralistische Religionstheologie« und die »Komparative Theologie (der Religionen)«. Als dis- kursiv-ergebnisoffene Methode, welche beide Konzeptionen in ihrer Unterschied- lichkeit und in ihren Analogien zu verstehen hilft, bemühe ich die Denkform der *Transdifferenz*. Letztere hat kulturwissenschaftliche und religionsphilo- sophische Wurzeln. Inwieweit ist dieser Begriff, der »auf die Untersuchung von Momenten der Ungewissheit, der Unentscheidbarkeit und des Widerspruchs«[1] zielt, auf Momente anwendbar, die im distanzierten Gegenüber, im vermeint- lichen Gegeneinander, im real existierenden Mit- und Füreinander von *Religionen* entstehen?

---

[1] K. Lösch, Begriff und Phänomen der Transdifferenz: Zur Infragestellung binärer Diffe- renzkonstrukte, in: *L. Allolio-Näcke / B. Kalscheuer / A. Manzeschke*, Differenzen anders den- ken. Bausteine zu einer Kulturtheorie der Transdifferenz, Frankfurt a. M. / New York 2005, 27–49, hier 27.

In den folgenden Erwägungen möchte ich einerseits den Anspruch religiöser Systeme auf Universalität ernst nehmen, dabei aber die jeweils konkrete Vorfindlichkeit religiöser Praxis gerade nicht übersehen, geschweige denn sie negieren. Dieses »religionstheologische Pendel« schlägt auf der einen Seite in Richtung liberal-theologischer Konzeptionen, die einen religiösen Pluralismus stark machen; auf der anderen Seite berührt es eher konservativ ausgerichtete Überlegungen, deren Protagonisten nicht akzeptieren, wenn im religionstheologischen Diskurs partikulare, konkrete Ausprägungen von Religion übergangen und auf dem Altar der Abstraktion geopfert werden. Die bisherigen Überlegungen bündele ich in drei Thesen:

These 1: Ein Bekenntnis zum religiösen *Pluralismus* (und damit zu einem gewissen *universalen* Religionsbegriff), das ernst genommen werden möchte, muss immer in Rückbindung zu konkreten *partikularen* Ausformungen von Religion erfolgen.

These 2: Umgekehrt ist jede Verstehensbemühung um eine konkrete Religion, die von der Erfahrung *partikularer* Praxis ausgeht und unter Orientierung an einem religiösen System geschieht, auf einen pluralistischen Religionsbegriff hin zu transzendieren. Dies geschieht im Ringen um strukturell verallgemeinerbare, d. h. universalistische Aussagen, die möglichst allen religiösen Selbstäußerungen gerecht werden.

These 3: Sofern wir uns darum bemühen, eine Religion in ihrer Konstruiertheit zu verstehen und wir also nicht bei unserer etwaigen persönlichen Ergriffenheit dessen, »was uns unbedingt angeht« stehenbleiben und die subjektive Erfahrung von etwas »Erhabenem« nicht verabsolutieren, kann es gelingen, miteinander über solche Eindrücke ins Gespräch zu kommen: aber erst, nachdem wir mit der Erfahrung zunächst bei uns geblieben sind und uns ernsthaft gefragt haben, inwieweit die je eigenen, subjektiven »Interpretationen«, die sich daraus ergeben, auch für andere aussagekräftig sein mögen. Es gilt also, der bestehenden, vielleicht auch als schmerzhaft spürbaren inneren Spannung des »fascinosum et tremendum« nachzuspüren. Denn gerade in dieser inneren, womöglich widerspruchsvollen, vor-interpretativen Spannung bleibt Religion sich treu. Von da ausgehend treten ihre äußeren Spannungen hervor und wirken, um als »praktizierter Widerstand«[2] nicht nur persönliche Identität zu gestalten oder medial gestützte Öffentlichkeitsrelevanz zu erlangen, sondern *in publico* »Heilswirksamkeit« zu entfalten: »Ganz gleich, ob man sie als utopische Visionen betrachtet oder an sie als Offenbarungen der letzten Wirklichkeit glaubt, Religionen offenbaren verschiedene Möglichkeiten menschlicher Freiheit, die nicht auf diesen eigenartigen Akt der Distanzierung abzielen, der unserem ästhetischem Gefühl zur zweiten Natur geworden ist.«[3] An dieser Stelle im Diskurs angelangt, ist es

---

[2]   *D. Tracy*, Theologie als Gespräch. Eine postmoderne Hermeneutik, Mainz 1993, 123.

erst legitim zu »interpretieren«: »Interpretieren hieße dann, sich auf ein Anderes einzulassen. Bei diesem Geschehen des Kennenlernens erfährt das Ich selbst eine Interpretation, eine Veränderung; in diesem Interpretationsprozess gewinnt das interpretierende Individuum selber Identität. Angemessene Interpretation von Welt (...) [und Gott/Göttern] ist nicht möglich ohne den Verzicht auf den abstrakten, angemaßten Gottesstandpunkt, im demütigen, dienemütigen, sich dem anderen zuwendenden und sein Leben fördernden Nachvollzug des Weges ›Gottes‹ [bei dem es sich somit und zugegebenermaßen immer um eine konstruierte Größe handelt] in die Tiefe und in der Bereitschaft, die eigene Identität aufs Spiel zu setzen und im Prozess der Interpretation [in Wechselseitigkeit] neu zu gewinnen.«[4] Wenn wir uns als »Subjekte« nun »unseren früheren Illusionen von völliger Autonomie widersetzen«, wissen wir, »daß jeder Weg zur Wirklichkeit durch die radikale Pluralität unserer verschiedenen Sprachen und die Ambiguität unserer Geschichten führen muß.«[5]

»Transdifferenz ist nicht als Überwindung von Differenz, als Entdifferenzierung oder als höhere Synthese misszuverstehen, sondern bezeichnet Situationen, in denen die überkommenen Differenzkonstruktionen auf der Basis einer binären Ordnungslogik gleichsam *ins Schwimmen geraten* und in ihrer Gültigkeit *temporär* suspendiert werden, ohne dass sie damit endgültig dekonstruiert würden. Transdifferenz bezeichnet damit nicht die Überwindung bzw. Aufhebung von Differenz, denn das entspräche dem Denken der Einheit, sondern das *Aufscheinen des in dichotomen Grenzmarkierungen Ausgeschlossenen* vor dem Hintergrund des polar Differenten. Mit anderen Worten: Transdifferenz steht gleichsam in einem komplementären, nicht jedoch in einem substitutiven Verhältnis zur Differenz.«[6] Noch deutlicher und für unsere Fragestellung hilfreich, bei der es um die Klärung der Verhältnisse, in denen Religionen zueinander stehen, geht, definieren Breinig und Lösch: »In light of transdifference, narrations of cultural [*religious*] identity must be seen as interdependent texts, each bearing some marks of others, that is as *intertexts*. The very notion of self-representation is thrown into doubt by the realisation that narrations of group identity have a dialogic quality – no matter how hard some groups try to present a bounded, authentic cultural [*religious*] tradition of their own in sharp contradiction to other groups.«[7]

---

[3]   Ebd.

[4]   *H. Hempelmann*, »Wir haben den Horizont weggewischt«. Die Herausforderung: Postmoderner Wahrheitsverlust und christliches Wahrheitszeugnis, Witten 2008, 260 [Ergänzungen: M. F].

[5]   *D. Tracy* (s. Anm. 2), 121.

[6]   *K. Lösch*, Begriff und Phänomen der Transdifferenz, 27 f.

[7]   *H. Breinig / K. Lösch*, Transdifference, in: Journal for the study of British cultures 13 (1/2006), 105-122, hier 113 [Ergänzungen: M. F].

Das religionsphilosophische Konzept der *Transdifferenz* erkennt ebenso wie das der Interkulturalität das Besondere, Partikulare an, ohne es zu verabsolutieren und dem Universalen zu opfern. Das Universale wird dabei aber auch nicht dem Partikularen untergeordnet. Die fruchtbare Spannung, die *dazwischen* besteht, wird wahrgenommen und ausgehalten. Ephraim Meir, Philosoph aus Tel Aviv, bemüht sich um eine Bestimmung des Begriffs, die auch die gesellschaftspolitischen Implikationen von Religion berücksichtigt: »I use the term *trans-difference* in order to designate the movement that creates unity within respect for differences and avoids total assimilation, as well as extreme dissimilation. The realisation of a *transdifferent* society implies the realisation of fitting social and political structures, as well as laws for all; its source, however, lies in ethics that makes possible responsibility for the Other who is different and with whom I communicate.«[8]

Auf der Passhöhe, wo sich Menschen und Konzeptionen unterschiedlicher religiöser Identität begegnen, beispielsweise bei einem Dialog, der zwischen Christen und Andersgläubigen stattfindet, kann es zu einem genuinen *Passing over* hin zu anders-religiösen Erfahrungen kommen. Paul F. Knitter schlägt vor, dass die Dialogpartner dabei allgemeine Leitlinien oder Kriterien anwenden, die den Wahrheitswert einer jeglichen Religion oder religiösen Gestalt bestimmen. Knitter stellt Fragen durch die, ohne dass er explizit den Begriff der Transdifferenz gebraucht, immer die offene Wendung zum Andersgläubigen hin, bei der man sich selbst anscheinend ausliefert, im Fokus bleibt: *1. Rührt die Offenbarung der Religion oder religiösen Gestalt – die Erzählung, der Mythos, die Botschaft – die Herzen der Menschen an? Erschüttert sie das Gefühl, wühlt sie die Tiefen des Unbewußten auf? 2. Stellt die Offenbarung die Vernunft zufrieden und erweitert sie den geistigen Horizont? Ist sie dem Verstand zugänglich und in sich logisch? Vermehrt sie die Dimensionen des Verstehens? 3. Fördert die Botschaft die psychische Gesundheit des Einzelnen, seinen Sinn für Werte, Ziele und für die Freiheit? Fördert sie das Wohlergehen, die Befreiung der Völker? Integriert sie Individuen und Nationen in eine größere Gemeinschaft?*[9] Es geht für uns im interreligiösen Raum um die Ermöglichung von *Entgrenzung*: unter bewusster Vermeidung von gewaltsam vollzogener Grenzüberschreitung.

---

[8]   *E. Meir*, Quo vadis, religio? Religion as Terror and Violence or as Contribution to Civilization. A Plea for Transdifference, in: *ders.*, Identity Dialogically Constructed, Nordhausen 2011, 10–26, hier 22.

[9]   *P. F. Knitter*, Ein Gott – viele Religionen. Gegen den Absolutheitsanspruch des Christentums, München 1988, 194.

2 Religionspluralismus, komparative Theologie und »Passing over and coming back«

Im Blick auf die heutige Debatte vergleiche ich nun zwei aktuell diskutierte religionsvergleichende Modelle. Beide grenzen sich *voneinander* ab und stehen für Richtungen. Diese werden anhand der Positionen von jeweils einem Protagonisten und in enger Verbindung zum internationalen Diskurs verdeutlicht. Es handelt sich bei den beiden »Schulen« zum einen um die *komparative* Theologie. Sie wird in Deutschland durch Klaus v. Stosch (Paderborn) protegiert. Zum anderen geht es um die *pluralistische* Theologie der Religionen, vertreten durch Perry Schmidt-Leukel (Münster). Besondere Brisanz erhält der Diskurs beider religionstheologischen Richtungen dadurch, dass die jüngere komparative Theologie sich explizit von der pluralistischen Religionstheologie abheben möchte. Deren Hauptvertreter Schmidt-Leukel spricht von einer »pluralistischen *Hypothese* in der Theologie der Religionen«[10]. Er betont, dass er einen *spekulativen* Ansatz[11] verfolgt. Von Stosch dagegen fragt: »Wie lässt sich *am Eigenen festhalten bei möglicher Anerkennung des Fremden?*«[12] Er ist um die Bildung einer Theorie bemüht, die sich in *konkreten* Situationen bewährt. Im Zusammenhang der kritischen Analyse des Werkes von Schmidt-Leukel moniert er, dass ihm dessen generalisierende Option, es gehe beim Pluralismus um genuine »Wertschätzung religiöser Vielfalt«, nicht genügt.[13]

---

[10]   *P. Schmidt-Leukel*, Theologie der Religionen. Probleme, Optionen, Argumente, Neuried 1997, 64.

[11]   *P. Schmidt-Leukel*, Gott ohne Grenzen. Eine christliche und pluralistische Theologie der Religionen, Gütersloh 2005, 33.

[12]   *K. von Stosch*, Komparative Theologie – Ein Ausweg aus dem Grunddilemma jeder Theologie der Religionen?, in: Zeitschrift für Katholische Theologie 124 (2002), 294–311, hier 295.

[13]   Vgl. *von Stosch*, Komparative Theologie – Grunddilemma (s. Anm. 12), hier 294–298; vgl. *ders.*: Glaubensverantwortung in doppelter Kontingenz. Untersuchung zur Verortung fundamentaler Theologie nach Wittgenstein, Regensburg 2001, 345 ff.; hier 37–40; *ders.*, Das Problem der Kriterien als Gretchenfrage in jeder Theologie der Religionen. Untersuchungen zu ihrer philosophischen Begründbarkeit, in: *Ders. / P. Schmidt-Leukel (Hg.)*, Kriterien interreligiöser Urteilsbildung, Zürich 2005, 37–57, hier 37–40.

3 Das Programm der pluralistischen Theologie der Religionen

3.1 Das Prinzip der pluralistischen Religionstheologie

Die »pluralistische Religionstheologie«[14] und ihr Programm wurden in den 1980er Jahren von John Hick[15], Perry Schmidt-Leukel[16] und Paul F. Knitter[17] entwickelt[18] und von Perry Schmidt-Leukel[19] neu definiert: Pluralistische Religionstheologie geht im Blick auf die Weltreligionen einschließlich des Christentums von der »prinzipiellen Gleichwertigkeit hinsichtlich der in ihnen vermittelten heilshaften Gotteserkenntnis« aus.[20]

Die damit verbundene *Anerkennung des Anderen als Anderer* bedeutet aber nicht, dass alle Religionen bzw. ihre Lehren und Praktiken gleich wären, oder dass alle Religionen von vornherein als theologisch gleichwertig einzustufen sind. Beispielsweise wird die Möglichkeit offen gehalten, dass für einen *bestimmten* Menschen eine gegebene Religion tatsächlich einen Heilsweg eröffnet, eine andere gegebene Religion aber nicht. Ebenso können manche Religionen oder eine bestimmte religiöse Praxis sich eher als destruktiv und nicht heilsvermittelnd zeigen. Er betont, dass religiöser Pluralismus nicht mit *Relativismus* gleichzusetzen ist. Schmidt-Leukel wendet sich gegen ein *pragmatisches* oder *funktionalistisches* Theologieverständnis und hält am *spekulativen* Anliegen zur Behandlung der Wahrheitsfrage fest.[21] Die Aufgabe besteht darin, »[d]ie Welt der Religionen im Licht der *christlichen* Offenbarung zu deuten.«[22] Das impliziert, sich den Ansprüchen dieser Religionen zu stellen. Die umgekehrte Frage lautet:

---

[14]   Vgl. den Überblick zur jüngeren Diskussion bei *U. Schoen*, Denkwege auf dem Gebiet der Theologie der Religionen, in: Verkündigung und Forschung 34 (1989), 61-87; *P. Schmidt-Leukel*, Das pluralistische Modell in der Theologie der Religionen. Ein Literaturbericht, in: Theologische Revue 89 (1993), 353-364; *R. Bernhardt*, Zur Diskussion um die Pluralistische Theologie der Religion, in: Ökumenische Rundschau 43 (1994), 172-185; *P. F. Knitter*, Introducing Theologies of Religions, Maryknoll / New York 2002.

[15]   *J. Hick / P. F. Knitter (Hg.)*, The Myth of Christian Uniqueness. Toward a Pluralistic Theology of Religion, Maryknoll / New York, 1987.

[16]   *Schmidt-Leukel*, Theologie der Religionen (s. Anm. 10).

[17]   *P. F. Knitter*, Horizonte der Befreiung. Auf dem Weg zu einer pluralistischen Theologie der Religionen, Paderborn 1997.

[18]   Vgl. *Ch. Danz*, Theologie der Religionen. Positionen und Perspektiven evangelischer Theologie, Neukirchen-Vluyn, 31ff.

[19]   Vgl. *U. Winkler*, Perry Schmidt-Leukels christliche pluralistische Religionstheologie, in: SaThZ 10 (2006), 290-318.

[20]   *Schmidt-Leukel*, Theologie der Religionen (s. Anm. 10), 237.

[21]   Vgl. *Schmidt-Leukel*, Gott ohne Grenzen (s. Anm. 11), 33.

[22]   Vgl. *Schmidt-Leukel*, Gott ohne Grenzen (s. Anm. 11), 33.

»Wie beurteilt das Christentum sich selbst angesichts anderer Religionen?«[23] Diese Operation lässt sich freilich nicht durchführen, ohne eine theoretische Beschränkung auf wenige Grundoptionen vorzunehmen: Er nennt neben der des *Atheismus* das »Dreierschema« mit den Wahlmöglichkeiten des *Exklusivismus, Inklusivismus* und *Pluralismus*.

3.2 Die Bedeutung des Dreierschemas in der pluralistischen Religionstheologie

3.2.1 Der christliche Exklusivismus

Dieser beinhaltet die Ansicht, dass der christliche Glaube der einzig richtige sei, der alleine dem Wahrheitsanspruch genügt. Theologiegeschichtlich lässt sich dieses Modell am altkirchlichen Satz »extra ecclesiam nulla salus« festmachen, von dem sich die katholische Kirche aber mittlerweile in großen Teilen verabschiedet hat. Eine mögliche Definition lautet:

Exklusivismus: Andere »Religionen« haben keinen Anteil an der Wahrheit.
Ihnen kommt keine heilsentscheidende Qualität zu.[24]

Als inneren Widerspruch dieser Option stellt Schmidt-Leukel heraus, dass nichtchristliche Religionen wahrgenommen, aber nicht anerkannt würden. Da man mit den theologischen Vertretern des *Exklusivismus* nicht diskutieren könne, da sie andere Konzepte unter Häresieverdacht stellen, scheidet diese Variante für ihn aus logischen Gründen aus. Als theologische Konsequenz ergibt sich ferner, dass der *radikale* Exklusivismus den *allgemeinen* Heilswillen Gottes bestreiten muss.[25]

3.2.2 Der christliche Inklusivismus

Dieser erkennt an, dass auch in anderen »Religionen« Heil und Wahrheit vorhanden sind:

Inklusivismus: Die religiöse Heilsfunktion kommt primär in der eigenen Religion
zur vollen Bedeutung und Wirkung. Heil und Wahrheit sind aber
auch in anderen Religionen vorhanden.

Als logische Konsequenz ergibt sich, dass die *eigene* christliche Religion daher als allen anderen überlegen gilt. In der katholischen Kirche etwa wird durch den

---

[23]   Winkler, Perry Schmidt-Leukel (s. Anm. 19), 291.

[24]   Vgl. *R. Bernhardt*, Der Absolutheitsanspruch des Christentums. Von der Aufklärung bis zur pluralistischen Religionstheologie, Gütersloh 1990; *ders.*, Die pluralistische Religionstheologie. Relativitätsschock für den christlichen Glauben?, in: *W. Weiße (Hg.)*, Wahrheit und Dialog. Religionspädagogik in einer multikulturellen Gesellschaft 4, Münster u. a. 2002, 19–34; *J. Hick u. a.*, Four Views on Salvation in a Pluralistic World, Grand Rapids 1996.

[25]   Die Theologie Karl Barths mit ihrer grundsätzlichen Religionskritik fällt in die exklusivistische Kategorie.

Inklusivismus die exklusivistische Position überwunden. Dokumentiert ist dies in der Erklärung *Nostra Aetate* des Zweiten Vatikanischen Konzils. Dort spiegelt sich eine *inklusivistische* Position im Verhältnis zu anderen Religionen wider. Danach liegt zwar einzig in Jesus Christus das Heil. Seine erlösende Kraft kann im Einzelfall auch Nichtchristen geschenkt werden. Deren Wertschätzung ist nur möglich, indem das Fremde als defizitäre Form des Eigenen verstanden wird.

Beim *Inklusivismus* benennt Schmidt-Leukel folgende Widersprüche: 1. Die Spannung zwischen dem Christentum und den anderen Religionen wird nicht in ihrem positiven Potential wahrgenommen, sondern negativ bewertet: sie zielt »auf eine Auflösung dieser Differenz […].«[26] 2. Die Behauptung außerchristlicher Heilsverwirklichung steht im Widerspruch zur Behauptung ihrer inferioren Offenbarungsqualität.

3.2.3 Die Unbrauchbarkeit des Exklusivismus und des Inklusivismus

Schmidt-Leukel resümiert: *Exklusivismus* und *Inklusivismus* sind weder jeder für sich genommen noch in ihrem direkten Zusammenhang brauchbar: Der erste hat keinen höheren Erklärungswert, der zweite ist in sich inkonsistent. Beide Konzeptionen stimmen zudem in der relativierenden Bewertung der Wahrheitsansprüche anderer Religionen überein. Im Zusammenhang seiner Inklusivismuskritik verwirft Schmidt-Leukel drei für ihn irreführende zentrale Lehrinhalte christlicher Theologie, nämlich »die dogmatischen Probleme der *Inkarnation*, der *heilskonstitutiven Funktion Jesu Christi* und die Verbindlichkeit der *Trinitätslehre*«.[27] Alle drei seien für die pluralistisch-theologische Theoriebildung hinderlich und auszusortieren.

3.2.4 Religionstheologischer Pluralismus im Zusammenhang Exklusivismus/ Inklusivismus

Mittels der Einbeziehung des *Pluralismus* als dritter religionstheologischer Kategorie erweitert er das unzureichende Paar aus Exklusivismus und Inklusivismus zu einem Dreierschema. Zwar lässt sich der Kerngedanke der pluralistischen Religionstheologie auf die einfache Formel reduzieren: *Anerkennung des Anderen als Anderer bei prinzipieller Gleichwertigkeit der heilshaften Gotteserkenntnis, die in seiner Religion vermittelt wird.* Schmidt-Leukel geht es darum zu erklären, welche Logik dieser Anerkennung des Anderen als Anderer vorauszusetzen ist. Soll der religionstheologische Pluralismus mehr als ein Appell sein, muss er im Zusammenhang einer weitergehenden, für möglichst viele Menschen einleuchtenden relevanten religiösen Logik stehen. Deren dritte Komponente des Pluralismus ist als solche keineswegs auf eine einfache Formel zu reduzie-

---

[26]   *Winkler,* Perry Schmidt-Leukel (s. Anm. 19), 294.

[27]   Ebd.

ren, wie es beim Exklusivismus und beim Inklusivismus der Fall ist. Sie erlangt ihre Bedeutung erst im Zusammenhang des Dreierschemas.

Prinzipiell geht der Pluralismus davon aus, dass Heil und Wahrheit in allen Weltreligionen in *gleichwertiger* Weise vermittelt werden. Der Pluralismus darf nicht auf die Radikalposition fixiert werden, laut der *in allen* Religionen eine prinzipiell gleichrangige Realisation heilshafter *Elemente* anzutreffen ist. *Dem Pluralismus geht es in erster Linie um eine genuine Wertschätzung religiöser Vielfalt.* Doch wie verwahrt sich Schmidt-Leukel konzeptionell gegen den Vorwurf, dass er alle Religionen generalisierend gleichmachen würde? Er definiert ein *Klassifikationsschema*, das mittels einer entsprechenden Kriteriologie anzuwenden ist. Die vier religionstheologischen *Grundmodelle* sind Atheismus, Exklusivismus, Inklusivismus und Pluralismus. Sie genügen, um sämtliche möglichen interreligiösen Verhältnisbestimmungen zu treffen, d. h., Pluralismus ist nur unter Anerkennung der Gesamtlogik des Systems zu verstehen. Klassifiziert werden nicht Religionen als solche. Religiöse *Systeme* werden hinsichtlich bestimmter in Teilmengen des Ganzen vorhandener Prädikationen oder Eigenschaften im Blick auf das Verhältnis bestimmt, das zu den Teilmengen anderer Religionen besteht.

3.3 Die innere Logik des Dreierschemas

Was hält diese Konstruktion des religionstheologischen *pluralistischen* Modells für Schmidt-Leukel zusammen?[28] Es ist der Anspruch auf *Vollständigkeit* dieser Konzeption. Diese Vollständigkeit steht im unmittelbaren systemlogischen Zusammenhang mit der *Unausweichlichkeit* des Dreifachschemas. Eine andere Religion kann, theologisch gesehen, nur in ihrem Verhältnis zur eigenen Religion verortet werden. Dies geschieht mittels einer der drei Kategorien. Er betont, dass er mit dem religionstheologischen Modell der Unterscheidung zwischen Exklusivismus, Inklusivismus und Pluralismus »erstmals eine systematische Klassifikation bietet, die in logischer Hinsicht *umfassend* und *unausweichlich* und in theologischer Hinsicht *adäquat* ist.«[29] Die Suche nach alternativen Typologien hält er für nutzlos. Den Nachweis der logischen *Vollständigkeit* und *Unausweichlichkeit*, behauptet Perry Schmidt-Leukel mittels eines *mengentheoretischen Verfahrens* zu erbringen.

Demnach lässt sich »die logisch mögliche Relation des Christentums zu anderen Religionen durch die Extension der Eigenschaften im Sinne von Teilmengen erfassen«[30]. Allgemein bedeutet das, dass Schmidt-Leukel davon ausgeht,

---

[28]   Vgl. *Schmidt-Leukel*, Theologie der Religionen (s. Anm. 10), 76 ff.

[29]   *P. Schmidt-Leukel*, Zur Klassifikation religionsgeschichtlicher Modelle, in: Catholica 47 (1993), 163–183, hier 163.

[30]   *Schmidt-Leukel*, Zur Klassifikation (s. Anm. 29), 174.

Kriterien zur Verfügung zu stellen, mit denen sich die *Geltungsansprüche unterschiedlicher Religionen und die Frage, in welchem Verhältnis diese zueinander stehen, untersuchen lassen.*[31] Mit den Teilmengen, die aus bestimmten Eigenschaften oder Prädikationen zusammengesetzt sind, meint er thematisch abgrenzbare Fragestellungen. Als Beispiele führt er an: »authentischer Gottesdienst, Offenbarung, Heil, Wahrheit etc.«[32] Einzunehmen ist immer die *Perspektive der je eigenen Religion.* Bei diesem Verfahren sind genau vier Möglichkeiten der logischen Relation des Christentums zu anderen Religionen[33] im Blick:

1. Es ist rein formal möglich, dass in *keiner* Religion eine religionstheologisch relevante Teilmenge realisiert ist. Es handelt sich hier um den *Atheismus.* Dieser wurde aus systemischen Gründen einbezogen. Als Nicht-Religion beschreibt er, mathematisch gesehen, den 0-Wert. Fragen wir nach der Bemessung seines Verhältnisses zum Christentum unter Anwendung der mengentheoretisch festgelegten formalisierten Darstellung, lässt sich feststellen: Es kommt zu keinerlei theologisch möglicher Position. Das bedeutet, dass es zu keiner konkreten Teilmengenbildung kommt.[34] Keine der Eigenschaften wie authentischer Gottesdienst, Offenbarung, Heil, Wahrheit etc. wird somit als inhaltlich relevant und als normativer Beitrag zum Lebensglück angesehen.

2. Die Teilmenge, nach der gefragt wird, ist nur einmal im selben Höchstmaß vorhanden, und zwar hinsichtlich der eigenen Religion. Damit wird der *Exklusivismus* beschrieben. Eine Teilmenge ist *nur* in dieser *einzigen* Menge realisiert, d. h. authentischen Gottesdienst, Offenbarung, Heil, Wahrheit etc. gibt es nur in der eigenen Religion.

3. Die Teilmenge ist einmal im vollen und des Weiteren einmal oder mehrere Male in geringerem Grade festzustellen. Damit wird der *Inklusivismus* definiert. Eine Teilmenge ist in mehr als einer Menge realisiert, dabei aber in einer *einzigen* dieser Mengen *größer* als in allen anderen. D. h. Eigenschaften wie »authentischen Gottesdienst, Offenbarung, Heil, Wahrheit« gibt es nur in der eigenen Religion, in einigen anderen Religionen gibt es aber ein quantitativ geringeres Vorkommen von authentischem Gottesdienst, Offenbarung, Heil, Wahrheit etc.

4. Bei der Position des *Pluralismus* ist eine Teilmenge in *mehr als einer Menge* realisiert. Zudem ist sie in *mehr als einer Menge in ihrer größten Form* realisierbar. D. h. einige der Prädikationen wie »Wahrheit, authentischen Gottesdienst, Offenbarung und Heil« gibt es in einigen der anderen Religionen in derselben Qualität wie in der eigenen Religion, andere der Eigenschaften gibt es in weiteren Religionen nur in quantitativ geringerem Anteil.

---

[31] *Danz*, Theologie der Religionen (s. Anm. 18), 182.

[32] *Danz*, Theologie der Religionen (s. Anm. 18), 83.

[33] Vgl. *P. Schmidt-Leukel*, Theologie der Religionen (s. Anm. 10), 82.

[34] *Danz*, Theologie der Religionen (s. Anm. 18), 182.

3.4 Eine Evaluation des Klassifikationsschemas von Perry Schmidt-Leukel

Es handelt sich bei diesem Dreierschema Exklusivismus – Inklusivismus – Pluralismus um eine ausgetüftelte Konstruktion. Sie stößt aber an argumentative und inhaltliche Grenzen. Damit das Schema überhaupt funktioniert, hat man ihm in seiner Gänze zuzustimmen und sich damit auf eine religionstheologische Option festzulegen. Indem er diese Kategorie der »logisch möglichen Relationen des Christentums zu anderen Religionen durch die Extension der Eigenschaften im Sinne von Teilmengen« einführt, wird deutlich, dass hier die *Methode*, das operationale Messinstrument, über den *Untersuchungsgegenstand*, nämlich das, was Religionen sein können, dominiert. Anders lässt es sich systemisch nicht lösen, wirklich *alle* Religionen in Betracht zu ziehen. Diese werden in ihrer externen Wahrnehmung *quantifiziert*, auch hinsichtlich ihrer *qualitativen* Komponenten, welche zu »Eigenschaften«, »Prädikationen« reduziert werden. Dieser religionstheologischen Systemlogik entsprechend wird der *Atheismus* mitbedacht.

Schmidt-Leukel betont, dass er »aus christlicher Sicht die außerordentlichen Bezeugungen von Heil und Transzendenz zu beurteilen«[35] versucht. Dabei geht er prinzipiell so vor, dass er bekannte Topoi, die aus dem christlich-jüdischen Traditionskomplex stammen, stark verallgemeinernd interpretiert. Das kann so weit gehen, dass sie ihren genuinen Aussagekern verlieren. In der Abschwächung, die das Resultat der Interpretation ist, wendet er sie auf andersreligiöse Zusammenhänge an. Mehr noch: Schmidt-Leukel interpretiert Prädikationen aus dem christlichen Kontext aus der Perspektive einer buddhistischen, hinduistischen oder islamischen Hermeneutik heraus. Dass er auf andersreligiöse Hermeneutiken abstellt, finde ich ungemein spannend. Unbenommen neigt jedes Modell wie das derartige zu Vereinfachung, Generalisierung, Formalismus. Wie unkritisch er als christlicher Theologe, der er dezidiert sein will, fremdreligiöse Deutungsmuster aber zum *generellen* Interpretationsrahmen christlich-jüdischen Traditionsgutes macht, überrascht doch und überzeugt nicht sehr.

Letztlich geht es immer um die Frage nach dem Verhältnis zwischen »Partikularismus und Universalismus der Religionen«, die Andreas Nehring vor einigen Monaten in einem Vortrag, der inzwischen veröffentlicht ist, thematisierte: So »sind für die Ökumene in erster Linie nicht der Dialog und die Lehrgespräche, sondern die Kohärenz stiftende Bedeutung von konkreten, in gemeinsamer Praxis situativ geteilten Handlungen geltend zu machen. In der sogenannten ›Theologie der Religionen‹ zeigen sich dazu erste Ansätze. Die mehr oder weniger statischen Konzeptualisierungen der Begegnungsmodelle zwischen Christentum und anderen Religionen als exklusivistisch, inklusivistisch und pluralistisch, die

---

[35]   Vgl. *P. Schmidt-Leukel*, Pluralistische Religionstheologie: Warum?, in: ÖR 49 (2000), 259–272, 266.

1983 zuerst von Allan Race in die Debatte eingebracht und später dann vor allem von Perry Schmidt-Leukel manifestiert und als die drei einzig möglichen Modelle festgeschrieben worden sind, sind in jüngster Zeit (...) hinterfragt worden. Die Begegnungen zwischen Menschen aus unterschiedlichen religiösen Traditionen sind doch, so wird man sich zunehmend bewusst, viel komplexer, als diese drei schematischen Begegnungsmodelle es zum Ausdruck bringen können. Auch im diachronen Vergleich wird der historischen Perspektive deutlich, dass die Angehörigen der verschiedenen Religionen [mit ihren Gottesvorstellungen] sich nicht als dogmatische Theologen begegnet sind und (...) heute begegnen, sondern in erster Linie als Mitglieder und Vertreter unterschiedlicher kultureller Traditionen und Milieus. [Hier werden unterschiedliche Konzeptionen von dem, was oder wer Gott oder die Götter zu sein hätten und was sie nicht zu sein hätten immer in kontextuellen Prozessen von Austausch, von Abgrenzung und von Adaption ausgehandelt]. Theologie [Lehre von Gott] ist allenfalls eine explizite Artikulation und eine spezifische Interpretation kulturellen Wissens und damit niemals komplette Übersetzung impliziten Wissens. Theologie [›Gotteslehre‹ im strengen Sinne] stellt sich als explizite Artikulation auf zwei Arten dar: eine Artikulation des Glaubens [an einen Gott] (faith) in einem Glaubenssystem [in dem ›Gott‹ und {andere} Götter in ihren Verhältnissen zueinander und gegeneinander festgeschrieben werden] (belief) (...). Das Verstehen des Anderen, so argumentiert auch [Reinhold] Bernhard, ist niemals ein rein kognitiver Akt, sondern der vorsichtige und fragile Versuch, sich im Prozess der Begegnung mit dem Anderen [mit dem anderen Gott {sic!} resp. mit dem Gott / den Göttern der Anderen] von der eigenen religiös und kulturell determinierten Perspektive zu distanzieren.«[36] Um eben dieses Bemühen um »Selbstdistanzierung«, um praktizierte, nicht nur virtuelle »Offenheit für Differenz« geht es bei der komparativen Theologie.

4 Komparative Theologie und ihre Kritik der pluralistischen Theologie der Religionen

4.1 Die Kritik der komparativen Theologie an der pluralistischen Theologie der Religionen

Die neuere *komparative Theologie* wurde in Deutschland als Programm konstituiert, das man in seiner Anlage als »Kritik der *pluralistischen* Religionstheologie« verstehen kann.[37] »Komparative Theologie als Herausforderung für die

---

[36]   *A. Nehring*, Partikularismus und Universalismus in der Ökumene und die Bedeutung interkultureller Begegnung, in: *H.-H. Schneider / C. Jahnel (Hg.)*, Dein Reich komme in aller Welt. Interkulturelle Perspektiven auf das Reich Gottes. Neuendettelsau 2011, 83–111, hier 109f.

Theologie des 21. Jahrhunderts«[38] betitelte Klaus v. Stosch einen programmatischen Aufsatz.[39] Mit seiner »Vision institutioneller Verfasstheit Komparativer
Theologie« fordert er deren »Verankerung im weiten Fächerkanon ausdifferen-
zierter Theologie, was andersreligiöse, konfessionelle, universitäre und gesellschaftliche Zusammenhänge betrifft.«[40] Er verbindet mit seiner Suche nach einem
»befriedigenden Grundmodell für die Theologie der Religionen«[41] die Evaluation
jeder Art von Religionstheologie.[42] Es geht ihm nicht nur darum, Schwachstellen
der drei Optionen des religionstheologischen Dreierschemas hervorzuheben.
Seine Kritik ist viel grundsätzlicher. Sie gilt der pluralistischen Religionstheologie
in ihrer Gänze. Diese gilt es konzeptionell neu zu formulieren. Damit steht er implizit in Abhängigkeit zur Argumentationskette Schmidt-Leukels, gerade indem
er dort erkennbare Schwächen vermeiden möchte. In der verlängerten Traditionslinie Karl Rahners[43] stehend, sucht v. Stosch eine alternative Antwort auf
Schmidt-Leukels religionstheologische Grundfrage nach der Deutung »der Welt
der Religionen im Licht der christlichen Offenbarung«[44] jenseits einer Systemtheorie, wie sie dieser favorisiert. Er versteht sich offensichtlich als Apologet des
christlichen Glaubens und kritisiert am »Dreierschema«, dass es in das unlösbare
Dilemma verstrickt ist, »zwei miteinander in Widerstreit liegende Intentionen
durch Theoriebildung zu versöhnen [...] Zum einen geht es ihr [der Theologie der
Religionen] darum, als konfessorische Theologie dem eigenen Wahrheits- und
Unbedingtheitsanspruch treu zu bleiben, der sich für Christen vor allem im Bekenntnis zu Jesus von Nazareth als dem Christus, Erlöser und Sohn Gottes fest-

---

[37]   Die deutsche Diskussion wird maßgeblich geprägt durch das *Zentrum für Komparative
Theologie und Kulturwissenschaft* (ZeKK) an der Universität Paderborn und den dort haupt-
verantwortlichen katholischen Fundamentaltheologen *K. von Stosch*, Komparative Theologie
als Hauptaufgabe der Theologie der Zukunft, in: *R. Bernhardt / ders. (Hg.)*, Komparative
Theologie. Interreligiöse Vergleiche als Weg der Religionstheologie, Zürich 2009, 15–33.

[38]   *K. von Stosch*, Komparative Theologie als Herausforderung, in: Zeitschrift für katholische
Theologie 130 (2008), 401–422.

[39]   Als weiterer deutscher Dogmatiker erläutert Aufgabenstellung und Geschichte der
komparativen Theologie: *N. Hintersteiner*, Interkulturelle Übersetzung in religiöser Mehr-
sprachigkeit. Reflexionen zu Ort und Ansatz der Komparativen Theologie, in: *R. Bernhardt /
K. von Stosch (Hg.)*, Komparative Theologie. Interreligiöse Vergleiche als Weg der Religionstheologie, Zürich 2009, 99–120.

[40]   Vgl. *von Stosch*, Komparative Theologie als Hauptaufgabe (s. Anm. 37), 29–33.

[41]   *von Stosch*, Komparative Theologie – Grunddilemma (s. Anm. 12), 294.

[42]   *S. Rettenbacher*, Theologie der Religionen und komparative Theologie, in: ZMR 89 (2005),
186f.

[43]   *K. Rahner*, Das Christentum und die nichtchristlichen Religionen, in: *ders.*, Schriften
zur Theologie Bd. V, Einsiedeln ²1964, 136–158.

[44]   *Schmidt-Leukel*, Grenzen (s. Anm. 11), 33.

macht. Zum anderen strebt sie danach, Andersgläubige in ihrer Andersheit zumindest nicht negativ einschätzen zu müssen.«[45]

Die Selbstmitteilung Gottes in Jesus Christus darf demnach nicht relativiert werden. Sie ist mehr als eine Offenbarung unter vielen anderen gleichwertigen. V. Stosch wirft dem *Pluralismus* vor, dass mit dieser Variante das genuine Glaubensgut nicht nur relativiert, sondern aufgegeben wird. Die Religionspluralisten können seiner Meinung nach die Selbstmitteilung Gottes in Jesus Christus, diesen Grundzug des Christentums zur Selbstdifferenz, nicht einholen. Sie haben kein Sensorium für eine religionstheologisch fruchtbar zu machende »Offenheit für Differenz.«[46] V. Stosch selbst beansprucht, dass seine Theorie genau dazu prädestiniere: Krisen, welche aus den Erfahrungen von Religionsdifferenz resultieren, sind möglicherweise offen zu halten, damit sie sauber geschlossen werden können, bevor sie heilen können. Den »Anderen als den Anderen anzuerkennen«, kann auch bedeuten, zu leiden und durch einen (*transdifferent*-offenen?) Prozess hindurch zur Wertschätzung zu kommen. Er bemerkt: »Die begriffliche Möglichkeit der Anerkennung des Anderen darf auch die Möglichkeit der Wertschätzung des religiösen Glaubens des Anderen in dessen Andersheit nicht ausschließen.«[47]

4.2 DAS *SPRACHSPIELKONZEPT* LUDWIG WITTGENSTEINS UND DIE KOMPARATIVE THEOLOGIE

Die komparative Theologie eines v. Stosch wird in entscheidender, fundamentaltheologischer Weise durch die Spätphilosophie Ludwig Wittgensteins (1889–1951) geprägt.[48] Mit dessen Denken setzt sich v. Stosch in seiner Promotionsschrift auseinander: »Glaubensverantwortung in doppelter Kontingenz. Untersuchung zur Verortung fundamentaler Theologie nach Wittgenstein« (2001). Neben der Untersuchung von Wittgensteins *Sprachspielkonzept* und seinen Aussagen zu *Wahrheit*, *Gewissheit* und *Letztbegründung* konzentriert er sich auf die Auseinandersetzung des Philosophen mit Theologie und *religiösem Glauben*: Aus Wittgensteins »Sicht müsste die Bemühung um religionstheologische Modellbildungen durch eine *komparative* Theologie ersetzt werden, die konkrete Religionen oder Weltbilder hinsichtlich genau bestimmter Probleme vergleicht.«[49] V. Stosch *verbindet* damit Inklusivismus und Exklusivismus. Genauso wie die eigenen Glaubenssätze auf das dazugehörige Sprachspiel verwiesen sind, kann man die Bedeutung der Glaubenssätze anderer Religionen nur aus deren jewei-

---

[45] *von Stosch*, Komparative Theologie – Grunddilemma (s. Anm. 12), 294f.

[46] *von Stosch*, Komparative Theologie – Grunddilemma (s. Anm. 12), 295.

[47] Vgl. *von Stosch*, Komparative Theologie als Herausforderung (s. Anm. 38), 420.

[48] Vgl. *L. Wittgenstein*, Philosophische Untersuchungen, Frankfurt a. M. 1975.

[49] *von Stosch*, Komparative Theologie – Grunddilemma (s. Anm. 12), 301 und 307.

liger *sprachspielpraxeologischer* Verwurzelung heraus verstehen. Lebenspraxis und Sprachspiel sind verwoben. Daher kann man nur »im Mitspielen der Sprachspiele des Anderen [...] verstehen, welche Regeln bei ihm in Geltung sind.«[50] Er hält die traditionelle Version der *Theologie der Religionen* für überflüssig, da sie sich mehr um die Bildung eines geeigneten theologischen *Modells* als um den konkreten, mikrologisch nachzuvollziehenden *Einzelfall* bemüht.[51] Zur Anwendung der Wittgensteinschen Sprachspieltheorie erläutert er:»Komparative Theologie ist also erkennbar an ihrer Konzentration auf den Vergleich genau spezifizierter theologischer, literarischer oder konfessorischer Texte, konkreter Rituale, klar umgrenzter Glaubensinhalte und bestimmter theologischer Konzeptionen, jeweils in konkreten Kontexten und historisch genau bestimmten Zeiträumen. Jeder Vergleichsakt folgt dabei seiner eigenen internen Logik und offenbart gerade durch diese Bindung ans Konkrete interessante Einsichten für die Theologie insgesamt. [...] es ist bei einer mikrologischen Vorgehensweise unvermeidlich, auf das gesamte Weltbild zu reflektieren, das durch einen konkreten Text oder eine konkrete Dialogerfahrung fassbar wird.«[52]

4.3 Die sechs methodischen Grundsätze der komparativen Theologie nach Klaus v. Stosch

Mittels folgender sechs *methodischer Grundsätze*[53] funktioniert die komparative Theologie:

1. Komparative Theologie ist wesentlich charakterisiert durch ihre mikrologische Vorgehensweise bzw. durch ihre Hinwendung zum Einzelfall: Sie ist erkennbar in ihrer Konzentration auf den interreligiösen Vergleich spezifischer theologischer Texte und Konzeptionen, Bekenntnisse, klar umgrenzter Glaubensinhalte und konkreter Rituale. Diese sind in eindeutigen Kontexten zu eruieren und historisch zu bestimmen.[54]

2. Sie geht von zentralen Fragestellungen der Menschen unserer Zeit aus.

Bevor sie schnelle Antworten gibt, soll sie zunächst einmal aus den verschiedenen religiösen wie nichtreligiösen Traditionen heraus *Fragen* und *Probleme* formulieren.[55]

3. Sie geht vom Eigenen aus, bemüht sich aber, den Blick auf das Eigene vom Anderen aus in die eigene Theologie einzubeziehen. Dabei räumt sie auch dem Anderen das Recht ein, meine Perspektiven in seine Theologie zu integrieren: Das

50 Vgl. *von Stosch*, Komparative Theologie – Grunddilemma (s. Anm. 12), 304 f.

51 *S. Rettenbacher*, Theologie der Religionen und komparative Theologie, 188 ff.

52 *K. von Stosch*, Komparative Theologie als Hauptaufgabe, 21.

53 Vgl. *von Stosch*, Komparative Theologie als Hauptaufgabe (s. Anm. 37), 19–28.

54 Vgl. *von Stosch*, Komparative Theologie als Hauptaufgabe (s. Anm. 37), 19–28.

55 Vgl. *von Stosch*, Komparative Theologie als Hauptaufgabe (s. Anm. 37), 22.

Sich-Hineinversetzen in die theologischen Probleme der Anderen ist äußerst schwierig. Die Konsequenzen sind nicht vorhersehbar, bis dahin, dass eine aus transreligiösen Prozessen heraus resultierende Konversion das Ergebnis der Auseinandersetzung ist. Der Diskurs ist prozesshaft, ergebnisoffen.[56]

4. Sie braucht die Distanz des Dritten: V. Stosch erläutert, was er mit der »Distanz des Dritten« oder der sog. »3. Position« meint: »Der Dritte (…) muss der konkrete Dritte sein, der als Kontrollinstanz auf den Dialog der zwei Ersten zu schauen vermag (…).« Er kann »ein Atheist oder Agnostiker sein – je nach Gesprächslage ist aber auch ein Angehöriger einer dritten religiösen Tradition hinzuzuziehen, wenn dieser in der behandelten Frage eine hinreichend verschiedene Grundidee hat.«

5. Komparative Theologie braucht immer wieder die Rückbesinnung auf religiöse Praxis: D. h. ein wesentlicher Teil der Methodik besteht darin, den Zusammenhang zwischen der regulativ-expressiven und der enzyklopädischen Ebene religiöser Überzeugungen zu klären. Es handelt sich nicht um Theologie *für* den Dialog, sondern *aus* dem Dialog heraus.[57]

6. Komparative Theologie ist sich aufgrund der dialogischen Offenheit [...] der eigenen Verwundbarkeit und der Reversibilität bzw. der Fallibilität der eigenen Urteile bewusst: Die christologisch begründbare *Verwundbarkeit* hängt in ihrem Kern mit der Sprachspielgebundenheit allen Sprechens zusammen: Im Blick auf den interreligiösen Diskurs bedeutet das konkret: Wir rechnen mit dem Missverstehen, aber auch mit dem Erfolg, der sich aus wechselseitiger Empathie und dem nötigen Vertrauensvorschuss speist.[58]

5　Zwischen Passing over und Coming back auftretende »transdifferente« Spannungen

5.1　Das religionsdialogische Konzept des »Passing over and coming back«

Meine aus der bisherigen Debatte zu ziehende These lautet – und hier möchte ich über v. Stosch hinausgehen und teilweise an Schmidt-Leukel anknüpfen: Die weltweite Predigt vom »Reich Gottes« könnte zunehmende Relevanz erhalten, wenn die »komparative Theologie der Religionen« mit ihrem praxisrelevanten Reflexionspotential nicht nur in bilateraler, sondern in multilateraler Hinsicht fruchtbar gemacht würde. Andere Religionen anzuerkennen und Jesu Botschaft vom nahen Reich Gottes zu verkündigen, schließt sich nicht gegenseitig aus. So

---

56　Vgl. *von Stosch*, Komparative Theologie als Hauptaufgabe (s. Anm. 37), 23 ff.

57　Vgl. *von Stosch*, Komparative Theologie als Hauptaufgabe (s. Anm. 37), 26 ff.

58　Vgl. *von Stosch*, Komparative Theologie als Hauptaufgabe (s. Anm. 37), 28.

gesehen bedingen sich der Glaube der Anderen und der eigene jeweils und zwar mehrfach, vernetzt wechselseitig. Vom christlich-theologischen Standpunkt aus gesehen kann der eigene Glaube dabei sogar gestärkt werden. Diese These gilt es nun anhand eines Praxisbeispieles zu verfolgen und plausibel zu machen. Ich rekurriere dabei auf eine bestimmte Ausformung der älteren komparativen Theologie und deren Konzept des *Passing over and coming back*. Beinahe jeder Vertreter der komparativen Theologie zitiert diese metaphorische Wendung.

Der inhaltliche Rekurs auf die Formel »passing over and coming back« findet sich so auch bei Francis X. Clooney, prominentem Protagonisten der nordamerikanischen komparativen Theologie. Er beschreibt in »*Hindu God, Christian God*«, wie er als katholischer Theologe durch sein partizipierendes Mitleben in Hindugemeinschaften Südindiens zu der Erkenntnis kam, dass auch im Westen das religionstheologische komparative Modell praktikabel sei: »I also wanted to find a way to say, why it is good – and compelling – for believing theologians to persist in thinking at that edge where faiths encounter one another. (…) I attempted as best I could to enter [passing over] the world of Tiruvayamoli, dwell there and then find my way back [coming back] to Christian insight.«[59] Bei *Tiruvayamoli* handelt es sich um das mehrere tausend Seiten starke epische Werk des berühmten südindischen Dichters und Theologen Satakopan aus dem 18. Jahrhundert. Aber Clooney betont hier, dass es ihm um mehr geht, als um den Genuss eines ästhetisch brillanten literarischen Meisterwerks, das er sich mitten im orientalischen Ambiente und Kontext seiner Entstehung aneignet. Er möchte sich einer transreligiösen Spannung aussetzen. Sie besteht für ihn darin, als Christ möglichst tiefe Glaubenserfahrungen auf dem Gebiet des Hinduismus zu machen, ohne sein rational-theologisches, auf Differenzierung ausgerichtetes *Denken* von der *Erfahrung* Gottes her dominieren zu lassen.

Der dynamische Sachverhalt, der mit seiner dialektischen Sinnform zwischen Glauben und Denken besteht, wird im anglophonen interreligiösen Forschungsbetrieb seit den 1970er Jahren im Zusammenhang des religionstheologischen Konzeptes, das zu einer Bewegung zwischen »passing-over« und »coming-back« auffordert, benannt.[60] *Clooney* benennt die Phase, die *zwischen* »passing over« und »coming back« liegt, als *Dwelling there*, d. h. »sich niederlassen«: im Sinne von mitleben, mitbeten, mitfeiern, mitleiden, mitschmecken, mitdiskutieren. Das damit verbundene *Konzept* ist zwar nicht mehr ganz aktuell. Es birgt aber ein zeitloses *Potential*, indem es voller theologischer Wahrheit steckt. Es sollte m. E. viel stärker fruchtbar gemacht werden. Der Religionswis-

---

[59]   Vgl. *F. X. Clooney*, Hindu God, Christian God. How Reason Helps Break Down the Boundaries between Religions, Oxford 2001, v–vi.

[60]   *J. S. Dunne*, The Way of All The Earth. Experiments in Truth and Religion, New York 1972, hier ix–xii.

senschaftler und Buddhismusforscher *James Fredericks* betont analog: »Doing theology comparatively means crossing [passing] over into the world of another religious believer and learning the truths that animate the live of that believer. Doing theology comparatively also means coming back to Christianity transformed by these truths, now able to ask new questions about Christian faith and its meaning for today.«[61] Damit verbindet sich die Aufgabe, komparative Theologie anzuwenden.

5.2 WEITERFÜHRUNG DES RELIGIONSPHILOSOPHISCHEN KONZEPTS »PASSING OVER AND COMING BACK«

Das Konzept *Passing over – Coming back* findet u. a. auf dem multireligiösen Inselarchipel Indonesien Anwendung. Den entscheidenden Hinweis dazu erhielt ich von der evangelischen Pfarrerin Aguswati Hildebrandt-Rambe.[62] Die Theologin nimmt seit vielen Jahren an den interreligiösen Debatten Indonesiens teil. Der Archipel mit seiner phasenweise regionalpolitisch sowie interreligiös angespannten Lage ist als Laboratorium anzusehen, in dem Religionen dazu gezwungen sind, miteinander zu kooperieren. Mit seiner multireligiösen Pancasila-Verfassung versucht der Staat, auf die gesellschaftlich wie ethnisch große Pluriformität zu reagieren.[63] Es bei bloßer Koexistenz bewenden zu lassen und auf den Erhalt eines *status quo* zu setzen, ist angesichts fundamentalistischer Äußerungen einiger einflussreicher Religionsführer unverantwortlich.

5.2.1 Eine Definition von Passing over

Passing over and coming back ist eine praktisch orientierte Methode im Rahmen interreligiöser und interkultureller Begegnungen. In ihrem Mittelpunkt steht die gegenseitige Bereicherung der eigenen Spiritualität und Identität. Die Voraussetzungen dafür sind die Überzeugung der eigenen Identität (Religion) und die Bereitschaft, andere Religionen bzw. Kulturen kennenzulernen. Außerdem ist für diesen Schritt die Bereitschaft notwendig, die eigene Religion/Kultur angesichts der religiösen und sozialen Erfahrungen, die in dieser Begegnung gemacht werden, zu reflektieren. Der muslimische Theologe Komaruddin Hidayat versteht dieses als »Pilgerfahrt in die andere Religion« (Indonesisch: »ziarah agama«). In der Einführung des Buches, Pasing Over. Melintasi Batas Agama,

---

[61]   *J. Fredericks*, Buddhists and Christians. Through Comparative Theology to a New Solidarity, Maryknoll 2004, xii.

[62]   Mit herzlichem Dank zitiere ich hier aus Informationen und Materialien, welche mir Pfarrerin Aguswati Hildebrandt-Rambe aus Indonesien, derzeit Promovendin am Lehrstuhl für Interkulturelle Theologie an der Augustana-Hochschule in Gesprächen und per E-mail (u. a. am 24. 4. 2009) zur Verfügung stellte.

[63]   Vgl. *D. Becker*, Die Kirchen und der Pancasila-Staat. Indonesische Christen zwischen Konsens und Konflikt, Erlangen 1996.

schreibt er: »Wie jemand, der pilgert oder kreativ umherzieht, wird er/sie, wenn er/sie zurückkommt, die Erweiterung ihres/seines Horizonts und frischen (re-kreativen) Wind spüren. Es ist unangemessen, soziologisch-formalistische Selbst-begrenzungen anderer Religionen zum Grund dafür zu machen, sich selbst ein-zuigeln und den Horizont einzuschränken. Im Gegenteil, hinter diesen formalen Grenzen verbirgt sich ein unschätzbarer, womöglich [transdifferenter] Reichtum der Tradition, der mit anderen geteilt werden kann. Nur wenn man die spirituelle Seite der Religiosität einer Religion mit einer Einstellung des Mutes, der Scharf-sichtigkeit und der Weisheit hervortreten lässt, können die Menschen von ihren äußerlichen Fesseln befreit werden.«[64]

5.2.2 Passing over praktiziert und reflektiert

Fast ein halbes Jahr nach dem Tsunami in Indonesien veranstaltete OASE INTIM (eine Institution für die Entwicklung der kontextuellen Theologie in Ost Indone-sien) im Juni 2005 eine theologische Konsultation, die sich mit einer »Theologie nach dem Tsunami« befasste. Obwohl die theologische Konsultation bewusst nicht als interreligiöses Dialogforum geplant und gestaltet war, sondern als evan-gelisches Forum zur Reflexion der Erfahrungen angesichts dieser sowohl natur- als auch menschengemachten Katastrophe, waren am gesamten Diskussions-prozess auch drei muslimische (ein Theologe aus Ambon, ein Geistlicher aus Aceh und ein Journalist) unter den 40 Teilnehmern intensiv beteiligt.

Am Ende der Konsultation wurde ein Abschlussgottesdienst mit einem Ge-denken an die Opfer gefeiert. Er gipfelte in einer »Fußwaschung«. Der muslimi-sche Theologe aus Ambon, der daran teilnahm, erzählte in der Auswertungs-runde, dass er als Muslim ausgerechnet in einem christlichen Gottesdienst seinen Glauben besser internalisieren konnte. Für einen Muslim ist der Mensch ein Knecht Gottes *(abdi allah)*. Die Füße seiner Mitmenschen während eines »christlichen« Gottesdienstes zu waschen führte ihn zur Re-Interpretation »sei-nes« bisherigen Verständnisses dessen, was es bedeutet »Knecht Gottes zu sein«. Die Teilnahme an dem religiösen Ritual einer anderen Religion ist für ihn keine Vereinnahmung, geschweige denn Verleugnung seiner Identität als Muslim. Diese spirituelle Erfahrung stärkte seinen eigenen Glauben. Als »Muslim« nimmt er am rituellen *Sprachspiel* der »Christen« teil und interpretiert es mit einer transreligiösen Logik, die sich befreit von ideologischen sowie dogmatischen Festlegungen und semantische Fixierungen abschüttelt und so zu neuen mo-mentanen Figurationen dessen kommt, worum es für ihn im Glauben eigentlich geht.

---

[64]   *K. Hidayat*, Ahmad Gaus AF, Pasing Over. Melintasi Batas Agama, Jakarta 1999, XVI–XV.

5.3 TIEFENDIMENSIONALE ERWEITERUNG DES EIGENEN GLAUBENS ANGESICHTS DESJENIGEN DER ANDEREN

Was Aguswati Hildebrandt-Rambe berichtet, ist als Vision auch auf die Notwendigkeit des Zeugnisses von Christen in Deutschland gegenüber Andersgläubigen übertragen: »In meiner Erfahrung, vor allem während meiner Tätigkeit und meinem Engagement im Bereich der interreligiösen Friedensarbeit in Indonesien, erlebte ich, dass muslimische Freunde ihre Glaubenspraxis anderen nie vorenthalten. Inmitten unserer Aktivitäten und gemeinsamen Aktion verrichten sie treu ihr Fasten (während des Fastenmonats) und ihre Gebete. Sie sind gläubig trotz ihrer pluralistischen Grundeinstellung. Ich lernte von ihnen, dass eine starke eigene Spiritualität nicht gleich eine exklusive Haltung bedeutet. Außerdem war ihre Praxis ein Spiegelbild für mich, um nach meiner eigenen Spiritualität zu fragen.«

Abschließend und hinsichtlich der Frage nach der Relevanz der Religionstheologie für die christliche, universal gültige Predigt vom Reich Gottes möchte ich das Leitmotiv v. Stoschs: »am Eigenen festhalten bei möglicher Anerkennung des Fremden«[65] weiterführen und betonen: Der eigene Glaube bekommt angesichts des anzuerkennenden Glaubens der Anderen entscheidende Wachstumsimpulse. Das »Reich Gottes«, das allen Menschen gilt, ist mehrdimensional und immer größer, als es von monoreligiöser Warte her, in unserem Fall aus christlicher Sicht, erscheint. Zum mehrdimensionalen Blickwinkel werden wir befähigt, wenn wir uns auf die »Pilgerfahrt« (*Komaruddin Hidayat*) hinüber zu einer anderen Glaubensweise (und zurück in die eigene) begeben und uns dabei immer wieder um den Einzelfall bemühen. Dieser liegt bei interreligiösen Begegnungen vor Ort. Auch bei der Arbeit an heiligen Texten oder in der Partizipation an der rituellen Praxis anderer Religionen kommt es zur Erfahrung spiritueller Nachbarschaft. Die dabei vorauszusetzende Anerkennung des Fremden wird als Teil eines prozesshaften Geschehens einsichtig, dessen Ausgang nicht allein in unserer Hand liegt. In seinem fortschreitenden Vollzug geht es nicht nur um das »Festhalten am Eigenen«, sondern um die Neuerschließung der genuinen Inhalte des eigenen Glaubens. Davon berichtet das oben zitierte Zeugnis des muslimisch-indonesischen Theologen, der an der Fußwaschung in Ambon teilgenommen hat. Seine vertiefte Erfahrung, ein geliebter »Knecht Gottes« zu sein, vertiefte nicht nur explizit seine eigene Identität als Moslem. Sie erschloss ihm implizit den christlichen Glauben als eine weitere, selbst vielen monoreligiös und dogmatisch glaubenden Christen verschlossene Dimension des »Reiches Gottes«. Der Weg, den dieser Moslem durch sein persönliches »Passing over and coming back« beschritt, lädt auch Christen ein, ihre genuine Tradition der »Fußwaschung Jesu«, praktiziert angesichts des »Reiches Gottes« für andere in *trans-*

---

[65]   *Von Stosch*, Komparative Theologie – Grunddilemma (s. Anm. 12), 295.

differenter Haltung offen zu halten: als Pforte, die auch für Andersgläubige attraktiv sein kann. Mit einem solchen transdifferenten religiösen Ethos ist kein bewusst-missionarischer, auf Konversion ausgehender Eifer zu verwechseln. Das positive Zeugnis eines Moslems kann als Verjüngungsimpuls für ein vermeintlich altersschwaches Christentum verstanden werden.

6 Religionstheologische Operationen zwischen Universalität und Partikularität

Schmidt-Leukels Modell ist da ein »gutes Modell«, wo es möglichst viele Phänomene sinnvoll ordnet und gut beschreibt; wo es uns gezielt auf das aufmerksam macht, was wir sehen möchten. Es ist aber da ungenügend, wo wir es besonders bräuchten: nämlich um uns *mehr* zu zeigen, als wir ohnehin schon wissen. Hier dominiert das Klassifikationsschema in seiner thomistischen, alles mit allem ins Verhältnis setzenden Sichtweise über die Realität des Religiösen und bleibt unsensibel für Differenzen. Deren genuines Potential ist mit dem Ansatz der *Transdifferenz* anders, besser zur Entfaltung zu bringen.

Von Stoschs komparative Methode stellt hingegen die Grundfrage: Wie gelingt *Festhalten am Eigenen bei möglicher Anerkennung des Fremden*? Die Rede vom »Festhalten« am Eigenen wirkt mir verdächtig. Sie klingt nach dogmatischer Selbstfixierung und Erstarrung. Sie bedarf der Ergänzung durch den Hinweis darauf, dass religionstheologische Theorie dazu dient, Begründungen dafür zu liefern, dass es und *wie* es mittels Religion möglich ist, das »Eigene« im Anderen zu finden und den »Anderen« sich im Eigenen finden zu lassen. Dass sich Gott in »Freiheit und Liebe«[66] auch durch die Anderen bezeugt, ist, so verstanden, eigentlicher und genuiner Ausdruck seiner Gnade. Sie vermittelt sich, so gesehen, transdifferent zwischen den Kulturen, den Ethnien und den »Religionen«. Maßgeblich ist, dass wir uns als Christen »von Christus herkommend«, als Muslime »von Allah herkommend« und als Buddhisten »vom Buddha herkommend« zu Menschen anderen Glaubens hin aufmachen, uns für sie öffnen. Dass speziell wir als Jünger des Nazareners die anderen zur Teilnahme an unseren Traditionen einladen, ohne sie zu vereinnahmen, aber auch ohne ihnen an den entscheidenden Stellen des Gespräches die für-sich-selbst-sprechende Botschaft Jesu in ihrer Deutlichkeit und in ihrer Liebe vorzuenthalten: wissend, woher wir kommen; getragen vom offen-hoffenden Glauben; dem allen gemeinsamen Ziel entgegengehend.

---

[66]　Vgl. *R. Bernhardt*, Die Polarität von Freiheit und Liebe. Überlegungen zur interreligiösen Urteilsbildung aus dogmatischer Perspektive, in: *Ders. / P. Schmidt-Leukel (Hg.)*, Kriterien, 71–101.

DER STETS GRÖSSERE GOTT

Gottesvorstellungen in Christentum und Islam

Jutta Sperber

Das Thema ›Gottesvorstellungen in Christentum und Islam‹ wirkt unspektakulär, aber das täuscht. Weder die christlich-muslimischen Dialoge des Ökumenischen Rats der Kirchen noch die des Vatikans haben dazu Nennenswertes zu bieten. Der Grund dafür: Genuin theologische Gesprächsthemen wurden von mindestens einem Gesprächspartner nicht gewünscht. Beim Ökumenischen Rat wollte man nicht in die alten Fallen von Apologetik und Polemik fallen, wie sie allen voran die Frage von strengem Monotheismus versus Trinität bot. Aber die Theologie fehlt auch in den christlich-muslimischen Dialogen des Vatikan, obwohl die Konzilserklärung *Nostra Aetate* theologische Ansätze bieten würde, auch in der Gottesfrage. Hier wurde mir in einem Gespräch mitgeteilt, man unternehme schon immer wieder Versuche in diese Richtung, aber die Muslime wollten nicht.

1 THEOLOGISCHES FORUM CHRISTENTUM – ISLAM

So kann ich nicht aus meiner Forschungsarbeit berichten, sondern nur einen Bericht aus einer anderen Arbeit bieten, an der ich als Mitinitiatorin seit einigen Jahren beteiligt bin: das ›Theologische Forum Christentum – Islam‹, das auf Initiative der Katholischen Akademie Rottenburg-Stuttgart Christen und Muslime aller Denominationen mit entsprechender Vorbildung einmal jährlich zu einem theologischen Dialog zusammenbringt. Die Teilnehmer kommen mittlerweile aus vielen Ländern Europas, da ein theologischer Dialog unter christlichen wie muslimischen Fachleuten sonst ausgesprochen selten ist. Die Dialogtagungen werden gemeinsam mit den Muslimen vorbereitet, angefangen bei der Themenwahl selbst. Die Teilnehmer sollen unabhängige Fachleute sein, die theologische Kenntnisse in beiden Religionen mitbringen. Mittlerweile hat sich so ein Kreis gebildet, in dem theologische Fragen des christlich-muslimischen Dialogs offen, vertrauensvoll und mit Niveau diskutiert werden können. Es gab bisher acht solcher Dialoge, die auch publiziert sind. Die ersten sechs Dialoge beschäftigten sich mit den Fragen von Theologie und Praxis des Gebets, wechselseitigen Abgrenzungen, Leid und Leidbewältigung, Ethik, Schriftauslegung sowie Mission. Das Thema vom März 2011 war: »Der stets größere Gott« – Gottesvorstellungen in Christentum und Islam.

Dies ist also ein Bericht von dieser Dialogtagung, die Anfang 2012 auch publiziert wurde.[1] Vorab einige Worte zur Grundstruktur: Die Dialogtagungen beginnen mit einem abendlichen Eröffnungsvortrag, der das aktuelle Thema religionenübergreifend in den Blick nimmt. Der nächste Vormittag gehört den Hauptvorträgen von christlicher und muslimischer Seite. Am Nachmittag gibt es vier Untergruppen, in denen mit Kurzvorträgen von beiden Seiten und viel Diskussion Einzelaspekte des Themas vertieft werden. Von diesen Diskussionen gibt es Beobachterberichte. Der letzte Vormittag bringt dann Schlussvorträge von christlicher wie muslimischer Seite, die das bisher Besprochene weiterführen sollen. Konkret auf den besagten Dialog bezogen bedeutete dies, dass wir ins Thema eingestiegen sind mit einem Vortrag eines bosnischen Moslems zur Symbolsprache als neuer Weise des Redens über Gott sowohl im Christentum als auch im Islam. Die Hauptvorträge beschäftigten sich mit der Frage der Beziehung Gottes zum Menschen – eine bewusste Entscheidung, um das Schwergewicht wegzuverlagern von der Debatte um die Trinität. Die Frage nach der Trinität wurde nur in einem Unterforum behandelt, ebenso wie die Frage nach mystischen Gotteserfahrungen, nach Geschlechterkonstruktionen im Gottesbild sowie nach den dunklen Seiten Gottes. Die Schlussvorträge beschäftigten sich mit der Beziehung des Menschen zu Gott. Trotz viel Improvisation wegen kurzfristiger Absagen ergab sich eine spannende Tagung mit einer Fülle interessanter Gedanken.

2 Mystische Gotteserfahrungen in Christentum und Islam

Für den *Eröffnungsvortrag* mit dem Titel *»Symbolsprache als neue Weise des Redens über Gott in Islam und Christentum«*[2] hätte eigentlich Prof. Dr. Rešid Hafisović aus Sarajewo kommen sollen, der aber kurzfristig absagen musste, so dass sein Vortrag nur verlesen wurde. Alle Zuhörer waren sich darin einig, dass seine Herangehensweise eindeutig mystisch geprägt war. Er warf denn auch der Theologie in beiden Religionen vor, zu spekulativ und zu abstrakt zu sein. Je mehr

---

[1]   A. Renz / M. Gharaibeh / A. Middelbeck-Varwick / B. Ucar (Hg.), »Der stets größere Gott«. Gottesvorstellungen in Christentum und Islam, Theologisches Forum Christentum und Islam 7, Regensburg 2012. Diesem Band sind alle verarbeiteten Beiträge entnommen, weshalb im Folgenden nur noch die Autoren, Titel und Seitenzahlen dieser Beiträge angegeben werden. Wo eine frühere Fassung verwendet wird, ist dies eigens vermerkt.

[2]   R. Hafisović, Symbolsprache als neue Weise des Redens über Gott in Islam und Christentum, in: a. a. O. (Anm. 1), 23–42.

man eine »rigorose Genauigkeit des theologischen Diskurses von Gott«[3] angestrebt habe, umso ferner sei Gott der Welt gewesen. Die Dogmatik sei der existentiellen Tiefe beraubt worden und zur Apologetik verkommen. Die Sprache
der Offenbarung und des Glaubens dagegen sei gleichzeitig eine zutiefst existentielle Sprache aus unserem alltäglichen Leben als auch eine symbolhafte
Sprache. Die Bemühungen, dieser Sprache gerecht zu werden, sieht Hafisović
sowohl im Sufismus als auch in der christlichen Mystik. Die heiligen Schriften
und auch das Buch der Natur müssten spirituell ausgelegt werden. Symbolische
Sprache hat dabei sowohl einen enthüllenden als auch einen verhüllenden Charakter und auf dem Weg der Verinnerlichung der heiligen Texte brauche man
die »›zwei Sandalen‹«[4] der Liebe und der heiligen Weisheit. Die Ebene der Historizität wird als eine eindeutig mindere, wenn nicht fehlgeleitete gesehen, die
die Wahrheit des göttlichen Textes eben nicht bewahren kann, sondern der Ero-
sion der Vergänglichkeit aussetzt. Dagegen geschieht durch spirituelle Exegese
die stufenweise Verwandlung der Seele zu ihrer ursprünglichen himmlischen
Natur mit den essenziellen Attributen des Göttlichen, Schönheit und Liebe. Zuletzt wird die Seele unmittelbar zum Spiegel Gottes in uns. Selbst da aber trennt
noch ein Schleier den Pilger wie den Paradiesbewohner von Gott. Bei aller –
auch mystischen – Erkenntnis ist uns doch wenig Wissen um die Realität unseres
Herrn geschenkt, er bleibt ein Mysterium. Deshalb ist ihm auch nur die Symbolsprache angemessen, denn »wie figurativ, lebendig und existentiell es auch
sein mag, ein Symbol ist erhabenes Schweigen, es spricht und spricht doch
nicht und evoziert so, was nur das Symbol allein ausdrücken kann.«[5]

In Ermangelung einer Diskussion mit dem Autor gab es einen von zwei
Theologinnen vorbereiteten christlich-muslimischen Kommentar,[6] der sich auf
vier Anfragen konzentrierte: Die erste ging dahin, ob man die Reflexion des
Glaubens als Aufgabe der Theologie wirklich zugunsten eines mystisch-spiritu-
ellen Ansatzes aufgeben darf. Auch ist die Frage, ob man die Bewegung des
Menschen zurück zu Gott so sehr auf Sprache eingrenzen kann. Die nächste
Frage war die, ob bei genauerem Hinsehen nicht doch theologische Unterschiede
auch bei den Mystikern auftauchen oder auch ob die zitierten ›zeitlosen‹ mittelalterlichen Mystiker wirklich noch der heutigen Frömmigkeit entsprechen. Es
wurde auch sehr deutlich, dass die Mystik für den Außenstehenden nicht weniger komplex und schwer zugänglich ist als die Theologie.

An dieser Stelle möchte ich direkt zu dem *Unterforum »Gott nah erleben,*

---

[3]   A. a. O., 23.

[4]   A. a. O., 30.

[5]   A. a. O., 42.

[6]   *A. Yaşar / A. Middelbeck-Varwick*, Kommentar zu Rešid Hafizović: »Symbolsprache als
neue Weise des Redens über Gott in Islam und Christentum«, in: a. a. O. (Anm. 1), 43–48.

statt fern zu denken« übergehen, da es sich mit den mystischen Gotteserfahrungen beschäftigte und in gewisser Weise Antworten auf die obigen Anfragen gab. Der Kurzvortrag von Fateme Rahmati[7] aus Tübingen basierte auf einem Vergleich zwischen Ibn Arabī und Meister Eckhart, der erstaunliche Parallelen in der Sache und selbst in den sprachlichen Formulierungen ergab. Nach Auffassung beider Mystiker sei der Mensch in der Lage, Gott zu erfahren und sogar mit Gott eins zu werden, wenn er sich seiner selbst ›entwird‹ oder ›entbildet‹, wie die Formulierungen lauten, die ausdrücken sollen, dass der Mensch alles Äußere, Vergängliche ablegen soll, um sich so Gott in seinem Sein anzugleichen, also »Spiegelbild« respektive »Ebenbild Gottes« zu werden.[8] Es gehe den Mystikern um die »Verschmelzung mit der Wirklichkeit«[9], die eins ist, und nicht darum, wie diese Wirklichkeit vorgestellt wird. Auch wenn Fragen offen bleiben, so ist nach Rahmati doch eine derartige Ähnlichkeit gegeben, dass man von der Mystik als einer Brücke zwischen den Religionen sprechen kann.

Der christliche Parallelvortrag von Dr. Hildegund Keul[10], Bonn/Würzburg, hatte dagegen die bezeichnende Überschrift »Gottesferne – ganz nah« und thematisierte den Spannungsbogen von Gottesnähe und Gottesferne, der die Mystik gerade auch in den postsäkularen Kulturen interessant mache. Sie arbeitete heraus, dass die großen christlichen Mystiker vom Mittelalter bis zur Gegenwart gerade nicht im siebten Himmel lebten, sondern an Orten und in Zeiten, in denen die Zerbrechlichkeit des Lebens deutlich sichtbar wurde und die Frage nach der Anwesenheit Gottes nicht so einfach zu beantworten war. Die Erfahrung der Gottesferne sei notwendig, denn die Gewissheit der Gottesnähe bringe auch ein Machtproblem mit sich: »Gottesnähe, die ungebrochen ist und keine Ferne kennt, schlägt um in Fundamentalismus. Man ist sich zweifellos sicher, dass Gott auf der eigenen Seite und gegen die andere Seite steht: hier Gottesnähe, dort Gottesferne.«[11] Gott darf kein verfügbarer Posten werden, nicht im eigenen Leben und auch nicht im interreligiösen Dialog. Für Keul ist es darum gerade die Erfahrung der Gottesferne, die dem interreligiösen Dialog dient, weil sie einen selbst demütig macht.

Es ist sehr deutlich, so auch der entsprechende Beobachterbericht[12], dass von der Mystik heute viel erwartet wird: eine Flexibilisierung einer starren Dog-

---

7   *F. Rahmati*, Fern oder doch ganz nah?, in: a. a. O. (Anm. 1), 101–110.

8   A. a. O., 110.

9   *K. Hoheisel*, Die Bedeutung der Mystik in der Geschichte der Religionen, in: *H. Kochanek (Hg.)*, Die Botschaft der Mystik in den Religionen der Welt, München 1998, 39, zitiert nach a. a. O. (Anm. 1), 110.

10   *H. Keul*, Gottesferne – ganz nah (s. Anm. 1), 111–119.

11   A. a. O., 117.

12   *T. Specker*, Beobachterbericht zum Forum »Mystische Gotteserfahrungen in Christentum und Islam«, in: a. a. O. (Anm. 1), 120–125.

matik, ein klarer Gegenwartsbezug und ein nichtinstitutioneller Gottesbezug und natürlich auch die Erwartung, die Mystik möge der Bezugspunkt zwischen den Religionen sein. Kritisch stellt Dr. Tobias Specker, Frankfurt, als Beobachter die Frage nach der Kommunikabilität der mystischen Gottesrede und dem angemessensten Umgang mit der Andersheit Gottes. Wie werden im christlich-muslimischen Vergleich die Rolle des Schweigens, aber auch die gemeinsame Wertschätzung des Wortes gesehen? Auch bei der so genannten Unmittelbarkeit ist ja phänomenologisch immer eine religionstypische Grundstruktur der Vermittlung gegeben.

3 Theologische Grundlagen

Auch der *muslimische Hauptvortrag* unter dem Titel *»Gott und Mensch im Dialog«*, gehalten von Prof. Dr. Mouhanad Khorchide[13] aus Münster, schlug zu Beginn nochmals eine Brücke zur islamischen Mystik, denn er setzte sich mit der Anfrage auseinander, ob Muslime überhaupt Aussagen über Gott machen könnten. Unter Berufung auf al-Ghazali werde oft behauptet, Gott könne nicht Gegenstand einer diskursiven Erörterung sein, da das menschliche Gehirn ihn nicht erfassen könne. Al-Ghazali selbst durchlebte eine schwere Krise, was die Zuverlässigkeit intellektueller Erkenntnis angeht: Der Intellekt könne nur den Beweis erbringen, dass wirklich zuverlässige Erkenntnis nur von einer höheren Wirklichkeit kommen könne. Nach dieser Krise favorisierte al-Ghazali den Sufi-Weg der Gotteserkenntnis. Der Vortrag selbst jedoch bezog sich auf den Koran, in dem Gott Aussagen über sich selbst mache und seine Attribute beschreibe. Diese sind unter Muslimen gemeinhin als die 99 Namen oder Attribute Gottes bekannt. Khorchide selbst hob gegen die Tradition darauf ab, dass die häufigste Eigenschaft Gottes im Koran die Barmherzigkeit sei – nur in einer einzigen Sure werde Gott zu Beginn *nicht* der allbarmherzige Erbarmer genannt. Sie sei auch die einzige Eigenschaft, auf die Gott selbst sich verpflichtet habe (*Sure 6,12*). Betrachtet man Sure 7,56, so setzt der Koran sogar Barmherzigkeit und Gott gleich. Grammatikalisch korrekt müsste man den Vers nämlich übersetzen: »Die Barmherzigkeit Gottes [*raḥma*], er ist nah.«[14] Doch erstaunlicherweise erwähnt keine der beiden klassischen Schulen islamischer Theologie die Barmherzigkeit als Eigenschaft oder Wesensattribut Gottes. Betont wird mit dem islamischen Gebetsruf *Allahu akbar*, dass Gott größer ist im Sinne von Gottes Allmacht. Die Frage Khorchides ist nun, ob noch ein Gott gedacht werden könne, der größer sei als ein allmächtiger

---

[13]   *M. Khorchide,* »Ich bin dem Menschen näher als seine Halsschlagader« (Sure 50,16), in: a. a. O. (Anm. 1), 72–90.

[14]   A. a. O., 82, Anm. 29.

Gott, und seine Antwort ist ein klares Ja, denn für ihn ist ein allmächtiger und zugleich barmherziger Gott, der uns Menschen mit den Mitteln der Liebe ruft, noch größer als ein nur allmächtiger Gott. Das wird für Khorchide Ausgangspunkt zu weitreichenden Uminterpretationen klassischer muslimischer Themen. Die Barmherzigkeit Gottes wird zum Grund der Schöpfung der Welt und des Menschen. Auch die göttlichen Anweisungen entspringen der Barmherzigkeit Gottes, ja selbst noch Gericht und Hölle werden aus dieser Perspektive umgedeutet: als Akt der Läuterung des Menschen und als das Leid, das dieser erlebt, wenn er mit seiner eigenen Schlechtigkeit konfrontiert wird. Außerdem ist deutlich, dass Gott und Gottes Handeln für den Menschen weitgehend berechenbar sein müssen (Naturgesetze, Gerechtigkeit Gottes). Offenbarung ist in diesem Sinn Offenbarung der Barmherzigkeit Gottes und als solche ist sie auch für uns heute noch nicht abgeschlossen, sondern wir können daran teilhaben, indem wir selbst barmherzig handeln. Das ist neben dem Gebet die zweite Weise des Dialogs des Menschen mit Gott. Khorchide schloss mit den Worten:»Grundsätzlich gilt, die Beziehung des Menschen zu Gott basiert nicht auf dem Nützlichkeitsprinzip im Sinne von Gott will verherrlicht werden und der Mensch will sein Vergnügen im Paradies, sondern sie basiert auf gegenseitiger bedingungsloser Liebe.«[15] – Dieser Vortrag machte wirklich Furore.

Auch der *christliche Hauptvortrag*, gehalten von Prof. Dr. Ulrike Bechmann[16] von der Universität Graz, beschäftigte sich mit der *Gottesbeziehung in der Bibel*. Sie betonte dabei die Pluralität biblischer Gotteserfahrung bis hin zur Widersprüchlichkeit als notwendigen Preis für ein monotheistisches Gottesbild. Aus der Vielzahl der Spannungspaare wählte sie dabei zunächst das zwischen Gerechtigkeit und Barmherzigkeit aus, da für Christen wie Muslime diese Pole in Gottes Handeln nicht leicht miteinander zu verbinden sind. Zu der Barmherzigkeit Gottes gehört auch hier die Schöpfung der Welt und die Offenbarung Gottes, aber natürlich auch die Rettung Israels aus Ägypten sowie Jesu Handeln im Neuen Testament, auf den Punkt gebracht im Gleichnis vom verlorenen Sohn. Doch so notwendig Gottes Barmherzigkeit als letzte und manchmal einzige Rettung ist, sie würde in Ungerechtigkeit umschlagen, wenn sie allen gleichermaßen gälte und auch die sie in Anspruch nehmen könnten, die Unrecht getan haben. Gewalt gegen die Ungerechten ist die Kehrseite der rettenden Gerechtigkeit Got-

---

[15] Diese Version stammt noch aus dem Editionsstadium, als auch die mündliche Form dieses Beitrags ausgearbeitet wurde. In der editierten Version lautet der Schluss folgendermaßen:»Die Beziehung des Menschen zu Gott kann sich dadurch dialogischer gestalten, sie basiert nicht mehr auf dem Gehorsam des Menschen Gott gegenüber, auf Angst vor Gott, sondern auf Liebe und Barmherzigkeit, die ihren Ausdruck vor allem hier und jetzt in dieser Welt finden.« (a. a. O., 90)

[16] *U. Bechmann*, »Ich erschaffe das Licht und mache das Dunkel« (Jes 45,7), in: a. a. O. (Anm. 1), 49–67.

tes, wie gerade in eschatologischen Texten deutlich wird. Die so genannte Gnadenformel Ex 34,6–7 bringt das gut auf den Punkt: Treue/Zuverlässigkeit und Güte/Barmherzigkeit stehen im Mittelpunkt, den äußersten Rahmen aber bilden Gottes Barmherzigkeit und seine strafende Gerechtigkeit. Zwischen diesen beiden Polen bewegt sich Gott in seinem Handeln. Wie genau, lässt sich aber nicht als abstrakte Eigenschaft aussagen, sondern nur in Geschichten erzählen. Mit der Apokalyptik wächst die Hoffnung auf Gottes Barmherzigkeit und Gerechtigkeit noch über den Tod hinaus. Noch ein weiteres Spannungspaar wurde von der Referentin behandelt: Treue und Reue Gottes – darf Gott sich ändern? Auch hier gibt es nicht eine, sondern drei biblische Positionen. Zunächst die, dass Gottes Wort bestehen bleiben muss, weil Gott eben nicht lügt. Doch gibt es auch die Position, dass Gott seine Haltung ändern könne (und auf Bestrafung verzichten), was der Mensch nicht kann. Drittens kann Gott auch die Voraussetzungen für eine große Veränderung schaffen, so das berühmte neue Herz und den neuen Geist (Ez 36,26) bei dem Problem, ob der Mensch so sündig sein kann, dass deswegen Gottes Verheißung nicht eintreten kann. Es ist wohl so, dass die Gerechtigkeit Gottes zum Tragen kommt, wenn Menschen anderen Menschen Unrecht tun, während Gottes Barmherzigkeit über seine Gerechtigkeit siegen kann, wenn er selbst angegriffen wird. Auch die Gerichtsszene Mt 25 spricht übrigens dafür, wie natürlich auch das Kreuz Christi. Die Referentin sah darin eine Entgrenzung hin auf alle Menschen unabhängig von ihrer Religion: Alle Menschen müssen allen Menschen Solidarität erweisen, während Gott sogar im eschatologischen Gericht noch Hoffnung für den Täter lässt. Ihr Schlusswort: »Die Pluralität der Gottesbeziehungen zu den Menschen wahrzunehmen, anzuerkennen und nicht einzugrenzen, das kann man an der biblischen Gottesrede lernen. Die Dynamik einer Entgrenzung des Heils weiterzudenken, über die eigenen Horizonte hinaus Gott größer sein zu lassen, auch dazu lädt biblische Gottesrede ein. Dahinter sollte man nicht zurückgehen.«[17]

4 Gott und Gewalt

Die Alttestamentlerin Ulrike Bechmann[18] konnte manche Aspekte dieser Pluralität vertiefen, da sie spontan für das *Unterforum zu Gottes dunklen Seiten* einsprang. Ihr Ausgangspunkt war, dass heilige Schriften nicht harmlos seien und zwar nicht nur, weil sie missbraucht oder aus Unwissen falsch interpretiert werden könnten. Die Frage sei, wie man mit Texten aus heiligen Schriften umgehen sollte, die Gewalt und Unterdrückung zu legitimieren scheinen. Diese

---

[17]   A. a. O., 67.
[18]   *Dies.*, Gottes dunkle Seiten, in: a. a. O. (Anm. 1), 187–198.

fänden sich auch im Neuen Testament und es gebe auch historische Lösungsver-suche. Zu den historischen Lösungsversuchen gehöre das Aussortieren nach einem positiven Gottesbild, wie dies schon Markion versuchte und wie die Kirche es ablehnte. In der Tat lauert hier die Gefahr, dass eine inhaltliche Auswahl zur Machtfrage geraten kann und die Mächtigen dann jene Texte streichen, die ihnen unangenehm sind. Der gerade entgegengesetzte Lösungsversuch ist der funda-mentalistische. Doch auch hier sah die Referentin eine versteckte Auswahl am Werk, die nur das wörtlich und als bedeutsam nehme, was in die meist politische Agenda passe. Es brauche eine Hermeneutik, die besonders die Fremdheit fälsch-lich vertrauter Texte ernst nehme, um den biblischen Text und damit Gott nicht zu schnell für sich zu vereinnahmen. In diesem Sinn gleiche die Bibellese einer interkulturellen Begegnung, bei der man sich gleichzeitig des eigenen Kontexts bewusst wird. Kanonisierung von Texten bedeute nicht automatisch Akzeptanz, sondern lediglich Ernstnehmen: Man muss sich mit ihnen auseinandersetzen, weil sie wichtige Erfahrungen von Menschen mit Gott beinhalten, die auch bittere Realitäten nicht ausklammern. Nach Ottmar Fuchs gebe es vier verschiedene Arten der Hermeneutik von Gewalttexten: eine konfrontative, wie sie Natan mit David vorführt, eine Delegation von Gewalt an Gott wie in den Rachepsalmen, eine Umwandlung von Gewalt in Versöhnung wie in den Gottesknechtsliedern und in der Passion Jesu sowie die Gewalt Gottes gegen die Gewalt der Welt, damit ewige Gewaltlosigkeit herrschen kann, wie in der Apokalyptik. Doch entscheidend bleibt die Rolle der Gemeinschaften, die den Text in ihrem Kontext lesen.

Der Beitrag von muslimischer Seite, von Dr. Kemal Ataman[19] von der Uni-versität Bayreuth, hatte einen völlig anderen Schwerpunkt. Ihm ging es weniger um den Umgang mit Texten als vielmehr um den konkreten Umgang mit Leid. Koranisch könne Leid (in der Kategorisierung nach al-Ghazali) Strafe für Sünde sein, Prüfung oder Erziehung des Menschen, aber auch heilsam, weil es den Menschen vor größerem Leid in dieser Welt und besonders im Jenseits bewahrt. Gott selbst ist problemlos gerecht *und* barmherzig, während die Natur des Men-schen ambivalent ist. Der Mensch könne zwischen richtig und falsch unterschei-den, Lohn und Strafe absehen und sich mit freiem Willen und in eigener Ver-antwortung entscheiden. In der von Gott geschaffenen Welt sei das Böse nur eine Möglichkeit, aber keine Notwendigkeit. Deshalb seien sich fast alle islami-schen Denkrichtungen, ob mystisch, theologisch oder philosophisch, einig, dass Leiden und Schmerz aus dem verantwortungslosen Bruch des Bundes mit Gott entstehen. Gerade für den Sufismus ist diese Entfremdung von Gott durch das eigene sündhafte Verhalten das schmerzlichste Leid überhaupt. Aus der Frage der Theodizee wird so die Frage der Anthropodizee, auch wenn diese beispiels-

---

[19] *K. Ataman*, Anmerkungen zum Verständnis der »dunklen« Seite Gottes, in: a. a. O. (Anm. 1), 199–210.

weise bei Naturkatastrophen an Grenzen kommt. Auf die Frage, warum auch guten Menschen Schlimmes geschieht, werden wir, so Ataman, in dieser Welt vielleicht nie eine endgültige Antwort bekommen, weil sie nur Gott kennt. Jedenfalls sei aus islamischer Perspektive die ›dunkle‹ Seite Gottes nur für die Menschen dunkel, die die Realität Gottes doch nie ausschöpfen können.

Wie schon erwähnt, stand die Ausrichtung der beiden Vorträge in einer gewissen Spannung zueinander. Es ist ja nicht so, als wäre der Umgang mit Aussagen über Grausamkeiten Gottes nur ein christliches Problem. Die aktuelle Islamkritik bezieht sich ja gerade auf Koranstellen, die zur Gewalt aufrufen – und eigentlich müsste man die Prophetenvita mit ihrem Ausmaß an darin berichteter Gewalt noch mit einbeziehen. Und auch die erwähnten Lösungsmöglichkeiten haben durchaus ihre Parallelen auf muslimischer Seite, selbst wenn eher bestimmte Interpretationen problematisiert werden und nicht der Korantext an sich. Besonders die fundamentalistische Lesart erscheint attraktiv, da sich die Muslime in vielen Krisengebieten als Opfer fühlen. Angesichts dieser Problematik erscheint dann doch der Ansatz Atamans als vielleicht der günstigere – und auch als gar nicht so unchristlich. Schließlich sagt auch Augustin, Gott sei gut und gerecht und belohne die Guten und bestrafe die Schlechten, die diese Strafe aber als erlittenes Übel empfänden.[20]

5   Gottesbilder und Geschlechterkonstruktionen

Vom strafenden Gott ist es nicht weit zu einem anderen *Unterforum*, das sich mit dem ›männlichen‹ Gott beschäftigte, wie er lange unhinterfragt das christliche wie das islamische Gottesbild prägte. In der Tat führte die christliche Referentin, Prof. Dr. Helga Kuhlmann[21] von der Uni Paderborn, zunächst einmal aus, dass der Möglichkeit einer solchen theologischen Fragestellung erst einmal praktische Entwicklungen vorausgingen: die Forderung von Frauen, Zugang zu kirchlichen Ämtern zu bekommen, die Wiederentdeckung der biblischen Frauen sowie der Frauen und Frauengemeinschaften in Kirchen- und Theologiegeschichte. Sie bildeten die praktische Basis der Diskussion, während die inhaltliche Ausgangsbasis darin besteht, dass biblisch einerseits gesagt wird, Gott habe kein Geschlecht, andererseits Gott auch Attribute zugewiesen werden, die die ganze Bandbreite traditionell männlicher und weiblicher Charakteristika umfassen, aber doch vorrangig männlich geprägt sind. Diese Eigenschaften, aber schon allein die Grammatik, weisen schnell auf die Männlichkeit Gottes –

---

[20]   Nach *Ch. Bodenstein*, Beobachterbericht zum Forum »Ist Gott grausam und gewalttätig? – Gottes dunkle Seiten«, in: a. a. O. (Anm. 1), 211–214.

[21]   *H. Kuhlmann*, Der Herrgott und ihre Geisteskraft, in: a. a. O. (Anm. 1), 168–180.

und zwar in den heiligen Schriften, in der Liturgie und in vielen theologischen Texten. Das gilt besonders für das Christentum mit seiner Anrede Gottes als Vater und der trinitarischen Formel Vater, Sohn und Geist. Diese Gewichtung lässt sich nicht unbedingt durchhalten, wenn man biblische Sachverhalte genauer in den Blick nimmt. So spricht Hos 11,9 wörtlich davon, dass Gott gerade kein Mann sei, und auch die berühmte Selbstvorstellung Gottes in Ex 3,14 ist absolut geschlechtsneutral. Umgekehrt werden für Gott auch weibliche Metaphern verwendet, allen voran das Bild einer Mutter, und bei den Eigenschaften sind die eher weiblichen den eher männlichen mindestens gleichgestellt, wenn nicht sogar höher eingestuft. Das gilt besonders für Barmherzigkeit, was hebräisch eigentlich Mutterschößigkeit bedeutet. Ein Stolperstein liegt in der Trinitätstheologie, in der Männlichkeit Jesu und in der Rede davon, dass der Vater den Sohn gezeugt habe. Abgesehen davon, dass Letzteres keinen expliziten biblischen Beleg hat, ist es auch eine Festlegung, die sich so erst mit der lateinischen Übersetzung ergibt. Das griechische *gennethenta* des Nicaenums ist nämlich gezeugt und geboren in einem Wort und so könnte Gott wiederum männlich und weiblich gleichzeitig gesehen werden. Auch die Trinitätsvorstellungen Augustins, der mittelalterlichen Mystik und der pietistischen Theologie der Neuzeit integrieren symbolische Züge der Weiblichkeit. Insgesamt aber wurde das Vaterbild für Gott im Christentum gegenüber dem Judentum verstärkt, während im Islam Gott weder als Vater noch als Mutter bezeichnet wird. Doch die symbolisch männlichen beziehungsweise weiblichen Eigenschaften wie Allmacht und Barmherzigkeit existieren auch im Islam und sind ein Berührungspunkt. Insgesamt, so die Referentin, lasse sich das Problem nicht einfach lösen, weil es schon in den heiligen Schriften wurzelt und weil die Gebetssprache und die Vertrauensbeziehung zu Gott an ein personales Gottesbild und damit auch an die entsprechende männliche und weibliche Metaphorik gebunden seien.

Die islamische Perspektive wurde von Rabeya Müller[22] vom Institut für interreligiöse Pädagogik und Didaktik in Köln vertreten. Sie sieht in der anthropomorphen Vorstellung von Gott eine islamische Grundhaltung, wobei sich die patriarchalisch oft postulierte Verbindung des Männlichen zum Göttlichen aber aus dem Koran nicht ableiten lasse. Trotzdem sich die Mehrheit der TheologInnen einig sei, dass Gott kein Geschlecht habe, herrsche doch das subtile Empfinden vor, Gott sei männlich. Das werde hineininterpretiert in die Schöpfungsgeschichte, die häufig hierarchisiert werde: Gott habe zuerst den Mann erschaffen und das Weibliche sei somit nur eine Ergänzung zum ›wirklichen‹ Menschen. Hier wie auch in der Geschichte der Königin von Saba, die sich angeblich Salomo unterworfen habe, siege die Bevorzugung des Männlichen über

---

[22] *R. Müller,* »Allâhs« weibliche Seite oder das »wahre« Geschlecht Gottes, in: a.a.O. (Anm. 1), 159–167.

die korrekte Grammatik. Aus dem letzteren Beispiel werde dann passenderweise abgeleitet, dass in einem Land mit islamischer Verfassung eine Frau so wenig Staatsoberhaupt sein wie das Amt eines Imams ausfüllen könne. Außerdem sei *Allah* grammatikalisch männlich und werde auch von arabischen Christen als Gottesbezeichnung benutzt, was sich als Einfallstor für christliche Vorstellungen von der Männlichkeit Gottes erwiesen habe. Hinzu komme noch, dass die Existenz weiblicher Gottheiten aus vorislamischer Zeit abgelehnt werde. Aber die koranischen Eigenbezeichnungen Gottes dokumentierten doch dessen ›weibliche‹ Seite, allen voran die Barmherzigkeit, die etymologisch im Arabischen die gleiche Wurzel hat wie der Begriff für Gebärmutter. Auch wenn Gott davon spreche, dass er dem Menschen näher sei als dessen Halsschlagader, so sei dies eine Nähe, die ein Mensch nur im Mutterleib verspüren kann. Auch der häufig für Gott verwendete Pluralis maiestatis betont die Vielfältigkeit Gottes. Außerdem wird so stark abgelehnt, dass Gott zeugt, und die Differenz von Schöpfer und Geschöpf so sehr betont, dass eine Verknüpfung von Mann/männlich mit Gott eigentlich nicht möglich ist. Doch umgekehrt habe die gängige, aber anzweifelbare Tradition, dass nur Männer Propheten sein könnten, die Projektion gefördert, dass Gott männlich sei. Die hier angeführten theologischen Grundlagen würden eigentlich von allen betont, doch in der Praxis sei man von einer geschwisterlichen *Umma* noch weit entfernt. Im Gegenteil, die so genannten ›Jungen Konservativen‹ blieben bei aller Bildung theologisch deutlich hinter dem zurück, was man Mitte der 90er Jahre innerislamisch schon erreicht hatte und was nun als verwestlicht abgelehnt werde.

Es ist interessant, dass auch der Beobachterbericht von Tuba Işik-Yiğit[23] von der Uni Paderborn bestätigt, dass unter Muslimen weniger die Erschaffung eines Wesens (*nafsun vahidatun, Sure 4,1*) bekannt ist als vielmehr die eigentlich aus dem Christentum stammende Auffassung, Eva sei aus der Rippe Adams erschaffen worden. Ob theologisches Umdenken zum Prophetentum allein schon für Veränderungen in islamischen Gesellschaften genüge, bleibt aber zweifelhaft. Eigentlich wird gesellschaftlichen Veränderungen wie der Berufstätigkeit der Frau mehr Sprengkraft zugetraut. Und außerdem dürfe man bei diesen Überlegungen nicht vergessen, dass es genauso unangemessen sei, ein männliches Gottesbild durch ein weibliches zu ersetzen.

---

[23]   *T. Işik-Yiğit*, Beobachterbericht zum Forum »Männlicher Gott? – Gottesbilder und Geschlechterkonstruktionen in Christentum und Islam«, in: a. a. O. (Anm. 1), 181–184.

6 Der eine und der drei-eine Gott

Bewusst zum Abschluss nun zum *Unterforum zu Monotheismus und Trinität*. Es war insofern hervorgehoben, als es als einziges Unterforum zwei Beobachter hatte, um die je eigene Seite zu beobachten – Daniel Bugiel von der Uni Münster für die christliche und Dr. des. Ramzi Ben Amara von der Uni Bayreuth für die muslimische Seite.[24] Referenten waren Dr. Abd el-Halim Ragab von der Uni Bamberg und der Jesuit Prof. Dr. Dr. Felix Körner von der Gregoriana. Wie es der christliche Beobachter formulierte, war es Körners Aufgabe, »den muslimischen Teilnehmenden des Forums eine perspektivgebundene Ausdrucksform des trinitarisch-monotheistischen Bekenntnisses vorzustellen, in der sich auch die teilnehmenden Christinnen und Christen wiederfinden können«[25]. Körner ging sie an, indem er, um wieder eine Formulierung des Beobachters zu benutzen, die Trinitätstheologie »vom Kopf auf die Beine«[26] stellte. Die Beschreibung Gottes als dreifaltig sei eine geistgewirkte Selbstbeschreibung Gottes. Als Bekenntnis habe sie die drei wesentlichen Züge biblischer Gottesrede: Sie sei »geschichtlich, unvollkommen und übereignend«[27]. Die Geschichtlichkeit setze ein beim Volk Israel und habe sich in der Gotteserfahrung der Kirche fortgesetzt. Gottesnamen seien immer Erinnerungen der Bindung Gottes an eine bestimmte Geschichte. Bekenntnis meine aber immer auch Schuldbekenntnis: Der Mensch kann sich nicht von sich aus in die rechte Beziehung zu Gott setzen und er kann auch das Handeln Gottes nicht angemessen versprachlichen: »Die Sprachformen der Kirche sind nicht vollkommen im Sinne der abschließenden Definition, mit der alles ausdrücklich geworden wäre; der christliche Glaube hat in diesem Sinn

---

[24] *R. ben Amara / D. Bugiel,* Beobachterbericht zum Forum »Der ganz und gar unbegreifliche Andere – Vom (drei-)einen Gott und seinen Eigenschaften«, in: a. a. O. (Anm. 1), 151–156.

[25] Diese Fassung stammt aus dem Editionsprozess, die endgültige Fassung dazu lautet: »Die Christen müssen also zeit- und kontextgebunden angebrachte Ausdrucksformen, freilich mit Blick auf das bereits Artikulierte, finden, um verantwortet am trinitarisch-monotheistischen Bekenntnis festhalten zu können. Dieser Aufgabe stellte sich Felix Körner.« (a. a. O., 151)

[26] Die im Text gebrauchte Formulierung stammt aus der noch im Editionsprozess befindlichen Fassung. Dort lautete das Resümee des Beobachters: »Damit lieferte Felix Körner einen vom Kopf auf die Beine gestellten, trinitätstheologischen Entwurf, der einige Fragen der Teilnehmenden nach sich zog (…).« Die veröffentlichte Fassung lautete dann: »Körners trinitätstheologischer Entwurf zog einige Fragen aus den Reihen des Forums nach sich (…).« (a. a. O., 152)

[27] *F. Körner,* Vater, Sohn und Heiliger Geist, in: a. a. O. (Anm. 1),129–139, hier 131. Bei der Wiedergabe dieses Beitrages habe ich mich bewusst sprachlich sehr eng an die Vorlage gehalten.

keine Terminologie.«[28] Genau das macht den Geheimnischarakter der biblischen Offenbarung aus: Es geht nicht um Kenntnis, sondern um einen Zugang zur Heilsgeschichte, um Erkennen und Anerkennen, um Sich-Verlassen, also die genannte dritte Dimension der Übereignung, die Wirkung des Geistes ist. Am kürzesten und besten werde dies durch die Gebetsanrede Jesu und in Folge auch der christlichen Gemeinde ausgedrückt: Abba (Mk 14,36). Die Glaubenshoffnung erkennt Gott als den, der immer ist, was sich in der Geschichte erst ereignet: der allmächtige Vater. Wörtlich: »Gott liegt nicht vor, sondern unser frei einstimmendes Bekenntnis ist Teil der Geschichte seiner Verwirklichung.«[29] Die Begründung des trinitarischen *Monotheismus* ist dabei sehr knapp: Vater, Sohn und Geist vertrauen einander vollständig, es gibt keine Absichten, die sich widerstreiten. Umgekehrt folge die *Trinität* nicht aus dem Begriff Gottes und es könne keinen Beweis für sie geben, sonst wäre sie kein Bekenntnis. Die Christen wollten dieses Bekenntnis auch nicht durch einen ausschließenden Monotheismus ersetzen, weil Gott der Menschheit durch ein partikulärgeschichtliches Ereignis/Person, das eindeutig außerhalb des betroffenen Menschen liegt und deshalb *verlässlich* ist, Erlösung erwirkt und die Gottesgemeinschaft eröffnet hat.

Die Anfrage an die Christen[30] war denn auch, dass Gott sich so selbst schwächt, was zugestanden werden musste, wenn auch mit dem Zusatz, es sei eine »Schwäche für den Menschen«[31]. Deutlich wurde auch bis in die Plenumsdiskussion hinein, dass man von muslimischer Seite den Christen zwar nicht mehr den Vorwurf des Polytheismus machte, aber umgekehrt auch nicht die innere Notwendigkeit der Trinität verspürte, sondern sie eher als eine *philosophisch* unnötige Verkomplizierung sah.

Dies wurde auch schon im muslimischen Beitrag[32] deutlich, der sehr betonte, dass sich der islamische Monotheismus in seiner historischen Entwicklung in der frühen mekkanischen Periode gar nicht gegen die Christen gerichtet habe, sondern gegen die polytheistischen Mekkaner, auch wenn der »›kompromisslose[] Monotheismus‹«[33], der Gott teilweise nicht einmal Attribute zuschreiben will, bald von beiden Seiten als gegen die christliche Trinitätslehre gerichtet verstanden wurde. Schließlich betone der Koran mehrmals, dass die einzige Sünde, die Gott nicht vergeben werde, die Verletzung des Glaubens an ihn als den einzigen Gott sei. Aber muslimische Theologen egal welcher Schulrichtung

---

[28]   A. a. O., 132.

[29]   A. a. O., 135.

[30]   S. *ben Amara / Bugiel*, 152 f.

[31]   *F. W. J. Schelling*, Philosophie der Offenbarung, Bd. 2, Darmstadt 1974 (Neuauflage), 26, zitiert nach a. a. O., 152.

[32]   *A. el-Halim Ragab*, Gott zwischen Transzendenz und Immanenz, 140–150.

[33]   A. a. O., 144.

stecken immer in dem Dilemma, dass man von dem so transzendenten Gott doch nur immanent sprechen kann. Schöpfung, Offenbarung, Rechtleitung brechen ja die Transzendenz Gottes auf. Das Dilemma löst auch der Referent nicht, bittet nur um Beachtung, dass der Koran in seinen Aussagen eben doch nicht so weit geht wie das Christentum.

So bleibt auch nach dem muslimischen Beobachterbericht[34] die Trinitätslehre eine Herausforderung, die den Verstehenshorizont eines Muslim überschreitet, und er stellt die Frage, ob man im Dialog unbedingt darüber sprechen müsse.

7 Die Gott-Mensch-Beziehung

Zum Abschluss die Schlussvorträge: Besonders der *muslimische Schlussvortrag*, bei dem Ahmad Milad Karimi[35] spontan für den erkrankten Ali Özgur Özdil von der Uni Hamburg einsprang, war ein schönes Beispiel dafür, was auf muslimischer Seite im deutschsprachigen Bereich möglich ist. Nach Karimi sind aus islamischer Perspektive Selbst- und Gottesverhältnis des Menschen gleichursprünglich, wie es der Ausspruch Mohammeds ausdrückt: »Wer sich selbst erkannt hat, er hat erkannt seinen Herrn.«[36] Könne das Christentum für sich ins Feld führen, in ihm habe sich der bewegendste Gedanke realisiert, der vielleicht überhaupt gedacht werden könne, nämlich dass Gott Mensch geworden sei (*Anselm von Canterbury, Cur deus homo*), so requiriert Karimi für den Islam den Koran als ästhetische Erfahrung, in dessen Vortrag sich die Offenbarung vergegenwärtige, der Herr aller Welten sich den Menschen immer wieder zuwende. Der Koran *ist* das Verhältnis Gottes zum Menschen und damit unabdingbar für den Islam. Er ist die Liebeserklärung Gottes an die Menschen in ihrer vollendetsten, der poetischen Form, das Pendant zur Menschwerdung Gottes auf christlicher Seite. Indem er die Muslime ästhetisch berührt, ist Gott ihnen näher als ihre Halsschlagader (*Sure 50,16*) – Gott, von dem bekannt werden muss, dass er in der Vielheit der Welt als der Eine *nicht* einfach antreffbar ist. Hätte Gott sich nicht zum Menschen herabgesenkt, der Mensch könnte sich gar nicht zu Gott verhalten. So aber kann er (im rituellen Gebet) anerkennen, dass er Gottes Geschöpf ist, »vergänglich und voller Fragen.«[37]

---

[34] S. *ben Amara / Bugiel*, 153.

[35] *A. M. Karimi*, Die Beziehung von Mensch und Gott aus islamischer Perspektive, in: a. a. O. (Anm. 1), 231–240.

[36] *Al Ghasali*, Das Elixir der Glückseligkeit (übertragen von Hellmut Ritter), Düsseldorf 2008, 35, zitiert nach a. a. O., 233.

[37] *Karimi*, 240.

Der *christliche Schlussvortrag*, gehalten von Prof. Dr. Reinhold Bernhardt[38] von der Uni Basel, war demgegenüber ausführlicher und kreiste um die Problempunkte von Glauben sowie Trinität, da ja die Gottesbeziehung des Menschen immer erst eine Antwort sein könne auf die Menschenbeziehung Gottes. Während die Trinität von den Muslimen problematisiert wird, ist die Frage des Glaubens hauptsächlich ein Problem der Protestanten. Christlicher Glaube sei natürlich auf Christus als den Gottesmittler zentriert, wobei auch Bernhardt betont, dass diese Mitte nicht nur als Faktum der Offenbarungs*geschichte* zu sehen sei, sondern auch gegenwärtig und dynamisch: In Christus ergreift Gott den Menschen, aber dann auch der Mensch Gott, wobei für die *Konstitution* der Gottesbeziehung in der evangelischen Theologie die Alleinwirksamkeit Gottes gelte; der Mensch könne dafür laut Luther soviel beitragen wie zu seiner Geburt. Der *Vollzug* des Glaubens aber erfordere eine christusgemäße Lebensweise, wobei es bei der genauen Verhältnisbestimmung zwischen Glauben und Handeln unterschiedliche Akzentsetzungen zwischen Katholiken, Lutheranern und Reformierten gebe. Außerdem sei noch hinzuzufügen, dass Glaube im Verhältnis zum Wissen nicht defizitär sei, sondern ein weiterer Sinnhorizont, der oft durch das Wort *Gewissheit* ausgedrückt werde und über das reflektierte Bewusstsein hinausreiche. Bernhardt greift hier die Formulierungen von Hans-Martin Barth auf, der von »›Alpha- und Omega-Glaube‹«[39] spricht. Der Alpha-Glaube beziehe sich auf ein reflexives Glaubensbewusstsein, das sich in Bekenntnissen artikulieren könne, während der Omega-Glaube die Ergriffenheit von einem Widerfahrnis ist, dem apophatische, doxologische und poetische Redeweisen angemessen sind. Bernhardt formuliert ihr Verhältnis zueinander so: »Der ›Alpha-Glaube‹ stellt eine Art Transparenzfolie dar, die das Omega-Licht durchscheinen lässt.«[40]

Abschließend geht er dann darauf ein, dass sich die Menschenbeziehung Gottes nach christlichem Verständnis nicht einfach, sondern nur dreifach darstellen lasse, wobei die Trinitätslehre der Endpunkt christlichen Gottesdenkens sei, das von der biblischen Gotteserfahrung ausgehe. Schon früh hätten die Christen ihren Glaubensbekenntnissen eine trinitarische Struktur gegeben, Trinität sei sozusagen das Strukturprinzip des christlichen Glaubens und beschreibe zunächst einmal die Beziehungen Gottes *ad extra*. Er konstituiert die Welt- und Menschenbeziehung als Schöpfer, restituiert sie als Erlöser und richtet sie schließlich als Vollender auf die vollkommene Gottesgemeinschaft hin aus. In diesem dreifachen Beziehungswirken offenbare sich jeweils der eine und

---

[38] R. *Bernhardt,* Die Gottesbeziehung in der Sicht des christlichen Glaubens, in: a. a. O. (Anm. 1), 217–230.

[39] H.-M. *Barth,* Dogmatik, Evangelischer Glaube im Kontext der Weltreligionen, Gütersloh 2008, 114–118, zitiert nach *Bernhardt,* a. a. O., 225.

[40] *Bernhardt,* 226.

ganze Gott, weshalb von einer dreifachen *Selbst*mitteilung Gottes gesprochen werden könne. Dem korrespondiert natürlich auch eine dreifache Beschreibung des Menschen und seiner Beziehung zu Gott: Er ist Geschöpf Gottes. Er entfremdet sich immer wieder von Gott. Er steht im Kraftfeld des Geistes Gottes. Als letzten Punkt geht Bernhardt auf die Trinitätslehre *ad intra* ein. Sie sei ein Rückschluss von den überlieferten Gottesbegegnungen auf den Grund der Möglichkeit dieser Begegnungen in Gott selbst. Es gehe also nicht um verschiedene Entitäten in Gott, sondern um Dimensionen des einen göttlichen Wesensvollzugs, und die Reflexionen darüber seien weniger definitorische Feststellungen als vielmehr doxologische Hymnen, ein »Lob der Güte Gottes, der sein Angesicht nicht bloß einfach, sondern dreifach aufscheinen lässt«[41], weshalb man aus ihnen auch keine weiteren spekulativen Rückschlüsse ziehen dürfe. Im Blick auf die Muslime sei zu betonen, dass die Trinitätslehre die Einheit und Einzigkeit Gottes nicht bestreite, sondern näher bestimme – und wo immer von Offenbarung Gottes gesprochen werde, werde ja logisch der Gedanke einer Selbstunterscheidung Gottes mitgesetzt. Und auch im Islam ist Gott ja der Schöpfer, der Offenbarer und der Rechtleiter – eine strukturelle Ähnlichkeit, über die Christen und Muslime doch theologisch weiter diskutieren könnten.

---

[41]   A. a. O., 229.

Eine Verteidigung des Synkretismus

Perry Schmidt-Leukel

In der Religionsgeschichte besteht eine Art Konsens darüber, dass sich alle großen religiösen Traditionen der Welt durch synkretistische Prozesse entwickelt und weiter entwickelt haben. »Alle Religionen«, so Peter van der Veer, »sind synkretistisch, denn sie beziehen beständig heterogene Elemente ein und zwar in einem solchen Ausmaß, dass es dem Historiker vielfach nicht mehr möglich ist, noch genau zu entflechten, was woher stammt.«[1]

Heute hat diese Situation allerdings eine neue Dimension gewonnen. Um Wilfred Cantwell Smith zu paraphrasieren: Die Wahrnehmung aller anderen Religionen wird zunehmend zum Bestandteil des religiösen Bewusstseins innerhalb einer jeden einzelnen unter ihnen.[2] Dies ruft zwei unterschiedliche Reaktionen hervor: Einerseits die fundamentalistische Reaktion, bei der die eigene religiöse Identität (individuell oder kollektiv) in scharfer Abgrenzung von allen anderen bestimmt wird; andererseits die synkretistische Reaktion, bei der Glaubensinhalte und Praktiken aus verschiedenen Religionen miteinander verbunden werden. Der »Religionsmonitor 2008«, eine weltweite Erhebung zur Religiosität, erfragte unter anderem die Zustimmung zu der Aussage: »Ich greife für mich selbst auf Lehren verschiedener religiöser Traditionen zurück«. In Deutschland wurde dieser Aussage von 23% der Befragten stark und von 20% mittel zugestimmt.[3] Es ist beispielsweise eine bekannte Tatsache, dass eine Reihe von Men-

---

[1] *P. van der Veer*, »Syncretism, multiculturalism and the discourse of tolerance«, in: *C. Stewart / R. Shaw (Hg.)*, Syncretism/Anti-Syncretism. The Politics of Religious Synthesis, London / New York 1994, 196–211, 208 (wenn nicht anders angegeben, sind alle Übersetzungen englischsprachiger Zitate von mir). Zur synkretistischen Natur von Judentum, Christentum und Islam vgl. *E. Maroney*, Religious Syncretism, London 2006.

[2] »The process of each is becoming conscious of the process of all.« *W. C. Smith*, Towards a World Theology. Faith and the Comparative History of Religion, Neuauflage, Maryknoll 1989, 37.

[3] Vgl. Religionsmonitor 2008, hg. von der Bertelsmann Stiftung, Gütersloh 2007, 40, 248.

schen in primär christlich geprägten Ländern spirituelle Praktiken östlicher Religionen, wie etwa Yoga, Zen-Meditation, Tai-Chi, usw. ausüben,[4] und dass im Westen unter (zumindest nominellen) Christen ungefähr 20% an Reinkarnation glauben.[5] Solche Entwicklungen werfen die Frage auf, wie das Phänomen des Synkretismus aus normativer Sicht zu beurteilen ist. Soll man es begrüßen oder bedauern? Sollten sich religiöse Institutionen und die akademische Theologie dieser Entwicklung widersetzen und versuchen, ihr soweit wie möglich entgegenzusteuern, oder besteht die Möglichkeit, diese Entwicklung konstruktiv zu begleiten und sogar von ihr zu gewinnen? Im Folgenden werde ich mich mit der Frage nach einer normativen Beurteilung des Synkretismus aus primär christlicher Perspektive auseinandersetzen.

Im zwanzigsten Jahrhundert wurde das Problem des Synkretismus innerhalb des Christentums vorwiegend unter missionstheologischem Aspekt diskutiert. Das heißt, es ging vor allem darum, wie viel an kultureller Anpassung und Übernahme zulässig sei, ohne dabei einem illegitimen Synkretismus zu verfallen. Die Diskussion intensivierte sich im Zuge der Entwicklung des interreligiösen Dialogs, der teilweise aus der Einsicht hervorging, dass sich nicht-christliche Kulturen nicht einfach von nicht-christlichen Religionen trennen lassen, so dass jede Inkulturation bis zu einem gewissen Grad immer auch so etwas wie eine »In-Religionisation« sein muss, was einen interreligiösen Dialog erfordert. Andererseits wurde interreligiöser Dialog aber auch als Rivale und Bedrohung christlicher Mission wahrgenommen. Der Vorwurf des Synkretismus an die Adresse des interreligiösen Dialogs entwickelte sich zu einer geläufigen Waffe bei der Verteidigung einer missionarischen Agenda. Inzwischen ist in dieser Debatte ein neuer Aspekt aufgetreten: Die zunehmende Präsenz nicht-christlicher Religionen in primär christlich geprägten Kulturen und das dementsprechend wachsende Phänomen religiöser Bricolagen und multireligiöser Identitätsbildungen.[6]

Während der Terminus »Synkretismus« nicht selten einfach neutral und vorwiegend deskriptiv verwendet wird, erscheint er doch häufig auch in deutlich

---

[4]   Nach dem Religionsmonitor spielt Meditation eine sehr wichtige Rolle bei 34% (USA) und 13% (UK) und eine mittelstarke Rolle bei 23% (USA) und 15% (UK). Vgl. Religionsmonitor (Anm. 3), 267.

[5]   Die Gallup Umfrage 2005 nennt für Amerika (www.gallup.com/poll/16915/Three-Four-Americans-Believe-Paranormal.aspx) 20% und die Gallup Umfrage »European Values«, London 1983, 21%. Vgl. auch *J. Mischo*, »Empirische Reinkarnationsforschung aus sozialpsychologischer und parapsychologischer Sicht«, in: *H. Kochanek* (Hg.), Reinkarnation oder Auferstehung, Freiburg i. Br. 1992, 159–180, 160.

[6]   Vgl. *P. Schmidt-Leukel*, »Multireligiöse Identität. Anmerkungen aus pluralistischer Sicht«, in: *R. Bernhardt / P. Schmidt-Leukel* (Hg.), Multiple religiöse Identität. Aus verschiedenen religiösen Traditionen schöpfen, Zürich 2008, 243–265.

pejorativer Absicht zur Bezeichnung »einer inakzeptablen Kontamination, einer Bedrohung und Gefahr, eines Tabus oder als Anzeichen religiöser Dekadenz.« [7] Findet sich der neutrale, deskriptive Gebrauch des Begriffs vorwiegend im religionswissenschaftlichen Kontext, so trifft man auf seine normative und abwertende Funktion besonders, aber keineswegs ausschließlich, in der Theologie.[8] Explizit wird der Synkretismus als eine Gefahr der interreligiösen Begegnung in solch einflussreichen Dokumenten wie dem Missionsdekret (Ad Gentes 22) des Zweiten Vatikanischen Konzils oder den »Leitlinien zum Dialog« (Nr. 24–29) des Ökumenischen Rats der Kirchen verworfen. Die Verurteilung des Synkretismus und die Angst vor ihm sind so stark, dass sie meines Erachtens einen blockierenden und lähmenden Einfluss auf wichtige theologische Entwicklungen im Zusammenhang interreligiöser Begegnung und Durchdringung ausüben.[9]

Im ersten Teil der folgenden Ausführungen werde ich zunächst die vier hauptsächlichen Kritikpunkte am Synkretismus zusammenfassend darstellen, also quasi die »Anklage« gegen den Synkretismus. Im zweiten Teil biete ich eine auf diese Anklagepunkte bezogene qualifizierte Verteidigung. Der Sinn dieser Verteidigung besteht darin, einen Beitrag zu einem offeneren, weniger Angst besetzten, stattdessen konstruktiven theologischen Umgang mit dem Phänomen des Synkretismus zu leisten.

I Die Anklage gegen den Synkretismus

i.i Die theologische Anklage: Korruption der Wahrheit

Am 8. Februar 1991, dem zweiten Tag der Siebten Vollversammlung des Ökumenischen Rats der Kirchen in Canberra/Australien, hielt die bis dahin weitgehend unbekannte junge koreanische Theologin Chung Hyun Kyung einen Vortrag, der als eine der berühmtesten und umstrittensten theologischen Reden in die Theologiegeschichte des zwanzigsten Jahrhunderts eingehen sollte. Der Vortrag glich allerdings mehr einer schamanistischen Performance als einer akademischen Ansprache. Begleitet von koreanischen Tänzern und solchen der australischen Aborigines sowie dem Sound von »Gongs, Trommeln und Klanghölzern«[10], rief Hyun Kyung »die Geister der unterdrückten Frauen und Männer

---

[7]   M. Pye, »Syncretism and Ambiguity«, in: A. M. Leopold / J. S. Jensen (Hg.), Syncretism in Religion. A Reader, London 2004, 59–67, 59.

[8]   Vgl. A. Droogers, »Syncretism: The Problem of Definition, the Definition of the Problem«, in: J. D. Gort et. al. (Hg.), Dialogue and Syncretism. An Interdisciplinary Approach, Grand Rapids – Amsterdam 1989, 7–25.

[9]   A. a. O., 21; M. M. Thomas, Art. »Syncretism«, in: N. Lossky et. al. (Hg.), Dictionary of the Ecumenical Movement, 2. Aufl., Genf 2002, 1085–1088, 1086.

[10]   Vgl. den Bericht der New York Times vom 16. März 1991: http://query.nytimes.com/gst/

aller Zeiten« ebenso an wie die Geister von »Erde, Luft und Wasser, vergewaltigt, gefoltert und ausgebeutet von menschlicher Gier.« In der eigentlichen, recht kurzen Rede bezeichnete sie diese Geister als »Ikonen des Heiligen Geistes«. Und gegen Ende führte sie aus: »Mir kommt das Bild des Heiligen Geistes aus dem Bild der Kwan In entgegen«, der weiblichen Form des buddhistischen Bodhisattvas Avalokiteśvara, der beziehungsweise die als Vergegenwärtigung des vollkommenen und allumfassenden Mitgefühls gilt, und von Hyun Kyung auch als »weibliches Bild Christi« bezeichnet wurde.[11] Die Reaktionen im Auditorium waren dramatisch. »Es gab leidenschaftlichen Applaus ebenso wie leidenschaftliches Verstummen«, wie es einer der Anwesenden ausdrückte.[12] Am Ende der Konferenz stellten Vertreter der orthodoxen Kirchen offen ihre zukünftige Mitarbeit im Ökumenischen Rat der Kirchen in Frage. Die Folge war eine sich über Jahre erstreckende Diskussion, wobei der zentrale, beständig wiederkehrende Vorwurf lautete: »Heidentum und Synkretismus«.[13]

Die Zusammenstellung der beiden Begriffe »Heidentum« und »Synkretismus« markiert in dichter Form, worin die zentrale theologische Sorge hinsichtlich des Synkretismus besteht: Er gilt als »Korruption der absoluten Wahrheit«[14], weil man in ihm eine Vermischung von Wahrheit und Lüge, Licht und Finsternis, Göttlichem und Dämonischem sieht. »Heidentum« verweist in diesem Zusammenhang auf eine theologische Position, wonach die »Religionen und Kulturen nicht-christlicher Völker als Ausdruck heidnischen Unglaubens und schändlichen Aberglaubens wahrgenommen werden, als die ›Welt draußen‹, als Reich der Finsternis (...)« Es ist diese Auffassung, die, wie Gerald Gort zutreffend vermerkt hat, hinter der »massiven Angst vor Synkretismus« steht.[15]

Dies bestätigt sich in einem der engagiertesten theologischen Traktate, die im zwanzigsten Jahrhundert gegen den Synkretismus geschrieben wurden. 1963 veröffentlichte Willem Visser't Hooft, von 1948–1966 Generalsekretär des Öku-

---

fullpage.html?res=9D0CE3DA1E3AF935A25750C0A967958260&sec=&spon=&pagewanted=all.

[11]   Der Text der Ansprache findet sich unter: http://www.cta-usa.org/foundationdocs/foundhyunkyung.html.

[12]   New York Times (March 16th 1991), Zitat von Jean Caffey Lyles.

[13]   Vgl. Ecumenical News International ENI 98–0560 (December 7th 1998), http://www.eni.ch/assembly/0560.html. Eine differenzierte und sensible Analyse der Rede von Hyun Kyung sowie einiger Reaktionen findet sich bei *R. Friedli*, »Synkretismus als Befreiungspraxis. Asiatische und afrikanische Modelle im Dialog«, in: Dialog der Religionen 5 (1995), 42–66.

[14]   *Van der Veer*, Syncretism (Anm. 1), 209.

[15]   *J. D. Gort*, »Syncretism and Dialogue: Christian Historical and Earlier Ecumenical Perceptions«, in: *J. D. Gort et. al. (Hg.)*, Dialogue and Syncretism. An Interdisciplinary Approach, Grand Rapids / Amsterdam 1989, 36–51, 37f.

menischen Rates der Kirchen, sein Buch »No Other Name. The choice between syncretism and Christian universalism« (»Kein anderer Name. Die Wahl zwischen Synkretismus und christlichem Universalismus«). Mit welcher Leidenschaft Visser't Hooft dieses Buch schrieb, wird aus seiner Bemerkung ersichtlich, eine der Lektionen, die man aus dem Neuen Testament lernen könne, bestehe darin, »dem Synkretismus bis hin zum Martyrium zu widerstehen.«[16] Er bestreitet nicht, dass die Theologie legitimerweise die »Denkformen jenes Kontextes benutzt, in dem sie sich bewegt.« Dies – so Visser't Hooft – ist noch kein Synkretismus. »Eine Theologie wird dann synkretistisch, wenn sie bei der Verwendung dieser Denkformen Ideen in ihre Strukturen einführt, die den Sinn der biblischen Wahrheit in der Substanz verändern.«[17] Ihm zufolge kommt es immer dann zu einer synkretistischen Entstellung der biblischen Wahrheit, wenn die »vollständige Einzigartigkeit« und »einzigartige Vollständigkeit« der göttlichen Offenbarung und Erlösung in Christus infrage gestellt sind: »Christus etwas hinzuzufügen, heißt in Wahrheit, ihm etwas wegzunehmen. Weil er die vollständig ausreichende Offenbarung ist, bedeutet jeder Versuch, das Evangelium durch die Einführung weiterer Offenbarungen verbessern zu wollen, in Wirklichkeit die Gabe Gottes zu bestreiten.«[18] Post-christliche Synkretismen müssen somit als »im Grunde genommen vor-christlich« beurteilt werden. Sie »verwerfen die Befreiung, die das Evangelium Christi allen Menschen anbietet« und »machen den Menschen erneut von impersonalen kosmischen Mächten abhängig.«[19]

Visser't Hoofts Verständnis von Synkretismus basiert auf der Vorstellung einer radikalen Diskontinuität zwischen der göttlichen Offenbarung in Christus und den nicht-christlichen Religionen. Er ist hierin stark von der »dialektischen Theologie« Karl Barths und Hendrik Kraemers beeinflusst.[20] In diesem Sinn ist Synkretismus, die Korruption der biblischen Wahrheit, bereits immer dann gegeben, wenn die Einzigartigkeit und Vollständigkeit der göttlichen Offenbarung in Christus in Frage gestellt werden: »Das Christentum versteht sich nicht als eine unter mehreren Religionen, sondern als die adäquate und definitive Offenbarung Gottes in der Geschichte. (...) Immer wenn Christen das Wort ›Religion‹ so verwenden, daß sie damit etwas bezeichnen, das weiter ist als das Christentum, dieses zugleich aber mit einschließt, leisten sie hierdurch einen Beitrag zum synkretistischen Geist unserer Zeit (...)«.[21]

---

[16]   *W. A. Visser't Hooft*, No Other Name. The choice between syncretism and Christian Universalism, London 1963, 62, mit Bezug auf das Buch der »Offenbarung«.

[17]   A. a. O., 123.

[18]   A. a. O., 60.

[19]   A. a. O., 91.

[20]   Vgl. *H. Kraemer*, The Christian Message in a Non-Christian World, London 1938; *ders.*, Religion and the Christian Faith, 2. Aufl., London 1958.

1.2 DIE SPIRITUELLE ANKLAGE: OBERFLÄCHLICHKEIT

Im gleichen Buch führt Visser't Hooft einen weiteren Kritikpunkt an. Der Synkretismus, so sein Argument, kennt eigentlich gar keine Offenbarung. »Er mag zwar von vielen Offenbarungen sprechen, aber gerade diese Vielzahl belegt, dass keine darunter als definitiv gilt und nach einer verpflichtenden Entscheidung verlangt.«[22] Der Mangel an ernsthafter Verpflichtung, mit anderen Worten, der Vorwurf spiritueller Oberflächlichkeit, stellt den zweiten Anklagepunkt dar, der – vor allem im Kontext der sich verändernden religiösen Landschaft im Westen – besonders häufig gegen den Synkretismus erhoben wird. Äußerte man ihn zunächst im Hinblick auf die sogenannte »New Age«-Bewegung, so hat er sich nun beträchtlich ausgeweitet und wird auf die oft festgestellte Tendenz bezogen, wonach traditionelle Religion mehr und mehr einer Art frei flotierender Spiritualität weicht.[23] Beide, »New Age« und zeitgenössische alternative Spiritualität gelten als »hypersynkretistisch«[24] und als »Potpourri ›spiritueller‹ Ideen im Angebot der religiösen Supermarkts.«[25] Dementsprechend wird diese spirituelle Haltung als »pick and mix approach«[26] charakterisiert, oder auch als »Religion à la carte«[27], wobei beide Bilder die »zentrale Bedeutung (...) von freier Auswahl und Konsumhaltung«[28] illustrieren.

Im Mittelpunkt dieser Kritik stehen jener Individualismus und Eklektizismus, die als typisch für den modernen Synkretismus im Allgemeinen und für New Age oder alternative Spiritualität im Besonderen angesehen werden. Individualismus und Eklektizismus gelten dabei als Ausdruck der individualistischen und subjektivistischen Tendenz der Moderne, sowie eines konsumeristischen Charakters postmoderner kapitalistischer Gesellschaften. Die »Tendenz zum individualisierten Erleben des Spirituellen (...) gleitet dabei« – so Charles Taylor – »häufig ins Wohlfühlen und ins Oberflächliche ab«, in eine »Spiritualität, die nichts abverlangt« und sich für »flache und oberflächliche Optionen ent-

---

[21]   Visser't Hooft, No Other Name (Anm. 16) 95.

[22]   A. a. O., 89.

[23]   Vgl. den Untertitel der wichtigen Studie *P. Heelas / L. Woodhead*, The Spiritual Revolution. Why Religion is Giving Way to Spirituality, Oxford 2005. Die Schlussfolgerungen der Studie beruhen auf empirischen Untersuchungen in der britischen Stadt Kendal.

[24]   *S. Sutcliffe*, »›Wandering Stars‹: Seekers and Gurus in the Modern World«, in: *S. Sutcliffe / M. Bowman (Hg.)*, Beyond New Age. Exploring Alternative Spirituality, Edinburgh 2000, 17–36, 18.

[25]   *D. Lyon*, »A Bit of a Circus: Notes on Postmodernity and New Age«, in: Religion 23 (1993) 117–126, 122.

[26]   Vgl. *Sutcliffe*, Wandering Stars (Anm. 24), 19, 28.

[27]   Der Begriff geht wohl zurück auf *R. Bibby*, Fragmented Gods: The Poverty and Potential of Religion in Canada. Toronto 1987.

[28]   *Lyon*, A Bit (Anm. 25), 122.

scheidet«.[29] Diese konsumeristische Haltung hat nach Jeremy Carrette und Richard King einer Entwicklung den Weg gebahnt, die beide Autoren als noch gefährlicher und pervertierter ansehen: eine »heimliche Übernahme« von Religion und Spiritualität durch die Werte einer »ungezügelten Ideologie des Marktes« beziehungsweise einer »kapitalistischen Spiritualität« mit den Charakteristika einer »Atomisierung« des Individuums, der Kultivierung des Eigeninteresses, des »Utilitarismus«, »Konsumerismus« und eines »dezidierten Desinteresses an Mitgefühl«.[30]

Ein entscheidendes Element im Vorwurf der Oberflächlichkeit besteht im vermeintlichen Ausfall ernsthafter Bindung und Verpflichtung. Die britische Soziologin Gracie Davie prägte hierfür 1994 den Begriff des »believing without belonging«, des Glaubens ohne Zugehörigkeit.[31] Etwas vorsichtiger, doch mit derselben Stoßrichtung, stellt Steven Sutcliffe fest, dass im Zuge des »›Supermarkt‹ Prinzips zeitgenössischer Spiritualität« religiöse »Bindungen (…) einen serienmäßigen, unter Umständen auch pluralen, immer aber provisorischen Charakter« erhalten.[32]

Der Theologe Christof Schorsch sieht zwischen Synkretismus und spiritueller Oberflächlichkeit einen logischen Zusammenhang. Die wahllose Verbindung und Vermischung unterschiedlicher Elemente aus verschiedenen religiösen Traditionen, bei der die Frage nach ihrer Vereinbarkeit keinerlei Rolle spielt, setzt nach Schorsch eine unkritische und damit oberflächliche Haltung voraus, die die ernsthafte Wahrheitssuche durch subjektive Beliebigkeit ersetzt. »Und dies«, so Schorsch, »scheint mir ein mehr oder minder drängendes Problem aller Synkretismen zu sein.«[33] Dies bringt mich zum nächsten Anklagepunkt.

1.3 Die philosophische Anklage: innere Widersprüchlichkeit

Nach Hendrik Kraemer bezeichnet Synkretismus im pejorativen Sinn nicht einfach nur »die Vermischung von religiösen Elementen unterschiedlicher Herkunft«, sondern den »systematischen Versuch, solche religiösen Elemente miteinander zu verbinden, zu vermischen oder zu versöhnen, die nicht miteinander harmonieren und sich häufig sogar widersprechen (…)«.[34] Robert Baird vertritt

---

[29]   *C. Taylor*, Varieties of Religion Today. William James Revisited, Cambridge (Mss.) 2003, 113.

[30]   Vgl. *J. Carrette / R. King*, Selling Spirituality. The Silent Takeover of Religion, London / New York 2006, 128, 21, 114 und öfter.

[31]   Vgl. *G. Davie*, Religion in Britain since 1945. Believing without Belonging, Oxford 1994.

[32]   *Sutcliffe*, Wandering Stars (Anm. 24), 31.

[33]   *C. Schorsch*, »Der Drang nach Ganzheit. New Age als synkretistisches Phänomen«, in: *W. Greive / R. Niemann (Hg.)*, Neu glauben? Religionsvielfalt und neue religiöse Strömungen als Herausforderung an das Christentum, Gütersloh 1990, 135–145, 143.

[34]   *Kraemer*, Religion (Anm. 20), 392.

bekanntlich die Auffassung, dass es sich hierbei um »die einzig sinnvolle« pejorative Verwendung des Begriffs des Synkretismus handelt. Denn: »Was sollte
man denn gegen die Synthesierung solcher religiöser Elemente einwenden, die
einander nicht widersprechen? Wogegen man sich wenden kann, ist die Bereitschaft, widersprüchliche Elemente zusammenzuhalten.«[35] In einem ganz ähnlichen Sinn verwendet Nicholas Rescher den Begriff »Synkretismus« für den »Versuch, sich über den Streit einander widersprechender Lehren ›zu erheben‹«.[36]
Nach Rescher lässt sich der Synkretist, »allein von innerer Widersprüchlichkeit
nicht einschüchtern; er akzeptiert Alternativen, die einander wechselseitig ausschließen und schwelgt sogar in ihrer Widersprüchlichkeit, weil er hierin ein
Zeichen der Fruchtbarkeit des Wirklichen erblickt.«[37] Wenn man es so sieht,
dann ist Synkretismus natürlich per definitionem selbstwidersprüchlich. Wenn
der Synkretist, so Rescher, alle Auffassungen für gleichermaßen gültig hält, einschließlich jener, die einander widersprechen, dann müsste er auch jene
Positionen als gültig akzeptieren, die den Synkretismus verwerfen: »durch seine
außerordentliche Großzügigkeit widerlegt er sich selbst«.[38] Hier stellt sich allerdings die berechtigte Frage, ob Reschers Synkretismus-Begriff nicht ein recht
künstliches Konstrukt ist. Baird hat darauf hingewiesen, dass der Vorwurf, unvereinbare Elemente miteinander zu verbinden, in aller Regel von außen erhoben
wird, während der Synkretist selbst in seinem System keinen Mangel an Kohärenz feststellt.[39] Die eigentliche Frage lautet daher, ob derjenige, der den Synkretismus quasi von außen kritisiert, jene Prinzipien akzeptiert oder verwirft,
mittels derer der Synkretist die Einheit und Kohärenz scheinbar divergierender
Elemente herstellt.

An diesem Punkt der Auseinandersetzung hat Hendrik Vroom den Vorwurf
der inneren Widersprüchlichkeit entscheidend weiterentwickelt. Auch Vroom
schlägt ein Verständnis von Synkretismus vor, bei dem es um die »Einverleibung
unvereinbarer Elemente von einer Religion durch eine andere Religion geht.«[40]
Er nimmt allerdings an, dass niemand bereit ist, bewusst oder absichtlich Dinge
zu glauben, die einander klar widersprechen. Bei der Einverleibung eines ursprünglich unvereinbaren Elements aus einer fremden Religion handelt es sich
daher um einen Prozess, der mit der Reinterpretation ursprünglich unvereinba-

---

[35]   *R. Baird*, »Syncretism and the History of Religions«, in: *A. M. Leopold / J. S. Jensen (Hg.)*,
Syncretism in Religion. A Reader, London 2004, 48–58, 53.

[36]   *N. Rescher*, Pluralism. Against the Demand for Consensus, Oxford 1993, 90.

[37]   A. a. O., 92.

[38]   A. a. O., 95.

[39]   *Baird*, Syncretism (Anm. 35), 56.

[40]   *H. Vroom*, »Syncretism and Dialogue: A Philosophical Analysis«, in: *J. D. Gort et. al. (Hg.)*,
Dialogue and Syncretism. An Interdisciplinary Approach, Grand Rapids / Amsterdam 1989,
26–35, 27.

rer Elemente einhergeht. Reinterpretation macht dann allerdings auch eine Rekonfiguration des empfangenden Glaubenssystems erforderlich, wenn den rein-
terpretierten Elementen eine tragende Funktion innerhalb der systematischen
Struktur der Glaubensinhalte zukommt. Somit wird zwar auf dem Weg der Reinterpretation und Rekonfiguration Kohärenz hergestellt, aber um den Preis einer Modifikation des Sinns bestimmter Glaubensinhalte sowie der Identität der
bisherigen Glaubenskonfiguration.[41] Synkretismus zu bekämpfen und zu verwerfen ist nach Vroom folglich dann legitim, wenn man an der ursprünglichen
Form bestimmter Glaubensinhalte und an der Identität der ursprünglichen Glaubenskonfiguration festhalten möchte.[42] Die Wendung, die Vroom mit dieser Argumentation dem Vorwurf der Selbstwidersprüchlichkeit gibt, führt mich zur
vierten und letzten Anklage.

1.4 Die hermeneutische Anklage: Identitätsverlust

Nach Visser't Hooft verlöre die »Christliche Kirche« ihre »Identität und Integrität«, wenn sie sich auf synkretistische Aktivitäten einließe.[43] Und nach Gerald
Gort ist es legitim, Synkretismus dann zu verwerfen, »wenn zwei Religionen,
Glaubenssysteme oder Heilsbotschaften so miteinander vermischt werden,
daß das Wesen einer oder beider so radikal modifiziert beziehungsweise verändert wird, daß es hinterher etwas anderes ist als was es ursprünglich war.«[44] Die
»Leitlinien zum Dialog« des Ökumenischen Rats der Kirchen aus dem Jahre
1979 konkretisieren die »Gefahr« des Synkretismus in dreifacher Hinsicht, wobei es jedes Mal um eine Variante des Vorwurfs von Identitätsverlust geht:
Synkretismus kann erstens der Versuch sein, »aus Elementen verschiedener
Religionen eine neue Religion zu schaffen« (Nr. 26). Er kann zweitens auch
aus dem Versuch resultieren, das Evangelium in Formen auszudrücken, die
anderen Kulturen oder Religionen entlehnt sind, wenn dabei »die Reinheit
[im Original: »authenticity«; PSL] des christlichen Glaubens und Lebens aufs
Spiel« gesetzt wird. Drittens schließlich komme es zu Synkretismus, wenn »eine
Religion unserer Zeit nicht aus sich selbst gedeutet, sondern in den Rahmen einer anderen Religion oder Ideologie gestellt wird« (Nr. 27). Hendrik Kraemer
wandte sich gegen das, was er den »echten Synkretismus« nannte, mit dem Argument, dass in diesem »die importierten beziehungsweise einverleibten Elemente der authentischen ›Seele‹ der aufnehmenden Religion essentiell widersprechen.«[45]

---

[41]   Vgl. a. a. O., 34.
[42]   Vgl. a. a. O., 35.
[43]   Vgl. *Visser't Hooft*, No Other Name (Anm. 16), 11.
[44]   *Gort*, Syncretism (Anm. 15), 39.
[45]   *Kraemer*, Religion (Anm. 20), 398.

Nun impliziert Synkretismus – unabhängig davon, ob es sich um eine bewusste oder unbewusste Symbiose oder um ein voll ausgeführtes Amalgam handelt, und ob er sich durch Inkulturation, Anpassung, Angleichung oder Identifikation vollzieht –, immer eine »Transformation« beziehungsweise den »Wechsel zu einer neuen Form«.[46] Ob diese Transformation aber als Verlust von Identität oder als ihre Vertiefung, Ausweitung, Neuformulierung oder positive Weiterentwicklung eingeschätzt wird, hängt gänzlich davon ab, wie man Identität versteht. Dies kann auf sehr unterschiedliche Weise geschehen. Die »authentische Seele« einer Religion, das also, was nicht verändert werden darf, lässt sich auf jener Ebene lokalisieren, die Ulrich Berner[47] als »Element-Ebene« bezeichnet hat. Das heißt, die »authentische Seele« kann mit einem oder mehreren religiösen Elementen doktrinärer, praktischer, existentieller usw. Natur identifiziert werden. Oder man lokalisiert sie auf der »System-Ebene«, das heißt, man identifiziert sie mit einer spezifischen Konfiguration einzelner religiöser Elemente oder einer speziellen Art der Generierung dieser Konfiguration. Wenn jedoch jede Reinterpretation – unabhängig davon, ob auf der Ebene einzelner Elemente oder systematischer Konfigurationen – immer schon als Verlust von Identität angesehen wird, dann ist das hierbei vorausgesetzte Identitätskonzept so starr, dass jede Form der Veränderung automatisch einem Identitätsverlust gleich käme. Der hermeneutische Vorwurf des Identitätsverlusts hängt somit davon ab, wie viel hermeneutischer Spielraum zugelassen wird beziehungsweise davon, wie man die Grenzen zieht, mittels derer die »authentische Seele« bestimmt wird. Das bedeutet, dass die vierte Anklage in einem signifikanten Ausmaß von Voraussetzungen abhängig ist, die bereits der ersten Anklage zugrunde liegen, die also die Definition dessen betreffen, was als die essentielle Wahrheit einer bestimmten Religion gelten soll.

2 Eine qualifizierte Verteidigung

In meiner nachfolgenden Verteidigung werde ich auf jeden der vier genannten »Anklagepunkte« gesondert eingehen. Ich setze dabei nicht voraus, dass Synkretismus immer »unschuldig« ist. Es gibt durchaus Fälle, in denen die eine

---

[46]   Vgl. *K. Rudolph*, »Syncretism: From Theological Invective to a Concept in the Study of Religion«, in: *A. M. Leopold / J. S. Jensen (Hg.)*, Syncretism in Religion. A Reader, London 2004, 68–85, 82.

[47]   Vgl. *U. Berner*, »The Concept of ›Syncretism‹: An Instrument of Historical Insight/Discovery?«, in: *A. M. Leopold / J. S. Jensen (Hg.)*, Syncretism in Religion. A Reader, London 2004, 295–315; sowie *ders.*, »Synkretismus und Inkulturation«, in: *H. Siller (Hg.)*, Suchbewegungen. Synkretismus – Kulturelle Identität und kirchliches Bekenntnis, Darmstadt 1991, 130–144, wo er sein Modell unmittelbar auf die theologische Frage der Identitätsbestimmung bezieht.

oder andere Anklage zutrifft. Was ich jedoch bestreite ist, dass die genannten Vorwürfe in jedem Fall, also auf den Synkretismus an sich zutreffen. Das heißt, meines Erachtens gibt es Formen von Synkretismus, bei denen die genannten Anklagen unberechtigt sind. Ob Synkretismus im Sinne dieser Anklagepunkte nun aber schuldig oder nicht schuldig ist, hängt nicht allein von der jeweiligen Form von Synkretismus ab, sondern auch in einem beträchtlichen Ausmaß von den Voraussetzungen auf Seiten des Anklägers. Bereits der erste Anklagepunkt ist hierfür ein gutes Beispiel.

2.1 Zurückweisung des theologischen Exklusivismus

Der Vorwurf, dass Synkretismus schon an sich eine Korruption der christlichen Wahrheit darstellt, leitet sich aus der Voraussetzung ab, dass es außerhalb des Christentums keine heilshafte Offenbarung gibt.[48] Dieser religionstheologische Exklusivismus – ob in seiner traditionellen oder in seiner jüngeren, evangelikalen Gestalt oder in Form der »Dialektischen Theologie«[49] – krankt jedoch an schwerwiegenden theologischen Mängeln,[50] die in den religionstheologischen Debatten der letzten fünf Jahrzehnte deutlich herausgearbeitet wurden. Ein radikaler Exklusivismus, demzufolge alle Nicht-Christen unausweichlich der Verdammnis anheimfallen, befindet sich in einem tiefen Widerspruch zum christlichen Glauben an die vollkommene Güte der göttlichen Wirklichkeit, den »allgemeinen Heilswillen Gottes«, wie Karl Rahner es formulierte. Er widerspricht zudem dem biblischen Zeugnis, wonach beispielsweise Abraham in den Augen Gottes gerechtfertigt war aufgrund seines Glaubens, der eben kein explizit christlicher Glaube war (Gal 3,6–9).[51] Moderatere Formen des Exklusivismus, die eine Heilsmöglichkeit des einzelnen Nicht-Christen einräumen, aber den

---

[48] In den neueren Diskussionen ist die enge Verbindung zwischen einem religionstheologischen Exklusivismus und der Ablehnung des Synkretismus mehrfach hervorgehoben worden. Wie André Droogers es ausdrückt:»In der Begegnungssituation bringen exklusivistische Ansprüche den Vorwurf des Synkretismus (…) zwangsläufig als ihr eigenes Begleitphänomen hervor«, *Droogers*, Syncretism (Anm. 8), 16. Vgl. auch *Berner*, Synkretismus (Anm. 47), 134.

[49] Vgl. die Aussage von *Visser't Hooft*, No Other Name (Anm. 16), 96:»Man's eternal destiny depends on his decision concerning the relation to this one Jesus of Nazareth« (»Das ewige Schicksal des Menschen hängt von seiner Entscheidung hinsichtlich der Beziehung zu diesem einen Jesus von Nazareth ab«).

[50] Vgl. hierzu die ausführliche Diskussion in *P. Schmidt-Leukel*, Theologie der Religionen. Probleme, Optionen, Argumente, Neuried 1997, 99–165, und *ders.*, Gott ohne Grenzen. Eine christliche und pluralistische Theologie der Religionen, Gütersloh 2005, 96–127.

[51] Selbst William Lane Craig, der eine der ausgeklügelsten Verteidigungen des Exklusivismus formuliert hat, muss doch eingestehen, dass die Gerechten des Alten Bundes eine für den christlichen soteriologischen Exklusivismus unerklärte Ausnahme darstellen. Vgl.

nicht-christlichen Religionen keine Heilsbedeutung zugestehen, können nicht überzeugend erklären, warum der Einfluss, den Religionen unbestreitbar auf ihre Anhänger haben, für deren Gottesbezug irrelevant sein soll. Wenn aber ein solcher Einfluss besteht, dann vermag er prinzipiell nicht nur negativ, sondern auch positiv zu sein, was wiederum beinhaltet, dass im letzteren Fall – um hier die Position des Zweiten Vatikanischen Konzils zu zitieren – die nicht-christlichen Religionen »einen Strahl jener Wahrheit erkennen lassen, die alle Menschen erleuchtet« (Nostra Aetate 2).

Wenn aus guten theologischen Gründen nicht ausgeschlossen werden darf, dass sich Wahres, Gutes und Heiliges auch außerhalb des Christentums findet, dann kann man nicht mehr länger von vornherein annehmen, jede Übernahme von Einsichten und Praktiken anderer Religionen in das Christentum stelle zwangsläufig eine Mischung von Wahrheit und Lüge, Gutem und Bösem, Heiligem und Dämonischem dar.[52] Es kann zwar durchaus Fälle geben, auf die der entsprechende Vorwurf zutrifft – der Synkretismus der »Deutschen Christen«, die das Christentum mit Elementen der nationalsozialistischen Ideologie vermischten, stellt hierfür ein besonders gutes Beispiel dar –, es kann aber eben auch Formen von Synkretismus geben, die nicht Licht und Dunkel miteinander vermischen, sondern Wahrheit mit Wahrheit, Gutes mit Gutem und Heiliges mit Heiligem verbinden. Ob wir nun aber Grund für das eine oder das andere Urteil haben, muss folglich für jeden konkreten Fall einzeln geprüft werden, getreu der Maxime von 1 Thess 5,21: »Prüfet alles, das Gute behaltet«. Natürlich gilt, dass wir keine anderen Götter außer Gott haben sollen (Ex 20,3). Doch was, wenn die vermeintlich »anderen Götter« in Wahrheit keine anderen Götter sind, sondern Ausdruck anderer Erfahrungen mit demselben Gott?

Der Vorwurf einer »Korruption der Wahrheit« ist somit nicht gerechtfertigt, wenn er undifferenziert und von vornherein gegen jede Art von Synkretismus erhoben wird. In dieser Form ist er vielmehr Ausdruck der aprioristischen Unterstellung, dass es außerhalb des Christentums keine heilshafte Wahrheit göttlichen Ursprungs gibt. Dass der Synkretismus für die gegenteilige Möglichkeit steht, ist somit letztlich der eigentliche Grund dafür, dass ihm in einer solch voreingenommenen und verallgemeinernden Weise die Korruption der Wahrheit unterstellt wird.

W. L. Craig, »›No Other Name‹: A Middle Knowledge Perspective on the Exclusivity of Salvation Through Christ«, in: Faith and Philosophy 6 (1989) 172–187, 176 und 186.

[52] Siehe hierzu auch die Position von Walter Sparn, wonach interreligiöser Synkretismus dann gerechtfertigt ist, wenn jene Wirklichkeit, die Christen »Gott« nennen, wenn auch in anderer Form, in den nicht-christlichen Religionen gegenwärtig ist. Vgl. *W. Sparn*, »›Religionsmengerei?‹ Überlegungen zu einem theologischen Synkretismusbegriff«, in: V. *Drehsen / W. Sparn*, Im Schmelztiegel der Religionen. Konturen des modernen Synkretismus, Gütersloh 1996, 255–284, 283.

2.2 Die Frage der Oberflächlichkeit

Sieht man den religionstheologischen Exklusivismus aus theologischen Gründen als nicht plausibel und letztlich als unhaltbar an, dann wird man von der Erwartung ausgehen müssen, überall in der Menschheit Zeichen der offenbarenden und erlösenden Gegenwart des Göttlichen anzutreffen. »Alle menschliche Geschichte ist Heilsgeschichte«[53] – wie Wilfred Cantwell Smith, der sich darin eng an Rahner anschließt, formuliert hat. Wenn jemand im Zuge der interreligiösen Begegnung in einer konkreten nicht-christlichen Religion etwas erkennt, was er oder sie als Zeichen göttlicher Wahrheit versteht, als Manifestation von Gutem und Heiligem, wenn jemand vermittelt durch das Element einer anderen Religion die »Stimme Gottes« vernimmt, dann ist er oder sie nicht berechtigt, dieses zu verwerfen. Aus einer spirituellen Perspektive gibt es hier gar keine Wahl. Ebenso wie die christliche Mission wie selbstverständlich davon ausging, dass Nicht-Christen im und durch das Evangelium den Ruf Gottes vernehmen werden und dann moralisch und spirituell verpflichtet sind, darauf positiv zu antworten, so gilt auch umgekehrt, dass ein Christ, der in einer und durch eine nicht-christliche Religion den Anruf Gottes hört, diesem gegenüber weder sein Herz noch seinen Verstand verschließen darf. Vielmehr wird er oder sie dann versuchen müssen, die im Anderen erkannte Wahrheit mit jener Wahrheit zu vereinbaren, die er oder sie aus der eigenen Tradition kennt. Ernsthaftigkeit, das heißt eine ernsthafte Verpflichtung auf Gott, wäre gerade dann nicht vorhanden, wenn man Gottes Stimme ignoriert, sie leugnet oder sich ihr verweigert, unabhängig davon wo und wie man sie vernimmt. Eine integrative, synkretistische Anstrengung kann also gerade Ausdruck der ernsthaften Verpflichtung auf Gott sein und darf daher nicht unter den generellen Verdacht der geistlichen Oberflächlichkeit gestellt werden.

Sich Gott zu verpflichten kann seinen Ausdruck, unter anderem, in der verbindlichen Zugehörigkeit zu und dem praktischen Engagement in einer konkreten religiösen Gemeinschaft oder Institution finden, darf aber nicht einfach damit gleichgesetzt werden. Dass jemand auf der institutionellen Ebene ohne eine feste oder permanente Verpflichtung lebt, muss daher nicht zwangsläufig ein Zeichen von Oberflächlichkeit in der persönlichen Beziehung zu Gott sein, ebenso wie ein intensives Engagement auf der institutionellen Ebene nicht zwangsläufig ein Zeichen der ernsthaften Hingabe an Gott ist.

Auf der institutionellen Ebene kann eine synkretistische Spiritualität unterschiedliche Formen annehmen. Menschen, deren Bindung an Gott durch ihre Erfahrungen in zwei verschiedenen religiösen Traditionen vermittelt ist, mühen sich teilweise bis zum Äußersten darin ab, diese miteinander zu vereinbaren. Henry Le Saux, alias Swami Abhishiktananda, ist zweifellos ein solches Beispiel

---

[53] *Smith*, Towards (Anm. 2), 172.

für jemand, der sich darin aufzehrte, dem Ruf Gottes so zu entsprechen wie er ihn sowohl durch die christliche als auch durch die hinduistische Tradition vernahm. Nicht jeder Mensch ist in der Lage, hierbei einen vergleichbar radikalen Grad an Ernsthaftigkeit zu beweisen. Ernsthaftigkeit und Oberflächlichkeit sind die beiden Enden eines Spektrums, das sich in einer synkretistischen Spiritualität ebenso findet wie in einer (zumindest in ihrer gegenwärtigen Gestalt) nicht beziehungsweise nicht mehr synkretistischen Spiritualität. Oberflächlichkeit ist nichts, was sich zwangsläufig aus dem Synkretismus ergibt oder diesen unausweichlich begleitet.

Es kann aber nicht geleugnet werden, dass bestimmte Formen von Synkretismus zutreffend den starken Eindruck von Oberflächlichkeit, Konsumerismus und Hedonismus vermitteln, Formen, in denen Spiritualität zum Objekt eines (existentiell, nicht immer pekuniär) billigen Vergnügens und exotisch prickelnden Erlebnisses verkehrt wird oder einfach zur lächerlichen Absurdität, zu Betrug und Selbst-Betrug und zur stupiden Trivialität verkommt. Doch allein eine in Sachen Religion wählerische, oft als »pick and mix approach« charakterisierte Haltung ist als solche noch nicht Ausdruck dieses Phänomens. Um Swatos und Christiano zu zitieren:

> »Der Umstand, dass einige Menschen ihre Religion lieber à la carte möchten, besagt nicht notwendig, dass sie ›weniger religiös‹ wären. Die Metapher ist durchaus hilfreich: Erstens, wer sein Essen à la carte bestellt, bezahlt in der Regel mehr als wenn er ein vorgegebenes Festpreis Menü wählt. Á la carte zu bestellen besagt natürlich, dass man nicht einfach alles nimmt, was einem vorgesetzt wird. Aber es bedeutet nicht, dass man allein deswegen unvernünftig isst, also etwa dreimal Nachtisch und kein Gemüse. Mindestens genauso oft werden Menschen die Karte nutzen, um eine weise Wahl zu treffen, also beispielsweise fette Soßen oder schwere Sachen wegzulassen.«[54]

Tatsächlich gibt es innerhalb der sogenannten neuen religiösen Bewegungen Zeichen einer solchen kritischen und selbstkritischen Sensibilität. Nach Paul Heelas, der die neue Spiritualität mit einer gewissen Sympathie studiert, besteht eine der für das New Age größten Herausforderungen der Zukunft darin, »herauszufinden, wie sich Trivialisierung und Selbstgenügsamkeit minimalisieren lassen, ohne dabei zu traditionell oder zu hierarchisch und autoritär zu werden.«[55] David Tacey, ein engagierter Verteidiger dessen, was er als »Revolution der Spiritualität« (»spirituality revolution«) bezeichnet, gesteht ein, dass sich

---

[54] *W. Swatos, K. Christiano,* »Secularization Theory: The Course of a Concept«, in: Sociology of Religion 60.3 (1999) 209–228, 222.

[55] *P. Heelas,* The New Age Movement. The Celebration of the Self and the Sacralization of Modernity, Oxford 1996, 214.

populäre Spiritualität in der Gefahr befindet, »die schwierigen Stücke wegzulassen und nur jene Aspekte zu betonen, die einfach und wünschenswert erscheinen. Zu den schwierigen Stücken gehören zum Beispiel Opfer, Disziplin, Verpflichtung und Hingabe für andere.«[56] Aus psychologischer Sicht, so argumentierte kürzlich Vassilis Saroglou, kann man das Phänomen der religiösen Bricolage zwar als Zeichen eines zugrundeliegenden Hedonismus deuten, dem es darum geht, »die Wahrscheinlichkeit des symbolischen Nutzens hinsichtlich spiritueller Bedürfnisse« zu maximieren. Doch ebenso gut kann man das Phänomen auch als Ausdruck »einer religiösen Reife ansehen, die ein Maximum an Flexibilität mit einer gewissen Kohärenz und Integration verbindet«.[57]

Möglicherweise ergibt sich der Eindruck einer engen Verbindung von Synkretismus und Oberflächlichkeit auch aus dem Umstand, dass Synkretismus vor allem auf dem Feld der populären Religion verbreitet ist.[58] Tacey läge dann richtig mit seinem Verdacht, dass besonders die Popularisierung für die Oberflächlichkeit verantwortlich ist.[59] Populäre Religion wird immer ihre oberflächlichen Aspekte haben, unabhängig davon, ob diese nun besonders synkretistisch ist oder nicht. Und wenn der individualistischen »pick and mix« Haltung eine besondere Neigung zu den »seichten und nichts abverlangenden spirituellen Optionen« innewohnt, dann sollte man nicht vergessen, woran Charles Taylor erinnert, was »der spirituelle Preis für verschiedene Arten erzwungener Konformität ist: Heuchelei, spirituelle Verdummung, innerer Widerstand gegen das Evangelium, die Verwechslung von Glaube und Macht, und Schlimmeres.«[60]

2.3 Suche nach Widerspruchsfreiheit

Wie aber steht es um das Argument von Christoph Schorsch, wonach eine gewisse Oberflächlichkeit notwendigerweise aus der synkretistischen Tendenz entsteht, heterogene und sogar widersprüchliche Elemente miteinander zu verbinden? Wiederum will ich nicht leugnen, dass dies auf einige Fälle durchaus zutrifft, Fälle, in denen religiöse Elemente ohne jede Rücksicht auf ihre Vereinbarkeit vermischt werden, allein auf der Basis »einer persönlichen, individuellen Präferenz, die in Abhängigkeit von Zeit, Laune und Kontext variiert.«[61] Hier ist die völlige Vernachlässigung jeglichen Bemühens um Konsistenz natürlich Teil

---

[56] *D. Tacey*, The Spirituality Revolution. The emergence of contemporary spirituality, London / New York 2004, 141.

[57] *V. Saroglou*, »Religious Bricolage as a Psychological Reality: Limits, Structures and Dynamics«, in: Social Compass 53.1 (2006) 109–115, 111f.

[58] Vgl. *A. Droogers*, »Syncretism, Power, Play«, in: *A. M. Leopold / J. S. Jensen (Hg.)*, Syncretism in Religion. A Reader, London 2004, 217–236, 226.

[59] Vgl. *Tacey*, The Spirituality (Anm. 56), 141.

[60] *Taylor*, Varieties (Anm. 29), 114.

[61] *Saroglou*, Religious Bricolage (Anm. 57), 112.

einer ausgeprägten Oberflächlichkeit. Es stellt sich jedoch die Frage, ob der philosophische Vorwurf, wie man ihn bei Rescher findet, zutrifft, demzufolge Synkretismus an sich in dem vergeblichen Versuch besteht, Unvereinbares zu synthetisieren.

Dirk Mulder hat zu Recht festgestellt, dass »sich in der Geschichte der interreligiösen Begegnung und Durchdringung zahlreiche Belege dafür finden, dass ›fremde Elemente‹ (im Sinne von Elementen, die aus einer anderen Religion oder Kultur stammen) keineswegs immer unvereinbar sind.«[62] Doch selbst dann, wenn keine Vereinbarkeit gegeben ist – oder zumindest nicht auf den ersten Blick –, kann man doch immer noch davon ausgehen, dass sowohl auf individueller als auch kollektiver Ebene synkretistische Prozesse von dem Motiv angetrieben sind, Widersprüche zu vermeiden. Timothy Light hat dies als das »Prinzip kognitiver Integrität« bezeichnet. Es mag, so Light, zwar durchaus der Fall sein, dass wir faktisch unvereinbare Glaubensannahmen machen, aber

> »… wir funktionieren und betrachten uns jeweils als ein einheitliches Ganzes, sprechen über uns als ein bestimmtes Wesen und über unsere Gesellschaft als ein Gefüge, das durch gemeinsame Charakteristika definiert ist. Ein Individuum, dem dieser Sinn für Integration fehlt und sich nicht dementsprechend verhalten kann, bezeichnen wir als abnormal. Eine Gesellschaft, der es an einer solchen Definition fehlt, zerfällt.«[63]

In diesem Sinn kann man auch André Droogers darin zustimmen, dass die primäre Funktion des Synkretismus gerade in seinem inneren Antrieb liegt, Widersprüche zu überwinden und »eine neue Synthese« hervorzubringen.[64]

Vor allem aber ist es Robert Baird, der darauf hingewiesen hat, dass sowohl der einzelne Synkretist als auch ein synkretistisches System sich selbst nicht als widersprüchlich verstehen. Wie oben gesagt, wäre nach Baird eine pejorative Verwendung von »Synkretismus« nur gerechtfertigt, wenn man damit die »Bereitschaft an widersprüchlichen Elementen gleichzeitig festzuhalten« unterstellt. Genau dieser Vorwurf trifft nach Baird jedoch auf das Selbstverständnis des Synkretisten nicht zu. Baird verweist unter anderem auf Śaṅkaras Advaita Vedānta (und damit implizit auch auf Śaṅkaras neo-hinduistische Anhänger) als Beispiel eines Systems, das vermeintlich widersprüchliche Elemente miteinander

---

[62] *D. Mulder*, »Dialogue and Syncretism: Some Concluding Observations«, in: *J. D. Gort et. al. (Hg.)*, Dialogue and Syncretism. An Interdisciplinary Approach, Grand Rapids / Amsterdam 1989, 203–211, 204.

[63] *T. Light*, »Orthosyncretism: An Account of Melding in Religion«, in: *A. M. Leopold / J. S. Jensen (Hg.)*, Syncretism in Religion. A Reader, London 2004, 325–347, 341.

[64] *Droogers*, Syncretism (Anm. 8), 17.

verbindet. Doch nach Baird verwendet Śaṅkara bestimmte Prinzipien zur Vermeidung der Widersprüchlichkeit, konkret zum Beispiel das Prinzip unterschiedlicher Wahrheitsebenen, wonach etwas, »das auf einer bestimmten Ebene als wahr gilt, nicht notwendig auch auf einer anderen Ebene wahr ist«.[65] Geht man davon aus, dass Śaṅkaras Versuch, zumindest unter dessen eigenen Voraussetzungen, erfolgreich ist, dann resultiert der Vorwurf der Widersprüchlichkeit allein aus dem Umstand, dass der Ankläger eben jene Voraussetzungen nicht teilt, die die Widerspruchsfreiheit herstellen. Die Ansicht, dass Synkretismus insgesamt unter innerer Widersprüchlichkeit leidet, resultiert daher nach Baird entweder aus der Nichtbeachtung oder Ablehnung jener Grundsätze, mittels derer ein synkretistisches System seine Synthesen erreicht. Der Vorwurf, dass Synkretismus grundsätzlich widersprüchlich ist, ist also keinesfalls gerechtfertigt. Die Frage der inneren Widerspruchsfreiheit muss vielmehr für jeden einzelnen synkretistischen Prozess oder für jedes synkretistische System gesondert diskutiert werden.

Für den normalen Gläubigen wäre es freilich eine völlige Überforderung, wollte man ihm oder ihr die Pflicht aufbürden, die komplette Vereinbarkeit oder Unvereinbarkeit aller persönlichen Glaubensannahmen und Praktiken zu überprüfen. Obwohl jeder und jede eine gewisse Verantwortung dafür trägt, sich nicht leichtfertig widersprüchlichen Überzeugungen hinzugeben, wird sich doch der durchschnittliche Gläubige hierbei bis zu einem gewissen Grad auf das Urteil jener stützen müssen, die besser dafür gerüstet sind, diesen Fragen nachzugehen. Meines Erachtens liegt somit eine der hauptsächlichen Aufgaben zukünftiger Theologie – und ich denke hierbei keineswegs nur an christliche Theologie – darin, herauszufinden, in welchem Ausmaß die religiösen Traditionen unterschiedliche, aber dennoch prinzipiell vereinbare Einsichten miteinander teilen. Nicht jede Verschiedenheit von Glaubensannahmen oder Praktiken schließt ja zwangsläufig Unvereinbarkeit ein. Ein vermeintlicher Gegensatz mag sich bei näherer Untersuchung als »ein nur scheinbarer statt wirklicher« Widerspruch herausstellen,[66] je nachdem welche inhaltliche Bedeutung den entsprechenden Glaubensannahmen und Praktiken jeweils zugesprochen wird. Wilfred Cantwell Smith hat daher vorgeschlagen, scheinbar unvereinbare religiöse Wahrheitsansprüche als »eine Einladung zur Synthese« zu betrachten.[67] Dies liegt ganz auf der Linie seines visionären Programms einer »Welt Theologie«, das heißt einer Theologie, der es darum geht, die in der gesamten Religionsgeschichte der Menschheit eingeschreinten Einsichten zu identifizieren

---

[65]   *Baird*, Syncretism (Anm. 35), 54.

[66]   *W. C. Smith*, »Conflicting Truth-Claims: A Rejoinder«, in: *J. Hick (Hg.)*, Truth and Dialogue. The Relationship between World Religions, London 1975, 156–162, 156.

[67]   A. a. O., 160.

und zu integrieren, »eine Theologie, die unserem Glauben intellektuellen Ausdruck verleiht und zwar dem Glauben von uns allen (...)«.[68] Dieses Programm ist von Natur aus synkretistisch und die innerhalb des Christentums verbreitete Furcht vor Synkretismus scheint gegenwärtig eines der hauptsächlichen Hindernisse dafür zu sein, sich entschiedener und kraftvoller in diese Richtung zu bewegen. Vermutlich ist es der vierte Anklagepunkt, der dieser Furcht die größte Nahrung verleiht: der Vorwurf, dass Synkretismus einen Verlust an Identität beinhaltet.

2.4 Kreative Transformation

Meine Verteidigung des Synkretismus gegen den Vorwurf des Verlusts an christlicher Identität stützt sich auf drei Aspekte: Erstens, christliche Identität darf nicht als abstrakt und statisch betrachtet werden. Jede Konzeption christlicher Identität muss dem historischen Faktum Rechnung tragen, dass es zu keinem Zeitpunkt so etwas wie ein »reines Christentum«[69] oder »reines Evangelium«[70] gegeben hat und dass das Christentum von seinen Anfängen bis hin zum heutigen Tag vielfache Veränderungen durchlaufen hat. Zweitens, die Angst vor Identitätsverlust ist ernst zu nehmen und es bedarf daher der Etablierung von Kriterien, die es erlauben, konstruktiv mit dieser Angst umzugehen. Drittens muss aufgezeigt werden, wie synkretistische Entwicklungen eine Transformation der Identität herbeiführen können, die nicht ihren Verlust, sondern ihre Vertiefung und Ausweitung bedeutet.

Einige Theologen, darunter M. M. Thomas[71], Leonardo Boff[72], Robert Schreiter[73], und Michael von Brück[74] haben es unternommen, den Synkretismus zu rehabilitieren – wenn auch nicht immer den Begriff, so doch die damit bezeichnete Sache.[75] Sie betonen, dass das Christentum immer schon synkretistisch

---

[68]   *Smith*, Towards (Anm. 2), 125.

[69]   Vgl. z. B. *L. Boff*, Kirche: Charisma und Macht. Studien zu einer streitbaren Ekklesiologie, 3. Aufl., Düsseldorf 1985, 186: »Eine chemisch reine Identität des Christentums gibt es nicht. Christliche Identität ist immer synkretisiert.«

[70]   Siehe hierzu auch *F. Wagner*, »Möglichkeiten und Grenzen des Synkretismusbegriffs für die Religionstheologie«, in: *V. Drehsen / W. Sparn*, Im Schmelztiegel der Religionen. Konturen des modernen Synkretismus, Gütersloh 1996, 72–117, 79f.

[71]   *M. M. Thomas*, »The Absoluteness of Jesus Christ and Christ-centred Syncretism«, in: The Ecumenical Review 37 (1985) 387–397.

[72]   *Boff*, Kirche (Anm. 69).

[73]   *R. Schreiter*, Constructing Local Theologies, 2. Aufl., Maryknoll 1986; *ders.*, The New Catholicity. Theology between the Global and the Local, 2. Aufl., Maryknoll 1998.

[74]   *M. v. Brück*, Einheit der Wirklichkeit. Gott, Gotteserfahrung und Meditation im hinduistisch-christlichen Dialog, 2. Aufl., München 1987.

[75]   Vgl. v. Brücks Vorbehalte gegenüber dem Begriff, ebd. 361f.

war,[76] dass während seiner frühen Entstehung Elemente unterschiedlicher kultureller und religiöser Herkunft eine Synthese eingingen und dass es in seiner Entwicklung weitere synkretistische Prozesse durchlief, in deren Verlauf es beispielsweise »hellenistische, germanische, keltische oder syrische ›Einflüsse‹«[77] absorbierte. Sie betonen die Notwendigkeit einer beständigen Weiterentwicklung des Christentums als Folge seines Austauschs mit anderen Kulturen und Religionen sowie mit dem sich in jedem Jahrhundert neu verändernden Kontext – ein Prozess, der nach ihrem Verständnis notwendig Rezeption, Integration und Adaptation beinhaltet und daher als synkretistisch angesehen werden kann. Sie unterstreichen, dass Adaptation einen aktiven Einbezug von Konzepten aus einem anderen religiös-kulturellen Kontext erfordert, und verwerfen die oben zitierte Auffassung des ÖRK, dass die Reinterpretation einer Religion in den Begriffen einer anderen bereits eine negative Form von Synkretismus darstelle.[78] Jede religiöse Tradition muss sich in ihrer Entwicklung beständig neu interpretieren und, wie von Brück sagt, diese »Interpretation muss dem Kontext angemessen sein«[79], der heute häufig von einer nicht-christlichen Religion bestimmt ist. Eine wechselseitige Verwendung der jeweils eigenen Begriffe ist dabei unvermeidlich. Keiner der vier genannten Theologen schlägt jedoch so etwas vor wie die Konstruktion einer neuen Religion. Christliche Identität muss gewahrt bleiben, aber auch weiter entwickelt werden können. Die Gefahr eines Verlusts christlicher Identität durch synkretistische Prozesse räumen sie zwar ein,[80] doch verstehen sie Identität als etwas, das Formen der Erneuerung und Veränderung durchlaufen kann, die nicht als ihr Verlust, sondern als ihre Vertiefung zu begreifen sind.[81]

Mittels welcher Kriterien aber lässt sich Synkretismus, der einen Verlust christlicher Identität beinhaltet, von einem Synkretismus unterscheiden, der diese vertieft? M. M. Thomas bezeichnete jenen Synkretismus als legitim, der ein »Christus-zentrierter Synkretismus« ist. Doch außer der Feststellung, dass dieser »eine neue Integration oder Adaptation auf der Basis christlicher Grundlagen«[82] impliziere, sind seine Ausführungen hierzu recht unspezifisch geblieben. Was sind diese »christlichen Grundlagen« und wer innerhalb des Christentums ist berechtigt, diese festzulegen? Es sind besonders Leonardo Boff und

---

[76]   Z. B. *Boff*, Kirche (Anm. 69), 169 ff.

[77]   *Schreiter*, Constructing (Anm. 73), 151.

[78]   Vgl. *Thomas*, The Absoluteness (Anm. 71), 396; *v. Brück*, Einheit (Anm. 74), 360.

[79]   Ebd. 360. Vgl. auch *Thomas*, The Absoluteness (Anm. 71), 392, 396.

[80]   Vgl. *Boff*, Kirche (Anm. 69), 184; *Schreiter*, The New (Anm. 73), 65, 83.

[81]   *v. Brück*, Einheit (Anm. 74), 361 f. *Thomas*, The Absoluteness (Anm. 71), 392, bezeichnet die synkretistische »Synthese« als nahezu »eschatologisch«; *Boff*, Kirche (Anm. 69), 99, bekräftigt, »daß der Synkretismus das konkrete Wesen der Kirche ausmacht.«

[82]   *Thomas*, The Absoluteness (Anm. 71), 392.

Robert Schreiter, die der Frage nach den geeigneten Kriterien etwas mehr Aufmerksamkeit geschenkt haben.

Nach Boff lässt sich christliche Identität nicht im Sinne eines bestimmten Begriffs verstehen und sie sollte auch nicht mit bestimmten Lehren identifiziert werden. Denn dies, so Boff, würde der tatsächlichen historischen Entwicklung nicht gerecht werden. Identität, die mit historischem Wandel vereinbar ist und innerhalb desselben bestehen bleibt, lässt sich »im Sinne einer Erfahrung« verstehen, »die Menschen immer wieder machen und bewahren und auf unterschiedliche Art und Weise je nach Zeit, Ort, gesellschaftlicher Klasse und geopolitischer Situation ausdrücken.«[83] Als Erfahrung muss christliche Identität an »die Erfahrung des (…) Jesus von Nazaret gebunden« sein und dessen eigene Erfahrung »radikaler Kindschaft und tiefer Brüderlichkeit« teilen. Denn Jesus erfuhr das »absolute Geheimnis« Gottes als »Vater« und diese »universale Vaterschaft schließt die universale Brüderlichkeit ein.«[84] Schrift und Tradition haben durchaus eine Funktion bei der Bestimmung, in welchen synkretistischen Prozessen christliche Identität bewahrt wird und in welchen nicht. Die Grundregel lautet jedoch: »Alles, was der Freiheit und den theologalen Tugenden Liebe, Glaube und Hoffnung hilft, stellt einen wahren Synkretismus dar und verkörpert die befreiende Botschaft Gottes in der Geschichte.«[85]

Die von Robert Schreiter benannten Kriterien bleiben weitaus formaler und beziehen sich stärker auf die Frage, von wem und wie christliche Identität im Wandel der Zeiten und Kontexte festgelegt wird. Allgemein gesagt lautet Schreiters Antwort: von der Tradition und dem »test of time«, also dem, was die Zeiten überdauert. Konkret bedeutet dies, dass erstens jeder neue Beitrag zur christlichen Tradition mit der Tradition zusammenpassen muss (einschließlich ihrer Deutung der Schrift), sich zweitens im Kontext christlichen Gottesdienstes und christlicher Praxis zu beweisen hat, drittens im Urteil der verschiedenen Kirchen bestehen muss und viertens einen Beitrag zum Wohl der größeren Christenheit insgesamt zu leisten hat.[86] Diese Kriterien, so Schreiter, »müssen gemeinsam zur Anwendung kommen«.[87] Wie er allerdings in einer neueren Reflexion seines Vorschlags zugibt, sind diese Kriterien doch relativ unbestimmt. So setzt etwa das erste Kriterium des Zusammenhangs mit der Tradition eine Theorie darüber voraus, »was eine legitime Weiterentwicklung der Artikulation des Glaubens darstellt«.[88] Damit wird die Frage jedoch eher neu gestellt als beantwortet. Ganz

---

[83] *Boff*, Kirche (Anm. 69), 190.
[84] Alle Zitate a. a. O., 186.
[85] A. a. O., 189.
[86] *Schreiter*, Constructing (Anm. 73), 117–121.
[87] A. a. O., 117.
[88] *Schreiter*, The New (Anm. 73), 82.

ähnlich führt er aus, dass die beiden zuletzt genannten Kriterien des Urteils der Kirchen und des positiven Beitrags zur größeren Christenheit eine bestimmte »Theologie der Kirche und der Kirchen« voraussetzen.[89] Doch wie er selbst einräumt, ist eine Ekklesiologie, die für alle bestehenden Kirchen annehmbar wäre, alles andere als evident. Schreiters Kriterien gleichen eher gewissen Regeln, die die Frage nach der Identität an den weiteren christlichen Diskurs delegieren und sie dabei verschieben. Dies deckt sich auch mit seiner Feststellung, die Frage der christlichen Identität im Zusammenhang mit neuen synkretistischen Entwicklungen könne eigentlich nur dadurch beantwortet werden, dass sie den Test der Zeit besteht: »Ich (...) verwende Synkretismus zur Beschreibung der Bildung religiöser Identität immer in dem Bewusstsein, dass sich die in Frage stehende neue Identität beizeiten im Einklang mit der Tradition befindet und diese sogar bereichert und dass sie zu anderen Zeiten mit dieser nicht übereinstimmt und daher verworfen werden muss.«[90] »Das Ergebnis wird immer gewisse Überraschungen beinhalten (...)«.[91] Am nächsten kommt er einer stärker substantiellen Definition von christlicher Identität, wie sie Boff vorschlägt, dann, wenn er davon spricht, dass diese sich in der christlichen Praxis zu beweisen habe: »›An ihren Früchten sollt ihr sie erkennen‹ – dies ist immer noch eine der ältesten und klarsten Methoden christliche Identität festzustellen.«[92]

In einer neueren Diskussion hat sich auch Reinhold Bernhardt dazu bekannt, christliche Identität im Sinne eines Prozesses zu begreifen, bei dem sich Identität einerseits beständig und immer wieder neu aus dem permanenten Diskurs innerhalb des Christentums ergibt, andererseits aber ihren normativen Fokus im bleibenden Rückbezug auf den Geist Jesu behält. Christliche Identität wäre dann verloren, wenn etwas dem Geist und der Geisteshaltung Jesu deutlich widerspricht, das heißt, wenn es im Gegensatz zu Freiheit und Liebe steht und stattdessen gegenteilige Haltungen befördert.[93]

Dass sich christliche Identität in einem Sinn verstehen lässt, der mit dem Gedanken einer Veränderung vereinbar ist, zeigt, dass nicht jede Transformation an sich bereits als Identitätsverlust zu werten ist. Doch wird dies allein als Antwort auf den Vorwurf des Identitätsverlusts an die Adresse des Synkretismus

---

[89]   A. a. O., 83.

[90]   A. a. O., 64.

[91]   A. a. O., 83.

[92]   *Schreiter*, Constructing, (Anm. 73), 119.

[93]   Vgl. *R. Bernhardt*, »›Synkretismus‹ als Deutekategorie für multireligiöse Identitätsbildungen«, in: *R. Bernhardt / P. Schmidt-Leukel (Hg.)*, Multiple religiöse Identität, Zürich 2008, 271–294; *ders.*, »Die Polarität von Freiheit und Liebe. Überlegungen zur interreligiösen Urteilsbildung aus dogmatischer Perspektive«, in: *R. Bernhardt / P. Schmidt-Leukel (Hg.)*, Kriterien interreligiöser Urteilsbildung, Zürich 2005, 71–101. Ähnlich auch *Sparn*, Religionsmengerei? (Anm. 52), 282.

nicht ausreichen. Vielmehr wird auch zu zeigen sein, dass christliche Identität etwas ist, das durch die Aufnahme von Einsichten anderer Religionen tatsächlich bereichert, vertieft und erweitert werden kann. Hierfür ist nochmals auf das Argument gegen den Exklusivismus zurückzukommen. Wenn es einen Reichtum an spiritueller Einsicht unter allen Menschen dieser Welt gibt – einen Reichtum, der die Antworten der Menschheit auf die göttliche Selbstmitteilung widerspiegelt –, dann besitzt jede dieser Einsichten das Potential, alle anderen zu bereichern und zu ergänzen. Dies steht im Einklang und nicht im Widerspruch zu Jesu Erfahrung »universaler Vaterschaft« und »universaler Brüderlichkeit«, um nochmals Boff zu zitieren. Am besten wird es allerdings sein, dies anhand konkreter Beispiele zu belegen. So kann, zum Beispiel, das christliche Verständnis der Liebe durch die Einsicht bereichert werden, dass liebendes Engagement dem selbstlosen Nicht-Anhaften nicht widerspricht, sondern dass sich beide Qualitäten – von denen die eine im Mittelpunkt der Geisteshaltung Jesu und die andere in der des Buddha steht – einander wechselseitig qualifizieren und verstärken können.[94] Worauf es mir bei diesem letzten Aspekt meiner Verteidigung des Synkretismus ankommt, ist die Erkenntnis, dass christliche Identität in sich weder vollständig noch abgeschlossen ist, sondern einer weiteren und zukünftigen Vervollständigung durch die Einbeziehung von Elementen aus anderen religiösen Traditionen offen steht.

Eric Maroney hat den Konflikt zwischen Orthodoxie und Synkretismus als einen Konflikt zwischen Starrheit und Flexibilität beschrieben. Die Orthodoxie ist »anti-synkretistisch« aufgrund ihrer Unbeweglichkeit, während der Synkretismus erstaunlich flexibel ist und eine Antwort auf »Krise und Veränderung« darstellt.[95] Doch Timothy Light hat darauf hingewiesen, dass »die Orthodoxie von heute das Resultat der Vermischung von gestern ist, und es niemals anders war«[96]. Wenn dies stimmt, dann besteht Hoffnung, dass aus der Vermischung von heute eine neue und erneuerte Orthodoxie der Zukunft hervorgehen wird.[97]

---

[94]   Vgl. hierzu *P. Schmidt-Leukel*, Transformation by Integration. How Inter-faith Encounter Changes Christianity, London 2009, 107–145, und *ders.*, »Inkommensurabilität oder Komplementarität? Zu den Kriterien wechselseitiger Beurteilung von Christentum und Buddhismus«, in: *R. Bernhardt / P. Schmidt-Leukel (Hg.)*, Kriterien interreligiöser Urteilsbildung, Zürich 2005, 211–231.

[95]   *Maroney*, Religious (Anm. 1), 168.

[96]   *Light*, Orthosyncretism (Anm. 63), 345.

[97]   Eine englische Version dieses Beitrag erschien in *P. Schmidt-Leukel*, Transformation (Anm. 94), 67–89.

»Hindu instinct«?

Gandhis Hinduismus und die Religionen

Daniel Cyranka

Mein Hindu-Instinkt sagt mir, dass alle Religionen mehr oder weniger wahr sind.[1]
Dieser Satz stammt von Mohandas Karamchand Gandhi. Wenn man sich vor
Augen hält, dass Gandhi seine politischen Aktivitäten auch religiös begründete,
ist eine solche Aussage von eminenter Bedeutung. Gandhi gehört zu den bekanntesten Persönlichkeiten des 20. Jahrhunderts: In Indien als *bapu* (Vater) –
im Sinne von ›Vater der Nation‹ – bekannt und in nahezu jedem größeren Ort
mit einem Denkmal oder einer Straße geehrt, in der sogenannten westlichen
Welt als ›Vater des gewaltlosen Widerstands‹. Einige Eckdaten seines Lebens
seien kurz in Erinnerung gerufen.

1 Mohandas Karamchand Gandhi (1869–1948) – Biographisches

Gandhi stammt aus Gujarat, der westlichsten Provinz des heutigen Indien. Er
gehörte einer Oberschichtfamilie an, sein Vater war Politiker und Richter. Mohandas wurde bereits als Kind, im Alter von 12 Jahren verheiratet, sein Vater
starb, als er 14 Jahre alt war. Mit 19 Jahren ging er zum Studium der Rechte
nach London. Nach erfolglosen Versuchen, in Indien beruflich Fuß zu fassen,
zog Gandhi mit 24 Jahren nach Südafrika. Dort lebte er bis auf wenige Unterbrechungen bis zum Jahre 1914 als Anwalt. Als er 39 Jahre alt war, erschien bereits die erste Gandhi-Biographie.[2] Im Alter von 45 Jahren ging Gandhi von Süd-

---

[1] »My Hindu instinct tells me that all religions are more or less true.« *Mohandas
Karamchand Gandhi,* The collected works of Mahatma Gandhi. *Government of India – Ministry
of Information and broadcasting (Hg.),* Publications Division, New Delhi 1994 (http://www.gan-
dhiserve.org/cwmg/cwmg.html; 10.05.2012), (= CWMG), Bd. 28, 56. (*Young India,* 29. 5. 1924).
[2] *Joseph J. Doke,* M. K. Gandhi: An Indian Patriot in South Africa, London 1909; dt.: Mohandas Karamchand Gandhi ein indischer Patriot in Südafrika, in: *Ders. (Hg.),* Gandhi in
Südafrika, Erlenbach-Zürich/München/Leipzig 1925, 16–136. In diesem Band finden sich

afrika nach Indien. Er starb im Alter von 78 Jahren, am 30. Januar 1948 in Neu-Delhi durch ein von Nathuram Vinayak Godse (1910–1949) verübtes Attentat.

Die 32 Jahre während indische Lebensphase ist sehr bekannt und steht meist im Mittelpunkt der Betrachtungen. Allerdings ist sein mehr als 22-jähriger Aufenthalt in Südafrika nach wie vor weniger im Blick, er ist – so der Pariser Südasienwissenschaftler Claude Markovitz – das eigentliche »schwarze Loch« in Gandhis Leben.[3] Gandhi hat von 1893 bis 1914 fast ausschließlich in Süd-Afrika gelebt. In dieser Zeit bewegen wir uns, wenn wir nach Gandhis Verständnis des Hinduismus und der Religionen fragen. Leitend ist dabei die oben zitierte Aussage, die Gandhi *nach* dieser Zeit, in Indien im Jahre 1924 machte: »My Hindu instinct tells me, that all religions are more or less true.«[4]

Im Folgenden wird Gandhis Standpunkt bezüglich der Wahrheit aller Religionen näher betrachtet. In welchem Kontext entwickelte Gandhi sein Verständnis von Hinduismus im Verhältnis zu anderen Religionen?[5] Das religiöse Feld war letztlich dasjenige, von dem aus Gandhi in der Theorie, wie vor allem in einer völlig unorthodoxen Praxis auch politisch handelte.[6] Sein Handeln nannte er selbst »Experimente mit der Wahrheit«.[7] Besonders aufschlussreich sind für

---

Übersetzungen weiterer Texte über Gandhi von Henry S. L. Polak, Millie Graham Polak und Gopal Krishna Gokale.

[3] *Claude Markovitz*, The Un-Gandhian Gandhi. The Life and Afterlife of the Mahatma, London 2003. 47: »However, the real black hole in Gandhi's life is his stay in South Africa, despite the fact that it is well documented.« Diese Beobachtung bestätigt sich beim Lesen einschlägiger Gandhi-Biographien; vgl. z. B. *Doke*, Gandhi (s. Anm. 2); *Romain Rolland*, Mahatma Gandhi. Essai sur la mystique et l'action de l'Inde vivante, Paris 1923 u. ö.; dt.: Mahatma Gandhi, Erlenbach-Zürich/München/Leipzig 1923 u. ö.; *M. K. Gandhi*, An Autobiography or The Story of My Experiments with Truth, 2 Bde. 1927/29 (CWMG 44, 88–511 – diverse Auflagen und Übersetzungen); *Pandit S. S. Nehru*, Mahatma Gandhi. Sein Leben und Werk, Köln/Hagen 1949; *Dietmar Rothermund*, Mahatma Gandhi. Eine politische Biographie, 2. Aufl., München 1997; *Vanamali Gunturu*, Mahatma Gandhi. Leben und Werk, München 1999; *B. R. Nanda*, Mahatma Gandhi. A biography, 12. Aufl., New Delhi 2009 (1. Aufl. 1958); *Joseph Lelyveld*, Great Soul. Mahatma Gandhi and His Struggle with India, New York 2011.

[4] S. Anm. 1.

[5] Gandhi fährt im Anschluss an die zitierte Stelle (»Hindu instinct«) fort: »My Hindu instinct tells me, that all religions are more or less true. All proceed from the same God, but all are imperfect because they have come down to us through imperfect human instrumentality.« (CWMG, Bd. 28, 56) Diese Aussage findet sich mehrfach in ähnlicher Weise in Gandhis Texten; vgl. z. B. CWMG, Bd. 41, 112.

[6] Man darf dabei übrigens nicht übersehen, dass Gandhis Übersee-Reisen nach England und später nach Afrika gegen den erklärten Willen seiner Kaste erfolgten und dass er durch seinen wiederholten Ungehorsam gewissermaßen kastenlos war; vgl. auch *James D. Hunt*, Gandhi in London, 2. Aufl., New Delhi 1993.

[7] So der Untertitel seiner Autobiographie »My Experiments with Truth« (s. Anm. 3).

die Frage nach Gandhis Religionsverständnis vier Vorträge aus dem Jahre 1905.[8] Wir nennen sie hier zusammenfassend Gandhis *Lectures on Religion*. In der Forschung spielen sie bislang erstaunlicherweise keine Rolle.[9]

2 GANDHIS LECTURES ON RELIGION (1905)

Im Frühjahr 1905 hat Gandhi an vier aufeinanderfolgenden Samstagen Vorträge zum Thema Religionen und Hinduismus in Johannesburg gehalten.[10] Er entwirft hier eine Religionsgeschichte des Hinduismus im Kontext anderer Religionen, die im Wesentlichen von zwei Faktoren bestimmt ist: erstens vom Konzept des Hinduismus als pan-indischer Religion, die 200 Millionen Anhänger habe und zweitens von der Vorstellung der (ursprünglichen) Einheit der Religionen. Beide Faktoren entfaltet er in einer Zusammenschau von Hinduismus (»Hinduism«) und – wie er es nennt –»Buddhism«, »Mahomedanism«, »Christianity« und moderner westlicher Welt. Gandhis Konzept von Hinduismus steht für die Ebenbürtigkeit, wenn nicht die Überlegenheit des Hinduismus über den Westen. Dabei orientiert Gandhi sich an der Formulierung von Lehren oder Glaubensgrundsätzen, die er in eine eigens konstruierte indisch-religionsgeschichtliche Skizze einträgt. Dass überhaupt derartige Grundsätze formuliert werden, ist eine religionsgeschichtlich für den sogenannten Hinduismus neue Erscheinung. Ähnliche Fixierungen von Lehraussagen finden sich erst im Rahmen neuer Religionsgemeinschaften wie dem Arya Samaj. Den Kontext der Indien-Werdung wie der Hinduismus-Werdung bezeichnet der Cambridger Kolonialhistoriker Christopher Alan Bayly in globaler wie in regionalgeschichtlicher Perspektive als »Rise of New-Style-Religion«.[11] Der Zusammenhang zwischen Gandhi, Süd-Afrika

---

[8]   Vgl. »Hinduism« (CWMG, Bd. 4, 199–202, 207–210) und »Lectures on Religion« (a. a. O., 242–247).

[9]   Ausnahmen sind meiner Kenntnis nach lediglich die nicht religions- sondern regionalgeschichtliche Studie von *Eric Itzkin*, Gandhi's Johannesburg. Birthplace of Satyagraha, Johannesburg 2000; sowie die viel beachtete Untersuchung von *Kathryn Tidrick*, Gandhi. A political and spiritual life, London 2006, hier v. a. 53 ff. Tidrick sieht die Wurzeln von Gandhis Denken in seiner Londoner Zeit. Gleichwohl markiert sie deutliche Brüche, v. a. in Bezug zur Theosophie (s. u.).

[10]   Gandhi hielt die Vorträge am 25. Februar sowie am 4., 18. und 25. März 1905; vgl. CWMG, Bd. 4, 199, 207, 210, 242.

[11]   Vgl. *Christopher Alan Bayly*, The Birth of the Modern World 1780–1914. Global Connections and Comparisons, Malden/USA u. a. 2004, v. a. Kap. 9: »Empires of Religion«, 325–365; vgl. auch die Hinweise bei *Michael Bergunder*, Gandhi, Esoterik und das Christentum, in: *Ders. / Daniel Cyranka (Hg.)*, Esoterik und Christentum. Religionsgeschichtliche und theologische Perspektiven, Leipzig 2005, 129–148, bes. 134.

und Indien wäre vor diesem Hintergrund unter dem Stichwort *Imperial Religions* zu diskutieren. Üblicherweise werden für die Entstehung des Neohinduismus drei grundlegende Faktoren benannt, die sich allesamt an Gandhi verifizieren lassen: Kolonialismus, Mission und Orientalistik. Hier ist der meist an Indien orientierte Blick auch in die südafrikanischen Kolonien zu richten. Die Bedeutung christlicher Mission ist in Gandhis Lebenslauf deutlich zu erkennen, von der Kindheit, über London und Südafrika bis zu seiner zweiten indischen Zeit.[12] Für unseren Zusammenhang sind zunächst eher Adaptionen orientalistischer Forschungen auszumachen, die für Gandhi eine Rolle spielen, so v. a. Sir Edwin Arnolds Texte über »Lord Buddha«[13] oder die Zusammenfassungen und Interpretationen von Mohammed-Biographien bei Washington Irving und Thomas Carlyle.[14] Andererseits spielen aber auch Autoren wie der Oxforder Religionswissenschaftler und Sanskritist Friedrich Max Müller eine große Rolle, etwa seine Lecture *India, what can it teach us?*[15]

---

[12]   Zur Problematik von Christentum und religiöser Pluralität im Umfeld Gandhis vgl. auch *Margaret Chatterjee*, Gandhi and the Challenge of Religious Diversity. Religious Pluralism Revisited, New Delhi 2005, 222.

[13]   Sir Edwin Arnold (1832–1904) gilt mit seinem Werk »The Light of Asia«, einer 1879 erschienenen Adaption des Lalitavistaram, als Propagator Gautama Buddhas im Westen; vgl. *P. Harvey*, An Introduction to Buddhism, Cambridge 1990, 303; vgl. auch *Kirit K. Bhavsar u. a. (Hg.)*, Bibliography of Books Read by Mahatma Gandhi, Ahmedabad 2011, 8. Daneben ist v. a. Arnolds metrische Übersetzung der Bhagavad Gita zu nennen, die Gandhi besonders schätzte; vgl. ebd.

[14]   *Washington Irving*, The Life of Mahomet, London 1850; *Thomas Carlyle*, On Heroes, Hero-Worship, & the Heroic in History. Six Lectures, London 1841; Gandhi besaß die Ausgaben New York 1897 und London 1908; vgl. dazu *Bhavsar*, Bibliography (s. Anm. 13), 9 u. 15.

[15]   Auf Friedrich Max Müller verweist Gandhi nicht nur in seinen früheren Schriften. Er las ihn in seiner Londoner und südafrikanischen Zeit ebenso wie später (1922) im indischen Gefängnis (vgl. etwa CWMG, Bd. 26, 442). Vgl. zu Max Müllers Schriften auch *Bhavsar*, Bibliography (s. Anm. 13), 14. Dagegen benennt z. B. Harald Fischer-Tiné, trotz einer eher konservativen Deutung, die nicht von Neo-Hinduismus, sondern von einer zeitgemäßen Interpretation der Hindu-Tradition ausgeht, die wesentlichen Elemente dieses neuen Hinduismus – ausgenommen aber erstaunlicherweise die europäische Orientalistik, und das obwohl Fischer-Tiné auf die damalige Selektion eines verbindlichen Textkanons hinweist. Hier wäre zu fragen, auf welchen materiellen Grundlagen (Übersetzungen, Ausgaben) diese Kanonisierung stattfand; *Harald Fischer-Tiné*, Art.: »Hinduismus 2. Hinduismus im 19. und 20. Jahrhundert«, in: RGG 4. Aufl., Bd. 3, Sp. 1761f.

2.1 Bestimmung des Wesens des Hinduismus – Hinduismus als Älteste Religion

Zunächst bestimmt Gandhi in seiner ersten Lecture das Alter der Veden gegen europäische Orientalisten auf mindestens 10.000 Jahre und nicht – wie zeitgenössisch üblich – auf 3–4.000 Jahre.[16] Dann äußert Gandhi sich über das »Wesen des Hinduismus«, der über 200 Millionen Anhänger habe. Nach Gandhi haben Brahman und Moksha Schlüsselfunktionen in spiritueller Hinsicht. Mit Bezug auf die Religion betont Gandhi in seiner Konzeptionalisierung des Hinduismus den Pantheismus, die Immanenz des Göttlichen in der Welt auf der Grundlage einer All-Einheitsidee. Die bemerkenswerteste ethische Qualität des Hinduismus sei Selbstverleugnung, aus der Tolerierung folge. Sozial sei das Hauptmerkmal die Kaste, zeremonielles Merkmal sei das Tieropfer gewesen.

Gandhi bestimmt den Hinduismus demnach als älteste Religion. Inhaltlich bestimmt er ihn mit den Schlüsselbegriffen Veden, Brahman, Moksha, Pantheismus, Selbstverleugnung/Tolerierung, Kaste und Tieropfer. Von dieser Bestimmung ausgehend tritt er nun in eine Art religionsgeschichtliches Konzept ein und diagnostiziert zunächst Verfallserscheinungen: Die Brahmanen hätten die wahre Religion verfallen lassen und sich dem äußeren Schein hingegeben. Äußere Formen, Opfer, Verehrung von Stöcken und Steinen hätten im Vordergrund gestanden.[17] In die so von Gandhi diagnostizierte Situation platziert er nun den Buddhismus und vereinnahmt ihn gleichzeitig als hinduistische Religion im Sinne des von ihm erklärten, wahren Hinduismus.

2.2 Begegnung mit »Lord Buddha«[18] und das Reich des Ashoka – Hinduismus als friedliche Religion

Für Gandhi hat die Hindu-Religion ihre erste Prüfung durch *Lord Buddha* erlebt, der Mitleid mit dem Verfall dieser Religion gehabt, seiner hohen Stellung als Königssohn entsagt und sich jahrelang in Kontemplation geübt habe. Schließlich habe dieser Buddha Reformen wie das Ende der Tieropfer angeregt, Reformen,

---

[16]   Er zitiert dafür einen zeitgenössischen indischen Sanskritisten, der auch führendes Mitglied der Kongresspartei war – Bal Gangadhar Tilak (1856–1920). Tilak interpretierte die Bhagavad Gita im Sinne des revolutionären, auch gewaltsamen Handelns. Er war Vertreter des nationalrevolutionären Flügels der Kongresspartei und stand in Konkurrenz zu Gopal Krishna Gokale (1866–1915), der einen sozialreformerischen Kurs vertrat. Sein bedeutendstes Werk schrieb er in der Haft: The Esoteric Doctrine – ein Kommentar zur Bhagavad Gita. Tilak will zeigen, dass die Gita nicht das passive Meditieren, sondern das Handeln in der Welt lehre; vgl. dazu auch *Clara A. B. Joseph*, The agent in the margin. Nayantara Saghal's Ghandian fiction, Waterloo/Kanada, 123 f.

[17]   Diese Kritik teilt Gandhi übrigens mit dem Arya Samaj und anderen Reformbewegungen.

[18]   Die Bezeichnung erinnert an Edwin Arnold (s. Anm. 13).

die Gandhi mit der Wirkung des Protestantismus auf den Katholizismus vergleicht. Buddhas Reformen haben nach Gandhi den Hinduismus so verändert
wie der Protestantismus den Katholizismus, mit dem Unterschied, dass Hindus
und Buddhisten sich gegenseitig niemals – wie Katholiken und Protestanten –
Böswilligkeit unterstellt hätten.[19]

Der Hinduismus ist nach Gandhi nie missionarisch gewesen wie die Christenheit (»Christianity«) oder der Mohammedanismus (»Mahomedanism«). Gleichwohl habe es eine Ausbreitung der buddhistischen Strömung unter König
Ashoka (304–232 v. Chr.) gegeben. Eifersüchtige Hindu-Priester hätten die
Buddhisten in die Außengebiete getrieben, nach Tibet, China, Japan, Burma und
Ceylon. Für Gandhi ist der Buddhismus keine dem Hinduismus gegenüber neue
oder andere Religion, diese Unterscheidung hätten erst Nachfolger Buddhas vorgenommen.[20] Entscheidend ist für Gandhi aber nicht die derart präsentierte,
plurale Religionsgeschichte, sondern die *Wirkung* des von ihm so beschriebenen
Vorgangs auf den Hinduismus. Erstaunlich ist, dass der Buddhismus von Gandhi
hier in den Hinduismus integriert wird.

> A distinctive beauty of Hinduism was revealed during this process: no one was con-
> verted to Buddhism by force. People's minds were sought to be influenced only by
> discussion and argument and mainly by the very pure conduct of the preachers
> themselves. It may be said that, in India at any rate, Hinduism and Buddhism were
> but one, and that even today the fundamental principles of both are identical.[21]

Die Prinzipien von Buddhismus und Hinduismus sind nach Gandhis Auskunft
also identisch. Er reklamiert die von ihm als Reformen bezeichneten Taten
Buddhas für sein Konzept von Hinduismus. Am Buddhismus offenbart sich nach
Gandhi: Der Hinduismus ist eine friedliche Religion.[22]

---

[19] Vgl. CWMG, Bd. 4, 201.

[20] Vgl. a. a. O., 244. Es ist religionsgeschichtlich unstrittig, dass die Konzeptionalisierung
des Buddhismus als eigenständige Religion im 19. Jahrhundert erfolgt. Beispielsweise wurde
1885 auf Anraten des Theosophen Henry Steel Olcott (1832–1907) von buddhistischen Akteuren (»Colombo Committee«) die Form und Farbigkeit von Nationalflaggen für eine neue
internationale buddhistische Flagge als Symbol der Wiederbelebung des ceylonesischen
Buddhismus (Sri Lanka) eingeführt. Nach Olcotts Auffassung sollte die Flagge als Symbol
der weltweiten Einigung des in sich sehr pluralen Buddhismus dienen. Er stellte sie auch
dem Tenno in Japan vor, wo sie ebenfalls akzeptiert wurde (vgl. http://www.dailynews.lk/
2004/06/09/letters.html#let3; 8. 5. 2012). Die Flagge ist heute weltweit unter Buddhisten
anerkannt.

[21] CWMG, Bd. 4, 244.

[22] Mit dieser Bemerkung wendet er sich explizit gegen revolutionäre, gewaltsame Konzepte wie von dem o. g. Tilak (s. Anm. 16). Es fällt weiterhin auf, dass Tieropfer und Kasten,

2.3 Begegnung mit dem »Mahomedanismus« im Reich des Grossmoguls – Hinduismus als Religion der Toleranz

Gandhi beschreibt den »Mahomedanismus« als Religion der Gleichheit, die in Indien die vom Kastenwesen geprägten Massen angezogen habe:

> »The key-note of Islam was, however, its levelling spirit. It offered equality to all that came within its pale, in the manner that no other religion in the world did. […] The doctrine of equality could not but appeal the masses, who were caste-ridden.«[23]

Mit Blick auf den Hinduismus verknüpft er dies mit dem Thema »Toleranz«:

> »The influence of Mahomedanism on Hinduism was that it gave rise to Sikhism and it brought out one of the chief characteristics of the religion, namely, toleration, in its true light and fulness. When there were no political influences at work, there was no difficulty about the Hindus and the Mahomedans living side by side in perfect peace and amity, each respecting the prejudices of the other, and each following his own faith without let or hindrance.«[24]

Als Beispiel für diese dem Hinduismus zugeschriebene Toleranz nennt Gandhi, nachdem er den »Prophet Mahomed« eingeführt hat, den muslimischen Groß-mogul von Indien Jalaluddin Muhammad Akbar (1542–1605). Akbar, der mit einer Hindu-Tochter aus der Oberschicht verheiratet war, schaffte u. a. die für muslimisch regierte Staaten eigentlich konstitutive Dhimma-Steuer für Nicht-muslime ab. Gandhi betont hier, dass der Hinduismus in Reaktion auf die mus-limische Eroberung gestärkt worden sei. Sikhismus gilt ihm als eine Art von Hinduismus. Die an Akbar sichtbar werdende Tolerierung gilt ihm als eines der wichtigsten Merkmale der Religion und wird von ihm für den Hinduismus re-klamiert.[25] Hinduismus wird als Religion der Toleranz repräsentiert.

2.4 Begegnung mit dem »Propheten Jesus« – Hinduismus als Kritik an der westlichen Zivilisation

Gandhi geht in seinen Ausführungen eigentlich nicht auf Jesus und auch nicht auf die alten indischen Kirchen, sondern nur auf die christlichen Missionare und später auf das westliche Christentum ein. Teilweise sei in den letzten 500 Jahren seit der Landung des Christentums im Hafen von Goa Gewalt bei der

---

die Gandhi in seiner Ausgangsbestimmung genannt hatte hier wegfallen; vgl. unten; zum Thema Religion und Gewalt vgl. auch *Michael Bergunder*, Östliche Religionen und Gewalt, in: *Friedrich Schweitzer (Hg.)*, Religion, Politik und Gewalt, Gütersloh 2006, 136–157.

[23] CWMG, Bd. 4, 208 f.

[24] Ebd., 209.

[25] »It was Hinduism that gave Mahomedanism its Akbar, who, with unerring insight, re-cognised the tolerant spirit and adopted it himself in ruling India.« CWMG, Bd. 4, 209.

Konversion im Spiel gewesen, teilweise hätten gutherzige Priester – so wie auch Fakire – einen tiefen Eindruck auf die unteren Klassen gemacht. Wenige Hindus nähmen das Christentum an, obwohl dieses über ein riesiges Reich herrsche. Als Christentum und westliche Zivilisation zusammenfielen, habe man begonnen diese Religion mit Missfallen zu betrachten.

Letztlich reduziert Gandhi das Thema Christentum mehr oder weniger auf die Themen Bildung und eine vom Christentum ausgehende produktive Kritik am Hinduismus. Das Gute am Christentum ist in Gandhis Augen auch den Hindus nahegebracht worden:

> »Nevertheless, Christianity has had a very considerable influence on Hinduism. Christian priests imparted education of a high order and pointed out some of the glaring defects in Hinduism, with the result that there arose among the Hindus other great teachers who, like Kabir, began to teach the Hindus what was good in Christianity and appealed to them to remove these defects.«[26]

Gandhi bezieht sich auf indische Reformbewegungen, die in Auseinandersetzung mit dem Christentum bzw. mit dem Christentum in seiner Verbindung mit westlicher Zivilisation entstanden seien. Hier findet sich eine Kritik am Kolonialismus, ohne dass das Wort *Kolonialismus* fällt. Hinduismus wird als Kritik an der westlichen Zivilisation repräsentiert.

2.5 Begegnung mit der westlichen Kultur – Hinduismus als Einheit und als zeitgenössische Religion

Gandhi nennt bedeutende Namen von sogenannten Reform-Hindus bis hin zu Theosophen und zeichnet insgesamt ein ambivalentes Bild der Begegnung mit dem Christentum.

> »To this category belonged Raja Ram Mohan Rai, Devendranath Tagore, and Keshab Chandra Sen. In Western India we had Dayanand Saraswati. And the numerous reformist associations like the Brahmo Samaj and the Arya Samaj that have sprung up in India today are doubtless the result of Christian influence. Again, Madame Blavatsky came to India, told both Hindus and the Muslims of the evils of Western civilisation and asked them to beware of becoming enamoured of it.[27]

---

[26]   A. a. O., 245 f.

[27]   CWMG, Bd. 4, 246. Mit den Namen Ram Mohan Roy, Devendranath Tagore, Keshab Chandra Sen und Helena Petrowna Blavatsky, mit dem Brahmo Samaj und dem Arya Samaj diskutiert Gandhi die aus indischer Perspektive bekanntesten zeitgenössischen religiösen Reformer. Dabei ist bemerkenswert, wie bereits erwähnt, dass ausgerechnet dieser Teil der Vorträge selbst nicht in der längeren Zusammenfassung überliefert ist. Über die Gründe ließe sich bei der heutigen Quellenlage nur spekulieren. Deutlich ist, dass diese Auseinan-

Es hat nach Gandhi in der Geschichte drei Übergriffe auf den Hinduismus gegeben, aus denen der Hinduismus letztlich gestärkt herausgekommen sei. Gandhi
präsentiert den Hinduismus als eine Quasiperson, als eine geschichtlich tätige,
individuelle Größe, wenn er fortfährt: »It [Hinduism] has tried to imbibe whatever was good in each of these religions. We should, however, know what the
followers of this religion, Hinduism, believe.«[28]

Was sind also die Lehren des Hinduismus? Einerseits ist Hinduismus nach
Gandhi allem inhärent, andererseits bescheinigt er ihm immer wieder Flexibilität
(»elasticity«). Dem entsprechen auch die schließlich von Gandhi aufgezählten
Lehren, wobei er auf Unterschiede zwischen einigen Schulen, Gruppierungen
und Sekten, wie er sagt, nicht eingehen möchte, Unterschiede, die seiner Auskunft nach aus verschiedenen weltlichen Praktiken entstanden seien. Hinduismus ist nach Gandhis Auskunft eine Religion, die zwar Sekten und Schulen
kennt, aber im Grundsatz eine Einheit ist, die Lehre von Gott/Brahman, der
Seele/Atman und der Erlösung/Moksha beinhalte und deren Ethik in Selbst-
losigkeit und Widmung aller Handlungen an Gott bestehe. Veden, Tieropfer und
Kaste fallen in dieser zweiten Bestimmung Gandhis nunmehr weg. Die Betonung
des Monotheismus (statt Pantheismus), das Auslassen von Tieropfer und Kaste
– all das passt zu den Reformansätzen v. a. des Arya Samaj. Das Auslassen der
Veden als bestimmendes Element dagegen passt dazu gar nicht. Obwohl Gandhi
die Veden nun gar nicht mehr erwähnt, gilt Hinduismus ihm als älteste Religion.

Der zeitgenössische Hinduismus ist bei Gandhi eine Einheit, die durch verschiedene produktive Phasen gegangen war. Diesen Phasen ordnet Gandhi die
anderen von ihm genannten Religionen zu, um abschließend »Hinduismus« als
umfassende moderne Religion, wie sie im Übrigen auch heute global wirksam
ist, zu charakterisieren. Hinduismus umspannt in Gandhis Konzeption also älteste Vergangenheit wie auch Zukunft und integriert andere Religionen, ohne
sie als solche grundsätzlich abzulehnen. »Buddhism« wird von Gandhi historisch
als reformatorische Religion der Gewaltlosigkeit und Innerlichkeit positiv beschrieben und eindeutig in sein Hinduismus-Konzept integriert. »Mahomedanism« zeichnet Gandhi als Religion der Gleichheit und der Toleranz. Hier wird
historisch ambivalent beschrieben und ebenfalls eindeutig in das Hinduismus-
Konzept integriert. »Christianity« stellt Gandhi als Religion der Bildung und als

---

dersetzung unter den Johannesburger Theosophen wie auch unter den indischen Migranten
in Südafrika auf größtes Interesse gestoßen sein dürfte. Bemerkenswert ist die einzige inhaltliche Äußerung in dieser kurzen, von mir zitierten Zusammenfassung, in der es um
Kritik an der westlichen Zivilisation geht. Hier schließt Gandhi direkt an, wenn er sich zur
Zeit seiner *Lectures on Religion* in Auseinandersetzung um die kulturell-religiöse und damit
auch um die rechtlich-politische Stellung der Inder befindet.

[28] Ebd.

ambivalenten Wegbereiter des modernen Hinduismus vor. Er beschreibt hier historisch ambivalent bis negativ und integriert dies mehrdeutig in sein Konzept von Hinduismus. Wie lassen sich diese religionstheologischen Positionierungen Gandhis ihrerseits historisch verorten? In welchem Kontext stehen sie?

3 Gandhis Lectures on Religion im südafrikanischen Kontext

Gandhi hielt seine Vorträge an einem speziellen Ort, vor der Johannesburger Loge der Theosophischen Gesellschaft im Freimaurer-Tempel (Masonic temple) in der Plein Street. Er veröffentlichte sie in englischer Sprache in der Johannesburger Zeitung *The Star*, deren Zielgruppe weiße Südafrikaner waren und in seiner eigenen Zeitung *Indian Opinion*, die er als Sprachrohr für die Indian Community seit 1903 betrieb,[29] in Gujarati, seiner Muttersprache.[30]

Unter den Hörern bzw. Lesern waren also Christen, Theosophen, die Indian Community, Buren, Engländer, möglicherweise Chinesen, aber keine Einheimischen. Gandhi entwickelt hier ein Religionsverständnis, in dem er indische Traditionen als »Hinduismus« markiert und aus einer religionsgeschichtlich indischen Konstruktion auf die anderen Religionen bezieht. Er präsentiert dies im Rahmen der Theosophischen Gesellschaft, einer seit 1875 in den USA, in England und den englischen Kolonien tätigen Vereinigung, die sich einerseits der nach eigenem Verständnis wissenschaftlichen Erforschung okkulter, verborgener Kräfte, andererseits dem vergleichenden Studium der Religionen verschrieben hatte.[31] Dabei ist besonders bemerkenswert, dass viele Theosophen sich in dieser Zeit östlichen Traditionen zuwenden und v. a. indische Texte aus den Hauptsprachen Sanskrit und Pali in ihr System integrieren.[32]

Die indischen Hörer bzw. Leser erlebten in Gandhis *Lectures* eine enorme Wertschätzung indischer Religion und Philosophie im Kontext der Religionsgeschichte. Die Zuhörer und Leser aus der weißen Oberschicht, mehrheitlich Calvinisten oder Mitglieder einer der englischen Kirchen, werden Gandhis Religionskonzept nicht zuletzt vor dem Hintergrund des Weltparlaments der Religionen in Chicago 1893 aufgefasst haben, auf dem mit Swami Vivekananda (Na-

---

[29]   Hier erschienen Beiträge in Englisch, Gujarati, Tamil und Hindi.

[30]   Diese Sprache verband ihn mit vielen seiner Landsleute aller Kasten und Schichten in Südafrika, auch mit »mahomedan merchants«, was man nicht zuletzt an der Nutzung des v. a. in Südindien üblichen Ehrentitels »Hazrat«, den Gandhi für Mohammed verwendet, leicht ablesen kann.

[31]   Vgl. zur Theosophie z. B. das einschlägige Werk von Godwin: *Joscelyn Godwin*, The Theosophical Enlightenment, New York 1994.

[32]   Darauf weist auch Michael Bergunder hin; vgl. *Bergunder*, Gandhi (s. Anm. 11), 133.

rendranath Datta, 1863–1902) erstmals ein Inder im Konzert der »Weltreligionen« in Erscheinung getreten war.[33]

Gandhi hatte am Tag der letzten *Lecture* außerdem noch einen weiteren Vortrag für die Theosophen gehalten.[34] Entscheidend ist wie gesagt die Verhältnisbestimmung, die Gandhi zwischen den Theosophen und seinem eigenen Hinduismus-Konzept in diesem weiteren Vortrag in der Theosophical Lodge Johannesburg macht. Wie ist sein Verhältnis zur Theosophie zu beschreiben?

In den Quellen finden sich verschiedene Äußerungen Gandhis zu diesem Thema. Die Biographien reduzieren das Thema »Theosophie« in der Regel auf Gandhis Studienzeit in London.[35] Bekannt, ist, dass Gandhi bereits in London mit diversen Theosophen in Kontakt war, Helena Blavatsky und Annie Besant[36] kennenlernte, ihre Texte las und gemeinsam mit Theosophen – seiner Aussage nach erstmals! – die Bhagavad Gita studierte.[37] Die kontrovers diskutierte Frage, ob Gandhi zumindest zeitweise der Theosophischen Gesellschaft angehörte, ist mit »Ja« zu beantworten.[38] Weniger bekannt sind Gandhis Kontakt zu Edward

---

[33]   Für seine theosophisch orientierten Hörer war das Thema »Wahrheit« grundlegend, lautet doch ihr Wahlspruch »No religion higher than truth«. Dieses Thema traktierte Gandhi in einem zeitgleich verfassten Zeitungsbeitrag in *Indian Opinion*, der wenige Tage nach der Gujarati-Fassung der *Lectures on Religion* erschien. Gandhi reagierte hier mit einer Auswahl an Zitaten aus klassischen indischen Texten zum Thema Wahrheit (thruth/*satya*) auf den öffentlichen Vorwurf, Inder seien Lügner und Wahrheit sei eigentlich und ursprünglich ein westliches Konzept. Dieser Artikel war in englischer Sprache erschienen und direkt gegen eine Äußerung des britischen Vizekönigs von Indien, Lord Curzon gerichtet! Gandhi zitierte nicht nur indische Texte, sondern damit auch Sir William Jones und Friedrich Max Müller. Er rief den Vizekönig und Kanzler der Oxforder Universität, Lord Curzon, am Ende dieses Artikels gewissermaßen zum Widerruf auf, indem er an ihn als Gentleman appellierte, seine Äußerungen angesichts der vorgelegten indischen Texte zum Thema »Wahrheit« zurückzunehmen; vgl. CWMG, Bd. 4, 227–231.

[34]   Vgl. a. a. O., 223 f.

[35]   Die Arbeiten von *Bergunder* (s. Anm. 11) und *Tidrick* (s. Anm. 9) widmen sich dagegen genau diesen Fragen.

[36]   Kaum beachtet wird, dass in Gandhis Johannesburger Anwaltskanzlei ein Foto der Präsidentin der Theosophischen Gesellschaft Annie Besant (1847–1933) hing; vgl. *Doke*, Gandhi (s. Anm. 2), 27. Dass Annie Besant dem indischen Nationalkongress vorstand, kann für den fraglichen Zeitraum um 1908 eine derartige Wertschätzung nicht begründen – sie trat dem Nationalkongress erst 1914 bei. In Gandhis Büro hing ihr Bild u. a. neben einem Bild von Jesus Christus; vgl. ebd.

[37]   Vgl. CWMG, Bd. 44, 142; vgl. *Doke*, Gandhi (s. Anm. 2), 56 f.

[38]   Hunt bringt Belege dafür, dass Gandhi am Ende seiner Studienzeit Mitglied war, die in neueren Arbeiten allerdings nicht berücksichtigt werden; vgl. *Hunt*, Gandhi (s. Anm. 6). Die Frage einer möglichen, kurzzeitigen Mitgliedschaft trägt allerdings weitaus weniger aus als die Feststellung durchgängiger inhaltlicher Positionierungen.

Maitland (1824–1897)[39] und Anna Kingsford (1846–1888), zwei führenden Londoner Theosophen. Noch weniger bekannt ist, dass Gandhi in Durban, Südafrika, per Zeitungsannonce als »Agent der Esoteric Christian Union« Maitlands und Kingsfords auftrat, um deren Bücher zu vertreiben.[40] Wenig beachtet bleibt nach wie vor, dass Gandhi in Johannesburg über Jahre Kontakte zur Johannesburg Lodge der Theosophical Society unterhielt und dort in einem »Leseklub« aktiv war.[41] Zu diesem Kontext gehören vier seiner engsten Mitarbeiter bzw. Freunde der Johannesburger Zeit, mit denen er lebte und arbeitete: Henry Polak, Sonja Schlesin, Hermann Kallenbach und Lewis Ritch.[42]

Es handelt sich bei den drei Männern um Theosophen mit jüdischer Herkunft, Sonia Schlesin war ebenfalls jüdischer Abstammung.[43] Mitten in der Phase, in der Gandhi mit ihnen zusammenarbeitete und ab 1910 auf der kommune-artigen Tolstoy-Farm zeitweise auch zusammenlebte, äußerte er sich in einem Brief nach Indien über die Theosophie und sein theosophisches Umfeld.[44] Er schreibt, dass er 1899 bedrängt worden sei, in die Theosophische Gesellschaft einzutreten. Deren Konzept der weltweiten Bruderschaft der Menschheit ziehe ihn an, ihre Beschäftigung mit okkulten Kräften stoße ihn aber ab. Die Theosophie habe jedoch viele Hindus dazu gebracht, ihre eigene Religion zu untersuchen. Theosophen glaubten an dieselben Grundprinzipien. Es wird deutlich, wie Gandhi mit der Theosophie und ihm befreundeten Theosophen rang:

---

[39]   Mit Maitland stand Gandhi bis zu dessen Tod 1897 in brieflicher Verbindung. Die Briefe wurden von Gandhi vernichtet. Zum Verhältnis vgl. *Bergunder*, Gandhi (s. Anm. 11) und *Chatterjee*, Gandhi (s. Anm. 12), 229.

[40]   CWMG, Bd. 1, 184 u. 208 f., vgl. auch *Bergunder*, Gandhi (s. Anm. 11), 143.

[41]   CWMG, Bd. 44, 286; vgl. auch *Bergunder*, Gandhi (s. Anm. 11), 136.

[42]   Dass Theosophen in Südafrika für Gandhi keine Randfiguren waren, lässt sich bereits daran ablesen, dass sein engster Freund und Vertrauter dieser Zeit, Hermann Kallenbach, mit dem Gandhi lange die Wohnung teilte, der die Tolstoy-Farm für ihn kaufte und ins einfache Leben wechselte, ein aus dem Baltikum stammender Jude und Theosoph war. Gandhis Sekretär, der Jude Lewis Ritch war Initiator der Johannesburger Loge der Theosophischen Gesellschaft gewesen, in die er Gandhi einlud (vgl. CWMG, Bd. 4, 201). Gandhi schickte ihn zum Studium nach London und setzte ihn für mehrere Jahre als Bevollmächtigten ein. Mit Polak, dessen Frau und dessen Schwester lebte Gandhi mehrere Jahre zusammen auf der Farm.

[43]   Margaret Chatterjee beurteilt diese Beziehung folgendermaßen: »(I)t was a relation between a member of the Indian diaspora and members of the Jewish diaspora, a relation initially mediated through the friendly and Indophile world of theosophy.« *Margaret Chatterjee*, Gandhi and his Jewish Friends, London 1992, 20.

[44]   Er schreibt am 8. Mai 1991 an Dr. Pranjivand Mehta, den er als Leser vor Augen hatte, als er sein erstes größeres politisches Werk *Hind Swarajya* verfasste, und bringt unter anderem zum Ausdruck, dass er seit 1899 dieselben Ansichten zur Theosophie habe, wie dieser; vgl. CWMG, Bd. 11, 393–397.

»Theosophy sent many Hindus inquiring into their own religion. It has performed the same service as Christianity has. Moreover, Theosophists believe in the same basic principle as we do and therefore it is easy enough to come across good persons among them. Though there is no dearth of crooks at all levels from the highest to the lowest among the Vaishnav an other sects, we do find gems like Narasin Mehta and Bhojo Bhagat amongst them. Ritch was a Theosophist. He urged me to become a member. Not only did I not become one, I helped him to be free from that humbug. Polak is a Theosophist, but he stays miles away from the practices and writings of Theosophists. The same ist true of Kallenbach. […] Cordes, at Phoenix, is a staunch Theosophist. I have not yet been able to get him out of the hold of Theosophy. […] It is worth ascertaining what humbug prevails there [in Adyar] safe under the cover of Mrs. Besant's goodness.«[45]

Es ist evident, dass Gandhi sich während seiner südafrikanischen Zeit intensiv mit Theosophen auseinandersetzte. Es ist ebenso evident, dass er sich von den okkulten Praktiken und Theorien der Theosophen distanzierte, diese als Betrug (humbug) ansah und einen eigenen Weg ging. Der eigene Weg zeigt jedoch eine Einbindung bestimmter Aspekte der Theosophie in Gandhis Religionskonzeption auf.

4 GANDHIS *SPEECH AT THEOSOPHICAL LODGE* – HINDUISMUS ALS THEOSOPHIE IN PRAXIS

Die genannte Rede vor den Theosophen im März 1905, am Tag seiner letzten *Lecture on Religion*, begann Gandhi mit einem bemerkenswerten Satz, den er im Laufe dieser Rede auslegte. Die in *Indian Opinion* erschienene Zusammenfassung zitiert Gandhi folgendermaßen: »Gandhiji said he had come to the conclusion that Theosophy was Hinduism in Theory, and that Hinduism was Theosophy in practice.«[46] Was Gandhi dann in der Auslegung dieser markanten Behauptung betont, sind die theosophischen Themen universale Bruderschaft der Menschheit und moralisches Wachstum der Menschen (»universal brotherhood of mankind and moral growth of man«[47]). Gandhi kritisiert die Theosophen hart, sie sollten das Studium religiöser Texte zugunsten von Aktivität begrenzen, denn recht gelebtes Leben stehe über allem intellektuellen Erfassen. Nicht in theosophischen Bibliotheken, sondern in der Welt draußen mache man Erfahrungen. Gandhi betont die Praxis der universalen Bruderschaft der Menschheit und des moralischen Wachstums gegenüber der bloßen Theorie der Theosophen.

---

[45]   Ebd., 394.
[46]   CWMG, Bd. 4, 223.
[47]   Ebd.

Der Text zeigt Gandhis Auseinandersetzungen mit den theosophischen Zeitgenossen in Südafrika an.[48] Hinduismus ist für ihn also Theosophie in Praxis;
und die Theosophie, die sich seit Jahren stark auf indische Texte bezog, eigentlich
Hinduismus in der Theorie. Gandhi zieht seinen so konstruierten Hinduismus
der so beschriebenen Theosophie vor. Das bedeutet allerdings nicht, dass der in
diesem Kontext von Gandhi konzeptionalisierte Hinduismus im Gegensatz zu
den theosophischen Debatten oder unabhängig von ihnen positioniert würde.
Vielmehr zeigen die *Lectures on Religion* wie die zeitgleiche Rede vor den Theosophen Gandhis Formulierung eines modernen, inklusivistischen Hinduismus
genau in diesem Rahmen an. Gandhis Hinduismus ist gewissermaßen die moralisch und praktisch-politisch bessere Theosophie – Hinduismus wird als Theosophie in Praxis repräsentiert.

5 Gewaltfreier Widerstand als religiöse Praxis?

In Johannesburg entwickelte Gandhi sein politisch-ethisches Konzept des gewaltfreien bzw. passiven Widerstands (»passive resistance«), das er propagierte
und mit ersten Aktionen, z. B. gegen die Zwangsregistrierung von Indern, um-
zusetzen begann. Dieses Konzept ist eher eine Praxis als eine Theorie. Nachdem
seine ersten Aktionen des passiven Widerstandes bekannt geworden waren,
suchte Gandhi mithilfe eines Preisausschreibens nach einem *Ausdruck* in seiner
Muttersprache Gujarati, mit dem dieses Konzept des gewaltfreien Widerstandes
benannt werden könnte.[49]

---

[48]   Tidrick interpretiert diese *Lectures* und den skizzierten Vortrag als Abschied Gandhis
von theosophischem Denken. Gegen eine so beschriebene Trennung spricht m. E. schon
Gandhis weiterführender Umgang mit theosophischen Grundansichten (Universalität und
gemeinsamer Ursprung der Religionen, Präferenz des Themas Wahrheit etc.); vgl. *Tidrick*,
Gandhi (s. Anm. 9), 64: »They (the series of lectures) defined his point of departure from
theosophical thinking as he encountered it in the majority of members of the Society. They
also showed him rallying to the defence of his native religion, perhaps in response to what
he felt to be misinterpretations of it by theosophical associates.« Gandhis hier greifbare Kritik an Theosophen markiert nicht weniger als eine eigene Positionierung und Abgrenzung
von bestimmten Aspekten der theosophischen Debatten – aber auch nicht mehr. Seine andernorts geäußerte Kritik am Okkultismus der Theosophie wird von ihm hier nicht erwähnt.
Die gesamte hier nachzeichnete Religions- und Hinduismus-Konzeption Gandhis ist jedoch
klar im theosophischen Theorie-Rahmen situiert.

[49]   Unter der Überschrift »Some English terms« findet sich die Aufforderung zur Wort-
schöpfung in Gujarati, evtl. auch mit Ursprung in Sanskrit oder Urdu. CWMG, Bd. 8, 31. In
derselben Nummer wird ein Cartoon aus *The Sunday Times* beschrieben, das die Umstände
illustrieren kann; vgl. a. a. O., 36 f.

Gandhis Neffe[50] schlug *sadhagraha* vor, was mit »Festhalten am Guten« wiedergegeben werden könnte.[51] Der Begriff findet sich in der indischen Tradition. Gandhi trug »satya« statt »sadha« ein, *satyagraha,* was so viel bedeuten sollte wie »Festhalten an der Wahrheit«.[52] Diesen Neologismus, den neuen programmatischen Ausdruck für den passiven Widerstand präsentierte und erläuterte Gandhi erstmals Anfang 1908 in seiner Zeitung *Indian Opinion.*[53]

Der Zusammenhang von Gandhis Verständnis des Hinduismus im Verhältnis zu den Religionen und dem Neologismus *satyagraha* für den gewaltfreien Widerstand wird somit deutlich. Der Kontext für Gandhis Eintragen des Ausdrucks *satya* in sein politisches Konzept sind die bekannten rassistischen kolonialen Umstände in der britischen Kolonie Transvaal in Südafrika. Ebenso zu beachten sind auch Gandhis skizzierte Auseinandersetzungen mit Theosophen, deren Gesellschaft seit 1881 einen Leitspruch führte, der *satya* enthält, also den Ausdruck, den Gandhi in sein Konzept als Neologismus eintrug. Grundlage dieses Leitspruches ist ein Vers aus dem großen indischen Epos Mahabharata: *Satyannasti paro dharma* – Es gibt kein *satya* höher oder anders als *dharma.*[54] Helmuth von Glasenapp übersetzt: »Es gibt keine höhere Pflicht als die Wahrhaftigkeit.«[55] Dies scheint die naheliegende Übersetzung zu sein. Gandhi gab den Vers in einer Sammlung unter der Überschrift »Oriental Ideal of Truth« mit »There is no duty higher than Truth« wieder.[56] Aus *dharma* zu s*atya,* aus duty (Pflicht) zur Wahrheit (als Haltung), also der »Pflicht zur Wahrhaftigkeit«, wird im frei übersetzten Motto der Theosophischen Gesellschaft »religion« and »truth«, Religion und Wahrheit. »There is no religion higher than truth« – lautet damals wie

---

50   Wer den Vorschlag machte, wird erst aus Gandhis Autobiographie von 1929 deutlich: »But I could not for the life of me find out a new name, and therefore offered a nominal prize through *Indian Opinion* to the reader who made the best suggestion on the subject. As a result Maganlal Gandhi coined the word ›Sadagraha‹ (*sat*-truth, *agraha*-firmness) and won the prize. But in order to make it clearer I changed the word to ›Satyagraha‹ which has since become current in Gujarati as a designation for the struggle.« CWMG, Bd. 44, 328. Es ist bemerkenswert, dass Gandhi in seiner Erklärung von sadagraha auf sat anstelle von sadha eingeht.

51   Vgl. sādhu: skrt.: der Gute, Heilige und *graha*: skrt.: stark an etwas festhalten; Subst.: āgraha: Bestehen auf etwas, Beharrlichkeit, Enthusiasmus.

52   Satyā: skrt.: das Ideal, wie etwas sein sollte – die Wahrheit; abgeleitet von *sat*: das Sein; also satyāgraha: das Festhalten an der Wahrheit.

53   Vgl. die Artikel in *Indian Opinion* vom 11. 1. 1908 (CWMG, Bd. 8, 78–88), in dem der Terminus unter der Überschrift »Passive Resistance« eingeführt wird.

54   Satyā: skrt.: Wahrheit/Wahrhaftigkeit (vgl. Anm. 52); *dharma*: skrt.: Lehre, Ordnung, Gesetz, Pflicht.

55   *Helmuth von Glasenapp,* Das Indienbild deutscher Denker, Stuttgart 1960, 196.

56   CWMG, Bd. 4, 227–231, Zitat 228.

heute der Wahlspruch. Gandhi reklamierte in dieser Zeit nicht nur Wahrheit für den Hinduismus, wie sich an einem weiteren Text aus dem April 1905 zeigen ließe,[57] er tat dies auch in einer Weise, die an zentrale Aussagen der Theosophie erinnert, mit der er sich lange Zeit auseinandersetzte.

6 SCHLUSSBEMERKUNG

Gandhis Kontakte zu Theosophen in Johannesburg sind offenbar als sehr eng und produktiv anzusehen. Sie stehen im Zusammenhang seiner anwaltlichen Tätigkeit, seiner Tätigkeit für die indische Community in Südafrika, seiner religiösen Diskussionen und Lektüren und seiner alternativen Lebensweise auf der Tolstoy- und der Phoenix-Farm, Vorformen von Gandhis später in Indien gegründeten Ashrams. Gandhi repräsentiert bzw. konzeptionalisiert Hinduismus als Religion der Wahrheit, die sich zu anderen Religionen inklusivistisch und damit überlegen verhält, insofer sie die Wahrheit anderer Religionen oder Gestalten wie etwa Buddha, Mohammed oder Jesus nicht bestreitet, sondern einschließt. Gandhis Hinduismus wird mit dem »Festhalten an der Wahrheit« – *satyagraha* – gleichzeitig zu einem wirkungsvollen politischen Konzept.

Die historische Erforschung dieser Gemengelagen steht erst am Anfang. Deutlich ist aber, dass zur europäischen, zur kolonialen wie zur globalen Religionsgeschichte theosophische Impulse gehören.

»Hindu Instinct?« Man ist nach dem Geschilderten geneigt, die eingangs gestellte Frage mit »Nein!« zu beantworten. Kein Hindu-Instinct, sondern konkrete Positionierungen in Aushandlungsprozessen und partielle rezeptionelle Aneignungen im aktuellen Referenzrahmen führen zu dieser Aussage, in der sich nicht zuletzt das theosophische Konzept der Einheit aller Religionen zeigt.[58]

Die Theosophie war die erste westliche Bewegung, die indische Texte in ihr System offensiv integrierte, sich über Buddhismus und Hinduismus definierte und dabei massive Kritik an westlicher Zivilisation und westlicher Christenheit übte. All diese Elemente finden sich auch bei Gandhi. Gandhi deswegen das Etikett »Theosoph« aufzukleben, ist wohl überflüssig, denn entscheidend ist nicht das Etikett, entscheidend ist der skizzierte historische Kontext, der Diskurs, in dem Gandhi sich bewegte. Gandhis in Südafrika und später ähnlich in Indien

---

[57]   Vgl. Anm. 56.

[58]   So urteilt in anderem Zusammenhang auch Jonathan Hyslop: »Thus there is a paradoxical way in which Gandhi's self-invention as an Indian spiritual figure came out of a connection with Western mystics.« (*Jonathan Hyslop*, Gandhi 1869–1915: The transnational emergence of a public figure, in: *Judith M. Brown / Anthony Parel (Hg.)*, The Cambridge Companion to Gandhi, Cambridge 2011, 30–50, Zitat 41).

geäußerte Kritik an der Theosophie bezieht sich erstens auf deren »Theoretisie-ren«, dem er gelebte Praxis (im Sinne seines Konzepts von *Saytagraha*) entge-genstellt. Zweitens kritisiert er, dass die Theosophie – die sich zwischenzeitlich auch organisatorisch mit dem Arya Samaj verbunden hatte –[59] die Idee der uni-versalen Bruderschaft der Menschheit aufgegeben habe. Als dritten Punkt kri-tisiert Gandhi schließlich und vor allem den Okkultismus der Theosophischen Gesellschaft, die mit dem dominanten Naturwissenschaftsparadigma ringende Seite der Theosophie, die er – sicherlich nicht zufällig – in wörtlicher Überein-stimmung mit dem Begründer des Arya Samaj (Swami) Dayananda Saraswati (1824–1883) als »Humbug« bezeichnete.[60]

Gandhi war bis 1905 zu einer angesehenen Person in Johannesburg, *der* Boomstadt dieser Jahre, aufgestiegen. Die koloniale Situation war von Rassismus, Unterdrückung und Ausgrenzung der indischen Minderheit in Transvaal[61] – seit dem Burenkrieg 1899–1902 britische Kolonie – gekennzeichnet. Eine derart bekannte, öffentliche Person hält in einer solchen, von Migranten geprägten, in Goldgräberstimmung befindlichen britischen Kolonialstadt Vorträge über Hin-duismus und Religion unter dem Vorsitz der Theosophischen Gesellschaft. Das ist eine historisch bemerkenswerte Situation.

Das Beispiel Gandhi macht – durch dessen inklusivistisches Konzept von Hinduismus im Verhältnis zu anderen Religionen, das in Auseinandersetzung mit (westlichen) Theosophen in einer kolonialen Situation entstand – deutlich, dass auch wir nicht in religiös getrennten Sphären leben, sondern mitten im

---

[59]   Die 1875 in New York gegründete Theosophische Gesellschaft hatte sich im Mai 1878 dem Arya Samaj und damit Dayananda Saraswati als Oberhaupt unterstellt und nannte sich bis zum März 1882 dementsprechend »Theosophical Society of the Arya Samaj of Arya-varta«. Die Londoner Loge war die erste und blieb die einzige Zweigstelle dieser Phase der theosophischen Bewegung. Doch dies kann hier nicht vertieft werden.

[60]   Damit schließt Gandhi an den durch Saraswati 1882 vollzogenen Bruch an, der ihm entweder bereits in London, oder – was ebenso möglich ist – 1903 in Südafrika durch eine Biographie Saraswatis deutlich wurde, die sich in seinem Besitz befand (vgl. *Bhavsar*, Bib-liography [s. Anm. 12], 140). Bawa Singh schreibt, dass Saraswati in Bombay im März 1882 einen Vortrag gehalten und die Zusammenfassung verteilt habe; vgl. *Dayananda Sarasvati*, Humbuggery of the Theosophists, in: *Bawa C. Singh*, The Life and Teachings of Swami Daya-nand Saraswati, Lahore 1903, 519–531. Der Text findet sich auch in: *Harbila Sarda*, Life of Dayanand Saraswati. World Teacher, Ajmer 1968, 556–560. In diesem Text, auf den Henry Steel Olcott im Juli 1882 reagierte, finden sich eine Reihe massiver Vorwürfe an Olcott und an Blavatsky. Saraswati distanziert sich auf diese Weise öffentlich von den beiden wie von der Theosophie insgesamt, die er mit dem Etikett »humbuggery« (also »Humbug« oder »Gau-nerei«) versieht.

[61]   Nach dem Krieg kehrten aus Transvaal geflüchtete Inder zurück, ihre Zahl stieg zwi-schen 1902 und 1904 von ca. 2.000 auf ca. 10.000 an; vgl. *Itzkin*, Gandhi's Johannesburg (s. Anm. 9), 2.

globalisierten Religionsdiskurs stehen. Dass in diesem Rahmen einigen Religionen Friedfertigkeit und Toleranz zugeschrieben werden, trägt für das gesellschaftliche Ansehen von Religionsgemeinschaften auch in Deutschland und Europa ebenso etwas aus wie die Repräsentation anderer Religionen als intolerant und gewalttätig.

Die Entdeckung des afrikanischen Hochgottes in der deutschen Forschung

Entwicklungslinien von der Mitte des 19. bis zur Mitte des 20. Jahrhunderts

Frieder Ludwig

1 Einleitung

»Die Ewes haben vom Segen der europäischen Zivilisation kaum etwas gebrauchen können. Sie bauen ihren Reis, ihr Korn und den Kakao wie in den alten Zeiten, als es noch keinen weißen Mann im dunklen Afrika gab. (…) Die meisten huldigen den Götzen ihres Juju-Glaubens« heißt es in einem Artikel, in dem die »Ureinwohner Togos« als Menschen »mit stolz erhobenen, langschädeligen Wuschelköpfen« geschildert werden, die mit »einem gutturalen, kaum verständlichen Kauderwelsch« reden. Der Artikel erschien kurz vor Weihnachten im Jahr 1947 – in der Zeitschrift *Der Spiegel*.[1]

Zu dieser Zeit war eine solche Sprache in der Missionswissenschaft und in den meisten Leitungsgremien der deutschen protestantischen Missionsbewegung nicht mehr üblich. Schon Gustav Warneck hatte sich in seiner *Evangelischen Missionslehre* von 1902 unter Rückgriff auf religionswissenschaftliche Forschungen um eine andere Verhältnisbestimmung zu den Religionen bemüht; und 1922 verwies Julius Richter, damals Professor für Missionswissenschaft an der Berliner Universität, in seiner Geschichte der evangelischen Mission in Afrika auf das Werk des Bremer Missionars D. J. Spieth *Die Ewestämme* von 1906, welches »die überraschende Tatsache ergeben« habe, dass »das religiöse, soziale und allgemeine kulturelle Leben dieser Stämme verhältnismäßig hoch entwickelt ist, dass besonders ihre religiösen Vorstellungen von einer Mannigfaltigkeit und Höhe sind, wie man sie im dunklen Afrika nicht zu finden erwartet hätte.«[2] Spieth hatte in seinen Studien auch den Glauben an »Himmelsgötter« hervorgehoben und dabei festgestellt: »Unter den Himmelsgöttern steht der große Gott an der Spitze, den die Eweer im Bilde des Himmels erfaßt zu haben scheinen.« Dieser aber sei verschleiert; Gott sei für die Menschen »ein verborgener Gott,

---

[1] »Juju und die Frauenzimmer. Für ein einiges Ewe-Reich«, Der Spiegel, 20.12.1947.

[2] *J. Richter*, Geschichte der evangelischen Mission in Afrika, Gütersloh 1922, 37.

von dem man nur soviel weiß, daß er einstens die Menschen ungehindert mit sich verkehren ließ, dann aber durch Schuld der Menschen sich in unendliche Fernen zurückzog.«[3] Die Forschungen Spieths wurden in der einschlägigen Literatur der 1920er Jahre als bahnbrechend charakterisiert; neben Julius Richter wurde der Beitrag des Missionars der Norddeutschen Missionsgesellschaft auch von Carl Meinhof, dem Inhaber des ersten deutschen Lehrstuhls für Afrikanistik in Hamburg, eingehend gewürdigt.[4]

Gleichermaßen finden sich auch missionarische Darstellungen zur traditionalen Religion der Ewe, in denen die »Götzen des Juju-Glaubens« und andere »dämonische Mächte« in den Mittelpunkt gestellt werden. Besonders häufig und stereotyp werden diese Charakterisierungen in den missionarischen Berichten etwa um die Mitte des 19. Jahrhunderts verwendet.

In ihrer grundlegenden Arbeit *Translating the Devil* (Edinburgh 1999) hat Birgit Meyer am Beispiel der Norddeutschen Mission unter den Ewe in Westafrika gezeigt, dass die Missionare eine dualistische Konzeption vertraten, in der sie die kleinen christlichen Gemeinden scharf mit dem traditionalistischen Umfeld kontrastierten und die traditionalen Religionen diabolisierten. Meyer führt dies auf die pietistische Prägung, wie sie etwa im Bild vom breiten und vom schmalen Weg zum Ausdruck kommt, zurück. Sie stellt weiter fest, dass die Anschauung der Missionare, dass die Götter und Geister der Ewe in Wirklichkeit »Agenten des Teufels« seien, auf einer bestimmten Interpretation des Neuen Testaments basiere. So wurde in diesem Kontext etwa auf 1 Kor 10,20 verwiesen:»Aber ich sage: Was die Heiden opfern, das opfern sie den Teufeln, und nicht Gott. Nun will ich nicht, dass ihr in der Teufel Gemeinschaft sein sollt.« Damit wurde festgestellt, dass nach Paulus die Götter der Heiden dämonische Mächte seien. Die Missionare kommunizierten diese Sichtweise den Ewe, die sie »Menschen, die zum Teufel gehören« (Abosoamtowo) nannten. In den Predigten wurde die Ewe Religion häufig als satanisch dargestellt.[5]

Im Folgenden soll es darum gehen, die Veränderungsprozesse in der Wahrnehmung afrikanischer Religionen in der sich herausbildenden« deutschen Afrika-Forschung bis etwa 1930 zu konturieren. Dabei ist zunächst darauf hinzuweisen, dass sich im behandelten Zeitraum verschiedene Disziplinen wie das Studium afrikanischer Sprachen, Ethnologie, Religionswissenschaft und Missi-

---

[3]   *J. Spieth*, Die Ewe-Stämme. Material zur Kunde des Ewe-Volkes in Deutsch-Togo, Berlin 1906, 67.

[4]   *C. Meinhof*, Die Religionen der Afrikaner in ihrem Zusammenhang mit dem Wirtschaftsleben, Oslo 1926, 22: »Die Missionen haben in den letzten Jahrzehnten eine für unsere Wissenschaft erfreuliche Wandlung durchgemacht. (…) (B)esonders D. Spieth zeigt, daß die genaue Kenntnis der heidnischen Religion die unerläßliche Voraussetzung für den Missionar ist.«

[5]   *B. Meyer*, Translating the Devil, Edinburgh 1999, 83 ff.

onswissenschaft erst allmählich herausbildeten und vielfach miteinander verknüpft waren. Häufig war die Forschung auch eng mit der praktischen Missionsarbeit verbunden: Viele Missionare trugen zur Verschriftlichung indigener Sprachen bei.[6] Durch die damit verbundenen Konstruktionen »ethnischer Identitäten« beeinflussten diese auch die beginnende ethnologische Forschung in durchaus ambivalenter Weise.[7] Zudem wurden Missionsberichte auch in der religionsgeschichtlichen und religionswissenschaftlichen Forschung herangezogen.[8]

Die enge Verflechtung lässt sich auch an den Biographien der wichtigsten »Afrika-Experten« während der Kolonialzeit veranschaulichen: Carl Gotthilf Büttner (1848–1893) war für die Rheinische Missionsgesellschaft in Namibia (dem damaligen Deutsch-Südwestafrika) und dann als Missionsinspektor für die 1886 gegründete Deutsch-Ostafrikanische Missionsgesellschaft tätig, bevor er Lehrer für Swahili am Berliner »Seminar für Orientalische Sprachen« wurde. Der bereits erwähnte Carl Friedrich Michael Meinhof (1857–1944) studierte als Pfarrer in Pommern afrikanische Sprachen und begründete die vergleichende Bantuistik, ohne jemals zuvor in Afrika gewesen zu sein. Er unterrichtete zunächst als Sprachlehrer am Seminar für Orientalische Sprachen der Universität Berlin und wurde 1909 in Hamburg Inhaber des ersten Lehrstuhls für Afrikanistik. Karl Endemann (1836–1919) war bis 1873 Missionar der Berliner Missionsgesellschaft (Berlin I) unter den Sotho im Transvaal; dann wirkte auch er im Umfeld der Berliner Afrikanistik.[9] Die nachfolgenden Generationen repräsentiert dann Diedrich Hermann Westermann (1875–1956), der am Missionsseminar in Basel

---

[6]   *H. Kneebone*, »›Was hat die gegenwärtige Mission für die Sprachwissenschaft geleistet?‹. Missionare und die vergleichende Philologie im 19. Jahrhundert«, in: *R. Wendt (Hg.)*, Sammeln, Vernetzen, Auswerten. Missionare und ihr Beitrag zum Wandel europäischer Weltsicht, Tübingen 2001, 145–169.

[7]   *B. Berman / J. Lonsdale*, Unhappy Valley. Conflict in Kenya and Africa, London 1992, 330, haben darauf hingewiesen, dass der Prozess der Verschriftlichung und Standardisierung afrikanischer Sprachen auch Auswirkungen auf die Konzeption »ethnischer Identitäten« hatte.

[8]   Vgl. etwa *R. Flasche*, »Die Bedeutung früher Missionsberichte für die Religionsgeschichte und systematische Religionswissenschaft«, in: *J. Triebel (Hg.)*, Der Missionar als Forscher. Beiträge christlicher Missionare zur Erforschung fremder Kulturen und Religionen, Gütersloh 1988, 36–69.

[9]   Vgl. dazu *H. Stöcker*, Afrikawissenschaften in Berlin von 1919 bis 1945. Zur Geschichte und Topographie eines wissenschaftlichen Netzwerkes, Stuttgart 2008, 31 f. Zur Problematik der Übersetzungsarbeit insbesondere bei Meinhof vgl. *S. Pugach*, »Christianize« and Conquer: Carl Meinhof, German Evangelical Missionaries, and the Debate over African Languages, 1905–1910, in: *U. van der Heyden / J. Becher (Hg.)*, Mission und Gewalt, Stuttgart 2000, 509.

für die Norddeutsche Mission ausgebildet und dann in die deutsche Kolonie Togo entsandt worden war. Westermann wurde 1908 von Carl Meinhof als Sprachlehrer für Ewe an das Seminar für Orientalische Sprachen in Berlin berufen. 1909 wurde er als Professor Nachfolger Meinhofs.[10]

In der Darstellung der Veränderungsprozesse soll insbesondere danach gefragt werden, durch welche Faktoren die Herangehensweisen geprägt waren. Einen methodischen Ausgangspunkt bildet dabei David Chidesters Studie *Savage Systems*, in der die Beurteilung der afrikanischen traditionalen Religionen im Zusammenhang mit den politischen Rahmenbedingungen für das südliche Afrika analysiert wird.[11]

2 Die Dämonisierung afrikanischer Religionen in der frühen protestantischen Missionsbewegung

Ein Blick in die Missionsliteratur der 1840er und 1850er Jahre bestätigt schlaglichtartig die These Meyers von der Dämonisierung der afrikanischen Religionen. So kam Heinrich Richter, der Inspektor der Rheinischen Missions-Anstalt in Barmen, 1840 zu dem Ergebnis, dass »viele Heiden in Afrika und Australien« Teufel anbeteten: Der »Charakter des Heidenthums« bestehe aus »Lüge, Mord und Unzucht, im Gegensatz gegen Wahrheit, Liebe und Reinheit der biblischen Religion.«[12] Johann Ludwig Krapf, einer der ersten und bedeutendsten Ost-Afrika-Missionare, notierte in seinem Reise-Tagebuch Anfang Februar 1847 über eine traditionelle nächtliche Zeremonie in Rabbai, einer nördlich von Mombasa liegenden Missionsstation: »Mit Anbruch der Nacht wurde das Schreien, Tanzen, Singen, Jauchzen der Aeltesten (…) furchtbar. (…) Wer es nicht glauben kann, daß die Heiden unter dem besondern Einfluß böser Geister stehen, der könnte sich bei solchen Gelegenheiten von der Wahrheit dessen überzeugen, was Paulus Eph 6, 12 bezeugt: ›Solche Festlichkeiten sind die Abendmahle der Heiden, wo

---

[10]   Sowohl Meinhof wie sein Mitarbeiter Ernst Dammann, der später Überblickswerke zu den Afrikanischen Religionen lieferte, waren Mitglieder der NSDAP; in seiner Zeit als Missionar in Tanga war Dammann seit 1933 zudem Landesgruppenleiter der Auslandsorganisation der NSDAP. Es wäre wichtig, den Zusammenhang zwischen diesen Aktivitäten und den religionswissenschaftlichen und missionswissenschaftlichen Forschungen herauszuarbeiten; im Rahmen dieses Beitrags kann dies (noch) nicht geleistet werden.

[11]   *D. Chidester*, Savage Systems. Colonialism and Comparative Religion in Southern Africa, Charlottesville/London 1996.

[12]   *H. Richter*, Erklärte Haus-Bibel oder Auslegung der ganzen heiligen Schrift alten und neuen Testaments, Sechster Band, Zweiter Teil, Barmen/Bochum/Schwelm 1840, 254 f.

sie sich aufs Neue mit dem finstern Reich verbinden (…).«[13] Im selben Jahr heißt es in dem auf Breitenwirkung angelegten Band *Die evangelische Heiden-Mission* des Nürnberger Pfarrers B. St. Steger, »daß die Neger die erbärmlichsten Dinge zu ihrem Gott machen« und dass sich auch »entsetzliche Grausamkeiten unter ihnen« finden, »besonders bei Festlichkeiten, die sie dem Teufel zu Ehren anstellen.«[14] Bereits 1838 erfuhr im *Calwer Missionsblatt* eine Volksgruppe Gambias Erwähnung, »die Jollaren, die (…) Niemanden huldigen als dem Teufel, den sie anbeten, dem sie auch Opfer darbringen und Häuser weihen.«[15]

Pfarrer Christian Gottlieb Blumhardt äußerte sich in seinem *Handbüchlein der Missionsgeschichte und Missionsgeographie* von 1844 wieder allgemein: »Der heidnische Neger« wisse »wenig von dem lebendigen Gott« und bete deshalb Geister, »Fetische genannt (…) unter allerlei Gegenständen an, und auf die abgeschmackteste Weise macht er Holz, Steine, Pflanzen, Thiere zu seinem Fetisch oder Gott, dem er Opfer bringt, auch Menschenopfer nicht versagt.«[16] In einem der folgenden Abschnitte verwies er auf die »fürchterliche Menschenfresserei« sowie auf »die Sklaverei, die überall in barbarischem Schwange geht, und vor welcher kein Freier sicher ist.«

Auch George Thompson, ein Missionar, der 1848 zu den Mende in Sierra Leone aufbrach, wählte den Kontrast zwischen traditionalen Religionen und Christentum als interpretatorischen Ansatz; in seinem Missionsbericht stellt er fest, dass die Menschen für das Evangelium offen seien und sich nach Schulen und Verkündigung sehnten. Daran schloss er die rhetorische Frage an, ob dies wieder dem Teufel überlassen werden solle.[17] An anderer Stelle stellte er der »Umnachtung und Degradation« der Kinder Afrikas die Macht des Evangeliums gegenüber. Diese manifestiere sich auch darin, dass die Fähigkeit der afrikanischen Rasse, sich moralisch, physisch und intellektuell weiterzuentwickeln, außer Zweifel stehe.[18]

Die Dämonisierung der afrikanischen Religionen erfolgte teilweise vor dem Hintergrund von in der Erweckungsbewegung verbreiteten Einordnungsmustern

---

[13]   *J. L. Krapf*, Reisen in Ost-Afrika in den Jahren 1837–55, Kornthal 1858, 312 f.

[14]   *B. St. Steger*, Die evangelische Heiden-Mission. Drei Gespräche zur Erweckung und Belebung des Missionssinnes unter dem Volke, von dem Nürnberger Pfarrer, Nürnberg 1844, 12.

[15]   Calwer Missionsblatt, 11 Jg., Tübingen 1838, 18.

[16]   *C. G. Blumhardt*, Handbüchlein der Missionsgeschichte und Missionsgeographie, Calw 1844, 8.

[17]   *G. Thompson*, Thompson in Africa, Dayton 1857, 313: »They welcome the Gospel as the ›glad news‹, and as the thing they need. They call for schools, preaching, arts, improvement etc. which will divert and interest, and occupy their minds usefully. Shall they have them, or shall they again be left to the devil?«

[18]   *G. Thompson*, The Palm Land, or West Africa, Illustrated, 1858, 161–3.

nichtchristlicher Religionen; so hatte der eingangs zitierte Heinrich Richter auf Johann Arndts *Wahres Christentum* (B. 5, Thl 2, C. 12) Bezug genommen, in dem dieser festgestellt hatte, dass »das ganze Heidenthum, insbesondere aber die heidnische Gottesverehrung, unter dem unmittelbaren Einfluß des Reiches der Finsternis« stehe; »alle heidnischen Religionen sind nicht etwa aus einem allmählichen Suchen des menschlichen Herzens nach dem wahren Gott, sondern aus einem Abfall von ihm durch teuflische Verführung hervorgegangen, dadurch also werden sie ein eigentlicher Teufelsdienst.«[19] Ähnlich hatte auch schon der Hallenser Südindien-Missionar Bartholomäus Ziegenbalg den Teufel als den »Vater des Heidentums« bezeichnet.[20]

Bei Blumhardt und insbesondere bei Thompson zeigt sich jedoch auch ein weiterer Plausibilitätsrahmen; die Argumentation wird in den Zusammenhang mit dem Kampf gegen die Sklaverei gestellt. Sierra Leone – das Arbeitsfeld Thompsons – hatte hierfür zentrale Bedeutung, denn nach dem Verbot des Sklavenhandels durch einen Beschluss des britischen Parlaments von 1807 war das westafrikanische Land zur britischen Kronkolonie geworden. Von hier aus wurden Flottillen eingesetzt, um Sklavenschiffe abzufangen; die befreiten Sklaven fanden dann vor allem in der Hauptstadt »Freetown« eine neue Heimat. Auch die Veteranen der Amistad – eines Sklavenschiffes, dessen Insassen gemeutert hatten und die nach der Landung in New Haven in einem aufsehenerregenden Prozess freigesprochen wurden (die Geschichte wurde 1997 von Steven Spielberg mit Anthony Hopkins in einer der Hauptrollen verfilmt) – wurden nach Sierra Leone zurückgebracht; sie wurden von dem Missionar William Raymond begleitet, dessen Nachfolger dann Thompson war.[21]

Das Programm der »moralischen, physischen und intellektuellen Weiterentwicklung der afrikanischen Rasse« war in der Anti-Sklaverei-Bewegung insbesondere in den 1830er und 1840er Jahren verbreitet, als deutlich wurde, dass die Bemühungen zur Abschaffung des Sklavenhandels allein durch politische Entscheidungen nicht ausreichend waren. Mehr und mehr ging es deshalb darum, die gesellschaftlichen und wirtschaftlichen Strukturen Afrikas zu verändern. 1839 legte Thomas Fowell Buxton (1786–1845) in seinem Werk *The African Slave Trade and its Remedy* ein grundlegendes Reformprogramm vor. Unter dem

---

[19]   *H. Richter*, Erklärte Haus-Bibel oder Auslegung der ganzen heiligen Schrift alten und neuen Testaments, Sechster Band, Zweiter Teil, Barmen, Bochum und Schwelm 1840, 254 f.

[20]   *A. Nehring*, Orientalismus und Mission. Die Repräsentation der tamilischen Gesellschaft und Religion durch Leipziger Missionare, 1840–1940, Wiesbaden 2003, 245. Nehring konstatiert, dass die schon bei Ziegenbalg deutliche Ambivalenz in der Beurteilung des ›Heidentums‹ auch die Aussagen der Leipziger Missionare von Anfang an bis in das 20. Jh. hinein durchzieht.

[21]   *J. Yanielli*, »George Thompson among the Africans: Empathy, Authority and Insanity in the Age of Abolition«, in: Journal of American History, 96 (4), 2010, 979–1000.

Motto Commerce, Civilization, Christianity wurde die Herausbildung eines afrikanischen Mittelstandes angestrebt, der Führungspositionen in allen gesellschaftlichen Bereichen übernehmen sollte.[22]

In Deutschland wurde dieses Konzept etwa durch die von H. F. Uhden verfasste Wilberforce- Biographie, zu der August Neander das Vorwort geschrieben hatte, bekannt gemacht. Dort wird unter Bezug auf die 1791 gegründete Sierra-Leone-Gesellschaft festgestellt, dass diese dazu dienen sollte, »den gesetzmäßigen und rechtlichen Handel mit Afrika auszudehnen und dessen Civilisation zu beginnen (…) So wollte man auf die überzeugendste Weise all die Vertheidiger des Sklavenhandels widerlegen, welche von der behaupteten geistigen Unfähigkeit der Neger ihre Gründe hernahmen.«[23]

Die Stoßrichtung dieser Argumentation wandte sich aber nicht nur gegen die Verteidiger des Sklavenhandels, sondern auch gegen Positionen oder jedenfalls gegen Projektionen der Aufklärung. Bryan Davies hat darauf hingewiesen, dass frühe Protagonisten der Abolitionsbewegung wie John Wesley, James Ramsay oder Granville Sharp wiederholt die Idee einer »rassischen Unterlegenheit der Afrikaner« mit der Philosophie Humes, Voltaires, oder auch Kants identifiziert hatten. Sie verbanden ihre Angriffe gegen die Sklaverei mit einer Rehabilitation des Christentums. Für die Überzeugung, dass ein unverfälschtes Christentum den moralischen und materiellen Fortschritt der menschlichen Rasse befördern könne, spielte auch die Abgrenzung von dem ›ungläubigen Frankreich‹ eine wichtige Rolle.[24]

In der Tat gibt es zumindest Passagen in den Werken einiger wichtiger Aufklärungsphilosophen, die entsprechende Tendenzen aufweisen: So war David Hume (1711–1776) zwar einerseits vehement gegen die Sklaverei eingetreten, andererseits aber hatte er auch die Auffassung vertreten, dass in den Tropen lebende Menschen dem Rest der Menschheit unterlegen seien. Nach Ansicht Humes hatte es keine zivilisierten Nationen, keine herausragenden Individuen, keine Kunst und keine Wissenschaften unter den Afrikanern gegeben.[25] Auf diesen Abschnitt bezog sich Immanuel Kant in seinen *Beobachtungen über das Gefühl des Schönen und Erhabenen* (1764). »Die Negers von Afrika haben«, schrieb er, »von der Natur kein Gefühl, welches über das Läppische stiege. Herr Hume fordert jedermann auf, ein einziges Beyspiel anzuführen, da ein Neger Talente ge-

---

[22]   Vgl. *T. F. Buxton*, The African Slave Trade and its Remedy, London 1840.

[23]   *H. F. Uhden*, Leben des William Wilberforce, mit einem Vorwort von *Dr. A. Neander,* Berlin 1840, 59 f.

[24]   *D. B. Davis*, Slavery and Human Progress, New York / Oxford 1984, 131.

[25]   *D. Hume*, Fußnote in »Of National Characters« (Ausgabe von 1753–54), in: Essays Moral, Political and Literary I, London 1889, 252.

wiesen habe [...]. Die unter ihnen weit ausgebreitete Religion der Fetische ist vielleicht eine Art von Götzendienst, welcher so tief ins Läppische sinkt, als es nur immer von der menschlichen Natur möglich zu seyn scheint. Eine Vogelfeder, ein Kuhhorn, eine Muschel, oder jede andere gemeine Sache, so bald sie durch einige Worte eingeweihet worden, ist ein Gegenstand der Verehrung und der Anrufung in Eidschwüren.«[26]

Damit waren afrikanische Religionen ins Lächerliche gezogen, und von da aus war die Fragestellung naheliegend, ob man diesen »Götzendienst« überhaupt als Religion verstehen könne.

In der Fortsetzung dieser Argumentationslogik konnte den Afrikanern dann die Religion ganz abgesprochen werden. So erscheinen sie etwa 1875 in der Musterkarte »religionsloser« Völker des britischen Historikers John Lubbock, der sich auf die Schilderung von Reisenden berief.[27]

Während in dieser Perspektive die Fähigkeiten afrikanischer Menschen grundsätzlich in Frage gestellt wurden und sich damit auch keine Anknüpfungspunkte zu europäischen Weltsichten und Glaubensvorstellungen ergeben konnten, gingen die Anti-Sklaverei- und Missionsbewegten von einer prinzipiellen Gleichwertigkeit aller Menschen aus, wobei sie sich freilich an dem Konzept einer einheitlichen Kultur orientierten. Afrikaner konnten sich »moralisch, physisch und intellektuell weiterentwickeln«, indem sie sich der europäischen Kultur anpassten. Damit war ein schroffer Antagonismus zu den afrikanischen traditionalen Religionen verbunden. Während diese in der skizzierten aufklärerischen Traditionslinie abgewertet und für nicht ernstzunehmend erklärt wurden, betrachteten bis zum letzten Drittel des 19. Jahrhunderts zahlreiche Missionare die afrikanischen Religionen als Hauptgegenspieler und dämonisierten sie.

3 »Fetischismus« in der Aufklärung und in der Missionsbewegung

Beide genannten Perspektiven konnten jedoch in der stereotyp negativen Wahrnehmung der traditionalen afrikanischen Kulturen zusammenkommen. So fand die auf den französischen Voltaire-Verehrer Charles de Brosse zurückgehende

---

[26]   *I. Kant*, Kant's gesammelte Schriften, Bd. 1–29, Berlin, 1902 ff., hier Bd. II, 253. Vgl. *W. Smidt*, »Fetishists and Magicians – The Description of African Religions by Immanuel Kant (1724–1804)«, in: *F. Ludwig / A. Adogame*, European Traditions in the Study of Religion in Africa, Wiesbaden 2004, 109–116, hier 111.

[27]   *J. Lubbock*, Die vorgeschichtliche Zeit, Jena 1874, Bd. II, 273; *ders.*, Die Entstehung der Civilisation, Jena 1875, 174, zitiert in: *W. Schneider*, Die Religion der afrikanischen Naturvölker, Münster 1891, 3 f.

Bezeichnung »Fetischanbetung« zur Charakterisierung afrikanischer Religionen sowohl bei Aufklärungsphilosophen wie bei Missionaren Verwendung. So schrieb Kant in seinem Werk *Physische Geographie* von 1802:

> Die souveraine Religion aller Neger an der Küste von Afrika von Sierra Leona an bis an den Meerbusen von Benin ist der Aberglaube der Fetische, von dem portugiesischen Worte Fetisso d. i. Zauberei. Der große Gott nämlich, dies ist die Meinung jener Leute, bemenge sich nicht mit der Regierung der Welt und habe besondere Kräfte in die Priester oder Fetischirs gelegt, daß sie durch Zauberworte einer jeden Sache eine Zauberkraft mittheilen können. Sie tragen daher irgend einen solchen Fetisch, z. B. ein Vogelbein, eine Vogelfeder, ein Horn mit Mist bei sich, welchem sie sich der Erhaltung der Ihrigen wegen anvertrauen. Schwören heißt bei ihnen Fetisch machen. Sie haben Fetischbäume, Fetischfische, Fetischvögel. Sie fluchen, daß der Fetisch sie hinrichten soll. Sie thun Gelübde beim Fetisch.[28]

Ganz ähnlich äußerte sich ein knappes halbes Jahrhundert später der Inspektor der rheinischen Missionsanstalt, J. C. Wallmann, in seinem Volksbuch *Die Missionen der evangelischen Kirche* von 1848. Die Afrikaner verehrten, konstatierte er, »geweihete Dinge, die von den Portugiesen, die zuerst mit den Negern genauer bekannt wurden, Fetische genannt wurden«. »Man kann alles zum Fetisch machen. Sehr häufig sind es roh aus Holz oder aus Gummi gebildete kleine Menschengestalten, bei denen es merkwürdig ist, daß sie europäische Gesichtsbildung haben.«[29] In derselben Zeit berichtete auch Julius Wiggers, außerordentlicher Professor in Rostock, davon, dass den Afrikanern unter Umständen alles »zum Fetisch werden« könne, »welchen sie jedoch eben so schnell zu wählen als wieder zu verlassen pflegen, sobald er ihnen die erwartete Hülfe nicht gewährt. Einige haben schon Tiger, andere ihre eigenen Schatten zum Fetisch gemacht.«[30]

In der deutschen Missionsbewegung, so konstatierte Michael Schubert, hielt sich dieses Bild bis in die Zeit der »Experimentierphase« der kolonialen Expansion nach 1884/85; in einigen kolonialchauvinistischen Missionskreisen wurde es sogar noch weiter verstärkt. Der Inspektor der Gossner Mission, Karl Heinrich Christian Plath, beschrieb in einem Vortrag über die »Deutsche Kolonialmission« die schwarzafrikanischen »Naturreligionen« als »ertrunken in Fetischdienst, Aberglaube und Zauberei der haarsträubendsten Sorte«. Diese seien zudem geprägt von »ungezügelter Wollust, diebischer Begehrlichkeit, Genußsucht, Grausamkeit und Lüge.«[31]

---

[28]   Kant's gesammelte Schriften, IX, 415, vgl. *Smidt*, a. a. O., 112.

[29]   *J. C. Wallmann*, Die Missionen der evangelischen Kirche, 1848, 50.

[30]   *J. Wiggers*, Geschichte der Evangelischen Mission, 2. Band 1. Abtlg., Hamburg und Gotha 1846, 323.

[31]   *K. H. C. Plath*, Deutsche Kolonialmission. Ein Vortrag, Berlin 1887, 17, vgl. *M. Schubert*, Der schwarze Fremde. Das Bild des Schwarzafrikaners in der parlamentarischen und pu-

Zur weiteren Polarisierung diente dann das spezifische Bild der »Fetisch-männer«, das einen direkten Gegensatz zum christlichen Missionar darstellte: Wurde der Letztgenannte als lediglich am Geistlichen interessiert vorgestellt, so diente der »Fetischdienst« nur den vermeintlich materiellen Interessen der »Fetischmänner«: »Oft genug hat der Neger Grund zur Furcht, was er baut, werde (…) der Habsucht der Fetischpriester und Zauberer zur Beute«, schrieb der Basler Missionar Paul Steiner 1885 in der Deutschen Kolonialzeitung.[32]

Spuren dieser Einordnung finden sich auch noch wesentlich später in der Missionsliteratur, so konstatierte Julius Richter in seiner einflußreichen Geschichte der evangelischen Mission in Afrika von 1922, dass sich bei den »Sudanvölkern« »manche der entartesten Formen des afrikanischen Heidentums« fänden: »Hier liegen die blutgetränkten Reiche von Asante, Dahome und Benin. Hier ist jene angeblich niedrigste Form religiöser Vorstellungen, die man Fetischismus nennt, ausgebildet.«[33]

In anderen Darstellungen kündigte sich freilich seit den 1880er Jahren Kritik an dem Begriff an, so kritisierte etwa Max Buchner die Schlagwörter »Fetischreligion« oder »Fetischanbetung« als »Wortschwall, für den er eine Grundlage nicht habe auffinden können«[34], und Hugo Zöller behauptete, »daß das, was man gewöhnlich über Fetischismus und die Anbetung der rohen Materie liest, eher danach angetan ist, eine nicht verzeihliche Unwissenheit zu verschleiern, als den Leser über die mannigfaltigen und höchst verwickelten Religionssysteme der Neger (…) aufzuklären.«[35]

Der Begriff Fetischismus war damit grundsätzlich in Frage gestellt; es gibt, so stellte Hartmut Böhme fest, nur »wenige Begriffe, die derart schmählich, nachdem sie ihren Höhepunkt überschritten haben, entwertet wurden.«[36]

---

blizistischen Kolonialdiskussion in Deutschland von den 1870er bis in die 1930er Jahre, Stuttgart 2003, 133.

[32] *P. Steiner*, Land und Leute von Akra, in: Deutsche Kolonialzeitung 2 (1885), 10–13 und 48–52, hier: 50; vgl. Schubert, 133. Dieser Abschnitt basiert weitgehend auf den Darstellungen Schuberts.

[33] *J. Richter*, Geschichte der evangelischen Mission in Afrika, Gütersloh 1922, 36 f.

[34] *W. Schneider*, Die Religion der afrikanischen Naturvölker, Münster 1891, 7, unter Verweis auf *M. Buchner*, Kamerun, Leipzig 1887, 197.

[35] Ebd., 8 unter Verweis auf *H. Zöller*, Die deutsche Kolonie Kamerun, Berlin/Stuttgart 1885, Bd. II, 97.

[36] *H. Böhme*, Das Fetischismus-Konzept von Marx und sein Kontext, in: *V. Gerhardt (Hg.)*, Marxismus. Versuch einer Bilanz, Magdeburg 2001, 289–319.

4 »ANIMISMUS« IN RELIGIONSWISSENSCHAFT UND THEOLOGIE

In ähnlicher Weise wurde der Begriff »Animismus« in der Afrika-bezogenen religionswissenschaftlichen Forschung der neueren Zeit dekonstruiert[37] – auch wenn sich diese Bezeichnung andernorts bis heute gehalten hat.[38] Sie wurde auch später geprägt als die »Fetischismus«-Konzeption: Erfunden wurde der »Animismus« von dem englischen Ethnologen Edward Burnett Tylor, der den Begriff zuerst in einem Artikel von 1866 verwandte und später in sein Buch *Primitive Culture Researches into the Development of Mythology, Philosophy, Religion, Art and Custom (1871)* aufnahm. Die wichtigste Grundlage seiner Definition war die These, dass in der Vorstellung der »primitiven Menschen« auch Tieren, Pflanzen und Objekten eine Seele innewohnt. Spätere Abstraktionsstufen hätten daraus Geister entwickelt, die in relativer Selbständigkeit auf das Leben des Menschen einwirken können. Diese evolutionistische Theorie der Entstehung religiöser Vorstellungen wurde zwischen 1905 und 1909 mit philosophischen und psychologischen Argumenten von Wilhelm Wundt untermauert: durch Einfühlung projiziere der Mensch das eigene Ich auf die Objekte.[39]

Der Begriff »Animismus« erwies sich als prägend; in der missionswissenschaftlichen Forschung fand er etwa bei Johannes Warneck Verwendung.[40] Die Popularität des Terminus zeigt sich auch daran, dass sich in der ersten Auflage der RGG von 1909 zwar kein Artikel zu afrikanischen Religionen, aber ein von Martin Rade verfasster Beitrag zum Stichwort »Animismus« findet.

Rade beklagte darin zwar, dass sich der Begriff Animismus als irreführend erwiesen habe, stellte dann aber in der oben skizzierten »aufklärerischen« Traditionslinie fest, dass

> auch die Naturvölker (…) Veränderungen erlebt haben, mag ihnen eine Geschichte, die für die Gesamtentwicklung der Kulturmenschheit etwas bedeutete, nicht zukommen. Diese Spuren aber weisen vielfach auf eine Dekadenz statt auf einen Fortschritt. … . (D)ie Berührung jener Völker mit dem Kulturmenschen, wie sie heute überall stattfindet, trübt und zerstört unaufhaltsam den Spiegel ihrer Empfindungs- und Vorstellungswelt. Z.B. die vage Idee eines guten Gottes, die, praktisch unver-

---

[37]   Vgl. etwa *J. Mbiti*, African Religion and Philosophy, London/Ibadan/Nairobi, 1969, 6–13.

[38]   Vgl. etwa *E. Döffer / B. Jöstingmeier*, Internationales Management in unterschiedlichen Kulturbereichen, 7. Aufl., München 2008, 311 f. »Kap. 6.3.4.1. Das Weltbild des afrikanischen Animismus«.

[39]   *W. Wundt*, Völkerpsychologie, 10 Bände, 1900 bis 1920. Für diese Kurzzusammenfassung habe ich auch auf den Artikel »Animismus« in der Wikipedia zurückgegriffen.

[40]   *J. Warneck*, Die Lebenskräfte des Evangeliums: Missionserfahrungen innerhalb des animistischen Heidentums, Berlin 1913.

wertet, in den verschiedenen Weltgegenden hinter dem Seelen- und Geisterglauben auftaucht, wer will feststellen, ob sie nicht überall eine Frucht der Berührung mit gottesgläubigen Menschen ist, Muhammedanern oder Christen? Man kann zweifeln, ob der Animismus unter die Religionen gezählt werden dürfe. Zwar ist die »Abhängigkeit« groß, aber es ist keine »schlechthinnige«, keine Abhängigkeit von Gott. Es ist nichts als Angst und Furcht vor Wesen, die man innerlich flieht.[41]

5 »Goldkörner im Schutte des Volksglaubens: Dunkle Vorstellungen vom wahren Gott«

Zu dieser Zeit hatte sich in der deutschen Missionwissenschaft bereits ein anderer Ansatz durchgesetzt. In seiner grundlegenden *Evangelischen Missionslehre* von 1902 kritisierte Gustav Warneck die Missionare der älteren Zeit, »die keine Religion sahen, weil sie in den vorhandenen religiösen Vorstellungen und Gebräuchen nichts fanden, was mit ihrem mitgebrachten Religionsbegriffe vereinbar schien oder in den entstellten Religionsformen gar Teufelswerk erblickten.« Während Warneck einerseits selbstverständlich davon ausging, »daß das Christentum allein, als die absolute Religion, die normale Religion ist, und also an ihm alle andern Religionserscheinungen gemessen werden müssen«, konnte er andererseits »vom Glauben als einem Universalbesitz der Menschheit« reden und »der gesamten nichtchristlichen Welt Religion« zuschreiben. Damit ergeben sich für die christliche Mission weitreichende Konsequenzen: »Da die nichtchristliche Welt in religiöser Beziehung keine tabula rasa ist, so wird ihr auch in der nichtchristlichen Religion nicht etwas absolut Fremdartiges entgegengebracht.« Deshalb müsse man sich über die Grundelemente, welche das Gemeinsame aller Religionen konstituieren, verständigen. Drei derartige Grundelemente stellte er heraus, nämlich »1) daß ein Geheimnisvolles Etwas da ist, was jenseits der Welt der Sinne liegt, eine überweltliche Macht, ein Unendliches, das unter jedem Namen als Gott prädiziert wird (…) 2) daß diese übersinnischen Wesen hereinwirken in die sinnliche Welt und speziell in die Geschicke der Menschen, daß man daher von ihnen etwas erhofft oder fürchtet (…) 3) daß der Mensch sich in eine Beziehung setzt zu den überweltlichen Gewalten, der Glaube an sie also ein Antrieb wird zu einem praktischen Handeln teils kultischer, teils sittlicher Art, oder beider Arten … .«[42]

---

[41]   *M. Rade*, Art. »Animismus«, in: RGG¹, Bd. 1, Tübingen 1909, 489–492.

[42]   *G. Warneck*, Evangelische Missionslehre. Ein missionstheoretischer Versuch. Dritte Abteilung: Der Betrieb der Sendung, Gotha 1902, 87. Die von Warneck herausgegebene Allgemeine Missionszeitschrift hatte schon in den 1880er Jahren den Übergang zu einer teils kolonialmissionarisch-praktischen Diskussion und einer andernteils populären Ethnographie eingeleitet. Vgl. dazu *Schubert*, a. a. O., 131.

Schon vor Warneck war in einigen Missionsberichten und Überblicksdarstellungen festgehalten worden, dass auch afrikanische Menschen an eine
»überweltliche Macht, ein Unendliches«, an »Gott« glaubten. Freilich war diese
Feststellung bis in die Zeit des Frühkolonialismus hinein meist mit der grundlegenden Einschränkung verbunden, dass diese Komponente im religiösen System nicht zentral sei. So war im Magazin für die neueste Geschichte der evangelischen Missions- und Bibel-Gesellschaften von 1851 zu lesen gewesen:

> Man kann wohl sagen, ganz Africa glaubt an einen Gott. Park versichert, nachdem
> er unzählige Mal mit Menschen der verschiedensten Stämme, gesellschaftlichen
> Stellungen und Verhältnisse über Glaubenssachen gesprochen habe, ohne einen
> Schatten von Zweifel aussprechen zu können, daß der Glaube von Einem Gott durch-
> gängig herrsche. Alle Reiseberichte sind nur Bestätigungen dieses Zeugnisses. Bos-
> man sagt von den Weodah-Negern: »sie haben eine dunkle Vorstellung ›vom wahren
> Gott‹« und William Smith versichert: »alle Neger an der Küste von Guinea glauben,
> daß es einen wahren Gott gebe, der sie selbst und alle Dinge geschaffen habe.« Damit
> ist aber nun auch Alles gesagt. … So wertvoll auch diese Goldkörner im Schutte des
> Volksglaubens sind, dieser Schutt bedeckt dennoch weit und breit die Lande. Die
> Vorstellung von Gott, wie sie in der Masse der Neger herrscht, ist so armselig, als
> ihr geistiger Gesamtzustand es erwarten läßt.[43]

Auch der Inspektor der rheinischen Missionsanstalt, J. C. Wallmann, gestand in
seinem Volksbuch *Die Missionen der evangelischen Kirche* von 1848 den Afrikanern, die »alle so ziemlich denselben Glauben« haben, die gemeinsame Verehrung eines höchsten Gottes, »dem Vater unser aller« zu. Von diesem werde
auch gesagt, »daß er gut sei«. Aber, so fährt Wallmann dann fort, »nach ihrer
Meinung bekümmert er sich nicht um die Welt, so bekümmern sie sich auch
nicht groß um ihn. ›Gott ist zu gut‹, sagt der Neger, ›um irgend jemand übel zu
thun. Das thut der böse Geist‹, und diese Geister regieren die Welt (…)«[44]. 1860
hielt Theodor Waitz »als Ergebnis genauer und gewissenhafter Untersuchungen«
fest, dass – so fasste Wilhelm Schneider 1891 zusammen –, »mehrere Negerstämme, bei denen ein religiöser Einfluß seitens kultivirter Völker sich nicht
nachweisen oder vermuten lasse, in der Ausbildung ihrer religiösen Vorstellungen viel höher ständen, als fast alle anderen Naturvölker, so hoch, daß wir sie,
wenn auch nicht Monotheisten nennen, doch auf die Grenze des Monotheismus
stellen dürften, obschon auch ihr Glaube mit einer Unsumme groben Aberglau-

---

43   Magazin für die neueste Geschichte der evangelischen Missions- und Bibel-Gesellschaften, Basel 1851, 88 f.
44   *J. C. Wallmann*, Die Missionen der evangelischen Kirche. Ein Volksbuch, 2. Aufl., Qued-
linburg 1848, 54.

bens vermischt sei, der seinerseits wieder die reineren religiösen Gedanken anderer Negerstämme gänzlich zu überwuchern scheine.«[45]

Auch die *Kleine Missions-Bibliothek* G. E. Burkhardts von 1868 verweist darauf, dass »beides auch dem Heiden ins Herz geschrieben sei: es ist ein Gott und Gott ist Einer.« Aber der Afrikaner, so wird weiter ausgeführt, erkenne Gott nicht an, »und das ist seine heidnische Grundsünde, aus welcher die übrigen in Römer 1 angeführten Sünden, zuerst als Folge und dann als Strafe und endlich als Verstockung hervorgehen. (…) Von Gott wird anerkannt, daß er, selbst ewig und unerschaffen, Schöpfer des Himmels und der Erde sei; er wird oft genannt, ja man dankt ihm, man nennt ihn ›Vater‹, ›Allvater‹ etc. aber – da hört auch der Gottesdienst der Neger auf.«[46] Ebenso konzidierte Alexander Merenskys, dass die Afrikaner »eine dunkle Ahnung vom Dasein eines allgegenwärtigen, allmächtigen Gottes« haben.« Überall, bei allen Stämmen, findet man einen Namen für das göttliche Wesen.«[47]

Wilhelm Schneider (1847–1909), katholischer Priester und Professor für Moraltheologie in Paderborn, kam schließlich in seinem 1891 vorgelegten Werk *Die Religion der afrikanischen Naturvölker*, einer der ersten grundlegenden Überblicksdarstellungen – unter Berufung auf Berichte von Missionaren wie J. Leighton Wilson[48], David Livingstone[49] oder eben Alexander Merensky ebenfalls zu dem Ergebnis, dass auch die afrikanischen Völker »mit einer Vorstellung von Gott, dem Schöpfer und Herrn der Welt« vertraut seien, »so unklar, unbestimmt und sinnlich gefärbt dieselbe, dem Geistes- und Gemütsleben wie dem Kulturzustande dieser Menschen entsprechend, immerhin sein mag.« Doch auch »in den verschwommenen oder entstellten Götzengestalten der tiefst gesunkenen Neger« könne man »noch einen matten Widerschein, noch einige Züge des göttlichen Urbildes« erkennen: »Gott, vom Himmel her Wohltaten spendend, Regen und Fruchtbarkeit sendend, die Herzen mit Nahrung erfreuend, hat sich auch dieser armen Rasse nicht gänzlich unbezeugt gelassen (APG 14, 16).«[50]

Gründe für die sich langsam verändernde Haltung sind die allmähliche Durchdringung und damit die größere Dichte an differenzierten Berichten über den Kontinent[51] und seine Einwohner. Die Tendenz zu einer intensivierten wis-

---

[45]   *T. Waitz*, Anthropologie der Naturvölker, Bd. II, Leipzig 1860, 167, vgl. *W. Schneider*, Die Religion der afrikanischen Naturvölker, Münster 1891, 8.

[46]   *G. E. Burkhardt*, Kleine Missions-Bibliothek, Bielefeld/Leipzig 1868, 10.

[47]   Das Ausland, 1888, 58, zitiert in *Schneider*, a. a. O., 10.

[48]   *J. L. Wilson*, Westafrika. Aus dem Englischen von M. B. Lindau, 3. Ausg., Leipzig 1868.

[49]   *D. u. C. Livingstone*, Neue Missionsreisen in Südafrika, 2. Aufl., Jena 1874, Bd. II, 242 ff.

[50]   *W. Schneider*, Die Religion der afrikanischen Naturvölker, Münster 1891, 12.

[51]   Vgl. etwa *J. Richter*, Geschichte der evangelischen Mission in Afrika, Gütersloh 1922, 31 f.: »Indem so während der drei Jahrzehnte von 1844–1877 mehr und mehr die Schleier von dem dunklen Erdteil fielen, gestaltete sich dessen Bild gänzlich um. Hatte man vorher

senschaftlichen Auseinandersetzung mit den indigenen Kulturen wurde auch dadurch verstärkt, dass sich die soziale Basis der Missionare verändert hatte: Während in der Mitte des Jahrhunderts Missionare überwiegend aus Handwerker- und Bauernfamilien rekrutiert wurden, konnten nun auch Universitätsabsolventen gewonnen werden. Hinzu kam ein flächendeckender Kolonialismus, dessen Beginn gemeinhin mit der Berliner Kongo-Konferenz 1884 angesetzt wird, sowie eine Desillusionierung über die alte »Commerce, Civilization and Christianity«-Strategie in manchen Kreisen.

Damit wurden Erkenntnisse, die noch in der Mitte des Jahrhunderts als selbstverständlich gegolten hatten, relativiert und in Frage gestellt. Wilhelm Schneider etwa äußerte sich befremdet über Forscher, die »von Stämmen, unter denen sie nur wenige Tage oder gar Stunden verkehrten« und deren Sprache sie nicht beherrschten, erzählen, dass dieselben keine Spur von Religion besitzen.[52]

Auch die Forschungen der Religionswissenschaft, der Linguistik und der Sprachkunde hatten zu einer veränderten Perspektive in der Wahrnehmung afrikanischer Religionen geführt. So bezeichnete Schneider zwar die Absicht, »die Entstehung und die Entwickelung der Religion im Sinne der Darwin'schen Lehre zu beleuchten und zu beweisen« zwar als »misslungen«, konstatierte aber auch: »Nachdem mehr als ein halbes Hundert Negerstämme samt ihrer Sprachen der wissenschaftlichen Erkenntnis zugänglich gemacht sind, ist wenigstens ein solcher Einblick in die afrikanischen Religionen ermöglicht, daß sich die Grundgedanken derselben bestimmen lassen.«[53]

6 »BIBLISCHE ERINNERUNGEN« UND »FREMDE RELIGIONSVORSTELLUNGEN«

Auch für Gustav Warneck war die sich neuformierende Religionswisschaft ein wichtiger Bezugspunkt. Deren Eigenständigkeit als Disziplin war vor allem von dem in Dessau geborenen und in Oxford unterrichtenden Friedrich Max Müller (1823–1900) begründet worden. Auf diesen bezog sich Warneck etwa in seinem Versuch, »eine Verständigung über die Grundelemente, welche das Gemeinsame aller Religionen konstituieren«, zu erreichen.[54] Müller hatte in einem

---

das Innere Afrikas für eine menschenleere Sandwüste ohne Wert gehalten, so lernte man nun, daß es dort große Gebirge, Ströme und Seen, zahlreiche starke Stämme, üppig fruchtbare Gebiete, große Mineralschätze und unübersehbare Entwicklungsmöglichkeiten gab. So wurde das Zeitalter der Entdeckungen abgelöst von dem der kolonialen Besitzergreifung.«

[52]   *Schneider*, a. a. O., 3.

[53]   *Schneider*, a. a. O, 27.

programmatischen Beitrag von 1869 zu einer möglichst unvoreingenommenen Auseinandersetzung mit den Religionen anderer Völker aufgefordert. Eine solche sei auch für die Missionare »von grösstem Nutzen«, denn diese seien nur zu sehr geneigt, »alle anderen Religionen als etwas von der ihrigen spezifisch verschiedenes zu betrachten, statt ihr Augenmerk auf das zu richten, was allen Religionen gemeinsam ist.«[55]

In einer Vorlesung von 1870 hatte Müller dann auch afrikanische traditionale Religionen gewürdigt und etwa den Schöpfungsmythos der Zulus analysiert. In seiner Darstellung konnte er auf einen Bericht von Bischof Henry Callaway zurückgreifen, eines Missionars, der die Zulu-Sprache gut beherrschte.[56] Anders als Callaway, der die Schöpfungstheorie der Zulus als »völlig unzulässig für die auf dem Worte Gottes basierende christliche Theologie« bezeichnet hatte,[57] ging es Max Müller darum, die Bedeutung hinter der oft missverstandenen mythologischen Sprache herauszustellen.[58] Müller kam zu der Schlussfolgerung, dass »einige der wesentlichsten Elemente der Religion« bei den Zulu vollkommen entwickelt sind, »wie z. B. der Glaube an einen unsichtbaren Gott, einen Schöpfer aller Dinge, der im Himmel wohnt.«[59]

Während Callaway hier eine dezidiert andere Ansicht vertrat, waren seit der Annexion Natals 1843 von anderen Beobachtern vor Ort Forschungen betrieben worden, die den Zulus eine Religion zusprachen. Pointiert hat David Chidester die These zugespitzt: »Under the location system administered by Theophilus Shepstone, the Zulu lost political autonomy but gained the recognition by European commentators that they had an indigenous religious system.«[60] Dabei wurde zunächst die Ahnenverehrung in den Mittelpunkt gestellt, doch 1853 trat der Bischof von Natal, John William Colenso, der Ansicht entgegen, dass die Zulus keinen Gott hätten. Er verwies darauf, dass ihm zwei Namen bekannt seien – nämlich uNkulunkulu, der ganz Große oder Allmächtige, und um-

---

[54] *G. Warneck*, Evangelische Missionslehre, 87 bezog sich auf *F. M. Müller*, Natürliche Religion, Leipzig 1890-1895, 4 Bände; *ders.*, Essays, Beiträge zur vergleichenden Religionswissenschaft I, Leipzig 1869; *ders.*, Einleitung in die vergleichende Religionswissenschaft, Straßburg 1874.

[55] *F. M. Müller*, Essays. Erster Band. Beiträge zur vergleichenden Religionswissenschaft, Leipzig 1869, XVIII, XIX.

[56] *F. M. Müller*, Einleitung in die vergleichende Religionswissenschaft, Strassburg 1874, 1874, 54–56.

[57] *H. Callaway*, The Religious System of the Amazulu, London 1870, 104.

[58] *F. M. Müller*, Einleitung, 226–232.

[59] Ebd., 234 f. Dieser Abschnitt basiert auf *U. Berner*, »Africa and the Science of Religion«, in: *F. Ludwig / A. Adogame*, European Traditions in the Study of Religion in Africa, Wiesbaden 2004, S. 141–149, insb. 143. Zu Callaway vgl. auch *Chidester*, a. a. O., 152–165.

[60] *Chidester*, a. a. O., 124.

Velinquange, die erste Essenz des Daseins.[61] Das Vorhandensein von zwei unterschiedlichen Namen für das eine höchste Wesen erklärte er mit einem Verweis auf die bibelkritischen Forschungen der Zeit; wie die Herausgeber der Priesterschrift elohistische und jahwistische Elemente verbunden hätten, so seien auch in der Zulu-Religion verschiedene Traditionen zusammengekommen. Dabei identifizierte Colenso Yhawe mit uNkulunkulu und Elohim mit um-Velinquange. Durch dieses Vorgehen konstatierte er eine grundsätzliche Analogie zwischen dem religiösen System der Zulus und demjenigen des Volkes Israel. Die Überzeugungen der Zulus könnten, so meinte er, durch Bibelstudium verstanden werden, denn der Gott der Zulu sei demjenigen des alten Volkes Israel vergleichbar.[62] 1855 holte Colenso Wilhelm Heinrich Immanuel Bleek, einen aus Deutschland stammenden Philologen, der in Berlin und Bonn Theologie studiert hatte und sich dann afrikanischen Sprachen zugewandt hatte, als Übersetzer und Sprachwissenschaftler nach Natal. Dieser sammelte zahlreiche mündliche Traditionen der Zulus und kam gleichfalls zu der Erkenntnis, dass das südafrikanische Volk an einen Gott glaube.[63]

Die in Südafrika konstatierten Verbindungen in den Glaubensvorstellungen der alten Israeliten und der Zulus wurden auch in der deutschen Forschung rezipiert. In seinem Überblickswerk zu den Religionen Afrikas von 1891 verwies Wilhelm Schneider etwa auf den Berliner Missionsdirektor Hermann Theodor Wangemann , der »den Zulus nachrühmte, bessere Reste der Uroffenbarung bewahrt zu haben, als die meisten heidnischen Kulturvölker.«[64] Den Erkenntnisstand insgesamt fasste Schneider folgendermaßen zusammen:

> Vertrauenswürdige Kenner der südafrikanischen Völkerfamilie, wie Döhne, Livingstone, Callaway, Casalis Jasaphat, Hahn, Wangemann, Merensky, Holub, Kranz, Kropf und viele andere, machen eine Reihe von Sagen, Satzungen und Gebräuche, insbe-

---

[61] *J. W. Colenso*, »The Diocese of Natal«, in: The Monthly Record of the Society of the Propagation of the Gospel in Foreign Parts 4 (November 1853), 241–264, zitiert in *Chidester*, a. a. O., 133.

[62] Vgl dazu *J. W. Colenso*, The Pentateuch and Book of Joshua critically Examined, Seven Vols., London 1862–1879; Zusammenfassung bei *Chidester*, a. a. O., 129–140, 170.

[63] Vgl. etwa *W. H. I. Bleek*, Zulu Legends, 1857, Zusammenfassung bei Chidester, a. a. O., 141–152.

[64] *Schneider*, a. a. O., 67 unter Verweis auf *H. T. Wangemann*, Die Berliner Mission im Zulu-Lande, Berlin 1875, 7, 31. Schneider führt aus: »König Panda, der Vater Cetewayos, ließ sich von einem Missionar, der um die Erlaubnis zur Gründung einer Missionsstation nachgesucht hatte, den biblischen Schöpfungsbericht erzählen. Nachdem er eine Zeitlang zugehört hatte, sprach er: ›Wenn ihr diese Dinge lehret, so seid ihr keine gefährlichen Menschen, denn wir selbst kennen sie schon lange, es ist nichts böses darin.‹ Der Missionar hatte für Gott den Namen Unkulunkulu gebraucht.«

sondere Reinigungs- und Sühnopfer namhaft, die auffallend an das religiöse Leben Altisraels erinnern. Überdies bewahren die Natalkaffern, von denen manche durch ihren Gesichtstypus Blutverwandtschaft mit dem Volke des alten Bundes verraten sollen, bis auf den heutigen Tag die Erinnerung an einen berühmten Ahnherrn ihrer Fürsten, namens Moses, und wenden sich an ihn im Gebete. Endlich darf nach Merenskys Beweisführung das salomonische Ophir in der Gegend von Sofala gesucht werden. Es ist daher nicht ohne Grund zu vermuten, dass die Zulu und ihre Verwandten aus einer Mischung der in salomonischer Zeit eingewanderten Israeliten und Araber mit den Eingebornen des Landes entstanden sind. Die Mythengewächse dieser entfernteren Stiefkinder Abrahams tragen nirgends Ansätze zu frischen, fröhlichen Gedankenblüten, sondern überall unverkennbare Anzeichen der Verkümmerung, des Verwelkens und Absterbens.[65]

Durch diese Dekadenz-Hypothese konnte zwischen der Religion der Israeliten und derjenigen der Zulus wieder ein Gefälle festgestellt werden; die in Südafrika von Colenso und anderen konstatierten Gemeinsamkeiten wurden damit uminterpretiert.

Die Idee, dass sich die Religionen der Gegenwart aus einem Abfall von einem ursprünglichen Glauben an den einen Gott entwickelt hätten, sollte später von Schneiders katholischem Glaubensbruder Wilhelm Schmidt vertreten werden; mit der Theorie des Urmonotheismus sollte eine Uroffenbarung als Beginn aller religiösen Vorstellung bewiesen werden.[66] Auch die Annahme, dass Formen einer »höheren Religion« von außen nach Schwarzafrika gekommen seien, fand – unter anderen Vorzeichen – in der institutionalisierten deutschsprachigen Forschung der Kolonialzeit Anklang, deren Beginn mit der Gründung des Seminars für Orientalische Sprachen an der Friedrich-Wilhelms-Universität in Berlin im Jahr 1887 angesetzt werden kann.[67]

Zu den ersten dort tätigen Sprachlehrern gehörte Carl Meinhof, der dann 1909 in Hamburg Inhaber des Lehrstuhls für Afrikanistik wurde. 1912 fasste er seine dort gehaltenen Vorträge in dem Buch *Afrikanische Religionen* zusammen. Darin attestierte er »dem Afrikaner« »einen naiven Monotheismus (…) der über allen seinen anderweitigen Religionsvorstellungen steht«, um dann fortzufahren:

Wenn man die Psalmen und Gebete liest, die z. B. bei den Masai üblich sind, und die z. T. direkt biblische Erinnerungen in uns wachrufen, dann liegt nun doch die Frage nahe: Aber ist das alles denn nun wirklich echt afrikanisch, oder haben wir hier Motive vor uns, die aus anderen Quellen stammen? Wir haben schon im Anfang darauf

---

[65] *W. Schneider*, Die Religion der afrikanischen Naturvölker, Münster 1891, 25.

[66] *W. Schmidt*, Der Ursprung der Gottesidee. Eine historisch-kritische und positive Studie, Münster 1912–1955, 1-12.

[67] *H. Stöcker*, Afrikawissenschaften in Berlin von 1919 bis 1945. Zur Geschichte und Topographie eines wissenschaftlichen Netzwerkes, Stuttgart 2008, 31.

hingewiesen: Wir sind heute davon überzeugt, daß eine hellfarbige Rasse als Vieh-
züchter von Norden nach Afrika eindrang und die vorhandenen nigritischen Stämme
durchsetzte. (...) Wenn sie aus dem Norden kamen, standen sie vielleicht in alter
Zeit in Verbindung mit Vorderasiaten und Europäern und trugen so fremde Religionsvorstellungen nach Afrika.[68]

In diesen Feststellungen zeigt sich der Einfluss des sogenannten »Hamitenkon-
zeptes«, von dem es in der Afrika-Forschung verschiedene Ausprägungen gab:
Der Noah-Sohn Ham (Gen 10,6) galt einerseits als Stammvater der »schwarzen«
und »kraushaarigen« Afrikaner. Deren angebliche Bestimmung zu Sklaverei und
Unterdrückung konnte somit theologisch abgeleitet werden. Anderseits wurden
im späteren Hamiten-Konzept die Hamiten zu einer anthropologisch, linguis-
tisch, ökonomisch und politisch definierten hellhäutigeren Menschengruppe
bzw. »Rasse«. Diese sei aus dem zivilisatorisch entwickelteren Asien her in den
afrikanischen Kontinent eingedrungen und habe die »urafrikanische« dunkel-
häutige Bevölkerung durch partielle Vermischung biologisch und zivilisatorisch
aufgewertet bzw. mit waffentechnischer Überlegenheit nach Süden verdrängt.[69]

7 Hochgott-Forschungen

Gleichzeitig zeigt die Darstellung Meinhofs auch, dass – etwa im »primitiven«
Monotheismus – Anknüpfungspunkte gefunden wurden; bereits 1908 hatte er
im »Seelenleben der Eingeborenen« »Anfänge der Kultur« entdeckt.[70] Die Fokussierung auf Anknüpfungspunkte und Entwicklungsmöglichkeiten entsprach
der Argumentation des Reichskolonialamts unter dem Staatssekretär Bernhard
Dernburg, der nach der brutalen Niederschlagung der Aufstände in Ost- und
Südwestafrika in der Ära 1907 einen grundlegenden Reformkurs einleitete. Dabei kam es zu vorher nie gekannten Differenzierungen der Betrachtung, die auf
den Vorstellungen einer »wissenschaftlichen Eingeborenenpolitik« beruhten:
»Ein Gesamturteil über den Neger« wäre »nicht zulässig«, schrieb Heinrich Hartert.[71] E. Th. Förster lieferte eine zweckorientierte Begründung für den neuen
Ansatz: »Je mehr wir Volksleben, Stammesleben, ja das reine gesellschaftliche

---

[68]   *C. Meinhof*, Afrikanische Religionen. Hamburgische Vorträge, Berlin 1912, 121 f.

[69]   *Stöcker*, a. a. O., 33.

[70]   *C. Meinhof*, »Aus dem Seelenleben der Eingeborenen«, in: Jahrbuch über die deutschen
Kolonien 1, 1908, 28–30, hier 30, zitiert in: *M. Schubert*, Der schwarze Fremde. Das Bild des
Schwarzafrikaners in der parlamentarischen und publizistischen Kolonialdiskussion in
Deutschland von den 1870er bis in die 1930er Jahre, Stuttgart 2003, 297.

[71]   *H. Hartert*, »Beobachtungen über den Negercharakter«, in: Deutsche Kolonialzeitung
24, 1907, 376 f., zitiert in: *Schubert*, a. a. O., 297.

Leben differenzieren – hierin besteht zum Teil der Begriff der Kultur – um so sicherer können wir das Volk beherrschen, umso gesünder wird es sich entwickeln.«[72]

Die Möglichkeit der Anknüpfung und der Verbindung wurde zur selben Zeit auch von Missionsrepräsentanten in der Diskussion über die »Negerseele« betont. Diese war durch eine Publikation des Arztes und früheren Leiters des Gesundheitsdienstes beim Bau der Bahnstrecke zwischen Daressalam und Morogoro in Deutsch-Ostafrika, Dr. Karl Oetker, mit dem Titel *Die Neger-Seele und die Deutschen in Afrika. Ein Kampf gegen Missionen, Sittlichkeits-Fanatismus und Bürokratie vom Standpunkt moderner Psychologie* (München 1907) ausgelöst worden. Oetker war darin, so fasste ein Vertreter der Zentrums-Partei im Reichstag zusammen, zu dem Schluss gekommen, »daß sich die Seele des Schwarzen in wesentlichen Punkten von der Seele des Mitteleuropäers unterscheide.« Die Afrikaner seien nicht etwa, so ein vor allem von Seiten der Mission häufig gebrauchtes Bild »wie Kinder«, die man durch geeignete Maßnahmen zum »Mann« erziehen« könne, sondern ihre Entwicklung habe eine ganz »andere Richtung« genommen. Gegen diese rassistischen Thesen wandten sich der Missionsinspektor der Norddeutschen Mission, August Wilhelm Schreiber, und der Direktor der Herrnhuter Mission, Paul Otto Hennig. Mit ausführlichen Belegen betonten sie immer wieder die »Entwicklungsfähigkeit« und »Bildungsfähigkeit« der Afrikaner.[73]

Einer der wichtigsten Vertreter des Konzepts der Verbindungsmöglichkeiten zwischen afrikanischer traditionaler Religion und Christentum wurde der Missionar, Afrikanist und Ethnologe Diedrich Westermann, der nach einem Westafrika-Aufenthalt (Ghana/Togo) ab 1905 mit eigenen Buchpublikationen in Erscheinung trat. Dabei befasste er sich zunächst mit afrikanischen Sprachen[74], bevor er sich auch den Nutzpflanzen[75] und schließlich den Religionen[76] zuwandte.

---

[72]   *E. Th. Förster*, Zur Arbeiterfrage im Kilimandscharo und Meru-Siedlungsgebiet, in: Jahrbuch über die deutschen Kolonien 1, 1908, 545, zitiert in *Schubert*, a. a. O. Dieser Absatz basiert auf den Ausführungen Schuberts.

[73]   *P. O. Hennig*, Zum Kampf um die Negerseele. Eine Antwort auf Dr. med. Oetkers »Die Negerseele und die Deutschen in Afrika«, Bremen 1907, vgl. *K. Roller*, »Die Seelen der ›Anderen‹. Theologische und außer-theologische Debatten um Ethik und Humanität in der deutschen Kolonialzeit um 1907/08«, in: *H. Lessing / J. Besten / T. Dedering / C. Hohmann / L. Kriel (Hg.)*, Deutsch evangelische Kirche im kolonialen südlichen Afrika. Die Rolle der Auslandsarbeit von den Anfängen bis in die 1920er Jahre, Wiesbaden 2011, 194–196. Dieser Absatz basiert auf den Ausführungen Rollers.

[74]   *D. Westermann*, Ewe-Deutsches Handbuch 1905; Grammatik der Ewe-Sprache 1907 etc.

[75]   *Ders.*, Die Nutzpflanzen unserer Kolonien und ihre Bedeutung für das Mutterland, 1909.

[76]   *Ders.*, Das Vordringen des Islams in Afrika, 1914.

Seine Veröffentlichungen waren einflussreich; so verfasste er etwa den ethnologischen und religionsgeschichtlichen Überblicksartikel zu Afrika in der zweiten Auflage der RGG. Darin stellte er fest: »Die Aussagen über den Himmelsgott sind oft unbestimmt; aber er hat doch meist einen persönlichen Charakter. In der Regel ist er nicht Gegenstand des Kultes, seine Größe, Entfernung und Güte lassen das untunlich erscheinen; man wendet sich allenfalls an ihn in feststehenden Ausrufen. Er ist der Schöpfer, der alles Geschaffene ›in die Welt sendet‹ und der Weltordner. Seinem Charakter nach ist er gut und ein Rächer alles Bösen, besonders aller Härte und Unterdrückung.«[77] In seinen Beiträgen zur Kosmologie afrikanischer Religionen versuchte Westermann auch, Ähnlichkeiten des »Himmelsgottes«, den er an anderer Stelle auch als »Hochgott« bezeichnete, mit dem christlichen Gott nachzuweisen.[78] So konstatierte er, dass »fast alle Afrikaner (…) einen Hochgott, der seinen Sitz im Himmel, in der Sonne hat oder auch aus Ahnenvorstellungen sich gebildet hat, (…) der die Welt mit all ihrem Inhalt geschaffen und hervorgerufen hat« und »von dem die ewigen Ordnungen, die Kulturgüter der Menschen herstammen«, kennen. Dessen vornehmsten Eigenschaften seien neben Macht und Weisheit seine Gerechtigkeit und Güte.[79]

Westermann war überzeugt, dass der Boden für die Konversion zum Christentum schon bereitet war, da »der Afrikaner« ein unmittelbares Gefühl dafür habe, dass der Gott der Christen kein anderer als sein eigener sei – eine Ansicht, in der er von den Missionaren mit Recht bestätigt werde.[80]

Damit unterschied sich Westermanns Konzept der behutsamen Anknüpfung grundsätzlich von einem Missionsmodell, das die Verkündigung des christlichen Glaubens mit der Vermittlung allgemein gültiger Wertvorstellungen und dem Aufbau einer gemeinsamen Zivilisation verbunden hatte. Dieses Konzept, das – wie oben ausgeführt – in dem »Commerce, Civilization, Christianity«-Gedanken der 1840er Jahre zum Ausdruck gekommen war, war – unter etwas veränderten Vorzeichen – insbesondere bei angelsächsischen Missionaren weiterhin verbreitet. Westermann war sich des Gegensatzes durchaus bewusst und stellte den Kontrast folgendermaßen dar:

> Es gibt (…) zwei Richtungen in missionarischen Kreisen. Die eine sieht Christentum und afrikanische Kultur auf der gleichen Linie. Auch wenn man beide nicht als einerlei ansieht, haben sie in ihren Augen doch so viel Gemeinsames, daß man das

---

[77]   *Ders.*, Art. »Afrika: II. Ethnologisch und religionsgeschichtlich«, in: RGG, 2. Aufl., Bd. 1, A–D, Tübingen 1927, 130–142, hier 133 f.

[78]   *Ders.*, »Gottesvorstellungen in Oberguinea«, in: Africa I, 1928, 189–209, hier 202.

[79]   *Ders.*, Der Afrikaner heute und morgen, Essen 1937, 240–242, hier 217 f.

[80]   *D. Westermann*, »Gottesvorstellungen in Oberguinea«, in: Africa I, 1928, 189–209, hier: 206.

eine nicht ohne das andere denkt, und die Einheit der beiden findet ihren Ausdruck in der Bezeichnung »christliche Kultur«. Die Einrichtungen und Anschauungen der europäisch-amerikanischen Welt sind das Ideal, und dies nach Afrika zu verpflanzen, wird als Aufgabe angesehen. Wo einheimische Einrichtungen von abendländischen verschieden sind, werden sie als unchristlich angesehen, und da diese Verschiedenheiten immerhin erheblich sind, ergibt sich daraus die Einstellung solcher Missionare zu den Eingeborenenkulturen . (…)

Die andere Gruppe der Missionare glaubt, daß es eine Mannigfaltigkeit von Kulturen gibt, jede in ihrer Eigenart als Ganzes, mit ihren eigenen Werten. Sie sind der Überzeugung, daß das Christentum nicht die Aufgabe hat, fremde Kulturen zu zerstören, sondern sie zu achten und zu erfüllen, das heißt die auch in primitiven Gemeinschaften vorhandenen Keime zu vollem Menschentum zum Wachsen zu bringen. Ihre erste Pflicht sehen sie darin, sich vertraut zu machen mit allen Lebensäußerungen des Volkes, unter dem sie arbeiten wollen. Es erscheint ihnen unvernünftig, das innere Leben eines in jeder Hinsicht fremdartigen Volkes beeinflussen und in neue Wege lenken zu wollen, wenn sie nicht vorher dies Leben in seiner Eigengestalt kennengelernt haben. Die heidnische Religion ist ihnen ein Gegenstand größter Aufmerksamkeit, und sie bringen ihr als selbstverständlich jene Achtung entgegen, die jede Äußerung einer höheren Lebenssehnsucht beanspruchen darf.[81]

Der Ansatz, unterschiedliche Kulturen unterschiedlich zu bewerten und in der Verkündigung daran anzuknüpfen, hatte in der Missionsarbeit in Afrika etwa durch Bruno Gutmann Anwendung gefunden. Der Leipziger Missionar, der von 1903 bis 1919 und dann wieder von 1926 bis 1939 in der zentralen Kilimanjaro-Region die Arbeit aufnahm; er war der Überzeugung, dass die drei grundlegenden Elemente, welche er bei den Chaggas vorfand – der Clan, die Altersgruppen und die Nachbarschaftsbeziehungen – auch auf die kirchlichen Strukturen übertragen werden könnten. Missionstheologisch mit dem Gedanken einer »Schöpfungsordnung« begründet (und überhöht), konnte dieses Konzept auch zur Abgrenzung von angelsächsischen Missionskonzeptionen dienen[82] und bei einer statischen und hierarchischen Anordnung der verschiedenen Kulturen mit rassistischem Denken in Einklang gebracht werden. [83]

---

[81]   *D. Westermann*, Der Afrikaner heute und morgen, Essen 1937, 240–242.

[82]   Schon bei Karl Graul, dem ersten Direktor der Leipziger Mission, finden sich Ansätze des Gedankens, dass die englischen Missionare für diese Aufgabe wenig geeignet seien; später elaborierte Bruno Gutmann die Unterscheidung dahingehend, daß »der Deutsche« mit seiner »gemütvolle(n) Anteilnahme an der nächsten Umgebung und ihrer Eigenart« das »Gefühl für die in […] zwischenmenschlichen Beziehungen spürbaren, unsichtbaren Kräfte« habe und ihm deshalb eine Führungsaufgabe zukomme, »die weit über dem liegt, was nun einmal der Angelsachse mit seinem Fernblick tun kann.« *B. Gutmann*, Zwischen uns ist Gott, Feuchtwangen 1935, 90–93.

[83]   *J. Richter*, Junge Kirchen. Auf dem Wege nach Hangtschau, Gütersloh 1936, 16 f., kon-

Westermann ging es nun in erster Linie darum, »das Christentum zu einer einheimischen Religion zu machen«: »Die Christen sollten Freiheit haben und aufgefordert werden, in Anknüpfung an das Alte ihre eigenen Sitten im täglichen Leben, an den großen Ereignissen in Familie und Gemeinde und in der christlichen Kirche frei zu gestalten.«[84] Die Hauptaufgabe des Christentums in Afrika sah er darin, »an dem Neubau der Gesellschaft mitzuarbeiten.«[85] Dies sei umso nötiger, konstatierte Westermann in Anknüpfung an eine alte These von Meinhof,[86] als die alten Religionen in einem Prozess der Auflösung begriffen seien.[87] »Wenn der schwindende Glaube nicht durch einen neuen ersetzt wird, so bleibt ein wesentlicher Teil des Innenlebens unfruchtbar oder wird von wertlosem Unkraut überwuchert, ein Zustand, der dem gesunden Wachstum der Rasse hinderlich sein muss.«[88] Den Missionaren käme etwa in der Ausbildung und insbesondere im Elementarschulwesen eine wichtige Rolle zu; dabei arbeiteten sie eng mit den Regierungen zusammen.[89] Der Kirche komme insofern eine Vorreiterrolle zu, als sie mit der »Selbständigmachung der Bevölkerung« Ernst mache.[90] Zwar sei eine vollständige Selbstverwaltung nicht wünschenswert, »ein solcher Schritt« wäre »für die Afrikaner selbst das größte Unglück«, denn diese »bedürfen der Leitung durch die Weißen und sind sich auch dessen bewußt.«[91] Durch

---

statierte später sogar eine Nähe zu nationalsozialistischem Gedankengut: »Diese Überlegungen haben in Verbindung mit der in Deutschland besonders starken Betonung von Rasse, Blut und Boden zu weiterem Nachdenken angeregt. Es ist eine Tatsache, daß das Christentum von dem ›Nomos‹ jedes Volkes in eigenartiger Weise geformt ist; jedes Volk hörte sozusagen aus ihm eine besondere, seiner Seele zusagende Melodie heraus […]. Natürlich können das die Missionare nicht machen, es muß in der Vermählung mit der christlichen Seele aus den Tiefen des Volkstums aufsteigen.«

[84] *Westermann*, Der Afrikaner, 255.

[85] Ebd. 256.

[86] *C. Meinhof*, Afrikanische Religionen, Hamburgische Vorträge. Berlin 1912, 137: »Sollte aber nicht der Afrikaner, von dessen Religionen wir neben mancherlei Widerwärtigem auch manches Freundliche zu sagen hatten, nicht besser bei seiner Religion bleiben, als daß er fremde Kulte annimmt […] das ist […] eine reine Doktorfrage. Alle die Morde, Zaubergifte und andere Störungen des sozialen Lebens, wie sie notwendig mit der Übung afrikanischer Religionen zusammenhängen, läßt sich keine Kolonialregierung gefallen und tut im Interesse der Menschlichkeit recht daran.«

[87] *Westermann*, Der Afrikaner, 225 : »Es gibt niemand in Afrika, der ernstlich an die Zukunft der heidnischen Religionen glaubt, sie haben niemals Reformatoren oder Märtyrer gehabt und werden auch keine haben. Die herrschende Anschauung der älteren Leute ist: wir bleiben beim alten, weil wir uns nicht mehr umgewöhnen können, aber unsere Jungen sollen das Neue lernen.«

[88] Ebd., 226.

[89] Ebd., 238.

[90] Ebd., 259.

die Berührung aber seien die vorhandenen Anlagen geweckt worden und zur Entfaltung gelangt, und sie werden weiter wachsen unter diesem Einfluß.[92]

Damit entsprach das von Westermann befürwortete Brückenbauen, das eher behutsame Vorgehen im Umgang mit traditionalen Religionen den Bestrebungen der Kolonialverwaltungen. Seine Vorgehensweise der Anknüpfung an ein religiöses System, in dem er einen Hochgott, der mächtig, weise, gerecht und gütig sei, an der Spitze vor anderen Gottheiten und Geistern sah, passte in das koloniale System, das um Ruhe und Stabilität sowie um Integration der verschiedenen Bevölkerungsgruppen bemüht war und dem daher bei aller rhetorischen Propaganda wenig an radikalen Brüchen lag. Damit wurden die Debatten versachlicht und entemotionalisiert, die afrikanischen Gottheiten eingeordnet in übergreifende Systeme, die Verbindungen von traditionalen Religionen und Christentum betont. Die Dynamiken des Umbruchs konnten damit teilweise entschärft werden; die protestantischen Missionare etablierten sich als verlässliche Partner der Regierungen. Die Grundlagen zur Entwicklung des Konzepts der »African Traditional Religion« war damit gelegt – eine Konzeption, die 1954 von E. G. Parrinder in Ibadan entwickelt[93] und später von afrikanischen Wissenschaftlern wie Okot p' Bitek dekonstruiert wurde.[94]

---

[91]   Ebd., 4. Eine ähnliche Feststellung traf Martin Schlunk im Artikel »Afrika: III.B. Protestantische Missionsgeschichte« in der zweiten Auflage der RGG, 143: »Den von farbigen Christen in A. selbständig unternommenen M.sversuchen fehlt es bisher trotz besten Willens an Ordnung, Ausdauer, Tiefe und nachhaltiger Wirkung. Es ist eins der erfreulichen Zeichen an den durch die Not des Weltkriegs früh verselbständigten deutschen M.skirchen, daß ihre Führer in klarer Erkenntnis ihrer Gaben und Schranken die Rückkehr ihrer deutschen Väter immer wieder selbst gefordert haben. Nur durch verständige Zusammenarbeit der Führer von Schwarz und Weiß können die großen M.sprobleme des innerhalb eines Jahrhunderts in den Strom des Kulturlebens hineingerissenen dunklen Erdteils gelöst werden.«

[92]   *Westermann*, Der Afrikaner, 57.

[93]   *G. Parrinder*, African Traditional Religion, London 1954.

[94]   *O. P'Bitek*, African Religions in Western Scholarship, Nairobi 1971.

ZWISCHEN MONISMUS UND MONOTHEISMUS

Hinduismus und indische Aneignungen des Religionsbegriffes.
Ein poststrukturalistischer Versuch

Andreas Nehring

Eine der älteren indischen Upaniṣads, die Bṛhadāraṇyaka Upaniṣad berichtet, wie Brahmanen zusammenkamen, um den Weisen Yājnavalkya nach dem höchsten und geheimsten Wissen der Brahmanen zu befragen. Śākalya fragte nun:

> »Sag', Yājnavalkya, wieviele Götter gibt es?« – »303 und 3003!«
> »Oṃ! Dann frag' ich dich so, Yājnavalkya: Wieviele Götter gibt es?« – »33!«
> »Oṃ! Dann frag' ich dich so, Yājnavalkya: Wieviele Götter gibt es?« – »Drei!«
> »Oṃ! Dann frag' ich dich so, Yājnavalkya: Wieviele Götter gibt es?« – »Zwei!«
> »Oṃ! Dann frag' ich dich so, Yājnavalkya: Wieviele Götter gibt es?« – »Eineinhalb!«
> »Oṃ! Dann frag' ich dich so, Yājnavalkya: Wieviele Götter gibt es?« – »Einen!«
> »Ja« sagte er »Welches sind die 303 und die 3003?« – »Das sind die Kräfte. Götter aber gibt es insgesamt dreiunddreissig!«[1]

Dieser viel zitierte Dialog aus den Upaniṣads weist nicht nur auf einen theologischen Pluralismus hin, der bereits innerhalb der Hindu-Traditionen angelegt sein könnte, er spiegelt in gewissem Sinne auch europäische religions- und kulturgeschichtliche Debatten wider, die gerade in der Begegnung mit den Religionen Indiens seit dem 18. und 19. Jahrhundert die Fragen nach dem Verhältnis von Polytheismus und Monotheismus erneut haben aufflammen lassen.[2] Insbesondere wurde nach zeitlichen Abfolgen von Religionskonzepten gefragt und Ursprung und Entwicklung von Religion standen im Fokus des Interesses. Ist Polytheismus die ältere Form oder geht Monotheismus dem Polytheismus voraus? David Hume hatte in seiner *Natural History of Religion* von 1757 den Poly-

---

[1]   Bṛhadāraṇyaka Upaniṣad III, ix.

[2]   Das arbeitet Aditya Malik, dem ich diesen Einstieg verdanke, in Bezug auf neuere Konzeptionalisierungen des ›Hinduismus‹ heraus; *A. Malik*, Hinduism or three-thousand-three-hundred-and-six-ways to invoke a construct, in: *G. Dietz Sontheimer / H. Kulke Hermann (Hg.)*, Hinduism Reconsidered, New Delhi 1997, 10-31.

theismus als die älteste und ursprüngliche Form der Religion angenommen und in seinen *Dialogen über natürliche Religion* von 1779 betont, dass Theismus und Polytheismus neben Skeptizismus »auf gleichem Fuße stehen und daß keines vor den anderen einen Vorzug hat.«[3] Die Fragen nach Ursprünglichkeit bzw. Vorrangigkeit der einen Religionsform vor der anderen haben allerdings das ganze 19. Jahrhundert beschäftigt. Humes These wurde einerseits zurückgewiesen, andererseits verteidigt, ein ›Urmonotheismus‹ wurde vertreten und Kulturen wurden nach ihrer jeweiligen Stufe bzw. Zugehörigkeit zu einer der Religionsformen eingeteilt. Jörg Rüpke[4] hat noch einmal deutlich gemacht, dass Begriffe wie Monotheismus und Polytheismus sich keineswegs auf ein hinter diesen Signifikanten festlegbares Signifikat beziehen lassen, sondern dass die Terminologie, die von Anfang an apologetisch geprägt war,[5] die jeweilige Differenz zum anderen Begriff impliziert. Der Diskurs hat insbesondere im 19. Jahrhundert dazu beigetragen, Religionen zu klassifizieren, zu kategorisieren, mit anderen Worten: sie festzuschreiben. Apologetische Interessen haben damals wie heute, wenn man die erhitzten Debatten um Jan Assmans Monotheismusthesen betrachtet, in der Determinierung von Religionen eine nicht zu unterschätzende Rolle gespielt.

1878 hat sich auch der Oxforder Indologe und Sprachwissenschaftler Friedrich Max Müller in die damals geführten Debatten eingeschaltet und in seinen *Vorlesungen über den Ursprung und die Entwicklung der Religion mit besonderer Rücksicht auf die Religionen des alten Indien* den Begriff *Henotheismus* eingeführt, um damit das Spezifische der Religionen Indiens und insbesondere des vedischen Hinduismus zu kennzeichnen.[6] Müller wollte mit dem Terminus eine Vorstufe des Polytheismus bezeichnen, die das besondere Alter der vedischen Religion markiert. Unter *Henotheismus* verstand er eine Religionsform, in der ein Gott verehrt wird, die Existenz von andern Göttern aber zugleich anerkannt, bzw. als gegeben angenommen wird. Max Müller hat mit diesem Begriff etwas, dem Hinduismus Eigentümliches ausdrücken wollen, mit *Henotheismus* hat er aber auch ›den Hinduismus‹ als eine besondere Religionsform in den Katalog der Religionen eingeordnet.

Damit stellen sich Fragen wie: Ist Hinduismus ein Wort, ein Name, ein Konzept, eine Wirklichkeit, eine Religion? Ist Hinduismus konstruiert? Wenn ja, wer

---

[3]   *D. Hume*, Dialoge über natürliche Religion, Hamburg 1993, 58.

[4]   In diesem Band S. 56 ff.

[5]   Dazu auch *B. Gladigow*, Art. »Polytheismus«, in: *H. Cancik u. a. (Hg.)*, HrwG, Bd. IV, Stuttgart 1998, 321–330, der zeigt, dass bereits bei Philo von Alexandrien, bei dem der Begriff zuerst nachweisbar ist, ›Polytheismus‹ in polemischer Form gegen die nichtjüdischen antiken Religionen gerichtet war, 322.

[6]   *F. M. Müller,* Lectures on the origin and growth of religions as illustrated by the religions of India, London 1878.

hat an diesem Konstruktionsprozess mitgewirkt und wie? Diesem Fragenkomplex will ich nachgehen, indem ich versuche, nicht eine Fülle von Material zu bieten, das die eine oder andere Ansicht belegen oder widerlegen könnte, sondern indem ich unter Bezugnahme auf neuere Theorien, die auf das Verhältnis von Wirklichkeit und Sprache reflektieren, der Frage nachgehe, wie man erklären kann, dass sich eine Vorstellung von Hinduismus als einer Religion ausgebildet hat, die an einem westlichen Modell von Religion ausgerichtet ist, und die sich in weiten Strecken an dem Verhältnis von Monotheismus und Polytheismus orientiert.

Zentral für die folgenden Überlegungen wird aber sein, wie diese Vorstellungen von ›Religion‹ von Hindus im 19. und 20. Jahrhundert selbst angeeignet worden sind. Dass dies keine rein akademisch interessante Fragestellung ist, sondern eine, die sich als sozial und politisch von höchster Relevanz erweist, zeigt sich an den zahlreichen Konflikten zwischen Hindus und Muslimen in Indien,[7] wie zwischen Hindus und Christen, sowie Hindus und Sikhs. Es ist eine Frage, die die nationale Identität Indiens betrifft.[8] Das deutet sich auch an in den komplexen und durchaus kontrovers geführten Debatten um den Säkularismus in Indien bzw. um Indien als einem säkularen Staat.[9] Um nur ein jüngeres Beispiel zu geben: Im Dezember 1995 musste sich der Supreme High Court of India mit der Frage beschäftigen, wer ein Hindu sei und was die wesentlichen Elemente der Hindu-Religion ausmachen. Bereits 1966 hatte der Supreme Court eine rechtlich verbindliche Definition der Hindu-Religion festgeschrieben, um damit Hinduismus von anderen Religionen zivil-rechtlich abzugrenzen, und 1995 wurden folgende Kriterien für die Identität der Hindu-Religion festgelegt und in einem abschließenden Urteil bestätigt:

1. Acceptance of the *Vedas* with reverence as the highest authority in religious and philosophic matters and acceptance with reverence of *Vedas* by Hindu thinkers and philosophers as the sole foundation of Hindu philosophy.
2. Spirit of tolerance and willingness to understand and appreciate the opponent's point of view based on the realization that truth is many sided.
3. Acceptance of great world rhythm by all six systems of Hindu philosophy: vast periods of creation, maintenance and dissolution follow each other in endless succession.
4. Acceptance by all systems of Hindu philosophy of the belief in rebirth and pre-existence.

---

[7]   Dazu *P. van der Veer*, Religious Nationalism. Hindus and Muslims in India, Delhi 1996.

[8]   Vgl. *S. Krishna*, Postcolonial Insecurities. India, Sri Lanka, and the Question of Nationhood, Delhi 1999.

[9]   Vgl. u. a. *M. Juergensmeyer*, Religious Nationalism Confronts the Secular State, Delhi 1994.

5. Recognition of the fact that the means or ways to salvation are many.
6. Realization of the truth that numbers of Gods to be worshiped may be large, yet there being Hindus who do not believe in the worshiping of idols.
7. Unlike other religions, or religious creeds, Hindu religion's not being tied down to any definite set of philosophic concepts, as such.[10]

Die Entscheidungen des Supreme High Court in Indien betrafen im Wesentlichen zwei Fragen. Die eine war, ob ›Hinduismus‹ und ›Hindutva‹ gleichbedeutend ist mit der ›Hindu Religion‹, eine Entscheidung, die getroffen werden musste, weil mehrere Hindutva-Organisationen wie Siv Seena[11] in Wahlen die säkulare Verfassung Indiens von 1949 damit aushebeln wollten, dass sie eine ›hinduistische‹ Regierung im Bundesstaat Maharashtra bilden. Die zweite Frage, die ebenfalls im Jahr 1995 entschieden wurde, betraf eine seit 1971 laufende Klage der Ramakrishna-Mission, dass diese nach Artikel 30 der Indischen Verfassung unter den ›Minority-Act‹ falle, da die Mission sich selbst nicht als Teil des Hinduismus verstehe. Der Supreme Court hat die Klage abgewiesen. In der Begründung bezog sich der Supreme Court auf Referenzen aus der europäischen Indologie des 19. Jahrhunderts ebenso wie auf Hindu-Reformer aus dem 19. und der ersten Hälfte des 20. Jahrhunderts und schließlich auf die Encyclopedia Brittannica.

Kritik an Hinduismus als einer Kategorie sui generis

Wilfred Cantwell Smith hat als einer der ersten Religionswissenschaftler darauf hingewiesen, dass die Kategorie ›Hinduismus‹ als einheitlicher Oberbegriff für die verschiedenen religiösen Traditionen in Indien aus mehreren Gründen problematisch ist. In *Meaning and End of Religion* argumentiert er folgendermaßen:

»My objection to the term ›Hinduism‹, of course, is not on the grounds that nothing exists. Obviously an enormous quantity of phenomena is to be found that this term covers. My point, and I think that this is the first step that one must take towards understanding something of the vision of Hindus, is that the mass of religious phenomena that we shelter under the umbrella of that term, is not a unity and does not aspire to be.«[12]

Auch der Begriff ›Religion‹ ist, so Cantwell Smith, eine moderne westliche Erfindung, die das, was sie zu repräsentieren trachtet, letztlich entstellt.[13] Der Begriff ›Religion‹, mit dem andere belegt werden, habe vor allem die Funktion

---

[10]   http://www.newsanalysisindia.com/supremcourt.htm (Zugriff 12. 10. 2011).

[11]   http://www.hvk.org/articles/0103/352.html (Zugriff 12. 10. 2011).

[12]   *W. Cantwell Smith*, Meaning and End of Religion, Minnesota 1964, 65f.

[13]   *W. Cantwell Smith*, The Modern West and the History of Religion, in: Journal of the American Association of Religion 52, 1983, 3–18, hier 10.

einer westlichen Selbstdefinition. Der Begriff objektiviert nicht nur Religion selbst und hebt sie als einen besonderen Bereich menschlichen Denkens und Handelns von anderen Bereichen ab, sondern er objektiviere auch die anderen Religionen, wie *den* Hinduismus oder *das* Christentum. Dadurch wird der Hindu als etwas konstruiert, was über das Menschsein an einem bestimmten territorialen, kulturellen, sprachlichen und zeitlich geprägten Kontext hinausgehe, ohne dass man ihn noch als sprechendes Subjekt wahrnehmen muss. Es wird daher zu fragen sein, wie Religionswissenschaft arbeiten muss, um ein Subjekt zu hören. Das impliziert aber auch die weitergehende Frage danach, wie ein Subjekt spricht. Diesen Fragen soll im Folgenden nachgegangen werden.

In den letzten Jahren ist die Kritik von Cantwell Smith weitergeführt und in vielerlei Hinsicht konkretisiert worden.[14] Insbesondere Heinrich von Stietencron hat im deutschsprachigen Raum immer wieder betont, dass Hinduismus ein von außen herangetragener Sammelbegriff sei,[15] aber auch Robert Frykenberg[16], Romila Thapar[17] und Timothy Fitzgerald[18] haben neben anderen Hinduismus als ein modernes Konzept identifiziert. Dabei wurde auch deutlich, dass der Begriff in einem diskursiven Feld und innerhalb kolonialer Machtstrukturen ausgehandelt worden ist. Fitzgerald sieht den Begriff analog zum Terminus ›Religion‹ als Teil der westlichen Ideologie kolonialer Kontrolle.[19] Im Anschluss an Edward Saids Orientalismuskritik wird Hinduismus nicht nur als westliches Konstrukt dargestellt, sondern als Ergebnis kolonialer Macht. Die Frage, ob etwas existiert, das man als Hinduismus bezeichnen kann und das mit diesem Begriff abgedeckt ist, ist allerdings sehr viel älter.

1711 unterschied der im südindischen Tranquebar arbeitende Missionar Bartholomäus Ziegenbalg in seiner großen Religionsstudie *Malabarisches Heidentum* 4 Religionsgemeinschaften – Juden, Christen, Mohamedaner und Heiden. Er nimmt damit ein im 18. Jahrhundert weit verbreitetes Schema auf, das auf Edward Brerwoods *Enquiries Touching the Diversity of Languages and Religions*

---

[14]   Siehe *D. Lorenzen*, Who invented Hinduism? Essays on Religion in History, New Delhi 2006, 1–36; *V. Dalmia / H. v. Stietencron (Hg.)*, Representing Hinduism. The Construction of Religions Traditions and National Identity, New Delhi / London 1995.

[15]   *H. v. Stietencron*, Der Hinduismus, München 2001, 7 ff.; *ders.*, Voraussetzungen westlicher Hinduismusforschung und ihre Folgen, in: *E. Müller (Hg.)*, Aus der anmuthigen Gelehrsamkeit. Tübinger Studien zum 18. Jahrhundert, Tübingen 1988, 123–153.

[16]   *R. Frykenberg*, The Emergence of Modern Hinduism as a Concept and as an Institution: A Reappraisal with Special Reference to South India, in: *G. Sontheimer / H. Kulke (Hg.)*, Hinduism Reconsidered, Delhi 1989, 29-49.

[17]   *R. Thapar*, Imagined Religious Communities? Ancient History and the Modern Search for a Hindu Identity, in: Modern Asian Studies 23, 1989, 209–231.

[18]   *T. Fitzgerald*, Hinduism and the »World Religion« Fallacy, in: Religion 20, 1990, 101–118.

[19]   *T. Fitzgerald*, The Ideology of Religious Studies, New York / Oxford 2000, 134–158.

through the Chief Parts of the World, von 1614 zurückgeht, der Christen, Juden, Muslime und ›Aberglaube‹ unterschieden hatte.[20] Ziegenbalgs Interesse galt insbesondere den ostindischen Heiden, die er wiederum von amerikanischen und afrikanischen Heiden absetzte.[21] Eine eigene Bezeichnung für die Religion der Inder hatte er noch nicht zur Verfügung. In seiner Studie ›Genealogie der Malabarischen Götter‹ von 1713 zeigt er, dass die Malabaren zwar viele Götter kennen, doch nur einen verehren, den sie *Barábaravástu* nennen »welches das *Ens Supremum* oder das höchste göttliche Wesen ist, das da *consideriret* wird.« Ziegenbalg stellt fest, dass dieser höchste Gott als »unmaterialisches Wesen … von welchem die Götter *dependieren*« und als »ein *materialisches* Wesen, das sich in eine sichtbare Gestalt eingeführet, um materialische Dinge zu schaffen, und von materialischen Geschöpfen erkannt zu werden.«[22] Den Monotheismus der ›Heiden‹, bzw. ihre Erkenntnis Gottes leitet Ziegenbalg aus »dem Lichte der Natur« (37) ab, die ursprüngliche göttliche Wahrheit sei aber durch die »List des Teufels von denen Poeten verkehrt und verdrehet worden« (26).

Im frühen 19. Jh. setzte sich der Gebrauch der Terminus ›Hinduismus‹ unter anderem durch Publikationen von William Jones, Alexander Dow, Warren Hastings,[23] aber auch Missionaren wie William Ward und Alexander Duff als Allgemeinbegriff durch,[24] wobei die Differenzierung von Monotheismus und Polytheismus, bzw. ›Götzendienst‹ dominant geblieben ist und mittels dieser Differenzierung dann später zwischen brahmanischem Hoch-Hinduismus und Volksreligion der niederen Kasten unterschieden wurde.[25]

---

[20]   *E. Brerwood,* Enquiries Touching the Diversity of Languages and Religions through the Chief Parts of the World, London 1614; vgl. dazu *J. Z. Smith,* Art. »Religion, Religions, Religious«, in: *M. C. Taylor (Hg.),* Critical terms for religious Studies, Chicago 1998, 275, 269–284.
[21]   *B. Ziegenbalg,* Malabarisches Heidentum, hg. von *W. Caland,* Amsterdam 1926; vgl. auch *W. Halbfass,* Indien und Europa, Basel 1981, 63 f.; *G. Dharampal-Frick,* Frühe deutsche Indienberichte (1477–1750) Bibliographie, in: Zeitschrift der Deutschen Morgenländischen Gesellschaft, 134, 1984, 395–415; *G. Dharampal-Frick,* Indien im Spiegel deutscher Quellen der frühen Neuzeit (1500–1750). Studien zu einer interkulturellen Konstellation, Tübingen 1994.
[22]   *B. Ziegenbalg,* Genealogie der malabarischen Götter, Edition der Originalfassung von 1713 mit Einleitung, Analyse und Glossar von *D. Jeyaraj,* Halle 2003, 29.
[23]   Zu diesen siehe *P. Marshall,* The British Discovery of Hinduism in the Eighteenth Century, Cambridge 1970; vgl. auch *S. Sugirtharajah,* Imagining Hinduism. A Postcolonial Perspective, London / New York 2003.
[24]   Dazu *G. A. Oddie,* Imagined Hinduism. British Protestant Missionary Constructions of Hinduism, 1793–1900, New Delhi 2006.
[25]   Siehe z. B. *R. Inden,* Imagining India, Cambridge 1990; auch: *A. Nehring,* Orientalismus und Mission. Die Repräsentation der tamilischen Gesellschaft und Religion durch Leipziger Missionare 1840–1940, Wiesbaden 2003, 242 ff.

Bereits um die Mitte des 19. Jh.s wurde allerdings von Missionaren wie William Buyers (LMS Benares) festgestellt, dass ›Hinduismus‹ als alle Religionen Indiens übergreifender Begriff nicht angemessen ist:

> »Mr Ward's Book on the Hindoos is no more applicable to a great variety of nations inhabiting India, than a description of the people of Yorkshire would apply to all the various nations of Europe. Hinduism itself is not one but many. What is called Hinduism in the Madras country, is very different from that which bears the same name at Benares.«[26]

Es geht in dieser missionarischen Debatte um die Beschreibung einer Religion oder vieler Religionen und um die Festlegung des Hinduismus als einer eigenständigen Größe, die von anderen Größen abgegrenzt werden kann. Es geht also um Repräsentation. Eines der zentralen theoretischen Probleme, die vor allem die ›writing culture debate‹[27] und die sogenannten ›postcolonial studies‹ aufgeworfen haben, ist aber die Frage der Repräsentation und der politischen Implikationen von Repräsentation der Kolonisierten durch Soziologie, Anthropologie und Religionswissenschaft. Die reflexive Wende in den Kulturwissenschaften hat ein Bewusstsein dafür geschaffen, dass alle kulturwissenschaftliche, sozial- und auch religionswissenschaftliche Arbeit eine Objektivierung des anderen darstellt.

»Representations are social facts«,[28] mit diesem Diktum hat Paul Rabinow zum Ausdruck gebracht, dass anthropologische Repräsentationen die Wirklichkeit produzieren, die sie darzustellen suchen.

Dass die Geschichte religionswissenschaftlicher Begriffsbildung eine Geschichte komplexer Beziehungen zwischen der Terminologie der europäischen Aufklärung über das Wesen von Religion und der gewalttätigen Wirklichkeit kolonialer Eroberung und Ausbeutung ist, die die Menschen und Kulturen erfahren mussten, die von Europa kolonisiert wurden, hat bereits Charles Long hervorgehoben.[29] Mary Pratt hat in Bezug auf diese westliche epistemologische Strategie von einer Form von ›Othering‹ und einem normierenden Diskurs gesprochen, durch den die Menschen, die als andere dargestellt werden, in ein kollektives ›They‹ verbannt würden.[30]

---

[26] *W. Buyers*, Letters on India with Special Reference to the Spread of Christianity, London 1840, 2.

[27] *J. Clifford / G. E. Marcus (Hg.)*, Writing Culture. The Poetics and Politics of Ethnography, Berkeley 1986.

[28] *P. Rabinow*, Representations Are Social Facts. Modernity and Post-Modernity in Anthropology, in: *J. Clifford / G. E. Marcus (Hg.)*, Writing Culture. The Poetics and Politics of Ethnography, Berkeley 1986, 234–261.

[29] *C. H. Long*, Significations. Signs, Symbols, and Images in the Interpretation of Religion, Philadelphia 1986, 3 f.

Ein anderer Aspekt der theoretischen Reflexion postkolonialer Theorie ist bezogen auf das Gebiet des antikolonialen Widerstands, der Gegendiskurse, der vorkolonialen Wissensformen, die in den dominanten kolonialen Strukturen unterdrückt worden sind, der *hidden transcripts*, wie James Scott Modelle und Methoden des Widerstands genannt hat, also bezogen auf die Frage von *agency* oder Handlungsmacht und das Problem des Verhältnisses von lokalen einheimischen Eliten zu den Subalternen. In den *postcolonial studies* steht in gewisser Weise die Frage des Subjekts bzw. der Subjektpositionen im Vordergrund, als repräsentiert und in der Position des Widerstands. Es ist daher zu fragen, wie diese Subjektpositionen konstituiert worden sind, bzw. permanent konstruiert werden.

Die breit rezipierten *cultural turns*[31] haben darüber hinaus zu einer Verschiebung in der Beurteilung von Kultur geführt, weg von einem Verständnis von Kultur als vornehmlich mental-geistiger Angelegenheit zu einem Verständnis von Kultur als einem dynamischen Produkt menschlicher Aktivitäten und sozialer Praktiken. James Clifford hat das für die Ethnologie pregnant ausgedrückt: »*Cultures do not hold still for their portraits. Attempts to make them do so always involve simplification and exclusion, selection of a temporal focus …*«[32] Diese Feststellung, die als wichtige Positionierung einer selbstreflexiven Ethnologie gesehen werden kann,[33] findet Widerhall in einer Vielzahl postkolonialer Ansätze, die kulturelle Begegnungen als hybrid charakterisieren.

Es besteht ein offensichtliches Interesse daran, westliche Repräsentationen südasiatischer Religion und Kultur nicht als einseitig monolithische Dominanz europäischer Diskursformationen zu sehen, sondern als einen interkulturellen oder transkulturellen Austauschprozess. Der Reformhinduismus der sogenannten ›Bengalischen Renaissance‹ wird immer wieder als Modell eines dialogischen Aushandlungsprozesses zwischen baptistischen Missionaren in Serampore und gebildeten Hindus herausgestellt, in dem sich so etwas wie ein moderner Hinduismus inklusive der Begrifflichkeit herausgebildet hat. Dass dieser Prozess der Begriffsbildung, in dem ›Hinduismus‹ als eine ›Religion‹ in die öffentlichen Diskurse eingeführt wurde, zwar ein Ergebnis des kolonialen Kontakts ist, dass

---

[30] »The portrait of manners and customs is a normatizing discourse, whose work is to codify difference, to fix the Other in a timeless present where all ›his‹ actions and reactions are repetitions of ›his‹ normal habits.« *M. L. Pratt,* Scratches on the Face of the Country; or, What Mr. Barrow saw in the Land of the Bushmen, in: *H. L. Gates (Hg.),* »Race«, Writing and Difference, Chicago 1985, 138–162, hier 139.

[31] Vgl. *D. Bachman-Medick,* Cultural Turns. Neuorientierungen in den Kulturwissenschaften, Hamburg 2006.

[32] *J. Clifford,* Writing Culture. The Poetics and Politics of Ethnography, Berkeley 1986, 10.

[33] Dazu *E. Berg / M. Fuchs (Hg.),* Kultur, Soziale Praxis, Text. Die Krise der ethnographischen Repräsentation, Frankfurt a. M. 1993.

aber kulturelle Austauschprozesse, in denen religiöse Identität verhandelt wurde dennoch durch die ganze Religionsgeschichte Südasiens hindurchziehen, macht die indische Historikerin Romila Thapar (1985: 14; 1997: 54f.) mit ihrer Umschreibung des Hinduismus als *syndicated moksha* deutlich. Sie will die unterschiedlichen Manifestationen des Hinduismus aus einer historischen Perspektive betrachten, um so den nicht-linearen, nicht-essentialistischen und widersprüchlichen Charakter des vor-modernen Hinduismus aufzuzeigen und darzulegen, wie dann insbesondere die Begegnung mit dem Christentum im 19. und 20. Jahrhundert zu einer Essentialisierung des Hinduismus geführt habe. Die These, ›Hinduismus‹ sei ein westliches Konstrukt und Ergebnis orientalistischer Fehlrepräsentation einer Pluralität von indischen Religionen wurde aber auch von anderer Seite kritisiert. Hinduismus konnte kaum von Europäern erfunden werden, wenn nicht Inder selbst in diesem Konstruktionsprozess einen entscheidenden Anteil gehabt hatten. So wurde von einigen Historikern betont, dass die Entstehung des modernen Hinduismus das Ergebnis eines »dialektischen kollaborativen Unterfangens«[34] gewesen sein muss. Der Südasienhistoriker Eugene Irschick ist beispielsweise bemüht, die Dialogizität innerhalb von Reformprozessen in Südindien im 18. und 19. Jh. herauszuarbeiten;[35] und innerhalb postkolonialer Theoriebildung hatten Begriffe wie *Hybridität, contact zone, third space* aber auch *mimicry* in den letzten beiden Jahrzehnten Hochkonjunktur.

Edward Said, dessen *Orientalismus* lange als ein zentrales Gründungsmanifest postkolonialer Theorie galt, wurde allerdings schon bald dafür kritisiert, Orientalismus als eine einzige monolithische Wissensformation aufgefasst zu haben, in der Macht allein dem Westen zukommt. Zwei Aspekte an der Orientalismuskritik sind hier hervorzuheben. Zum einen bleibt unklar, ob, wenn man mit Said Orientalismus als Diskursformation ansieht, das, was repräsentiert wird, erst entsteht, und ob es ein Jenseits des Diskurses gibt bzw. etwas, das dem Diskurs präexistiert. Said würde, so der zweite Vorwurf, durch seine These der Verbindung von Orientalismus und Macht auch Europa essenzialisieren und so den gleichen theoretischen Fehler begehen, der auch die koloniale Epistemologie bestimmt hat. Postkoloniale Forschung, so kritisieren Laura Ann Stoler und Frederic Cooper, tendiert dazu, eine »manichäische Konzeption« des Kolonialismus anzunehmen und Europa und dem Westen eine dominante und eigenständige Position in allen Studien, die die Kolonialzeit betreffen, einzuräumen. Koloniale Kontakte hätten alle Akteure beeinflusst und verändert[36] und es

---

[34]   *M. Keppens / E. Bloch*, Introduction. Rethinking Religion in India, in: *Dies. / R. Hegde (Hg.)*, Rethinking Religion in India. The Colonial Construction of Hinduism, London / New York 2010, 1–23, 5. Siehe auch *G. Vishvanathan*, Colonialism and the construction of Hinduism, in: *G. D. Flood (Hg.)*, The Blackwell Companion of Hinduism, Malden 2003, 23–44.

[35]   *E. Irschick*, Dialogue and History. Constructing South India, 1795–1895, Delhi 1994.

sei eine vereinfachte Sicht dieser Prozesse, die Dominierenden und die Subalternen als aktive und passive Diskursteilnehmer radikal zu unterscheiden.[37]

> In der Beobachtung, dass der koloniale Herrschaftsdiskurs immer wieder von einheimischen Stimmen unterbrochen wurde, die sich in ihrer eigenen Sprache einen Freiraum innerhalb der Grenzen des Diskurses geschaffen haben, setzt auch Homi Bhabhas post-koloniale Kritik an.[38] Bhabhas Lektüre der kolonialen Texte deckt die Stimme der kolonialen Subjekte auf, die immer schon in diesen Texten vorhanden ist, die aber erst durch eine dekonstruierende Lektüre zum Erklingen gebracht wird. Er weist Saids Behauptung, der koloniale Diskurs sei einseitig von Europäern beherrscht, zurück und ist bemüht, in den disparaten kolonialen Texten die Brüche und Grenzen diskursiver Macht aufzuzeigen.

Mary Louise Pratt hatte den Begriff *contact zone* eingeführt, um mit ihm Reiseberichte in kolonialen Kontexten analysieren zu können. Der Begriff sollte dazu dienen, Räume zu beschreiben, in denen die Interaktionen kolonialer Begegnung und insbesondere die kulturellen Wandlungsprozesse verortet werden können. Ähnlich wie Homi Bhabhas' *third space* sind *contact zones* Orte, die nicht allein durch westliche Dominanz strukturiert sind, sondern die durchzogen sind von Kompromissen, Widerstand, Hybridität, Adaptionen, Akkulturationsprozessen und Imitationen.

Bhabha sieht in der Nachahmung europäischer Repräsentationsstrukturen durch die kolonialen Subjekte, die niemals die Kopie des europäischen Originals sind, eine permanente Unterbrechung des ›Meister-Diskurses‹, die die Ambivalenzen orientalistischer Texte offenbart. Für solche Unterbrechungen finden sich in der indischen Kolonial- und Missionsgeschichte zahlreiche Beispiele.[39]

---

[36] *F. Cooper / L. A. Stoler (Hg.)*, Tensions of Empire. Colonial cultures in a Bourgeois World, Berkeley 1997.

[37] Vgl. dazu auch die Untersuchung von *P. van der Veer*, Imperial Encounters. Religion and Modernity in India and Britain, Princeton 2001.

[38] *H. Bhabha*, Die Verortung der Kultur, Tübingen 2000. Zu Bhabha, siehe *R. King*, Orientalism and Religion. Postcolonial Theory, India and ›The Mystic East‹, London / New York 1999, 202 ff.; *R. Young*, White Mythologies, London / New York 1990, 141 ff.

[39] Siehe dazu z. B. *R. Fox*, East of Said, in: *M. Sprinker (Hg.)*, Edward Said. A Critical Reader, Oxford 1992, 144–156, der die Rolle der Sikhs im Unabhängigkeitskampf und Gandhis Rezeption orientalistischer Muster von Hindu-dharma untersucht hat. Vgl. aber auch Vivekanandas Rezeption von santanadharma; dazu *W. Halbfass*, Indien und Europa, Basel/ Stuttgart 1981, 394 ff. Siehe auch die Interpretation von ṣankaras dvaitavedānta in der Neo-Vedānta Bewegung. Ein anderes Beispiel über anti-christliche Hindu-Apologeten im 19. Jh. bietet *R. Fox Young*, Resistant Hinduism. Sanscrit sources on Anti-Christian Apologetics in Early Nineteenth-Century India, Wien 1981.

Ich will mein Augenmerk noch etwas genauer auf diesen diffusen Bereich der *contact zone* richten und fragen, wie Identitätspositionierungen in diesem Feld theoretisch einzuholen sind. Wenn dieser Raum umstritten ist, und wenn Identitätspositionierungen immer durchzogen sind von Ideologie, welche theoretischen Zugriffsweisen stehen dann der Religionswissenschaft zur Verfügung, um die Appropriation des Religionsbegriffes und in dem Zusammenhang des Begriffes ›Hinduismus‹ durch die Kolonisierten und in postkolonialen globalen Kontexten beschreiben zu können? Paul Rabinow hat für die Ethnologie eine These aufgestellt, die auch für die Religionswissenschaft relevant sein könnte:

> »Wir bedürfen keiner Theorie indigener Epistemologien oder einer neuen Theorie der Erkenntnis der Anderen. Wir sollten auf unsere historische Praxis achten, nämlich die Praxis, unsere kulturellen Praktiken auf die Anderen zu projizieren; bestenfalls gilt es zu zeigen, wie, wann und mit welchen kulturellen und institutionellen Mitteln andere Menschen es unternommen haben, Epistemologie für sich in Anspruch zu nehmen.«[40]

Monotheisten

Es ist hinlänglich bekannt, dass spätestens seit dem Beginn des 19. Jh.s der koloniale Kontakt zu einer Reform des Hinduismus geführt hat, die auch mit einer terminologischen Verschiebung einherging. Im Rückgriff entweder auf eine von europäischen Indologen und Religionswissenschaftlern sowie gelehrten Brahmanen herausgestellte Antiquität der Hindu Religion, oder in der Appropriation eines universalen Religionsbegriffs bzw. der Kategorie religiöser Erfahrung jenseits kulturell und kontextuell geprägter Religionsformationen, wurde Hinduismus von den Reformern als *arya dharma* bzw. als *sanātana dharma* etabliert.[41] Dabei wurde die Frage, ob Gott einer sei oder ob es im Hinduismus viele Götter gäbe, die man verehren könne, unter den Reformern kontrovers diskutiert und sie hat in Folge zu zahlreichen Konflikten geführt. Insbesondere seit der sogenannten ›Bengalischen Renaissance‹ spielten westliche Vorstellungen von ›Religion‹ eine bedeutende Rolle. Ein in der Aufklärung geprägtes Konzept einer ›natürlichen Religion‹, die allen historisch gewachsenen Religionen zu Grunde liegt, verbunden mit der Vorstellung der Dekadenz und des Verfalls einer ursprünglichen reinen Religion, wurde nicht nur von Europäern auf die indische Religion übertragen, es wurde auch von Indern selbst übernommen, um die eigene Religion zu transformieren.

---

[40]   *P. Rabinow,* Repräsentationen sind soziale Tatsachen. Moderne und Postmoderne in der Anthropologie, in: *E. Berg / M. Fuchs (Hg.),* Kultur, soziale Praxis, Text. Die Krise der ethnographischen Repräsentation, Frankfurt a. M. 1993, 158–199, 168f.

[41]   Siehe *P. Beyer,* What Counts as Religion in a Global Society?, in: *Ders. (Hg.),* Religion im Prozess der Globalisierung, Würzburg 2001, 125–150.

Immanuel Kant hat über den Hinduismus geschrieben:

> »Ihre Religion hat eine große Reinheit gehabt. Ein paar hundert Jahre vor Christi Geburt aber ist sie mit vielen abergläubischen Dingen versetzt worden. ... Doch findet man darin Spuren von einem reinen Begriff der Gottheit, die man nicht leicht anderswo findet.«[42]

Das aufklärerische Konzept von Religion lässt sich als retrospektiv bezeichnen, insofern es darauf zielt, den ursprünglichen Zustand wieder herzustellen und die historisch gewachsenen Religionen von den rituellen und dogmatischen Verirrungen zu reinigen.

Zwei prominente Beispiele aus der Anfangszeit der Reformen in Indien im 19. Jahrhundert sollen genügen.

Die Reform der ›Bengalischen Renaissance‹ setzte damit ein, dass eben dieses Konzept von Religion auf den Hinduismus übertragen wurde. Raja Ram Mohan Roy (1772–1833), aus einer hochstehenden bengalischen Brahmanenfamilie abstammend, hat im Kontakt und in Auseinandersetzung mit den Missionaren William Carey, Josua Marshman und William Ward von der *Baptist Mission Society* in Serampore bei Kolkota die Vorstellung einer ursprünglichen, natürlichen Religion aufgenommen und ein eigenes Verständnis von Hinduismus entwickelt, das sich als ausgesprochen einflussreich erweisen sollte. In seinen Schriften verurteilte er, was er als Verfehlungen und Dekadenzerscheinungen des wahren Hinduismus ansah, und setzt sich auch politisch dafür ein, dass bestimmte ›Missbräuche‹ von der britischen Kolonialherrschaft verboten werden sollten. Dazu gehörten Kinderheirat und Witwenverbrennung, aber auch ›Götzendienst‹ u. a. Insbesondere die Bilderverehrung *mūrtipūjā*, die im 19. Jahrhundert für das Ritual der meisten *sampradāyas* oder Religionsgemeinschaften, die sich unter der Kategorie ›Hindu‹ einordnen wollten, zentral war, lag im Fokus der Kritik christlicher Missionare und schließlich auch derjenigen, die den Hinduismus reformieren wollten. Hinduismus sollte nun nicht nur als ein rationales Glaubenssystem präsentiert werden, sondern zugleich als eine ›universale Religion‹.

Ram Mohan Roy war einer der Ersten, die einen Monotheismus im Hinduismus aus den Veden, also aus der Autorität der heiligen Schriften herzuleiten beansprucht haben.[43] Schriftautorität besaßen für ihn neben den Vedas vor allem die Upaniṣads und die Philosophen der Vedānta-Schule, insbesondere Śaṅkara.

---

[42] Zitiert bei *W. Halbfass*, Indien und Europa. Perspektiven ihrer geistigen Begegnung, Basel/Stuttgart 1981, 76.

[43] *Raja Ram Mohan Roy*, A Second Defence of the Monotheistical System of the Vedas in Reply to an Apology for the Present State of Hindoo Worship, in: *Ders.*, The English Works of Raja Rammohun Roy, New York 1978 (1906), 101–126.

Bezeichnend ist, dass Ram Mohan Roy zwischen Monismus und Monotheismus niemals unterschieden hat, dass er aber den Polytheismus als spätere Dekadenzerscheinung der Purānas und Tantras ansah.[44] 1820 verfasste er sein Hauptwerk *The Principles of Jesus, the Guide to Peace and Happiness,* das in Indien weite Verbreitung fand. Es forderte aber auch den Widerspruch der baptistischen Missionare von Serampore heraus, die in ihm eine moralisierende werkgerechte Fehlinterpretation der christlichen Botschaft sahen. Roys Absicht war, alle Menschen in allen Religionen unter den ›Prinzipien Jesu‹ zu vereinigen. Dazu gründete er 1828 den *Brāhmo Samāj,* die Gesellschaft der Verehrer Brahmans. Als einigendes Band aller Religionen sollte ein strikter Monotheismus wirksam sein. Und das schloss für ihn zwei Dinge ein, die Ablehnung des Bilderkultes im Hinduismus und jeglicher Ansprüche auf göttliche Inkarnation einschließlich der Göttlichkeit Jesu und zum anderen die Ethik, die er in der Evangelien formuliert sah. Im Umgang mit den heiligen Schriften der Religionen ist die Vernunft höchste Autorität für ihn. Selbst die Veden sind nicht unfehlbar, die Upaniṣads aber enthalten die eigentliche Urreligion, wenn man sie monotheistisch versteht.

Auch der Aryā Samāj, der 1875 von Dayānand Sarasvatī (1824–1883) gegründet wurde, versteht sich als eine auf den Veden gegründete monotheistische Religionsgemeinschaft. Auch Dayanand bekämpfte *mūrtipūjā* und sah in den »idol worshippers« eine Gefahr für Indiens Unabhängigkkeit:

> »Since people worship idols with different names, formes and characteristics, they have no unity in faith and their mutually antagonistic beliefs and practices create bad blood in the country and lead it to its ruin.«[45]

In seinem Werk *Satyarth Prakash* (Light of Truth) widmet Dayānand ein ganzes Kapitel der Frage des Monotheismus im Veda. Kritiker bezeichnet er als »atheists and of weak intellect … it is by the knowledge and contemplation of God alone that all men attain true happiness.«

In einem Dialog legt er seine Position dar:

> »O.-There are more gods than one mentioned in the *Vedas.* Do you believe this or not?
> A.- No, we do not; as nowhere in all the four *Vedas* there is written anything that could go to show that there are more gods than one. On the other hand, it is clearly said in many places that there is only one God.
> What is meant by the mention of various *devatas* in the *Vedas* then?
> A.- Whatsoever or whoever possesses useful and brilliant qualities is called a

---

[44] *Raja Ram Mohan Roy,* Dialogue between a Theist and an Idolater, Calcutta 1963 (1820), 117.
[45] Ebd. 380.

devata … These thirty-three aforesaid entities are called *devatas* by virtue of possessing useful properties and qualities. Being Lord of all and greater than all, the Supreme Being is called the thirty-fourth *Devata* who alone is to be worshipeped.«[46]

Swami Dayānand Saraswati vertrat ein Religionskonzept, das die Universalität seiner Religion mit dem Gedanken der Ursprünglichkeit verbindet. In Satyarth Prakash formuliert er abschließend ein »Statement of My Beliefs«:

> »I believe in a religion based on universal and all-embracing principles which have always been accepted as true by mankind, and will continue to command the allegiance of mankind in the ages to come. Hence it is that the religion in question is called the *primeval eternal religion*, which means that it is above the hostility of all human creeds whatsoever.«[47]

Neben Ram Mohan Roy und Dayānand Saraswati wären noch zahlreiche andere Reformer zu nennen, die in Auseinandersetzung mit dem westlichen Religionsbegriff ›Hinduismus‹ als ursprüngliche und universale Religion etabliert haben. Hingewiesen werden soll hier nur auf Swami Vivekananda (1863–1902), der 1893 auf dem Weltparlament der Religionen in Chicago propagierte, dass der Hinduismus unter Aufnahme westlicher Sozialideen und abendländischem Geistesgut und unter Ablehnung des westlichen Materialismus berufen sei, die Universalreligion der Menschheit zu werden. Swami Vivekananda hat in seinen Schriften und Reden eine Verschmelzung zwischen West und Ost angestrebt und er wird auch meist als derjenige genannt, durch den die Ausbreitung des Hinduismus in westlichen Ländern eingesetzt hat. Anders als Dayanand und Ram Mohan Roy vertrat Vivekananda aber keinen Monotheismus sondern einen Nicht-Dualismus des Ādvaita-Vedānta.[48] Vivekananda war es auch, der das vedische Mantra *ekaṃ sad viprâ bahudhâ vadanti* (Rg Veda 1.164.46) popularisiert hat, das man übersetzen kann mit »Die Wahrheit ist eine, die Weisen nennen sie bei vielen Namen«, ein Mantra, das seitdem in vielfältiger Weise adaptiert worden ist, um sowohl einen neuen Universalanspruch eines Monotheismus zu proklamieren: »Gott ist einer, verehrt ihn überall in der Welt«, als auch einen religiösen Pluralismus zu rechtfertigen: »Alle Religionen sagen auf ihre Weise, dasselbe«.[49]

---

[46] *Dayananda Sarasvati*, Light of Truth or English Translation of the Satyarth Prakash (1875/1908), New Delhi 2002, 203f.

[47] *Dayananda Sarasvati* 2002, 723.

[48] *Swami Vivekananda*, What is Religion?, in: *Ders.*, The Complete Works of Swami Vivekananda, Bd. 1, Calcutta 1989, 333–343.

[49] *Agehananda Bharati*, The Hindu Renaissance and its Apologetic Patterns, in: Journal of Asian Studies, 1970, 29, 267–287, 282. Vgl. auch *B.A. Hatcher*, Eclecticism and Modern Hindu Discourse, New York / Oxford 1999.

Ram Mohann Roys und Dayanandas Verteidigung des Monotheismus fiel, wie Vasudha Dalmia gezeigt hat,[50] zusammen mit Entwicklungen in der europäischen Indologie, sodass Hindu-Reformer und europäische Religionswissenschaftler an einem gemeinsamen Diskursfeld arbeiteten. Nicht nur dass Max Müller vor allem mit Mitgliedern des Brahmo Samaj eine intensive Korrespondenz gepflegt hat, eine von Hindus nun selbst propagierte Ähnlichkeit mit dem christlichen Europa erlaubte den Europäern, die sich mit Indien beschäftigten und sich Themen zuwandten, die nach dominantem christlichem Verständnis allenfalls als ›Aberglaube‹ zu titulieren gewesen sind, und daher nur schwer finanzielle und politische Unterstützung erhalten konnten, ihrer christlichen Tradition gegenüber loyal zu bleiben, indem sie vor allem auf die Ähnlichkeiten zwischen beiden Religionen aufmerksam machten. Dass die europäischen indologischen Arbeiten dann wieder von indischen Forschern positiv aufgenommen und sogar wissenschaftlich adaptiert worden sind, hat, wie Dalmia zeigt, weitreichende Konsequenzen für das Selbstverständnis von Hindus im 19. Jahrhundert gehabt.[51] Bereits Friedrich Schlegel hatte in *Über die Sprache und Weisheit der Inder* (1808) einen indischen Monotheismus konstatiert und die Verehrung von Vishnu als den zentralen und grundlegenden Kult identifiziert. In der zweiten Hälfte des 19. Jahrhunderts haben dann Indologen wie Albrecht Weber Parallelen zwischen Kṛṣṇa und Christus aufgezeigt und die Grundlage dafür gelegt, dass die Verehrung von Kṛṣṇa als *Eingott* als etwas Neues in der indischen Religionsgeschichte entstehen konnte.[52] Auch der Oxforder Professor für Sanskrit und Kollege von Max Müller, Monier Monier-Williams (1818–1899) vertrat im *Journal of the Royal Asiatic Society* 1881 die Ansicht, dass der Monotheismus in Indien auf vedische Zeiten zurückreiche und dass der Polytheismus sowie der Pantheismus letztlich im vedischen Monotheismus wurzeln.

Die Debatten über das Verhältnis von Monotheismus zu Polytheismus sind in Indien bis heute nicht abgerissen, sie hängen unmittelbar zusammen mit der Frage nach Einheit und Vielfalt des Hinduismus und damit auch mit der Frage nach der Einheit Indiens, die nach der politischen Teilung des Landes nach der Unabhängigkeit von der britischen Kolonialmacht 1947 in Pakistan und Indien immer virulent geblieben ist, über viele Jahrzehnte durch die Politik der Congress-Partei aber unterdrückt worden ist und seit etwa zwanzig Jahren das politische Klima im Land zu einem Großteil prägt.

Bereits im Februar 1979 diskutierte die 1964 gegründete *Vishva Hindu Parishad* (Weltrat der Hindus, VHP) auf der *Welt-Hindu-Konferenz* in Allahabad die

---

[50] *V. Dalmia*, The Nationalization of Hindu Traditions. Bhāratendu Hariśchandra and Nineteenth-Century Banares, Delhi 1999.

[51] Dalmia 1999, 390f.

[52] Dalmia 1999, 393.

Definitionsfrage und Vertreter verschiedener hinduistischer Gruppierungen und religiöser Richtungen legten einen Kriterienkatalog von 6 Punkten fest, nach denen Hinduidentität bestimmt werden solle.

1. *sūryapraṇāma* (Gebet des Gayatri mantra – RV 3.62.10: »Wir konzentrieren uns auf dieses strahlende Licht von Gott Savitr. Möge sie unseren Geist anregen«)
2. *prārthana* (Bittgebet an eine Gottheit)
3. *Bhagavadgītā* (Lesen als Heiliges Buch)
4. *iṣṭā deva / mūrti* (persönlicher Gott / Gottesbild)
5. *om* (heilge Silbe)
6. *Tulsī- Strauch* (Vaiṣṇava Tradition)

Eine Dominanz der visnuitischen Tradition in dieser Definitionsfrage ist unschwer zu erkennen. *Bajrang Dal*, die paramilitärische Jugendabteilung der VHP definiert Hinduidentität folgendermaßen:

»A Hindu is one that believes in one God who incarnates, as and when He feels fit, in the shape and form He wants. God creates, sustains and destroys when time comes. Many names and forms are given to each with the love and affection of each individual devotee. He has, can and will send us as many prophets (only prophet?), saints and sons (only son?) and is fully capable of doing so. Our Dharma is eternal, so is God and all the souls. It is our conviction that body dies but not the soul. The old scriptures are a guide to salvation and an individual can steadily make his way back to God in the speed and path selected. Karma (deeds) and results of Karma are the basis of our lives. Knowing that good karma will bring good results and vice versa, our lives can be guided towards fruition of Salvation termed as Moksha. Guru plays a very important part in molding our lives and whilst the Holy book Gita can be accepted as Guru so can the word of Guru Nanak. A Hindu may or may not agree to some of the points above but he will willingly give his fellow human the right to practice religion as and how the other sees fit.«[53]

Die Ausführung dessen, was Hinduidentität ausmacht, gelingt nur in Abgrenzung, insbesondere zum Islam und zum Christentum. Die Terminologie ist jedoch stark von westlich-christlichen Vorstellungen durchzogen. »One God«, »incarnations«, »Creator-God«, »Prophets«, »Sons of God«, »All souls are eternal«, »Holy Book«, »Body-Soul«-Dichotomie u. a.

Vishwa Hindu Parishad versteht sich somit als eine Organisation, die eine gegebene aber durch kontingente Prozesse zersplitterte Einheit des Hindu Dharma zusammenfassen will zu einer globalen Einheit des Hinduismus. *VHP* formuliert eine Hindu-Identitätspositionierung für einen globalen Kontext. Hin-

---

[53] http://hinduunity.org/whois.html. (Zugriff 15. 10. 2011)

duismus soll als Einheit nicht nur behauptet, sondern politisch durchgesetzt werden. Dabei besteht eine der Aufgaben darin, westliche orientalistische, koloniale und auch postkoloniale Missrepräsentationen von Hinduismus zu korrigieren und einen »echten« vedischen Hinduismus zu rehabilitieren. Bezeichnenderweise verbindet sich diese Intention bei *VHP* und anderen hindunationalistischen Organisationen zunehmend mit einer dezidiert antichristlichen und antimuslimischen Haltung.

Signifikationen

Es besteht offensichtlich ein theoretisches wie auch ein praktisches Problem in der Charakterisierung von Kulturen im kolonialen und postkolonialen Kontext als hybrid oder fließend. Solche Charakterisierungen scheinen vor allem postmodernen Theoretikern in westlichen Kulturräumen oder postkolonialen intellektuellen MigrantInnen in den westlichen Metropolen nahe zu liegen, sie stimmen aber nur selten mit den Positionen derjenigen überein, die gezwungen wurden, neue oder transformierte Identitätspositionen in kolonialen oder postkolonialen Kontexten einzunehmen. Die Essentialisierung kultureller Identität als ursprünglich, göttlich offenbart, national verwurzelt, rassisch begründet usw. ist nicht nur unter sogenannten Fundamentalisten verbreitet, sondern spielt bei einer Vielzahl kultureller Agenten in allen postkolonialen Kontexten eine wesentliche Rolle.[54] Daher sind Hybridität oder fließende Kulturformationen keine hinreichenden analytischen Kategorien, mit denen kulturelle Kontakte in kolonialen und postkolonialen Kontexten beschrieben werden können.

Wie werden koloniale und postkoloniale Identitäten gebildet? Was sind die Ressourcen, aus denen Identitätspositionen sich konstituieren? Wie kann die Einnahme einer Subjektposition als Hindu angesichts des transkulturellen Diskursfeldes »Hinduismus« beschrieben werden? An anderer Stelle habe ich auf die gegenwärtige Debatte über Performanz und Performativität hingewiesen, um mich von religionswissenschaftlicher Seite diesen Fragen anzunähern,[55] hier will ich unter Bezugnahme von Slavoj Žižeks Konzept der Ideologie und Ernesto Laclaus Überlegungen zu leeren Signifikanten eine Verbindung zu Fragen der neohinduistischen Appropriation des Religionsbegriffs versuchen.

In den *cultural studies* spielen Identitätsfragen eine zentrale Rolle,[56] die auch für die Analyse der Konzeptionalisierungen von ›Hinduismus‹ fruchtbar gemacht

---

[54] Für andere Kontexte (Afrika) siehe z. B. *V. Mudimbe*, The Invention of Africa. Gnosis, Philosophy and the Order of Knowledge, Oxford 1988.

[55] *A. Nehring*, Performing the revival: Performance and performativity in a colonial discourse in South India, in: *M. Bergunder / H. Frese / U. Schöder (Hg.)*, Ritual, Caste, and Religion in Colonial South India, Halle 2010, 12–29.

[56] *S. Hall*, Kulturelle Identität und Diaspora, in: *Ders.*, Rassismus und kulturelle Identität (Ausgewählte Schriften 2), Hamburg 1994; zur Frage nach ›Identität‹ in den *cultural studies*

werden können. Die Referenz auf »Hinduismus« als der in Indien ansässigen ältesten Religion kann als eine Form der Identitätsmarkierung bzw. -positionierung verstanden werden. Wie allerdings diese Identitätspositionierungen sich artikulieren, ist in den Debatten um postkoloniale Theorie stets umstritten geblieben. Die Frage, um die es geht, ist, wer Positionen bestimmt von denen aus gesprochen werden kann und wer die Kriterien festlegt, über was gesprochen werden soll. Talal Asad hat in diesem Zusammenhang von einem ›authorizing discourse‹ gesprochen.

Chandra Talpade Mohanty hat in ihrem breit diskutierten Aufsatz *Under Western Eyes*[57] eine Kritik eines hegemonischen westlichen Feminismus vorgelegt, indem sie insbesondere die Universalität der Theorien, die westliche Feministinnen verwenden, zurückweist. Westlich feministische Epistemologie würde mit Kategorien wie Einheit, Selbstheit und Essenz arbeiten, durch die die »Frauen der dritten Welt« als homogene Einheit und als monolithisches Subjekt repräsentiert werden würden. Neben der auch schon von Said und anderen vorgebrachten Kritik an westlicher Repräsentation der Anderen als Manifestation kolonialer Macht, hat dieser Aufsatz aber auch die Frage nach der Identifizierung und Behauptung von widerständigen Subjektpositionen und die Frage der Handlungsmacht gestellt. Gayatri Spivak andererseits hatte mit ihrem 1988 zuerst erschienen Aufsatz ›*Can the Subaltern speak?*‹ nicht nur die Frage aufgeworfen, was und wer die Subalternen in postkolonialen Diskursen sind und wie die Stimmen dieser Subalternen in kolonialen Archiven verborgen, verschüttet, verworfen und zum Schweigen gebracht sind, sondern eine viel grundsätzlichere Frage, ob Subjektpositionen überhaupt als bewusste Positionierungen eines vorgängigen Subjekts vertreten werden können.[58] Mohanty aber noch deutlicher Spivak sind von vielen Seiten scharf für ihre Problematisierungen der Handlungsmacht von Kolonisierten angegriffen worden. Insbesondere Spivak wurde vorgeworfen, den Widerstand durch dekonstruktivistische Manöver zu unterminieren und die Subjektpositionen der Unterdrückten (Frauen, Subalterne, Marginalisierte) nicht genügend anzuerkennen.[59]

---

siehe auch: *S. Hall / P. du Gay (Hg.)*, Questions of Cultural Identity, London / Thousand Oaks / Delhi 1996; *J. Rutherford (Hg.)*, Identity. Community, Culture, Difference, London 1990; frühere Veröffentlichungen zu der Fragestellung in: *H. Mol (Hg.)*, Identity and Religion. International, Cross-Cultural Approaches, Beverly Hills 1978.

[57] *C. T. Mohanty*, Under Western Eyes: Feminist Scholarship and Colonial Discourse, in: Boundry, spring/fall 1984, 71–92; wieder abgedruckt in: *Dies.*, Third World Women and the Politics of Feminism, Bloomington 1991.

[58] *G. C. Spivak*, Can the Subaltern speak? Speculations on Widow Sacrifice, in: *G. Nelson / L. Grossberg (Hg.)*, Marxism and the Interpretation of Culture, London 1988, 271–313.

[59] So z. B. *Kalpana Ram*, »Too Traditional« once again: Some poststructuralists on the

Für eine religionswissenschaftliche Analyse der transkulturellen Aushandlungsprozesse über den Religionsbegriff und die Konzeptionalisierung von Hinduismus als einer Religion ergibt sich aus der postkolonialen Theoriedebatte um Subjektpositionen ein Dilemma, das man mit ›*structure and agency*‹ betiteln könnte. Entweder gibt man den Subjektbegriff zugunsten struktureller Determinanten auf und nimmt allein Diskurse als diejenigen Formationen an, die dem Subjekt allenfalls noch seinen Platz zuweisen, oder man sieht andererseits das Subjekt als autonom an, indem es bewusst handelt und in der Lage ist, sich über Voraussetzungen und Ziele seines Handelns zu versichern. Handlungen und Aussagen des Subjekts müssen dann als bewusste strategische Positionierungen in einem Diskursfeld verstanden werden, das den jeweils Handelnden weitgehend durchsichtig ist. Für die Aneignung des Hinduismus-Begriffes durch Reform-Hindus seit dem frühen 19. Jh. würde das bedeuten, dass sie den orientalistischen Diskurs als kolonialen Repräsentationsdiskurs durchschaut und strategisch angeeignet haben. In der Tat wurde und wird so Swami Vivekanandas Auftreten auf dem Weltparlament der Religionen in Chicago 1893 und seine Verkündigung einer *neo-ādvaita* Version des Hinduismus als *sanātana dharma* und als alle geschichtlichen Religionen umfassende und überhöhende Spiritualität, oftmals interpretiert.[60]

Wenn man sich in der Analyse moderner Hindudiskurse über Hinduismus jedoch in der Sprache des Bewusstseins bewegt und wenn Bewusstsein eingesetzt wird für eine diagnostische Beschreibung objektivierbarer Zustände, dann ergibt sich die Gefahr, wenn auch vielleicht nur implizit, dass normative Aussagen produziert werden, die letztlich ein Bewusstsein als richtig, falsch, der Wirklichkeit angemessen, als widersprüchlich oder unterentwickelt unterstellen, indem sie Identitätspositionierungen als Übereinstimmungen mit oder Abweichen von einer Norm wahrnehmen.[61] Jede Rede vom Missbrauch von Religion, von Verfälschung des wahren Hinduismus, von Eklektizismus und die Beteuerung, dass es doch sehr wohl auch noch andere Formen von Religiosität innerhalb der Hinduismus-Traditionen gäbe, die nicht in neo-ādvaita oder monotheistischen Kategorien gefasst werden könnten, unterliegt dieser Gefahr. Sie impliziert nämlich, dass ein Bewusstsein zu sich selbst kommen muss, und ein Subjekt sich in seiner eigentlichen Identität finden kann um dann handlungsfähig zu sein. Wie

---

aspirations of the immigrant/third world female subject, in: Australia Feminist Studies 17, 1993, 5–28.

[60]   Diese Position diskutiert Brian Hatcher. Dazu: *B. Hatcher*, Swami in Wonderland. Vivekananda's Eclectic Hermeneutics, in: *Ders.*, Eclecticism in Modern Hindu Discourse, New York / Oxford 1999, 47–70.

[61]   Siehe dazu *M. Fuchs*, Kampf um Differenz. Repräsentation, Subjektivität und soziale Bewegungen. Das Beispiel Indien, Frankfurt a. M. 1999, 150 ff.

aber ist ›eigentliche Identität‹ als Grundlage für ›Handlungsmacht‹ zu bestimmen? Der Anthropologe und Konvertit Agehananda Bharati (Leopold Fischer) hat die These aufgestellt, dass in der Hindu-Renaissance des frühen 19. Jahrhunderts ein Prozess stattgefunden hat, in dem sich eine »delicate novelty of the Renaissance ego« ausgebildet habe. Er geht von einer Modernisierungstheorie aus, die die Bildung eines indischen Selbstbildes als ein koloniales Produkt beschreibt, indem eine vorkoloniale Ideologie, in der das Individuum keinen absoluten Wert besessen habe, in eine »newly established dignity of an empirical, social, and autonomous individual« umgewandelt worden sei.[62] Diese Sicht steht allerdings in scharfem Kontrast zu dem Projekt der Historiker der *Subaltern Studies Group,* die es sich zur Aufgabe gemacht haben, Widerstandsbewegungen in der kolonialen Phase Indiens zu erforschen und so die an Eliten orientierte und nationalistische Geschichtsschreibung der unmittelbaren Phase nach der indischen Unabhängigkeit aufzubrechen.[63]

Gayatri Spivak wiederum hat an dem Projekt der *Subaltern Studies* kritisiert, dass darin eine reine Form des Bewusstseins der Subalternen angenommen werde, die koloniale Dominanz überstanden habe, die historisch erfasst werden kann und die womöglich wiederherzustellen sei. Die *Subaltern Studies* seien bewegt von einem Wunsch, ein Bewusstsein in einem positiven und reinen Stadium zu finden.[64] Die *Subaltern Studies* unterscheiden sich darin in ihrer theoretischen Positionierung nicht von Versuchen, einen reinen Hinduismus oder so etwas wie eine prä-koloniale indische Religion zu identifizieren. Allerdings gesteht Spivak dem Ansatz der Historiker des *Subaltern Studies* Projekts eine politisch strategische Rolle zu:

> »I read Subaltern Studies against its grain and suggest that its own subalternity in claiming a positive subject-position for the subaltern might be reinscribed as a strategy for our times.«[65]

Dass die Einnahme von Subjektpositionen bzw. die Handhabung eines strategischen Essentialismus aber gerade auch in Reformbewegungen des brahmanisch

---

[62]   *Agehananda Bharati,* The Hindu Renaissance and its Apologetic Patterns, in: The Journal of Asian Studies, 29.2, 1979, 267–287, 287.

[63]   Dazu *R. Guha,* On Some Aspects of the Historiography of Colonial India, in: *Ders. (Hg.),* Subaltern Studies I. Writings on South Asian History and Society, Delhi 1982, 1–8.

[64]   »[A] desire to find a consciousness (here of the subaltern) in a positive and pure state«; *G. C. Spivak,* Subaltern Studies. Deconstructing Historiography, in: *R. Guha (Hg.),* Subaltern Studies IV. Writings on South Asian History and Society, Delhi / Oxford / New York 1985, 330–363, 333.

[65]   *G. C. Spivak,* Subaltern Studies. Deconstructing Historiography, in: *R. Guha (Hg.),* Subaltern Studies IV, Delhi 1985, 342.

dominierten Hinduismus über die Aneignung eines de-kontextualisierten Religionsbegriffes erfolgt, wirft die Frage auf, ob der von Spivak vorgeschlagene Weg eines »*strategic use of positivist essentialism*«[66] zwar als politische Ermächtigungsstrategie der Subalternen von Bedeutung ist, theoretisch jedoch insgesamt zu unscharf bleibt, um damit die vielfältigen Prozesse der Übernahme des westlich geprägten Religionsbegriffs und des Hinduismusbegriffes in postkolonialen Kontexten zu erfassen.[67] Amitav Gosh hat auf eine gewisse Unwiderstehlichkeit und damit auf die eigentliche psychische Macht des Diskurses und der Sprache aufmerksam gemacht. In *In an Antique Land* schreibt er:

> »Um uns verständlich machen zu können, haben wir genau auf diejenigen Begriffe zurückgegriffen, die die Machthaber der Welt und Staatsmänner auf ihren großen Konferenzen verwenden: auf die universelle, unwiderstehliche Metaphysik der modernen Bedeutung.«[68]

Judith Butler hat die Ambivalenz und die paradoxe Lage, in der sich jede Reflexion über Subjektpositionen befindet, in ihrem Buch *Psyche der Macht. Das Subjekt der Unterwerfung* analysiert. Ausgehend von der These, dass Subjektpositionen durch Macht gebildet werden und dass man mit Foucault sagen kann, dass Unterwerfung als die Konstituierung von Subjekten zu begreifen ist, argumentiert Butler, dass ›Subjektivation‹ einen Prozess des Unterworfenwerdens durch Macht bezeichnet und dass dieser Prozess zugleich als der Prozess der Subjektwerdung gesehen werden muss. Während man gewöhnlicherweise annehme, dass Macht etwas sei, das von außen auf ein Subjekt einwirke, dass also beispielsweise die Macht des orientalistischen Religionsdiskurses die Hindu-Subjekte unter Druck gesetzt habe, werde meistens übersehen, dass die Subjekte, die diese Bedingungen des Diskurses annehmen, in ihrer Existenz auch von ihnen abhängig sind. Für die Analyse der Appropriation des Religionsbegriffes durch Hindus ist es m. E. von Bedeutung, dass »Subjektivation ... eben in dieser grundlegenden Abhängigkeit von einem Diskurs [besteht], den wir uns nicht ausgesucht haben, der jedoch paradoxerweise erst unsere Handlungsfähigkeit ermöglicht und erhält.«[69]

---

[66]   Ebd.

[67]   Spivak selbst hat diese Beschränkung der Subjektproblematik auf die Subalternen später revidiert und weiter gefasst. Siehe: *G. C. Spivak*, Moving Devi-1997: The Non – Resident and the Expatriate, in: *Dies.*, Other Asias, Malden/Oxford/Carlton 2008, 176, 174–208.

[68]   *A. Gosh*, In an Antique Land, New York 1993, 237, zitiert bei *D. Bachmann-Medick*, Multikultur oder kulturelle Differenzen? Neue Konzepte von Weltliteratur und Übersetzung in postkolonialer Perspektive, in: Deutsche Vierteljahrsschrift für Literaturwissenschaft und Geistesgeschichte 68,4 (1994), 585–612, 585.

Wie aber konnte der orientalistische Diskurs über Hinduismus zu einem so dominanten Diskurs werden, dass er Subjektpositionen von Hindus heute »ermöglicht und erhält«?

Slavoj Žižeks Analysen zur Konstituierung des Subjekts können m. E. als der radikalste und erhellendste Ansatz für religionswissenschaftliche Überlegungen gelesen werden, die versuchen wollen, diesen postkolonialen Subjektivierungsprozess theoretisch einzuholen. Die zentrale These von Žižeks relativ frühem Buch *The Sublime Object of Ideology* besteht darin, dass die Kategorie des Subjekts nicht auf Subjektpositionen reduziert werden kann, da das Subjekt vor jeglicher Subjektivierung ein Subjekt des Mangels ist. Žižek, der sich an die sprachanalytischen Untersuchungen von Saul Kripke anlehnt, kritisiert sowohl an deskriptivistischen als auch an den anti-deskriptivistischen Ansätzen, dass sie die radikale Kontingenz des Benennens nicht in den Blick bekommen. Die Frage, wie Namen sich zu den Objekten verhalten, die sie benennen, ist nicht nur eine Frage der Repräsentation. Während Žižek den deskriptivistischen Ansatz, der den Namen als einfachen Bedeutungsträger auffasst, und eine direkte Beziehung zwischen dem Signifikanten und einem dazugehörigen Signifikat unterstellt, direkt zurückweist, gesteht er dem anti-deskriptivistischen Ansatz eine gewisse Plausibilität zu. Die Beziehung zwischen einem Wort und einem Objekt oder einer Gruppe von Objekten wird hergestellt durch das, was Kripke eine »primal baptism«, eine »grundlegende Taufe« nennt.

Die Beziehung zwischen dem Begriff »Hinduismus« und der Religion der Inder, ist also nach dem anti-deskriptivistischen Ansatz nicht selbstverständlich gegeben, sondern wurde durch den orientalistischen Diskurs grundlegend hergestellt, und sie besteht auch weiter, wenn sich die Beschreibungscharakteristika, die anfänglich die Bedeutung des Wortes determiniert haben, grundlegend ändern. Wie diese Diskursformation in modernen hinduistischen Texten weiterwirkt, auch wenn Indologen seit Jahrzehnten bemüht sind, den Begriff »Hinduismus« als historisch kontingent zu de-konstruieren, kann man z. B. an den innerindischen Debatten um die arische Invasionstheorie beobachten, ebenso aber auch an der Aneignung der Ādvaita Vedānta Philosophie im tamilischen Śaiva Siddhānta seit Mitte des 19. Jh.s[70] oder an der Debatte um Hindutvā Ideologie spätestens seit Sarvakar (1883–1966) und Golwalkar (1906–1973) bis in die Kreise der BJP heute.[71]

---

[69]   *J. Butler*, Psyche der Macht. Das Subjekt der Unterwerfung, Frankfurt a. M. 2001, 8.

[70]   Dazu *M. Bergunder*, Saiva Siddhanta as a universal religion, J. M. Nallasvami Pillai (1864–1920) and Hinduism in colonial South India, in: *Ders. / H. Frese / U. Schröder (Hg.)*, Ritual, Caste, and Religion in Colonial South India, Halle 2010, 30–88.

[71]   U. a. *T. Blom Hansen*, The Saffron Wave. Democracy and Hindu Nationalism in Modern India, Princeton 1999; *M. Nanda*, Prophets Facing Backward. Postmodern Critiques of Science and Hindu Nationalism in India, New Brunswick 2003.

Žižek kritisiert nun an diesem anti-deskriptivistischen Ansatz, dass er nicht erklärt, wie ein Objekt zu einem sich selbst identischen Objekt wird, auch wenn alle Charakteristika, die das Objekt zuerst definiert haben, wegfallen, wie also Sprache so auf das Objekt wirkt, dass dieses auf das es bezeichnende Wort bezogen bleibt, auch wenn sich die Bedingungen vollkommen geändert haben. Was anti-deskriptivistische Ansätze nicht bedenken, ist das, was Žižek als den retroaktiven Effekt des Benennens bezeichnet.

> »Es ist der Name selbst, der Signifikant, der die Identität des Objekts stützt. Dieser ›Überschuss‹ im Objekt, der in allen möglichen Welten der gleiche bleibt, ist ›etwas in ihm mehr als es selbst‹, das ist sozusagen das Lacansche object petit a; wir suchen nach ihm vergeblich in der positiven Realität, weil es keine positive Konsistenz hat – weil es nur eine Objektivierung einer Leere ist, einer Diskontinuität die in der Wirklichkeit durch das Auftauchen des Signifikanten eröffnet wird.«[72]

Das ›Namen geben‹ oder die Bezeichnung wird von Žižek nicht als ein nominalistischer Vorgang gesehen, der einem schon wie auch immer gearteten Subjekt einen inhaltsleeren Begriff zuordnet, sondern, die Einheit des Objekts ist ein retroaktiver Effekt des Benennens. Objekte werden diskursiv hergestellt. Diese theoretische Überlegung ist von Bedeutung für eine Analyse von Subjektpositionen. Die Suche nach essentialistischen Kategorien, die diese Subjektposition fixieren könnten, erweist sich als unsicher und unstabil, es ist aber gerade diese Instabilität, die auch einen Raum öffnet für hegemonische Artikulationen und Re-Artikulationen von Subjektpositionen. Die politisch hoch aufgeladenen Debatten in Indien über die sogenannte arische Einwanderungstheorie und das Verhältnis von ›Ariern‹ und ›Draviden‹ sind nur ein Beispiel;[73] ein anderes wären die konfliktgeladenen Konversionsbewegungen von Dalits zu Buddhismus, Christentum und Islam.[74]

Ernesto Laclau und Chantal Mouffe haben an diesem Punkt mit ihrer Kritik der Ideologie angesetzt. Ebenfalls Bezug nehmend auf Jacques Lacan haben sie herausgearbeitet, dass es gerade diese Offenheit des Sozialen ist, die den konstitutiven Ermöglichungsgrund für die Formulierung von Subjektpositionen darstellt. Die Menge der nicht fixierbaren Signifikanten wird an bestimmten Stellen immer wieder fixiert durch interventionistische Einführung eines privilegierten

---

[72]   S. Žižek, The Sublime Object of Ideology, London / New York 1989, 94 f.

[73]   Dazu *T. R. Trautmann*, Aryans and British India, New Delhi 1997; *M. Bergunder / R. P. Das (Hg.)*, ›Arier‹ und ›Draviden‹. Konstruktionen der Vergangenheit als Grundlage für Selbst- und Fremdwahrnehmungen Südasiens, Halle 2001.

[74]   *A. Nehring*, Bekehrung als Protest. Zur Konstruktion religiöser Identität der Dalits in Indien, in: ZfR 12, Heft 1, 2004, 3–21.

Signifikanten, eines Fixpunktes, der das Gleiten der Signifikanten stoppen und Bedeutung zumindest vorübergehend festlegen soll.

Sowohl ›Religion‹ als auch ›Hinduismus‹, und auch ›Monotheismus‹ eignen sich in besonderer Weise als solche Fixpunkte in einem Diskursfeld, in dem indische kulturelle Identität verhandelt wird, weil sie in dem Diskurs als Grenzfiguren der Semantik fungieren, die so von einem partikularen Bedeutungsgehalt entleert sind, dass sie selbst aus dem Signifikationsprozess heraus dessen Grenzen anzugeben vermögen. Laclau und Mouffe nennen diese, ihrer Differentialität entleerten Signifikanten »Leere Signifikanten«.

Der leere Signifikant »Hinduismus« scheint insofern besonders geeignet, als identifikatorischer Allgemeinbegriff für die verschiedenen Religionen Indiens zu dienen, als er eine Selbstrepräsentation des Systems im System zu leisten vermag. Dazu vollzieht er die Unterscheidung von innen und außen und kopiert sie zu Selbstbezeichnungszwecken in das System. Im kolonialen Diskurs über Indien diente der Signifikant ›Hinduismus‹ als Differenzmarkierung gegenüber der christlichen Religion. Das Gleiten von Signifikanten, die seit der Aufklärung den Religionsdiskurs bestimmten, konnte durch Fixierung einzelner Religionen mittels leerer Signifikanten gestoppt werden. Der Signifikationsprozess war also zugleich ein Differenzierungsprozess, ein Vorgang des »Othering«: Christen – Hindus (Heiden); Monotheismus/Polytheismus (Henotheismus); Weltreligionen[75]-Volksreligionen.

Die Appropriation des durch den kolonialen Diskurs artikulierten Signifikanten ›Hinduismus‹ durch Hindus heute, kann diesen ersten Signifikationsprozess, oder wenn man so will, das kolonial-orientalistische »zum Stoppen bringen« der gleitenden Signifikanten durch Einführung des leeren Signifikanten ›Hinduismus‹ in einem hegemonialen Akt, nicht hintergehen. Selbst wenn Veer Sarvakar, der wohl wichtigste Vertreter der Hindutva-Ideologie, ›Hindutva‹ von ›Hinduismus‹ abgrenzen will und den Namen ›Hinduismus‹ zurückweist, bleibt er noch an den Signifikationsprozess gebunden.

»To this category of names which have been to mankind a subtle source of life and inspiration belongs the word Hindutva, the essential nature and significance of which we have to investigate into. The ideas and ideals, the systems and societies, the thoughts and sentiments which have centered round this name are so varied and rich, so powerful and so subtle, so elusive and yet so vived that the term Hindutva defies all attempts at analysis ... Hindutva is not a word but a history. Not only the spiritual or religious history of our people as at times it is mistaken to be by being confounded with the other cognate term Hinduism, but a history in full. Hinduism is only a derivative, a fraction, a part of Hindutva. ... Failure to distinguish

---

[75]   Vgl. *T. Masuzawa*, The Invention of World-Religions. Or, how European Universalism was Preserved in the Language of Pluralism, Chicago/London 2005.

between these two terms has given rise to much misunderstanding and mutual suspicion between some of those sister communities that have inherited this inestimable and common treasure of our Hindu civilization. What is the fundamental difference in the meaning of these two words would be clear as our arguement proceeds. Here it is enough to point out that Hindutva is not identical with what is vaguely indicated by the term Hinduism. By an ›ism‹ it is generally meant a theory or a code more or less based on spiritual or religious dogma or creed.«[76]

Die Frage »*structure or agency*«, die sich in postkolonialen Ansätzen einer Kritik des Kolonialismusdiskurses stellt, greift insofern zu kurz, als der Hinweis auf den retroaktiven Effekt der Benennung durch Žižek und seine Bedeutung für die Subjektkonstitution in den Debatten um *agency* bisher weitgehend außer Acht gelassen wird. Es hängt vom leeren Signifikanten ab, welche Artikulation von Bedeutung stattfindet, welche ausgeschlossen wird, welche Subjektposition formuliert werden kann, bzw. wo die Grenze eines Systems verläuft. Weder im kolonialen Diskurs über Hinduismus, noch im neo-hinduistischen Diskurs gelingt die Strukturierung der diskursiven Formation aufgrund einer klar umrissenen Bedeutung. Sondern es ist paradoxerweise gerade die Entleerung, die den Begriff zu einem Träger einer letztlich nicht zu erreichenden Fülle qualifiziert. Der leere Signifikant ›Hinduismus‹ ist ein Zeichen des Begehrens und das diskursive Netzwerk ›Religion‹ gerät im Bann des leeren Signifikanten zum Ort einer affektiven Kraft, die so zur Produktionsstätte von Subjektpositionen wird. Der leere Signifikant ›Hinduismus‹ hat somit eine performative Kraft, die sich gerade daraus speist, dass die Schließung des Signifikanten niemals ganz gelingen kann, dass jeder Subjektposition, die so konstituiert ist, ein Mangel eingeschrieben ist, der das Subjekt daran hindert identisch zu werden. In den Debatten um Christen und Muslime in Indien und ihre Zugehörigkeit zu einer indischen Identität kann man diese Prozesse beobachten. Leere Signifikanten markieren also eine gesellschaftliche Praxis. Die Fixierung eines Systems von Differenzen durch einen leeren Signifikanten ist nicht auf einen sprachlichen Vorgang zu reduzieren, sondern sie durchdringt »die gesamte materielle Dichte der mannigfaltigen Institutionen, Rituale und Praxen, durch die eine Diskursformation strukturiert wird«[77].

›Hinduismus‹ ist demnach nicht nur ein von Europäern eingeführter Terminus, der eine vermeintlich gegebene Wirklichkeit nicht angemessen repräsentiert, sondern sie erst konstituiert, wie man es aus den Analysen von Edward

---

[76] *V. D. Savrakar,* Essentials of Hindutva, 3. (http://www.scribd.com/doc/16918418/Essentials-of-Hindutva-Veer-Savarkar)

[77] *E. Laclau / C. Mouffe,* Hegemonie und Radikale Demokratie. Zur Dekonstruktion des Marxismus, Wien 1991, 160.

Said ableiten könnte.[78] Vielmehr zeigt sich Hinduismus als ein unbeständiges Feld, das um eine konstitutive Unmöglichkeit herum strukturiert ist, oder wie Laclau und Mouffe es nennen, um einen Antagonismus.

Während Laclau und Mouffe die antagonistischen Positionen innerhalb einer gesellschaftlichen Ordnung nur sehr flächig analysieren und bei der Feststellung stehen bleiben, dass die Anerkennung der Unmöglichkeit einer endgültigen Fixierung von Identitätspositionen Ausgangspunkt moderner Demokratien ist,[79] führt Žižek hier nun die Überlegung ein, dass es sich bei antagonistischen Diskursen nicht um zwei oder mehrere gleichwertige Diskurse handelt, die in einer Gesellschaft um eine hegemoniale Position kämpfen, sondern um *einen* Diskurs, der in sich gespalten ist, und dass genau dieser Spalt der Bereich ist, der umkämpft ist.[80] Würde man nämlich zwei Diskurse annehmen, so müsste man eine dritte Position voraussetzen, die als neutrales Medium fungiert, in welchem die beiden Pole koexistieren. Dieser Schritt ist nun aus zwei Gründen zentral für unsere Überlegungen zur Rolle von Religion in postkolonialen Diskursen. Zum einen kann jetzt deutlich gemacht werden, wie die Identitätsposition ›Hindu‹ im Hinduismusdiskurs in der *contact zone* über ihre Antagonismen formuliert wird, zum anderen kann die Rolle der Religionswissenschaft in diesem Diskurs schärfer herausgearbeitet werden. Letzteres soll als Abschluss dieses Beitrages wenigstens skizziert werden. Ideologie sieht Žižek als einen phantasmatischen Versuch, die Brüchigkeit des Diskursfeldes, das um einen Antagonismus herum strukturiert ist, zu maskieren und so ein klar strukturiertes symbolisches Universum zu schaffen, in dem jedes Individuum seinen Platz hat.

Die Aufgabe der ideologischen Appropriation des Namens ›Hinduismus‹ ist es, diese Unsicherheit, bzw. diesen Riss in der Subjektkonstitution zu verdecken und innerhalb der symbolischen Ordnung ein Element zu erzeugen, das den Blick auf Differenz verhüllt. Diese Strukturierung einer geschlossenen Identität muss notwendig scheitern, da sich ›Hinduismus‹ als unbeständige und unmögliche Wesenheit zeigt. Eine Möglichkeit der Verhüllung besteht z. B. darin, die kolonial-orientalistische Differenz von rational strukturiertem Westen und spirituellem Osten, die bereits in kolonialen Diskursen dazu diente, die Brüchigkeit des kolonialen Projekts zu verdecken, durch ein inklusivistisches Moment uni-

---

[78] Das für Indien einschlägige Beispiel ist die Untersuchung von *R. Inden*, Imagining India, Oxford 1990.

[79] *E. Laclau*, Was haben leere Signifikanten mit Politik zu tun?, in: *Ders.*, Emanzipation und Differenz, Wien 2002, 65–78, 78.

[80] »There are not two discourses, ›masculine‹ and ›feminine‹; there is only one discourse split from within by the sexual antagonism – that is to say, providing the ›terrain‹ on which the battle for hegemony takes place.« *S. Žižek*, The Spectre of Ideolog, Einführung zu: *Ders. (Hg.)*, Mapping Ideology, London / New York 1994, 1–33, 23.

versaler religiöser Erfahrung gegen rationale Dogmatik zu betonen, so u. a. in den Neo-ādvaita Vedānta Ansätzen von Swami Vivekananda, und Sarvepalli Radhakrishnan.[81] Eine andere Möglichkeit, die das Moment des Scheiterns einer endgültigen Schließung in sich aufnimmt, zeigt sich in der Hindutvā-Bewegung, die den Riss, der die Hinduidentität und damit die nationale Einheit Indiens durchzieht, mittels der Verkörperung der Unmöglichkeit in der Gestalt von Muslimen oder Christen in sich aufgenommen hat. Es wird ein Objekt gesetzt, dem die Schuld für diese Unmöglichkeit zugeschoben werden kann.[82] Auch der westliche Kolonialismus wird interessanterweise in hindu-nationalistischen Diskursen immer häufiger als Repräsentant der Unmöglichkeit der Schließung beschworen. Auch postkoloniale kritische Interventionen werden also inzwischen erfolgreich angeeignet; durch die Figur des nichtindischen Anderen nimmt der Hinduismus seine eigene Unmöglichkeit, »seine volle Identität als geschlossene homogene Totalität«[83] zu erlangen, in sich auf.

Religionswissenschaft als Ideologiekritik

Wenn man den hier diskutierten Ansatz auf die religionswissenschaftliche Untersuchung identifikatorischer Allgemeinbegriffe anwendet, so könnte eine ideologiekritische Forschungsrichtung dahin gehen, die historische Genealogie dieser Begriffe sowie ihre Kontingenz herauszuarbeiten und ihre Einbettung in den jeweiligen herrschenden gesellschaftlichen Diskurs aufzuzeigen. Žižek sieht es als vornehmliche Aufgabe der Ideologiekritik an, »innerhalb eines ideologischen Gebäudes das Element aufzuspüren, das in sich seine eigene Unmöglichkeit repräsentiert.«[84] Um diese Überlegung auf die religionswissenschaftliche Fragestellung zu beziehen, will ich noch einmal auf eine bereits vor mehr als 15 Jahren geäußerte Kritik an der westlichen religionswissenschaftlichen Arbeit eingehen. Joachim Matthes hat m. E. zu Recht hervorgehoben, dass es »*an der Zeit (ist), wieder der Einsicht Raum zu geben, daß wir es bei einem Begriff wie der* ›*Religion*‹ *vorab mit einem kulturellen Konzept zu tun haben*«, das »*unser* Konzept« ist, d. h. ein europäisches, dessen Übertragung auf andere Kulturen (insbesondere auf fernöstliche Kulturen) unangemessen ist. Mehr noch, indem wir unser europäisches kulturelles Konzept und die ihm »innewohnende gesellschaftliche Normativität in eine Art von logischer Geltung« setzen und zur »Plattform« religionswissenschaftlicher Forschung und Vergleichung machen, konstruieren wir Phänomene fremder Kulturen zu »Religionen«:

---

81   *S. Radhakrishnan*, Die Lebensanschauung des Hindu, Leipzig 1928.
82   *S. Žižek*, a.a.O. (Anm. 72), 96 f.,127.
83   Ebd., 127.
84   Ebd.

»In etwa eineinhalb Jahrhunderten religionswissenschaftlicher Forschung haben wir die religiösen Welten außerhalb unserer eigenen nach unseren Maßen stilisiert und zu erforschen versucht. Was wir heute als ›Weltreligionen‹ bezeichnen, ist in diesem Vorgang als Gegenstand des Forschens erst so entstanden, und dies hat dann alle weitere Forschung über ihn angeleitet; man könnte zum Beispiel, leicht pointiert, von der Geburt des ›Hinduismus‹ aus dem Geist der Forschung über ihn sprechen.«[85]

Dieses Urteil gilt gerade auch für den vermeintlich *universalen, kulturübergreifenden* Charakter des Begriffskonzeptes »Religion«, der uns eine kulturell neutrale bzw. übergeschichtliche Bedeutung des Wortes suggeriert und es somit gar ermöglicht hat, dass Religion als *Gattungsbegriff* verstanden werden konnte, der auf ganz unterschiedliche Phänomene wie kulturelle Entwicklungen in Indien und die Heilige Messe der katholischen Kirche angewandt werden konnte.[86] Darüber hinaus wurde ›Religion‹ zum Objektbereich einer entsprechenden wissenschaftlichen Disziplinierung (Religionswissenschaft, Religionsgeschichte). D. h., gerade auch die Objektivierung von ›Religion‹ ist Produkt eines kulturell-partikularen Prozesses. Jonathan Z. Smith hat schon vor dreißig Jahren in seiner inzwischen vielfach zitierten Einleitung zu *Imagining Religion* deutlich gemacht, dass ›Religion‹ kein Ding oder Wesen in der Welt sei, das dem Diskurs über es prä-existiert. »Religion is solely the creation of the scholars study … Religion has no independent existence apart from the academy«. Und er fordert daher, dass Religionswissenschaftler und insbesondere Religionshistoriker »schonungslos selbst-kritisch« sein müssen.[87] Indem die Religionswissenschaft die Nähe zu den Kulturwissenschaften / *cultural studies* / *postcolonial studies* sucht, und deutlich macht inwieweit das Religionskonzept, das sie verwendet, bereits geschichtlich und kulturell geprägt ist, kann sie an gegenwärtige ideologiekritische Überlegungen und Entwicklungen in den Kulturwissenschaften anschließen. Andreas Hepp und Carsten Winter haben in ihrer Einführung zu einem Sammelband: *Die Cultural Studies Kontroverse* (2003) hervorgehoben, dass die *cultural studies* u. a. durch einen *interventionistischen Charakter* gekennzeichnet sind, worunter sie verstehen, dass es den *cultural studies* nicht um die sich selbst genügende Ansammlung von Wissen bezogen auf das ›Funktionieren von Kultur‹

---

[85] *J. Matthes*, Was ist anders an anderen Religionen? Anmerkungen zur zentristischen Organisation des religiösen Denkens, in: *J. Bergmann / A. Hahn / T. Luckmann (Hg.)*, Religion und Kultur. Kölner Zeitschrift für Soziologie und Sozialpsychologie. Sonderheft 33, 1993, 16–30, 27.

[86] »… die Welt heute [spricht] Lateinisch […] (meistens in der Form des Anglo-Amerikanischen), wenn sie des *Namens Religion* sich bedient oder auf ihn sich beruft«, *J. Derrida*, Glaube und Wissen. Die beiden Quellen der ›Religion‹ an den Grenzen der bloßen Vernunft, in: *Ders. / G. Vattimo (Hg.)*, Die Religion, Frankfurt a. M. 2001, 9–106, 47.

[87] *J. Z. Smith*, Imagining Religion. From Babylon to Jonestown, Chicago/London 1982, xi.

gehen kann, sondern vielmehr darum, kritisches Wissen zu produzieren, das Interventionen und Veränderungen ermöglicht.[88]

Nach Žižek kann sich allerdings keine ideologiekritische Position mehr auf eine gegebene vorgängige Realität stützen, an der der Grad der ideologischen Verzerrung eines bestimmten Selbst- und Weltzugangs aufgezeigt werden könnte, sondern sie kann jeweils nur die Stelle aufzeigen, an der die symbolische Ordnung, durch die Verkörperung ihrer Unmöglichkeit, geschlossen wird. Diese Schließung ist notwendig, um überhaupt ein handlungsfähiges Subjekt zu ermöglichen, doch geht das Subjekt in dieser Schließung nicht auf. Žižeks Überlegungen zur konstitutiven Unabgeschlossenheit des Subjekts wie der symbolischen Ordnung dient als Fundamentalanfrage an alle ideologiekritischen Ansätze, die in irgendeiner Art und Weise auf eine vorgängig gedachte Realität verweisen. Das bedeutet aber auch, dass Ideologie von der Repräsentationsproblematik zu trennen ist. Es ist, wie anschließend an die poststrukturalistische Semiotik in der Lesart von Laclau gezeigt wurde, unmöglich, einem Element eine ›wahre‹ Bedeutung zuzusprechen, sondern seine Bedeutung ist abhängig von dem Kampf um die Hegemonie innerhalb einer symbolischen Ordnung. Žižek sieht nun die Aufgabe wissenschaftlicher Kritik darin, dass, auch wenn es keine klare Trennlinie zwischen Ideologie und Realität gibt und Ideologie in allen Äußerungen, auch den wissenschaftlichen, immer schon am Werk ist, wir doch die Spannung, die die Ideologiekritik am Leben hält, aufrecht erhalten müssen. Das bedeutet aber, dass auch Religionswissenschaft in dem diskursiven Feld, in dem sie sich bewegt, unter dem Aspekt der Ideologiekritik gesehen werden muss. Sie kann keine Metaperspektive einnehmen.

> »... this place from which one can denounce ideology must remain empty, it cannot be occupied by any positively determined reality ... the extra-ideological point of reference that authorizes us to denounce the content of our immediate experience as ›ideological‹ – is not ›reality‹ but the ›repressed‹ real of antagonism«.[89]

Ernesto Laclau hat dieses Argument Žižeks in *Tod und Wiederauferstehung der Ideologietheorie* folgendermaßen zusammengefasst:

> »Die Kritik dieses Ansatzes beginnt nun mit der Negation solch einer metalinguistischen Ebene, indem sie zeigt, dass die rhetorisch-diskursiven Mittel eines Textes irreduzibel sind und es folglich keinen extra-diskursiven Grund gibt, an dem Ideologiekritik ansetzen könnte.«[90]

---

[88]   *A. Hepp / C. Winter,* Cultural Studies als Projekt. Kontroversen und Diskussionsfelder, in: *Dies. (Hg.),* Die Cultural-Studies-Kontroverse, Lüneburg 2003, 11.

[89]   *S. Žižek,* The Spectre of Ideology, 1994, 17.25.

Wenn Religionswissenschaft mit Begriffen wie ›Hinduismus‹ und ›Religion‹ umgeht, und sie muss das tun, wenn auch nur bedingt im Sinne eines ›strategischen Essentialismus‹, wie Gayatri Spivak ihn vorschlägt, und wenn sie anerkennt, dass ihre Gegenstände sich nicht außerhalb jeglicher diskursiver Bindung des Auftauchens als Gegenstände konstituieren können, dann wird sie dabei zum einen ihre Verwobenheit mit kolonialen Strukturen als ihre eigene historisch gewordene Diskursformation anerkennen müssen, zum anderen wird sie sich der Aufgabe stellen müssen in Bezug auf postkoloniale/globalisierte Kontexte, die phantasmatischen Identitätspositionierungen, die die Unmöglichkeit einer geschlossenen Ordnung negieren, aufzuweisen und in Frage zu stellen. Da es nicht möglich ist, auf eine vorgängige, lediglich durch die Ideologie verzerrte Realität zu referieren, kann Religionswissenschaft auch nicht beanspruchen, einen eigenen, nichtideologischen Gegenentwurf anzubieten,[91] sondern sie kann nur darauf beharren, dass die Differenz zwischen Realem und Symbolischem aufrecht erhalten wird. Zumindest die eineinhalb Götter aus dem Bṛhadāraṇyaka Upaniṣad sollten zu denken geben.

---

[90] *E. Laclau,* Tod und Wiederauferstehung der Ideologietheorie, in: *Ders.,* Emanzipation und Differenz, Wien 2002, 174–200, 176.
[91] *R. Heil,* Subjekt und Ideologie. Althusser-Lacan-Žižek, (unveröffentlichtes Manuskript), 70.

Praktische Theologie

»Gott …«

Zur Prägnanz der Gottesanrede in der Liturgie

Ursula Roth

›Praegnans‹ ist lateinisch und bedeutet: schwanger, voll von etwas, gedrängt. Das Wörterbuch der deutschen Sprache notiert: kurz und treffend. Soviel vorweg.

Aus der Alten Kirche ist als Gebetsanrede überliefert: »Allmächtiger Gott, Wahrhaftiger und Unvergleichlicher, überall Seiender und Allgegenwärtiger, und in keinem als Wesenhaftes Bestehender, durch Räume nicht Umschriebener und mit den Zeiten nicht Alternder, durch Jahrhunderte Unbegrenzter, durch Worte Unverfügbarer, der Zeugung nicht Unterworfener, des Schutzes nicht Bedürftiger, den Untergang Überragender, dem Wechsel Unerreichbarer, von Natur aus Unsichtbarer, Bekannter aller Dich aufrichtig suchenden vernünftigen Geschöpfe, Begriffener von den in Aufrichtigkeit Dich Suchenden, Gott Israels, des wahrhaft sehenden, des an Christus glaubenden Volkes …«[1] Dann erst folgte die Bitte. Gottesanreden wie diese sind selten geworden. Kürzer sind sie heute. Sind sie auch prägnanter?

1 Orientierungen

Wer in aktuellen Agenden und liturgischen Textsammlungen blättert, stößt auf eine Fülle unterschiedlicher Gottesanreden. Alte und neue, traditionelle und unkonventionelle, schlichte und komplexe, abstrakte und bilderreich konkrete. Solche, die vertraut sind, und solche, die eingefahrene Hörgewohnheiten

---

[1] Zitiert nach *H.-L. Kulp*, Das Gemeindegebet im christlichen Gottesdienst, Leiturgia II, Kassel 1955, 355–415, 379.

bewusst aufbrechen, das Rezeptionstempo drosseln, Wahrnehmung »deautomatisieren«[2].

Aus urchristlicher Zeit tradierte Gebetsanreden – Herr, Vater, Gott, Kyrie, später auch Christus. Ganz schlicht als bloßer Vokativ oder mit Pronomen – *unser* Gott, *unser* Vater – mit attributiven Adjektiven ergänzt – gnädiger Gott / großer Gott / treuer Gott / unerforschlicher Gott / verwundbarer Gott / wunderbarer Gott. Aus diesen entstandene Standardformeln wie: allmächtiger Gott und barmherziger Vater, oder: Herr Gott, himmlischer Vater.

Tradition haben auch Genitivverbindungen – Gott des Friedens und der Freude / Gott des Heils und der Gerechtigkeit / Gott des Lebens und der Hoffnung / Gott der Klarheit / Gott der Wahrheit und der Liebe / Gott der Zeiten.

Präzisiert werden die Anreden auch durch ergänzende Appositionen: Gott, du Quelle unserer Hoffnung / Gott, du Quelle des Lichtes / Gott, du Licht in der Finsternis / Gott du Atem der Ewigkeit / Gott, du Balsam unserer Seele / Gott, du Mund der Stummen / Gott, du Stütze, wenn alles wankt / Gott, du Trost deiner Kirche / Gott, du Beistand aller, die dich brauchen / Gott, unser Befreier / Gott, unser Richter und Erretter / Gott, du Quelle ungeahnter Möglichkeiten / Gott, du Lebenshauch des Paradieses / Gott, du Freund der Ordnung, die das Leben schützt / Gott, Vater und Mutter / Gott, meine gute Stille / Gott, meine quellende Mutter / Gott, du meine Freundin und meine Schwester / Gott, Freundin der Menschen, Freund dieser Erde / Gott, Sophia–Weisheit, Gebärerin des Lichts / Jesus Christus, unser Heiland und Erlöser / Christe, du Lamm Gottes / Jesus Christus, unser Bruder und Freund.

Manche Gebete wenden sich an die dritte trinitarische Person – Geist der Wahrheit / Geist Gott, schöpferische Ruach –, manche rufen Gott bei einem seiner Titel: Du Schöpfer aller Dinge, oder: König der Herrlichkeit, Herr aller Mächte.

Und manche verzichten ganz auf eine der klassischen personalen Gottesanreden und verwenden stattdessen andere Metaphern und Begriffe, um Gott zu benennen und dabei zugleich seine Unnennbarkeit zu wahren: Du Licht des Glaubens / Du nicht Vater nicht Mutter, Unperson alles ermöglichende Du / Kraft und Liebe, Geist und Körper, nie endende Kraft / strahlendes Licht immer da / strömende Energie.

Welche Gottesanreden sind prägnant und welche nicht? Die Frage gewinnt dann an Bedeutung, wenn Prägnanz zum Auswahlkriterium wird. Etwa bei der Auswahl oder Neuformulierung von Gebeten angesichts des agendarisch vorgegebenen Gestaltungsspielraums. Dann stellt sich schnell die Frage: Welche Formulierung ist prägnanter als die andere?

---

[2]   *M. Meyer-Blanck*, Zur Sprachqualität des Entwurfs Gottesdienstbuch, in: *J. Neijenhuis (Hg.)*, Erneuerte Agende im Jahr 2000?, Leipzig 1998, 53–64, 55.

Nun ist der Gestaltungsspielraum bei den Gottesanreden per se eingeschränkt. Wenn sie nicht schon mit dem tradierten Gebetstext festgelegt ist –
wie beim Vaterunser oder dem Kyrie –, unterliegt sie formalen und inhaltlichen
Vorgaben. Die Gottesanrede muss als solche klar erkennbar sein, teilweise gelten
traditionelle Formgesetze wie beim Kollektengebet. Gerne wird die Anrede auch
auf die Gattung und den Inhalt des Gebets abgestimmt. Die Bitte um Vergebung
der Sünde wird womöglich andere Gottesanreden nahelegen als das Abend-
mahlsgebet oder das Fürbittengebet. Das Evangelische Gottesdienstbuch empfiehlt generell, einen vom Sonntagsproprium her entwickelten thematischen roten Faden auch in den Gottesanreden abzubilden. Doch über diese Vorgaben
hinaus gibt es auch grundsätzliche Argumente dafür, eine Gottesanrede anderen
vorzuziehen.

2 Argumente, Modetrends und Geschmacksurteile

Jeder hat so seine eigenen Präferenzen. Der eine bevorzugt die Anrede ›Vater‹
und kann sich dabei auf die Gebetspraxis Jesu, auf das Vaterunser[3], aber auch
auf die Einschätzung Luthers und Calvins berufen.[4] Mit der Vateranrede sei das
Bild eines liebenden, barmherzigen und fürsorgenden Gottes verbunden, dem
der Mensch nicht angstvoll, sondern vertrauend gegenüberstehen dürfe. Und
mit ihr komme die als Gotteskindschaft verstandene Beziehung zwischen
Mensch und Gott pointiert zum Ausdruck.[5]

Andere hören die Vateranrede anders. Nicht wenigen ist sie – zum Teil aufgrund eigener Erfahrung – mit Vorstellungen von Strenge und Autorität überlagert, Vorstellungen, die nicht Vertrauen und Liebe, sondern Angst und
Scham hervorrufen. Das Vaterbild verstärke ein einseitig männliches, patriar-
chales Bild von Gott und behindere so die religiöse Entfaltung von Frauen – und
von Männern. In Frauenliturgien[6] und gendergerecht gestalteten Gottesdiensten gibt es dementsprechend immer wieder Versuche, durch die Hervorhebung der mütterlichen, weiblichen oder einfach nur genderindifferenten Seiten

---

[3]   *E. von der Goltz*, Das Gebet in der ältesten Christenheit. Eine geschichtliche Untersuchung, Leipzig 1901, 45.

[4]   Vgl. *H.-M. Barth*, Wohin – woher mein Ruf? Zur Theologie des Bittgebets, München
1981, 136ff.

[5]   Vgl. *R. Gebauer*, Art. »Gebet, III. Neues Testament«, in: RGG, 4. Aufl., Bd. 3, Tübingen
2000, Sp. 488–491, 490.

[6]   Vgl. etwa *H. Rosenstock*, Feministische Impulse im Gemeindegottesdienst. Mutter –
Vater – Göttin – Gott – Freundin – Freund – …, in: *R. Jost / U. Schweiger (Hg.)*, Feministische
Impulse für den Gottesdienst, Stuttgart u. a. 1996, 23 f.

des jüdisch-christlichen Gottesbildes Vereinseitigungen entgegenzuwirken. In Folge der feministischen Vaterkritik wurde etwa im Evangelischen Gottesdienstbuch die im Vorentwurf noch prominent platzierte Vateranrede deutlich reduziert.[7]

Die Anrede ›Herr‹ galt vielen besonders vor einigen Jahrzehnten als prägnant, sie war die Standard-Anrede. Ob im Eingangsgebet, im Kyrie, im Kollektengebet, in den Abendmahlsgebeten, im Dankgebet, als Gebetsruf des Fürbittengebetes – die Anrede ›Herr‹ war nahezu omnipräsent.

Die Durchsetzungskraft dieser Anrede gründet besonders in ihrer semantischen Offenheit. Zum einen schließt sie an das alttestamentliche Adonai/Kyrios/Herr an. Zum anderen rekurriert sie auf die neutestamentliche Identifizierung Jesu mit dem Kyrios. Dass Jesus der Herr ist, gehört zu den ältesten christlichen Bekenntnisaussagen[8] überhaupt. Die alttestamentliche Gottesbezeichnung ›Herr‹ (Kyrios) wird mittels der Interpretatio Christiana zum Teil auf Jesus übertragen und die entsprechenden Texte im christologischen Sinn rezipiert.[9]

Die Gottesanrede ›Herr‹ lässt sich vielfältig füllen und ist durch entsprechende Beifügungen unterschiedlich profilierbar: Unser Herr Jesus Christus, oder eben: Herr Gott, himmlischer Vater. Das macht die Anrede ›Herr‹ anschlussfähig für unterschiedliche Ausprägungen des christlichen Gottesbildes.

In den vergangenen Jahrzehnten wurde die Gottesanrede ›Herr‹ im Kontext der politisch akzentuierten Gottesdienstkultur wiederentdeckt. Als grundlegend herrschaftskritische Anrede bringe sie pointiert zum Ausdruck, dass der christliche Glaube mit politisch-ideologischen Allmachtsphantasien unvereinbar ist. Das Bekenntnis zu Gott, dem Herrn, impliziere den Widerspruch gegen absolut gesetzte Herrschaftsverhältnisse auf Erden.

Gleichzeitig gab es jedoch kaum eine Gottesanrede, die so viel Kritik auf sich zog wie die an den ›Herrn‹[10]. Gerade die semantische Offenheit sei ein Hindernis für das Gebet. Wer etwa mit dem Kyrieruf gemeint ist, bleibe vielen Gottesdienstteilnehmern ebenso unklar wie beim Gebetsruf ›Herr, wir bitten dich‹. Die Anrede ›Herr‹ sei außerdem durch ihren Dauergebrauch längst überstrapaziert und zur monotonen, nahezu bedeutungslosen stereotypen Phrase erstarrt.

---

[7]   F. Schulz, Einführung in die Endfassung der Erneuerten Agende (Gottesdienstbuch) als Fortschreibung des Vorentwurfs: Ein Überblick, in: J. Neijenhuis (Hg.), Erneuerte Agende im Jahr 2000?, Leipzig 1998, 9–21, 17 ff.

[8]   Vgl. F. Hahn, Theologie des Neuen Testaments, Bd. 1, Tübingen 2002, 135.

[9]   Vgl. ders., Theologie des Neuen Testaments, Bd. 2., Tübingen 2002, 131.

[10]   Vgl. etwa P. C. Bloth, Gebetstheologische Aspekte der Liturgie und des Neuen Testaments, in: F. W. Bargheer / I. Röbbelen (Hg.), Gebet und Gebetserziehung, Heidelberg 1971, 48–75, 58.

Zudem suggeriere sie zwischen Gott und Mensch ein Herr-Knechts-Verhältnis, das politisch immer wieder missbraucht wurde. Im Evangelischen Gottesdienstbuch wurden aufgrund dieser Problematik beide Anreden – ›Herr, unser Gott‹ wie auch die Formulierung ›Herr Jesus Christus‹ – vielfach ersetzt.[11]

Das Gebet der frühen Christenheit war von Anfang an eng auf Christus bezogen. Man betete zu ›Gott, dem Vater unseres Herrn Jesus Christus‹ oder rief zu Gott ›durch Jesus Christus‹ bzw. ›im Namen unseres Herrn Jesus Christus‹[12]. Doch auch das Gebet *zu* Christus findet sich ansatzweise in den Texten des Neuen Testaments[13] und darf auch für die ersten Jahrhunderte vorausgesetzt werden: weniger als Element der offiziellen Liturgie – Christus galt dort eher als Mittler, nicht als Adressat des Gebets –, wohl aber als Bestandteil des Volksgebets, im christologisch gedeuteten Psalmgebet sowie in Hymnus und Akklamation.[14]

Die Frage nach dem an Christus gerichteten Gebet stellte sich neu im Vorfeld des Evangelischen Gottesdienstbuchs. Die Kritik von Seiten des christlich-jüdischen Dialogs an der Vielzahl von Christusgebeten[15] führte zu deren deutlicher Reduzierung. Doch was die einen als Erfolg des christlich-jüdischen Dialogs verbuchen, beklagen andere als ›Entchristologisierung‹ des gottesdienstlichen Gebets. Ein »wesentliches Element der christlichen Gebetstradition und vor allem der evangelischen Gesangbuchfrömmigkeit« drohe dadurch verloren zu gehen, so Frieder Schulz im Blick auf die Gebete des Gottesdienstbuches.[16]

Nicht zuletzt durch die liturgiepolitisch begründete Reduzierung der Anreden ›Vater‹, ›Herr‹ und ›Christus‹ ist die gegenwärtig häufigste Gottesanrede die

---

[11]   Vgl. *H. Schwier*, Die Erneuerung der Agende. Zur Entstehung und Konzeption des »Evangelischen Gottesdienstbuches«, Hannover 2000, 476 f., sowie *F. Schulz*, a. a. O. (s. Anm. 7), 17 ff.

[12]   Vgl. *F. Hahn*, a. a. O. (s. Anm. 9), 578 f., sowie *E. von der Goltz*, a. a. O. (s. Anm. 3), 94.

[13]   Vgl. den Gebetsruf Maranatha, das Gebet des sterbenden Stephanus sowie Paulus, der aufgrund seiner Krankheit den Herrn dreimal angefleht habe, dazu *F. Hahn*, a. a. O. (s. Anm. 9), 578 f.

[14]   Vgl. *B. Kranemann*, Liturgisches Beten zu Christus? Zur Theozentrik und Christozentrik liturgischen Betens, in: Kirche und Israel 7 (1992), 45–60, 52; sowie *J. A. Jungmann*, Die Stellung Christi im liturgischen Gebet, 2. Aufl., Münster 1962: »Das an Christus gerichtete Gebet ist bis ins vierte Jahrhundert zwar im Beten des einzelnen ebenso wie in Hymnus und Akklamation durchaus geläufig; im amtlichen Gebet des Leiters der gottesdienstlichen Versammlung ist es nicht nachweisbar. Für letzteres ist das Gott ›durch Christus‹ dargebrachte Gebet die Regel.« (XV)

[15]   *H. Schwier*, a. a. O. (s. Anm. 11), 321.

[16]   *F. Schulz*, Das Gebet, in: *H.-Chr. Schmidt-Lauber / M. Meyer-Blanck / K.-H. Bieritz (Hg.)*, Handbuch der Liturgik. Liturgiewissenschaft in Theologie und Praxis der Kirche, 3. Aufl., Göttingen 2003, 742–762, 760.

an ›Gott‹[17]. Die geschlechtsspezifische Unauffälligkeit der Anrede ist vielen willkommen, manch einer kann sich nicht nur aufgrund des Genderaspekts, sondern aus rein ästhetischen Gründen für dieses – Zitat Fulbert Steffensky – »einfache, geheimnisvolle und unauslotbare Wort«[18] ›Gott‹ begeistern. Andere halten das einsilbige Wort für blass, undeutlich und theologisch fragwürdig.[19] Manche schätzen die Verbindung mit klassisch-traditionellen Attributen wie ›allmächtiger und ewiger Gott‹, andere bevorzugen eine erfahrungsbetont-lebensnahe Anrede wie ›Gott, du zärtliche Nähe‹. Manche kritisieren die Strenge und Unnahbarkeit traditioneller Anreden, andere beklagen in den neueren Gottesanreden den Trend zur Kuschelgott-Semantik[20].

›Vater‹, ›Herr‹, ›Gott‹. – Welche der Gottesanreden man selbst als prägnant empfindet, und ob ganz pur oder mit attributiven Ergänzungen, scheint von ganz unterschiedlichen Variablen abzuhängen: dem eigenen Gottesbild, der Vertrautheit mit liturgischen Modetrends, der eigenen religiösen Sozialisation und dem dadurch gewachsenen individuellen Frömmigkeitsstil, dem eigenen sprachlich-ästhetischen Geschmack, bei Theologen hat sicher auch die Sympathie mit bestimmten theologischen Lehrmeinungen Einfluss auf die Gestaltung von Gebetstexten.

Es fällt schwer, die theologisch-inhaltlichen Argumente für und gegen die eine oder die andere Gottesanrede jenseits der eigenen Präferenz zu gewichten. Zu leicht gerät man zwischen die Fronten manch unfruchtbarer dogmatischer,

---

[17]   Vgl. *J. Stalmann*, Herr des Himmels oder Freundin der Menschheit? Zur Gottesanrede in der Liturgie, II., in: Zeitschrift für Gottesdienst und Predigt 16 (1998/5), 13–16, 14.

[18]   *F. Steffensky*, Herr des Himmels oder Freundin der Menschheit? Zur Gottesanrede in der Liturgie, I., in: Zeitschrift für Gottesdienst und Predigt 16 (1998/5), 12 f., 12.

[19]   Vgl. etwa die Kritik von *B. Weyel*, Welche Agende brauchen wir 2017?, in: *M. Meyer-Blanck / K. Raschzok / H. Schwier (Hg.)*, Gottesdienst feiern. Zur Zukunft der Agendenarbeit in den evangelischen Kirchen, Gütersloh 2009, 150–164: Die Reduzierung auf die Anrede ›Gott‹ habe »dazu geführt dass die Gottesanrede jeder poetischen Kraft beraubt wurde. Auch theologisch, nicht nur sprachlich ist es ein Problem, wenn Gott nur noch als ›Gott‹ angeredet wird und keineswegs mehr erkennbar wird, um wen es sich hier eigentlich handelt: den christlichen Gott, der sich in seiner Geschichte mit den Menschen bereits vielfältig als gütiger und barmherziger Gott gezeigt hat, so dass seine Anrufung plausibilisiert würde. Oder irgendeine anonyme Gottheit.« (155 f.)

[20]   Vgl. *F. W. Graf*, Kirchendämmerung. Wie die Kirchen unser Vertrauen verspielen, München 2011: »[…] sprach man auf den Kanzeln einst vom allmächtigen Schöpfer Himmels und der Erden, der zugleich Richter und Retter, gnädiger Vater und zorniger Rächer sei, so wird Gott nun primär als allumfassende Liebe bezeugt. Viele protestantische Prediger preisen den einen Gott zunehmend als einen Kuschelgott, an dem wer auch immer sich fröhlich erwärmen kann.« Verkündigt werde »ein trostreicher Heizkissengott für jede kalte Lebenslage« (37 f.).

liturgiehistorischer und liturgiepolitischer Diskussionen. Ich möchte daher einen anderen Weg einschlagen, um einen Maßstab für die Prägnanz der Gottesanrede zu finden.

3 Die Prägnanz der Gottesanrede – funktionale Differenzierungen

3.1 Beten

Lange vor John Austin und John Searle hatten Hermann Cohen und Franz Rosenzweig den pragmatischen Aspekt des Gebets herausgearbeitet und das Gebet als ›Sprachhandlung‹ bestimmt. Das Gebet sei keine Mitteilung, sondern stifte eine Beziehung. An diese Einsicht knüpfte in den 1980er Jahren der Religionsphilosoph Richard Schaeffler in seiner Theorie des Gebets an.[21] Gebete sind in erster Linie nicht von ihrem propositionalen Gehalt, sondern von ihrem Handlungsaspekt her zu verstehen. Sie sind nicht wahr oder falsch, sondern sie gelingen oder eben nicht. Der Gottesanrede komme dabei, so Schaeffler, eine entscheidende Funktion zu.

Um das Phänomen der Gebetsanrede zu verstehen, verweist Schaeffler auf die namentliche Anrede überhaupt. Wer einen anderen mit Namen – Hans, Grete – oder mit einem Namensäquivalent – Herr Kollege, Liebling – anspricht, identifiziert ihn oder sie mit jemandem, den oder die er bereits kennt. Die Anrede macht dabei nicht nur deutlich, *dass* man den anderen / die andere bereits kennt, sondern verrät auch, als *was*, *wie* man ihn oder sie kennt; die Anrede erinnert an bisherige Erfahrungen mit dem anderen und ruft die Vergangenheit als Verstehenshorizont für die gegenwärtige Begegnung auf.[22] Sie reiht die gegenwärtige Begegnung in die Geschichte mit dieser Person ein.

Schaeffler überträgt das auf die Gottesanrede im Gebet und arbeitet deren beziehungsstiftenden und zugleich anamnetischen Charakter heraus. Die Gebetsanrede konstituiert ähnlich dem zwischenmenschlichen Begrüßungsritual eine Beziehung, indem sie Gott als anwesenden Gesprächspartner benennt und ihn mittels des Namens oder eines Namensäquivalents als ein von früheren Be-

---

[21]   Vgl. *R. Schaeffler*, Das Gebet und das Argument. Zwei Weisen des Sprechens von Gott. Eine Einführung in die Theorie der religiösen Sprache, Düsseldorf 1989; *ders.*, Religionsphilosophie, Freiburg i. Br. / München 1983, 174 ff., sowie *ders.*, Kleine Sprachlehre des Gebets, Trier 1988.

[22]   Vgl. *R. Schaeffler*, Das Gebet und das Argument (s. Anm. 21): »Die Sprachhandlung des Anrufens beim Namen stellt so eine gegenwärtige Erfahrung in Zusammenhang mit anderen vergangenen und künftigen Erfahrungssituationen und stiftet durch Identifikation des Gegrüßten Kontinuität einer Erfahrungsreihe, möglicherweise über längere Unterbrechungen hinweg.« (110)

gegnungen bekanntes Gegenüber identifiziert. Gott wird als derjenige angerufen, den man bereits kennen gelernt hat, der einem vertraut ist.

Insbesondere Possessivausdrücke[23] – mein Gott, unser Vater – seien dabei geeignet, den Rekurs auf die eigene Erfahrungswelt zum Ausdruck zu bringen, da sie das religiöse Subjekt mit repräsentieren, ja in gewisser Weise qua Sprachhandlung allererst konstituieren.[24]

Der propositionale Gehalt der Anrede ist dabei keineswegs ohne Belang. Für den einzelnen Beter ist es von großer Bedeutung, welchen Namen, welches Bild, welche Adjektive er für die Anrede Gottes im Gebet verwendet. Ob es sich um ein frei formuliertes oder ein tradiertes Gebet handelt – Gebet und Gebetsanrede werden in der Regel so gewählt, dass sie sich auf die bisherigen Erfahrungen mit Gott beziehen lassen, dass sich in der Anrede die bisherigen Erfahrungen mit Gott wie in einem Brennspiegel bündeln und sich wie in einer ›Ultrakurzgeschichte‹[25] vergegenwärtigen.

Prägnant ist die Gottesanrede im Gebet demzufolge dann, wenn es ihr gelingt, in der Kürze einer Anrede die Identität des Angeredeten mit dem bisher erfahrenen Gott sicherzustellen und dadurch den aktuellen Kontakt zu Gott als Fortsetzung einer Reihe von Begegnungen mit ihm zu verstehen. Prägnant heißt dann tatsächlich: gefüllt, gedrängt – schwanger mit religiösen Erfahrungen. Die Prägnanz der Gottesanrede lässt sich so gesehen nur im Rekurs auf die jeweils prägenden Gottesbilder benennen. Prägnant ist jene Gottesanrede, die – bezogen auf die eigene Gottesgeschichte – zugleich expressiv und affirmativ ist.

Das bedeutet nicht, dass sich als Gottesanreden nur bekannte und vertraute Namen, Bilder, Begriffe für Gott eignen. Nein, auch Neues und Ungewohntes lässt sich für die Anrede Gottes verwenden, sofern sich darin bisherige Erfahrungen mit Gott blitzlichtartig widerspiegeln, inspirierend zusammenfügen und wie unter einer neuen Überschrift neu lesbar und verstehbar werden.

Prägnanz ist keine objektive, sondern eine höchst subjektive Kategorie, deren Sinn sich nur vom Bezug auf das Sprechersubjekt und dessen Erfahrungskontext erschließt. Mit der neuzeitlichen Individualisierung und Pluralisierung religiöser Erfahrungswelten lassen sich keine Gottesanreden als an und für sich prägnant benennen. Nur vor dem Hintergrund des jeweiligen Frömmigkeitsstils erweist sich die namentliche Anrufung Gottes als prägnant, treffend, individuell füllbar oder nicht.

---

[23] Ebd. 136 ff.

[24] Ebd. 139 ff.

[25] Vgl. *Ph. Stoellger*, ›Im Namen Gottes‹. Der Name als Figur des Dritten zwischen Metapher und Begriff, in: *I. U. Dalferth / Ph. Stoellger (Hg.)*, Gott nennen. Gottes Namen und Gott als Name, Tübingen 2008, 249–285, 264.

3.2 Gemeinsam beten

Auch wenn die jüdisch-christliche Gebetspraxis von ihrem Ursprung her im Kultus gründet und ein kultisch eingebundenes oder zumindest kultisch angebundenes Gebet war,[26] hat sich das Verhältnis längst umgekehrt: Theologisch gilt als Grundform des Gebets das private Gebet des Einzelnen.[27] Beten zählt heute zu den intimsten und damit auch sensibelsten Frömmigkeitshandlungen.

Die Privatisierung der Gebetspraxis zeichnet sich bereits im Zug der Entwicklung der jüdischen Gebetskultur ab, sie begegnet in den neutestamentlichen Gebetsparänesen, sie zeigt sich markant in Luthers, Zwinglis und Calvins Hochschätzung des Gebets als persönliche Zwiesprache mit Gott, und sie prägt in besonderem Maße die Gebetspraxis des neuzeitlichen Christentums. Das gemeinschaftliche Gebet im Gottesdienst leitet sich von der privaten Gebetspraxis ab, ist auf diese bezogen und nur von ihr her begreifbar. Das Gebet im Gottesdienst zielt letztlich auf das gleichzeitige Gebet vieler Einzelner ab. Diese Priorität des privaten Gebets verleiht dem gemeinsamen Gebet im Gottesdienst eine komplexe Struktur.

Das zeigt sich bereits in der liturgischen Aufforderung zum Gebet. Mit den Kohortativ-Formeln ›Lasst uns beten‹, ›Wir wollen beten‹ oder dem indikativischen Imperativ ›wir beten‹ gibt die Liturgin zunächst so etwas wie eine Regieanweisung für das nun folgende liturgische Stück, sie markiert eine Schwelle von einem liturgischen Abschnitt zum nächsten.

Über die Ankündigung des Abschnittswechsels im liturgischen Ablauf hinaus markiert sie aber auch einen Wechsel des Sprechersubjekts. Mit der Gebetsaufforderung bringt sie auch zum Ausdruck, dass das folgende Gebet *nicht* als ihr privates Gebet verstanden werden soll. Die liturgische Einleitung ist eine liturgische Einladung. Die Formel ›Lasst uns beten‹ dient dazu, dem folgenden Text einen erklärenden Subtext voranzustellen: ›Ich spreche nun einen Text, der so konzipiert ist, dass er für jede und jeden zum eigenen Gebet werden könnte, und ich lade alle ein, sich mit dem Sprecher-Ich oder Sprecher-Wir des Textes zu identifizieren und das Gebet gedanklich als das je eigene mitzusprechen‹. Die Aufforderung zum Gebet markiert einen Wechsel des Sprechersubjekts –

---

[26]   Das jüdische Psalmgebet war von Anfang an auf den Kultus bezogen, nicht in erster Linie private Praxis, vgl. *H. Graf Reventlow*, Art. »Gebet, II. Altes Testament«, RGG, 4. Aufl., Bd. 3 (2000), 485–488, 486 f.

[27]   Vgl. exemplarisch *G. Ebeling*, Dogmatik des christlichen Glaubens, Bd. 1, Tübingen 1979. Ihm zufolge »ist das Gebet des Einzelnen ohne anwesende Zeugen die Grundform des Betens.« (201) Ebenso *W. Weischedel*, Vom Sinn des Gebets, in: *Ders.*, Wirklichkeit und Wirklichkeiten. Aufsätze und Vorträge, Berlin 1960, 152–157, 155. Auch Luther, Zwingli und Calvin sprachen dem Gebet des Einzelnen einen Vorrang vor dem gemeinschaftlichen Gebet zu, vgl. dazu *J. Wallmann*, Art. »Gebet, IV. Kirchengeschichte, 2. Reformation bis Neuzeit«, RGG, 4. Aufl., Bd. 3, Tübingen 2000, 492–494, 493.

von der Liturgin hin zum Gemeindekollektiv – sowie einen kommunikations-praktischen Richtungswechsel – das Gegenüber von Liturgin und Gottesdienstgemeinde öffnet sich zur Kommunikation zwischen Gemeinde und Gott.

Neben dem Gemeindegesang sind vor allem die Gebete der Ort der aktiven Beteiligung der Gemeinde. Die Aufforderung zum Gebet verlangt vom Einzelnen eine körperliche Aktion: aufstehen, evtl. die Hände falten, den Blick senken. Die Formel fordert sodann dazu heraus, sich mit der eigenen Stimme zu beteiligen: das Gebet auswendig oder von einer Vorlage mitzusprechen, bei den Fürbitten den der Gemeinde zugedachten Gebetsruf zu übernehmen oder zumindest durch das abschließende ›Amen‹ den gehörten Text nachträglich als eigenen zu bestätigen. Die Aufforderung zum Gebet zielt schließlich darauf ab, durch das innere Mitsprechen aktiv zu werden und sich mit dem im Text fiktiv gesetzten Betersubjekt zu identifizieren. Im Akt des Hörens sollen die Hörenden zugleich innerlich Mitsprechende werden, sollen sie gehörte fremde Worte stante pede zu gesprochenen eigenen Worten machen.

Je nachdem, wie vertraut die Gottesdienstteilnehmer mit der Praxis des Betens sind, je nachdem, in welchem Maß das Gebet Bestandteil der je eigenen Frömmigkeitspraxis ist, wird es den Anwesenden mehr oder weniger leicht fallen, der Aufforderung zum Gebet nicht nur durch äußere Aktion, sondern auch durch innere Beteiligung nachzukommen.

Prägnant ist eine Gottesanrede so gesehen dann, wenn es ihr gelingt, möglichst viele zur nicht nur leiblichen, sondern auch innerlichen Beteiligung am Gebetsakt zu bewegen. Ihre Prägnanz ist davon abhängig, in welchem Maß sie sich auf unterschiedliche Frömmigkeitsprofile beziehen lässt und für Menschen mit unterschiedlichen Gottesbildern, religiösen Erfahrungshorizonten und unterschiedlichen Gebetsroutinen als Projektionsfläche für das je eigene Gebet zu fungieren vermag.

Prägnant ist die Gottesanrede, wenn Menschen unterschiedlichen Alters, Bildung, Milieuzugehörigkeit, Kirchenverbundenheit sie als Ausdruck der eigenen Beziehung mit Gott wiedererkennen können und sie ihnen zum Impuls für die eigene Aufnahme einer Beziehung zu Gott wird. Die Gebetsanrede muss also gerade *in* ihrem expressiven und affirmativen Gehalt ein integratives Potential besitzen.

Das gottesdienstliche Gebet ist kein Ort, um kritisch an Gottesbildern zu arbeiten, sie liturgisch korrekter und dogmatisch unbedenklicher zu machen, keine Stellschraube für Reformen. Raum für die kritische Auseinandersetzung mit den Chancen und Grenzen unterschiedlicher Gottesbilder bieten die verschiedenen Felder der kirchlichen Bildungsarbeit und die unterschiedlichen Formate der Verkündigungspraxis. Dort eher reflexiv, argumentativ und analytisch, hier eher narrativ, deskriptiv, meditativ.

Die Prägnanz der Gottesanreden bemisst sich nicht nach der persönlichen Glaubensüberzeugung des Liturgen oder der Agendenväter und -mütter, sondern

nach den unterschiedlichen in der Gottesdienstgemeinde beheimateten Fröm-
migkeitsstilen. Liturginnen und Liturgen sind herausgefordert, sich eine Sensibilität für religiöse Semantik und eine entsprechende Sprachfähigkeit anzueignen, die sie befähigt, jenseits ihres eigenen religiösen Sprachstils für mehr oder
weniger homogene Gruppen solche Gebete auszuwählen oder eigenständig zu
formulieren, die von möglichst allen Beteiligten als treffend, als sie und ihre Beziehung zu Gott treffend gehört und mitgesprochen werden können.

3.3 Öffentlich beten

Christlicher Gottesdienst ist öffentlicher Gottesdienst. Praktisch eingelöst wird
das dadurch, dass der Gottesdienst bedingungslos offen ist für unterschiedliche
Formen der Teilnahme. Die Gottesdienstbesucherinnen und Gottesdienstbesucher haben nicht nur die Möglichkeit, sich aktiv an der Liturgie zu beteiligen,
sondern es steht ihnen ebenso offen, sich *nicht* zu beteiligen und in mehr oder
weniger kritischer, vielleicht auch nur indifferenter Distanz zu bleiben – durchgehend oder auch nur für bestimmte Sequenzen im Ablauf des Gottesdienstes.

Wem die liturgischen Traditionen fremd sind und wer im liturgischen Rol-
lenspiel zwischen Liturg und Gemeinde ungeübt ist, wird sich besonders bei jenen Stücken im Gottesdienst, in denen die Agende die sichtbare und hörbare
Beteiligung der Gemeinde vorsieht – Gesang, Gebet, Abendmahl – lieber auf
eine Zuschauerrolle zurückziehen, mit aufgeschlagenem Gesangbuch dem Singen der anderen zuhören, zum gemeinsamen Vaterunser aufstehen, aber dann
doch lieber schweigen, während des Abendmahls die Austeilung lieber aus der
Ferne mitverfolgen.

Wer unter den Gottesdienstbesucherinnen und Gottesdienstbesuchern der
Einladung zum Gebet nicht nachkommen kann oder will, für den mag sich die
Gottesanrede zu Beginn des Gebets womöglich anders anhören. Als Darstellung
und Mitteilung, als Information, Demonstration, als Bekenntnis und Verkündigung: *so* rufen Christen zu Gott. Die Gottesanrede gibt in dieser Hinsicht Auskunft über das christliche Gottesbild, über die Beziehung, die sich in dieser Anrede zu erkennen gibt, über die Formen der Kommunikation zwischen Mensch
und Gott.

Für die Frage nach der Prägnanz der Gottesanreden spannt sich dadurch
ein ganz anderer Horizont auf. Von dieser Perspektive aus erscheint die Diskussion über die liturgiepolitische Korrektheit, die dogmatische Stimmigkeit und
die poetische Schönheit der Gottesanreden weit plausibler. Die anlässlich einer
Agendenreform jeweils anstehende kritische Überprüfung der Gebetstexte entspricht genau diesem Fragehorizont. Prägnanz meint dann, Dinge sprachlich so
auf den Punkt zu bringen, dass etwas repräsentativ für die Frömmigkeitspraxis
der Kirche stehen kann. Druckreif, zitationsfähig, theologisch abgesichert, nicht
zu altertümelnd, nicht zu neumodisch. Pointiert, profiliert, einladend.

4 Resümee

Prägnanz ist – auf die liturgischen Gottesanreden bezogen – ein vielschichtiger Begriff. Er lässt sich im Sinne der inhaltlichen Kohärenz ebenso verstehen wie im Sinne der textpragmatischen Anschlussfähigkeit an die Frömmigkeitsmuster der Rezipienten, er lässt sich als Maßstab für die dogmatische Richtigkeit ebenso begreifen wie als Verweis auf die poetische Schönheit der Anreden. Er hört sich an wie ein objektives Qualitätsmerkmal und ist doch nicht unabhängig vom konkreten Rezeptionshorizont zu erfassen. Der Begriff bleibt insgesamt unklar, unscharf. Er ist selbst – zumindest in diesem Kontext – gerade kein prägnanter Begriff! Doch gerade in dieser Vielschichtigkeit bereichert er den gottesdienst-theoretischen Diskurs, denn er erinnert an die Komplexität der Frage nach der Qualität liturgischer Sprache.

Prägnanz lässt sich immer nur gemeindebezogen und situationsgemäß bestimmen. Pfarrerinnen und Pfarrer benötigen daher eine Sensibilität für die Nuancen religiöser Sprache, um bei der Auswahl oder der Formulierung der Gebete den richtigen Ton zu treffen. Diese Sprachkompetenz zu entwickeln, ist eine der Kernaufgaben liturgischer Aus- und Fortbildung. Kein Ersatz, aber eine Hilfe wäre hierfür eine breit gefächerte Sammlung an Gebetstexten. Das gegenwärtige Gottesdienstbuch wird von vielen Pfarrerinnen und Pfarrern neben anderen Textsammlungen in dieser Weise genutzt.

Vor allem das fünfte und das siebte Kriterium des Evangelischen Gottesdienstbuchs – die Mahnung, niemanden durch Sprache auszugrenzen, sowie die Erinnerung daran, in der Gottesdienstpraxis der bleibenden Verbundenheit mit Israel Ausdruck zu verleihen – waren Grundlage für eine einschneidende Überarbeitung und Bereinigung der im Vorentwurf verwendeten Gottesanreden. Dabei zeichnete sich eine spezifische Verschiebung des frömmigkeitsstilistischen Spektrums ab. Impulse der Frauenliturgien und des christlich-jüdischen Dialogs wurden – vor allem bei den Tagesgebeten, aber auch bei den Abendmahlsgebeten – konsequent berücksichtigt, andere Gebetstraditionen dagegen, etwa das Gebet an Christus, an Gott, den Herrn, oder den Vater, wurden deutlich zurückgenommen. Diese Verschiebung war, so scheint es, vor allem liturgiepolitisch begründet, am öffentlichen Bild von Kirche orientiert, nicht an der tatsächlichen Verbreitung bestimmter Frömmigkeitstraditionen und nicht an den tatsächlichen Gottesdienstgemeinden.

Die Intention des Gottesdienstbuchs, der Pluralität christlicher Frömmigkeitskulturen gerecht zu werden, müsste meines Erachtens noch ausgeweitet werden. Noch vielfältiger wünsche ich mir die agendarischen Textvorschläge. Das Kriterium, niemanden auszugrenzen, sollte nicht am Genderaspekt enden, sondern auch die unterschiedlichen Frömmigkeitsstile im Blick haben – die an den althergebrachten Gottesbildern orientierten wie auch die schnellhin als Kuschelreligion diffamierten. Um gegen einseitige Gottesbilder etwas zu tun, gibt es viele Orte – das gottesdienstliche Gebet gehört nicht dazu.

Dass sich der Begriff der Prägnanz vor dem Hintergrund der sprechakttheoretisch grundierten Überlegungen zur Gottesanrede gerade *nicht* als objektives, situationsunabhängiges Kriterium für die Beurteilung der Qualität liturgischer Texte konturieren ließ, mag manchen enttäuschen. Doch öffnet sich vor diesem Reflexionshorizont erst der Blick auf die Komplexität liturgischer Praxisvollzüge und auf die Bedingungen deren Gelingens.

KEINE ANDEREN GÖTTER HABEN – ABER BEINAHE SEIN WIE GOTT

Menschenwürde im Gottesdienst

Wilfried Engemann

1 VORÜBERLEGUNGEN

Was würde wohl dabei herauskommen, wenn wir 1000 zufällig ausgewählte Gottesdienst- und Predigtentwürfe, die am kommenden Sonntag in den Gemeinden realisiert werden sollen, einer Ethik-Kommission vorlegten? Liturgische und homiletische Bemühungen gehören immerhin zu denjenigen Formen des Umgangs mit Menschen, die nicht ausgeübt werden können, ohne Menschen »näher zu treten«, sie zur Interaktion zu veranlassen, zentrale und intime Lebensfragen anzusprechen und dabei einen beträchtlichen Vertrauensvorschuss in Anspruch zu nehmen.

Damit sind Merkmale jener Berufe genannt, die im engeren Sinne als Professionen gelten und Grundbedürfnissen des Menschen gewidmet sind: Gesundheit, Recht, Bildung, Religion. Aufgrund ihrer Ansiedlung am »offenen Herzen« des Menschen, an der Eingangsstation von Wissen und Gewissen, an den Quellen der Seele, an den Ressourcen des Glaubens – also aufgrund ihrer privilegierten Funktion für das Leben von Menschen –, unterliegen die Berufe des Arztes, des Juristen, des Pädagogen und des Pfarrers strengen ethischen Grundsätzen.

Einer der wesentlichen Gründe für diese Strenge ist der Respekt vor der Menschenwürde. Die Arbeit mit oder am Menschen soll nicht nur irgendwie der Menschenwürde entsprechen, sondern es gibt Richtlinien, die festlegen, wie diese Arbeit zu leisten ist, damit die Gesundheit eines Menschen nicht leichtfertig gefährdet und sein Recht nicht beschnitten, damit sein Gewissen nicht korrumpiert und sein Glaube nicht manipuliert wird – kurz: damit der Menschenwürde Rechnung getragen wird.

Die Frage nach der ethischen Zulässigkeit oder Angemessenheit liturgisch-homiletischer Interaktionen wird kaum gestellt, es sei denn in verkürzter Form: als Frage nach der Moral, die es in der christlichen Glaubenskultur zu vermitteln gelte. Das ist erstaunlich angesichts des folgenreichen Umgangs mit Menschen, den Liturgie und Predigt intendieren, wenn sie sich routinemäßig mit Heil und

Heilung, Freiheit und Liebe, Schuld und Gewissen, mit Lebensführung und Glückseligkeit befassen.

Warum ist das so? Ist diese berufsethische Nonchalance vielleicht ein Zeichen dafür, dass die liturgische und homiletische Praxis als Kultur der Menschenwürde par excellence empfunden wird? Werden Gottesdienste eo ipso als menschenwürdig angesehen und gelten daher als Stabilisatoren des Sittlichen schlechthin? Oder ist die Frage nach der Menschenwürde im Kontext liturgisch-homiletischer Praxis deswegen nicht zu vernehmen, weil sich die Agierenden unbewusst auf die Seite Gottes schlagen, wenn sie beten und predigen, und eher den Respekt vor Gott, die Apologie seiner Würde im Kopf haben, als den vor der menschlichen Würde eines jeden einzelnen Anwesenden?

Wo immer die Gründe zu suchen sind, in historischen Entwicklungen, in theologischen Gewohnheiten oder in archaischen psychologischen Implikationen religiöser Praxis,[1] die mit dem Christentum gar nichts zu tun haben: Gemessen an dem Aufwand, den insbesondere Ärzte betreiben, um zu prüfen und zu bewerten, ob das, was sie vorhaben, mit einem Menschen gemacht werden darf, spielt der Respekt vor der Menschenwürde in der Reflexion der religiösen Praxis des Gottesdienstes keine nennenswerte Rolle.

Ohne jedes Pathos und ohne Ausrufung eines theologischen Skandals vertrete ich die Auffassung, dass die Menschenwürde in der gottesdienstlichen Praxis häufiger verletzt wird, als das durch die jeweils »Erniedrigten und Beleidigten« – z. B. durch Verlassen der Kirche – signalisiert wird. Auf der anderen Seite bin ich der Überzeugung, dass Liturgie und Predigt gute Möglichkeiten bieten, den Menschen in seiner Würde als Mensch neu zum Vorschein kommen zu lassen. Was das heißt, möchte ich in drei Schritten skizzieren: Ich will erstens versuchen, die Achtung der Menschenwürde als unabweisbaren Anspruch liturgisch-homiletischen Handelns zu plausibilisieren. In einem zweiten Schritt vergegenwärtigen wir uns – in Anlehnung an Richtlinien medizinischer Ethikkommissionen[2] – Standardsituationen der Verletzung der Menschenwürde im Gottesdienst. Und wir fragen drittens nach der Richtung der Konsequenzen, die sich aus einer am Gedanken der Gottebenbildlichkeit und dem ersten Gebot orientierenden Menschenwürde für Liturgie und Predigt ergeben.

---

[1]   Ich denke hier zum Beispiel an die religionsübergreifende, faktische Funktion des Kultus, die Teilnehmer von Ritualen und religiösen Zeremonien in irgendeiner Hinsicht zu disziplinieren.

[2]   Der Vf. dieses Beitrags ist Mitglied der Ethikkommission der Ärztekammer von Nordrhein-Westfalen sowie der Medizinischen Fakultät der Universität Münster.

2 MENSCHENWÜRDE ALS LITURGISCH-HOMILETISCHE HERAUSFORDERUNG

»Die Würde des Menschen ist unantastbar.«[3] Das Grundgesetz drückt aus, was zum Lebenswissen der jüdisch-christlichen Tradition, aber implizit und in abgestufter Weise auch anderer religiöser Kulturen gehört, und – was die begriffliche Entfaltung der Menschenwürde angeht – seinen Höhepunkt in der Aufklärung findet: Menschenwürde ist nicht das Ergebnis einer – nach Erfüllung bestimmter Bedingungen gewährten – Zuschreibung. Die Würde des Menschen ist eine unabweisbare »Vorgegebenheit für den Umgang mit ihr«[4]. Das Sein von Menschen ist nur denkbar als eine Beziehungsexistenz von Menschen, die wechselseitig Träger und Adressaten der Menschenwürde sind.

Weder Idee noch Begriff der Menschenwürde sind Früchte allein der jüdisch-christlichen Theologie, auch wenn man vielleicht sagen kann, dass es »keine nachdrücklichere Bekräftigung des Gedankens der Menschenwürde als in der jüdisch-christlichen Lehre vom Menschen als Abbild Gottes, im christlichen Gottesbild des die Menschen liebenden Vaters und in der Lehre von der Inkarnation«[5] geben mag. »Wo immer ein religiöser Bezug zwischen Gott und Mensch, Schöpfer und Geschöpf, Himmel und Erde lebendig ist, ist der Gedanke der Menschenwürde zumindest ansatzweise mitgedacht.«[6] Zum Konzept der Menschenwürde haben viele Wissenschaften, Religionen außerhalb des Juden- und Christentums und alle geistesgeschichtlichen Epochen das Ihre beigesteuert. Es handelt sich um einen Entwicklungsprozess mit verschiedenen Phasen und zahlreichen Rückschlägen. Besonders wichtige Impulse stammen von der stoischen Philosophie, die die theoretischen Grundlagen für den neuzeitlichen Begriff der Menschenwürde geschaffen hat, und von der europäischen Aufklärung, die diesen Begriff später in politisch-rechtlicher Hinsicht vertieft hat.[7]

---

[3]   Art. 1, Absatz 1, Grundgesetz.

[4]   In der folgenden Skizze nehme ich Bezug auf das u. a. von Eilert Herms postulierte relationale Verständnis von Menschenwürde. Vgl. E. Herms, Menschenwürde, in: ZevKR, 49. Jg., 2004, 121–146, 146. Ähnlich relational wird der Begriff der Menschenwürde auch von Martin Honecker entfaltet. Vgl. M. Honecker, Kontroverse um die Menschenwürde, in: EvTh, 64. Jg., 2004, 85–93, bes. 93.

[5]   K. H. Auer, Die religiöse Valenz der Menschenwürdekonzeptionen, in: K. Breitsching / W. Rees (Hg.), Recht – Bürge der Freiheit (FS J. Mühlensteiger), Berlin 2006, 19–41, 21.

[6]   M. Kriele, Grundprobleme der Rechtsphilosophie, Münster/Hamburg/London 2003, 170.

[7]   Vgl. M. Forschner, Marktpreis und Würde oder vom Adel der menschlichen Natur, in: H. Kößler (Hg.), Die Würde des Menschen. Fünf Vorträge, Erlangen 1998, 33–39, 34.

Dass es mit der Seinsweise des Menschen eine unverwechselbare Eigenbewandtnis hat, die in der Vorgegebenheit eines Seins von Menschen für Menschen gründet, mag Philosophen und Theologen auf einer metaphysischen Ebene einleuchten. Auf der sozialen bzw. kommunikativen Ebene stellt diese Betrachtungsweise eine enorme Herausforderung dar: Menschen, die Menschen begegnen, sind herausgefordert, die je anderen in ihrem Menschsein angemessen zu erkennen, zu verstehen, zu behandeln, zu achten – kurz: sie zu würdigen.[8] Dass das wirklich geschieht, ist mit dem Argument der Nicht-Zuschreibbarkeit der Menschenwürde keineswegs gegeben.

Präzisieren wir die besondere Art Herausforderung der Menschenwürde am Kommunikationsgeschehen Gottesdienst. Schon der Begriff der Würde selbst impliziert eine Relation, nämlich – wie Eilert Herms formuliert – eine »Relation desjenigen Seienden, dem Würde eignet, zu demjenigen Seienden, für das es Würde besitzt, man kann sagen: die Relation des Würdeträgers zum Würdeadressaten.«[9] Übertragen auf die Respektierung der Menschenwürde seitens der in einem Gottesdienst Agierenden läuft das auf die »Zumutung«[10] hinaus, darum zu ringen, die Anwesenden in ihrem Menschsein als Träger der Menschenwürde zu verstehen, zu achten und zu würdigen. Liturg und Prediger wird als Adressaten der Menschenwürde zugemutet, den Gemeindegliedern als Trägern der Menschenwürde mit eigenen Verstehensanstrengungen und einer achtungsvollen Grundhaltung zu entsprechen. Es ist unschwer zu erkennen, dass das hier vorliegende Wechselverhältnis ein asymmetrisches ist: Die Menschenwürde macht ihren Träger – einen Menschen, wo immer er gegenüber einem anderen erscheint – zum Gegenstand einer Verstehens- und Achtungsleistung ihrer Adressaten.[11]

Was ist liturgisch und homiletisch gefordert, wenn wir den abstrakten Begriff der Menschenwürde im Kommunikationsgeschehen Gottesdienst praktisch werden lassen wollen? Dazu ein paar Überlegungen:

1. Wenn Gottesdienste gefeiert werden, ist den Anwesenden vor allem nicht die Inanspruchnahme ihrer Freiheit vorzuwerfen. Es gilt vielmehr, den Einzelnen in seinem lebenslangen Prozess der Aneignung von Freiheit zu unterstützen. Dabei sollen die Gemeindeglieder Subjekte bleiben, und nicht zum wohlfeilen Objekt von Ermahnungen und Belehrungen werden.

Eines der Hauptanliegen der verfassungsrechtlichen Erläuterungen zur Menschenwürde (vgl. Art. 1, Abs. 1 Grundgesetz sowie BVerfGE 29,41) ist die Fest-

---

[8]   Vgl. E. Herms, a.a.O., 132.

[9]   A.a.O., 127. Zur Terminologie von »Würdeträger« und »Würdeadressaten« vgl. bes. 126–133.

[10]   A.a.O., 134.

[11]   Vgl. ebd.

stellung, dass »dem Menschen als einem solchen eine unantastbare Würde zukommt, die durch nichts erworben werden kann als allein durch das Menschsein, und die unter keinen Umständen verwirkt werden kann« (K. H. Auer, a. a. O., 39). Diese Formulierung richtet sich insbesondere gegen Versuche, Menschen zu instrumentalisieren und sie z. B. mit Hilfe religiöser, politischer, ideologischer oder sonstiger Manipulation erst zu »richtigen« Menschen machen zu wollen. Der Gedanke des »unverdienten« Menschseins liegt im Übrigen ganz in der Nähe des evangelischen Gedankens des (erlösten) Menschseins, das ebenso wenig als Resultat einer angestrengten (frommen bzw. religiösen) Leistung betrachtet werden kann.

Das heißt, Menschen sollen sich auch durch Gottesdienste ihres eigenen Willens bewusst werden und sich mit ihren ureigensten Wünschen auseinandersetzen können, sie sollen begründete Entscheidungen treffen und Autonomie nicht als unausweichlichen Affront gegen Gott vermittelt bekommen. Zu einem Leben in Freiheit gehört es, sein Leben so zu führen, dass es eigenen Überzeugungen entspricht, und dass man sich an Erfahrungen der Unfreiheit – also z. B. des Bruchs zwischen dem, was man aus guten Gründen für richtig hält, und dem, was man tut –, nicht gewöhnt.

2. Zur Ausübung des Menschseins, zu den Äußerungsformen seiner Würde, gehört elementar das Gewähren- und Empfangen-Können von Liebe – neben der Freiheit der stärkste Beweggrund menschlichen Lebens. Diese Begabung des Menschen darf ihm – anders als im Rüstgebet häufig zu hören – nicht madig gemacht, abgesprochen oder kleingeredet werden.

3. In ihrer Würde, frei zu sein und lieben zu können, sind Menschen zudem verantwortungsfähig; sie sind ansprechbar auf ihr Tun und Lassen und setzen sich deswegen bewusst Gottesdiensten aus. Das bedeutet aber nicht, dass die – dem Hören einer Predigt zugrundeliegende Einladung zur Selbstthematisierung – in verletzende »Hörerschelte« umschlagen darf.

4. Der Mensch ist nicht nur vernunftbegabt, er ist auch ein Wesen mit Gefühlen. Er reagiert mit emotionalen Irritationen, wenn er in seiner Würde missachtet wird. Mit Verstand und mit Gefühl vermag ein Mensch zu beurteilen, was gut und böse ist, was wünschenswert – und was zurückzuweisen ist. Menschen registrieren auf der emotionalen Ebene (insbesondere anhand nonverbaler Zeichen wie Stimme, Gestik, Haltung usw.) sehr genau, in welcher Beziehungsrelation ihnen ein Pfarrer gegenübertritt, und ob bzw. in welchem Maße seine Interaktionen von ungeheuchelter Wertschätzung bestimmt sind oder nicht.

In diesem Zusammenhang ist darauf hinzuweisen, dass die traditionelle, auf Rationalität bezogene Plausibilisierung des Menschenwürdegedankens zu kurz greift. Es ist nicht nur so, dass die Menschenwürde auch gefühlsmäßig ihr Recht einfordert, wenn Menschen z. B. unzumutbaren Situationen ausgesetzt sind, sondern die Vernunft selbst ist im Gefühl verankert. Ein Indiz dafür sind die »emotionalen Irritationen«, die die Verletzung der Menschenwürde auszulösen vermag, und die dann ein vernunftmäßiges Einschreiten gegen entsprechende Verletzungen nach sich ziehen.[12]

5. Schließlich geht es bei der Achtung der Menschenwürde auch um den artikulierten Respekt vor dem je eigenen Sinnzusammenhang menschlichen Lebens. Dieser Sinnzusammenhang drückt sich für einzelne Individuen besonders in der Kongruenz ihrer Haltungen und Handlungen aus, das heißt darin, dass sie das, was sie wollen, auch für wünschenswert halten, dass ihre Entscheidungen das widerspiegeln, was sie wirklich wollen, damit sie ihr Handeln schließlich als Folge ihres Wollens und Entschiedenseins erleben.[13] Angesichts dessen ist es falsch, z. B. die Wünsche und den Willen des Einzelnen im Gottesdienst vor allem zu problematisieren, und ihm gleichzeitig Leidenschaft für ein bestimmtes, angeblich moralisch wertvolles Tun abzuverlangen.

Menschen erfahren ihr Tun in dem Maße als sinnvoll, wie sie die Erfahrung machen, dass dieses Tun Vergangenheit (Überlegung und Entscheidung), Gegenwart (Leidenschaft) und Zukunft (Erwartung) hat. Diese Erfahrung setzt voraus, das eigene Handeln als Folge vorausliegender Erwägungen und Entscheidungen zu erleben, als »Echo« auf die Vergangenheit. Sinnerfahrung hat damit zu tun, sagen zu können, was man aus welchen Gründen in welcher Absicht will. Dazu gehört eine Zukunftsorientierung im Sinne begründeter Erwartungen, die das gegenwärtige Handeln im Sinne eines Motivs leitet. Umgekehrt erfahren Menschen ihr Handeln als sinnlos, wenn sie nicht sagen können, aus welcher Entscheidung heraus (Vergangenheit) sie etwas tun, und welche Erwartungen sie damit verbinden (Zukunft).

Das sind nur ein paar Schlaglichter auf das Spektrum, das ich vorhin etwas technizistisch als Repertoire zur »Ausübung des Menschseins« bezeichnet habe. Wir könnten auch von Formen der Praxis der Menschenwürde sprechen. Ich möchte die liturgisch-homiletische Relevanz dieser Aspekte vertiefen, indem ich ein paar Standardsituationen von Verletzungen der Menschenwürde markiere:

---

[12]   Vgl. in diesem Zusammenhang auch *J. Fischer*, Menschenwürde, Rationalität und Gefühl, in: ZEE, 50. Jg., 2006, 29–42.

[13]   Vgl. zum inneren Zusammenhang von Wünschen-Wollen-Entscheiden-Handeln: *W. Engemann*, Aneignung der Freiheit. Lebenskunst und Willensarbeit in der Seelsorge, in: WzM, 58. Jg., 2006, 28–48.

3 Verletzung der Menschenwürde in der gottesdienstlichen Praxis?

Häufig wird die Menschenwürde des Einzelnen dadurch missachtet, dass ihm ausgerechnet sein Menschsein vorgehalten wird: Von einem Sonntag zum anderen war der Mensch doch wieder nur ein Mensch! Dafür soll er um Gnade flehen. Dabei wird faktisch eine in der Kulturgeschichte des christlichen Glaubens überwundene Komponente des Menschenwürdebegriffs restituiert, nämlich die der Perfektibilität.

Bei der Erörterung des Begriffs der Menschenwürde in der Neuzeit und in der Moderne spielen die Kategorien der Rationalität (vor allem zur Hervorhebung des Menschen gegenüber der vernunftlosen Natur und zur Legitimation ihrer Beherrschung durch den Menschen), der Perfektibilität (besonders zur Hervorhebung der Entwicklungs- und Fortschrittsfähigkeit des Menschen gegenüber dem Tier), und der Autonomie (als Ausdruck der Selbstzwecklichkeit des Menschen) eine besondere Rolle.[14]

Der Gottesdienstbesucher hat sich kaum gesetzt, da wird ihm vorgeworfen, dass es wiederum auf der ganzen Linie nicht gereicht habe, und dass er alles, was er hätte an Gutem tun können, »zu wenig« getan habe: Er war nicht immer freundlich genug, manchmal sogar unfreundlich. Nicht immer geduldig genug, manchmal sogar ungeduldig. Nicht immer hilfsbereit genug, manchmal sogar abweisend. Er habe vor allem weniger geliebt als er eigentlich hätte können. Wie viel hätte genügt, um das Soll zu erfüllen?

Ohne dadurch in Sünde zu fallen, sind Menschen Grenzen gesetzt, Grenzen, alles zu verstehen, immer zu helfen, immer gleichbleibend freundlich zu sein. Diese Lebenspraxis wäre – für einen Menschen! – im Übrigen kein Segen, sondern ein Fluch. Menschen müssen z. B. Aggressionen haben können, Nein sagen und sich zurückziehen, an Grenzen geraten dürfen. Weil sie Menschen sind. Ihnen diese Disposition vorzuwerfen und sie sich damit zu einem Problem zu machen, das anscheinend Sonntag für Sonntag einen Gottesdienst nach dem anderen nach sich ziehen muss, ist ein Affront gegen ihre Würde.

Im Rahmen dieser inquisitorisch-moralisierenden Diffamierung der Erfahrungen des eigenen Menschseins sind Schuldvorwürfe billiger als die billigste Gnade. Wie kann man Menschen ein Sein zumuten, das weder ihrer Würde entspricht noch sonst erstrebenswert ist? Es läge dagegen durchaus in der Würde des Menschen, Reue zu empfinden, und dabei aufs Neue etwas von seiner Freiheit zu erkennen, zum Beispiel, dass sein Handeln nicht durch äußere Einflüsse

---

[14] Vgl. *H. J. Münk*, Philosophisch-ethische Würdekonzepte in biblisch-theologischer Sicht, in: *R. Scoralick (Hg.)*, Damit sie das Leben haben (Joh 10,10), (FS W. Kirchschläger), Zürich 2007, 221–245, 225f.

erzwungen war, dass er Spielraum hatte, den er nicht in Anspruch genommen hat, obwohl er es hätte können.

Das setzte freilich voraus, überhaupt im Blick zu haben, dass sich Menschen durch einen Gottesdienst u. a. ihres Freiheitsstatus neu bewusst werden sollen, ihrer Autonomie als Konstitutivum ihrer Würde.[15] Das könnte darauf hinauslaufen, den Einzelnen auf Erfahrungen der Unfreiheit anzusprechen und dabei die Stärkung seiner Freiheit im Blick zu haben. Dabei könnten Fragen wie diese im Hintergrund stehen: Ist eigentlich das, was mit deiner Beteiligung in deinem Leben geschieht, Ausdruck dessen, was du willst? Welche Gründe bestimmen dich dabei? Und in welchem Maße sind deine Entscheidungen Ausdruck dessen, was du tatsächlich für wünschenswert halten kannst usw.?

Die pauschale Unterstellung mangelnder Liebe ist fast regelmäßig verbunden mit einer massiven, bisweilen höhnisch-sarkastischen Diffamierung der Selbstliebe, die mit autistischem Egoismus gleichgesetzt wird. Aus den Gesellschaftsanalysen der letzten Jahrzehnte geht hingegen hervor, dass es Menschen unserer Tage ausgesprochen schwerfällt, ihrer Würde durch eine angemessene Selbstliebe zu entsprechen.[16] Wo aber die Tugend der Selbstliebe nicht mehr gelebt wird, ist die Sünde auf dem Vormarsch. Wäre das nicht eine wichtige Einsicht bei der Vorbereitung eines Gottesdienstes?

Statt nun den Einzelnen darin zu unterstützen, sich über die Schulter schauen zu können, eine kritische Wahrnehmungsdistanz zu sich selbst zu finden, die eigenen Wünsche zu prüfen und Phantasien für veränderte Situationen zu antizipieren, wird gerade dasjenige Repertoire in Frage gestellt, auf das ein Mensch zurückgreift, um ein Leben in Freiheit führen zu können – allem voran ein eigener Wille als eines der ausübenden Organe der Freiheit. Egoismus, Subjektivität, Hedonismus, Opportunismus – in nicht zu zählenden Gebeten und Predigten werden diese Begriffe in einem Atemzug der Gemeinde um die Ohren geschlagen, ohne den Betenden oder Hörenden die Möglichkeit zu eröffnen, das Angebot des Glaubens selbst mit einem positiven Begriff von Autonomie zu verbinden. Dabei wird die Asymmetrie der Zumutung, die die Würde jedes Einzelnen für Liturgen und Prediger als Würdeadressaten darstellt, durch eine un-

---

[15] Klassisch – und in der Fixierung auf die Dimension der Freiheit und der Vernunft durchaus verkürzt, die Dimension der Liebe und des Gefühls nicht gleichermaßen respektierend – formuliert von Immanuel Kant: »Autonomie ist also der Grund der Würde der menschlichen und jeder vernünftigen Natur« (*I. Kant*, Grundlegung der Metaphysik der Sitten, Riga 1785/1786, BA 80, 78 f.; BA 67).

[16] Vgl. unter vielen anderen: *U. Beck*, Auf dem Weg in eine Risikogesellschaft, 18. Aufl., Frankfurt/M. 2006; *G. Schulze*, Die Erlebnisgesellschaft. Kultursoziologie der Gegenwart, 4. Aufl., Frankfurt/M. 1993; *A. Ehrenberg*, Das erschöpfte Selbst. Depression und Gesellschaft in der Gegenwart, Frankfurt/M. 2004.

würdige Umkehrung der Relationen boykottiert: Pfarrer werden zur Zumutung für die Gottesdienstbesucher.

Es fällt auf, dass der für die Menschenwürde so zentrale Begriff von Freiheit im Gottesdienst oft in zweifacher Hinsicht missbraucht und dabei verkürzt wird: Zum einen wird er auf die soteriologische Credenda des Christentums reduziert, dann geht es einseitig um Freiheit von Sünde, Tod und Teufel. Zum anderen wird die Annäherung des Menschen an die Erfahrung der Freiheit »gesetzlich« konditioniert: Dem Einzelnen wird vorgegaukelt, durch ein bisschen mehr Anstrengung und mit Gottes Hilfe dazu beitragen zu können, dass die beanstandeten Defizite künftig nicht mehr so gravierend ausfallen, und dass er auf diese Weise etwas für seine Würde tun kann. Demgegenüber klingen die Erläuterungen in Artikel 1, Absatz 1 des Grundgesetzes wie pure Ketzereien: Zur Würde des Menschen gehört, »dass der Mensch über sich verfügen, sein Schicksal eigenverantwortlich gestalten kann«.

Die Analogien zwischen den Professionen des Arztes und des Pfarrers liegen auf der Hand: Salus aegroti suprema lex[17] – was Ärzte in den Kommentaren zu ihrer Approbationsurkunde finden, entspricht dem, was Pfarrer in abgewandelter Form auf ihren Berufungsurkunden lesen können, in denen sie auf die Bedeutung des Evangeliums für ein Leben in der Freiheit des Glaubens hingewiesen werden.

Mit Bezug auf diese offensichtlichen Analogien komme ich am Schluss dieses Teils auf ausgewählte Maximen medizinischer Ethikkommissionen zurück. Sie wachen darüber, dass die Grenze zwischen Patientenschutz und Menschenwürde einerseits und wissenschaftlichem Fortschritt andererseits nicht verletzt wird. Von Fall zu Fall formulieren sie klare Unterlassungsempfehlungen, um unter anderem die Mindestbedingungen des Menschseins zu schützen.[18] Würde man einen Gottesdienst, wie ich ihn mit wenigen Strichen portraitiert habe, einer theologisch-philosophischen Ethikkommission vorlegen, die sich analoger Kriterien bediente, hätten jene Gottesdienste keine Chance, weil (1.) das Ausmaß an Zumutungen gegenüber dem zu erwartenden Nutzen für die konkreten Menschen eindeutig zu hoch ist, weil (2.) die wissenschaftlichen Prämissen, vor allem auf dem Gebiet der Anthropologie, in den charakterisierten Fällen nicht dem heutigen Erkenntnisstand entsprechen,[19] weil (3.) nicht zu erkennen ist,

---

[17] »Das umfassende Wohl des Kranken ist höchstes Gesetz.«

[18] Dabei spielt die Frage, inwieweit Patienten nachvollziehen und schließlich wollen können, was mit ihnen geschieht, auch dann noch eine Rolle, wenn das Verständnis der einzelnen vorgesehenen Maßnahmen und die Erklärung eines eigenen Willens beim Patienten eingeschränkt sind. Dann müssen sich Angehörige und Ärzte nach dem »mutmaßlichen Willen« des Betreffenden richten.

[19] Die offenen Flanken der Prämissen der praktischen Anthropologie christlicher Gottesdienste betreffen vor allem das in der Menschenwürde verankerte, in der theologischen

dass die unausweichlichen Risiken der angestrebten Inszenierungen durch zu erwartende, besondere Heilungseffekte gerechtfertigt wären, weil (4.) die Erwartungen, die bei den Anwesenden bezüglich der Wirkung des Gottesdienstes geweckt werden, im Widerspruch zum Drehbuch stehen, und weil (5.) nicht gewährleistet ist, dass Menschen, denen routinemäßig Lieblosigkeit, Beziehungsunfähigkeit, Gleichgültigkeit etc. vorgehalten wird, im Anschluss an den Gottesdienst angemessen psychisch betreut werden.

Immerhin wissen wir heute, dass es einen Zusammenhang zwischen Religion und einem Lebenswohlgefühl bzw. chronischen Erkrankungen gibt, wobei freilich nicht Religion und Atheismus die Spannbreite vorgeben, sondern menschenwürdige Religion und menschenunwürdige Religion.

So lässt sich aus meiner Sicht die Studie Ronald Grossarth-Maticeks zusammenfassen. In der wohl aufwendigsten prospektiven Studie, die je über den »Zusammenhang von Formen der Religiosität und ihren Auswirkungen auf Gesundheit und Kreativität« durchgeführt worden ist, wird nachgewiesen, dass die landläufige These, nach der religiöse Menschen länger leben und gesünder seien, falsch ist. Es kommt ganz auf die Art der Religion an – vor allem auf das sie leitende Menschenbild und das darin implizit und explizit nahegelegte Selbstbild, auf das Gottesbild, die damit verbundene Glaubenskultur usw. »Liebevoll, vergebungsorientiert gottbezogene Menschen leben bei gleich hohen psychosozialen und physischen Risikofaktoren signifikant länger ohne Ausbruch von chronischen Erkrankungen« als die »sünden- und schuldorientierten Religiösen«. »Rationale Atheisten befinden sich in der Mitte.«[20]

4   GOTTEBENBILDLICHKEIT UND ERSTES GEBOT ALS IDEEN-KONZEPTE FÜR MENSCHENWÜRDIGE GOTTESDIENSTE

Mit Liturgie und Predigt der Menschenwürde entsprechen zu wollen, läuft darauf hinaus, den Menschen in seiner Gottähnlichkeit als Mensch neu zum Vorschein kommen zu lassen bzw. Mensch sein zu lassen. Seine Gottebenbildlichkeit betrifft natürlich nicht die physische Gestalt, auch nicht bloß bestimmte hoheitliche

---

Anthropologie aber entstellte Verhältnis des Menschen zur Freiheit und zur Liebe. Vgl. *W. Engemann*, Vom Umgang mit Menschen im Gottesdienst. Probleme der impliziten liturgischen Anthropologie, erscheint in: EvTh, 72. Jg., H. 1, 2012 sowie *ders.*, Ein Fall für die Predigt: Gefährdete Freiheit. Überlegungen zur homiletischen Grundsituation der Sonntagspredigt, in: *K. Fechter / L. Friedrichs (Hg.)*, Normalfall Sonntagsgottesdienst? Gottesdienst und Sonntagskultur im Umbruch, Stuttgart 2008, 130–140.

[20]   *R. Grossarth-Maticek*, Formen der Religiosität und ihre Auswirkungen auf Gesundheit und Kreativität, in: WzM, 62. Jg., H. 4, 2010, 313–331, 326, 327.

Vertretungsfunktionen um der Ordnung der Schöpfung[21] willen, sondern ist im Kern ontologischer Natur: Sie betrifft die fundamentalen Seinsdimensionen Gottes und des Menschen, die der Freiheit und der Liebe.[22] In der Erfahrung von Freiheit und Liebe sind Menschen ganz Mensch, auch wenn sie geneigt sind, gerade solche Erfahrungen, in denen sie sich als Liebende bzw. Geliebte oder Freie erfahren, als »göttlich« zu bezeichnen. Diese Erfahrungen sind Menschen als Menschen grundsätzlich zugänglich. Frei zu sein sowie Liebe gewähren und empfangen zu können, ist in ihrem Wesen angelegt, kein Sonderangebot der jüdisch-christlichen Tradition. Das Besondere dieser Tradition liegt unter anderem darin, entsprechende Erfahrungen anhand spezifischer Bilder, unverwechselbarer Geschichten und Argumente in den Fokus von Theologie und religiöser Praxis zu stellen. Zwei davon spreche ich an:

4.1 ANNÄHERUNGEN VON DER IDEE DER GOTTEBENBILDLICHKEIT HER (GEN 1,26F.; PS 8,6)

Die Kühnheit dieses Gedankens liegt darin, die Gottähnlichkeit und Menschlichkeit des Menschen ausgerechnet in seinem Faible und in seiner Bestimmung zur Freiheit und Liebe zu sehen. Dabei geht es nicht abstrakt um Freiheit, sondern um Freiheit im Sinne personaler Selbstbestimmung, freier Urteilsbildung und freier Entscheidung. Sie gehört elementar zum Personsein des Menschen und gibt seinem Leben Weite. Sie drückt sich in Beziehungen aus, die die intimste Seite der Freiheit widerspiegeln, die Freiheit, sich zu binden. Der stärkste Beweggrund dafür ist die Liebe. Sie gibt dem Leben des Menschen Tiefe.

Diese beiden – dem Menschen als Ebenbild Gottes unmittelbar zugänglichen – Seinsdimensionen und -erfahrungen sind auch der Grund dafür, dass der Mensch am Geheimnis Gottes partizipiert bzw. als Mensch ein Geheimnis ist.[23]

---

[21] So die Erklärung von *H. J. Münk*, a. a. O., 2007, 236.

[22] Genau an diesem Punkt ragen Gen 1,26f. und die Vorstellungen des 8. Psalms über die im alten Orient verbreitete Auffassung hinaus, dass hoheitliche Personen in Standbildern gegenwärtig sein können und dann die Macht und Herrschaft dieser Person vor Ort verkörpern. Nach den genannten alttestamentlichen Zeugnissen fallen *dem Menschen selbst* Souveränität, Freiheit und Herrschaft zu, während die Standbilder der Könige und Götter sie eher beschränken.

[23] Vgl. *W. Pannenberg*, Der Mensch – ein Ebenbild Gottes?, in *ders.*: Was ist der Mensch? Beiträge zu einer modernen Anthropologie, Hg. o. N., München 1968, 27–41. Wenn man bei der Frage nach der Menschenwürde auf den Gedanken der Gottebenbildlichkeit Bezug nimmt, sollte man sich darüber im Klaren sein, dass die Menschenwürde im Schöpfungsmythos nicht deshalb aufscheint, weil Gott eines Tages den Menschen als sein Ebenbild entwirft; der Begriff der Gottebenbildlichkeit setzt umgekehrt schon voraus, dass sich Menschen als Würdeträger verstehen bzw. erfahren, weshalb es erst möglich ist, diese Würde theologisch von der Gottebenbildlichkeit her zu interpretieren. Vgl. in diesem Sinne auch

Sie sind bei Weitem nicht das einzige Argument für seine Würde, aber ein zentrales, das in verschiedene Richtungen ausgebaut werden kann – worauf an dieser Stelle leider verzichtet werden muss.

Im Einzelnen wäre hier – ohne damit eine Hierarchie von Argumenten vorgeben zu wollen – auf folgende Aspekte hinzuweisen: (1.) Auf die Fähigkeit des Menschen, subjektiv zwischen Gut und Böse unterscheiden zu können – eine wichtige Voraussetzung für Entscheidungen, in denen die Freiheit eines Menschen sichtbar wird, (2.) auf das theologische Modell der Inkarnation, (3.) auf die Selbstidentifikationen Jesu mit Menschen wie z. B. den Geringsten, die ihrer Liebe Raum geben (Mt 25,34–40), und mit denen, die sich in ihrer Freiheit nicht korrumpieren lassen (vgl. die Seligpreisungen nach Mt 5,2–11). An dieser Stelle wäre auch (4.) an den solidarischen Umgang Jesu mit Kranken, Zöllnern und Sündern zu erinnern, an Situationen, in denen Menschen etwas von ihrer Würde wiederfinden: Vgl. z. B. die Begegnung Jesu mit der Sünderin (Lk 7,36–50); die Bewahrung der Ehebrecherin vor der Steinigung (Joh 8,1–11), Jesu Tischgemeinschaft mit Zachäus (Lk 19,1–9).

Liturgie und Predigt sollten dementsprechend dazu beitragen, dass Menschen sich nicht mit Erfahrungen der Unfreiheit arrangieren, und sich auch nicht eine Lebens- und Glaubenshaltung aneignen, in der das Gewähren von Liebe mit der vermeintlich großzügigen Geste des Verzichts auf das Empfangen von Liebe verbunden ist, was einen rigorosen Umgang mit sich selbst einschließt. Diesem Anliegen entspricht es, die Anwesenden grundsätzlich nicht als Liebeskrüppel bzw. selbstverliebte Beziehungsmuffel anzusprechen, und ihnen eigene gute Erfahrungen eines Lebens in Freiheit und Liebe nicht notorisch abzuerkennen. Ebenso sollte es liturgisch und homiletisch als Tabu gelten, den Gottesdienstbesuchern jenes Repertoire aus der Hand zu schlagen, mit dem Menschen üblicherweise ihrer Würde Ausdruck verleihen, indem sie zum Beispiel Wünsche haben, sich einen eigenen Willen aneignen, eigene Entscheidungen treffen usw. Diese Art der Kränkung des Menschen, die Demontage seiner Würde, ist kein Kavaliersdelikt.[24]

Auch wenn bei den liturgisch-homiletischen Verletzungen der Menschenwürde kein Blut fließt, wird deutlich, dass jegliche Attacken auf den Menschen

---

F.-J. Bormann, Die Würde des Menschen ist unantastbar. Herkunft und Begründung eines fundamentalen Begriffs, in: Evangelische Aspekte, 16. Jg., 2006, 28–46, 34.

[24] Vgl. die Sanktionen, die mit der Gottebenbildlichkeit des Menschen begründet werden (Gen 9,6). *Regina Ammicht Quinn* meint, eigentlich müsse man angesichts der »akuten Verletzbarkeit und Gefährdetheit der Würde« einen »neuen kategorischen Imperativ« im moralischen Bewusstsein der Zeitgenossen verankern: »Achtet die Verletzbarkeit.« Vgl. *dies.*: Würde als Verletzbarkeit. Eine theologisch-ethische Grundkategorie im Kontext zeitgenössischer Kultur, in: ThQ, Nr. 184, 2004, 37–48, 47 f.

als Ebenbild Gottes für gravierend gehalten werden. Die Menschenwürde ist unantastbar. Deshalb dürfen Menschen z. B. auch nicht geraubt (Dtn 24,7) oder durch Prügelstrafe entehrt werden. Hans J. Münk weist mit Recht darauf hin, dass in solchen Anordnungen die »Weitergeltung der gottebenbildlichen Würde auch unter postlapsarischen Lebensbedingungen«[25] zum Ausdruck komme.

Das macht z. B. die Klage Hiobs deutlich. Er ist bereit, viel zu erleiden und zu erdulden – keine Frage. Aber er weiß auch um seine Würde. Als sie ihm wie vom Winde verweht[26] erscheint, fängt er an, Gott als ersten Adressaten der Menschenwürde zur Rede zu stellen und dabei seine Beziehung zu ihm anzusprechen: Was ist mit unserer Beziehung, dass du so mit mir umgehst?! In der Figur des Hiob manifestiert sich die Auffassung, dass Gott doch nicht so weit gehen könne, einem Menschen absichtlich die Verletzung seiner Würde zuzumuten.

4.2 ANNÄHERUNGEN VOM ERSTEN GEBOT HER (EX 20,3)

Das erste Gebot klingt demgegenüber fast wie eine Zurücknahme oder Einschränkung der Gottebenbildlichkeit des Menschen, so als hätten die Menschen Angst davor, sie könnten Gott zu ähnlich werden oder in ihrer Inanspruchnahme ihrer Freiheit zu weit gehen: »Ich bin der Herr, dein Gott, du sollst keine anderen Götter haben neben mir« (Ex 20,3). Als diese Empfehlung zum ersten Mal gebraucht wird, ist eine Gruppe von Menschen gerade dabei, ihre Würde zu verlieren: Der Weg aus der Sklaverei, das Abenteuer der Freiheit, so wird erzählt, erscheint Israel als unzumutbar. Das Leben ohne Zukunft, das sie in Ägypten geführt hatten, hatte den bestechenden Vorteil, dass man sich nicht um die Gegenwart zu kümmern brauchte. Zurück nach Ägypten – das ist nun auch wieder zu anstrengend. Aber man kann ja die ägyptischen Verhältnisse im Handumdrehen wiedererschaffen, vor Ort: Man braucht sich bloß einem Götterbild zu unterwerfen, gegenüber dem man wieder ganz klein ist. Sie kennen die Geschichte: Man veranstaltet den üblichen Selbstversklavungszauber: Menschen gehen vor einem ansehnlichen Haufen Gold in die Knie und überlassen ihr Leben ansonsten dem Schicksal. Das Abenteuer Freiheit scheint zu Ende zu sein. Da kommt Mose mit neuen Richtlinien vom Berg. Regel Nummer eins: »Du sollst keine anderen Götter haben neben mir.« Aus einem einzigen Grund: »Die Götter lassen dich, wie man sieht, nicht Mensch sein: Sie rauben dir als Erstes deine Würde. Dadurch verlierst du das Interesse am Aufbruch. Die anderen Götter lassen dich im Kreis tanzen und durch den Reifen springen. Sie sind unmenschlich. Sie können dich als Gegenüber nicht verkraften. Sie sehen in dir einen Konkurrenten und zwingen dich in die Knie. Mit deiner Erfahrung von Freiheit und Liebe bist du eine ernsthafte Bedrohung für alle denkbaren Götter.

---

[25] *H. J. Münk*, a. a. O., 2007, 236.

[26] »Meine Würde [kabod] verflog wie der Wind« (Hi 30,15).

Deshalb sollst du keine anderen Götter haben neben mir. Du kannst neben ihnen kein Mensch sein.« Soweit das erste Gebot.

Sich liturgisch und homiletisch um der Menschen willen mit »den anderen Göttern« anzulegen, bedeutet, Menschen an ihre Menschlichkeit und Menschenwürde zu erinnern – statt das Hervortreten der Merkmale ihrer Menschlichkeit zum Problem zu machen. Das heißt, sie daran zu erinnern, wie Freiheit sich anfühlt, und an die Stärke, über die sie durch das Empfangen und Gewähren der Liebe verfügen. In dieser Hinsicht können die Seligpreisungen als Kommentare sowohl des ersten Gebots als auch der Idee der Gottebenbildlichkeit betrachtet werden: In den Existenzweisen, die die Seligpreisungen umreißen, werden keine göttlichen Prinzipien eingefordert, sondern Menschen in ihrer Würde beschrieben: Die Seligpreisungen (vgl. Mt 5,3–9) drücken in immer neuen Wendungen aus, was es heißt, als Mensch zum Vorschein zu kommen, indem man sein Herz nicht kompromittieren lässt, Barmherzigkeit in Anspruch nimmt und keine Ungerechtigkeiten toleriert usw. So erfahren Menschen – in Freiheit und Liebe – etwas von ihrer Würde. Mit »den anderen Göttern« geht das nicht. »Du sollst sie nicht haben neben mir, weil du nicht Mensch sein kannst neben ihnen.«

Die Götter, deretwegen das erste Gebot ausgesprochen wird, leben vornehmlich in der Heidenangst und dem Heidenrespekt von Menschen fort: Sie manifestieren sich z. B. in sorgfältig zusammengezimmerten Selbstbildnissen, in denen Menschen ihre Freiheit einzusargen pflegen, in verführerischen Strukturen der eigenen Unersetzbarkeit, mit denen sich Menschen um den Preis ihrer Selbstvernichtung ein Ressort der Aufmerksamkeit und Wertschätzung zu sichern glauben. Solche Götter zu tolerieren, bedeutet, sich im Leben mit einer ganzen Clique von Diven und Tamagotchis herumschlagen zu müssen, Wesen, die nur auf sich fixiert sind, die den Menschen ständig manipulieren, an seinen Kräften zehren und ihm vorhalten, ihnen nie genug Aufmerksamkeit zu schenken.

Im Gottesdienst wird Gott – bzw. wird der Glaube – allzu oft genau in dieser Weise präsentiert, wodurch Menschen wiederum entwürdigt und zum Götzendienst angehalten werden. Ich denke an Gebete und Introduktionen zum Kyrie, in denen Liturgen für Gott Partei ergreifen und das erste Gebot zickig bis inquisitorisch intonieren: »Ach, wie selten du mit mir redest. Hast du heute auch schon an mich gedacht? Wozu bin ich überhaupt da? Weißt du, was du mir täglich antust? Gib's doch zu, dass ich dir egal bin. Wie selten du mich in der Kirche besuchst.« Das sind Angriffe auf das Menschsein des Menschen – und Übertretungen des ersten Gebots. Mensch zu sein ist demgegenüber der beste Weg, nach dem ersten Gebot zu leben.

Abschließend zwei Thesen, die über das Gesagte hinausführen wollen und vielleicht zum weiteren Gespräch in dieser Sache anregen können:

Die bipolare Faktizität der Menschenwürde, die dem Sein des Würdeträgers (z. B. dem eines Gemeindeglieds) ebenso zukommt wie dem jeweiligen Würdeadressaten (z. B. dem des Liturgen), impliziert ein Gegebensein und Aufgegebensein der Menschenwürde in zwei Richtungen. Für die in den Blick genommene gottesdienstliche Praxis heißt das, dass Prediger und Liturgen mit dem, was sie tun, nicht nur der Würde der Anwesenden zu entsprechen haben, sondern sich auch in ihrer eigenen Würde ernst nehmen. Das bedeutet, sich im gottesdienstlichen Umgang mit Menschen und Dingen in dem Sinne selbst zu respektieren, dass die Bearbeitung der Fragen, Themen und Probleme, die in Predigt und Gebet aufscheinen, zu den eigenen Erfahrungen, Einsichten und Erwartungen passt und – mit etwas Pathos gesagt – als Fortschreibung der individuellen Freiheitsgeschichte gelten darf. Wer für die Gemeinde einen Gottesdienst konzipiert, ist während dieser Arbeit an Pflichten auch sich selbst als »sittlichem Subjekt« gegenüber gebunden, und kann seine eigene Würde nicht aussetzen. Ich hebe dies deshalb so hervor, weil man in Gottesdiensten oft genug Formen liturgischer und homiletischer Routine erleben kann, die darauf schließen lassen, dass die Agierenden auf jegliches Eigeninteresse am Geschehen verzichten und von dem, was sie da tun, nichts erwarten.

Die andere These betrifft die Kultur der Unantastbarkeit, der Unverletzlichkeit, der Heiligkeit des Menschen, die sich in verschiedenen Entwicklungslinien in der Geschichte der Religionen nachzeichnen lässt und natürlich auch in den christlichen Gottesdienst mündet. Sie reicht u. a. von der alten Praxis des »Tabus« über die Respektierung schützender, heiliger Orte bis hin zur Selbstidentifikation Gottes mit dem Menschen, um dessen Verletzung zum Tabu zu erklären.[27] Angesichts vielfältiger Erfahrungen der Ramponierung der Menschenwürde und der grassierenden Anleitungen zur Selbstentwürdigung könnte eine der größten Herausforderungen heutiger kirchlicher Praxis darin bestehen, Liturgie und Predigt als Kristallisationspunkte der Menschenwürde zu begreifen und sie entsprechend zu gestalten.

---

[27] Vgl. z. B. explizite Tabus, die die Unverletzbarkeit Israels sichern sollen: »Wer euch antastet, tastet meinen Augapfel an« (Sach 2,12) sowie einzelne, in diesem Fall den Jüngern bzw. Aposteln geltende Vergewisserungen: »Wer euch verachtet, der verachtet mich« (Lk 10,16b).

»Auf Teufel komm raus?!«

Die katholische Lehre vom Exorzismus in liturgischer und psychologischer Perspektive[1]

Ute Leimgruber

I »Requiem« und der Fall Klingenberg

Vor kurzem zeigte der Fernsehsender *arte* den Film »Requiem« von Hans-Christian Schmid aus dem Jahr 2006. Darin geht es um die Geschichte der 21-Jährigen Michaela Klingler, einer jungen Frau aus streng katholischen Verhältnissen, die nach dem Abitur in die nahe gelegene Universitätsstadt Tübingen zieht, um dort ein Studium zu beginnen. Doch der Zwiespalt zwischen der Enge des Elternhauses und den Freiheiten ihres neuen Lebens setzt sie unter Druck. Hinzu kommt, dass sie seit ihrer Pubertät unter epileptischen Anfällen leidet. Trotz zahlreicher glücklicher Momente mit ihren Kommilitonen wird sie von ihrer Vergangenheit eingeholt. Ausgerechnet während einer mit den Eltern durchgeführten Wallfahrt nach Italien erleidet sie erneut einen schweren Anfall. Zurück in Tübingen hat sie immer öfter mit Wahnvorstellungen zu kämpfen, sie hört Stimmen und sieht Teufelsfratzen. Nach anfänglichen Widerständen beginnt auch ihre Umgebung an eine teuflische Besessenheit zu glauben und unter der Obhut zweier Priester kommt es schließlich zu einem Exorzismus …

Der (im Übrigen sehenswerte) Film geht auf eine wahre Begebenheit zurück. Die historische Gestalt, auf die sich der Film bezieht, ist Anneliese Michel (1952–1976) aus dem unterfränkischen Klingenberg, nahe bei Würzburg. Sie verstarb nach einem mehrmonatigen Exorzismus, und ihr Tod schlug Wellen weit über innerkatholische Kreise und weit über die 1970er Jahre hinaus.[2]

---

[1] Dieser Text entspricht in wesentlichen Teilen den entsprechenden Kapiteln in *U. Leimgruber*, Der Teufel. Die Macht des Bösen, Kevelaer 2010; dies., Kein Abschied vom Teufel. Eine Untersuchung zur gegenwärtigen Rede vom Teufel im Volk Gottes, Münster 2004.

[2] Vgl. hierzu und zum Folgenden ausführlich und mit weiteren Literaturangaben: *U. Leimgruber*: Kein Abschied vom Teufel (s. Anm. 1), 52–64.

1.1 Der »Fall Klingenberg«

Anneliese Michels Schicksal hat im kulturellen Gedächtnis tiefe Spuren hinterlassen, und das Stichwort »Klingenberg« stößt nicht nur bei Filmregisseuren auf Nachhall (der Film »Requiem« ist nicht die einzige filmische Bearbeitung des Stoffes, auch in »Der Exorzismus der Emily Rose«, Scott Derrickson, USA 2005, wird das Schicksal der Anneliese Michel thematisiert), und dies liegt sicherlich auch daran, dass eindeutige Antworten kaum zu bekommen sind – das Nicht-Erklärbare, (tiefen-)psychologisch Erschütternde fasziniert offenkundig nach wie vor.

Die historischen Fakten mithin sind eindeutig: Anneliese Michel wächst in einem religiös und politisch äußerst konservativen Elternhaus auf. Bereits als Kind ist sie kränklich, mit 16 Jahren erleidet sie einen ersten epileptischen Anfall, es folgen erneute Anfälle, Kreislaufbeschwerden und Essstörungen. Bald treten Krampfanfälle, Depressionen, Suizidgedanken und massive Zukunftsängste hinzu. Bei einer Wallfahrt im Sommer 1973 nach San Damiano in Italien, wo angeblich Marienerscheinungen stattgefunden haben, werden ihre Anfälle, Aggressionen und zeitweise äußerst heftige antiklerikale und antireligiöse Affekte von der Reiseleiterin als Besessenheit diagnostiziert. Diese sehr wundergläubige und religiös traditional eingestellte Frau will bei Anneliese Michel Brandgeruch und Schwefelgestank – vermeintliche Attribute des Teufels! – wahrgenommen haben.

Nachdem Anneliese Michel von schulmedizinischer Seite keine wirkungsvolle Besserung ihres Zustandes erfährt, übernimmt sie bald die dämonische Interpretation ihrer Leiden; auch ihre Familie glaubt nach anfänglichen Zweifeln fest an eine Besessenheit. Ohne den spezifischen religiösen Hintergrund in einem wissenschaftsskeptischen und dämonengläubigen Milieu, das geprägt ist von tiefer Marienfrömmigkeit und harscher Kritik an religiösen Neuerungen (z. B. Handkommunion, Volksaltar), ist die Umdeutung der Phänomene zu einer dämonischen Besessenheit nicht nachvollziehbar. In der Folgezeit wird von mehreren Priestern fast zweifelsfrei Besessenheit festgestellt – die Symptome verschlimmern sich daraufhin ein weiteres Mal: Nur selten ist Anneliese Michel ruhig und entspannt, meist tobt sie bei Tag und Nacht, produziert ungewöhnliche Geräusche wie lautes Schreien, Bellen, Stöhnen u. ä. und ist auffällig aggressiv gegenüber Geistlichen. Im Sommer 1975 erteilt der damalige Würzburger Bischof Josef Stangl schriftlich die Erlaubnis, den Großen Exorzismus über die angeblich Besessene zu beten.

Die Exorzismen offenbaren den religiösen Kosmos der Anneliese Michel und ihres Umfelds: »Himmlische« und »höllische Mächte« stehen sich hier gegenüber. Zu den himmlischen Mächten gehören die Heiligen ihrer extrem konservativen Frömmigkeitsströmung, so u. a. Therese Neumann von Konnersreuth, Pater Pio und die angeblich stigmatisierte Barbara Weigand; ihre Hölle hingegen ist erfüllt von Dämonen, die sich bald namentlich zu erkennen geben: darunter

Luzifer, Judas, Hitler, Kain, Nero. Vieles wird von den Exorzisten in den exorzistischen Sitzungen und den so genannten imperativen Riten, in denen die Dämonen direkt angesprochen, ja sogar befragt wurden, erst an Anneliese Michel herangetragen.

Irgendwann wird es schließlich von ihr bzw. den ›Dämonen‹ rezipiert, insbesondere die Idee einer Sühnebesessenheit. Das meint in der Vorstellungswelt der Exorzisten, dass mit ihrer Besessenheit (zugelassen durch Gott!) die Sünden anderer Menschen gesühnt werden müssten, was wiederum bedeutet, dass diese Art der Besessenheit nicht heilbar sei, schließlich handele es sich um Gottes Willen, der bis zum Tod der Besessenen hin erfüllt werden müsste. In den letzten Monaten ihres Lebens identifiziert Anneliese Michel sich mit dieser Rolle; diese Deutung kann die Exorzisten von ihrer therapeutischen Erfolglosigkeit entlasten. In den letzten Wochen ihres Lebens ist sie kaum noch ansprechbar, isst fast nichts mehr und ist völlig abgemagert. Trotzdem und trotz der Interpretation als Sühnebesessenheit werden die exorzistischen Sitzungen bis zu ihrem Tod fortgesetzt. Im Sommer 1976 stirbt sie.

Das Leiden und die Todesursache der Anneliese Michel werden je nach Weltanschauung unterschiedlich interpretiert. Die medizinische Obduktion ergab Tod durch Unterernährung, Lungenentzündung und extreme körperliche Belastung in den letzten Lebenstagen. An anderer Stelle wurden die Dämonen für ihren Tod verantwortlich gemacht, sie hätten mit Gottes Zulassung ein Exempel für die Echtheit der Besessenheit statuieren sollen (so die Meinung eines der Exorzisten und des Vaters der Verstorbenen). An wieder anderer Stelle gab man den Medizinern die Schuld am Tod der jungen Frau. Im Jahr 1978 wurden die Eltern und die beiden Exorzisten vom Landgericht Aschaffenburg wegen fahrlässiger Tötung mit Unterlassung der Hinwirkung auf ärztliche Hilfe zu einer Bewährungsstrafe verurteilt.

Die weltlichen Gerichte befassten sich also ebenso mit der Causa Michel wie die katholische Kirche, die ihre Haltung zum Thema Exorzismus neu zu überdenken hatte. In manchen rechtskatholischen Kreisen führt der Fall bis heute ein abstruses Nachleben, Anneliese Michel wird dort beinahe wie eine Heilige verehrt.

1.2 Deutung der Ereignisse von Klingenberg

Wie nun die Ereignisse von Klingenberg gedeutet werden, hängt eng am jeweiligen sozialen Kontext und der Interpretation und Bewertung der zu beobachtenden Phänomene. »Das Faszinosum der Anneliese Michel ... ist nur dann verständlich, wenn man bedenkt, dass jeder derartige Fall unsere tägliche Auffassung der Wirklichkeit immer neu in Frage stellt.«[3] Bestimmte Symptome

---

[3]   *J. Lederle*, Filmheft Requiem, bPb 2006, 19.

oder subjektive Erlebnisse, z. B. eine akustische Halluzination oder Ähnliches, können aus einer spezifischen religiösen Perspektive die Besessenheit durch einen Dämon abbilden, aus Sicht der Neurowissenschaften »ein Transmitter-Ungleichgewicht im limbischen System des Zwischenhirns, oder aus psychologischer Perspektive die histrionische [theatralische] Umformung eines existenziellen Konflikts«[4]. Ob es nun etwas wie dämonische Besessenheit gibt oder nicht gibt, ist weder zu beweisen noch zu belegen, sondern die jeweiligen Betrachtungsweisen unterliegen bestimmten Wirklichkeitsinterpretationen, die von historischen und sozialen Gegebenheiten abhängig sind. Es gibt eine Stellungnahme katholischer Theologen und Theologinnen zum Thema »Das Böse und die Befreiung vom Bösen«, die genau jene Position vertritt:[5]

> »– Unter humanwissenschaftlicher Perspektive gibt es also keine Besessenheit, sondern nur besondere Persönlichkeitskonstellationen und eventuell Krankheitssymptome, die in einem bestimmten religiösen Kontext in dieser Weise gedeutet werden können.
> – Theologisch kann die Möglichkeit von Besessenheit nicht ausgeschlossen werden. Sie gilt als *sententia certa*.
> – Allerdings dürfte es im konkreten Fall schwierig sein, eine *moralische Gewissheit* darüber zu erlangen, ob Besessenheit vorliegt (vgl. CIC c. 1172 § 2). Es gibt keine theologischen Kriterien für Besessenheit.
> – Die immer wieder genannten Anzeichen (das Verstehen fremder Sprachen, … das Verfügen über außergewöhnliche Kräfte …) können auf dem Hintergrund heutiger humanwissenschaftlicher Erkenntnisse – *selbst in der Summe* – keine hinreichenden Gründe für die Konstatierung von Besessenheit sein.«

Nun gibt es aber auch heute noch Menschen, die sich vom »Bösen« in besonderer Weise bedrängt fühlen oder die sich als »besessen« erleben – und auch diese Menschen haben ein »Anrecht auf ärztlich-medizinische bzw. klinisch-psychologische *und* seelsorgliche Betreuung«[6]. Die katholische Kirche stellt dafür das Ritual des Exorzismus zur Verfügung. Wie sich dieses Ritual in der kirchlichen Geschichte entwickelt hat und wie es heute unter den eben beschriebenen Erkenntnissen zu handhaben ist, darum geht es in den folgenden Abschnitten.

---

[4]   Ebd., 19.

[5]   In: *U. Niemann / M. Wagner (Hg.)*, Exorzismus oder Therapie? Ansätze zur Befreiung vom Bösen, Regensburg 2005, 137–141; für das folgende Zitat: 139, Hervorheb. ebd.; auch die Autorin ist eine der Unterzeichnenden dieser Stellungnahme. Der Text ist im Internet zu finden unter: www.weltanschauungsfragen.at/news/articles/2005/12/22/a2491 (Download 10. 2. 2012).

[6]   Stellungnahme, 140.

2 Exorzismen in der Geschichte

Der Exorzismus ist eine liturgische Tradition, in der der Kampf gegen Satan und die Dämonen im Mittelpunkt steht.[7] Der griechische Ursprung des Wortes bedeutet ›beschwören‹ im Sinn von ›jemanden inständig anrufen und dazu veranlassen, etwas zu tun‹ und kann auf Personen und auf gute und böse Geister angewandt werden. Dieser Bedeutungsinhalt wurde in der altkirchlichen Literatur jedoch eingeschränkt auf ›vertreiben böser Mächte‹ – nur in dieser Bedeutung wird das Wort Exorzismus heute in der deutschen Sprache gebraucht.[8]

In der Alten Kirche haben sich drei Formen des Exorzismus entwickelt, die in der katholischen Kirche bis zur Liturgiereform durch das Zweite Vatikanische Konzil (1962–1965) erhalten blieben, nämlich a) Exorzismen bei der Eingliederung in die Kirche, die sog. Taufexorzismen, b) Sachbeschwörungen zur Abwehr schädlicher Einflüsse auf Dinge und Gegenstände (auch Kleine Exorzismen genannt) und c) die Exorzismen über die Energumenen, die vom Teufel oder von Dämonen Besessenen (der sog. Große Exorzismus).

Bestimmend für die Exorzismen war das Rituale Romanum (RR) von 1614, das im Auftrag des Trienter Konzils (1545–1563) herausgegeben wurde. Diese Sammlung liturgischer Riten enthält die Texte der damals üblichen Exorzismen in der Feier der Kinder- und der (seltener angewendeten) Erwachsenentaufe wie auch im letzten Kapitel den Großen Exorzismus über die Energumenen.[9]

2.1 Taufexorzismen

Seit der ältesten erhaltenen Taufordnung des Hippolyt von Rom (Anfang des 3. Jh.) ist überliefert, dass an den Täuflingen regelmäßig ein Exorzismus vorgenommen wurde, und das nicht nur bei Erwachsenen-, sondern auch bei Kindertaufen. Zusätzlich zu den Gebeten an Gott um Befreiung vom Bösen wurde bald schon auch der Teufel angesprochen, u. a. als »unreiner Geist« und »verleumderischer Satan«.[10]

---

[7] Exorzismen gehören eigentlich zu den kirchlichen Sakramentalien: »Dies sind heilige Zeichen, durch die in einer gewissen Nachahmung der Sakramente Wirkungen, besonders geistlicher Art, bezeichnet und kraft der Fürbitte der Kirche erlangt werden«, wie es das Zweite Vatikanische Konzil formuliert (Sacrosanctum Concilium 60).

[8] Vgl. *R. Kaczynski*, Der Exorzismus, in: *B. Kleinheyer / E. v. Severus / R. Kaczynski*, Sakramentliche Feiern II (Gottesdienst der Kirche. Handbuch der Liturgiewissenschaft, Teil 8), Regensburg 1984, 275–291; hier: 279.

[9] Vgl. *M. Probst*, Der große Exorzismus – ein schwieriger Teil des Rituale Romanum, in: Liturgisches Jahrbuch LJ 49 (1999), 247–262; hier: 247. Übrigens waren Exorzismen keine rein katholische Sache, auch Luther hatte sie in seinen Kleinen Katechismus aufgenommen.

Es konnte so leicht der Eindruck entstehen, dass die Kirche jeden nicht getauften Menschen, sogar den ungetauften Säugling für vom Teufel besessen halte. Doch ist in den ersten Jahrhunderten (noch) die ethische Dimension des Exorzismus wichtig, die allerdings in der Folgezeit verloren ging: In der Dämonologie der Kirchenväter wird großer Wert darauf gelegt, dass es das böse Tun des Menschen sei, das die massive Etablierung der Satansherrschaft bewirke, und dass der Kampf um das sittlich Gute das Böse und den Teufel zu überwinden vermöge. Diese grundsätzlich antidualistische und antideterministische Anschauung verengte sich im Mittelalter zunehmend.[11]

Die Taufexorzismen der ersten Jahrhunderte waren besonders in der Vorbereitungsphase auf die eigentliche Taufe verankert; Hippolyt beschreibt, dass die Täuflinge während der letzten Phase vor der Taufe täglich unter Handauflegung exorzisiert wurden. Den letzten Exorzismus nahm sogar der Bischof persönlich vor. Die Taufe selbst fand für alle Täuflinge in der Osternacht statt. Hier wurden die Taufkandidat/innen einer exorzistischen Salbung mit dem Katechumenenöl, auch »Öl des Exorzismus« genannt, unterzogen. In der Folgezeit entwickelten sich zahlreiche zusätzliche Exorzismen; die katechetischen Elemente in der Taufvorbereitung unterstanden bald vollkommen einem exorzistischen Verständnis: Selbst das Glaubensbekenntnis und das Vater Unser – ursprünglich zentrale Teile der Belehrung – wurden zu einem Schutzritus gegen den Teufel umgedeutet.

Im 20. Jahrhundert wurden gemäß der Forderung des Zweiten Vatikanischen Konzils nach Erneuerung der liturgischen Bücher auch für die Tauffeiern neue Bücher herausgegeben. Und so erschienen unterschiedliche Ritenvorgaben für die Kindertaufe, für die Aufnahme von Kindern im Schulalter und für die Eingliederung Erwachsener: Dies sind die Riten, die heute gültig sind. Wenn auch die vielen früheren Exorzismen gestrichen worden sind, gehören exorzistische Riten und Texte weiterhin zur Kindertauffeier. Allerdings wird kein einziges Mal der Teufel direkt adressiert; die Gebete sind an Christus oder Gott-Vater gerichtet, es wird um Hilfe und Schutz gebeten. Diese sog. deprekativen Formeln sind also keine Exorzismen im strengen Sinn, da sie keine an den Teufel gerichteten Anforderungen beinhalten; der Eindruck von teuflischer Besessenheit kann so erst gar nicht mehr entstehen:[12]

---

[10]   Vgl. *M. Probst / K. Richter*, Exorzismus oder Liturgie zur Befreiung vom Bösen, Münster 2002, 23.

[11]   Vgl. *A. Angenendt*, Geschichte der Religiosität im Mittelalter, Darmstadt 1997, 467 f.

[12]   Wichtig ist an dieser Stelle festzuhalten, dass die Absage an den Satan – oft auch unzutreffend »Abschwörung« genannt, keinen Exorzismus darstellt. Seit den ersten überlieferten Zeugnissen ist die Absage (»Ich widersage dem Satan« ...) Teil des Taufritus und dort eng mit dem Bekenntnis an den christlichen Glauben verbunden. Absage an Unchristliches,

»Herr Jesus Christus, du hast einst Kindern die Hände aufgelegt und sie gesegnet. Schütze dieses Kind und halte fern von ihm, was unmenschlich und was böse ist. Entreiße es jetzt und immer wieder der Macht des Satans. Lass es bei seinen Eltern und Geschwistern geborgen sein und gib ihm Sicherheit und Schutz auf den Wegen seines Lebens, der du lebst und herrschest in Ewigkeit.« (19 B)

2.2 SACHBESCHWÖRUNGEN

Die zweite Form der Kleinen Exorzismen ist seit der Liturgiereform nach dem Zweiten Vatikanischen Konzil völlig aus der kirchlichen Ritenpraxis eliminiert: die so genannten Sachbeschwörungen für die Weihwasser-, Salz- oder Ölweihen.[13] Bereits in der frühesten Zeit wurde das ›Exorzismus-Öl‹ der Taufe vom Bischof exorziert. Allerdings meinte dies nicht eine Befreiung des Öls vom Einfluss böser Mächte, sondern eine Herabrufung besonderer göttlicher Kräfte auf das Öl. Im frühen Mittelalter entstand dann die Vorstellung, dass das Öl erst dem Herrschaftsbereich Satans entzogen werden müsste. Zu dieser Zeit wurden Weihwasser oder Öle, die man zum sakramentalen Vollzug brauchte, aber auch andere Dinge wie Tiere, Medaillen, Asche, Pflanzen und Glocken, ja beinahe alle Gegenstände für den täglichen Gebrauch exorziert; erst dann wurden die Sachen für ihren Gebrauch gesegnet.[14]

Im Mittelalter nahmen solche Sachbeschwörungen überhand. Gerade beim einfachen Volk waren die Beschwörungen und schließlich auch die exorzierten Sachen wie Weihwasser oder Öle mit einer magischen Wirkung verbunden.

Das Leben der Menschen im Mittelalter war von einer Fülle von Segnungen und Heilszeichen, die alle teufelsbezwingend wirken sollten, bis in die kleinsten Verästelungen geprägt. Die allgegenwärtige Angst vor dem Teufel und den Dämonen fand in vielerlei Beschwörungen und Exorzismen ein Ventil. Der Aberglaube war eigentlich von der Kirche verboten worden: Amulette als Schutz gegen Dämonen und böse Geister waren als Relikte des heidnischen Volksglaubens anstößig geworden. Da aber exorzierte Dinge auch als Schutzzeichen wirkten und zudem von der Kirche erlaubt waren, erfüllten sie letztendlich für die meisten Gläubigen denselben Zweck.

Heute sind diese Sachbeschwörungen zu Recht verschwunden. Allerdings ist es nach wie vor üblich, Dinge segnen zu lassen. Solche Segnungen richten

---

Unglauben und den/das Böse(n) gehört in diesem Ritual eng zur Hinwendung und Zusage des Glaubens an Gott.

[13] Vgl. *E. Bartsch*, Die Sachbeschwörungen der römischen Liturgie. Eine liturgiegeschichtliche und liturgietheologische Studie, Münster 1967.

[14] All dem lag die Auffassung zugrunde, dass die geschaffenen Dinge grundsätzlich der Macht des Bösen bzw. des Teufels unterliegen und erst durch Segnung, Beschwörung und Gebet aus dessen verderblichen Einfluss befreit würden. Erst eine ›gereinigte‹ Materie, die quasi mit überirdischer Macht aufgeladen ist, dürfe in Gebrauch genommen werden.

sich an Gott, mit Bitte um seinen Segen beim Gebrauch des betreffenden Gegenstandes. Ob in der Praxis die Nähe zu Aberglauben und helfender Magie tatsächlich in allen Fällen nicht gegeben ist und die Menschen gesegnete Gegenstände nicht als ›quasi-magische Helfer‹ verstehen, mag dahingestellt sein.

2.3 Exorzismen über Besessene

Abgesehen von der allgemeinen Macht über die Menschheit und ihre Lebenswelt, stellte man sich darüber hinaus vor, dass der Teufel und seine Dämonen von jedem einzelnen Menschen Besitz ergreifen konnten. Besessenheit als Inbesitznahme eines Menschen durch Geister oder Dämonen ist ein Phänomen, das in verschiedenen Kulturen beschrieben wird und mit einem ausgeprägten Erregungszustand einhergeht.

Die Opfer einer solchen Besitzergreifung wurden im Christentum *Energumenen* genannt. Durch einen Exorzismus konnte der »böse Geist« vertrieben werden. Dies ist die dritte Form der Exorzismen. Dieser Exorzismus über die Besessenen, die *Energumenen*, ist in seinem Ursprung auch schon sehr alt. Nach dem Vorbild der Dämonenaustreibungen Jesu und seiner Jünger geht er zurück auf Gebräuche im christlichen Altertum.

Es gab Menschen, die ein besonderes Charisma besaßen: die Gabe der heilenden Fürsorge. Diesen Menschen war die Sorge um jene Menschen anvertraut, die man von bösen Geistern besessen glaubte, wozu auch Kranke zählten, deren Krankheiten man nicht anders als durch dämonische Einflüsse zu erklären vermochte, darunter zum Beispiel Epilepsiekranke. Diese frühen Exorzisten kümmerten sich um die »besessenen« Menschen, sie legten ihnen die Hände auf und sprachen den Exorzismus. Ihre Exorzismen waren Gebete an Christus, er möge die Dämonen bändigen und die Kranken von der Quälerei durch den feindlichen Geist befreien. Im Laufe der Zeit jedoch änderten sich die Formeln. Es waren nicht mehr Gebete, ausschließlich an Christus adressiert, vielmehr wandte man sich nun direkt an Satan und befahl ihm, im Namen Jesu die betreffende Person zu verlassen, d. h.: zu den deprekatorischen waren imprekatorische Formeln gekommen, außerdem gehörten zu den Ritualen Besprengungen mit Weihwasser, Handauflegung und Kreuzzeichen.

Schon in der Kirche des 5. Jahrhunderts war die Tätigkeit des Exorzisten ein kirchliches Amt mit einer eigenen Weihe geworden. Zwar wollte man bei der Ordination des Exorzisten das notwendige Charisma in der kirchlichen Hierarchie verankern, allerdings wurde das Exorzistat seiner ursprünglichen Bedeutung nicht mehr gerecht, nachdem es für ausnahmslos alle eine Stufe zum Presbyterat geworden war.[15] Die Exorzisten gehörten fortan zu den sog. *ordines minores*, d. h. zu den niederen Weihen – bereits früh also durften die Exorzismen

---

[15] Vgl. *Probst/Richter*, Exorzismus, 28.

nur noch durch einen Priester ausgeübt werden. Die niederen Weihen und somit auch das Exorzistenamt hob Papst Paul VI. erst 1972 auf. Bis zu seinem Verbot war das Exorzistat Durchgangsstufe zur Priesterweihe. Die spezielle Funktion dieses Amtes aus der frühen Kirche, vor allem in Verbindung mit den besonderen Charismen, war verloren gegangen.[16]

Bereits im fünften Jahrhundert war die Austreibungspraxis immer ausufernder geworden, was sich im Mittelalter und der frühen Neuzeit fortsetzte, wohl auch deswegen, weil im Mittelalter in den meisten Fällen unerklärlicher Krankheiten, so zum Beispiel bei Epilepsie oder geistiger Behinderung, einfach Besessenheit diagnostiziert wurde.

Im Volk wuchs der Glaube an die Macht und die Angst vor den bösen Geistern und ihrem Anführer, dem Teufel. Dämonen begleiteten und bedrohten in dieser Vorstellungswelt das Leben von Anbeginn an, ihre Allgegenwart und Übermacht ließen auch die unterschiedlichen Formen der Bekämpfung unmäßig wuchern. Hinzu kommt noch, dass die abwehrenden und austreibenden Riten in der dem Volk zumeist unbekannten lateinischen Sprache gelesen wurden, kein Wunder also, dass viele die Formeln magisch verstanden und mit den ähnlich faszinierend fremden Zauberformeln des Heidentums gleichsetzten. Ein alemannischer Zauberspruch *Contra diabolum* lautete:

> Uuola, uuiht, taz tu uueist, taz tu uuiht heizist, Taz tu neuueist noch nechanst cheden, chnospinci.[17]

Das Interesse an exorzistischen Handlungen entsprach dem Hexen- und Zauberwahn des ausgehenden Mittelalters und der frühen Neuzeit. Im 16. und 17. Jahrhundert existierten in den katholischen Regionen etliche Bücher des Italieners Girolamo Menghi, deren Inhalt bereits die Titel deutlich machen:[18] »Flagellum Daemonum«, »Fustis Daemonum« oder »Fuga Daemonum«. Wer als besessen galt, musste demnach oft auch Gewalt durch den Exorzisten erleiden, z. B. wandte man brennenden Schwefel an, um der »Dämonen« Herr zu werden.

Die Vielzahl der ausufernden Exorzismen machte Reformen notwendig. Dies geschah unter dem Pontifikat Pauls V. im Jahr 1614. Es findet sich deswegen im Rituale Romanum (RR) von 1614 ein eigener Titel »*De exorcandis obsessis a daemonio*« (»Wie man vom Dämon Besessene exorzisieren soll«). Dieser Abschnitt

---

[16]   Ausnahmslos jeder angehende Priester wurde bis 1972 in einer feierlichen Überreichung des Buches mit den Beschwörungsformeln dazu ermächtigt, Besessene zu befreien und Dämonen auszutreiben – allerdings mit der Einschränkung, dass ohne ausdrückliche bischöfliche Erlaubnis kein Exorzismus über Besessene ausgeübt werden durfte.

[17]   Die genaue Herkunft ist der Autorin unbekannt.

[18]   Vgl. hierzu *Probst/Richter*, Exorzismus, 26.

wird auch Großer Exorzismus genannt und galt unverändert bis zum Ende des 20. Jahrhunderts; er sollte die übermäßigen Wucherungen auf ein vorgegebenes Maß beschränken. Im Vergleich mit etlichen zeitgenössischen Handbüchern erscheint der RR auch tatsächlich als »wohltuend zurückhaltend«[19]. Allerdings war die Akzeptanz dieses neuen Textes vielerorts nur mäßig; noch im 18. Jahrhundert gab es exorzistische Zerrformen, die weit über die ohnehin schon drastischen Formeln aus dem Mittelalter hinausgingen.

Die Annahme der realen Existenz des Teufels in dem für besessen gehaltenen Menschen ist die Grundlage des offiziellen Rituals aus dem 17. Jahrhundert. Der Teufel, von dem ein Mensch besessen ist, tritt hier als Gegner des Exorzisten auf. Der Exorzismus wird als Kampf zwischen Exorzist und Teufel dargestellt, die Rolle Gottes bei dem exorzistischen Vorgang bleibt übrigens in den dazugehörigen Richtlinien unerwähnt. Der Exorzist redet mit dem Teufel, er befiehlt ihm, er bedrängt ihn; der bzw. die angeblich Besessene gerät dabei in den Hintergrund:

> »Er [der Exorzist, U. L.] beachte auch, bei welchen Worten die Teufel mehr erzittern; diese wiederhole er dann öfters. Und bei den Drohungen angelangt, spreche er sie mehrmals aus unter ständiger Erhöhung der Strafe. Sieht er, dass er damit Erfolg hat, so verharre er dabei zwei, drei Stunden und auch länger, wenn er es vermag, bis er den Sieg erringt.«[20]

Ein solcher Exorzismus konnte Stunden dauern. Immer wieder wurde der Teufel oder diverse andere Dämonen, die man in dem Menschen glaubte, angesprochen, man drohte ihnen, man beschimpfte sie – stets mit dem Ziel, sie dazu zu veranlassen, den Zustand der Belagerung zu beenden. In aggressiver Sprache wurde der Teufel wiederholt aufgefordert, die besessene Person zu verlassen. Zudem fragte der Exorzist nach Namen und Zahl der innewohnenden Dämonen – so lange, bis er eine Antwort erhielt.

Der Name als Instrument, den Teufel bzw. das Böse zu beherrschen, ist ein Motiv, das nicht nur in den Exorzismen eine Rolle spielte: Im Märchen Rumpelstilzchen reagiert das kleine Männchen auf die Nachricht, dass die Königin seinen richtigen Namen herausgefunden habe, mit den Worten: »Das hat dir der Teufel gesagt! Das hat dir der Teufel gesagt!« – um sich anschließend selbst in zwei Stücke zu zerreißen.

---

[19] Ebd.

[20] Aus den Richtlinien zum Großen Exorzismus, in: Der Exorzismus der katholischen Kirche. Authentischer lateinischer Text nach der von Papst Pius XII. erweiterten und genehmigten Fassung mit deutscher Übersetzung. Herausgeber und Einführung: *Georg Siegmund*, Stein am Rhein 1981, 23.

Doch zurück zum Exorzismus:

Eine solche direkte Anrede des Teufels ist sowohl theologisch wie auch psychologisch fragwürdig. Suggestive Vorgehensweisen wie die, Zahl und Namen der Teufel von den »Teufeln« selbst zu erfragen, sind eher geeignet, die besessenen Personen in multiple Persönlichkeitsspaltungen zu treiben als sie von »dem Bösen« zu befreien. Auch die lange Zeit üblichen Fragen des Exorzisten nach theologischen »Wahrheiten« erscheinen problematisch – meist bekommt der Exorzist durch sein insistierendes Fragen genau das zu hören, was er zu hören erwartet. Ein solcher Induktionseffekt kann bei einem so intensiven Prozess wie einem Exorzismus kaum ausgeschlossen werden.

Dass etwas mit diesem alten Exorzismus geschehen musste, war bereits seit dem Zweiten Vatikanum klar gefordert worden, und es gab auch Arbeitsgruppen, die sich mit der Revision des Exorzismus befassten. Doch vorerst ohne Ergebnis. Dass das alte Exorzismusritual weiter galt, hatte, wie der »Fall Klingenberg« zeigt, fatale Folgen. Denn trotz der Forderung des Zweiten Vatikanischen Konzils nach einer Erneuerung der liturgischen Bücher wurde Anneliese Michel nach dem Formular dieses Großen Exorzismus aus dem alten Rituale exorzisiert, nach insgesamt 76 exorzistischen Sitzungen ohne sichtbare »Befreiung«, sondern mit tödlichem Ausgang. Die Ereignisse um den letzten großen – öffentlich gewordenen – Exorzismusfall in Deutschland weisen deutlich auf den angstbesetzten Umgang mit den Mächten des Bösen in Teilen der Kirche hin.

Der Tod der jungen Studentin führte mithin zu einer neuen Welle der Diskussionen über den Exorzismus und zu einer Reihe von Forderungen, ob und gegebenenfalls wie ein Exorzismus überhaupt noch stattfinden könne. Der damalige Würzburger Bischof Stangl veröffentlichte 1976 eine Erklärung, in der er schrieb:

> »Unter ›Exorzismus‹ ist nicht eine mit magischen Mitteln arbeitende Teufelsaustreibung zu verstehen. Exorzismus ist nichts anderes als das Gebet der Kirche im Namen Jesu für einen Menschen, der seiner nicht mehr mächtig ist, sich ausgeliefert fühlt, sogar selbst nicht mehr beten kann. Wer den Exorzismus anders versteht oder ihn anders vollzieht, steht gegen das Glaubensverständnis der Kirche.«[21]

Karl Rahner stellte dazu fest:

> »Wie wir heute auch als orthodoxe Gläubige ohne Hexen ›auskommen‹, so könnte man in der Praxis auch ohne Besessenheit ›auskommen‹. Selbst wenn man einen Einfluß solcher bösen Mächte und Gewalten als denkbar annimmt, wäre dieser uns

---

[21]   *J. Stangl*, Erklärung zum Geschehen von Klingenberg, in: Tod und Teufel in Klingenberg. Eine Dokumentation, Aschaffenburg 1977, 32–36; hier: 34.

empirisch gegeben in dem, was wir schlicht Krankheit nennen und unter diesen Voraussetzungen durchaus mit irdischen Mitteln bekämpfen können. ... Die kirchlichen Behörden haben darum gewiß die Pflicht, darüber nachzudenken, ob nicht das alte Ritual des Exorzismus schlicht und einfach aus dem Verkehr zu ziehen sei.«[22]

3 DER ERNEUERTE EXORZISMUS AUS DEM JAHR 1999

Doch der Exorzismus wurde nicht »schlicht und einfach aus dem Verkehr gezogen«. In der christlichen Kirche sollte der Ritus des Exorzismus die Befreiung von bösen Gewalten sicherstellen. Dass er dies nicht immer getan hat und dass er in seinen Praktiken weit über jedes Maß hinausging, wurde bereits klargemacht. Trotz aller Zweifel und berechtigter Skepsis vieler Christen stellte im Jahr 1999 der Vatikan einen neuen Ritus für den Exorzismus vor.[23] Das Thema ist also – einmal wieder für viele überraschend – von römisch-offizieller Seite zur Sprache gebracht worden.

Im Vorwort des neuen Exorzismusrituals aus dem Jahr 1999 wird die Notwendigkeit eines solchen Rituals damit begründet, dass trotz der Befreiung vom Bösen durch die Taufe einzelne Menschen vom Teufel in besonderer Weise gequält werden können. Es wird also weiterhin für möglich gehalten, dass teuflische Dämonen vom Menschen Besitz ergreifen: Dieser Mensch gilt dann als »besessen« und ihm wird als Remedium der Exorzismus anempfohlen.[24] Dass Rom also weiterhin und offiziell am Exorzismus im Sinne einer Dämonenaustreibung festhalten wollte, stieß jedoch nicht auf ungeteilte Zustimmung, sondern rief in weiten Teilen der katholischen Welt, v. a. in den westlich geprägten Ortskirchen und unter vielen Theologinnen, Erstaunen und Verwunderung hervor.

So zitiert Klemens Richter aus einer Rezension zu seinem gemeinsam mit Manfred Probst herausgegebenen Kommentar zum Exorzismus:

> Das neue Ritual »reagiert unzureichend auf die Probleme, die heute unbestritten vorliegen. Mit Recht beklagt der Kommentar ... die fehlende Bereitschaft, in dieser sensiblen Materie angemessen und kompetent zu handeln. Da nutzt auch die Anerkennung einzelner Verbesserungen nichts mehr. ... Es geht wirklich nicht darum, das Böse blauäugig zu verharmlosen. Es scheint doch heute noch böser aufzutreten,

---

22 *K. Rahner*, Besessenheit und Exorzismus, in: StZ 194 (1976), 721–722; hier: 722.

23 De Exorcismis et Supplicationibus Quibusdam, Rituale Romanum ex Decreto Sacrosancti Oecumenici Vaticani II Instauratum Auctoritate Ioannis Pauli PP. II Promulgatum, Rom/Vatikan 1999.

24 Ausführlich wird das Thema Exorzismus und der entsprechende Ritus behandelt in: *Leimgruber*: Kein Abschied vom Teufel (s. Anm. 1), 38–76.

als schon frühere Generationen es erleben und erleiden mussten. Umso fataler, wenn die Kirche zu keiner überzeugenden Antwort fähig scheint, obwohl sie doch an den Sieg des erhöhten Gekreuzigten über jede Art von Bösem glaubt, gleichgültig, ob dieses persönlich anzunehmen ist oder nicht (worüber die Theologen nicht gleicher Meinung sind). Die unbestreitbaren Schwierigkeiten, die sich aus den unterschiedlichen Voraussetzungen der Erfahrung und der Deutung des Bösen in einer Weltkirche zeigen und denen ein allgemein geltendes Ritual Rechnung tragen muss (aber muss ein Ritual allenthalben gelten?), lassen sich nicht konservativ lösen.«[25]

3.1 LITURGISCHE ASPEKTE DES EXORZISMUS VON 1999

Der Exorzismus von 1999 ist lediglich eine Überarbeitung der bis dato geltenden Form der RR aus dem Jahr 1614, allerdings ist es keine echte Neuerung. Die Vorbemerkungen bieten eine kurze Engels- und Teufelslehre, die in ihrem unkritischen Umgang mit der Bibel problematisch ist. Daran schließen sich Praenotanda an, die genauere Hintergründe und Erklärungen für den Exorzismus bieten. Es wird davor gewarnt, vorschnell einen Fall von Besessenheit zu diagnostizieren. Vielmehr haben die Exorzisten notwendigerweise auch den Rat von Medizinerinnen und Psychologen einzuholen, um Sicherheit im Urteil zu erlangen – allerdings sollte es sich um Fachleute handeln, die »einen Sinn für die geistigen Dinge haben«.

Im Unterschied zum alten Rituale aus dem Jahr 1614 wurde der liturgische Charakter des Exorzismus verdeutlicht. Es ist klar, dass es sich um einen Wortgottesdienst handelt, dazu gehören die Verkündigung des Evangeliums und anschließende Riten wie z. B. Handauflegung, Erneuerung des Taufversprechens und eben der eigentliche Exorzismus.

An dieser Stelle muss nochmals eine Unterscheidung klar zur Sprache kommen, die für die Diskussion um den Exorzismus nicht unwesentlich ist. Es gibt sog. imprekatorische und deprekatorische Exorzismen. Imprekatorische oder auch imperative Exorzismen wenden sich an die Geistwesen direkt und fordern sie auf, die betroffene Person zu verlassen und keinen weiteren Schaden auszuüben. Anneliese Michel wurde ausschließlich mit solchen Riten exorzisiert. Deprekatorische Exorzismen hingegen sind an Gott gerichtete Gebete um Befreiung vom Bösen bzw. von den bösen Geistern. Auch wenn es sich beim Exorzismusritual der katholischen Kirche um Liturgie handelt, Liturgie aber ein Dialog zwischen Gott und Mensch ist und sich eine gottesdienstliche Feier deshalb nur an Gott zu richten hat, so war doch der imprekatorische Exorzismus die einzige Form im bis 1999 gültigen Rituale. Erst mit dem neuen Ritual seit 1999 sind zu

---

[25]   *A. A. Häußling*, Rezension zu Probst, Richter, Exorzismus, in: ALw 45 (2003), 234 f.; zit. nach *K. Richter*, »Liturgie zur Befreiung vom Bösen« statt »Exorzismus«, in: *Niemann/Wagner*, Exorzismus, 94–110; hier: 103.

den imperativischen Formeln auch deprekatorische Formeln hinzugefügt. Die imperativische Form darf nur nach einer ebenfalls gebeteten deprekatorischen verwendet werden, die deprekatorische jedoch ist auch für sich alleine erlaubt.

Ein Beispiel für einen solchen imprekatorischen Exorzismus aus dem Ritual von 1999 sei hier angeführt:

> »Ich beschwöre dich, Satan, Feind des Heils der Menschen, erkenne die Gerechtigkeit und Güte Gottes, des Vaters, der deinen Hochmut und deinen Neid durch gerechtes Urteil verdammt hat: Weiche von diesem Diener Gottes ... Ich beschwöre dich, Satan, Fürst dieser Welt, erkenne die Macht und die Kraft Jesu Christi ... Weiche daher, Satan, im Namen des Vaters und des Sohnes und des Heiligen Geistes ...«[26]

3.2 PSYCHOLOGISCHE UND THEOLOGISCHE ASPEKTE

Abgesehen von der Fragwürdigkeit der These, dass ein personaler Teufel einen Menschen überhaupt ganz in Besitz nehmen kann, das heißt abgesehen von Zweifeln an der Tatsache einer körperlichen Besessenheit im traditionellen Sinn, ist ein Exorzismus und besonders die imprekatorische Form höchst problematisch. Und dies in mehrerlei Hinsicht: Zum einen wird in einer gottesdienstlichen Feier der Teufel direkt angesprochen – und das, obwohl die Diskussion um den Teufel zu den heikelsten Themen der Theologie gehört. Hinzu kommt, dass ein Gebet an Gott theologisch nicht zu überbieten ist, das heißt, dass keine Aufforderung an einen wie immer gearteten Teufel wirkungsvoller sein kann als die von Gott erfüllte Bitte um Befreiung. Zudem besteht aus psychologischer Sicht stets die Gefahr von Suggestion und Induktion.[27]

Der Teufel im neuen Exorzismusrituale erscheint nach wie vor als ernst zu nehmende Person, von der ein Mensch besessen sein kann und dadurch »schrecklich gequält« wird. Die traditionelle Lehre des Teufels, die zumeist wie im alten Exorzismus eine naturalistisch-personalistische ist, wird auch im neuen Exorzismus fortgeschrieben, als hätte es die zahlreichen Debatten in Theologie, Kirche und Gesellschaft nicht gegeben. Die Vorstellungen v. a. hinter den imprekativen Exorzismen laufen Gefahr, zu einem unzulässigen dualistischen Gottes- und Weltbild zu führen. Denn wenn Gott und Satan in direkt aufeinander folgenden Texten angesprochen werden, »kann leicht der Eindruck gleicher Be-

---

[26] Zit. nach *Richter*, »Liturgie zur Befreiung«, 106.

[27] Zur psychologischen und theologischen Bewertung des Exorzismus vgl. *U. Niemann*, Besessenheit – Teufelswerk und/oder Psychose, in: Orientierung 46 (1982), 195–199; *J. Mischo*, ›Dämonische Besessenheit‹. Zur Psychologie irrationaler Reaktionen, in: *W. Kasper / K. Lehmann (Hg.)*, Teufel, Dämonen, Besessenheit. Zur Wirklichkeit des Bösen, Mainz ²1978, 99–146; *U. Niemann / M. Wagner (Hg.)*: Exorzismus oder Therapie? Ansätze zur Befreiung vom Bösen, Münster 2005.

deutsamkeit entstehen. Von daher sollte … auf einen imprekativen Exorzismus zumindest in Mitteleuropa verzichtet werden.«[28]

Zwar sind extrem heikle Vorgehensweisen wie das suggestive Fragen des Exorzisten nach Zahl und Namen der Teufel im neuen Ritual eliminiert, aber nach wie vor wird Satan direkt adressiert und zum Verlassen des betreffenden Menschen aufgefordert.

Selbstverständlich ist zu bedenken, dass es sich um ein Ritual für die gesamte Weltkirche und somit für Menschen in sehr unterschiedlichen Kulturkreisen handelt. Während der Exorzismus und die Tatsache der teuflischen Besessenheit wenigstens in deutschsprachigen Ländern kontrovers diskutiert bzw. vollständig abgelehnt werden, gibt es zahlreiche Länder in der Weltkirche, welche die Möglichkeit teuflischer Besessenheit zu den Inhalten ihrer Kultur zählen und damit keine oder wenig Probleme haben. Die Tatsache aber, dass ein solcher Ritus besteht und folglich auch in mitteleuropäischen Ländern vermittelt werden muss, ist damit noch nicht geklärt.

Ob es so etwas wie dämonische Besessenheit gibt, ist wissenschaftlich also weder zu belegen noch zu widerlegen. Zwar werden auch im neuen Exorzismusrituale gewisse Anzeichen für Besessenheit aufgeführt (das Verstehen fremder Sprachen, das Wissen um geheime und verborgene Dinge, das Verfügen über außergewöhnliche Kräfte, die feindliche Reaktion auf heilige und geweihte Dinge), theologisch jedoch gibt es keine Kriterien, die eine Besessenheit beweisen würden.

3.3 »Liturgie zur Befreiung vom Bösen«

Nun gibt es aber Menschen, die sich vom Bösen überwältigt fühlen oder sich gar für besessen halten. Das Gefühl, der Tragik des Bösen und seines Geheimnisses ausgeliefert zu sein, ist mit dem aufgeklärten Zeitalter ja gerade nicht verschwunden. Das Böse und die Problematik, sich von bösen Mächten bedrängt zu sehen, lässt sich nicht aus dem menschlichen (Zusammen-)Leben eliminieren. Und noch immer fühlen sich Menschen so sehr in der Gewalt solcher bösen Mächte, dass eine »Befreiung« davon notwendig erscheint.

Es ist Aufgabe der Kirche, in ihrem pastoralen Handeln diesen Menschen Hilfe und Trost zukommen zu lassen. Allerdings besteht das Problem im Umgang mit solchen Menschen weniger in der menschlichen Erfahrung des Überwältigtwerdens vom Bösen, sondern vielmehr darin, wie diese Erfahrung interpretiert und wie ihr begegnet wird. Das heißt, es geht darum, ob die Hilfsmittel, die verwendet werden, tatsächlich das Leiden zu mildern oder gar zu heilen imstande sind. Zudem muss die Vorgehensweise theologisch verantwortbar und liturgisch angemessen sein – die theologische bzw. fromme Sicht der Dinge darf

---

[28] *Richter*, »Liturgie zur Befreiung«, 107.

nicht die einzige Perspektive bleiben, unter der der jeweilige Fall betrachtet wird. Eine enge und vertrauensvolle Zusammenarbeit von Psychologinnen, Psychiatern, Medizinern und Seelsorgerinnen ist unverzichtbar.

Wie also ist mit Menschen umzugehen, die sich selbst von Mächten des Bösen überwältigt sehen? Die Psychotherapie und die Psychiatrie stellen zahlreiche geeignete Hilfsmittel zur Verfügung. Daneben hat auch die Theologie bzw. die kirchliche Seelsorge hier eine wichtige Aufgabe. Das Gebet mit und für diese Menschen ist ein zentrales Moment im Vollzug der Kirche, die den Menschen in ihrer Trauer und Angst (Zweites Vatikanisches Konzil, Pastoralkonstitution »Gaudium et Spes« 1) beistehen soll. Im Gebet kann und muss ihnen geholfen werden – jedoch im Gebet an Gott und nicht im Beschwören eines wie auch immer gedachten Teufels, der in suggestiver Art und Weise erst einmal in den Menschen hineinprojiziert wird, bevor er »ausgetrieben« werden kann. Die Glaubenswelt der betroffenen Person muss ernst genommen werden, ihr Anspruch an ein helfendes Gebet ebenso. Und so sollte zusätzlich zu den notwendigen psychiatrischen bzw. psychotherapeutischen Mitteln, wenn dies gewünscht wird, *mit* den entsprechenden Betroffenen gebetet werden, nicht in erster Linie *über* sie hinweg.

Etliche Theologinnen und Theologen, u. a. auch die bereits mehrfach erwähnten Klemens Richter und Manfred Probst, schlagen auf der Grundlage dieser Überlegungen vor, von einem »Großen Exorzismus« gar nicht mehr zu sprechen, sondern sie plädieren für eine »Liturgie zur Befreiung vom Bösen«.[29] Diese Liturgie sollte auch kein selbstständiger Teil des Rituale Romanum sein, sondern im Bereich der Krankensakramente eingeordnet werden. Ziel dieser Bemühungen – basierend auf der Sendung der Kirche, den Menschen das Heil des lebendigen Gottes zu verkündigen – ist es, eine Befreiung vom Bösen jenseits des Exorzismus in der Kirche von heute zu ermöglichen, und leidenden Menschen möglichst umfassend Hilfe und Trost zukommen zu lassen: in medizinischer, psychologischer und seelsorglicher Hinsicht.

---

[29] Vgl. a. a. O., 108.

»Jesus ist Sieger!«

Dämonenaustreibung und Krankenheilung in evangelischer Sicht

Regina Sommer

1 Poltergeräusche und die Frage nach dem Teufel

Im Pfarramt eines kleinen Dorfes klingelt das Telefon. Die Pfarrerin nimmt ab und spricht mit einer jungen Frau. Diese berichtet, dass sie seit ein paar Tagen regelmäßig Poltergeräusche auf dem Dachboden höre. Sie habe Angst und brauche Hilfe. Die Pfarrerin verspricht, sie zu besuchen. Beim Besuch beschreibt die junge Frau zunächst noch einmal das Poltern, das immer dann zu hören sei, wenn sie allein ist. Die Pfarrerin bietet ihr an, mit ihr gemeinsam auf den Dachboden zu gehen und dort eine Kerze anzuzünden und ein Gebet zu sprechen. Zuvor reden sie über die persönliche und familiäre Situation der jungen Frau. Sie hat zwei Kinder und lebt seit kurzer Zeit von ihrem Mann getrennt. Die Situation ist sehr schwierig, der Alltag mit den kleinen Kindern enorm anstrengend. Möglichkeiten der Entlastung durch Mutter oder Freundin werden im Gespräch erwogen. Anschließend erneuert die Pfarrerin ihr Angebot, mit nach oben auf den Dachboden zu gehen. Die junge Frau äußert daraufhin, dass das nicht mehr nötig sei. Der Besuch habe ihr sehr geholfen.

Drei Konfirmandinnen bitten um ein Gespräch bei der Pfarrerin. Sie wollen wissen, ob es den Teufel gibt. Die Pfarrerin fragt zurück, ob es einen bestimmten Anlass für ihre Frage gibt. Die Jugendlichen erzählen, dass sie sich im Pendeln versucht haben. Bei der Frage nach dem Ergehen von lebenden, aber auch von verstorbenen Personen habe das Pendel ausgeschlagen. Das hat ihnen Angst gemacht. Im Gespräch versucht die Pfarrerin weiter zu ergründen, was die Mädchen beschäftigt und ängstigt. Anschließend erläutert sie ihre theologische Sicht des Bösen. Sie verneint, dass es den Teufel als personifizierten Widersacher Gottes gäbe, wohl aber das Böse, das wir anderen zufügen und das uns Menschen widerfährt.

Teufelsglaube und Erfahrungen mit geisterhaften Erscheinungen begegnen im pastoralen Berufsalltag. Lange nachdem die wissenschaftliche Theologie Vorstellungen vom Teufel und von Dämonen in den Bereich des Mythologischen verwiesen hat, existieren diese Bilder weiter in den Köpfen auch volkskirchlich sozialisierter Menschen und fordern zur theologischen Auseinandersetzung heraus.

Innerhalb der evangelischen Theologie und hier speziell in der Seelsorgetheorie und -praxis ist es seit vielen Jahren sehr still um dieses Thema geworden. Umso lauter sind dagegen die Stimmen von Vertretern eines christlichen Anti-Okkultismus evangelikaler Prägung, die vor »okkulter Belastung« warnen und die Ängste vor bösen Mächten, die die Menschen in ihren Bann ziehen könnten, schüren.[1] Unhinterfragt werden hier klassische Dualismen bedient. Der Kampf zwischen Gott und Satan bildet das Grundmotiv dieser Richtung evangelikaler Theologie. Auch auf dem Feld der modernen Esoterik finden sich Angebote der Heilung und Befreiung von sog. »Fremdeinflüssen«. Dazu zählen Besessenheit durch die Geister Verstorbener, Verfluchungen und Verwünschungen u. a. »Exorzismus – effizient und angenehm« mit diesem Slogan wirbt eine Geistheilerin im Internet.[2] Sie versteht ihre Energiearbeit als wichtige Ergänzung zur Schulmedizin.

Nicht nur, um diesen Stimmen und Angeboten nicht allein das Feld zu überlassen, ist evangelische Theologie angefragt, sondern auch in Wahrnehmung der vielfältigen Bilder und Vorstellungen von Dämonen und dunklen Mächten in der zeitgenössischen Kultur. Jugendliche lesen mit Begeisterung die Bücher von Stephenie Meyer, in denen Vampire, Werwölfe und Menschen sich begegnen, einander lieben und gegeneinander kämpfen. Dan Browns Bücher über den Kampf von Gut und Böse, in denen gefallene Engel und Vertreter von Geheimkulten gegen die katholische Amtskirche vorgehen, sind internationale Bestseller. Der Widerstreit zwischen guten und bösen Mächten und Wesen bildet den Stoff für Fernsehserien und Kinofilme.[3] In unserer rationalen und aufgeklärten Welt ist die Faszination, die von dem Irrationalen, Abgründigen, Geheimnisvollen, Dunklen ausgeht, nach wie vor sehr stark.

Der Beitrag wissenschaftlicher Theologie zum Thema muss nach meiner Überzeugung darin bestehen, die Phänomene des Dämonen- und Teufelsglaubens wahrzunehmen, die psychosozialen Entstehungsbedingungen zu verstehen und diese Vorstellungswelt durch theologische Aufklärung zu enttabuisieren und zu entzaubern.[4] In praktisch-theologischer Perspektive ist ausgehend von

---

[1] Vgl. *A. Kick / H. Hemminger*, Geister, Mächte und Dämonen. Zum christlichen Umgang mit Okkultismus, EZW-Texte, Nr. 171/2003, 7–19.

[2] Vgl. http://www.exorzistin.de (abgerufen am 22.08.2011).

[3] Vgl. z. B. die US-amerikanische Fernsehserie, die auch im deutschen Fernsehen läuft »Buffy – Im Bann der Dämonen« und die Verfilmungen der Bücher von Dan Brown und Stephenie Meyer.

[4] Vgl. *U. Körtner*, Kampf den Dämonen! (17.06.2011), http://diepresse.com/home/spectrum/zeichenderzeit/671142/print.do (abgerufen am 20.07.2011).

den Phänomenen und auf Basis einer kritischen Theorie danach zu fragen, welche seelsorglichen und liturgischen Möglichkeiten und Angebote es für Menschen gibt, die an die Existenz von Geistern, Teufel und Dämonen glauben und sich vor diesen fürchten.

Ich beginne mit einer Untersuchung der Phänomene. Wie lassen sich Dämonenglaube und Besessenheit in biblisch-historischer und religionspsychologischer Perspektive beschreiben und verstehen? (2.). Sodann frage ich, wie eine theologisch verantwortliche Rede vom Bösen in evangelischer Perspektive aussehen kann, die dazu beiträgt Dämonisches zu benennen und zu entzaubern (3.). Schließlich nehme ich Perspektiven und Möglichkeiten des seelsorglichen Umgangs mit Menschen, die unter Dämonenfurcht und Besessenheitserlebnissen leiden, in den Blick (4.).

2 DÄMONENGLAUBE UND BESESSENHEIT – BIBLISCH-HISTORISCHE UND RELIGIONSPSYCHOLOGISCHE EINSICHTEN

2.1 ALTES TESTAMENT UND JUDENTUM

Der Glaube an die Existenz dämonischer Mächte und Phänomene von Besessenheit finden sich in allen Zeiten und Kulturen.[5] »Dämonistische Vorstellungen (…) sind dem gesamten alten Orient genauso geläufig wie dem vorhellenistischen Griechentum, dem Hellenismus, dem antiken Judentum und dem Neuen Testament.«[6] Allerdings verhinderte der im jüdischen Glauben enthaltene Alleinigkeitsanspruch Jahwes zunächst die Entstehung einer ausgeprägten Dämonologie. Die im Dämonenglauben thematisierten Aspekte des Bedrohlichen, Gefährlichen, Ängstigenden werden in den Jahweglauben integriert. Ursprünglich apotropäische Riten zur Dämonenabwehr werden im Kontext von Opfer- und Reinheitsbestimmungen uminterpretiert. Der Glaube an Dämonen und die Riten zur Dämonenabwehr leben jedoch in der israelitischen Volksfrömmigkeit weiter. Die jüdische Apokalyptik entwickelt im Dialog mit persischen und ägyptischen Vorstellungen eine ausgeprägte Dämonologie, die »die Dämonen dualistisch Gott und seinen Heerscharen gegenüberstellt (z. B. äthHen 19 …)«.[7] Die Verfasser der neutestamentlichen Schriften setzen dieses im antiken Judentum entwickelte

---

[5]   Vgl. *O. Böcher*, Art. »Dämonen (böse Geister), I. Religionsgeschichtlich«, in: TRE VIII, hg. v. *G. Krause / G. Müller*, Berlin / New York 1981, 270–274; vgl. auch *F. Goodman*, Ekstase, Besessenheit, Dämonen. Die geheimnisvolle Seite der Religion, Gütersloh 1997.

[6]   *O. Böcher*, a. a. O., 271.

[7]   *G. Stemberger*, Art. »Dämonen (böse Geister), III. Judentum«, in: TRE VIII, hg. v. *G. Krause / G. Müller*, Berlin / New York 1981, 277–279, hier: 277.

und ebenso in der hellenistischen Umwelt zu findende dualistische System von guten und bösen Mächten voraus.

2.2 Besessenheitsphänomene und die Exorzismen Jesu: Performances und Transformances

Die Exorzismen Jesu werden im Neuen Testament entsprechend als Kampfhandlungen geschildert, in denen Jesus die feindlichen Dämonen, die die Menschen, die zu ihm kommen, quälen, besiegt und so den Anbruch der Gottesherrschaft spürbar und sichtbar verkündet.[8] Neben dieser theologischen Bedeutung haben die Exorzismen nach Einschätzung der neutestamentlichen Forschung vor allem eine soziale Funktion, sie dienen der Re-Integration des Besessenen in die Gemeinschaft.[9] Hilfreich für ein heutiges Verständnis der neutestamentlichen Exorzismen ist eine Deutung von Besessenheit als sozialer »Performance«, wie Christian Strecker sie vorschlägt.[10] Besessenheit ist in dieser Perspektive zu verstehen als Aufführung und Aktivierung eines Rollenmusters, das in einer Kultur als Indiz für Besessenheit gilt. »Besessenheit« wird somit sozial konstruiert und kulturell determiniert.[11] Mit diesem Verständnis von Besessenheit als sozialer Performance wird die Frage nach dem Realitätsgehalt anders beantwortet: Was sozial aufgeführt und vollzogen wird, gewinnt Wirklichkeit im Prozess des sozialen Vollzuges, ohne, dass man deshalb an die Existenz von Geistern glauben muss. Wie in einer gelungenen Theateraufführung die Grenzen zwischen Rolle und Person, Illusion und Wirklichkeit verschwimmen, so lässt sich auch die Frage, ob die besessene Person nur eine Rolle spielt, die ihr im Prozess sozialer Interaktion zugeschrieben wird, oder ob es sich um Besessenheit durch externe Mächte handelt, nicht eindeutig beantworten.

Der oder die »Besessene« kreiert im Vollzug seiner/ihrer Handlungen eine dämonische Wirklichkeit. Dies geschieht allerdings nicht freiwillig, sondern wird als psychischer und körperlicher Zwang erlebt. Entsprechend diesem Ver-

---

[8]   Das NT überliefert sechs Erzählungen von Exorzismen Jesu (Mk 1,21–28; Mk 5,1–20; Mk 7,24–30; Mk 9,14–29; Mt 9,32 f.; Lk 8,2). Exorzismen und Krankenheilungen Jesu unterscheiden sich in Verlauf und Zielrichtung: Bei den Exorzismen wird eine fremde Macht, die das Ich-Zentrum des Menschen okkupiert hat, vertrieben, wohingegen bei der Krankenheilung der oder die Kranke durch Handauflegung neue Lebenskraft erhält (vgl. *G. Theißen*, Die Wunder Jesu. Historische, psychologische und theologische Aspekte, in: *W. H. Ritter / M. Albrecht [Hg.]*, Zeichen und Wunder. Interdisziplinäre Zugänge, Göttingen 2007, 30–52, hier: 38).

[9]   Vgl. *G. Theißen*, a. a. O.; vgl. *C. Strecker*, Jesus und die Besessenen. Zum Umgang mit Alterität im Neuen Testament am Beispiel der Exorzismen Jesu, in: *W. Stegemann u. a. (Hg.)*, Jesus in neuen Kontexten, Stuttgart 2002, 53–63.

[10]   Vgl. *C. Strecker*, a. a. O.

[11]   Vgl. dazu auch *G. Theißen*, a. a. O., 42.

ständnis der Besessenheit als Performance lassen sich die Dämonenaustreibungen Jesu mit Strecker als »Transformances« verstehen. Sie sind »performative
rituelle Akte (...), die an den Besessenen samt ihrem Umfeld reale Transformationen bewirken«.[12] Die Besessenheitsperformance wird in der Begegnung mit
Jesus und mit der durch ihn repräsentierten göttlichen Ordnung aufgebrochen
und damit eine Verhaltensänderung möglich. Indem Jesus das Reich Gottes als
gekommen und den Satan als entmachtet (Lk 11,20; Lk 10,18) bezeichnet, durch-
bricht er die dissoziative Fremdbestimmung des Besessenen und beendet den
dualistischen Kampf zwischen Gott und Satan. Die Konstruktion der dämonischen Wirklichkeit wird dekonstruiert und die Konstitution eines neuen, vom
Dämon befreiten, sich nicht als »besessen« verhalten müssenden Selbsts wird
ermöglicht.

2.3 BESESSENHEIT ALS »DISSOZIATIVE STÖRUNG«

In medizinischer und religionspsychologischer Perspektive werden Besessen-
heitsphänomene als dissoziative Störungen begriffen.[13] Die Weltgesundheitsor-
ganisation definiert sie wie folgt: Trance- oder Besessenheitszustände sind »Störungen, bei denen ein zeitweiliger Verlust der persönlichen Identität und der
vollständigen Wahrnehmung der Umgebung auftritt; in einigen Fällen verhält
sich ein Mensch so, *als ob* er von einer anderen Persönlichkeit, einem Geist,
einer Gottheit oder einer ›Kraft‹ beherrscht wird.«[14] Dissoziative Störungen
können als Folge traumatischer Erlebnisse, z. B. sexuellem Missbrauch, Vergewaltigung, Folter, Verlusterfahrungen durch Tod oder als Reaktion auf unlösbare
Konflikte und gestörte Beziehungen entstehen. Unerträgliche Erlebnisse, schmerz-
hafte und ängstigende Erfahrungen werden als Einfluss böser Mächte beschreibbar, aggressive Impulse oder als negativ bewertete sexuelle Regungen werden
einer ich-fremden Quelle zugeschrieben. Ob ein Mensch sich als besessen erlebt
und beschreibt, ist abhängig von den kulturellen Vorstellungen und den Mytho-
logien, die in seiner Umwelt vorherrschen. Das Gefühl, besessen zu sein, kann in
unterschiedlichen Formen und Stadien[15] auftreten: angefangen von der Annahme,
dass eine Krankheit von bösen Geistern verursacht ist, über das Hören dämonischer Stimmen, bis hin zur »unkorrigierbaren Wahngewissheit«.[16]

---

[12] A. a. O., 60.
[13] Vgl. *H. Hinterhuber*, Besessenheit und Exorzismus. Gedanken zu einem psychiatrisch
(und theologisch) obsoleten Thema, in: *W. Palaver u. a. (Hg.)*, Aufgeklärte Apokalyptik. Religion, Gewalt und Frieden im Zeitalter der Globalisierung, Innsbruck 2007, 391–434; *B. Grom*,
Religionspsychologie, vollst. überarb. 3. Aufl., München 2007, 228–232.
[14] Internationale Klassifikation psychischer Störungen der WHO, zitiert nach *H. Hinterhuber*, a. a. O., 393.
[15] Vgl. *B. Grom*, a. a. O., 229.
[16] Vgl. ebd.

Für die Therapie dissoziativer Störungen in Form von Besessenheitszuständen stellt sich aus medizinischer bzw. psychologischer Sicht die Aufgabe, der dämonologischen Deutung des Patienten / der Patientin einerseits Beachtung zu schenken, die Beschwerden jedoch andererseits und in erster Linie als das was sie sind, nämlich als Ausdruck einer psychischen Störung, zu betrachten und entsprechend zu behandeln. Diese medizinische Sichtweise darf jedoch nicht ausblenden, dass die auslösenden Erlebnisse für eine Person eine existentielle Dimension haben können, dass es sich also um abgründige Erfahrungen menschlicher Aggression, tiefer Ohnmacht oder erschütternder, zunächst unerklärlicher Erlebnisse handelt, die die tragenden – auch religiösen – Sinnstrukturen einer Person bedrohen. In solchen Situationen kann die dämonologische Deutung eine erste Interpretationsmöglichkeit darstellen. Insofern hat diese Deutungswelt zunächst eine für das Individuum stabilisierende Funktion, um das Abgründige in Worte zu fassen. Wenn sich diese Deutung verfestigt, kann sie zur krankhaften Störung werden.

3 Zwischen Überwindungshoffnung und Erlösungssehnsucht – Christliche Verkündigung angesichts des Bösen

Dämonenfurcht und Teufelsvorstellungen sind auch in unserer aufgeklärten Gesellschaft noch (oder wieder) lebendig. In Film, Literatur und Kunst, in evangelikal-charismatischen und esoterischen Kreisen, in der Volksfrömmigkeit und populären Religion[17], aber auch in der katholischen Glaubenslehre sind sie zu finden.[18] Anstatt diese Phänomene und Vorstellungen als unaufgeklärte

---

[17] Vgl. *H.Knoblauch*, Populäre Religion. Auf dem Weg in eine spirituelle Gesellschaft, Frankfurt a. M. 2009. Knoblauch unterscheidet populäre Religion von popularer Religion oder Volksfrömmigkeit. Während *populare* Religion oder Volksfrömmigkeit religiöse Inhalte und Praxen bezeichnet, die sich gegen die offizielle Lehrmeinung der Amtskirche behaupten, meint *populäre* Religion eine von der Allgemeinheit getragene, medial vermittelte Spiritualität, die in ihrer Ausrichtung heterodox ist, d. h. sich aus verschiedenen religiösen Traditionen sowie Elementen der Populärkultur zusammensetzt.

[18] Der Teufel und die Dämonen sind nach offizieller katholischer Lehrmeinung »gefallene Engel«: »Satan und die anderen Dämonen, von denen die Heilige Schrift und die Überlieferung der Kirche sprechen, (waren einst; R. S.) von Gott gut erschaffene Engel, die aber böse wurden, weil sie in freier und unwiderruflicher Wahl Gott und sein Reich zurückgewiesen und damit die Hölle verursacht haben. Sie suchen, den Menschen in ihren Aufstand gegen Gott hineinzuziehen. Aber in Christus bestätigt Gott seinen sicheren Sieg über den Bösen.« (Katechismus der Katholischen Kirche. Kompendium, Übersetzung aus dem Italienischen im Auftrag der Deutschen Bischofskonferenz, Bonn 2005, 50)

Restbestände der Religion und als Aberglauben abzutun und darüber zu schweigen, sollte evangelische Theologie sich ihnen stellen – auch und gerade, weil in Folge des Fürwahrhaltens dieser Vorstellungen Menschen im Namen des Christentums viel Leid zugefügt wurde und mancherorts auch heute noch zugefügt wird. Insbesondere die Diskriminierung und Abwertung von Behinderten, psychisch Kranken, Epileptikern[19], Homosexuellen, Frauen und Juden ging häufig mit der Behauptung der »Teufelsbuhlschaft« und »Besessenheit« einher.

Angesichts dieses oft grauenvollen Umgangs mit Besessenheitsphänomenen, ist evangelische Theologie herausgefordert, die Phänomene wahrzunehmen, zu verstehen und dadurch zu entzaubern, d. h. kritisch zu durchleuchten und theologisch zu erläutern. Entzaubern, das bedeutet zunächst vor allem, über die Erfahrungsdimension zu reden, auf die Vorstellungen von Dämonen, Teufel und Besessenheit Bezug zu nehmen, und offenzulegen, was sich hinter ihnen verbirgt bzw. was durch sie zum Ausdruck kommt: die Realität und die Macht des Bösen. Gleichzeitig geht es um die Frage, wie heute vom Bösen geredet werden kann, ohne es zu personifizieren und einen Dualismus von Göttlichem und Widergöttlichem anzunehmen.

Was aber ist – theologisch gesehen – das Böse? Bzw. präziser gefragt: Welche existentiellen Erfahrungen und Realitäten sind gemeint, wenn Menschen vom Teufel und von Dämonen sprechen oder vor diesen Angst haben?

– Menschen machen die Erfahrung, dass das Böse eine Macht ist, die sich ihrer Verfügungsgewalt entzieht. Die Erfahrung, dass das Böse sich durchsetzen kann, auch wenn es nicht intendiert ist, beschreibt Paulus in Röm 7,19f.: »Denn das Gute, das ich will, das tue ich nicht, sondern das Böse, das ich nicht will, das tue ich. Wenn ich aber tue, was ich nicht will, so tue nicht ich es, sondern die Sünde, die in mir wohnt.« Diese Beschreibung der Erfahrung der »im Menschen wohnenden Sünde« ist, bei Licht betrachtet, eine Besessenheitserfahrung. Die Erfahrung, in seinen Handlungen fremdbestimmt und besessen zu sein, wird hier allerdings – und das ist bemerkenswert – ohne Rekurs auf Teufel und Dämonen beschrieben.

– Das, was Paulus aus individueller Sicht beschreibt, lässt sich auch auf gesellschaftlicher Ebene erfahren: Es gibt Konstellationen und Verdichtungen des Bösen, die scheinbar selbstständig agieren, obwohl sie auf dem Handeln und auf der Verantwortung vieler Menschen beruhen. In der theologischen Reflexion wird dieser Machtcharakter des Bösen als »Erbsünde« (Augustin), als »Reich der Sünde« (Albrecht Ritschl), als »das Dämonische« (Paul Tillich), als »strukturelle Sünde« (Rosemary Radford Ruether) oder als »destruktive Ver-

---

[19]   Im Mittelalter wurde Epilepsie als »morbus daemonicus« bezeichnet!

knüpfung« (Knut Berner) beschrieben.[20] Paul Tillich verwendet zwar den Begriff des »Dämonischen«, begreift ihn jedoch als Symbol.[21] Unter dem Dämonischen versteht er eine endliche Größe, die den Anspruch erhebt, unendlich und von göttlicher Größe zu sein; ein endliches Element, das zu unendlicher Macht und Bedeutung erhoben wird.[22] Aufgabe der Theologie ist die Offenlegung und Auslegung dessen, was mit dem Dämonischen bezeichnet ist, und der Hinweis auf das Reich Gottes, als der endzeitlich sich durchsetzenden Überwindung und Aufhebung dämonischer Mächte.

– Die Erfahrung sinnlosen und unerträglichen Leids bei sich selbst und bei anderen (malum physicum) kann ebenso hinter dem Glauben an die Existenz des Teufels und von Dämonen stehen. Die Spannung zwischen der Vorstellung eines guten, liebenden, allmächtigen Gottes und der Erfahrung der Faktizität des Bösen (Theodizee) wird in den Dualismus von Gott und Teufel überführt. Die Ursache sinnlosen Leids kann so (scheinbar) erklärt und das Gutsein Gottes bewahrt werden.

Christliche Theologie geht auf die beschriebenen Erfahrungsdimensionen des Bösen ein, indem sie darauf hinweist, dass das Böse nach neutestamentlichem Zeugnis in Jesus Christus überwunden ist. Jesus Christus hat sich mit seinem Leben dem Bösen widersetzt. In seinem Leiden und Sterben hat er selbst die Macht der Sünde und des Bösen erfahren und in seiner Auferweckung hat Gott die gewalttätige und tötende Macht des Bösen besiegt. Diese Überwindung des Bösen wird am Ende der Zeiten für alle sichtbar und spürbar werden, wenn Leiden, Schmerzen, Tod und Tränen nicht mehr sein werden.[23]

---

[20]   Vgl. zu den Begriffen: *A. Augustinus*, De gratia Christi et de peccato originali, libri duo, ed. *C. F. Urba / I. Zycha*, CSEL 42, Prag/Wien/Leipzig 1902, 125–206; *A. Ritschl*, Die christliche Lehre von der Rechtfertigung und Versöhnung, Bd. 3, 2. Aufl. 1883, 314 ff.; *P. Tillich*, Der Begriff des Dämonischen und seine Bedeutung für die Systematische Theologie, in: *Ders.*, Gesammelte Werke, Bd. VIII, hg. v. R. Albrecht, Stuttgart 1970, 285–291; *ders.*, Systematische Theologie, Bd. III, Stuttgart 1966, 124–130; *R. R. Ruether*, Sexismus und die Rede von Gott, Gütersloh 1985, 193–230; *K. Berner*, Theorie des Bösen. Zur Hermeneutik destruktiver Verknüpfungen, Neukirchen-Vluyn 2004.

[21]   Repräsentative Symbole weisen nach Tillich über sich hinaus und haben gleichzeitig Anteil an der Wirklichkeit, die sie bezeichnen (vgl. *P. Tillich*, Gesammelte Werke, Bd. VIII, hg. v. *R. Albrecht*, Stuttgart 1970, 139).

[22]   Vgl. *P. Tillich*, Systematische Theologie, Bd. III, Stuttgart 1966, 124 f.

[23]   Vgl. *H. Kuhlmann*, Dualismen im Verhältnis von Gott und dem Bösen – eine gendertheologische Frage?, in: *Dies. / S. Schäfer-Bossert (Hg.)*, Hat das Böse ein Geschlecht? Theologische und religionswissenschaftliche Verhältnisbestimmungen, Stuttgart 2006, 31–42, hier: 33.

Der Ausgangspunkt christlich-theologischen Nachdenkens über das Böse ist somit seine Überwindung: »Jesus ist Sieger!«[24] So lautet der bekannte Ausruf Johann Christoph Blumhardts am Ende der langen Krankheitsgeschichte der von Besessenheitserfahrungen geplagten Gottliebin Dittus. Auch wenn man der Kampfmetaphorik, die in diesem Ausruf enthalten ist, nicht zustimmt, so ist es eben diese Hoffnungsperspektive, mit der aus christlicher Sicht allen Vorstellungen der Macht des Teufels und der Dämonen begegnet werden kann. Die in Jesus Christus angebrochene und noch zu vollendende Entmachtung des Bösen ist der Ausgangspunkt christlich-theologischen Redens vom Bösen. Dennoch leiden Menschen nach wie vor unter dem Bösen in der Welt und die letzte Bitte des Vaterunsers lautet zu Recht: »Erlöse uns von dem Bösen«. In dieser Spannung von Überwindungshoffnung und Erlösungssehnsucht steht der christliche Glaube. Evangelische Theologie als »Interpretationspraxis des Glaubens«[25] hat die Aufgabe, in diese Spannung hineinzusprechen und Menschen zu ermutigen und zu trösten, die unter dieser Spannung leiden. Sie tut dies, indem sie die Botschaft vom Mitleiden Gottes (compassion) in Jesus Christus verkündet und indem sie dazu beiträgt, machtvolle Konstellationen des Bösen im Lichte des Evangeliums von der Überwindung des Bösen zu dekonstruieren mit dem Ziel die schuldhafte Verstrickung von Menschen in diesen Strukturen zu erkennen und Möglichkeiten des Widerstands, der Umkehr und der Heilung zu finden.

4 Seelsorge als Hilfe zur Befreiung aus dem Bann des Bösen – Poimenische Zugänge und Angebote

4.1 Trösten und klären – Die Aufgabe der Seelsorge angesichts des Bösen

»Die Seelsorge ist die existentielle Erprobung des theologischen Denkens, von dem sie getragen ist, und umgekehrt wird jenes von dort her angereichert und in Frage gestellt.«[26] Dies schreibt Joachim Scharfenberg in seinem Buch »Johann

---

[24]   Johann Christoph Blumhardt berichtet von dieser Erkrankung, die er als Kampf zwischen Christus und dämonischen Mächten erlebt und gedeutet hat (vgl. *J.C.Blumhardt*, Krankheitsgeschichte der Gottliebin Dittus, Basel 1850, 75; vgl. auch Blumhardts Vorwort, a.a.O., 5–7). Eine ausführliche Auseinandersetzung mit dieser Krankheits- und Heilungsgeschichte bietet aus poimenischer Perspektive Joachim Scharfenberg (vgl. *ders.*, Johann Christoph Blumhardt und die kirchliche Seelsorge heute, Göttingen 1959).

[25]   *I.U.Dalferth*, Evangelische Theologie als Interpretationspraxis. Eine systematische Orientierung, Leipzig 2004.

[26]   *J.Scharfenberg*, a.a.O., 28.

Christoph Blumhardt und die kirchliche Seelsorge heute«, das 1959 erschienen ist. Was Scharfenberg in der Beschäftigung mit dem seelsorglichen Handeln Blumhardts im Kontext der Ereignisse um die Gottliebin Dittus entfaltet, gilt für die Theorie und Praxis der Seelsorge ganz allgemein. Im Kontakt zu leidenden und hilfesuchenden Menschen werden Seelsorgerinnen und Seelsorger mit Erlebnissen konfrontiert, die sie theologisch herausfordern und unter Umständen zu einer Überprüfung und Korrektur ihrer theologischen Ansichten und Urteile führen. Diese Offenheit und Aufmerksamkeit des Seelsorgers für die subjektive Perspektive der hilfesuchenden Person und das Ernstnehmen der inneren Realität der beschriebenen Erlebnisse bildet die Grundlage der seelsorglichen Beziehung. Die Aufgabe der Seelsorge angesichts des Bösen lässt sich ausgehend von dieser Grundperspektive mit den Begriffen »trösten« und »klären« umschreiben. Es geht in der seelsorglichen Begegnung einerseits um eine Offenheit für die Phänomene, die den Hilfesuchenden mit seinen Erlebnissen ernst nimmt und annimmt (trösten), und es geht andererseits darum, den Glauben an Dämonen oder an dämonische Einflüsse nicht zu bestätigen und zu verstärken, sondern mithilfe befreiender biblisch-christlicher Traditionen zu hinterfragen und dadurch neue Perspektiven zu gewinnen (klären).

Trösten
In der seelsorglichen Begegnung mit Menschen, die unter Dämonenfurcht und Besessenheitserlebnissen leiden, besteht die seelsorgliche Aufgabe zunächst darin, einen Raum zu eröffnen, in dem die Ängste und Erlebnisse ausgesprochen werden können. Die Seelsorgerin vermittelt, dass sie die beschriebenen Erlebnisse und geäußerten Befürchtungen nicht als Phantasiegebilde abtut, sondern als bedrängende innere Realität akzeptiert und aushält. Diese Haltung, die man mit Michael Klessmann die »Trostperspektive« der Seelsorge nennen kann,[27] findet sich auch im Konzept des Gehaltenwerdens (holding) der psychoanalytischen Objektbeziehungstheorie von Donald Winnicott. In einer haltenden Beziehung werden Gefühle wie Angst, Wut, Trauer, Schmerz vom Gegenüber ausgehalten und begrenzt. Dadurch, dass ein anderer die Gefühle mit aushält, wird es dem Betroffenen möglich, sie anzuschauen und sich von ihnen zu distanzieren.[28] Im Seelsorger einem Menschen zu begegnen, der sich die zunächst befremdlich klingenden Erlebnisse anhört und gelten lässt, eröffnet einen Raum, »in dem mit der emotionalen und kognitiven Valenz dieser Erlebnisse konstruktiv umgegangen und sie in gedeutete Erfahrung verwandelt werden

---

[27]   Vgl. *M. Klessmann*, Heilsamer Glaube?! Über den Zusammenhang von Religiosität, Seelsorge und Heilung, in: *C. Gestrich / T. Wabel (Hg.)*, An Leib und Seele gesund. Dimensionen der Heilung, Beiheft zur Berliner Theologischen Zeitung, 24. Jg. (2007), 130–148, hier: 143.
[28]   Vgl. ebd.

können.«[29] Wie das erste Beispiel aus der Seelsorgepraxis zu Beginn meiner Ausführungen zeigt, kann diese Erfahrung des Gehaltenwerdens in der Seelsorgebeziehung bewirken, dass die »Poltergeister« in den Hintergrund treten, und es möglich wird, über die Ursachen der Ängste ins Gespräch zu kommen.

Klären

Nach Eduard Thurneysen ist Seelsorge allgemein als Exorzismus zu begreifen.[30] Damit meint er, dass jedes seelsorgliche Gespräch die Aufgabe hat, die Botschaft von der Vergebung der Sünden auszurichten. »Wo Vergebung der Sünden, da ist Satans Reich zu Ende. Er darf die Menschen nicht mehr länger quälen und verführen. ›Ein Wörtlein kann ihn fällen.‹ Weil die Seelsorge dieses Wort ausrichtet, darum ist ihr Werk zu verstehen als das Werk der Austreibung der Dämonen und der Aufrichtung der großen Hoffnung auf den endgültigen Sieg Christi. In der Kraft dieser Hoffnung greift sie hinein in die Bereiche der Gebundenheit, Aberglauben und Schicksalsangst, aber auch in die weiten Weltgebiete von Politik und Wirtschaft, um überall die Botschaft vom kommenden Reich Gottes anzukündigen und die Menschen darin zu bekräftigen.«[31] Thurneysen hat – so denke ich – richtig erkannt, dass es in der seelsorglichen Begegnung darum geht, Menschen beizustehen, die sich als fremdbestimmt, schuldig und traurig erleben und keine Möglichkeiten sehen, ihre Situation zum Guten zu verändern. Die Botschaft von der Vergebung der Sünden auszurichten, bedeutet nichts anderes als das Evangelium so einzubringen, dass bestehende Fixierungen aufgebrochen und neue Lebensmöglichkeiten sichtbar werden. Das meint bezogen auf die Seelsorge mit Menschen, die unter Dämonenfurcht und Besessenheitsvorstellungen leiden, dass die seelsorglichen Angebote und Maßnahmen zur Dekonstruktion oder mit Strecker zur »Transformance« der Dämonen- oder Besessenheitsvorstellung beitragen müssen. Seelsorgegespräche und exorzistische Rituale, die den Glauben an Dämonen, durch ihren Inhalt und die Art, wie sie durchgeführt werden, eher noch verstärken, dienen diesem Ziel der Dekonstruktion des Dämonischen und der Befreiung aus dem Bann des Bösen jedoch gerade nicht. Am Beispiel der Krankengeschichte der Gottliebin Dittus wird z. B. deutlich, dass es Blumhardt ist, der ihre Symptomatik als Kampf zwischen dem Teufel und Jesus Christus bezeichnet und damit den Ereignissen eine zwar neue, aber problematische Wendung gibt.[32] Noch drastischer verhält es sich in dem

---

[29]   *U. Wagner-Rau*, Kontakt zu Toten. Seelsorgerlicher Umgang mit spiritualistischer Religiosität im Trauerprozess, in: *I. Nord / F. R. Volz* (Hg.), An den Rändern. Theologische Lernprozesse mit Yorick Spiegel, FS für Yorick Spiegel zum 70. Geburtstag, Münster 2005, 453–468, hier: 457.

[30]   Vgl. *E. Thurneysen*, Die Lehre von der Seelsorge, München 1948, 280 ff.

[31]   Vgl. *E. Thurneysen*, a. a. O., 280.

viel besprochenen Fall der katholischen Studentin Anneliese Michel aus den siebziger Jahren.[33] Die Diagnose der Besessenheit, die Personen aus ihrem Umfeld angesichts ihrer psychischen Störung stellen, wird von ihr, die in einem streng gläubigen katholischen Elternhaus aufgewachsen ist, übernommen. Die vermeintlichen Besessenheitssymptome werden in der Folge immer stärker, bis sie schließlich nach monatelangen exorzistischen Ritualen an Entkräftung stirbt.

4.2 Möglichkeiten und Grenzen evangelischer Seelsorge

Exorzistische Rituale, die im Vorstellungskontext des Dämonen- und Teufelsglaubens verbleiben, stellen somit keine Möglichkeit dar, um Teufelsglaube und Besessenheitserlebnisse zu dekonstruieren. Sie dienen vielmehr der Etablierung und Affirmation eines solchen Glaubens. Allerdings sind sie in praktisch-theologischer Sicht ihrerseits als Phänomene wahrzunehmen und zu deuten. Es lassen sich an ihnen drei Aspekte ausmachen, die in evangelischer Seelsorge aufgeklärt und transformiert werden sollten: der kognitive, der performative und der sinnlich-emotionale Aspekt. Die Möglichkeiten der evangelischen Seelsorge, Menschen bei der Befreiung aus dem Bann des Bösen – in Zusammenarbeit mit medizinischer und psychotherapeutischer Begleitung – zu helfen, lassen sich mit diesen drei Aspekten erläutern.

4.2.1 Der kognitive Aspekt

Im seelsorglichen Gespräch können ängstigende Erlebnisse und belastende Emotionen artikuliert werden. In der haltenden Seelsorgebeziehung kann ein heilsamer Raum entstehen, der es den Betroffenen ermöglicht, in Distanz zu den erschreckenden Erlebnissen und ängstigenden Empfindungen zu treten und eine andere Sicht auf ihre Situation zu gewinnen. Hierbei ist zu bedenken, dass eine zu frühe kognitive Aufklärung eine Abwehr des Hilfesuchenden bewirken

---

[32] »Mir war klar geworden, daß etwas Dämonisches hier im Spiele sei, nach den bisherigen Vorgängen; und ich fand es schmerzlich, daß bei so einer schauderhaften Sache so gar kein Mittel und Rat solle zu finden sein. Bei diesem Gedanken erfaßte mich eine Art Ingrimm; ich sprang vor, ergriff ihre starren Hände, zog ihre Finger gewaltsam, wie zum Beten, zusammen, rief ihr in ihrem bewußtlosen Zustande ihren Namen laut ins Ohr und sagte: ›Lege die Hände zusammen und bete: Herr Jesu hilf mir! Wir haben lange genug gesehen, was der Teufel tut; nun wollen wir auch sehen, was Jesus vermag!‹« (*J. C. Blumhardt*, a. a. O., 19).

[33] Vgl. dazu z. B. *U. Leimgruber*, Kein Abschied vom Teufel. Eine Untersuchung zur gegenwärtigen Rede vom Teufel im Volk Gottes, Münster 2004, 52–64; vgl. *dies.*, Das Volk Gottes und die Befreiung vom Bösen. Pastoraltheologische Anmerkungen zu einer umstrittenen Glaubenstradition, in: *U. Niemann / M. Wagner (Hg.)*, Exorzismus oder Therapie, Ansätze zur Befreiung vom Bösen, Regensburg 2005, 49–72, hier: 65–67. Die Geschichte der Anneliese Michel wurde von Hans Christian Schmid unter dem Titel »Requiem« verfilmt und kam 2006 in die Kinos.

kann. Joachim Scharfenberg ging in seinem berühmten Buch »Seelsorge als Gespräch« (1972) erneut auf die Geschichte von Blumhardt und der Gottliebin ein
und stellte nun die Form des sprachlichen Umgangs heraus, die Blumhardt in
diesen Begegnungen schließlich wählte. Blumhardt habe sich letztendlich gegen
die zuvor praktizierte rituelle Wiederholung des Zuspruchs von Glaubenswissen
entschieden und sei in ein Gespräch mit den Dämonen, die die Gottliebin quäl-
ten, eingetreten. »An die Stelle der hierarchischen Struktur von Anweisung und
Gehorsam (ist) (sei; R.S.) damit die dialogisch-zirkelhafte Struktur des Verstehens getreten.«[34] Im Dialog mit der Seelsorgerin, die sich auf die abgründige Le-
benssituation des Gegenübers einlässt und den geäußerten Ängsten und Nöten
Raum gibt, können erstarrte psychische Inhalte zur Sprache und damit in Bewegung gebracht werden. Die bedrängende Struktur der Wirklichkeit kann angesehen und scheinbar unveränderliche Vorstellungs- und Verhaltensmuster
können in Frage gestellt werden. Auch der Bezug zur biblischen Tradition kann
helfen, Bilder und Erfahrungen einzuspielen, die dazu beitragen, die Angst zu
nehmen und neue Spielräume und Sichtweisen zu eröffnen.[35]

4.2.2 Der performative Aspekt

Das seelsorgliche Gespräch wird getragen von der Perspektive der Hoffnung auf
die Überwindung des Bösen. Es zielt auf die Transformation erstarrter und ängs-
tigender Wirklichkeitskonstruktionen und auf die Zusage der Annahme und der
Kraft Gottes. Neben dem Gespräch als Medium seelsorglicher Kommunikation
kann die Verwendung liturgischer Formen dazu beitragen, »Beziehungen in
Szene zu setzen und Situationen ›aufzuweichen‹, wie dies Gespräche nicht können«[36]. Das Gebet kann, wenn es situationssensibel gebraucht wird, eine liturgische Möglichkeit sein, in Form symbolisch-performativer Kommunikation Abstand von der Situation und den bedrängenden Gefühlen zu gewinnen. Indem
die Situation vor Gott gebracht wird, kann sich ein Raum für eine neue Sicht auf
die Wirklichkeit eröffnen.[37] Je nach Situation kann es auch hilfreich sein, die in
Christus geschehene Überwindung des Bösen direkt zuzusprechen, sei es als

---

[34] *J. Scharfenberg*, Seelsorge als Gespräch. Zur Theorie und Praxis der seelsorgerlichen
Gesprächsführung, (5. Aufl.) Göttingen 1991, 42.

[35] Vgl. *P. Bukowski*, Die Bibel ins Gespräch bringen. Erwägungen zu einer Grundfrage der
Seelsorge, Neukirchen-Vluyn (4. Aufl.) 1999; vgl. *ders.*, 3.2. Die christliche Tradition im
Blickpunkt der Seelsorge, in: *W. Engemann (Hg.)*, Handbuch der Seelsorge. Grundlagen und
Profile, Leipzig 2007, 187–201.

[36] *C. Morgenthaler*, V. Rituale, 1. Theoretische Zugänge, in: *Klaus Eulenberger u. a. (Hg.)*,
Gott ins Spiel bringen. Handbuch zum neuen evangelischen Pastorale, im Auftrag der Liturgischen Konferenz Gütersloh 2007, 174–184, hier: 181.

[37] Vgl. *L. Friedrichs*, 2.1 Beten, in: *Klaus Eulenberger u. a. (Hg.)*, Gott ins Spiel bringen.

konkrete Zusage der Sündenvergebung (Absolution), sei es als Zuspruch der biblischen Verheißung, dass keine Macht und Gewalt uns von der Liebe Gottes, die in Jesus Christus erschienen ist, trennen kann (vgl. Röm 8, 38 f.) oder sei es als Zusage und performative Vergegenwärtigung des in der Taufe vollzogenen Eintritts in den Machtbereich Gottes.

4.2.3 Der sinnlich-emotionale Aspekt

Die christliche Tradition bietet zeichenhafte Handlungen an, durch die kognitive und performative Aspekte sinnlich-emotional verstärkt werden können. Die Worte im seelsorglichen Gespräch können durch körperliche Gesten und Berührungen etwa in Form der Segnung mit Handauflegung oder der Salbung begleitet und unterstützt werden. Eine situationssensibel eingebrachte Berührung kann helfen, verfestigte Strukturen und Perspektiven zu lösen und zum Fließen zu bringen.[38] Im Rahmen eines Salbungsrituals kann an die Taufe als dem »Sakrament der Befreiung aus dem Bann des Bösen« (Peter Cornehl) verbal oder nonverbal erinnert werden. Das Verwenden sinnlicher Elemente und der Gebrauch von Zeichenhandlungen, wie das Entzünden einer Kerze oder der Taufkerze, das Bezeichnen mit dem Kreuz unter Verwendung von Salböl oder Wasser können dazu beitragen, dass die in der Taufe zugeeignete Befreiung vom Bösen körperlich-sinnlich erneut angeeignet werden kann.

Wie in allen Fällen der seelsorglichen Praxis ist es auch in Gesprächen mit Menschen, die unter Dämonenfurcht und Besessenheitsvorstellungen leiden, wichtig zu klären, ob bei der hilfesuchenden Person eine schwerwiegende psychische Störung vorliegt, die dann auf jeden Fall (auch) psychotherapeutisch bzw. medizinisch behandelt werden sollte. In solchen Fällen ist der Austausch und die Zusammenarbeit von Seelsorgerin und Therapeut oder Ärztin Voraussetzung für einen Heilungsprozess. Evangelische Seelsorge wird sich in der Hinwendung zu Menschen, die von diesen Phänomenen betroffen sind, also stets ihrer Grenzen bewusst sein und das Gespräch mit Fachleuten anderer Disziplinen suchen. Zugleich sollte sie sich nicht davor scheuen, sich den betroffenen Menschen und den geschilderten Phänomenen offen zu nähern und die befreiende Kraft des Evangeliums in diesen Kontexten auf die beschriebene Weise zur Sprache zu bringen.

Handbuch zum neuen evangelischen Pastorale, im Auftrag der Liturgischen Konferenz, Gütersloh 2007, 185–192, hier: 187.

[38] Vgl. *E. Naurath*, 2.1 Berühren, in: *Klaus Eulenberger u. a. (Hg.)*, Gott ins Spiel bringen. Handbuch zum neuen evangelischen Pastorale, im Auftrag der Liturgischen Konferenz, Gütersloh 2007, 154–158, hier: 154; zur Frage der Krankensalbung vgl. auch *C. Grethlein*, Grundinformation Kasualien, Göttingen 2007, 358–389.

GOTT, GÖTTER, GÖTZEN: WIE KINDER SICH DEN HIMMEL ERKLÄREN

Petra Freudenberger-Lötz

Als ich die Anfrage zu diesem Vortrag erhielt, habe ich gerne zugesagt, denn der Titel weckte in mir Vorfreude auf eine spannende Entdeckungsreise. Mir war deutlich, dass es nicht einfach um Gottes- oder Himmelsvorstellungen von Kindern gehen sollte, sondern darum, welche eigenständigen Konstruktionen Kinder angesichts der Frage nach Gott, Göttern oder Götzen entwickeln und wie es ihnen gelingt, sich angesichts der Vielzahl der Deutungsangebote zu orientieren. Auch die inhaltliche Füllung und Verhältnisbestimmung der Begriffe »Gott, Götter, Götzen« forderte mich heraus. Schließlich war ich mir bewusst, dass die Frage, wie Kinder sich den Himmel erklären, umfassender zu deuten ist als die Frage nach dem Gottesbild von Kindern. Der Titel ermöglichte mir also die Bezugnahme auf ein breites Spektrum an Aspekten. Ich begab mich nun auf eine spannende Reise und wählte Klara als Reisebegleitung. Klara ist heute eine 13jährige Jugendliche. Meine religionspädagogischen Erkundungen mit ihr begannen in ihrer Kindergartengruppe, als sie vier Jahre alt war. Ich besuchte ihre Klassenkameraden und sie in den folgenden Jahren in der Grundschule, beim Übergang von der Grundschule in die Sekundarstufe und in Klasse 7.

Für den vorliegenden Beitrag bin ich den Weg mit Klara nochmals gegangen, habe Klara selbst einbezogen und zur Deutung der gesammelten Daten und Erfahrungen neben der Interpretation von Klara schon vorliegenden Daten aus empirischen Studien zu Gottes- und Himmelsvorstellungen von Kindern, zur Weltbildentwicklung und zum theologischen Gespräch herangezogen. Hinsichtlich meiner Ausgangsüberlegungen ergaben sich auf meiner Reise einige Schwerpunktsetzungen, denen ich vertiefend nachgegangen bin und die ich im Folgenden entfalte.

1 Vorschulalter

»Das ist ja süß«, so kommentiert Klara heute ihr Bild von Gott, das sie im Alter von fast 5 Jahren gezeichnet hat. »Damals war ich mir so sicher, dass es Gott gibt und dass er bei mir ist und so weiter. Ich kann mich noch erinnern, vor allem wenn ich meine Bilder sehe.«

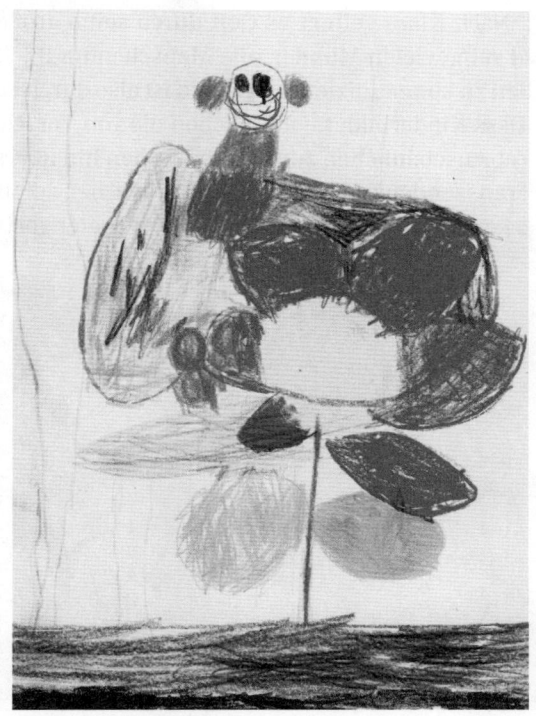

Dieses Bild von Klara zeigt Gott einerseits in Menschengestalt, doch andererseits sind in diese Menschengestalt Eigenschaften eingearbeitet, die das Menschenmögliche übersteigen. Gott ist »oben aus Mensch und unten aus Luft«, so sagte Klara damals.[1] Damit drückt ihr Bild die Spannung von Sichtbarkeit und Unsichtbarkeit, Ferne und Nähe Gottes aus. »Oben« meint den Himmel und »unten« unsere Erde. Die oben-unten-Polarität, die wir aus empirischen Studien zu Himmelsvorstellungen von Kindern kennen, ist deutlich erkennbar, wobei wir als erwachsene Interpreten des Bildes keine Auskunft darüber geben können, ob Klara

---

[1]   Mit Klara wurde damals ein Interview geführt, das transkribiert vorliegt. Auch alle weiteren Gesprächsausschnitte des vorliegenden Beitrags gehen auf transkribierte Interviews der Verfasserin zurück.

das »oben« als Ortsangabe in physikalischem Sinne verstanden wissen will oder ob sie konkret ins Bild bringt, was sie eigentlich symbolisch meint. Dazu wurde sie damals leider nicht befragt. Und heute kann sie sich nicht mehr an dieses Detail erinnern. Deutlich ist beim Betrachten des Bildes jedoch, dass Himmel und Erde miteinander in Beziehung stehen. Ferner wird erkennbar, dass ihr Bild über eine konkrete Darstellung hinausgeht, denn Klara integriert nicht nur die Spannung von Nähe und Ferne, sondern auch die Fürsorge Gottes für jeden Menschen in ihr Bild. Nach Klara gelingt es Gott durch seine großen Augen, seine großen Ohren und seine vielen Münder, alle Menschen im Blick und im Ohr zu haben bzw. mit allen zu kommunizieren. Das Bild ist also durch hohe Komplexität gekennzeichnet. Dass Kinderbilder – auch schon die von Vorschulkindern – die Grenze des Konkret-Anschaulichen zum Symbolischen hin überschreiten, sowie Immanenz und Transzendenz verbinden, wird auch bei der Betrachtung des nächsten Bildes erkennbar, das Klara einige Wochen später gestaltet.

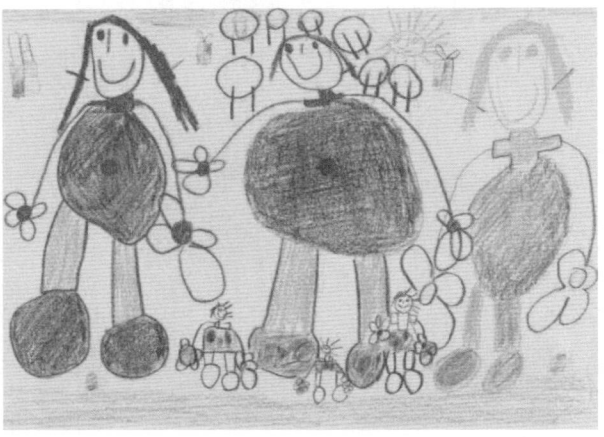

Angeregt durch die Fernsehsendung »Löwenzahn«, in der Peter Lustig verschiedene Spiegel so arrangiert, dass er unendlich oft gespiegelt wird, gestaltet Klara ein Bild von Gott, welches die Begleitung eines jeden Menschen verdeutlichen will – und sie bedient sich ebenfalls der Idee der Spiegel. Man könne die Gegenwart Gottes bei einem jeden Menschen so ins Bild bringen, dass dies durch unendliches Spiegeln seiner Gestalt möglich sei, so Klara. Und ihr ist bewusst, dass sie etwas ins Bild bringt, »was man gar nicht sehen kann. Deshalb hab ich es mal so und mal so probiert«.

Als ich Klara das Interview von damals vorführe, ist sie erneut beeindruckt. »Wie sicher und selbstbewusst ich damals war«, sagt sie nachdenklich.

Wie kann diese hohe Kompetenz, die in Klaras Bildern und ihren damaligen Äußerungen erkennbar wird, erklärt werden? Betrachtet man beispielsweise die auch heute als grundlegend geltenden Arbeiten zur Weltbildentwicklung von

Reto L. Fetz und Anton A. Bucher aus den 1980er Jahren,[2] so scheint im Vorschulalter ein mythisches, archaisches Weltbild vorzuherrschen. Die Welt wird in Stockwerken gedacht: unten sind die Häuser, die Bäume, die Menschen etc., dann das Firmament und darüber der Himmel als Wohnort Gottes. Ähnlichkeiten zu den mythologischen Weltbildern der ersten Kulturvölker sind zu erkennen. Das Gottesbild ist anthropomorph und artifizialistisch: Gott wird in Menschengestalt vorgestellt, der vom Himmel aus konkret fabriziert. So verwundert es nicht, dass der biblische Schöpfungsbericht in diesem Sinne wortwörtlich aufgefasst wird.

In Klaras Bildern erkennt man diese Elemente nur teilweise, ihre Bilder wirken komplexer. Hier ist sicher aus entwicklungspsychologischer Sicht anzumerken, dass in den letzten rund 30 Jahren im Bereich der vorschulischen Erziehung Veränderungen vorgenommen wurden, die sich auf die Kompetenzen von Vorschulkindern auswirken. Es kamen auch neue Erkenntnisse aus der Entwicklungspsychologie hinzu. Kinder werden heute in vorschulischen Einrichtungen als kleine Entdecker betrachtet, die die Welt eigenständig erkunden. Sie bekommen entsprechendes kindgemäßes Material angeboten, auch Internet und Fernsehen sind ihnen zugänglich, und sie werden schon in jungen Jahren mit naturwissenschaftlichen Erkenntnissen konfrontiert. Dies nimmt Einfluss auf ihre Weltbildentwicklung. Entwicklungspsychologische Untersuchungen[3] haben zudem ergeben, dass sich das Weltwissen etwa ab dem 4. Lebensjahr bereichsspezifisch entwickelt und differenziert. Das Weltwissen hängt also von konkreten Herausforderungen und Erfahrungen in einzelnen Entwicklungsbereichen ab. Die von Piaget getroffene Unterscheidung zwischen einer präoperationalen Phase im Vorschulalter und einem bereichsübergreifenden Entwicklungssprung hin zur konkret-operationalen Phase im Grundschulalter und damit qualitativer Veränderungen im Denken kann so heute nicht mehr aufrecht erhalten werden. Es geht im Kindesalter vielmehr um eine kontinuierliche Differenzierung in einzelnen Bereichen. Entwicklung hängt von konkreten Erfahrungen und Herausforderungen ab.

Betrachten wir vor diesem Hintergrund Klaras Entwicklung. Klara wächst in einem Elternhaus auf, das eine religiöse Erziehung praktiziert, diese ihr aber nicht aufdrängt. Klara darf mit all ihren Fragen zu ihren Eltern kommen, wird ernst genommen, findet Gesprächspartner. Sie darf sich ihre eigenen Gedanken

---

[2]   Vgl. *R. L. Fetz*, Die Entwicklung der Himmelssymbolik. Ein Beispiel genetischer Semiologie. In: *P. Biehl u. a.*, Jahrbuch der Religionspädagogik. Band 2, Neukirchen-Vluyn 1985, 206–214, sowie *A. A. Bucher*, Das Weltbild des Kindes. In: Praxis Katechetisches Arbeitsblatt 3/1987, 2–21.

[3]   Vgl. beispielsweise *C. Mähler*, Was sie wissen und was sie denken – Naive Theorien von Kindern im Vorschulalter. In: *A. A. Bucher u. a. (Hg.)*, »In der Mitte ist ein Kreuz.« Kindertheologische Zugänge im Elementarbereich. Jahrbuch für Kindertheologie, Band 9, Stuttgart 2010, 9–15.

machen. Zu Hause und im Kindergottesdienst sowie im Kindergarten hört Klara biblische Geschichten und befasst sich mit religiösen Fragen. Daraus entwickelt sie, zusammenfassend gesagt, ein solides Grundwissen und eine selbstbewusste Haltung. Ihre theologischen Deutungskompetenzen übersteigen die Kompetenzen der meisten Gleichaltrigen, und sie übersteigen sicher auch die Kompetenzen etlicher Grundschulkinder.

Das bedeutet nun hinsichtlich des Vorschulalters: Je nach individueller Entwicklung und Anregungspotenzial entwickeln Vorschulkinder ein archaisches Weltbild und anthropomorphe Vorstellungen, empirisch auffindbar sind jedoch nicht selten auch komplexere Vorstellungen. Der Übergang ins Grundschulalter ist fließend. Vorschulkinder besitzen nicht generell geringere Kompetenzen als Grundschulkinder. Die Kompetenz hängt vom Anregungspotenzial ab.

2 Grundschulalter und Übergang in die Sekundarstufe

Klara ist älter geworden, ein Kind in der Mitte der Grundschulzeit. Das Grundschulalter ist durch das hybride Weltbild gekennzeichnet, was bedeutet, dass naturwissenschaftliche und religiöse Deutungen unproblematisch nebeneinander stehen oder phantasievoll vereint werden.[4] Kreativität, Freude am Gedankenexperiment, Abwägen von Argumenten, Integration verschiedener Aspekte in ein Gesamtbild, dies kennzeichnet das Grundschulalter – sofern die angesprochenen Aspekte herausgefordert werden. Vorschulische Vorstellungen werden weiterentwickelt, indem eine Differenzierung vorgenommen wird und diese auch bewusst artikuliert werden kann. So schreibt etwa Klaras Klassenkamerad Tim:

Wie ich mir Gottes Himmel vorstelle:

Niemand weiß wie es in Gottes Himmel ist. Nur die wissen es, die bei Gott sind. Wir auf der Erde können es uns nur vorstellen. So stelle ich in mir vor: Gelbe Straßen führen direkt hindurch, rechts und links die Gotteshäuser in denen die Verstorbenen wohnen und alles gehört Gott.

---

[4]   Vgl. *P. Freudenberger-Lötz / A. Reiß*, Die Lebenswelten von Kindern und Jugendlichen. Religionspädagogisch-katechetischer Kurs, Lehrbrief 8, Würzburg 2010, 80 ff.

In dieser Schülerarbeit werden mehrere typische Glaubenshaltungen und Kompetenzen von Grundschulkindern erkennbar: Da ist zum einen der Vorbehalt, der deutlich eingezogen wird. Auch wenn Tims Vorstellungen vom Himmel äußerst konkret daherkommen, möchte Tim den Betrachtern seines Bildes[5] vermitteln, dass dies eine Art Gedankenexperiment ist. Tim weiß, dass unsere Vorstellungen menschliche Vorstellungen sind. Er geht zwar davon aus, dass in unseren Vorstellungen viel Wahres enthalten ist, aber die volle Wahrheit erkennen erst diejenigen, die bei Gott sind. Deutlich wird in diesem Text trotz des genannten Vorbehaltes ein grundlegendes Vertrauen in Gottes Fürsorge und Treue – auch über den Tod hinaus. Gott bereitet den Himmel so vor, dass sich die Verstorbenen darin wohlfühlen. Und die Menschen sind Gott so kostbar, dass er den Himmel wohlgeordnet und in leuchtendem Gelb gestaltet. Für Tim ist dies eine Farbe, die das Besondere des Himmels zum Ausdruck bringen soll. Tim stellt sich Gott vor »wie Oma und Opa, die immer fragen, wie es mir geht, die sich überlegen, wie sie mich überraschen können und zu denen ich immer kommen kann. Sie haben Zeit für mich.« Nach einer kurzen Pause sagt Tim: »Aber ich stelle mir Gott nicht wie einen alten Menschen vor, eigentlich habe ich kein Gesicht vor Augen. Ich lass mich einfach überraschen!« Diese Aussage überrascht wohl Tim selbst und er lacht herzhaft. Auch hier ist der Vorbehalt bewusst formuliert: Tim stellt sich Gott zwar mit Bezugnahme auf seine Großeltern vor, aber die Aussage ist als Vergleich zu verstehen. Es geht hier um die Eigenschaften, nicht um ein konkretes Aussehen.

Im Rahmen des Religionsunterrichts wird Glaube zumeist als tragendes Fundament wahrgenommen und besitzt existenzielle Bedeutung.[6] Interessant ist nun aber gegenüber dem Vorschulalter[7], dass generell eine wesentlich stär-

---

[5]   Tim hat zunächst ein Bild gestaltet und dieses Bild dann kommentiert. Aus den Schülerarbeiten zur Frage nach den Himmelsvorstellungen wurde eine Ausstellung erstellt.

[6]   Dieses Fazit kann ich zusammenfassend aus meinen kindertheologischen Studien ziehen. Vgl. vor allem *P. Freudenberger-Lötz*, Theologische Gespräche mit Kindern. Untersuchungen zur Professionalisierung Studierender und Anstöße zu forschendem Lernen im Religionsunterricht, Stuttgart 2007.

[7]   Hier verweise ich neben meinen Ausführungen zu Klaras Entwicklung auf vielfältige Beiträge von Angela Kunze-Beiküfner, die die Eingebundenheit religiöser Themen in die Alltagskommunikation von Vorschulkindern an eindrücklichen Beispielen verdeutlichen. Vgl. exemplarisch: *A. Kunze-Beiküfner*, Kindertheologie im Kontext des Kindergartens. Grundlagen und Praxisbeispiele. In: *A. A. Bucher u. a. (Hg.)*, Mit Kindergartenkindern theologische Gespräche führen. Beiträge der Kindertheologie zur Elementarpädagogik, Stuttgart 2008, 47–62 sowie *dies.*, »Gott ist mehr ein Gefühl und Jesus eher ein Leben.« Die Entwicklung eines christologischen Konzepts am Beispiel eines Mädchens im Alter von 4–9 Jahren.

kere kontextspezifische Argumentation auftritt. Die Argumentationen innerhalb und außerhalb des Religionsunterrichts können sich unterscheiden, ohne dass innerhalb des Religionsunterrichts eine religiöse Haltung vorgetäuscht wird, die unter dem Begriff des »Religionsstunden-Ich« bekannt ist. Das religiöse Sprachspiel findet innerhalb eines vorgegebenen Rahmens religiöser Rede statt.[8] An dieser Stelle kann das Bedauern darüber zum Ausdruck gebracht werden, dass die Kontexte, in denen religiöse Sprache gesprochen und differenziert wird, sowie die Kontexte, in denen Religion erfahrbar wird, abnehmen. Dies ist ein Problem, das sich dann vor allem beim Übergang zum Jugendalter und den damit verbundenen Fragen und Zweifeln stärker manifestiert. Religionspädagogik und Praktische Theologie haben die Aufgabe, die ihnen anvertrauten Räume sorgsam und bewusst zu gestalten.

Nun wäre es verfehlt, lediglich das Bild eines geschützten Raumes religiösen Sprechens und Erfahrens zu zeichnen, in dem völlige Harmonie herrscht. Natürlich gibt es auch Desinteresse, und selbstverständlich werden auch im Grundschulalter kritische Fragen gestellt. Diese sind für die Entwicklung wichtig, sie sind ernst zu nehmen und zu bearbeiten, denn nur so kann eine Differenzierung des Glaubens vorangetrieben werden und der Glaube kann lernen, mit den reflektierenden Herausforderungen umzugehen. Insofern ist die Mitte und das Ende der Grundschulzeit durch eine große und fruchtbare Heterogenität gekennzeichnet. Diese Heterogenität war auch in Klaras Schulklasse zu erkennen. Die zwei folgenden Schülerarbeiten sollen dies verdeutlichen.

In: *A. A. Bucher u. a. (Hg.)*, »In der Mitte ist ein Kreuz.« Kindertheologische Zugänge im Elementarbereich, Stuttgart 2010, 92–104.

[8]   Ergebnisse einer empirischen Erkundung an der Schillerschule Ettlingen im Schuljahr 2005/2006.

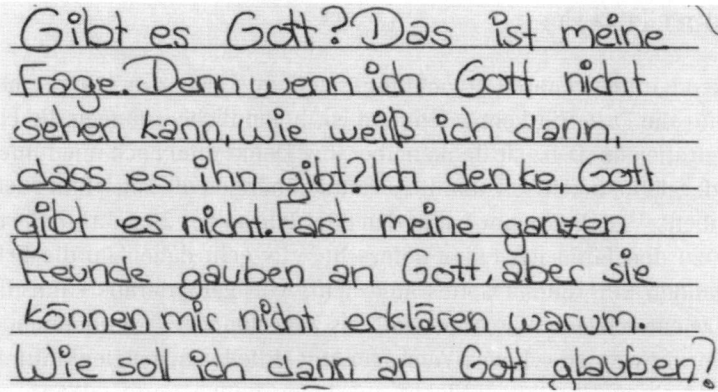

Gibt es Gott? Das ist meine Frage. Denn wenn ich Gott nicht sehen kann, wie weiß ich dann, dass es ihn gibt? Ich denke, Gott gibt es nicht. Fast meine ganzen Freunde gauben an Gott, aber sie können mir nicht erklären warum. Wie soll ich dann an Gott glauben?

Während aus der ersten Schülerarbeit das Grundvertrauen in einen begleitenden und beschützenden Gott herausstrahlt, stellt die zweite Schülerarbeit die Unsichtbarkeit Gottes und die Frage eines Beweises ins Zentrum. Stellen Sie sich diese beiden Kinder einmal in Ihren Gedanken im Gespräch vor:[9] Die Chance gegenseitigen Austausches und Lernens voneinander liegt auf der Hand. Aber, und diese Herausforderung steht ebenso klar vor Augen, dazu bedarf es einer kompetenten Begleitung. Lehrende müssen Kompetenzen in theologischen Gesprächen mit Kindern besitzen, um in der Lage zu sein, die heterogenen Deutungen wahrzunehmen, aufzugreifen, ins Gespräch zu bringen und weiter anzuregen.[10]

Es handelt sich beim Ende der Grundschulzeit und beim Übergang in die Sekundarstufe um ein fruchtbares Alter mit großer Offenheit und Aufgeschlossenheit. Bedauerlich ist, dass die Potenziale oft nicht genutzt und die Kinder viel zu selten in einen produktiven Dialog gebracht werden.[11]

---

[9]   Dieses Gespräch ist abgedruckt in *P. Freudenberger-Lötz,* »Alle meine Freunde glauben an Gott, aber sie können nicht erklären warum.« Studierende entdecken Zugänge von Kindern zur Frage nach Gott. In: *Dies. / U. Riegel* (Hg.), »... mir würde das auch gefallen, wenn er mir helfen würde.« Baustelle Gottesbild im Kindes- und Jugendalter. Jahrbuch für Kindertheologie, Sonderband, Stuttgart 2011, 11–20.

[10]   Vor diesem Hintergrund ist die Professionalisierung Studierender in theologischen Gesprächen ein zentrales Anliegen an der Universität Kassel. Vgl: http://www.uni-kassel.de/fb02/institute/evangelische-theologie/fachgebiete/religionspaedagogik/theologische-gespraeche.html.

[11]   Vgl. als Anregungen an dieser Stelle nochmals Freudenberger-Lötz, a. a. O. (2011), sowie die einzelnen Beiträge der Zeitschrift »Grundschule«, Ausgabe Juni 2012, Thema: Kinder fragen nach der Wahrheit.

3 Pubertätsalter

Betrachten wir die weitere Entwicklung, so kommen wir zum Paradigmenwechsel, der für die Pubertät kennzeichnend ist. Jugendliche erlangen die Fähigkeit zur Mittelreflexion. D. h., sie denken über ihre Denkmittel nach und hinterfragen den Kinderglauben kritisch; damit zusammen hängen die sog. »Einbruchstellen des Glaubens«[12]. K. E. Nipkow hat in den 80er Jahren des 20. Jahrhunderts schon intensiv zu den Einbruchstellen geforscht:[13] Es geht dabei um die Erfahrung des fehlenden Eingreifens Gottes angesichts von Leid, daraus kann die Theodizeefrage erwachsen (»Wie kann Gott das zulassen?« »Es kann keinen Gott geben!«). Ferner werden religiöse Aussagen mit Hilfe logischer Denkmittel hinterfragt, was einen Illusionsverdacht zur Folge haben kann (»Wenn sich das Menschen nur ausgedacht haben, um andere zu vertrösten?«). Schließlich nimmt das naturwissenschaftliche Wissen im Vergleich zum religiösen Wissen überproportional zu und der Konflikt zwischen Glaube und Naturwissenschaft kann aufbrechen (»Wenn es bewiesen wäre, würde ich daran glauben«). Letztlich steht auch die Glaubwürdigkeit der Kirche für Jugendliche auf dem Spiel. Hinzu kommt ein allgemeiner Ablösungsprozess und Selbstfindungsprozess bei pubertierenden Jugendlichen. Es handelt sich also um ein sensibles Alter, das große Herausforderungen, aber auch Chancen in sich trägt. Denn wenn es gelingt, die Fragen und Zweifel ernst zu nehmen und aufzugreifen, kann eine Transformation des Glaubens angestoßen werden.

Betrachtet man die Entwicklung in Klaras Klasse, so kommt es nun entweder zur Ausdifferenzierung des Weltzugangs und der Gottesvorstellung oder aber zu einem eher naturalistischen Weltbild bzw. einem naturalistischen Zugang zur Wirklichkeit, welcher wenig Raum für Gott lässt. Was heißt dies konkret? Beim naturalistischen Zugang herrscht eine überwiegend eindimensionale und rationalistische Wirklichkeitswahrnehmung vor: »Der Himmel ist leer, da gibt es nichts, worauf ich mich verlassen kann, ich bin alleine für mein Leben zuständig.« Ein Entweder-oder-Denken löst das hybride Weltbild ab. Glaube scheint als Illusion. Glaube bzw. Gott wird als nicht beweisbar charakterisiert, und darum wird der Glaube als defizitär angesehen. In einer empirischen Studie von Hanisch[14] habe ich wiedergefunden, was ich auch in meinen Kasseler Studien herausarbeiten konnte: In der Regel wird keine Differenzierung religiöser Spra-

---

[12]   Man könnte sie auch »Umbruchstellen« oder »Herausforderungen« nennen, denn nicht jede/r Jugendliche/r empfindet diese als Einbruch.

[13]   Vgl. *K. E. Nipkow*, Erwachsenwerden ohne Gott? Gotteserfahrung im Lebenslauf, München 1987, 53–78.

[14]   Vgl. *H. Hanisch*, Himmelsvorstellungen von Kindern und Jugendlichen. In: *I. Baldermann u. a. (Hg.)*, Der Himmel. Jahrbuch für Biblische Theologie (JBTh) 20, Neukirchen-Vluyn 2006, 359–380.

che vorangetrieben, Religion wird zurückgedrängt, gerät in Vergessenheit, wird möglicherweise mehr und mehr vorurteilsbehaftet. Da wenig kognitive Aktivierung vorhanden ist und selten Erfahrungsräume gegeben sind, geht das Wissen auch merklich zurück. Dazu tragen Lehrplaninhalte bei, bzw. die Schwerpunktsetzungen von Lehrkräften: In der Mittelstufe werden gerne ethische und soziale Themen behandelt, die Differenzierung des Glaubens wird oft gar nicht eingefordert.[15] Genau hierin läge aber eine Chance: Denn wenn Kontexte geschaffen werden, in denen Gott, Himmel, Glaube, Weltbild thematisiert werden, wenn Lehrende sich nicht scheuen, eine Auseinandersetzung zu suchen und diese kompetent zu gestalten, ist die Chance der Weiterentwicklung gegeben: Es geht darum, die Perspektivität biblisch-religiöser und naturwissenschaftlicher Aussagen zu erfassen, um eine konstruktive Arbeit am Gottesbild vornehmen zu können. Ich polarisiere hier, um die Alternativen deutlich vor Augen zu führen. Natürlich gibt es Übergänge und selten lediglich Entwicklungen in Reinform.

Klara beispielsweise findet auf die Frage nach der Existenz Gottes diese Lösung:

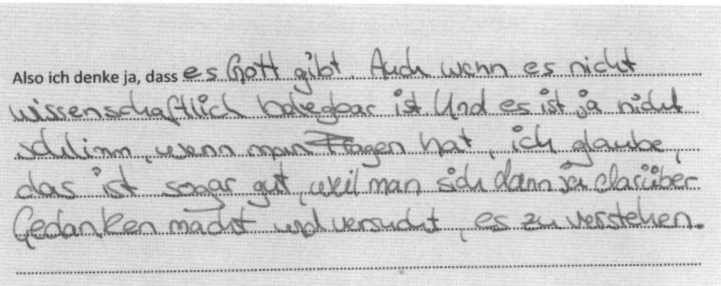

Fragen und Zweifel werden von Klara als Chance der Weiterentwicklung gesehen. Dies stellt noch kein transformiertes und differenziertes Gottesbild dar, aber es ist ein erster Schritt, der zu weiteren Schritten ermutigt. Klara kommentiert: »Wenn ich meine Bilder aus dem Kindergarten anschaue und mit meiner Einstellung von heute vergleiche, dann gibt es heute viel mehr Fragen, die ich nicht einfach so schnell beantworten kann wie früher. (*Klara überlegt.*) Ich glaube, früher habe ich mir manchmal auch was ausgedacht, wenn ich eine Frage hatte, und dann war ich zufrieden und habe daran geglaubt. Und da habe ich viele lustige Sachen gemacht, z. B. Gott als Frau mit Zöpfen und Zopfgummis gemalt. (*lacht*) Heute bin ich kritischer. Das ist aber eigentlich auch ehrlicher. Denn wenn sich jeder nur ausdenkt was er will, das wäre auch nicht gut.«

---

15   Umfrage an Kasseler Schulen im Wintersemester 2010/2011.

Eine starke Reflexion, das ist mein Eindruck. Klara erkennt die Leichtigkeit, die in ihrem kindlichen Gottesbild mitschwang, und die heute verloren gegangen ist. Klara wertet die Entwicklung jedoch nicht als Verlust, sondern als notwendigen Schritt hin zu einem »ehrlichen« und diskursfähigen Glauben. Wie deutlich steht hier die Aufgabe vor Augen, eine angemessene religionspädagogische Begleitung zu verwirklichen. Und wie wichtig wäre eine entsprechende Professionalisierung von Lehrenden.[16]

Dass dies eine dringliche Aufgabe ist, kann anhand eines eindrücklichen Briefes verdeutlicht werden. Er wurde von einer Schülerin im 9. Schuljahr verfasst. Eine Studentin unterrichtete einige Wochen und suchte immer wieder den ehrlichen, offenen Austausch und das theologische Gespräch. Diese Rahmenbedingungen motivierten Anne offenbar, einen Brief zu verfassen, in dem sie die eigene Entwicklung reflektiert.

> Als ich Kind war, habe ich an Gott geglaubt. Meine Oma hat mir oft Geschichten erzählt, die fand ich schön. Ich habe mir vorgestellt, dass Gott auf mich aufpasst und mich beschützt. Als ich so 9 oder 10 Jahre alt war, es war auf jeden Fall noch in der Grundschule, hab ich mal meine Lehrerin gefragt, ob die Bibel und die Geschichten stimmen. Und sie hat ja gesagt, da gibt es keinen Zweifel. Sie hat mich dabei komisch angeguckt. Ich glaube im Nachhinein, ich habe ihr nicht richtig glauben können.
>
> Ich habe dann mehr über die Weltentstehung erfahren und über das Weltall und ich fand so mit 12 oder 13 die Vorstellung immer abgedrehter, dass da oben jemand sein soll. Ich hatte aber auch keine Lust jemanden zu fragen, denn Religion ist für viele meiner Freunde was Komisches. Ich habe auch gemerkt, dass ich ohne den Glauben leben kann. Eigentlich habe ich auch nicht mehr viel darüber nachgedacht – bis jetzt...
>
> Ich fühle mich seltsam. Als ich Kind war, konnte ich daran glauben, und die Erinnerung machte ein schönes Gefühl. Und auf einmal dachte ich, alles ist ausgedacht. Heute frage ich mich, wenn ich ehrlich bin:
> Ist da was dran?
>
> Liebe Grüße   Anne

Was können wir hier erkennen? Als Kind schaffte der Glaube Geborgenheit. Anne hat dies erlebt und wertgeschätzt. Als sie gegen Ende der Grundschulzeit die Wahrheitsfrage stellte, wich die Lehrerin aus. Dies ist im Rückblick für Anne der erste von mehreren Schritten nicht bearbeiteter Fragen. In der Pubertät tritt der Illusionsverdacht auf, sowie die Gegenüberstellung von Glaube und Naturwissenschaft. Fast schon schleichend entfernt sich Anne vom Glauben, sie hat keine Ansprechpartner und in der Clique werden religiöse Themen nicht diskutiert. Sie lernt, ohne den Glauben zu leben, der Himmel ist leer geräumt, und Anne denkt auch nicht weiter über den Glauben nach. Bis jetzt, bis sie die offene Atmosphäre spürt, die sie offenbar an die Kindheit erinnert, vielleicht auch eine Sehnsucht wachruft. Und sie hat den Mut, die Studentin zu fragen. Dies ist der Beginn eines fruchtbaren Lernprozesses zwischen der Studentin und Anne und im weiteren Verlauf auch in der Klassengemeinschaft.

4 GOTT – GÖTTER – GÖTZEN

Bis jetzt habe ich die Entwicklung der Gottes- und Himmelsvorstellung skizziert und auf die Bedeutung der Anregungen und der kompetenten Begleitung aufmerksam gemacht. Wie gehen Kinder nun aber mit der Beziehung zwischen Gott, Göttern und Götzen um? Wie füllen sie diese Begriffe und wie entwickeln sie *ihr* Gottesbild im Konzert der Religionen und Weltanschauungen, der multireligiös zusammengesetzten Vorschulgruppen und Schulklassen? Hier ist zunächst anzumerken, dass die Erfahrung religiöser Vielfalt regional sehr unterschiedlich ausfällt. Wenn Kinder kaum Gelegenheiten zu interreligiösen Begegnungen haben, kann es durchaus sein, dass die Frage nach der Beziehung bzw. nach dem Verhältnis zwischen dem christlichen Gott und dem Gott der anderen Religionen nicht ins Bewusstsein gerät. In Klaras Kindergartengruppe des evangelischen Kindergartens und in Klaras Schulklasse war dies so. Andere Kinder sammeln andere Erfahrungen. Im Rahmen eines Unterrichtsprojektes an einer Grundschule im Raum Kassel wurde in einer multireligiös zusammengesetzten Lerngruppe eines vierten Schuljahres untersucht, wie Kinder das Gottesbild der verschiedenen Religionen zueinander in Beziehung setzen und wie sie die Frage beantworten, ob alle Religionen an denselben Gott glauben.[17] Dieses Unterrichtsprojekt brachte einige interessante Ergebnisse hervor: Zunächst ist festzuhalten, dass die Problemstellung »Glauben alle Religionen an denselben Gott?« nicht verunsichernd wirkte. Sie brachte die Klasse zum Nachdenken und zur Formulierung der wahrgenommenen Gemeinsamkeiten und Unterschiede

---

[17]   Vgl. *A. D. Warneck*, Glauben Christen und Muslime an denselben Gott? In: Grundschule 6/2012, i. E.

zwischen den Religionen. Zu Beginn gingen die Kinder phänomenologisch vor und machten die Gemeinsamkeiten und Unterschiede am Sichtbaren fest, insbesondere an der Tradition sowie der Glaubenspraxis. Sie hoben das identitätsstiftende Moment der je eigenen Glaubenspraxis hervor und betonten, verschiedene Glaubenswege seien berechtigt und unter anderem als Mittel gegen eine »langweilige Welt« zu verstehen. Differenz, sofern sie die zwischenmenschliche Kommunikation nicht belastet, wurde durchaus als positiv wahrgenommen. In einem zweiten Schritt verglichen die Schüler und Schülerinnen ihre Gottesbilder und setzten diese mit der Religion, der sie angehören, in Beziehung. Hier kamen sie »ins Schwimmen«, denn es fehlten ihnen Wissensgrundlagen. Mehrheitlich gingen sie von der Existenz eines einzigen Gottes aus, der sich in unterschiedlicher Art und Weise in der Geschichte offenbart hat bzw. von Menschen verschieden wahrgenommen wurde. Trotz dieser inhaltlichen Unsicherheit gab es selbst in dieser multireligiös zusammengesetzten Klassengemeinschaft keine Irritation durch verschiedene Gottesbilder der Religionen. Das Unterrichtsprojekt weckte jedoch das Interesse der Kinder, an dieser Fragestellung weiterzuarbeiten. Dies wäre durchaus wünschens- und lohnenswert.[18]

Mindestens ebenso herausfordernd wie die Frage nach dem Verhältnis von Gott und Göttern ist die Tendenz, dass die Frage nach Gott aus dem Bewusstsein vieler Menschen verschwindet, auch aus dem Bewusstsein vieler Kinder und Jugendlichen. Dies ist auch deutlich an Annes Brief erkennbar. Anne berichtet, dass sie gelernt habe, ohne den Glauben zu leben. Letztlich ist Gott für Anne in Vergessenheit geraten. Betrachten wir die Alltagskommunikation unter Kindern und Jugendlichen, so bestätigt sich diese Tendenz. Und das ist nicht verwunderlich: Wie sollen Kinder und Jugendliche, die in ihrer Lebenswelt immer weniger religiöse Bezüge erfahren, Gott als bedeutsam für ihr Leben wahrnehmen?[19] Gott wird durch Götzen ersetzt, Lebenssinn wird außerhalb von religiösen Deutungen gesucht. Der zweistündige Religionsunterricht hat hier eine große Aufgabe, darf aber natürlich auch nicht überfordert werden. Die Frage nach Gott als roten Faden in den Religionsunterricht einzuziehen, dies wäre eine wichtige Konsequenz. Ebenso ist es bedeutsam, die Frage nach Orientierung und Sinn im Leben, nach Vorbildern und Lebenszielen zu thematisieren und gesellschaftliche Entwicklungen kritisch zu reflektieren. Dabei muss die Verantwortung zu einer eigenen, bewussten Entscheidung für die persönliche Lebensführung im Zentrum stehen.

---

[18]   Anregungen finden sich bei *A. D. Warneck* (s. Anm. 17), a. a. O. In dieser Frage können Religionspädagoginnen und -pädagogen auch aus den Erfahrungen des Hamburger Modells eines »Religionsunterrichts für alle« profitieren.

[19]   Vgl. auch *F. Schweitzer*, Das Recht des Kindes auf Religion. Ermutigungen für Eltern und Erzieher, Gütersloh 2000.

5 Ausblick

Kinder stellen religiöse Fragen und suchen nach tragfähigen Antworten. Sie nehmen dabei Anregungen auf und verarbeiten diese kreativ. Grundvoraussetzung ist, dass ihre je aktuellen Deutungen ernst genommen und gewürdigt werden. Dann entfalten Kinder bei angemessener Begleitung Perspektiven der Hoffnung, die eine wichtige Grundlage für die weitere religiöse Entwicklung darstellen.

Daraus folgen zentrale Aufgaben für die Religionspädagogik und Praktische Theologie: Unsere Aufgabe sollte es sein, die Kontexte religiöser Bildung bewusst zu gestalten, um eine Ausdifferenzierung religiöser Vorstellungen zu unterstützen. Das heißt, wir müssen Wahrnehmungskompetenz einbringen, also erkennen, welche Themen und Vorstellungen die Kinder bewegen, wir sollten theologische Gespräche situativ führen – wenn Fragen da sind, wenn sie akut sind, wenn sie an uns gerichtet werden. Unsere Aufgabe ist es, Kinder und Jugendliche darin zu unterstützen, die religiöse Sprachfähigkeit bewusst auszubilden. Und wir sollten bedeutsame Kontexte arrangieren, in denen Kinder und Jugendliche die Gelegenheit haben, sich einzubringen und eine eigene religiöse Weltdeutung zu entwickeln, die Sinn stiftet. All dies muss im Bewusstsein der Offenheit und Freiheit einer eigenen Entscheidung angeregt werden.

Fussballgötter und Popstars

Wovor man Jugendliche heute warnen muss

Christoph Gramzow

1 Einstimmung

Bitte stellen Sie sich folgende Situation vor: Ein gewöhnlicher Sonntagvormittag in einer mitteldeutschen Kleinstadt. Kurz vor 9.00 Uhr ist das Vorläuten der örtlichen Stadtkirche zu hören, die zum Gottesdienst um 9.30 Uhr einlädt. Der 10-jährige Max[1] packt seine Sporttasche: mehr oder weniger geputzte Fußballschuhe, Schienbeinschoner, Trinkflasche, eine süße Stärkung für den kleinen Hunger zwischendurch. Max spielt eigentlich noch in der E-Jugend, aber am Abend zuvor hatte der Trainer der D-Jugend-Mannschaft angerufen: Man brauche Verstärkung für das morgige Heimspiel und da sei er als motiviertes »Abwehrbollwerk« genau der Richtige. Für Max eine Frage der Ehre. Die Aufregung macht ihn seitdem ganz kribbelig. Jetzt schlüpft Max in das blauweiße Raul-Trikot mit der Nr. 7, das er sich kürzlich auf einem Flohmarkt in Italien für 10 Euro von seinem Urlaubsgeld gekauft hat. Alternative Kaufoption wäre die Internetbestellung im Schalke-Fanshop gewesen. Dort ist das Trikot freilich kaum unter 90 Euro zu haben.

Während sich in der Kirche die ersten Gottesdienstbesucherinnen in die hinteren Reihen setzen, erreicht Max den Fußballplatz, lehnt das Fahrrad an den Zaun und klatscht zur Begrüßung jeden einzelnen seiner Mannschaftskameraden ab. Umziehen, dann gibt der Trainer die Mannschaftsaufstellung bekannt. Max ist von Anfang an dabei. Kurz vor dem Anpfiff versammeln sich noch einmal alle Spieler in der Nähe der Mittellinie, stellen sich Mann neben Mann im Kreis auf, legen einander die Hände auf die Schultern und beugen sich tief nach vorn. Der Mannschaftskapitän schwört seine Leute mit kurzen kraftvollen Worten auf Sieg ein und dann tönt es wie aus einem Mund: »Einer für alle, alle für einen!«

---

[1]   Name ist zufällig gewählt. Es besteht kein Bezug zu realen Personen.

Auch der Gottesdienst hat inzwischen begonnen. Nach dem stimmungsvollen Orgelvorspiel begrüßt der Pfarrer die ca. 30 Anwesenden, geschätztes Durchschnittsalter 55–60 Jahre. Ein normaler Predigtgottesdienst folgt: mehr oder weniger vertraute Gesangbuchlieder, Psalmlesung im Wechsel, Gebete, drei biblische Texte, eine niveauvolle Predigt und Segenswünsche. Die Hörerinnen und Hörer sitzen andächtig auf den Bänken. Ihre Gesichter verraten wenig darüber, was in ihnen vorgeht.

Endlich der Abpfiff. Ein klarer Sieg für Max und seine Mannschaft. Die Spieler reißen die Arme in den Himmel. Vom Spielfeldrand dringen die zustimmenden Rufe und der Applaus von Eltern, Freunden und Trainern herüber. Es dauert nicht lange, dann ertönt ein einhelliges »So sehen Sieger aus! So sehen Sieger aus!« über den Platz. Wenige Momente später rutschen die ersten Sieger bäuchlings über den noch immer feuchten Rasen. Der Trainer klopft jedem Schützling mit anerkennenden Worten auf die Schulter. Beim Umziehen in der Kabine geht das fröhliche Tanzen und Singen weiter. Am Ende nimmt ein glücklicher Max freiwillig die große Tasche mit den verschwitzten Trikots, den oft viel zu weiten Shorts und den langen Stutzen zum Waschen mit nach Hause.

So könnte es sein … am Sonntag … Ich möchte mit diesem erzählerischen Einstieg auf keinen Fall alte Gräben zwischen Kirche und Fußball wieder aufreißen und den Streit um die Heiligkeit des Sonntags erneut vom Zaun brechen. Gott sei Dank sind in der genannten Stadtkirche auch ganz andere Gottesdienste zu erleben und bedarf es umgekehrt nach so manchem verlorenen Spiel auch erheblicher elterlicher Zuwendung und Aufmunterung. Worum es mir als manchmal ratlosem Vater dreier Söhne jedoch geht, ist schlicht, deutlich zu machen, dass aus kindlicher Sicht mit dem einen vor allem Faszination und Engagement, mit dem anderen dagegen so oft Frustration und Langeweile verbunden ist. Zugleich kündigen sich in diesem Einstieg eine Reihe von Phänomenen an, denen wir unter der Thematik »Fußballgötter und Popstars« nachzugehen haben. Dies wird in einem ersten Punkt geschehen, in dem zahlreiche Parallelen zwischen Fußball und Religion aufgezeigt werden sollen. Der zweite Abschnitt fragt, ob und wie die Parallelen zu begründen, gegebenenfalls auch zu erklären sind. Erst dann soll es zu einer Bewertung bestimmter Verhaltensweisen und zum Bedenken möglicher praktisch-theologischer und religionspädagogischer Konsequenzen kommen, die auch warnende Momente beinhalten können.

Schließlich ist anzumerken, dass ich mich thematisch – auch angesichts der gebotenen Kürze meines Beitrags – vorrangig auf den Bereich »Fußballgötter« beschränke. Die meisten der hier angeführten Phänomene, eventuell dafür in Frage kommende Erklärungen sowie abzuleitende Konsequenzen lassen sich aber ohne allzu viele Probleme auch auf den Bereich des Pop übertragen.

2 Fussball und Religion – eine Phänomenologie

Auch wenn das eingangs geschilderte Beispiel einen anderen Eindruck erweckte, so haben doch inzwischen etliche Theologen, Religionswissenschaftler und Soziologen zahlreiche Parallelen zwischen Fußballsport und damit verbundener Fankultur einerseits und Erlebens- und Verhaltensweisen in verschiedenen Religionen andererseits aufgezeigt. Dies führt bis hin zu der von dem katholischen Pastoraltheologen Peter Scheuchenpflug im Jahr 2006 folgendermaßen formulierten Frage: »... ist der Fußball eine, wenn nicht *die* moderne und damit zukunftsträchtige Form gelebter Religion?«[2]

Vor Antwortversuchen auf diese Frage gilt es zunächst, die wichtigsten Gemeinsamkeiten zwischen Fußball und Religion zu benennen und kurz zu erläutern, aber auch auf offensichtliche Unterschiede hinzuweisen.

1) Rituale und Liturgie: In nicht wenigen Äußerlichkeiten ist das Geschehen auf dem Fußballplatz und vor allem im Stadion bzw. in der »Arena« einem Gottesdienst vergleichbar.[3] Feierlich ziehen die Spieler ein, betreten den »heiligen Rasen« und werden dabei vom Wechselgesang der Fans begleitet und in Sprechchören namentlich begrüßt. Die Fans selbst sind ausgestattet mit »liturgischer Fankleidung«. Dazu gehören Schal, Vereinsshirt, Mütze, Fahne und Spruchbänder.[4] Das Spiel begleiten sie mit stereotypen Gesten, emotionalen Gesängen der Hingabe sowie mit der Bereitschaft, nach dem Sieg aus den geöffneten, nach oben weisenden Armen in der Fankurve den Segen der »Priester-Fußballspieler«[5] zu empfangen.

2) Symbol Ball: Auch mit dem zentralen Gegenstand des Fußballspiels, dem Ball, verbindet sich leicht eine besondere Symbolik. Der Ball vollendet den Kreis als Abbild der Ewigkeit. Zugleich legt sich der Vergleich von Ball und Weltkugel nahe. Mittelalterliche Darstellungen des Jesuskindes zeigen dieses oft mit einem Ball in den Händen, worin – so Andreas Merkt, Herausgeber eines Büchleins mit dem Titel »Fußballgott« – die enge Verknüpfung von Ball und Weltkugel, von Spielen und Herrschen zum Ausdruck komme. Merkt wörtlich: »Welt, Ewigkeit und menschliches Dasein – all das kann das Ballspiel und damit auch der Fußball symbolisieren.«[6]

---

[2]   *P. Scheuchenpflug*, Die Fangemeinde. Was die Kirche vom Fußball lernen kann, in: *A. Merkt (Hg.)*, Fußballgott. Elf Einwürfe, Köln 2006, 51–65, 51.

[3]   *A. Merkt*, Die Arena. Warum Fußball eigentlich ein recht zivilisiertes Spiel ist, in: *Ders. (Hg.)*, a. a. O. (Anm. 2), 17–50, 35.

[4]   Vgl. ebd., sowie *M. Stiehler*, Fußball als Religion. Vorlesung innerhalb der Ringvorlesung »Alles nur Fussball?«, TU Dresden 2006, vgl. http://www.dieg.org/Wissenschaft/pdf/Fussballvorlesung.pdf (Zugriff am 16. 12. 2011).

[5]   *M. Zimmermann*, Die Anwesenheit Gottes auf dem Fußballfeld, in: *P. Noss (Hg.)*, fußball ver-rückt: Gefühl, Vernunft und Religion im Fußball, 3. Aufl., Münster 2006, 13–20, 18.

3) Fußball als »Metapher für das Leben selbst«[7]: Immer wieder begründen Autoren die Faszination des Fußballs mit dessen großer Lebensnähe. Er stehe als »Sinnbild für die Unberechenbarkeit des menschlichen Daseins«[8], spiegele die Komplexität, Kontingenz, ja Dramatik des eigenen Lebens wider.[9] Damit repräsentiere der moderne Sport und insbesondere der Fußball eine »intentional unerklärliche Welt«[10], wie sie doch den Erfahrungen der meisten Menschen entspricht. Im Unterschied aber zu Theologie, Gottesdienst und den »klassischen« Religionen, die für viele Menschen in Westeuropa gar keine oder nur am Rande ihres Lebens eine Rolle spielen, verkörpert der Fußball diese Ambivalenz des Lebens mitten im Leben selbst und zwar auf eine Weise, die für die Menschen offensichtlich gut nachvollziehbar und »begreifbar« ist.

4) Die Fangemeinde: Beim Fußball findet sich der Mensch sowohl als Spieler wie auch als Zuschauer in der Gemeinschaft wieder. Damit bedient der Fußball ein allzumenschliches Bedürfnis nach der Überwindung der Grenzen der eigenen Individualität. Der Einzelne taucht unter in einer großen Masse und erlebt dabei oft intensivste Gefühle der Zugehörigkeit.[11] Auch das Engagement im Fußballverein schafft Raum für ein gemeinsames Empfinden und Handeln.[12]

5) Bekenntnis: Fußballanhängerschaft geht nicht ohne Bekenntnis. Fußballfans machen aus ihrem Bekenntnis zu einem bestimmten Verein in der Regel keinen Hehl, sondern tragen dies häufig durch entsprechende Kleidungsstücke und Devotionalien auch in der Öffentlichkeit zur Schau. Die Zugehörigkeit zu einer Fangemeinde schließt das Bekenntnis zu einem anderen Verein aus. Bekenntnisartige, religiös anmutende Formulierungen finden Eingang in Vereinshymnen. So heißt es etwa in der Vereinshymne von Borussia Dortmund: »Leuchte auf, mein Stern Borussia, leuchte auf, zeig mir den Weg, ganz egal, wohin er uns auch führt, ich werd' immer bei dir sein.«[13]

6) Heiligenkult: Vor *dem* Heiligen im Fußball und seiner Erfahrbarkeit ist zunächst von *den* Heiligen zu reden. Thorsten Leißer deckt eine Reihe von Pa-

---

[6] *Merkt*, a. a. O. (Anm. 3), 39.

[7] K. *Waaijman*, Der Geist des Spiels. Wie Fußball zu einer spirituellen Erfahrung werden kann, in: *Merkt (Hg.)*, a. a. O. (Anm. 2), 99–109, 100 f.

[8] *Merkt*, a. a. O. (Anm. 3), 47.

[9] Vgl. *Waaijman*, a. a. O. (Anm. 7), 99; G. *Essen*, Der Fußballglaube. Woran der Fan glaubt, auch wenn er nicht glaubt, in: *Merkt (Hg.)*, a. a. O. (Anm. 2), 124–144, 137; U. *Kropač*, Gewinnen und verlieren. Warum es im Fußball zugeht wie »im richtigen Leben«, in: *Merkt (Hg.)*, a. a. O. (Anm. 2), 160–179, 162.

[10] *Essen*, a. a. O. (Anm. 9), 134.

[11] Vgl. *Merkt*, a. a. O. (Anm. 3), 22.

[12] *Scheuchenpflug*, a. a. O. (Anm. 2), 57.

[13] Zitiert nach *Kropač*, a. a. O. (Anm. 9), 170 f. Vgl. auch http://www.youtube.com/watch?v=TiRC6glHTFs (Zugriff 31. 01. 2012).

rallelen zwischen der Verehrung von Fußballhelden und der Heiligenfrömmigkeit der römisch-katholischen Kirche auf.[14] In Fankultur wie Heiligenkult gewinne der Wunsch nach Transzendenz der eigenen Lebenswirklichkeit Gestalt. Fußballer wie Heilige bildeten »Projektionsflächen für die Hoffnungen und Ängste ihrer Zeitgenossen«[15]. In beiden Fällen handele es sich um besondere, erhöhte Individuen, die innerhalb einer Glaubensgemeinschaft verehrt werden.[16] Als Vertreter der Gattung sind Franz Beckenbauer, David Beckham oder auch ein Fußballguru wie Günter Netzer zu nennen.

7) Von hier aus lässt sich schnell die Brücke zur Rede vom »*Fußballgott*« schlagen. Seit den begeisterten Ausrufen von Kommentator Herbert Zimmermann beim Finalsieg der deutschen Nationalmannschaft 1954 über Ungarn gehört das geflügelte Wort vom »Fußballgott« in den Sprachschatz des Fußballs wie andere religiös aufgeladene Begrifflichkeiten auch: »das erlösende Tor«, das »Wunder von Bern« oder die Ekstase.[17] Dabei ist zu unterscheiden zwischen Menschen, die als »Fußballgott« bezeichnet werden, wie eben jener Toni Turek, wie ein »Jürgen Kohler Fußballgott!« oder wie »Titan Kahn«[18] und der Rede von *dem* »Fußballgott« als einer Metapher für Zufall, Glück oder ausgleichende Gerechtigkeit auf dem Rasen.[19] Während sich in der ersten Variante der Mythos vom »göttlichen Menschen« und seinen schier übermenschlichen Leistungen widerspiegle,[20] bringt letztere neben der metaphorischen Bedeutung auch die den Rhythmus des Jahres wie der Woche bestimmende Stellung des Fußballs zum Ausdruck, etwa wenn es heißt, der »Samstag ist ab dem frühen Nachmittag dem Fußballgott geweiht«[21].

8) Die *Erfahrung des Heiligen*: Einzelne Autoren schließlich verbinden mit dem Fußball ausdrücklich die Erfahrung des Heiligen. So spricht Matthias Sellmann davon, »dass sich hier (im Fußballsport, C. G.) so intensiv wie an wenig anderen Orten der Moderne eine Ursprungserfahrung des Religiösen machen

---

[14] *Th. Leißer*, Fußballfans und Heiligenkult. Begegnung mit einer anderen Wirklichkeit, in: *Noss (Hg.)*, a. a. O., (Anm. 5), 79–92 bzw. die Homepage http://www.leisser.de.

[15] *Leißer*, a. a. O. (Anm. 14).

[16] Ebd.

[17] Vgl. *Kropač*, a. a. O. (Anm. 9), 166 f.

[18] Vgl. hierzu den besonderen Beitrag von *Th. J. Kraus / T. Nicklas*, Der Titan. Wie Fußballer zu Göttern und wieder zu Menschen werden, in: *Merkt (Hg.)*, a. a. O. (Anm. 2), 201–218.

[19] *Kropač*, a. a. O. (Anm. 9), 175 f. »Fußballgott« im ersten Sinne meint demgegenüber ein »substantivisches Kompositum, das auf herausragende Spieler angewendet wird«, so *M. Herzog*, Von der ›Fußlümmelei‹ zur ›Kunst am Ball‹. Über die kulturgeschichtliche Karriere des Fußballsports, in: *Ders. (Hg.)*, Fußball als Kulturphänomen. Kunst – Kult – Kommerz, Stuttgart 2002, 11–43, 21.

[20] *Kraus/Nicklas*, a. a. O. (Anm. 18), 212 f.

[21] *Scheuchenpflug*, a. a. O. (Anm. 2), 59.

lässt«[22]. Vor allem sei der »affizierenden Kraft des Heiligen« im Stadion zu begegnen, wo es als »radikal außersubjektive Kraft«, als Gefühl der Überwältigung in all seiner Ambiguität erfahren werden könne.[23] Dazu gehöre auch das Überschreiten von Grenzen und Tabus, womit das Heilige herausgefordert werde, seine Energie zu zeigen. Der »Entsubjektivierung« und »Massenekstase« korrespondieren die spirituelle Erfahrung des »All-Ein-Seins« und »das grundlegende Erleben des Eingebundenseins in die Welt«.[24] Ein Fußballfest, so Sellmann, sei im Kern mit den »Kategorien des Heiligen« beschreibbar.[25]

Nach diesen letzten Ausführungen, die immerhin bestimmte mit dem Fußball verbundene Phänomene und Erfahrungen ganz in den Bereich der Religion stellen, muss noch kurz auf einige Aspekte hingewiesen werden, die die Angemessenheit eines solchen Vergleichs von Fußball mit Religion zumindest in Frage stellen.

Geht man etwa mit Hans-Georg Ulrichs davon aus, dass zur Religion ein »realer Transzendenzbezug«[26] gehört, so ist umstritten, ob dieser im Fußball anzutreffen ist oder nicht. Was Ulrichs klar verneint, sehen manche Autoren durchaus anders und sprechen von einer »bestimmte(n) Form von Transzendenz«[27] oder auch von einer »nichtreligiösen Transzendenzerfahrung«[28]. M. E. deutet vieles darauf hin, dass Fußball in bestimmten Situationen durchaus transzendent zu nennende Erfahrungen ermöglicht, ohne dass Transzendenz hier vorschnell mit einem Jenseitsbezug oder gar mit Offenbarung in Verbindung gebracht werden sollte.

Ein weiterer strittiger Punkt ist die Frage, inwiefern sich der Fußball bzw. die damit verbundene Fankultur selbst als Religion oder religiös versteht und ob bei den Anhängern ein »subjektive(r) Wille zur religiösen Praxis« (so Ulrichs)[29] vorhanden sein muss, damit eine Bewegung als religiös beschrieben werden kann. Auch die zeitliche und ereignisräumliche Begrenztheit einer sogenannten Fußballreligiosität und ihre irdische Orientierung sprechen eher gegen eine zu enge Verknüpfung von Fußball und Religion.[30] Schließlich ist zu bedenken, was es für ein Verständnis von Fußball als Religion bedeutet, wenn

---

[22] *M. Sellmann*, Die Gruppe – Der Ball – Das Fest. Die Erfahrung des Heiligen im Fußballsport, in: *Noss (Hg.)*, a. a. O. (Anm. 5), 35–57, 37 f.

[23] Ebd.

[24] Vgl. neben *Sellmann*, ebd., 54, v. a. *Stiehler*, a. a. O. (Anm. 4), 6 f.

[25] *Sellmann*, a. a. O. (Anm. 22), 57.

[26] *H.-G. Ulrichs*, Der Ball als Kosmopolit. Theologische und religionspädagogische Perspektiven zur Fußballweltmeisterschaft 2006, in: entwurf 1/2006, 8–13, 10.

[27] *Leißer*, a. a. O. (Anm. 14).

[28] *Herzog*, a. a. O. (Anm. 19), 24.

[29] Vgl. *Ulrichs*, a. a. O. (Anm. 26), 10.

[30] *Stiehler*, a. a. O. (Anm. 4), 12 f.

Fußballstars selbst sich vor oder während eines Spiels öffentlich zu einem Gott oder einer höheren Macht bekennen, indem sie ein Gebet sprechen, sich bekreuzigen oder nach dem Torerfolg den religiösen Slogan auf ihrer Brust entblößen.

Im Interesse einer weiteren Klärung des Verhältnisses von Fußball und Religion und vor abzuleitenden Konsequenzen im Umgang mit den beschriebenen Phänomenen sind also zunächst der Religionsbegriff und sein Verhältnis zum christlichen Glauben genauer in den Blick zu nehmen. Dabei ist auch zu berücksichtigen, wo Gründe für die so unübersehbaren Parallelen liegen könnten. Damit komme ich zu meinem zweiten, trotz der Größe der Thematik eher kurz zu haltenden Gliederungspunkt.

3 Auf Erklärungssuche: Was ist Religion?

1) Im Sinne eines ersten Erklärungsversuchs und als Ausgangsbasis für zu ziehende Konsequenzen könnte man die Position vertreten, Religion und Fußball haben nichts miteinander zu tun. Vielmehr sei der Fußball eine bloße Form von Religionsersatz, die religiöse Motive lediglich in profane Zusammenhänge einbeziehe.[31] Entsprechend seien alle Parallelen zwischen Fußball und Religion überwiegend Anleihen des einen am anderen. Auch Symbole und Riten seien aus dem Bereich der Religion entlehnt. Die scheinbare Religiosität des Fußballs wird dann zum Ausdruck für die Entfremdung des Menschen von sich selbst, seinen Wurzeln und von Gott.

Eine weitere Möglichkeit, eine klare Trennung zwischen dem Fußball und zumindest dem christlichen Glauben zu ziehen wäre, Fußball und Religion zwar durchaus verknüpft zu sehen, beides aber grundsätzlich dem Glauben und der diesen begründenden Offenbarungswahrheit gegenüberzustellen. Dem Götzendienst (und den Götzendienern) wäre dann mit dem wahren Gottesdienst zu begegnen. Ein solcher Zugang entspräche einem theologischen Denken in der Nachfolge der Dialektischen Theologie. Er ist mir in dieser Radikalität allerdings in der jüngeren Literatur zum Thema nicht begegnet. Zudem müssten in diesem Falle auch viele im Rahmen des christlichen Glaubens und der kirchlichen (zumal katholischen) Praxis anzutreffende Phänomene wie liturgische Gesänge, Rituale, Reliquien- und Heiligenverehrung ignoriert oder als »unchristlich« bezeichnet werden. In der einen wie der anderen hier genannten Variante wäre Anknüpfung nur als Zurückweisung und Ablehnung möglich.[32]

---

[31]   In diesem Sinne v. a. *G. Neumann*, Religion und Religionsersatz, in: http://www.lehrer-online.de/religionsersatz.php, 2004 (Zugriff 09. 04. 2012).

[32]   Am ehesten in diese Richtung geht der Beitrag von *Ulrichs*, a. a. O. (Anm. 26), wenn es

2) Ein zweiter Versuch zur Klärung des Verhältnisses von Fußball und Religion soll vom Religionsbegriff ausgehen. Dies kann angesichts der Komplexität der Materie nur schlaglichtartig geschehen. Die Sache verkompliziert sich dadurch, dass es in Theologie, Religionswissenschaft und Soziologie keinen einheitlichen Begriff von Religion gibt, nach dem zu urteilen wäre. Vielmehr ist mit Blick auf die Verortung des Fußballs zwischen gelehrter und gelebter Religion, zwischen einem substanziellen und einem funktionalen Religionsbegriff, zwischen Religion, Religiosität und Kult zu unterscheiden. Je nachdem wie Religion hier verstanden und definiert wird, lässt sich Fußball durchaus als ein mehr oder weniger auch mit religiösen Kategorien zu beschreibendes Phänomen betrachten. Dafür spricht ferner, dass in der Menschheitsgeschichte Sport, Spiel und Religion oft sehr eng miteinander verbunden waren (Olympische Spiele).[33] In einem funktionalen Sinne lassen sich nach Joachim von Soosten Sport, Film, Pop u. a. auch dann als Religion kennzeichnen, wenn die – aus soziologischer Sicht erfolgende – Beobachtung nicht mit einer entsprechenden Selbstbeschreibung der Beteiligten einhergeht,[34] mit anderen Worten: Religion kann auch dort drin sein, »wo nicht ›Religion‹ draufsteht«[35]. Ulrich Kropač zieht unter der Perspektive von »Gewinnen und verlieren« sogar Linien hin zu einem substanziellen Religionsbegriff, wenn er ausführt: »Gewinnen und verlieren – … – können, von einem substanziellen Religionsbegriff aus betrachtet, zu religiösen Erfahrungen werden, wenn sie Menschen in der Tiefe ihrer Existenz berühren und in ihnen die Frage nach dem letzten Sinngrund dieser Geschehnisse aufwerfen.«[36] Kropač zufolge finden sich viele Hinweise darauf, »dass das säkulare Medium Fußball für Menschen einen Raum darstellt, in dem ihre religiösen Bedürfnisse angesprochen und befriedigt werden.«[37]

---

dort auf S. 10 heißt: »Diese religionsphänomenologische Thematisierung des Fußballs scheint m. E. in einer Sackgasse zu stecken: Einerseits ist unbestreitbar, dass Religiosität auch in außerkirchliche Kontexte hinein diffundiert und dass es beispielsweise deskriptiv gewisse Analogien zwischen den beiden Phänomenen Religion und Fußball gibt, andererseits bleibt umstritten, ob an religiöse Phänomene im Sport theologisch positiv angeknüpft werden kann oder ob diese Phänomene nicht vielmehr gerade aus theologischer Perspektive zu kritisieren sind. Das quasi-religiöse Verhalten der Fans könnte entdeckt, übersteigerte Verehrung von ›Fußball-Göttern‹ auch kritisiert werden.«

[33]   P. Noss, »Geboren, um für Schalke zu sterben«. Fußballfans und ihr Bekenntnis, in: Ders. (Hg.), a. a. O. (Anm. 5), 125–131, 130.

[34]   J. v. Soosten, Kraftfelder des Begehrens. Religiosität – Arenakult – Religion, in: Noss (Hg.), a. a. O. (Anm. 5), 21–34, 30 f.

[35]   Scheuchenpflug, a. a. O. (Anm. 2), 59.

[36]   Kropač, a. a. O. (Anm. 9), 176.

[37]   Ebd., 173.

Diese Ausführungen lassen sich dahingehend zusammenfassen, dass der Fußball und seine Begleiterscheinungen, wenn nicht als Religion verstanden, so doch auf jeden Fall als ein den religiösen Bedürfnissen und Erfahrungen des Menschen korrespondierendes Geschehen ernst genommen und gewürdigt werden müssen. Ich will das Gesagte durch einen dritten Erklärungsansatz vertiefen.

3) Die bisherigen Beobachtungen und bis ins Wörtliche hinein die Aussagen von Kropač sollten deutlich gemacht haben, dass eine Beurteilung von Fußball und Fankult als bloße »Ersatzreligion« oder als »Religionsersatz« zu kurz greift. Vielmehr ist davon auszugehen, dass auf diesem Wege die religiösen Bedürfnisse nicht weniger Menschen tatsächlich angesprochen und wohl auch befriedigt werden. Popkonzerte, Rockfestivals, andere sportliche Highlights tun ihr Übriges. Aber auch die außergewöhnlichen Erfahrungen, die Menschen im Rahmen von Kirchentagen, auf Wallfahrten, beim Pilgern und bei Papstbesuchen im Zuge des Erlebens einer »radikal außersubjektiven Kraft«[38] bzw. eines »All-Ein-Seins« machen, lassen sich m. E. hier einordnen. Beobachtungen aus der Hirnforschung oder der sogenannten »Neurotheologie« liefern Hinweise darauf, dass das menschliche Gehirn für derartige religiöse Erfahrungen geradezu prädestiniert ist.[39] So korrelieren bestimmte mystisch-religiöse Einheitsgefühle, die ja in verschiedenen Weltreligionen – und wie wir gesehen haben auch von Fußballanhängern – beschrieben werden, mit der Aktivität in bestimmten Hirnregionen bzw. mit bestimmten neuronalen Prozessen. Es scheint eine Affinität zwischen Mustern der Hirnaktivität und außergewöhnlichen, beeindruckenden Gefühlen zu geben. Wie diese Gefühle inhaltlich gedeutet werden, d. h. ob etwa der Bezug zu einem persönlichen Gott hergestellt wird, scheint dagegen vom individuellen Glauben und von der kulturellen Prägung eines Menschen abzuhängen. Es ist zu vermuten, dass über das beschriebene Gefühl des All-Ein-Seins hinaus noch andere der in Abschnitt 2 genannten Phänomene Ausdruck einer Art basaler oder elementarer Religiosität sind, die mit inhaltlich noch unspezifischen neurobiologischen Korrelaten einhergeht. Weiterhin wäre denkbar, dass solche neurobiologischen Korrelate von Religiosität eben durch Fußballfeste, kirchliche Großereignisse oder auch durch meditative Praktiken besser angesprochen werden als durch einseitig kognitiv ausgerichtete und intellektuell anspruchsvolle protestantische »Normal«-Gottesdienste.

Was bedeutet diese Einordnung von Fußballreligiosität nun für den Umgang mit entsprechenden Phänomenen in der Praxis?

---

[38]   Vgl. *Sellmann*, a. a. O. (Anm. 22), 38.

[39]   Vgl. hierzu im Ganzen *U. Schnabel*, Die Vermessung des Glaubens. Forscher ergründen, wie der Glaube entsteht und warum er Berge versetzt, 2. Aufl., München 2008, u. a. 255 ff.

4 Praktisch-theologische und religionspädagogische Konsequenzen

Meine bisherigen Ausführungen sollten gezeigt haben, dass davon auszugehen ist, dass viele Menschen im Zusammenhang mit Fußballereignissen, im Vereinsleben und in ihrer intensiven Begeisterung für eine bestimmte Mannschaft Gefühle er- und ausleben sowie Erfahrungen machen, die Menschen mit einem anderen Hintergrund und in einem anderen Kontext als »religiös« bezeichnen würden. Merkt spricht davon, dass im Mittelalter die christlichen Gottesdienste »das einzige Massenspektakel« und die Kathedralen die Arenen waren.[40] Gerade dieses Spektakelhafte, das doch offensichtlich Bestandteil gelebter Religiosität ist, hat sich mit dem Beginn der Neuzeit, mit Reformation und Aufklärung, mehr und mehr andere Orte als den gewöhnlichen Gottesdienst gesucht.

Über das Ansprechen der Gefühls- und Erfahrungsebene hinaus werden im modernen Fußball aber auch Werte vermittelt, die durchaus in Übereinstimmung mit christlichen und/oder humanistischen Wertvorstellungen stehen. Zu nennen sind Fairness, Partnerschaft, Gemeinschaft, Verantwortung, Respekt, Leistungsbereitschaft, Körperlichkeit und Emotionalität.[41] So gesehen sollten Schule, Kirche und Fußballsport mit Blick auf die Erziehung und Bildung der heranwachsenden Generation zunächst einmal zusammenarbeiten.

Freilich sind mit einer »überirdischen« Haltung zum Fußball sowohl für Spieler als auch für Fans reale Gefahren verbunden. Die Vergangenheit zeigt immer wieder Beispiele für begabte Spieler, die am Leistungsdruck, an den Erwartungen von Trainern und Fans, an dem selbst- oder fremdgesteckten Anspruch, ein Star, gar ein »Fußball-Gott« sein zu müssen, Schaden nehmen oder zerbrechen. Ich nenne Sebastian Deißler und Robert Enke, im Popgeschäft jüngst Amy Winehouse. Die mit dem christlichen Bekenntnis verbundene klare Trennung zwischen Mensch und Gott kann hier vor falschen Maßstäben schützen und dem im Erfolg wie im Versagen bedingungslos von Gott angenommenen Menschen ein Leben in Freiheit und Gelassenheit ermöglichen.

Auf Seiten der Fans ließen sich Schicksale von Menschen finden, für die der Fußball zum einzigen Lebensinhalt geworden ist und die unter völliger Selbstaufgabe den Sinn ihres Lebens bloß noch aus der Identifikation mit der Mannschaft beziehen.[42] Freud und Leid, Wohlbefinden und Handlungsfähigkeit stehen dann in direkter Proportion zu den Siegen und Niederlagen des Vereins.[43] Auch hier ist aus theologischer Sicht die Betonung der in der Gottebenbildlichkeit be-

---

[40] *Merkt*, a. a. O. (Anm. 3), 32.
[41] Vgl. *Ulrichs*, a. a. O. (Anm. 26), 9.
[42] *Merkt*, a. a. O. (Anm. 3), 26f., 49.
[43] Vgl. *Noss*, a. a. O. (Anm. 33), 127.

gründeten Würde und Einmaligkeit jedes einzelnen Menschen geboten. Pädagogisch folgt daraus die Notwendigkeit einer Befähigung zu Welt- und Selbstkompetenz. Dies impliziert auch ein »Warnen« vor der Ambivalenz des Heiligen, also zu lernen, die eigenen Gefühle wahrzunehmen, sie zu deuten und in angemessener Weise mit ihnen umzugehen – vor allem nicht mit Aggression und Gewalt.

Unter Berücksichtigung dieser doppelten Gefahr sollte die unterrichtliche Auseinandersetzung mit der Thematik von »Fußballgöttern und Popstars« den Sport, die Show sowie alle daran Beteiligten immer auch als etwas »Vorletztes«[44], Endliches und Begrenztes erkennbar werden lassen. Unter Umständen sind Korrekturen nötig. Dies allerdings nicht zu dem Zweck, dem zuvor Genannten – verstanden als reine Ersatz- oder Pseudoreligiosität – dann *die echte Religion* oder *den* christlichen Glauben als letzte Wahrheit und eigentliche Erkenntnis gegenüberzustellen. Anschaulich werden kann der vorletzte Charakter aller Fußballgläubigkeit an so irdischen Zeichen wie Personenkult, hemmungsloser Vermarktung und Korruption, die freilich kein Ausweis grundsätzlicher Verderbtheit des Fußballs sind, zumal sie auch vor institutionalisierten Kirchen nicht immer Halt machen. Insofern sollte in einer kritischen, auch religionskritischen Auseinandersetzung mit Fußball- und Fankult bei Jugendlichen Transparenz geschaffen werden für die Hinfälligkeit, Begrenztheit und Erlösungsbedürftigkeit alles Irdischen, einschließlich jeder Form von Religiosität.

Die Begeisterung, auf die der Fußball und seine Großereignisse bei Millionen von Menschen treffen, und die Diskussion über seinen religiösen oder quasireligiösen Charakter müssen aber auch einen selbstkritischen Blick bei denen auslösen, die sich eigentlich für Religiosität und Gottesglauben zuständig fühlen, nämlich bei den Kirchen und Religionsgemeinschaften. Dabei ist zu fragen: Wandert die Religiosität aus den Gotteshäusern aus, weil dort ihrem elementaren Charakter als »Anschauung und Gefühl« (F. Schleiermacher), als Erleben und Erfahrung, als außer- und übersubjektive Kraft, als »Unterbrechung« (J. B. Metz) nicht mehr genügend Rechnung getragen wird, und bricht sie sich Bahn eben in den Stadien, auf den Festivals, aber durchaus auch auf Kirchen- und Weltjugendtagen, bei Wallfahrten und Evangelisationen?

Im Interesse einer stärkeren Wiederbelebung christlicher Religiosität scheinen mir Beobachtungen wie die folgenden einen Korrekturbedarf anzuzeigen: Bereits im England des 19. Jahrhunderts wird das Fußballspiel u. a. als »geeignetes Trainingsfeld« betrachtet, um »die Leidenschaften des Volkes mit den moralischen Ansprüchen des Christentums in Einklang zu bringen« (Ch. Bausenwein).[45] Sichtbar wird hier eine bedenkliche Verteilung von Zuständigkeiten:

---

[44]   Vgl. *Ulrichs*, a. a. O. (Anm. 26), 10.
[45]   Zitiert nach *Scheuchenpflug*, a. a. O. (Anm. 2), 42.

Für die Moral ist das Christentum zuständig, für die Leidenschaften des Volkes jedoch anderes, etwa der Fußball. In eine ähnlich fragwürdige Richtung weist ein Zwischenruf von Manfred Pirner, wenn diesem auffällt, dass christlicher Glaube und Kirche oft mit Lebenskrisen, Schwierigkeiten, Leid und anderem »Negativen« in Verbindung gebracht werden.[46] Und Manfred Josuttis spricht schlicht von einer »erheblichen Kluft« zwischen den Unterhaltungsangeboten und dem christlichen Kult.[47] Ich denke, eingebettet in meine Gesamtdarstellung zur Attraktivität einer »Fußballreligiosität« machen diese Beobachtungen deutlich, dass u. a. evangelischer Gottesdienst jenseits seiner »drögen Rationalität«[48], »Wortlastigkeit und Tendenz zur Intellektualisierung«[49] neu zu einem Ort »kollektiver Emotionen«[50] und existenzieller Erfahrungen werden muss.

Schließlich in Weiterführung des Gesagten ein Letztes: Solche kollektiven Emotionen und existenziellen Erfahrungen, wie sie im Fußballstadion, aber durchaus auch im kirchlich legitimierten Rahmen – und offensichtlich in Korrelation mit einer bestimmten Konstitution des menschlichen Gehirns – geweckt werden können, sind quasi die Energie, aus der sich Religiosität speist. Sie sind inhaltlich prinzipiell unspezifisch oder besser, sie sind deutungsoffen. Gottesdienste aber, die solche Energien nicht wecken und freisetzen können, bleiben am Ende trocken und fade.

Abgesehen von der Notwendigkeit diese so andere Seite des Menschen wieder anzusprechen, liegt die Chance der Kirchen und ihrer Verkündigung darin, dass sie solche ursprünglichen, als Ausdruck einer elementaren Religiosität oft ja auch sprachlos machenden Erfahrungen sensibel mit einem inhaltlichen Angebot und nicht zuletzt mit dem Namen Gottes versehen können. Mit den Worten von Peter Scheuchenpflug: »Kirchen bieten einen Raum, in dem existenzielle Erfahrungen von einer Gemeinschaft mitgetragen und mit religiösen Inhalten authentisch verbunden werden.«[51]

---

[46]   *M. Pirner*, Ist Gott Fußballfan? Theologische und religionspädagogische Perspektiven zur Fußballweltmeisterschaft 2006, in: entwurf 1/2006, 3–7, 4.

[47]   *M. Josuttis*, »Fußball ist unser Leben!« Über implizite Religiosität auf dem Sportplatz, in: *M. Wermke (Hg.)*, Rituale und Inszenierungen in Schule und Unterricht, 2. Aufl., Münster 2000, 110–120, 110.

[48]   *Stiehler*, a. a. O. (Anm. 4).

[49]   *Scheuchenpflug*, a. a. O. (Anm. 2), 64.

[50]   Ebd.

[51]   Ebd., 63.

5 SCHLUSS

Ich kehre kurz zu meiner Ausgangssituation zurück: Noch am Abend des besagten Fußballsonntags sitzen Max, sein jüngerer Bruder und seine Eltern in den ersten beiden Reihen der örtlichen Stadtkirche. Eines der regelmäßig im romantischen Hof des Pfarrhauses stattfindenden Hofkonzerte ist aufgrund des schlechten Wetters in die Kirche verlegt worden. Das tut der aufkommenden Stimmung keinen Abbruch. Die Countryband *Wildbrothers* spielt auf. Nicht gerade eine christliche Band, aber immerhin aus dem Erzgebirge. Der schnoddrige Texas-Slang tut sein Übriges. Max und sein Bruder sind ganz bei der Sache – singend, wippend, schnippend und mit viel Applaus.

»Du sollst Dir kein Bildnis machen!«

Gottesbilder im Kino

Jörg Herrmann

Die Frage nach Gottesbildern im Kino steht im Kontext des Diskurses über Film und Religion, Kino und Kirche. Lassen Sie mich zu Beginn ein paar Anmerkungen zu historischen, aktuellen und systematischen Dimensionen dieses Diskurses machen, der seit gut zehn Jahren auch in der Praktischen Theologie intensiver geführt wird. Ich werde mich auf diese Weise der Frage nach den Gottesbildern nähern.

In historischer Perspektive ist zunächst festzustellen: Waren religiöse Themen und Motive in der ersten Hälfte der gut einhundertjährigen Geschichte des Films noch präsenter, so hat ihr Vorkommen im Film in der zweiten Hälfte und besonders im letzten Drittel des 20. Jahrhunderts kontinuierlich abgenommen. Explizite Verarbeitungen religiöser Traditionen finden sich in diesem Zeitraum zwar immer wieder, aber eben doch seltener als noch zu den Zeiten von Bergman, Tarkowskij und Pasolini.

Blickt man nun auf die letzten fünf bis zehn Jahre zurück, so zeigt sich innerhalb der skizzierten »Totale« wiederum sowohl in der Gesellschaft wie auch im Kino ein gewisser Gegentrend. Deutlicher noch als in den 80er Jahren, als schon einmal von einer Renaissance der Religion die Rede war, ist das Religionsthema in den letzten zehn Jahren zumindest auf die Agenda der Medienöffentlichkeit zurückgekehrt. Es hat sein museales Image abgelegt und wird hierzulande auch in den Feuilletons wieder ohne Berührungsängste eifrig diskutiert. Und auch im Kino findet wieder mehr explizite Religion statt. So konstatierte das Kino-Magazin epd Film im März 2010 eine aktuelle Häufung von Filmen mit religiösen Themen und Motiven. »Eine ganze Reihe von Produktionen aus den letzten zwei Jahren«, so Micha Brumlik in einem durch diese Beobachtung veranlassten Themenartikel des Heftes, »handelt religiöse Themen entweder direkt ab oder setzt vor allem biblische Motive, zeitgemäß gedeutet, ins Bild.«[1] So traktiere etwa Maryl Streep in »Glaubensfrage« (USA 2007) das Pilatus-Problem

---

[1] M. Brumlik, Christus kam nur bis Hollywood, epd Film 3/2010, 18–21, 18.

»Was ist Wahrheit?«, während sich Clint Eastwood in »Gran Torino« (2008) als »Vorstadtchristus« erweise, der sein Leben zugunsten Schwächerer opfere, und der Physikdozent Larry Gopnik in »A Serious Man« (USA 2009) einen modernen Hiob gebe. Brumlik nennt noch weitere Titel und auch seine Liste lässt sich noch ergänzen.

Seit 2005 wären u. a. zu nennen: »Adams Äpfel«, ebenfalls eine Hiob-Geschichte, »Die große Stille« (2005), Philip Grönings fast dreistündige Dokumentation über das Leben in einem Kartäuserkloster, Hans-Christian Schmidts auf einer wahren Begebenheit basierender Film »Requiem« (2006) über eine Studentin, die noch in den 70er Jahren Opfer exorzistischer Praktiken wurde, die apokalyptische Weihnachtsgeschichte »Children of Man« (2006), »The Da Vinci Code – Sakrileg« (USA 2006), die Verfilmung des Bestsellers von Dan Brown, die schon erwähnten Filme »Glaubensfrage« aus 2007 und »Gran Torino« von 2008, dann der umstrittene Lars von Trier-Film »Antichrist« von 2009, ebenfalls aus diesem Jahr Hanekes »Das weiße Band«, ein Film, der u. a. von der schwarzen Pädagogik eines protestantischen Pfarrers am Vorabend des Ersten Weltkrieges handelt, aber auch Jessica Hausners Wundergeschichte »Lourdes«, das Endzeitdrama »The Road«, die schon erwähnte Hiobgeschichte »A Serious Man« der Coen-Brüder und James Camerons Blockbuster »Avatar – Aufbruch nach Pandora«, mit dem er seinen eigenen 1997er Kassenschlager »Titanic« auf den zweiten Platz der weltweit an der Kinokasse erfolgreichsten Filme verwiesen hat. 2,78 Milliarden Dollar wurden mit »Avatar« laut Internet Movie Database bis heute weltweit eingespielt.[2] 2010 folgen dann der schöne Dokumentarfilm »Im Haus meines Vaters sind viele Wohnungen« über das Mit- und Gegeneinander der christlichen Konfessionen in der Jerusalemer Grabeskirche, Susanne Biers »In einer besseren Welt«, und Xavier Beauvois' »Von Göttern und Menschen«, der die wahre Geschichte einer 1996 von Islamisten ermordeten Gruppe von Mönchen in einem Trappistenkloster in Algerien als Spielfilm nacherzählt. Man könnte noch weitere Titel nennen, aber dies sind m. E. einige der wichtigsten Filme zum Religionsthema, die in den letzten Jahren in die deutschen Kinos gekommen sind. In diesem Jahr (2011) ist nun noch ein weiterer wichtiger Film hinzugekommen, ich meine Terrence Malicks »The Tree of Life«, der in diesem Jahr u. a. die Goldene Palme, den Hauptpreis der Festspiele in Cannes, erhalten hat.

Was können diese Filme zum Diskurs über Gottesbilder beitragen? Was für Gottesbilder transportieren sie und was haben diese Bilder u. U. gegenüber den uns aus der Religionskultur im engeren Sinne schon bekannten Bildern hinaus zu sagen und zu zeigen? Oder treffen wir einfach nur auf mehr oder weniger schon Gewusstes, im Film eben nur mit 24 Bildern in der Sekunde zur Darstel-

---

[2]   Vgl. http://www.imdb.com/boxoffice/alltimegross?region=world-wide (16. 12. 2011).

lung gebracht? Bevor ich auf einige der genannten Filme eingehe, möchte ich noch einen kurzen systematischen Blick auf die Beziehung von Film bzw. Kino und Religion werfen.

1 ZUM VERHÄLTNIS VON FILM UND RELIGION

Das Unbedingte ist nie umfassend im Bedingten darstellbar. An der Frage des Gottesbildes wird besonders deutlich: Das Dargestellte geht nie in seinen Darstellungen auf. Darstellungen sind immer nur Hinweise, Momentaufnahmen. Das Kino weiß vielleicht mehr um diese Vorläufigkeit kultureller Darstellungen als andere Künste. Es ist, so könnte man sagen, eine Bildermaschine mit eingebautem Ikonoklasmus. Denn seine Bilder laufen einander ständig den Rang ab, jedes folgende Bild überholt das vorausgehende. Vor diesem Hintergrund kann man den Film mit einem gewissen Recht als ein geradezu protestantisches Medium bezeichnen. Denn es ist schließlich der Protestantismus, der das Transzendieren im Rahmen der christlichen Dialektik von Darstellen und Transzendieren besonders betont. Paul Tillich hatte in diesem Zusammenhang vom protestantischen Prinzip gesprochen.[3] Es finde sich in allen Konfessionen, habe aber im Protestantismus seine klarste Gestalt angenommen. Das protestantische Prinzip richtet sich laut Tillich gegen jede Erhebung eines endlich Bedingten zu göttlich Unbedingtem. Es erinnert beständig an die Vorläufigkeit aller Gestaltungen. Und das ist eben beim Kino ähnlich, denn es baut seine Bilder beständig auf und ab, es zeigt sie, um sie gleich wieder zu transzendieren, es hält sie am Laufen, die Dynamik und Zukunftsoffenheit des Lebens nachahmend.

Dabei kann das Kino Geschichten erzählen, die auf Göttliches verweisen und auf einen letzten Sinn hindeuten. Die theologische Medienforschung hat gezeigt, dass das Kino auch diese Funktion hat.[4] Die Sinnerzählungen der Filmkultur sind nicht nur religionshaltig, sie haben auch Sinnvermittlungsfunktionen von der traditionellen Religionskultur übernommen. Das Feld des Religiösen hat sich deutlich erweitert. Es geht also bei der Beziehung von Film und Religion nicht nur um religiöse Motive im Film, sondern auch um den Film als Religion.

---

[3]   Vgl. *P. Tillich*, Der Protestantismus als Gestaltung und Kritik (GW VII), Stuttgart 1962 sowie *ders.*, Systematische Theologie, Bde. I u. II, 5. Aufl., Stuttgart 1977, Bd. III, 4. Aufl., Stuttgart 1984.
[4]   Vgl. dazu u. a. *Th. Bohrmann u.a. (Hg.)*, Handbuch Theologie und populärer Film, Bd. 1 und 2, Paderborn 2007 und 2009; *J. Herrmann*, Medienerfahrung und Religion. Eine empirisch-qualitative Studie zur Medienreligion, Göttingen 2007; *ders.*, Sinnmaschine Kino. Sinndeutung und Religion im populären Film, 2. Aufl., Gütersloh 2002.

Religiöse Kommunikation findet nicht nur innerhalb von Kirchenmauern statt. Sie geschieht auch im Kino. Unbestimmter oft, fragender und vieldeutiger als in der Kirche. Aber darum oft sicher auch erfahrungsnäher.

1.2 Die religiöse Dimension des Kinos

Insgesamt lassen sich im Blick auf die religiöse Dimension des Films m. E. vor allem vier Ebenen unterscheiden, auf denen sich Gemeinsamkeiten und Parallelen finden: 1. die Ebene der Verarbeitung explizit religiöser Motive und Traditionen, 2. die Ebene der funktionalen Gemeinsamkeiten von Film und Religion, 3. die Ebene der strukturellen und formalen Parallelen zwischen Film und Religion und schließlich 4. die Ebene der Verwandtschaft von Filmpraxis und Religionspraxis.[5]

Im Zusammenhang unserer Fragestellung nach den Gottesbildern sind in erster Linie die werkhermeneutischen Perspektiven von Interesse. Dabei scheint mir auch der Aspekt der funktionalen Gemeinsamkeiten relevant und darum erläuterungsbedürftig. Filme setzen sich wie religiöse Symbolisierungen mit existenziellen Lebensfragen auseinander und geben Antworten auf Sinnfragen. Auf der Basis eines weiten funktionalen Begriffes von Religion wie ihn Thomas Luckmann entwickelt hat, kann man im Blick auf solche Filme von der unsichtbaren Religion des Kinos sprechen.[6] Filme, die sich selbst nicht als religiös verstehen, lassen sich in der Perspektive einer funktionalen Religionsbestimmung religiös lesen, sie haben wichtige Funktionen im Bereich narrativer Lebensdeutung übernommen, die in früheren Zeiten in weitaus stärkerem Maße von den Narrationen der kirchlichen Religionskultur erfüllt wurden (Herrmann 2002). Die unsichtbare Religion des Kinos kommt dabei weithin ohne Gott aus. An seine Stelle sind andere Sinnquellen getreten: die Liebe etwa oder das Ideal des authentischen Lebens. Oft finden sich in diesen Filmen, die sich mit der Sinn- und Kontingenzproblematik auseinandersetzen, mit der Fragestellung also, die in der religionstheoretischen Diskussion als das zentrale Bezugsproblem der Religion gilt, jedoch noch Spuren der religiösen Traditionen. Die implizite Religion im Sinne funktionaler Äquivalenz steht im Vordergrund, Reste der Tradition zeugen jedoch wie ein Nachhall noch von explizit religiösen Bearbeitungen der jeweiligen Problemstellungen. Ein gutes Beispiel ist der seit »Avatar« nun weltweit zweiterfolgreichste Film »Titanic«, der von einer Liebe erzählt, die stärker ist als der Tod, und in dem an einer Schlüsselstelle der Konfrontation mit Ereig-

---

5   Vgl. zu dieser Systematisierung auch *J. Herrmann*, Artikel »Kino«, in: *W. Gräb / B. Weyel (Hg.)*, Handbuch Praktische Theologie, Gütersloh 2007, 334–345.

6   Vgl. *J. Herrmann*, Medienreligion unplugged. Medienerfahrungen und Religiosität in empirischer Perspektive, in: Ästhetik & Kommunikation, Heft 131, 36. Jg., Winter 2005, 19–25.

nissen sinnverwirrender Kontingenz aus der Offenbarung des Johannes zitiert wird.[7]

2 Gottesbilder im aktuellen Kino

Vor dem Hintergrund dieser Unterscheidungen im Blick auf die religiöse Dimension des Kinos, lassen sich auch die schon genannten religionsthematisch relevanten Filme unterschiedlichen Kategorien zuordnen: Da sind zunächst die Filme zu nennen, in denen explizit auf die jüdisch-christliche Tradition Bezug genommen wird. Zwei markante Beispiele der letzten Zeit in dieser Kategorie sind Terrence Malicks »The Tree fo Life« und »A Serious Man« der Coen-Brüder. Beide Filme nehmen, und das macht auch ihren Vergleich interessant, mehr oder weniger explizit auf das Buch Hiob Bezug. Der Kategorie der impliziten oder unsichtbaren Religion im Kino sind etwa »Gran Torino« und »In einer besseren Welt« zuzurechnen.

Und auf der Grenze der beiden Kategorien bewegt sich, ähnlich wie »Titanic«, »Avatar – Aufbruch nach Pandora«. Um auch in dieser Kategorie noch einen zweiten Film zu nennen, greife ich ausnahmsweise einmal auf einen etwas älteren zurück, der mir aber für den Diskurs über das Gottesbild aufschlussreich zu sein scheint, ich meine »American Beauty« von Sam Mendes, der schon 1999 in die Kinos kam.

Im Folgenden werde ich diese sechs Filme einer kurzen gottesbildsensiblen Betrachtung unterziehen – zunächst den diesjährige Cannes-Gewinner »The Tree of Life« und »A Serious Man« von 2009. Bei »The Tree of Life« fällt zunächst auf, wie ambivalent er von der Kritik aufgenommen wurde; war in der FAZ von einer »überwältigenden Kinoerfahrung« die Rede, schwärmte Pop-Analyst Diederich Diederichsen[8] in der taz »so etwas Schönes gab es noch nie«, so bezeichnete Thomas Assheuer[9] den Film in seiner Kritik in »Die Zeit« als »mythologischen Kitsch«, der dem Zuschauer weismachen wolle, der Weg zum Leben führe über den Tod, über Opfer und Leid. Assheuer endet mit dem Satz: »Gegen den Regisseur Terrence Malick ist Papst Benedict ein Aufklärer.« Worum geht es? Im Zentrum steht eine Kindheit im Texas der 50er und 60er Jahre, drei Jungs spielen im Garten eines Vorstadthäuschens, die Mutter ist liebevoll und sanftmütig, der Vater streng. Auf das zentrale Thema des Films weist schon gleich zu Beginn eine *voice over* gesprochene Zitation aus dem Buch Hiob hin, es ist ein Zitat aus

---

[7]   *Ders.*, Sinnmaschine Kino (s. Anm. 4), 192–208.

[8]   *D. Diederichsen*, Da oben wohnt Gott, taz, 15. 6. 2011, S. 15.

[9]   *Th. Assheuer*, Im Schoß der Weltmutter. Die Natur weiß es besser: Terrence Malicks Cannes-Siegerfilm »The Tree of Life«, Die Zeit, 16. 6. 2011, S. 63.

der Gottesrede (Ijob 38,4–7) und lautet: »Wo warst du, als ich die Erde gründete? Sage mir's, wenn du so klug bist! Weißt du, wer ihr das Maß gesetzt hat oder wer über sie die Richtschnur gezogen hat? Worauf sind ihre Pfeiler eingesenkt, oder wer hat ihren Eckstein gelegt, als mich die Morgensterne miteinander lobten und jauchzten alle Gottessöhne?« Dieser Andeutung folgend wird die unbeschwerte Idylle durch die telegraphische Nachricht vom Tod des zweitgeborenen der drei Brüder durchkreuzt, der, so kann man vermuten, ein Opfer des Vietnamkrieges geworden ist. Von nun an steht die ebenfalls im Voice-Over-Modus geäußerte Warum-Frage im Raum. Ein Schnitt führt in die Gegenwart des ältesten Sohnes Jack, der als Architekt arbeitet. Der Film, so wird deutlich, kreist um seine Kindheitserinnerungen und das Trauma des Verlustes. Mit einem weiteren Schnitt springt Malick in eine ungefähr 20-minütige Sequenz, die in visuell eindrucksvollen Bildern die Entstehung der Welt vom Urknall bis zur Evolution des Lebens und schließlich bis hin zur Geburt des ersten Sohnes der O'Briens vor Augen führt. Ohne Frage haben wir es mit einem visuellen Schöpfungsbericht zu tun, der die Schöpfung als erhabenes, schönes und zugleich geheimnisvolles Wunder feiert. Die Natur ist dabei, das machen die religionsphilosophischen Voice-Over-Kommentare deutlich, zwar schön, aber auch unberechenbar, bedürftig der Gnade, die einen Ausweg aus dem blinden Fressen und Gefressenwerden eröffnet. Insgesamt lassen sich m. E. drei religiös konnotierte Themen identifizieren: die Schönheit der Schöpfung, das Verhältnis von Natur und Gnade und die Hiobsfrage.

Letztere zieht sich am konsequentesten wie ein roter Faden durch den Film und wird im Verlauf der Erzählung immer wieder besonders virulent, u. a. als ein Freund des ältesten Sohnes Jack im Schwimmbad ertrinkt. »Wo warst du Gott? Du hast ein Kind sterben lassen!« fragt eine Erzählerstimme aus dem Off. Eine befriedigende Antwort gibt der Film nicht, ähnlich wie das Buch Hiob, über das im Rahmen eines Gottesdienstbesuches der Familie sogar gepredigt wird, wobei der Pfarrer eindringlich betont, dass eben auch guten Menschen Böses widerfahren kann und die eigene Rechtschaffenheit also keine Versicherung gegen Leidenserfahrungen ist. Und Gott? An einer Stelle zeigt die Mutter in eine lichtdurchflutete Baumkrone, die in den Himmel ragt, und sagt: »Da oben wohnt Gott.« Rebellion gegen den da oben und Anklage angesichts des ihr widerfahrenen Leids ist, anders als bei Hiob, allerdings ihre Sache nicht, im Gegenteil. Diese quietistische Haltung ist es dann auch, die Thomas Assheuer von mythologischem Kitsch sprechen lässt. Er schreibt: »Zuletzt nötigt Malick die im Schmerz verstummte Mutter dazu, den sinnlosen Tod ihres Kindes zu bejahen (…). Die Schöpfung hatte das Leid für sie vorgesehen und dann spricht sie in süßlicher Demut: ›Allmächtiger Gott, ich schenke dir meinen Sohn‹«.[10] Ja, das sagt sie tatsächlich.

---

[10]   *Ders.* (s. Anm. 9).

Auffällig ist, dass der andere Film mit Hiob-Bezug, »A Serious Man« der Coen-Brüder zeitgeschichtlich und lebensweltlich ähnlich situiert ist. Allerdings handelt es sich in diesem Fall um eine schwarze Komödie. Sie spielt 1967 ebenfalls in einer kleinbürgerlichen Vorstadtsiedlung. Dort wohnt der Physikdozent Larry Gopnik, der Professor werden will und über Nacht mit immer mehr Problemen konfrontiert wird: Ein Unbekannter schwärzt ihn mit anonymen Briefen bei der Berufungskommission an, seine Frau will sich scheiden lassen, seine Kinder behandeln ihn wie einen Aussätzigen und sein arbeitsloser Bruder sucht auf der Flucht vor der Polizei Unterschlupf in seinem Haus. Warum ich? fragt Larry Gopnik schließlich, ich habe doch gar nichts getan. In seiner zunehmenden Verzweiflung sucht der Physiker Rat bei drei Rabbinern. Doch die können ihm auch nicht helfen. Der Oberrabbi, ein Greis in einem schummrigen Büro, hat keine Zeit, Gopnik überhaupt zu empfangen. Ein Rabbi mittleren Alters erzählt Gopnik die Geschichte eines jüdischen Zahnarztes, der sich mit der Rätselhaftigkeit der Entdeckung hebräischer Schriftzeichen auf der Innenseite des Gebisses eines Nichtjuden abfinden muss.

Am konstruktivsten wirkt noch ein eifriger Jungrabbiner, den Gopnik als ersten aufsucht und der »vom göttlichen Wunder des Parkplatzes« zu berichten weiß und diese Geschichte mit dem Rat »Sieh hin und du weißt« verbindet. Ob in diesem Ratschlag die Pointe des Films zu sehen ist, der Hinweis auf ein notwendiges »Neu-Sehen der Welt« und damit der »Ausweg aus der Ausweglosigkeit«, wie Thomas Assheuer in seiner Kritik schreibt, scheint mir zweifelhaft. Man mag das so sehen, aber es ist keine Interpretation, die sich aufdrängt, eher eine der vielen möglichen Lesarten dieses Films, der zwischen ironisch-blasphemischem Spiel und spiritueller Ernsthaftigkeit changiert. Eine zentralere Antwort auf die Warum-Frage Larry Gopniks gibt die wiederholt vorkommende Aussage: »Akzeptiere das Mysterium!« Es existiert, so kann man vor dem Hintergrund der Filmerzählung und dieses Imperativs interpretieren, keine sinnstiftende Instanz hinter den absurden, mysteriösen, ungerechten und nicht selten urkomischen Kontingenzen des Lebens. Menschen können sich nur damit abfinden, ein wenig helfen dabei das Erzählen und der Humor.

Vergleicht man diese beiden Filme mit Hiob-Bezug, so wird deutlich, dass Malick zwar visuell extravagant, aber inhaltlich recht konservativ und am Ende noch zahmer als das biblische Buch Hiob daherkommt, während die Coen-Brüder die Frage Hiobs zwar teilen, aber keine letzte, das Chaos schließlich ordnende Sinnquelle mehr in Aussicht stellen. Gott, das ist, wenn es hoch kommt, ein Mysterium. Gemeinsam ist beiden Filmen, so unterschiedlich sie dann doch sind, dass sie die Frage des unschuldigen Leidens für ein zentrales Thema menschlicher Erfahrung halten, das von schmerzhafter und zugleich chronischer Aktualität ist.

Auch die nächsten beiden Filme, die sich hinsichtlich des Religionsthemas im Überschneidungsfeld von impliziter und expliziter Religion bewegen, kommen aus den USA. Das ist einerseits Zufall, andererseits aber eben doch Ausdruck der Tatsache, dass in unseren Lichtspielhäusern immer noch westliche Ware dominiert und die Globalisierung des Kinos, die man auf Festivals beobachten kann, noch nicht bis an die Kinokassen vorgedrungen ist. Es geht mir im Folgenden um die Filme »Avatar – Aufbruch nach Pandora« (USA 2009) und den etwas älteren Film »American Beauty« (USA 1999) von Sam Mendes. »Avatar«, der gegenwärtig weltweit kommerziell erfolgreichste Film, ist in jeder Hinsicht ein Hybrid, eine virtuose und bildgewaltige Mischung aus Genres, religiösen Versatzstücken und visuellen Kaskaden. »Wenn man Avatar gesehen hat«, schrieb der Kritiker Georg Seeßlen zum Kinostart, »hat man alles gesehen, was das populäre Kino derzeit können will und wollen kann«. Die Handlung spielt im Jahr 2154. Die Menschen haben ein Energieproblem. Darum wollen sie sich die wertvollen Bodenschätze des gerade entdeckten Planeten Pandora zu Nutze machen. Doch da gibt es ein Hindernis: Der Himmelskörper wird von blauhäutigen Ureinwohnern namens Navi bevölkert. Sie leben im Einklang mit der Natur und behindern die Rohstoffförderung. Darum sollen sie umziehen und ihre bisherigen Siedlungen aufgeben. Dazu soll sie der querschnittsgelähmte Ex-Marine Jake Sully bewegen. Zu diesem Zweck schlüpft er mit technischer Hilfe in einen künstlichen Navi-Körper, einen Avatar. Sollte Sullies Mission scheitern, droht den Navi die Auslöschung mit Hilfe gepanzerter Riesenflugzeuge, Kampfhubschrauber und Monsterroboter. Jake Sully tritt also in die Welt der Navi ein. Es ist ein Paradiesgarten, ein summender Dschungel aus Riesenbäumen, exotischen Pflanzen und Flugdrachen. Er trifft die Häuptlingstocher Neytiri und verliebt sich natürlich.

Zwei Arten, mit der Natur umzugehen, werden hier hart kontrastiert: das instrumentelle und ausbeuterische Naturverhältnis der aggressiv-gefräßigen Menschheit und die ehrfürchtig-harmonische, ja religiös-spirituelle Naturbeziehung der Navi. Sie merken schon, der Film erinnert auch ein wenig an eine Indianergeschichte. Aber auch, wenn man zeigen kann, dass der Film viele schon vorhandene Ideen aufgreift und neu kombiniert: faszinierend ins Bild gesetzt ist sie schon, diese Welt der Navi-Indianer, die auf Flugdrachen reiten, einen großen Baum als ihre Göttin verehren und in einer innigen Verbindung zu allem stehen, was lebt. Das hat zum Teil auch eine ganz praktische Seite. Wenn sie zum Beispiel ihre Flugdrachen besteigen, wird der eigene Haarschopf mit dem Ohr des Drachens verbunden, so eine Art USB-Verbindung zwischen zwei Körpern. Die Navi leben in einem Paradies vor dem Sündenfall, symbiotisch verbunden mit Pflanzen und Tieren. Im Fortgang der Handlung wird deutlich, dass Jake Sullies Projekt in Wahrheit nur einem Ziel dient: Der Vertreibung und Vernichtung der Navi. Als er das erkennt, wechselt er die Seiten und führt das Volk der Navi in den Befreiungskrieg. Am Ende bleibt Jake Sully in der Navi-Welt zurück: Durch eine magische Prozedur am Fuße des göttlichen Baumes, in deren Verlauf er als gelähmter Mensch sterben muss, um mit Hilfe der göttlichen

Kräfte des Baumes als gesunder Navi wieder auferstehen zu können, gelingt seine vollständige Verwandlung.

Die Gottheit der Navi-Welt wohnt also in einem überdimensionalen Baum des Lebens, sie ist dieser Baum und zugleich eine mütterliche Energie, die die gesamte Navi-Schöpfung pantheistisch durchdringt. Mit ihr in Kontakt zu kommen, ist einfach und selbstverständlich.

Der Gedanke einer göttlichen Kraft bzw. Energie findet sich auch in dem zweiten Film meiner Kategorie »Überschneidungsfeld«, in »American Beauty« von Sam Mendes. Der mit fünf Oscars ausgezeichnete Film erzählt von Lester Burnham und seinem Leben mit Frau und Tochter in einer aufgeräumten amerikanischen Kleinstadt. Burnhams Selbsteinschätzung zu Beginn des Films: »Irgendwie bin ich jetzt schon tot.« Sein Weg vom Tod zum Leben und wieder zum Tod beginnt, als er sich in Angela verliebt, die hübsche Freundin seiner Tochter Jane. Wie aus jahrelanger Anästhesie erwacht, beginnt er von neuem, seine Interessen wahrzunehmen, seinen Körper in Form zu bringen, Pink Floyd zu hören und Joints zu rauchen, die ihm der Nachbarsjunge Ricky besorgt. Was folgt, ist eine filmische Reflexion über die Entdeckung eines anderen Blicks auf das Leben. Über den Wert und das Sehen von Schönheit. Der reinste Vertreter dieser Religion des Schönen ist Ricky. Der 16-jährige Sohn eines faschistoiden Soldatenvaters, der regelmäßig Urinproben zum Zweck der Drogenkontrolle von seinem Sohn verlangt, hat immer eine digitale Kamera dabei, um die Momente der Schönheit festzuhalten. Lesters Tochter Jane, in die er sich verliebt, erzählt er vom Anblick einer toten Obdachlosen, davon, dass es gewesen sei, »als ob Gott dich direkt ansieht«. Was man da sehe, will Jane wissen. »Schönheit«, antwortet Ricky, Mystiker des Augenblicks der ästhetischen Erfahrung. Einmal zeigt er Jane »das Schönste, was ich je gefilmt habe«. Es ist eine im Wind tanzende Plastiktüte. Er erläutert:

> »Das war einer von jenen Tagen, an denen es jeden Moment schneien kann und Elektrizität in der Luft liegt. Man kann sie fast knistern hören, stimmt's. Und diese Tüte hat einfach mit mir getanzt. Wie ein kleines Kind, das darum bettelt, mit mir zu spielen. 15 Minuten lang. An dem Tag ist mir klar geworden, dass hinter allen Dingen Leben steckt. Und diese unglaublich gütige Kraft, die mich wissen lassen wollte, dass es keinen Grund gibt, Angst zu haben. Nie wieder! Ein Video ist ein armseliger Ersatz – ich weiß. Aber es hilft mir, mich zu erinnern. Und ich muss mich erinnern. Es gibt manchmal so viel Schönheit auf der Welt, dass ich sie fast nicht ertragen kann. Und mein Herz droht dann daran zu zerbrechen.«

Die Medien helfen in diesem Film, sich an die gütige Kraft und die Schönheit zu erinnern. Das schützt allerdings nicht vor Gewalt. Frank Fitts, der Vater von Ricky, jagt Lester von hinten eine Kugel in den Kopf, in einem Moment, als Lester ein Foto seiner Familie betrachtet: dankbar, versonnen und glücklich. Es ist ebenfalls ein Augenblick des Sehens von Schönheit, der *visio dei beatifica*. Sie spiegelt sich wenig später auch in Rickys Augen, der den Toten findet. Es ist wie schon beim Anblick der Obdachlosen: »als ob Gott dich direkt ansieht«.

Ricky und Lester repräsentieren eine mystische Religion der Schönheit, die Sinn stiftet, sinnlich und ideologiefrei. Ihr mystischer Charakter wird durch Lesters Rückblick auf sein Leben am Ende des Films noch einmal ganz deutlich: die Schönheit durchfließe ihn manchmal wie Regen, sagt er – *postmortem* und *voice over* aus der Vogelperspektive der aufsteigenden Seele. Es geht also um eine *unio mystica*. Suchten die alten Mystiker wie Dionysius Areopagita Gott und fanden dabei zugleich unaussprechliche Schönheit, so suchen Ricky und Lester nach der Schönheit und finden darin zugleich Gott. Gott, eine gütige Kraft in allen Dingen. Sie offenbart sich u. a. in der ganz subjektiven Erfahrung der Schönheit.

Fast ganz ohne explizit religiöse Motive, Symbole oder Anspielungen geht es in den beiden Filmen »In einer besseren Welt« (2010) und »Gran Torino« (2008) zu.

Clint Eastwood, mittlerweile 81 Jahre alt, hat seit »Gran Torino« schon wieder drei Filme gemacht. »Gran Torino« ist allerdings der vorerst letzte, in dem er selbst vor der Kamera steht. Er verkörpert Walt Kowalski, einen verbitterten Koreaveteran und ehemaligen Ford-Mitarbeiter, der seinen Lebensabend Bier trinkend auf der Veranda seines Hauses verbringt, wenn er nicht gerade seinen 1972 Ford Gran Torino putzt. Im Nachbarhaus wohnen asiatische Einwanderer vom Volk der Hmong. Thao, der Sohn der Familie wird von der Gang seines Cousins angestiftet, Kowalskis Gran Torino zu stehlen. Kowalski stellt den unfreiwilligen Dieb, erfährt bald die Hintergründe, überwindet seine rassistischen Vorurteile, freundet sich mit dem Jungen und seiner Familie an und gerät dabei zwischen die Fronten. Denn Thaos Cousin und seine Gang können nicht akzeptieren, dass Thao nicht Mitglied der Gang werden will, dass er sich mit dem weißen Amerikaner anfreundet, dass er arbeitet und Anstalten macht, sich in die amerikanische Gesellschaft zu integrieren. Die Gang lauert ihm auf, bedroht und verletzt ihn, vergewaltigt seine Schwester. Schließlich sieht Walt Kowalski nur noch einen Ausweg: Er provoziert eine Situation, in der er unter öffentlicher Aufmerksamkeit von der Hmong-Gang erschossen wird, und bringt die Gewalttäter auf diese Weise hinter Gitter. Unterbrechung der Gewaltpraxis der Jugendgang ist am Ende nur durch ein Selbstopfer möglich. Im Moment seines Todes erinnert sein Körper an die Gestalt des Gekreuzigten. Man kann vermuten, dass Eastwood dieses Bild bewusst gewählt hat und damit an die christliche Tradition anknüpfen wollte.[11]

---

[11] Vgl. *H.-M. Gutmann*, Gewaltunterbrechung. Jugendgewalt und Religion in »Gran Torino«, in: *J. Herrmann / J. Metelmann / H.-G. Schwandt (Hg.)*, Wissen sie, was sie tun? Zur filmischen Inszenierung jugendlicher Gewalt, Marburg 2012, 132–142.

Ein anderes ebenfalls nicht als solches ausgewiesenes neutestamentliches Motiv findet sich in Susanne Biers »In einer besseren Welt«. Darin stehen zwei etwa zwölfjährige Jungen im Mittelpunkt. Der eine, Christian, hat seine Mutter durch Krebs verloren, der andere, Elias, hat einen Vater, der Arzt ist und die meiste Zeit des Jahres in Afrika arbeitet. Christian kommt als neuer an die Schule von Elias, den die Mitschüler beständig ärgern und drangsalieren. Christian ist einer, der mit voller Härte zurückschlägt, er verteidigt Elias und wird sein Beschützer. Als Elias' Vater Anton eines Tages einmal wieder für kurze Zeit zuhause in Dänemark ist, kommt es zu einer unschönen Szene: Auf einem Spielplatz interveniert Anton bei einem Streit zwischen seinem jüngeren Sohn und einem anderen Jungen. Plötzlich taucht der Vater des anderen Jungen auf und versetzt Anton einen Schlag, er solle die Finger von seinem Jungen lassen. Anton erklärt ruhig die Situation und zieht sich zurück. Christian und Elias haben die Szene beobachtet. Sie können nicht verstehen, dass Anton sich nicht gewehrt hat, dass er den Schlag des anderen Vaters einfach so hingenommen hat. Zufällig entdecken sie später das Auto dieses Mannes auf der Straße und recherchieren daraufhin seine Adresse. Nun wollen sie, dass Anton den Mann zur Rede stellt. Dieser lässt sich darauf ein, aber nicht, um mit Gewalt seine Ehre wiederherzustellen, sondern um den drei Jungs zu demonstrieren, wie man erwachsen und ohne Gewalt mit so einer Situation umgehen kann. Gemeinsam suchen sie den Mann auf. Er arbeitet in einer Autowerkstatt. Anton spricht ihn an. Es kommt zu einem Wortwechsel, der Mann erregt sich und schlägt Anton ein zweites Mal ins Gesicht. Aber statt nun aus der Haut zu fahren und sich physisch zu wehren – Anton ist größer und kräftiger als der Schläger –, spricht er ruhig weiter, erklärt den Jungs die Lage und gibt ihnen ein Beispiel gewaltlosen Konfliktverhaltens. Wenig später zeigt sich dann, dass die beiden älteren, Elias und vor allem Christian, mit diesem Verhalten nichts anfangen können. Christian ist so auf Vergeltung gepolt, ist so auf dem Weg der Gewalt zuhause, dass er eine Bombe aus dem Schwarzpulver zufällig entdeckter Feuerwerkskörper bastelt. Damit will er den Wagen des schlagenden Mechanikers in die Luft sprengen. Er überredet Elias mitzumachen. Am Ende sprengen sie den Wagen. Elias, der vorbeikommende Passanten warnt, wird dabei verletzt, kommt aber mit Glück mit dem Leben davon. Ohne den ganzen Film erzählen zu wollen: Anton, so kann man interpretieren, gibt ein Beispiel gewaltlosen Verhaltens nach dem Vorbild Jesu. Er kann die Eskalationszirkel, die es in dieser Geschichte auf verschiedenen Ebenen gibt, mit seinem Verhalten durchbrechen. Es gelingt ihm sogar, seine Ehefrau, die er betrogen hatte und die sich daraufhin von ihm getrennt hatte, zurückzugewinnen.

Wenn man danach fragt, was so unterschiedliche Figuren wie den Arzt Anton und den Koreaveteran Kowalski miteinander verbindet, so sind es christomorphe Verhaltensweisen, in denen Nächstenliebe zum Ausdruck kommt.

3 Schlussfolgerungen

Was lässt sich nun aus den Schlaglichtern auf diese sechs Filme im Blick auf die Frage nach Gottesbildern im Kino ableiten? Zunächst: Auch im Kino zeigt sich Religiöses heterogen und vielfältig. Es finden sich traditionelle Vorstellungen, wie sie bei »The Tree of Life« im Hintergrund stehen, ironisierende Zugänge wie in »A Serious Man«, mystisch-ästhetische wie in »American Beauty«, Gott ist hier eine Kraft und ein Phänomen, keine Person, esoterisch-religiöse wie in »Avatar« und solche, die mit christomorphen Figuren und Gesten an die Evangelien erinnern, ohne diesen Bezug selbst herzustellen. Was lässt sich darüber hinaus sagen?

Das Göttliche offenbart sich in der Schönheit – vorzugsweise in der Schönheit der Schöpfung. Das ist ein wichtiger Aspekt, der Filme wie »The Tree of Life«, »American Beauty« und »Avatar« verbindet. Weiterhin fällt auf: Neben dem personal gedachten Gott, der etwa in »The Tree of Life« auch als solcher angesprochen wird, finden sich – etwa in »American Beauty« und »Avatar« Vorstellungen von Kraft und Energie. Diese Beobachtung korrespondiert im Übrigen mit religionssoziologischen Befunden, die besagen, dass ein Trend zu immer unbestimmteren und abstrakteren Gottesvorstellungen festgestellt werden kann.[12] Zugleich zeigt sich wiederholt, dass selbst in Filmen, die nicht explizit auf religiöse Traditionen Bezug nehmen – wie z. B. »In einer besseren Welt« und »Gran Torino« –, traditionelle Figuren und Motive implizit präsent sind und weiterwirken. Und in dieser Hinsicht ist die Kategorie des Personalen dann doch nach wie vor gegenwärtig. Denn es sind immer Menschen, die in ihrem Verhalten an Jesus erinnern, der Christinnen und Christen ja bekanntlich zeigt, wie Gott ist. Man wird also wohl im Prinzip ganz ernsthaft mit Ja antworten müssen, wenn Woody Allen mehr rhetorisch fragt: »Angeblich schuf Gott den Menschen nach seinem Bilde. Glauben Sie im Ernst, Gott hat rote Haare und eine Brille?« Ja, doch, das kann sein. Er hat im Kino allerdings viele Gesichter. Und das Kino zeigt, dass er auch in diesen Gesichtern nur vorübergehend in den Augenblicken der Liebe gegenwärtig ist. Dabei bleibt das Aufblitzen des Göttlichen im menschlichen Antlitz natürlich immer eine Frage der Interpretation.

---

[12] Vgl. *D. Pollack*, Rückkehr des Religiösen, Tübingen 2009, 147.

PERSONENREGISTER

Biblische und mythische Figuren sowie Götternamen sind kursiv gesetzt.

SACHREGISTER

Die Autorinnen und Autoren

Friedrich Avemarie †, Professor für Neues Testament im Fachbereich Evangelische Theologie der Philipps-Universität Marburg

Bob Becking, Professor für Forschungen zum Alten Testament an der Theologischen Fakultät der Universiteit Utrecht

Reinhold Bernhardt, Professor für Systematische Theologie (Dogmatik) an der Theologischen Fakultät der Universität Basel

Daniel Cyranka, Privatdozent für Ökumenik, Konfessionskunde, Religionswissenschaft der Theologischen Fakultät der Martin-Luther-Universität Halle-Wittenberg

Ingolf U. Dalferth, Professor für Systematische Theologie, Symbolik und Religionsphilosophie an der Theologischen Fakultät der Universität Zürich

Johannes Ehmann, apl. Professor für Kirchengeschichte an der Theologischen Fakultät der Ruprecht-Karls-Universität Heidelberg

Wilfried Engemann, Professor für Praktische Theologie und Religionspsychologie an der Evangelisch-Theologischen Fakultät der Universität Wien

Moritz Fischer, Privatdozent für Missionstheologie und Religionswissenschaft an der Augustana-Hochschule Neuendettelsau

Petra Freudenberger-Lötz, Professorin für Religionspädagogik im Fachbereich der Geistes- und Kulturwissenschaften, Institut für Evangelische Theologie der Universität Kassel

Christian Frevel, Professor für Altes Testament an der Katholisch-Theologischen Fakultät der Ruhr-Universität Bochum

Tobias Georges, Juniorprofessor am Courant Forschungszentrum »EDRIS« der Georg-August-Universität Göttingen, Privatdozent für Kirchengeschichte an der Theologischen Fakultät der Martin-Luther-Universität Halle-Wittenberg

Christoph Gramzow, Privatdozent für Religionspädagogik an der Theologischen Fakultät der Universität Leipzig

Marianne Grohmann, ao. Professorin für Altes Testament an der Evangelisch-Theologischen Fakultät der Universität Wien

Albrecht Grözinger, Professor für Praktische Theologie an der Theologischen Fakultät der Universität Basel

Martin Hailer, Professor für Evangelische Theologie und ihre Didaktik an der Fakultät für Kultur- und Geisteswissenschaften, Philosophisch-Theologisches Seminar der Pädagogischen Hochschule Heidelberg

Jens Halfwassen, Professor für Philosophie an der Fakultät für Philosophie der Ruprecht-Karls-Universität Heidelberg

Friedhelm Hartenstein, Professor für Altes Testament an der Evangelisch-Theologischen Fakultät der Ludwig-Maximilians-Universität München

Matthias Haudel, apl. Professor für Systematische Theologie an der Evangelisch-Theologischen Fakultät der Westfälischen Wilhelms-Universität Münster

Uta Heil, Privatdozentin für Kirchengeschichte an der Friedrich-Alexander-Universität Erlangen-Nürnberg

Jörg Herrmann, Privatdozent für Praktische Theologie an der Fakultät für Geisteswissenschaften, Fachbereich Evangelische Theologie der Universität Hamburg, Leiter der Evangelischen Akademie der Nordelbischen Kirche

Klaus Hock, Professor für Religionsgeschichte – Religion und Gesellschaft an der Theologischen Fakultät der Universität Rostock

Gudrun Holtz, Privatdozentin für das Fach Neues Testament an der Evangelisch-Theologischen Fakultät der Eberhard Karls Universität Tübingen

Walter Homolka, Rektor des Abraham Geiger Kollegs, Berlin, Honorarprofessor für Religionswissenschaft an der Philosophischen Fakultät der Universität Potsdam

Friedrich W. Horn, Professor für Neues Testament an der Evangelisch-Theologischen Fakultät der Johannes Gutenberg-Universität Mainz

Wolfgang Huber, ehem. Ratsvorsitzender der EKD, Honorarprofessor der Theologischen Fakultäten der Humboldt Universität Berlin und der Ruprecht-Karls-Universität Heidelberg

Peter Hünermann, Professor em. für Dogmatik an der Katholisch-Theologischen Fakultät der Eberhard Karls Universität Tübingen

Joachim Knape, Professor für Allgemeine Rhetorik an der Philosophischen Fakultät, Fachbereich Philosophie – Rhetorik – Medien der Eberhard Karls Universität Tübingen

Helga Kuhlmann, Professorin für Systematische Theologie und Ökumene an der Fakultät für Kulturwissenschaften, Institut für Evangelische Theologie der Universität Paderborn

Manfred Lang, Privatdozent für Neues Testament an der Theologischen Fakultät, Institut für Bibelwissenschaften der Martin-Luther-Universität Halle–Wittenberg

Ute Leimgruber, Privatdozentin für Pastoraltheologie und Homiletik an der Theologischen Fakultät Fulda

Rochus Leonhardt, Professor für Systematische Theologie an der Theologischen Fakultät der Universität Leipzig

Claudia Lepp, Privatdozentin für Neuere und Neueste Geschichte am Historischen Seminar der Ludwig-Maximilians-Universität München

Frieder Ludwig, Privatdozent für Kirchengeschichte an der Evangelisch-Theologischen Fakultät der Ludwig-Maximilians-Universität München, Leiter und Dozent für Missions- und Religionswissenschaft, Missionsseminar Hermannsburg

Andreas Müller, Professor für Kirchen- und Religionsgeschichte des 1. Jahrtausends an der Christian-Albrechts-Universität zu Kiel

Barbara Müller, Professorin für Kirchen- und Dogmengeschichte an der Fakultät für Geisteswissenschaften, Fachbereich Evangelische Theologie der Universität Hamburg

Reinhard Müller, Akademischer Oberrat und Privatdozent für Altes Testament an der Evangelisch-Theologischen Fakultät der Ludwig-Maximilians-Universität München

Bernhard Mutschler, Professor für Biblische Theologie – Gemeindediakonie an der Evangelischen Hochschule Ludwigsburg

Andreas Nehring, Professor für Religions- und Missionswissenschaft am Fachbereich Theologie der Friedrich-Alexander Universität Erlangen

Rolf Noormann, Privatdozent für Kirchengeschichte an der Theologischen Fakultät der Ruprecht-Karls-Universität Heidelberg

Martin Ohst, Professor für Kirchengeschichte und Systematische Theologie am Fachbereich Evangelische Theologie der Bergischen Universität Wuppertal

Ursula Roth, Privatdozentin für Praktische Theologie an der Evangelisch-Theologischen Fakultät der Ludwig-Maximilians-Universität München

Jörg Rüpke, Professor für Vergleichende Religionswissenschaft mit dem Schwerpunkt Europäische Polytheismen an der Philosophischen Fakultät der Universität Erfurt (z. Z. abgeordnet an das Max-Weber-Kolleg)

Udo Rüterswörden, Professor für Altes Testament an der Evangelisch-Theologischen Fakultät der Rheinischen Friedrich-Wilhelms-Universität Bonn

Arnulf v. Scheliha, Professor für Systematische Theologie am Fachbereich für Erziehungs- und Kulturwissenschaften, Institut für Evangelische Theologie der Universität Paderborn

Perry Schmidt-Leukel, Professor für Religionswissenschaft und Interkulturelle Theologie an der Evangelisch-Theologischen Fakultät der Westfälischen Wilhelms-Universität Münster

Tilman M. Schröder, Privatdozent für Kirchengeschichte an der Evangelisch-Theologischen Fakultät der Eberhard Karls Universität Tübingen

Christoph Schwöbel, Professor für Systematische Theologie mit Schwerpunkt Fundamentaltheologie und Religionsphilosophie an der Evangelisch-Theologischen Fakultät der Eberhard Karls Universität Tübingen

Christoph Seibert, Professor für Systematische Theologie mit Schwerpunkt Religionsphilosophie und Ethik an der Fakultät für Geisteswissenschaften, Fachbereich Evangelische Theologie der Universität Hamburg

Mona Siddiqui, Professorin für Islamische und Interreligiöse Studien an der School of Divinity der University of Edinburgh

Regina Sommer, Privatdozentin für Praktische Theologie am Fachbereich Evangelische Theologie der Philipps-Universität Marburg

Christopher Spehr, Professor für Kirchengeschichte an der Theologischen Fakultät der Friedrich-Schiller-Universität Jena

Jutta Sperber, Wissenschaftliche Mitarbeiterin am Seminar für Religionswissenschaft und Interkulturelle Theologie an der Evangelisch-Theologischen Fakultät der Westfälischen Wilhelms-Universität Münster

Friedemann Stengel, Privatdozent für Kirchengeschichte an der Theologischen Fakultät der Ruprecht-Karls-Universität Heidelberg, Vertretung der Professur für Kirchengeschichte in Halle für den Rektor Prof. Dr. Udo Sträter

Jörg Trelenberg, Privatdozent für Kirchengeschichte an der Evangelisch-Theologischen Fakultät der Westfälischen Wilhelms-Universität Münster

Markus Witte, Professor für Exegese und Literaturgeschichte des Alten Testaments an der Theologischen Fakultät der Humboldt-Universität zu Berlin

Jakob Wöhrle, Privatdozent für Altes Testament an der Evangelisch-Theologischen Fakultät der Westfälischen Wilhelms-Universität Münster